2009

中国民主促进会

年鉴

《中国民主促进会年鉴》编辑部

开明出版社
KAIMING PRESS

2009年12月7日至9日，中国民主促进会第十二届中央委员会第三次全体会议在京召开。这次会议的主要内容是：学习贯彻中共十七届四中全会精神，审议中国民主促进会第十二届中央常务委员会工作报告，听取中国民主促进会中央监督委员会2009年度工作情况报告等。

2009年6月3日至4日，中国民主促进会第十二届中央常务委员会第七次会议在北京举行。

2009年12月8日，中国民主促进会第十二届中央委员会第三次全体会议进行分组讨论。

2009年12月7日，在中国民主促进会第十二届中央委员会第三次全体会议开幕式上，民进中央主席严隽琪代表中央委员会作工作报告。

2009年7月7日至9日，民进全国宣传思想工作会议暨科学发展观论坛在北京召开。

2009年9月23日，民进中央庆祝中华人民共和国成立60周年、纪念人民政协成立60周年座谈会在北京举行。

2009年6月3日，在中国民主促进会第十二届中央常务委员会第七次会议上，民进中央常务副主席罗富和报告民进中央2009年上半年工作。

2009年6月5日至6日，民进全国组织工作会议在北京召开。图为参会人员合影。

2009年7月29日，“共庆辉煌——庆祝中华人民共和国成立60周年、纪念人民政协成立60周年民进全国书画展”在北京中国美术馆隆重开幕。

2009年3月5日下午，全国政协民进组委员就十一届全国人大二次会议开幕式上温家宝总理所作的政府工作报告进行小组讨论。

2009年12月7日，在中国民主促进会第十届中央委员会第三次全体会议开幕式上，潘贵玉副主席代表民进中央监督委员会向民进十二届三中全会作2009年度工作情况报告。

2009年11月4日至5日，2009年民进中央参政议政年会在河南省郑州市召开。

2009年5月14日上午，民进中央考察团参观山西省吕梁市高级中学，并出席吕梁市委、市政府关于农村教育综合改革的座谈会。

2009年5月18日，民进中央考察团赴山西省祁县峪口乡段家窑村中心小学进行考察。

2009年5月20日，民进中央考察团赴山西省运城地区就以职业教育为切入点，解决三农问题继续深入开展调研。图为考察团在风陵渡中学调研。

2009年5月21日上午，民进中央“新形势下的农村教育综合改革”山西专题考察团出席了由山西省委、省政府、省人大召开的座谈会，反馈此次专题考察情况。

2009年2月24日上午，民进中央在机关举行学习贯彻科学发展观视频会议，王佐书副主席作《学习贯彻科学发展观的体会》宣讲报告。

2009年9月18日至19日，2009年海峡两岸基础教育论坛在南京召开。

2009年11月1日至2日，第七届海峡两岸中华传统文化与现代化研讨会暨首届海峡两岸医学文化与医学发展论坛在杭州市举办。图为严隽琪主席在开幕式上讲话。

2009年10月22日，民进中央副主席贺旻来到民进宁夏区委会，亲切看望区委会干部职工。

2009年10月14日至15日，2009年民进企业家联谊会联席会议在南京市举行。

2009年9月5日上午，民进中央“彩虹行动”启动暨签约捐赠仪式在贵州省毕节试验区金沙县第一中学隆重举行，支援毕节教育计划全面实施。图为严隽琪主席为“彩虹行动”启动剪彩。

2009年7月29日下午，民进中央2009年地震灾区学校校长暑期培训班在京开班。刘新成副主席主持开班仪式。

2009年9月8日，民进中央与首都师范大学共同举办了庆祝教师节暨第二届中国教师发展论坛。

2009年6月15日至16日，第四届海峡两岸企业发展与合作论坛在唐山市举行。图为罗富和常务副主席在开幕式上讲话。

2009年4月29日，民进中央副主席蔡达峰出席杭州民进企业家联谊会成立大会并讲话。

2009年5月26日，由民进中央、长江水利委员会主办的长江流域湖泊的保护与管理研讨会在南昌市开幕。

2009年7月28日，民进中央开明画院在北京正式成立并召开第一届理事会。民进中央副主席、开明书画院院长冯骥才出席并讲话。民进中央副主席朱永新宣读有关决定。

2009年4月9日，朱永新副主席为“石漠化治理科技大院”揭幕。

2009年3月8日，全国政协十一届二次会议上午举行第三次全体会议，委员进行大会发言。全国政协常委张帆代表民进中央作了题为《实施水库清淤工程是应对旱灾的长效措施》的发言。

《中国民主促进会年鉴》编委会

《中国民主促进会年鉴》编辑部

编 辑 说 明

一、指导思想

《中国民主促进会年鉴》(2009)，以下简称《年鉴》(2009)，以中国特色社会主义理论体系和中共十七大精神为指导，遵循唯物史观的基本要求，全面系统、真实地收集和记述中国民主促进会2009年度全面加强自身建设、努力推动建设适应时代要求的高素质参政党的进程的情况；认真履行参政党职能，为促进经济社会又好又快发展所取得的成绩和经验。

二、内容与结构

《年鉴》(2009)在2008年编辑的基础上，吸取了各方面的意见和建议，对结构进行了以下调整：

1. 将原收录于主席讲话部分的《工作报告》调整至重要文件部分，并置于首位。

2. 将“重要意见建议”进行了分类。

3. 中央委员会篇增设“部门工作”条目，收录民进中央各部门2009年工作总结。

4. 增加附录《2009年组织发展情况统计表》。

5. 取消民进中央年度工作概述，避免与《工作报告》重复。

《年鉴》(2009)具体内容与结构如下：

内容以中央委员会工作为主，兼顾省级组织工作，以载录资料为主，概述为辅。由中共中央、国务院、全国政协相关文献，中央委员会篇（并配以彩页），省级委员会篇，附录四部分构成。

（一）中共中央、国务院相关文献，多党合作事业重要文献

主要收录中共中央、国务院2009年有关多党合作事业和民主党派工作紧密相关的重要文献。

（二）中央委员会篇

主要反映民进中央2009年在履行参政党职能、加强自身建设方面的总体情况，突出本年度民进的基本工作思路、新的举措和主要成果。由重要文献，重要意见建议，重要会议、活动，大事日志，部门工作和彩页六部分构成。

1. 重要文献由重要文件、制度建设和领导人讲话、报告、发言、文章构成。

重要文件：收录以民进中央名义作出的重要意见、决定和决议，发出的重要通知等。

领导人讲话、报告、发言、文章：主要收录民进中央领导同志（主席、副主席）代表民进中央参加中共中央、国务院召开的民主协商活动中的发言，出席民进中央和全国性会议、活动的讲话和报告，在报刊发表的书面文章。收录主席讲话、文章24篇，收录常务副主席讲话、文章6篇，收录专职副主席讲话、文章3篇，其他副主席至少收录1篇代表民进中央所作的讲话或有关文章。民进中央领导同志的讲话、报告、发言、文章编

辑以时间先后为序。

2. 重要意见建议：主要收录民进中央向中共中央、国务院提交的重大意见建议，分为在全国政协会议上的发言和提案、在全国政协会议联组会上的发言、在全国政协常委会上的发言、在专题协商会上的发言、致中共中央建议书、致领导人建议书、报送重要社情民意信息等。

3. 重要会议、活动：主要收录中央全会、常委会、主席会及年度重点工作会议；开展自身建设和履行职能的重大活动及列入年度工作要点的重要活动。

4. 大事日志：按时间顺序概述民进中央一年来的基本活动。

5. 部门工作：反映民进中央机关各职能部门一年来的主要工作。

6. 彩页：采取照片的形式，主要反映中央委员会一年来在履行职能、加强自身建设等方面取得的成绩，围绕国家重大事件开展工作的情况。

（三）省级委员会篇

主要介绍我会 29 个省级组织在自身建设与履行职能方面的情况、成果和经验。

三、附录

1. 在“中共中央、国务院相关文献，多党合作事业重要文献”部分中，以附录形式收录了中共中央、国务院有关政治协商和多党合作的重要新闻报道。

2. 在《年鉴》（2009）最后收录了《2009 年组织发展情况统计表》。

《中国民主促进会年鉴》编辑部

2010 年 6 月 18 日

目　录

一、中共中央、国务院相关文献，多党合作事业重要文献

二、中央委员会篇

重要会议、活动

大事日志

部门工作

三、省级委员会篇

一、中共中央、国务院相关文献，多党合作事业重要文献

胡锦涛在全国政协新年茶话会上的讲话

（2009 年 1 月 1 日）

同志们，朋友们：

今天是 2009 年元旦。在这辞旧迎新的美好时刻，我们欢聚一堂，共庆佳节，畅叙友情，展望未来，感到格外高兴。首先，我代表中共中央、国务院和中央军委，向各民主党派、工商联和无党派人士、各人民团体，向全国广大工人、农民、知识分子、干部和各界人士，向人民解放军指战员、武警官兵和公安民警，向香港特别行政区同胞、澳门特别行政区同胞、台湾同胞和海外侨胞，向关心和支持中国现代化建设的国际友人，致以节日的祝福！祝大家新年好！

刚刚过去的 2008 年，是我国实行改革开放 30 周年，也是党和国家事业发展进程中很不寻常、很不平凡的一年。我们积极应对国际国内多方面严峻挑战，同心同德，顽强拼搏，成功抗击南方部分地区严重低温雨雪冰冻灾害和四川汶川特大地震灾害，成功举办北京奥运会、残奥会，成功完成神舟七号载人航天飞行任务，制定推进农村改革发展若干重大问题的决定，隆重纪念改革开放 30 周年，沉着应对国际金融危机冲击，我国经济呈现增长较快、价格回稳、结构优化、民生改善的良好格局，地震灾区灾后恢复重建取得重要进展，社会主义政治建设、文化建设、社会建设以及生态文明建设和党的建设取得新的显著成就，人民群众得到更多实惠，社会大局保持稳定。我们积极推进中国特色军事变革，人民军队有效履行新世纪新阶段历史使命能力继续增强。我们坚持“一国两制”、“港人治港”、“澳人治澳”、高度自治的方针，促进香港、澳门长期繁荣稳定。我们积极推动两岸关系和平发展，推动海协会和海基会恢复协商，两岸全面直接双向“三通”迈出历史性步伐，增进了两岸同胞福祉。我们坚持统筹国内国际两个大局，推进全方位外交，在应对国际金融危机、推动解决国际热点难点问题中发挥积极作用，为我国发展争取了有利国际环境，为世界和平与发展作出了新的贡献。

过去一年取得的显著成绩，是在改革开放 30 年伟大成就的基础上取得的，是全党全国各族人民团结奋斗的结果。在完成重大任务、应对重大事件的实践中，我们党、我们人民、我们军队经受住了严峻考验，我们伟大的民族精神进一步升华，我国社会主义制度进一步巩固，我国国际地位和国际影响力进一步提高。这一切，为我们继续推进全面建设小康社会进程、加快推进社会主义现代化奠定了更加坚实的基础。

同志们、朋友们！

2009 年，我们将迎来新中国成立 60 周年，做好党和国家各项工作十分紧要。当前，国际金融危机仍在快速扩散和蔓延，对我国经济发展的影响也更加明显。我们既要充分看到保持我国经济社会发展良好势头的扎实基础和有利条件，又要增强忧患意识，统筹好国内国际两个大局，扎实做好工作，迎接各种挑战，奋力渡过难关，努力夺取经济社会发展新胜利。我们要全面贯彻党的十七大和十七届三中全会精神，高举中国特色社会主义伟大旗帜，以邓小平理论和“三个代表”重要思想为指导，深入贯彻落实科学发展观，立足扩大内需保持经济平稳较快增长，加快发展方式转变和结构调整提高可持续发展能力，深化改革开放增强经济社会发展活力和动力，加强社会建设加快解决涉及群众利益的难点热点问题，全面推进社会主义经济建设、政治建设、文化建设、社会建设以及生态文明建设，全面推进党的建设新的伟大工程，以优异成绩迎接新中国成立 60 周年。

在新的一年里，我们要牢牢坚持发展是硬道理的战略思想，把保持经济平稳较快发展作为经济工作的首要任务，着力在保增长上下工夫，把保增长、扩内需、调结构更好地结合起来，推动经济又好又快发展。我们要坚持党的领导、人民当家做主、依法治国有机统一，推进政治体制改革，发展社会主义民主，建设社会主义法治国家，转变政府职能，深化司法体制和工作机制改革，巩固和发展民主团结、生动活泼、安定和谐的政治局面。我们要坚持社会主义先进文化前进方向，加强社会主义核心价值体系建设，推进文化体制改革，发展文化事业和文化产业，完善公共文化服务体系，繁荣文化市场，更好保障人民基本文化权益，更好满足人民群众日益增长的精神文化需求。我们要坚持以改善民生为重点加强社会建设，解决好人民最关心最直接最现实的利益问题，实施更加积极的就业政策，加快完善城乡社会保障体系，切实保障农村贫困家庭、城镇困难家庭、离退休职工、在校贫困大学生的基本生活，保持社会和谐稳定。我们要坚持站在国家安全和发展战略全局的高度，扎实推进中国特色军事变革，树立当代革命军人核心价值观，不断提高军队全面履行新世纪新阶段历史使命能力。我们要坚持抓好深入学习实践科学发展观活动，加强党的执政能力建设和先进性建设，全面推进党的建设新的伟大工程，把党的政治优势和组织优势转化为推动经济社会又好又快发展的强大力量。

在新的一年里，我们要坚定不移地贯彻“一国两制”、“港人治港”、“澳人治澳”、高度自治的方针，严格按照特别行政区基本法办事，全力支持特别行政区政府依法施政，加强内地与香港、澳门交流合作，采取有力政策措施支持香港、澳门抵御国际金融危机冲击、促进经济发展，同香港同胞、澳门同胞一道，促进香港、澳门长期繁荣稳定。

在新的一年里，我们要坚持“和平统一、一国两制”的方针和现阶段发展两岸关系、推进祖国和平统一进程的八项主张，牢牢把握两岸关系和平发展的主题，牢牢抓住两岸关系改善的历史机遇，推进两岸交流合作，继续为两岸同胞谋福祉、为台海地区谋和平，不断开创两岸关系和平发展新局面。

在新的一年里，我们要继续高举和平、发展、合作旗帜，坚持独立自主的和平外交政策，始终不渝走和平发展道路，始终不渝奉行互利共赢的开放战略，在和平共处五项原则的基础上同所有国家发展友好合作，积极参与国际社会应对国际金融危机、促进世界经济发展的努力，为推动建设持久和平、共同繁荣的和谐世界作出新的贡献。

要胜利完成今年的各项任务，必须大力弘扬伟大抗震救灾精神、北京奥运精神、载人航天精神，迎难而上，锐意改革，共克时艰。迎难而上，就是要始终保持对中国特色社会主义、对中华民族伟大复兴的坚定信念，增强战胜一切艰难险阻的必胜信心，勇于战胜一切风险挑战，全力做好各项工作。锐意改革，就是要继续解放思想、坚持改革开放，不断完善社会主义市场经济体制，着力构建充满活力、富有效率、更加开放、有利于科学发展的体制机制，为经济社会发展提供强大动力。共克时艰，就是要加强团结、顾全大局，自觉维护全党的团结统一，保持党同人民群众的血肉联系，巩固全国各族人民的大团结，加强海内外中华儿女的大团结，团结一切可以团结的力量，调动一切积极因素，汇聚起攻坚克难的强大力量。

同志们、朋友们!

在过去的一年里，人民政协高举爱国主义、社会主义旗帜，牢牢把握团结和民主两大主题，坚持中国特色社会主义政治发展道路，坚持围绕中心、服务大局，加强思想理论建设，推进履行职能制度化、规范化、程序化，加强对改革发展稳定重大问题的调查研究，建有据之言，献务实之策，为全面建设小康社会、加快推进社会主义现代化、促进祖国和平统一大业作出了重要贡献。

统一战线历来是我们党克服困难、赢得胜利的一大法宝。面对艰巨繁重的改革发展稳定任务，我们一定要把最广泛的爱国统一战线巩固好、发展好，把中国共产党领导的多党合作和政治协商制度坚持好、完善好，把人民政协的独特优势运用好、发挥好，不断为党和国家事业发展凝聚人心、增添力量。

在新的一年里，人民政协要继续保持和发扬优良传统，组织动员参加政协的各党派团体和各族各界人士把思想认识统一到中央对国内外经济形势的分析判断和决策部署上来，把各方面的积极性、主动性、创造性引导到推动科学发展、促进社会和谐上来，更好发挥人民政协协调关系、汇聚力量、建言献策、服务大局的重要作用，把人民政协事业不断推向前进。

同志们、朋友们！

机遇和挑战考验着我们，事业和使命召唤着我们。让我们更加紧密地团结起来，高举中国特色社会主义伟大旗帜，坚持解放思想、实事求是、与时俱进，大力弘扬求真务实精神，大兴求真务实之风，迎难而上，锐意改革，共克时艰，万众一心为夺取全面建设小康社会新胜利、谱写人民美好生活新篇章而继续奋斗！

贾庆林在全国政协十一届二次会议闭幕会上的讲话

（2009 年 3 月 12 日）

各位委员！

刚才，我们表决通过了政协十一届二次会议关于常务委员会工作报告的决议、关于政协十一届二次会议提案审查情况的报告和政协十一届二次会议政治决议。至此，中国人民政治协商会议第十一届全国委员会第二次会议，已经圆满完成了预定的各项议程。

政协第十一届全国委员会第二次会议，是在全党全国各族人民积极应对国际金融危机冲击、努力保持经济平稳较快发展的形势下召开的。在中共中央、全国人大常委会、国务院的高度重视和有关部门的大力支持下，经过全体委员的共同努力，这次大会开得圆满成功，取得了丰硕成果，是一次坚定信心谋发展、群策群力促和谐的大会，是一次发扬民主聚共识、加强团结鼓实劲的大会。

会议期间，胡锦涛同志，吴邦国同志、温家宝同志、李长春同志、习近平同志、李克强同志、贺国强同志、周永康同志，以及党和国家其他领导同志，出席大会开幕会和闭幕会，参加小组讨论，与委员共商国是、共议大计。胡锦涛同志在参加民盟、民进界委员联组会时发表重要讲话，明确提出了各民主党派、工商联和无党派人士围绕中心、服务大局的方向和重点，提出了坚持和完善中国共产党领导的多党合作和政治协商制度、坚持和完善人民政协这一民主形式的具体要求，对于我们更好地履行职能、发挥作用具有重要指导意义。中共中央和国务院有关部门负责人听取大会发言、参加小组讨论，最高人民法院、最高人民检察院负责人听取委员对“两高”报告的意见，都对政协工作给予了大力支持。让我们以热烈的掌声，对他们表示衷心的感谢！

会议期间，广大政协委员以对国家和人民高度负责的精神，自觉肩负神圣使命，庄严履行崇高职责，围绕保持经济平稳较快发展这一首要任务，围绕维护社会和谐稳定这一大局，紧密联系实际，积极协商讨论，提出了许多真知灼见，为党和政府决策提供了重要参考和依据。大会期间，委员共提交大会发言 769 篇，提交提案 5571 件、立案 5035 件，反映社情民意信息 900 余篇，还通过参加记者会、接受专访等形式议政建言，呈现出民主、和谐、振奋、活跃的生动局面。

各位委员！

今年是应对国际国内环境重大挑战、推动党和国家事业实现新发展的关键一年。完成目标和任务需要同心同德，战胜困难和挑战需要群策群力。人民政协的各级组织、各参加单位和广大政协委员要认真学习、宣传和贯彻全国两会精神，切实把思想和行动统一到中共中央对经济形势的分析判断上来、统一到中共中央的决策部署上来，铭记人民重托，勇挑时代重任，为实现今年经济社会发展的各项目标作出积极贡献。要不断夯实团结合作的共同思想政治基础，坚定不移地把中国特色社会主义作为共同理想信念、共同前进方向、共同奋斗目标，确保人民政协事业始终沿着正确方向前进。要紧紧围绕保持经济平稳较快发展履行职能，精心选择课题，深入调查研究，搞好协商议政，增强建言献策的预见性、针对性和有效性。要坚持以人为本、履职为民，始终重视民生，时刻关注民生，协助党和政府协调好、解决好涉及群众切身利益的重大问题，努力维护社会和谐稳定。要切实发挥政协委员的主体作用，尊重委员首创精神，维护委员民主权利，积极探索新形势下委员发挥作用的新思路、新载体和新机制，引导广大委员深入实际、走向基层、贴近群众，在报效国家、服务人民的伟大实践中施展才华、建功立业。

各位委员！

今年，我们将迎来中华人民共和国60华诞，也将迎来人民政协成立60周年。六十年风雨，一甲子辉煌。60年来，人民政协与祖国和人民风雨同舟、甘苦与共，在共和国史册上写下了光辉的篇章。展望未来，伟大祖国前程似锦，人民政协前景广阔。让我们紧密团结在以胡锦涛同志为总书记的中共中央周围，高举中国特色社会主义伟大旗帜，以邓小平理论和“三个代表”重要思想为指导，深入贯彻落实科学发展观，坚定信心、振奋精神，凝聚力量、迎难而上，为全面建设小康社会、实现中华民族伟大复兴共同奋斗！

胡锦涛在庆祝中国人民政治协商会议成立60周年大会上的讲话

（2009年9月20日）

同志们，朋友们：

今天，我们在这里隆重集会，庆祝中国人民政治协商会议成立60周年。首先，我代表中共中央，向中国人民政治协商会议成立60周年，表示热烈的祝贺！向共同致力于中国特色社会主义事业、为人民政协事业作出突出贡献的各民主党派和无党派人士、各人民团体和各族各界人士，表示崇高的敬意！向香港特别行政区同胞、澳门特别行政区同胞、台湾同胞和海外侨胞，表示诚挚的问候！

中国人民政治协商会议是中国人民爱国统一战线的组织，是中国共产党领导的多党合作和政治协商的重要机构，是我国政治生活中发扬社会主义民主的重要形式。中国人民政治协商会议是中国共产党把马克思列宁主义统一战线理论、政党理论、社会主义民主政治理论同中国具体实践相结合的伟大创造，是中国共产党同各民主党派和无党派人士、各人民团体和各族各界人士风雨同舟、团结奋斗的伟大成果。

60年来，人民政协走过了不平凡历程，取得了巨大成就。人民政协事业的60年，是同人民共和国一起成长的60年，是同全国各族人民为实现国家富强、人民幸福、祖国统一而奋斗一道前行的60年。

中国人民政治协商会议是同新中国一起诞生的。上世纪40年代末，中国进入了决定自身前途命运的历史关头，中国共产党团结带领全国各族人民为争取民族独立、人民解放、建立新中国进行着最后的决战。我们党深刻认识到，要夺取中国人民革命事业胜利，必须最大限度扩大政治联盟，团结一切可以团结的力量。在毛泽东同志正确领导下，我们党同各民主党派和无党派人士、各人民团体和各族各界人士建立了广泛的统一战线，为夺取新民主主义革命胜利提供了重要力量支持。随着中国人民革命取得全面胜利，建立人民当家做主的全国政权、带领全国各族人民建设新生活的历史重任提到了我们党面前。1948年4月30日，中共中央发布“五一口号”，提出“各民主党派、各人民团体、各社会贤达迅速召开政治协商会议，讨论并实现召集人民代表大会，成立民主联合政府。”这一正确主张立即得到各民主党派和无党派人士、各人民团体和各族各界人士响应和拥护。“五一口号”的发布成为创立人民政协、建立新中国的动员令。

1949年9月，中国人民政治协商会议第一届全体会议隆重召开，标志着人民政协正式成立。这次会议代表全国各族人民意志，代行全国人民代表大会职权，通过了具有临时宪法性质的《中国人民政治协商会议共同纲领》和《中国人民政治协商会议组织法》、《中华人民共和国中央人民政府组织法》，作出了关于中华人民共和国国都、国旗、国歌、纪年 4 个重要决议，选举产生了中国人民政治协商会议全国委员会和中华人民共和国中央人民政府委员会，宣告了中华人民共和国的成立。中华人民共和国的成立，实现了我国从几千年封建专制制度向人民民主制度的历史性跨越，开辟了中国历史新纪元。人民政协的成立，标志着中国共产党领导的多党合作和政治协商制度的确立。从此，人民政协在我国政治生活中发挥着不可替代的作用，为恢复和发展国民经济、巩固新生人民政权、推动各项社会改革，促进社会主义革命和建设、促进改革开放和社会主义现代化建设作出了重大贡献。

人民政协成立 60 年来，中国共产党始终高度重视和积极支持人民政协工作，坚持把人民政协事业发展纳入党和国家事业发展总体布局，推动人民政协事业不断发展壮大。以毛泽东同志为核心的中国共产党第一代中央领导集体，就人民政协的共同政治基础、中国共产党对统一战线和人民政协的领导、人民政协的性质和任务及工作方针提出一系列独创性的重要思想，明确阐述了人民代表大会成立后人民政协长期存在的必要性及其在国家政治生活中的地位和作用。毛泽东同志提出了中国共产党同各民主党派长期共存、互相监督的方针，确立了社会主义条件下我国多党合作的基本格局。这一时期，人民政协作为统一战线组织和民主协商机构，在完成社会主义改造、推动各种社会力量为实现党和国家总任务而奋斗、活跃国家政治生活、调整统一战线内部关系、扩大国际交往方面发挥了重要作用。

1978 年中共十一届三中全会以后，以邓小平同志为核心的中国共产党第二代中央领导集体明确提出新时期统一战线和人民政协的性质和任务，确立了中国共产党同各民主党派长期共存、互相监督、肝胆相照、荣辱与共的方针，人民政协事业进入新的发展时期。邓小平同志明确指出："人民政协是发扬人民民主、联系各方面人民群众的一个重要组织。中国的社会主义现代化建设事业，继续需要政协就有关国家的大政方针、政治生活和四个现代化建设中的各项社会经济问题，进行协商、讨论，实行互相监督，发挥对宪法和法律实施的监督作用。"人民政协的性质和作用被庄严载入宪法。这一时期，人民政协坚持以经济建设为中心，在协助拨乱反正、落实统一战线政策、实现"一国两制"构想、开展人民外交等方面做了大量工作，开创了人民政协事业新局面。

1989 年中共十三届四中全会以后，以江泽民同志为核心的中国共产党第三代中央领导集体，着眼于党和国家事业发展全局，把中国共产党领导的多党合作和政治协商制度确立为我国的一项基本政治制度，并通过修改宪法规定这项基本政治制度将长期存在和发展。中共中央明确新形势下政协工作的方针政策和原则，支持人民政协履行政治协商、民主监督、参政议政职能，推动人民政协履行职能各项工作走向制度化、规范化、程序化，推动人民政协事业取得新的长足发展。这一时期，人民政协适应国内外形势发展变化和中国特色社会主义事业发展要求，在促进社会主义物质文明、政治文明、精神文明建设等方面发挥了积极建言、广献良策的作用，在畅通党和政府同各界人士的联系、协调各方面关系等方面发挥了凝聚人心、汇聚力量的作用，在实现香港和澳门顺利回归祖国、促进祖国和平统一中发挥了独特作用。

中共十六大以来，中共中央在新的历史起点上继续把人民政协事业推向前进。中共中央从全面建设小康社会、加快推进社会主义现代化的新要求出发，先后颁发《关于进一步加强中国共产党领导的多党合作和政治协商制度建设的意见》、《关于加强人民政协工作的意见》、《关于巩固和壮大新世纪新阶段统一战线的意见》等与人民政协事业发展密切相关的重要文件，为新世纪新阶段人民政协事业发展提供了理论基础、政策依据、制度保障。中共十七大从发展社会主义民主政治、建设社会主义政治文明的战略高度，对加强和改进人民政协工作作出全面部署，要求人民政协推动制度创新和工作创新，更加奋发有为地履行好自身职能。这一时期，人民政协积极投身科学发展实践，为推进全面建设小康社会进程，为战胜历史罕见的特大自然灾害，为应对国际金融危机冲击、保持经济平稳较快发展，为促进社会和谐稳定，为推进"一国两制"实践和祖国和平统一，为维护世界和平、促进共同发展，作出了重要贡献，发挥着越来越重要的作用。

60 年来，人民政协事业深深植根于党和人民建设社会主义的伟大实践，融汇于实现中华民族伟大复兴的历史进程，为国家、为民族、为人民建立了不朽业绩。回顾历史，展望未来，人民政协事业创造了辉煌的过去，也必将创造出更加璀璨的未来！

此时此刻，我们更加深切地缅怀毛泽东同志、周恩来同志、邓小平同志、邓颖超同志、李先念同志等老一辈人民政协事业的伟大开拓者和卓越领导人。我们永远铭记所有为人民共和国建设和人民政协事业发展作出贡献的人们。他们的宝贵精神和历史功绩将永远激励我们在中国特色社会主义道路上继续把人民政协事业推向前进！

同志们、朋友们！

经过60年的实践，人民政协积累了丰富经验，形成了优良传统，为我们继续推进人民政协事业提供了重要启示。

——必须坚持把人民政协事业作为中国特色社会主义事业的重要组成部分，放在党和国家事业发展全局中部署和推进。中国特色社会主义事业是全国各族人民在中国共产党领导下创造自己美好生活的事业。人民政协的命运始终与党和人民事业紧密相连。我们要始终着眼于坚持和发展中国特色社会主义，更加自觉地坚持党关于人民政协的一系列方针政策，支持人民政协依照章程独立负责、协调一致地履行职能、开展工作，更好发挥在党和国家工作全局中的重要作用。围绕中心、服务大局是人民政协履行职能必须始终遵循的重要原则。人民政协要自觉围绕党和国家中心工作开展工作，自觉围绕党和国家决策部署谋划工作，始终做到同党和国家方向一致、目标一致、工作一致，为党和国家各项工作顺利开展作出贡献。

——必须坚持发挥人民政协作为中国共产党领导的多党合作和政治协商的重要机构作用，不断巩固和发展我国多党合作的政治格局。中国共产党领导的多党合作和政治协商制度作为我国的一项基本政治制度，是符合我国国情、具有鲜明中国特色的社会主义新型政党制度，能够在中国特色社会主义共同目标下把中国共产党领导和多党派合作有机结合起来，实现广泛参与和集中领导的统一、社会进步和国家稳定的统一、充满活力和富有效率的统一。人民政协对促进参加政协各党派和无党派人士团结合作，充分发挥各民主党派和无党派人士作用，推动党和国家决策科学化、民主化，改善中国共产党领导和加强各民主党派建设，巩固坚持和发展中国特色社会主义的共同政治基础具有重要作用。只有认真贯彻中国共产党同各民主党派长期共存、互相监督、肝胆相照、荣辱与共的方针，才能把中国共产党领导的多党合作和政治协商制度坚持好、完善好、发展好。

——必须坚持发挥人民政协作为大团结大联合组织的作用，不断为中华民族伟大复兴增添新力量。实现中华民族伟大复兴，必须紧紧依靠全国各族人民、紧紧依靠全体中华儿女。统一战线是中国共产党不断夺取革命、建设、改革事业胜利的重要法宝，也是实现祖国完全统一和中华民族伟大复兴的重要法宝。人民政协作为中国共产党领导的各党派、各团体、各民族、各阶层、各界人士大团结大联合的组织，是党和政府联系群众、团结各界的重要桥梁和纽带，是中华民族强大凝聚力的重要实现形式。要坚定不移支持人民政协高举爱国主义、社会主义旗帜，按照团结和民主两大主题履行职能、发挥优势，充分调动各方面积极性和主动性、广泛凝聚各方面智慧和力量，共同为实现党和国家奋斗目标而不懈努力。

——必须坚持以改革创新精神推进人民政协事业，永葆人民政协生机活力。中国特色社会主义事业需要一代又一代人继往开来、接力奋斗，人民政协事业也需要随着中国特色社会主义事业发展而发展。人民政协事业发展壮大是我们党不断着眼于新实践新发展、不断进行探索和创新的结果。只有牢牢把握时代脉搏，始终保持蓬勃朝气，不断推进人民政协理论创新、制度创新、工作创新，人民政协事业才能保持旺盛活力，在坚持和发展中国特色社会主义中发挥更大作用。

同志们、朋友们！

60年前，毛泽东同志在中国人民政治协商会议第一届全体会议上庄严宣告："我们的民族将从此列入爱好和平自由的世界各民族的大家庭，以勇敢而勤劳的姿态工作着，创造自己的文明和幸福，同时也促进世界的和平和自由。我们的民族将再也不是一个被人侮辱的民族了，我们已经站起来了。""我们将以一个具有高度文化的民族出现于世界。”60年来，中国共产党团结带领全国各族人民以自强不息、一往无前的进取精神，团结奋斗、艰苦创业、锐意进取，战胜各种艰难险阻，取得了举世瞩目的建设成就。我国相继实现了从半殖民地半封建社会到民族独立、人民当家做主新社会的历史性转变，从新民主主义革命到社会主义革命和建设的历史性转变，从高度集中的计划经济体制到充满活力的社会主义市场经济体制、从封闭半封闭到全方位开放的历史性转变，综合国力大幅跃升，人民生活明显改善，国际地位显著提高，彻底改变了旧中国积贫积弱、一穷二白的落后面貌。我们这个拥有5000多年悠久历史、为人类文明进步作出重大贡献的古老民族以崭新的面貌屹立在世界东方，我们伟大的祖国正在朝着建设富强民主文明和谐的社会主义现代化国家的宏伟目标阔步前进。

当前，我国正处在改革发展的关键阶段，机遇前所未有，挑战也前所未有，机遇大于挑战。当今世界正处在大发展大变革大调整之中，世界多极化、经济全球化深入发展，科技进步日新月异，国际金融危机影响深远，综合国力竞争更趋激烈，不稳定不确定因素增多。经过新中国成立以来特别是改革开放以来不懈努力，我国发展已经站在新的历史起点上，但仍处于并将长期处于社会主义初级阶段的基本国情没有变，人民日益增长的物质文化需要同落后的社会生产之间的矛盾这一社会主要矛盾没有变，同时我国发展呈现一系列新的阶段性特征、面临一系列新情况新问题。我国改革开放和社会主义现代化建设任务繁重，应对国际金融危机冲击、保持经济平稳较快发展任务繁重，推动科学发展、促进社会和谐任务繁重，保障和改善民生、维护社会稳定任务繁重。我们必须继续抓住和用好重要战略机遇期，全面推进经济建设、政治建设、文化建设、社会建设以及生态文明建设，全面建设小康社会、加快推进社会主义现代化、发展中国特色社会主义。

为了完成我们肩负的崇高使命，必须充分调动全民族的积极性、主动性、创造性，把各方面智慧和力量凝聚到党和国家事业中来。这就要求我们以保证人民当家做主为根本，以增强党和国家活力、调动人民积极性为目标，扩大社会主义民主，建设社会主义法治国家，发展社会主义政治文明。在这个伟大实践中，人民政协应该也完全可以发挥更大作用。

历史充分证明，人民政协这一中国特色政治组织和民主形式，是我国社会主义民主政治建设的伟大创造，既顺应世界民主发展潮流，又体现中国共产党和中国人民的政治智慧，具有强大生命力和远大前程，值得我们倍加珍惜、长期坚持。在新的历史条件下，人民政协要高举中国特色社会主义伟大旗帜，以邓小平理论和“三个代表”重要思想为指导，深入贯彻落实科学发展观，继承和发扬人民政协优良传统和宝贵经验，牢牢把握团结和民主两大主题，紧紧围绕党和国家工作大局，继续扎实有效地履行好政治协商、民主监督、参政议政职能，切实发挥好协调关系、汇聚力量、建言献策、服务大局的重要作用，为推进改革开放和社会主义现代化建设、推进祖国和平统一大业、维护世界和平与促进共同发展作出新的贡献。

第一，继续走中国特色社会主义政治发展道路。一个国家选择什么样的政治发展道路，是由这个国家的国情和国家性质决定的。中国特色社会主义政治发展道路是中国共产党领导中国人民在长期实践中走出的一条符合我国国情、顺应时代潮流，能够实现坚持党的领导、人民当家做主、依法治国有机统一，能够为国家富强、民族振兴、人民幸福、社会和谐提供根本政治保证的政治发展道路。人民政协要坚持走中国特色社会主义政治发展道路，不断夯实参加人民政协各党派、各团体、各民族、各阶层、各界人士团结奋斗的共同思想基础；坚定不移坚持中国共产党对人民政协的领导，紧紧围绕党的重大决策和工作部署履行职能、开展工作，确保党的路线方针政策在人民政协得到全面贯彻落实；充分发挥人民政协在扩大公民有序政治参与中的重要渠道和平台作用，广泛吸收各党派、各团体、各民族、各阶层、各界人士参与国事。人民通过选举、投票行使权利和人民内部各方面在重大决策之前进行充分协商，尽可能就共同性问题取得一致意见，是我国社会主义民主的两种重要形式。坚持通过充分协商增进共识、凝聚力量，对坚持党的领导、人民当家做主、依法治国有机统一，对发展我国社会主义民主政治、充分调动各方面坚持和发展中国特色社会主义的积极性和主动性，具有十分重要的意义。发展社会主义民主政治需要借鉴人类政治文明有益成果，但绝不照搬西方政治制度模式。人民政协要积极引导和推动参加人民政协各党派、各团体、各民族、各阶层、各界人士不断增进对中国特色社会主义的政治认同和思想认同，不断增强走中国特色社会主义政治发展道路的自觉性和坚定性。

第二，继续把推动科学发展作为履行职能的第一要务。人民政协人才荟萃、智力密集，能够为推动科学发展提供强大智力支持、奠定坚实群众基础。人民政协要深入学习领会科学发展观的科学内涵、精神实质、根本要求，切实把政协各参加单位和广大政协委员的思想和行动统一到中共中央决策部署上来，把积极性、主动性、创造性引导到推动科学发展上来，共同为转变发展方式、破解发展难题献计出力，形成推动科学发展的强大合力。要牢牢扭住经济建设这个中心，坚持聚精会神搞建设、一心一意谋发展，注重研究国外经济环境变化和国内经济运行新情况新问题，注意选择具有综合性、全局性、前瞻性的重大课题开展专题调研和协商议政活动，多想科学发展大事，多谋科学发展大计，努力为实现以人为本、全面协调可持续的科学发展建睿智之言、献务实之策。

第三，继续在促进社会和谐中发挥重要作用。在经济体制深刻变革、社会结构深刻变动、利益格局深刻调整、思想观念深刻变化的新形势下，人民政协要坚持把发扬民主、增进团结、协调关系、化解矛盾作为履行职能的重要着力点，努力为促进政党关系、民族关系、宗教关系、阶层关系、海内外同胞关系的和谐发挥积极作用。要坚持民主协商、平等议事、求同存异、体谅包容的原则，搞好中国共产党同各民主党派和无党派人士在人民政协的合作共事，支持各民主党派和无党派人士参与国家重大方针政策讨论协商及履行职责各项活动，维护和促进民主团结、生动活泼的政党关系。要认真贯彻党的民族政策和宗教政策，充分发挥民族、宗教界代表人士在人民政协中的作用，协助党和政府做好民族工作和宗教工作，促进民族团结、宗教和睦、社会稳定。要关注不同阶层利益诉求，协助党和政府妥善处理好各方面利益关系，团结和鼓励各阶层人士共同致力于中国特色社会主义事业。要坚持以人为本，倾听群众呼声，关心群众疾苦，围绕群众普遍关心的民生问题开展调查研究，反映社情民意，积极建言献策，促进实现全体人民学有所教、劳有所得、病有所医、老有所养、住有所居，推动形成社会和谐人人有责、和谐社会人人共享的生动局面。要高举爱国主义旗帜，广泛团结归侨侨眷和海外侨胞，密切同留学人员的联系，支持他们关心和参与祖国现代化建设与和平统一大业，增进海外华侨华人特别是新一代华侨华人对我国的了解和认同，增强中华民族凝聚力和向心力。要高举和平、发展、合作旗帜，贯彻独立自主的和平外交政策，弘扬民主、和睦、协作、共赢精神，按照国家外交总体部署和目标，加强同各国人民的友好往来，努力为推动建设持久和平、共同繁荣的和谐世界作出新的贡献。

第四，继续为推进祖国和平统一大业贡献力量。人民政协要贯彻中共中央对台工作方针政策，坚持一个中国原则，牢牢把握两岸关系和平发展的主题，充分发挥自身优势和作用，积极拓展同台湾岛内有关党派团体、社会组织、各界人士的联系和沟通，推动两岸交流合作向更广领域拓展，使两岸同胞联系更广泛、感情更融洽、合作更深化，推动两岸关系在新的起点上向前发展。要坚定不移贯彻“一国两制”、“港人治港”、“澳人治澳”、高度自治的方针，积极推动内地同香港、澳门的交流合作，加强同香港和澳门政团、社团及代表人士的联系，支持港澳委员在香港、澳门社会政治事务中发挥积极作用，鼓励他们为香港、澳门长期繁荣稳定和国家发展献计出力，不断发展壮大爱国爱港、爱国爱澳力量。要坚定不移维护祖国统一，坚定不移维护国家主权、安全、领土完整，坚决反对一切分裂势力和分裂行径。

第五，继续加强人民政协自身建设。人民政协要坚持解放思想、实事求是、与时俱进，弘扬求真务实精神，大兴求真务实之风，主动适应新形势新任务的要求，按照宪法和政协章程的规定，不断加强自身各项建设。要注重发挥人民政协界别优势，扩大人民政协团结面和包容性，切实发挥政协界别作为扩大社会各界有序政治参与的重要渠道作用，积极探索开展界别活动新方法新途径，充分调动各界别参政议政积极性。要注重加强政协委员队伍建设，完善委员推选制度，优化委员构成，强化委员学习培训、提高委员整体素质，尊重委员首创精神、维护委员民主权利，鼓励和引导广大委员深入实际、走向基层、贴近群众，在报效国家、服务人民实践中施展才华、建功立业。各级政协委员要切实发挥在本职工作中的带头作用、政协工作中的主体作用、界别群众中的代表作用，自觉树立和展示政协委员良好形象。要切实发挥好政协专门委员会作用，提高专门委员会组成人员政治和业务素质，积极探索专门委员会工作新思路新方式，切实增强工作活力和成效。要加强政协机关建设，着力提高全局观念、服务意识，增强政务性服务能力和统筹协调能力，为人民政协有效履行职能、顺利开展工作提供有力保障。

同志们、朋友们！

加强和改善对人民政协的领导，推动人民政协卓有成效地开展工作，充分发挥人民政协在国家政治生活中的作用，是中国共产党加强和改善党的领导的重要内容，对提高党的执政能力、巩固党的执政地位具有重要意义。各级党委要从发展社会主义民主、推动科学发展、促进社会和谐的战略高度，进一步提高对人民政协工作重要性的认识，进一步加强和改善对人民政协的领导，保证中央关于加强人民政协工作各项方针政策落到实处，更好运用人民政协这一政治组织和民主形式为实现党的总目标总任务服务。

开展政治协商、民主监督、参政议政是人民政协的主要职能。各级党委要按照党的十七大作出的战略部署，切实支持人民政协围绕团结和民主两大主题履行职能，积极推进政治协商、民主监督、参政议政制度建设。要增强开展政治协商的自觉性和主动性，规范协商内容，丰富协商形式和层次，切实把政治协商纳入决策程序。要积极探索和完善民主监督机制，畅通民主监督渠道，建立健全制度，寓民主监督于政协委员提案、进行视察、参与工作检查等活动之中，提高民主监督质量和成效。要积极采纳人民政协提出的真知灼见，真正使人民政协参政议政成为充分反映民意、广泛集中民智、切实改进工作、提高党的执政能力的有效方式和重要途径。

各级党委要善于通过人民政协中的党组织和党员干部贯彻党的理论和路线方针政策，贯彻党委的重大决策和工作部署。要关心支持政协党组工作，定期听取政协党组工作汇报，及时研究并统筹解决政协工作中的重大问题。要着眼于统一战线和人民政协事业长远发展，充分发挥政协党组在政协委员队伍建设中的作用。各级政协党组要坚定不移贯彻党的基本理论、基本路线、基本纲领、基本经验，坚定不移贯彻执行党关于人民政协的方针政策，把党的重大决策和工作部署贯彻到人民政协全部工作中去，使党的主张成为各民主党派和无党派人士、各人民团体和各族各界人士的广泛共识。要重视发挥政协委员中的共产党员和政协机关中的共产党员作用，使他们真正成为合作共事的模范、发扬民主的模范、求真务实的模范、廉洁奉公的模范。各级党委要重视人民政协理论建设，发挥各级人民政协理论研究会作用，切实把人民政协理论研究纳入马克思主义理论研究和建设工程，纳入我国哲学社会科学总体发展规划。要把人民政协理论列入各级党校、行政学院、干部学院、社会主义学院的教学计划，加大对领导干部有关统一战线和人民政协理论知识培训力度。要广泛宣传中国共产党领导的多党合作和政治协商制度，宣传人民政协性质、地位、作用以及人民政协履行职能情况，形成有利于人民政协事业发展的良好社会氛围。

各级人民政协组织的干部是做好政协工作的重要组织保证。各级党委要统筹政协领导班子和同级党政领导班子配备，把政治坚定、作风民主、年富力强、热心和熟悉政协工作的同志充实到政协领导班子中去。要关心政协干部成长和进步，把政协干部培养选拔使用纳入干部队伍建设总体规划，推进政协组织和党委、政府之间的干部交流，充分调动政协干部工作积极性、主动性、创造性，努力培养造就一支政治坚定、作风优良、学识丰富、业务熟练的高素质政协干部队伍。

同志们、朋友们！

人民政协60年的伟大历程已经载入人民共和国的光辉史册，人民政协事业更新更美的图画正等待我们去描绘。让我们更加紧密地团结起来，高举中国特色社会主义伟大旗帜，坚持和完善中国共产党领导的多党合作和政治协商制度，巩固和壮大最广泛的爱国统一战线，为夺取全面建设小康社会新胜利、开创中国特色社会主义事业新局面、谱写中华民族伟大复兴新篇章而共同奋斗！

附录：有关政治协商、多党合作的重要新闻报道

温家宝同国务院参事和中央文史馆馆员座谈

（2009年1月16日）

新春佳节即将到来之际，新聘国务院参事、中央文史馆馆员聘书颁发仪式16日在北京举行。中共中央政治局常委、国务院总理温家宝出席仪式，向新聘国务院参事、中央文史馆馆员颁发聘书，并与部分参事、馆员座谈，向大家致以节日的问候和亲切的祝福。

中南海紫光阁内水仙飘香，暖意融融。下午3时许，聘书颁发仪式开始。在热烈的掌声中，温家宝向新聘的冯骥才等9位国务院参事和任继愈等6位中央文史馆馆员颁发聘书。

随后，温家宝来到国务院小礼堂，和部分参事、馆员进行座谈，听取大家的意见和建议。座谈会上，新老参事和馆员踊跃发言，直抒胸臆。陈全训、袁行霈、冯骥才、刘志仁、张元方、舒乙、车书剑等围绕扩内需、保增长和深化医疗卫生、教育、文化、科技等领域的改革和发展问题献计献策，坦诚直言。温家宝凝神倾听，不时插话，和大家亲切交流。

座谈结束时，温家宝充满感情地对大家说，今天的座谈会开得很好。参事、馆员们畅所欲言，讲了许多很好、很重要的意见。从大家的发言可看出，参事室、文史馆的工作，在原有的基础上有了新进展。我对大家取得的成绩表示祝贺。

温家宝指出，国务院参事室、中央文史研究馆是毛主席、周总理亲自提议设立的。今年是参事室成立60周年，文史馆成立58周年。半个多世纪来的实践表明，参事工作、文史馆工作是党的统一战线工作的重要方面，是政府工作的组成部分，是我国民主政治的具体体现。

温家宝结合当前形势，就进一步发挥参事室、文史馆的作用提出三点要求：第一，提高建言献策的质量和水平。在当前应对全球金融危机的重要关头，经济形势瞬息万变，国务院的科学决策非常需要来自基层、来自实际、来自群众的真实信息，需要各方面提供咨询和决策依据，需要及时了解各项决策部署的贯彻落实情况。希望大家围绕国务院的中心工作，组织开展一些重大问题的调研，多提一些有分量的意见和建议，努力当好国务院工作的参谋和助手。第二，发挥好民主监督的作用。参事、馆员来自社会各个方面，了解基层实际情况和群众呼声，了解政府工作的缺点和不足。希望大家本着知无不言、言无不尽的态度，对政府工作提出意见、建议和批评。这是对政府的信任和监督，也是对国家事业的关心和支持。第三，在推进国家文化建设中发挥独特优势。“文以载道。”文化更具有永久性。文化的力量熔铸在民族的生命力、创造力和凝聚力之中。化解人与自然、人与人、人与社会等种种矛盾，必须依靠文化的熏陶、教化和激励作用，通过有说服力的、贴近民众的方式，将真诚、公平、正义等理念，潜移默化地植入民众的心田。只有这样，社会才能健康、有序、和谐和可持续发展。

温家宝强调，金融危机给文化的发展带来了新的机遇。应对危机最重要的是信心，而信心的增强，源自文化底蕴和科学精神。中华文化博大精深，蕴涵着巨大的精神力量。《周易》上说：“天行健，君子以自强不息。”这是中国人做人的信条，也是中国人于危难之际不畏惧、不退缩的文化源泉。有了这种精神，我们会对未来抱乐观态度，坚定战胜金融危机的信心；有了这种信念，我们会永不言败，坚韧前行。

温家宝最后要求有关部门要为参事、馆员履行职责、发挥作用创造良好条件，对他们政治上关心、工作上支持、生活上照顾。参事室机关要加强自身建设，切实做好为参事、馆员服务的各项工作。

国务委员兼国务院秘书长马凯，全国政协副主席、中央统战部部长杜青林出席座谈会。

（新华社电）

中共中央举行党外人士迎春座谈会

（2009 年 1 月 22 日）

在中国人民的传统节日春节即将到来之际，中共中央 22 日下午在中南海召开党外人士迎春座谈会，邀请各民主党派中央、全国工商联的领导同志和无党派人士代表欢聚一堂，共商国是，畅叙友情，喜迎新春。中共中央总书记、国家主席、中央军委主席胡锦涛代表中共中央、国务院，向各民主党派中央、全国工商联的领导同志和无党派人士，向统一战线广大成员，致以新春的祝福。胡锦涛强调，要完成今年各方面的任务，必须依靠包括各党派、各团体、各民族、各阶层、各界人士在内的全国人民团结奋斗。希望各民主党派、工商联和无党派人士积极履行参政议政、民主监督职能，不断提高建言献策水平，继续为全面建设小康社会、加快推进社会主义现代化贡献智慧和力量。

座谈会由中共中央政治局常委、全国政协主席贾庆林主持。中共中央政治局常委、书记处书记、国家副主席习近平，中共中央政治局常委、国务院副总理李克强，中共中央书记处书记、中央办公厅主任令计划，全国政协副主席、中央统战部部长杜青林出席。

座谈会上，民革中央主席周铁农、民盟中央主席蒋树声、民建中央主席陈昌智、民进中央主席严隽琪、农工党中央主席桑国卫、致公党中央主席万钢、九三学社中央主席韩启德、台盟中央主席林文漪、全国工商联主席黄孟复、无党派人士代表陈竺等先后发言。他们认为，在过去的一年中，中国共产党团结带领全国各族人民，积极应对国际国内严峻挑战，同心同德，顽强拼搏，夺取了社会主义经济建设、政治建设、文化建设、社会建设以及生态文明建设新的显著成就。这充分展示了中华民族的伟大凝聚力，展示了中国共产党的执政能力。大家围绕推动科学发展、应对国际金融危机冲击、促进社会和谐、支持中小企业发展、加强农村人才队伍建设、提高自主创新能力等问题提出了意见和建议。

胡锦涛在认真听取大家的发言后发表了重要讲话。他在回顾了 2008 年党和国家工作后说，在过去的一年中，各民主党派中央、全国工商联和无党派人士紧紧围绕党和国家中心工作和人民群众关心的实际问题深入调查研究、积极建言献策，积极投身应对重大自然灾害的斗争，热心关注奥运、支持奥运、奉献奥运，为推动经济发展、促进社会和谐稳定作出了重要贡献。胡锦涛代表中共中央向大家表示衷心的感谢。

胡锦涛强调，2009 年，是新中国成立 60 周年，是推进“十一五”规划顺利实施的关键一年，做好今年各项工作具有十分重要的意义。我们要全面贯彻中共十七大、十七届三中全会和中央经济工作会议精神，以邓小平理论和“三个代表”重要思想为指导，深入贯彻落实科学发展观，紧紧围绕保持经济平稳较快发展这一经济工作的首要任务，切实做好保增长、保民生、保稳定工作。

胡锦涛指出，当前，发挥好参政党作用，最主要的是要为保增长、保民生、保稳定作出积极贡献。面对来自国际国内的严峻挑战，保持经济平稳较快发展，是对中国共产党执政能力的重大考验，也是对各民主党派参政能力的重大考验。希望同志们自觉把服务科学发展作为工作着力点，充分发挥自身优势，多建推动科学发展之言，多谋推动科学发展之策，多尽推动科学发展之力，为保持经济平稳较快发展作出新的更大的贡献。

胡锦涛指出，今年，我们将迎来人民政协成立和中国共产党领导的多党合作和政治协商制度确立 60 周年。60 年的实践充分证明，中国共产党领导的多党合作和政治协商制度，体现了社会主义民主政治的本质要求，显示出巨大优越性和强大生命力。我们要从建设社会主义政治文明的高度，认真总结中国共产党同各民主党派团结合作 60 年的宝贵经验，着眼于适应新形势、完成新任务，继续把中国共产党领导的多党合作和政治协商制度坚持好、完善好、发展好。

胡锦涛指出，在政治上形成广泛共识，是各民主党派、无党派人士同中国共产党亲密合作的基础。希望同志们把思想建设作为政治交接和自身建设的核心，深入开展多党合作历史和光荣传统教育，加深广大成员和所联系的群众对多党合作历史和优良传统的认识，不断提高思想政治素质，增强接受中国共产党领导的自觉性和坚定性，坚定不移地走中国特色社会主义政治发展道路。

应邀出席座谈会的还有张梅颖、张榕明、厉无畏、罗富和、陈宗兴、王志珍和何鲁丽、成思危、许嘉璐、蒋正华、孙孚凌、万国权、王文元、罗豪才、张克辉、张怀西、李蒙，以及各民主党派中央、全国工商联有关负责人和无党派人士代表。

中央和国家机关有关部门负责同志参加座谈会。

（《人民日报》）

温家宝主持召开五次座谈会征求对政府工作报告的意见

（2009 年 2 月 6 日至 13 日）

2 月 6 日至 13 日，国务院总理温家宝在中南海主持召开五次座谈会，征求对即将提请十一届全国人大二次会议审议的《政府工作报告（征求意见稿）》的意见。各民主党派中央、全国工商联负责人和无党派人士，经济、社会领域专家学者，科技、教育、卫生、文化、体育界代表，企业界代表和工人、农民等基层群众代表，分别出席了座谈会。

在座谈会上，大家一致认为，去年是我国发展进程中极不寻常、极不平凡的一年。在党中央、国务院领导下，全国各族人民迎难而上，奋力拼搏，全面夺取抗击特大自然灾害的重大胜利，成功举办北京奥运会，积极应对历史罕见国际金融危机的严重冲击，全力保持国民经济平稳较快增长，切实加强以改善民生为重点的社会建设，努力提高城乡居民生活水平，改革开放和现代化事业取得了振奋人心的重大成就。《报告》稿估价过去一年取得的成绩和进步实实在在、恰如其分，分析存在的困难和问题清醒深刻、抓住要害；部署 2009 年政府工作思路清晰，措施有力，贯穿了应对国际金融危机冲击、保持经济平稳较快发展的主线，重点解决关系经济社会发展全局的重大问题，以及人民群众关心的热点难点问题。大家一致赞同《报告》稿的框架结构和主要内容，并就《报告》的具体修改和做好政府工作，提出了意见和建议。

民革中央主席周铁农、民盟中央主席蒋树声、民建中央主席陈昌智、民进中央主席严隽琪、农工党中央主席桑国卫、致公党中央主席万钢、九三学社中央主席韩启德、台盟中央主席林文漪、全国工商联主席黄孟复、无党派人士陈章良在发言中，充分肯定去年政府工作取得的成绩，对今年政府工作的各项部署表示赞成。他们还分别就进一步加强“三农”工作、扩大居民消费需求、加快小城镇和县域经济发展、支持科技创新和文化产业发展、加强节能减排和环境保护、促进中小企业发展和改善民生等方面，提出了许多好的建议。

经济、社会领域的 10 位专家认为，过去一年政府工作最突出的特点，就是针对国际经济形势的急剧变化，正确把握宏观调控的方向、重点、力度和节奏，出手快、出拳重、措施准、工作实，调控的预见性、针对性和有效性显著增强，充分展示出从容应对复杂局面的胆识和驾驭市场经济的能力。实践证明中央的决策部署是完全正确的。专家们建议，要统筹协调扩大内需和稳定出口的关系，增加投资和刺激消费的关系，结构调整和科技支撑的关系，促进增长和改善民生的关系。要千方百计巩固和加强农业基础地位，千方百计扩大城乡就业，特别是大学生和农民工就业，加快推进投资、金融、社会领域改革。

参加企业界座谈会的，既有国有大公司和大集团负责人，也有非公有制经济和中小企业负责人；既有汽车、钢铁、能源、运输企业代表，也有金融、科技、房地产企业代表。大家认为，企业应对危机要加快产品结构调整，依靠技术、质量、管理，增强竞争优势，扩大市场份额。国有大型企业负责人傅成玉、邓崎林、魏家福、甄少华等，重点就保障能源供应、推动企业兼并重组、促进房地产业健康发展等，提出了意见和建议。奇瑞汽车股份有限公司董事长尹同耀认为，要大力支持企业创造更多的自主品牌，在国际竞争中赢得主动。海信集团有限公司董事长周厚健说，家电下乡政策让农民得实惠、企业得市场、政府得民心、经济得发展，他建议政府扩大家电下乡范围。招商银行行长马蔚华、浙江泰隆商业银行董事长王钧提出，要尽快解决中小企业融资中征信、担保、监管等问题，调动银行为中小企业服务的积极性。北京华旗资讯数码科技有限公司总裁冯军建议，政府要帮助科技型中小企业建立海外研发、生产和营销基地。其他代表还就引导企业履行社会责任、转变经济发展方式、促进资本市场稳定健康发展等问题，提出了建议。

在教育、科技、文化、卫生、体育界代表座谈会上，中山大学校长黄达人说，近年来我国高等教育快速发展，当前最重要的是提高大学教育质量，面向国家现代化建设需要，培养德智体全面发展的高素质人才。河南濮阳县职业技术学校校长吴公芳、陕西子洲县第二中学校长吴怿分别就进一步办好职业教育、加强农村中小学教师培训和校舍建设等，提出了建议。科技界代表李宁就加大支持科技创新力度、促进科技与经济紧密结合，发表了意见。卫生界饶克勤、李大魁、陈亚光分别就推进医药卫生体制改革、加强基层医疗人才队伍和服务能力建设、探索医药分开有效机制和保持公立医院公益性等，谈了看法。著名导演冯小刚建议政府加大对文化产业支持力度，在扩大内需中满足群众日益增长的文化需求。新闻出版界王涛、体育界张蓉芳分别就设立国家读书节、关心运动员成长和办好全运会等问题，提出了建议。

参加基层座谈会的 13 位代表，有乡镇民政助理员、种粮和养殖大户、技术工人、返乡农民工、应届大学毕业生、社区民警、乡镇卫生院医生、大学和小学教师等。他们都是第一次被请进中南海，与国务院领导面对面发表来自基层的意见和建议，显得十分激动。四川省汶川县映秀镇政府民政助理员李云梅深情地说，在党中央、国务院的关怀下，目前灾区群众吃饱穿暖安全过冬，学生们安心读书，工农业生产逐步恢复，重建家园有劲头，美好生活有奔头，盼望加快住房和校舍建设，解决“三孤”人员后顾之忧。来自河南省内乡县的秦英林是位大学生“猪倌”，他就稳定生猪生产扶持政策，加强疫病防控，推广优良品种，解决信贷抵押等问题提出建议。湖南省湘阴县种粮大户周翼，提出了扩大双季稻种植面积，加强粮食主产区基础设施建设，推广农业实用技术等方面的意见。来自四川雅安市农村的古甲伟是从浙江返乡的农民工，他建议在城市设立农民工综合服务中心，提高职业技能培训质量，制定农民工养老和医疗保险转移接续办法。清华大学法学院应届本科毕业生陈威涛说，全社会都要重视大学生就业问题，大学生也要转变择业观念，投身到基层一线去。其他代表还就完善新型农村合作医疗制度、统筹城乡义务教育发展、发挥高技能人才作用、维护社会稳定等问题提出建议。

温家宝在这五次座谈会上讲了话。他感谢社会各界对政府工作的关心和支持。他说，大家竭诚尽智，建言献策，提出许多宝贵的意见建议，对修改好《政府工作报告》和改进政府工作有很大帮助，国务院将认真研究、吸收。他说，今年的政府工作报告应该是一份增强信心的报告、落实行动的报告。要认清形势，深刻认识国际金融危机的严峻性和不确定性，对困难估计得更充分一些，采取的政策措施力度更大一些。要坚定信心，我国经济基本面和长期发展向好的趋势没有改变，我们完全有信心、有条件、有能力战胜面临的困难。要正确决策，越是困难的时候越要坚持科学民主决策，使政府工作经得起实践和人民的检验。要狠抓落实，决策的效果取决于政策的力度和执行的速度。只要把中央扩内需、调结构、保增长、惠民生的措施一件一件落到实处，紧紧依靠全国人民，发愤图强，共克时艰，整个经济形势就会一天一天好起来，我们确定的各项目标就一定能够实现。

国务院副总理李克强、回良玉、张德江、王岐山，国务委员刘延东、梁光烈、马凯、孟建柱、戴秉国，全国政协副主席、中共中央统战部部长杜青林和有关部门负责同志分别参加了座谈会。

全国政协十一届二次会议在京开幕

（2009 年 3 月 3 日）

坚定信心保增长，凝聚人心促和谐。中国人民政治协商会议第十一届全国委员会第二次会议 3 日下午在人民大会堂开幕。今后 9 天里，2000 多位政协委员将就关系我国改革发展稳定大局和人民群众切身利益的重要问题积极建言献策，切实履行职能，并就如何进一步做好全国政协的各项工作发表见解。

人民大会堂红旗招展，万人大礼堂内灯火辉煌。象征全国各族人民大团结的政协会徽悬挂在主席台正中，两侧分列十面鲜艳的红旗。

全国政协主席贾庆林，全国政协副主席王刚、廖晖、杜青林、帕巴拉·格列朗杰、白立忱、陈奎元、阿不来提·阿不都热西提、李兆焯、黄孟复、董建华、张梅颖、张榕明、钱运录、孙家正、李金华、郑万通、邓朴方、万钢、林文漪、厉无畏、罗富和、陈宗兴、王志珍在主席台前排就座。

党和国家领导人胡锦涛、吴邦国、温家宝、李长春、习近平、李克强、贺国强、周永康等在主席台就座，祝贺大会召开。

全国政协十一届二次会议应出席委员 2235 人，实到 2160 人，符合法定人数。

下午 3 时，王刚宣布大会开幕，全体起立，唱国歌。

大会首先审议通过了政协第十一届全国委员会第二次会议议程。

贾庆林代表政协第十一届全国委员会常务委员会，向大会报告工作。

贾庆林从 6 个方面总结了过去一年人民政协的工作。他指出，2008 年，是党和国家事业发展进程中很不寻常、很不平凡的一年，也是十一届全国政协的开局之年。人民政协高举爱国主义、社会主义旗帜，牢牢把握团结和民主两大主题，坚持中国特色社会主义政治发展道路，充分发挥协调关系、汇聚力量、建言献策、服务大局的重要作用，与祖国和人民同呼吸、共命运，众志成城、共克时艰，经受了一场又一场重大考验和精神洗礼，为全面建设小康社会、加快推进社会主义现代化、促进祖国和平统一大业作出了重要贡献，实现了本届政协的良好开局。

贾庆林强调，2009 年，是新中国成立 60 周年，是人民政协成立 60 周年，也是妥善应对国际金融危机冲击、推动党和国家事业实现新发展的关键一年。人民政协工作的总体思路是：全面贯彻中共十七大和十七届二中、三中全会精神，高举中国特色社会主义伟大旗帜，以邓小平理论和“三个代表”重要思想为指导，深入贯彻落实科学发展观，继续贯彻《中共中央关于加强人民政协工作的意见》，系统总结人民政协成立 60 年的宝贵经验，把保持经济平稳较快发展作为首要任务，把维护社会和谐稳定作为重要责任，认真履行政治协商、民主监督、参政议政职能，坚定信心、迎难克艰，为继续全面建设小康社会、加快推进社会主义现代化凝聚强大力量，作出积极贡献。

贾庆林指出，新的一年，人民政协要着力用科学发展观指导推动工作，着力推动经济平稳较快发展，着力促进民生改善与社会和谐稳定，着力加强同港澳台侨同胞的大团结大联合，着力拓展人民政协的对外友好交往，着力加强人民政协的自身建设，在中国特色社会主义政治发展道路上把人民政协事业不断推向前进。

张榕明代表政协第十一届全国委员会常务委员会，向大会报告政协十一届一次会议以来的提案工作情况。一年来，政协委员、政协各参加单位、政协各专门委员会共提交提案 5056 件，经审查，立案 4738 件。截至 2009 年 2 月 20 日，99.03% 的提案已经办复。

在主席台就座的领导同志还有：王乐泉、王兆国、王岐山、回良玉、刘淇、刘云山、刘延东、李源潮、汪洋、张高丽、张德江、俞正声、徐才厚、郭伯雄、薄熙来、何勇、令计划、王沪宁、路甬祥、乌云其木格、韩启德、华建敏、陈至立、周铁农、李建国、司马义·铁力瓦尔地、蒋树声、陈昌智、严隽琪、桑国卫、梁光烈、马凯、孟建柱、戴秉国、王胜俊、曹建明等。

中共中央、国务院有关部门负责人应邀列席开幕大会。各国驻华使节应邀旁听开幕大会。

（新华社电）

中共中央总书记、国家主席、中央军委主席胡锦涛看望出席全国政协十一届二次会议民盟、民进界委员并参加联组讨论 中共中央政治局常委、全国政协主席贾庆林参加看望和讨论

（2009 年 3 月 4 日）

4 日下午，胡锦涛参加了民盟、民进界委员联组会。会上，吴正德、史贻云、潘贵玉、梁晓声等 12 位委员先后发言，大家各抒己见，会场气氛十分活跃。在听取委员们发言后，胡锦涛就确保粮食安全、加强农村教育、发展新能源汽车等话题同大家交流看法，并作了重要讲话。他指出，今年是新中国成立 60 周年，是应对国际金融危机冲击、保持我国经济平稳较快发展的关键一年。切实做好保增长、保民生、保稳定各项工作，对于维护改革发展稳定大局，推进全面建设小康社会进程，具有十分重要的意义。全国各党派、各团体、各民族、各阶层、各界人士要把思想和行动统一到中央对经济形势的分析判断上来、统一到中央的决策部署上来，发扬伟大民族精神，坚定信心、同心同德，迎难而上、共克时艰。胡锦涛希望各民主党派、工商联和无党派人士紧紧围绕党和国家工作大局，为完成保持经济平稳较快发展的首要任务作出新贡献；紧紧围绕深入实施科教兴国战略，为推进建设创新型国家进程作出新贡献；紧紧围绕推动社会主义文化大发展大繁荣，为提高全民族思想道德素质和科学文化素质作出新贡献。胡锦涛强调，中国共产党领导的多党合作和政治协商制度确立 60 年来的实践充分证明，坚持和完善这一制度，符合全国各族人民的根本利益，体现了社会主义民主政治的本质要求。要在深入总结这一制度 60 年来伟大实践和宝贵经验的基础上，进一步把各民主党派参政议政、民主监督职能履行好、发挥好，进一步把中国共产党领导的多党合作和政治协商制度巩固好、发展好。贾庆林参加了看望和讨论。

（新华社电）

胡锦涛、贾庆林参加民盟、民进组委员联组讨论侧记

（2009 年 3 月 4 日）

4 日下午的全国政协礼堂灯火辉煌，民盟、民进组联组讨论在这里进行。

15 点整，在委员们的热切期盼中，中共中央总书记、国家主席、中央军委主席胡锦涛和中共中央政治局常委、全国政协主席贾庆林来到委员们中间，看望大家并与委员们共商国是。

委员们刚坐下，主持人全国政协副主席、民进中央常务副主席罗富和提醒：“机会难得，大家要抓紧时间，更要说真话。”

“由于农民种粮‘不划算’，惠农补贴难以弥补农民种粮亏损，我们在调研中发现农村耕地弃田撂荒

现象愈演愈烈，且在各个省份都存在。”民盟中央副主席吴正德直言不讳，农民现在的种粮积极性并不高。他再三表示，要确保补贴标准让农民“有利可图”，努力提高农民种粮积极性。

胡锦涛听了吴正德的发言点了点头说：“粮食问题也是中央高度关注的问题，农业是国民经济的基础，粮食更是基础的基础，中央会进一步完善相关政策，调动农民种粮积极性。”

教育是民族振兴的基石，也一直是民盟和民进的共同关注点。民盟中央副主席徐辉，民进中央秘书长赵光华，民进海南省委会主委史贻云在发言中不约而同地谈到教育问题，引起了胡锦涛的注意。

“去年5月，我在西部调研农村学校教师队伍建设状况时，亲眼见到了104名小学生挤在一个简陋的教室认真学习的场景。我为西部人不畏艰难、艰苦办学的精神深深感动，也为教育发展的巨大区域差别、城乡差别所震撼。”一直为教育公平鼓呼的徐辉呼吁：“农村义务教育与城市最大的差距在师资水平，城市中的教育公平问题也应该引起重视。”

“要大力发展农村职业教育，破解农村‘经验型’劳动力过剩与新农村建设人才不足的矛盾。”史贻云建议整合农村教育培训资源，构建立体的农民终身教育体系。

“民办教育尚没有得到足够重视，规模不大，层次较低，质量不高。”赵光华提出，希望按照《民办教育促进法》的规定，完善制度环境，真正把“促进”两个字落到实处。

胡锦涛十分认真地对三位委员回应说：“我同意你们的观点，尤其是农村教育问题，要实现教育公平我们还有大量的工作要做。”

“目前我国存在的就业问题是典型的结构性就业难。”民进中央副主席潘贵玉谈到今年的另一个民生热点——就业问题。她解释说，一方面内地、农村、偏远贫困基层缺乏管理和服务人才，另一方面，以大学生为代表的高端人力资源却面临严重的市场“过剩”。

潘贵玉的建议直指核心：“剥离户籍制度和身份制度背后附带的社会福利保障，降低人才流动的成本和门槛。”

“我国汽车保有量到2020年将超过1.5亿辆，年耗油将突破2.5亿吨，巨大的市场需求与严峻的能源环境约束之间的矛盾异常尖锐，发展自主知识产权的节能环保汽车，实现能源转型与产业振兴势在必行。”民盟中央副主席欧阳明高针对金融危机建议。

民盟中央委员谢卫更进一步提出，不仅能源需要转型，保增长要更加重视经济结构的调整，避免再次陷入投资拉动型经济结构。

委员们的论述有数据、有实例，胡锦涛不时勾画着要点。

在一片热烈的气氛中，时间悄然流逝。“时间不早了!”主持人罗富和刚要请总书记发言，胡锦涛看着依然踊跃的委员说：“我看好像还有想发言的，让大家再说说。”

委员们已经跃跃欲试，一个男中音首先响起：“我同意欧阳明高的观点，从扩大内需方面讲，目前我国50%以上的汽车配件都使用进口产品，其实我们国内完全可以自己生产，希望政府能进一步鼓励和扶持民族品牌。”民进中央的蔡继明委员得到额外发言的机会，格外激动。

另一位获得机会的民盟中央李利君委员则针对目前中小企业发展的艰难处境，希望政府帮助解决制约中小企业发展的法制环境问题。

“既然是一起讨论，那我也发个言。”胡锦涛对委员们提出的意见和建议表示肯定。他说：“大家提出的问题我们会认真加以研究，在集思广益的基础上不断完善各项工作。希望民主党派继续积极建言献策，为国家各项事业的发展贡献力量。”

“让我们再一次感谢总书记的到来!”在掌声中，总书记摆摆手：“不，要感谢各位委员，你们提出了很好的意见和建议。”

掌声更加响亮。

（《人民政协报》）

十一届全国人大二次会议在京开幕

（2009 年 3 月 5 日）

第十一届全国人民代表大会第二次会议 5 日上午在人民大会堂开幕。国务院总理温家宝向大会作政府工作报告时指出，综观国际国内形势，我国仍处于重要战略机遇期。只要我们紧紧依靠党的领导和全国各族人民，就没有克服不了的困难，就一定能够把国际金融危机的不利影响降到最低程度，就一定能够推动经济社会又好又快发展。

雄伟的人民大会堂气氛庄严热烈。万人大礼堂里灯火辉煌，主席台帷幕中央国徽高悬，10 面鲜艳的红旗分列两侧。近 3000 名全国人大代表，肩负人民重托，出席今天的盛会。

会议由大会主席团常务主席、执行主席吴邦国主持。大会主席团常务主席、执行主席王兆国、路甬祥、乌云其木格、韩启德、华建敏、陈至立、周铁农、李建国、司马义·铁力瓦尔地、蒋树声、陈昌智、严隽琪、桑国卫在主席台执行主席席就座。

胡锦涛、温家宝、贾庆林、李长春、习近平、李克强、贺国强、周永康等和大会主席团成员在主席台就座。

上午 9 时，吴邦国宣布：中华人民共和国第十一届全国人民代表大会第二次会议开幕。随后，全体起立，高唱国歌。

温家宝代表国务院向大会作政府工作报告。报告共分三个部分：一、2008 年工作回顾；二、2009 年工作总体部署；三、2009 年主要任务。

温家宝在回顾一年来的工作时说，2008 年是极不平凡的一年。我国经济社会发展经受住了历史罕见的重大挑战和考验。在中国共产党领导下，全国各族人民迎难而上，奋力拼搏，战胜各种艰难险阻，改革开放和社会主义现代化建设取得新的重大成就。温家宝从三个方面总结了一年来的主要工作：及时果断调整宏观经济政策，全力保持经济平稳较快发展；统筹经济社会发展，全面加强以改善民生为重点的社会建设；积极推进改革开放，为经济社会发展注入新的活力和动力。

温家宝在报告 2009 年工作总体部署时说，今年国民经济和社会发展的主要预期目标是：国内生产总值增长 8% 左右，经济结构进一步优化；城镇新增就业 900 万人以上，城镇登记失业率 4.6% 以内；城乡居民收入稳定增长；居民消费价格总水平涨幅 4% 左右；国际收支状况继续改善。做好今年政府工作，必须把握好以下原则：扩内需、保增长；调结构、上水平；抓改革、增活力；重民生、促和谐。

温家宝说，2009 年的政府工作，要以应对国际金融危机、促进经济平稳较快发展为主线，统筹兼顾，突出重点，全面实施促进经济平稳较快发展的一揽子计划。要着力抓好七方面工作：加强和改善宏观调控，保持经济平稳较快发展；积极扩大国内需求特别是消费需求，增强内需对经济增长的拉动作用；巩固和加强农业基础地位，促进农业稳定发展和农民持续增收；加快转变发展方式，大力推进经济结构战略性调整；继续深化改革开放，进一步完善有利于科学发展的体制机制；大力发展社会事业，着力保障和改善民生；推进政府自身建设，提高驾驭经济社会发展全局的能力。

温家宝还就国防和军队建设，香港、澳门和台湾问题以及我国的外交政策作了阐述。

温家宝报告过程中，会场多次响起热烈掌声。

根据会议议程，大会印发了国务院关于 2008 年国民经济和社会发展计划执行情况与 2009 年国民经济和社会发展计划草案的报告、关于 2008 年中央和地方预算执行情况与 2009 年中央和地方预算草案的报告，提请审查批准。

在主席台就座的还有：王刚、王乐泉、王岐山、回良玉、刘淇、刘云山、刘延东、李源潮、汪洋、张高丽、张德江、俞正声、徐才厚、郭伯雄、薄熙来、何勇、令计划、王沪宁、梁光烈、马凯、孟建柱、戴秉国、王胜俊、曹建明、廖晖、杜青林、白立忱、陈奎元、阿不来提·阿不都热西提、李兆焯、黄孟复、董建华、张梅颖、张榕明、钱运录、孙家正、李金华、郑万通、邓朴方、万钢、林文漪、厉无畏、罗富和、陈宗兴、王志珍和徐匡迪，以及中央军委委员陈炳德、李继耐、廖锡龙、常万全、靖志远、吴胜利、许其亮等。

香港特别行政区行政长官曾荫权、澳门特别行政区行政长官何厚铧列席会议并在主席台就座。

出席全国政协十一届二次会议的政协委员列席大会。

中央和国家机关有关部门、解放军及武警部队、各人民团体的有关负责人列席或旁听了大会。

各国驻华使节旁听了大会。

（新华社电）

全国政协十一届二次会议闭幕

（2009 年 3 月 12 日）

中国人民政治协商会议第十一届全国委员会第二次会议圆满完成各项议程后，12 日上午在人民大会堂闭幕。会议号召，人民政协的各级组织、各参加单位和广大政协委员，紧密团结在以胡锦涛同志为总书记的中共中央周围，高举中国特色社会主义伟大旗帜，以邓小平理论和“三个代表”重要思想为指导，深入贯彻落实科学发展观，以坚定的信心担负起责任和使命，以昂扬的斗志应对困难和挑战，以扎实的工作完成目标和任务，为夺取改革开放和社会主义现代化建设新的伟大胜利而奋斗。

全国政协主席贾庆林主持闭幕会。全国政协副主席王刚、廖晖、杜青林、帕巴拉·格列朗杰、白立忱、陈奎元、阿不来提·阿不都热西提、李兆焯、黄孟复、董建华、张梅颖、张榕明、钱运录、孙家正、李金华、郑万通、邓朴方、万钢、林文漪、厉无畏、罗富和、陈宗兴、王志珍在主席台前排就座。

胡锦涛、吴邦国、温家宝、李长春、习近平、李克强、贺国强、周永康等在主席台就座。

上午 9 时，闭幕会开始。贾庆林宣布，中国人民政治协商会议第十一届全国委员会第二次会议应出席委员 2235 人，今天实到 2103 人，符合法定人数。

会议通过了政协第十一届全国委员会第二次会议关于常务委员会工作报告的决议、政协第十一届全国委员会提案委员会关于政协十一届二次会议提案审查情况的报告、政协第十一届全国委员会第二次会议政治决议。

贾庆林在讲话中总结了这次大会的主要成果。他指出，政协第十一届全国委员会第二次会议，是在全党全国各族人民积极应对国际金融危机冲击、努力保持经济平稳较快发展的形势下召开的。这是一次坚定信心谋发展、群策群力促和谐的大会，是一次发扬民主聚共识、加强团结鼓实劲的大会。广大政协委员围绕保持经济平稳较快发展这一首要任务，围绕维护社会和谐稳定这一大局，紧密联系实际，积极协商讨论，提出了许多真知灼见，为党和政府决策提供了重要参考和依据。

贾庆林指出，今年是应对国际国内环境重大挑战、推动党和国家事业实现新发展的关键一年。人民政协的各级组织、各参加单位和广大政协委员要认真学习、宣传和贯彻全国两会精神，切实把思想和行动统一到中共中央对经济形势的分析判断上来、统一到中共中央的决策部署上来，铭记人民重托，勇挑时代重任，为实现今年经济社会发展的各项目标作出积极贡献。

贾庆林强调，要不断夯实团结合作的共同思想政治基础，坚定不移地把中国特色社会主义作为共同理想信念、共同前进方向、共同奋斗目标，确保人民政协事业始终沿着正确方向前进。要紧紧围绕保持经济平稳较快发展履行职能，精心选择课题，深入调查研究，搞好协商议政，增强建言献策的预见性、针对性和有效性。要坚持以人为本、履职为民，始终重视民生，时刻关注民生，协助党和政府协调好、解决好涉及群众切身利益的重大问题，努力维护社会和谐稳定。要切实发挥政协委员的主体作用，尊重委员首创精神，维护委员民主权利，积极探索新形势下委员发挥作用的新思路、新载体和新机制，引导广大委员深入实际、走向基层、贴近群众，在报效国家、服务人民的伟大实践中施展才华、建功立业。

出席闭幕会的领导同志还有：王乐泉、王兆国、王岐山、回良玉、刘淇、刘云山、刘延东、李源潮、汪洋、张高丽、张德江、俞正声、徐才厚、郭伯雄、薄熙来、何勇、令计划、王沪宁、路甬祥、乌云其木格、韩启德、华建敏、陈至立、周铁农、李建国、司马义·铁力瓦尔地、蒋树声、陈昌智、严隽琪、桑国卫、梁光烈、马凯、孟建柱、戴秉国、王胜俊、曹建明等。

中共中央、国务院有关部门负责人列席闭幕会。各国驻华使节应邀旁听闭幕会。

大会在雄壮的国歌声中闭幕。

（新华社电）

十一届全国人大二次会议闭幕

（2009 年 3 月 13 日）

第十一届全国人民代表大会第二次会议在批准政府工作报告、全国人大常委会工作报告及其他重要报告，圆满完成各项议程后，13 日上午在人民大会堂闭幕。

人民大会堂气氛庄严热烈。2898 名代表出席闭幕会，符合法定人数。

闭幕会由大会主席团常务主席、执行主席吴邦国主持。

胡锦涛、温家宝、贾庆林、李长春、习近平、李克强、贺国强、周永康等和大会主席团成员在主席台就座。

大会主席团常务主席、执行主席王兆国、路甬祥、乌云其木格、韩启德、华建敏、陈至立、周铁农、李建国、司马义·铁力瓦尔地、蒋树声、陈昌智、严隽琪、桑国卫等在执行主席席就座。

上午 9 时，吴邦国宣布大会开始。

会议表决通过了关于政府工作报告的决议。决议指出，会议充分肯定国务院过去一年的工作，同意报告提出的 2009 年工作总体部署和主要任务，决定批准这个报告。

会议表决通过了关于 2008 年国民经济和社会发展计划执行情况与 2009 年国民经济和社会发展计划的决议，决定批准关于 2008 年国民经济和社会发展计划执行情况与 2009 年国民经济和社会发展计划草案的报告，批准 2009 年国民经济和社会发展计划；表决通过了关于 2008 年中央和地方预算执行情况与 2009 年中央和地方预算的决议，决定批准关于 2008 年中央和地方预算执行情况与 2009 年中央和地方预算草案的报告，批准 2009 年中央预算。

会议表决通过了关于全国人大常委会工作报告的决议。决议指出，会议高度评价全国人大常委会过去一年的工作，同意报告提出的今后一年的主要任务，决定批准这个报告。

会议表决通过了关于最高人民法院工作报告的决议、关于最高人民检察院工作报告的决议，决定批准这两个报告。

大会完成各项议程后，吴邦国发表讲话。他说，十一届全国人大二次会议在全体代表的共同努力下，圆满完成了各项预定任务。会议充分发扬民主，严格依法办事，开得很成功，是全面贯彻落实党的十七大和十七届三中全会精神，高举中国特色社会主义伟大旗帜，深入贯彻落实科学发展观的大会，是团结、民主、求实、奋进的大会。

吴邦国说，会议期间，代表们肩负全国各族人民的重托，以高度主人翁责任感和历史使命感，围绕会议主题，依法履行职责，认真审议报告，积极提出建议，讲大局、议大事，重实际、求实效，使会议作出的决议和批准的报告，充分体现了党的主张和人民意志的统一，充分反映了全国各族人民的共同意愿。这次大会必将进一步激励和动员全国各族人民满怀豪情地投身建设和发展中国特色社会主义伟大事业。

吴邦国最后说，责任和使命激励着我们，困难和挑战考验着我们。让我们紧密团结在以胡锦涛同志为总书记的党中央周围，高举中国特色社会主义伟大旗帜，以邓小平理论和“三个代表”重要思想为指导，深入贯彻落实科学发展观，万众一心，艰苦奋斗，扎实工作，以优异的成绩迎接新中国成立60周年，为夺取全面建设小康社会新胜利而努力奋斗。

上午9时20分，全场起立，高唱国歌。吴邦国宣布：第十一届全国人民代表大会第二次会议胜利闭幕。

在主席台就座的还有：王刚、王乐泉、王岐山、回良玉、刘淇、刘云山、刘延东、李源潮、汪洋、张高丽、张德江、俞正声、徐才厚、郭伯雄、薄熙来、何勇、令计划、王沪宁、梁光烈、马凯、孟建柱、戴秉国、王胜俊、曹建明、廖晖、杜青林、帕巴拉·格列朗杰、白立忱、陈奎元、阿不来提·阿不都热西提、李兆焯、黄孟复、张梅颖、张榕明、钱运录、孙家正、李金华、郑万通、邓朴方、万钢、林文漪、厉无畏、罗富和、陈宗兴、王志珍和徐匡迪，以及中央军委委员陈炳德、李继耐、廖锡龙、常万全、靖志远、吴胜利、许其亮等。

中央党政军群机关负责人，各民主党派中央、全国工商联和无党派代表人士列席了今天的大会。

各国驻华使节旁听了大会。

（新华社电）

各民主党派中央全国工商联参与毕节试验区建设座谈会召开
贾庆林出席并讲话

（2009年4月14日）

4月14日，各民主党派中央、全国工商联参与毕节试验区建设座谈会在京召开。中共中央政治局常委、全国政协主席贾庆林出席并讲话。

贾庆林在讲话中首先代表中共中央，向各民主党派中央、全国工商联和各有关部门，向长期以来关心毕节试验区发展的社会各界人士，表示衷心的感谢和崇高的敬意。他说，各民主党派中央、全国工商联参与毕节试验区建设，是执政党与参政党团结合作、共谋发展的生动实践，是统一战线围绕中心、服务大局的成功范例，充分显示了中国共产党领导的多党合作和政治协商制度的巨大优越性。

贾庆林指出，建立毕节试验区，是一个具有全局意义和长远眼光的重大创举。20多年来，毕节试验区坚持开发与扶贫并举、生态恢复与建设并进、人口数量控制与质量提高并重，取得了经济社会发展的重大成就。各民主党派中央、全国工商联充分发挥优势，积极参与毕节试验区建设，为促进毕节的经济社会发展作出了重要贡献，同时也积累了许多有益经验，这就是要坚持把参与试验区建设作为围绕中心、服务大局的重要载体，作为拓展参政议政领域的重要实践，作为发挥整体优势的重要平台，作为加强自身建设的重要途径。

贾庆林强调，当前，毕节试验区已经站在实现跨越式发展的新起点，迈向全面建设小康社会的新征程。谋划试验区的未来发展，必须坚持以邓小平理论和“三个代表”重要思想为指导，深入贯彻落实科学发展观，牢牢把握“开发扶贫、生态建设、人口控制”三大主题，积极探索试验区发展新路子，推动试验区从资源大区向经济强区转变、从石漠化严重地区向生态环境优美地区转变、从人口大区向人力资源大区转变、从欠开放地区向全方位开放地区转变，努力实现经济社会的跨越式发展，把毕节建设成为经济快速发展、生态不断改善、社会和谐稳定、人民安居乐业的试验区。他希望各民主党派中央、全国工商联认真总结经验，继续发挥政治优势、智力优势、联系广泛优势，推动毕节试验区建设和发展跃上一个新水平。

座谈会上，民革中央主席周铁农、民盟中央常务副主席张宝文、民建中央主席陈昌智、民进中央主席严隽琪、农工党中央主席桑国卫、致公党中央主席万钢、九三学社中央主席韩启德、台盟中央主席林文漪、全国工商联主席黄孟复和农业部部长孙政才、贵州省委书记石宗源、毕节试验区专家顾问组组长厉以宁等分别发言。

座谈会由全国政协副主席、中央统战部部长杜青林主持。

各民主党派中央、全国工商联、国务院有关部委、毕节试验区专家顾问组、贵州省及毕节地区有关同志参加座谈会。

（《人民日报》）

中国人民争取和平与裁军协会产生新一届领导机构

（2009 年 4 月 23 日）

今天上午，中国人民争取和平与裁军协会（简称和裁会）第八届会员团体联席会议在京召开。会议产生了新一届领导机构，原全国人大常委会副委员长何鲁丽担任名誉会长，全国人大常委会副委员长韩启德担任会长，全国人大常委会副委员长严隽琪、全国政协副主席厉无畏等担任副会长。

中国人民争取和平与裁军协会于 1985 年 6 月由国内有关人民团体和各界知名人士发起成立，是全国最大的民间和平组织。目前共有 24 个会员团体，同世界上近 90 个国家的约 300 个民间和平组织和学术研究团体保持着不同形式的交流与合作关系。

本次会议听取了协会五年来的工作报告，一致认为，和裁会积极发挥自身的民间性、广泛性、灵活性、协调性的特点和优势，请进来、走出去，展示了中国人民热爱和平的良好国际形象，成为活跃在国际民间外交舞台上的主力军。

和裁会新任会长韩启德在致词时指出，和裁会今后要更充分地发挥民间特色，创新工作思路，拓展工作领域，扩大对外交流活动的影响和成效，推动协会工作可持续发展，为推动建设持久和平、共同繁荣的和谐世界作出新的贡献。

和裁会名誉会长、原会长何鲁丽也在会议上致词。中联部部长王家瑞、副部长李进军出席会议并讲话。

（人民网）

纪念四川汶川特大地震一周年活动隆重举行

（2009年5月12日）

青山寂静倾听深切思念，岷江奔腾激扬奋进力量。5月12日下午，当四川汶川特大地震这个举世震惊的危难时刻过去整整一年之际，纪念四川汶川特大地震一周年活动在震中汶川县映秀镇隆重举行。中共中央总书记、国家主席、中央军委主席胡锦涛出席纪念活动并发表重要讲话，向在地震灾害中不幸罹难的同胞们、向为夺取抗震救灾斗争重大胜利而英勇献身的烈士们表达深切思念，号召全党全军全国各族人民大力弘扬伟大抗震救灾精神，奋力夺取抗震救灾斗争全面胜利。

中共中央政治局常委、国务院副总理李克强出席纪念活动。

纪念活动主会场设在映秀镇漩口中学遗址。会场内苍柏环绕、素花掩映，气氛庄严肃穆。会场入口处的横幅上，黄白两色绢花映衬着“深切悼念四川汶川特大地震遇难同胞”16个黑色大字。地震中倾倒的教学楼废墟前，安放着一个硕大的四川汶川特大地震纪念表盘，时间定格在14时28分。纪念表盘西侧，矗立着一面四川汶川特大地震记事墙，墙上铭文记述了这场地震造成的巨大损失和中国人民奋起抗震救灾的英雄壮举，浮雕刻画了救援人员解救被困群众的感人场面。纪念表盘东侧危楼上，悬挂着“万众一心、众志成城，不畏艰险、百折不挠，以人为本、尊重科学”的大幅标语，表达了广大干部群众弘扬伟大抗震救灾精神的坚毅决心。

14时20分许，一支小号长鸣，吹奏起婉转低回的《思念曲》。胡锦涛等党和国家领导人步入会场，同现场300多名出席活动的各界人士一起静静肃立。

14时25分，伴随着深情的《献花曲》，20名礼兵抬起10只花篮，正步缓缓走向四川汶川特大地震纪念表盘，将花篮整齐摆放在纪念表盘前。花篮分别由中共中央，全国人大常委会，国务院，全国政协，中央军委，各民主党派中央、全国工商联和无党派人士，各人民团体，四川省，陕西省，甘肃省敬献。

胡锦涛神情庄重地走上台阶，在中共中央敬献的花篮前驻足凝视，亲手整理花篮上的缎带。

14时28分，四川汶川特大地震发生的时刻，全场肃立，向在地震中不幸遇难的同胞和在抗震救灾斗争中英勇献身的烈士默哀。

随后，举行了庄严的升国旗、唱国歌仪式。胡锦涛等党和国家领导人同大家一起，齐声高唱中华人民共和国国歌。在雄壮激昂的国歌声中，鲜艳的五星红旗冉冉升起，高高飘扬在学校地震遗址最高点塔楼顶端，彰显出英雄的中国人民敢于战胜一切困难、重建充满希望新生活的坚强意志。

纪念活动上，胡锦涛发表了重要讲话。他代表党中央、国务院和中央军委，向在抗震救灾和灾后恢复重建第一线英勇奋战的广大干部群众，人民解放军指战员、武警部队官兵、民兵预备役人员和公安民警，向大力支持抗震救灾和灾后恢复重建的全国各条战线的广大干部群众，各民主党派、工商联和无党派人士、各人民团体以及社会各界，向踊跃为灾区提供援助的香港同胞、澳门同胞、台湾同胞以及海外华侨华人，致以崇高的敬意。胡锦涛还代表中国政府和中国人民，向对中国抗震救灾和灾后恢复重建给予真诚同情和宝贵支持的有关国家领导人、政府、政党、社会团体和驻华使馆，联合国有关组织和一些国际机构、外资企业以及国际友好人士，再一次表示衷心的感谢。

胡锦涛指出，面对空前惨烈的灾难，在党中央、国务院和中央军委坚强领导下，全党全军全国各族人民众志成城、迎难而上，夺取了抗震救灾斗争重大胜利，表现出泰山压顶不弯腰的大无畏气概，谱写了感天动地的英雄凯歌。在中央大力支持、灾区广大干部群众艰苦奋斗、全国人民大力支援下，城乡居民住房重建、学校医院等公共服务设施重建、基础设施恢复重建、产业重建和结构调整、历史文化保护、生态修复等方面均取得显著成绩，灾后恢复重建取得重要阶段性成果，灾区人民正大踏步走向新生活。

胡锦涛强调，在抗震救灾和灾后恢复重建中，举国上下同心协力，海内外同胞和衷共济，充分展现了中华民族团结奋斗的民族品格和风雨同舟的强大力量。抗震救灾和灾后恢复重建取得的成绩，必将鼓舞全国各族人民满怀信心地把改革开放和社会主义现代化事业继续推向前进。

胡锦涛强调，当前，我国正处在应对国际金融危机冲击、保持经济平稳较快发展的关键时刻。在前进道路上，我们要以邓小平理论和“三个代表”重要思想为指导，深入贯彻落实科学发展观，大力弘扬伟大抗震救灾精神，全面推进社会主义经济建设、政治建设、文化建设、社会建设以及生态文明建设和党的建设，为实现党的十七大描绘的宏伟蓝图而团结奋斗。要继续扎扎实实推动经济社会又好又快发展，把保持经济平稳较快发展作为经济工作的首要任务，全力做好保增长、保民生、保稳定各项工作；继续扎扎实实推进灾后恢复重建工作，加大力度，加快速度，攻坚克难，力争用两年时间基本完成原定 3 年的目标任务；继续扎扎实实加强防灾减灾工作，全面提高对自然灾害的综合防范和抵御能力，加强防灾减灾领域及国际人道主义援助等方面的国际交流合作，为人类防范和抵御自然灾害作出积极贡献。

胡锦涛最后说，抗震救灾和灾后恢复重建的伟大实践再一次告诉我们，团结就是力量，拼搏才能胜利。全党全军全国各族人民要更加紧密地团结起来，勇敢战胜前进道路上的一切困难和风险，全面做好各项工作，以优异成绩迎接新中国成立 60 周年。

胡锦涛的讲话坚定有力、振奋人心，现场响起阵阵热烈的掌声。

小号再次吹奏起《思念曲》，胡锦涛手持一枝洁白的菊花，缓步走到四川汶川特大地震记事墙前，深情俯下身子，将洁白的菊花献上。

《思念曲》的乐声在会场回荡，李克强等党和国家领导人分别从灾区少年儿童手中接过一枝菊花，依次走到记事墙前献花。

出席活动的各界人士也手持菊花，陆续走到记事墙前敬献。一朵朵圣洁的菊花，寄托着人们对四川汶川特大地震遇难同胞的深切思念，表达了人们用重建美好家园的实际行动告慰逝者的共同心愿。

出席纪念活动的领导同志还有：刘云山、李源潮、徐才厚、令计划、王沪宁、韩启德、周铁农、李建国、蒋树声、陈昌智、严隽琪、桑国卫、孟建柱、杜青林、黄孟复、钱运录、万钢、林文漪，以及中央军委委员陈炳德。

中央和国家机关有关部门、有关人民团体负责人，各民主党派中央、全国工商联负责人和无党派人士代表，四川、陕西、甘肃省负责人和对口援建有关地方代表，当地干部群众代表，香港特别行政区、澳门特别行政区政府代表和台湾红十字组织代表，有关国家驻华使节和国际组织代表等，参加纪念活动。

纪念活动由四川省委书记刘奇葆主持。

映秀镇干部群众和师生代表约 1000 人在主会场对面映秀小学板房校区参加纪念活动。

（新华社电）

中共中央召开党外人士座谈会
就当前经济形势和经济工作听取意见
胡锦涛主持会议并发表重要讲话
温家宝通报有关情况，贾庆林、习近平、李克强出席

（2009 年 7 月 21 日）

中共中央 7 月 21 日上午在中南海召开党外人士座谈会，就当前经济形势和下半年经济工作听取各民主党派中央、全国工商联领导人和无党派人士意见和建议。中共中央总书记胡锦涛主持座谈会并发表重要讲话。

中共中央政治局常委温家宝、贾庆林、习近平、李克强出席座谈会。温家宝通报了上半年经济工作有关情况，介绍了中共中央、国务院关于做好下半年经济工作的考虑。

座谈会上，民革中央主席周铁农、民盟中央主席蒋树声、民建中央主席陈昌智、民进中央主席严隽琪、农工党中央主席桑国卫、致公党中央主席万钢、九三学社中央主席韩启德、台盟中央主席林文漪、全国工商联主席黄孟复、无党派人士陈章良先后发言。他们表示赞同中共中央、国务院对当前我国经济形势的分析和对下半年经济工作的考虑，并就加快推进结构调整、优化投资结构和方向、扩大消费需求、推动科技创新、加快发展循环经济、保障和改善民生、深化改革开放等提出了意见和建议。

在认真听取了大家的发言后，胡锦涛作了重要讲话。他说，同志们在发言中充分肯定了今年上半年以来我国应对国际金融危机冲击、保持经济平稳较快发展取得的成绩，并提出了许多很好的意见和建议。对于大家提出的意见和建议，我们将认真研究、积极采纳。

胡锦涛指出，今年以来，国际金融危机持续蔓延深化，我国经济社会发展面临重大挑战。面对严峻形势，我们及时调整宏观经济政策，提出把保持经济平稳较快发展作为经济工作的首要任务，果断实施应对国际金融危机冲击的一揽子计划，取得了明显成效，经济形势总体呈企稳向好势头。各民主党派、工商联和无党派人士围绕应对国际金融危机冲击、保持经济平稳较快发展、保持社会和谐稳定作出了积极贡献。胡锦涛代表中共中央、国务院，向大家表示衷心的感谢。

胡锦涛指出，必须看到，当前我国经济仍处在保增长的关键阶段，经济回升基础还不稳固，国际国内不稳定不确定因素仍然很多。我们必须增强忧患意识和风险意识，高度重视经济运行中存在的突出矛盾和问题。

胡锦涛强调，下半年，我们要迎来新中国成立 60 周年，做好经济工作至关重要。要全面贯彻中共十七大精神，继续把保持经济平稳较快发展作为经济工作的首要任务，保持宏观经济政策的连续性和稳定性，继续实施积极的财政政策和适度宽松的货币政策，全面落实和充实完善刺激经济的一揽子计划和相关政策措施，巩固经济企稳向好势头，努力实现今年经济发展预期目标。要进一步扩大内需尤其是扩大消费需求，落实好已出台的刺激消费政策，继续把握好投资方向，加强投资监管，取得良好投资效益。要进一步推动经济结构调整，更加注重质量和效益，使经济回升建立在结构优化的基础之上。要进一步增强可持续发展能力，坚定推进经济发展方式转变，增强自主创新能力，加强生态文明建设。要进一步抓好农业经济，始终重视并做好“三农”工作，继续抓好粮食生产，做好粮食等农产品收购工作和市场调控，多渠道增加农民收入。要进一步深化改革开放，积极发展外向型经济，抓住机遇实施“走出去”战略。要进

一步保障和改善民生，大力实施扩大就业的发展战略和更加积极的就业政策，加大对社会保障的投入，加大对革命老区、民族地区、边疆地区、贫困地区经济社会发展支持力度，巩固民族团结。要加强对重大问题的调研、加强风险防范工作，深入分析今后一个时期国内外经济发展环境的趋势和特征，为我国经济社会中长期发展早谋对策。

胡锦涛指出，越是困难的时候，越要坚定信心。只要我们准确把握形势，善于趋利避害、化危为机，完全有信心、有能力战胜困难，把国际金融危机带来的不利影响降到最低程度，在应对挑战中创造新的发展机遇、实现更好发展。希望各民主党派、全国工商联和无党派人士充分发挥自身优势和作用，多为促进科学发展、保障和改善民生、维护社会和谐稳定献计出力。

温家宝在通报时强调，要正确估价、充分肯定应对国际金融危机取得的积极成效，进一步坚定信心和决心；又要清醒认识、高度重视面临的困难和问题，增强紧迫感和忧患意识。要全面贯彻落实中央的决策部署，正确处理当前与长远、兴利与除弊、局部与全局的关系，及时发现和解决经济运行中的新情况新问题，充实和完善一揽子计划和相关政策，不断提高政策的针对性、有效性和可持续性。把保持经济平稳较快发展与调整经济结构结合起来，把扩大内需与稳定外需结合起来，把改善民生与维护社会和谐稳定结合起来，把深化改革开放与加强科技支撑结合起来，努力提高国民经济整体素质和竞争力，促进国民经济又好又快发展。

王岐山、回良玉、张德江、令计划、王沪宁、马凯、杜青林，中央和国家机关有关部门负责人出席座谈会。

出席座谈会的党外人士还有张梅颖、张榕明、厉无畏、罗富和、陈宗兴、王志珍和张宝文、马培华、王钦敏、陈抗甫、汪毅夫、孙安民、李稻葵等。

（新华社电）

统一战线庆祝中华人民共和国成立60周年暨多党合作制度确立60周年座谈会在京召开贾庆林为召开座谈会作重要批示

（2009年9月14日）

统一战线庆祝中华人民共和国成立60周年暨多党合作制度确立60周年座谈会14日在北京召开。中共中央政治局常委、全国政协主席贾庆林为召开座谈会作重要批示。

贾庆林在批示中说，中国共产党领导的多党合作和政治协商制度作为我国的一项基本政治制度，是马克思主义同中国革命、建设和改革实践相结合的伟大创造。60年来，我国多党合作制度始终服务国家中心工作，为促进经济发展、政治文明、社会稳定和祖国统一作出重要贡献。实践证明，我国多党合作制度是符合中国国情、体现中国特色、具有中国气派的社会主义政党制度，在国家政治生活中发挥着十分重要的作用。希望全面总结多党合作60年取得的成就和经验，认真探索，把握规律，不断完善方针政策。在新的历史条件下，坚持和完善多党合作制度，必须坚定不移地走中国特色社会主义政治发展道路，坚持长期共存、互相监督、肝胆相照、荣辱与共的基本方针，保持宽松稳定、团结和谐的政治环境，推进制度化、规范化和程序化建设，巩固发展团结和谐的政党关系，推动我国多党合作事业蓬勃发展，为建设中国特色社会主义事业提供重要制度保障。

座谈会全面回顾了统一战线和多党合作伴随新中国成立60年来的光辉历程，总结了中国共产党领导的多党合作和政治协商制度取得的成就和经验，提出在新世纪新阶段必须始终坚持高举中国特色社会主义伟大旗帜，坚持走中国特色政治发展道路，不断把统一战线和多党合作事业稳步推向前进。

座谈会上，民革中央主席周铁农、民盟中央主席蒋树声、民建中央主席陈昌智、民进中央主席严隽琪、农工党中央主席桑国卫、致公党中央主席万钢、九三学社中央主席韩启德、台盟中央主席林文漪、全国工商联主席黄孟复，无党派人士代表、卫生部部长陈竺，少数民族界代表、中国钢研科技集团公司党委书记才让，宗教界代表、中国基督教三自爱国运动委员会主席傅先伟，港澳台和海外侨胞代表、全国台联会长梁国扬等分别发言。他们高度评价中国共产党60年来带领全国各族人民解放思想、大胆探索，团结奋斗、勇往直前，战胜一个又一个困难，夺取一个又一个胜利，成功开辟了中国特色社会主义伟大道路；高度赞扬中国共产党领导的统一战线和多党合作为推进社会主义革命、建设和改革事业作出的巨大贡献。大家表示，要坚持中国共产党的领导，坚定不移地走中国特色社会主义道路，坚持和完善中国共产党领导的多党合作和政治协商制度，始终同中国共产党风雨同舟、荣辱与共，始终坚持科学发展，积极参政议政、建言献策，为全面建设小康社会、构建社会主义和谐社会作出新贡献。

全国政协副主席、中共中央统战部部长杜青林在讲话中指出，60年来，中国共产党领导的多党合作和政治协商制度，创造了崭新的政党制度模式，有力地推动了我国社会主义政治制度的建立和完善；创造了崭新的政党关系，有力地凝聚了社会各界的智慧和力量；创造了崭新的民主形式，有力地推动了社会主义民主的发展；创造了崭新的执政方式，有力地促进了中国共产党执政能力的提高。多党合作事业60年的兴旺发展昭示我们：必须坚持中国共产党领导，为多党合作蓬勃发展提供坚强保障；必须坚持科学理论指导，巩固共产党同民主党派团结奋斗的共同思想政治基础；必须坚持把发展作为多党合作的首要任务，充分发挥多党合作的独特优势和作用；必须坚持加强多党合作制度建设，促进多党合作稳步有序发展；必须坚持加强参政党自身建设，提高参政议政、民主监督水平。

座谈会由中共中央统战部常务副部长朱维群主持。各民主党派中央、全国工商联有关负责人，无党派人士代表，民族宗教界、新的社会阶层、港澳台侨界代表，中共中央统战部和统战系统单位负责同志约150人参加座谈会。

（《人民日报》）

中共中央召开党外人士座谈会
征求对中共中央关于加强和改进新形势下
党的建设若干重大问题的决定的意见
胡锦涛主持并发表重要讲话，贾庆林、习近平、贺国强出席

（2009年9月19日）

中共中央日前在中南海召开党外人士座谈会，就中共中央关于加强和改进新形势下党的建设若干重大问题的决定听取各民主党派中央、全国工商联领导人和无党派人士的意见和建议。中共中央总书记胡锦涛主持座谈会。

中共中央政治局常委贾庆林、习近平、贺国强出席座谈会。

座谈会上，胡锦涛介绍了中共中央对起草中共十七届四中全会文件的考虑和文件稿形成的过程。他希望各民主党派中央、全国工商联领导人和无党派人士畅所欲言，对文件稿提出修改意见和建议。

民革中央主席周铁农、民盟中央主席蒋树声、民建中央主席陈昌智、民进中央主席严隽琪、农工党中

央主席桑国卫、致公党中央主席万钢、九三学社中央主席韩启德、台盟中央主席林文漪、全国工商联主席黄孟复、无党派人士陈竺先后发言。他们围绕新形势下加强中国共产党的思想建设、加强领导班子建设和干部队伍建设、推进党内民主建设、改善领导方式和执政方式、密切同人民群众联系、推进惩治和预防腐败体系建设、加强基层组织建设、加强非公有制经济组织中中国共产党的建设等提出了意见和建议。

在认真听取了大家的发言后，胡锦涛发表了重要讲话。他说，大家各抒己见，提出了许多有价值、有见地的意见和建议，体现了中国共产党和民主党派的亲密合作关系，我们将认真研究并尽量吸收。

胡锦涛指出，在我们这个十几亿人口的发展中大国执政，我们党肩负任务的艰巨性和繁重性世所罕见。要适应国内外形势的新变化，顺应各族人民过上更好生活的新期待，把握经济社会发展趋势和规律，带领人民不断把改革开放和社会主义现代化建设推向前进，必须始终坚持党要管党、从严治党，始终注重加强自身建设，切实把自身建设抓好。只有这样，才能永远不辜负人民的信任和期望。长期以来，我们党高度重视自身建设，围绕提高领导水平和执政水平、提高拒腐防变和抵御风险能力，围绕提高执政能力、保持和发展先进性，不断加以推进。今年是新中国成立60周年，中共中央决定中共十七届四中全会研究加强和改进新形势下我们党自身建设问题。当前，国内外形势的新发展，全面建设小康社会、加快推进社会主义现代化的新形势，迫切需要我们党提高领导水平和执政水平，提高统筹国内国际两个大局能力，提高把握发展机遇、应对风险挑战能力，更好团结带领全国各族人民夺取全面建设小康社会新胜利、开创中国特色社会主义事业新局面，实现中共十七大描绘的宏伟蓝图。

胡锦涛强调，改革开放30年来，我们党自身建设在求真务实、开拓创新中与时俱进，取得重要成绩，同时也存在不少亟待解决的新情况新问题。这就要求对我们党自身建设的一些重大问题进行集中研究和再部署，努力推进理论创新、制度创新、工作创新、方法创新，进一步全面推进思想建设、组织建设、作风建设、制度建设和反腐倡廉建设，进一步解决好我们党内存在的突出问题，进一步提高执政能力、保持和发展先进性。

胡锦涛强调，中共十七届四中全会之后，学习贯彻全会精神将是中国共产党全党的一项重要政治任务。希望各民主党派积极协助和支持我们党抓好全会精神贯彻落实。同时，希望各民主党派加强自身建设，更好履行参政议政、民主监督职能，推动参政党建设和执政党建设相互促进、共同提高，齐心协力为全面建设小康社会、坚持和发展中国特色社会主义而继续奋斗。

刘云山、李源潮、何勇、令计划、王沪宁、杜青林，中央有关部门负责人出席座谈会。

出席座谈会的党外人士还有张梅颖、张榕明、厉无畏、罗富和、陈宗兴、王志珍和张宝文、马培华、王钦敏、陈抗甫、汪毅夫、谢经荣、唐晓青等。

（《人民日报》）

受中共中央委托
杜青林向党外人士通报中共十七届四中全会精神

（2009年9月19日）

受中共中央委托，全国政协副主席、中共中央统战部部长杜青林19日向各民主党派中央、全国工商联领导人和无党派人士通报了中共十七届四中全会精神。

在传达胡锦涛同志重要讲话和习近平同志关于《中共中央关于加强和改进新形势下党的建设若干重大问题的决定（讨论稿）》说明的主要精神后，杜青林说，中共十七届四中全会是在新中国成立60周年、国际形势继续发生深刻变化、我国全面建设小康社会进入关键阶段召开的一次重要会议。会议着眼推进中国特色社会主义伟大事业和党的建设新的伟大工程，科学分析时代特征，深刻把握基本规律，研究党建重点，破解党建难点，是一个求真务实、民主团结、锐意创新的会议，是一个着眼社会发展新要求、顺应人民群众新期待、贯穿科学发展新理念的会议，对于推进党的建设新的伟大工程、加快全面建设小康社会进程、坚持和发展中国特色社会主义，具有重大而深远的意义。统一战线要认真学习领会会议对新形势下加强和改进党的建设重要性和紧迫性的深刻认识，对执政党建设基本经验和规律的系统总结，对提高党的建设科学化水平新的重大命题的科学阐述，对加强和改进新形势下党的建设的战略部署，对提高推动科学发展和促进社会和谐的能力、保持经济平稳较快发展的总体要求，对做好统一战线和多党合作特别是民族工作的重要论述，切实把思想和行动统一到中共中央决策部署上来。

杜青林指出，统一战线贯彻落实中共十七届四中全会精神，要积极为加强和改进党的建设建言献策，为保持经济社会又好又快发展凝心聚力，进一步增强坚持中国共产党领导的自觉性和坚定性。要充分发挥统一战线优势，围绕党的建设总体部署献计出力，围绕党和国家中心工作献计出力，围绕促进民族团结进步事业献计出力。希望各民主党派以贯彻落实会议精神为契机，以纪念中国共产党领导的多党合作和政治协商制度确立60周年为新起点，认真借鉴中国共产党自身建设成功经验，科学把握参政党自身建设规律，着力加强思想建设、制度建设、能力建设和作风建设，与中国共产党一道，在发展中国特色社会主义事业中共同提高、共同前进。

周铁农、严隽琪、桑国卫、黄孟复、张榕明、厉无畏、陈宗兴、王志珍等出席通报会。各民主党派中央、全国工商联负责人和无党派人士，中共中央统战部及统战系统单位负责人参加会议。

（《人民日报》）

首都各界隆重庆祝中国人民政治协商会议成立60周年

（2009年9月20日）

首都各界代表900多人20日上午在全国政协礼堂隆重集会，庆祝中国人民政治协商会议成立60周年。中共中央总书记、国家主席、中央军委主席胡锦涛出席大会并发表重要讲话。他强调，在新的历史条件下，人民政协要高举中国特色社会主义伟大旗帜，以邓小平理论和“三个代表”重要思想为指导，深入贯彻落实科学发展观，继承和发扬人民政协优良传统和宝贵经验，牢牢把握团结和民主两大主题，紧紧围绕党和国家工作大局，继续扎实有效地履行好政治协商、民主监督、参政议政职能，切实发挥好协调关系、汇聚力量、建言献策、服务大局的重要作用，为推进改革开放和社会主义现代化建设、推进祖国和平统一大业、维护世界和平与促进共同发展作出新的贡献。

党和国家领导人吴邦国、温家宝、李长春、习近平、李克强、贺国强、周永康出席大会。大会由中共中央政治局常委、全国政协主席贾庆林主持。

全国政协礼堂会场内鲜花竞放，喜气洋洋。主席台台口上方是“庆祝中国人民政治协商会议成立60周年大会”的会标，后幕正中悬挂着政协会徽，下方是红色字标“1949—2009”，两侧是10面鲜艳的红旗。

上午10时，大会开始。全体起立，唱国歌。

胡锦涛在讲话中强调，中国人民政治协商会议是中国人民爱国统一战线的组织，是中国共产党领导的多党合作和政治协商的重要机构，是我国政治生活中发扬社会主义民主的重要形式。中国人民政治协商会议是中国共产党把马克思列宁主义统一战线理论、政党理论、社会主义民主政治理论同中国具体实践相结合的伟大创造，是中国共产党同各民主党派和无党派人士、各人民团体和各族各界人士风雨同舟、团结奋斗的伟大成果。

胡锦涛指出，60 年来，人民政协走过了不平凡历程，取得了巨大成就。人民政协事业的 60 年，是同人民共和国一起成长的 60 年，是同全国各族人民为实现国家富强、人民幸福、祖国统一而奋斗一道前行的 60 年。60 年来，人民政协事业深深植根于党和人民建设社会主义的伟大实践，融汇于实现中华民族伟大复兴的历史进程，为国家、为民族、为人民建立了不朽业绩。回顾历史，展望未来，人民政协事业创造了辉煌的过去，也必将创造出更加璀璨的未来。

胡锦涛指出，经过 60 年的实践，人民政协积累了丰富经验，形成了优良传统，为我们继续推进人民政协事业提供了重要启示。必须坚持把人民政协事业作为中国特色社会主义事业的重要组成部分，放在党和国家事业发展全局中部署和推进；必须坚持发挥人民政协作为中国共产党领导的多党合作和政治协商的重要机构作用，不断巩固和发展我国多党合作的政治格局；必须坚持发挥人民政协作为大团结大联合组织的作用，不断为中华民族伟大复兴增添新力量；必须坚持以改革创新精神推进人民政协事业，永葆人民政协生机活力。

胡锦涛对人民政协工作提出 5 点要求。第一，继续走中国特色社会主义政治发展道路，不断夯实参加人民政协各党派、各团体、各民族、各阶层、各界人士团结奋斗的共同思想基础，不断增强走中国特色社会主义政治发展道路的自觉性和坚定性。第二，继续把推动科学发展作为履行职能的第一要务，切实把积极性、主动性、创造性引导到推动科学发展上来，多想科学发展大事，多谋科学发展大计，努力为实现以人为本、全面协调可持续的科学发展建睿智之言、献务实之策。第三，继续在促进社会和谐中发挥重要作用，把发扬民主、增进团结、协调关系、化解矛盾作为履行职能的重要着力点，努力为促进政党关系、民族关系、宗教关系、阶层关系、海内外同胞关系的和谐发挥积极作用。第四，继续为推进祖国和平统一大业贡献力量，牢牢把握两岸关系和平发展的主题，推动两岸交流合作向更广领域拓展，使两岸同胞联系更广泛、感情更融洽、合作更深化。第五，继续加强人民政协自身建设，主动适应新形势新任务的要求，按照宪法和政协章程的规定，不断加强自身各项建设，为人民政协有效履行职能、顺利开展工作提供有力保障。

胡锦涛指出，加强和改善对人民政协的领导，推动人民政协卓有成效地开展工作，充分发挥人民政协在国家政治生活中的作用，是中国共产党加强和改善党的领导的重要内容，对提高党的执政能力、巩固党的执政地位具有重要意义。各级党委要从发展社会主义民主、推动科学发展、促进社会和谐的战略高度，进一步提高对人民政协工作重要性的认识，进一步加强和改善对人民政协的领导，保证中央关于加强人民政协工作各项方针政策落到实处，切实支持人民政协围绕团结和民主两大主题履行职能，积极推进政治协商、民主监督、参政议政制度建设，更好运用人民政协这一政治组织和民主形式为实现党的总目标总任务服务。各级政协党组要坚定不移贯彻党的基本理论、基本路线、基本纲领、基本经验，坚定不移贯彻执行党关于人民政协的方针政策，把党的重大决策和工作部署贯彻到人民政协全部工作中去，使党的主张成为各民主党派和无党派人士、各人民团体和各族各界人士的广泛共识。

贾庆林在主持大会时说，胡锦涛总书记的重要讲话全面回顾了人民政协 60 年来与祖国和人民共同发展进步的光辉历程，高度评价了人民政协在我国社会主义革命和建设、社会主义改革进程中作出的重大贡献，科学总结了人民政协事业发展积累的宝贵经验，深刻阐述了人民政协在党和国家事业发展大局中的重要地位和作用，明确提出了新形势下开展人民政协工作的方针原则和工作要求。这对于我们在新形势下充分发挥人民政协的优势，把各方面智慧和力量凝聚到党和国家事业中来，更好团结动员各党派团体和各族各界人士为夺取全面建设小康社会新胜利、开创中国特色社会主义事业新局面而共同奋斗，具有十分重要的指导意义。我们要认真学习贯彻，把中国共产党领导的多党合作和政治协商制度进一步坚持好、完善好，把最广泛的爱国统一战线进一步巩固好、发展好，把人民政协的优势进一步运用好、发挥好，在中国特色社会主义道路上继续把人民政协事业推向前进，为坚持和发展中国特色社会主义、实现祖国完全统

一、实现中华民族伟大复兴作出新的更大的贡献。

出席大会的还有：王刚、王兆国、王岐山、回良玉、刘淇、刘云山、刘延东、李源潮、张德江、徐才厚、郭伯雄、何勇、令计划、王沪宁、路甬祥、乌云其木格、韩启德、华建敏、陈至立、周铁农、李建国、司马义·铁力瓦尔地、蒋树声、陈昌智、严隽琪、桑国卫、梁光烈、马凯、孟建柱、戴秉国、曹建明、杜青林、帕巴拉·格列朗杰、陈奎元、阿不来提·阿不都热西提、李兆焯、黄孟复、董建华、张梅颖、张榕明、钱运录、孙家正、李金华、郑万通、邓朴方、万钢、林文漪、厉无畏、罗富和、陈宗兴、王志珍和何鲁丽、叶选平、杨汝岱、宋健、钱正英、孙孚凌、胡启立、陈锦华、赵南起、毛致用、王文元、王忠禹、李贵鲜、张思卿、张克辉、郝建秀、徐匡迪、张怀西、李蒙。

在京中央党政军群有关部门负责同志，各民主党派中央、全国工商联负责人和无党派人士代表等出席了庆祝大会。

（《人民日报》）

中国和平统一促进会第八届理事大会闭幕

（2009年9月24日）

中国和平统一促进会第八届理事大会24日在京闭幕。中共中央政治局常委、全国政协主席贾庆林再次当选为中国和平统一促进会会长。

贾庆林出席闭幕会并代表中共中央对大会的召开表示祝贺。他在讲话中充分肯定了中国和平统一促进会七届理事大会以来的工作。贾庆林说，5年来中国和平统一促进会积极适应形势的发展变化，坚决贯彻中央对台工作和西藏工作的方针政策，充分发挥联系广泛、包容性强的优势和民间团体的特点，努力凝聚海内外反“独”促统力量，有力推动了全球反“独”促统运动的蓬勃发展，有力维护了国家统一和民族团结，为密切两岸同胞联系、融洽两岸同胞感情发挥了积极作用。事实表明，中国和平统一促进会已成为联系海内外各界人士的重要纽带，成为加强海峡两岸同胞往来的重要桥梁，成为推动祖国和平统一进程的重要力量。

贾庆林指出，再过几天，我们将迎来新中国六十华诞。经过60年特别是改革开放30年的艰苦奋斗，昔日积贫积弱的中国发生了翻天覆地的变化，中国人民谱写了中华民族文明史上最为光彩夺目的篇章。60年光辉历程雄辩地昭示，有中国共产党的领导，有中国特色社会主义理论体系的指引，有伟大民族精神和时代精神的激励，中国人民在全面建设小康社会征程上必将绘就更加辉煌的蓝图，中华民族在实现伟大复兴的进程中必将奏响更加壮美的乐章。

贾庆林说，推动两岸关系和平发展，最终实现祖国完全统一，是全体中华儿女的共同心愿。当前，两岸同胞交往更趋密切，合作不断深化，情感日益融洽，互信逐渐积累，两岸关系在和平发展的正确轨道上继续迈进，呈现出和平发展的光明前景。实践充分证明，海峡两岸中国人有能力、有智慧把两岸关系的前途掌握在自己手中。两岸同胞携手并肩，戮力同心，一定能够汇聚推动两岸关系和平发展的强大合力，开创中华民族伟大复兴的美好未来。

贾庆林强调，去年12月，胡锦涛同志在纪念《告台湾同胞书》发表30周年座谈会上作了重要讲话，首次全面系统地阐述了两岸关系和平发展的思想，提出了推动两岸关系和平发展的六点意见，描绘了新形势下两岸关系发展的美好蓝图。深入贯彻胡锦涛同志重要讲话精神，为两岸关系和平发展拓宽道路，为实现祖国和平统一创造条件，为中华民族伟大复兴凝聚力量，是新形势下反“独”促统运动的重大历史使命。中国和平统一促进会的全部工作，都要着眼于有效履行这一使命来开展、来深化、来推动。要谋划全局，不断开创两岸关系和平发展的崭新局面；要反对分裂，努力保持两岸关系和平发展的良好势头；要扩大交流，广泛凝聚推动两岸关系和平发展的共同意志；要加强团结，着力争取两岸关系和平发展的潜在力量，为早日实现祖国和平统一大业和中华民族伟大复兴作出新的更大贡献。

大会审议通过了中国和平统一促进会第七届理事会工作报告，选举产生了第八届理事会会长、执行副会长、副会长、秘书长和常务理事共 85 人。杜青林当选为执行副会长，韩启德、周铁农、蒋树声、陈昌智、严隽琪、桑国卫、帕巴拉·格列朗杰、黄孟复、万钢、林文漪、厉无畏当选为副会长，尤兰田当选为秘书长。大会聘请何鲁丽、丁石孙、成思危、许嘉璐、蒋正华、丁光训、罗豪才、张克辉为中国和平统一促进会第八届理事会名誉会长。

大会由全国政协副主席、中共中央统战部部长杜青林主持。会上，贾庆林向新当选的港澳、海外理事颁发了证书，并与全体理事合影留念。

（《人民日报》）

全国政协办公厅中共中央统战部国务院侨办国务院港澳办国务院台办联合举行国庆招待会贾庆林致辞，习近平、李克强出席

（2009 年 9 月 29 日）

岁月峥嵘一甲子，神州巨变六十年。29 日晚，人民大会堂宴会厅灯火辉煌，鲜花吐蕊，洋溢着节日的喜庆气氛。全国政协办公厅、中共中央统战部、国务院侨办、国务院港澳办和国务院台办在这里联合举行国庆招待会。中共中央政治局常委、全国政协主席贾庆林，中共中央政治局常委、国家副主席习近平，中共中央政治局常委、国务院副总理李克强与来自海内外的新老朋友 4000 余人欢聚一堂，共同庆祝中华人民共和国成立 60 周年。

贾庆林在招待会上致辞。他代表中共中央、国务院，向参加国庆招待会的各位嘉宾表示热烈的欢迎，向香港特别行政区同胞、澳门特别行政区同胞、台湾同胞和海外侨胞，致以诚挚的问候和良好的祝愿。他说，60 年来，中国共产党团结带领全国各族人民以自强不息、一往无前的精神，团结奋斗、艰苦创业、锐意进取，为实现社会主义现代化进行不懈探索和顽强奋斗，取得了举世瞩目的伟大成就。我们伟大的祖国焕发出勃勃生机，伟大的中华民族巍然屹立在世界的东方，伟大的中国人民正在朝着建设富强民主文明和谐的社会主义现代化国家的宏伟目标阔步前进。

贾庆林指出，香港回归祖国已有 12 年，澳门也即将迎来回归祖国 10 周年。我们高兴地看到，“一国两制”、“港人治港”、“澳人治澳”、高度自治的方针，在港澳两个特别行政区得到了成功实践。在中央政府和祖国内地的大力支持下，两个特别行政区政府团结带领港澳同胞开拓进取、自强不息，保持了港澳经济繁荣发展、社会安定和谐的良好局面。事实已经并将继续证明，广大港澳同胞完全有智慧、有能力、有办法把两个特别行政区管理好、建设好、发展好。中央政府将继续坚定不移地贯彻执行“一国两制”方针和基本法，全力支持两个特别行政区行政长官和特区政府依法施政，进一步加强与祖国内地的交流合作，继续致力于发展经济、改善民生、推进民主、促进和谐，开创香港、澳门更加美好的明天。

贾庆林强调，促进两岸关系和平发展，实现祖国完全统一，是海内外中华儿女的共同心愿。60 年来，中国共产党和中国政府为解决台湾问题进行了长期不懈的努力。我们坚持“和平统一、一国两制”基本方针，最广泛地团结台湾同胞，反对任何“台独”分裂图谋，推动两岸关系不断向前发展。去年 5 月以

来，两岸关系实现历史性转折，两岸人员往来和各项交流出现新局面，两岸关系和平发展呈现出光明前景。两岸同胞应倍加珍惜并共同维护两岸关系改善和发展的良好势头。我们将继续贯彻对台工作大政方针，牢牢把握两岸关系和平发展的主题，增进互信，排除干扰，促进两岸协商，深化经济合作，拓展文化教育交流。通过加强两岸各界往来，促进两岸同胞增进感情融合、扩大共同利益。真诚为台湾同胞谋福祉，为台海地区谋和平，为中华民族谋振兴。两岸同胞团结奋斗，就一定能够不断开创两岸关系和平发展新局面。

贾庆林说，广大海外侨胞和归侨侨眷是我国改革开放和经济社会发展的重要资源，是维护国家稳定、促进祖国统一的强大力量，是中国走向世界、世界了解中国的宝贵桥梁。中国政府将一如既往地坚持“以人为本、为侨服务”的侨务工作宗旨，依法保护广大海外侨胞和归侨侨眷的正当合法权益，关心海外侨胞在驻在国的长期生存和发展，最大限度地把海内外中华儿女的力量凝聚起来，共同为实现祖国的完全统一和中华民族的伟大复兴而不懈努力。

招待会由国务委员戴秉国主持。王刚、王兆国、王岐山、刘淇、刘云山、刘延东、李源潮、韩启德、周铁农、李建国、陈昌智、严隽琪、桑国卫、梁光烈、马凯、廖晖、杜青林、黄孟复、张梅颖、张榕明、钱运录、孙家正、万钢、林文漪、厉无畏、罗富和、陈宗兴、王志珍等出席了招待会。

（《人民日报》）

首都举行盛大阅兵仪式和群众游行
隆重庆祝中华人民共和国成立60周年

（2009年10月1日）

六十载奋斗创业，一甲子春华秋实。伟大的中华人民共和国迈着雄健的步伐，走过了60年光辉历程，迎来了60华诞。10月1日上午，首都各界庆祝中华人民共和国成立60周年大会在北京天安门广场隆重举行，20万军民以盛大的阅兵仪式和群众游行欢庆伟大祖国的这一盛大节日。

中共中央总书记、国家主席、中央军委主席胡锦涛检阅受阅部队，并发表重要讲话。江泽民、吴邦国、温家宝、贾庆林、李长春、习近平、李克强、贺国强、周永康等出席庆祝大会。

国庆佳节，中华大地万众欢腾，首都北京繁花似锦。

在蓝天白云映衬下，修葺一新的天安门城楼更加金碧辉煌、庄严雄伟，城楼红墙正中悬挂着新中国缔造者毛泽东同志的巨幅彩色画像。巍巍矗立的人民英雄纪念碑前，竖立着伟大的革命先行者孙中山先生的画像，纪念碑两侧超宽电子屏上“伟大的中华人民共和国万岁”、“伟大的中国共产党万岁”等标语格外醒目。

天安门广场上空，60只直径5米的大红灯笼，烘托出热烈、喜庆、祥和的氛围；广场东西两侧，56根绘有各族群众载歌载舞图案的民族团结柱，象征着56个民族共同擎起祖国繁荣富强的伟大基业。广场上彩旗招展，8万名青少年手持花束，组成“国庆”二字的巨大图案，使整个广场成了花的世界、欢乐的海洋。

上午9时58分，在欢快的乐曲声中，胡锦涛、江泽民、吴邦国、温家宝、贾庆林、李长春、习近平、李克强、贺国强、周永康等党和国家领导人来到天安门城楼主席台。

10时整，中共中央政治局委员、北京市委书记刘淇宣布庆祝大会开始。

6响礼炮响彻云霄，60名佩戴红领巾的少先队员行少先队队礼，200名国旗护卫队官兵护卫着五星红旗，迈着铿锵有力的步伐，从人民英雄纪念碑行进至广场北端的升旗区。由1500人组成的中国人民解放军联合军乐团奏响中华人民共和国国歌，全场齐声高唱，鲜艳的五星红旗冉冉升起，在天安门广场上空迎风飘扬。

胡锦涛乘坐国产红旗牌检阅车，经过金水桥，驶上长安街。阅兵总指挥、北京军区司令员房峰辉报告受阅部队准备完毕，胡锦涛下达检阅开始的命令。

雄壮的《中国人民解放军进行曲》奏响，胡锦涛乘车沿着宽阔的长安街，依次检阅由中国人民解放军陆海空三军和人民武装警察部队、民兵预备役部队组成的44个精神抖擞、装备精良的地面方队。

“同志们好！”“同志们辛苦了！”胡锦涛洪亮的声音在长安街上空回响。“首长好！”“为人民服务！”受阅官兵的响亮回答声震长空。

检阅后，胡锦涛登上天安门城楼，发表重要讲话。他首先代表党中央、全国人大、国务院、全国政协和中央军委，向一切为民族独立和人民解放、国家富强和人民幸福建立了不朽功勋的革命先辈和烈士们表示深切的怀念，向全国各族人民和海内外爱国同胞致以热烈的祝贺，向关心和支持中国发展的各国朋友表示衷心的感谢。

胡锦涛在讲话中指出，60年前的今天，中国人民经过近代以来100多年的浴血奋战终于夺取了中国革命的伟大胜利，毛泽东主席在这里向世界庄严宣告了中华人民共和国的成立。中国人民从此站起来了，具有5000多年文明历史的中华民族从此进入了发展进步的历史新纪元。60年来，在以毛泽东同志、邓小平同志、江泽民同志为核心的党的三代中央领导集体和党的十六大以来的党中央领导下，勤劳智慧的我国各族人民同心同德、艰苦奋斗，战胜各种艰难曲折和风险考验，取得了举世瞩目的伟大成就，谱写了自强不息的壮丽凯歌。今天，一个面向现代化、面向世界、面向未来的社会主义中国巍然屹立在世界东方。

胡锦涛指出，新中国60年的发展进步充分证明，只有社会主义才能救中国，只有改革开放才能发展中国、发展社会主义、发展马克思主义。中国人民有信心、有能力建设好自己的国家，也有信心、有能力为世界作出自己应有的贡献。

胡锦涛强调，我们将坚定不移坚持中国特色社会主义道路，全面贯彻执行党的基本理论、基本路线、基本纲领、基本经验，继续解放思想，坚持改革开放，推动科学发展，促进社会和谐，推进全面建设小康社会进程，不断开创中国特色社会主义事业新局面、谱写人民美好生活新篇章。我们将坚定不移坚持“和平统一、一国两制”的方针，保持香港、澳门长期繁荣稳定，推动海峡两岸关系和平发展，继续为实现祖国完全统一这一中华民族的共同心愿而奋斗。我们将坚定不移坚持独立自主的和平外交政策，坚持和平发展道路，奉行互利共赢的开放战略，在和平共处五项原则基础上同所有国家发展友好合作，继续同世界各国人民一道推进人类和平与发展的崇高事业，推动建设持久和平、共同繁荣的和谐世界。中国人民解放军和人民武装警察部队要发扬光荣传统，加强自身建设，切实履行使命，为维护国家主权、安全、领土完整，为维护世界和平再立新功。

胡锦涛最后指出，历史启示我们，前进道路从来不是一帆风顺的，但掌握了自己命运、团结起来的人民必将战胜一切艰难险阻，不断创造历史伟业。展望未来，中国的发展前景无限美好。全党全军全国各族人民要更加紧密地团结起来，高举中国特色社会主义伟大旗帜，与时俱进，锐意进取，继续朝着建设富强民主文明和谐的社会主义现代化国家、实现中华民族伟大复兴的宏伟目标奋勇前进，继续以自己的辛勤劳动和不懈奋斗为人类作出新的更大的贡献。

胡锦涛讲话结束时，全场响起雷鸣般的掌声。广场上“中华人民共和国万岁”、“中国共产党万岁”、“人民万岁”的背景字样和图案格外壮观。

10时37分，阅兵分列式开始。由陆海空三军仪仗队组成的方队，护卫着中国人民解放军军旗走在最前面。随后，由军区、军兵种、武警部队和总部直属部队以及北京市民兵预备役部队8000余名官兵组成的13个徒步方队，雄赳赳气昂昂依次通过天安门广场，接受祖国和人民检阅。被誉为“拳头”和“尖兵”部队的特战兵方队，是第一次参加国庆首都阅兵的方队；平均年龄只有18岁的水兵方队，是受阅方队中最年轻的一支队伍；英姿飒爽的三军女兵方队，成为受阅方队中一道亮丽的风景线；威武雄壮的武警方队，表现出党和人民忠诚卫士坚决维护国家安全和社会稳定的坚强意志；由国家公务员、企业职工、社会青年和在校大学生组成的女民兵方队，以80后、90后的蓬勃朝气展示着“首都民兵之花”的巾帼风采……

铁流滚滚，气势如虹。由坦克、战车、火炮、导弹等组成的30个装备方队整装进发，以崭新阵容接受检阅。这些装备全部为我国自主研制和生产，90%是第一次公开展示。其中，机动雷达方队、后勤装备方队、巡航导弹方队，都是首次在国庆首都阅兵中组队亮相。当核导弹方队最后通过时，全场响起经久不息的掌声。

鹰击长空，剑啸苍穹。11时10分许，广场上空响起隆隆轰鸣声。由陆海空三军组成的12个空中梯队呼啸而至，预警机、轰炸机、加受油机、歼击机、直升机等151架飞机低空飞过天安门广场。由我国第一批女战斗机飞行员驾驶的教练机梯队殿后，在蓝天上拉出5道绚丽的彩烟。

三军浩荡，沿精兵之路昂首前进；铁甲生辉，显自主创新强大威力。那矫健有力的步伐，那翱翔蓝天的雄姿，那排山倒海的气势……集中展示了人民军队革命化、现代化、正规化建设的辉煌成就，集中展示了人民军队威武之师、文明之师、和平之师的崭新风貌，集中展示了人民军队有效履行新世纪新阶段历史使命，建设信息化军队、打赢信息化战争的坚强决心，集中展示了人民军队维护国家利益、促进世界和平与发展的强大力量。

随着受阅部队一批批通过，广场上的背景变换出“忠诚于党”、“热爱人民”、“报效国家”、“献身使命”、“崇尚荣誉”等字样和长城、和平鸽等图案。

看着军容齐整、军威雄壮的受阅部队，胡锦涛、江泽民等领导同志频频鼓掌，现场观礼的各界代表群情振奋、欢声雷动。

11时22分，以“我与祖国共奋进”为主旨的群众游行开始。游行分“奋斗创业”、“改革开放”、“世纪跨越”、“科学发展”、“辉煌成就”、“锦绣中华”、“美好未来”7个部分，由36个方阵、60辆彩车和6节行进式文艺表演组成，4000多人的军乐团、民乐团、合唱团现场演奏演唱。参加游行的10万各界群众以不同方式，尽情抒发对中国共产党和人民共和国的由衷赞美和美好祝福。

首先走来的是仪仗方阵。激越豪迈的《红旗颂》乐曲响起，1949名青年高擎着巨幅国旗，2009名青年簇拥着巨型国徽和国庆年号，从天安门前健步走过。鲜艳夺目的国旗，熠熠闪亮的国徽，见证了60年来伟大祖国翻天覆地、沧海桑田的历史巨变，见证了60年来中华民族奋勇向前、走向复兴的光辉征途。

“奋斗创业”、“改革开放”、“世纪跨越”、“科学发展”4个主题的游行方阵走来了——深情优美的歌曲，热烈奔放的舞姿，表现了在党中央坚强领导下，全党全国各族人民为实现国家富强、民族振兴、人民幸福、社会和谐而不懈奋斗的豪迈气概。当游行队伍簇拥着毛泽东、邓小平、江泽民、胡锦涛同志的巨幅画像分别经过天安门时，全场一次次迸发出热烈的掌声。

以“辉煌成就”为主题的游行方阵走来了——“农业发展”、“工业发展”、“生态环保”、“民主政治”、“科技发展”、“文化繁荣”、“和谐家园”……一个个方阵从不同角度全面展现了60年来我国各领域建设取得的丰硕成果。当再现我国航天员首次空间出舱永恒瞬间的“神舟飞天”方阵意气风发地走来，当再现中国人民实现百年奥运梦想历史时刻的“北京奥运”方阵流光溢彩地走来，当再现全国军民万众一心抗洪抢险、抗震救灾感人场景的“众志成城”方阵坚定有力地走来，那些难忘的岁月又浮现在人们的眼前，在顽强拼搏中焕发的伟大民族精神激荡着人们的胸怀。

以“锦绣中华”为主题的游行方阵走来了——身着鲜艳服装的56个民族群众翩翩起舞，在巨轮造型的“团结奋进”号彩车引领下，代表着各省、自治区、直辖市，香港特别行政区、澳门特别行政区和台湾地区的34辆彩车，依次通过观礼台，充分展示了神州大地的壮丽山河和蓬勃生机，真切表达了各族人民对伟大祖国的深情祝福和共谱凯歌的豪情壮志。

群众游行队伍中有为新中国立下功勋的革命老战士，有新中国成立以来的著名劳动模范，有首都各行各业、各族各界群众代表，有全国各省区市、香港、澳门和台湾地区的代表，有海外华侨、留学人员代表，其中年龄最大的85岁，最小的仅有3岁，几位残疾人代表也坐着轮椅参加群众游行。游行队伍里，还有国际友人、外国专家、留学生、驻京外资机构代表。

群众游行队伍行进时，广场上8万名青少年不时变换出各种字样和图案，国旗鲜艳、麦浪滚滚、牡丹盛开、江山如此多娇的巨幅国画……壮丽场面令人叹为观止。

最后，全部由青少年组成的以"美好未来"为主题的游行方阵走来了——飘扬的红领巾，嘹亮的小号，闪闪的红星……在"未来号"航船造型彩车引领下，少年儿童引吭高唱《中国少年先锋队队歌》，昭示着中国特色社会主义事业薪火相传、后继有人。

当5000多名手持彩色气球和缤纷花环的少年儿童来到天安门前，《歌唱祖国》的乐曲响彻整个广场。在激昂的歌声中，少年儿童放飞手中的气球，并与天安门广场前区成千上万的青少年一起春潮般涌向金水桥。5万只气球腾空而起，青少年们向着天安门城楼挥舞花环，尽情欢呼、尽情跳跃。

城楼上，胡锦涛、江泽民等领导同志满面笑容地挥手致意。城楼上下真情交融，广场内外一片欢腾，共同庆祝这个盛大节日，共同祝愿祖国明天更加美好。

12时25分，历时2小时25分钟的庆祝大会圆满结束。

参加庆祝大会的干部群众纷纷表示，一定要在以胡锦涛同志为总书记的党中央坚强领导下，继往开来，奋发进取，把中国特色社会主义伟大事业不断推向前进。

在天安门城楼上出席庆祝大会的还有：

王刚、王乐泉、王兆国、王岐山、回良玉、刘云山、刘延东、李源潮、汪洋、张高丽、张德江、俞正声、徐才厚、郭伯雄、薄熙来、李鹏、朱镕基、李瑞环、宋平、刘华清、尉健行、李岚清、曾庆红、吴官正、罗干、何勇、令计划、王沪宁、路甬祥、乌云其木格、韩启德、华建敏、陈至立、周铁农、李建国、司马义·铁力瓦尔地、蒋树声、陈昌智、严隽琪、桑国卫、梁光烈、马凯、孟建柱、戴秉国、王胜俊、曹建明、廖晖、杜青林、帕巴拉·格列朗杰、白立忱、陈奎元、阿不来提·阿不都热西提、李兆焯、黄孟复、董建华、张梅颖、张榕明、钱运录、孙家正、李金华、郑万通、邓朴方、万钢、林文漪、厉无畏、罗富和、陈宗兴、王志珍和刘复之、杨白冰、丁关根、田纪云、迟浩田、张万年、姜春云、吴仪、曹刚川、曾培炎、王汉斌、张震、倪志福、邹家华、布赫、铁木尔·达瓦买提、彭珮云、周光召、曹志、李铁映、司马义·艾买提、何鲁丽、成思危、许嘉璐、蒋正华、顾秀莲、热地、盛华仁、唐家璇、肖扬、韩杼滨、贾春旺、杨汝岱、任建新、宋健、胡启立、陈锦华、赵南起、毛致用、王文元、王忠禹、李贵鲜、张思卿、罗豪才、张克辉、郝建秀、徐匡迪、张怀西、李蒙，中央军委委员陈炳德、李继耐、廖锡龙、常万全、靖志远、吴胜利、许其亮，以及傅全有、于永波、王克、王瑞林、乔清晨；

香港特别行政区行政长官曾荫权，澳门特别行政区行政长官何厚铧、新当选并获任命的第三任行政长官崔世安；

在京中共中央委员、候补中央委员，中央纪委副书记，在京原中顾委委员，部分在京全国人大常委会委员和全国政协常委，香港特别行政区、澳门特别行政区全国人大常委会委员和全国政协常委，中央和国家机关及人民团体主要负责人，解放军四总部和驻京各大单位、武警部队主要负责同志、在京上将，北京市主要负责同志，各民主党派中央、全国工商联负责人，1955年授衔的中将、少将，部分担任过有关方面领导职务的老同志，已故党和国家主要领导人夫人，"两弹一星功勋奖章"获得者，"国家最高科学技术奖"获得者，"航天英雄"、"英雄航天员"荣誉称号获得者，香港特别行政区、澳门特别行政区知名人士，台湾地区知名人士，第十一世班禅额尔德尼·确吉杰布，全国性宗教团体主要负责人等；

柬埔寨太皇诺罗敦·西哈努克和太后莫尼列·西哈努克、纳米比亚前总统努乔马、圣马力诺前执政官泰伦齐、日本前首相村山富市也出席了庆祝大会。

在城楼下各观礼台观礼的有：中央党政军群各部门负责人，在京中管金融机构、企业、高校等单位主要负责人，老同志代表，在京党的十七大代表、中央纪委委员、全国人大代表、全国政协委员，香港特别行政区、澳门特别行政区全国人大代表和全国政协委员，香港特别行政区、澳门特别行政区各界人士国庆观礼团成员，各民主党派、全国工商联在京中央执委、无党派人士代表，北京市有关负责同志，全国先进人物代表，国务院第五次全国民族团结进步表彰大会代表、全国少数民族参观团成员，在京中国科学院院士和中国工程院院士，优秀留学回国人才代表，部分已故老干部的配偶，首都各界代表，台湾地区有关人士代表，海外华人华侨代表，全国优抚对象代表，京外宗教界代表人士等。

在京各国驻华使节、外国专家、常驻记者、外国知名企业驻京代表、访华代表团成员也参加了观礼。

（《人民日报》）

中共中央召开党外人士座谈会
胡锦涛主持会议并发表重要讲话
温家宝通报有关情况，习近平、李克强出席

（2009 年 11 月 24 日）

中共中央 11 月 24 日在中南海召开党外人士座谈会，就当前经济形势和明年经济工作听取各民主党派中央、全国工商联领导人和无党派人士意见和建议。中共中央总书记胡锦涛主持座谈会并发表重要讲话。

中共中央政治局常委温家宝、习近平、李克强出席座谈会。温家宝通报了经济工作的有关情况，介绍了中共中央、国务院关于做好明年经济工作的考虑。

座谈会上，民革中央主席周铁农、民盟中央主席蒋树声、民建中央主席陈昌智、民进中央主席严隽琪、农工党中央主席桑国卫、致公党中央主席万钢、九三学社中央主席韩启德、台盟中央主席林文漪、全国工商联副主席孙安民、无党派人士袁驷先后发言。他们认为，今年以来，中共中央、国务院全面实施并不断丰富完善应对国际金融危机冲击的政策措施，牢牢把握经济工作主动权，保增长、调结构、促改革、惠民生取得明显成效。他们赞同中共中央、国务院关于当前经济形势的分析判断和明年经济工作的思路，表示要动员广大成员积极行动起来，为保持经济平稳较快发展献计出力。他们还就扩大内需、推进城乡统筹发展、加快经济结构调整、营造中小企业良好发展环境、防范金融风险、加强节能减排等问题提出了意见和建议。

在认真听取了大家发言后，胡锦涛作了重要讲话。他表示，大家实事求是地评价和分析了今年经济工作取得的成绩和面临的问题，提出许多好的意见和建议，对我们安排好明年经济工作很有帮助。我们将认真研究、积极采纳。

胡锦涛指出，2009 年是新世纪以来我国经济发展最为困难的一年。一年来，面对国际金融危机的巨大冲击，我们坚持把保持经济平稳较快发展作为经济工作的首要任务，全面落实和充实完善应对国际金融危机冲击的一揽子计划和政策措施，努力化挑战为机遇，在全球率先实现经济形势总体企稳回升，应对国际金融危机冲击、保持经济平稳较快发展取得了重大成就。各民主党派中央、全国工商联和无党派人士紧紧围绕保增长、保民生、保稳定建言献策，作出了重要贡献。胡锦涛代表中共中央、国务院，向各民主党派、工商联和无党派人士表示衷心的感谢。

胡锦涛强调，必须清醒地看到，当前我国经济回升基础还不牢固，经济运行中的新老矛盾和问题相互交织，保持经济平稳较快发展、推动经济发展方式转变和经济结构调整难度进一步增大。2010 年是实施

"十一五"规划最后一年，做好经济社会发展工作，对于进一步有效应对国际金融危机冲击、为"十二五"时期发展奠定良好基础具有十分重要的意义。一是要加强和改善宏观调控，保持经济发展势头，同时下更大工夫推动经济发展方式转变和经济结构调整。二是要加大结构调整力度，坚持长期发展目标和短期增长目标相协调，坚持需求结构调整和供给结构调整相促进，增强内需特别是消费需求对经济增长的拉动作用，从抑制产能过剩和培育新兴产业两方面入手促进产业结构优化升级，加大运用新技术改造和提升传统产业力度，加强节能减排工作，积极稳妥推进城镇化，继续实施区域发展总体战略，特别是要采取有效措施加快推动中西部地区特别是边疆民族地区经济社会发展。三是要夯实"三农"发展基础，扩大内需增长空间，全面落实和不断完善强农惠农政策，保持农业稳定增产，合理引导农业生产结构调整，提高种粮农民收入，提高农业生产比较效益。四是要深化改革开放，增强经济发展动力，围绕建立健全有利于科学发展的体制机制，积极推进重点领域和关键环节改革，推动政府职能转变，推进国有企业改革，支持和引导非公有制经济和中小企业发展，加快转变外贸增长方式，做好利用外资工作，大力实施"走出去"战略。五是要加大保障和改善民生工作力度，采取有效措施增加就业，加快社会保障体系建设，稳步落实医药卫生体制改革各项举措，扎实做好帮扶困难群众工作，全力维护社会和谐稳定。

胡锦涛最后希望各民主党派、全国工商联和无党派人士坚持把推动科学发展作为履行职责的第一要务，注重研究国际经济环境新变化和国内经济运行新情况，着重围绕中央确定的明年经济工作目标任务建睿智之言、献务实之策，围绕人民群众普遍关心的问题积极反映社情民意，协助做好理顺情绪、化解矛盾工作，继续为推动经济社会又好又快发展作出贡献。

王岐山、回良玉、张德江、令计划、王沪宁、马凯、杜青林和中共中央、国务院有关部门负责人出席座谈会。出席座谈会的党外人士还有张梅颖、张榕明、厉无畏、罗富和、陈宗兴和马培华、王钦敏、陈抗甫、汪毅夫、谢经荣、郝如玉等。

（《人民日报》）

杜青林向非中共人士通报中央经济工作会议精神

（2009 年 12 月 7 日）

受中共中央委托，全国政协副主席、中共中央统战部部长杜青林 7 日下午向各民主党派中央、全国工商联领导人和无党派代表人士通报了中央经济工作会议精神。

在传达了胡锦涛、温家宝同志的重要讲话和中央经济工作会议的主要精神之后，杜青林强调，这次中央经济工作会议，是在认真贯彻落实中共十七届四中全会精神，应对国际金融危机冲击取得明显成效、处于关键时期召开的一次重要会议，对于在国内外经济形势仍然十分复杂的情况下，巩固我国经济回升向好趋势，努力实现经济平稳较快发展，具有十分重要的意义。统一战线广大成员，要切实把思想认识统一到中央关于国际国内经济形势的科学判断上来，统一到中央关于加快经济发展方式转变这个战略重点上来，统一到中央关于做好明年经济工作的总体部署和原则要求上来，在新起点上把改革发展稳定工作做得更好。

杜青林指出，统一战线要把会议精神真正把握到位、贯彻到位，关键是要把中央统一部署与自身实际紧密结合起来，找准角色定位，明确功能作用，努力成为保持经济平稳较快发展的促进者，改革创新的支持者，社会和谐稳定的维护者，为经济平稳较快发展提供智力支持、人才支持、力量支持和环境支持。

杜青林强调，各民主党派、工商联和无党派人士，在贯彻落实中央经济工作会议精神中，要把保持经济平稳较快发展作为服务科学发展的首要任务，充分发挥政治优势、组织优势和智力优势，最大限度地把各自成员的积极性、主动性、创造性充分调动起来，为完成明年经济工作任务提供有力支持。要坚持求真务实，深入实际、深入基层搞好考察调研，真正做到为民谋福祉、为国建净言；坚持狠抓落实，精心安排部署，使参政议政工作出成果、出精品、出实效；坚持开拓创新，在围绕中心服务大局中不断有新的思路、新的举措和新的作为。

蒋树声、陈昌智、桑国卫、黄孟复、张榕明、陈宗兴等出席了通报会。各民主党派中央、全国工商联负责人和无党派人士参加了会议。

(《人民日报》)

二、中央委员会篇

重 要 文 献

1. 重 要 文 件

进中办发〔2010〕1号

关于印发民进十二届三中全会有关文件的通知

中国民主促进会第十二届中央委员会第三次全体会议于2009年12月7日至9日在北京召开。严隽琪主席代表民进第十二届中央常务委员会对三中全会作的《工作报告》，经大会审议通过，并根据中央委员的意见进行了修改。现将这个文件以及民进十二届三中全会《决议》、严隽琪主席在三中全会闭幕式上的讲话印发给你们，请结合本地工作实际，认真学习贯彻。

附件：

1. 中国民主促进会第十二届中央常务委员会工作报告
2. 中国民主促进会第十二届中央委员会第三次全体会议决议
3. 在民进十二届三中全会闭幕式上的讲话

二〇一〇年一月四日

附件1：

中国民主促进会第十二届中央常务委员会工作报告

（2009年12月7日）

严隽琪

各位委员、各位同志：

我代表中国民主促进会第十二届中央常务委员会，向大会报告工作，请予审议，并请列席的同志提出意见。

2009年工作回顾

2009年是新中国成立和人民政协成立60周年，是我国“十一五”规划实施的关键年，也是我国应对国际金融危机挑战、改革开放的攻坚年。面对严峻复杂的国内外环境，中共中央、国务院团结带领全国各族人民，坚定信心、沉着应对、迎难而上、团结一心，着力保增长、保民生、保稳定，推进社会主义经济建设、政治建设、文化建设、社会建设以及生态文明建设，各项工作取得新进展，各族人民意气风发、锐意进取，在新的起点上阔步向前迈进。

2009 年也是我会深入学习贯彻科学发展观，巩固扩大 2008 年工作成果，以求真务实、改革创新的精神全面履行职责、推进高素质参政党建设的重要一年。会中央坚持以中国特色社会主义理论体系为指导，清醒认识国际国内两个大局，积极带领全会与中国共产党同心同德，努力工作。深入贯彻落实科学发展观，坚持“有思有行、集智聚力、顺势而为”，切实履行参政议政、民主监督职能，积极服务国家科学发展；不断探索高素质参政党建设规律，力求做到知行合一、务实创新，努力促进自身科学发展，实现在思想认识上有新提高，在履行职能上有新作为，在自身建设上有新进步。

（一）高举旗帜，深化教育，扎实推进高素质参政党思想理论建设

思想建设是高素质参政党建设的核心。面对国际金融危机影响日益复杂，社会思想日益多元的形势，会中央带领全会高举中国特色社会主义伟大旗帜，深入学习贯彻科学发展观，坚持以社会主义核心价值体系为引领，深化坚持走中国特色社会主义道路学习教育活动，扎实推进政治交接长效机制建设，努力提高理论指导实践的水平，进一步统一思想、坚定信念，为建设适应时代要求的高素质参政党奠定坚实的思想基础。

科学发展观是我会加强自身建设、履行参政党职能的强大思想武器。一年来，我会从国际国内形势的新变化和自身建设的新要求出发，结合学习中共中央重要会议精神，兴起了学习贯彻科学发展观的热潮。会中央中心学习组和常委会先学一步，邀请有关专家学者辅导，主席、副主席和常委会组成人员带头谈体会、写文章、做宣讲，发挥了示范带动作用。会中央举办科学发展观论坛，召开学习贯彻科学发展观视频会议，制作专题网页，开展问卷调查，发动广大会员“为民进科学发展进一言”等，强化理论学习、创新学习活动方式、转化学习成果，进一步增强了全会学习贯彻科学发展观的自觉性和坚定性，明确了学习贯彻科学发展观的着力点，更加自觉地用科学发展观武装头脑、谋划发展、解决问题、推动工作。

深化坚持走中国特色社会主义道路学习教育活动，是新形势下我会巩固政治交接成果，扎实推进政治交接长效机制建设的一项重大举措。今年以来，针对我国经济发展面临的严峻挑战，以及社会上出现的一些不和谐的声音，会中央作出了深化坚持走中国特色社会主义道路学习教育活动的决定。全会以学习贯彻全国“两会”精神为契机，深入开展形势教育，认真学习胡锦涛总书记在全国政协民盟、民进联组会上重要讲话的精神，学习吴邦国委员长对我国人民代表大会制度与西方议会制本质区别的重要论述，进一步增强了战胜危机、应对挑战的信心，坚定了多党合作的信念。会中央把深化主题教育与庆祝新中国和人民政协成立 60 周年结合起来，加强对社会热点、难点问题的引导，大力宣传我会的模范人物、先进典型，推动广大会员深入学习社会主义核心价值体系。会中央认真总结推广地方组织在主题教育活动中创造的经验，不断丰富我会思想建设的内容、形式和方法，适时召开了民进全国宣传思想工作会议，制定下发了《民进中央关于加强新形势下我会思想建设的意见》。我会各级组织认真贯彻会议精神，努力把思想建设与理论建设、组织建设、作风建设、制度建设结合起来，规范学习培训机制，建立健全思想理论动态分析机制、宣传引导机制，研究建立重大突发事件和不良信息预警机制，初步形成了政治交接的长效机制，增强了坚持接受中国共产党领导、走中国特色社会主义政治发展道路的信心。

理论建设是参政党自身建设和发展的必然要求。只有理论的清醒，才有政治的坚定、行动的自觉。会中央强调以参政党应用理论研究为重点，紧密结合实际，就政治交接长效机制、组织工作和后备干部队伍建设、社会服务、专委会工作、机关建设等进行了深入研究，形成了一批具有较高价值的研究成果，为进一步推动我会的思想建设、组织建设和履行职能提供理论依据。会中央积极整合会内外力量，集成中央和地方资源，发挥参政党理论研究会及其特邀研究员的作用，部署并下发参政党理论研究课题，参与地方组织召开的理论研讨会，走访中共中央、兄弟党派统战理论研究部门，交流和研讨理论研究的最新成果，编辑出版参政党建设理论研讨会论文选集，设立理论研究专项奖等等，有效地推动了我会理论研究工作的开展。在今年庆祝新中国和人民政协成立 60 周年之际，会中央组织全会撰写了理论研究文章达 760 篇。全

会开展参政党应用理论研究呈现新的局面，研究活力迸发，成果更加丰富，质量进一步提高。

（二）突出重点，整体推进，夯实高素质参政党组织基础

组织建设是高素质参政党建设的基础。根据形势发展的要求，会中央高度重视组织工作在我会思想建设、作风建设、制度建设、理论建设和履职能力建设等各方面的作用，巩固和扩大领导班子建设成果，有序推进会内民主，努力提升我会履行参政党职能的能力和自身建设的科学化水平。

有序推进会内民主，是我会加强自身建设的重要举措。会中央适时召开领导班子民主生活会，对换届以来的工作进展和思想状况交换看法、进行分析；进一步完善了重大事项通报制度，利用各种途径和机会与中央常委和中央委员及时联系沟通、征询意见；大力指导、支持监督委员会开展工作。按照《中国民主促进会中央监督委员会工作条例（试行）》规定，在民进十二届七次中常会期间，中央监督委员会举行第二次全体会议，认真听取会中央领导班子制度建设与执行情况介绍，查阅有关规章制度情况和会议记录，以个别谈心的形式听取部分常委和机关部门负责人对会中央领导班子的意见和建议。会中央学习借鉴中共党建经验，进一步完善领导后备人选的选拔制度，保证后备人选推荐过程、操作程序公开透明、公平公正；结合我会实际，制定了《民进全国代表大会代表联系办法（试行）》，并采取多种形式与代表保持经常联系。如邀请代表参加相关会议，领导班子成员到地方调研时邀请代表参加座谈等，扩大了代表的知情权和参与权，调动了广大会员参与会务工作的积极性和主动性，对指导全会工作、凝聚全会智慧和力量起到了积极作用。

人才队伍建设是我会永葆生机活力、实现可持续发展的根本保证。会中央从建设适应时代要求的高素质参政党目标和“人才强会”的战略高度，把人才队伍建设作为今年我会组织工作的重中之重，在后备干部、骨干会员和机关干部的培养、使用等方面做了积极努力。一是加强对领导班子后备干部人选产生程序的指导、检查和督促，了解和掌握各省级组织后备人选的民主推荐、遴选协商、考察确定等各阶段工作进展，主动与各省、自治区、直辖市中共党委和有关部门沟通协商，保证了后备干部人选的质量。二是不断充实会员人才库并实行动态管理，将政治素质好、有较强参政议政能力和组织领导能力的中青年骨干会员纳入人才库，为 2010 年“届中调整”和 2012 年换届进行人才储备，为我会更好地履行参政党职能奠定人才基础。三是举办各种形式的培训班、研讨班，针对后备干部、骨干会员、专职干部的类别、层次、特点和个人实际进行培训，推荐会员到各级党校和社会主义学院学习，通过培训发现和培养人才。今年全会各级组织共举办各类培训班 90 多个，累计培训达 7000 余人次。会中央继续选派机关干部到基层挂职、锻炼，接收地方组织机关干部到会中央兼职和挂职，促进了我会机关干部的交流。四是制定组织和会员发展规划，对我会会员及新建市、县级组织的数量、结构、比例分布等进行认真规划，对高层次会员发展趋势进行分析，增强了会员和组织发展的计划性和针对性。五是多渠道推荐我会会员和干部担任社会职务。今年我会向国土资源部、公安部、最高人民法院、新闻出版总署、中华文化促进会、中国和平统一促进会、中华职业教育社、全国政协理论研究会、中国政党理论研究会、海峡两岸法学研究会等中央部门和社会团体推荐 30 余名同志担任兼职和特约职务，为我会会员和机关干部在各领域展示才能提供了舞台。

会中央深入开展调查研究，认真研究和分析当前我会工作面临的新形势新要求，及时召开民进全国组织工作会议，总结交流经验，探索新时期参政党组织建设的规律，进一步明确我会组织工作的目标、任务和方向，对我会组织工作进行了全面部署，并努力推动全会开展创建先进地方组织和基层组织的活动，产生了积极的反响。我会各级组织结合当地实际情况，认真贯彻落实会议精神，在促进组织建设成果向地方和基层延伸等方面取得明显效果，有力地带动了全会各项工作的开展。

（三）汇聚众智，发挥合力，切实履行参政议政、民主监督职能

参政议政、民主监督是参政党的基本职能。会中央坚持把推动科学发展作为履行职能的第一要务，以新作为巩固老阵地，在顺势中开拓新领域，在事关全局和民生的重大问题上，提出具有综合性、全局性、前瞻性或者关键性的意见和建议，为促进经济平稳较快发展、维护社会和谐稳定作出了积极贡献。

会中央自觉把履行参政党职能的重点放在国家工作大局之中，深入开展调查研究，认真履行参政议政、民主监督职能，积极参与高层协商。今年重点就应对国际金融危机提出了优化投资结构、发展新能源产业、扶持中小企业、推动科技创新等意见，为中共中央、国务院适时调整宏观经济政策，推动经济平稳较快发展发挥了应有的作用；积极关注民生，就加强重大项目监督、加快小城镇建设、解决国有林区职工生产生活困难、推进基础研究和科普工作等提出意见；关注政治文明建设，就推动执政党建设与参政党建设相互促进，改善执政方式，建设惩治和预防腐败体系等提出建议。会中央领导还以个人名义，就我国多党合作制度和实践的宣传、国家区域发展规划、海洋权益保护、水资源可持续利用、土地整治、统计系统信息化建设、特殊领域高层人才政策、国家地震纪念馆建设以及香港教育方面的问题向中共中央、国务院领导提交了建议书。在全国政协十一届二次会议期间，会中央和民进组围绕公共文化投入、出版事业发展、粮食安全保障、涉诉信访长效机制建设、农业科技服务体系完善、基层群众自治、城乡统筹发展等议题，向大会提交党派提案20件，民进组提案7件，大会发言5件，其中3件提案被列为重点提案，得到国家发改委、教育部、科技部等20余个部委的积极响应。

会中央始终关注教育、文化、出版事业的发展，针对发展过程中出现的新情况新问题，通过高层协商、提交建议书、政协提案、社情民意信息等多种渠道，积极建言献策。今年以国家中长期教育改革和发展规划纲要、农村教育发展、基础教育和职业教育改革、教师队伍建设、农村文化改革、出版体制改革等问题为重点提出了建议，得到中共中央、国务院的重视和肯定。会中央将“新形势下的农村教育综合改革”作为专题考察课题，先后在上海、河南、山西、山东、安徽等地开展调研，民进天津、广东等6个省级组织将该课题作为本省年度重点调研课题，配合会中央各有侧重地开展同步调研，形成了报中共中央、国务院的《关于农村教育综合改革的建议书》。

新的形势对我会履行参政党职能提出了更高的要求。会中央高度重视并稳步推进参政议政、民主监督的机制创新，充分利用会内与会外资源，发挥整体优势。在利用会内资源方面，将参政议政网上平台用户范围，由原有的29个省级组织扩大至263个市级组织；在利用会外资源方面，在继续加强与上海社科院合作的同时，与清华大学“政治经济学研究中心”建立了合作关系。通过一个平台、两个中心和参政议政快速反应机制，汇聚众智，发挥合力，进一步提升了参政议政的质量和水平。

调查研究是履行参政议政职能的前提和基础。为提高调研质量，会中央进一步完善专题考察工作机制。一方面更加重视选题过程中发扬民主；另一方面将调研拓展成前期调研、正式调研和后期调研三个阶段。鼓励有意愿的相关省级组织将中央课题作为本省年度重点调研课题，与会中央同步开展调研，实现资源共享、成果共享；还邀请政府有关部门、社会研究机构参与各个阶段的调研，借助“外脑”丰富素材、理清思路，提高调研课题的针对性和实效性。形成前期调研奠定基础，正式调研形成思路，后期调研补充缺失的专题考察新模式。会中央先后开展各层次、各领域调研20项，形成调研报告及情况汇报37份，为我会履行参政议政、民主监督职能和参与高层协商，提供了重要依据。

专门委员会是参政议政的一线工作机构。会中央高度重视、大力支持和积极鼓励专门委员会在各自的工作领域，充分利用会内外资源，努力寻找专兼职工作的契合点和参政议政的着力点。教育委员会与首都师范大学联合举办“中国教师发展论坛”，科技医卫委员会与国家长江水利委员会联合举办“长江流域湖泊保护与管理研讨会”，出版与传媒委员会、妇女儿童委员会承接国家新闻出版总署、国家人口和计划生育委员会的课题，文化艺术委员会、联络委员会的课题得到了国家文化部、中共中央统战部和国务院台湾事务办公室的支持，经济委员会与清华大学“政治经济学研究中心”合作开展调研，社会与法制委员会的调研得到了地方政府的大力支持。各专门委员会与政府机关、社会团体、研究机构开拓合作渠道、加强合作机制的有效举措，成为今年专门委员会工作的一个亮点。

信息工作是我会履行参政议政、民主监督职能的基础性工作。会中央进一步加强对地方组织的指导，注意利用信息化手段提高工作效率，扩大了信息发送范围，进一步提高了信息质量和利用率。今年全会各级组织向会中央反映社情民意信息2645篇，会中央编报743期。

（四）发挥优势，注重实效，积极开展社会服务工作

面对社会、面对基层、面对群众开展社会服务，是参政党服务国家、社会和人民的重要职能，是了解国情民意的重要渠道，是增加组织凝聚力与社会影响力的重要抓手，是体现立会宗旨的重要形式。会中央注意分析新形势下社会服务工作的需求和特点，不断完善工作机制，加强和改进对全会社会服务工作的指导和统筹协调，充分发挥地方组织的积极性和创造性，在服务社会中培养会员、锻炼组织。

积极参与贵州毕节试验区建设是当前我会社会服务工作的重点之一。会中央深刻认识到毕节试验区在实践科学发展观、体现多党合作中的示范效应和重大意义，把参与试验区建设作为全会服务科学发展和发挥作用的重要舞台。我会组织力量到毕节深入调查研究，从试验区人口素质、生态环境和经济状况的实际出发，根据各党派协商分工与自身的优势，提出了促进试验区职业教育发展的思路和举措，得到中共中央和有关部门以及毕节地区的重视和采纳。在地方组织和广大会员的积极支持下，适时启动了支持毕节教育的“彩虹行动”，首批已筹集到125万元资金和价值150万元的教育设备，帮助当地改善教育条件，有6个省级组织已与毕节试验区金沙县有关乡镇，签订了教育对口支援协议，产生了良好政治效益和社会效益。为推进以石漠化治理为重点的试验区生态文明建设，会中央与中国林业科学院签约，合作建设金沙“石漠化治理科技大院”，对治理石漠化发挥智力支撑作用；募集资金20万元与金沙县共建“民心有机农业试验示范园”，对促进当地农民增收和新农村建设起到了良好作用。

会中央继续参与地震灾区教育重建，举办了“2009年地震灾区学校校长暑期培训班”，加强对灾区教师的心理辅导，对帮助灾区提高教学和管理水平起到了积极作用。在我会四川、甘肃、陕西和重庆四省、市委会的精心组织与监督下，我会投入770万元特殊会费建设的灾区教育重建项目进展顺利。会中央积极带领和组织专家学者，深入边疆民族地区和西部地区，开展智力支边活动，到贵州黔西南开展民族文化培训工作，到海南开展黎族文化调研，组织甘肃星火科技带头人到发达地区学习培训，均受到了当地干部群众的欢迎。积极支持各级组织通过多种方式，持之以恒地开展“三下乡”、社区服务、兴教助学等社会公益活动，对促进和谐社会建设和社会稳定发挥了积极作用。一年来我会各级组织累计捐建学校27所，捐助农家书屋17座，资助学生9910名，培训西部地区教师7675人次，培训农民26707人次，捐赠物资折合人民币1621万元，开展医疗服务、文化下乡等活动771次，受益人数达13万。

会中央高度重视对社会新阶层会员的教育、引导、支持、服务工作，积极为会员排忧解难，支持和帮助会员在推动自身企业健康发展的同时积极服务社会，不断提高自身素质和能力。鼓励和推动省市级组织组建“企业界会员联谊会”，及时召开“2009年民进企业家联谊会联席会议”，促进了企业界会员之间的交流与合作。为拓展社会服务平台，还成立了“开明画院”；鼓励和支持“民办教育协会”的工作，为凝聚书画界会员和民办教育界会员，更好地服务社会进行了新探索。

（五）促进交流，争取人心，积极为祖国和平统一大业作贡献

两岸关系的和平发展是中华儿女的共同期盼。我会积极发挥自身优势，通过多种形式和渠道，促进海峡两岸和港澳地区的文化、教育和经贸交流，拓展与港澳台社会各界人士的联系，作出了新的贡献。

以文化教育为背景，邀请港澳台地区的新老朋友，举办各种形式的研讨会，是我会行之有效的、推进与港澳台地区交流交友的重要形式。会中央根据对台工作形势的变化，对论坛的内容、与会人员的范围、交流研讨主题与方式等进行认真研究，调整工作思路，改进工作方法，提高了会议成效。成功举办了“第四届海峡两岸企业发展与合作论坛”、“2009年海峡两岸基础教育论坛”、“第七届海峡两岸中华传统文化与现代化研讨会暨首届海峡两岸医学文化与医学发展论坛”，为加强海峡两岸和港澳地区的合作与交流，促进两岸同胞的感情沟通，增强民族凝聚力，弘扬中华民族精神，做出了积极的努力。先后有来自台湾、香港、澳门的政界、学界、商界的180位人士出席了我会组织的上述活动，收到论文64篇，签订文化交流、经贸合作项目协议9项，协议引资金额达200亿人民币。会中央在热情接待来自港澳台地区的多

批代表人士，做增信释疑、加强感情交流的同时，还积极创造条件，组织访台代表团、赴港考察团，主动“走出去”，扩大接触面，交更多朋友。会中央与中国社会科学院台湾研究所合作，在有关地方组织的配合下，就“两岸签署金融合作协议后大陆台商融资情况”、“构建两岸中医药经济交流平台”等课题开展专题调研，向中共中央、国务院有关部门提出具有针对性的意见和建议。在台湾地区遭受风灾之后，我会还组织会员踊跃捐款捐物，支持台湾人民重建家园，体现了血浓于水的同胞之情。

（六）围绕主题，把握方向，隆重举办中华人民共和国和人民政协成立60周年纪念活动

纪念中华人民共和国和人民政协成立60周年，对于我会坚定不移地走中国特色社会主义道路，推进民进事业健康发展具有十分重要的意义。会中央把庆祝活动与学习贯彻中共十七大精神、学习贯彻科学发展观和做好2009年各项工作结合起来，主动参与中共中央、全国政协和统战系统举办的一系列纪念活动。积极指导全会开展主题突出、形式多样、广泛参与的一系列庆祝活动，引导广大会员深刻认识多党合作和政治协商制度的历史必然性和现实优越性，进一步激发了广大会员的爱国主义热忱和接受中国共产党领导的自觉性。通过召开座谈会、联欢会、开展征文、制作专题网页、开展网上知识竞答，举办“共庆辉煌”民进全国书画展、摄影展等等，回顾中华人民共和国60年的光辉历程、人民政协及多党合作制度60年来取得的巨大成就，展示民进60年来为社会主义建设和改革开放事业作出的重大贡献，进一步增强了广大会员的自豪感和致力于多党合作事业的使命感。会中央把纪念“两个60周年”活动和加强我会优良传统教育结合起来，编写“新中国成立以来民进的发展与贡献”，编印会史重要人物传略丛书，创刊《中国民主促进会年鉴》，并出版试刊号，完成会史教育基地的改建，制作《中国民主促进会》宣传短片，参与全国政协《辉煌历程——人民政协成立60年纪念刊》的编纂等，对弘扬我会与中国共产党风雨同舟、团结合作的历程中形成的优良传统起到了积极的作用。各级地方组织积极响应会中央号召，结合自身实际，开展各具特色、丰富多彩的庆祝纪念活动。广大会员通过创作诗歌、散文、书画作品等特有的方式，表达了对祖国的祝福和对民进的热爱。这些系列活动，进一步增强了广大会员的爱国爱会感情和以更大的热情投身改革开放和社会主义现代化建设事业的责任感，有效地增强了我会坚定走中国特色社会主义政治发展的“道路认同”，全面建设小康社会的“目标认同”，中华民族优秀文化与民进优良传统的“文化认同”。

一年来，中央常委会坚持解放思想，实事求是，认真贯彻民主集中制，坚持重大事项集体讨论、集体决定，坚持集体学习制度。会中央领导班子坚持深入基层，推动工作，有计划地分赴省、市级组织调查研究；常委会全体同志坚持原则，积极工作，密切配合，互相支持，形成了民主团结、求真务实、开拓进取的工作局面。但我们也要看到，在我会各项工作中还存在一些不足，主要是：一些同志忽视理论学习，对我国多党合作的历史和任务了解不够，对中国特色政党制度认识不深，工作动力不足，参政党意识薄弱；有的领导班子存在集体作用发挥不够的现象，个别干部思想、作风、能力、素质与科学发展观的要求还不相适应；有的领导班子成员对党派工作的投入不够，缺乏工作热情和积极进取的精神；会内监督的途径和办法还有待完善与加强；会员的人才结构与知识结构还有待进一步优化，特别是高层次人才的发展有待加强；一些基层组织活力不足，活动形式单一，缺乏吸引力；一些机关人员的全局观念和创新意识有待加强，工作制度有待完善，工作效率、工作质量和服务水平有待提高等等。这些问题的存在，影响了我会的形象，影响着我会建设高素质参政党，影响着我会职能的发挥，必须引起全会各级组织，特别是各级领导班子的高度重视，切实加以解决。

2010 年工作部署

当今世界多极化、经济全球化深入发展，科技进步日新月异，国际力量对比出现新态势，全球思想文化的交流、交融和交锋呈现新特点，发达国家在经济、科技等方面仍占优势，综合国力竞争和各种力量较量更趋激烈。去年下半年以来我国经济增长明显下滑趋势得到遏制，经济形势总体呈现企稳向好势头，但是，国际国内不稳定不确定因素仍然很多，我国改革发展稳定的任务依然艰巨。全会必须认清形势，保持

清醒头脑，在新的一年里，高举中国特色社会主义伟大旗帜，以中国特色社会主义理论为指导，深入学习贯彻科学发展观，学习中共十七届四中全会精神，坚定信念、同心同德、扎实工作。在建设适应时代要求的高素质参政党的不懈努力中，继续坚持执政党建设和参政党建设相互促进、会中央工作和地方组织工作相互促进、自身建设和履行职能相互促进、实际工作与理论研究相互促进，切实提升我会的整体素质和能力。凝聚全会力量，发挥我会优势，积极履行参政党职能，争取新的更好的工作成绩。

（一）深入学习中共十七届四中全会精神，进一步增强全会的政治责任感和使命感

中共十七届四中全会是国际形势继续发生深刻变化、我国全面建设小康社会进入关键阶段召开的一次重要会议。会议研究和部署了新形势下加强和改进中国共产党自身建设的问题，审议通过了《中共中央关于加强和改进新形势下党的建设若干重大问题的决定》。这对于推进中国共产党的建设新的伟大工程、加快全面建设小康社会进程、坚持和发展中国特色社会主义，具有十分重要的意义。我会要认真学习，深刻认识接受中国共产党领导、走中国特色社会主义政治发展道路，是我会始终沿着正确的政治方向前进，有所作为的根本保证，进一步增强接受中国共产党领导的自觉性和坚定性。要把学习会议精神和解决我会在当前形势下面临的两大历史性课题结合起来，与时俱进、科学发展，积极借鉴执政党建党经验，以改革创新和求实求效的精神加强自身建设。

建设学习型政党是推动我会适应时代发展趋势的根本要求。世界在变化，形势在发展，知识日新月异，中国共产党不断推进党的建设新的伟大工程。我们只有保持勤于学习、善于学习、学以致用，才能更好地为改革开放和社会主义现代化建设服务，才能更好地推动执政党建设与参政党建设相互促进。全会要进一步增强对于建设学习型政党和学习型组织必要性、紧迫性的认识，深入系统地学习中国特色社会主义理论体系，不断增强政治敏锐性和政治鉴别力。要努力掌握现代科学知识，运用科学方法，努力把握当今世界发展形势和我国改革发展实际，结合我会实际，善于把握规律性、富于创造性，更好地开展工作。各级组织要进一步创新学习方法、丰富学习内容，完善学习制度，积极引导广大会员树立重视学习、坚持学习、终身学习的观念，努力提高政治素质、理论修养和业务能力。各级领导班子要切实发挥表率作用，把学习型政党建设落到实处，进一步增强我会的进步性、广泛性和凝聚力。

牢固树立和践行社会主义核心价值体系，是新时期我会推进政治交接的重要内容。各级组织要切实加强新形势下思想政治工作的研究，继续推进政治交接长效机制的建设，牢固树立和践行社会主义核心价值体系。要以我会成立65周年为契机，加强教育引导，把思想政治工作和重大活动、重大事件相结合，继续深化走中国特色社会主义道路主题教育活动的成果，通过各种方式，利用各种渠道，有针对性地做好沟通思想、解疑释惑的工作，使广大会员在了解国情中统一思想，在服务大局中提高认识，在投身实践中不断进步。要进一步做好会史工作，继承和发扬我会与中国共产党团结合作的优良传统，从工作和实践中不断赋予优良传统时代内涵，进一步巩固我会共同的政治立场、奋斗目标和核心价值观念。

（二）围绕中心，服务大局，努力提高我会履行参政党职能的水平

自觉服务于国家事业发展的重大战略和总体目标，是参政党履行职能的出发点和落脚点。全会要以科学发展观为指导，根据形势的发展，立足世情、国情、会情，围绕事关全局和民生的重大问题，发挥我会优势和特色，积极履行参政议政、民主监督职能，做好社会服务工作，为推动国家科学发展、促进社会和谐稳定发展作出新的贡献。

“十一五”规划完成在即，“十二五”规划的制定已经启动，我们要围绕保持经济平稳较快发展、转变经济发展方式、保障和改善民生、维护社会稳定，就教育、文化、出版领域的重要问题和节约资源、自主创新、社会建设、反腐倡廉等有关国计民生的重大问题，深入开展调查研究，反映社情民意和会员及所联系群众的利益诉求，积极建言献策。

要继续探索我会社会服务工作的新渠道新方法。把继续参与贵州毕节试验区建设作为明年社会服务工作的重点，努力推进“彩虹行动”取得实际效果。要做好海外联谊工作，加强同专业人士的交往，增进

共识，凝聚人心，为祖国统一和港澳地区的繁荣稳定作贡献。明年我会将举行全国社会服务工作会议，总结经验、统一思想、提高认识，推动社会服务和海外联谊工作上一个新台阶。

要进一步加强队伍建设，提高我会履职的能力和水平。提倡各级领导亲力亲为，深入参政议政和社会服务工作的第一线，多交有真知灼见的朋友。不断壮大参政议政和社会服务力量，进一步加强特邀研究员和专门委员会的工作；充分发挥各工作平台的积极作用，鼓励、引导和推动会员以自己的专长，积极投入到参政议政和社会服务之中。

要继续加强体制、机制建设，充分发挥各级组织和会员的积极性，加强机关的枢纽作用。积极主动地借助外力，继续优化与各级政府、社会团体和研究机构的合作机制。要继续推进参政议政和社会服务工作的结合，把在服务社会的过程中取得的第一手资料，转化为参政议政的资源和成果。

（三）进一步加强自身建设，激发组织活力，切实提升我会的整体素质和能力

全会要以科学发展观为指导，在服务科学发展的同时，推进自身的科学发展。要继续认真贯彻我会全国宣传思想工作会议和组织工作会议精神，以思想建设为核心、以组织建设为基础、以制度建设为保障，加强作风建设，统筹兼顾，整体推进。要积极探索工作规律，开阔工作思路，健全工作机制，勇于改革创新，推动我会自身建设上新台阶、新水平。

全会要继续坚持以中国特色社会主义理论体系为指导，进一步加强理论研究。当前特别需要针对我会面临的新形势、新任务、新问题，切实加强应用理论研究，不断提高理论指导实践的水平，努力推动理论研究成果的转化。力求做到行中有思、思有所悟、悟有所得。要进一步整合各方资源，努力建设中央和地方相结合、组织和个人相结合、专兼职人员相结合、会内外人才相结合的研究机制，形成理论研究的合力，为我会建设高素质参政党和履行职能提供理论支撑。

要继续加强组织建设，善于发现人才、发展人才、造就人才，形成坚强有力的领导班子、骨干会员和专职干部队伍。“届中调整”是明年的一项重要工作，各级领导班子要高度重视，切实加强集体领导，坚持民主程序，充分酝酿、协商，深入、细致、稳妥地做好此项工作。要进一步加强对后备干部和骨干会员的培训和培养，使其数量、结构、素质与我会自身建设和履行职能的要求相适应。要从人才强会的战略高度，抓好会员和组织的发展工作，增强计划性和针对性，在保持我会界别优势的基础上，着力发展我会工作亟需的代表性人物和专门人才、有发展潜力的高层次中青年人才，进一步优化我会的组织结构、人才结构和知识结构。

要进一步激发组织活力，增强凝聚力和执行力。全会上下要努力形成良好的互动、联动机制，会中央要加强全局性指导，地方组织要因地制宜、自主开展活动，进一步推动会中央工作与地方组织工作相互促进。各级领导班子要自觉贯彻执行民主集中制，通过政治交接长效机制的建设，继续巩固全会基于共同的政治立场、道德基础和理想信念上的团结。通过开展创建全国先进地方组织、先进基层组织活动，进一步激发地方和基层组织活力。要认真贯彻落实《民进全国代表大会代表联系办法（试行）》，倾听基层会员和周围群众的呼声，进一步畅通下情上达和上情下达的渠道，增强和扩大各级组织和会员政治参与的积极性。稳步推进会内监督，在部分省级组织建立会内监督工作试点，探索和建立监督工作相关制度，有序推进会内民主。

机关建设将作为2010年自身建设的重要抓手。全会各级组织要紧紧围绕建设高素质参政党的目标与要求，认真贯彻《公务员法》，以强化政治交接为主线，以加强制度化、规范化为基础，以提高机关工作人员素质为重点，以改进作风和提高工作效率为重要切入点，切实提高机关工作的质量和水平。要努力建设学习型机关，形成良好的学习风气，不断提高机关人员的政治素质和业务能力。要创新工作机制，加强各部门协作，努力提高机关的执行力，对机关工作中的薄弱环节和瓶颈问题进行认真梳理，切实加以解决。要加强作风建设，增强大局意识、合作意识、服务意识和纪律意识。领导干部要带头发扬勇于负责的精神，敬业奉献、锐意进取、真抓实干，做到思想不松懈，工作不推诿，办事不拖延。要继续解放思想，

开阔视野，进一步优化干部结构，科学合理地配备和使用人才，鼓励、引导干部钻研业务，支持每个人干事业、干成事业，奖勤罚怠、防庸治懒，努力营造有利于优秀人才成长的环境。要坚持以人为本，完善工作制度，优化工作流程，严明组织纪律，努力形成团结和谐、积极向上、情趣健康、作风正派、务实高效的机关文化氛围。

同志们：目标和任务已经明确。让我们紧密地团结在以胡锦涛同志为总书记的中共中央周围，努力发挥参政党作用，在新的一年中再接再厉，为全面建设小康社会作出新贡献！

附件2：

中国民主促进会第十二届中央委员会第三次全体会议决议

（2009年12月9日）

中国民主促进会第十二届中央委员会第三次全体会议于2009年12月7日至9日在北京举行。会议认真学习中共十七届四中全会精神，听取、审议了严隽琪主席代表中央常务委员会所作的工作报告。全会认为，工作报告对今年工作的总结实事求是，对明年工作的部署切实可行。全会同意这个报告。会议还听取了潘贵玉副主席代表中央监督委员会所作的2009年工作情况报告。

全会认为，中共十七届四中全会作出的《中共中央关于加强和改进新形势下党的建设若干重大问题的决定》，是新形势下中国共产党加强党的建设的纲领性文件，对于民进加强自身建设具有重要指导意义。民进各级组织和广大会员要认真学习贯彻中共十七届四中全会精神，自觉接受中国共产党的领导，坚持走中国特色社会主义政治发展道路，求真务实、改革创新，继续推进高素质参政党建设。

全会认为，面对2009年复杂多变的国际国内形势，会中央坚持以中国特色社会主义理论体系为指导，深入学习贯彻科学发展观，清醒认识国际国内两个大局，带领我会全面履行参政党职能，积极服务国家的科学发展；深入探索参政党建设规律，努力促进自身的科学发展，“有思有行、集智聚力、顺势而为”，思想认识有新提高，履行职能有新作为，自身建设有新进步。

全会强调，2010年是实施“十一五”规划的最后一年，也是夺取应对国际金融危机冲击全面胜利的重要一年。民进各级组织要带领广大会员牢固树立和践行社会主义核心价值体系，努力建设学习型政党，以民进成立65周年为契机，进一步巩固政治交接成果，加强组织建设和机关建设，做好届中调整，推进会内监督，提高我会的整体素质和能力。围绕制定“十二五”规划和事关国计民生的重大问题，深入调查研究，积极建言献策，并做好社会服务工作。继续坚持执政党建设和参政党建设相互促进、会中央工作和地方组织工作相互促进、自身建设和履行职能相互促进、实际工作和理论研究相互促进，努力开创我会工作的新局面。

全会号召，民进各级组织和广大会员要更加紧密地团结在以胡锦涛同志为总书记的中共中央周围，高举旗帜，坚定信念，同心同德，扎实工作，为把我会建设成为适应时代要求的高素质参政党作出不懈努力，为全面建设小康社会作出新贡献！

附件3：

在民进十二届三中全会闭幕式上的讲话

（2009年12月9日）

严隽琪

各位委员、各位同志：

在大家的共同努力下，民进十二届三中全会圆满完成了各项议程，今天就要闭幕了。

这次会议是在国际国内形势深刻变化、我国改革和发展进入新的关键时期，以及民进全会深入学习贯彻科学发展观、学习贯彻中共十七届四中全会精神的背景下召开的一次重要会议，达到了学习交流、总结工作、巩固成果和明确任务的目的，是一次团结民主、务实鼓劲的会议。

一、会议的主要收获

我们这次全会的收获很多，主要归纳为以下三个方面：

（一）认真学习，统一思想

会议听取了张志明教授所作的《党的建设科学布局与执政党建设科学化》的辅导报告。报告视野宽广、分析深刻，有助于我们从历史的必然性、理论的科学性和共产党的先进性进一步学习和领会中共十七届四中全会精神，学习和借鉴中共党建经验，认识参政党的定位，坚持与时俱进，不断加强参政党自身建设，始终保持民进的进步性和广泛性，提高履行参政党职能的能力。

全会要认真学习贯彻中共十七届四中全会精神，各位中央委员和各级领导班子成员要带头学习，要把学习贯彻中共十七届四中全会精神与建设高素质参政党结合起来，与认真履行参政党职能结合起来，深入解决我会搞好政治交接和提高履职能力这两大历史性课题。尤其要抓好骨干会员和机关干部的学习，努力建设学习型组织、学习型机关。进一步增强坚持中国共产党领导的自觉性和坚定性，提高为服务科学发展和促进社会和谐作出新贡献的能力与水平。

（二）总结工作，明确任务

会议听取、审议并通过了民进第十二届中央常务委员会向三中全会作的工作报告，并作出了决议。委员们对这个报告给予了充分肯定，一致认为，在过去的一年中，十二届中央常委会带领全会深入学习贯彻科学发展观，巩固扩大2008年的工作成果，按照“有思有行、集智聚力、顺势而为”的思路，切实履行参政议政、民主监督职能，在积极服务国家的科学发展中，努力促进自身的科学发展。《报告》对2010年的工作部署体现了“四个促进”的要求，任务明确，重点突出，对全会有指导意义。大家表示，要按照大会的部署，努力完成大会提出的各项任务。

同志们在分组审议时以高度负责的态度，对工作报告进行了认真讨论，提出了许多切实可行的修改意见，丰富和充实了报告的内容，并对会中央今后的工作提出了积极的建议，会后我们将认真梳理、分析和研究，予以充分吸纳。

（三）推进民主，改革创新

为了进一步扩大会内民主，扩大代表知情渠道，拓展基层意见反应渠道，全会邀请了部分十大代表列席会议，这是一次新尝试，今后每次全会都将邀请我会部分十大代表参加。会议还进行了会中央领导班子后备干部民主推荐，听取了中央监督委员会2009年度工作情况报告，为我会有序推进民主迈开了新的一步。明年中央监督委员会将开展中央和省级组织领导班子成员届中述职，在部分省级组织开展工作试点，进行届中评议。各级领导班子要认真贯彻民主集中制，认真落实民进中央监督委员会工作条例，坚持积极稳妥、循序渐进的方针，切实保障我会会内监督的质量与实效。

二、贯彻落实本次会议精神的几点意见

这次会议开得很成功。贯彻落实好这次全会精神，对于推进我会建设适应时代要求的高素质参政党和全面履行参政党职能，为全面建设小康社会作贡献，具有非常重要的意义。大会已经对明年的工作提出了要求，我们要继续保持团结务实、积极进取的精神风貌，把高素质参政党建设与履行参政党职能相结合，认真做好明年的各项工作。这里我就落实本次全会精神谈三点意见：

（一）清醒认识形势，贯彻落实中共中央经济工作会议精神

当今世界正处在大发展大变革大调整时期，世界多极化、经济全球化深入发展，围绕国际秩序、综合国力、地缘政治、国际市场、科学技术等的全方位竞争更趋激烈。2010年是我国实施“十一五”规划的最后一年，是深化改革，为“十二五”规划启动实施创造良好条件的至关重要的一年。经过全国人民共同努力，去年下半年以来，我国经济增长明显下滑趋势得到遏制，经济形势总体呈现企稳向好势头。但我们必须看到，当前我国经济回升的基础还不牢固，积极变化和不利影响同时显现，短期问题和长期问题相互交织，国内因素和国际因素相互影响，世界范围内各种思想文化交流交融更加频繁，境内外敌对势力加紧对我国实施西化、分化战略，保持经济平稳较快发展，保持社会和谐稳定，保持我会健康发展都面临着严峻的挑战。

从外部环境看，世界经济复苏基础并不稳固，国际金融危机影响仍然存在，全球性挑战压力增大。国际市场继续萎缩，美国、欧盟主要国家以及日本等失业率居高不下。很多研究认为，国际市场需求下降趋势短期内难以改变。国际金融安全、世界经济稳定和均衡发展、气候变化、粮食安全、能源资源安全、多哈回合谈判、国际金融体系改革等全球性问题相互交织，敌对势力将充分利用这些，对我施加影响。

从国内环境看，经济回升内在动力仍然不足，结构性矛盾仍很突出，农业基础仍不稳固，就业形势依然严峻。中共中央采取的政策措施效果逐步显现，但我国经济回升基础还不稳定、不巩固、不平衡，旧的矛盾尚未消除，新的矛盾又开始积累，保持我国经济平稳较快发展、推动经济发展方式和经济结构调整难度都进一步增大。从长远看，我国扩大消费空间很大，但近期扩大消费难度不小，因为从根本上讲扩大消费需要建立在居民收入增加、国民收入分配结构合理以及社会保障体系健全的基础上，而调整收入分配格局和完善社会保障体系还需要有个过程。在国内投资增长速度已很高的情况下，继续加快投资增长既有困难，也有相当风险。我国出口贸易全面回升难度很大，在贸易、资金、技术等方面面临的国际竞争和摩擦可能加剧。部分企业生产经营仍然困难，外向型企业和产能过剩行业生产经营困难更大。不少企业吸纳就业能力降低，就业压力明显增加。随着企业效益下降，财政减收增支压力也有所加大。综合国际国内经济形势看，转变经济发展方式已刻不容缓。

形势复杂变化，任务繁重艰巨，我们要认真领会与贯彻中共中央经济工作会议精神。明年宏观经济政策已经“定调”，经济工作总体要求非常明确，特别是五个“更加”：更加注重提高经济增长质量和效益，更加注重推动经济发展方式和经济结构调整，更加注重推进改革开放和自主创新，增强经济增长活力和动力，更加注重改善民生，保持社会和谐稳定，更加注重统筹国际国内两个大局，努力实现经济平稳较快发展。我们要坚定信心，把思想和行动统一到中共中央对形势的科学判断上来，统一到科学发展的要求上来。充分调动全会的积极性、主动性、创造性，努力使我会成为保持经济平稳较快发展的促进者，社会和谐稳定的维护者，在参政议政、民主监督、服务社会中有新作为。

（二）借鉴执政党建设经验，努力把建设学习型政党落实到实处

从会内看，当前我会履行参政党职能的水平、参政党的建设和全会综合素质总体上与自身所肩负的历史使命是相适应的。同时，我会的会员结构发生了很大变化，会员的参政党意识和思想觉悟也出现了一些新情况，不少刚入会的年轻会员缺乏与中国共产党风雨同舟的政治经历和政治阅历，缺乏政治生活的锻炼

和重大政治风浪的考验，参政议政经验不足。工作报告列举了目前存在的一些突出问题，没有详细展开。这里我再讲几句，主要是以下几方面的问题：一是参政党意识和政治把握能力方面：有的同志对民主党派的地位和作用认识不足，对发挥参政党作用缺乏信心，会务活动不积极，参政议政没议题；有的同志忽视理论学习，缺乏政治敏感性和判断力，放松政治上的要求。二是工作作风方面：一些领导班子中存在贯彻民主集中制不力，整体作用发挥不够，分工协调机制不健全的问题，对发挥集体的和会员的作用不习惯，不善于与班子其他同志团结共事；甚至出现因个别领导干部考虑一己多了，缺乏公信度，从而失去代表性的问题。三是组织建设方面：我会的人才结构、知识结构有待进一步优化，高层次人才的发展有待加强，基层组织活力不足，活动形式单一。四是机关建设方面：专职干部的精神状态有待进一步振奋，工作制度有待进一步完善，工作纪律有待进一步加强，工作效率、工作质量和服务水平有待进一步提高。

进入新世纪，特别是中共十七大以来，中共中央先后提出了建设学习型社会和学习型政党的要求，在全党广泛开展了保持共产党员先进性和深入学习实践科学发展观教育活动。中共十七届四中全会在深刻总结历史经验、科学分析当前形势的基础上提出了建设马克思主义学习型政党这一战略任务，使新形势下党的思想理论建设有了一个明确而且持久的目标和载体。四中全会不仅深刻阐述了新形势下建设马克思主义学习型政党的重要性，而且明确提出“科学理论武装、具有世界眼光、善于把握规律、富有创新精神”是建设马克思主义学习型政党的基本要求，并把推进马克思主义中国化、时代化、大众化，用中国特色社会主义理论体系武装全党，开展社会主义核心价值体系教育、建设学习型党组织作为建设马克思主义学习型政党的重大任务来抓。我会提出要建设学习型政党，是民进以党为师、坚持共产党领导的多党合作的必然要求，也是将我会建设成适应时代要求的高素质参政党的必然要求。我们必须认真学习、借鉴中国共产党党建的好经验、好做法，并结合自身实际，创造性地开展形式多样、内容丰富、讲求实效的学习活动。

1. 高度重视新形势下加强学习的必要性

加强学习是形势发展的需要。当今形势复杂多变：国际全球化的形势正在加剧，国内改革进入了攻坚阶段，科技发展日新月异，会员的结构和思想出现了新的情况，参政党的任务空前繁重，世情、国情和会情的这些新变化必然要求我们建立学习型政党。而且，热爱学习、终身学习也是民进老前辈给我们留下的精神财富和光辉榜样。加强学习是我会更好履行参政党职能的需要，是我们不断提高个人素质、能力的需要。“问渠那得清如许，为有源头活水来”，这里所谓的活水就是学习。通过学习才能更新自己，永不僵化、停滞。对于民进各级领导干部和广大会员来说，加强学习既是一种政治责任，也是一种精神追求，更是提高自身素质和能力的重要途径。学习不仅是我们的生活方式，更是一种工作方式。

2. 准确把握学习的主要内容

尽管现在出版物市场存在良莠不齐的状况，但是对每一个人来说，在不同的人生阶段、不同的环境下、不同的任务面前，都有自己的学习需求和不同的选择，“开卷有益”还是值得我们坚持的。作为民进组织的学习内容，我特别强调三个重点内容：

第一，认真学习中国特色社会主义理论体系。中国特色社会主义理论体系是科学的理论，是中国共产党领导的多党合作和政治协商制度的理论基础，是民进政治立场的理论依据。中国特色社会主义理论体系，坚持和发展了马克思列宁主义、毛泽东思想，凝结了几代中国共产党人在经济文化比较落后的中国，带领人民不懈探索实践的智慧和心血，是中国共产党最可宝贵的政治和精神财富，是全国各族人民团结奋斗的共同思想基础。中国特色社会主义理论体系，是与我国国情相结合的科学体系，是与时代发展同进步的科学体系，是与人民群众共命运的科学体系，是马克思主义中国化的最新成果。

建设学习型参政党，就是要求我会各级组织和广大成员，认真学习、深刻领会和全面把握中国特色社会主义理论体系的科学内涵和精神实质，用中国特色社会主义理论体系的立场、观点和方法来认识问题、分析问题、解决问题，不断巩固共产党领导的多党合作的良好政治格局。要按照中国特色社会主义理论体系推进参政党建设，以思想建设为核心，以组织建设为基础，以制度建设为保障，把我会建设成为理论上清醒、政治上坚定、组织上巩固、制度上健全、充满活力的致力于建设中国特色社会主义事业的参政党。

第二，学习我会老一辈的光荣传统和会章会史。我会在60多年实践中形成了坚持接受中国共产党的领导，坚持爱国、民主、团结、求实，坚持立会为公的优良传统。我会老一辈的崇高精神和高尚风范，激励了一代又一代民进人。开展民进优良传统和会章会史的学习教育，深化对继承民进优良传统、巩固全会共同价值理念的认识，并不断赋予新的时代内涵，是我们的历史责任，是组织凝聚力的重要源泉。

政治交接，是民主党派政治信念、优良传统和高尚风范的延续和发展，它既表现为新一代对老一代政治信念、优良传统和高尚风范的学习和继承，又表现为新一代在新的历史条件下对所继承的政治信念、优良传统和高尚风范的创新和发展。能不能搞好政治交接、能不能持续巩固政治交接成果，事关民主党派在新世纪的发展，事关多党合作事业在新世纪的发展，事关中国特色社会主义建设事业在新世纪的发展。

建设学习型参政党，就是要求我会各级组织和广大成员，在新形势下，坚持和完善政治交接的长效机制和相关规章制度，确保政治交接学习教育成果的巩固，更加自觉坚定地接受中国共产党的领导，坚持走中国特色社会主义政治发展道路。

第三，学习科学发展观。科学发展观，是中国共产党领导中国人民为了中国的繁荣富强艰苦探索和实践的经验结晶，是中国进一步取得全面协调可持续发展的指导思想，是参政党履行职能的指导思想。学好科学发展观关系到我会履职能力和水平的提高。我会各级领导干部要深刻理解和把握科学发展观的科学内涵、精神实质和根本要求，真正把学习领会科学发展观的认识成果，转化为促进科学发展的工作思路、实践能力和自觉行动，切实把坚持科学发展观贯穿于履行职能的各个方面。要坚持把科学发展作为参政议政的第一要务，就国家政治、经济、文化、社会生活中的全局性、战略性、前瞻性重要问题以及人民群众普遍关心的问题开展调查研究，建科学发展之言，献共建和谐之策，尽富民惠民之力。只有真正掌握了科学发展观这一马克思主义关于发展的总的世界观和方法论，我们才能做到参政参在点子上，议政议在关键处。

3. 如何加强学习型政党建设

首先，要树立理论联系实际的良好学风，“学用结合，知行统一”。要把加强学习型政党建设与政治交接长效机制的建设紧密结合，与会员的思想实际、解疑释惑紧密结合，与履行职责的实际需要紧密结合，与丰富多样的组织生活、宣传手段紧密结合。另外，我们不仅要从书本学，更要从实际工作中学，从社会万象中学，从周围的同志学。其次，坚持和不断完善学习制度，为建设学习型政党提供有力保障。我们的学习制度一定要做到：领导带头，骨干先进，持之以恒，追求实效。第三，要注重学习方法，探索建设学习型政党的途径和载体。要按照创建学习型组织的方式、要求，搭建工作学习化、学习工作化的多种平台，努力提高学习能力、学习速度和工作绩效。

（三）适应时代要求，积极稳妥推进会内民主

有序推进会内民主，建立会内监督机制，是我会加强自身建设的重要举措，也是一种新探索。会内监督的重点应该监督各级领导班子及其负责人。作为领导干部，更要在严格自律的同时，主动接受来自组织和成员的监督。要有自上而下的监督，上级组织应对下级组织的领导班子成员进行年度考评，力争使不利于团结、不利于工作的因素及时得到纠正。还有各级组织要采取措施，扩大成员的知情权。使领导者主动置于广大成员的监督之下，让成员对每个领导者的思想水平、工作业绩有评议的渠道和机会。在评议中应该把握两条原则：一是对于监督者而言，要与人为善。二是对于被监督者而言，要虚心和诚恳，多倾听，有则改之，无则加勉。要以大局为重，以事业为重。

会内监督机制离不开民主集中制。民主集中制是我会的组织原则，是提高领导班子民主决策和科学决策的水平，促进领导班子团结合作、发挥我会整体作用的重要保证。全会各级领导班子要自觉贯彻执行民主集中制，切实加强集体领导和民主决策。要在民主集中制的基础上，实行集体领导和集体领导下的分工负责相结合；进一步完善民主决策、科学决策的机制，进一步畅通会内下情上达和上情下达的渠道，进一

步增强和扩大各级组织和会员的政治参与的积极性，为其发挥作用、实现自身价值提供平台和机会；要营造敢于讲实话、讲真话、讲心里话的宽松环境，倾听基层会员和周围群众的呼声，拓宽反映社情民意渠道和扩大参政议政资源的整合。要切实保障会员权利，自觉接受民主监督，营造上下级之间和同事之间融洽和谐的关系，形成心齐、气顺、风正、劲足的和谐局面。

各位委员、各位同志，通过这次会议，我们总结了今年的工作，部署了明年的任务。希望大家回去后，及时向各级组织和全体会员传达会议精神，在全会形成思想上的共识、行动上的合力。我们相信，全会各级组织和广大会员一定能够很好地贯彻本次会议的精神，认真学习贯彻科学发展观，确保明年各项工作任务的顺利完成，开创民进工作的新局面。

最后，祝大家身体健康，万事如意，返程平安！

谢谢大家！

民进中央 2009 年工作要点

（2009 年 1 月 20 日民进十二届六次主席会议审议通过）

根据中共十七大和中共十七届三中全会的精神，结合民进十大和民进十二届二中全会提出的任务，按照会中央总体工作部署，2009 年民进中央工作总的要求是：高举中国特色社会主义伟大旗帜，以中国特色社会主义理论为指导，坚定不移地走中国特色社会主义政治发展道路，深入学习贯彻科学发展观，巩固和扩大开局之年的工作成果。坚持继承和发扬我会自觉接受中国共产党的领导，爱国、民主、团结、求实，立会为公、参政为民的优良传统与作风；坚持按照“执政党建设和参政党建设相互促进”的要求，把高素质参政党建设与履行参政党职能相结合，形成会中央工作和地方工作相互促进的局面；坚持以科学发展观为统领，有思有行，集智聚力，顺势而为，创新工作机制，进一步提高工作水平。把组织工作和后备干部队伍建设作为 2009 年工作重点，全面加强自身建设，积极履行参政党职能，进一步开创我会工作的新局面。据此，提出民进中央 2009 年工作要点如下：

一、深入学习贯彻科学发展观，切实加强全会的思想政治工作

要深入学习贯彻中共十七大精神，进一步解放思想，坚持改革创新，把学习贯彻科学发展观摆在突出位置，深刻领会科学发展观的科学内涵、精神实质和根本要求，增强贯彻落实科学发展观的坚定性和自觉性，推动全会各项工作更加符合科学发展观的要求。

1. 召开民进全国宣传思想工作会议暨学习贯彻科学发展观论坛。认真总结经验，巩固和扩大中国特色社会主义主题教育活动的成果，7 月召开“民进全国宣传思想工作会议暨学习贯彻科学发展观论坛”，探索建立思想政治工作和政治交接的长效机制。

2. 隆重庆祝和纪念新中国成立 60 周年和人民政协成立 60 周年。围绕“歌颂祖国、歌颂共产党、歌颂社会主义”的主题，在全会开展生动活泼、形式多样、富有特色的庆祝和纪念活动，激励广大会员更加自觉地接受中国共产党的领导，坚持完善多党合作制度，为全面建设小康社会多作贡献。

3. 加强宣传思想政治工作。结合实际情况，充分利用新闻媒体和现代化手段，切实加强宣传思想政治工作，促进思想政治工作更加深入有效；编写出版学习贯彻科学发展观等学习资料，搞好《民主》杂志创刊 20 周年纪念活动。

二、大力加强组织建设，夯实高素质参政党建设的组织基础

加强对参政党组织建设面临的新形势新任务的研究，巩固政治交接的成果，巩固和继续加强领导班子建设，抓好后备干部队伍建设，优化组织结构，有序促进会内民主，加强会内监督，健全工作机制，推进我会组织工作健康发展。

1. 召开民进全国组织工作会议。总结交流全会组织工作的经验，研究新形势下参政党组织建设工作，部署今后一个时期组织工作任务，拟在6月召开“民进全国组织工作会议”；举办民进全国省级组织组织部（处）长培训班。

2. 加强后备干部队伍建设。认真贯彻落实《民进中央关于加强省级组织领导班子后备干部队伍建设的意见》，进一步完善后备干部培养、选拔、推荐、任用机制，有重点、有针对性地做好组织发展工作；加大培训力度，举办民进全国后备干部培训班和民进中央专门委员会委员培训班。

3. 开展会内监督机制的试行工作。认真贯彻落实《中国民主促进会中央监督委员会工作条例（试行)》，稳步推进对领导班子履职情况的监督检查，选择2—3个省级组织，建立地方监督委员会工作试点。

三、加强参政议政体制与机制建设，进一步提升参政议政能力

紧密围绕中共十七大提出的任务，在事关全局和民生的重大问题上，力争提出前瞻性、综合性、全局性、战略性、可行性的意见和建议。集全会之力，聚全会之智，巩固和扩大参政议政体制机制的创新成果，不断提高参政议政的能力和水平。

1. 加强队伍和机制建设。进一步加强中央与地方的合作联动机制，发挥各专门委员会、广大会员和参政议政特邀研究员的积极性，用好会内外参政议政资源，健全全会参政议政工作网络，优化工作机制，搞好网上参政议政平台建设，为高层协商和参政议政提供优质服务。

2. 抓好重点调研项目。以经协商确定的调研项目为重点，以各专委会调研和地方组织调研为基础，继续做好参政议政课题立项工作，把专题调研、系列调研和地方组织调研相结合，在调研成果的基础上，形成向中共中央、国务院提出的意见、建议和“两会”提案、议案、大会发言、信息等。

3. 加强信息队伍建设。总结工作经验，调动会内资源，疏通信息渠道，加强信息员队伍建设，做好培训工作，提高信息工作质量。

4. 优化参政议政平台。集成各方面力量，筹备召开“第二届中国教师发展论坛”（9月）和“长江保护与发展研讨会（2009)”（5月)。

四、集成资源、创新机制，积极服务社会

发挥民进的特色和优势，坚持与参政议政的有机结合，坚持以智力为主要的服务资源，以发挥地方组织的积极性为重要原则，以项目形式为扶贫工作的主要依托，进一步集成各方力量，创新工作机制，为建设小康社会扎扎实实开展社会服务工作。

1. 继续做好支边扶贫工作。重视为农村的改革与发展服务，围绕四川灾后教育重建和西部农村教师培训，以及贵州石漠化、甘肃沙漠化治理，西部地区和河北省定点地区帮扶等项目，努力做好支边扶贫工作，积极筹备“石羊河流域综合治理高层论坛”。

2. 继续做好海外联谊工作。继续推进海峡两岸民间交流交往，筹备召开“第七届海峡两岸中华传统文化与现代化研讨会”（11月)，“第三届海峡两岸基础教育论坛”（9月)，“第四届海峡两岸企业发展与合作论坛”（6月)，做好联委会涉台问题调研的服务工作等。

3. 努力开拓工作新渠道。继续坚持“教育、引导、支持、服务”的方针，筹备召开民进企业界会员联谊会联席会议，开展多种形式的智力服务和公益活动；积极创造条件，筹建开明基金会和开明画院。

五、继续加强理论研究、会史工作，提高为决策服务的水平

按照中国共产党领导的多党合作和政治协商制度的本质要求，科学总结多党合作和参政党建设的实践经验，研究新时期参政党建设和全面履行职能所面临的新形势新任务，为会中央决策服务。

1. 努力做好信息的采集、分析和利用。以服务会中央领导决策为重点，在“民进中央——上海社科院合作中心”的基础上，广泛开展调查研究，及时、准确地为会中央领导提供适用的信息和资料。

2．积极推动参政党建设理论研究。深入开展调研，有针对性地开展理论研究，建立理论研究课题的申报、登记、奖励制度，促进理论研究常态化。

3．做好会史资料的抢救工作和基地建设工作。按照“老账抓紧还，新账不欠”的原则，加大会史资料的收集、整理和编辑出版工作，注重近期史料的收集和整理，总结《中国民主促进会年鉴（试刊）》（2008）的编辑经验，研究制定《年鉴》编辑体例，同时，继续做好《中国民主促进会年鉴（试刊）》（2009）的编辑工作。完成会中央会史基地改建工作。

六、加强机关建设，不断提高服务能力和工作效率

坚持以人为本，以思想建设为核心，以信息化推动工作制度化、规范化，以机关文化建设和干部队伍建设提高机关干部素质，增强机关凝聚力，建设高效、务实、文明、团结、和谐、阳光的参政党机关。

1．进一步加强机关干部队伍建设。继续深入学习贯彻落实《公务员法》和相关配套法规，不断完善机关干部选拔任用中的民主推荐、组织考察和民主测评工作制度和程序。继续拓宽干部实践锻炼渠道，进一步加强干部培训工作，结合机关工作实际，突出培训特色和重点。

2．提高机关信息化应用水平。做好“民进中央信息资源管理平台”和“民进组织管理应用系统”建设项目，重点加强项目的推广和应用，提高信息资源的开发与利用，提升组织管理的信息化水平，更新机关干部相关设备，提高办公效率。

会中央机关各部门要结合上述工作要点，结合本部门的工作职责，制定本部门工作计划。

致民进“两会”代表、委员的一封信

尊敬的各位全国人大代表、政协委员：

大家好！

2009年是新中国和人民政协成立60周年，也是推进“十一五”规划顺利实施的关键一年。即将召开的十一届全国人大二次会议和全国政协十一届二次会议，是在我国应对国际金融危机、促进经济平稳较快发展的紧要关头召开的重要会议。开好这次“两会”，做好2009年的经济社会发展工作，对于维护改革发展稳定大局，实现“十一五”规划确定的各项目标任务，推进全面建设小康社会进程，具有十分重要的意义。

一年一度的“两会”，是民主党派及其成员履行参政议政、民主监督基本职能的重要舞台。在今年的全国政协大会上，民进中央将就农村改革与发展、公共文化服务体系建设、农民工子女教育、深化出版体制改革，以及事关民生的热点难点等问题建言献策。相信各位代表、委员一定能认真贯彻中共十七大、十七届三中全会和中央经济工作会议精神，深入贯彻落实科学发展观，围绕今年经济工作“保增长、保民生、保稳定”的主要目标，建有据之言、献务实之策，将一年来殚精竭虑的调研成果、广泛征集的社情民意，转化为议案、提案和发言等，发挥参政党及其成员应有的作用。

当前国际金融危机对我国的影响还没有见底，今年可能是进入新世纪以来经济发展最困难的一年。严隽琪主席在民进十二届二中全会报告中指出：“压力面前更需要坚定信心，困难面前更需要同心同德。”相信各位代表、委员将不负民进全国11万会员的重托，自觉地增强政治意识、大局意识和责任意识，进一步认清形势，坚定信心，保持清醒头脑，增强忧患意识，把思想和行动统一到中共中央的重大决策和部署上来；把坚持中国共产党的领导、人民当家做主和依法治国有机统一起来，认真履行代表、委员职责和参政党职能，协助执政党和政府多做增强信心、凝聚人心、维护稳定的工作。

各位代表、委员，民主党派成员参加“两会”，是中国共产党领导的多党合作和政治协商制度的重要实践，是中国特色社会主义民主政治和中国特色社会主义政治文明的重要体现。愿大家以饱满的热情和严谨的态度投入到本次“两会”的工作中来，为“两会”的圆满成功做出实实在在的努力。会中央宣传部和政协大会民进组的工作人员将竭诚为大家做好宣传报道和服务。

祝大家身体健康！工作顺利！

民进中央办公厅
二○○九年二月

进中发〔2009〕11号

民进中央关于认真学习贯彻胡锦涛同志在全国政协民盟、民进联组会上重要讲话精神的通知

民进各省、自治区、直辖市委员会：

3月4日，中共中央总书记胡锦涛同志在全国政协主席贾庆林同志的陪同下看望了全国政协民盟、民进界的委员，参加联组会讨论，并作了重要讲话。讲话高度评价了民盟、民进的历史贡献、优良传统和过去一年的工作，深刻分析了当前我国应对国际金融危机冲击面临的形势、任务和举措，坦诚提出了对民主党派及其成员进一步履行好发挥好参政议政、民主监督职能的新期望，对进一步巩固好、发展好中国共产党领导的多党合作和政治协商制度的新要求。

讲话既高瞻远瞩，又实事求是，通篇贯穿了科学发展观的重大战略思想，体现了全局立场、系统思维和整体意识，对于加强和改进参政党建设和履行职能具有十分重要的指导意义，对于各级组织和广大会员将产生极大的激励和鞭策作用。会中央要求各省级组织及时向所属组织和广大会员传达胡锦涛同志3月4日重要讲话精神，认真组织好领导班子和广大会员的学习，把讲话精神贯彻到履行职能、发挥作用的工作环节中去。

在传达、学习和贯彻中应注意把握几个要点：

一、要认清形势和任务，统一思想和行动，发扬优良传统，坚定信心，同心同德，迎难而上，共克时艰

2009年是新中国成立60周年，是全面贯彻中共十七大精神，推进“十一五”规划顺利实施的关键一年，也是我们应对国际金融危机的冲击，保持我国经济平稳较快发展的关键一年，切实做好保增长、保民生、保稳定的各项工作，对于维护改革发展稳定大局，推进全面建设小康社会进程具有十分重要的意义。我们要牢记胡锦涛同志的嘱托：把思想和行动统一到中共中央对经济形势的分析判断和决策部署上来，发扬伟大的民族精神，坚定信心，与中国共产党同心同德，共克时艰，积极地履行参政议政、民主监督职能，继续为全面建设小康社会，加快推进社会主义现代化贡献智慧和力量，以优异的成绩迎接新中国成立60周年。

二、要紧紧围绕党和国家的工作大局，为完成保持经济平稳较快发展的首要任务作出新贡献

面对世界经济形势的急剧变化，中共中央强调必须把保持经济平稳较快发展作为经济工作的首要任务。我们要深入学习贯彻科学发展观，正确认识和把握扩大内需与稳定外需，保增长和调结构、增效益的统一关系，坚持以深化改革保增长，以改善民生保增长，努力为建设社会主义新农村、解决“三农”问题作贡献，为保增长提供坚实的基础。要切实贯彻胡锦涛同志对各民主党派的要求，认真地分析国际金融危机走势及其影响，加强对国家宏观调控政策措施贯彻落实情况的调查研究，既为当前经济平稳较快发展集思广益，又要为今后实现全面协调可持续发展献计献策。

三、要紧紧围绕深入实施科教兴国战略，为推进建设创新型国家进程作出新贡献

胡锦涛同志强调，自主创新是掌握民族发展命运的关键之举，保持经济平稳较快发展、转变经济发展方式，推进经济结构战略性调整，实现全面协调可持续的科学发展，都离不开自主创新。教育是民族振兴的基石，是人的全面发展和社会全面进步的重要先导，是科技进步和自主创新的重要基础。我们要发挥民进的界别优势，继续认真地研究解决教育改革发展当中的重大问题，为落实好城乡免费义务教育政策，加强教师队伍特别是农村教师队伍的建设，为加快农村和中西部地区教育特别是职业教育的发展，促进教育公平，办好人民满意的教育，建言献策不遗余力。

四、要紧紧围绕社会主义文化的大发展大繁荣，为提高全民族的思想道德素质和科学文化素质作出新贡献

胡锦涛同志指出，文化软实力是综合国力的重要组成部分，是决定一个民族繁荣进步的重要力量源泉，我国应对国际金融危机的冲击，保持经济平稳较快发展，要靠雄厚的物质基础，有效的政策措施，有力的制度保证，也要靠强大的精神力量。我们要调动会内外文化人才和资源，建设社会主义核心价值体系和社会主义思想道德，加强青少年的思想道德教育，建设和谐文化，培育文明风尚，推进科技教育，深化文化体制改革，推进文化创新，完善公共文化服务体系，繁荣文化市场，推动社会主义文化的大发展大繁荣，提高国家文化软实力，更好地保障人民基本文化权益。

五、要深入总结60年的实践和经验，进一步履行参政党职能，巩固发展共产党领导的多党合作和政治协商制度

今年是中国共产党领导的多党合作和政治协商制度确立60周年，胡锦涛同志指出，坚持和完善人民政协这种民主形式，坚持和完善中国共产党领导的多党合作和政治协商制度，符合全国各族人民的根本利益，体现了社会主义民主政治的本质要求，具有鲜明的中国特色。我们要在深入总结中国共产党领导的多党合作和政治协商制度60年来伟大实践和宝贵经验的基础上，进一步把参政议政、民主监督职能，履行好发挥好，进一步把中国共产党领导的多党合作和政治协商制度巩固好、发展好，在新的历史起点上，与中国共产党一道把中国特色社会主义伟大事业推向前进。

中国民主促进会中央委员会

二〇〇九年三月九日

进中发〔2009〕12号

民进中央关于深化坚持走中国特色社会主义道路学习教育活动的意见

（2009年3月9日民进中央十二届六次常委会通过）

民进各省、自治区、直辖市委员会：

2007年以来，我会扎实开展以“坚持走中国特色社会主义政治发展道路”为主题的政治交接学习教育活动，并在此基础上继续深入开展中国特色社会主义主题教育活动，取得了积极的成果。为适应当前形势发展需要，会中央决定在全会深化坚持走中国特色社会主义道路学习教育活动（以下简称“深化学习教育活动”）。现将有关意见说明如下：

一、深化学习教育活动的重要意义

当前，国际金融危机快速扩散和蔓延，使我国经济平稳较快发展的压力加大，保持社会和谐稳定的任务更加繁重，用社会主义核心价值体系引领社会思潮更加迫切，面临着严峻挑战。民进全会在这样的形势下深化学习教育活动，有助于发挥各级组织和广大会员的积极作用，继承和发扬我会的优良传统，与中国共产党共克时艰、共渡难关；有助于全会在科学发展观的统领下，统一思想，坚定信心，振奋精神，切实履行参政党职能，为保增长、保民生、保稳定作出积极贡献。

二、深化学习教育活动的指导思想

深化坚持走中国特色社会主义道路学习教育，引导广大会员坚持改革开放，坚持四项基本原则，坚持中国特色社会主义道路，坚持中国特色社会主义理论体系，坚持中国共产党领导的多党合作和政治协商制度，为促进经济平稳较快发展、维护社会和谐稳定作贡献。

三、深化学习教育活动的主要内容

1. 认真开展理论学习，进一步夯实共同的思想政治基础。当前，要把学习科学发展观作为学习中国特色社会主义理论体系的重点内容，引导广大会员深入学习、深刻理解科学发展观的科学内涵、精神实质和根本要求，尤其是把握四个根本要求之间的内在联系，进一步坚定走中国特色社会主义道路、坚持中国特色社会主义理论体系的理想信念；进一步明确服务科学发展的目标任务、主要内容和途径载体，增强贯彻落实科学发展观的自觉性和坚定性，把科学发展观切实贯彻到我会自身建设和履行职能的各个方面、各个环节。

2. 深入开展形势教育，进一步增强历史责任感和使命感。要引导广大会员正确认识国际金融危机带来的影响，正确认识我国今年经济社会发展面临的严峻形势，要始终保持清醒的头脑，增强信心，明确肩负的历史责任，把思想统一到中共中央的精神上来，把行动统一到中共中央、国务院的决策部署上来。要广泛开展“如何看待形势”、“我为科学发展建一言” 和 “如何立足本职岗位作贡献” 等讨论，围绕促进经济平稳较快发展、维护社会和谐稳定积极建言献策。

3. 弘扬我会优良传统，进一步增强接受中国共产党领导的自觉性。今年是新中国成立60周年，也是人民政协成立和多党合作制度确立60周年。要以此为契机，深入进行民进章程、多党合作历史和我会优良传统的教育，引导广大会员自觉遵守会章，继承老一辈领导人与中国共产党患难与共、团结合作的优良传统，教育和引导广大会员充分认识中国特色社会主义政治制度和政党制度的历史必然性、巨大优越性和伟大独创性，自觉抵制西方多党制、议会制的影响，巩固和完善中国共产党领导的多党合作和政治协商制度。

四、深化学习教育活动的要求

1. 高度重视，因地制宜，因势利导。深化学习教育活动是新形势下我会继续巩固政治交接成果的一项重大举措，要有的放矢，注重常讲常新、常新长效。我会各级领导班子要从自身实际出发，抓住“两会”召开、新中国成立60周年、人民政协成立和多党合作制度确立60周年等一系列重要事件节点，认真研究部署，突出思想内涵，把握正确导向，引导广大会员参与，抓好督促落实，确保学习教育活动进一步深化。

2. 抓住重点，搞好结合，力求实效。我会各级领导班子在深化学习教育活动中要切实起到表率作用。要把这一活动贯穿在日常工作之中，与学习贯彻科学发展观结合起来，与庆祝新中国成立和纪念人民政协成立60周年活动结合起来，与自身建设、履行职能结合起来，把学习教育活动的成果体现在参政议政、发挥作用的实践之中。

3. 确保队伍思想稳定，探索建立长效机制。我会各级领导班子要增强政治敏锐性和政治鉴别力，掌握广大会员的思想动态，及时加以引导，确保会内思想稳定。要着眼于加强制度建设，研究形成我会思想建设的信息沟通机制、思想动态分析机制和重大问题应急机制，把思想建设各项要求落到实处。

二〇〇九年三月十一日

进中发〔2009〕13号

民进中央关于学习贯彻十一届全国人大二次会议和全国政协十一届二次会议精神的通知

（2009年3月9日民进中央十二届六次常委会通过）

民进各省、自治区、直辖市委员会：

十一届全国人大二次会议和全国政协十一届二次会议，是在国内外经济环境复杂多变的形势下召开的。会议以应对国际金融危机、促进经济平稳较快发展为主线，深入贯彻落实科学发展观，充分反映广大人民的根本利益，谋划改革发展大计，是一个民主、团结、求实、奋进的大会。民进中央赞成和拥护两会通过的各项决议。

2009年是新中国和人民政协成立60周年，是推进“十一五”规划顺利实施的关键一年，也是应对国际国内环境重大挑战、推动执政党和国家事业实现新发展的关键一年。认真学习贯彻两会精神，对于我会坚持围绕中心、服务大局，充分发挥参政党作用，做好今年的各项工作至关重要。各级组织要高度重视、加强领导、精心组织，把两会精神传达好、学习好、贯彻好。

学习贯彻两会精神，要以科学发展观为统领，认清形势、统一思想、坚定信心、振奋精神。今年是我国进入新世纪以来经济发展最为困难的一年，改革发展稳定的任务十分繁重。各级组织要带领广大会员深入学习贯彻科学发展观，认真学习《政府工作报告》等两会文件，学习贯彻胡锦涛同志在全国政协民盟、民进联组会上的重要讲话精神，把思想和行动统一到中共中央对形势的分析判断和决策部署上来。引导广大会员既要深刻认识国际国内经济形势的严峻性和复杂性，增强危机意识和忧患意识，又要充分认识我国经济基本面和长期发展向好的趋势没有改变，坚定必胜信心，勇敢面对挑战；自觉弘扬民进老一辈领导人与中国共产党风雨同舟、患难与共的优良传统，越是在困难的时候，越是与中国共产党同心同德、共克时艰，自觉维护改革发展稳定的大局。

学习贯彻两会精神，要把服务科学发展作为工作着力点，为保增长、保民生、保稳定作出积极贡献。当前我国挑战与机遇并存，困难与希望同在。如何把国际金融危机的不利影响降低到最低程度，保持经济平稳较快发展与社会和谐稳定，是对中国共产党执政能力的重大考验，也是对各民主党派履职能力的重大考验。民进要充分发挥特点和优势，围绕执政党和国家的工作大局，围绕深入实施科教兴国战略，围绕社会主义文化的大发展大繁荣，深入调查研究，积极建言献策，为保持经济平稳较快发展，推进建设创新型国家进程，提高全民族的思想道德素质和科学文化素质，作出新贡献。要引导广大会员和所联系的群众正确看待改革发展中的困难和问题，协助中国共产党和政府协调关系、化解矛盾、理顺情绪，及时反映社情民意，多做暖人心、促和谐的好事实事。要努力提高全会服务科学发展的能力和水平，有效履行参政党职能。

学习贯彻两会精神，要促进民进自身科学发展，把高素质参政党建设的各项要求落到实处。今年是中国共产党领导的多党合作和政治协商制度确立60周年。各级组织要把学习贯彻两会精神与深入学习贯彻科学发展观和深化坚持走中国特色社会主义道路学习教育活动结合起来，把思想建设作为政治交接和自身建设的核心，以庆祝新中国诞生和纪念人民政协成立60周年为契机，认真组织中国特色社会主义理论学习，深入开展多党合作历史和光荣传统教育，不断提高广大会员的思想政治素质，不断增强接受中国共产党领导的自觉性和坚定性，进一步巩固多党合作共同的思想政治基础。要按照会中央总体工作部署，把组织工作和后备干部队伍建设作为今年全会的工作重点，加强对新形势下参政党组织建设工作的研究，抓好后备干部队伍建设，优化组织结构，推进我会组织工作健康发展，为建设适应时代要求的高素质参政党奠定坚实基础。

会中央号召全会各级组织和广大会员，更加紧密地团结在以胡锦涛同志为总书记的中共中央周围，高举中国特色社会主义伟大旗帜，以中国特色社会主义理论体系为指导，认真学习贯彻两会精神，迎接挑战，锐意进取，扎实工作，以服务科学发展和自身科学发展的新成绩迎接新中国成立60周年！

二〇〇九年三月十六日

进中办发〔2009〕21号

关于在民进全会开展“多党合作 共铸辉煌——纪念多党合作制度确立60周年”征文活动的通知

民进各省、自治区、直辖市委员会：

今年是新中国成立60周年，也是人民政协成立、中国共产党领导的多党合作和政治协商制度确立60周年。民进十二届十二次主席办公会议决定，从2009年4月1日至10月30日，在全会开展“多党合作 共铸辉煌——纪念多党合作制度确立60周年”征文活动。现将有关事项通知如下：

一、征文活动的主题

以庆祝新中国成立60周年，纪念人民政协成立、中国共产党领导的多党合作和政治协商制度确立60周年为契机，从建设社会主义政治文明的高度，坚持中国特色社会主义理论和中国特色社会主义道路，认真总结中国共产党同各民主党派团结合作60年的宝贵经验，深刻认识中国共产党领导的多党合作和政治协商制度所体现的社会主义民主政治的本质要求，以及显示出的巨大优越性和强大生命力，着眼于适应新形势、完成新任务，继续把中国共产党领导的多党合作和政治协商制度坚持好、完善好、发展好。

二、征文活动的组织

1. 本次征文活动由会中央领导，宣传部、研究室负责人和民进中央参政党理论研究会特邀研究员组成评委会。

2. 本次征文活动由会中央研究室负责具体组织实施。

3. 本次征文活动的优秀论文向人民政协报、团结报、中国统一战线杂志社，民进宣传网站、民主杂志社推荐。

三、征文要求

1. 征文内容：一是回顾民主党派与中国共产党团结奋斗的光辉历史；二是总结多党合作制度确立60年以来特别是改革开放以来多党合作理论和实践的新发展；三是介绍多党合作中的成功经验与典型实例；四是就如何坚持、完善多党合作制度和建设适应时代要求的高素质参政党进行理性思考。

2. 征文体裁以政论文为主，篇幅在3000字左右。

3. 各地征文请各省级组织汇总筛选后，将电子版传至民进中央研究室。

4. 征文活动截止日期为2009年10月30日。

四、征文评选

征文将由评委会评出一、二、三等奖和优秀奖，并在年底中央全会期间的省级组织负责人会议上颁发证书。

民进中央办公厅

二〇〇九年四月一日

民进中央关于响应中共中央宣传部等五部门倡议，为汶川地震灾区儿童捐赠优秀少儿读物的通知

民进各省、自治区、直辖市委员会：

四川汶川地震已过去一年。在党中央、国务院的坚强领导下，在全国人民大力援助下，四川抗震救灾工作取得了阶段性胜利。当前，灾区中小学校的重建工作正在开展，改善灾区中小学生的学习条件，充实其课外生活，抚慰其心灵的伤痛，十分迫切。

日前，中共中央宣传部、中央文明办、共青团中央、教育部、新闻出版总署等5部门向全国人民发出了关心灾区孩子成长，捐赠优秀少儿读物的倡议。会中央号召各省级组织迅速动员本省会员，积极响应这一倡议，踊跃向灾区中小学生捐赠优秀少儿读物，让灾区的孩子们进一步感受祖国大家庭的关爱和温暖，分享社会发展文明进步的成果，更好地茁壮成长，并以实际行动纪念汶川地震一周年，表达民进人的爱心和社会责任感。

捐赠办法：

1. 捐赠以适合中小学生阅读的优秀少儿读物为主。

2. 各省级组织可直接向对口支援的灾区或单位捐赠。

3. 请将捐赠图书册数和码洋数在本月内报会中央社会服务部，并注意收集捐赠活动中的好人好事，及时做好宣传报道。

民进中央办公厅

二〇〇九年五月十二日

进中发〔2009〕31 **号**

民进中央印发《关于开展创建民进全国先进地方组织、先进基层组织活动的意见》的通知

民进各省、自治区、直辖市委员会：

《关于开展创建民进全国先进地方组织、先进基层组织活动的意见》，提交民进十二届七次中常会审议，经民进全国组织工作会议讨论、充分听取与会同志的意见和建议，并由民进十二届十五次主席办公会议审议通过，现印发给你们，请结合实际认真贯彻执行。

二〇〇九年七月十三日

附：

关于开展创建民进全国先进地方组织、先进基层组织活动的意见

为进一步加强我会组织建设，树立典型、表彰先进，夯实我会的工作基础，会中央决定，从2009年8月至2010年12月，在全会开展创建民进全国先进地方组织（省级组织不列入本次评选范围）、先进基层组织活动（以下简称“创建活动”）。现将开展创建活动的主要意见说明如下：

一、指导思想

以邓小平理论和“三个代表”重要思想为指导，学习贯彻中共十七大精神，深入学习贯彻科学发展观，落实民进“十大”提出的各项任务，坚持以政治交接为主线，结合民进中央关于深化坚持走中国特色社会主义道路学习教育活动的开展，进一步加强对地方组织和基层组织的指导，激发地方组织和基层组织活力，进一步增强地方组织和基层组织的凝聚力，切实搞好地方组织和基层组织建设。

二、目标要求

创建活动应达到以下目标要求：

（一）加强学习，提高广大会员的思想认识。加深广大会员、特别是地方组织和基层组织班子成员对中共十七大精神的理解，提高对深入学习贯彻科学发展观的认识，提高坚持中国共产党领导的多党合作和政治协商制度的自觉性，巩固多党合作的思想基础。

（二）加强指导，促进地方组织和基层组织制度建设。促进地方组织和基层组织主动接受中共地方党委的领导，引导地方组织和基层组织班子努力工作、作风务实，完善工作制度，提高组织生活的质量。

（三）创新形式，激发地方组织和基层组织活力。积极拓展组织工作的新渠道，通过多种方式，开展生动活泼的组织活动，反映社情民意、参与社会服务，促进广大会员参与组织生活的积极性，增强组织的凝聚力。

三、基本标准

开展创建活动可参考如下标准：

（一）地方组织

（1）班子团结，作风民主。加强与中共地方党委的联系，认真贯彻党的路线、方针、政策，积极执行民进上级组织的决议和任务。开拓创新，以身作则，领导班子成员在会员中有较高的威信。

（2）围绕中心，服务大局。能够根据本地区不同时期的社会经济发展形势和任务，围绕工作中心，认真履行职责，积极参政议政，参与社会服务，服务于本地区工作大局，在本地区民主党派工作中表现突出。

（3）健全制度，规范工作。有较完善的规章制度和便于操作的工作规范。能够运用适应党派工作特点的科学管理方法，确保民进地方组织的各项工作秩序井然。

（4）联系基层，凝聚会员。重视基层工作，坚持联系基层制度，定期召开基层组织会议，听取意见，改进工作。能够深入会员，关心会员，凝聚会员，调动和发挥广大会员的积极性。

（二）基层组织

（1）重视学习。能够采取多种形式，组织基层成员认真学习贯彻中共十七大精神、科学发展观、统一战线和多党合作理论，明确形势和任务，保持清醒头脑，增强忧患意识。

（2）团结协作。重视基层组织班子建设，基层组织负责人以身作则，团结班子成员，工作务实，能

够较好完成民进上级组织交给的任务，积极服务基层会员，努力吸收高素质人才入会。

（3）增强活力。发扬我会优良传统和作风，发挥基层会员的专业特长和优势，开展丰富多彩的组织生活，反映社情民意，参与社会活动，社会影响积极，增强基层组织的活力和凝聚力。

（4）加强沟通。积极与中共基层组织进行沟通，和单位党组织紧密配合，能够发挥协调关系，化解矛盾，顾全大局，维护稳定的作用，为构建社会主义和谐社会作出贡献。

四、活动步骤

创建活动分三个阶段进行：

第一阶段：宣传动员，2009 年 8 月至 2009 年 10 月。会中央下发意见，各省级组织因地制宜，制定本地区的创建活动具体实施方案，组织地方组织、基层组织和广大会员学习意见，在本地区内开展宣传动员。

第二阶段：实施创建，2009 年 11 月至 2010 年 8 月。各省级组织分别开展创建活动，具体指导本辖区内的地方组织和基层组织完善制度、开展活动、增强活力、争优创先。期间，会中央组织部可以通过实地调研等方式了解创建活动进展情况。

第三阶段：总结表彰，2010 年 9 月至 2010 年 12 月。会中央提出民进全国先进地方组织、先进基层组织评选办法，各省级组织分别总结创建活动情况，上报活动总结和建议名单，会中央适时召开表彰大会。

五、工作指导

开展创建活动过程中，各级组织要高度重视，精心组织，把解放思想、改革创新贯穿始终，把解决问题、完善体制机制贯穿始终，把依靠会员、发扬民主贯穿始终，确保活动取得实效。

（一）落实领导责任。各省级组织要全面负责本地区的创建活动，领导班子成员要高度重视，认真推动，及时督促，务求实效。各级领导班子可以通过建立联系点、参加组织活动等方式及时掌握本地区创建活动的进展，给予具体指导。

（二）加强分类指导。在坚持创建活动总体目标要求的同时，各省级组织针对本地区内组织的不同情况，分别提出创建活动的具体要求，分层分类进行指导，增强活动的针对性和实效性。

（三）鼓励探索创新。在坚持创建活动重点内容的前提下，尊重基层首创精神，鼓励基层组织和广大会员根据各自实际情况、因地制宜探索创新。

（四）坚持统筹兼顾。各省级组织应统筹安排创建活动各个阶段和各个环节的工作，把开展创建活动同履行参政党职能有机结合起来。

进中发〔2009〕32 号

民进中央印发《民进全国组织工作会议纪要》的通知

民进各省、自治区、直辖市委员会：

《民进全国组织工作会议纪要》经民进全国组织工作会议讨论，充分听取与会同志的意见和建议，提交民进十二届十五次主席办公会审议通过。现印发给你们，请认真贯彻落实。

二〇〇九年七月十三日

附：

民进全国组织工作会议纪要

中国民主促进会全国组织工作会议于2009年6月5日至6日在北京举行。参加会议的有民进中央领导，民进各省级组织主委、副主委及组织部门负责同志共100余人。严隽琪主席作了重要讲话，开幕式由罗富和常务副主席主持。

会议进一步学习了中共十七大精神，贯彻落实民进十大精神，高举中国特色社会主义伟大旗帜，以邓小平理论和“三个代表”重要思想为指导，深入学习贯彻科学发展观；听取了严隽琪主席题为《扎实工作，开拓进取，为建设适应时代要求的高素质参政党提供组织保障》的工作报告，以及中共中央统战部副部长楼志豪《关于民主党派加强组织建设的若干问题》的辅导报告；学习贯彻了《民进全国代表大会代表联系办法（试行）》；讨论了《关于开展创建民进全国先进地方组织、先进基层组织活动的意见》（讨论稿）；总结和交流了近年来我会组织工作的成绩和经验，分析了当前我会组织工作面临的问题，研究了新时期民主党派进一步加强组织工作的新举措、新办法。与会同志认真学习，热烈讨论，交流经验，统一了思想，明确了任务，增强了信心，形成了共识。

一、结合学习贯彻科学发展观，切实加强各级领导班子建设

会议认为，科学发展观是我国经济社会发展的重要指导方针，是发展中国特色社会主义必须坚持和贯彻的重大战略思想。深入学习贯彻科学发展观，不仅是中国共产党的重大政治任务，也是我会建设适应时代要求的高素质参政党，更好地履行职能、发挥作用的客观需要。全会各级领导班子要进一步加强思想建设，继续深化主题教育，认真梳理和系统总结主题教育活动的成果经验，探索政治交接长效机制的建设；进一步加强制度建设，自觉贯彻执行民主集中制，加强集体领导和民主决策，完善各项规章制度和工作规则；进一步加强作风建设，建立经常性的谈心制度，完善领导班子下基层制度。

会议强调，《民进全国代表大会代表联系办法（试行）》有利于加强会中央与基层的联系，进一步发挥全国代表大会代表在闭会期间的作用，进一步扩大会员对会内事务的知情权和监督权。各省级组织要根据《办法》制定实施细则，切实将这项工作落到实处。

各级组织要认真贯彻《中国民主促进会中央监督委员会工作条例（试行）》，以领导班子建设为重点，通过谈心和述职等形式加强对领导班子及其成员的监督，稳步推进会内监督机制的试行。有条件的地方组织，可以成立监督委员会，制定工作条例，逐步开展会内监督工作。

二、适应新形势新任务需要，进一步做好组织发展工作

会议强调，组织发展是民主党派自身建设的重要内容，是更好地发挥参政党作用的重要保证，关系到多党合作事业的长期存在和健康发展，是我会工作中一项基础性、战略性任务。为适应新形势新任务的需要，必须准确把握以下四个问题：

1．关于发展新的社会阶层代表性人士

发展新的社会阶层代表人士要坚持原则。做到注重素质、保持特色、适量发展、协调有序，重点在大中城市中发展高中层次、符合我会特色、有代表性的专业知识分子。对政治素质和社会影响好、在经济界有较强代表性的非公有制经济人士，可个别发展其中符合我会特色的代表性人士。

发展新的社会阶层代表性人士要把握标准。发展对象要有较高政治素质，自觉接受中国共产党的领导，坚持中国特色社会主义道路和中国特色社会主义理论体系；遵纪守法，诚实守信，热爱公益事业，社会影响好，在所在领域有较强的代表性；承认并遵守我会章程；一般已做一定政治安排或担任一定社会职务。

发展新的社会阶层代表性人士要认真考察。考察工作在统战部门协助下由地方组织负责。根据发展对象的情况，向其所在单位或所在地方或所在行业协会、行业主管部门的中共党组织了解情况；对非公有制经济人士，还要听取企业所在地方的社团登记部门和工商、税务、社会保障等部门的意见，了解其依法经营、依法纳税和依法履行社会保障职责的情况；属工商联会员者，应听取所在地方工商联党组的意见。新的社会阶层代表性人士确定为发展对象后，要有6个月以上的培养教育期。

2. 关于制定新建省辖市级组织规划

新建省辖市级（包括省、自治区所辖市及直辖市所属的区，以下统称“省辖市”）组织，要坚持科学规划、合理布局、协调有序、平稳健康的原则。

要制定未来5年新建省辖市级组织总体规划。根据8个民主党派中央共同协商意见，一个省辖市以3至4个民主党派市级组织为宜，一般不超过5个。目前已有5个以上（含5个）的，不再制定新建组织规划；个别情况特殊的，可成立工作委员会并列入规划。经济社会欠发达地区新建省辖市组织要从严掌握。总体规划由省级党委统战部与省级组织协商一致后，分别报中央统战部和民进中央，中央统战部与民进中央协商一致后分别批复。

对已列入规划的，要按照程序建立组织。(1) 民进省级组织协商省级党委统战部并取得一致后，由该省辖市党委统战部书面请示省级党委统战部。(2) 省级党委统战部经考察研究同意后，批复省辖市党委统战部。(3) 由民进省级组织与所在省辖市党委统战部协商，指定专人成立筹委会，原则上经过一年以上的筹备期。(4) 成立省辖市组织筹委会和省辖市委会，请省级党委统战部向中央统战部报送备案材料。同时，按照我会章程规定的组织工作相关程序办理。成立工作委员会，参照以上程序办理。

3. 关于新建县级组织

原则上暂不新建县级（县级市）组织。有会员的县（县级市），可在统筹规划的基础上，有计划、有步骤地成立支部或总支部。

4. 关于界别调整和保持特色

每年不超过5%的净增率由会中央从宏观上总体把握。各省级组织要根据形势发展和任务变化，在保持我会特色、坚持重点分工占成员总数的70%左右的基础上，在各地党委统战部协助下，制定组织发展规划，有计划地稳步发展成员。

三、完善后备干部队伍建设各项机制，促进工作制度化、规范化、程序化

会议指出，加强后备干部队伍建设是保持我会充满生机活力的重要保障。各级领导要以高度的政治责任感和强烈的使命感，从多党合作事业和参政党建设的大局出发，积极培养一支政治素质高、代表性强、结构合理、数量充足、体现民进特色的后备干部队伍，不断夯实建设高素质参政党的人才基础。后备干部队伍建设要有科学规划，使后备干部的数量、结构和素质与领导班子建设的需要相适应；要认真贯彻落实《民进中央关于加强省级组织领导班子后备干部队伍的意见》，认真按照《意见》规定和要求，严格工作程序，巩固工作成效，保证后备干部民主推荐工作公开公正；要强化培养培训，根据不同类别、不同层次的特点和个人实际情况有针对性地分类培训，并积极探索在实际工作中锻炼提高的机制；要主动做好后备干部的任用推荐工作，积极争取中共地方党委和统战部的支持。

四、创新基层组织工作和活动方式，增强组织的活力和凝聚力

会议认为，基层组织是会组织的基本细胞。要努力探索新时期基层组织建设的规律，开拓创新，固本开源，进一步增强基层组织的活力，增进全会的凝聚力。

第一，加强对基层组织工作的指导。各级组织要坚持领导干部和机关干部联系基层制度，深入实际，深入会员，支持并指导基层组织工作，要对本地基层组织建设状况进行分类排队，努力解决实际困难和问题，建立会员利益表达和合理诉求的渠道，提供发挥作用和实现价值的机会，进一步调动会员积极性，增强组织活力，促进基层工作的制度化和规范化。

第二，抓好基层组织的班子建设。各级组织要把班子建设放在重要地位，要选拔有一定政治水平、熟悉统一战线理论方针政策、热心会务工作、有较强事业心和责任感、有较强组织能力和一定群众基础的同志担任基层组织负责人，适时补充新鲜血液，进一步优化知识结构和年龄结构。

第三，围绕大局开展活动。要从实际出发，围绕当地保经济平稳较快发展，维护社会和谐稳定的大局，组织形式多样、丰富多彩的活动，积极引导广大会员认清形势，坚定立场，把思想统一到中共十七大精神和国家的决策部署上来，建有用之言，献务实之策，并积极发挥我会界别特色和优势，协助当地党委政府和统战部门做好联系群众、协调关系、化解矛盾、促进稳定的工作。

会议同意《关于开展创建民进全国先进地方组织、先进基层组织活动的意见》，认为这一活动将对进一步加强我会地方组织和基层组织建设，夯实我会的组织基础和工作基础发挥重要作用。各级组织要按照《意见》精神，按照文件规定的目标要求、基本标准、活动步骤等，结合当地实际情况，制定实施方案，促进和推动地方组织、基层组织工作，真正把我会的地方组织和基层组织建设提高到新水平。

五、主动适应新形势，逐步提高机关工作的质量和水平

会议指出，全会各级机关要紧紧围绕我会建设高素质参政党的目标和要求，以强化政治交接为主线，以加强制度化、规范化为基础，以提高机关工作人员素质为重点，以改进机关作风和提高工作效率为抓手，建设一支政治坚定、努力学习、业务精通、爱岗敬业、纪律严明的机关队伍，努力做到制度科学、程序规范、环境良好、机制高效、职责明确、纪律严格。

第一，抓好机关文化建设。要坚持以人为本的原则，促使机关文化与机关职能、职责相适应，机关干部的成长与组织的目标相统一，努力营造与时俱进、积极向上、团结友善、文明礼貌、敬业奉献、务实高效、奋发有为的机关文化氛围。

第二，抓好机关制度建设。要结合实际，对内部工作的薄弱环节和瓶颈问题进行认真梳理，建立健全规章制度，进一步规范机关办文办事规则。要认真贯彻执行《公务员法》，既各司其职，各负其责，又相互支持，协调配合，形成你追我赶，共同提高的良好局面。

第三，抓好机关干部队伍建设。要进一步解放思想，开拓人力资源管理的思路，科学合理地配备和使用人才，努力营造有利于优秀人才成长的工作环境。要采取各种措施，鼓励、引导干部钻研业务，激励干部实干、肯干、能干，在实践中积累经验、提高素质、增长才干。要努力探索新渠道新形式，促进干部成长。

六、加强组织部门建设，努力打造高素质组工干部队伍

会议强调，组织工作作为高素质参政党建设的一个重要组成部分，努力建设一支政治强、业务精、作风正、形象好的高素质组工干部队伍，具有十分重要的作用。各级领导干部要切实加强对组织工作和组织部门的领导，认真研究和解决组织工作中的问题，为组织部门开展工作创造必要的条件。同时，组工干部自身也要严格要求自己，在以下几个方面下工夫：

1．加强理论学习，增强自身素质。要把政治理论学习和思想建设放在突出位置，拓宽知识面，增强自身修养，提高综合素质，提高政策运用能力和水平，提高工作中开拓创新的本领。既要能够把握组织工作的一般规律，又要熟悉了解政党制度的基本知识、统一战线理论和方针政策；既学习掌握组织工作的基本理论和业务知识，又要熟练掌握组织工作原则和程序，努力成为有理想、有理论素养、有工作能力、有实践经验的组织工作干部。

2．增强使命感，提高工作质量。要以高度的政治责任感和事业心，要加强对业务工作的研究，准确把握我会自身建设和组织工作的规律，把握干部和人才成长的规律，扎扎实实地做好组织工作，不断提供工作效率和工作质量。

3．增强服务意识，树立良好形象。要热情真诚地为组织和会员服务，加强廉政建设，保证在任何时候、任何情况下都严格按照政策、原则和操作规程办事，恪守职业道德，严格遵守组织纪律，客观公正办事。

会议号召，全会要以中国特色社会主义理论体系为指导，深入学习贯彻科学发展观，继续解放思想，坚持改革创新，扎扎实实工作，为把我会建设成适应时代要求的高素质参政党提供坚实的组织保障，为促进和发展我国多党合作事业作出新的贡献！

关于成立民进中央开明画院的决定

中国民主促进会第十二届中央委员会第十五次主席办公会议研究决定，民进中央开明画院于2009年7月28日在北京成立。院长由冯骥才同志担任，常务副院长由朱永新同志担任，副院长为全国文联副主席、中国书法家协会副主席段成桂，中国书法家协会副主席、江苏省文联副主席言恭达，中国美院教授、博导、浙江美术家协会副主席、浙江开明画院院长吴山明，岭南画派纪念馆馆长、广东省美术家协会副主席陈永锵，中央美院副院长董长侠，苏州当代书画艺术研究院院长徐圭逊。

会议决定画院监事由民进中央组织部部长王建国担任。会议原则同意画院组织机构设置，会议决定画院为民进中央内置机构，按照内置机构管理办法进行管理，画院章程试行一年。

中国民主促进会中央委员会

二〇〇九年七月二十三日

民进中央关于加强新形势下我会思想建设的意见

思想建设是我会自身建设的核心。2007年以来，我会开展了以“坚持走中国特色社会主义政治发展道路”为主题的政治交接学习教育活动和中国特色社会主义主题教育活动，取得了重要成果和经验。会中央认为，在多党合作制度确立60周年之际，认真研究和部署我会的思想建设，建立长效机制，对于我会积极应对世情、国情、会情的深刻变化，进一步实现高水平的政治交接、巩固多党合作思想政治基础，全面促进高素质参政党建设，更好地履行职能、发挥作用，极为重要和紧迫。现就加强新形势下我会思想建设提出如下意见。

一、明确指导思想和目标

坚持高举中国特色社会主义伟大旗帜，以邓小平理论、“三个代表”重要思想为指导，深入贯彻落实科学发展观，以坚持中国特色社会主义道路为核心，以继承和弘扬民进老一辈的优良传统和高尚风范为重点，以社会主义核心价值体系为引领，增强各级组织和广大会员接受中国共产党领导的自觉性，增进建设中国特色社会主义的共识，深化对参政党地位、性质和历史使命的认识，自觉维护多党合作的政治格局，遵循多党合作的政治准则，不断夯实多党合作的思想政治基础，坚定不移地走中国特色社会主义政治发展道路。

二、把握基本原则

1. 坚持以领导班子思想建设为重点。领导班子及其成员要带头提高政治把握能力和思想理论水平，增强运用科学理论分析和解决问题的能力，团结带领广大会员沿着正确的政治方向不断前进。

2. 坚持与自身建设其他方面相互促进。要把思想建设与组织建设、作风建设、制度建设结合起来，融于民主党派的各项职能之中，使之与其他各方面工作相互促进，相得益彰。

3. 坚持自觉自主自为。激发各级组织和广大会员自我提高、自我完善的内在动力，充分发挥其积极性、主动性和创造性，在坚持统一要求的前提下进行富有特色的探索。

4．坚持正面教育、求同存异。坚持正面教育的方式，引导广大会员不断提高思想理论水平。在坚定正确政治方向的基础上，注意求同存异，营造宽松和谐的氛围。对会员中存在的不同思想认识问题，要区别情况，耐心引导；对涉及政治原则的错误观点，必须进行批评教育。

5．坚持以重大事件为契机，以重要活动为载体。结合国家、统一战线和民进的重大事件、重要活动，丰富思想建设的内容与形式，提高针对性和说服力，增强实效性。

三、确定任务和内容

1．用中国特色社会主义理论体系武装全会，建设学习型参政党。我会要组织广大会员认真学习中国特色社会主义理论体系，提高应用科学理论解决实际问题的能力，增强贯彻落实这一理论体系的自觉性和坚定性；深入理解包括统一战线、多党合作在内的中国共产党的理论和路线方针政策，正确认识世情和基本国情；不断提高全会的思想政治素质和参政议政能力，为促进国家的科学发展和实现民进的科学发展发挥积极作用。

2．用社会主义核心价值体系引领会员思想。引导广大会员坚持马克思主义的指导地位，坚定中国特色社会主义的共同理想信念，弘扬以爱国主义为核心的民族精神和以改革创新为核心的时代精神，树立社会主义荣辱观，弘扬爱国主义、集体主义、社会主义思想，坚持正确的世界观、人生观和价值观。既尊重差异、包容多样，又抵制各种错误和腐朽思想的影响。

3．开展多党合作理论研究，推动参政党理论建设。坚持以参政党应用理论为研究方向，联合社会研究力量，以课题为纽带，以成果转化为抓手，推动全会广泛深入开展理论研究，努力回答参政党理论与实践中提出的重大问题，促进参政党理论创新和工作创新。

4．用会章会史教育广大会员自觉传承优良传统。引导广大会员，特别是新会员认真学习会章会史，继承和发扬我会老一辈领导人的优良传统和高尚风范，深刻领会我会的政治纲领、基本任务和工作总则，了解我会的组织制度和会员的权利义务，为实现我会的政治纲领和各项任务团结奋斗，努力发挥参政党成员的作用，做中国共产党的挚友和净友。

5．做好思想引导和宣传工作，增强全会凝聚力，扩大会的影响力。运用报刊和互联网，加强对重大事件及社会热点的宣传引导，帮助会员析事明理，提高认识、统一思想，在重大问题上与中共中央保持一致。宣传我会各级组织加强自身建设、履行参政党职能取得的成绩和经验，报道先进集体、先进个人的事迹和贡献，激励各级组织和广大会员在会务工作和本职岗位上建功立业。深入了解和把握广大会员的思想脉搏，有针对性地开展思想引导工作。

四、注重方式方法

1．组织学习、座谈、宣讲、研讨和培训等活动，指导推动全会深入学习科学理论，使广大会员认清形势和任务，明确前进方向和工作着力点，提高思想政治素质和履行职能的能力。

2．举办知识竞赛、诗歌朗诵会、歌咏比赛和演讲比赛，书画展、摄影展、征文笔会、文艺演出等广大会员喜闻乐见的活动，寓教于乐，达到细雨润物、潜移默化的效果。

3．结合国家、统一战线和民进的重大事件和重大活动，开展丰富多彩的主题教育活动，组织参观考察，结合自身优势开展参政议政和社会服务工作，以多种形式为社会送温暖、献爱心，使广大会员在实践中净化心灵，陶冶情操，升华境界。

4．运用网络等现代传媒手段，增进与广大会员的交流互动，认真倾听会员心声，真实沟通思想，及时解疑释惑，努力化解矛盾、理顺情绪、平衡心理。

五、建立长效机制

1．加强阵地建设。切实办好中央和地方组织的会刊，巩固思想建设的老阵地；加快推进中央和地方组织的信息化建设，开辟网上宣传思想工作的新阵地；建立会史教育基地、政治交接学习教育活动基地，充分发挥其持久的宣传教育作用。

2. 加快教材体系建设。中央有关部门要定期推荐、适时编写统一规范的会章会史、统一战线和多党合作理论的基本教材；省级组织可结合实际编写地方教材和辅助教材；基层组织可根据会员需求，向会员推荐、提供自主学习的相关材料。

3. 推进骨干队伍和工作网络建设。中央和地方组织要创造机会和条件，善于发现人才、注重培养锻炼，加快建设一支包括宣传报道通讯员、统战理论研究会成员、会刊编辑、网站编辑和思想政治工作特约研究员在内的工作骨干队伍，形成中央、省、市三级工作网络，确保思想建设的各项任务落到实处。

4. 建立完善工作机制。

一是规范学习培训机制。要建立健全理论学习和理论研究的各项制度，完善计划和规划，推动理论武装和理论创新，建设学习型参政党。要针对不同对象的需求，制定培训规划，确定培训内容，扩大培训规模，改进培训方式，提高培训质量。

二是建立健全思想动态分析机制。要定期了解和掌握会员的思想动态和愿望诉求，及时了解各级领导班子成员和代表性人士对重大事件和重大决策的思想反映；深入开展调研，关注网络舆情，加强与会员所在单位党组织的沟通联系，建立信息采集、分析和反馈系统。

三是健全宣传引导机制。要把握时机、因势利导、挖掘资源、搭建平台，推动全会开展有针对性的思想教育活动，形成有效工作载体。要大力推出典型宣传，定期总结工作，交流经验，表彰先进，奖励成果。

四是研究建立应急机制。要建立重大突发事件和不良信息的预警机制和应急预案，开启宣传思想工作的快速通道，及时沟通工作信息，大力宣传好人好事，加强对会员的正面引导，保证队伍整体稳定，形成全会思想工作的合力。

六、加强组织领导

1. 构建全面统筹的思想建设格局。积极探索领导班子一把手、分管领导、主管部门和全机关落实思想建设责任制的有效途径和方法，加强具体指导，注重工作落实，率先突破思想建设的薄弱环节，促进基层组织思想建设水平的提高，形成上下联动、齐抓共管、合力推进的思想建设格局。

2. 充分发挥主管部门的职能作用。要配备好宣传、研究部门的负责人和工作干部，帮助他们不断提高政治素质和业务能力，更新思想观念，改进工作方法，面向实际、基层和会员，研究新情况、解决新问题，促进我会的思想建设更加求真务实、深入有效。

3. 为加强思想建设提供必要保障。要抓好思想建设的基本队伍、基本阵地、基本活动、基本制度建设，通过考核激励和督促检查，切实把思想建设落到实处，提高会员的满意度。要逐步增加经费投入，创造必要工作条件，提高工作效率。要根据基层组织和广大会员的需求，做好思想建设的指导与服务工作。

各级组织要结合实际，制定实施方案，贯彻落实本意见。

中国民主促进会中央委员会
二〇〇九年九月二十八日

进中发〔2009〕42 号

民进中央关于学习贯彻中共十七届四中全会精神的通知

民进各省、自治区、直辖市委员会：

刚刚闭幕的中共十七届四中全会是在新中国成立 60 周年、国际形势继续发生深刻变化、我国全面建设小康社会进入关键阶段召开的一次重要会议。会议研究了加强和改进新形势下中国共产党的建设若干重大问题，审议通过了《中共中央关于加强和改进新形势下党的建设若干重大问题的决定》（以下简称

"《决定》")。这对于推进中国共产党的建设新的伟大工程、加快全面建设小康社会进程、坚持和发展中国特色社会主义，具有重大而深远的意义。为指导和推动民进全会认真学习贯彻中共十七届四中全会精神，会中央提出如下要求：

一、深入学习、全面把握十七届四中全会的主要内容和精神实质

中共十七届四中全会充分肯定了十七届三中全会以来中央政治局的工作，分析了当前形势和任务，对经济、社会、统战等方面工作进行了部署。《决定》深刻阐述了加强和改进新形势下中国共产党的建设的重要性和紧迫性，深入分析了当前执政党建设面临的重大问题，认真总结了中国共产党执政以来加强自身建设的6条经验，并从6个方面对加强和改进执政党的建设作出了重大部署。《决定》不仅是指导当前和今后一个时期执政党建设的纲领性文件，也是参政党建设必须学习借鉴的重要文件。民进各级组织要切实加强领导，精心组织部署，引领广大会员在全会兴起学习贯彻中共十七届四中全会精神的热潮。要认真学习领会会议对新形势下加强和改进执政党建设的重要性和紧迫性的深刻认识，对执政党建设基本经验和规律的系统总结，对提高执政党的建设科学化水平新的重大命题的科学阐述，对加强和改进新形势下执政党建设的战略部署，对提高推动科学发展和促进社会和谐的能力、保持经济平稳较快发展的总体要求，对做好统一战线和多党合作特别是民族工作的重要论述，切实把思想和行动统一到中共中央决策部署上来。

二、学习中国共产党自身建设的成功经验，建设高素质参政党

我会各级组织和广大会员，要以贯彻落实十七届四中全会精神为契机，以纪念中国共产党领导的多党合作和政治协商制度确立60周年为新起点，认真借鉴中国共产党的党建经验，科学把握参政党自身建设规律，促进参政党建设的理论创新与实践创新。要着力加强思想建设，深化政治交接，努力建设学习型参政党，用中国特色社会主义理论体系武装全会，用社会主义核心价值体系引领广大会员；当前要组织全会认真学习胡锦涛同志在庆祝中国人民政治协商会议成立60周年大会上的重要讲话精神，进一步巩固多党合作共同的思想政治基础，增强接受中国共产党领导的自觉性和坚定性。着力加强组织建设，巩固和扩大领导班子建设成果，不断提高领导班子成员的大局意识、政治觉悟、理论水平和工作能力，积极培养政治素质高、代表性强、结构合理、数量充足、体现民进特色的后备干部队伍，创新基层组织工作方式和活动方式，增强全会的生机活力。加强制度建设，完善实行集体领导、民主科学决策的机制，逐步建立有序扩大会内民主、加强会内监督的机制，努力形成涵盖参政党各方面建设的完整制度体系。加强作风建设，继承和发扬民进的优良传统，艰苦奋斗、团结奉献、求真务实、开拓进取，充分调动和发挥各级组织和广大会员的积极性、主动性、创造性，不断增强全会的凝聚力。

三、围绕贯彻落实十七届四中全会精神，更好地履行参政党职能

我会各级组织和广大会员，要把推动科学发展作为履行职能的第一要务，切实增强谋远虑之计、建有用之言、献务实之策的本领，更有效地参与政治协商，履行参政议政和民主监督职能。要围绕中国共产党自身建设的总体部署，积极为加强和改进执政党的建设建言献策，为建设高素质的干部队伍努力培养和输送优秀的党外人才。要为保持经济社会又好又快发展凝智聚力，在转变发展方式、破解发展难题、解决民生等重大问题上，加强调查研究，提出对策建议，反映社情民意，多办好事实事。要着眼于维护社会大局稳定，协助中共各级党委和政府做好协调关系、化解矛盾和思想引导工作。要围绕促进民族团结进步事业建真言、献良谋，积极促进少数民族和民族地区经济社会发展，参与和推动民族团结宣传教育和民族团结进步创建活动，支持有效防范和打击民族分裂分子及其活动，坚决维护国家统一、民族团结和社会稳定。

会中央号召各级组织和广大会员，紧密团结在以胡锦涛同志为总书记的中共中央周围，高举中国特色社会主义伟大旗帜，以中国特色社会主义理论体系为指导，深入贯彻落实科学发展观，切实把中共十七届四中全会精神学习好、贯彻好、落实好，进一步提高我会自身建设和履行职能的水平，为国家富强、民族振兴和人民幸福作出新贡献。

二〇〇九年九月二十九日

进中发〔2009〕51 号

民进中央关于表彰省级组织专项工作先进单位的决定

2009 年，民进全会以中共十七大精神为指导，深入学习贯彻科学发展观，认真落实民进十大和民进十二届二中全会提出的各项任务，有思有行、集智聚力、顺势而为，以求真务实、改革创新的精神全面履行职能、推进高素质参政党建设，取得了显著成效。为进一步总结经验、肯定成绩、鼓励先进，根据各地方组织申报，经民进十二届十八次主席办公会议审议通过，决定对以下省级组织的专项工作予以表彰：

（一）参政议政工作

先进单位（6 个）：民进重庆市委会、民进山西省委会、民进河南省委会、民进贵州省委会、民进海南省委会、民进宁夏区委会

突出进步奖单位（2 个）：民进河北省委会、民进陕西省委会

（二）信息工作

先进单位（4 个）：民进江苏省委会、民进北京市委会、民进四川省委会、民进新疆区委会

突出进步奖单位（1 个）：民进广东省委会

（三）新闻宣传工作

先进单位（6 个）：民进江苏省委会、民进吉林省委会、民进山西省委会、民进四川省委会、民进内蒙古区委会、民进广西区委会

突出进步奖单位（2 个）：民进山东省委会、民进宁夏区委会

（四）会刊（报）工作

先进单位（6 个）：民进辽宁省委会、民进浙江省委会、民进上海市委会、民进广东省委会、民进天津市委会、民进黑龙江省委会

突出进步奖单位（2 个）：民进湖南省委会、民进江西省委会

（五）电子信息化建设工作

先进单位（5 个）：民进四川省委会、民进甘肃省委会、民进海南省委会、民进云南省委会、民进河北省委会

突出进步奖单位（2 个）：民进宁夏区委会、民进湖北省委会

（六）社会服务工作

先进单位（6 个）：民进浙江省委会、民进北京市委会、民进江苏省委会、民进上海市委会、民进山西省委会、民进贵州省委会

突出进步奖单位（2 个）：民进江西省委会、民进安徽省委会

（七）参政党理论研究工作

先进单位（6 个）：民进上海市委会、民进安徽省委会、民进广东省委会、民进天津市委会、民进湖北省委会、民进福建省委会

希望受到表彰单位谦虚谨慎，戒骄戒躁，发扬成绩，再接再厉，更好地履行参政党职能，为构建社会主义和谐社会、为中国共产党领导的多党合作事业作出更大的贡献！

附件：2009 年民进省级组织专项工作先进单位、突出进步奖单位介绍（略）

二〇〇九年十一月二十三日

“多党合作　共铸辉煌——纪念多党合作制度确立60周年”征文优秀作品奖名单

（2009年11月23日中国民主促进会第十二届中央委员会第十八次主席办公会议通过）

一　等　奖

1.《在党的雨露哺育下成长　在祖国阳光照耀下前进——甲子的回忆》刘运来　江西
2.《与春天的约会》金铁平　福建
3.《和而不同，奏响社会主义民主政治的主旋律——对“长期共存、相互监督、肝胆相照、荣辱与共”16字方针的内涵解读》顾忆红　江苏
4.《乘之愈往，识之愈真——纪念人民政协成立60周年》唐明远　四川
5.《以人为本　全面协调　统筹兼顾　抓好参政党建设（以科学发展观指导参政党建设）》刘美娟、董漫雪　浙江
6.《最大化的整合我国社会各阶层合理利益的基本政治制度》樊艳红　黑龙江
7.《明史察今忆峥嵘岁月　鉴往开来谱辉煌新篇——中国民主促进会与中国特色多党合作制度确立60年》王报换　北京
8.《增强针对性　注重实效性　把握主动性——新形势下加强民主党派思想建设的思考》章玉安　浙江
9.《科学发展观与民主党派建设》吴丹彤　安徽
10.《反思：民主党派缺什么》杨绍求　贵州
11.《新时期、新变化、新任务——坚持和完善共产党领导的多党合作和政治协商制度之我见》方志远　江西
12.《情系苍生，不辱使命》唐顺发　四川

二　等　奖

1.《协商民主与选举民主的比较研究》陈燕翔　湖南
2.《从民进到政协》王文君　四川
3.《60年：中国政党制度理论体系的建立与发展》万利民　黑龙江
4.《民主党派基层组织自身建设科学发展之路》王松泉　浙江
5.《浅谈和谐政党关系》孙子淇　黑龙江
6.《建立和完善民主党派监督机制与进一步发挥我国参政党的民主监督作用》范天成、邴德新　黑龙江
7.《团结奋斗　真心朋友——多党合作风雨同舟60载》李学斌　安徽
8.《论参政党的进步性和广泛性》蔡永飞　贵州
9.《感悟 < 在正道上行 > 》王慧敏　上海
10.《浅议民主党派组织发展的时代特征与界别特色》马亚振　浙江
11.《新一代民主党派省级领导干部成长规律浅探》陈伟　海南

12.《关于民主党派民主监督多维特性问题的研究》周慧超　河南
13.《关于政协民主评议实践现状的思考》温爱华　山西
14.《同舟共济创伟业　薪火相传向未来》朱茂汉　安徽
15.《拓展政协委员职能，增强政治责任心》施蔷生　上海
16.《进一步重视民主党派监督工作充分发挥我国参政党的民主监督作用》民进深圳市委会　广东
17.《从“八字方针”到“十六字方针”——中国共产党对民主党派政策的发展》张昕　安徽
18.《在多党合作事业蓬勃发展中成长》刘海萍　山东
19.《对执政党建设与参政党建设相互促进的几点认识》李权弟　安徽
20.《协商民主与中国特色新型民主政治模式》薛晓霞、王报换　北京
21.《多党合作构筑了一种和谐文化》郭威　河南
22.《我对中国共产党领导的多党合作和政治协商制度的优越性的初步认识》李先春　黑龙江
23.《对中国政党制度必然性与合理性的思考》骆宝臻　山东
24.《肝胆相照荣辱间》吕忠堂　山东

三　等　奖

1.《高素质参政党建设面临的新问题》高新华　浙江
2.《科学发展观视阈下参政党与公共决策——基于民进杭州市委会参政议政工作研究》徐祖荣　浙江
3.《浅谈增强民主党派特色的思考》钟虹　广西
4.《多党合作抒怀》吴永雄　福建
5.《以科学发展促进民主党派组织建设》梅旭东　浙江
6.《民主党派与传统“士”文化》陈琼　安徽
7.《人民政协，从历史走来》孟令涛　江苏
8.《发挥人民政协在我国政党制度运行中的独特优势和作用》徐佩瑛、万明华　江西
9.《进一步发挥人民政协的界别优势和作用》姚砚库　山西
10.《春风伴我行万里》施蔷生　上海
11.《互动关系中高素质参政党建设的思考》赵夏娟　浙江
12.《一个民进会员对新时期民主党派核心价值观的思考》孙树枫　辽宁
13.《中国共产党领导的多党合作政治制度与西方多党（两党）制的政治学比较》王宗全　四川
14.《世博情赤子心——献给国庆60周年》周炳权　上海
15.《我对政协及委员履职的点滴思考》朱观明　安徽
16.《多党合作　团结兴国》潘火庆　福建
17.《浅谈新时期如何做好民主党派机关工作》裴社芳　河南
18.《以科学发展观为指导建设高素质参政党》陆其祥　浙江
19.《新时期互联网统战工作研究》旷佩虎　广东
20.《着力提高参政党民主监督实效的几点思考》黎业枢　广西
21.《试论建设适应时代要求的高素质参政党》杨绍求　贵州
22.《太阳才刚刚升起——浅谈多党合作制度》周少良　安徽
23.《加强会员骨干队伍建设措施探讨》王克金　河北
24.《浅谈新一代民主党派干部的培养》卜健民　江苏
25.《我的荣耀》保建利　陕西

26.《做原材料的积极提供者——我是怎样提出“社会发展三原则”的》邓伟志　上海
27.《和而不同：学习贯彻科学发展观中的“角色”强音》陈海虹　浙江
28.《试谈参政党组织建设中应该重点关注的几个问题》刘金山、刘慧琴　天津
29.《回顾多党合作 60 年　推进多党合作谱新篇——纪念我国多党合作和政治协商制度形成 60 周年》李渝沙　重庆
30.《参政议政是民主党派干部成长的关键平台》叶青　湖北

优 秀 奖

1.《我走上了从“政”之路》杨云林　广东
2.《关于进一步加强民进基层组织规章制度的建设》禹天建　广东
3.《海南省民主党派代表人物的代表性若干问题研究》刘洪宇　海南
4.《多党合作　共铸辉煌——纪念多党合作制度确立 60 周年》张新玲　安徽
5.《情况通报会的变迁》关学贵　湖北
6.《感悟多党合作 60 年　谱写多党合作新篇章》邓昌金　重庆
7.《民主党派组织发展趋势问题研究》高山松、胡拥政　广东
8.《关于加强民主党派自我宣传建设的思考》张海清　黑龙江
9.《关于建立和完善民主党派监督机制与进一步发挥我国参政党的民主监督作用的探讨》玄力竞、孔亚非　广东
10.《积极推进民主党派参与公共决策　为实现科学发展提供更好制度保障》民进秦皇岛市委会　河北
11.《不辱使命，服务民生》余珽　江苏
12.《多党合作事业：薪火相传向未来》刘宗祥　安徽
13.《创新工作机制，加强民主党派基层建设》罗理广　广东
14.《新时期网络统战工作研究》刘建亭、彭艳辉　广东
15.《建立和完善民主党派监督机制　进一步发挥参政党的民主监督作用》林保民　河北
16.《深情回眸风雨六十载　激情展望未来大舞台》吕丽　江苏
17.《巩固和壮大统一战线是多党合作的必然要求》王晓梅　甘肃
18.《相互促进、共同提高——浅谈中共十七届四中全会对参政党自身建设、民主监督的启示》陈伟　海南
19.《刍议民主党派机关干部在提高参政议政能力建设中的作用》付金明　陕西
20.《社会新阶层有序政治参与的思考》周罗轩　湖南
21.《多党合作确立发展六十载　荣辱与共继往开来谱新篇》孙宝寰　辽宁
22.《人民政协大有作为——我是如何当好政协委员的》高菊霞　陕西
23.《新时期如何加强我市网络统战工作》张碧霞　广东
24.《参事工作，政治协商在政府中的具体实践》钟海秋　广西
25.《一党还是多党执政与民主与否并不划等号》吴全、刘晓　河北
26.《坚持多党合作制度　建设适应新时代要求高素质的参政党》刘拴利　陕西
27.《高素质参政党建设面临的新问题》丁云铭　浙江
28.《唱响和谐旋律，共续明日辉煌》王静　福建
29.《60 年，一路走来》张昌礼　海南
30.《纪念多党合作 60 周年——论“长期共存、互相监督”的八字方针》林航　福建

31.《我国多党合作制度发展趋势的思考》李楚杰 广西
32.《浅谈新时期多党合作中内核与外缘的关系》李家勇 贵州
33.《多党合作制度是我国政治文明构建的重要特征和必然要求》蒲翠蓉 陕西
34.《祖国·民进·我的追求》刘世漪 上海
35.《高素质参政党建设面临的新问题》张玲 天津
36.《科学发展观与民主党派组织干部队伍建设——在深入学习实践科学发展观教育活动中的感悟》陈国胜 浙江
37.《难忘雷洁琼主席的亲切关怀》孟令涛 江苏
38.《中国的多党合作制度与文化根基》李文和 山西
39.《从解放战争的迅速全面胜利看多党合作的重要性》李志辉 重庆
40.《同心同德与时俱进 坚持中国共产党领导的多党合作和政治协商制度不动摇》姜伯军 北京
41.《增强民主党派的特色问题研究》赵巨跃 广东
42.《足迹——缅怀民进中央委员薛正》陆武 上海
43.《在参政议政中做好骨干会员的培养工作》张弘 天津
44.《坚定信心继续完善多党合作》周志远 云南
45.《浅谈中国特色政党制度的儒家文化底蕴》陈云红 浙江
46.《身份的归依，价值的发现》赖妙宽 福建
47.《加强民主党派基层组织凝聚力的思考》石汉兰 广西
48.《论世界性经济危机下我国民主党派的思想建设》胡康 广西
49.《论“五一口号”与新时期参政党的建设》徐培华 江苏
50.《多党合作制度的拓展》郭贵平 山西
51.《誓为民进添风采》黄芳 陕西
52.《关于加强参政党基层组织建设的思考》张晓堂 新疆
53.《科学发展观对民主党派工作的重大意义》许超宇 吉林
54.《浅谈新时期民主党派基层组织建设工作》刘利军 内蒙古
55.《贯彻落实科学发展观 提高参政党履职水平》汪晓 宁夏

“多党合作 共铸辉煌——纪念多党合作制度确立 60 周年”征文优秀组织奖名单

（2009 年 11 月 23 日中国民主促进会第十二届中央委员会第十八次主席办公会议通过）

1. 民进浙江省委会
2. 民进陕西省委会
3. 民进安徽省委会
4. 民进黑龙江省委会
5. 民进广东省委会
6. 民进贵州省委会
7. 民进河南省委会

8. 民进上海市委会
9. 民进福建省委会
10. 民进山西省委会
11. 民进江苏省委会

2. 制 度 建 设

民进中央机关文件流转程序

（2009 年 4 月 23 日民进十二届十三次主席办公会议审议通过）

为使会中央机关公文签发、文件送阅、请示报告等工作规范、有序，结合机关相关制度和实际，制定本程序。

一、公文签发

（一）拟稿、核稿

根据行文需要，由有关部门拟稿。拟稿人在草拟完成后，填写《中国民主促进会中央委员会发文稿纸》中的拟办单位、拟稿人、文件标题、主送机关、抄送机关、主题词、发文日期、缓急程度、密级等内容，有附件的填写附件名称。

各部门草拟的公文，由部门主要负责人核稿，并在核稿人一栏签名。核稿人对文件进行全面审核、把关。没有核稿人的签字，办公厅秘书处不予受理。

（二）会稿、审核

内容涉及其他部门的公文，在本部门负责人核稿后，由拟稿人送相关部门主要负责人会稿，并请其在会稿人一栏签名。公文在送领导会签、签发前，由办公厅秘书处对行文格式、发送范围及印发份数等初步审核，再由办公厅有关负责同志对内容进行审核，并在办公厅意见一栏提出办理意见。

（三）会签

由主席签发的公文，送签前由秘书长、常务副主席会签；由常务副主席或分管副主席签发的公文，送签前由秘书长会签；由秘书长签发的公文，送签前由办公厅主任会签。

（四）签发

以中央委员会名义的一般发文，由常务副主席签发；由常委会决定委托主席签发的，向中共中央、国务院报送的重要文件以及出访等重大事项的发文，由主席签发，也可委托常务副主席签发。

以中央委员会办公厅名义的一般发文，由秘书长签发；部门以办公厅名义的发文，由分管副主席签发，特殊情况下，分管副主席可委托秘书长签发；内容涉及两个以上副主席分管部门的发文，由常务副主席签发。

各专门委员会也可以中央委员会办公厅名义代发文，由分管副主席签发，或委托秘书长签发。

凡是需主席、副主席、秘书长签发的公文，经秘书处复核后，由机要室转送。

（五）复核、印发、存档

公文签发完成后，办公厅秘书处对审批、签发手续是否完备进行复核，并进行登记、编文号、印制。拟办部门要严格按照领导签发的文稿进行校对。印制完成后，由秘书处核对内容、格式准确无误后加盖相关印章。

文件的分发工作由拟办部门负责。需紧急送达的文件，由拟办部门提出，与办公厅协商后办理。

公文办理完毕后，按照《机关档案管理办法》和有关规定，由拟办部门或办公厅秘书处及时整理（立卷）、归档。

二、文件送阅

办公厅负责文件送阅的办理工作，包括接收、登记、拟办、批办、承办、催办等程序。

主送或者抄送民进中央、民进中央办公厅的公文，由办公厅秘书处统一接收，常规文件（例如《工作简报》）由机要室转送相关领导、部门阅知，需办理、回复的文件由机要室填写《民进中央机关收文单》，呈报秘书长，由秘书长协调各部门办理。

各部门接收外单位来电，需领导批办的由部门填写《民进中央机关电话记录单》，交机要室转呈领导批办。

一般文件由秘书长提出批办意见，重要文件由分管副主席或常务副主席提出批办意见，送承办部门办理，对需要两个以上部门办理的，应指明主办部门。需请会中央领导（无特指）出席会议、参加活动的文件，由秘书长提出拟办意见，报常务副主席提出批办意见。

审批公文时，对有具体请示事项的，主批人应明确签署意见、姓名和审批日期，其他审批人圈阅视为同意。没有请示事项的，圈阅表示已阅知。

承办部门收到交办的公文后应及时办理，不得延误、推诿。紧急公文应按时限要求办理。确有困难的，应当及时予以说明。

各工作部门对地方组织报送的资料要认真研究，提出意见或建议，对需要答复的来文给予及时答复。

送领导批示或者交有关部门办理的公文，机要室应随时掌握公文去向，负责催办，做到紧急公文跟踪催办，重要公文重点催办，一般公文定期催办，领导在外地出差时可通过电子邮件等通讯手段请领导阅示。

三、请示、报告

各工作部门就有关事项请秘书长或分管副主席、常务副主席、主席批示的，应有书面意见或方案。

拟稿人需填写《民进中央机关呈批件》中的呈报部门、呈报时间、拟稿人、事由、缓急程度、密级等内容，先报处长审核提出处室拟办意见，再报部门负责人，由部门主要负责人在呈报人一栏签名并填写部门拟办意见，经机要室登记后报秘书长，由秘书长呈报分管副主席阅批，根据制度，如有需要，再呈报常务副主席、主席阅批。

处室、部门负责人要主动向领导汇报有关情况，在呈批件上体现处室和部门的意见和建议，供领导决策时参考。

需要其他领导阅知的呈批件，经请示秘书长同意后，由机要室复印或以电子邮件等方式分送相关领导。

领导签批的原文，由呈报部门统一保存归档。

涉密文件，由呈报部门标示秘级，在公文流转中做好保密工作。

附件：

1. 中国民主促进会中央委员会发文稿纸
2. 民进中央机关收文单
3. 民进中央机关呈批件
4. 民进中央机关电话记录单
5. 民进中央机关公文通用格式

附件 1：

中国民主促进会中央委员会发文稿纸

<table>
<tr><td colspan="2">进中　　字〔200　〕第　　号</td><td>缓急</td><td>密级</td></tr>
<tr><td colspan="2">签发</td><td colspan="2">会签</td></tr>
<tr><td colspan="4">标题</td></tr>
<tr><td colspan="4">附件</td></tr>
<tr><td colspan="4">主送</td></tr>
<tr><td colspan="4">抄送</td></tr>
<tr><td colspan="2">拟办单位</td><td colspan="2">拟稿</td></tr>
<tr><td colspan="2">核稿</td><td colspan="2">会稿</td></tr>
<tr><td colspan="4">办公厅意见</td></tr>
<tr><td colspan="4">主题词</td></tr>
<tr><td>打字</td><td>印制</td><td>校对</td><td>份数</td></tr>
<tr><td colspan="4">发文日期</td></tr>
<tr><td colspan="4">备注</td></tr>
</table>

附件 2：

民进中央机关收文单

来件单位			来件时间： 年 月 日		
来件人		联系电话		收件人	
内容摘要：					
处室拟办意见：			部门拟办意见：		
秘书长批示：			领导批示：		
办理结果：					
备注：					

注：1. 此件只限外收文使用；
2. 内容一栏如不够用，可另用公文纸附后；
3. 文件执行完毕后需归档。

民进中央办公厅制

附件3：

民进中央机关呈批件

编号：

呈报部门		呈报人		拟稿人	
呈报时间	年　月　日	缓　急		密　级	
事　由：					
处室拟办意见：			部门拟办意见：		
秘书长批示：			领导批示：		
备　注					
办理结果					

注：1. 此件只限会中央机关内部上行文使用；
2. 如有批复时限要求，请写在备注一栏；
3. 内容一栏如不够用，可另用公文纸附后；
4. 文件执行完毕后连同原件一起归档。

民进中央办公厅制

附件 4：

民进中央机关电话记录单

来电单位		来电时间	年　月　日
来电人及电话		收电人	
内容摘要：			
秘书长批示：		领导批示：	
承办单位		承办人	
办理结果			

注：1. 此件只限会中央内部处理来电使用；

2. 内容一栏如不够用，可另用公文纸附后；

3. 承办执行以后需存档。

民进中央办公厅制

附件5：

民进中央机关公文通用格式

一、依据中华人民共和国国家标准 GB/T 9704—1999《国家行政机关公文格式》和《中国民主促进会中央委员会机关公文处理办法》，并结合民进中央机关实际工作制定本通用格式。机关常用文种包括进中发、进中办发文件，中常会会议纪要、主席会会议纪要、主席办公会议纪要、部门负责人会议纪要，函件，会议通知等。

二、进中发、进中办发文件

1. 纸型：进中发文件使用“中国民主促进会中央委员会文件”红头公文纸，进中办发文件使用“民进中央办公厅文件”红头公文纸，均为 A4 幅面。

2. 页边距设置：上为3.6厘米，下为2.7厘米，左为2.3厘米，右为2.3厘米。

3. 排版规格：

（1）为空出红头，发文字号前要空出6行，行距36.25磅，发文字号居中，使用三号仿宋字体。

（2）标题在发文字号下空两行，行距34，标题使用二号方正小标宋。

（3）主送机关在标题下空一行，左侧顶格用三号仿宋体字标示。

（4）公文正文使用三号仿宋体字，在主送机关名称下一行，每自然段左空2字，回行顶格。数字、年份不能回行。

（5）公文如有附件，在正文下一行左空2字用小三号仿宋体字标志“附件”，后标全角冒号和名称。附件如有序号使用阿拉伯数码（如附件：1. ××××××）；附件名称后不加标点符号。附件应与公文正文一起装订，并在附件左上角第1行顶格标志“附件”（小四号宋体字），有序号时标志序号；附件的序号和名称前后标志应一致。如附件与公文正文不能一起装订，应在附件左上角第一行顶格标志公文的发文字号并在其后标志附件（或带序号）。

（6）成文时间用汉字将年、月、日标全；“零”写为“〇”。

三、函件

1. 纸型：民进中央机关对内、对外函件，一律使用“中国民主促进会中央委员会”红头公文纸，A4幅面。

2. 页边距设置：上为2.8厘米，下为2.5厘米，左为2.5厘米，右为2.5厘米。

3. 排版规格：

（1）为空出红头，函件标题前要空出6行，行距16磅，标题使用小二号方正大标宋。

（2）主送机关在标题下空一行，左侧顶格用小三号仿宋体字标示。

（3）公文正文使用小三号仿宋体字，在主送机关名称下一行，每自然段左空2字，回行顶格。数字、年份不能回行。

（4）如需列出联系人和联系电话，在正文下一行左空2字，用小三号仿宋体字标注。

（5）如有附件，在联系人联系电话下一行，排版规格同进中发、进中办发文件。

（6）成文时间用汉字将年、月、日标全；“零”写为“〇”。

四、会议纪要

1. 纸型：常委会纪要、主席会纪要、主席办公会纪要、部门负责人会议纪要分别使用各自会议纪要的红头公文纸，均为 A4 幅面。

2. 页边距设置：上为3.6厘米，下为2.7厘米，左为2.7厘米，右为2.7厘米。

3. 排版规格：

（1）为空出红头，正文上方空8行，行距28.5磅。在第9行，居中，标明会议届次，使用黑体三号字体。

（2）届次下空一行，行距 28.5，左侧顶格标明发文单位（如：民进中央办公厅），右侧顶格标明发文日期（如 2009 年 1 月 5 日），均使用黑体 3 号字体。

（3）在发文单位下空两行，行距 36.5，输入正文，正文使用小三号仿宋字体。

4. 机关其他会议纪要统一使用 A4 纸型，标题由“×××××会议纪要”组成，在标题下空一行，分行标注“会议时间：”“会议地点：”“出席人员：”，字体与正文一致。会议纪要的页面、正文、附件等格式同函件。

五、会议通知

1. 纸型：统一使用“会议通知”红头纸，为 A4 幅面。

2. 页边距设置：上、下、左、右均为 2.1 厘米。

3. 排版规格：

（1）为空出红头，正文上方空 7 行，行距 26.5 磅。

（2）发文字号在第 8 行，居中，使用三号仿宋字体。

（3）正文标题在发文字号下空一行，行距为 29，使用三号方正大标宋字体。

（4）正文在标题下空一行，行距 29，使用小三仿宋字体。

中国民主促进会中央委员会文件

进中发〔200×〕×号

关于×××××××××××××通知

民进各省、自治区、直辖市委员会：

×××。

附件：×××××××

二〇〇×年×月×日

附件：

×××××××

××。

主题词：××× ××× **通知**

民进中央办公厅	共印×份	20××年×月×日印发

中国民主促进会中央委员会文件

进中发〔200×〕×号　　签发人：×××

中国民主促进会中央委员会关于
×××××××××××××××的报告

中共中央：

××。

特此报告。

附件：关于×××××的建议

二〇〇×年×月×日

附件：

关于×××××的建议

××。

××。

主题词：××　×××　**报告**

民进中央办公厅　　共印×份　　200×年×月×日印发

中国民主促进会中央委员会文件

进中发〔200×〕×号　　签发人：×××

中国民主促进会中央委员会关于××××××××××××××的请示

中共中央统战部：

××。

妥否，请批示。

附件：关于×××××××的方案

二〇〇×年×月×日

联系人：　　联系电话：

附件：

关于×××××××的方案

××。

××。

主题词：×× ××× **请示**

民进中央办公厅	共印×份	200×年×月×日印发

民进中央办公厅文件

进中办发〔200×〕×号

关于×××××××××××通知

民进各省、自治区、直辖市委员会：

××。

附件：××××××××××××××××

二〇〇×年×月×日

附件：

××××××××××××××××

××。

主题词：×× ××× **通知**

民进中央办公厅 共印×份 200×年×月×日印发

中国民主促进会中央常务委员会
会 议 纪 要

××届×次

民进中央组织部 **200×年×月×日**

×××。

××。

×××。

主题词：中常会 纪要

主送：民进×届中央常委，机关部门负责人。
民进各省级组织。
抄送：中共中央统战部一局。

民进中央办公厅 200×年×月×日印发

撰稿：××× 核稿：××× （共印×份）

中国民主促进会中央委员会
主席会议纪要

×届×次

民进中央办公厅 **200×年×月×日**

××。

××。

××××××××××××××××××××××××××××××××××××××。

主题词：主席会　纪要

主送：民进×届中央常委，民进中央机关部门负责人。
民进各省级组织。
抄送：中共中央统战部一局。

民进中央办公厅　200×年×月×日印发

撰稿：×××　核稿：×××　（共印×份）

中国民主促进会中央委员会
主席办公会议纪要

×届×次

民进中央办公厅 **200×年×月×日**

××

××××××××××××××××××××××××××××××。

　　××。

主题词：主席办公会议　纪要

主送：民进×届中央常委，民进中央机关部门负责人。
　　　民进各省级组织。
抄送：中共中央统战部一局。

民进中央办公厅　　　　　　　　　　　　　　　200×年×月×日印发

撰稿：×××　　　核稿：××　　　　　　　　　　　（共印×份）

民进中央机关部门负责人会议
纪　　要

200×年第×次

民进中央办公厅　　　　　　　　　　　　　　　**200×年×月×日**

　　×××。

　　××。

主题词：部门负责人会议　纪要

主送：民进中央主席，专职副主席；
　　　民进中央秘书长，机关各部门负责人。

民进中央办公厅　　　　　　　　　　　　　　　200×年×月×日印发

撰稿：××　　　核稿：××　　　　　　　　　　　（共印×份）

会　议　通　知

厅会字〔200×〕×号

关于×××××××××××××××的
通　　知

××。

×××。

民进中央办公厅
二〇〇×年×月×日

中国民主促进会中央委员会

进中函〔200×〕×号

关于×××××××的函

民政部：

××。×××××××××××××××××××××。

特此函告。（请予复函。）

附件：××××××××××××××

民进中央办公厅
二〇〇×年×月×日

联系人：　　　　　联系电话：

附件：

××××××××××××

　　×××××××××××××××××××××××××××××××××××××
×××××××××××××××××××××××××××××××××××××××
×××××××××××××××××××××××××××××。
　　×××××××××××××××××××××××××××××××××××××
××××××××××××××××××××××××××××××××××××××。

主题词：×××　×××　××函

民进中央印发《民进全国代表大会代表联系办法（试行）》的通知

民进各省、自治区、直辖市委员会：

《民进全国代表大会代表联系办法（试行）》经民进十二届十三次主席办公会议审议，充分听取中央常委的意见和建议，提交民进十二届七次中常会审议通过。现印发给你们，请结合实际认真贯彻执行。

二〇〇九年七月十三日

附：

民进全国代表大会代表联系办法（试行）

为了进一步学习中共十七大精神，贯彻落实民进十大精神，深入学习贯彻科学发展观，深化坚持走中国特色社会主义道路学习教育活动，进一步提高参政能力，保持进步性和广泛性，加强我会自身建设，有序推进会内民主，发挥好民进全国代表大会代表在代表大会闭会期间的作用，根据《中国民主促进会章程》和会内有关规定，制定本办法。

一、联系形式

1．民进中央领导到地方调研可以安排与当地民进全国代表大会代表见面、座谈，通报情况，征求意见。

2．民进中央举办的会议可以邀请部分民进全国代表大会代表列席，听取意见。

3．民进省级组织召开省委委员全体会议可以邀请当地民进全国代表大会代表列席会议，听取会中央重要会议精神和工作部署传达。

4．日常联系。民进中央和省级组织可以采取电话联系、信函往来、登门走访、邀请座谈、参与活动等多种方式与联系对象进行联系和沟通，及时向民进全国代表大会代表通报会内重要信息。

二、联系内容

1．通报会中央的重要决策和全会的重大活动。

2．听取民进全国代表大会代表对民进中央常委会工作报告的意见建议。

3．征求民进全国代表大会代表对全会各项工作的意见建议。

4．其他需要联系沟通的有关情况。

三、联系要求

民进中央和省级组织与民进全国代表大会代表联系时，要注意收集各种意见建议，做好记录，认真分析，报送会中央领导和有关部门，及时反馈办理结果。

四、联系机构

由民进中央和省级组织部门负责提供组织、协调、联络等方面的服务，加强与民进全国代表大会代表的联系和沟通，做好意见建议的收集、上报工作。

3．领导人讲话、报告、发言、文章

在民进中央机关2008年度考核总结会议上的讲话

（2009年1月14日）

严隽琪

各位同志：

2009年已经来到我们身边，首先，我代表会中央各位主席，向大家致以新年的问候！

过去的2008年是不平凡的一年，无论对我们的国家、对民进、还是对我们个人都有特殊的意义，前不久结束的民进十二届二中全会上，全体委员一致认为，2008年在新一届领导班子的领导下，全会工作做到了“无懈无滞，有思有行”。这其中，离不开机关全体同志的努力。为了检阅机关同志一年来的工作，总结经验，根据《公务员法》的要求，机关从2008年12月10日至2009年1月14日，进行了年度考核工作。优秀的人和优秀的事迹，是机关精神面貌的突出展现，也是机关工作成绩和贡献的突出展现。刚才几位优秀公务员代表的发言，有思考，有深度，有启发，而且有的同志发言还不乏文采，听后令人感动。

现在，年度考核工作已经圆满结束，15位优秀公务员和2位先进工勤人员已经顺利评选出来。在此，我代表会中央领导集体，向获得“优秀公务员”、“先进工勤人员”称号的同志们表示祝贺！向机关全体同志一年来的辛勤工作表示衷心感谢！

下面，我首先对我们的年度考核工作做一个简要总结。

2008年度考核工作是在会中央主席办公会议的领导下，依照《公务员法》和《公务员考核规定》，由主席办公会议决定考核方案而进行的，方案内容认真细致。考核前，机关做了动员，大家提高了认识，统一了思想，明确了“总结提高、开拓创新、推进工作”这一考核工作的目的和考核的主要内容。按照德、能、勤、绩、廉五个方面的要求，机关各位同志结合自身工作实绩进行了认真、全面、客观的总结，以年度工作目标、岗位职责和所承担的工作任务为基本依据，将平时考核和年度考核相结合，重点总结工作实绩，使年度考核成为自己做好 2009 年工作的动力，制定出适合自己并切实可行的改进措施，力争在原有的基础上把工作提高到一个新的水平。

机关考核委员会实事求是，严肃履行考核工作程序，按照考核方案的规定，参考被考核人平时考核情况，审核主管领导提出的公务员考核等次建议，确定了 2008 年机关公务员及工勤人员的考核等次，评选出了 15 位优秀公务员和 2 名先进工勤人员。

2006 年 1 月 1 日出台的《公务员法》，标志着我国干部人事管理进入了依法管理的新阶段。两年来，会中央机关严格对照《公务员法》和各项配套法规，修订完善了机关干部人事管理制度。《公务员考核规定》颁布后，机关就年度考核内容、考核程序和考核结果的使用等进行了不断完善和细化工作。在 2006、2007 年度考核工作经验的基础上，机关根据 2008 年 11 月中共中央组织部有关会议精神，对 2008 年的年度考核工作进行了进一步调整和完善，例如：

（一）进一步强调行政首长负责制。适当强调主管领导的职责，既可以提高考核的准确性，又可以节省考核时间，还可以强化主管领导的权威，保证政令畅通，从而提高机关的工作效率。当然，这也对主管领导提出了更高的要求，作为主管领导，既要熟悉本部门业务，熟悉下属的日常表现，还要做到作风民主。

（二）对机动名额的合理使用。依据《公务员法》，公务员年度考核优秀等次人数，一般掌握在机关参加年度考核的公务员总人数的 15% 以内，最多不超过 20%。机关按照参加年度考核的公务员总人数最多不超过 20% 的比例计算，可评定优秀 15 人；按照各部门参加年度考核的公务员总人数进行计算分配，可评定优秀 14 人。考核方案中确定的各部门优秀名额即是依据部门参加年度考核公务员总人数的 20% 比例予以确定的，余下的 1 个优秀名额作为机动名额。经考核委员会研究决定，一致认为应充分用足 20% 的优秀比例。

考核委员会在评定局级公务员考核结果时，考虑到他们工作实绩都很突出，得到领导和群众的一致肯定，因此决定将机动名额用于局级公务员。这个决定，是考虑到部门负责人是贯彻落实会中央各项决策和部署的重要组织者、执行者，承担着重要责任，是机关各项工作的关键，而且还承担着领导部门和谐顺畅工作，培育部门文化等重任。2008 年，国内外形势多变，任务繁重，他们克服了多种困难，较好地完成了各项工作，达到了预期的目的。因此，要对他们的工作业绩给予充分的肯定；当然也是对他们寄予更高的期望和要求。

一年来，机关各部门同志积极主动，团结合作，有条不紊地完成了全年的各项任务，既表现出同志们高度的责任心、事业心和良好的能力，也显示出近年来制度建设、作风建设的良好效果。很多同志都表现得非常突出，但由于优秀名额有限，未能评定为优秀。我们对这些同志的辛勤工作也表示感谢!

年度考核既是对过去工作的总结，也是我们工作的新起点，通过考核，找到学习的榜样，激励的源泉。我们机关每一位同志身上都有闪光点，也都有向善向上的潜能，对民进的工作都有贡献。

下面，谈一谈新一年的工作。

机关建设是民主党派工作的基础，也是关键和保障，反映了民主党派的精神面貌，关系到参政党履行职能的水平、影响到参政党自身的健康发展和多党合作事业的巩固和发展。我们的目标是要建设一个“和谐、高效、规范、阳光”的机关。

执政党以改革创新的精神在不断地推动党的建设伟大工程，作为参政党也须要不断创新地推动自身建设。当今人们对物质与精神追求的多元化，信息技术的发展与应用，国际和国内形势的复杂多变，是参政党建设必须面对的。同时，我们也要看到，现在民主党派成员的结构也发生了重大变化，年轻会员占有很大比重，根据这种变化，参政党自身建设也经历了个别调整、集体调整和制度规范三个步骤的变化过程。在这个变化过程中，机关建设和管理越来越好，精神风貌发生重大变化。机关管理的目标由单纯的加强转向规范化，由靠某些高素质的个人管理转向制度规范管理。在这样的变化中，应该是越来越阳光化的，要做到“疏重于堵”。

今天，我以在改革开放30周年座谈会上关于机关建设的内容为基础，从以下四点谈谈关于对机关新一年的工作希望。

第一，要加强思想建设，建立共同的思想基础。思想基础反映在两个方面：政治立场和价值理念。政治立场就是要坚持走中国特色社会主义道路，学习贯彻科学发展观，与中国共产党同心同德，与祖国人民共呼吸，参政为民。这也是机关干部工作责任心与工作热情的主要源泉。要加强机关建设，推动机关形成价值理念的共识，为构建和谐机关奠定思想基础，为形成机关良好、健康的氛围提供思想保障。

第二，要逐步建立健全合理的体制机制。机关建设要继承发扬老一辈的光荣传统，要符合时代的要求。加强作风建设，有利于工作效率的提高。机关各级干部要进一步增强合作意识，在工作中不推诿、不松懈、不拖延，敢于担当，善于合作。机关工作任务繁重，但是可利用的资源有限，要保证工作的开展和推进，就需要有合理的资源配置机制。这种资源配置机制必须有利于决策的落实，有利于合力的形成，有利于信息的通达，有利于流程的优化，有利于各级积极性的发挥。机关就是要奖勤罚懒，褒奖那些爱岗敬业、兢兢业业的干部，同时，对于那些敷衍塞责、马马虎虎的干部要批评，要有相应的惩处措施。对各级干部既要严格要求，也要给予充分的人文关怀。部门领导和人事部门要加强与干部群众的沟通和了解，特别是了解机关青年干部在思想上、在进步需求上和生活上的动态，给予热情的关怀和积极的引导。

第三，要营造良好的工作环境。机关领导班子要进行研究，逐步改善机关的工作硬件环境，比如房屋、绿地，提高资源利用率。要营造纪律严明、正气弘扬、民主管理、以人为本的良好工作氛围，努力营造有利于优秀人才迅速成长的环境，支持每个人干事业、干成事业。

第四，要建设一支高素质的干部人才队伍。机关工作归根到底要靠人、靠队伍。在干部队伍建设中，要始终将“以人为本”作为指导原则，建立尊重、爱护、关心干部的机制，努力做到对人不求全，充分挖掘、利用和发挥每个人的兴趣、特长，各尽其能。许嘉璐主席曾经对青年干部提出了三个要求：笔杆子、脑瓜子和嘴巴子。我认为，可以笔杆子为切入口，下工夫提高写作能力。因为笔杆子可以倒逼脑瓜子；笔杆子的积累可以提供给嘴巴子。这就需要学习，也希望机关干部自觉、勤奋地学习。要重视在工作实践中学习，许多能力是在实践中锤炼、反映和不断提高的。大家要善于克服困难，不断提高自身能力和水平。机关的培训要适合新时期机关工作的要求，培训计划要进行专题研究。

同志们，我们经历了改革开放的伟大历史进程，参与了统一战线与多党合作的伟大实践，见证了中国特色政党制度的不断发展和完善。回顾历史，总结经验，是为了更好地前进。我们要清醒地认识到肩上的责任，在新一年的工作中，要无懈无滞，扎实工作，与时俱进，把机关工作提高到新的水平。

民进工作要体现“四个互相促进”

——与民进海南省委座谈时的讲话

（2009年2月14日）

严隽琪

开局之年，我们有“四个相互促进”。这不全是我们的创造。第一，执政党建设与参政党建设相互促进，是胡锦涛总书记对各民主党派新班子提出的希望和要求。现在，中国共产党正在以改革创新的精神推进党的建设的伟大工程，希望执政党建设与参政党建设相互促进。这也对我们提出了更高的要求，也是我们工作的重要指导思想。多党合作，民主党派就是要和中国共产党同心同德；多党合作，民主党派就是要围绕中心，服务大局，具体工作是在执政党的支持和指引下进行的，所以执政党建设和参政党建设互相促进，也是贯穿我们工作的重要原则。以党为师，就是要非常关注中国共产党是怎么做的，并以此推进我们的工作。

第二，会中央工作与地方组织的工作相互促进。政府和共产党也有这个问题，地方要执行中央的指令。民主党派有民主党派的特殊情况，地方组织主要是接受地方党委的领导，在地方统战部的指导下开展工作，包括在人才的问题上面，要及时协商。民主党派资源是非常有限的，大多是兼职，资源比较薄弱，也比较分散等等。所以，在这种情况下就要集中资源，集成力量。如果我们还是很松散，各自为战的话，这个效果就不能凸显。所以，我们新班子很注意会中央工作与地方工作互相促进。一年来，我们也尝到了甜头。这次调研，目的也是为了会中央的参政议政。高层协商的涉及面十分广泛，不管你是什么界别特色的，党中央国务院领导让各党派都充分发表意见。我对统战部长说，组织发展的比例中，这个30%的指标是要好好利用的。讲主体、特色，不是说清一色。党中央国务院要我们提意见，教育、文化要提，经济、司法等等也都要提。如何把意见提得准确，提得及时，提得有成效，必须发挥集体的力量。就是我们说的“集智聚力”，集全会之智，聚全会之力，甚至我们在会外也拓展资源。还有就是会中央的调研题目不可能离开各省级组织的支持和参与。如文化方面，去年云南就做了一些预调研。我们把预调研和后调研放到省级组织去做，很有成效。如果只是会中央组织出动，在有限的时间内形成“两会”的高质量提案是很难的。所以，我希望各个省做到一定的程度，如果带有全国性的普遍意义，在这个基础上再加工再调研，形成一种合作机制，我们的提案质量就会大大提高。在申请题目时，鼓励会中央专门委员会和省委会联合起来申请，既发挥会中央专门委员会的力量，又能调动省委会的力量，使成果共享，有的可以向党中央国务院提，有的作为省委会的提案。这样就形成合作共享的机制，并实现资源共享，利益共享。如果仅仅是要地方组织为会中央服务，地方就没有积极性了。兼职与专职也要互相支持，实现资源共享。如，如何克服金融危机的影响，我们民主党派必须有所贡献。海南受影响有多大？到什么程度？民营企业有什么困难？要认真研究，拿出成果，对海南就是贡献。有共性的东西可以提到中央，对中央也是个贡献。

第三，自身建设与履行职能要相互促进。不能就自身建设谈自身建设，只有在履行职能中才能把自身建设搞好，才能有大的力度。如果说民进海南省委这次提案特别好，统战部专门介绍，会外的人也会觉得参加民进有实现自身价值的渠道，体现民进有水平。所以我认为一定要在履行职能中提升自己，推动自身建设。这样，中共的领导也会更重视我们民进的意见，也愿意支持我们。在履行职能中，我们必须深入学习科学发展观，用科学发展观作为我们的指导思想。这样参政议政才能参到关键处、议到点子上。这也就是在履行职能中推进自身建设，团结大家一起工作，还可以发现人才，发展一些潜在的会员。

第四，实际工作与理论研究相互促进。我一直主张民主党派的理论研究不能是纯理论的学术研究，必须为应用服务，为我们现在的决策找到理论依据。这样我们说话的底气就足了。另外，要把我们现在实践的东西提高到理论的高度去认识。比如民主党派的人才战略到底有什么特色？我们不能关起门来去研究。以领导班子建设为重点，我们一直觉得去年这个重点定得非常正确，而且以领导班子建设为重点是渗透到各方面的工作中的，其中一个是抓思想建设，在政治交接中加强学习。要求别人做到的自己应该先做到，就是要带头学、带头讲。政治交接有一个工作经验就是领导带头学带头讲，你不学不讲，你叫下面去学，这不可能的，也学不好。我们要在领导班子里狠抓学习，带头谈思想，谈学习体会，到基层去谈，在班子里学。另外是抓制度建设，我们强调要集体决策。为了让大家都参与进来，我们对工作制度认真梳理了一下，建成了决策体系和研究体系。

既要服务国家的科学发展　又要实现民进自身的科学发展

——在民进十二届六次中常会上的讲话

（2009 年 3 月 9 日）

严隽琪

2008 年下半年，中国共产党开始在全党开展学习实践科学发展观活动。这既是执政党在世情、国情、党情发生深刻变化的条件下，提高执政能力和加强先进性建设、以改革创新的精神推进自身建设的重大举措，也是在当前深刻变化的国际环境中，推动我国经济、政治、文化、社会科学发展，落实全面建设小康社会奋斗目标的重要举措。

科学发展观是与时俱进的马克思主义发展观，反映了当今世界和当代中国的发展变化对党和国家工作的新要求，是发展中国特色社会主义必须坚持和贯彻的重大战略指导思想，是统领我国经济社会发展全局的根本指针，是党治国理政、富民安邦的行动纲领。深入学习贯彻科学发展观，不仅是中国共产党的重大政治任务，也是民进更好履行职能、加强自身建设的客观需要，是执政党建设与参政党建设互相促进的体现。民进要认真学习贯彻科学发展观，用科学发展观武装头脑，按照科学发展观的要求，切实加强自身建设，认真履行参政党职能，积极服务国家的科学发展和实现自身的科学发展。

一、要把学习贯彻科学发展观和巩固共同的思想政治基础结合起来，深化坚持走中国特色社会主义道路学习教育活动，不断增进民进的政治认同和目标认同

政治信念、政治立场是政党最重要的存在标志。2007 年以来，民进用了两年时间，扎实地开展了政治交接学习教育活动，并取得了阶段性重要成果。但要看到，我们当前面临的政治形势十分复杂。国际上各种敌对势力并未放松对我西化、分化的图谋，他们炒作自由、民主、人权、民族、宗教等议题，利用一些群体性事件、社会热点、重大活动、重大事件，大造反华舆论。特别是将个别问题扩大化、单一问题复杂化、一般问题政治化，最终将所有问题都说成是我国“社会制度弊端”造成的。从国内看，保持我国经济平稳较快发展的压力加大；切实解决民生问题、保持社会和谐稳定的任务更加繁重；各种思想观念互相碰撞，用社会主义核心价值体系引领社会思潮更加迫切。在这样的形势下，推进我国社会主义现代化建设，更需要全国人民团结一致[illegible]更需要发挥我国政治制度和政党制度的优势，发挥参政党各级组织和广大成员的积极作用。为此，民[illegible]更加清醒地认识当前复杂多变的国际国内形势，进一步巩固政治交接成果，深化坚持走中国特色[illegible]主义道路学习教育活动，团结带领广大会员，继承老一辈民进人与中国共产党风雨同舟、患难与共[illegible]良传统，坚定不移地走中国特色社会主义道路。

要加强理论学习[illegible]实共同的政治基础。要把深入学习中国特色社会主义理论体系作为民进思想建设的重要内容，特[illegible]强对科学发展观的学习，深刻理解科学发展观的科学内涵、精神实质、历史地位和时代意义；要[illegible]分析民进会员的新情况，认真研究新的历史条件下开展思想引导的特点和规律，探索有效的方式和[illegible]。

要开[illegible]势教育，进一步明确肩负的历史责任。要引导广大会员正确认识国际金融危机带来的影响，既要充[illegible]计当前面临的困难和挑战，又要坚定改革开放的信心和决心，把我们的思想和行动统一到科学发展[illegible]要求上来，统一到中共中央的决策部署上来，坚定与中国共产党风雨同舟、亲密合作、共迎挑战的[illegible]心。

要进一步弘扬民进优良传统，增进“道路认同”，增强接受中国共产党领导的自觉性。坚持走中国特色社会主义的政治发展道路，是民进老一辈领导人当年作出的正确的历史选择，无论时代怎样变化，这条“正道”不能偏离。今年是新中国成立60周年，也是人民政协成立和多党合作制度确立60周年。要以此为契机，深入开展传统教育，学习会史会章、多党合作的光辉历程，继承老一辈领导人与中国共产党患难与共、团结合作的优良传统，引导广大会员充分认识我国政党制度的历史必然性和现实优越性，自觉抵御西方多党制、议会制的影响。

二、要把学习贯彻科学发展观和加强自身建设结合起来，以组织工作和后备干部队伍建设为重点，切实提高民进自身素质和能力

2009年民进将组织工作和后备干部队伍建设作为工作重点，这是由面临的形势和任务决定的，也是民进自身可持续发展的必然要求。

组织工作对政党来说具有“强身健体”的重要意义。“人才兴，民进兴”。多年来，民进始终把组织建设摆在重要位置，并取得了积极成果。但是，从新形势、新任务的要求来看，从民进可持续发展的要求来看，我们的人才储备和知识结构还明显有不足之处，高层次的代表性人士和参政议政骨干人才仍然非常缺乏。民进各级组织，特别是领导班子，要从坚持和完善我国多党合作的政治制度和建设适应时代发展要求的高素质参政党的高度，重视组织工作，使我会事业的发展有源源不断的人才资源。

一是坚持把组织工作和推进政治交接相结合，加强领导班子和后备干部队伍建设。要巩固和扩大2008年领导班子建设的成果。各级领导干部要继续在加强理论学习上下工夫、在突出党派特色上下工夫、在提高解决问题的能力上下工夫。要以领导班子建设的成果带动民进各项工作的扎实推进。

后备干部队伍和骨干队伍建设是领导班子建设的基础，也应是衡量领导班子建设的一个重要方面。要通过扎实有效的工作，千方百计把有一定社会影响、参政议政能力强、热爱党派工作的新一代代表人士充实到后备干部和骨干队伍中，使后备干部的数量、结构和素质与领导班子建设的需要相适应，为民进今后的新老交替、政治交接，提高素质打下坚实的人才基础。各级组织主要领导要主动考虑2012年和2017年的换届工作，这是我们应尽的历史责任，要主动考虑下两届的各级人大代表和政协委员的后备队伍建设。重点做好两方面工作：一是认真抓好新一轮省级班子后备干部队伍建设；二是重点完善后备干部的培训、使用、推荐机制。

二是坚持把组织工作和履行参政党职能相结合，做好高层次参政议政人才的发展工作。发展什么样的人入会，事关民进的政治形象和社会影响，关系到民进履职的水平。组织发展工作要善于与履行职能相结合，坚持“在发展中工作，为了工作而发展”的原则，着力发展民进工作亟需的代表性人士、有发展潜力的高层次中青年人才以及参政议政等工作亟需的专门人才。民进主要的界别特色是文化教育出版界，这个不能丢；同时，为了更好地适应参政议政的需要，要继续稳妥发展非重点界别的代表性人士，进一步优化民进的专业和知识结构。还要加强基层组织建设，拓宽社情民意的来源，提高全会的凝聚力和影响力。

三是坚持把组织工作和加强理论研究相结合，以改革创新的精神推进民进的组织建设。要认真分析民进组织工作面临的新形势、新任务、新问题，认识参政党建设的规律，研究存在的问题和不足之处。拓展思路、梳理经验，在坚持参政党基本政治准则和工作原则的前提下，积极进行工作机制创新和工作方法创新，积极探索提高民进组织工作水平的有效途径。要在继承中创新，在创新中发展，切实推动民进组织工作迈上新台阶。组织工作，核心是做人的工作。在开展组织工作中，要坚持以人为本。要主动发现人才、积极培养人才、善于使用人才，在会内形成一个有利于人才成长的宽松和谐的环境。

三、要把学习贯彻科学发展观和发挥参政党作用结合起来，为促增长、惠民生、保稳定作出积极贡献

学习贯彻科学发展观，最终要落实到更好地履行参政党职能上来。要多建推动科学发展之言，多谋推动科学发展之策，多尽推动科学发展之力。中共中央出台的一系列扩大内需、促进增长的政策措施，中央经济工作会议提出的做好2009年经济工作的总体要求和主要任务，以及今年“两会”做出的决策部署，充分体现了科学发展观的要求。民进要认真学习，把应对危机、促进增长作为当前学习贯彻科学发展观的重要实践，在学习实践中，为促增长、惠民生、保稳定作出积极贡献。

一是要坚持把服务发展作为参政议政第一要务。科学发展观的第一要务是发展，保持经济平稳较快增长是当前党和国家的首要任务。要把促进经济平稳较快增长与转变经济发展方式、调整经济结构结合起来，与改善民生结合起来，与实现经济社会全面发展结合起来，与深化改革、推进体制机制创新结合起来，积极提出对策建议。

二是要关注民生，积极协助各级党委和政府实现和维护好人民群众的根本利益。满足人民的需要和促进人的全面可持续发展，是中国共产党不懈奋斗的目标，也是民主党派参政议政的出发点。当前，随着经济体制、政治体制和各方面改革的深入，各种利益关系的调整，使得一些深层次的矛盾和问题凸显出来，如当前的就业问题。我们必须把维护人民的根本利益作为参政议政的出发点，深入调查研究，了解民情、集中民智、反映民意，真正做到参政为民。

三是要维护稳定，为中国特色社会主义事业营造安定团结的社会环境。没有安定团结、社会稳定的大局，一切发展都无从谈起。在经济发展遇到困难的情况下，人民内部矛盾和群体性事件可能增多，会对社会稳定产生不利影响。我们要引导广大会员和所联系的群众，正确认识和对待改革开放中的困难和问题，以理性、合理的方式表达利益诉求；要加强针对影响社会稳定的矛盾纠纷和突发事件的调研，帮助中国共产党和政府掌握社会舆情，消除影响社会稳定的因素，为经济社会发展营造安定团结的政治环境。

在学习贯彻“两会”精神报告会上的讲话

（2009 年 3 月 21 日）

严隽琪

各位同志：

民进担任全国人大代表的会员有 60 人，担任全国政协委员的会员有 79 人。这 139 位民进会员是这次“两会”的直接参与者。我们今天从中邀请了三位，请他们从直接参与者的角度谈谈他们对“两会”的认识和心得体会。

听了他们的发言，我感觉到他们无论是作为直接参加国家权力机关的人大代表，还是作为界别成员参加人民政协的政协委员，都认真负责地在会上参政议政，行使民主权利，发挥了积极作用。会后又应会中央的邀请，及时地、力求真实地、多视角地把有关信息传达给大家，尤其还贡献自己的心得体会和研究成果。希望三位同志的发言能够起到三方面作用：一是能对我会学习贯彻好全国“两会”精神起到推动和促进作用；二是能使广大会员对多党合作制度、对民主党派履行职能的渠道及发挥的作用有更深的了解和认识；三是对会中央参政议政工作、对民进的代表和委员履职情况是一次检验和督促。

今年两会处于特殊时期，成果显著，影响巨大。下面，我谈三点学习贯彻“两会”精神的意见：

一、要把思想统一到中共中央对经济形势的分析判断上来，既要有清醒的忧患意识，又要坚定夺取胜利的信心

当前，国际金融危机仍未见底，世界上一些主要经济体都已陷入衰退或出现衰退现象。外部世界纷纷将关注的焦点，甚至是对经济复苏的信心与中国经济发展联系在一起。有外国媒体说，“世界看美国，美国看中国，中国看自己”。这次全国人大会议通过了旨在使中国这一全球第三大经济体仍能保持“平稳较快增长”的一揽子经济刺激计划，并提出了实现经济增长 8% 的目标。中国的决策将会对全球许多地方、许多人产生影响。中国的特殊地位，使今年的“两会”分外让人瞩目。有人说：“北京发出的任何关于经济的话语，似乎都能在千里之外的角落引发‘蝴蝶’效应。”政府工作报告中提出，今年很可能是我国进入新世纪以来经济发展面临困难最大、挑战最严峻的一年，非常坦率地分析了我们存在的困难和问题。例如，我国经济增速持续下滑，一些行业产能过剩，部分企业经营困难，就业形势十分严峻，财政减收增支因素增多，农业稳定发展、农民持续增收难度加大；长期制约我国经济健康发展的体制性、结构性矛盾依然存在，有的还很突出；一些涉及人民群众切身利益的问题没有根本解决，社会保障、教育、医疗、收入分配、社会治安等方面存在不少亟待解决的问题。但是，政府工作报告也明确指出：综观国际国内形势，我国仍处于重要战略机遇期，我国经济社会发展的基本面和长期向好的趋势没有改变。这个判断非常重要。温家宝总理强调政府工作报告中要加上“有希望、有信心”6个字；在“两会”记者招待会说，“只有信心才能产生勇气和力量，只有勇气和力量才能战胜困难”。“有希望、有信心”不是虚妄的，温家宝总理在政府工作报告中总结了8个“来自于”，我将其概括成两个方面：一是我国经济发展的优势条件、基本态势和长期向好趋势没有改变；二是中国共产党执政能力水平不断提高和社会主义制度本身具有优越性，政治保障优势明显。这是我们信心的来源，只要把握住机遇，发挥自身的长处，就能“变危为机”。因此，我们既要增强忧患意识，时刻保持清醒头脑，更要增强机遇意识、进取意识和必胜信念，与中国共产党同舟共济、同心同德，自觉维护改革发展稳定的大局。

二、要充分认识中国特色社会主义民主政治制度的实质，坚定走中国特色社会主义政治发展道路的信念

实践证明，政治发展道路是否正确，对国运盛衰具有决定性意义。对于我们这样一个有着13亿人口、56个民族的发展中大国来说，始终坚持正确的政治发展道路，更是一个关系全局、关系长远的重大问题。吴邦国委员长在3月9日所作的全国人大常委会工作报告中明确指出，中国特色社会主义政治发展道路是中国共产党领导中国人民选择的符合我国国情的唯一正确道路，是我国发展社会主义民主政治的唯一正确道路。当前，我们面临的政治形势十分复杂。各种敌对势力并未放松对我西化、分化的图谋，他们炒作自由、民主、人权、民族、宗教等问题，利用一些群体性事件、社会热点、重大活动、重大事件，大造反华舆论，进行干扰破坏活动，目的就是要否定中国共产党的领导和我国的社会主义制度。作为民主党派成员，必须在这一根本立场上保持清醒头脑，坚定不移地走中国特色社会主义道路。

人大常委会工作报告，在切实加强自身建设这一部分，将把握人大工作正确政治方向作为做好人大工作的根本，指出核心是坚持党的领导，对我国人大制度与西方资本主义国家政体的本质区别，分三个层次进行了十分清晰、毫不含糊的阐述，即：我国人民代表大会与西方议会的本质区别，我国人大和“一府两院”的关系与西方国家国家机关间关系的本质区别，我国人大代表与西方议员的本质区别。学习领会与实践这个报告中的精神，能够有助于促进、帮助和指导我会正在开展的深化坚持走中国特色社会主义道路主题教育活动。我们一直强调要建立政治交接的长效机制。所谓长效机制，我的认识是，它必然是与时俱进的、必然是学以致用的、必然是有不竭的资源的。今年人大常委会工作报告实际上就是给我们提供了一个资源。希望广大会员多利用各方面资源，多学习中国特色社会主义理论，进一步充实中国特色社会主义主题教育活动，不断夯实共同的思想政治基础，巩固和完善中国共产党领导的多党合作和政治协商制度。

三、要认真贯彻落实科学发展观，为服务科学发展和促进民进自身科学发展而努力

无论是应对当前的国际金融危机，还是实现中国经济社会的持续发展，为子孙万代、为长远发展打好基础，都需要坚持贯彻落实科学发展观、走科学发展之路。这次“两会”作出的决策部署，以及之前中共中央出台的一系列扩大内需、促进增长的政策措施，充分体现了科学发展观的要求。特别是“两会”期间，胡锦涛同志在全国政协民盟、民进联组会上发表了重要讲话，真诚地希望各民主党派、工商联和无党派人士发扬伟大的民族精神，坚定信心，同心同德，迎难而上，共克时艰，积极履行职能，贡献智慧和力量。他还强调了三点：一是紧紧围绕党和国家工作大局，为完成保持经济平稳较快发展的首要任务作出新贡献；二是紧紧围绕深入实施科教兴国战略，为推进建设创新型国家进程作出新贡献；三是紧紧围绕推动社会主义文化大发展大繁荣，为提高全民族思想道德素质和科学文化素质作出新贡献。这个讲话十分重要，对民进更好地做好各方面工作具有十分重要的指导意义。民进要认真学习领会其精神，充分发挥特点和优势，做到“三个围绕”，多谋推动科学发展之策，多尽推动科学发展之力，为促增长、惠民生、保稳定作出积极贡献。

要想更好地服务科学发展，必须不断加强民进自身建设，促进自身科学发展。去年下半年以来，中共全党正在开展深入学习实践科学发展观活动，这是执政党加强执政能力建设的重要举措。作为参政党，民进坚持执政党建设与参政党建设互相促进。去年 11 月，会中央也下发了“在全会深入学习贯彻科学发展观的通知”，制定了开展学习贯彻科学发展观的方案，目前全会正在抓落实。最近，会中央接连下发了关于学习贯彻“两会”精神、学习贯彻胡锦涛同志在全国政协民盟、民进联组会上重要讲话精神和深化走中国特色社会主义道路学习教育活动的三个通知。这几个文件精神是一致的，是互相连贯、互相促进、互相结合的。希望各级组织和广大会员，认真贯彻落实会中央的部署，遵循科学发展观的要求，更切实地加强思想建设、组织建设和制度建设，更有效地履行参政议政、民主监督职能，以优异的工作成绩向新中国成立和人民政协成立 60 周年献礼。

最后，再次感谢今天作报告的三个同志，感谢为本次会议提供支持的北京市委会，感谢出席“两会”的民进会员！谢谢大家！

让风险投资在建设创新型国家中发挥更大作用

（2009 年 3 月 26 日）

严隽琪

实施创新型国家战略的关键，在于建设一个全面的创新型体系。在创新体系建设中，风险投资不能缺席。国际经验表明，健全的风险投资体系和完善的资本市场加速了科技型企业创业的速度和成功率。

温家宝总理在政府工作报告中提出了一个重要思想：今后不仅要大力推进科技创新，而且要让科技创新与扩内需、促增长，调结构、上水平紧密结合起来。这一思想是有效应对全球性经济衰退风险、为亿万人民谋取更大福祉的迫切需要，也是建设创新型国家战略的具体化。

综合世界各国对科技创新的部署来看，重点集中在三大领域：一是未来有希望推动新一轮产业突破性发展的前沿技术；二是尚未得到充分开发区域的相关研究；三是当前亟待解决的能源和气候变化问题研究。面对世界科技发展大趋势和日趋激烈的国际科技竞争，我们只有把科技进步和创新摆在国家发展的战略地位，才能奋起直追，努力做到后来居上，把经济社会发展的动力真正转移到依靠科技进步和提高劳动者素质上来。

建设全面创新型体系须内容丰富框架合理

实施创新型国家战略的关键，在于建设一个全面的创新型体系。我个人理解，之所以称为体系，它必须包含丰富的内容和合理的框架。这些内容有：一，由科学发现、技术突破、产品换代、市场开拓、制度变革等多个层次构成；二，由企业、学校和科研院所，国有单位和民营单位，大企业、中企业和小企业等多元主体构成；三，由人才、资金、制度等多种资源要素构成。

合理的框架，意味着这个体系能够达到四条要求：一是各安其位，指各个创新主体、各种资源要素各安其位，各展所长，有合理的评价体系和利益分配机制；二是该体系一定是开放的，人才、资金等要素资源进出通畅，可以流动；三是无隙衔接，特别是科技成果向现实生产力转化的链条上要环环相扣；四是宽容与便利，这既是指要营造一个宽容的创新创业氛围，倡导勇于创新、勇于竞争、诚信合作、宽容失败，使改革创新精神在全社会蔚然成风，同时要有配套服务，给创新创业者提供极大的便利。

风险投资是高技术企业成长的催化剂

在创新体系建设中，风险投资不能缺席。国际经验表明，健全的风险投资体系和完善的资本市场加速了科技型企业创业的速度和成功率。以美国为例，接受了风险投资的企业的创新速度高于大企业创新速度三倍，风险投资的投入产出效益之比是 1:11。我认为，风险投资的作用主要体现在：

第一，它适应高技术高风险的特征。高风险的另一面是一旦成功就可获得高额回报，这有利于吸纳多元的社会资金。美国二战以来 95% 的科技发明与创新来自于小型的新兴企业，小企业的创新力是高科技重要的源泉。但这些小企业在发展初期，由于投资风险高，而且没有有效的投资评估手段，从传统的融资渠道难以获得所需资金，资金成了发展瓶颈。但它们潜在的高增长性，极大地吸引了风险投资的介入，成为高技术企业成长的催化剂。事实上，风险资本对 20 世纪三个重要的科学发现（可编程序计算机、晶体管、DNA）的最终商业化发展都起了至关重要的作用。

第二，科技创新链上不同的环节具有对资本特性的不同要求，风险投资适应了这种多层次的要求。一般来说，不同类型的风险投资针对企业的不同发展阶段（种子期、初创期、成长期），提供不同的资本。这对于促进企业成长，达到科技创新链、产业链和资金链的同步效应具有重要作用。

第三，风险投资是市场经济体系的组成部分。它的价值取向是以市场为导向，这决定了由它选择支持的新技术以能够产生经济效益为目的。企业在创业初期，面临的最大问题既有融资的困难，还有管理经营的经验不足。风险投资在帮助解决初创阶段企业的融资问题时，往往还给予创业者在管理经营上的帮助，指导、扶持甚至介入新企业的发展，这是十分可贵的。

支持大学生科技创业有利于创新体系建设

在发展风险投资方面，我国东部地区已经进行了一些可贵的探索，如上海的杨浦区是一个突出的例子。杨浦区最具特色的区情是“三个百年”，即百年工业、百年大学、百年市政。它有着雄厚的产业基础和十分丰富的科技、教育、人才资源，区域内分布着复旦大学、同济大学等 14 所高校，有国家重点实验室 22 个，在校大学生占上海大学生总数的 40%；还拥有 150 余家科研机构以及 30 万名专业技术人员。近几年，杨浦发挥特殊的区位优势，采取政府积极、区校联动、区企合作的方式，创造性地提出并成功实践了“大学校区”、“科技园区”和“公共社区”的“三区联动”科学发展之路，推动了区域经济社会的跨越式发展，实现了从“传统工业杨浦”向“知识创新杨浦”的成功转型，为上海乃至全国创造了宝贵的示范经验。

值得指出的是，鼓励和支持大学生科技创业意义非凡：既有利于科技成果的转化，又有利于促进高等教育的改革，还有利于全社会创新体系的建设。但大学生有天然的弱点，就是缺乏社会阅历、缺乏人脉、缺乏资金、容易冲动。所以，大学生创业是一项很有战略意义、却又风险极大的事业。杨浦区对大学生创业提供了有力的支持，全国第一个专门面向大学生创业的“上海大学生创业基金会”总部就落户在杨浦。两年来基金会健康发展，在国内外产生了较好的社会效益和经济效益。我们更期待，未来的大学生科技创业高潮，在积极融入创新型国家战略的同时，在促进多元就业方面也闯出一片新天地。

（《文汇报》）

做好毕节试验区工作要着眼长远，抓根本、抓关键

——在各民主党派中央、全国工商联参与毕节试验区建设座谈会上的发言

（2009年4月14日）

严隽琪

毕节试验区建立、发展的过程体现了科学发展的理念，体现了胡锦涛同志的远见卓识和战略胆识，富有前瞻性，具有导向性。试验区紧紧围绕“开发扶贫、生态建设、人口控制”三大主题，大胆改革、勇于实践，呈现出持续协调发展的良好势头，成为推动科学发展的试验田。各民主党派集智聚力，积极投身试验区的建设，也使试验区成为多党合作参与区域经济社会发展的试验田，成为统一战线学习实践科学发展观的重要基地。中国民主促进会高度重视在试验区这个平台上，深入开展调查研究，积极发挥自身优势与特色，在参与中体现参政议政作用。一是抓根本，着眼于试验区长远发展和人口素质提高，支持教育事业发展，帮助加强师资队伍建设，培训实用人才。20年来，民进各级组织共组织650余人（次）到毕节开展智力支边活动，完成各类支边项目70余个，培训各类人员5000余人次。二是抓关键，依靠科技力量，围绕城乡统筹发展和开发扶贫工作，在试验示范的基础上推动社会主义新农村建设，帮助农民群众增收脱贫。民进中央帮助建立的“民心有机农业试验示范园”，采取了“公司+农户”的模式，带动当地农民脱贫致富达千余户，为当地政府制定新农村发展规划提供了依据。三是着眼长远，围绕生态建设做文章，与地方协力推进石漠化治理。2005年，在民进中央、国家林业局的建议支持下，《毕节生态保护林业建设发展规划》得到国家发改委的批准。2007年9月，许嘉璐同志提出了关于我国石漠化治理的构想，并建议在毕节率先启动试点项目，得到了温家宝总理的批示，国家确定了100个综合治理试点县，毕节8个县全部纳入试点范围。2008年6月，我们又与国家林业局、贵州省人民政府联合举办了“中国（毕节）生态文明与石漠化治理高层论坛”，就石漠化治理政策、措施进行研讨。

20年来，我们欣喜地看到民进对口支持的金沙县在各级党委政府支持、帮助下，以及当地干群努力下，发生了巨大变化：一是综合实力明显增强，2008年GDP达到53.73亿，年均增长10.6%，财政总收入为12亿元，平均4年翻一番，城镇居民人均收入达到11701元；二是开发扶贫成绩显著，农民人均现金收入从1987年的387元增加到2008年的3325元，全县贫困人口从1988年的10.54万人降到2007年的2.32万人；三是生态环境明显好转，全县森林覆盖率从20年前的28.7%提高到现在的38.4%；四是人口增长得到有效控制，人口素质得到较大提高，人口自然增长率从24.56‰下降到5.89‰。

在以往工作基础上，中国民主促进会将与时俱进，进一步为试验区科学发展作出新贡献：

一是开展科技示范，推动开发扶贫和新农村建设。与科技部合作，全面建设金沙“民心有机农业试验示范园”，开展城镇化专题调研，推动新农村建设；开展文化下乡活动，丰富农民群众精神文化生活；依托华南农业大学，对毕节畜牧、茶叶、蔬菜等方面给予技术支持。

二是立足生态建设，促进人与自然和谐发展。依托国家林业局和中国林科院的科技支撑，以金沙县为重点，开展石漠化治理科技示范园区建设与科技大院工作，探索新的治理模式。围绕转变经济增长方式，推动开展循环经济的相关项目。

三是支持教育事业发展，提高人口素质，开发人力资源。在实验区人口控制已经取得明显成效的情况下，积极推动教育事业发展，促进毕节人口素质的提高。以金沙县为重点，帮助制定教育中长期发展规划，千方百计提升试验区教育品质；立足于提高人口素质，实施金沙县全部学校校长和教师5年轮训计

划，借助发达地区教育资源实施“一帮一”对口支援，大力推动毕节职业学校实现与发达地区职业学校优势互补，促进合作办学，开展校企合作，并积极围绕提高金沙教学质量与管理水平、加强学科建设等开展培训。

毕节实验区不仅是科学发展的实验田，也是多党合作的实验田。我们要充分利用好这个政治优势，围绕“三大主题”，推动科学发展：

一是实验区的工作要更加关注民生。对每一个项目进行充分论证，从试验示范开始，建立良性发展机制，持之以恒带动农民获得实惠。

二是采取强有力措施，全面规划、综合治理，把生态建设和经济开发紧密结合起来，逐步走向良性循环。联合国认为广大的石漠化地区是不适宜人类居住的地方，但中国共产党领导人民群众却在此生活得越来越好，这是很大的奇迹。实现人与自然的和谐相处应该是试验区不变的主题。要探索建立煤炭等资源开发综合补偿机制和生态环境恢复补偿机制，推行资源开发过程中新机制、新模式。

三是探索建立开发扶贫新机制，用好国家扩内需、保增长等机遇，带动企业投资，改变煤电工业发展方式，做高端产业，谋划一些新的投资方向，着力调整经济结构。

四是探索建立城乡统筹发展新机制，加快交通等基础设施建设，加快城镇化建设，深化农村金融改革，突破城乡二元结构，大力推进生态文明家园建设，扎实推进社会主义新农村建设。

五是探索加强人力资源开发和提高人口素质的新机制，推进城乡义务教育均衡发展，结合石漠化治理、经果林开发等实际需要，发展职业教育，加快劳动力转移。

六是探索社会事业领域改革，转变政府职能，积极服务民生。

所有这些发展思路的贯彻落实，依赖于坚持改革开放，依赖于发扬艰苦奋斗的试验区精神，依赖于多党合作共建。这里，我代表中国民主促进会表态，我们将以高度的政治责任感投入到毕节试验区的建设中，为实现实验区三大主题，实现科学发展作出更大的贡献。同时，我们也将在参与实验区的实践中，锻炼队伍，进一步增强坚持中国共产党领导的多党合作和政治协商制度的信心，坚定走中国特色政治发展道路的信念，建设适应时代要求的高素质参政党。

在民进十二届七次中常会闭幕式上的讲话

（2009 年 6 月 4 日）

严隽琪

各位常委、各位同志：

民进十二届七次中常会经过大家的共同努力，圆满完成了预定的任务，今天就要结束了。这次会上，我们通过报告与交流，集体学习了科学发展观，交流了各地学习贯彻科学发展观的工作情况，总结了民进中央上半年工作，研究了今年下半年重点工作。会议紧凑充实，是一次学习交流、发扬民主、集中智慧和部署工作的会议。

一、关于会中央上半年工作

罗富和常务副主席作的会中央上半年工作情况汇报，较为全面地叙述了我会目前工作的基本情况。我认为，上半年我会工作的特点可以用三句话来概括：

一是求实。根据民进十大和民进十二届二中全会精神，年初我们就确定了 2009 年会中央工作的总体思路。半年来，会中央带领全会认清形势、把握大局，集智聚力、顺势而为，求真务实、开拓进取，认真落实工作思路。会中央领导分赴各地调研，听取大家的意见建议，汲取各地的经验，加强和促进会中央和地方组织的沟通和互动；在调研中也注意加强和当地党政、统战部门的联系，争取他们的支持，解决一些实际问题，切实支持地方组织的工作。去年，全会的领导班子建设取得了可喜成绩，但领导班子建设不是一朝一夕的事，今年我们继续巩固和扩大成果，把领导班子建设成果向各级组织、向各方面工作扩大、延伸，以领导班子建设带动全会自身建设的各个方面，切实提高我会履行职能的水平。我们在参政议政中把服务科学发展作为着力点，把应对金融危机、促进增长作为当前学习贯彻科学发展观的重要实践，在学习实践中，为促增长、惠民生、保稳定作出积极贡献。上半年的社会服务工作坚持与参政议政有机结合，更加注重成效。海外联谊工作坚持立足民进优势，发挥民进特点，顺应形势变化，从“请进来”发展到“走出去”。理论研究强调以应用研究为主，力图为回答和解决在自身建设和履行参政党职能中遇到的实际问题，提供理论支持。

二是建制。制度建设是规范各项工作有序开展，提高工作效率，继承与发扬优良传统的有效保障。上半年，我们继续努力把具体程序规范化，成功经验长效化，一方面改进和完善已有的规章制度，加强制度的执行和检查力度；另一方面，根据工作实际需要，在组织工作、机关建设、会史工作等方面又制定了相应的制度，使全会各项工作呈现出制度化、规范化、程序化的新面貌。

三是协调。民主党派的工作任务繁重复杂，需要集全会之智，聚社会之力，发挥多种积极性。上半年，全会上下，会内会外协调互动，比较好地履行了参政党职能，促进了参政党发展。今年，我们继续探索集智聚力的实现形式，例如今年参政议政大调研课题从确定立项，邀请有关国家部委、研究会和大学参加调研，以及民进七个省级组织共同参与调研，政协大会提案的形成，会中央与地方组织联合举办一系列研讨会与座谈会等。我们取得的成果是全会各级组织和广大会员、会中央与地方组织、各级机关与专门委员会、会内力量与特邀研究员以及民进之友的力量和智慧的集聚，多个积极性充分发挥的集中体现。这使我们在换届以后，人事变动较大的困难情况下，取得了履行参政党职能的好成绩。

二、关于下半年工作

关于下半年工作，我想说三句话：

一是认真学习贯彻科学发展观，以科学发展观指导我会工作。学习贯彻科学发展观有“四性”。一是它具有实实在在的紧迫性。因为科学发展观体现了时代的特征，它的提出是由我国的基本国情和发展阶段的需要决定的；这又是一个科学性问题，是由发展的客观规律决定的；同时，它还具有实践性，因为它是来自我们改革发展实践，而且最终要在发展实践中接受检验；第四，它具有人民性，发展为了人，发展依靠人，发展成果要与人民共享。

学习贯彻科学发展观要做好“三个结合”：1. 要把学习贯彻科学发展观和政治交接，巩固共同的思想政治基础结合起来，深化坚持走中国特色社会主义道路学习教育活动，引导广大会员始终把中国特色社会主义作为共同的理想信念、前进方向和奋斗目标，坚定不移地走中国特色社会主义道路。2. 要把学习贯彻科学发展观和加强自身建设结合起来，切实提高我会自身素质和能力。3. 要把学习贯彻科学发展观和发挥参政党作用结合起来，继续为促增长、惠民生、保稳定作出积极贡献。

二是要认清形势，增强信心。当前，国际金融危机还在蔓延，如果把2007至2008年的全球金融危机看成是一场全球性大萧条的序幕，那么今年则是世界金融危机向实体经济危机转化的标志性年份。发达国家在进入虚拟资本主义阶段后，其国内的部分物质产业能够继续生存而没有外移，在很大程度上是靠产业资本也涉足于虚拟经济领域，用虚拟经济的盈利来补实体经济的亏损。现在虚拟经济垮了，实体经济不仅无法靠虚拟经济输血，反而由于被金融机构追债要被抽血。例如，通用汽车在2005年来自其金融子公司的利润竟高达总利润的80%，通用电器来自其金融子公司的利润也高达总利润的一半左右。一个是世界最大的汽车生产商，一个是世界最大的电器生产商，这两家是美国物质生产企业的典型代表，现在却都到了要寻求破产保护的边缘。可以这样说还会有一大批生产、流通企业在今年相继破产。

实体经济危机的爆发与金融危机的深化都会严重打击发达国家居民的收入与消费。在美国，居民储蓄率去年12月已提升到3.9%，今年1月份又继续大幅上升到5%，同期失业率也上升到前所未有的8.1%。西方国家居民少花多存必然会引起进口减少，因为美国每年所消费的物质产品已经有45%要靠进口。去年7—12月又萎缩了16%，同期内欧盟和日本也因经济恶化而进口大幅度下降。由于发达国家的经济危机目前还远没有达到高峰，而实体经济与金融体系的修复也必然需要很长时间，萧条不会在中期内结束，甚至有可能长期化。

从国内来看，我国经济运行面临诸多挑战：一是国际金融危机的波及面之广、影响度之深超出预期。主要经济体单方面或联手采取的措施并没有使危机出现转机，金融危机对实体经济的影响还在继续。国际经济金融形势的恶化已经并将继续影响我国的实体经济。二是经济周期性下行的惯性的影响。我国经济已进入周期性调整阶段，受金融危机的影响，经济周期性下行惯性还将持续，需要防止下行的周期因素与其他不利因素相叠加。三是投资、消费信心不足。面对国际国内的不利环境，各方面的信心降到近几年的低点。外需减弱、国内资本市场大幅下挫导致投资者信心受到伤害；城乡居民收入增速减缓、房地产业不景气则影响了消费信心。

但我国经济发展也有很多有利条件：从长期看，国内经济发展的基础牢固、活力强劲、潜力巨大，具有抵御国际金融危机冲击、克服国内矛盾和问题的能力。从短期看，经济运行的基本面依然良好。国内投资需求依然比较旺盛，长期的投资增长动力并没有因为短期调整而出现明显衰弱，灾后重建、东部劳动密集型产业向中西部的陆续转移将给投资带来持续增长的动力。消费和出口需求短期内受到的负面影响较大，但由于党中央国务院把“保增长”作为宏观调控的重点，进一步稳定和扩大国内需求特别是消费需求，使消费需求保持平稳较快增长，外需的减弱会得到一定的弥补。

面对我国经济发展面临严峻的形势，一方面我们必须保持清醒的头脑，增强忧患意识和责任心，同时又要深刻认识我国发展的有利条件和积极因素，自觉地把思想和行动统一到中共中央的要求上来，另外一方面我们要进一步增强克服困难、战胜危机的信心，保持社会的稳定，避免矛盾的叠加。

三是努力做好工作，完成今年预定的任务。下半年我们要巩固和发展上半年的工作成果，继续深入学习贯彻科学发展观，履行好参政党职能，进一步推进自身建设。具体有三个方面的重点工作：

（一）认真组织召开“民进全国宣传思想工作会议暨学习贯彻科学发展观论坛”，积极探索推进建立思想政治工作和政治交接的长效机制。7月份，我们要召开全国宣传思想工作会议，认真总结经验，巩固和扩大中国特色社会主义主题教育活动的成果，探索建立思想政治工作和政治交接的长效机制。

我会政治交接的长效机制建设必须具有“四性”：1. 坚定不移的目的性。这是由参政党在政党制度中的定位所决定的，也是参政党承担的历史责任所决定的。民主党派的政治交接必须坚定不移地高举中国特色社会主义伟大旗帜，坚持以中国特色社会主义理论体系为指导，坚持走中国特色社会主义政治发展道路，增强接受中国共产党领导的自觉性和坚定性。2. 与时俱进的可持续性。这是因为：一是中国特色社会主义理论体系是动态开放、不断发展的，参政党在与执政党相互促进中与时俱进；二是成功的经验系统化、理论化、制度化，使具体的工作有章可循，这也有个与时俱进的过程；三是我们会史教育基地的完善和丰富，也要随时增加时代气息，使其成为能够代代相传的学习基地。3. 入脑入心的实效性。长效机制一定要和领导带头作用相结合，民主党派的特点决定了民主党派的代表人士的社会影响和会内影响。另外，长效机制要和重要会议、重大活动和重大事件相结合，开展生动丰富的思想政治工作。今年是新中国成立60周年，也是人民政协成立、中国共产党领导的多党合作和政治协商制度确立60周年。全会要以庆祝新中国成立60周年和纪念多党合作制度确立60周年为契机，继续深化坚持走中国特色社会主义道路学习教育活动。会中央将开展形式多样的座谈会、书画展览、征文活动、知识竞赛和文艺晚会等活动。各级组织要坚持紧密联系实际、注重实效、因地制宜的原则，面向基层、面向会员，吸引广大会员积极参与，把庆祝纪念活动与学习贯彻中共十七大精神结合起来，与学习胡锦涛同志在纪念中共十一届三中全会召开30周年大会上的重要讲话结合起来，与学习贯彻科学发展观结合起来，与做好2009年我会各项工作结合起来。通过这些生动活泼的庆祝活动，激励广大会员更加自觉地接受中国共产党的领导，更加坚定地走中国特色社会主义政治道路，在中国共产党领导的多党合作事业中作出新贡献，同时加强会员的个人修养，培养高尚的道德情操，在核心价值观方面增加共识。今年同时也是一个政治敏感的年份，今年是平息“六四”政治风波20周年，取缔“法轮功”邪教组织非法活动10周年。在这样的形势下，我觉得长效机制要和重大活动、重大事件相结合也体现在要及时将合理诉求和矛盾分开，并将矛盾化解在源头，化解在基层，这也是我们各级组织、各级干部应尽的政治责任。4. 自主自为的积极性。刚才各位主委的发言体现出各位都在积极利用本地的资源和本地的实际情况，在我们共同确立的政治原则下开展自主自为，我觉得这方面要体现以下的特点：一要体现党派的特点；二要体现地方的特点，调动地方的资源和地方的积极性；三要体现个人的特点。

（二）把组织发展工作作为重点，开好民进全国组织工作会议，推动组织工作迈上新台阶。今年我们的工作重点是组织工作和后备干部队伍建设。常委会结束以后，我们马上就要召开全国组织工作会议，总结交流经验，明确任务，提高认识，统一思想，并以此为契机，推动组织发展和高素质参政党建设。这里我主要讲三点：

1. 巩固和扩大领导班子建设的成果。去年我们的工作重点是领导班子建设，这是因为2007年以来，会中央和各级组织换届陆续完成，一批新一代代表人士走上各级领导岗位，班子内有新有旧，大家来自不同岗位、不同地区，需要磨合，而且领导班子建设不是一蹴而就之事。所以，今年把组织工作作为重点，就要继续巩固并扩大班子建设的成果，并向地方、市级组织延伸。要进一步加强领导班子的制度建设和作风建设，不断提高领导班子的思想觉悟、理论水平、责任意识、工作能力，树立团结、正派的作风。

2. 高度重视后备干部队伍建设。长江后浪推前浪，新老交替是一个组织永续不断的活力所在，加强后备干部队伍建设是每届班子不容推辞的历史责任。我们现在就要为明年的届中调整和2012年换届做准备，可见，抓好后备干部和骨干队伍的建设，既是重大的战略任务，又是迫在眉睫的当务之急，必须切实抓紧、抓好。各级组织的领导同志一定要以高度的政治责任感，积极做好这方面的工作。

3. 组织工作必须为履行参政党职能提供组织保障。随着时代的发展，迫切需要参政党提高参政议政的能力和水平。为全面实现小康社会目标，是我会作为参政党的基本职能所在，我会的组织工作必须以此为出发点和归宿。我们必须加强对组织发展工作的理性思考，坚持“在发展中工作，为了工作发展”的原则，更加重视高层次、有社会影响的参政议政人才的发展与作用的发挥，为我会更好地履行职能提供坚实的人才基础。同时要通过加强基层组织建设，提高我会的凝聚力，更有利于团结全体会员，发挥整体力量。

（三）在参政议政与社会服务中，积极学习贯彻科学发展观。学习贯彻科学发展观，最终要落实到更好地履行参政党职能上来。我们要从我国的基本国情出发，围绕中心、服务大局，建科学发展之言，献和谐稳定之策，尽富国惠民之力。

1. 要把为应对金融危机、保持经济平稳较快发展建言献策作为今年学习贯彻科学发展观的重要实践内容，围绕在“保增长、扩内需、调结构”中需要研究解决的重大问题，围绕有关政策措施的执行情况及改进意见等，主动思考，深入调研，及时建议。现在党中央国务院已经采取了一系列重大举措，但是这些举措够不够，好的举措能不能执行不走样，这些都是我们参政党要关注的重点。

2. 积极关注民生和社会建设。当前，随着经济体制、政治体制和各方面改革的深入，各种利益关系的调整，使得一些深层次的矛盾和问题凸显出来。我们要体察民情、反映民意，深入基层、深入群众，积极反映社情民意，通过参政议政，促进把以人为本的要求落到实处。另外，五位一体的建设中，社会建设还是有很多理论问题和实践问题有待探讨，也是比较薄弱的。总之，我们要为民生的改进，为和谐和稳定的社会贡献我们的力量。

3. “十一五”进入到关键时期，“十二五”的规划已经启动，这就要求我们要有前瞻性，对影响大同时我们又有基础有能力的问题早考虑，要及时提出我们的建议。比如说：教育的改革和发展，环境资源的问题，产业结构的调整和自主创新的问题，文化的繁荣发展和价值观问题等。这些问题都是民进的界别特色所在，也是我们一直关注的。

4. 继续完善参政议政工作机制。各级领导要亲力亲为，发挥代表性人士作用。一方面要健全制度，使得大家都要有渠道参与进来，集中智慧。同时，我们各级领导人一定要亲力亲为走到参政议政工作第一线，自己调研，自己写稿子，自己提意见，自己和有社会影响的人士交朋友。这两方面不能偏废，要同时改进。

5. 发挥特色和优势，真心实意服务社会。社会服务要坚持与参政议政的有机结合，坚持以体现党派特色的智力为主要的服务资源，以发挥地方组织与社会组织的积极性为重要原则，以项目形式为扶贫工作的主要依托，进一步集成各方力量，为建设小康社会扎扎实实开展社会服务工作。今年下半年要继续围绕四川灾后教育重建和西部农村教师培训，以及贵州石漠化治理，西部地区和河北省定点地区帮扶等项目，努力做好支边扶贫工作。在这里我要特别提一下毕节。毕节既是形成科学发展观雏形的经济欠发达地区，也是多党合作的试验田，而且最近胡锦涛同志和贾庆林同志都对毕节问题作出了重要批示，这些都要求我们围绕大局，将下半年的社会服务工作聚焦在毕节。另外，企业家新阶层会员是民进很重要的一个组成部分，我们要加强对企业家会员的引导和服务工作。

随着两岸形势的新变化，我们要继续为祖国统一大业服务。首先，海外联谊的形式和内容要与时俱进，加强和民间人士和专业人士进行深入交往，要利用民主党派的特色和优势来了解当地的实际情况和民心所在，提升我们建言献策的水平。另外，我们要和知识界的专业人士多交朋友，和香港的民主人士和台湾的绿营人士多交朋友，去了解、影响民心，这不仅能够提升民进的素质，也能更好地为国家服务。

各位常委、各位同志：

希望大家能够将本次中常会的精神带回去，结合各地的实际情况，认真组织贯彻实施。也希望大家加强学习、继续思考，出谋划策，为完成今年下半年的各项工作任务，使我会在自身建设和履行参政党职能两方面都能提高到一个新的水平而努力。

谢谢大家。

扎实工作，开拓进取，为建设适应时代要求的高素质参政党提供组织保障

——在民进全国组织工作会议上的讲话

（2009 年 6 月 5 日）

严隽琪

同志们：

民进全国组织工作会议，是会中央召开的一次十分重要的会议。是在新的历史起点上，进一步加强组织工作，并全面促进我会自身建设的重要会议。

会议的主要任务是，深入学习贯彻科学发展观，落实民进十大精神，总结交流近年来我会组织建设的成绩和经验，清醒认识参政党建设面临的形势和任务，研究探讨新时期进一步加强组织工作的措施，为把民进建设成适应时代要求的高素质参政党提供坚实的组织保障。

根据主席办公会议的决定，我代表会中央领导班子，就当前我会组织建设面临的形势和需要把握的总

体要求，以及今后工作任务讲几点意见：

一、新时期对建设高素质参政党提出了新要求

在新的历史条件下，如何继承和发扬我会优良传统，自觉接受中国共产党的领导，坚持多党合作和政治协商制度，坚定走中国特色社会主义政治发展道路的信念？如何集智聚力，进一步提高我会履行职能的能力和水平，更好地发挥参政党的作用？是新时期我会面临的两个重要的课题，也是将我会建设成为适应时代要求的高素质参政党必须解决好的两大课题。

当前，民进的建设所面临的形势可从三个方面来认识：

第一，复杂多变的国际国内环境，对高素质参政党建设提出了更高的要求。和平与发展是当今时代的主题，但整个世界处在极其复杂而深刻的变动之中，全球格局和秩序在大调整、大变动之中，影响和平与发展的不确定性、不稳定性因素在增多，特别是由美国次贷危机引发的世界金融危机的影响，世界形势更为复杂。主要表现：一是世界多极化趋势仍在曲折中进行；二是由发达国家主导的经济全球化“双面刃”的作用凸现；三是现代科技的发展和知识经济的叠加，新一轮产业结构调整和产业转移，对市场、人才、资源的争夺更加激烈；四是世界各国在经济、政治、外交、安全等方面既互相依存，又互相制约，矛盾互相交织、互相作用的形势更为复杂多变；五是社会主义和资本主义在意识形态领域的较量不可避免，西方敌对势力对我国遏制、阻挠、干扰、破坏的企图不会改变。

从国内形势看，我国发展正处在新的历史起点，处在全面建设小康社会承前启后的关键时期，要取得中国特色社会主义建设事业的全面胜利，任务还十分艰巨。主要原因：一是我国正处在并将长期处在社会主义初级阶段，人民日益增长的物质文化需求与落后的社会生产力这个主要矛盾没有改变，发展的任务和压力仍然很重；二是我国社会变化呈现出节奏快、复杂化、多元化、任务重的特征，为掌握和控制政治、经济、社会形势带来严峻挑战。所谓“节奏快”是指我国工业化、城镇化、信息化、基础设施现代化的快速发展；“复杂化”是指经济、社会发展过程中的不确定性、不稳定性的因素等互相交织，我国经济正处于体制转轨、结构调整和社会变革的“节点”，经济、政治、社会问题互相交织在一起；“多元化”是指原有的社会结构发生显著变化，经济成分、组织形式、就业形式、利益关系和分配方式等日益多样化，具有不同利益倾向和需求的主体、群体、地区、行业等逐渐形成；“任务重”是说我国改革开放进入关键时期，长期积累的深层次矛盾日益凸现，解决这些问题的难度加大。特别是在当前世界金融危机仍未见底的情况下，对我国保增长、保民生、保稳定，促进“五位一体”、“协调发展”的难度加大；三是随着我国民主进程的进一步加快，人们的民主意识、参与意识、竞争意识日益增强，尤其是网络和信息技术的迅猛发展，各国间的互相影响，各种意识形态互相碰撞，人们思想活动的自主性、差异性、选择性明显增强，人们的生产、生活方式和思维方式都随之改变。在这个时期必须统筹协调各方面的利益关系，避免社会动荡，保持改革、发展、稳定的大好局面。

面对复杂多变的国际国内政治经济形势，中国共产党在全面推进小康社会建设的同时，加快推进党的建设伟大工程，深入贯彻落实科学发展观，执政能力和驾驭市场经济的能力不断提高。民进作为中国共产党的亲密友党，自觉为国分忧，为民解难，不断提升履行参政党职能的能力和水平，保持进步性和广泛性，建设成为适应时代要求的高素质参政党，是历史赋予当代民进人的责任。

第二，中国共产党领导的多党合作和政治协商制度进入新阶段，对建设适应时代要求的高素质参政党提出了新任务。中国共产党领导的多党合作和政治协商制度，是我国的一项基本的和具有中国特色的政治制度。这一制度的创立是中国共产党人带领中国人民在反帝反封建、寻求民族独立和人民解放的斗争中，同各民主党派和无党派人士共同奋斗的智慧结晶，至今已走过了60年的光辉历程。改革开放以来，中国共产党在带领全国人民推进中国特色社会主义伟大事业的过程中，同各民主党派和无党派人士团结合作，着眼于推进社会主义政治文明建设、坚持走中国特色社会主义政治发展道路，及时总结我国多党合作的实践经验，创造性地提出了新理论、新思想，中共中央先后制定颁发关于进一步加强中国共产党领导的多党合作和政治协商制度建设的意见、关于加强人民政协工作的意见、关于巩固和壮大新世纪新阶段统一战线的意见等重要文件，提出了一系列适应新世纪新阶段我国统一战线和社会主义多党合作事业发展要求的政策举措，民主党派的性质、地位、作用和多党合作制度的定位都发生了新的变化。

中国共产党同民主党派的关系，从“长期共存、互相监督”的方针发展为“长期共存、互相监督、肝胆相照、荣辱与共”。中国共产党有关巩固和发展社会主义政党关系，实现我国政党关系长期和谐，执政党建设与参政党建设互相促进等论述，标志着富有中国特色的政党制度和多党合作事业的发展都进入了新阶段，多党合作和政治协商的实践进一步规范化、制度化，显示出蓬勃的生机和旺盛的生命力。但是，西方敌对势力始终把我国作为意识形态的主要对手，不愿意看到一个强大的社会主义中国的存在，千方百计对我国进行思想、文化渗透，并把矛头直指我国的多党合作制度，企图用西方的多党制度取代我国的多党合作制度，用议会制取代我国的人民代表大会制度。这意味着民进要成为一个高素质的参政党，必须更好地将广大成员团结在爱国主义和社会主义的旗帜下，坚定走中国特色社会主义道路的信念和提高服务科学发展大局的能力。这是新阶段的新任务。

第三，我会队伍结构和会员的新情况，对高素质参政党建设中的组织工作提出了新课题。民进与中国共产党荣辱与共，走过了几十年风雨同舟的历程。在长期的革命、建设和改革过程中，已经从民族资产阶级、小资产阶级及其知识分子的阶级联盟，转变为“社会主义劳动者、社会主义事业的建设者和拥护社会主义爱国者的政治联盟”，在国家政治生活中发挥着重要作用，成为我国社会主义现代化建设和实现祖国统一、民族振兴的重要力量。特别是近年来，在我国的民主政治建设不断向前推进的过程中，在国家政治生活中的地位不断提高的背景下，民进不断加强自身建设，认真履行参政党职能，出现了令人欣喜的新气象，也出现了一些新情况新问题。

新气象的主要表现：一是在政治交接的进程中，培养了一批充满活力的各级领导班子和一大批坚实可靠的领导干部；二是在组织快速发展中，凝聚了一大批结构较为合理的骨干人才；三是在内容丰富的基层组织活动中，产生了一大批优秀活跃的基层组织；四是在有效运转的机关工作中，锻炼了一大批素质较为过硬的专职干部。截至 2008 年年底，我会已成为拥有 29 个省级组织，315 个市、县级组织，5739 个基层组织，112964 位会员的参政党。有各级人大代表 1871 人，各级政协委员 10140 人，在政府及司法机关担任副处级以上领导职务的 689 人，基本形成了政治素质较高、界别结构较为合理，在各个领域业务学术能力较强和具有凝聚力的队伍，为积极发挥参政党的作用，为将我会建设成适应时代要求的高素质参政党奠定了组织基础。

新问题主要表现：一是有的领导班子成员对党派工作的投入不够，客观上是本职工作繁忙，缺乏时间和精力来顾及会务工作，主观上是缺乏热情或办法；二是人才结构有待于进一步优化，尤其是高层次人才发展有待加强，界别优势有待进一步提高；三是有的基层组织活力不足，活动形式单一，缺乏吸引力；四是离退休会员的比重偏大，流动会员增加导致管理难度加大；五是机关干部的学习培训有待加强，人事制度有待改进，工作质量和服务水平有待提高。

因此，我们必须顺应时代发展的潮流，准确把握我国发展的阶段性特征，清醒认识变化着的国内外形势以及民进的会情，从确保我国多党合作事业和民进事业健康发展的高度，加快推进我会的建设。

二、组织工作在建设高素质参政党中的重要作用

组织工作是我会各项工作的基础，是全面推进我会的思想建设、制度建设和作风建设，提高履行参政党职能的能力和水平的基本保障。多年来，全会高度重视组织工作，组织建设的规范化、制度化在不断推进，取得了积极的成效，为我会建设适应时代要求的高素质参政党提供了宝贵的经验。

我们必须根据形势发展的要求，准确把握参政党组织工作的规律，清醒认识新时期组织工作的新特点，进一步发挥组织工作在建设高素质参政党中的作用，深刻分析和认真解决组织工作中的难点问题，适应时代的要求，以更加扎实的工作，推动组织建设不断有新进步。

第一，组织建设是高素质参政党建设的重要基础。建设适应时代要求的高素质参政党是我会组织建设、思想建设、理论建设、制度建设、作风建设共同推进的持续过程。人才为本，政治立场是魂，组织建设对于参政党体现进步性和团结性起着基础性的作用。要在“发展什么样的人入会”，“入会后如何巩固共同的政治立场、奋斗目标和价值观念”上下工夫。当前，通过深化中国特色社会主义主题教育活动，就是要促进各级组织和全体会员努力做到“三个认同”：一是道路认同——坚持走中国特色社会主义的政治发展道路；二是目标认同——全面建设小康社会、巩固和发展中国特色社会主义制度；三是文化认同——以优秀中华文化的巨大魅力和民进的优良传统增强全体会员爱国爱会的情感。这就要求组织工作从全面推进我会组织建设、思想建设、理论建设、制度建设、作风建设等协调发展的视野，寻找工作的切入点和着力点，努力开阔工作思路，积极拓展工作领域，进一步使组织工作与建设适应时代要求的高素质参政党在指导思想上相一致，在工作目标上相协调，在工作部署上相呼应，努力形成组织建设与思想建设、理论建设、制度建设、作风建设相互促进的格局。

第二，组织工作为我会人才的成长与发展构筑平台与渠道。人才资源是提升我会履行参政党职能水平的根本性资源。要通过加强组织建设，发现人才、发展人才、造就人才。要建设适应时代要求的高素质参政党，高标准高质量地履行参政党职能，要建设锤炼干部、识别干部、培养干部和选拔举荐干部的平台，积极引导各级组织和广大会员在做好本职工作的同时，积极主动地投入到我会高素质参政党建设之中，形成既关心国家大事，又关注会内工作的良好氛围。组织工作要进一步树立改革创新的理念，推动组织工作的观念更新、方法创新，建立健全充满活力、科学有效的组织工作体制和机制，包括选人用人、制度设计、人力资源的整合和智力资源的配置，做到谋划组织工作统筹兼顾，推进组织工作科学民主，在保持我会主界别优势的情况下，着力发展我会工作亟需的代表性人物、有发展潜力的高层次中青年人才以及参政议政等工作亟需的专门人才，进一步优化我会组织结构和知识结构。

第三，完善组织工作的机制，激发组织活力，增进会内团结和谐。要自觉维护我国政党格局和政治稳定，自觉维护我国安定团结的大好局面，自觉维护会内和谐和政党关系的和谐。全会要追求基于共同的政治立场、道德基础、理想信念的紧密团结，认真按照会章要求，建立平等融洽、互相信任、互相关心、互相爱护和和谐相处的良好关系；要在民主集中制的基础上，实行集体领导和集体领导下的分工负责相结合；进一步完善民主决策、科学决策的机制，进一步畅通会内下情上达和上情下达的渠道，进一步增强和扩大各级组织和会员的政治参与的积极性，为其发挥作用、实现自身价值提供平台和机会；要进一步明确组织工作重在基层，把各项任务落实到基层，加强对基层组织和会员的关心和支持。要营造敢于讲实话、讲真话、讲心里话的宽松环境，倾听基层会员和周围群众的呼声，拓宽反映社情民意渠道和扩大参政议政资源的整合。要切实保障会员权利，自觉接受民主监督，营造上下级之间和同事之间融洽和谐的关系，形成心齐、气顺、风正、劲足的和谐局面。

第四，加强组织工作规律的研究，为高素质参政党建设提供组织保障。领导班子和各类人才是建设高素质参政党之本，组织工作是基础。全会各级组织要把提高各级领导干部和人才队伍建设作为一项十分重要的任务，建设一支高素质的领导干部队伍，建立一支结构合理、素质优良的参政议政骨干人才队伍，建立一支热心会务工作的专职干部队伍，建立一支长期支持和关注民进工作和组织建设的“民进之友”队伍，实行组织的科学发展、健康发展，实行资源的优势互补。

要注意研究社会阶层的新变化，研究人才成长的自然规律和时代背景，在我会的主题教育活动中、在参政议政和社会服务等工作中发现人才，研究让人才凸现的机制，探索进一步培养使用人才的新办法，提高培养人才的针对性和实效性。要逐步建立跟踪培养机制，根据不同类别、不同层次的特点和个人的实际情况，有针对性地进行培训。如，通过交流挂职、组织参与重大课题调研等方式压担子，在履行职能中锻炼提高。要充分发挥各级组织联系群众、反映信息、凝聚人心、化解矛盾、促进发展、树立形象、活跃队伍的积极作用，通过扎实有效的工作，逐步形成一支政治素质高、代表性强、结构合理、数量充足、体现民进特色的骨干队伍。

总之，在建设高素质参政党的进程中，组织工作具有十分重要的作用；建设适应时代要求的高素质参政党为做好新形势下的组织工作提供了拓展内涵、开拓创新的机遇。组织工作必须以更加宽广的视野，更加积极的心态，更加扎实的工作，更加昂扬的精神状态投入到高素质参政党建设的系统工程之中，并在推进高素质参政党建设的进程中，找准目标和方位，积极顺应新形势，抓住机遇、迎接挑战、实现新的和持续的进步。

三、与时俱进，科学发展，做好新时期的组织工作

新形势新任务新情况，要求我们必须与时俱进、科学发展，以改革创新的精神，切实推进高素质参政党建设，做好组织建设的各项工作。要把组织工作与推进我会政治交接结合起来，把组织工作与提升我会履行参政党职能的能力和水平结合起来，把组织工作与增强我会凝聚力和活力结合起来。

1. 学习贯彻科学发展观，切实加强各级领导班子建设。科学发展观是我国经济社会发展的重要指导方针，是发展中国特色社会主义必须坚持和贯彻的重大战略思想。深入学习贯彻科学发展观，不仅是中国共产党的重大政治任务，也是我会建设适应时代要求的高素质参政党，更好地履行职能、发挥作用的客观需要。

第一，结合学习贯彻科学发展观，深化主题教育，继承优良传统，巩固和扩大政治交接成果。2007年以来，我会利用两年的时间，系统扎实地开展了坚持走中国特色社会主义政治发展道路为主题的政治交接学习教育活动，并取得了阶段性成果。在深入开展学习贯彻科学发展观活动中，要继续深化主题教育，进一步坚定政治信念，增强坚持中国共产党领导和走中国特色政治发展道路的自觉性。今年7月，我会将举办“民进全国宣传思想工作会议暨科学发展观论坛”，希望各地以此为契机，认真梳理和系统总结主题教育活动的成功经验，探索政治交接长效机制的建设，把各级领导班子的思想建设落到实处。

第二，结合学习贯彻科学发展观，加强制度建设。民主集中制是我会的组织原则，是提高领导班子民主决策和科学决策的水平，促进领导班子团结合作、发挥我会整体作用的重要保证。全会各级领导班子要自觉贯彻执行民主集中制，切实加强集体领导和民主决策。要进一步完善各项规章制度和工作规则，并确保制度的贯彻落实。要认真贯彻《中国民主促进会中央监督委员会工作条例（试行）》，逐步建立有序的会内监督机制。会中央将选择2—3个省级组织建立地方监督委员会，进行工作试点；各地要从实际出发，探索和建立相关制度，稳步推进会内监督。

第三，结合学习贯彻科学发展观，加强领导班子作风建设。领导班子成员要主动开展批评与自我批评，建立经常性的谈心制度；要建立群众观念，树立勤奋学习、联系实际、深入调研的作风，不断完善领导班子下基层制度，通过各种方式与代表保持沟通和联系，建立各级组织沟通、联系的机制。在刚刚结束的民进第十二届七次中常会上通过的《民进全国代表大会代表联系办法（试行）》，是加强我会作风建设的重要举措，是保持与基层代表沟通、联系的重要尝试，希望各级组织在实践中不断探索和完善。

2. 从人才兴会、人才强会的战略高度，抓好组织发展工作。

组织发展是实现我会新老交替的基本途径，也是民进事业可持续发展的必要前提。组织发展又是一项政治性、政策性很强的工作，抓好组织发展工作，保证会员在数量上稳步增长、质量上不断提高，占领人才高地，对建设高素质参政党具有十分重要的意义。

一是要树立正确的人才观，发现人才，认识人才。要树立不拘一格选人才的观念，要有敢于发现人才、善于发现人才的胸怀、胆略，营造聚人、留人、人尽其才的环境，要有海纳百川、虚怀若谷的胸襟，体谅包容的雅量，最大限度地为我会建设高素质参政党凝聚更多的高层次代表人物和有潜力的中青年代表人士。

二是要把握原则，保持特色，改善结构，突出重点。要认真贯彻关于民主党派组织发展工作的“三个纪要”精神，按照各党派协商确定的发展原则，妥善处理数量与质量的关系、重点与非重点的关系、发展与巩固的关系、发展骨干成员与一般成员的关系，努力保持我会界别的传统优势和特色，积极稳妥地发展符合条件的新社会阶层代表人士。

三是各级领导干部要大力支持，亲自动手，带头做好发展工作。领导干部在发展高层次代表人士中具有关键的作用。领导干部要有求贤若渴的愿望，纳人容人的雅量。对于一些高层次的代表性人物，各级领导干部要积极主动，亲自拜访，恳谈交友，做深入细致的工作，争取吸收入会。

3. 完善后备干部队伍建设的推荐、选拔、培养、管理机制，促进工作的制度化、规范化、程序化。

加强后备干部队伍建设是保持我会充满生机活力的重要保障。各级领导要以高度的政治责任感和强烈的使命感，从多党合作事业和参政党建设的大局出发，积极培养一支政治素质高、代表性强、结构合理、数量充足、体现民进特色的后备干部队伍，不断夯实建设高素质参政党的人才基础。

一是提高认识、统筹规划。要把后备干部队伍建设当作一项长期的战略任务，要有科学规划，中长期计划和短期安排。通过扎实有效的工作，千方百计地把有一定社会影响、政治立场坚定、参政议政能力强、熟悉热爱党派工作的新一代代表人士充实到后备干部队伍中，使后备干部的数量、结构和素质与领导班子建设的需要相适应。从现在起，各级组织的主要领导就应主动考虑2012年和2017年的换届工作，以及下两届各级人大代表、政协委员的后备人选。

二是坚持标准、严格程序。要认真贯彻落实《民进中央关于加强省级组织领导班子后备干部队伍的意见》，认真按照《意见》规定和要求，严格工作程序，巩固工作成效，保持各级、各类后备人选的推荐过程，操作程序，公开透明，公平公正，确保我会各级领导班子的后备队伍人选，政治上靠得住、工作上有本事、作风上过得硬、会员信得过。

三是完善机制，保证质量。后备干部的培养要从入会抓起，建立跟踪培养机制，根据不同类别、不同层次的特点和个人实际情况有针对性地加强培养，要积极探索在实际工作中锻炼提高的机制，为他们提供施展才华的舞台。同时，要主动做好协调沟通工作，积极争取中共地方党委和统战部的支持。

4. 加强对基层组织建设工作的指导，创新基层组织工作和活动方式，增强组织的活力和凝聚力。

基层组织是会组织的基本细胞。要努力探索新时期基层组织建设的规律，开拓创新，固本开源，进一步增强基层组织的活力，增进全会的凝聚力。

一要加强对基层组织工作的指导。各级组织要坚持领导干部和机关干部联系基层制度，深入实际，深入会员，支持并指导基层组织工作，要对本地基层组织建设状况进行分类排队，努力解决实际困难和问题，建立会员利益表达和合理诉求的渠道，提供发挥作用和实现价值的机会，进一步调动会员积极性，增强组织活力，促进基层工作的制度化和规范化。

二要抓好基层组织的班子建设。各级组织要把班子建设放在重要地位，要选拔有一定政治水平、熟悉统一战线理论方针政策、热心会务工作、有较强事业心和责任感、有较强组织能力和一定群众基础的同志担任基层组织负责人，适时补充新鲜血液，进一步优化知识结构和年龄结构。

三要围绕大局开展活动。要从实际出发，围绕当地保经济平稳较快发展，维护社会和谐稳定的大局，组织形式多样、丰富多彩的活动，积极引导广大会员认清形势，坚定立场，把思想统一到中共十七大精神和国家的决策部署上来，建有用之言，献务实之策，并积极发挥我会界别特色和优势，协助当地党委政府和统战部门做好联系群众、协调关系、化解矛盾、促进稳定的工作。

这次会议后，全会将用两年左右的时间，开展创建民进全国先进地方组织和民进全国先进基层组织的活动。这次会议印发了《关于开展创建民进全国先进地方组织、先进基层组织活动的意见》，希望大家集思广益，把意见修改好。

5. 主动适应新形势，扎扎实实工作，进一步提高机关工作的质量和水平。

全会各级机关要紧紧围绕我会建设高素质参政党的目标和要求，以强化政治交接为主线，以加强制度化、规范化为基础，以提高机关工作人员素质为重点，以改进机关作风和提高工作效率为抓手，建设一支政治坚定、努力学习、业务精通、爱岗敬业、纪律严明的机关队伍，做到工作制度科学、工作程序规范、工作环境良好、工作机制高效、工作职责明确、工作纪律严格。

一是抓好机关文化建设。要坚持以人为本的原则，促使机关文化与机关职能、职责相适应，机关干部的成长与组织的目标相统一，努力营造与时俱进、积极向上、团结友善、文明礼貌、敬业奉献、务实高效、奋发有为的机关文化氛围。

二是抓好机关制度建设。要结合实际，对内部工作的薄弱环节和瓶颈问题进行认真梳理，建立健全规章制度，进一步规范机关办文办事规则。要认真贯彻执行《公务员法》，既各司其职，各负其责，又相互支持，协调配合，形成你追我赶，共同提高的良好局面。

三是抓好机关干部队伍建设。要进一步解放思想，开拓人力资源管理的思路，科学合理地配备和使用人才，努力营造有利于优秀人才成长的工作环境。要采取各种措施，鼓励、引导干部钻研业务，激励干部实干、肯干、能干，在实践中积累经验、提高素质、增长才干。要努力探索新渠道新形式，促进干部成长。

6. 努力建设一支政治强、业务精、作风正、形象好的高素质组工干部队伍。

组织工作作为高素质参政党建设的一个重要组成部分，努力建设一支政治强、业务精、作风正、形象好的高素质组工干部队伍，具有十分重要的作用。各级领导干部要切实加强对组织工作和组织部门的领导，认真研究和解决组织工作中的问题，为组织部门开展工作创造必要的条件。我提三点要求：

一是加强理论学习，增强自身素质。要把政治理论学习和思想建设放在突出位置，拓宽知识面，增强自身修养，提高综合素质，提高政策运用能力和水平，提高工作中开拓创新的本领。既要能够把握组织工作的一般规律，又要熟悉了解政党制度的基本知识、统一战线理论和方针政策；既学习掌握组织工作的基本理论和业务知识，又要熟练掌握组织工作原则和程序，努力成为有理想、有理论素养、有工作能力、有实践经验的组工专家。

二是增强使命感，提高工作质量。要有高度的政治责任感和事业心，要加强对业务工作的研究，准确把握我会自身建设和组织工作的规律，把握干部和人才成长的规律，要以对广大会员和对组织充满感情为标准，以高标准高质量的工作态度和优质高效的服务能力为条件，扎扎实实地做好组织工作，不断提供工作效率和工作质量。

三是增强服务意识，树立良好形象。组工干部是做人的工作的，要做到对己清正，对人公正，襟怀坦白，言行一致，保证在任何时候、任何情况下都严格按照政策、原则和操作规程办事，恪守职业道德，严格遵守组织纪律，客观公正办事，热情真诚地为组织和会员服务。

同志们，新时期新任务新要求，为组织工作提出了新课题，我们必须以中国特色社会主义理论体系为指导，深入学习贯彻科学发展观，继续解放思想，坚持改革创新，扎扎实实工作，为把我会建设成适应时代要求的高素质参政党提供坚实的组织保障，为促进和发展我国多党合作事业作出新的贡献！

在第四届海峡两岸企业发展与合作论坛闭幕式上的讲话

（2009年6月16日）

严隽琪

各位嘉宾、各位朋友：

经过大家两天来的努力，第四届海峡两岸企业发展与合作论坛圆满完成了各项议程，就要胜利闭幕了。

因为参加人大的会议和外事活动，我昨晚才到唐山，没有赶上开幕式，但在不到24小时的时间里，我已经深深感受到这次论坛的质量，有幸听到乔先生和周先生的精彩演讲，更感受到与会者的热情和发言者的睿智；我抽时间参观了曹妃甸工业区，深深感受到唐山前进的步伐和蓬勃的朝气。中国民主促进会连续多年举办了三个海峡两岸的论坛，一个是关于文化的，一个论坛是关于教育的，还有一个就是企业论坛。

两岸企业发展与合作论坛有一个特殊的意义，因为我认为，企业的活力和企业家精神代表了社会创造财富的活力。如何评价论坛是否成功，一看是否对举办地的经济和社会发展有利；二看是否对两岸企业拓展发展空间有利；三看是否对汇集智慧有利。

此次论坛在唐山召开，唐山是一个充满发展潜力和机会的城市，是浴火重生的英雄城市，自强不息的唐山人有着开放超越，敢于担当的魄力。此次论坛有幸得到了中共中央统战部、国务院台湾事务办公室的大力支持，海基会董事长江丙坤先生向论坛发来了贺信，王英伟，马凯先生等在论坛上作了精彩的演讲，近10余名两岸知名学者、企业家作了各有特色的讲演，上百位两岸企业界嘉宾、学者围绕论坛的主题深入交流、积极探讨、寻求合作，提出了建设性的建议，取得了宝贵的成果。在此，我谨代表民进中央向出席论坛的两岸嘉宾表示诚心的感谢，向数年来积极支持海峡两岸企业发展与合作论坛，为两岸经贸交流、合作付出了不懈努力的专家、企业家们和新老朋友们表示崇高的敬意。

此次论坛适逢两岸关系正在实现历史性转折。一年来，两岸在政治上重新确认了“九二”共识，台湾的“海基会”和大陆的“海协会”恢复功能，三次“陈江会”达成九项协议、一个共同声明；经济上获得重大突破，“大三通”实现了，通邮、通商、通航，由间接走向直接，由单向变为双向，这是60年来第一次使两岸经贸关系趋于正常化；军事上随着两岸关系的转暖，双方已开始酝酿建立两岸军事互信机制，这是安定人心的一件大好事，蒋经国先生生前曾经说过：“时代在变，潮流在变，环境在变”。的确大潮流在变，大环境在变，社会人心在变，特别5月下旬以来，两岸交流交往的形势又有了新的发展。先有民进党高层陈菊女士的“破冰之旅”，后有国民党主席吴伯雄先生的“双赢之旅”，加上在福建又举办了规模空前的“海峡论坛”，台湾参加的各界人士高达8000余人，可以说两岸红、蓝、绿三方接触对话成为了现实。我们相信只有互相沟通，才能相互理解，才能使人心平气和，才能消除对立情绪，两岸关系的良好发展给两岸同胞带来了实实在在的利益，两岸同胞普遍对此表示高度肯定，国际舆论也给予积极评价。

当前，世界经济金融形势依然复杂严峻，国际金融危机的影响仍在深化，不少国家和地区经济陷入衰退、社会稳定面临巨大挑战。大陆应对当前国际金融危机及其影响的举措，受到了世界各国家和地区的普遍关注。我们的发展离不开世界各国家和地区，只有大家共同采取有效的刺激措施，世界经济才能走出困境，真正实现复苏。只有世界经济复苏进而走上健康发展的轨道，才能有利于中国的发展和稳定。在全球市场普遍衰退，贸易保护主义又有所抬头的情况下，以外销为经济增长主力的台湾，经济受创特别严重，两岸同胞是一家人，大陆是台湾目前最重要、最可依赖的强大助力，而台湾的人才、技术、经验，对大陆来说也是非常宝贵的。温家宝总理呼吁“携手合作、同舟共济”，马英九先生也强调“同舟共济，相互扶持”，这充分表达了两岸同胞的共同心声。当下，大陆组织了阵容盛大的“两岸经贸促进考察团”陆续赴台交流、合作，被好多人诙谐地形容为“相亲”，我们很高兴地看到这些“相亲”结成了许多美好的姻缘。虽然集中组织大型企业采购台湾商品是一时之举，但通过这个机会，两岸可以进一步疏通企业间的经贸往来渠道，相信最终将为台湾同胞带来实实在在、长长久久的利益。而大陆的“陆资”入台，将带动持观望态度的“外资”，以及鼓励本地的“民资”入台，三资合流必然让我们对台湾经济步入新的春天充满了期待。

困难面前需要信心、勇气和力量，本是一家人的海峡两岸同胞，更应该加强沟通、相互支持、携手合作，共克时艰。海峡两岸企业发展与合作论坛积极推进两岸企业界朋友们的了解、交流、合作。我们非常愿意、希望促成两岸同胞共抗危机、共同发展。

最后，我谨代表民进中央，再次向与会的两岸嘉宾表示诚挚感谢；向为论坛提供了巨大支持的中共唐山市委、唐山市人民政府，以及为论坛付出了辛勤劳动的工作人员们表示诚挚的感谢。祝愿渤海的明珠——曹妃甸以及唐山，进一步顺利吸引两岸的资源，创造更光辉的未来。谢谢大家！

进一步提高学习贯彻科学发展观的水平

——在民进全国宣传思想工作会议暨科学发展观论坛上的讲话

（2009 年 7 月 7 日）

严隽琪

同志们：

召开这次会议和论坛，是我会学习贯彻科学发展观活动中的一个重要部署，主要任务是回顾总结前一阶段工作，交流切磋做法和体会，推动全会进一步提高学习贯彻科学发展观的水平，把这一重要指导方针和重大战略思想更好地贯彻落实到我会自身建设和履行职能的各个方面、各个环节。

去年 11 月，会中央在开展中国特色社会主义主题教育活动的基础上，发出了在全会深入学习贯彻科学发展观的通知和方案，全会各级组织高度重视、精心部署，在学习培训上下工夫；深入开展调查研究，在问计于基层组织和广大会员上下工夫；坚持解放思想，在转变思想观念、方式方法和体制机制上下工夫；努力指导实践、推动工作，在学以致用、用有所成上下工夫，取得了初步的成效。然而，学习贯彻科学发展观是我们长期的、艰巨的重大战略任务，绝非一朝一夕之功，不能浅尝辄止、半途而废。下面，我结合全会开展这项工作的情况，就当前我会学习贯彻科学发展观需要解决的几个问题，谈一些意见。

一、进一步明确民主党派学习贯彻科学发展观的着力点

科学发展观是中国共产党立足历史和时代高度，统筹国内国际两个大局，借鉴人类文明积极成果，认真应对严峻挑战而提出来的重大战略思想和根本指针。它是与时俱进的马克思主义发展观，以科学的态度回答了我国经济建设、政治建设、文化建设、社会建设以及生态文明建设和执政党建设面临的一系列重大问题；它是在实践中不断丰富和发展的科学理论，深刻反映了中国共产党坚持立党为公、执政为民的本质要求，得到了全国各族人民的认同，成为中国共产党领导中国人民改造客观世界和主观世界的强大思想武器。

作为与中国共产党共同致力于中国特色社会主义事业的亲密友党，我会肩负着服务国家科学发展和促进自身科学发展的双重使命，对科学发展观的认识水平决定着贯彻落实的行动水平。我会各级组织和广大会员要深刻认识民主党派学习贯彻科学发展观的重大意义，深刻理解和全面把握科学发展观的科学内涵、精神实质、根本要求，系统掌握科学发展观所体现的马克思主义的立场、观点、方法，了解党和国家贯彻落实科学发展观的重大举措，增强学习贯彻科学发展观的自觉性和坚定性，坚定不移地把科学发展观贯彻落实到我会促进经济社会发展和加强自身建设的全过程和各个方面。

民主党派学习贯彻科学发展观，要始终抓住巩固与中国共产党团结合作的共同思想基础这个着力点。科学发展观具有鲜明的政治导向，中国共产党的基本路线是实现科学发展的政治保障。面对来自国内外的严峻考验和挑战，坚定政治立场和政治信念至关重要。我会各级组织和广大会员要结合纪念改革开放 30 周年、庆祝新中国成立与纪念人民政协成立和多党合作制度确立 60 周年等重大活动，深化走中国特色社会主义道路的主题教育活动，始终把中国特色社会主义作为共同理想信念、前进方向和奋斗目标，不为任何风险所惧，不为任何干扰所惑，坚定不移地高举中国特色社会主义伟大旗帜，坚定不移地接受中国共产党的领导，坚定不移地走中国特色社会主义政治发展道路。

民主党派学习贯彻科学发展观，最终要落实到更好地履行参政党职能这个着力点上来。科学发展观是我国经济社会发展的重要指导方针，也是参政党发挥作用的科学指南。我会各级组织和广大会员要把握科学发展观的内涵和要求，围绕中心、服务大局、发挥优势，有效参与政治协商、履行参政议政和民主监督职能，尽力做好社会服务。当前要围绕应对国际金融危机，在“保增长、扩内需、调结构”中需要研究解决的重大问题，加快推进以改善民生为重点的社会建设，维护人民的根本利益，促进社会公平正义，促进完善决策信息和智力支持系统，加强社会主义监督体系建设等问题，建科学发展之言，献和谐稳定之策，尽富国惠民之力，行发扬民主之实。

民主党派学习贯彻科学发展观，要同时抓好加强自身建设、提高自身素质和能力这个着力点。我会各级组织要按照科学发展观的基本要求和根本方法，坚持进步性和广泛性的特点，继承优良传统，勇于改革创新，全面推进高素质参政党建设。做到执政党建设与参政党建设互相促进，中央工作与地方组织的工作互相促进，履行职能与自身建设互相促进，理论研究与实际工作互相促进。当前，要积极探索建立我会思想建设和政治交接的长效机制，巩固和扩大领导班子建设的成果，进一步加强领导班子的制度建设和作风建设，高度重视组织发展、后备干部队伍建设和基层组织建设。努力建设学习型政党、学习型组织和学习型机关，不断提高履行职能和发挥作用的能力和水平，为自身科学发展提供可靠的政治和组织保障。

二、进一步解放思想、实事求是、创新求进

解放思想是实事求是地研究新情况、解决新问题、开拓新局面的重要前提。学习贯彻科学发展观是一场深刻的观念变革。我们必须清醒认识世情、国情、会情的深刻变化，不为过去历史背景下的认识观点所束缚；必须清醒认识存在的问题和不足，不为以往的成绩而自满；必须清醒认识我会发展面临的新挑战、新要求和新机遇，不为传统模式和做法所局限；必须清醒认识参政党在全国发展大局中的方位和任务，不为遇到的困难和挑战所阻挡。当前我会在服务科学发展和自身科学发展中存在的问题，要求我们努力转变影响和制约科学发展的思想观念、方式方法、体制机制，保持努力进取的精神状态，不断开阔视野、开阔思路、开阔胸襟，树立更高的目标追求。

改革创新是科学发展的动力，创新求进是我会学习贯彻科学发展观的必然要求。一要着力推进工作内容创新。当前我会的工作处在不断变化的环境中，要围绕执政党和国家的重大活动、重大任务确立工作主题，要根据自身建设的需要调整工作领域。只有不断更新、充实、拓展工作内容，才能紧跟中共中央的部署、顺应时代发展的潮流、满足广大会员的需要。二要着力推进工作方法创新。根据广大会员的思维方式和行为方式的新特点创新工作方法，多些互动式、少些灌注式，多些创意性、少些一般化，多些自主性、少些“一刀切”，使我会的工作更加生动活泼、富有实效。要善于运用现代技术手段创新工作手段，引入网络、视频、短信等构筑新的平台，使我会的工作更具时代气息和高效优势。三要着力推进工作理论创新。理论是实践的先导。理论上搞不透，实践上就走不远。因此，必须加强研究力量，调动各方面的积极性，整合研究资源。要着眼于工作中全局性战略性问题、体制机制性问题、热点难点问题，争取拿出一批有价值、有水平的新成果。要善于总结成功经验，还要注意从基层组织丰富实践中汲取源头活水、从基层会员的新鲜做法中吸纳真知灼见，进行理性思考和理论概括。

三、努力解决影响和制约我会科学发展的突出问题

为推动全会深入学习贯彻科学发展观，会中央开展了学习贯彻科学发展观问卷调查和“我为民进科学发展进一言”活动，得到各省区市县级组织的积极回应。大家认真查找并希望着力解决的突出问题有：

1. 用社会主义核心价值体系引领会员思想的工作还有待加强。目前在一些基层组织和一部分会员、甚至是骨干会员和领导班子成员中，由于一些思想上的原因，反映在入会动机、工作动力、组织活力、班子团结等方面，出现了一些不应有的现象。究其实质，我们称之为“价值观瓶颈”。这种情况虽不多见，但消极影响和侵蚀作用不容轻视。在这次民进全国宣传思想工作会议暨科学发展观论坛上，我们将认真研究这一思想建设中的重要课题。会中央和各地方组织宣传部门要大力开展社会主义核心价值体系的宣传普及活动，积极探索用社会主义核心价值观引领会员思想的有效途径，我会“立会为公、参政为民”的优良传统需要加强宣传，更好地继承与发扬。要引导广大会员在社会思想文化多元多样多变的情况下，始终坚持正确的价值取向和行为准则，从源头上解决“入会为什么、为国家做什么，为组织留什么”这样一些根本性的问题。

2. 一些领导干部的思想、作风、能力素质与科学发展观的要求不相适应。如有的学习与改革创新的劲头不足，缺乏发展思路，工作上迈不开新步；有的缺乏推动科学发展必备的知识，缺乏进行战略思维、辨证思维、系统思维、创新思维的能力；有的作风不民主、工作不扎实、领导班子不团结，工作薄弱环节难以突破，我们称之为“能力素质瓶颈”。领导班子和领导干部是学习贯彻科学发展观的关键所在，他们的能力素质在很大程度上决定着一个地区民进组织学习贯彻科学发展观的成效。在上个月举行的民进第十二届七次中常会上，全会 29 个省级组织的主委都汇报了学习贯彻科学发展观的情况。会中央有这个决心，从自身做起，带动各地方组织领导班子，牢固树立科学发展的理念，着力提高自身的思想觉悟、理论水平、责任意识、工作能力，树立团结、正派的作风，为推动我会科学发展提供坚强领导保证。

3. 组织发展面临新挑战，后备干部队伍建设需要加强，人才结构与知识结构都需要优化。我们称之为“人才瓶颈”。组织发展和人才队伍建设是我会提高参政议政能力和水平的基本保障。今年 6 月召开了民进全国组织工作会议，总结交流了近年来我会组织建设的成绩和经验，就明确组织工作在建设高素质参政党中的重要作用进一步统一了认识，研究并提出了新时期进一步加强组织工作，特别是加快人才队伍建设的重要举措。我会各级组织要认真贯彻落实民进全国组织工作会议精神，与时俱进，推动组织工作的观念更新、方法创新，建立健全充满活力、科学有效的组织工作体制和机制，努力建设高素质的领导干部队伍，结构合理、素质优良的参政议政骨干人才队伍，热心会务工作的专职干部队伍，长期支持和关注民进工作的“民进之友”队伍，为参政党工作和建设不断夯实人才基础。

4. 保障我会科学发展的体制机制有待进一步健全。一方面是不适应新要求的一些传统体制机制需要改进，例如：中央、地方和基层组织之间缺乏互动、系统与部门之间缺乏协调、会内与会外沟通不畅等。另一方面是有利于科学发展的新的体制机制需要建立，例如领导班子决策科学化、民主化的机制，凝聚全会力量和智慧的工作机制，促进科学发展的监督机制。我们称之为“体制机制瓶颈”。当前，会中央和各地方组织，要以科学发展观为指导，根据我会的实际情况和各地的条件，认真思考现有体制机制对我会发挥作用和自身建设的影响如何，实事求是地构建促进我会全面协调可持续发展的体制机制，完善我会科学发展的决策、执行和监督机制，创造让一切积极性、主动性和创造性迸发，让一切资源和优势共享互补的局面。

四、进一步形成有利于我会科学发展的体制机制

目前我会要在自身建设和履行职能上取得新突破，必须建立和完善以下几个机制：

1. 政治交接长效机制。

近 3 年来，我会开展了以“坚持走中国特色社会主义政治发展道路”为主题的政治交接学习教育活动和中国特色社会主义的主题教育活动，取得了明显成效和丰富经验。建立长效机制，可从四个方面入手：

一是要把政治交接的内涵确定下来，也就是说应具有坚定不移的目的性。民主党派的政治交接必须以继承和发扬老一辈领导人与中国共产党在长期团结合作中形成的政治信念、优良传统和高尚风范为重点，以接受中国共产党的领导为关键，以走中国特色社会主义政治发展道路为核心。必须高举中国特色社会主义伟大旗帜，以中国特色社会主义理论体系为指导，坚持走中国特色社会主义政治发展道路，增强接受中国共产党领导的自觉性与坚定性。

二是要把内容、形式和载体常态化，把成熟的经验做法固定下来，达到制度化、规范化，也就是说应具有与时俱进的可持续性。主题教育活动中，我会借鉴中国共产党的理论研究成果和党建经验，在中共党委与统战部门的支持、指导和帮助下，形成了全面系统的思想教育内容，创造了丰富多彩的活动形式，搭建了学习与实践的广阔平台，形成了学习培训、调查分析、宣传引导和交流激励等机制，这些成果应当尽可能提升为制度或规范。

三是要把指导原则和要求确定下来，追求入脑入心的实效性。在学习教育活动中，各级组织坚持知行并举、润物无声等原则，领导干部带头从自身做起，坚持以重要会议、重大事件和重大活动为契机，坚持与身边的人和事结合起来，坚持针对会员的活思想开展生动丰富的思想政治工作，以期收到明显成效。

四是要发挥自我教育方式的特点和党派特色、地方特色，也就是说应具有自主自为的积极性。学习教育活动中，各级组织在统一的基本要求下，根据本地实际和本地资源，因地制宜、富有创造性地开展自我教育，以形成以我会光荣历史、优良传统和代表人士为依托的党派特色。

2. 后备干部队伍建设的推荐、选拔、培养、管理机制。

加强后备干部队伍建设是保持我会充满生机活力的重要保障，也是我会学习贯彻科学发展观的一个重要课题。各级领导班子和组织工作干部要从多党合作事业和参政党建设的大局出发，努力形成一套科学的制度。

一是要从入会抓起，建立培训、锻炼和提高的培养机制，根据不同类别、不同层次的特点和个人实际情况为他们提供施展才华的舞台。同时，要建立与中共地方党委和统战部门的协调沟通机制，积极争取支持。

二是要建立统筹规划的安排机制，做好中长期计划和短期安排。把后备干部队伍建设与民进组织和人大政协换届衔接起来安排部署，使后备干部的数量、结构和素质与领导班子建设和换届工作的需要相适应和匹配。

三是要建立推荐、选拔的工作机制，严格工作程序，确保工作成效。认真贯彻落实我会关于后备干部队伍建设的规定和要求，保证各级、各类后备人选的推荐过程、操作程序，公开透明、公平公正。

四是要建立联系、考察和激励的管理机制，防止培养中断、使用落空。定期联系后备干部及其工作单位和所属组织，掌握情况，给予指导和帮助，对思想先进、工作突出的要予以鼓励和推广。

3. 集智聚力的参政议政机制。

我会要更好地服务科学发展，就必须坚持改革创新，继续巩固与扩大参政议政机制的创新成果，集智聚力，切实提高履行职能的能力和水平。

一是课题立项机制。可以对课题分层次、多形式、多平台、多角度进行部署，进一步发挥各级组织的积极性和提供各类人才参与的机会。

二是完善资源整合和共享机制。资源的共享必然要求利益的共享，我们要实现资源共享，一定要在利益共享上多动脑筋，形成专职和兼职、中央和地方、会内和会外、参政议政与其他工作的多赢局面。

三是参政议政与其他工作成果转化机制。参政议政与社会服务成果的相互转化、与宣传工作成果的相互转化、与信息工作成果的相互转化，互相转化就会起到互相促进的作用。

四是常规工作和应急机制的结合与兼顾。常规工作需要常规的机制，还要建立突发性的应急机制，固定与灵活相补充。这些仍需要我们不断地探索。

4. 会内监督机制。

建立有序的会内监督机制，是我会以党为师，扩大会内民主、加强领导班子建设的重要探索。去年以来，会中央在广泛征求意见的基础上，制定了《中国民主促进会中央监督委员会工作条例（试行）》，今年上半年，中国民主促进会中央监督委员会正式成立，工作机构设在组织部。这个委员会在十二届七次中常会期间已经开始工作，共听取中常委和会中央机关部门负责人近30余位的意见和建议，对会中央领导班子履行职能的情况，特别是执行民主集中制的情况进行监督检查。今后，会中央将选择 2—3 个省级组织建立地方监督委员会，进行工作试点，探索建立相关制度，稳步推进会内监督。

同志们：

学习贯彻科学发展观任重而道远，学习无止境，实践无止境，创新无止境。今天在座的都是分管宣传工作的专职副主委和宣传部门负责人，学习贯彻科学发展观是领导班子和全会的工作，不能看成仅是宣传部门的工作，必须是“一把手”工程，主委要切实负起领导责任。我希望大家能在政治交接学习教育活动取得宝贵的成功经验的基础上，进一步深入学习贯彻科学发展观，做到认识到位、组织到位、措施到位、工作到位。我希望各位能够做好转化、带动、提高三篇文章，更加自觉地用科学发展观武装头脑、谋划发展、解决问题、推动工作，努力在服务国家的科学发展上有新作为，在促进自身的科学发展上有新进步。

预祝本次会议和论坛取得圆满成功。谢谢大家！

在中央公益类科研机构机制创新研讨会上的讲话

（2009 年 7 月 24 日）

严隽琪

各位领导和专家、同志们：

我很高兴能够参加今天这样一个有关科研体制和机制创新的研讨会。借此机会，我愿意结合自己的体会，因为我曾长期从事科研工作，也算做过多年的领军人物，又曾在地方管理过科研，以及结合对形势的学习，谈谈对这个问题的认识，与大家交流。

首先，谈谈建设创新型国家的重大意义。

建设创新型国家是我国在应对百年罕见的国际金融危机中争取主动权，化危险为机遇的必然选择。去年 9 月，美国爆发的金融危机迅速演变为一场自二战以来最严重的国际经济危机。这场危机给我国经济带来了严重的影响和冲击。党中央、国务院见事及时、行动果断，调整宏观经济政策，部署促进经济平稳较快发展的一揽子计划，出台一系列新的政策措施。今年上半年，我国经济运行已经出现了企稳回升的积极变化，实属来之不易。但是，我国经济向好的势头还不稳定、不巩固、不平衡，仍面临着诸多困难，产业结构调整任重道远。受国际金融危机的冲击和自身经济周期性因素的影响，加上长期积累的一些深层次矛盾和问题，三大因素交织在一起，可以说，我国正处在保持经济平稳较快发展的关键期。

困难和挑战，往往孕育着机遇，历史经验证明，经济困难时期正是孕育科技革命的大好机遇。每一次经济的复苏，都离不开技术创新。全球性经济危机往往引发产业转型和催生技术革命，世界经济因而获得复苏与繁荣的动力。大家知道，这场国际金融危机的一个深刻根源是过去十年中，世界经济增长不是主要依靠科技进步这个最本质的动力，而是借助于虚拟经济的泡沫化，过度依赖金融投机和超前消费去推动经济发展，爆发危机有其必然性。危机之后世界经济要出现全面复苏，也必须依靠真正能带动创业活动集群式开发的新技术和能大幅度提高劳动生产率的新的财富创造机制。

在这场经济危机中，几乎世界各国都面临着需求不足和结构调整的共同问题。西方工业化国家在反思并研究新的发展战略，而且已经着手调整内部的经济结构及外部的关系。目前，奥巴马政府把新能源作为带动经济复苏的发动机，并提出绿色新政；英国在大力推动绿色制造业，把低碳经济作为新一轮技术革命的主攻方向。在世界未来激烈竞争的市场上，任何高新技术的发展都是核心竞争力的“制高点”，也会成为世界贸易中新的“技术壁垒”。

这种形势迫切要求我们必须抓住机遇，加快发展方式的转变和产业结构的调整，努力提高可持续发展能力，这不仅关系到我们能否成功闯过眼前这道难关，更决定着我国长远发展的根本大计。这次的金融危机，给我们一个很大的警示：没有自主创新能力的国家不可能成为一流的强盛国家。如果一个国家有良好的创新体系，有技术创新能力，就可能成为下一轮产业革命的策源地。

建设创新型国家是实现可持续发展，为亿万人民和子孙后代谋取更大福祉的必然选择。改革开放30年来，我们的综合国力有了极大的提高。但是也面临着很多矛盾和问题。最突出的是资源环境代价太大，而且区域发展不平衡。要缓解在资源、环境、人口方面的压力，就必须以科技作为出路。

总之，现在科技革命日新月异，知识更新的速度越来越快，要发挥我们的后发优势，经济要保持可持续发展，保持国际竞争力，应对各种突发危机，必须转变发展方式，必须把经济社会发展动力真正转移到依靠科技进步和提高劳动者素质上来。牵扯到国家安全和重大利益的技术是引进不来的，即使引进来，输出国也不会让你好好掌握自主权，国家的安全必须要依靠自己的创新力量。正像胡锦涛同志在十七大报告中指出的：“提高自主创新能力，建设创新型国家，是国家发展战略的核心，是提高综合国力的关键。要坚持走中国特色自主创新道路，把增强自主创新能力贯彻到现代化建设各个方面”。温家宝总理在今年初的政府工作报告中也提出：“我国今后不仅要大力推进科技创新，而且要让科技创新与扩内需、促增长，调结构、上水平紧密结合起来”。

其次，谈谈我对建立创新体系的认识。

我觉得，通过30年改革开放，我们正向“深水区”前进。我们越来越面临着深层次矛盾和问题，特别是“机制和体制性障碍”问题，往往是“牵一发而动全身”。

创新型国家建设必须落实到创新型体系的建设上来。创新型国家建设要有单点的突破，要有单个要素的保障。但作为一个国家层面，更重要的是一个体系的构成。之所以称为体系，它必须包含丰富的内容和合理的框架：

（1）丰富的内容：一是由科学发现、技术突破、产品换代、市场开拓、制度变革等多个层次构成；二是由企业、学校和科研院所，国有单位和民营单位，大企业、中企业和小企业等多元主体构成；三是由人才、资金、制度等多种资源要素构成。

（2）合理的框架：一是各安其位，指各个创新主体、各种资源要素各安其位，各展所长，有合理的评价体系和利益分配机制；二是该体系一定是开放的，人才、资金等要素资源进出通畅，可以流动；三是无隙衔接，特别是科技成果向现实生产力转化的链条上要环环相扣（作为体系，必须是开放的。就是能流动的。就像水一样，活水才能永葆新鲜，这些要素，无论是人才、资金，都能够畅通地流动，保持活力，各个环节之间要无缝连接。一个环节要紧扣一个环节，没有壕沟）；四是宽容与便利的社会文化环境，这既是指要营造一个宽容的创新创业氛围，倡导勇于创新、勇于竞争、诚信合作、宽容失败，使改革创新精神在全社会蔚然成风，同时要有配套服务，给创新创业者提供极大的便利。

认真研究创新型体系中的一些“链条”和“节点”。创新的任务无非是成果的创造和成果的转化两件大事，前者具有不确定性和需要耐性与宽容，后者必须以产业结构的调整与提升为目标。所以必须有完善的资金链、人才链和制度链。资金链中，既要有公共财政的大量投入，更要有企业的充分投入；人才链中，即要有专注学术研究、“板凳甘坐十年冷”的学者，也要有技艺精湛、爱岗敬业的技术员，还要有具市场眼光、懂经营的企业家，当然，还要有尊重科学、善管理的行政人员；制度链中，对于重在发现规律的基础研究、公益性的共享技术研发、非公益性的独占技术研发，有着不同的创新主体，就需要有不同的管理模式、不同的政策、不同的利益分配方法。

可以看到有许多热点、难点问题值得我们关注。如教育综合改革：要出社会需要的优秀人才、出社会需要的多种人才；又如完善创业风险投资机制和中小企业的融资机制；再如产学研联盟中的各种要素流动顺畅及知识产权战略的制定、利益的分配；还如建立财政性科技投入稳定增长的机制，优化财政科技投入结构，创新财政科技投入管理机制等等。国家公益类科研机构机制创新也正是这一系列问题表中需要我们认真研究的一个重要问题。

第三，谈谈民进对本次研讨会主题的关注。

党的十七大提出创新型国家和创新体系建设以来，民进中央一直高度关注，我们通过进海协商、全国人大全国政协各类会议，国家中长期科学和技术发展规划纲要意见的征询、走访国家部委等参政议政平台和渠道，以建议书、发言提案和议案以及反映社情民意信息等多种形式，积极建言献策。

今年3月两会期间，胡锦涛总书记在参加民盟、民进界委员联组会讨论时发表重要讲话，深切希望各民主党派、工商联和无党派人士紧紧围绕深入实施科教兴国战略，为推进建设创新型国家进程作出新贡献。此后，民进中央对创新型体系建设的主要内容和要素等问题进行研讨，先后就风险投资、大学生科技创业、高校科研体制改革、教育观念的更新、科技创新文化环境的培育，以及企业自主创新和发展等环环相扣的问题展开调研，召开研讨会，举办论坛，范围涉及到6个省、13所高校及相关科研院所。

中共十七大报告中指出："要加快建设国家创新体系，支持基础研究、前沿技术研究、社会公益性技术研究"。为此，民进中央专门安排资金并组织力量开展了这方面问题的研究。民进中央科技医卫委员会把"中央公益类科研院所现行体制（机制）的经验、问题与对策"作为2009年参政议政的重点调研课题，组织会内外专家在京开展调研。这也是我们召开这次研讨会的起源。中央公益类科研机构是创新的生力军，其体制改革与机制创新问题是科研体系中十分重要的一环，社会广泛关注。公益类科学研究以向全社会提供公共技术和公益服务为主要任务，是从事公益类科学研究的骨干力量，在历史上，为我国经济和社会可持续发展作出了重要贡献。在这次调研中，我们了解到：一些先期启动改革的部门公益类院所已经基本完成改革阶段性任务。改革后，公益类科研机构组织结构得到优化，学科重点更加突出；现代科研院所制度初步建立，运行机制更加灵活高效；人才队伍结构更加合理，整体素质明显提升；科技创新能力明显提高，公益服务能力显著增强；思想观念与时俱进，创新激情日渐高涨。可以讲，分类改革取得了很大成绩。但随着各类机构的运转和国家宏观形势的发展，机构自身存在的问题、改革的历史遗留问题以及深化改革的政策配套问题等一系列深层次的问题和矛盾也正在逐渐暴露出来，并不断困扰着机构改革的深入发展，值得我们认真思考和研究。

民进中央愿与大家一道，继续深入研究和探讨对策，在汇集和梳理各方意见和建议、参考和借鉴各种有益经验的基础上，在这个问题上多建科学发展之言，多献务实有效之策，多尽富国惠民之力，共同为推进建设创新型国家和建立创新体系，推进公益类科研机构的机制创新作贡献。

我们这次研讨会得到了各有关方面的大力支持，国家林业局、农业部、中科院、农科院、地科院、水产院、林科院的领导和专家到会研讨；林业局、林科院为研讨会的顺利召开做了大量工作。在此，我代表民进中央表示衷心感谢！我相信，也预祝本次研讨会取得圆满成功！

在"共庆辉煌——庆祝中华人民共和国成立60周年、纪念人民政协成立60周年民进全国书画展"开幕式上的讲话

（2009年7月29日）

严隽琪

各位来宾、各位艺术家：

大家好！

今天，我们相聚在我国美术界的最高殿堂——中国美术馆，隆重举行“共庆辉煌——庆祝中华人民共和国成立60周年、纪念人民政协成立60周年民进全国书画展”开幕式，并举行民进中央开明画院成立仪式。我代表民进中央向参加开幕式的各位领导和来宾表示热烈的欢迎和衷心的感谢！向为本次书画展览成功举办而付出辛勤劳动的各位艺术家、向给予本次书画展提供大力支持的中国美术馆等单位表示衷心的感谢！

中华人民共和国已走过60年的辉煌历程，60年来，全国人民在中国共产党的领导下，同心同德，艰苦创业，克服困难，奋发图强，在中华大地上涌动着波澜壮阔的社会主义建设和改革开放大潮，使伟大的人民共和国从百废待兴走向繁荣富强，发生了翻天覆地的变化；人民政协伴随着共和国的成立与发展，也度过了60年的光辉历程，人民政协的性质、地位、作用发生了历史性的变化，履行政治协商、民主监督、参政议政职能的制度化、规范化和程序化水平不断提高。各民主党派与中国共产党一道，肝胆相照，荣辱与共，风雨同舟，携手并进，开创了中国特色社会主义政治发展道路。民进作为参政党，团结和带领全会各级组织和广大会员，紧紧围绕经济建设这个中心任务，认真履行参政党民主监督、参政议政职能，在服务国家科学发展的同时，努力实现自身的科学发展，为建设有中国特色社会主义事业、实现中华民族的伟大复兴作出了积极的贡献。一代又一代民进人始终坚持和弘扬老一辈领导人“坚持接受中国共产党的领导，坚持爱国、民主、团结、求实，坚持立会为公”的光荣传统，发挥自身优势，在促进经济科学发展、社会和谐稳定、祖国和平统一等方面做了大量卓有成效的工作。民进文化界会员，坚持立足岗位、服务社会，在满足人民群众的精神需求、倡导良好思想道德风尚、提高全民族文明素质、建设社会主义核心价值体系、弘扬中华优秀传统文化、推动社会主义文化大发展大繁荣等方面，发挥了应有的作用，作出了积极的贡献。在共和国60华诞、人民政协成立60周年即将来临之际，民进全国各地的书画艺术家们，满怀对祖国和人民的热爱之情，挥毫泼墨，用书画作品，讴歌伟大祖国60年来翻天覆地的历史变化和人民政协事业的繁荣发展，讴歌中国人民在古老的中华大地上创造的人间奇迹，弘扬了中华书画艺术追求真、善、美的优良传统。

衷心祝愿本次书画展览取得圆满成功！同时祝愿民进中央开明画院为弘扬中华优秀传统文化艺术，为团结全会书画界会员探索出一条有效途径！

谢谢大家！

在民进中央教育“彩虹行动”启动暨签约捐赠仪式上的讲话

（2009年9月5日）

严隽琪

同志们：

今天，在举国上下即将迎来新中国60华诞和第25个教师节的美好日子里，在黔北金沙县这块热土上，民进中央“彩虹行动”启动仪式暨签约捐赠仪式隆重举行，这意味着民进积极参与毕节试验区建设，与试验区人民携起手来，共同建设科学发展与多党合作示范区在历经20年后又站在了一个新起点上。

“彩虹”预示着新生的希望，象征着合作交流的桥梁，寓意着教育发展的平台。我们将通过实施“彩虹行动”，发动民进全国各级组织会员与毕节金沙县学校开展支援毕节结对帮扶，进行长期的交流与帮助。力争通过几年的努力，支援毕节与金沙教育面向未来、面向现代化、面向世界；助推一支有现代化专业素质的教师队伍，为该地区教育质量和教师队伍得到提升作贡献。

“彩虹行动”，一是民进中央贯彻落实科学发展观，积极响应中共中央决策部署，参与推动试验区建设的实际行动；二是在新时期坚持党的多党合作的具体举措；三是民进建设高素质参政党坚持社会核心价值观的重要实践。今年4月以来，中共中央领导同志对各民主党派参与试验区建设作出重要指示，统一战线各方面都已行动起来，民进中央领导集体认真学习领会胡锦涛总书记批示精神，按照中央统战部的协调，通过前期的调研以及与试验区、金沙县干部群众共同探讨后决定实施的一种新的行动计划，11万多会员中70%以上成员来自教育界，这一计划能充分体现民进界别特色，以教育支援为主要内容的“彩虹行动”，正是体现了民进最大的界别优势。

“彩虹行动”也是立足于试验区、金沙县的实际需求。教育是民族振兴的基石，具有十分重要战略地位。关注教育，支持教育，发展教育，就是为科学的、可持续的发展提供保障。试验区特别是金沙县目前师资力量相对薄弱，学校管理与教学水平有待提高，这对毕节试验区建设三大主题有直接影响。“彩虹行动”旨在支援试验区加强教师队伍建设，加快教师专业化发展，提高学校管理水平。我们相信这对于试验区建设，具有积极的意义。

还有不到一个月，我们将迎来新中国60华诞，在全国人民上下齐心贯彻落实科学发展观的时候，教育改革与发展、试验区建设都面临着良好的机遇。本次启动仪式的举行地——金沙县有重视教育的良好传统，作为国家级试验区的一部分，教育事业一直受到重视，对今后更好地贯彻试验区建设三大主题提供了一定的基础。参加这次启动的有中央部委代表，贵州省、毕节地区、金沙县各位领导，金沙县教师代表，民进相关省级组织代表，还有满怀爱心的民进企业家会员和优秀校长们积极响应会中央的号召，或是为金沙县捐款，捐赠或是送教送医，在此向各位参与者和支持者表示衷心感谢。

“彩虹行动”是一种新的合作形式，今天的启动仪式只是一开始，重要的是务求实效。这就需要在今后的工作中，一要找准目标定位、形成合力。要依托民进的组织优势和界别特色，将对校长教师的培训作为工作重点，并坚持以能力建设为中心的原则。二是民进各组织、会员要满怀热情、精心组织、统筹规划、保证培训质量，建立健全跟踪管理等制度。三要以满足毕节金沙县中小学校长和教师的实际需求为出发点，积极探索符合中小学校长和教师特点与需要的内容和形式，在不断拓展知识面、开阔视野、学习新技能、掌握方法的同时，以注重培养校长教师的学习能力、实践能力和创新能力为落脚点。四是善于总结经验，根据形势发展与实际需要及培训效果，不断完善工作的体制与机制。

各位领导，各位同志，民进坚决把思想和行动统一到中共中央领导同志重要指示精神和决策部署上来，把参与试验区建设作为社会服务工作重中之重，动员全会的力量，开展好教育支援“彩虹行动”，为试验区教育事业办实事，积极为试验区建设、金沙县发展作出应有的贡献。

谢谢大家。

风雨同舟昌国运　和衷共济谱新篇

——在统一战线庆祝中华人民共和国成立60周年暨多党合作制度确立60周年座谈会上的发言

（2009年9月14日）

严隽琪

各位领导、各位同志：

今天，我们统一战线各党派团体和各族各界人士欢聚一堂，隆重庆祝新中国和人民政协成立60周年，纪念中国共产党领导的多党合作和政治协商制度确立60周年。回顾一同走过的奋斗历程，总结团结合作的历史经验，我们思绪万千、心潮难平。

天地轮回一甲子。60年在人类文明的历程中只是非常短暂的片刻，但中国却在这60年中从积贫积弱走向繁荣富强，从封建专制走上民主新路。共和国60年辉煌的历程，让中国人从艰难曲折的前进道路和翻天覆地的伟大成就中感受到骄傲和自豪。而统一战线、人民政协和民主党派在其中发挥的重要作用、作出的巨大贡献，更让我们每个民进会员感受到骄傲和自豪。

中国共产党领导的多党合作与政治协商制度从诞生到现在，走过了不平凡的历程。无数事实说明了，这一制度既是历史的选择，也是现实的选择，它不但具有历史的必然性，而且在现实中发挥着重要作用。经过毛泽东、邓小平、江泽民三代中共中央领导集体和以胡锦涛同志为总书记的中共中央的不懈努力，这一制度不断完善和发展，上升为国家的基本政治制度，载入宪法，纳入社会主义初级阶段的基本纲领，成为社会主义民主政治建设的重要内容和中国特色社会主义理论和实践的重要组成部分。随着多党合作和政治协商制度化、规范化和程序化建设的推进，多党合作的地位更加重要，影响进一步扩大，优越性进一步发挥，作用更加显著。

60年来，中国民主促进会作为人民政协中的一个组成单位和以教育文化出版为主要界别的参政党，参与和见证了新中国的成立、建设和发展，参与和见证了中国特色政党制度和社会主义民主政治的完善与发展，民进自身也得到发展、历练和提高。全会始终坚持接受中国共产党的领导、为社会主义服务的政治纲领，坚持中国特色社会主义理论体系的指导，自觉贯彻社会主义初级阶段的基本路线和与中国共产党“长期共存、互相监督，肝胆相照、荣辱与共”的方针，积极参与政治协商，认真履行参政议政、民主监督基本职能，为社会主义现代化建设和祖国和平统一大业，为坚持和完善中国共产党领导的多党合作和政治协商制度，作出了应有贡献。

60年风雨同舟，60年共铸辉煌，我们一同迈开前进的步伐，一同分享成功的喜悦，一同经受困难和风险的考验。总结民进与中国共产党团结合作的历史经验，我们认为有几条基本经验极为重要：

一是必须自觉坚定地接受中国共产党的领导。63年前的6月23日，民进前辈马叙伦、雷洁琼赴南京国民党政府和平请愿，遭到特务的围攻殴打，血洒南京下关车站。在光明与黑暗的决战中，他们作出了正确的历史抉择，坚决拥护中共“五一口号”并接受中国共产党的领导，为新政协的筹备和新中国的建立作出了贡献。60年来，几代民进人形成了“只有跟着共产党走，才是在正道上行”的坚定信念和优良传统。历史和现实一再证明，中国共产党是中国走向独立富强、实现现代化的坚强领导核心。坚持接受中国共产党的领导，是民进始终沿着正确的政治方向前进、在建设和改革的宏伟事业中真正有所作为的根本保证。民进要教育引导广大会员把老一辈领导人的历史选择变为新一代民进人的现实选择，把坚持党的领导全面准确地贯彻到民进工作的各个方面和环节。

二是必须坚定不移地走中国特色社会主义政治发展道路。60年前，中国共产党与包括民进在内的各民主党派、无党派人士共同创立了中国共产党领导的多党合作和政治协商制度。从此，经历过“多党乱象”和“一党独裁”的中国走上了独具特色的民主新路。这条新路以马克思主义与中国实际相结合的科学理论为指导，以人民代表大会制度、多党合作和政治协商制度、民族区域自治制度等为制度设计，把党的领导、人民当家做主和依法治国有机结合起来，符合中国国情和实际，体现了社会主义民主的本质要求。事实表明，坚持和完善共产党领导的多党合作和政治协商制度，是建设社会主义民主政治的重要内容。面对时代的发展和会员结构的变化，民进必须不断夯实全会多党合作的共同思想基础，筑牢抵御西方两党制和多党制、两院制和“三权鼎立”的思想防线，坚定不移地沿着这条民主新路积极稳妥地前行。

三是必须坚持围绕中心、服务大局，努力为落实国家发展战略和发展目标作出积极贡献。自觉服从和服务于国家事业发展的重大战略和总体目标，把自身工作放在执政党和国家工作的大局中来思考和谋划，是民进履行参政党职能取得成绩和作出贡献的一条重要经验。改革开放以来，民进一直围绕着中国共产党的重大决策和部署议政建言、献计出力，为实施科教兴国战略、出版业改革、促进西部大开发、振兴东北老工业基地和中部崛起、生态建设作出了积极努力。实践证明，只有始终坚持围绕中心、服务大局，不断创造新业绩，才能更好地发挥参政党作用，树立参政党形象。当前民进必须更自觉、更深入地学习贯彻科学发展观，抓住“保增长、保民生、保稳定”中带有全局性、综合性和前瞻性的重大问题，建诤言、献妙策、解民忧，继续为推动科学发展、促进社会和谐作出新贡献。

四是必须坚持执政党建设和参政党建设相互促进，解决好民主党派自身建设的两大历史性课题。搞好政治交接、提高履行职能和发挥作用的能力，是新时期以来民进加强自身建设的重大任务。近年来，民进开展了政治交接学习教育活动和中国特色社会主义主题教育活动，以丰富的内容和有效的载体，切实加强和改进了自身的思想建设和组织建设，促进了领导班子建设，落实了政治交接长效机制、民主集中制和监督机制等制度建设，提高了参政议政、民主监督能力。事实表明，重视和加强自身建设，是民进永葆生机活力的重要保证。民进必须坚持以党为师、与时俱进，不断从与执政党建设的比较、借鉴、互动中获取自身建设的各种资源和动力，进一步保持进步性和广泛性，使执政党建设与参政党建设相互促进，更好地统一于多党合作、共创伟业的历史进程中。

风雨同舟昌国运，和衷共济谱新篇。回顾波澜壮阔的历史画卷和前辈先贤的丰功伟绩，我们更清醒地认识到参政党肩负的历史使命。面对复杂多变的国际形势和艰巨繁重的国内发展任务，我们更自觉地建设适应时代要求的高素质参政党，努力作出无愧于历史、无愧于前辈、无愧于时代的新贡献，在已经取得的辉煌业绩和奠定的坚实基础上，把中国共产党领导的多党合作事业和社会主义民主政治建设继续推向前进！

在2009年海峡两岸基础教育论坛开幕式上的讲话

（2009年9月18日）

严隽琪

各位嘉宾、各位朋友：

大家上午好！

由中国民主促进会中央委员会和南京市政府共同举办的“2009年海峡两岸基础教育论坛”今天在这里隆重开幕。我谨代表主办单位对论坛的召开表示热烈的祝贺！向给予论坛帮助和支持的单位、领导和与会的各位校长、教育界人士，表示热烈的欢迎和诚挚的问候！

中国民主促进会是中国大陆8个参政党之一，主要成员是从事教育文化出版工作的高中级知识分子，教育界尤以基础教育的教师和校长占的比例较大。关注教育，支持教育，投身教育，推动教育改革是民进的优良传统，是民进与生俱来的特色与天职，也是我们坚持不懈的使命。一代代民进人为此留下了光辉的足迹，他们中有民进首任中央主席、著名教育家马叙伦先生，他是新中国成立后首任高等教育部部长；有著名教育家叶圣陶先生，他是第七届民进中央主席，曾担任过国家教育部的副部长；还有一生不断追求真理，忠诚教育事业的著名教育家吴贻芳女士，她曾做过金陵女子大学第一任女校长，解放后曾任江苏省副省长。在基础教育领域，有新中国首批优秀教师、被周恩来总理称为“国宝”的著名小学语文教师霍懋征老师；有执著于课程改革的人民教育家、上海育才中学校长段力佩先生等等。我会像这样在基础教育界知名的和优秀的会员还有很多，真是群星璀璨，我不可能一一历数，但他们的业绩，他们的精神已成为民进宝贵的财富。

多年来，教育就是民进履行参政议政、民主监督职能的主要领域。特别是改革开放以来，中国民主促进会在推动教育立法，促进教育改革，呼吁教育结构优化和提高教育质量，推动城乡教育均衡发展，加强教师队伍建设等方面提出了许多建议，对国家的重大决策产生了积极的影响。如前几天，我们刚度过了新中国第25个教师节。这个节日的设立，就有民进老一辈领导人的大力促进，有利于弘扬中华民族尊师重教的优良传统。

海峡两岸基础教育论坛是民进中央为了推进海峡两岸教育文化交流与合作，特别是为两岸基础教育界的校长提供相互切磋的平台，而于2005年创设的。以往的两届论坛，在交流中学教育改革的思考，分享中学课程改革的经验，探索中华传统文化在中学教育中的传承与发展，增进两岸教育界同仁的友谊等方面发挥了积极的作用。借着当前两岸关系和平发展之东风，交流、合作与发展是大势所趋、民心所向。民进中央今年已在唐山成功举办了“第四届海峡两岸企业发展与合作论坛”，10月底还将在杭州举办“第七届海峡两岸中华传统文化与现代化研讨会暨首届医学文化与医学发展论坛”，今天开幕的教育论坛，都是民进为民族团结大业，为两岸的合作与交流努力作贡献的实际行动。全面推进和深化两岸教育的交流合作，是两岸教育界同仁的一致愿望，是两岸关系和平发展的迫切要求。据统计，仅去年，大陆教育系统应邀赴台交流人员近万人次；应教育部直属高校邀请来大陆参加各种活动的台湾师生达3000多人次；大陆高校招收各类台湾学生共计2000多人，使在校台生达7000余人。两岸已有400多所高校签署了校际交流合作协议。两岸高校交流升温的同时，基础教育领域的交流也日趋频繁。

30年来，中国大陆的教育改革发展取得伟大成就，教师队伍整体素质得到很大提高，教师教育的布局结构逐步调整，其办学层次显著提高，逐步形成了以专业培养为主，社会各界教育系统共同参与的培养教师的格局。而且教师培养和培训相结合的进程正在加快，培训考核和教师资格制度在不断发展完善。这个制度对于优化教师结构、拓展教师来源、严把教师队伍入口关、提高教师社会地位和整体素质等方面发挥了重要作用。有关教师的法律法规体系框架初步形成，对教师的权利和义务、资格和任用、培养和培训、考核、待遇、奖励、法律责任等方面有了比较全面的法律规定。教师的社会地位和经济待遇明显提高，工作生活条件进一步改善。

但是，我们也看到，中国进入了新的历史发展阶段，要实现人力资源大国向人力资源强国的转变，教育的单一数量需求正向多样化的质量需求转变，教育的基本矛盾突出表现为人民日益增长的期望与优质教育资源的供应不足。百年大计，教育为先；教育大计，教师为本。优质教育资源最重要的内涵就是高素质的教师。本次论坛的主题是“教师专业发展”，非常切合新时期的需要。因为没有教师素质的提升，就难有高质量的教育；没有教师的宽容与开放，就难有学生的思想解放；没有教师的主动发展，就难有学生的主动发展。教学相长是科学的真理，只有教育者不断地完善自己，才能有利于学生的完善与发展。

在座的各位都是教师发展方面的专家，我借此机会先抛砖引玉，谈谈对影响教师专业发展的几个问题的认识：

第一是教师发展的内在因素。现在各行各业都对人才是第一资源有共识，教育是培养人才的，自身当然需要人才。人才兴，则教育兴；而只有教育兴，人才会更兴。教师专业发展在教育人才，即教师队伍建设具有十分重要的战略地位，教师专业发展落实了，有系统的保障了，则意味着教师队伍的素质会有整体的持续的提高（系统性、制度性建设）。所以，教师专业发展是当前教育形势发展的客观需要，同时，它反映了教师内心的强烈需求。从职业角度讲，它不排除具有解决个人生计的功利目的；从人生观讲，也包含有满足自己兴趣和幸福的追求。如果教师不以外在的强制为约束，而是以自觉的发展为动力：他把自己的生命融进职业生活中，并从职业中得到快乐和发展；他把教师看成是教育活动的思考者和研究者，视教师职业为不仅是单纯的给予也是在获得充满人生意义的活动，以终身自我教育作为教师生涯的推动力，那么，这就是超功利的，体现了教师职业观的升华。学习、教学、研究成为他们的一种专业的生活方式和职业发展的内在需要，他们的职业生涯会焕发出更加旺盛的生命活力，得到幸福感觉和产生持续发展的不竭动力。他们是发展型的教师，是有自身特色的教育活动的创造者。

第二是促进教师发展的外部环境。一个问题是政府应该把教师队伍建设作为教育政策的优先议程。视教师为教育事业的第一资源和核心要素。其实全面实施素质教育离不开教师的关键性作用；提高教育质量的核心是教师的素质；推进义务教育均衡发展的瓶颈在师资配置；解决“择校”等热点难点问题，也往往与师资有关。实施人才强国战略，必须首先重视加强教师队伍；开发人才资源，必须首先开发教师资源，这应当是新时期教育改革发展的战略重点（浇花要浇在根上）。

第二个问题是统筹考虑教师教育培养体系的开放性与稳定性。我们现有的富有特色的师范教育体系是中国教育的历史所形成的，有其优势和宝贵的经验，而教师专业化是教育规律的客观要求和国际教师教育的潮流。我们的目标是构建适合中国国情的开放的现代化教师教育体系。中国仍是一个发展中大国，教师职业还缺乏足够吸引力，为了有效保障教师资源的稳定供给和形成教师专业发展的促进机制，当前和今后一个时期，仍然需要一个相对稳定的教师教育体系，并支持开放教师教育，充分发挥师范院校的作用和综合大学的优势，加快培养高素质教师，进一步提高教师教育的质量水平。

第三个问题是要统筹城市和农村布局，进一步促进基础教育教师资源均衡配置和协调发展。这是实现教育资源均衡配置、促进教育公平的首要条件。我国拥有上千万之众的中小学教师队伍，总量上基本能够满足现阶段需要。但是，由于历史的和现实的种种原因，教师资源配置矛盾仍然突出。而且由于现阶段城乡劳动力市场的二元结构，城乡教师余缺难以互补，农村边远地区教师紧缺。实现义务教育均衡发展，绕不过结构性矛盾形成的师资“瓶颈”。所以在新时期，要统筹考虑城市和农村、强校和弱校，以加强农村教师队伍建设为重点，合理配置教师资源，有效解决“结构性超缺编”的矛盾，真正达到义务教育均衡发展。近年来，中央和地方政府多方采取措施，应该说在解决农村师资紧缺问题上取得积极成效。我们希望进一步加大支持力度，制度创新和支持措施双管齐下，坚持数年，相信农村师资状况将会大为改观。在这个过程中，必须协调教育战略目标与推进策略，确保在仍不可避免的非均衡状态下达到教师资源的最优化配置与协调发展，即坚持统筹兼顾的基本方法，从我国现阶段实际出发，坚持分区规划、分类指导，不同类别和层次的教育区别对待，统筹协调各级各类教师队伍的全面发展（一万年太久，只争朝夕。要有迫切的精神，同时又不能抱有一蹴而就的天真想法，所以还是要逐步推进）。

第三是搭建教师发展平台的学校环境。一所有特色的学校，必然是能够有效借助和协调外部政策和社会环境，引导和促进学校教师发展的内在需求，形成具有特色而又成效明显的办学体系。学校依靠教师的发展而发展，而教师则依靠学校的发展所提供的平台来施展才华，这是一个互动的关系。只有建立学生、教师、学校相互依存、互为发展基础的利益共同体，学校才有持续发展的可能。学校既要注重培养学生完整的人格、积极向上的价值追求、良好的合作交流意识和终身学习的能力；又要注重教师的生命质量，在满足教师职业和生活的基本需求外，引导他们追求价值实现和人生幸福。在横向关系上，教师队伍建设涉及的各种条件要作为一个系统工程进行统筹规划、综合配套、协力推进，创设促进教师专业化发展的制度环境。如建立现代教师管理制度，考虑教师待遇、资格认定、录用聘任、考核奖惩与教师培养培训的内在关系。在纵向关系上，要根据教师专业发展的规律，把教师的职前培养、入职教育和职后培训，把教师资源配置、开发和利用作为一个连续、统一的过程，环环相扣、总体设计，使教师在整个职业生涯中能不断地提高专业化水平，不断攀越人生的新高度。

各位嘉宾朋友们，尊师重教是中华文化传统中最重要的内涵。中华民族的伟大复兴需要广大教师无私地付出，需要各位校长的倾力奉献，需要社会各界的大力支持。希望两岸教育界密切合作，把教育交流持续推向深入，为两岸关系和平发展作出贡献。为两岸同胞共谋福祉，为中华民族繁荣昌盛共同努力奋斗。

最后，带着崇高的敬意和衷心的期望，祝愿两岸所有的教师们健康快乐、桃李芬芳！也预祝本次论坛圆满成功！

谢谢！

在民进中央庆祝中华人民共和国成立60周年纪念人民政协成立60周年座谈会上的讲话

（2009年9月23日）

严隽琪

同志们：

今天我们在这里召开座谈会，中央和地方、专职和兼职、新同志和老同志的代表，大家欢聚一堂，热烈庆祝中华人民共和国成立60周年，隆重纪念人民政协成立和中国共产党领导的多党合作和政治协商制度确立60周年。

听了各位精彩发言，我的心情也很激动，我觉得大家的发言表达了11万民进会员的共同心愿：那就是身为当代中国人的自豪，对我们伟大祖国的祝福，对组织和人民的感恩，对民进事业的深情，对美好未来的期盼，对走中国特色社会主义道路的决心。今天会议的发言，对大家是一次很好的、非常生动的学习机会。

在中国的传统文化中，60是个特别有意义的数字。而新政协召开、新中国成立以来的60年，对中华民族和中国人来说，更具有不同寻常的历史意义。中国共产党领导全国各族人民，经过奋斗探索，使中国彻底改变了“一穷二白”的面貌，摆脱了落后挨打的被动局面，呈现出欣欣向荣的局面：我国的经济持续增长，科技跨越发展，文化日益繁荣，民主政治逐步推进，社会长期稳定，人民生活总体达到小康水平，综合国力和国际地位不断提高。13亿中国人民意气风发，沿着中国共产党指引的方向和开辟的道路，抒写了中华民族历史的壮丽篇章。

60年来，民进参与和见证了新中国的成立、建设和发展，与人民政协事业一路同行，人事虽然有更替，但民进人始终同中国共产党同心同德、风雨同舟、团结奋斗，为建立和完善社会主义制度，为改革开放和现代化建设，为实现祖国和平统一大业，作出了自己应有的贡献。今天在举国同庆的大喜日子里，我们要缅怀老一辈民进领导人的历史功绩和宝贵精神，是他们把民进带上了“跟着共产党走”的正道，为民进的事业奠定了坚实的基础；我们要感谢为民进的事业呕心沥血、努力奉献的各位老领导和老同志，正是他们把民进的事业不断推向前进，使民进在为国家发展作出贡献的同时，自身也得到健康发展。今天我们相聚一堂，表达对伟大祖国的衷心祝福，同时座谈60年来民进的主要成绩和基本经验，是为了继往开来，更清楚地认识当代的民进人肩负的责任，更自觉地投身到建设中国特色社会主义的伟大事业中去，为祖国和人民作出新的贡献。

同志们，60年来民进与新中国和人民政协同行的历史为我们今天的民进人提供了哪些重要的启示呢？

一、坚持和完善中国共产党领导的多党合作和政治协商制度，为建设中国特色社会主义民主政治作贡献

60年前，马叙伦、王绍鏊、周建人、雷洁琼等民进前辈与兄弟党派领导人和无党派人士积极响应中共中央发布的《纪念“五一”劳动节口号》，他们为筹备新政协，共商建国大计，置个人生死于不顾，从香港等地毅然踏上了奔赴解放区的“光明行”。民进参加了1949年召开的新政协，这是为建立新中国奠基，也标志着中国共产党领导的多党合作和政治协商制度的确立，向世界宣告中国的历史从此掀开了人民民主新的一页。

新中国成立以后，特别是改革开放以来，尤其在《中共中央关于坚持和完善中国共产党领导的多党合作和政治协商制度的意见》颁布后，民主党派参政党的性质和地位得到确认，多党合作事业进入新的发展阶段。民进始终自觉坚持和完善党领导的多党合作制度，积极促进社会主义民主政治发展。上世纪80年代以来，我国相继遇到国际国内政治风波、特大自然灾害、重大突发公共卫生事件以及地区和全球性金融危机等来自各方面的严峻考验，无论情况多么紧急和复杂，民进始终保持清醒头脑，坚持维护党的执政地位，维护多党合作的政治格局，与共产党同心同德，共克时艰，共应挑战，为确保社会政治稳定发挥了应有的作用。

民进积极参与政治协商。无论是在中共中央邀请各民主党派领导人出席的协商会、座谈会、通报会上，还是作为人民政协的组成单位之一，在人民政协提供的平台上，民进坚持讲真话，献良谋，做诤友。对中共中央和国务院征求民主党派意见的一系列重要会议文件认真提出修改意见，积极参与国家重大方针政策的讨论协商及履行职责的各种活动，为促进共产党和政府的科学民主决策献计出力，为推动人民政协事业的发展作出贡献。

民进认真履行参政议政和民主监督职能。近10年，民进中央围绕经济社会发展的重大问题和人民群众关心的热点问题，先后有15份向中共中央、国务院报送的书面意见和建议得到党和国家领导人的亲自批示和答复。民进连续多年获得全国政协信息工作一等奖，如关于大幅度提高矿产资源补偿费、关于政府预算需要阳光监督等信息引起了中共中央领导的重视，在促进相关问题的解决和改善中，体现了民进的作用。民进有一大批担任各级人大代表、政协委员和各级政府部门、司法机关领导干部的会员，还有各类特约人员，他们在各自岗位上不辱使命，发挥了参政议政和民主监督的特殊作用。

二、坚持围绕经济建设中心，以促进发展为履行职能的第一要务，为现代化建设和祖国统一大业作贡献

60年前，民进首任主席马叙伦在中国人民政治协商会议第一届全体会议上代表民进发言，表示要“用最大努力，从事于经济建设与文化建设，共同建立光辉灿烂的中华人民共和国。”民进人用坚持不懈的努力、扎实有效的工作践行着马老的发言。

——发挥我会的界别特色，促进新中国教育文化出版事业的发展与改革。建国初期，马叙伦任中央人民政府文化教育委员会副主任、教育部部长，周建人任国家新闻出版总署副署长，他们为新中国的教育出版事业做出了具有开创性的工作。民进全会也涌现出一大批在新中国文教战线和其他领域作出突出贡献的先进人物和代表。

教育一直是民进履行参政议政、民主监督职能的主要领域。特别是改革开放以来，民进在推动教育立法，促进教育改革，呼吁教育结构优化和提高教育质量，推动城乡教育均衡发展，加强教师队伍建设等方面提出了许多建议，对国家的重大决策产生了积极的影响。如教师节的设立，还有中国民办教育协会的成立，都有民进的突出贡献。

民进中央先后就深化我国出版改革、文化体制改革、加强文化市场管理、加强社区文化建设、弘扬和培育民族精神、维护国家文化安全等问题深入调研、建言献策，并在全国政协会议上作大会发言，受到中共中央、国务院及有关部门的重视与肯定，以及被不同程度采纳。

——关注国计民生，在资源节约、环境保护和“三农”等重大问题上，促进国家发展战略的实施。民进根据我国社会主义建设推进的需要，不断拓展参政议政的视野。特别是1997年民进“八大”之后，我会就科技、经济、可持续发展中的资源节约和环境保护，西部大开发和“三农”问题、贫困地区和边疆地区经济社会发展、石漠化和沙漠化治理等一系列重大课题，开展深入调研，积极建言献策。如民进中央先后向中共中央报送《关于将“节约、合理利用和保护自然资源”确定为我国基本国策的建议》、《关于西部大开发中要特别重视农业、农村和农民问题的建议》、《关于长江中游湿地保护与合理利用的建议》等书面建议，得到中共中央的高度重视和采纳。民进中央向全国政协提交的《关于建设陇海星火产业开发带，推动中、西部经济发展的建议》、《关于引进市场机制，大力推进环保产业发展的建议》分别被列为当年全国政协会议1号提案，并重点办案，促进了星火产业的发展。

——开展社会服务，为促进贫困地区和边疆地区经济社会发展多办实事。改革开放以来，民进各级组织积极开展咨询服务、智力支边、扶贫开发、兴办公益事业等社会服务工作，为支持边疆地区和贫困地区经济社会发展付出了极大心血和努力。民进中央先后在河北滦平县开展了定点扶贫，在贵州毕节“科技扶贫、生态建设”试验区参与了重点扶贫。仅在贵州，20多年来，民进共完成各类支边项目70余个，培训各类人员5000余人次。民进中央与国家林业局等单位合作，与各地方民进组织联动，先后在贵州黔西南州和毕节金沙县启动“30万亩金银花基地项目”和“彩虹行动”，帮助当地探索一条既保护生态环境，又能带动农户增加收入的科学发展之路；以及帮助当地加强教师队伍建设，促进教育公平的可持续发展之路。在国家实施西部大开发战略以来，民进陆续开展了“六个西进”活动，通过合作投资、捐赠、结对扶贫、科教支援等多种方式，为我国城乡区域均衡协调发展和促进社会和谐作出积极贡献。

——促进海峡两岸的民间交流。为祖国和平统一大业贡献力量，民进视其为应尽的历史责任。1979年民进“四大”之后，民进各级组织都建立了相应工作机构，热情接待回大陆探亲观光的港、澳、台同胞和海外华人，积极宣传我国政府对台港澳的方针政策。新世纪以来，民进根据两岸关系的新形势，发挥民进的界别特色和组织优势，利用民进联系广泛的人脉资源，以“弘扬中华传统文化，促进祖国和平统一”为主题，以“海峡两岸中华传统文化与现代化研讨会”、“海峡两岸企业合作与发展论坛”、“海峡两岸中学校长论坛”等新形式，促进两岸民间交往、文化经贸交流，反映台湾同胞的意愿，增进海峡两岸的感情与互信，发挥了积极和独特的作用。

三、积极适应世情、国情和会情的变化，坚持以政治交接为主线，不断加强自身建设

民进在1949年全国解放前夕只有会员100人左右，经过60年的发展，现已在全国29个省、自治区、直辖市建立了地方组织，有市县级组织315个，基层组织5739个，会员11.4万余人。60年来民进共召开10次全国代表大会，修改了10次会章，使会的政治纲领、基本任务、工作总则和各项制度规定不断与时俱进，更加规范化。民进历届中央领导集体都高度重视把握时代规律、发挥民进特色，重视加强科学理论的学习、推进民主党派工作理论的创新，重视发挥会史的宣传教育作用。例如：民进八大提出了“巩固老阵地，开拓新领域”和“以政治交接为主线，以参政议政和自身建设为重点，努力把民进建设成为适应21世纪的高素质参政党”；民进十大提出了“集智聚力、顺势而为、有思有行”和“执政党建设与参政党建设相互促进、中央工作与地方组织工作相互促进、参政议政与社会服务工作相互促进、理论研究与实际工作相互促进”等。这些方针和思路是全会的经验财富，在民进的自身建设中发挥了重要作用。

围绕着参政党必须搞好政治交接和提高履行职能的能力这两大历史性课题，民进以思想建设为核心、以组织建设为基础、以制度建设为保障，努力推进高素质参政党建设。我们以主题教育活动和重大事件、重要活动为契机，不断丰富思想建设的内容、形式与载体，不断巩固与中国共产党团结合作的思想政治基础，为建设高素质参政党提供思想保证、精神动力和舆论支持。我们以领导班子建设、组织发展、后备干部队伍和基层组织建设为重点，通过加强组织建设发现人才、发展人才、造就人才，为建设高素质参政党提供人才支持和组织保障。我们坚持民主集中制的原则，实行集体领导和集体领导下的分工负责制，不断完善会议制度、议事决策制度、参政议政工作机制，有序扩大会内民主，探索建立会内监督机制，为建设高素质参政党提供制度保障。经历了60年的风雨波澜，民进形成了坚持接受中国共产党的领导，坚持爱国、民主、团结、求是，坚持立会为公的优良传统；形成了继承传统、以党为师、立会为公、参政为民的共同价值理念；形成了促进政治道路认同、奋斗目标认同和文化价值认同的共识。60年来民进人在长期的党派工作中形成了“知行统一、爱民亲民、淡泊名利、不尚空谈”的“老实党”作风，为国、为民、为民进，执著奉献、无怨无悔，重实干、轻空谈，踏踏实实做好每一件事……这些质朴的情感、高尚的人生追求、求真务实的作风，也是民进自身建设必须珍视和传承的重要成果。

同志们，60年来，民进始终与新中国和人民政协一道，共同迈开前进的步伐、共同经受困难风险的考验、共同分享成功的喜悦。当前，我国正处在改革发展的关键阶段，挑战与机遇并存。形势复杂多变，任务依然繁重。在伟大的祖国朝着建设富强民主文明和谐的社会主义现代化国家的宏伟目标阔步前进的征程上，需要我们继承民进优良传统，把一切积极性、主动性、创造性，把智慧和力量凝集到中国特色社会主义伟大事业中来，在未来的征程上，谱写民进新的历史篇章。

为此，民进在今后更要不被干扰所惑、不为风险所惧、不受困难所阻，进一步做好“四个坚持”：

必须坚持在中国共产党的领导下，坚定不移地走中国特色社会主义政治发展道路。历史和现实一再证明，只有在中国共产党的领导下，中国才能走向独立和富强，才能实现中华民族的伟大复兴。坚定不移地接受中国共产党的领导，走中国特色社会主义政治发展道路，是民进始终沿着正确的政治方向前进、在建设和改革的宏伟事业中真正有所作为的根本保证。面对时代的发展和会员结构的变化，民进必须不断夯实全会多党合作的共同思想基础，引导广大会员把老一辈领导人的历史选择变为新一代民进人的现实选择，把坚持党的领导全面准确地贯彻到民进工作的各个方面和环节。必须筑牢抵御西方两党制和多党制、两院制和“三权鼎立”的思想防线，坚定不移地沿着这条民主新路积极稳妥地前行。

民进必须坚持围绕中心、服务大局，为科学发展积极贡献力量。自觉服从和服务于国家事业发展的重大战略和总体目标，是民主党派履行职能的出发点和落脚点。把自身工作放在执政党和国家工作的大局中来思考和谋划，是民进提高履职能力的必需。当前民进必须围绕经济建设这个中心，更自觉、更深入地学习贯彻科学发展观，抓住“保增长、保民生、保稳定”中带有全局性、综合性和前瞻性的重大问题，深入调查研究，建睿智之言、献务实之策，继续为推动科学发展、促进社会和谐形成合力，作出新贡献。

民进必须坚持执政党建设和参政党建设相互促进，解决好党派自身建设的两大历史性课题。搞好政治交接、提高履行职能和发挥作用的能力，民进才能永葆生机活力。我们必须坚持以党为师、与时俱进，不断从与执政党建设的比较、借鉴、互动中获取自身建设的各种资源和动力，进一步保持进步性和广泛性，使执政党建设与参政党建设相互促进，更好地统一于多党合作、共创伟业的历史进程中，在促进我国政党关系的和谐，促进社会主义和谐社会的构建中，促进党派自身的进步。

民进必须坚持改革创新的精神，在工作中更好地体现时代性、把握规律性、富有创造性。解放思想、实事求是、与时俱进，不仅是发展中国特色社会主义的一大法宝，也是推进多党合作事业和民主党派工作的思想作风保证。面对当前大发展、大变革的新时代和世情、国情、会情出现的新变化，民进在继承老一辈领导人与中国共产党团结合作的政治信念、优良传统和高尚风范的同时，必须大力弘扬改革创新的时代精神，使我们的思想观念和工作能力适应社会的进步和时代的发展，在认真研究和探索解决新情况、新问题的基础上实现继承和发展，努力推动民进工作适应时代发展的趋势和形势任务的要求。

风雨同舟昌国运，和衷共济谱新篇。同志们，让我们高举中国特色社会主义伟大旗帜，坚持以中国特色社会主义理论为指导，团结引导全会各级组织和广大会员，努力建设学习型政党，当前特别要认真学习胡锦涛同志在庆祝人民政协成立60周年大会上的重要讲话和中共十七届四中全会精神，努力建设适应时代要求的高素质参政党，积极履行参政党职能，为贯彻落实科学发展观，夺取全面建设小康社会的新胜利，实现中华民族的伟大复兴作出新的贡献！

最后，让我们衷心祝愿伟大祖国更加繁荣昌盛，祝愿多党合作和民进事业进一步发展，祝各位健康、幸福、节日快乐！

学习贯彻中共十七届四中全会精神，指导我会下阶段工作

——在民进十二届八次中常会闭幕式上的讲话

2009年10月11日

严隽琪

各位常委、各位同志：

民进十二届八次中常会今天就要结束了。这次会议内容充实，我们认真学习了中共十七届四中全会精神，听取了关于中共十七届四中全会精神的报告，交流了心得体会，围绕年底全会工作报告提纲（草案）回顾了今年走过的历程，总结了工作，并对会中央的工作提出了宝贵建议。大家反映，收获和启示很大。

在会议闭幕前，我想强调三方面的问题：一是学习贯彻中共十七届四中全会精神；二是认识形势，增强大局意识，坚定信心；三是就总结今年工作和规划明年工作谈点意见。

一、学习贯彻中共十七届四中全会精神

刚刚闭幕的中共十七届四中全会，是在新中国成立60周年、改革开放30周年、国际形势继续发生深刻变化、我国全面建设小康社会进入关键阶段召开的一次重要会议。四中全会通过的《中共中央关于加强和改进新形势下党的建设若干重大问题的决定》，认真总结了中国共产党在执政中自身建设的宝贵经验，深入分析了执政党建设面临的新情况新问题，进一步研究和部署以改革创新精神推进党的建设新的伟大工程。这是在新的历史起点上推进党领导的中国特色社会主义伟大事业的迫切需要，是在新的时代条件下永葆执政党的生机活力的必然要求。中共十七届四中全会的召开，对于全面贯彻中共十七大精神，以邓小平理论和“三个代表”重要思想为指导，深入贯彻落实科学发展观，有效应对国际金融危机冲击、保持经济平稳较快发展，夺取全面建设小康社会新胜利、开创中国特色社会主义事业新局面，具有重大而深远的意义。

刚才各位常委在发言中提到，在多党合作的框架下，执政党和参政党肝胆相照、荣辱与共、风雨同舟、长期共存，这就决定了我们参政党必须高度关注共产党的建设，学习共产党的有关决定。我们这次常委会，邀请了全国政协常委、中央党校原副校长李君如同志作关于学习贯彻中共十七届四中全会精神的辅导报告，各位常委们听后交流了学习心得。《民进中央关于学习贯彻中共十七届四中全会精神的通知》也已下发。这对全会学习掌握和贯彻四中全会精神，将起到促进作用。各位常委、主委回去后，要及时安排部署所属各级组织和广大会员认真学习贯彻中共十七届四中全会精神，首先抓好班子成员、骨干队伍和机关的学习，一把手和中心学习组要带头学习。要认真学习领会四中全会对新形势下加强和改进党的建设重要性和紧迫性的深刻认识，要学习对执政党建设基本经验和规律的系统总结，要学习对提高党的建设科学化水平新的重大命题的科学阐述，要学习对加强和改进新形势下党的建设的战略部署，要学习对提高推动科学发展和促进社会和谐的能力、保持经济平稳较快发展的总体要求，要学习对做好统一战线和多党合作特别是民族工作的重要论述。在加强学习的同时，也要注重学用结合。这次会议就是我们用实际行动在继承民进的优良传统。民进的优良传统很大一方面是体现在会议上，特别是会议的发言、会议的氛围和会议所作出的决策等方面。这次会议体现了民进的优良传统：一是拥护党的领导。拥护党的领导是一个参政党的政治态度、政治立场，意味着我们要拥护党的方针政策，拥护党指出的道路；二是求真务实，立会为公。

强调几点：一是进一步增强坚持中国共产党领导的自觉性和坚定性。中国共产党成立88年、执政60年、领导改革开放30年来，始终以实现中华民族伟大复兴为己任，坚持把马克思主义基本原理同中国具

体实际相结合，团结带领全国各族人民不懈奋斗，战胜各种艰难险阻，不断取得革命、建设、改革的伟大胜利。历史和现实一再证明，中国共产党是中国走向独立富强、实现现代化的坚强领导核心。坚持接受中国共产党的领导，是民进沿着正确的政治方向前进、在建设和改革的宏伟事业中有所作为的根本保证。当代民进人要发扬我会优良传统，把坚持党的领导贯彻到民进工作的各个方面和环节，进一步增强接受中国共产党领导的自觉性和坚定性。

二是坚持执政党建设和参政党建设相互促进，加强我会自身建设。执政党的建设是党领导的伟大事业不断取得胜利的重要法宝。在党和人民事业发展的重要关头，中国共产党总是紧紧抓住党的建设这个关键，保证党始终与时代发展同步伐、与人民群众共命运，更好地团结带领全国各族人民战胜各种艰难险阻，不断夺取新的胜利。长期以来，中国共产党高度重视自身建设，围绕提高领导水平和执政水平、提高拒腐防变和抵御风险能力，围绕提高执政能力、保持和发展先进性，不断加以推进。

作为中国共产党的亲密友党，民进必须以党为师、与时俱进，不断从与执政党的比较、借鉴、互动中获取自身建设的启示、资源和动力，进一步保持参政党的进步性和广泛性。必须深刻认识到加强参政党自身建设的必要性和紧迫性。复杂多变的国际国内政治经济形势，对建设适应时代要求的高素质参政党提出了更高的要求；中国共产党领导的多党合作和政治协商制度进入新阶段，对建设高素质参政党提出了新任务；我会队伍结构和会员思想观念的变化，对思想建设、组织建设提出了新课题。我们必须顺应时代发展的潮流，准确把握我国发展的阶段性特征，清醒认识变化着的国内外形势以及民进的会情，从确保我国多党合作事业和民进事业健康发展的高度，努力推进我会的自身建设。

三是继续把服务科学发展作为履行职能的第一要务。中共十七届四中全会指出，继续把保持经济平稳较快发展作为经济工作的首要任务。我们要坚持围绕经济建设这个中心，注重研究国外经济环境变化和国内经济运行新情况新问题，注意选择具有关键性、全局性、前瞻性的重大课题开展专题调研和参政议政活动，多想科学发展大事，多谋科学发展大计，努力为实现以人为本、全面协调可持续的科学发展谋深虑之计、建睿智之言、献务实之策。

二、认识形势，增强大局意识，坚定发展的信心

2009 年是中国共产党领导全国人民积极应对国际金融危机，推进经济平稳较快增长和社会又好又快发展，是完成“十一五”规划的关键一年，也是我国经济发展进入新世纪以来最困难的一年。面对极其严峻复杂的国际国内经济环境，党中央、国务院统揽全局，审时度势，及时果断决策，把保持经济平稳较快发展作为经济工作的首要任务，实施积极的财政政策和适度宽松的货币政策，及时出台并不断丰富完善应对国际金融危机的一揽子计划。今年 3 月，温家宝总理的政府工作报告，强调今年政府工作要以促进经济平稳较快发展为主线，全面阐述了应对国际金融危机的政策措施。这些决策部署和政策措施，统筹兼顾，突出重点，立足当前，着眼长远，体现了扩内需、保增长、调结构、促改革、惠民生的有机结合。

应当指出，虽然国际金融危机给全球经济带来重大影响，但我国经济发展的基本面和长期向好的趋势没有改变。在需求方面，我国是一个拥有 13 亿人口的发展中国家，正处于工业化、城镇化快速发展阶段，国内市场前景广阔，经济发展回旋余地大。消费结构和产业结构升级、基础设施建设、社会事业发展、环境保护和生态建设都蕴藏着巨大的需求和增长潜力。在供给方面，经过 30 年改革开放，物质技术基础日益增强，产业体系比较完整，社会资金相对充裕，有 7 亿多劳动力资源和不断扩大的人才队伍，有 20 多万亿元的居民储蓄，生产要素组合具有优势。庞大的需求和强有力的供给结合在一起，必然有利于我国经济长期持续发展。我国政治稳定，社会安定，社会主义制度具有集中力量办大事的优越性，宏观调控积累了丰富经验，为经济平稳较快发展提供了有力保障。

目前，经济运行出现积极变化，总体形势企稳向好。同时必须清醒地认识到，国际金融危机尚未平息，我国经济回升的态势还不稳定、不巩固、不平衡，世界经济复苏将是复杂和曲折的过程，可能需要较长一段时间。世界经济出现一些结构性变化的新特征。当前和今后一个时期，世界经济增长格局会有所变化，但经济全球化的大趋势不会改变；政府维护市场正常运行的职责会有所强化，但市场在资源配置中的基础性作用不会改变；国际货币多元化会有所推进，但美元作为主要国际货币的地位没有发生根本改变；发展中国家整体实力会有所上升，但发达国家综合国力和核心竞争力领先的格局没有改变。同时，世界经济也出现了一些新的苗头：（1）发达国家消费模式有所改变，国际市场萎缩难以在短期内改变。长期以来世界经济增长过度依赖美国消费，美国消费又过度依赖负债和信用支撑，依赖虚拟资产膨胀产生的财富效应。对现行消费模式的调整，可能影响全球贸易规模扩大。近来美国个人储蓄率有所上升，欧盟一些国家也出现类似征兆；各种形式的贸易保护和投资保护主义明显抬头，我们需要给予充分重视。（2）全球货币发行短期内大幅增加，给未来发展带来变数。为应对危机，世界主要国家普遍大幅增加财政赤字、大幅降低利率并实行“量化宽松”等政策措施，向经济注入了大量货币，使全球通货膨胀风险隐忧增加。受流动性增多、美元贬值等因素影响，最近国际一些大宗商品以及黄金等贵金属的价格快速上涨，增加了国际经济复苏的不确定性。（3）产业结构调整加快，新能源等产业可能成为新的增长点。许多发达国家在刺激经济增长的过程中，十分重视产业升级，尤其是大力发展新能源、节能环保等新兴产业，促其成为引领未来全球产业发展的增长点。美国把培育绿色产业作为经济复苏计划的核心，明确提出逐步以新能源替代化石能源；日本宣布实施“绿色新政”，大幅度提高太阳能发电量和新型环保汽车使用量；欧洲也把可再生能源作为战略重点。同时，随着后京都议定书阶段的接近，发达国家正凭借其在新能源、节能环保领域上的领先优势，推动形成“碳减排”、“碳关税”等规则或准则，这将对国际贸易与投资发展产生深远影响。

今年7月5日，我国新疆发生了60年来性质最恶劣、伤亡人数最多、财产损失最严重、破坏程度最大、影响最坏的一次暴力犯罪事件，严重干扰了新疆的民族团结和社会稳定。乌鲁木齐街头的血腥一幕，再一次让更多人看清了“三股势力”的本来面目：那就是打着“民族独立”的幌子，用暴力手段制造混乱和对抗，从而达到他们分裂国家，妄图独立的目的。血的事实证明，宗教极端势力、民族分裂势力和国际恐怖势力是影响国家安全和社会稳定的毒瘤。

因此，我们必须进一步增强忧患意识，统一思想，坚定信心，正确认识国际国内形势的复杂性、严峻性、多变性，充分认识我国改革开放和社会主义建设任务繁重。我们必须调动全会的积极性、主动性、创造性，把各级组织和会员们的智慧和力量凝集到党和国家事业中来，为促进我国经济平稳较快发展和社会和谐发展作出新的贡献。

三、关于总结今年工作和规划明年工作

按照民进十二届二中全会的精神，2009年我会按照科学发展观的要求，巩固和扩大开局之年的工作成果，以组织工作和后备干部队伍建设为重点，有思有行、集智聚力、顺势而为，创新工作机制，推动会中央工作和地方工作相互促进，高素质参政党建设和履行参政党职能相互促进，进一步提高工作水平，迎接新中国成立60周年和人民政协成立60周年。今年以来，会中央积极带领全会，高举中国特色社会主义伟大旗帜，以邓小平理论和“三个代表”重要思想为指导，以学习贯彻科学发展观为主线，深化坚持走中国特色社会主义道路学习教育活动，积极推动参政党理论研究，巩固和扩大领导班子建设的成果，大力加强骨干队伍建设，不断创新参政议政和社会服务的机制，加强会史资料的抢救工作和会史基地改建工作，各项工作取得了可喜的成果：（1）成功召开民进全国宣传思想工作会议暨科学发展观论坛。会议全面总结了我会思想建设以及学习贯彻科学发展观的经验，推动全会进一步提高学习贯彻科学发展观的水平，把这一重要指导方针和重大战略思想更好地贯彻落实到自身建设和履行职能的各个方面、各个环节。前不久十二届十七次主席办公会议审议通过了《民进中央关于新形势下加强我会思想建设的意见》，这对于我会进一步实现政治交接、巩固多党合作思想政治基础，全面促进高素质参政党建设和更好地履行职能，具有十分重要的意义。（2）顺利召开民进全国组织工作会议。今年我会的工作重点是组织工作和后备干部队伍建设，这次会议是在新的历史起点上，进一步加强组织工作，并全面促进我会自身建设的重要会议。会议总结交流近年来我会组织建设的成绩和经验，清醒认识参政党建设面临的形势和任务，研究探讨新时期进一步加强组织工作的措施，为把民进建设成适应时代要求的高素质参政党提供坚实的组织保障。(3) 深入务实地开展重点调研。今年的大调研课题是“新形势下的农村教育综合改革”。此次调研充分体现了会中央与地方组织合作联动，并借助社会力量的工作思路。会中央领导先后在上海、河南、山西、山东、安徽等地开展了前期调研、专题考察和补充调研。民进天津、广东等6个省级组织将该课题作为本省年度重点调研课题配合民进中央各有侧重开展同步调研。在此基础上，在国家教育部、农业部、科技部的支持协助下，会中央综合各方调研成果集中研讨，反复论证，最终形成了致中共中央、国务院的《关于新形势下的农村教育综合改革建议书》。(4) 进一步探索发挥专委会作用。8个专门委员会分别就“新机制后我国义务教育的新情况与新问题”、“深化文化行政管理体制改革”、“中国媒体走向世界，打造新时期中国国际形象”、“农村土地流转”、“中央公益类科研院所体制（机制）改革”、“土地节约集约利用”、“人口和计划生育公共服务网络在构建农村基本公共服务体系中的重要作用”等课题各自展开调研。调研得到了民进地方组织和有关国家部委的大力支持，产生了一批较高质量的参政议政成果。(5) 社会服务工作积极进行。一方面，积极参与灾后教育重建。我会高度重视四川灾区教育重建工作，将“为了灾区的孩子们”（特殊会费）的捐款全部投向受灾的川、甘、陕、渝，各建设项目进展顺利。并积极为灾区孩子们捐赠图书，还举办了“民进中央2009年地震灾区学校校长暑期培训班”。同时围绕灾后教育重建积极建言献策。其中，民进四川省委会积极行动，为灾区群众送温暖、献爱心、作贡献。四川省委会主委张雨东的有关建议被《政协信息专报》单篇采用，得到中央政治局委员、国务委员刘延东的批示。承担对口支援的各省的民进干部和会员也通过多种方式，为灾后重建贡献力量。另外一方面，积极推进毕节试验区建设。胡锦涛总书记曾批示，毕节试验区是多党合作和科学发展观的双重试验区。民进也是集全会之力，在民进贵州省委会的积极配合下正式启动了“彩虹行动”，并取得了较好成效，有7个省市已经和毕节签订了对口合作合同。(6) 组织新中国和人民政协成立60周年系列纪念活动。举办好庆祝“两个60周年”活动，对于我会巩固政治交接学习教育活动成果，引导全会继承和发扬民进优良传统，不断增强接受中国共产党领导的自觉性和坚定性，高举爱国主义和社会主义的大旗具有十分重要的意义。会中央组织开展了一系列富有思想内涵的纪念活动，如举办座谈会、联欢会、开展理论征文、摄影比赛、学习会史、重温先辈事迹，并加强会史资料的抢救工作等，以此为契机，抚今追昔、展望未来。唱响主旋律，加强我会广大成员在“中国特色社会主义道路”、“全面建设小康社会目标”和“中华优秀文化和社会核心价值观”等方面的认同。

在做好今年工作，认真总结经验的同时，我们希望以新中国成立60周年和纪念中国共产党领导的多党合作和政治协商制度确立60周年为新的起点，做好明年工作的规划。

（一）深入学习贯彻中共十七届四中全会精神，贯彻落实民进全国组织工作会议和宣传思想工作会议精神

民进全国组织工作会议和宣传思想工作会议，全面总结了我会在思想政治工作和组织建设工作方面的成绩和经验，认真研究了参政党建设面临的形势和任务，提出了我会进一步加强自身建设的要求和措施。会议结束后，各级组织结合自身实际，认真学习贯彻会议精神，把思想建设与组织建设、制度建设结合起来，融于参政议政、民主监督的实践之中，使各方面工作相互促进，取得良好效果。

我们要将学习贯彻中共十七届四中全会精神与贯彻落实民进全国组织工作会议和宣传思想工作会议精神有机结合起来，通过学习中国共产党加强和改进执政党的建设的基本经验和重大举措，启发和促进我会自身建设取得新成效。切实做到执政党建设与参政党建设相互促进，自身建设与履行职能相互促进。

1. 学习贯彻科学发展观，加强新形势下我会的思想建设。各级组织要认真贯彻落实《民进中央关于新形势下加强我会思想建设的意见》，紧密结合自身建设和履行职能的工作实际，有针对性地在政治交接长效机制，后备干部队伍建设的推荐、选拔、培养、管理机制，以及会内监督机制等方面积极推进，创造

经验，不断提高学习贯彻科学发展观的水平。要系统研读《六个为什么》，加大对深层次理论问题的研讨，深刻理解、准确把握社会主义核心价值体系的基本内容和精神实质，引导广大会员牢固树立科学的指导思想、共同的理想信念、强大的精神力量和良好的道德风尚，深化中国特色社会主义主题教育的成果。

2. 加强后备干部队伍建设，搞好届中调整。加强后备干部队伍建设是保持我会充满生机活力的重要保障。各级领导要以高度的政治责任感和强烈的使命感，从多党合作事业和参政党建设的大局出发，积极培养一支政治素质高、代表性强、结构合理、数量充足、体现民进特色的后备干部队伍，不断夯实建设高素质参政党的人才基础。后备干部的培养要从入会抓起，建立培训、锻炼和提高的培养机制，根据不同类别、不同层次的特点和个人实际情况，为他们提供施展才华的舞台。同时，要主动做好协调沟通工作，积极争取中共地方党委和统战部的支持。要认真贯彻落实《民进中央关于加强省级组织领导班子后备干部队伍的意见》，严格工作程序，巩固工作成效。要把后备干部队伍建设当作一项长期的战略任务，要有科学规划，中长期计划和短期安排，使后备干部的数量、结构和素质与领导班子建设和换届工作的需要相适应。明年各地方组织要开展届中调整工作，明年年底的十二届四次中全会上还将增补中央委员。各级组织的主要领导还必须认真思考2012年和2017年的换届工作，以及下两届各级人大代表、政协委员的后备人选。

（二）加强机关建设

机关建设是全面落实组织工作会议精神的必须。参政党的机关发挥着极其重要的枢纽、桥梁、参谋、窗口、文秘与后勤保障的作用。机关作风和工作效率，反映了党派的精神面貌，关系到参政党的战斗力、影响力和凝聚力，关系到多党合作事业的巩固和发展。高素质参政党，必须有高素质的参政党机关。经过多年努力，我会各级机关良好的工作作风已产生了显著的政治效应和社会效应。但是加强机关作风建设是机关工作的长期任务，要不断研究，不断实践，不断加强。我们要从加强中国共产党领导的多党合作和政治协商制度的政治要求，从参政党建设可持续发展的历史要求，从坚持改革开放事业的时代要求，进一步提高对建设高素质参政党机关的重要性、必要性和紧迫性的认识，努力把机关建设提高到新的水平，为把我会建设成为适应时代要求的高素质参政党奠定坚实的基础和提供有力的保障。

1. 建设学习型机关，提高机关人员的政治素质和业务能力。学习是环境变化的需要、是提高素质和能力的途径、是人生观的表现。要在党派机关中进一步提高对学习必要性的认识，着力培养学习的习惯，切实提高学习的效果，持续完善学习的制度，形成学习的浓厚氛围。党派机关的人员必须具备的政治素质就是对中国特色社会主义理论体系的认识，对中国共产党领导的多党合作制度的认同，在干扰下保持清醒的政治敏锐性，对形势大局的把握以及对参政党履行职能的责任感。业务能力就是对参政党履行职能的渠道、资源的熟悉、掌握与开拓，完成任务的工作思路与办法以及与同事的合作、交流与协调。当然，业务能力必须通过勤用“脑瓜子、笔杆子和嘴巴子”，才能练出来。学习型机关是要通过时时、事事、处处体现出来的。

2. 弘扬社会主义核心价值体系，提高工作热情和服务意识。社会主义核心价值体系是优秀中华文化在新时期新阶段的体现。要加强党派机关的文化建设，可以体现在硬件上、可以体现在活动中，但最重要的是在全机关推动价值理念上的共识：提倡认真负责反对马虎松懈，提倡宽容和谐反对隔阂猜忌，提倡开拓进取反对意志衰退，提倡仁义之心反对揽功推过，提倡关怀互助反对冷漠自私，提倡主动服务反对“衙门”风气。努力建设机关良好、健康的精神家园，使之成为机关所有人员温暖的家，成为全体会员温暖的家，从和谐机关推演到和谐政党、到和谐社会。

3. 重视机关干部队伍建设。机关工作归根到底要靠人、靠队伍。队伍建设既要有数量，更要有合理的结构与优良的素质，所以必须不断总结经验，不断完善选人用人和培养锻炼人的方式、方法。努力营造有利于优秀人才迅速成长，支持每个人干事业、干成事业的环境，这需要我们进一步解放思想，开拓人力资源管理的思路。建立尊重、爱护、关心干部的机制；充分挖掘、利用和发挥每个人的兴趣、特长，使尽其所能；对优秀的年轻干部和业务骨干，要进一步加大选拔任用的力度，尽快改变人才断层、青黄不接的现象；应继续创造、开拓各种培养与交流的机会。

4. 加强机关制度建设，是提高工作效率、防止工作失误、利于统一思想的有力保障。这些制度中有全机关的学习制度、工作研究与沟通制度、民主决策制度、劳动人事制度，也有具体部门、具体工作事项的程序与相应规定，所以需要大家共同努力来做好它。

（三）在科学发展观指导下，履行好参政党职能

履行好参政党职能，是民主党派深入贯彻落实科学发展观的主要着力点。我们必须加强对国际形势和我国基本国情的了解，在一些事关全局和民生的重大问题上，提出具有前瞻性、全局性、战略性、操作性的意见和建议，为保增长、保民生、保稳定、为“十一五”规划的完成和制定“十二五”规划，作出积极贡献。

1. 完善工作机制，进一步提升参政议政能力。进一步完善集智聚力的参政议政机制，搞好网上参政议政平台建设，将其浏览使用权限扩大到市级组织（地级市）；完善参政议政课题立项工作的中期跟踪制度；完善与上海社科院、清华大学政治经济学研究中心的参政议政课题合作机制。认真思考和贯彻参政议政工作的“六个结合”。即：新老结合——新领域和老阵地相结合；长短结合——长期规划与短线需求相结合；干群结合——参政议政专家骨干与会员群体力量发挥作用相结合；专兼结合——专职干部与兼职专家相结合；内外结合——会内力量和会外资源相结合；虚实结合——务虚的形势情况分析座谈会、研讨会等与务实的参政议政调研活动相结合，从而进一步提高参政议政能力。

2. 充分发挥各种积极性，积极服务社会。社会服务是参政党服务国家和人民的重要职能、是了解国情民意的重要渠道、是增加社会影响力与组织凝聚力的重要抓手。基本思路是发挥各级组织和广大会员的积极性和主动性；立足党派的特色与优势，顺势而为；根据形势发展与实际需要，与时俱进的创新工作方式。参与毕节试验区建设将继续作为明年支边扶贫工作的一项重点工作。海外联谊工作要进一步加强与拓展对海外的交流联谊渠道及方式，使其根据形势的发展发挥更大成效。会中央计划适时召开民进全国社会服务工作会议，交流社会服务工作经验，研讨和部署新形势下的社会服务工作。

3. 自觉维护社会稳定大局，为中国特色社会主义事业营造安定团结的社会环境。发展是硬道理，稳定是硬任务，没有稳定什么事情也办不成。这里需要特别提出的是，在7·5乌鲁木齐严重打砸抢烧暴力事件发生后，民进新疆区委会不仅立即发出通知，明确要求新疆民进各级组织、干部和会员，把思想和行动统一到中共中央指示的精神和自治区党委政府的决策上来。民进新疆区委会还通过慰问一线的武警官兵、向受害者献爱心、抽调干部从事公交站点安保工作等方式，用实际行动维护新疆民族团结和社会稳定。区委会还及时向会中央报送信息专报。充分说明新疆民进讲政治、见事快、工作到位，是经受了考验的。维护稳定是民主党派重要的政治责任。我们要从维护我国发展的重要战略机遇期出发，着眼人民安居乐业，就改革发展稳定中的突出问题积极建言献策，为完善相应的利益表达机制、有效化解和消除影响社会稳定的因素发挥积极作用；着眼社会安定有序，协助党和政府做好理顺情绪、协调关系、化解矛盾的工作，促进新形势下人民内部矛盾的解决；着眼国家长治久安，旗帜鲜明地维护祖国统一、反对民族分裂，坚决抵御国际敌对势力的渗透破坏活动，提高维护民族团结的自觉性，营造民族团结进步的良好社会氛围。

各位常委、各位同志：

希望大家能够将本次中常会的学习成果和工作信息带回去，结合各地的实际情况，认真组织贯彻实施，做好全会今年第四季度的工作，同时着手考虑明年的工作规划。也希望大家继续思考，认清形势，顺势而为，使我会在自身建设和履行参政党职能两方面都能提高到一个新的水平，为维护社会稳定、促进经济社会又好又快发展、推进和谐社会等方面全力做好工作。

最后，请允许我代表所有与会人员向民进广东省委会对此次会议的精心操办表示衷心的感谢，对各位工作人员的辛勤付出表示感谢。

谢谢大家！

集智聚力 有思有行 顺势而为

——在2009年民进企业界会员联谊会联席会议开幕式上的讲话

（2009年10月14日）

严隽琪

在神州大地依然沉浸在欢庆新中国60华诞和人民政协成立60周年的喜庆气氛中，在全国上下学习贯彻科学发展观和中共十七届四中全会精神、全面推进中国特色社会主义伟大事业的新形势下，2009年民进企业界会员联谊会联席会议在南京召开了。此次会议是民进中央推动全国企业界会员联谊的一个新尝试，也是为我们明年适时召开全国性的社会服务工作会议做准备的重要会议。从我们企业界会员们的积极参与、踊跃报名，反映出民进企业界会员追求进步与团结的精神和对民进组织的热爱与期待。

此次会议的主要任务第一是学习，无论是个人、企业还是参政党，只有不断学习，才能与时俱进；第二是交流、联谊，在这样一个会议上能够促进大家通过交流交更多的朋友，互相更加了解，帮助我们发现商机，发现合作的机会，获得更多的信息。第三是探讨，当前面对许多新挑战，新问题，传统的做法、组织形式和平台已经不能充分满足，如何完善我们的体制机制，使我们的企业家联谊会越办越好，同时社会服务也更加有效，会中央非常期待参加会议的各位同志提出真知灼见和宝贵建议。

当今世界正处在大发展大变革大调整时期。世界经济发展更加不平衡，恐怖主义活动不断，加之疾病蔓延、气候变化、资源短缺等非传统安全因素，使人类的发展和正常生活面临严重威胁。经济全球化趋势大大加深和加强了各国的经济联系，各国经济合作领域更广泛，合作程度日益加深，一个国家和地区的金融动荡往往会超出地域的限制引发全球性的连锁动荡，目前贸易保护主义抬头，市场竞争越来越激烈，使我国民族工业面临着很大的压力。我国正处在进一步发展的重要战略机遇期，处在全面建设小康社会承前启后的关键时期，任务十分艰巨，压力仍然很重。从国内来看，我国社会变化呈现出复杂化、多元化的特征，长期积累的深层次矛盾日益凸现，解决这些问题的难度加大。人们的民主意识、参与意识、竞争意识日益增强，多元的意识形态互相碰撞。两岸关系既有出现和平发展的新局面所带来的新机遇，也有进一步实现祖国和平统一的新挑战。我们必须统筹或者学会统筹国内国际两个大局，协调好各方面的利益关系，才能保持改革、发展、稳定的大好局面。民进作为参政党，必须深入学习贯彻科学发展观，深刻认识自身面临的形势和任务。在今后的工作中，大力增强全会会员的三个“认同”，一是在“政治立场”上的认同，就是要坚定走中国特色社会主义政治发展道路的信念。二是在“目标任务”上的认同，要围绕党和国家工作中心全面履行职能，为推进我国四个文明建设，与执政党建设互相促进，不断提高参政党服务社会的自觉性，为全面建设小康社会做出应有贡献，为促进祖国统一，维护港澳繁荣稳定发挥应有作用。三是在“价值道德”上的认同，那就是弘扬社会主义核心价值体系和中华优秀传统文化，做企业首先要做人，管理企业，服务社会，这中间是一脉相承的。目前，我国新的社会阶层人数大约有5000万，加上在相关行业的所有从业人员，总人数约1.5亿，他们掌握或管理着10万亿元左右的资本，使用着全国半数以上的技术专利，并直接或间接贡献着全国近1/3的税收，每年吸纳半数以上新增就业人员。作为中国特色社会主义事业的建设者，他们在促进共同富裕、构建社会主义和谐社会、全面建设小康社会中发挥了重要作用。

企业界会员是民进的重要组成部分，是民进不可或缺的重要力量。民进现有的114000名会员中，共有经济界会员3996人，新社会阶层4549人，两项合计共8545人，占会员总数的7%。企业界会员总体上表现出良好的社会责任感，在做好自己企业的同时满怀爱心的开展扶贫济困的公益活动，并且积极参与支持民进参政议政、社会服务工作。民进中央有许多富有价值、值得重视的意见和建议来自企业界会员提供的信息和建议。尤其是患难之中见真情，在去年抗震救灾斗争中，我会民营企业界会员挺身而出，在自身企业遭受金融危机冲击的情况下，依然踊跃捐款捐物。如江苏民进企业界联谊会会长祝义才的企业在抗震救灾中共捐赠了3千多万元，陕西民进企业界联谊会会长张孝林一次性向四川灾区捐赠了上百万元的医疗器械。一位黑龙江的民进会员在这次抗甲流的斗争中提出要无偿提供治疗的药品。有的民进省级组织还探索了公益基金的形式，为企业界会员回馈社会扩展平台和渠道。我会企业界会员中有许多动人事迹，这些会员的所作所为展现了社会主义事业建设者的风采，为民进组织增光添力。

民进中央对企业界会员一贯给予高度重视，我们认为：企业是发展生产力的重要载体，企业家精神是创新精神的集中体现，和谐企业是和谐社会的基本细胞，企业界会员是我们不可缺少的社会主义建设者。为进一步发挥民进企业界会员的作用，从2002年开始许多省级组织陆续成立了企业界会员联谊会。目前全国已有16个省级组织和一些地市级组织成立了“企业（经济）界会员联谊会”。他们是在民进各级组织领导下，由企业界、经济界会员自愿组成的会员联合性组织，旨在加强会员之间的交流与合作，发挥桥梁、纽带作用，促进会员企业和民进事业的发展。

明确社会服务工作的性质和定位

社会服务是参政党服务国家和人民的重要职能，是了解国情民意的重要渠道，是增加党派组织社会影响力与组织凝聚力的重要抓手，是体现立会宗旨的重要形式。社会服务作为民主党派的一项重要职能有一个逐步发展、演变的过程。事实上，民进自成立起就积极参与社会实践，解放后，民进积极参与社会调查，为恢复重建作贡献；改革开放后，会中央提出：“立足本职，服务四化”，并成立社会服务部；进入新时期，会中央按照中共中央〔1989〕14号、〔2005〕5号文件的要求，服从和服务于改革发展稳定大局，紧密围绕全面建设小康社会，开展各种形式的社会服务活动，例如我们形成了“六个西进”的品牌。2007年换届以来，民进各级组织高度重视社会服务工作，在多年探索的基础上，不断开拓创新，利用智力密集、界别特色和人脉的优势，以形式多样的活动，在支边支农、扶贫助困、兴教办学、抗灾救灾、参与毕节实验区建设等方面，取得了喜人的成绩。

民主党派社会服务工作是一项传统的工作，也是一项与时俱进、不断创新的任务。在我国改革开放和社会主义现代化建设的重要战略机遇期，其意义就更加凸现出来。

一、社会服务工作是民主党派履行参政党职能的重要组成部分，是坚持中国共产党领导的多党合作和政治协商制度的具体体现，也是民主党派树立自身形象、扩大社会影响的有效途径。“立会为公，参政为民”是全会的共识。社会服务工作能体现参政党的立会宗旨与存在价值，取得社会认可。作为参政党，除了完成政治协商、民主监督和参政议政、利益表达等任务外，还必须牢牢把握发展这个第一要务，想方设法为全面建设小康社会的目标作出直接的、实在的贡献。

二、社会服务工作通过深入调查研究和服务社会实践取得一手资料和实际感受，这是书本上得不到的，为了解国情民意、做好参政议政和民主监督工作提供了重要依据。社会服务工作不是单纯地对社会直接献财献物，重要的是通过社会服务工作能够由表及里、由局部向全局，既有行又有思，从而发现参政议政的课题和信息，为我们更好地就全局问题、就体制和机制问题、就政策问题建言献策。

三、社会服务工作是党派自身建设、增强民主党派凝聚力的一个非常有效的途径。会员参加党派为什么？肯定是希望多一条报国之路，多一扇信息之窗，多一座交友之桥，多一些学习机会。每个会员职业不同、经历不同、条件不同，如果我们的组织能为会员提供各尽所能的奉献机会，相信会呈现实践社会主义核心价值观的生动局面。开展社会服务工作，实际上是发挥各级组织的作用，锻炼和体现组织的精神状态、能力水平，提高我会的战斗力、创造力和凝聚力。

因此，民主党派的社会服务必然是公益性的。既服务国家，服务国家的经济发展大局、服务民生、服务发展稳定、服务和谐社会的建设；同时，也服务会员，为会员体现价值、排忧解难、业务发展、接受教育提供平台和机会。当然，在服务国家和会员的同时，必然服务我们的民进组织，因为提升了我们的素质、加强了基层的活力、增加了会员的凝聚力、树立了我们的形象。

准确把握开展社会服务的指导思想和基本原则

做好新形势下的社会服务工作要以科学发展观为指导，紧紧围绕国家中心工作，发挥党派优势，突出自身特色，要"顺势而为、集智聚力、有思有行"，顺势就是顺形势，顺规律，顺我们的优势。集智聚力，我们的体制机制要让每个会员、每个组织都有机会参与进来。有思有行，要善于总结，善于把它转化为社情民意，转化成参政议政的提案，转化成对我们企业家联谊会运行机制的一种改进建议，转化成对会中央的建议。我们必然会以智力为主要服务资源而以财力为辅，以发挥地方组织的积极性为重要原则，要以项目形式为主要依托，与参政议政相结合。

一、坚持以科学发展观为指导，发挥党派特色和优势。坚持科学发展观为指导，始终要求我们把党和国家的重点、难点工作作为社会服务工作的主要内容，在支边扶贫、海外联谊和教育、文化、出版领域的改革发展方面作出我们民进独特的贡献。教育、文化和出版一直都是民进的特色和优势。长期以来，我们在社会服务工作中形成了很多品牌，比如，教育论坛、文化论坛、教师培训等，这凝聚了民进深厚的历史积淀，体现了我们老民进人的正确选择，是民进全会弥足珍贵的经验财富。今后我们在工作实践中要继续将特色与优势贯穿于社会服务之中，真诚地与党合作，扎实地为民办事。我们不仅要从前人的业绩中汲取经验和前进的力量，而且要把民进传统优势发扬光大，赋予新的时代内涵，为中国共产党领导的多党合作事业不断的奉献与时俱进的成果。

二、坚持社会服务与参政议政相结合。我理解参政议政就是向中国共产党提出科学合理的意见建议，体现了民主监督作用，是民主党派的生命线；社会服务工作是宣传我国的多党合作和政治协商制度的窗口，是扩大民主党派社会影响、树立良好形象的有效途径。这两者互为促进、互相依存。社会服务工作可以为参政议政工作提供实践经验和科学参考依据，使之能参到位，参到点子上，能切合实际，不做表面文章，为国家和社会的发展作出实实在在、有积极意义的贡献。参政议政工作又可以指导社会服务工作，使之更有针对性。两者紧密结合，可使民主党派为我国社会主义事业发挥更加切实有效的作用。

三、量力而行、合力借势、持之以恒、务求实效。当前的形势下，如何做好社会服务工作？社会服务可以工作的领域十分广泛，而我们在人力、财力、物力、信息等方面的资源是有限的，因此我们要有所为有所不为，顺应时势发展，做到与时俱进。要充分发挥各级组织的整体作用、会员的主体作用和机关的枢纽作用，努力把会中央与省市地方组织和基层组织的智慧凝聚起来，把各级组织和广大会员的工作热情激发出来，把各级机关与专门委员会的力量整合起来，把代表人物、专家、学者与专职干部和广大会员的作用发挥出来，把会内力量与会外资源整合调动起来，探索出带有规律性的工作方式，既巩固已有成果，又能拓展创新。我们全会各级组织开展的社会服务工作，在内容、组织方法、活动形式、规模程度及效果等方面一定是不尽相同的，因为大家的条件、所处的环境不一样，基础的积累也不一样，发展不平衡，但是希望根据各地组织的特点和优势，紧密结合各地实际来选择工作的重点，在工作中要坚持不懈，否则社会服务难以取得实效。

四、加强领导，完善机制。各级组织要把社会服务工作列入议事日程，做好工作规划，精心研究，抓出实效；主要领导要亲自过问社会服务工作，经常督促、检查和指导，帮助从事社会服务工作的同志解决工作中遇到的困难和问题。各级组织还要努力实现社会服务工作的规范化、制度化，因为这是一个过程，在条件成熟的时候制订相应的规章制度和管理办法，以提高机构的运行效率，加强对干部的培训，完善工作机制与拓展工作网络，特别要加强对基层的指导，使我们全会的社会服务工作提到一个新的水平。社会服务工作需要统筹兼顾，要有大局意识，这里有重点项目与面上工作的统筹，我们有大量的退休会员仍然有着为社会奉献的愿望，可以发挥他们原来的特长。所以我们既要抓大，又要让我们面上的工作生动活泼地开展起来。既要加强中央的指导力，又要加强地方的凝聚力，基层的执行力，上下齐心形成合力。在我们开展社会服务活动的时候，要注意让社会服务工作和我们会员自身事业结合起来，如果能够找到结合点，我们社会服务工作就能取得事半功倍的效果。同时，我们要兼顾直接服务与建言献策，因为真正解决中国的问题，还是要靠全局性的政策和建言献策。另外，我们要不断的创新，但是我们很多好的传统方式要坚持，比如“三下乡”等，传统方式与创新方式要兼顾起来。

形式与实效要兼顾。要扩大宣传，当然宣传与实际要相符合，这样宣传才会有持久的效益。同时，智力贡献与资金贡献要兼顾，我们在工作中要动脑筋，要让有限的资金发挥更大的作用。

以上四点归纳起来就是三句话：一、“集智聚力”，要使全会各级组织和广大会员都参加进来，提倡大家的参与；二、“有思有行”，不能只做不想，要思考；三、“顺势而为”，我们参政党要定好位，要认识形势、认识规律，顺势而为。这样才能做到事半而功倍。

对将来一段时间做好社会服务工作的几点要求

民进各级组织和广大会员要带着政治责任感和社会使命感，始终以积极的态度，主动的方式，带着爱心，充满感情地去做好社会服务工作。企业界会员联谊会是联系企业界会员的组织，肩负着重要的责任，我会各级组织要积极协助企业界会员联谊会认真做好工作。继续把企业家联谊会联席会议打造成为展示企业界会员风采，交流开展社会服务工作经验，服务会员业务发展的平台。

一、加强学习，提高认识。在全会要进一步提高对社会服务工作重要意义的认识。各级组织和每个会员应牢牢树立社会服务是自身应尽的义务和职责的思想，积极投身到社会服务工作中去。要以科学发展观为指导思想，不断加强理论学习，并且学以致用，才能真正提高我们的能力。

二、把握重点，发挥优势。当前面临国际金融危机的冲击以及国内外敌对势力的破坏，“保增长、保民生、保稳定”是国计民生的迫切需要；科教兴国、提升产业结构是实现强国目标的必由之路；保护生态、节约资源是实现可持续发展的唯一选择。这也是我们每个会员企业所面临的挑战和所必须面临的问题。民主党派应在热点、难点问题中根据自身优势，确定重点，有针对性地开展社会服务工作，帮助民营企业健康发展也是我们社会服务工作的应有之义。还应努力给企业界会员提供信息，帮助会员在事业上排忧解难，鼓励会员们以自己的专长特色、业务资源，用力所能及的方式来回报社会。

三、勇于开拓，创新机制。面对新形势，必须积极创新才能开辟社会服务工作的新局面。因此，一方面要认真总结和继承发扬我会在多年社会服务工作中形成的好经验、好作风；同时又要用开拓创新的精神积极面对当今社会给我们社会服务工作提出的新需求、新问题，改革和优化社会服务工作的体制和机制，争取更多更广的合作资源。

民进企业界会员都是在党的领导下的社会主义建设者，都是统一战线中的成员，是中国民主促进会大家庭的组成分子。企业界会员出于对民进的感情和社会责任感，主动为民进和社会做一些好事，我们表示感谢和赞扬，更重要的是我们要倍加爱护和保持企业家的这种感情和积极性。

民进中央真诚地希望各位企业界会员不断提高自身素质，在事业上不断取得新的成就。各级组织，各位专职干部要真心实意为企业界会员着想，为企业界会员服务，希望大家认真研究讨论，如何进一步发挥好“民进企业家联谊会”的作用，并努力在实践中及时总结经验，不断创新。

“俱往矣，数风流人物还看今朝！”新中国过去了一个甲子，改革开放已经过去了30年，我们又开始了新的征程。时代造就了我们，我们必将承担起当代民进人的时代使命，承担起当代企业家的时代使命！

给中国民办教育发展大会暨中国民办教育协会（2009）年会的贺信

（2009年10月19日）

严隽琪

值此中国民办教育发展大会暨中国民办教育协会2009年会召开之际，谨表示热烈祝贺！借此机会，向全国民办教育工作者表示崇高的敬意和亲切的问候！

刚刚结束的新中国成立60周年庆典，不仅充分展现了我们伟大祖国的发展和腾飞，也体现出华夏古老文明的生机与活力。今天，全国民办教育工作者聚集在伟大领袖毛主席的故乡，共同探讨民办教育事业的发展，具有深远的历史意义和重要的现实意义。当前，我国教育改革和发展正处在一个关键时期，我们要结合制定《国家中长期教育改革和发展规划纲要》，认真总结教育发展的历史经验，深刻分析教育发展中的问题，在教育理念、办学体制和人才培养模式等多方面进行大胆探索和深化改革，以适应经济社会发展形势和国家对人才培养的新要求。

改革开放以来，民办教育事业发展取得了巨大的成绩，民办教育已经成为我国教育事业发展的重要增长点和促进办学体制改革的重要力量。面对新的任务和挑战，需要全社会积极鼓励和大力支持民办教育事业发展，为民办教育发展创设良好的社会环境；需要各级政府正确引导和依法管理好民办教育，切实转变观念推动民办教育的制度创新；需要所有举办者认真履行社会责任，增强自律意识，加强自我完善，提高创新能力，依法办好每一所学校。

我衷心希望，全国民办教育工作者继续努力，在实践中不断创新，勇于探索，共同开创民办教育事业发展的新局面，为繁荣祖国教育事业再创佳绩！

祝大会圆满成功！

打造包容中西医精华的21世纪新医学

——在第七届海峡两岸中华传统文化与现代化研讨会暨首届海峡两岸医学文化与医学发展论坛开幕式上的讲话

（2009年11月1日）

严隽琪

今天我们齐聚在迷人的西子湖畔，举行“第七届海峡两岸中华传统文化与现代化研讨会暨首届海峡两岸医学文化与医学发展论坛”。我谨代表民进中央向来自海峡两岸文化界、医学界的嘉宾们表示热烈的欢迎！向给予研讨会热情支持的国务院台湾事务办公室、中华海外联谊会、中华文化促进会、中华医学会、中华中医药学会和浙江省人民政府，以及社会各方致以诚挚的谢意！向为中华文化发展及海峡两岸交流作出重要贡献的各界人士、特别是来自台湾的老朋友和新朋友们表示由衷的敬意！

中国民主促进会是以教育、文化、出版等领域的中高级知识分子为主要界别的参政党，将促进文化的繁荣与发展作为义不容辞的责任。近年来，中国民主促进会对推进海峡两岸文化交流与合作，促进两岸关系和平发展给予了极大的关注。自2002年起，民进以叶圣陶研究会名义，先后在苏州、淮安、咸阳、天水、重庆、厦门等地，围绕“吴文化”、“和合文化”、“秦汉文化”、“伏羲文化”、“巴渝文化”、“闽南文化与客家文化”等主题，连续举办了六届“海峡两岸中华传统文化与现代化研讨会”。研讨会秉承“弘扬中华传统文化，促进祖国和平统一”之宗旨，以促进海峡两岸的文化交流与合作为己任，累计邀请了两岸文化界专家学者一千余人次参加，收到各类论文360余篇，并已出版了5本论文集，内容涉及中华传统文化与现代化的各个层面。通过这个平台，我们与台湾学术界和政界建立了良好的关系，与中国国民党、新党等台湾政党和台湾中研院、台湾大学、高雄师范大学、中山大学等数十所大学和科研院所、社会团体建立了广泛的联系。“海峡两岸中华传统文化与现代化研讨会”已经在海峡两岸间架起了友谊的桥梁、思想的桥梁和文化的桥梁。本届研讨会是在成功举办前六届海峡两岸中华传统文化与现代研讨会的基础上，以中华传统文化为背景，以医学文化为主题，务本溯源、认识当前、面向未来，在中西文化的碰撞与交流中，在文化与科技的互动与对接中，探讨有关医学文化与医学发展的议题。这是既有利于人类身体健康和精神健康，又有利于社会健康的议题。无论是医务界，还是文化界；无论是科技界，还是教育界；无论是西医，还是中医；无论是社会工作者，还是政界人士，相信一定能在论坛上找到共同感兴趣的话题，一定能在交流发言中互相得到启发与学习。

过去一年来，在两岸同胞的共同努力下，两岸关系实现了历史性转折，取得了突破性进展，步入了和平发展轨道。两岸民众期盼已久的全面直接双向“三通”得以实现。两岸经济合作、文化交流日益频繁。近年来，两岸医药卫生、医学教育和医院管理等方面的交流与合作也不断扩大和深化。据不完全统计，从1996年至2006年，大陆卫生界人士赴台参观、考察近2000批，超过12000人次。对台湾医学界关心的问题，如，专业技术交流与合作、台湾医学界人士或社团在大陆创办或合办医院、台湾医师在大陆行医、医师资格考试、台湾医疗人员在大陆谋求创业发展等问题，大陆有关部门已做了大量卓有成效的工作，许多问题已得到解决或正在解决。我不由得回想起，就在2007年，台湾医护界就台湾医师在大陆行医的资格问题，准备向大陆有关部门反映。但苦于当时还没有直接联系的渠道，这里要提到台湾贤德惜福文教基金会，是周荃女士牵线，找到了民进中央，民进中央以叶圣陶研究会的名义邀请台湾医护界人士到北京考察交流，并协助安排了与大陆卫生部等业务主管部门的会见。这次会见既有助于推动大陆有关部门解决台湾医师大陆行医资格问题的进程，也开启了民进中央与台湾医护界人士的往来之旅。2008年、2009年，民进中央先后又接待了台湾的医护界人士和学生。我们的态度是，只要有利于海峡两岸和平，有利于祖国统一，有利于中华文化繁荣的事，民进都愿意以最大的诚意、尽最大努力去做好，增进两岸的同胞骨肉之情、同源文化之亲。我们积极举办这次医学文化与医学发展论坛是延续民进事业、服务民族大业的一个实际的行动。

下面我“班门弄斧”，抛砖引玉，就本次研讨会的题目谈三点粗浅看法，欢迎批评指正。

一、中华文化与医学

首先是中华传统文化对中医学发展的影响。中华传统文化博大精深、源远流长，是中华民族文明进步的宝贵精神财富。来自于《易经》的阴阳五行学说形成了中医理论的基础和内核。中医学既是一门科学，又融汇了文化和哲学的成分，在历代中医名家的不断探索中发展完善，为中华民族的生存繁衍做出了不可磨灭的贡献。中医学以“整体观念”、“辨证论治”为其精髓，在疾病的预防、医疗和养生保健等方面，形成了其优势和特色；并以中药、针灸等中医疗法的方便、价廉，深受广大人民群众的欢迎；尤其是在崇尚自然、回归自然的世界潮流中，中医学将大有可为。

其次是中华传统文化和现代医学的关系。上世纪初西方传教士在华传播基督教的同时把近代科学和现代医学带到中国，伴随着科技成就的不断引进和自主性科技创新，西医已成为中国健康事业的主要力量。

但我们必须认识到，中华民族对疾病、药物、手术、死亡等的看法，依然深深打上了中华文化的烙印：如养生观、健康观、疾病观、治疗观、灵魂观、死亡观等等。掌握这个文化背景，善于运用人文智慧，将会大大提高临床诊治效果、明显减少医患纠纷。所以，我对名医的定义是有高超医术和深厚文化底蕴的医生。医务工作者还可从中华优秀的传统文化中吸取营养，如儒家“仁者爱人”的思想和佛学“慈悲为怀、普度众生”的理念，深刻理解“医者仁心，医乃仁术”，以高尚的医德去履行“救死扶伤，实行人道主义”的天职，永远怀着一颗慈悲之心去体恤患者、对待患者、治疗患者，患者也以感恩之心去尊重医生、配合医生，就可以构建起更加和谐的医患关系，医患协同战胜疾病，促进健康。

二、中医与西医

中西医的差异是明显的。西方的知识和思维始终没有跳出亚里士多德的分类、逻辑轨迹，而东方人采取的是领悟的方式。在医药方面，西药往往简单、单一、明晰易表达，有具体的化学名称、具体的剂量，什么地方有病就治什么病。而中药就复杂模糊多了，一服中药少则十几味，多则几十味，什么地方有病却不能只治什么地方。

中医面临的危机是必须正视的。中医学建立在中华传统文化基础上的宏观唯象的思维模式，正在受到现代科学分析还原的方法论和现代医学的巨大冲击。中医学的现代化一方面要重视历史，在溯源中吸取养料、弘扬精华；另一方面要对话，要在中西医的冲突、对比、渗透、融合中从全世界、从各种其他领域吸取丰富的启发。即，要有世界眼光，要有中西融合或“综合创新”的底气。思想需碰撞才能产生智慧的火花，文化因交流而丰富、因交融而多彩。对医学，无论中西，也只有博采众长、综合创新，既珍视传统又文明开放，就能既古老又年轻，中医药就能对人类有更大贡献。

期待中西医并重，为人民健康服务。经济和社会的快速发展，对医疗保健服务提出了新的更高的要求。特别是随着疾病谱的变化、老龄化社会的到来、人们健康观念的改变、现代医学模式由生物模式向生物、心理、社会和环境相结合模式的转变、现代的医学理念由治愈疾病向预防疾病和提高健康水平方向做出调整，以中医药为代表的传统医药的思维模式和辨证论治方法的生命力将进一步凸显出来，中医药继承创新和发挥特色优势比任何时候都显得更为紧迫和重要。要尊重我国中医与西医两种医学体系并存发展的局面，充分发挥各自的优势与特色，相互取长补短，推进医学进步，提高人民健康水平。最近，卫生部长陈竺在太平洋健康高层论坛上讲得很好：“用现代生物学手段，用中医原始和质朴的、讲究整体、注重变化为特色的治未病和辨证施治理念来研究亚健康以及慢性复杂性疾病，是东西方两种认知力量的汇聚，是现代医学向更高境界提升和发展的一种必然性趋势”。时代在进步，医学在发展，我们期待着包容中西医学精华的21世纪新医学。

三、人才教育问题

我感到，现代教育的发展正从分化走向综合，走向汇通，走向跨学科。我认为这是社会发展和学术发展的需要，目前的学科体制，即大学的分科、院系的设立，学科的分类，基本上是按西学而建。这有它的优势，利于培养专门人才，但“中国传统学术的资源在这种体制下，变成了零碎的材料、手段，失去了其原来的、与中国文化息息相关的、整体性的内涵”。就有可能失真、失去生命力和丰富性。“中医可以说是借助于现象，或直接从现象中来的理论，它已被几千年的生活实践所证明。但是，却难以以物理、化学等现代科学角度去解释。”她在历史上往往是采用学徒制的方式来培养人才的。应该说，中西方各有长处。比如，中国人讲“通”，又如中国人讲究求知一定要和自己的身心活动结合起来。其实，西方对其文化传统，也做专门的整体性研究，有的学校还设有古典学系。所以要从文化生态的角度把传统结合到现代教育体制中来。究竟怎么做？这是一个开放的题目。我在此冒昧发表的看法是，是否可以“用通学的要求构筑基本的课程体系”；在体制内划出“特区”，以便采用不完全同于西方的教育方式、评估和授学位机制；师资可以“用专才组合来满足通才的需要”。我想，最终要以社会需要和医术发展为标准，当然也不能走“国粹”式的封闭式、复古式道路。这个人才培养的问题，我认为也非常值得研讨。

各位朋友，各位嘉宾：

未来的世界应该是一个多元化的世界。传统文化应该与时俱进，中医与西医应该互相借鉴，可以和而不同，共同为人类的健康事业服务。台湾中医药界在传承中华传统文化、用现代科学理论发展中医、促进中西医结合方面有独特优势，这是大陆需要学习的地方，当然大陆中医药界也有自己的特色，各地域、各民族都有丰富的经验与独到的贡献。两岸在中医药发展中各具优势，各有特色，也有互补需求。希望此次论坛，为各位学者和医学同仁提供一个交流、研讨、合作的机会。

本次会议在素有“人间天堂”美誉的杭州举行，杭州是浙江省会，浙江是个文化大省，素称“物华天宝、人杰地灵”，享有“书圣佛国、文物之邦”的美誉。历史上浙江是古越文明的发祥地。台湾早期住民中，就有着古越人的后裔。据说，在温州洞头县，至今仍流传着这样的民谣：“半屏山，半屏山，一半在大陆，一半在台湾”。台湾社会各界还有众多的浙江籍人，其中不乏对台湾政治、经济发展有较强影响力的知名人士。浙江省与台湾隔海相望、地缘相近、人缘相亲、习俗相通，这样的地利，一定会有助于论坛的成功。

胡锦涛总书记说过：“中华文化在台湾枝叶繁茂，而台湾的文化也丰富了中华文化。”两岸同胞血脉相连，我们有着源自于祖先、源自于故土、源自于中华文化的浸润所形成的深厚的感情基础和共同的研讨需求。今天高朋满座、学者云集，希望大家各抒己见，相互启发，加深友谊，增进理解。祝研讨会取得圆满成功！谢谢大家！

集智聚力　顺势而为　稳步推进参政议政工作的创新发展

——在2009年民进中央参政议政年会上作的主题报告

（2009年11月4日）

严隽琪

同志们，朋友们：

今天，2009年民进中央参政议政年会在中华文化与中华民族的主要发祥地之一——河南省召开，具有特殊的意义。这是参政议政年会首次在京外召开，是民进中央加强与地方组织联动，促进对京外区域情况的了解与体会，集智聚力、顺势而为，实现资源共享、成果共享、利益共享，并为承办会议的地方组织提供一个服务、学习、激励机会的一次尝试。会后，我们要及时总结，看是否能成为我会制度建设的一个新内容。因此，此次年会既是传统方式的继承，又希望无论是内容上、还是形式上都有好的创新与发展。开好这次年会，取得务实的成果，开拓大家的思路，更好地推动下一步的参政议政工作以及为明年年会的召开提供借鉴。

身处这历史厚重的“中州”大地、商都郑州，我们大家一定会感到中华人民共和国成立60年、改革开放30年真像白驹过隙般短暂，可就在这弹指一挥间，神州大地上创造了伟大的奇迹。在这人口最多、幅员辽阔的国度里，我们实现了经济的跨越式发展，政治建设、文化建设、社会建设都取得了举世瞩目的成就，综合国力显著增强，国际地位不断提升，社会主义现代化建设进入一个新的发展阶段。在这个伟大变迁的时期，民进参与和见证了新中国的成立、建设和发展，与人民政协事业一路同行。人事固然有更替，但民进人始终同中国共产党同心同德、风雨同舟、团结奋斗，为建立和完善社会主义制度，为改革开放和现代化建设，为实现祖国和平统一大业，作出了历史贡献。全会积极履行参政议政、民主监督职能，我们紧紧围绕经济社会发展中的重大问题建言献策，在资源节约、环境保护、西部大开发、民族地区发展、“三农”等领域深入开展调查研究，为党和政府科学民主依法决策、对国家的一些重大发展战略的制定与实施起到了积极的促进作用。（刚才在会场外看到民进河南省委会的参政议政工作情况介绍展板，我非常感动。民进河南省委会在参政议政很多领域做出了贡献，在一些关键问题上提出了有前瞻性的建议，我们为他们感到骄傲）。我们注意发挥界别特色，促进新中国教育文化出版事业的发展与改革，在推动教育立法、促进教育改革、呼吁优化教育结构和提高教育质量，推动文化体制和出版体制改革以及弘扬中华优秀文化等方面，都凝聚有民进会员的智慧与心血，其中也离不开会外各方力量，包括政府机关、社会团体、研究机构的支持和参与。在此，我们对在民进履行参政议政职能中所有付出过努力、给予过帮助的会内、会外同志们深表感激之意！

（一）回顾

即将过去的2009年，是挑战与机遇并存的一年，是中国共产党领导全国人民积极应对国际金融危机、完成“十一五”规划的关键一年，也是我国经济发展进入新世纪以来最为困难的一年。面对国际金融危机带来的严重挑战，中共中央、国务院把保持经济平稳较快发展作为经济工作的首要任务，及时出台并不断丰富完善应对国际金融危机的一揽子计划和政策措施。经过努力，我国经济增长明显下滑的趋势得到遏制，经济形势总体呈现企稳向好势头，我们能取得这样的成绩，确实来之不易。我们也必须清醒地看到，这场百年一遇的国际金融危机已经使世界经济在总体上陷入衰退，尽管出现回暖迹象，但全面复苏将是一个缓慢曲折的过程。我国经济回升的基础还不稳定、不巩固、不平衡，国际国内经济不稳定、不确定因素仍然很多，我国经济发展仍处在保增长的关键阶段。我们要进一步增强信心，把握好、利用好我国经济长期向好的大趋势。同时，增强忧患意识和风险意识，科学判断国际国内经济形势，高度重视经济运行中的突出矛盾和问题，巩固和发展企稳向好势头，切实推动我国经济社会全面协调可持续发展。

2009年还是中国共产党领导全国人民坚决维护祖国统一、民族团结和社会稳定的一年。新中国成立以来，中国共产党高度重视民族问题，走出了一条中国特色解决民族问题的道路。实践证明，我国解决民族问题的理论方针政策是符合我国国情的。当前我国民族地区改革发展形势总体上是好的，但是去年3月14日在拉萨等地，和今年7月5日在乌鲁木齐发生的打砸抢烧严重暴力犯罪事件，进一步凸显了加强民族团结、反对民族分裂、维护社会稳定，支持少数民族和民族地区加快发展的极端重要性和紧迫性。“3・14”和“7・5”事件是长期以来境内外分裂势力、敌对势力进行渗透破坏活动的猖狂表现，充分暴露了暴力恐怖分子肆意践踏生命和人权的凶残本性。他们的根本目的是企图推翻中国共产党的领导，颠覆我国社会主义制度，肢解我们这个统一的多民族国家。我们一定要把思想认识统一到中央对民族工作形势的正确判断和决策部署上来，进一步增加政治鉴别力。

2009年也是民进积极履行参政党职能，取得丰硕成果的一年。全会以新作为巩固老阵地，在顺势中开拓新领域，在事关全局和民生的重大问题上，努力提出具有综合性、全局性、前瞻性的意见和建议，为促进经济平稳较快发展、维护社会和谐稳定，谋深虑之计、建睿智之言、献务实之策，作出了积极贡献。

向大家概括地报告一下今年会中央紧紧围绕党和国家的中心工作建言献策的主要成果：今年会中央认真参与高层协商，重点就应对国际金融危机提出了优化投资结构、发展新能源产业、扶持中小企业、推动科技创新等举措，为党和政府适时调整宏观经济政策出谋献计；会中央高度关注民生，就加强重大项目监督、加快小城镇建设、解决国有林区职工生产生活困难、推进基础研究和科普工作等提出了务实的建议；在政治文明建设方面，针对新形势下改善党的领导和执政方式、建设惩治和预防腐败体系、执政党建设与参政党建设相互促进等提出了坦率的意见。会中央领导还从自己下基层获得的一手资料以及得到各专门委员会、各级地方组织的帮助，最后以个人名义，就多党合作宣传、国家海洋权益、水资源可持续利用、土地整治、统计系统信息化建设、特殊领域高层人才政策和国家地震博物馆建设，以及香港国民教育等，向党和国家领导人直接递交了多份建议书。在全国政协十一届二次会议期间，会中央和民进组围绕公共文化投入、出版事业发展、粮食安全保障、涉诉信访长效机制的建立、农业科技服务体系的完善、基层群众自治、城乡统筹发展等问题向大会提交党派提案 20 件，民进组提案 7 件，大会发言 5 件，其中 3 件提案被列为重点提案，得到了国家发改委、教育部、科技部等 20 余个部委的重视。

民进重视分析教育、文化、出版事业在发展和改革过程中出现的新情况新问题，深入调研、积极作为。会中央通过高层协商、提交建议书、政协提案、社情民意信息等多种渠道，就国家中长期教育改革和发展规划纲要、农村教育发展、基础教育和职业教育改革、教师队伍建设、农村文化改革、出版体制改革等问题发表了意见。会中央将“新形势下的农村教育综合改革”作为今年的专题考察课题，先后在上海、河南、山西、山东、安徽等地开展调研，同时民进天津、广东等 6 个省级组织将该课题作为本省年度重点调研课题，与会中央开展同步调研，现在已汇集起来形成了致中共中央、国务院《关于农村教育综合改革的建议书》。

值得特别报告的，是在这些成果的背后，有参政议政工作机制的不断完善，归纳成四个方面：

一是进一步加强集智聚力的力度。为了更充分地利用会内与会外资源，发挥集成效应，在会内，会中央将参政议政网上平台用户范围由原有的 29 个省级组织扩大至 263 个市级组织，以促进与便利市级组织的知情与议政；在会外，会中央先后与上海社科院、清华大学政治经济学研究中心建立了合作关系，丰富了参政议政的资源，已取得了实际成果。

二是进一步拓展专题调研的深度。会中央努力听取更多人的意见，力图科学民主地选题；又将专题调研拓展成由前期调研、正式调研和后期调研三部分组成；并及时向部分省级组织通气，争取有意愿的相关省级组织同时将中央的课题也作为本省年度重点调研课题，与会中央同步开展调研，实现资源共享、利益共享、成果共享；再就是邀请政府有关部门、社会研究机构参与各个阶段的调研，借助“外脑”丰富素材、拓展视野，吸取智慧。我们感到，今年这种“前期调研奠定基础，正式调研形成思路，后期调研补充缺失”的专题考察模式，有益于提高调研的深入程度和成果的质量。

三是进一步发挥专门委员会的作用。专门委员会成员们在各自的专业领域都很有造诣，有繁忙的本职工作，如何更好地在“专”、“兼”职中找结合点，如何利用委员们专业领域和社会人脉上的已有优势，转化为民进参政议政工作服务的资源或平台，这是民进在新时期必须认真思考、不断改进的一个重要问题。今年，教育委员会与首都师范大学联合举办“中国教师发展论坛”，科技医卫委员会与长江水利委员会联合举办“长江流域湖泊保护与管理研讨会”，妇女儿童委员会承接了国家人口和计划生育委员会的课题，联络委员会的课题得到了中共中央统战部和国务院台湾事务办公室的支持，经济委员会与清华大学“政治经济学研究中心”合作开展调研。这些工作不仅反映出了专门委员会积极活跃、努力奉献的态势，而且为这样一支重要的参政议政力量更好地发挥及完善工作机制提供了宝贵的经验。

四是进一步丰富社情民意信息的报送及发送方式。中央与省级组织之间的社情民意信息报发送系统得到了改进，并利用信息化手段提高了工作效率。在对外报送方面，以前是用一份信息同时报送全国政协和中共中央统战部，今年改用选编、精编信息专门报送中共中央统战部，压缩了篇幅、质量却提高了，因此信息采用率也提高了。信息的发送范围，也由原来的发送民进中央主席、常务副主席、副主席今年扩大至民进中央常委、各省级组织，提高信息的利用率。

我深切感受到，民进所有参政议政的成果凝聚着广大会员和各级组织的智慧与力量。中央的每一次高层协商发言稿、每一份建议书、两会上每一件提案以至平时每一条社情民意信息，都浸透了参与者们对社会的关切、对组织的热爱、对祖国与人民的责任；得益于你们专业上的造诣，调研中的付出，对国内外大局和身边民生状况的思考。

（二）加强学习，提高认识

当前，全会正在学习贯彻中共十七届四中全会精神和胡锦涛同志在庆祝人民政协成立 60 周年大会上的重要讲话精神。要认真领会会议对新形势下加强和改进党的建设重要性和紧迫性所作的深刻阐述，要学习执政党建设基本经验和规律的系统总结和加强与改进新形势下党的建设的战略部署，要学习提高推动科学发展和促进社会和谐的能力、保持经济平稳较快发展的总体要求，要学习做好统一战线和多党合作特别是民族工作的重要论述。从三个方面提高认识并落实到行动：

第一是继承多党合作的优良传统，坚定不移走中国特色社会主义政治发展道路。

坚持接受中国共产党的领导，把坚持党的领导贯彻到民进工作的各个方面和环节，进一步增强接受中国共产党领导的自觉性和坚定性。

切实巩固和发展我国多党合作的政治格局。中国共产党领导的多党合作和政治协商制度作为我国一项基本政治制度，是符合我国国情、具有鲜明中国特色的社会主义新型政党制度。民进要积极参与国家重大方针政策的讨论协商与履行好参政党各项职责，在与中国共产党的合作共事中，不断增强走中国特色社会主义政治发展道路的认同与决心。

第二是坚持执政党建设和参政党建设相互促进，加强我会自身建设。

十七届四中全会闭幕后，中共中央召开党外人士座谈会，就关于加强和改进新形势下党的建设若干重大问题的决定听取意见和建议。胡锦涛同志强调，希望各民主党派加强自身建设，更好履行参政议政、民主监督职能，推动参政党建设和执政党建设相互促进、共同提高，齐心协力为全面建设小康社会、坚持和发展中国特色社会主义而继续奋斗。杜青林同志也提出，希望各民主党派以贯彻落实会议精神为契机，以纪念中国共产党领导的多党合作和政治协商制度确立60周年为新起点，认真借鉴中国共产党自身建设成功经验，科学把握参政党自身建设规律，着力加强思想建设、制度建设、能力建设和作风建设，与中国共产党一道，在发展中国特色社会主义事业中共同提高、共同前进。

执政党的建设是党领导的伟大事业不断取得胜利的重要法宝。在党和人民事业发展的重要关头，中国共产党总是紧紧抓住党的建设这个关键，提高执政能力、保持和发展先进性，确保党始终与时代发展同步伐、与人民群众共命运，更好地团结带领全国各族人民战胜各种艰难险阻，不断夺取新的胜利。

长期的实践证明，执政党建设的每一次进步和发展，都对参政党的建设有着积极的引领和推动作用。无论是历史的经验，还是现实的需要，作为中国共产党的亲密友党，民进必须以党为师、与时俱进，不断从与执政党的比较、借鉴、互动中获取自身建设的各种资源和动力，进一步保持民主党派的进步性和广泛性。我们必须认识到加强参政党自身建设的必要性和紧迫性。复杂多变的国际国内政治经济形势，全面建设小康社会的宏伟目标，对建设适应时代要求的高素质参政党提出了更高的要求。因为中国共产党领导的多党合作和政治协商制度进入新阶段，对建设高素质参政党提出了新任务；因为我会队伍结构和会员思想观念的新情况，对我会的思想建设、组织建设和工作机制提出了新课题。所以我们必须顺应时代发展的潮流，准确把握我国发展的阶段性特征，清醒认识变化着的国内外形势以及民进的会情，从确保我国多党合作事业和民进事业健康发展的高度，努力推进我会的自身建设。

第三是继续把推动科学发展作为履行职能的第一要务，为促进经济平稳较快发展献计出力。

中共十七届四中全会指出，继续把保持经济平稳较快发展作为经济工作的首要任务。我们要紧紧围绕经济建设这个中心，注重研究全球经济环境变化和国内经济运行新情况新问题，注意选择具有关键性或前瞻性的重要课题开展深入调研和参政议政活动。多想科学发展之事，多谋科学发展之计。努力为实现以人为本、全面协调可持续的科学发展建睿智之言、献务实之策。在这里，我提出三方面问题，希望大家关注和发表高见，通过进一步研究论证，积极建言献策。

第一个问题是关于经济运行。前面已经提到，今年经过努力，我国经济增长明显下滑的趋势得到遏制，经济形势总体呈现企稳向好势头，但是经济回升的基础还不稳定、不巩固、不平衡，国际国内经济不稳定不确定因素仍然很多，我国经济发展仍处在保增长的关键阶段。我们要进一步增强信心，把握好我国经济长期向好的大趋势。同时，增强忧患意识和风险意识，科学判断国际国内经济形势，高度重视经济运行中的突出矛盾和问题，要重点关注扩大国内需求问题、经济结构调整问题、自主创新和节能减排问题、城乡统筹和区域协调发展问题、深化改革开放问题以及保障和改善民生问题。为巩固和发展企稳向好势头，切实推动我国经济社会全面协调可持续发展，履行好参政议政职能。

第二个问题是关于维护民族团结、祖国统一，促进社会和谐稳定。“3·14”和“7·5”事件说明我们要从维护我国发展的重要战略机遇期出发，着眼人民安居乐业，就改革发展稳定中的突出问题积极建言献策，为有效化解和消除影响社会稳定的因素发挥积极作用；着眼社会安定有序，协助党和政府做好理顺情绪、协调关系、化解矛盾的工作，促进新形势下人民内部矛盾的解决；着眼国家长治久安，旗帜鲜明地维护祖国统一、反对民族分裂，坚决抵御国际敌对势力的渗透破坏活动，提高维护民族团结的自觉性，营造民族团结进步的良好社会氛围。(今年半年间我两次来河南，深感中华文化的厚重。我认为，河南可以成为爱国主义和统一战线工作的重要阵地。在促进国家统一过程中，中华文化发挥着融入血液、抚慰人心的作用，需要党派作出贡献。)

第三个问题是关于城乡统筹发展和社会建设。城乡、区域发展不平衡是我国现代化建设长期面临的问题。我们国家下一步发展面临着如何加快城乡统筹发展步伐，如何加快以县城和重点乡镇为着力点的小城镇建设，形成城乡经济社会发展一体化新格局？如何大力发展现代农业，推动农业产业化经营，确保国家粮食安全，多渠道增加农民收入？如何保障和改善民生，提高公共服务体系的水平与覆盖面等等重要问题。我们很关注教育的中长期规划纲要以及教育的进一步改革与发展，如城乡教育发展不均衡问题，职业教育的发展与社会需求、与人的发展需求相协调问题，终身教育与成长途径多样化问题，教育质量与教师队伍建设问题，多元化办学体制问题……这些都需要我们继续发挥界别特色，开展调查研究，提出对策建议。社会建设的内涵很丰富，有许多问题一定是我们今天尚未认识到的，这就提供了参政议政的空间。

此外，明年是实施“十一五”规划的最后一年，究竟完成得怎样？“十二五”规划的编制工作即将全面展开，又有什么建议？我们也应当积极思考，提出意见和建议。

（三）任务与思考

新的形势赋予我们新的任务，新的任务要求我们要有新的思考。在十二届八次常委会上，会中央明确要求大家要认真思考和贯彻参政议政工作中的“六个结合”：新老结合，即新领域和老阵地相结合；长短结合，即长期规划与短线需求相结合；干群结合，即参政议政专家骨干与会员群体力量发挥作用相结合；专兼结合，即专职干部与兼职专家相结合；内外结合，即会内力量和会外资源相结合；虚实结合，即宏观分析与具体题目的参政议政调研活动相结合，从而进一步提高参政议政能力。

我想重点谈谈其中的三个结合：

长短结合，重视参政议政的规划性。加强对参政议政方向和内容的战略研究，注重参政议政领域“点、线、面”的结合。制定长线规划，做好短线安排，科学、有序和有效地开展参政议政工作。在这里，我想以民进关于长江问题的建言献策为例。民进长江问题系列调研的序幕始于 1997 年，10 余年来民进对长江的关注从未间断，我们非常重视对课题规划性的研究，逐步加强参政议政的深度、广度，先后完成了对长江流域资源环境问题的多项调查研究，其内容涵盖了长江流域水、能源、农业和生物多样性等领域内存在的各种问题，今年又以长江流域湖泊的保护与管理为主题召开了研讨会。多年来我们形成了事关国家可持续发展战略的系列重要调研成果，向中共中央和国务院提出多项建议，取得显著成果，而这也是我们将长线规划与短线安排相结合的典型事例。会中央鼓励各专门委员会做规划。现在出版与传媒专门委员会已经制订了未来三年的参政议政调研课题规划，在不久前举办的专门委员会研讨班上，其他专门委员会也都对未来三年的工作进行了考虑，在这些工作的基础上，我们还将听取各地方组织的思考，从而制定会中央未来三年的参政议政工作规划。

刚才提到，会中央不久前在北京召开的专门委员会研讨班，这在会中央参政议政工作的历史上尚属首次尝试，我们把它定位为“务虚会”，也叫“头脑风暴”。一方面是推进工作，互相启发，讨论会中央和专门委员会参政议政重点关注的领域或调研的方向；一方面是慰问，对主任、副主任和骨干委员一直以来的无私奉献表示感谢，事实证明，研讨班办得不错、效果很好，取得了“凝心”、“集智”、“聚力”的效果。

新老结合，重视老阵地与新领域的结合。当前，参政议政工作对深度的要求越来越高，涉及面越来越广。因为改革开放30年后，现在面对的问题大多是深层次的、系统性的，往往需要统筹国际国内大局，需要综合的视野。以教育领域的参政议政为例，教育是我会主要的界别特色，多年来的调查研究取得了丰硕的参政议政成果，然而，改革深入遇到了许多难啃的“硬骨头”，往往不是仅仅在教育系统内部所能解决的。今年，我们将农村教育综合改革问题作为重点调研课题，以农村教育综合改革的新发展和新情况为切入点，深入了解农村教育发展存在的主要问题及解决的途径，提出农村教育的发展要有终身教育的大框架，要有城乡统筹大视野，要与农业的发展、科技的发展、城市化进程、产业结构调整、农村公共服务体系建立等相结合，互相促进。这也是我们按照“以新作为巩固老阵地，在顺势中开拓新领域”的工作要求，将老阵地和新领域相结合的实例。

内外结合，进一步加强集智聚力。集人之智则强，聚人之力则盛。在参政党掌握的资源有限，而且比较分散的条件下，如何发挥参政党独特的优势，弥补不足，创造条件，形成合力，努力提高参政议政能力？会中央因此提出了集全会之智、聚全会之力的工作思路。一年来，我们在建设一个平台、两个中心和参政议政快速反应机制方面取得了初步成果，中央与地方、机关与专委会、组织与会员的参与渠道有所拓展，积极性进一步发挥，互动趋势喜人。参政议政质量和水平有所提升。但是形势要求我们还要继续思考，进一步实现“资源共享、成果共享、利益共享”。特别是要在“利益共享”上多动脑筋，最终实现中央和地方、会内和会外、专职和兼职、参政议政与其他工作的多赢。

我们还要进一步加强机制建设，这是做好参政议政工作的重要保障。正如前面所介绍的，今年我们重点加强了调研工作、专门委员会工作和信息工作的机制建设，但是还有许多问题需要我们不断探索。有问题，就有改进的可能，就有拓展资源的机会。例如，如何更好地实现参政议政工作与其他工作的成果转化？如何促进会中央专门委员会与地方组织专门委员会之间的沟通联系？如何提高专职干部在专业领域的参政议政能力等等，都需要我们在今后的工作中进一步思考。

（四）提案工作

今年参政议政年会的主题是“加强和改进提案工作”，我们特别邀请了全国政协提案委员会办公室的张怡同志作关于如何加强提案工作的辅导报告，与会的各省级组织和专家还要就如何加强提案工作进行交流，富和同志还要在闭幕会上做总结，我就不在此展开讲了。在这里，我只谈一点对提案工作的思考，供同志们参考。

一是要不断深化对提案工作在新形势下重要作用的认识。提案是民主党派参加中国共产党领导的多党合作和政治协商的重要的方式和渠道，也是基本政治制度赋予民主党派的权利和义务。党派提案和委员个人提案相比，它更具政治性、代表性等特点，直接体现了民主党派的政治责任感和使命感。

近几年，民进提交了许多具有实效性和影响力的提案，例如，民进关于建设陇海星火产业开发带的提案，关于推进环保产业发展的提案，民进老一辈教育家关于设立教师节的提案。这些提案都对党和政府的决策产生了重要的影响。我们要充分认识提案工作在参政议政工作中的重要地位。要将提案工作与民主党派履行职能的其他活动有机结合，完善工作机制，加大工作力度，提高提案工作的质量。

二是积极探索加强和改进提案工作的措施与途径。会中央在今年启动的提案形成机制，是一个很好的探索。根据各省级组织、专门委员会以及会中央立项课题的各立项单位报送的年度重点专题调研成果（今年有百余份），参政议政部负责将其录入提案备选库；再通过省级组织评选、专家评审组评审、主席办公会议研讨等程序初步确定党派提案与民进组提案。在调研成果向提案的转化过程中，会中央采取了有关省级组织、专家顾问组、会中央参政议政部共同参与、反复听取意见、进行修改的方式，保证了提案在内容的专业性和提案结构的标准性两方面的质量，真正体现了集智聚力。政协大会结束后，会中央对最终被确定为党派发言、提案、民进组提案的撰稿组织或撰稿人，给予了物质奖励和精神奖励，这是对省级组织、民进中央专门委员会、民进中央专家顾问组贡献智慧和力量的肯定与感谢，也是对其参政议政积极性和持续性的鼓舞。

在加强和改进提案工作的过程中，要更重视加强人才队伍建设和加强制度化、规范化建设。为做好提案工作集聚人力资源，进一步发挥全会参政议政的整体力量。要重视开展调查研究，重视与政府部门社会研究机构的沟通与合作，加强提案的实效性。要促进提案与信息的结合。目前，会中央和各省级组织的提案工作已初步形成了一些切实可行的制度、机制，也有一些较好的做法，要注意总结经验，及时上升为制度和规范。

同志们、朋友们！在中国共产党的坚强领导下，在我会优良传统的感召下，在新形势与新任务的要求下，让我们以新中国成立60周年和人民政协成立60周年为新的起点，推动我会参政议政工作取得新成绩！

谢谢大家！

在2009年创业家年会上的讲话

（2009年11月22日）

严隽琪

各位嘉宾、各位朋友，上午好！

非常高兴能出席今天的活动，也非常荣幸有机会和大家交流一下自己的想法。

首先，我对今天的这两个题目感到非常感兴趣。今天的主题“一亿中流”，刚才两位都解释过了，我感到很有豪迈的气势，又有丰富的哲理，而且内涵很丰富。这个年会叫做创业家年会，我注意到了这个名字，我在上海谈过，创业就是从无到有，从小到大，从老到新，所以创新必然是创业的灵魂，实践是创业的本色，随机应变是它的生存之道，合作共赢是它的壮大之途。但是毫无疑问，企业家是创业家中的主体，所以企业是创新主体，真正的企业家精神是我们创新的主要力量源泉。所以在这里也为各位企业家、创业者，他们对于经济社会的贡献，特别是在精神上的贡献，表示极大地赞赏，我认为值得社会和人们的尊敬。

今天，我还说明一下，我有着上海大学生创业基金会会长的名义，所以我也算三分之一的东道主，对大家的到来表示欢迎！我为有那么多的志同道合的同志，大家一起投入这样有意义的事业感到高兴。

我主要谈三方面的方法和大家共享，不对之处欢迎批评指正。

一个是如何把科技进步和创新摆到国家发展的战略地位，作为我们中国这样一个发展中的大国，才可以奋起直追，努力做到后来居上。我长期在搞科研，我觉得一个系统的观点、一个体系的架构，往往是根本性的、基础性的。之所以称为体系，不应该限于某些领域、某些项目，不应该仅仅限于某些人群、某个环节，应该是整体性、战略性、规律性的。所以，它必然包含丰富内容和合理框架，我把这个丰富内容归纳成三多。第一是多角度，科学发展、制度创新等。第二是多主体，企业、学校、科研院校、国有单位、民营单位、大企业、小企业，金牛也好、黑马也好、草根也好，多个主体都需要。第三是多种资源要素，人才、资金、制度、政策等等。所谓合理框架，至少我现在想到，合理应该有4个要求。一是各安其位，各种创业主体和各种创新要素能够各安其位，有合理的评价体系和利益分配机制。第二必须是开放的，各种要素资源进出通畅，可以流动，可以进行自适应的调整。第三是无缝的衔接，特别是科技成果向现实生产力转换的链条上，要环环相扣，没有壕沟或者是无法逾越的障碍。第四个是宽容和便利，主要是营造一个宽容的创新创业环境和氛围，倡导勇于创新和竞争，诚信合作，宽容失败，使改革开放创新精神在全社会发扬。同时，必须有配套的政策和服务，给创新创业者提供极大地便利。

这是我谈的第一个想法，就是要构建创新型的体系。第二个想法是风险投资是高技术企业成长的催化剂，在高技术企业创新创业中，风险投资是必不可少的。风投首先是适应高风险、高技术的特征，同时风险投资要适应多层次的需求。第三是风险投资是市场经济体系组成部分，它的价值取向是以市场为导向，决定了由它选择支持的新技术，以能够产生经济利益为目的。企业在创业初期面临最大的问题，既有融资的困难，还有市场管理经验的不足，风险投资在解决初创阶段企业融资的问题时，往往给予创业者在经营、市场策略上的帮助、指导、扶持，甚至直接介入，我认为这是十分可贵的。

第三我想着重谈一谈支持大学生科技创业，有利于科技体系的建设。2006 年，全国第一个专门面向大学生，由政府支持大学生创业的上海大学生创业基金会总部落户在上海的杨浦区，连接着复旦大学、同济大学等 14 所高校，有国家实验室 12 个，占上海大学总数的 40%，还拥有 150 多家科研机构和 30 万名专业技术人员。面对着这样雄厚的产业基础和十分丰富的科技教育人才资源，杨浦区创造性地提出，并成功地实践了大学校区、科技园区和公共社区的三区联动的科学发展之路、知识创新之路。上海的大学生创业工作适逢其时，在过去 3 年中获得的宝贵的经验，成为了知识杨浦的不可缺少的部分。

在这里，特别想对鼓励和支持大学生创业的重要意义鼓吹一下。它的意义之一，是有利于推动高校科技成果转换。我对此有切身体会，因为我在上海交大工作多年，我和同事们承担过国家和上海市的许多科研项目，得到过不少奖励。但是，如果进一步将这些成果产品化、商品化，那就需要面对市场，继续做非常艰苦的再努力，这往往不是学校体制所适应的。但是高科技的研究成果，在向现实生产力转化过程中，又往往不允许研究者缺席，因此高校的老师或者学生，带着在学校里获得的科研成果，投入到创业的海洋中去，是非常合理的、优化的高校科技成果转换之途径，是应该受到鼓励和支持的。

意义的第二点，有利于推动高校的教育改革。教育的目的是为了人的全面发展，当前知识更新的速度日新月异，社会经历着大变动，现阶段的高等教育，已经不能仅仅以传授现有的知识和技能为满足，必须让学生在跨出校门时，具有再学习的能力、具有与人合作交往的能力、具有克服困难的思想准备。当大学生创业时，他会受到种种挑战，比如说人际沟通、法律法规、营销财务，获取信息的渠道和心理压力等等。创业大学生的表现，对学校教育而言，一方面是对其教育质量的检验，另一方面也会提出教育改革的需求。

意义第三是有助于追求真才实学的良好学风。市场不相信没有真才实学，不相信死记硬背的答案。如果在某个领域取得了独特的研究成果，锻炼了理论联系实际的作风，这些不是靠作假、蒙混可以奏效的。

第四是有利于宽容失败。宽容失败是一种伟大的力量，我曾经是高校的教师，我很清楚大学生有着年轻知识分子的优势和不足。很多人可能平淡一生，但给予他们机会，也许可成就具有重大影响的事业。创业的风险很大，创业的经历对青年人来说，是艰难的磨炼。如果从这种磨炼中能获得积极的感悟，那么不管最终创业成功与否，都可以成为有益他一生的精神财富。社会应该有宽容失败的氛围，应该鼓励和培养年轻人积极创业的精神和激情，这是建设创新型国家所必须的。青年人的希望，就是国家和民族的希望，支持有志有为的青年人，收获的是未来。

谢谢大家！

民主党派在社会主义民主政治建设中的地位和作用

（2009 年 12 月 10 日）

严隽琪

今年是新中国和人民政协成立 60 周年，也是中国共产党领导的多党合作和政治协商制度确立 60 周年。60 年前中国结束封建专制，走上民主新路，这条新路就是建设和发展中国特色社会主义民主政治。60 年来，几代中国共产党人率领中国人民和各民主党派在这条道路上奋力前行，形成了丰富的成果，积累了宝贵的经验。

坚持和完善中国共产党领导的多党合作和政治协商制度，是发展社会主义民主政治的一个重要方面。本文拟从二者的内在联系出发，浅议民主党派在社会主义民主政治建设中的地位和作用。

一、认清社会主义民主政治的特色、特征与发展方向

“中国实行什么样的民主形式，不是出于人们的主观愿望，而是由社会发展的条件和国家民族发展面临的任务所决定的”（房宁《新中国 60 年社会主义民主政治建设》）。60 年前新中国“一唱雄鸡天下白”，面对的是几千年封建专制统治造成的“万家墨面”和“万马齐喑”的社会现实；而中国要追赶上已经实现工业化和现代化的西方发达国家，必须打破常规实现跨越式发展。“这样的社会发展条件和发展任务使中国的民主政治具有保障人民权利和集中人民力量的‘双重功效’”（房宁《当代中国的民主政治发展》）：一方面要充分调动和发挥人民的积极性、主动性和创造性；另一方面，要相对集中国家权力，维护人民的整体利益、根本利益和长远利益，维护国家政权的稳定。这两方面成为中国特色社会主义民主政治建设的出发点和落脚点。

1．了解社会主义民主政治实践的特色

从毛泽东、邓小平、江泽民三代中共中央领导集体到以胡锦涛同志为总书记的中共中央，经过 60 年的开创、探索和推进，逐步形成了中国特色社会主义民主政治的基本制度框架，包括人民代表大会制度、共产党领导的多党合作和政治协商制度、民族区域自治制度和基层群众自治制度。这些制度源于“我国工人阶级领导的、以工农联盟为基础的人民民主专政”的国体，构成我国的政体，其中人民代表大会制度是根本政治制度，多党合作等制度是基本政治制度。具有历史意义的是人民政协早于人民代表大会成立，这表明国家权力机关最初也产生于各党派、各团体、各民族和各界人士的协商之中。由此形成了“人民通过选举、投票行使权利和人民内部各方面在重大决策之前进行充分协商，尽可能就共同性问题取得一致意见”，即选举民主和协商民主这两种重要的民主形式。两种形式“你中有我、我中有你”、相辅相成，这是我国社会主义民主政治实践的一个鲜明特色和独特优势。

2．认清社会主义民主政治的本质特征

中国共产党善于总结历史经验，吸收人类文明有益成果，中共十六大提出发展社会主义民主政治，最根本的是要把党的领导、人民当家做主和依法治国统一起来。这一论断揭示了社会主义民主政治建设的基本规律和社会主义民主政治的本质特征。共产党的领导是人民当家做主和依法治国的根本保证。无论是保障人民权利，还是集中人民力量，没有中国共产党的坚强领导，都不可能实现。中国共产党的先进性和执政能力，能够整合社会利益，保持政治稳定，确保人民当家做主和依法治国的实现。人民当家做主，就是人民群众在共产党的领导下，通过社会主义民主政治的制度安排，掌握国家政权，行使民主权利，管理国家事务、管理经济文化事业、管理社会事务。没有人民直接、间接的有序参与和实施多种监督，党的领导和依法治国就会偏离正确方向，甚至会走向反面。依法治国就是保证国家各项工作都依法进行，逐步实现社会主义民主的制度化、法制化。执政党、参政党、政府和社会组织乃至个人都必须在宪法和法律规定的范围内开展活动，不允许有任何凌驾于法律之上的“特权”，不能搞无政府主义的“大民主”。离开依法治国，党组织和人民内部就会重蹈“文革”中“全面瘫痪”和“分裂对立”的覆辙。这些本质特征表明，社会主义民主政治是一种共产党领导下的、体制内的、非“零和”的、有序的民主。

3. 把握社会主义民主政治建设和发展的方向

中国特色社会主义民主是中国实现社会主义现代化、实现中华民族伟大复兴的政治保证。古今中外的历史一再证明，民主的形式保障着民主的方向，民主的方向影响和决定了国家的前途命运。中共十七大提出了坚定不移发展社会主义民主政治的重大任务，全面系统地描绘了我国未来社会主义民主政治发展的蓝图。无论是深化政治体制改革的路径、方向和目标，还是发展社会主义民主政治的六大举措，都凸显了加强和改善中国共产党的领导与保障和扩大人民民主权利这两条红线。改革开放 30 多年来，以市场为取向的经济改革和以民主为取向的政治改革，共同促使中国发生了结构性变化，即“社会利益和价值多元分化、社会身份推陈出新、政党和社团多元并存、公私权力逐渐分离”（虞崇胜 王洪树《协商合作：中国多元共识民主的重要实现形式》）。面对深刻变化的国内经济社会结构和国内外分裂势力的渗透和破坏，我们不搞多党竞选、“三权分立”和议会斗争，避免了争夺选民、利益分歧公开化、对立化，金钱政治和外部干预等问题，“通过推进社会主义民主政治制度化、规范化和程序化，扩大人民群众有序的政治参与、推进协商民主和加强权力监督，来推进我国社会主义民主政治的建设”（房宁《当代中国的民主政治发展》），走出了一条符合中国国情、具有中国特色，既保障人民权利又集中人民力量，低成本、高效率、保稳定的社会主义民主新路。

二、明确民主党派在社会主义民主政治建设中的重要地位

中国共产党领导的多党合作和政治协商制度，是中国共产党把马克思主义的基本原理与中国具体实际相结合的产物，是中国共产党与各民主党派、无党派人士政治智慧的结晶。这一政党制度体现了中华民族和而不同、兼容并蓄的优秀文化传统，具有政治参与、利益表达、社会整合、民主监督和维护稳定的功能，在实践中显示出巨大优越性和强大生命力。我国多党合作制度是协商民主的重要源头，是国家政治体制的重要组成部分，是统一战线、人民政协和民主党派发挥作用的重要保障，因而是中国特色社会主义民主政治理论和实践的重要组成部分。民主党派作为协商民主的一方主体，其重要地位表现为：

1. 中国特色社会主义政党制度的实践者

中国和世界上大多数国家一样实行政党政治。我国各民主党派是各自所联系的一部分社会主义劳动者、社会主义事业建设者和拥护社会主义的爱国者的政治联盟，是接受中国共产党领导、同中国共产党通力合作的亲密友党，是坚持进步性与广泛性相统一、致力于中国特色社会主义事业的参政党。民主党派的这一性质和定位，意味着党派组织负有围绕事关国计民生的重大问题议政建言、反映社情民意等工作职能，党派成员可获得在不同层次参与政治协商、开展参政议政和民主监督活动的合法权利和政治资源。无论是党派组织还是党派成员，不论是在党派机关和人民政协的“言官”，还是参加国家政权机关的“责官”，都承担着沟通连接国家和人民、政府与社会的重要责任。民主党派的工作实践直接关系到我国多党合作制度的坚持与完善，关系到社会主义民主政治实现的层次和水平。

2. 国家政治体制运行的参与者

新中国成立以来、特别是改革开放以来，中国共产党注重在重大决策中体现人民民主，关于国计民生的重大问题，要通过中国共产党与各民主党派进行协商，通过人民政协进行协商，广泛听取各民主党派、各人民团体以及各族各界代表人士的意见，由人民代表大会行使国家权力进行决策，由人民政府执行。人民政协“不仅在重大决策之前能够进行充分协商，而且在重大决策之后还在继续进行协商，为执政党和政府贯彻决策、完善决策作贡献”，“通过协商民主这种形式在我国民主决策中发挥前锋作用，又可以担当起后卫作用”（李君如《充分认识和发挥人民政协在民主政治建设中的重要作用》）。民主党派作为统一战线的重要成员和人民政协的重要界别，成为国家政治体制民主决策中的一个重要环节，所建之言、所献之策，对人大决策和政府执行能否起到“前锋”和“后卫”作用至关重要，关系到国家发展、社会稳定和人民福祉。

3. 中国特色社会主义政治发展道路的维护者

60 年来，中国共产党带领中国人民找到了一条适应本国国情和社会发展要求的政治发展道路，正确解决了当代中国建设和发展社会主义民主的领导核心、指导思想和制度设计等问题。坚持这条政治发展道路，有利于调动人民的积极性、主动性和创造性，有利于实现和维护最广大人民的根本利益，有利于促进经济持续发展、社会长期稳定和人民生活水平不断提高。背离这条政治发展道路，将会造成社会动荡、政治倒退和经济停滞。各民主党派处于坚持走中国特色社会主义政治发展道路的前沿关口，坚持搞好政治交接，传承优良传统，就是维护中国共产党执政地位和多党合作政治格局的稳定。坚持中国特色社会主义的政治制度，需要形成全体人民的共识。民主党派的实践与宣传，增进了全社会对多党合作制度和参政党作用的了解和认同，有助于营造良好的政治氛围。

三、选准民主党派在社会主义民主政治建设中发挥作用的着力点

社会主义民主政治建设是发展中国特色社会主义的一项重大战略任务，也是一项长期、艰巨而复杂的系统工程。民主党派只能从中国特色社会主义民主政治的特色、特征出发，根据民主党派在协商民主中所处的地位，把握好方向和重点，选准着力点，才能发挥应有的作用。

1. 促进各民主党派与中国共产党之间的沟通，发展党际民主

发展中国各政党之间，主要是执政党和参政党之间的党际民主，是推进中国特色社会主义民主政治建设的重要前提。党际民主已成为社会民主的“晴雨表”。民主党派促进党际民主的发展，一是要充分发扬社会主义民主，为科学决策提供真实可靠依据。在中共中央和国务院召开的高层民主协商会上，在中共中央委托有关部门召开的通报会、座谈会上，在给中共中央的书面建议和领导人的书信中，党派领导同志要坚持真理，讲真话、讲实话，建有据之言，献有用之策，求务实之效。二是要坚持贯彻“长期共存、互相监督、肝胆相照、荣辱与共”的十六字方针，认真实行互相监督。毛泽东主席说过：“所谓互相监督，当然不是单方面的。共产党可以监督民主党派，民主党派也可以监督共产党”。当前加强党风廉政建设，人民群众关注的热点与党建的重点和难点问题，是“如何防止权力与资本结合的寻租行为，特别是‘官商利益共同体’的形成和发展”（房宁《当代中国的民主政治发展》），对此我们应给予更多的关注，勇敢地、负责任地发表意见，提出建议和批评。同时，也真诚地接受中国共产党对民主党派的监督。三是以党为师，互相促进。民主党派应当认真学习借鉴中国共产党关于加强党建的成功经验和做法，不断从与执政党建设的比较、借鉴、互动中获取自身建设的各种资源和动力，努力探索自身建设的理论、路径和体制机制，做到执政党建设与参政党建设互相促进。

2. 促进执政党和政府与人民群众和利益群体之间的沟通，发展社会民主

人民政协是中国共产党领导的多党合作和政治协商制度的重要政治形式和组织形式。参加人民政协的各政党、各团体、各民族和各界别代表人士通过全委会议、常委会议、联组会议等会议以及专题协商、提案建议、大会发言、反映社情民意等形式，发挥政治协商、民主监督和参政议政作用。民主党派通过人民政协这个舞台，促进执政党和政府与人民群众和利益群体之间的沟通，发展社会民主。当前民主党派促进社会民主发展，应特别重视扩大公民有序的政治参与和畅通社会各阶层利益表达的渠道。如党派政协委员利用报刊、网络公开向社会征集提案线索和内容；党派政协委员大会期间开设“委员博客”，把自己在会上履行职责的行为直接展示于广大群众，把各界群众的意见和建议直接带进了会场，使会内会外、委员和百姓连为一体。政治协商是中国民主制度的一大特色，在中国共产党的领导下，通过政治协商，可以使不同群体的局部利益、个别利益与全社会的整体利益、长远利益相互协调。需要指出的是：“转型期中国利

益的多元化要求呼唤着民主党派能够主动承担起利益表达的功能，协助执政党解决社会治理中出现的各种问题，承担起联系各阶层民众与政府之间关系和沟通功能”（武建强《中国民主党派的政治沟通功能分析》）。

3．促进民主党派中央、地方和基层组织与广大成员之间的沟通，发展党内民主

加强自身的民主建设，是民主党派促进社会主义民主政治发展的题中之义和重要前提。对于组织结构比较松散、以兼职为主要工作方式和“知识分子干部集团型”政党的民主党派来说，党内民主是增强党的创新活力、巩固党的团结统一的重要保证。近年来，在中国共产党的支持下，各民主党派认真推进党内民主建设，“民主党派不民主”的说法已不符合绝大多数党派组织的实际。民主党派发展党内民主，首先要保证领导决策的科学化、民主化。要建立健全以坚持贯彻民主集中制为主要内容的议事规则和各项制度，形成重大事项决策体系和研究机制。第二要树立民主风气，营造民主团结的氛围。领导班子成员定期沟通思想、交换意见，听取各级组织和机关部门对工作的意见和建议，实行知无不言、言无不尽，言者无罪、闻者足戒，营造民主讨论的环境。第三要有序推进党内民主，积极探索党内监督机制。学习借鉴中国共产党扩大党内民主的试点经验，结合党派的实际，建立相关制度，扩大成员代表和广大成员的知情权、建议权与监督权，调动他们的积极性、主动性和创造性。要逐步成立中央和地方的监督机构，对领导班子履行职能的情况进行监督检查。

中国实行的根本政治制度和基本政治制度，决定了民主党派在国家政治体制中的重要地位，凸显了民主党派在社会主义民主政治建设中的重要作用。转型期的中国迫切需要民主党派进一步发挥进步性和广泛性的优势，真诚协助中国共产党，在促进经济社会又好又快发展的同时，把社会主义民主政治建设积极稳妥、有序有效地向前推进。

坚定信念、同心同德、扎实工作，为全面建设小康社会作出新贡献

（2009 年 12 月 29 日）

严隽琪

2009 年是不平凡的一年，充满挑战与机遇。这是我国应对国际金融危机冲击、坚持改革开放的攻坚年，是我国“十一五”规划实施的关键年，又是隆重庆祝中华人民共和国和人民政协成立 60 周年的喜庆之年。全国人民在中国共产党的领导下，奋斗探索，取得了举世瞩目的伟大成就。

“认真学习、有思有行、集智聚力、求真务实”是过去一年民进工作的写照。一年来，在中国共产党的领导下，民进全会深入学习贯彻科学发展观，坚持以中国特色社会主义理论体系为指导，清醒认识国际国内的形势，与中国共产党同心同德，与全国人民共克时艰。无论在参政党自身建设方面，或是在履行职能方面都取得了新的进步，作出了新的贡献。我会以领导班子建设为重点，坚持开展并不断深化走中国特色社会主义道路学习教育活动，加强全会的政治共识。我会以党为师，有序推进会内民主，重视人才队伍建设，激发各级组织活力，在体制机制创新与工作程序规范等方面迈出了新步伐，提高了高素质参政党建设的科学化水平。

民进中央以国家经济社会发展的需要为出发点，带领全会深入开展调查研究，认真履行参政议政、民主监督和社会服务的职能。面对国际金融危机的冲击，就优化投资结构、发展新兴战略产业、扶持中小企业、扎实推进城镇化、推动科技创新等向中共中央建言献策。文化教育出版是民进主要的界别特色，我们

为《国家中长期教育改革和发展规划纲要》、农村教育改革与发展、教师队伍建设、公共文化服务体系、出版体制改革等问题积极上书建议。

在建言的同时，民进还发挥特色，注重力行。去年以参与地震灾区教育重建和贵州毕节试验区建设为重点，积极开展社会服务工作。我会完成了促进毕节试验区职业教育发展的调研报告，启动了支持毕节教育事业的“彩虹行动”；与中国林业科学院合作建设金沙“石漠化治理科技大院”。民进中央举办的“2009 年地震灾区学校校长暑期培训班”，帮助灾区学校提高教学和管理水平。为加强海峡两岸和港澳地区的合作与交流，促进两岸四地同胞的感情沟通，弘扬中华优秀文化，民进中央成功举办了“第四届海峡两岸企业发展与合作论坛”、“2009 年海峡两岸基础教育论坛”和“第七届海峡两岸中华传统文化与现代化研讨会暨首届海峡两岸医学文化与医学发展论坛”。

值此除旧布新之际，放眼世界，全球正处在大发展大变革大调整时期；展望前程，我国又站在了一个新的历史起点之上。民进必须成为一个与时俱进的学习型政党，在中国特色社会主义理论体系指导下，进一步深入学习贯彻科学发展观和中共十七届四中全会精神，积极借鉴执政党建党经验，自觉践行社会主义核心价值体系，不断加强自身建设。在伟大祖国朝着建设富强民主文明和谐的社会主义现代化国家的宏伟目标阔步前进的征程上，民进必须继续发扬优良传统，把全体会员的积极性、主动性、创造性，把各级组织的智慧和力量凝聚到中国特色社会主义伟大事业中来。2010 年民进全会要继续围绕国计民生的需要，进一步深入开展调查研究，反映社情民意，积极建言献策，努力服务社会，做好海外联谊工作。

肝胆相照昌国运，和衷共济谱新篇。在新的一年里，民进全会将紧密地团结在以胡锦涛同志为总书记的中共中央周围，坚定信念、同心同德、扎实工作，努力发挥参政党作用，为全面建设小康社会作出新贡献！

围绕主题　深化研究　推广经验　推动工作

——在民进全国宣传思想工作会议暨科学发展观论坛闭幕式上的讲话

（2009 年 7 月 9 日）

罗富和

同志们：

我们这次会议和论坛，经过大家的共同努力，圆满完成了各项议程，今天就要闭幕了。我受会中央的委托，结合当前形势讲几点意见。

一、关于 7·5 乌鲁木齐市严重打砸抢烧暴力事件

中共中央统战部日前召集各民主党派和无党派人士进行了一次情况通报会，通报了中办和国办关于 7·5乌鲁木齐严重打砸抢烧暴力事件有关情况的文件，主要精神有以下几点：第一，要依法打击由境内外“三股势力”策划和组织的这起暴力犯罪事件。第二，要做好各项防范工作，自觉维护民族团结和社会稳定。第三，要加强对各族干部群众的引导教育，反对和揭露分裂主义分子的罪恶图谋。第四，要牢牢掌握舆论导向，进一步宣传群众、动员群众、团结群众，维护大局，做好工作。第五，由于少数外逃的分裂主义分子在国外举行游行示威，要注意做好涉外工作。

中共中央对各民主党派做好工作有几方面的要求：第一，要认清这起严重暴力犯罪事件的实质，把思想统一到中央对形势的分析判断和对工作的决策部署上来。第二，各党派、各团体的广大干部职工要坚守岗位，协助党委和政府做好维护社会稳定的工作，不传谣、不信谣。第三，要注重社情民意的搜集，及时反映人民群众的思想动态，为维护稳定作出贡献。

会中央高度关注这起事件，严隽琪主席近日与民进新疆区委会的主委牛汝极同志通了电话，关切地询问民进组织和会员的情况，希望他们发挥民主党派应有的作用。希望各省级组织的负责同志回去后，按照中共中央通报的精神和要求，努力协助当地党委和政府做好维护稳定的工作；也希望大家能举一反三，在复杂多变的国际国内局势面前，为加强社会建设、维护社会稳定和构建和谐社会积极建言献策，用实际行动体现出拥护中国共产党领导的坚定政治信念和政治立场。

二、本次会议和论坛的收获

民进全国宣传思想工作会议暨学习贯彻科学发展观论坛，是今年会中央召开的重要会议之一。会议期间，严隽琪主席作了“进一步提高我会学习贯彻科学发展观的水平”的重要讲话，王佐书副主席作“努力学习贯彻科学发展观，开创宣传思想工作新局面”的工作报告和“宣传的艺术”专题讲座。与会同志评价这些讲话、报告和讲座“很深刻、很开拓、很解渴，也很有可操作性”。大家认真交流经验和成果，深入研讨问题和举措，仔细推敲修改文件，达到了提高认识、统一思想，明确方向、推动工作的目的。此次会议和论坛的圆满成功，反映了会中央和地方组织服务科学发展与实现科学发展的迫切要求和深入思考，体现了领导班子、宣传部门、基层组织和广大会员对科学发展的自觉追求。

1. 明确了当前我会学习贯彻科学发展观的着力点和突破口

严主席的讲话分析了民主党派为什么要学习贯彻科学发展观、如何学习贯彻科学发展观，以及当前我会学习贯彻科学发展观需要解决的几个关键性问题。指出民主党派学习贯彻科学发展观，要始终抓住巩固与中国共产党团结合作的共同思想基础，落实到更好地履行参政党职能、同步抓好加强自身建设、提高自身素质和能力三个着力点上。提出了进一步解放思想、实事求是、创新求进，努力解决影响和制约我会科学发展的四个“瓶颈”性问题；进一步强调了形成有利于我会科学发展的四个体制机制。与会同志一致认为，严主席的讲话既有理论高度，又直面现实，切合会内工作实际、会员和领导干部思想实际，问题找得非常准、措施新颖、指导性强。大家注意到，严主席的讲话简明扼要，只有6000多字，但内涵丰富、令人耳目一新。有的同志说，过去认为民主党派学习贯彻科学发展观，不过是走个形式，听了严主席的讲话，很受启发，找准了民主党派学习贯彻科学发展观的方向和路径。不少同志认为，严主席的讲话消除了前一阶段大家在学习贯彻科学发展观中的一些困惑，进一步增强了各级领导干部和广大会员学习贯彻科学发展观的自觉性和坚定性，这次会议和论坛的举办正当其时，非常必要。

2. 明确了我会宣传思想工作科学发展的方向、思路和举措

王佐书副主席的工作报告，回顾了近几年来特别是换届以来我会宣传思想工作的总体情况，总结了4条基本经验，分析了当前宣传思想工作的形势和任务，对今后一个时期的工作从8个方面作出了部署。专题讲座则从科学方法论的角度，论述了民主党派机关和专职干部如何做好宣传思想工作以及工作的方法和技巧。与会同志普遍反映报告脉络清晰，有政策、有理论、有实际、有创新。而佐书副主席的专题讲座可谓是“艺术地再现了宣传的艺术”，讲座本身就是“润物细无声、润物细无痕”的教育，深刻生动，针对性和指导性都很强，便于大家理解思路、抓住关键、取得实效。许多宣传部门负责人认为，报告内容是在进行了大调研、做了大思考、下了大气力之后的成果，贴近基层、贴近会员，突出改革创新，强调实际实效，为推动我会宣传思想工作的科学发展明确了方向、思路和举措。大家认为，佐书副主席的报告不仅对于当前形势的分析全面到位，对于为什么要加强宣传思想工作很有说服力，并且也很好地回答了如何做好这项工作，许多说法可以说是经验的总结、理性的提升。

3. 交流了工作经验和学习研究成果

本次会议各省级组织共提供了29份经验交流材料和32篇论文，会议安排了两个半天做大会交流，有16位同志作了大会发言，分别介绍了学习贯彻科学发展观、加强典型宣传、推进思想建设、搞好宣传报道、开展网络宣传、建立长效机制等方面的经验；交流了“用科学发展观指导高素质参政党建设”、“全

面推进会务实践的科学发展”、“基层组织建设科学发展之路”、“参政议政应坚持以科学发展观为指导”等多篇论文。这些经验和论文，围绕民主党派如何学习贯彻科学发展观、宣传思想工作如何科学发展的主题，突出了用科学发展观破解我会自身建设和履行职能中瓶颈问题的思考，突出了工作方式、方法的创新，亮点频出，表现出鲜明的民进特色和地区特色。许多同志说，各省市的先进经验和研究成果各有特色，听后受益匪浅。这些经验的交流也充分反映了会中央和各省级组织的宣传思想工作队伍能注重理论学习研究，创新工作的机制和方法，这支队伍是特别能思考、能战斗的一支队伍。

4．提出了加强新形势下我会思想建设的意见和建议

会议期间，与会同志还提出了许多中肯的意见、建议，以及迫切的期望。我简单归纳为以下几点：

一是希望进一步树立大宣传理念，构建大宣传格局，科学确定宣传思想工作在高素质参政党建设中的地位和功能，真正建立起宣传思想工作可持续发展的管理机制和运行机制。二是建议会中央经常举办宣传思想工作的会议或研讨活动，通过到地方召开现场会等新形式，进一步加强对地方组织宣传思想工作的指导。每次会议或活动，可以针对目前思想建设中存在的具体问题，或今后工作的具体思路进行研讨。三是希望会中央能加强对宣传报道通讯员、市级组织专干和基层组织骨干的培训。四是针对地方组织宣传信息不对称的情况，建议会中央定期或不定期地编发宣传思想工作提要，以加强对地方组织宣传工作的指导。五是加强会内教材体系建设。会中央各部门要合作编写统一的教材，供各级组织学习培训使用。六是加强理论队伍的建设，可以组建民进中央宣传教育讲师团。特别值得一提的是，有的同志指出，宣传思想工作不仅仅是宣传部门的任务，它反映和代表的是整个民进的形象，因此亟需改进现有的宣传思想工作体制，打破部门分割的现状，努力实现宣传部门与其他职能部门的有效沟通与合作。这些都是非常好的建议，会中央宣传部在会后要认真进行梳理，并尽量满足大家的期待。

会议期间，与会同志认真讨论了《民进中央关于新形势下加强宣传思想工作的决定》，提出了重要的修改意见。会中央也将认真研究和吸收大家的意见，尽最大可能把这个文件修改好。

三、关于会议精神的学习贯彻

民进全国宣传思想工作会议暨科学发展观论坛，是在全会学习贯彻科学发展观的重要阶段召开的一次重要会议。会议期间，严隽琪主席明确要求，对于会中央召开的重要会议，会后要兴起学习贯彻的一个高潮。

1．认真学习贯彻讲话和报告的精神

严隽琪主席在开幕式的重要讲话、王佐书副主席的工作报告，是指导我会进一步把科学发展观贯彻落实到自身建设和履行职能的各个方面、各个环节，推动我会宣传思想工作科学发展的指导性文件。会中央将尽快正式下发这两个文件，努力形成学习贯彻文件精神的良好氛围：民进中央网站将开辟专题，及时反馈各级组织的信息；民进会讯和民主杂志将刊发会上交流的工作经验和论文成果。希望同志们把文件精神和会议成果带回去，向省委会、常委会和主委会汇报，做好严主席在讲话中提到的“转化”、“带动”和“提高”三篇文章。各级组织主要领导、班子成员以及宣传干部要认真吃透两个文件的精神，进一步明确民主党派学习贯彻科学发展观的着力点，进一步明确今后一段时期我会宣传思想工作的总体要求和工作思路。要把会中央的工作部署和本地工作实际结合起来，充分发挥积极性、主动性和创造性，把讲话和报告的精神落到实处。

2．着力解决突出问题，建立长效机制

着力解决影响和制约我会科学发展的突出问题，建立和完善有利于我会科学发展的体制机制，是确保我会学习贯彻科学发展观取得实效的关键。严主席在讲话中指出了目前我会存在的“价值观瓶颈”、“能力素质瓶颈”、“人才瓶颈” 和 “体制机制瓶颈”，并提出了打破这些 “瓶颈” 的一些措施和办法。必须把解决问题的有效措施和办法以制度的形式固定下来，为促进我会自身的科学发展提供体制机制的保障。

我会各级组织要以两个文件精神为指导，在前一阶段学习培训、调查研究的基础上，紧密结合自身建

设和履行职能的工作实际，有针对性地在政治交接长效机制，后备干部队伍建设的推荐、选拔、培养、管理机制，集智聚力的参政议政机制，以及会内监督机制等方面积极推进，创造经验，不断提高学习贯彻科学发展观的水平。各级组织要将解决突出问题，建立长效机制的工作，作为下一步全会学习贯彻科学发展观的重点内容，切实抓紧、抓好、抓实，并将有关情况以书面材料的形式报送会中央宣传部。

3. 继续深化研究，大力推广经验

本次会议期间，各省级组织交流了学习贯彻科学发展观的经验体会和论文成果，可以说是我会深入学习贯彻科学发展观以来的一次阶段性总结。适时的工作总结有利于我会各级组织把学习贯彻科学发展观的好做法、好经验总结推广开来，为建立长效机制和指导推动今后的工作发挥积极作用。应当看到，学习贯彻科学发展观不是一朝一夕就可以完成的工作，本次论坛期间各省级组织交流的论文还是初步成果，有待于进一步深化研究，我们希望科学发展观论坛能够继续举办下去。我们要在全会大力推广本次会议总结交流的有效经验，使学习贯彻科学发展观的理论成果和工作实践相互促进、相得益彰。

最后，我结合下半年工作，对全会再提出三点具体要求：

一是结合庆祝新中国成立60周年与纪念人民政协成立和多党合作制度确立60周年，加强对全会的思想教育，增强接受中国共产党领导的自觉性和坚定性，不断巩固多党合作的思想政治基础。我会的宣传思想工作要紧密围绕这一主题来进行，要紧密结合当前经济社会的形势来做好。我们在宣传我国经济建设的成就同时，更应该看到中国共产党的领导是我们事业发展的核心力量，是战胜任何艰难险阻的中流砥柱。

第二，我会宣传思想工作要很好地学习借鉴抗震救灾斗争和奥运宣传报道的成功经验，更多地面向基层、面向会员，不断提高宣传思想工作的感染力和说服力，进一步增强我会的凝聚力。这次会议上严主席的讲话、佐书副主席的报告和同志们的经验交流都提到了要将宣传思想工作的重点更多地面向基层、面向会员，今后大家要改进作风、创新方法，多做工作。

第三，要重视会员思想苗头，发挥宣传思想工作在化解矛盾、理顺情绪方面的积极作用。希望我会各级组织的宣传部门，要多关注会员的所思所想，多反映会员及我们所联系的各界知识分子的意见建议，协助各级党委和政府做好化解矛盾、理顺情绪、平衡心理的工作，当前特别要关注会员的思想苗头，加强引导和说服教育，把工作做细，把问题解决在萌芽状态，不要激化矛盾，要用我们的实际工作促进会内和谐，为和谐社会的建设作出积极贡献。

以上是我对会议的总结。今天会议即将结束，祝大家返程顺利，一路平安！

与时俱进　创新发展

——在民进中央纪念《民主》杂志创刊20周年座谈会上的讲话

（2009年9月9日）

罗富和

各位同志：

今天是民进中央纪念《民主》杂志创刊20周年座谈会，听了佐书副主席代表会中央和民主杂志社所作的讲话，以及中央统战部宣传办、兄弟党派中央宣传部，作者和读者代表，杂志社老领导楚庄老，以及与会同志的发言，我们感到收获很大，教益良多。这些讲话和发言，既有对我们办刊工作的具体意见和建议，也有对党派期刊今后发展的前瞻性思考，无一不包含着对《民主》杂志的厚爱与关心。

《民主》杂志能够取得一定的成绩，离不开中央统战部宣传办、国家新闻出版总署给予我们的指导、支持和帮助，离不开对全国政协、兄弟党派和统战系统报刊的学习和借鉴，离不开长期以来不吝赐稿的作者，以及常年关注、订阅杂志的广大会员和民进之友。在这里，我代表民进中央一并向大家表示诚挚的谢意。

《民主》杂志从创刊到现在已经整整20周年了。这20年，是中国特色社会主义事业蒸蒸日上的20年，是多党合作事业繁荣发展的20年，也是中国民主促进会蓬勃发展的20年。作为中国民主促进会的唯一对外发行刊物，《民主》杂志立足民进，面向社会，服务统战，大张旗鼓地宣传中国共产党和国家的重大方针政策，浓墨重彩地记述民进的成绩和进步，成为了宣传统战理论方针政策的重要喉舌，展示民进会员精神风貌的重要窗口，增强我会凝聚力和影响力的重要桥梁纽带。同时，《民主》杂志在发展中也存在一些问题和不足。今天我们召开这个座谈会，不仅是回顾过去，而且要指导现在和将来。

当前，我国中国特色社会主义事业欣欣向荣，多党合作事业呈现出新的发展局面，民主党派发展面临着新的历史机遇。但是，我们也要清醒地认识到我国意识形态各领域，正在日益经受着西方文化价值观的冲击，面临更为复杂的环境和诸多的新课题；而参政党所处的历史方位和肩负的历史使命，给党派工作带来严峻挑战和前所未有的考验。《民主》杂志作为民进的公开媒体，要适应形势、转变观念、调整思路，从战略和全局高度，切实增强责任感、使命感、紧迫感，进一步加强和改进办刊工作，努力把《民主》杂志提高到一个新的水平，为促进多党合作事业和我会各项工作的发展作出新的贡献。

下面，我有几点希望和要求与大家共勉：

一是要继续坚持正确的舆论导向。导向是杂志办刊的关键问题。当前，我会会员队伍数量不断增长，年龄结构、职业结构发生了较大变化，思想舆论宣传工作面临着许多新情况。《民主》杂志作为民进重要的舆论宣传阵地，要坚持以科学理论为指导，牢牢把握舆论导向，积极引导广大会员自觉坚定地接受中国共产党的领导，走中国特色社会主义道路，特别是中国特色政治发展道路毫不动摇。

二是要坚持“以会员为本”。读者是杂志生存的基础。《民主》杂志的主要读者是民进会员，必须了解会员读者的信息需求、心理感受、阅读习惯，尽量满足大家的需求。民主党派期刊应做到“一个方向，多种声音”。“一个方向”就是坚持中国共产党的领导、走中国特色社会主义道路，也就是坚持四项基本原则；“多种声音”就是要根据会员的特点和需求，采用不同的报道内容、表达方式，甚至语言格调、文风等等。要增强杂志对会员的亲和力、感染力和影响力，力求指导性和可读性的完整统一。

三是要有特色。一种期刊必须有自己的特色，就像一个人要有“个性”一样，否则就失去其存在的重要条件。党派的期刊如果没有党派特色，那就和其他社会上的期刊没有差别了。《民主》的特色首先是民进的党派特色，要大力宣传民进在履行参政议政、民主监督职能和自身建设上所取得的成绩，宣传民进的主张、观点和思考，宣传广大会员在各自的岗位上所做的贡献。其次是品牌特色，比如《民主》的“百家之言”这个栏目，就比较有特色，已经形成了比较固定的作者群和读者群。《民主》的其他栏目也要朝这个方向努力。打造成党派的精品期刊，要注意在内容上体现党派特点，在形式上创造品牌栏目。

四是要不断开拓创新。随着以数字化、网络化为代表的现代信息技术突飞猛进，互联网逐渐成为传播、学习、交流信息的重要平台，报刊杂志等传统媒体的发展也面临着新课题，这些都对《民主》杂志的办刊工作提出了新的要求。苟日新，日日新，又日新。大家只有自觉按照科学发展观的要求，坚持解放思想、与时俱进，在编辑和管理工作中不断探索、改革创新，才能不断适应新的形势，迎接新的挑战。

五是要建设一支高素质的队伍。一流的刊物要有一流的人才队伍。虽然《民主》杂志社人员少、经费紧张，但是经过多年努力，杂志已经培养和锻炼了一支爱岗敬业、吃苦奉献的采编队伍，这是《民主》不断进步的保证。杂志今后要继续发展，还需要采取多种措施培养人才、培训队伍，进一步提高人员的整体素质和工作水平。

目前，国家正在进行出版体制改革，党派期刊有可能转为公益性出版事业单位，这对我们来说是一个机遇。希望《民主》杂志未雨绸缪，做好各方面的工作；以创刊20周年为新的起点，继续坚持正确的办刊方向，发扬良好的工作作风，不断探索办好民主党派期刊的新方法，不断探索围绕中心、服务大局的新方式，使期刊工作上水平、上台阶，让《民主》杂志成为宣传多党合作制度和展示参政党形象的一张亮丽名片。

谢谢大家!

人民政协是民主党派发挥作用的广阔舞台

——写在人民政协成立60周年之际

（2009年9月15日）

罗富和

今年是人民政协成立和多党合作制度确立60周年。60年来，在中国共产党的领导下，人民政协汇聚各党派、无党派人士、各人民团体、各民族和各界的代表人士，积极履行政治协商、民主监督、参政议政主要职能，为推进社会主义经济建设、政治建设、文化建设、社会建设和生态文明建设，为实现祖国完全统一，为维护世界和平、促进共同发展作出了重要贡献。人民政协创造了“协商民主”这一我国社会主义民主的重要形式，既符合社会主义民主政治的本质要求，又体现了中华民族兼容并蓄的优秀文化传统，具有鲜明的中国特色。60年的实践证明，人民政协这一多党合作和政治协商的重要机构、发扬社会主义民主的重要形式，符合我国国情，充满生机活力，不断发展进步，在推动中国特色社会主义事业的发展中发挥了重要的作用。

60年来，人民政协的成立、发展和进步离不开中国共产党与各民主党派、人民团体和各族各界人士的团结奋斗，离不开多党合作理论与实践的发展，离不开多党合作和政治协商的制度化建设。随着民主党派“参政党”性质和地位的确立，人民政协日益成为民主党派参与政治协商，发挥参政议政和民主监督作用的广阔舞台。

60年前，中国人民政治协商会议第一届全体会议在北平中南海怀仁堂隆重开幕，时任中国民主促进会领导人的马叙伦、许广平、周建人、王绍鏊、雷洁琼等10名正式代表（另有3名会员为候补代表）出席会议，和其他代表一起通过了参与制定的《中国人民政治协商会议共同纲领》。马叙伦在全体会议上发言，表示“用最大的努力”，“共同建立光辉灿烂的中华人民共和国”。

30年前，周建人、叶圣陶、雷洁琼等老一辈民进领导人坚持贯彻与中国共产党“长期共存、互相监督、肝胆相照、荣辱与共”的方针，把工作重点转移到社会主义现代化建设上来，认真履行参政议政、民主监督职能。民进积极协助党和政府落实知识分子政策；参与社会主义民主法制建设，为《教师法》、《职业技术教育法》、《义务教育法》等的制定和实施提出了建议；在全社会提倡尊师重教，持续多年努力促成国家恢复建立“教师节”。

10多年前，许嘉璐、张怀西等新一代民进领导人继承和发扬民进老一辈领导人多党合作的优良传统，提出了“围绕中心、服务大局”和“巩固老阵地、开拓新领域”的工作方针。民进在继续关注教育文化出版领域的改革和发展的同时，就科技、经济、可持续发展中的资源节约和环境保护、西部大开发和“三农”问题、贫困地区和边疆地区经济社会发展、石漠化和沙漠化治理等重大问题，深入调查研究、积极建言献策。在全国政协九届二次会议上的大会发言《确定“节约资源”的基本国策，保障可持续发展战略的实施》，引起广泛反响并在宪法修改过程中得以体现。《建设陇海线星火产业带，推动中、西部经济发展》的提案，《关于引进市场机制，大力推进环保产业发展的建议》分别被列为2001年和2003年全国政协的 1 号提案，并重点办案，先后推动建立了陕西“关中星火产业带”和甘肃“河西走廊星火产业带”，促进了星火产业的发展。

2007 年换届以来，以严隽琪为主席的新一届民进中央围绕促进科学发展、和谐发展履行参政党职能，提出了“举全会之力、集全会之智”和“以新作为巩固老阵地，在顺势中开拓新领域”的工作方针。民进就农村教育的改革与发展、完善文化投入机制、农村义务教育教师培训能力建设、加快中小城镇建设和统筹城乡发展、促进中小企业发展等带有全局性、综合性和前瞻性的重大课题深入考察调研，形成了丰富成果。

2009 年初，民进中央与民进广东、浙江、福建省委会关于实施水库清淤、促进水资源可持续发展的联合调研报告，得到温家宝总理的批示。国家发改委和水利部召开了专题座谈会，建议恢复水库淤积研究和调查的机构，立项进行清淤试点，对于恢复水库库容、增加蓄水起到了积极作用。在全国政协十一届二次会议期间，民进中央向大会提交的党派提案、所作的大会发言和联组会议发言，包括加快中小城镇建设和城乡统筹发展形成拉动内需的动力、切实解决中小企业融资难、保障国家粮食安全、制度创新促进人才流动和劳动就业、加强社会建设、促进民办教育发展、健全矿产资源有偿取得制度等关系国计民生的重大问题，多个提案被列为重点办案，得到了中共中央、国务院领导同志的高度重视。

多年以来，民进为了更好地发挥在人民政协的作用，进行了坚持不懈的自身建设，不断创新履行职能的工作体制和机制。

一是加强多党合作和人民政协理论的学习，坚持正确的政治方向。民进全会认真学习中共中央《关于加强中国共产党领导的多党合作和政治协商制度建设的意见》和《关于加强人民政协工作的意见》两个 5 号文件，充分认识“人民通过选举、投票行使权利和人民内部各方面在重大决策之前进行充分协商，尽可能就共同性问题取得一致意见”，选举民主和协商民主是我国社会主义民主的两种重要形式。民进全会筑牢思想防线，坚决抵制西方政治意识形态和政党制度的渗透，自觉地接受中国共产党的领导，坚定地走中国特色社会主义政治发展道路。

二是充分发挥民进各级政协委员的作用。民进现有 79 名会员担任全国政协委员，10140 名会员担任省以下各级政协委员。民进中央十分注重加强与他们的联系和沟通，定期举行座谈会、研讨会，邀请他们介绍履行委员职责的经验和体会，及时宣传他们参政议政取得的突出成果，鼓励他们密切联系民进组织和社会公众，积极参加各级政协组织的各种活动，切实发挥政协委员应有的作用。

三是进一步加强参政议政骨干队伍建设。民进中央确定各专门委员会是参政议政的“智囊团”和“一线单位”，支持他们深入基层，自主工作，广泛调研，多出成果。聘请参政议政特邀研究员，把一批学识渊博、参政议政能力强、社会影响大的会员和民进之友充实到参政议政骨干队伍之中。出台加强参政议政能力建设的文件，组织调查研究、撰写提案和反映社情民意的专项培训，建立全会参政议政的“专家库”，不断优化参政议政的人才结构。

四是创新参政议政工作的体制和机制。民进中央建立了面向全会的中央参政议政课题的申报立项、提案形成和成果奖励机制，向各专门委员会和省级组织广泛征集课题建议，经过评审确定重点课题立项，课题成果再经过评审和转化，形成会中央在全国政协大会的发言和提案。民进中央对确定的重点调研课题给予经费资助和其他形式的支持，对作出突出贡献、发挥较大作用的参政议政提案进行表彰和奖励。这些措施促进了民进作为参政党整体优势的发挥。

五是利用互联网搭建参政议政的内部工作平台，提高工作效率和质量。民进中央与各省级组织和专门委员会、特邀研究员积极互动，利用网上平台申报评选课题，组织专家评议，征求重要问题的建议和意见，提供相关素材，召开网上专题会议，沟通调研进展情况，共享成果，交流经验等，有效地促进了全会参政议政资源的整合，进一步提升了参政议政的效率和质量。

人民政协是我国政治体制的重要组成部分，是发扬社会主义民主的重要形式。60 年来，民进作为以教育文化出版为主要界别的参政党和人民政协的一个组成单位，通过人民政协这个舞台，凝聚参政议政的合力，不断发挥参政党作用、提升参政能力、提高履职水平和成效。民进全会在实践中进一步增强了坚持中国共产党领导的多党合作和政治协商制度的信心，坚定了巩固中国共产党领导的多党合作政治格局的信念，总结出更有效地履行参政党职能的成功经验，也在这一过程中逐渐摸索出建设高素质参政党的路径。

在纪念人民政协成立60周年之际，中国民主促进会愿和兄弟党派一道，在人民政协事业新的历史起点上，开拓创新，团结奋进，为实现全面建设小康社会的宏伟目标作出新贡献！

在2009年海峡两岸基础教育论坛闭幕式上的讲话

（2009年9月19日）

罗富和

各位嘉宾、各位朋友：

大家下午好！这两天来，各位不辞辛苦，开了一个紧张、高效、务实的会议。会议期间，大家围绕教师专业发展的途径与方法、教师专业发展的评价、校长与教师专业发展等方面的议题热烈讨论，交流心得，共同分享对基础教育的思考与经验，提出了许多颇有见地的看法，对促进海峡两岸基础教育改革与发展的不断深化具有重要意义。整个论坛不但充满理性思考，而且充满浓浓的亲情。可以说这既是一次两岸基础教育界交流的盛会，也是一次增进感情、加深了解、充满亲情的会议。与会的两岸校长嘉宾普遍反映收获颇丰。会议所取得的成果，是海峡两岸教育共同的宝贵财富。

在论坛开幕式上，全国人大常委会副委员长、叶圣陶研究会名誉会长严隽琪作了重要讲话，来自海峡两岸的十几位校长在"教师专业发展"这个主题下，进行了论坛讲演，发表了他们对教师专业发展的见解，与大家分享了他们的教育理念、实践成果和成功经验。通过本次论坛，达到了取长补短，互相借鉴，共同提高的目的。

"教师专业发展"是新时期教育发展中一个很重要的课题，大家在讲演中谈到，教师今天面临的挑战非常艰巨，教育改革与发展的深入，迫切要求教师队伍整体素质的大幅提升。如何营造教师专业发展环境，使教师的职业生涯与教师的人生价值很好地融为一体，应成为教育研究的一个方向。

论坛上，两岸校长们认为，教师在专业化进程中，人生的价值也能得到充分的彰显。教师自身持续不断的努力，学校所具有的组织文化对教师专业发展有着不可替代的影响。要将促进教师的发展、不断更新教师教育观念、提高教师教学技能，作为新课程实施的突破口，真正构建起了以教师为主体的教育力量和改革力量，形成了开放性的、支持教师投入改革的、促进教师不断发展的学习型学校，从而确实使坚持主流价值观的导向、关注教师的人生价值、尊重教师的专业自主权、丰富教师的专业情感、培育教师的专业精神，成为促进教师专业发展的不竭动力。新时期更要研究提出教师专业发展的标准，特别是校长应成为教师专业精神提升的引领者，成为促进教师专业发展机制的构建者，成为教师专业发展的推动者。

讲演中的这些论点都给了我们很好的启示，接下来，我就教师专业发展和教育家办学等问题，将我的一点思考和大家共同探讨。

这些年来，我们一直在加强素质教育，转变教育观念，深化教育改革，希望多出人才，但我也在思考我们为什么培养不出更多的杰出人才？我认为这不但要从教育体制、办学模式以及小学、中学、大学的教学改革进行深入研究，整体谋划，更需要我们更新人才培养观念和创新培养模式，特别是促进教师的专业化发展和教育家办学要成为教育发展的重点和亮点。

我国教育已经跨入新的历史阶段，经过配置师资和经费等教育资源的外延发展，基本解决了能上学和上得起学的问题，转入解决上好学的阶段，这就更需要教育的内涵发展，必须让真正懂行的人按教育规律办事，办好每一所学校，教好每一个学生。所以，时代呼唤我们社会多出教育专家，出教育大家，特别是真正实现中小学校长基本上都是教育专家。从教育发展的历程来看，我觉得在教育家成长过程中，这几个素质很重要：

一是具有志存高远、爱国敬业的精神。教育家应是教师中的精英和专家，具有思想上的影响渗透和行动上的指引规范作用，不但能传授知识、传承民族精神、弘扬爱国主义、为国家和社会培养合格的人才，而且还全身心奉献于教育事业，以培育人才、传承文化和推进社会进步为己任，积极引导和帮助普通教师和学生树立正确的世界观、人生观。

二是为人师表、立德育人的典范。教人者必先强己，育人者必先律己，教育家的道德品质和人格对教师及学生有重要的影响。不但注重言教，更要注重身教，应该自觉地加强道德修养，率先垂范，既要有脚踏实地、乐于奉献的工作态度，又要有淡泊明志、甘为人梯的精神境界。以自己的高尚人格教育和影响学生，努力成为教师发展和青少年学习的良师益友，成为全社会尊敬的人。

三是成为严谨笃学、与时俱进的楷模。教育家在教育创新中承担着非常重要的使命，他要富有创新精神，才能培养出创新人才。教育家应该具备求真务实，勇于创新，严谨自律的治学态度和学术精神，特别是努力发扬优良的学术风气和学术道德。他不但是时代的精英和楷模，更是教育思想和知识的重要传播者和创造者，连接着教育事业发展进步的历史、现在和未来，更应该与时俱进，不断用新的知识充实自己，成为热爱学习，学会学习和终身学习的楷模。

四是应有开拓创新、负重前行的磨砺品质。作为教育家既要努力推动和促进影响教育开展的教育外部、学校外部制度的创新，同时也不能因为外部制度创新的艰难前行而消极等待，无所作为，随波逐流；作为教育家，他们有自己对教育的深刻理解和执著追求，他能带领和参与团队一起，团结协作，锐意创新，孜孜不倦，开拓前进；他们敢于摆脱来自各方面窒息创新活力的束缚，把这种束缚的影响尽可能减弱到最小程度，在自己的办学空间里，持续不断地推进教育探索和发展，坚持自主创新，使富有个性特色的教育实践活动得到充分有效的实现。

五是具有开放包容、放眼世界的胸襟。教育家们的教育足迹，汇成了一部蕴含着人性光辉的鸿篇巨著。校长要实现成为当代教育家的目标，就必须从前辈教育家的身上寻取力量，以不断指引和激励自己成长。另一方面还要扶植和栽培那些具有教育家潜质的教师，为他们的成长创设平台、提供条件，帮助他们向“成长为教育家”的目标奋斗，使学校教育之薪火得以绵延不绝地传递下去。在全球化的时代背景下，校长在继承中华民族教育优秀传统的基础上，还必须具有教育的国际视野和战略眼光，通过广泛参与教育交流，学习国际上一流教育家办学的先进经验，以开阔视野、增长见识，增强学校的竞争力，促进学校不断向前发展。

当然，教育家办学还需具有很多品质，如：善于管理的能力。随着教育价值观的多元取向的出现，每一所学校的校长都在追求特色发展，但认识不同，而表现出不同的管理追求，体现不同的教育思想和办学理念。因此，校长在现代管理过程中，都要对管理的手段、方法和目标进行研究实践，有自己符合时代发展要求和教育自身发展规律以及适合本校校园文化的办学理念，并能有效地实现对学校的领导和管理。而在管理中又要特别注意这两个方面的影响，一是人格魅力，一是学识魅力。也就是既要以德立教，以身示教，又要闻道在先，术业专攻。在教师和学生心目中，是知识的化身，是智慧的灵泉，是道德的典范，是人格的楷模，是先进思想文化的传播者，是莘莘学子人生可靠的引路人。

教育是培养人的事业，其着力点是促进“人”的健康发展和人生幸福。不但要通过制度创新与有效措施，突出教师队伍建设的战略地位，吸引更多优秀青年进入教师队伍并终身从教；而且还要营建良好的环境，引导鼓励更多的校长和教师不断发展，造就一批教育家，实施教育家办学，最终促进学生、教师以及学校的共同发展，把教育的价值落实到每一个生命个体，这需要我们共同长期不懈地努力。

各位嘉宾朋友们，教师的专业化发展和培养造就一大批教育家应是我们新的时期教育改革和发展中重点关注和研究的方面，这是我们建设人力资源强国，实现中华民族伟大复兴的一个重要因素，这也是两岸同胞共谋福祉的期盼。随着两岸交流的发展扩大，我们有更多的机会和条件就教育的发展共同探讨和实践，所以也希望我们各位校长能通过两岸各种形式的交流，不但有所收获，而且还加深了相互的情感，常来常往，共同发展。

这次论坛的举办得到了教育部、中国教育学会高中教育委员会、南京市政府、民进江苏省委会、民进南京市委会、南京市教育局、南京师范大学附属中学等单位和部门的大力支持，特别是我们海峡两岸校长们在百忙之中不辞辛劳的拨冗莅临、共襄此举，再次表示衷心的感谢！

最后，祝愿大家身体健康、家庭幸福、事业流芳。

谢谢！

在民进中央专委会工作研讨班闭幕式上的讲话

（2009 年 10 月 25 日）

罗富和

参加了一天半的会议，体会很多，在此跟大家谈谈自己的一些想法，希望能互相启发，对工作有所促进。

首先介绍一下会议的来龙去脉。一开始会中央准备举办一个专委会主任、副主任的培训班。按照老的套路，培训班要请一位专家做讲座，然后大家谈体会。后来在主席办公会上进行了颠覆性的调整，严主席明确提出要开成务虚的会议，大家互相启发，互相交流，把这个会开成一个务虚的会，就是让我们的专家畅所欲言。因为大家都是专家，再请什么专家来给大家讲才能有启发？我认为这次会议达到了目的，体现出专委会的同志对民进的热情，展现了大家专业方面的深厚基础，也展现了大家对国家对事业的忠诚。大家对专委会在开展工作中的经验做了交流，从调研题目的选定，到具体的难点、对策，以及会中央机关如何发挥专委会积极性，共同集智聚力把民进的工作做好都提了很多好的意见和建议。

这次会议还有一个特点：即以会代训，很好的体现了“通过务虚来求实”的特色。通过务虚使得后面实际工作更加主动。会上大家进行了充分的交流，各抒己见、畅所欲言，在不同领域相互之间激发了创意。会中央机关的同志们会学习借鉴这些好的经验，在后面的工作中不断创新。就像虞音同志提出的，今后每年都安排一次这样宽松的会议，时间宽松，环境宽松，因为没有宽松的环境，是不可能出好的创意的。

第二，在新的形势下，有“为”才能有“位”。这段时间我体会非常深刻，去年在人民大会堂庆祝改革开放 30 周年时，锦涛同志讲中国共产党的执政地位，“原来有的不等于现在有，现在有的不等于将来有”，这是四中全会特别强调的忧患意识。我们参政党自己呢？现在老讲中国共产党领导的多党合作和政治协商制度已经写入了宪法，参政党的地位通过宪法确立了，可是同样参政党的地位“原来有的不等于现在有，现在有的不等于将来有”。这绝对不是危言耸听。中共体现了忧患意识，我们同样要有忧患意识。回顾建国 60 年，民进老一辈的领导人在建国的时候立下了功勋，有为才有位。对这些我们学习的不够、宣传的不够，正如大家讲的，策划、经营的不够。其实当时马老是第一届政协第六组的组长，第六组是国旗、国徽、国歌组，当时建议“十一”作为国庆节的是马老，选《义勇军进行曲》作为代国歌第一个提出来的也是马老。其实《毛泽东传》这本权威的书后面明确提到，是马叙伦提出的，现在很多史料传来传去传错了。

第二代领导人叶圣陶老、雷老等，在拨乱反正后为教师的地位，为全社会尊师重教、为教育的发展，功劳显著。当时为恢复教师节，政协提案签名的17位委员全是民进的。这些老的领导人的“为”和“位”我们看的很清楚。

许主席、张主席这一代领导提出了建设适应21世纪高素质参政党这一目标，围绕国家大政方针的实施，也提出了很多很有战略性的建议，比如说中共的政绩观，这是许主席在中南海协商时第一次提出来的，所以现在才提出建立符合科学发展观的干部考核机制。将“节约资源作为基本国策”是民进在政协大会上的发言，现在宪法已经写进去了。这说明对科学发展观我们早期认识的很早。

现在严主席主持民进的工作，强调集智聚力，强调专委会是我们主要依托的力量，我们要一起调动全会的力量，履行参政党的职能，才能有参政党的地位。这一点我的体会也比较深刻。所以必须用我们履行职能之所为，才对得起参政党的地位，这不是一劳永逸的。我们全会11万会员，都要为履行参政党职能贡献智慧、凝聚力量，发挥参政党的作用。

第三，提出一些问题的思考，供大家一起研究。

一是信心与忧患。在建国60周年庆典过程中，确实看到国家60年发生了翻天覆地的变化，成绩是辉煌的。我们看到经济实力的增长，生活条件的改善，也看到了改革开放30年精神文明的成果。比如抗震救灾的精神、奥运精神，甚至阅兵精神、国庆精神。比如在看到游行的时候，看到彩车很辉煌，其实每一个彩车里面还有几十个人在准备，万一车的发动机有问题的时候，必须要以同样的速度推车前进。推车的是什么人？是我们新一代的大学生。中央电视台采访过这些年轻人，他们的训练很枯燥，在操场上推着杠杆走，一分钟要走多少步。记者问他们：如果你就这样到天安门参加庆典，你有什么感觉？这个年轻人刚从农村山区考上了大学，他回答得很好。他说，我自己感到我是30万在天安门广场参加庆祝活动的人之一，我感到很自豪，毕竟我的脚步随着游行的队伍走过了天安门。

抗震救灾的时候大家特别感动的不仅仅是中央领导的表现，还有我们万众一心的一双双手。有掏砖瓦石砺的手，有抬着病人的手，还有翻山越岭部队挺进时的手。更加扣住我们心弦的是那些死难的孩子的手。这一双双手极大地激发了我们的民族感情。

在看到经济建设成就的时候，我们看到原来我们担心的所谓80后的大学生，包括奥运几百万的志愿者，他们体现的奉献精神，这些奉献精神就是整个改革开放、经济发展的内在动力。作为广东人，最反对人家说广东人没有文化，问题在于你怎么定义文化？如果说琴棋书画是文化，轻歌曼舞是文化，那广东人很差。但是改革开放也是文化，吸纳先进的东西、改革自己、不断奋发、不断创新就是一种文化。所以我们同样要看到精神层面的文化进步。

但是，问题的另一个方面是必须有忧患意识。同样看阅兵，天上带头飞过的预警机是广州空军来的。为什么？现在南海的形势非常严峻，我们很多重要的军事力量都部署在那边。我参加了南海一个项目的论证，会后忍不住写了一个意见的反映，家宝同志批示了，克强同志和外交部的同志都传阅了。这些年南海的“搁置争议、共同开发”的行为公约，我们是真正被搁置了。到今年为止，我们没打一口油井，没开采一滴油。周边国家打了近1000口油井，每年产出6000万吨石油。同样是看阅兵，看到了军威，也看到了外患。我们看到邻国的总理，最近去了一趟我们的领土藏南地区，这里面有没有冲突？有没有矛盾？所有这些背后是谁在策划？是谁在挑动？美国奥巴马那里金融危机了，我们还拿辛辛苦苦赚的钱去救他，他手下是怎么干的？美国和俄罗斯卖给印度的都是他们先进的军事装备，卖给我们的又是什么？

国内大家可以看到乌鲁木齐事件是非常典型的、外面的分裂分子利用挑起民族矛盾，造成了建国以来损失最大的群体事件。这里面有很多问题值得我们深思，包括所谓的导火索事件。发生了这么大的事件，首先是境外势力造成的，但是也有一些是信息发布上的问题，所以看到内忧还有很多问题。再加上天灾人祸，2008年的地震、冰冻雨雪灾害，去年秋冬到今年春季连续三季的大旱对农业造成的影响，这种天灾出现的次数和频率也足以引起重视。人祸，我觉得国际金融危机完全是人祸造成的。美国的那些所谓金融创新理论引发了一场世界范围的金融危机，掠夺的是全世界的财富，尤其是发展中国家的财富。面对这样的形势，我们对自己的情况要有清醒的认识，既不盲目乐观，也不悲观失望。面对我们发展过程中遇到的前所未有的挑战，作为参政党，要不断地对执政的中国共产党的大政方针提出意见和建议，协助党和政府更好地把中国特色社会主义事业建设好。

我们还要长期面临人口资源环境的巨大考验。我们现在老是满足于就要超过日本成为世界第二大经济体，实际上世界上从来没有人这样衡量，这只是我们自娱自乐的一种做法。我们老说 GDP 已经怎样怎样，事实上发达国家没有算 GDP 的。“国内生产总值”和“国民生产总值”只有一字之差，但是赚外国人的钱才是真本事，人家外国人来赚你的钱还算你的本事？全世界算的可是人均 GNP。十七大包括四中全会文件中，我想大家最不容易注意的可能是“我国长期处于初级阶段”这个基本判断。我们现在期望值已经高出承受能力了。13 亿人一算人均都是大问题。大家去广东，往往以为去了珠三角就算看了广东，其实珠三角在广东的面积连三分之一都不到，广东还有连表土都冲刷掉的石灰岩地区。张德江书记原来是民政部的副部长，他认为全国最富的地方在广东，全国最穷的地方也在广东。这就是我们的中国，必须有这样处于初级阶段而且将长期处于初级阶段的概念，然后再去谋划我们的问题，提出我们的建议，就会踏实很多。

二是前瞻与热点。全国政协会议讨论的时候我也提出过，很难处理好前瞻与热点的关系。大家都希望党派的提案、建议有全局性、前瞻性、建议要有可操作性，其实信息是严重不对称的。魏老师讲精英都在党内，我是赞成的。现在跟建国的时候不一样。建国的时候共产党是革命党，拿着枪杆子走进大城市，那时候建设人才都在党外。60 年过去了，研究生 90% 以上都是共产党员，我们后面没有多少人才基础可以发挥。再加上政府各个部门做的大量调研，掌握的大量数据，人家给不给看，给看多少都关系到提案的质量。这跟国外不一样，国外政府的数据除了核心机密之外都必须向社会公开。公开了我们就好判断了，而我们现在还是想要什么结论就给你什么数据。

从忧国忧民的角度也好，从党派的角度出发也好，都必须考虑调研、提案、建议要有前瞻性。我们作为知识分子为主、中上层人士为主组成的党派必须尽可能前瞻。前瞻不能是没有依据的，必须从发展规律上认识估计会出现的问题，或者就像大家讲的，已经出现这个苗头，可是执政党还来不及去思考的问题。当然热点问题是大家都看到的，比较明显，我们也要做，这对矛盾比较难处理，既要前瞻，也要热点。比如就业问题，今年两会我们就提出要围绕制度创新解决就业问题。而我们现在所有制度都是围绕国有、围绕官本位、围绕公务员。大家讲改革，其实很重要的人事制度就有大问题，比如社保是以职工最后退休前单位的性质来决定退休金的多少，今年还是这样。如果以人为本来算，其实很简单，就按履历来算就行了。我们的人事制度并不支持改革，所以才形成千军万马走独木桥的状况，所以我们要在前瞻和回应热点的时候有深度的考虑。希望我们的专家在思考这些问题、提出这些问题、意见和建议的时候，帮助我们处理好前瞻跟热点的矛盾，更好地发挥参政党的作用。

三是问题与建议。关于这点简单提一下。我们不但要善于提出问题，更重要的是还要提出解决问题的建议、对策，政府非常希望得到这样的意见跟建议。我们要特别着力处理好问题的提出与解决问题的建议两者之间的矛盾。

第四，组织与服务。要靠我们的专门委员会和会中央机关的共同努力达到严主席提出的“集智聚力”的目标，履行参政党职责，这里面有大量的组织、协调工作。这次会中央组织部、参政议政部、社会服务部三个部门联合参与这次会议，体现了我们的姿态，就是包括会中央机关的部门之间也要组织、协调起来。就组织部来讲，推荐人才、选拔人才、锻炼人才、培养人才的主要阵地不是推荐谁去当什么官，参政党职能的履行才是我们锻炼干部的主战场。这是组织工作为参政党履行职能奠定基础。我们的社会服务工作不是对社会的施予，而是通过接触社会基层来了解社会，提出参政议政的建议。参政议政要源于社会服务，源于社会调查，源于基层。所以我们确实要着力把社会服务做好，把社会调查做好。专委会的同志要珍惜到基层调查、到自己相关领域调查的机会，可能难度比较大，但是能结合自己的专业领域，走得会比较深入，看问题会比较深刻。我们会中央组织的一些调研效果比较差，所以我们才要做一些准备调研、补充调研，才能得到一些真实的情况。我也很赞同大家提出的专门委员会之间要加强协调。有一些专题调研可以请其他委员会相关的同志参与，往往能提出单个专委会看不到的东西，比如法制法规方面的建议等等。

为了加强专委会的建设，我们准备使之常态化，副主任增补常态化、委员增补常态化。根据工作需要每年搞一次，副主任增加多一点、委员增加多一点，给大家更多发挥的机会。服务方面我们还要加强。首先要创新工作的机制、办法。雷老在 97 岁高龄到广东调研时说，光荣属于你们，年轻一代要在老一辈的基础上创造出新的方法来发展民进的事业。所以我们在专委会的机制、设置、人员组成、工作方式方法、服务和保障等方面都必须总结和创新，使得这个重要的机构职能的发挥能够有比较好的依托。一年多来我们做了这方面的尝试，充实了专委会的机构，增加了一部分人员，运作机制做了新的设置，每个专委会的调研和课题立项有了制度，提案形成有了机制，成果的奖励有了办法。希望这些方面可以进一步梳理、加强。

中央统战部最近要召开各党派专委会的专题会议。我想我可能会提出“制度设计、保障条件应该考虑到参政党是兼职为主体这样的特点”，兼职是参政党永恒的主题，现在的制度还不够合理，支持还不够有力。比如专委会主任、委员的工作补贴、工作量的计算这些都没有安排，只能从会中央的办公经费里面给予调节，这跟专委会作为参政党参政议政工作主要依托的地位是非常不相称的。所以我们会提出这些问题，提出建议，希望能有所促进，能有解决问题的办法。

最后，我提醒会中央机关的同志们，要增强服务意识，工作主动性。我们现在安排年轻同志跟线，多向专家请教，只有跟线才能在某一领域有所积累。但是毕竟年轻同志经验比较缺乏，水平还处于初级阶段，所以要提高服务意识，提高工作的水平和能力，更多地向专委会的同志请教。这段时间大家的反映还是有一些意见。不能把工作简单到打电话、发通知、要稿件，不能这样简单化。要提升到比较理想的状态：我们的专家提一个主题、提一个点子、提供一些背景材料，会中央机关的同志就能出一个提案，这是我们机关专职人员必须有的标准。达不到就是达不到，还有差距就要承认差距，需要努力就必须努力，尤其是服务的态度还要向老同志学习。会中央机关这一两年干部退休轮换的比较多，一代接一代是历史的规律，但是要把好的传统接过来。工作水平还要不断的提升，这是时代的要求。所以也请专委会的同志们多帮助机关的同志、监督机关的同志，有什么意见跟建议请大家多提出来，我们尽可能改进工作，把参政党的职能发挥得更好一些，使民进在八个党派的比赛中努力不落后，努力争先进。其实每次进中南海协商时，中央的同志、国务院的同志、统战部的同志对我们都是有评价的。今年年底找个时间把一年来政协大会的发言、提案、进海协商的发言等跟大家见见面，请大家把把脉，当然这是我们内部的交流，看我们在哪些问题上提的哪些建议是否合适，使今后工作水平不断提升。

谢谢大家。

弘扬天人合一理念　推动医学和谐发展

——在第七届海峡两岸中华传统文化与现代化研讨会暨首届海峡两岸医学文化与医学发展论坛闭幕式上的讲话

(2009年11月2日)

罗富和

各位嘉宾，各位先进，各位朋友：

经过我们两天共同的努力，论坛开得非常高效、务实。在开幕式上，吕祖善省长，吴明江副会长，王石副主席，王国强副部长做了重要发言，全国人大常委会副委员长、民进中央主席严隽琪女士也作了重要的讲话。两天来，近20位专家做了精彩的专题演讲。今天上午，又有100多位与会专家分成4个组，分专题地进行了热烈的讨论。本次论坛在中华传统文化与现代化这个大主题下，以医学文化与医学发展为主题，共同讨论中华传统文化对医学文化和医学发展的作用与影响，大家围绕中华传统文化与医学发展、中西文化交融与医疗卫生服务，以及中华传统文化与医学模式转变等议题，各抒己见，展示了大家丰富多彩的实践，也充满了大家深思熟虑的高见，迸发了智慧的火花。大家认为这次会议有意义，交流有成效，论坛非常成功，刚才连建伟先生在发言中概括的五句话十分精彩。

我们都有共识，文化是人类在社会历史发展过程中创造的物质财富和精神财富的总和，是整个社会的精神基础，是我们民族生存发展的土壤，渗透到社会生活的方方面面，也影响着人们的行为方式。文化对医学发展的影响确实是一个很重要的课题。在这次论坛上，我们看到，多年来大家进行了不懈的探索与实践，正如大家在演讲中提到的，中西文化大交融的当今，如何结合中华民族文化的内涵，构建现代医学文化和现代医学发展模式，虽然这是个深刻而复杂的命题，但是解决这些命题，将会惠泽天下。探讨文化与医学的发展，是值得医学界，也值得全社会共同努力去承担的一个使命。

大家都认为，医学的目的是为了人类的健康，它的发生、发展不可避免地受到社会文化各个方面的影响。反过来，医学的发展尤其是医学技术的进步，也会渗透到社会文化的各个领域，改变人们的观点，给予社会文化以深刻的反作用。这种相互影响、相互融通的过程，同样有力地推动了社会文明的进步与发展，也促进了医学的进步。中医是以中国古代哲学为基础理论的传统医学，讲求“天人合一”、强调人与社会、人与自然环境的和谐，强调躯体与心理的相互融洽，这里蕴含着中国传统文化的思想精髓。同时中医在防病治病过程中，也传承和发展着中国的传统文化。中医的源头，就是中国的传统文化，如果切断了它的文化源头，中医的发展就会成为无源之水。现代医学和当今的卫生服务政策同样也受到大众文化背景的影响，如果缺乏文化内涵，这个卫生政策的制定就可能会脱离大众，缺乏文化内涵的医生也很难在医学上有所建树，其医疗行为难以与患者相融通并产生共鸣。所以，在探讨科学发展之路时，把“以人为本”作为发展的核心，把“人的全面发展”作为发展的目标，将会成为我们大家共同的共识。

听了各位专家学者的报告，回顾了季羡林先生和许嘉璐先生对中华文化的论述，结合这两天大众媒体的一些热点，作为这次论坛的一名听众，作为社会大众一员，我很乐意和大家分享我的收获，不妥之处，请大家批评指正。

本次论坛介绍了高技术支持下的医学发展，报告中有最新的分子生物学基础DNA水平的病毒研究，它的变异及对人类的侵害，有微创技术如何运用，信息技术支持的影像医学，手术机器人推广应用的前景等等。可见，在现代化的进程中，医学是在高科技支持下发展起来的，这是大家公认的。我们对社会、对大众也就是我们医学的对象，还要有另一个角度的认识：在互联网技术支持下的大众传媒，缩短了人与人之间的距离，形成了“地球村”，使得大家联系更加紧密。传媒的高度发展也拉近了公众与医学的距离，这几年有时我们开玩笑说，我们学化学是通过对食品安全的关注学习的，像苏丹红、孔雀绿、瘦肉精、三聚氰氨等学化学名词；通过媒体我们也学习了医学名词，比如 SARS、H5N1 禽流感、甲型 H1N1 流感病毒，这是从大众的角度看公共健康面临的问题。这几天我们讨论的部分内容恰恰是社会报道比较多的甲型 H1N1 流感。前不久，美国总统奥巴马宣布美国进入紧急状态，我国主流媒体也介绍各省发生的病例的情况，目前的总数是 5.1 万多例，内地死亡了 8 例。我认为，除了甲型 H1N1 流感传播蔓延的报道外，我们还需要大众传媒普及流行病的防控治疗知识，这是目前欠缺的环节。在高速发展的传媒面前，整个医疗和公共卫生确实面临这样一个问题。因为媒体主要报道流行病的动向，这能够引起社会的重视，但没有报道正常年份里普通流感的传播和致死率的情况。目前甲流的传播和死亡率没有超过普通流感的传播和死亡率，如果不多说、不多报道这些内容，我们的医生和科研人员为抗击流感所做的努力，就不会为公众所知，可能公众得到的就不是全方位的信息，可能就会容易产生社会恐慌。

一方面我们需要运用高技术对流感病毒进行 DNA 检测，确定致病的病原，需要进行疫苗的研究、生产。另一方面我们同样需要中草药、中成药来调理。正如会议期间，大家讨论说我们生产的一些中成药口服液，对于抵抗甲流有明显的作用。当然我们也同样需要通过保健、加强健身以增强抵抗力。世界卫生组织对健康的定义是身体上、精神上、和社会适应上的完好的状态。对健康卫生的认识，不应该仅仅是患者、医者的事情，还应该是大众的事情，更需要整个社会和广大群众积极参与。

中国传统文化对世界的非常重要的贡献是提出了“天人合一”的理念。我们讲“天人合一”，是讲除人以外，整个大自然是天，此为天人合一。在探讨疾病传播和病原物的时候，大家讲到了人、禽类、牲畜。人是自然界中的一员，只不过人是有自觉的。我们之所以区别于动物，是因为我们有智慧，我们懂得善待人，救助人，也需要懂得善待动物，善待自然。不幸的是，现代生活，让人们过度消费、过度索取，人口飞速增长，这些使得自然界已经很难承受高速增长带来的巨大的需求压力。当然，依靠现代技术还能足以支撑人类当前的需要，但是以牺牲动物在自然界生活的空间和自由来满足我们生活需要，再加上一些奢侈的生活方式，包括把本来离人很远的动物变成了宠物，拉近了动物与人的距离。疾病的传播、跨物种的变异，不仅是畜产品的运输，包括人与动物生活在同一空间，为病原物的跨物种变异创造了途径和可能性。所以我们也需要研究动物生产的可持续发展，也需要研究人畜、人禽共患病的防治。按照中国传统文化“天人合一”的理念，人在自然界里是有自觉的，我们需要的不是通过现代技术向自然界过度索取，而是要谋求人与自然和谐的发展，这是在科学发展观的指导下，我们需要坚定的信念。重视人口资源环境的挑战，注意我们当代人的发展，为人类的可持续发展留下足够的空间。

以上是我参加这次论坛，听了各位专家学者、各位先进在探讨医学，探讨中医西医交融，探讨传统文化与现代化后，作为听众的一些感受。

中国民主促进会是大陆 8 个参政党之一。我们会认真搜集、整理与会专家提出的意见和建议，进一步开展调查研究，更加关心医疗卫生事业的发展，努力促进中医的发展，促进中西医的结合，促进民营私营诊所和医疗机构的发展。我们会进一步呼吁政府重视全民健身与保健，重视公共卫生事业，进一步促进城乡医疗卫生服务的协调发展，促进医患和谐、以人为本的医疗人文环境的建设。

各位嘉宾，各位朋友，弘扬中华优秀的传统文化，提升医学人文内涵，促进医疗卫生事业发展，是新时期应该重点关注和研究的领域，这是我们保障全民健康，提升人力资源素质，实现中华民族伟大复兴的重要基础，也是两岸四地同胞共谋福祉的期盼。随着两岸交流的扩大，我们有更多的机会和条件就医学的发展共同探讨和实践，就中华传统文化和现代化的进程进行谋划、交换意见。我们希望各位专家学者能通过这次论坛的交流，不仅有所收获，还能加深相互间的情感，常来常往，互相促进，这也是我们举办论坛的真正用意之所在。

这次论坛的举办得到了国台办、统战部、卫生部、国家中医药管理局、浙江省人民政府、中华文化促进会、中华医学会、中华中医药学会、民进浙江省委会、浙江省台办、浙江省卫生厅等单位和部门的大力支持，得到了媒体朋友们的关注和帮助，特别是海峡两岸四地的专家学者们在百忙之中不辞劳苦，参与本次盛会，在此，我谨代表严隽琪主席，代表民进中央向大家表示衷心的感谢！

祝愿大家身体健康、家庭幸福、事业成功，返程平安。谢谢大家！

文化的事，要按文化规律办

（2009 年 3 月 19 日）

冯骥才

一些地方要拆历史街区时，往往不听专家意见，只让专家去论证拆的“正确性”。

核心观点：文化的事，必须以文化的规律来办，而不能用商业规律来做文化的事。不能把所有的东西都推给市场，把所有的思想精华都变成商品。只有按照事物的规律做事，才是符合科学发展观的。也只有这样，我们的文化事业才能持续。

两会期间，我提出了一个观点：在市场经济条件下，我国的人文知识分子处于相对弱势，这不利于整个国家软实力的提高。这也引起了文化界一些政协委员的思考和讨论。

如果回顾改革开放初期的历史，我们会发现，在关于“两个凡是”的讨论中，在推动思想解放、推进改革开放的层面上，人文知识分子发挥了极其重要的力量，给那个时代一个很大的推动力。那个时候，知识分子了解生活，能摸到生活的脉搏；和那个时代共同思考，也能摸到时代的脉搏，并能够用他们的思想、勇气与开拓的精神，激发人民对一些僵化思想的思辨，从而推动社会进步。他们走在了社会的前沿，无论是文艺界还是理论界，都出现了许多优秀的作品和成果。

现如今，市场经济的巨大活力，虽然带来了物质生活的极大丰富，改善了我们的生活，但一定程度上也让人们忽略了精神的价值与滋养，忽略了文化的传承。于是，类似“文化搭台、经济唱戏”的观念，开始流行开来。诚然，文化的繁荣也能促进经济的发展，但是，这样的观念却在一定程度上忽略了文化的主体性，使之处于从属地位。似乎经济是“唱戏”的唯一目的，文化只是一件工具。

与之对应的，人文知识分子的声音慢慢变弱了。仅举一个例子，如果人文知识分子能发挥更大的作用，发出更响亮的声音，那么我们在过去 30 年的建设里，也就不会越来越“千城一面”了。我们的祖先用了至少一千年的时间，创造了数百个缤纷多样的个性化城市，现在却变得走到哪里都似曾相识，城市面貌严重趋同，这是一个巨大的文化损失。我想，如果人文知识分子也能像经济界的一些专家，能对我们的地方领导、决策层拥有同样的影响力，我们的文化就不会像现在这样过分地商业化、平面化了。

当然，要改变这样的局面，一时看来还比较困难。这既有客观原因，也有主观原因。比如，现在民间有一种说法，很多城市主管文化的市长，在领导班子里并不是一个重要的位置。再比如，一些地方政府部门要拆一片历史街区的时候，往往不听专家的意见，而只是让专家去论证他们拆历史街区的“正确性”。这其实是以工具性的态度对待人文知识分子。而人文知识分子，首要的应该是发挥他们在思想和专业上的智慧和判断，而不是附庸了事。

文化的力量，就是精神的力量。人文知识分子既是精神力量的代表，也是提高国家软实力的重要力量。我们只有把文化放在一个非常重要的位置上，人文知识分子才能发挥他们的作用。文化的事，必须按文化规律来办，不能用商业规律来做文化的事。不能把所有的东西都推给市场，任由市场选择，把所有的思想精华都变成商品。只有按照事物的规律做事，它才是科学的，才是符合科学发展观的。也只有这样，我们的文化事业才能持续。

此外，我们的文化人也应发挥主观能动性，平时注意走出书斋，去看一看，瞧一瞧。文化人必须要到第一线，必须与你要做的工作对象融为一体，才能提出更有合理性和操作性的意见和建议。只有这样，人文知识分子才能在这个社会转型的大时代里，发挥更大的作用，发出更响亮的声音。

（《人民日报》）

人文知识分子处于弱势不利国家软实力提高

（2009 年 3 月 30 日）

冯骥才

两会期间，我提出了一个观点：在市场经济条件下，我国的人文知识分子处于相对弱势，这不利于整个国家软实力的提高。这也引起了文化界一些政协委员的思考和讨论。

如果回顾改革开放初期的历史，我们会发现，在关于“两个凡是”的讨论中，在推动思想解放、推进改革开放的层面上，人文知识分子发挥了极其重要的力量，给那个时代一个很大的推动力。那个时候，知识分子了解生活，能摸到生活的脉搏；和那个时代共同思考，也能摸到时代的脉搏，并能够用他们的思想、勇气与开拓的精神，激发人民对一些僵化思想的思辨，从而推动社会进步。他们走在了社会的前沿，无论是文艺界还是理论界，都出现了许多优秀的作品和成果。

现如今，市场经济的巨大活力，虽然带来了物质生活的极大丰富，改善了我们的生活，但一定程度上也让人们忽略了精神的价值与滋养，忽略了文化的传承。于是，类似“文化搭台、经济唱戏”的观念，开始流行开来。诚然，文化的繁荣也能促进经济的发展，但是，这样的观念却在一定程度上忽略了文化的主体性，使之处于从属地位。似乎经济是“唱戏”的唯一目的，文化只是一件工具。

与之对应的，人文知识分子的声音慢慢变弱了。仅举一个例子，如果人文知识分子能发挥更大的作用，发出更响亮的声音，那么我们在过去 30 年的建设里，也就不会越来越“千城一面”了。我们的祖先用了至少一千年的时间，创造了数百个缤纷多样的个性化城市，现在却变得走到哪里都似曾相识，城市面貌严重趋同，这是一个巨大的文化损失。我想，如果人文知识分子也能像经济界的一些专家，能对我们的地方领导、决策层拥有同样的影响力，我们的文化就不会像现在这样过分地商业化、平面化了。

当然，要改变这样的局面，一时看来还比较困难。这既有客观原因，也有主观原因。比如，现在民间有一种说法，很多城市主管文化的市长，在领导班子里并不是一个重要的位置。再比如，一些地方政府部门要拆一片历史街区的时候，往往不听专家的意见，而只是让专家去论证他们拆历史街区的“正确性”。这其实是以工具性的态度对待人文知识分子。而人文知识分子，首要的应该是发挥他们在思想和专业上的智慧和判断，而不是附庸了事。

文化的力量，就是精神的力量。人文知识分子既是精神力量的代表，也是提高国家软实力的重要力量。我们只有把文化放在一个非常重要的位置上，人文知识分子才能发挥他们的作用。文化的事，必须按文化规律来办，不能用商业规律来做文化的事。不能把所有的东西都推给市场，任由市场选择，把所有的思想精华都变成商品。只有按照事物的规律做事，它才是科学的，才是符合科学发展观的。也只有这样，我们的文化事业才能持续。

此外，我们的文化人也应发挥主观能动性，平时注意走出书斋，去看一看，瞧一瞧。文化人必须要到第一线，必须与你要做的工作对象融为一体，才能提出更有合理性和操作性的意见和建议。只有这样，人文知识分子才能在这个社会转型的大时代里，发挥更大的作用，发出更响亮的声音。

（《人民日报海外版》）

中国民主促进会第一届中央监督委员会 2009年工作情况报告

（2009年12月7日）

潘贵玉

各位委员、各位同志：

受中国民主促进会第一届中央监督委员会委托，我向大会报告中央监督委员会2009年工作情况，请各位委员和各位同志提出意见和建议。

2008年12月，民进十二届二中全会通过了《中国民主促进会中央监督委员会工作条例（试行）》（以下简称《工作条例（试行）》）、《中国民主促进会第一届中央监督委员会主任、副主任、委员名单》，我会第一届中央监督委员会（以下简称“中监委”）成立。一年来，中监委始终坚持在中央委员会的领导下开展会内监督工作，以邓小平理论和“三个代表”重要思想为指导，深入贯彻落实科学发展观，坚持民主集中制的组织原则，认真履行职责，积极推动我会会内监督工作。

一、统一思想，提高认识，以贯彻落实《工作条例（试行）》为契机，逐步建立我会会内监督体系

第一届中监委成立后，及时召开了第一次会议。会议就如何学习贯彻落实《工作条例（试行）》、积极稳妥开展会内监督工作、逐步建立我会会内监督体系等达成共识。严隽琪主席代表中央委员会指出，建立健全会内监督机制是加强我会自身建设的一项全新尝试，是探索建立我会各级领导班子建设长效机制的客观需要。第一届中监委承载着全会上下的信任和期待，责任重大。在推进民进会内监督工作的过程中，要提高认识，要开好步、把好度、出经验。在《工作条例（试行）》的过程中，应抓住重点、制定切实可行的措施，勤思善务、积极探索规律性，有序推进会内民主。同时，会中央应加强对中监委的领导和支持，会中央领导班子应带头接受监督。

会议研究了中监委如何有效开展工作、切实履行中监委职责等事项，并讨论确定了中监委2009年工作重点。中监委组成人员认真学习《工作条例（试行）》，积极响应严隽琪主席的号召，就建立我会会内监督机制的重要意义统一了思想，对作为中监委委员应该履行的职责提高了认识。

二、积极探索，务求实效，以制度建设与执行情况为重点，稳步开创监督工作良好开端

中监委成立后，根据《工作条例（试行）》，积极探索我会会内监督的运行机制，就会内监督的范围、内容、方式、程序进行了广泛深入的研讨，增强了《工作条例（试行）》的可操作性，确保中监委在履行工作职责中有章可循、按章办事。中监委结合我会组织建设的实际情况，确定2009年我会会内监督的重点是会中央领导班子制度建设与执行情况，围绕这一年度工作重点，坚持积极稳妥、循序渐进的方针，创新形式，稳步推进，切实保证了我会会内监督的质量与实效。

今年6月，中监委召开了第二次全体会议。会议期间，会中央向中监委介绍了民进中央领导班子制度建设与执行情况。中监委成员查阅了民进中央领导班子有关规章制度情况和会议记录，向会中央机关有关部门负责人了解了制度建设的有关问题；从41名民进中央常委和机关部门负责人中确定了17名听取意见的人选名单，分组听取了13名民进中央常委、4名民进中央机关部门负责人对会中央领导班子、工作情况的意见和建议。

中监委认为，会中央新一届领导班子高度重视领导班子建设，注重加强理论学习，积极进行思想建设；继承和坚持好的制度与举措，使各项工作制度化、规范化、程序化，并与时俱进、创新和发展了一系列新制度；提倡求真务实，提倡调查研究。在领导班子建设上表现出传承与发展并举，议事规则与决策程序规范，坚持学习，不断营造团结和谐风气等特点。新一届中央领导班子成员的政治觉悟、思想水平、工作能力、责任意识和人格魅力，得到各级组织与广大会员的高度认可；制订的一系列工作制度，尤其是主席班子试行的集体谈心和个别谈心制度、下基层制度等得到会中央机关各部门和各地方组织的高度评价和一致拥护；领导班子作风简朴、轻车简从、平易近人。

同时，中监委就进一步完善民进中央领导班子制度建设与执行情况，提出了 17 条具体意见和建议。主要有：进一步加强对会中央各项制度的学习、宣传，进一步创新参政议政工作机制，进一步创新思想教育工作机制，大力推进地方组织领导班子各项制度的建立与完善，加强和规范市级组织建设，加大机关干部队伍交流力度，做好会中央机关干部的培养规划等。

严隽琪主席代表民进中央领导班子，听取了中监委对民进中央工作的反馈意见。针对中监委提出的有关意见和建议，民进中央领导班子及时召开了民主生活会，对换届以来的工作进行了分析和总结，认真研究了每条意见建议，提出了进一步完善民进中央领导班子建设的意见。

三、规范工作，深入调研，以《工作条例（试行）》为依据，积极完善中监委办公室日常工作机制

依照《工作条例（试行）》的规定，中监委办公室与组织部合署办公，负责日常事务。中监委办公室在日常工作中，严格按照《工作条例（试行）》规定和中监委的要求，积极完善日常工作机制。

在中监委的指导下，中监委办公室多次就如何做好办公室工作进行专题研讨，深入学习领会《工作条例（试行）》，研究如何做好服务保障工作。成立以来，办公室完成了中监委两次全体会议的筹备和会务工作，报请制作了中监委及办公室印章、为办公室配备了录音电话，就各地贯彻《工作条例（试行）》的过程中遇到的问题进行答疑等，并就会内监督工作积极与有关部门沟通，就有关问题交换意见。

在《工作条例（试行）》贯彻落实过程中，中监委深入基层，与各省级组织加强联络，积极调研。中监委工作组先后赴河北、天津等地就如何贯彻落实文件、进一步完善工作条例、建立健全相关工作机制听取意见；深入安徽、湖北等地专题调研，与省级组织委员会成员、民进“十大”代表、机关干部、部分会员开展个别谈话，推动我会省级组织建立会内监督机制，起到了较好的示范效果。同时，中监委还就新时期民主党派会内监督工作如何推进、如何更好地开展日常工作等内容，与民建、农工等兄弟党派中央进行了座谈和交流。

我会高度重视会内监督工作，正如严隽琪主席在中监委成立时所强调的，要把建立健全内部监督机制作为我会加强自身建设的一项长期的重要任务。2009 年，我会第一届中监委重点对会中央领导班子制度建设与执行情况进行了监督，工作取得了一定实效；但作为一项全新尝试，我会会内监督机制的建立和完善任重道远，如：会内监督机制的理论尚待研讨，监督的内容和途径需要拓宽，中监委工作的实效性有待加强，对地方组织建立会内监督机制的指导需要加强等。

2010 年，中监委将围绕如下重点开展工作：

1. 协助开展会中央和省级组织领导班子成员届中述职：尝试开展会中央和省级组织领导班子分别向会中央和省级组织常委会届中述职和民主评议工作，并及时总结经验，在全会推广，切实加强我会各级领导班子自身建设。

2. 协助会中央建立会内监督的省级试点：选取 2—3 个条件成熟的省级组织，制定相应省级组织的工作条例、并设立相应地方的会内监督机构，推进我会省级组织建立会内监督机制试点工作的进行。中监委将对确定开展试点的省级组织加强指导，适时开展对相应地区领导班子及其成员履行职责情况的监督检查工作。

各位委员、各位同志：

建立健全内部监督机制是我会加强自身建设的一项重要任务，是探索建立我会各级领导班子建设长效机制的全新尝试。在未来的工作中，中监委将认真听取意见，改进工作，积极探索，进一步推动我会会内监督工作的开展和会内监督机制的完善。

深入学习贯彻科学发展观
努力开创我会宣传思想工作新局面

——在民进全国宣传思想工作会议暨科学发展观论坛上的报告

（2009 年 7 月 7 日）

王佐书

同志们：

今天我们在这里召开民进全国宣传思想工作会议暨科学发展观论坛，主要任务是：交流宣传思想工作以及学习贯彻科学发展观的经验和体会，总结思想建设的经验；部署今后一个时期全会的宣传思想工作，加强宣传思想工作人员的培训；深化坚持走中国特色社会主义道路学习教育活动，进一步推动全会深入学习贯彻科学发展观，促进宣传思想工作科学发展、更有成效，把我会的宣传思想工作提高到一个崭新的水平。

一、近年来的工作回顾

几年来特别是换届以来，我会各级组织宣传部门和宣传干部始终坚持正确的政治方向和舆论导向，坚持服务改革发展稳定的大局，积极适应国内外、会内外不断发展变化的新形势，为建设适应时代要求的高素质参政党，为坚持和完善中国共产党领导的多党合作和政治协商制度，认真履行职能，为宣传思想工作做出了新贡献，积累了新经验。

（一）总体工作

1. 始终坚持用中国特色社会主义理论体系武装全会。

始终坚持用中国特色社会主义理论体系武装全会，不断提高广大会员特别是各级领导干部运用科学理论武装头脑并解决实际问题的能力，是我会宣传思想工作的一个重要目标和任务。几年来，会中央把学习中共中央两个 5 号文件、学习中共十七大和十七届三中全会精神、学习贯彻科学发展观等作为主要内容，在全会大力推动中国特色社会主义理论体系和多党合作理论方针政策的学习培训，大力推进高素质参政党的建设。会中央领导集体不断健全学习制度，带头学习宣讲，带头撰写理论文章，为全会作出了表率。会中央中心学习组围绕深入学习中国特色社会主义理论，先后邀请有关专家和领导做了 20 余场专题报告，并编发学习简报，制作录像光盘下发各省级组织。其中，“如何认识民主社会主义”、“当前经济形势及今后政策走向”等报告，为深入回答会内关心的热点、难点问题提供了有益的帮助，使广大会员进一步坚定了中国特色社会主义的理想和信念，进一步增强了与中国共产党同心同德、共克时艰的信心和责任感。

为进一步扩大学习的覆盖面和辐射效应，会中央充分利用网络平台，采用视频直播的方式在网上举办了“学习中共十七大精神报告会”、“学习贯彻科学发展观报告会”，受到广大会员特别是机关干部的广泛欢迎。会中央还通过编写宣传提纲、推荐培训资料、制订中长期学习计划、举办有奖征答和征文活动，把中共中央与民进的重要会议和文件精神送到基层、送达会员。各级地方组织以中心组学习为重点，举办了各类报告会、研讨会、培训班和宣讲活动，推动形成全会理论学习的浓厚氛围。据不完全统计，仅 2007、2008 年，会中央和各级地方组织举行各类学习培训活动近 1500 场次，参加学习培训的会员达 6 万余人次。多形式、大规模的学习培训，使各级领导班子、骨干成员和广大会员的思想政治素质不断提高，全会的理论武装工作进一步深入、巩固和加强。

2. 积极推进参政党理论研究与建设。

新一届会中央领导集体高度重视参政党理论研究与建设，明确提出必须以中国特色社会主义理论体系为指导，以服务领导决策为重点，围绕解决工作中的实际问题开展参政党理论研究。为此，会中央于2008 年成立了参政党理论研究会，完善理论研究工作制度，制定理论研究课题规划，促进了理论研究的常态化、规范化。召开了民进纪念改革开放 30 周年参政党建设理论研讨会，认真总结了改革开放以来我会理论研究的经验，明确了开展理论研究的方向和重点，并成立了民进中央—上海社科院合作中心，为广泛开展会内会外的互动与合作，充分借助社会资源推进我会参政党建设理论研究搭建了新的工作平台。在会中央带动下，各省级组织相继成立理论研究会，组织召开区域性的理论研讨会，取得了可喜的研究成果。

会中央坚持把开展参政党理论研究与加强会史工作和会史教育基地建设相结合，围绕“继承优良传统，弘扬时代精神”的主题，推动了会史宣传教育的开展。几年来会中央编辑出版了“民进历史人物传略”、《民进风采》画册、《肝胆相照，再谱新篇》和雷洁琼、赵朴初等民进领导人文集，拍摄“民进成立 60 周年会史教育片”，制作了“中国民主促进会简介”短片，编纂《中国民主促进会年鉴（试刊）》。扩建了民进中央会史展览室，分期分批建设一批会史教育基地，如：上海民进成立旧址、江苏角直叶圣陶先生墓地和纪念馆、江苏同里王绍鏊先生故居和纪念馆。各地方组织结合会庆，组织编写了一批有价值的会史研究资料。

3. 不断深化并落实政治交接主题学习教育活动。

政治交接是确保参政党沿着正确方向和道路前进的关键环节，是我会一切工作的主线。2007 年 5 月以来，民进全会各级组织有计划、有步骤地开展了以“坚持走中国特色社会主义政治发展道路”为主题的政治交接学习教育活动。民进十大之后，新一届会中央领导集体以中共十七大精神为指导，带领全会进一步深化学习教育活动内涵、丰富学习教育活动的内容和形式，在政治交接学习教育活动的基础上，继续开展中国特色社会主义主题教育活动。按照执政党建设与参政党建设互相促进的要求，2008 年开始在全会深入学习贯彻科学发展观。会中央把这一系列政治交接主题学习教育活动作为开展思想政治工作、加强自身建设的重要契机，加强领导、精心部署，着力推动全会各级组织层层落实。

自学习教育活动开展以来，我会各级组织以学习贯彻中共十七大精神、纪念中共发布“五一口号”60 周年、纪念改革开放 30 周年为契机，广泛深入开展“旗帜”、“道路”和“理论体系”、形势和优良传统的学习与教育，针对会员的思想进行启发、引导、影响，全面加强思想建设，引导广大会员进一步增强接受中国共产党的领导、走中国特色社会主义政治发展道路的自觉性和坚定性，进一步夯实全会共同的思想政治基础。以学习教育活动为载体，我会大力加强各级领导班子的思想建设、作风建设、制度建设和后备干部队伍建设，着力提高政治把握能力、参政议政能力、组织领导能力和合作共事能力。以学习教育活动为动力，推动各级组织和广大会员自觉学习贯彻科学发展观，不断提高参政议政、民主监督的能力和水平，更好地履行参政党职能。

会中央和各省级组织深入试点单位和基层组织调研，了解情况、查找问题，进一步明确了工作的努力方向和改进措施，调动了骨干队伍、专职干部和广大会员的积极性和创造性，增强了民进组织的凝聚力和号召力。会中央还召开了民进全国思想政治工作会议、民进全国中国特色社会主义主题教育活动经验交流会等重要会议，及时总结和交流了主题教育活动的经验做法，有力地指导和推动了这一活动在全会的落实。

4. 努力形成新闻、网站、杂志的综合宣传效应。

几年来，我会坚持团结稳定鼓劲、以正面宣传为主的方针，贯彻“巩固规模数量、提高质量层次、落实制度机制，进一步扩大我会对外宣传”的工作思路，注重发挥中央和地方、会内与会外两方面的积极性，认真做好宣传资源的统筹和协调，坚持新闻、网站、杂志一起策划部署、一同组织实施，努力形成我会对外宣传的综合效应。

宣传部门注意加强和新闻单位的沟通与合作，注意抓好重大事件、重要活动、突发事件等宣传契机，积极运用社会媒体的渠道，不断拓展我会对外宣传的广度和深度，会中央和各省级组织在中央有关媒体的报道数量逐年提高，专题报道、深度报道和典型报道不断增加。人民日报、新华社、中央电视台等主流媒体陆续刊发、播出了对会中央领导人的专访和报道，统一战线报刊多次刊登会中央领导人撰写的《在正道上行》、《建设适应时代要求的高素质参政党》、《服务国家的科学发展和促进民进的科学发展》等署名文章，会中央主席、副主席几次做客人民网“强国论坛”与网友进行在线交流。会中央先后在人民政协报和团结报刊发数个专版，集中报道了民进九大以来、改革开放30年来和新一届领导班子一年来取得的成绩、作出的贡献、发挥的作用。

民进宣传网站（页）是我会开展宣传思想工作的重要平台和创新工作方式的重要载体。会中央宣传网站编辑制作了“热烈庆祝民进十大召开”、“抗震救灾民进在行动”、“学习贯彻科学发展观”等专题，这一专题报道，是网络宣传的一个特色，也是大家努力工作的结果。会中央宣传网站联合省级组织宣传网站制作推出“庆祝香港回归10周年”、“纪念改革开放30周年”等专题，内容集中，信息量大，特色鲜明，便于学习。专题网页紧密配合了我会的中心工作和一个时期的宣传重点，成为民进宣传网站的一个突出亮点。网站通过“在线交流”及“跟帖”回复，开展对会员中一些深层次思想认识问题的启发与引导，创新了宣传报道和思想政治工作的形式。民进宣传网站自开通以来，严格规章制度，注重网络安全，确保了宣传网站的安全运行。安全这根弦始终要绷紧，任何时候不可放松。

《民主》杂志积极发挥对外宣传主阵地的作用，及时刊发会中央领导人的署名文章，加强对“学习与探索”、“国事论衡”、“百家之言”等主要栏目的策划组稿，刊登了一批针对性和可读性较强的文章。适时推出“抗震救灾、万众一心”、“纪念‘五一口号’发布60周年”等多个专栏，深入基层采访，大力宣传了王文、马恩正、刘晰、修保等一批先进会员的感人事迹，编辑制作了地方专页，反映省市级组织工作风貌。《民进会讯》及时报道会中央和地方组织的工作。会中央宣传部建立健全了对省级组织会刊（报）的审读制度，推介优秀文章和精美封面，有意加强对地方会刊（报）的指导与服务。

（二）主要经验

1. 必须坚定不移地用中国特色社会主义伟大旗帜统一思想、振奋精神、凝聚力量。

中国特色社会主义是当代中国发展进步的旗帜，是中国共产党、各民主党派、无党派人士和全国各族人民团结奋斗的旗帜。作为具有政治联盟性质、致力于中国特色社会主义事业、与中国共产党通力合作的参政党，民进必须坚定不移地把中国特色社会主义作为共同理想信念、共同前进方向、共同奋斗目标，并坚持不懈地为之奋斗。多年来，我会各级组织的宣传思想工作始终坚持用中国特色社会主义伟大旗帜统一思想、凝聚力量，着力引导广大会员深入学习中国特色社会主义理论、中共十七大和十七届三中全会精神，理解把握改革开放的重大意义、巨大成就和基本经验，进一步增强高举中国特色社会主义伟大旗帜、坚持中国特色社会主义道路、坚持中国特色社会主义理论体系的自觉性和坚定性，使我会的宣传思想工作始终保持坚定正确的政治方向。大家认识到，这是工作的灵魂，任何时候不可丢、不可忘，不能有一点疏忽大意。

2. 必须坚持围绕中心、服务大局，紧密结合自身建设和履行职能开展工作。

统一战线和多党合作事业是中国特色社会主义伟大事业的重要组成部分，必须坚持以经济建设为中心，以促进发展为第一要务，自觉服务改革发展稳定大局。民主党派始终面临切实解决好政治交接、提高参政党履行职能和发挥作用的能力两大历史性课题。几年来，我会始终围绕搞好政治交接、坚持走中国特色社会主义政治发展道路，结合自身建设、履行参政党职能开展宣传思想工作，为改革开放和社会主义现代化建设，为坚持和完善中国共产党领导的多党合作和政治协商制度提供了有力的思想保证，营造了良好的舆论氛围。我们深刻体会到，宣传思想工作必须坚持围绕中心、服务大局，为促进高素质参政党建设，有效履行参政党职能发挥积极作用。

3．必须坚持解放思想，以改革创新的精神推动宣传思想工作不断与时俱进。

世情、国情、会情的发展变化，对我会宣传思想工作提出了新任务和新要求，迫切需要我们努力把握新形势下宣传思想工作的特点和规律，坚持解放思想、改革创新、与时俱进。几年来，我会创造性地开展了各类内涵丰富的主题教育活动，搭建了多种学习与实践的平台；利用网络、视频等现代技术和手段，形成了既便捷又经济、交流互动、资源共享等工作优势；进一步完善宣传工作的统计、通报、推荐、评比和表彰等制度，探索长效机制的建立。事实表明，只有在改革创新中丰富内容形式，转变方法手段，完善体制机制，宣传思想工作才能适应时代要求，满足会员期待。

4．必须坚持以重大事件为契机，以重要活动为载体，增强工作的实际效果。

宣传思想工作是做人的思想工作，目标是要使广大会员以中国特色社会主义理论为指导，在改造客观世界的同时改造主观世界，树立并坚持正确的世界观、人生观和价值观。几年来，我会宣传思想工作注重把握契机、整合资源，与重大事件、重要活动紧密结合，进一步掌握工作的主动权，增强工作的时效性，使参与者在实践活动中增加理性认识与情感实践的综合体验，不断丰富思想教育的途径和内容，增强了宣传思想工作的实际效果。实践证明，抓住重大事件的有利时机，寓思想政治引导于生动丰富的活动之中，力争收到润物无声、润物无痕、入脑入心的效果，这是做好宣传思想工作的一条重要规律。

以上经验，是我会各级组织在工作实践中逐步摸索和总结出来的，具有原则性、规律性和指导性，要认真遵循，长期坚持，并在新的实践中不断丰富和发展。这些经验，各级组织应当认真研究，在现有的基础上根据地方特色和宣传工作的实际，创造出更加有效的经验，有效的方式方法，有效的途径和载体。

二、今后一个时期的工作部署

宣传思想工作担负着统一思想、鼓舞人心、振奋精神、凝聚力量的重大任务。深入学习贯彻科学发展观，努力开创民进宣传思想工作新局面，需要我们从国内国际两个大局中来认识和把握宣传思想工作的形势和任务，从我国基本国情和发展阶段出发来认识和把握宣传思想工作的地位和作用，从多党合作事业发展以及民进会情变化的新要求来认识和把握宣传思想工作面临的实际和肩负的使命，与时俱进地做好宣传思想工作。

（一）当前形势

1．国际形势发生复杂深刻变化，对思想文化领域产生深远影响。

从国际形势看，经济全球化趋势深入发展，国际金融危机的影响继续蔓延，对各国经济发展的影响日益加深，国际环境中不确定、不稳定、不安全因素明显增多。世界范围内围绕发展模式和价值观的竞争越发激烈，各种思想文化交流、交融、交锋日趋频繁，意识形态领域渗透与反渗透的斗争尖锐复杂。国际敌对势力始终没有放弃对我国实施西化、分化的政治图谋，想方设法对我国进行渗透、破坏活动，其渗透领域不断拓展、手段日益多样、形式更加隐秘，他们的目的，就是妄图颠覆中国共产党的领导和我国的社会主义制度。复杂深刻变化的国际环境对当前的思想文化领域产生了深远影响，用中国特色社会主义伟大旗帜凝聚社会共识，引导人们坚定不移地走中国特色社会主义道路的任务更加繁重。

2．我国改革发展进入关键时期，对宣传思想工作提出更高要求。

当前，我国改革发展进入关键时期，改革攻坚的任务出现许多新的变化，表现在工作每向深层次推进一步，触及的矛盾更深、涉及面更广、遇到的困难更大，经济社会发展呈现出新的阶段性特征。特别是在我国经济和社会生活中，一些深层次矛盾还没有得到根本解决，一些与群众切身利益密切相关的问题仍然较多，一些地方群体性事件时有发生，一些地方干部作风不正、腐败现象蔓延，这些现象不可避免地给人们思想带来消极影响。尤其当前一些地方、一些领域出现经济困难，也必然反映到人们的思想上来。如何更好地围绕中心、服务大局，为继续解放思想、坚持改革开放、推动科学发展、促进社会和谐营造良好氛围，这是改革发展关键期对宣传思想工作提出的重大考验。存在决定意识，在这样的情况下，如何做好会员的工作，特别是能在复杂环境的影响下，坚定中国特色社会主义信念，是我们工作的重点之一。这是事实，这是我们的工作，这也是对我们的考验。接受考验需要智慧和能力，能力要落实在办法和实际工作的效果之中。

3. 社会思想呈现多样化特征，宣传思想工作面临新课题和新要求。

随着改革开放的不断推进，我国的经济体制深刻变革、社会结构深刻变化、利益格局深刻调整，社会思想多元、多样、多变的趋势更加明显且变化速度在加快。必须看到，社会思想的多样化使得用社会主义核心价值体系引领社会思潮，增强社会主义意识形态吸引力和凝聚力的任务更加繁重。互联网等媒体的迅猛发展，带来了传播方式的深刻变革，引导舆论的易与难同时增加，启发、引导、影响、教育的难度在不断加大，占领文化传播制高点的任务更加艰巨，要求宣传思想工作要有新内容、新形式、新方法，并取得新的实效。如何适应经济社会发展的新变化，满足人们多层次、多方面、多样性的精神文化需求，着力增强宣传思想工作的吸引力和感染力，这是当前宣传思想工作面临的新课题和新要求。思维始于问题，有了问题才能启发我们的思维，激励我们的工作，“智慧需要智慧的启迪”，问题即智慧，如何在社会变化中学习智慧，丰富我们的智慧，运用智慧解决工作中的难题，需要创新我们的工作。

4. 我会的成员结构出现新变化，对宣传思想工作提出紧迫任务。

国际形势的深刻变化，以及发展关键期、改革攻坚期和矛盾凸显期的阶段性特征，必然会影响当前民进会员的思想认识和价值取向。因此我会宣传思想工作必须认真把握国际环境和时代背景。随着多党合作事业和参政党建设的不断发展，我会的成员结构已经发生变化，新一代民进会员已经成为主体，并且会不断有年轻人加入民进。新一代民进会员具有较高的专业知识水平和较强的民主意识、自主意识、政治参与意识，但与老一代会员相比，在思想观念、价值取向、行为方式等方面出现了许多新变化。年轻的新会员不仅思维活跃，而且参与工作的热情普遍较高，他们对民进组织和我会的工作充满了希望与要求。如何根据新一代民进会员的特点开展启发、引导、影响和教育工作，如何适应年轻会员的希望与要求不断提高工作水平，已成为我会在新的历史条件下宣传思想工作的重要任务，同时也是持久的工作，因为这是规律。

（二）总体要求和工作思路

总体要求：

以邓小平理论和“三个代表”重要思想为指导，深入贯彻落实科学发展观，坚持团结稳定鼓劲和以正面宣传为主的方针，使宣传工作更贴近实际、贴近基层、贴近会员，着力铸就共同理想、凝聚智慧力量、引导思想舆论、培育文明风尚、营造和谐氛围，创新宣传方式方法、注重实际实效，为推动我会服务国家科学发展和实现自身科学发展提供思想保证、精神动力和舆论支持，为建设高素质参政党贡献力量。

工作思路：

我会的宣传思想工作要高举中国特色社会主义伟大旗帜，以邓小平理论和“三个代表”重要思想为指导，深入学习贯彻科学发展观，以夯实多党合作的共同思想政治基础为根本任务；以服务改革发展稳定大局、促进高素质参政党建设、切实履行参政党职能为中心工作；以立足广大会员的思想实际，推动宣传思想工作取得实效为主要目标；以发挥各级组织的积极性，促进宣传思想工作全面协调可持续发展为基本原则，坚持解放思想、实事求是、与时俱进，努力开创民进宣传思想工作新局面，并取得实实在在的成效。

1. 以科学发展观为指导，从多党合作事业可持续发展的战略高度充分认识加强宣传思想工作的重要性。

科学发展观是我国经济社会发展的重要指导方针，是发展中国特色社会主义必须坚持和贯彻的重大战略思想，也是指导参政党自身建设和履行职能的强大思想武器。学习贯彻科学发展观，要求我们从多党合作事业可持续发展的战略高度充分认识新形势下加强宣传思想工作的重要性。

加强宣传思想工作，是高举旗帜、统一思想，着力引导广大会员自觉维护多党合作政治格局的迫切需要。自觉维护共产党领导、多党派合作，共产党执政、多党派参政的这一政党制度的本质和鲜明特点，发挥多党合作制度在维护国家政局稳定、发展社会主义民主政治中的积极作用具有重大而深远的意义。加强宣传思想工作，是凝聚人心、汇集力量，共同实现发展目标的迫切需要。在多党合作的制度框架内调动一切可以调动的积极因素，为全面建设小康社会的共同目标而团结奋斗，需要我们把广大会员的思想和认识统一到中共中央的决策部署上来，把智慧和力量汇集到为推进全面建设小康社会进程作贡献上来。加强宣传思想工作，是继承和发扬优良传统，持续推进政治交接的迫切需要。我会要切实解决好政治交接这一重大历史课题，就要团结引导广大会员坚定不移地接受中国共产党的领导，毫不动摇地走中国特色社会主义政治发展道路，让我会老一辈领导人与中国共产党团结合作的优良传统可持续地代代相传。

我会各级组织和领导干部要充分认识新形势下加强宣传思想工作的重要性和紧迫性，充分发挥宣传思想工作“望远镜和显微镜”、“方向盘和发动机”、“助推器和润滑剂”的重要作用，用科学理论武装会员，用正确舆论引导会员，用共同理想凝聚会员，用先进典型启发、引导、影响和激励会员。要切实加强对宣传思想工作的组织领导，认真落实宣传思想工作责任制，努力创造宣传思想工作条件，不断提高宣传思想工作成效。

2. 进一步做好理论武装、理论研究和会章会史教育工作，巩固全会共同的思想政治基础。

思想建设是民主党派自身建设的核心，巩固多党合作的思想政治基础是加强思想建设的根本任务。加强理论武装、理论研究和会章会史教育工作，是实现这一根本任务的重要途径。

中国特色社会主义理论体系是中国共产党团结带领全国各族人民团结奋斗的共同思想基础，也是多党合作事业的共同思想基础。建设高素质参政党、全面履行参政党职能，必须以科学理论为思想武器和行动指南。全会要继续建立健全理论学习制度，发挥领导干部的表率作用，组织开展各级各类的学习、宣讲和培训活动，引导干部会员着力在领会精神实质、结合思想工作实际、转化学习成果、落实到实践上下工夫，努力提高运用科学理论分析解决问题的能力，坚持不懈地用中国特色社会主义理论体系武装全会、指导实践、推动工作。

参政党理论是民主党派自身建设和履行职能的经验规律的科学总结，是参政党建设的理论依据。我会各级统战理论研究会要充分发挥会员和特邀专家的作用，以应用理论研究为重点，以课题为纽带，以成果转化为目标，推动全会参政党理论研究的开展。要科学总结多党合作和参政党建设的经验规律，努力回答新时期、新形势下参政党理论与实践中提出的重大问题，为建设适应时代要求的高素质参政党提供理论基础，为思想建设和组织建设提供有力的支持。

会章是会内的“根本大法”，是各级组织和全体会员的行为准则。我会各级组织要引导广大会员学习会章、遵守会章，吃透会章的实质，特别是总纲部分，继承和发扬我会在革命、建设和改革时期形成的“三个坚持”的优良传统，为实现我会的政治纲领和各项任务团结奋斗。会史是我会发展历程、优良传统和独特文化的传承记载。我会要进一步发挥会史工作委员会的骨干作用，加强会史资料的抢救工作，抓紧还清“老账”，努力做到不欠“新账”。发挥会中央、上海、江苏等一批会史教育基地的作用，深化民进会史的宣传教育，使其真正为建设高素质参政党发挥应有的作用。

3. 用社会主义核心价值体系引领广大会员坚持正确的世界观、人生观和价值观。

社会主义核心价值体系是社会主义意识形态的本质体现。我会各级组织要引导广大会员形成社会主义核心价值体系倡导的价值观。自觉学习马克思主义中国化的理论成果，绝不搞指导思想的多元化，始终坚持中国特色社会主义的共同理想，大力弘扬以爱国主义为核心的民族精神和以改革创新为核心的时代精神，努力践行社会主义荣辱观。我会宣传思想工作要着力引导广大会员深入学习与社会主义核心价值体系有关的六个重大问题，用社会主义核心价值体系引领会员思想。

价值观是世界观和人生观的基础。近年来我会一些组织在开展以“坚持走中国特色社会主义政治发展道路”为主题的政治交接学习教育活动中，提出加入民进“为什么”、“干什么”和“留什么”的“三问”，就是具有民进特色之一的自我教育活动。民进会员、辽宁铁岭教师进修学院教师谢严森，退休8年自费30多万元创办了“素斋”报刊资料室，免费为社区居民提供阅读资料和场所。他不畏逆境和坎坷，始终保持坚定的政治信念和高尚的道德情操，晚年光荣地加入了中国共产党。目前辽宁全省民进组织正在开展“向谢严森同志学习”的宣讲活动，辽宁省委会宣传部的同志将作大会交流发言。谢严森同志无私奉献的精神是对“三问”最好的回答。坚持用社会主义核心价值体系引领会员思想，最根本的目的就是要提高广大会员的政治素质和思想道德水平，坚持科学的世界观、正确的人生观和价值观。要把个人的本职工作与参政党的职责使命结合起来，把个人事业的发展与国家和民族的前途命运结合起来，把个人的喜怒哀乐与民众的甘苦安危结合起来，解决好入会的动机、工作的思想动力、组织的凝聚力和活力等突出问题。

用社会主义核心价值体系引领会员思想，要坚持体现民主党派进步性与广泛性相统一的特点，本着一致性与多样性相统一的原则，既要尊重差异、包容多样，又要有力抵制各种错误和腐朽思想的影响。针对今年以来社会上和个别媒体出现的一些杂音和噪音，中宣部理论局编写出版了《六个为什么——对几个重大问题的回答》一书。我们要认真学习这本书的精神实质，引导广大会员深入学习、真正弄懂坚持什么样的指导思想，坚持走什么样的道路，坚持什么样的根本政治制度和政党制度，坚持什么样的基本经济制度以及必须坚持改革开放不动摇、不能走回头路等重大问题，切实理解和把握社会主义核心价值体系，要在为什么上下工夫。

4．牢牢把握正确导向，为实现我会的政治纲领和各项任务提供思想保证和舆论氛围。

新闻舆论处于意识形态领域前沿。当前，随着经济社会的快速发展、科技的不断进步以及新兴传媒的逐步创新，社会的信息传递和获取越来越便捷，新闻舆论对社会精神生活和人们思想意识的影响越来越突出。我会宣传思想工作要深入把握时代特点和工作规律，牢固树立政治意识、大局意识、责任意识和阵地意识，把坚持正确导向放在宣传思想工作的首位。

各级组织宣传部门要有针对性地加强对社会热点、难点问题的有效引导，努力回答会员关心的重大理论和实际问题。遇有重大公共事件、严重自然灾害和不良信息等突发时，更要及时加强正面宣传和引导，稳定人心、鼓舞斗志、凝聚力量、共克时艰，及早消除负面影响。要大力宣传我会深入学习贯彻科学发展观，服务国家科学发展和促进自身科学发展取得的成果经验，大力宣传我会的先进集体和先进个人，展示民进会员的贡献和精神，为坚持和完善中国特色的社会主义政党制度营造良好的舆论氛围。要努力提高舆论引导能力，坚持深入实际，用我会履行职能的事实说话，结合主题宣传、典型宣传和社会热点引导，灵活机动、实事求是又恰如其分地设置议题、因势利导，逐步实现在同会员的交流互动中形成思想共识，在为会员提供信息服务中做好舆论引导，为实现我会的政治纲领和各项任务提供思想保证和舆论支持。

5．大力加强阵地建设，特别要重视发挥会内网站等新兴媒体的积极作用。

会内外宣传舆论阵地是我们做好工作的重要依托。既要重视发挥传统阵地的作用，切实办好会中央和地方组织的会刊，更要重视发挥新兴阵地的优势，加快推进中央和地方组织的信息化建设。新的形势要求我们充分认识以互联网为代表的新兴媒体的社会影响力，高度重视并善于学习运用互联网、手机等新兴媒体，更新传播理念、改进传播手段、增强传播能力，使马克思主义中国化的理论成果、社会主义核心价值体系、多党合作的理论与实践、民进的历史和传统，能更广泛地传播，更深入地影响广大会员和社会大众。

我会宣传网站（页）的建设要主动适应信息化时代对宣传思想工作的新要求，充分发挥网络媒体的特点和优势，在报道文字和图片新闻的基础上，不失时机地采用视频直播、在线交流等符合网络媒体特点的表现手段和互动方式，充分调动广大会员和网友参与的积极性，使我会宣传网站（页）成为传播信息、交流思想、了解舆情的重要渠道。逐步加强会中央宣传网站对地方组织和基层组织工作的宣传报道，逐步加强会中央宣传网站与省市民进组织宣传网站（页）的连接和互动，积极推进民进系统网络体系建设，使我会宣传网站（页）成为宣传多党合作理论方针政策、引领民进会内思想舆论的重要阵地。注意做好宣传网站（页）与传统媒体之间的统筹和协调，进一步明确各自定位、突出各自特色、发挥各自优势，以求各自的实效。

6．努力建设一支高素质的宣传干部队伍，为我会宣传思想工作打好人才基础。

加强宣传干部队伍建设，是做好宣传思想工作的基础和关键。会中央和省级组织要下大气力，依靠机关干部、骨干会员和社会力量，加快建设一支包括宣传报道通讯员、统战理论研究会成员、会刊编辑、网络编辑和思想政治工作特约研究员在内的专兼职工作骨干队伍，确保宣传思想工作的各项任务落到实处，落实任务是取得实效的前提。

多年来，我会各级组织宣传干部坚持用马克思主义的立场、观点、方法观察分析问题，坚持把握好政治上、思想上的方向盘，坚持深入实际，联系会员，笔耕不辍，为发挥宣传思想工作的积极作用作出了自己应有的贡献。面对大发展大变革的新时代，广大宣传干部应更加勤奋刻苦地学习，不断提高自身的综合素质，努力使自己的知识结构和能力结构适应时代发展的要求，成为知识型、复合型的新时代宣传干部。要不断增强党派宣传工作的事业心和责任感，努力在本职岗位上追求卓越、创造一流。青年宣传干部要学习增强本领，把精力投入到工作中，把智慧运用到工作中，在创造工作业绩中不断实现人生价值，做民主党派宣传事业合格的接班人。

7．注重完善制度和机制，促进中央、地方和基层宣传思想工作统筹协调发展。

工作制度和机制是带有根本性、全局性、稳定性和长期性的问题。宣传思想工作要有章可循、规范有序、抓出成效，就必须主动适应新形势、新任务，着力完善能执行、可持续、科学的、与时俱进的制度，这就是我们通常所说的长效机制。当前，促进我会宣传思想工作科学发展，一个重要举措就是构建会中央、省、市三级组织联动互动的工作体制和机制。

要根据会中央、省、市级组织的职能定位和工作特点，充分发挥地方和基层的积极性、主动性和创造性，坚持因时、因地、因事制宜，使中央的工作部署落实为符合地方和基层特点的工作，保证开展的工作符合实际，并能取得实效。

要探索形成资源共享、优势互补的工作体制。会中央宣传部要积极推进“三个共享”工程的建设：一是学习共享工程，通过视频会议、网上课堂、交流材料，把重要报告、学习资料、先进典型和经验送达省、市级组织。二是宣传共享工程，着力打造会中央、省和市的三级工作网络，使地方和基层组织的舆情、信息、典型、人才和经验能够畅达会中央，及时得到推荐、采用、交流和推广。三是培训共享工程，把会中央召开的会议与培训结合起来，以会带训；把中央培训和地方培训结合起来，努力扩大培训的覆盖面，让更多的宣传干部，特别是市级以下组织专干和基层组织工作骨干受益。

通过三个“共享工程”的推进，规范学习培训机制，建立健全思想动态分析机制，健全宣传引导机制，研究建立应急机制，切实加强会中央对地方工作的指导和服务，创造工作成果、人才和经验脱颖而出的良好环境，努力促进中央、地方和基层宣传思想工作的统筹协调发展。

8．坚持树立和弘扬优良作风，推动宣传思想工作更加务实、深入、有效。

优良作风是学习贯彻科学发展观，促进我会宣传思想工作科学发展的保证。当前，我们已经进入了一个快速发展进步的时代，宣传思想工作必然面临更加开放、更加复杂多样的社会环境。我会各级组织宣传部门要坚持解放思想、实事求是、与时俱进的思想作风，着力转变不适应不符合科学发展观的思想观念，着力解决影响和制约科学发展的突出问题，创新宣传思想工作的发展观念、发展思路和发展举措，真正做到勇于变革、勇于创新，永不僵化、永不停滞。

科学发展观的核心是以人为本。要在宣传思想工作中真正做到以人为本，就必须大力弘扬密切联系基层、密切联系会员的优良工作作风，这是保证我会宣传思想工作贯彻落实科学发展观的关键。应当看到，目前我会的宣传思想工作不同程度地存在着“空对空”的情况，即：重过程、轻结果；重高层、轻基层；要求多、服务少；传统办法不灵、新型手段不多；就宣传讲宣传多，与其他会务工作统筹协调少等问题比较突出。因此，贯彻落实科学发展观，必须切实转变工作作风，改进工作方式方法，促进宣传思想工作更加务实深入有效。

要密切联系广大会员，深入了解他们的所思所想、所忧所虑、所愿所盼，努力做到多互动、少灌输；多实践、少空泛；多自主、少说教，逐步改变“我教你通”的被动状态。

要坚持深入基层，在一线研究、部署和推动工作，摸清实情，了解需求，征求意见，增强工作的针对性，逐步改变以会议落实会议、以文件落实文件的现象。

要注意加强与其他会务工作的统筹与协调，推动宣传思想工作与理论研究、组织建设、参政议政、社会服务等各项工作相互促进、相得益彰。

要切实做好上级组织服务基层组织、基层组织服务会员的工作，着力加强和改进市级组织的宣传工作条件，鼓励他们与会员面对面、心贴心地开展宣传思想工作，不断提高基层组织和会员的满意度。

同志们，改革开放的历史进程为我会宣传思想工作提供了广阔的舞台，多党合作事业的巩固和发展要求我会宣传思想工作发挥更大作用。让我们更加紧密地团结在以胡锦涛同志为总书记的中共中央周围，高举中国特色社会主义伟大旗帜，以邓小平理论和“三个代表”重要思想为指导，深入学习贯彻科学发展观，围绕中共十七大和民进十大提出的目标和任务，求真务实、开拓创新、扎实工作，努力开创民进宣传思想工作新局面。

为统一战线和多党合作事业的宣传作出更大贡献

——在民进中央纪念《民主》杂志创刊20周年座谈会上的讲话

（2009年9月9日）

王佐书

同志们、朋友们：

今天，我们在这里召开座谈会，纪念《民主》杂志创刊20周年。我代表民主杂志社全体员工，向与会的各主管部门、各兄弟党派中央宣传部、全国政协、统战系统各期刊的领导同志表示热烈欢迎和衷心感谢，向为民主杂志社作出过重要贡献的老社长楚庄先生，老主编毛启邠、吴祖心同志表示诚挚的敬意和问候！

1989年，中共中央制定了《关于坚持和完善中国共产党领导的多党合作和政治协商制度的意见》，第一次明确了我国民主党派的参政党地位，这在我国多党合作和政治协商制度史上具有里程碑的意义。《民主》杂志就是在这个大背景下创刊的。20年来，在中国共产党的领导下，多党合作事业蓬勃发展，多党合作和政治协商制度进一步发展和完善。《民主》杂志充分见证了这一辉煌的历史进程。

《民主》杂志创刊以来，始终坚持以邓小平理论、“三个代表”重要思想为指导，深入学习贯彻科学发展观，坚持“立足民进，面向社会，服务统战”的办刊宗旨，贯彻国家的新闻出版方针，恪守新闻出版工作者的职业道德，努力提高“守土尽责”意识，始终坚持正确的舆论导向，坚持以科学的理论武装人，以正确的舆论引导人，以高尚的精神塑造人，以优秀的作品鼓舞人，为把民进建设成为高素质的参政党，充分履行职能、发挥作用提供了有力的思想保证、精神动力和舆论支持。20年来我们在工作中有以下一些做法和体会：

一、坚持围绕中心和大局办刊

民主党派的期刊是阐明立场和主张的喉舌，是思想理论建设的阵地，是树立形象和展示风采的窗口。《民主》杂志创办20年来，在“围绕中心、服务大局”这一点上始终是清醒坚定和积极主动的。我们坚持围绕中国共产党和国家的大事以及民进中央的中心工作进行组稿和发稿，自觉服从、服务于改革发展稳定的大局，做到了三个“相一致”。

一是与中共中央一个时期的宣传重点和广大会员关注的热点相一致。我们紧密配合形势，抓住一个时期执政党和国家面临的重大事件、开展的重要活动及时编刊、出刊，基本上是在第一时间就发出“民进的声音”。例如2003年冬春之交“非典”疫情爆发，会中央机关周边也有疫情发生，干部职工都放假回家。我社美编甘冒染病的危险，骑自行车赶到印厂，取回了已“点”过“红”的清样，大家及时撤换稿件和封面，在当年4月号就刊出了民进中央抗击“非典”的重要信息。又如2009年乌鲁木齐“7·5”事件发生后，杂志很快组织了《“三股势力”是各族人民的共同敌人》的文章，并配发了《我国的民族政策与民族区域自治制度》一文，揭露事件的真相和本质，提供翔实可信的正面资料，形成了对舆论的正确引导。

二是与我会思想理论建设一个时期的重点和难点问题相一致。《民主》杂志“专稿”、“学习与探索”等栏目，多年来宣传了中国共产党十四大至十七大期间重要会议和重要文件的精神，组织编发了学习解读邓小平理论、“三个代表”重要思想和科学发展观等重大战略思想的多篇文章，刊发了大量介绍统一战线的理论方针政策，宣传共产党领导的多党合作和政治协商制度的文章，有力地指导和推进了全会的思想理论建设。2007年和2009年，《民主》杂志针对社会上一些错误思潮，先后刊发了“如何认识民主社会主义”、“坚持和发展中国特色社会主义的宪政”等文章，起到了正本清源、强基固本的作用，受到机关干部和广大会员的普遍欢迎。近年来我们逐步建立了一支由中央党校、中央统战部、中央社院的学者组成的思想理论作者队伍，撰稿的范围逐渐从统战理论向政治、经济和社会理论迁移。

三是与民进中央一个时期的工作中心和重点工作相一致。多年来，我们采取通讯、综述和侧记等方式，大力宣传民进在履行参政议政、民主监督等职能和自身建设上所取得的成绩，激励广大会员在各自的岗位上积极奉献。例如，对民进中央组织的大型调研活动及其参政议政的重要成果（提案、建议），不失时机地进行全方位的追踪报道，不仅充分反映了民进在国家政治生活和社会生活中所发挥的重要作用，还为纪念专版、两会宣传和换届宣传保存了不少真实完整的资料。我们特意开辟了“议政回音”这个栏目，以“现身说法”的形式，报道民进各级组织参政议政的成果和效益，如《京城用盐化雪已成往事》、《沈阳故宫国宝有了家》、《抢救植物大熊猫》等提案小故事，深受读者的好评。

二、坚持突出特色、面向社会办刊

《民主》属于政治性和指导性较强的党派期刊，无论是逐步扩大会员读者，还是努力争取一定的社会读者，都需要坚持“三贴近”的编辑方针，形成期刊自身特色，打破自我循环，改变“党派期刊党派看，党派不看没人看”的现状。

一是减少会务性，努力从内容和表达方式上提高社会性。《民主》杂志在两次小改版中撤消了会务性较强的栏目，开设了“专题访谈”、“同舟时评”、“国是论衡”等社会性较强的栏目。其中“专题访谈”以记者采访有关专家、学者的方式，报道社会上广大群众关心的热点问题，近年来刊发了《中国反腐败大有希望》、《长城精神与人文奥运》、《30年盘点：中国民主增量发展》等文章，引起读者一定的兴趣。对于民进开展的重大活动和取得的工作成绩，我们也尽量采用符合时宜的宣传视角和表达方式来报道。

二是发挥民进的界别优势，突出文化教育特色。民进是以教育文化出版为主要界别的参政党，《民主》杂志努力形成自身的文化教育特色，来体现期刊的社会性。我们努力办好“教育园地”、“文化视点”和“书刊评介”等栏目，力求具有针对性和独创性，尽力满足会内外读者的思想价值需求、知识信息需求和情感审美需求。例如2009年我们在“文化视点”中引进了全国各地的“文化博物馆”和“爱国主义教育基地”两个系列内容，用中华优秀文化的魅力和革命历史传统增进广大会员爱国爱会的情感，激发民进会员和所联系的知识分子的积极性和创造力，勉励他们张扬个性、施展才华、报效祖国、献身事业，并在对外开放和市场经济的环境下守护好自己的精神家园。

三是精心打造杂文品牌，体现党派民主监督功能。“百家之言”是《民主》杂志几代领导人和编辑人员悉心培育的拳头栏目。上个世纪90年代形成的“新三家村”即邵燕祥、邓伟志、舒展三人的杂文，漫画家方成配图，自成一体，深受读者欢迎。此后，杂文栏目有意识地约请邓伟志、朱正、舒展、柳萌、王乾荣、陆士华、朽木、吴志实、潘洪其、孙燕等一批国内知名杂文家撰稿，使杂文内容更加丰富多彩，既有对社会丑陋现象的针砭，也有对时代主旋律的弘扬，还有对中国传统文化的认知，以及改善民生、转变党政部门作风、反腐倡廉、发展教育文化事业等方面的诤言良策。这些杂文纵论国家人民大事，寻求最适合的解决方案，有理有据，入情入理，既是发一家之言，也是民进普借社会方家之笔履行参政议政、民主监督职能的具体体现，得到社会各界的广泛认可。我们既注意从政治上严格把关，又尊重杂文作家的风格特色，每期杂志都保证发6至8篇杂文，形成了一定规模的作者群，也培养了一定规模的读者队伍，使“百家之言”在杂文界享有一定的知名度。

三、坚持体现服务、开门办刊

统战系统和文化出版界的专家学者、民进地方组织和广大会员，是我们办好杂志的重要依靠力量。20年来我们始终坚持体现服务、开门办刊的精神，建立了编者与作者和读者的密切联系与合作关系。

一是主动服务联合地方组织办刊。为了宣传民进地方组织的工作业绩，特别是改革开放以来日新月异的发展变化，我们特开辟了“神州大地”、“锦绣中华”作为地方专页的栏目，全面宣传当地悠久的历史文化、名胜古迹、著名人物，以及民进地方组织在改革开放大潮中自身建设、参政议政等取得的成果，起到了宣传激励的作用。创办此栏目10余年来，先后举办了近60个地方专页，不仅扩大了《民主》杂志的发行量，还密切了与地方组织的沟通与交流，增强了凝聚力，收到了较好的宣传效果。

二是深入基层采访，推出先进典型。我们十分关注基层组织和普通民进会员，近年来坚持每年对先进典型人物和事例进行深度采访，花大力气，进行重点报道。例如：从2003年至2008年，《民主》杂志先后报道了陕西渭南地区深入一线采访用生命传递抗洪信息的民进会员王文烈士的英雄事迹；民进会员、山西省太原农校高级讲师马恩正20年如一日义务帮助农民脱贫致富的先进事迹；民进会员海南泽田律师事务所主任刘晰律师维护司法公正，使蒙冤10年被判死刑的两位杀人犯“二黄”冤案得到昭雪的突出事迹；民进会员祝义才创办的南京雨润集团进行企业诚信体系建设的重要启示；吉林市保民律师事务所主任、民进会员修保，为弱势群体义务提供法律援助促进社会和谐的感人事迹。由于这些文章真实可信、生动感人，在广大会员中引起强烈反响，被人民日报、团结报、光明报等多家报刊转载。

三是开门求教，提高办刊质量。《民主》杂志实行开门办刊，坚持每年约请理论、教育、杂文等方面的专家学者座谈评刊，听取意见和建议，对封面、内文进行改版，加强装帧设计，对栏目进行调整，增加文化内涵，在文化品位上下工夫，力争把刊物办得图文并茂、庄重大方。此外，还征求普通读者对《民主》杂志的改进意见，印发读者评刊调查表，集思广益，不断改进工作。我们注意学习借鉴中央统战部、兄弟党派和系统单位期刊的成功经验，力争在原有的基础上再上新的台阶。

四是艰苦奋斗、勤俭办刊。《民主》杂志建立健全了各项工作制度，着力培养编辑人员“特别能吃苦、特别能战斗”的工作精神，努力养成“严谨、细致、深入、扎实”的工作作风。多年来，在“一社三制”、人员较少和经费紧张的情况下，杂志社全体员工艰苦奋斗、勤俭节约，注意从内部挖潜，从不乱花一分钱。全社同志兢兢业业，把办好刊物作为第一目标，与民进中央宣传部实行资源共享和工作互补，保持了团结合作的良好氛围。

以上是《民主》杂志20年来逐步发展的一些情况，当前实现新的发展存在较大困难和自身一些突出问题。在此，我们愿意向主管领导和各位同仁交流一下对党派期刊今后发展的看法。《中央统战部关于加强统战系统出版工作的意见》指出，党派期刊是“民主党派的机关刊物”，“读者对象主要是党派成员及其所联系的群众”，“具有较强的政治性、政策性和一定的行业性和专业性”。无论社会和读者怎样变化，党派期刊必须坚守自己的属性，把正确的政治方向和社会效益放在首位，这一点任何时候都不能变。我们认为它今后的发展趋势一是丰富内容与形态、创意和风格，二是改进体制与机制。

关于内容与形态、创意和风格，我们想说三句话。第一，是坚持党派性，内涵包括党派阵地、党派思维、党派关注、党派文风和话语等方面。如果失去了党派性，也就失掉了党派期刊存在的前提。第二，是培育社会性。鉴于目前社会各方面对中国特色社会主义政党制度的了解有待于进一步加深，群众对参政党重要性的认识还需要增强，党派期刊要努力走向社会，进一步扩大社会读者群。第三，是力求可读性。从尊重读者、发展读者、关心读者、服务读者出发，积极倡导清新健康的文风，努力形成特色、品位和风格。

关于体制和机制，《民主》杂志早在2004年就从宣传部的“编刊处”转制为独立事业单位“杂志社”，并于2007年按照国家人事部、劳动和社会保障部、新闻出版总署的有关文件进行了事业单位的岗位设置和工资套改。我们希望，按照“公益性事业单位”的改革方向逐步推进，由国家财政拨款解决人员经费、增加事业经费、补发办公经费，彻底打破经费、人才不足的瓶颈，使党派期刊走上良性运行的轨道。

以上两方面不成熟的意见，就教于大家。

各位领导、各位朋友，再过一二十天，就是新中国和人民政协成立60周年、多党合作制度确立60周年的喜庆之日。我们这一代人肩负着把老一辈革命家与民主党派领导人共同开创的多党合作事业推向前进的历史重任。《民主》杂志将在新的历史起点上，紧跟时代潮流，把握党派特色，适应读者需求，努力办得更好，为统一战线和多党合作事业以及为民进的工作宣传作出更大贡献。

谢谢大家！

在民进华东六省一市第十一次工作研讨会上的讲话

（2009年11月8日）

王佐书

尊敬的黄部长、各位代表、各位同志：

在全国上下努力学习贯彻党的十七届四中全会精神之际，民进华东六省一市第十一次工作研讨会在美丽的英雄城南昌市隆重开幕了，在此我谨代表民进中央向大会的召开表示热烈的祝贺，向与会全体代表致以亲切的问候，向出席会议的中共江西省委统战部领导表示热烈的欢迎！

中国共产党之所以领导全国人民取得举世瞩目的成绩，就在于有科学的理论作为指导思想，始终高度重视加强自身建设。党的十七大作出了“以改革创新精神全面推进党的建设新的伟大工程”的战略部署，把中国共产党的建设提到了一个新的理论高度。前不久召开的党的十七届四中全会，审议通过了《中共中央关于加强和改进新形势下党的建设若干重大问题的决定》，是贯彻落实党的十七大作出重大部署的再推进，具有十分重要的意义。

在我国多党合作的政党体制中，参政党的机关建设有着极其重要的地位。机关作为常设办事机构，在各项工作中起着上下沟通、左右联系的桥梁纽带作用。机关工作的质量和水平，关系到参政党履行职能的水平、关系到参政党自身建设的水平、影响多党合作事业的巩固和发展。因此，建设高素质参政党，必须建设高素质参政党的机关。近年来，全会各级组织都十分重视机关建设工作，在逐步改善机关条件的同时，坚持以思想建设为核心，以队伍建设为基础，以制度建设为保障，为努力建设高素质参政党机关进行了不懈的探索和实践，取得了可喜的成绩。

根据民进十大提出的“要继续推进机关建设”的要求，这次会议以“努力推进高素质参政党机关建设”为主题，交流研讨新的形势下如何进一步加强参政党机关建设工作问题。我认为切入点好，对于不断探索参政党自身建设的规律，努力推进高素质参政党机关建设具有现实的意义。相信同志们在总结交流各地机关建设工作经验的同时，一定有许多新的观点、新的思路和新的做法，互相学习，共同提高。

同志们、朋友们，中国共产党领导的多党合作和政治协商制度已走过了60年的光辉历程。今天，我们站在了一个新的历史起点上，前进的道路上还会有许多困难和问题。形势的发展和任务的增加对参政党的要求越来越高，对参政党机关建设的要求必然也越来越高。我们要秉承高举中国特色社会主义伟大旗帜，贯彻落实科学发展观，同心同德，开拓创新，不断加强自身建设，努力把全会的机关建设推向新阶段，为民进的新发展，为中国共产党领导的多党合作事业，为全面建设小康社会和中华民族的伟大复兴作出新的贡献！

最后，祝会议取得圆满成功！祝各位代表和同志们身体健康，工作顺利，家庭幸福！

谢谢大家！

同舟共济　续写多党合作事业新篇章

（2009年9月25日）

贺　旻

今年是我们伟大祖国成立60周年，也是中国共产党领导的多党合作和政治协商制度确立60周年。60年风雨历程，中国共产党带领全国人民创造了一个崭新的新中国，取得了举世瞩目的成就。60年同舟共济，中国共产党带领各民主党派和社会各界开创了一条中国特色的社会主义政治发展道路。这是社会主义制度的胜利，是中国共产党领导下的多党合作事业的胜利。

中国共产党领导的多党合作和政治协商制度，是我们的一项基本政治制度，是我们60年革命、建设和改革事业顺利进行的强大保证。60年来，统一战线不断壮大，多党合作事业在国家各项建设中的作用越来越突出，地位越来越重要，多党合作制度化、规范化和程序化建设越来越完善。

作为以教育、文化、出版界为主要对象的参政党，民进与中国共产党一同走过了不平凡的历程，参与和见证了国家翻天覆地的变化，也见证了辽宁的沧桑巨变。辽宁民进自成立以来，就教育引导广大会员始终坚持以党为师，立会为公的指导纲领，自觉接受中国共产党的领导，积极联系会内成员，充分发挥界别优势，为社会主义全面建设竭尽所能，不遗余力。面向未来，我们任重道远，责任重大。在庆祝建国60周年和人民政协60周年的时候，我们要做好以下几方面的工作。

一是必须坚持中国共产党领导。“没有共产党，就没有新中国”，就没有今天多党合作事业的发展成就。中国共产党是中国特色社会主义事业的领导核心，中国共产党的领导是多党合作事业蓬勃发展的根本保证，是坚持中国特色社会主义政治发展道路的根本要求。只有坚持中国共产党的领导，我们才能在中国的社会主义革命、建设和改革事业中有所作为，才能不断成长、进步。在每一次的历史重要关头，我们都能在中国共产党的指引下找到前进的方向和光明的道路。民进几十年的优秀传统一再昭示我们，必须自觉维护中国共产党的执政地位，不断加强思想政治建设，不断巩固坚持中国共产党领导的思想基础和政治信念。

二是必须坚持中国特色社会主义政治发展道路。中国共产党领导的多党合作和政治协商制度，是马克思主义理论的最新实践成果，是中国共产党和各民主党派共同的智慧结晶和历史选择。坚持和完善这一制度，是中国社会主义民主政治的重要内容，是中国各民主党派始终如一的政治方向，是唯一适合中国的政治发展道路。多党合作制度创造了全新的政党制度模式和政党关系，确立了全新的民主形式和执政方式。新时期，围绕发挥多党合作制度的优势和功能，中国共产党不断完善政治协商、参政议政、民主监督的内容、形式和程序，建立健全相应的工作机制，进一步推进了多党合作理论和制度建设。辽宁民进将认真领会这些思想理论，不断深化政治交接和主题教育活动成果，不断提高全会的政治敏锐性和政治鉴别力，始终坚持中国特色的社会主义政治发展道路不动摇。

三是必须坚持围绕大局，努力提高服务科学发展的能力。发展是中国共产党执政兴国的第一要务，也是各民主党派的共同追求。历史和现实证明：只有从改革发展出发来谋划和实践各项工作，把工作放在党和政府的工作全局中去考量，才能提高党派工作尤其是参政议政工作的有效性和针对性。只有坚持以科学发展观为指导，不断加深对科学理论的理解和把握，才能正确引导广大会员投身改革发展实践，发挥民进的优势。只有坚持以发展全局为己任，民进的各种优势才有用武之地，才能不断增进与执政党的共识，实现参政党的价值。新时期以来，辽宁民进时刻把握辽宁改革发展大局，围绕关系经济社会发展的重大问题，努力发挥界别优势和智力优势，积极献计出力。

四是必须坚持发挥优势，为创造和谐稳定环境作贡献。维护国家安全，保持改革发展的良好势头，努力做好安全稳定工作是我们当前的首要任务。辽宁民进将一如既往，一方面，积极利用分布广泛，文化层次高，联系人群广，影响力大的优势，为改革发展中出现的突出问题出谋划策，为化解矛盾、消除影响发挥作用。另一方面，针对近年来新阶层会员增多，思想活跃，利益诉求多样化的实际，坚持以社会主义核心价值体系引领会员思想和个人价值取向，开展健康向上的思想宣传和教育引导活动，努力做好协调关系、理顺情绪的工作。

五是必须加强自身建设，努力为辽宁全面振兴献计献策。坚持执政党建设和参政党建设相互促进，深刻领会中国共产党领导下的多党合作和政治协商制度的含义，着眼巩固和发展社会主义和谐政党关系，努力提高参政党自身建设水平，使之不断适应中国共产党对参政党提出的要求和希望。当前，辽宁已进入了全面振兴的关键发展期，辽宁民进将紧紧把握中共省委、省政府对各民主党派的殷切希望，致力于和谐辽宁的各项建设。围绕民生等重大经济社会发展问题，发动全会的主动性、创造性，广泛参与，积极建言献策，认真履行民进职能，在政治协商、民主监督、参政议政和社会服务等方面为辽宁发展出力献策，共同创建和谐辽宁。

追忆往昔，辽宁民进在中国共产党的领导下走过近60年的历程，展望未来，辽宁民进愈感责任重大。辽宁民进1万名会员将一如既往，以党为师，立会为公，在中国共产党的领导下，共同续写多党合作事业的新篇章！

“文明的冲突”与和谐世界

（2009年1月10日）

刘新成

改革开放以来，我国的国际交往越来越频繁。随着外国技术、商品和人员的大量涌入，“外来文化”、“文明的冲突”等等学术词汇也不时听闻于街头巷尾。但是何谓“外来文化”？怎样理解“文明的冲突”？或言之，我们应该以什么样的态度对待外来事物？应该如何与外部世界相处？对于这些问题，目前人们尚未形成理性共识，这显然不适应科学发展的需要。因此本文拟就这些问题略作探讨。

一、“文明分类说”

文明分类是西方人的学术建构。时下，对于“西方文明”、“东方文明”、“基督教文明”、“伊斯兰文明”、“儒家文明”乃至其他种种“文明”人们早已耳熟能详，甚至以为世界和人类分为不同文明和文明区是天经地义、不言自明的事情。然而事实并非如此。文明的划分并非自古皆然，各种“文明”之间的区别并非人类社会的原生形态，它们只是近代以来欧洲人在认识世界、特别是在诠释世界历史时创造出来的概念。

在古代世界，受生产力水平和交通条件的限制，散居在世界各地的居民难以实现大范围、大规模的交往，所以他们并不知道“世界”的存在。但是15世纪末叶新航路开辟以后，欧洲人“发现”了一个全新的“世界”，于是开始按照他们的构想描述这个世界的历史。由于欧洲人对世界的认识与其对世界的征服同步，所以他们对世界历史的解释也充斥着征服者的优越感。他们以世界的“主导者”和“先进文明”自居，将其扩张行为美化为“传播文化”，进而为整个世界的发展趋势勾画了一个“主导—传播”模式（pattern of dominance and diffusion），即欧洲人将先进文化向其他落后地区逐渐传播的模式。如同文艺复兴时代的基督教史学家弗朗西斯科·圭夏尔迪尼（Francesco Guicciardini）所说，无论过去还是未来，世界的发展过程都是福音书的传播和实现过程。

启蒙运动以后，宗教的地位下降，科学兴起，“主导—传播”模式开始寻找科学的依据。近代科学的方法论基础是生物学的分类法和进化论，于是，将人类分成不同类型，把欧洲人称为人类社会进化方向的代表，就成为“主导—传播”模式新的表述方式。根据这种表述方式，欧洲人首先宣传“种族优越论”，宣称欧洲人是古代民族中唯一通过自然进化步入了近代社会的优秀人种。19世纪下半叶，以爱德华·泰勒为代表的“文化进化论”者又为欧洲人的种族优越感加以“文化包装”，宣称种族的优劣高下取决于由知识、制度和技术构成的文化品质，欧洲人正是凭借其优秀的文化品质赢得了“优等民族”的地位。按照“种族优越论”的解说，世界历史就是一部“欧洲优等民族”带动世界其他民族文化进步的历史。进入20世纪，在“优等民族”内部爆发的第一次世界大战，以及日俄战争以亚洲人胜利告终的结局，冲击了欧洲人种族优秀、文化优越的神话，“主导—传播”模式也一时失语。正是在这样的背景下，“文明分类说”问世了。该观点认为，文化的精髓不是知识和技术，而是价值观念，可以将人类群体根据其价值观念的不同划分为不同的“文明”。英国著名学者汤因比的《历史研究》一书堪称“文明分类说”的开山之作，其影响在西方至今不衰。作者在书中将有史以来曾经存在过和现存的人类社会分解为26种文明，缕述其发生、发展和衰落的过程。从此，把世界划分为若干种文明，并将每种文明视为独立存在，就成为西方人看待世界以及世界历史的固定不变的视角。尽管汤因比及其后继者表面上承认各种文明的价值，但是他们的学说最终却使西方人得出了“只有西方文明才代表自由、民主和理性这些最高价值”的结论。上世纪初期，美国大中学校普遍开设“西方文明史”课程，作为学生了解“美国以外的世界”的唯一一门历史课程，说明“文明分类说”的实质确实是彰显西方文明。上世纪中叶以后，随着现代化比较研究的开展，西方学者从欧美国家率先实现现代化的事实出发，用“反推”的思维方式，苦心孤诣地从西方文明中挖掘“现代化元素”，结果使得各种文明的“对比度”更加鲜明。马克斯·韦伯所谓“新教伦理”、托马斯·库恩所谓“科学思维”、某些经济学家所谓“西欧中世纪市场经济”，不仅从此成为“西方文明”的标签，而且成为判别其他文明孰优孰劣的标准。

纵观“文明分类说”的发生史，可知这一学说乃是西方人以居高临下的心态创造出来的一套话语系统。这一话语系统除了“欧洲（西方）中心论”这一明显的理论偏见之外，还隐含着一个方法论“陷阱”，即在鼓吹、标榜和彰显西方优势，夸大其他文明与西方文明的差距并以西方文明为标准说明其他文明之缺陷的同时，过分强调文明的差异和区别，把每种文明都看成是与其他文明毫无关联，甚至毫无共性的孤立存在。尽管目前稍有现代知识的人，包括西方人在内，都已对形形色色的“欧洲（西方）中心论”

嗤之以鼻，但是对“文明分类说”的方法论陷阱却缺乏认识。西方人仍在大谈特谈“文明的冲突”，世界其他地区的人们对外来文化也或多或少抱有“非我族类”的看法，都说明了这一点。

二、文明之间：互动是发展的动力

物以类聚，人以群分。不同的人群之间存在着语言、风俗、习惯和观念等方面的差异，这是事实，因此把人类群体分类并贯以“××文明”的名称，亦无可厚非。但是西方语境下的“文明分类说”带有自我标榜的性质，其科学性是值得怀疑的。

首先，科学家于2003年绘制的人类基因图谱表明，看上去截然不同的世界各人种其实有着共同的祖先，更有甚者，猜测数10万年前生活于东非的某个体即是全人类共同的“老祖母”、“老祖父”。这些研究成果和猜测至少可以说明一点：人类作为一个物种，具有天然的、不可磨灭的共性。在我们用放大镜寻找人类内部区别的时候，不能忽略这一基本前提。

其次，“文明”的分类标准是什么？中外学者们提出的有关“文明”的定义有数百种之多，即使是西方学者较为公认的定义，即以“特有的生活方式”为标准，西方的“文明分类说”也难以自圆其说。其一，在西方人所说的各种文明内部不止包含一种生活方式。以伊斯兰文明为例。16世纪时“伊斯兰文明”地跨欧亚非三大洲，在从比利牛斯半岛、地中海南岸、阿拉伯半岛、伊朗一直延伸到南亚和撒哈拉以南非洲的广阔区域内，经济模式、语言服装、风俗习惯五彩缤纷，就连他们共同信奉的伊斯兰教，其教义信条、礼仪形式和戒律戒条也不完全一致，所谓“共同的生活方式”根本无从说起。其二，在西方人划分的各个文明之间，事实上并没有清晰的界线。在不同文明的边缘地带，历史上人们曾经长期相互接触，互通有无，遵守共同的商业准则和行为规范，甚至相互通婚和杂居。由于和平的交往和战争，商人、士兵、传教士、移民也曾“跨地域”、“跨文明”流动，把自身的生活方式带到其他地区，并在所到之处落地生根。随着时代的发展，无论是文明边缘地带的接触，还是“跨文明”的流动交往，都呈现越来越密切的趋势，各种生活方式也在越来越大的范围内交汇融通。事实上，目前除了个别偏远地区，已经不存在绝对“特有的生活方式”或是纯粹原生态的某种“文明”了。

全球史的研究成果表明，尽管人类分为不同群体，彼此之间存在着地理学、人类学、社会学意义上的千差万别，但是只要条件允许，不同群体之间总是保持着不同形式的接触和交往，而且，这种接触和交往是人类社会发展、文化进步和技术变革的动力。人类各个群体都是在与其他群体的接触和交往中，一方面学习和借鉴外来经验，一方面在外部压力下加速其内部的发展。社会的变革和前进大多发生于对外开放的政治环境下，大多发生于与外界交往便利的地区，大多发生于与外界交往频繁的时期，其原因就在于此。因此可以得出结论，人类不同群体之间关系的本质，不是差异，而是互动。

有研究者指出，人类文明史就是一部以不同群体间的互动为动力的社会发展史。考古发现和文献记载都证明，目前所知人类最早的城邦——苏美尔（大约公元前3500年）是由“外来移民”建立的。苏美尔所在的两河流域通过大陆桥与埃及和印度西北部相连，而这两个地区文明兴起时，无论生产技术还是信仰观念都带有浓厚的“苏美尔色彩”，可见埃及文明和古印度文明受到了苏美尔文明的“启发”。很早就有帆船来往于地中海两岸，正是由于与埃及和西亚的接触，催生了爱琴文明以及后来的希腊罗马文明。随着欧亚陆上交通的改进，麦类作物从近东传至中国，其后又有稻米从东南亚传至中国和印度，并且深刻地改变了传入地居民的生活。作为陆上交通工具，马和马车被两河流域居民最先使用，然而后来欧洲人却凭借马拉战车和骑兵队的强大战斗力，摧毁了近东和南亚地区的古代文明。有研究者认为，马拉战车在传入欧洲的同时也传入中国，商汤之灭夏，即与商民善用战车不无关系。

“丝绸之路”开通之后，中国的绫罗绸缎穿越西域和中东，进入了罗马贵妇的衣橱，伊朗的骏马则出现在汉代朝廷的仪仗队中。公元300年左右，穿越撒哈拉沙漠的驼队已经把这条著名的商路拓展到了西非。东南亚的蔬果和香料传到了欧洲，希腊罗马的自然主义艺术风格则传到印度、中国和日本。基督教、佛教和伊斯兰教也沿着商路从其发源地向外传播。在中古时期的中国，继隋唐开通大运河以后，有宋一代，商品经济十分活跃，货币地租取代实物地租，农民也不同程度地卷入市场；生产力的提高和财富的积累直接刺激了火药、指南针和印刷术三大发明，并且产生了世界性的影响；东南沿海地区居民开始驾船出海贸易，使8世纪阿拉伯帝国兴起后日渐扩大的印度洋贸易圈由于中国人的加入而变得空前活跃，不久后与地中海市场连接，最终刺激了11世纪西欧城市商业的复苏。接下来，欧洲的商业发展促使欧洲人改进造船技术，将印度洋三角帆船改进成能适应北大西洋恶劣气候与洋流的新型帆船，中国的“三大发明”也于13—15世纪传入欧洲，从此，配备着火炮和导航仪的欧洲船只横行于世界各海域，所向无敌。

“地理大发现”加速了世界一体化的进程。自哥伦布到达美洲开始，原来存在于欧亚非三洲之间的交流网络延展成为真正的全球网络。19世纪中期以后，日新月异的科学发明、技术创造和能源开发，使交通和通讯手段不断革新，世界各地被越来越紧密地联系在一起。在今天“地球村”时代，没有一个国家或地区不是处在与世界各地的互动当中，任何一个局部发生的重大事件都会引起全球性的连锁反应。正如一个多世纪以前马克思所说的，公元1500年以后，人类的历史成为真正的世界史。

需要指出，人类不同群体之间接触、交往和互动的方式是非常复杂的，既包括和平友好的方式，互利的商贸和正常的人员来往，物种、宗教和技术的传播等等，也包括由于灾难和利益冲突而造成的流血战争、瘟疫蔓延、人口贩卖和难民迁徙。尽管从长时段、从宏观角度看，所有的接触、交往和互动最终都能够成为促进人类社会发展的动力，但是那些非和平友好的方式在历史上曾经给很多民族带来巨大的痛苦和深重的灾难，也是不能回避的。批评西方的“文明分类说”过分夸大不同人群之“差异”，强调互动的作用以凸显不同人群之“共性”，目的就是要说明，共同生活在一个地球村里的人类各个群体，应该而且只能相互依存、相互促进、共同发展、共同幸福，应该而且必须避免相互伤害和对抗。

三、多样性是人类文明存在和发展的前提

人类社会现存的各种文明有没有走向统一的可能性和必要性？对这个问题的回答应该是否定的。笔者以为，理由有如下几点：

其一，地球上人类居住的各个大洲、各个地区有着多种多样的地理环境和自然生态，气候、土壤、水源、矿产资源、动植物和微生物的情况都截然不同，居住在不同地方的人类群体只能因地制宜采取不同的行为方式来应对周围环境，因此他们的生产生活方式出现不同特点是必然的、必须的，肯定会而且也应该继续保持下去。当然，这不是说生产生活方式永远一成不变。环境和生态是会发生变化的，人类对自然的了解也在不断扩大和加深，应对自然的能力随之不断提高，因此人类肯定会随机应变地调整自己的行为方式，以便更好地适应、利用和改造自己居住的环境。但是，尽管会出现这些变化和调整，人类各个群体在生产生活方式方面仍然会存在巨大的差异。

其二，经过漫长的历史发展过程，人类各个群体都建立了自己的社会组织，但是这些社会组织的形式同样是多种多样的。因为各个群体的社会组织形式必须与其历史文化传统和生产生活方式相适应，历史文化传统和生产生活方式不同，社会组织形式就必然不同。与此情况相同的还有意识形态和学术体系。在人类社会发展的过程中，很多时候、很多群体都曾面对一个两难困局：也许别的群体的社会组织形式、意识形态和学术体系有着显而易见的先进性和合理性，向他人学习将会促进自身进步，但是也有可能引发自己群体内部改革与保守两种力量之间的矛盾冲突；保守自身传统、对其他文化采取抵制甚至对抗的态度，可以增强自己群体的向心力和凝聚力，但是会付出发展落后的代价，未来将会受到其他强大群体的威胁。人类各个群体都在不断尝试摆脱这个两难困局，但是，既没有谁能够避免外部新事物的诱惑和挑战，能够长期、彻底地抵制外来文化的影响；也没有谁能够完全抛弃自身的历史文化传统和生产生活方式，全盘接受外来文化，彻底地与其他民族同化。事实证明，“老死不相往来”是不可能的，“焕然一新”也是不可能的；在自觉或不自觉地“求同”、“求进”的同时，自觉或不自觉地维护本民族文化的个性特点，人类的存在和发展就是这样的一个过程。

其三，从一切事物存在和发展的规律来看，多样性的存在以及相互之间的碰撞、刺激和互动，是事物存在的必要条件和发展的动力。人类社会同样如此。没有各个人类群体、各个民族和国家之间的差异，没有他们彼此之间的竞争和冲突，没有各种文化之间的较量和交流，人类也就失去了发展的目标和动力，久而久之，也就失去了生存的活力。

既然人类社会现存的各种文明永远没有统一的可能性，那么如何处理不同文明之间的关系便成为永恒的课题。目前，一方面，空前活跃的人际、国际交往推动着人类社会以及经济、文化取得空前规模和空前幅度的发展，全球性的交换和互动、全球化的经济体系已经成为人类存在的基本方式和必要前提；另一方面，人们在忠实于自己群体和参与全球化过程之间，还没有找到妥善的协调方式和正确的态度。这就是当前“全球一体化”与“地方主义、民族主义”两种趋势同时加剧的原因。人类各个群体都需要在反思的基础上，明确自己对外来文化的认识，自觉地调整自己与外部世界相处的立场和行为。

四、中国传统文化中的“和谐”理念

应该如何对待外来文化？应该怎样与外部世界相处？在当代中国，这是一个十分迫切的值得思考的问题。

中国传统文化中历来有“和谐”的理念，而且中国传统文化中的“和谐”不是指整齐划一、完全一致，而是在承认区别的前提下追求“和而不同”。先秦时期名相晏婴曾经有论：

> 和如羹焉，水火醯醢盐梅以烹鱼肉，箪之以薪。宰夫和之，齐之以味，济其不及，以泄其过。
>
> 先王之济五味，和五声也，以平其心，成其政也。

如其所说，中国文化提倡的是积极的“和谐”精神，不仅尊重一切与自己不同的对象，而且把差异的存在当做达成和谐的基础和创造的资源。抽象的普遍主义和封闭的个体主义均与中国人的“和谐”理念背道而驰。但是中国传统文化中也有消极的内容，其中最不利于我们正确对待外来文化的，就是“天朝上国”的自高自大和自我中心，以及“华夷之辨”的中外对立和故步自封。

在中国古代，人们的世界观是以“中华文化优越论”为基础的。整个世界被想象为一个以“中国”为中心的同心圆结构，“中国”以外是“诸夏”，“诸夏”以外是“夷狄”。古代中国人曾相信，作为“天朝上国”的中国可以由近及远地逐渐征服“诸夏”和“夷狄”，最终泯灭“华夷”界限，实现“远近大小如一”的“世界大同”。而且，这种征服并非通过军事的、武力的手段，“大同世界”也并非没有种族之分以及政治制度的、生产生活方式的差别，一切都以“文化”为本位，“中国”可以凭借文化上的先进和优越，教化和感召“诸夏”、“夷狄”，使之自愿归服，与“中国”在文化上实现“如一”。所以，与“中华文化优越论”相伴随的，虽然不是穷兵黩武和霸权主义，但却是盲目的自大和对外轻视。尽管历史上“中国”多次受到匈奴、契丹、西夏、女真、蒙古、满洲等等“夷狄”的军事袭扰、掠夺、割地，甚至在“中国”建立政治统治，但是在古代中国人看来，这些“夷狄”最终还是被优越的中华文化所“同化”了，自己仍然是历史的胜利者，是大帝国真正的主人。

1840 年以后，西方列强用武力打开了中国大门，中国人的文化优越感受到严重挑战。在勉强承认西方的“奇技淫巧”可以为我所“用”的同时，中国人断然不能接受西方文化优越、先进于华夏文化的说法。由于当时的社会历史条件，在“救亡图存”的现实压力之下，在“体用之辩”的激烈争论之中，中国人对外部世界的认识不自觉地浓缩为“中西对立”。

1949 年后近 30 年间，“五种生产方式说”成为唯一“政治正确”的历史哲学。基于这种历史哲学，中国人认为自己国家已经建立起了与世界历史终极目的最为接近的、因此也是最为优越的社会制度，而世界上的其他大多数国家还处在落后的、甚至是腐朽的社会阶段。于是中国人重振自己的文化优越感，与世界相对隔绝被认为是保持自己制度优越性和历史先进性的必要条件。“文革”期间，这种文化优越感进一步膨胀，盲目的自大和对外轻视更其严重，很多头脑发热的人相信，中国乃是“世界革命的中心”，中国人的历史使命就是通过“输出革命”解放全人类，实现共产主义的“世界大同”。

改革开放使中国逐步向外敞开了大门，使中国人第一次真正清楚地认识了世界，也真正清醒地认识了自己。改革开放迄今30年，中国已经建立起了正常的、日益密切的、全方位的对外交往，整个世界的全球化趋势也已经不可逆转。在这种背景下，中国人对待外部世界和外来文化的态度也逐渐趋向于理性，认识到中国必须融入世界，必须与世界各个国家、各个民族和各种不同文化和平共处，共同发展，相互之间建立起友好互助的关系；只有这样，中国才能真正有效地维护自己的主权和利益，才能赢得世界人民的尊重和合作，才能保持、丰富和发展自己的文化，才能不断地为自己的人民谋求福祉。胡锦涛主席提出的“和谐世界”的理想，温家宝总理最近在联合国大会上发出的“求同存异”的呼吁，代表了中国人民对待外部世界和外来文化的理性态度，也显示了中国为当今全球化发展贡献的独特智慧。

不同文明之间积极互动，共同创造“和而不同”的“和谐世界”，这就是人类历史经验和中国传统文化中蕴含着的破解当前世界发展难题的答案，也是我们面对外部世界和外来文化时应该抱持的正确态度。

（《民主》杂志）

重视人，重视社会，实现全面协调可持续发展

（2009年1月10日）

蔡达峰

在改革开放开始新的攻坚，国内外形势出现巨大挑战的关键时期，中共中央按照十七大的战略决策，在党员、干部中开展深入学习实践科学发展观活动，这是推进新时期中国特色社会主义的重大举措。要实现科学发展，首先要培养科学发展的思想。培养科学发展的思想，目的是要推进科学发展的实践，这是这次活动对党员、干部提出的新一轮思想解放、实事求是、提高执政能力的要求。

一、深刻理解发展与人的关系

科学发展观的第一要务是发展，核心是以人为本。学习实践科学发展观，就要正确理解这要务与核心的关系。中共十七大报告指出，发展为了人民，发展依靠人民，发展成果人民共享，精辟阐述了发展与人的关系。凡是不科学的“发展”，总是忽视了“人”，即广大人民群众，都不能真正给人民创造幸福，不可能全面协调可持续，其实就不是发展。

以人为本，就是发展为了人，就先要理解人。既要保障生命，又要尊重人格；既要维护人的经济利益，又要关心人的精神需求；既要保障群体，又要理解个体；既要争取当代人的幸福，又要保证代际的利益，使人类永久地发展。总之，只有全面地理解人的需要，正确地把握人的本质利益，这才能在工作中由衷地尊重人的权利，真心地为人的长远利益考虑，自觉地避免非本质因素的影响，科学地处理好各种需求矛盾。不懂得以人为本的道理，就不可能真诚地依靠人民，不可能正确地为人把握利益，不可能成为优秀的领导者。

以人为本，就是为人即广大人民群众而发展各项事业，包括经济，而不为其他。为了建设而建设是不成立的，为了人而发展才是有意义的。为了人的生活质量的不断改善，于是要提高物质生产水平，讲究建设效益效率；为了人的尊严得到尊重，于是要维护公平正义，使每个人都有发挥能力、独立自主、各得其所、奉献他人的机会；为了下一代人的生活更加幸福，于是要保护自然资源和人类生存的环境，做到节能环保。

以人为本，就不能只为自己。干部要懂得权力来源，懂得自己的责任和使命，这才能懂得自己的利益。发展如为自己，就会形成错误的政绩观，就会把发展当作自己的表现，把建设当作指标走向，把显示度看得很重，以至于不顾群众的利益而蛮干。大凡不讲科学的发展，直接的原因往往是有些干部把个人的名利看得太重的缘故，他们不讲以人为本的真道理，而是以己为本，以己代人，并用众人的利益为代价。

所以，坚持科学发展观，关键是要从领导干部做起，要使干部树立正确的权力观和个人价值观。

以人为本，就不能只顾局部和眼前的利益。干部要正确认识自己的岗位和作用，只为本团体、本单位或为地区的利益而发展，那是狭隘的眼光，不代表群众的真正利益。真正的发展，无论是物质的还是精神的，都需要在交流和合作中持续，不可能在封闭中进行。真正能够吸引人的单位或地区，必须要有文明开放的环境，要有广泛的交流合作，使人的发展有丰富的机会，这才叫适宜人进步的地方。而这里的干部，先要眼界宽广、心胸开阔，懂得大局和长远的利益，把本地区本单位当作更大范围的一部分，在为更大范围的服务中，为群众创造更多的机会。

以人为本，就是崇高的人文精神，不是工作中的权宜之计。干部先要善解人意，才能得人心。干部对待物与人、事与人的矛盾，权衡各种利弊，既要有管理能力，更要有人文精神和社会责任。使发展成果人民共享，这是文明社会的崇高境界。为此，我们首先要努力摆脱贫困。既要努力创造充分的就业机会，消除贫富差异中的不合理因素，控制收入差距，公正分配利益，公平体现人的价值，还要努力帮助那些有特殊困难和需要的人群，使他们得到体面的生活，实现人道和博爱。

倡导和坚持以人为本的理念，对于我们发展中国家具有十分重要的现实意义。因为我们本身有局限，我们的价值观容易偏重物质财富的快速积累，容易偏重金钱的力量，容易偏重事务，容易偏重眼前和局部，容易受拜金主义、功利主义的影响。我们要冷静地反思已经出现的诸多问题和倾向，那种为赚钱不顾健康，不顾人格，不顾亲情，不顾公德，不顾法律的现象，扭曲了心灵，颠倒了是非，毁坏了身心，都是对人的全面发展无知的结果。至于那些不顾员工生命安全的煤矿业主，那些不顾公众健康的有毒奶粉等等，更是典型的掠夺财富而践踏人道。我们不能漠视这些状况的蔓延，而损害了国民的心智，也阻碍经济的持续发展。所以，我们的干部要正确对待自身的利益，对自己也要以人为本，以心灵为重，使自己健康发展，不要成为事务主义者。要不断学习，敢于解剖自己，从而不断发展自己。

二、深刻认识社会建设的意义

以人为本，从扩大外延来看，就是要重视社会问题，提高社会建设的能力。社会包含着人群的利益关系，社会建设是国家发展的内涵所在。中共十七大报告强调社会建设，将它与经济建设、政治建设、文化建设并列于中国特色社会主义建设的总体布局，提出了社会建设要“努力使全体人民学有所教，老有所得，病有所医，老有所养，住有所居”的目标，体现了科学发展观和中国特色社会主义理论的新发展。

学习实践科学发展观，就是要深刻认识中共十七大提出的社会建设的新任务和新命题。目前，我们对社会建设的认识还不充分，或以为这是基础公共服务体系或公共事业单位建设，或以为社会问题就是自身以外的或管理对象的问题。我们对社会变化还不够重视，计划经济时代的那种比较简单的人群及利益关系，在市场经济快速发展的今天，已经变得动态、多元和复杂，超出行政管理的经验和范式。对无职业者、自由职业者、非国有企业、非政府组织等社会成员的新需求，对贫困、居住、老龄、甚至家庭等新问题，对现代化国际大都市未来的法制、政府与社会的关系等，我们都缺乏系统的研究。

学习实践科学发展观，就要牢牢把握社会建设的内涵，将改善民生作为社会建设的重点。历史的教训告诉我们，忽视民生的建设，不仅是危险的，而且远离发展宗旨。我们要转变习惯的社会管理意识，不能以为改善民生就是财政的付出或赐人以福利待遇，以为是简单的慈善和救助工作，以为是用钱就可以解决的事情。

学习实践科学发展观，就要探索社会建设的新制度和新方式。在以行政为中心的意识中，社会建设很容易流于抓项目、抓投入的层面，容易遏制各种利益群体对自身的社会地位、作用的探建，容易限制各种社会积极性的发挥。中共十七大报告提出了健全基层群众自治制度的任务，这是社会建设的战略方向。我们要积极探索政府管理体制改革，使社会各界不断增强自我管理和发挥作用的能力，促进各种利益主体形成良性的相互关系，进而实现群众利益的合理保障，促进社会和谐发展。

学习实践科学发展观，就要处理好经济建设与社会建设的关系。对国家来说，经济是物质利益的来源，社会是公民利益的实现层面，两者互为表里，相互支撑。在社会主义初级阶段，我们既要坚持大力发展生产力，不断增强国力。更要注意社会建设，加快社会进步，保持经济社会协调发展。经济建设的对象主要针对客体，社会建设则主要针对主体，而主体的利益更加本质，主体的关系更加复杂，我们要高度重视其意义和难度，要提高社会建设能力。

我们的经济实力有了很大提高，但经济实力并不总是最大限度用于社会建设，犹如家庭有钱并不等于生活快乐一样。有人以为抓经济只是抓收入，社会建设只是用钱。有人以为只有先抓经济，然后才能再顾民生，这是狭隘的看法。民生是权力的基石，改善民生是政府永远义不容辞的义务，我们不能用财政理性来代替施政理念。何况，我们的经济发展速度与人民利益改善的进程并不匹配，我们人力资本质量不高，心智教育和劳动技能培训水平不够，人民收入改善不够明显，不少群众的生活贫困，甚至还缺乏摆脱自身贫困的能力和办法。我们的自然资本消耗过大，自然环境破坏严重，这不仅是制约了今天的生活安全和经济发展，更关乎子孙后代的生存权利和利益发展的大问题。所以，我们要用科学发展观来指导经济建设，使人民的素质能力、经济收入、生活环境和发展条件等都得到较快改善，使人人有发挥能力的机会，有得到帮助的机会，使机会是公平公正的，各种利益活动是合法有序的。这是对我们建设和谐社会能力的全面考验。

（《民主》杂志）

在“长江流域湖泊的保护与管理研讨会”闭幕式上的讲话

（2009年5月27日）

朱永新

各位领导和来宾、同志们：

经过鄱阳湖的实地考察和两天的主题鲜明、内容丰富、观点精辟的研讨交流，在主办、承办和协办单位以及全体与会人员的共同努力下，2009年“长江流域湖泊的保护与管理研讨会”顺利完成各项议程，即将闭幕！

在昨天的开幕式上，严隽琪副委员长做了很精辟的重要讲话，民进老领导张怀西第一副主席对长江的湖泊保护提出了殷切希望，江西省吴新雄省长就鄱阳湖生态经济区的事项作了详细的介绍，国家水利部、林业局的领导就长江流域湖泊的保护管理提出了很好的指导意见，长江水利委员会蔡其华主任就生态鄱阳湖在维护健康长江中的战略地位作了主题报告，各位领导同志的讲话为我们开好这次研讨会发挥了重要的指导作用。

严隽琪副委员长在她的开幕式讲话中用“水的忧患”概括了目前我国水资源的现状，确实指出了我们的水环境安全目前面临的紧迫形势。当前以及今后一个时期，我国将面临气候变化条件下水资源、水环境等问题的严峻挑战。在这个大背景下，我们集聚在江西南昌召开长江流域湖泊的保护与管理研讨会，具有十分重要的意义。会议期间，与会专家学者和各有关部门的同志，以实践科学发展观和建设生态文明为目标，紧紧围绕会议的主题，联系长江流域湖泊的保护和管理的实际，交流经验，研究问题，畅所欲言，各抒己见，提出了许多有价值的意见和建议，会议达到了预期目的，取得了圆满成功，也为我们进一步研讨、探求长江流域湖泊的保护与管理，并就此积极建言献策打下了良好的基础。

下面，我就会议研讨的主要内容和会议的特点，做一简要的总结，同时把我听了专家们发言后的一些思考和大家一起讨论交流一下，仅供参考。

第一，我认为研讨会是一次高质量的研讨会。

本次会议给我的一个突出印象是各位与会领导和专家的发言精彩、观点鲜明、思路清晰、建议科学。与会的各位专家围绕研讨会主题，从湖泊的保护与管理入手，从长江流域的大视野着眼，针对实施流域综合管理的难点与未来工作的重点、流域综合管理与湖泊开发和保护、湖泊综合管理的体制与政策、湖泊水环境保护与治理、流域规划与健康湖泊、通江湖泊与河湖关系、长江中下游湿地管理与保护区建设、鄱阳湖生态经济区等重大问题进行了研讨，并提出了进一步推进长江流域综合管理、创新管理模式；长江流域湖泊水库水华与富营养化问题的对策；建立湖泊水环境保护长效管理机制；采取长江流域水库联合调度和生态调度，维护江湖健康等观点。大家坦诚相待，各抒己见，但与会代表的观点、看法以及建议，都充分体现了秉承科学发展观的严谨态度和人与自然相处的和谐理念，这是我们求同存异、共同解决长江流域湖泊问题、发展地方经济的科学基础，也为政府有关部门今后的决策提供了重要的参考依据。

第二，我认为研讨会形成了充分交流、共议对策的互动平台。

从参政党的角度来看，民进围绕长江流域已经开展了 13 年的参政议政工作。借助研讨会这个平台，民进也向大家汇报了我们围绕长江水资源保护的阶段性调研成果。民主党派的政治地位要求它经常就国家的大政方针的决策提出建议，对各级政府的工作提出意见。因此，具有前瞻性、建设性、科学性的意见和建议，成为对民主党派参政议政成果的基本要求。就长江流域来说，一些浅层次的矛盾和问题已基本解决，遗留下来的大多是深层次矛盾和问题，如“推进流域综合管理”，往往是“牵一发而动全身”，再使用“头痛医头、脚疼医脚”的方法是行不通的。必须按照科学发展观的要求，通盘考虑、统筹解决。解决这些深层次矛盾和问题，既考验执政党的执政能力，也考验着参政党的参政议政能力。我们此次研讨会邀请国家有关部委、世界自然基金会、相关科研院所及社会各界参与，可以说是“集智聚力”，既集中凝聚了民进全会的智慧和力量，也集中凝聚了全社会的智慧和力量，这对于我们扩大思路和渠道，使成果反映的问题更准确、所提建议更中肯，进一步提高我们参政议政成果的水平和质量起到了非常重要的作用。

第三，是我认为解决长江流域湖泊问题需要新的战略思考。

从长江流域的社会经济发展看，尽管取得了长足的进步，但是长江流域的湖泊正面临来自各方面的新挑战、新问题，包括全球变暖产生的一系列变化，三峡工程运行及上游水库兴建所带来的水文情势、江湖关系的变化，社会经济发展所引发的湖泊富营养化加剧、湿地和生物多样性保护等问题，未来时期我们必须站在全流域和整个生态系统角度，综合思考长江流域湖泊开发与保护地战略，提出系统的解决方案，从体制机制、法制管理、规划评估、技术措施、利益相关方参与等方面不断取得新的进展。我个人认为，加强长江流域湖泊的保护与管理，需要在以下几个方面进行探索：

一是要加强立法。从国家层面需要推进江河湖泊的统一立法工作。在江河湖泊法还未纳入立法规划前，一些大江、大河、大湖流域，可以先行制定“流域水资源管理条例”。在立法中，要统筹考虑江河湖泊的经济功能和生态功能，协调保护与开发，明确管理体制、管理责任。

二是推进综合管理。湖泊的功能是多方面的，其管理涉及政府的多个部门，有些湖泊还跨行政区，因此需要多部门和各地区在统一的目标前提下协调管理、分类指导。要推进建立部门和地区之间的协调机制，建立水质监测、预报和发布的公共平台，完善信息通报和共享机制、联合会商机制和联手行动机制，逐步实现综合管理。

三是实现江湖联通、江湖两利。解决长江中下游的一系列水问题，核心在于处理好江湖关系。因此，必须坚持和落实科学发展观，调整江湖治理思路，由过去单纯的江湖整治向江湖管理、保护和综合治理转变。已经建立了湖控工程的湖泊，要通过优化调度方式、鼓励利益相关方参与、建立补偿机制等多种手段，逐步实现江湖联通。同时，还要注意湖泊和水库的联合生态调度。

四是实施综合整治，遏制水华危害。“水华”的控制和水华发生后饮水安全的保障将成为今后一定的时期内湖泊管理的重要任务。从长远来看，应采取综合措施，减少湖泊水体中的氮磷含量，恢复水体生态系统的良性循环，最终控制水华发生的营养盐条件。除治理现有富营养化的湖泊外，还应加强目前状态较好的湖泊、水库的保护，避免先污染后治理的恶性循环。

五是要保护好候鸟栖息地。长江流域的湖泊绝大多数是珍稀鸟类的栖息地，鄱阳湖、洞庭湖还列入了国际重要湿地名录。在湿地保护上，中国担负有重要的国际责任。在湖泊的开发利用中，一定要协调好发展与湿地保护的关系，保护好鸟类的栖息地。

对于鄱阳湖生态经济区建设，我认为这是结合国家社会经济发展趋势和江西省省情所提出的一项有利于促进地方发展和生态文明建设的综合性方案，对发挥江西省的比较优势，大大提升综合竞争力，保证鄱阳湖的“一湖清水”，具有重要意义，应该得到中央有关部委的高度重视，民进也将为此大声呼吁。但针对日益复杂的气候变化影响和江湖关系变化，鄱阳湖水利枢纽设施的建设还存在许多需要认真考虑和论证的问题，需要进一步加强研究和广泛研讨，听取各利益相关方的意见和建议，找到科学合理的解决方案。对此，民进也将继续通过我们的平台，吸纳各方面的观点，为国家和江西省提供我们的咨询意见。

第四，民进将一如既往地继续关注长江、关注长江的水环境安全，就这一课题持续、深入地调研，不断深化我们围绕长江所做的参政议政工作。此次研讨会虽然只有两天，但是成果很丰厚，其中许多观点问题值得我们特别关注和进一步开展调查研究，以期能形成我们向党中央、国务院建言献策的成果。比如说，长江流域综合管理体制问题，长江流域湖泊的保护与合理利用，流域开发和治理中的工程与生态问题，长江流域规划与维护健康湖泊等等。针对这些问题，我们将继续开展深入的研究；同时，也将组织专门力量梳理思路与对策，消化吸收，补充完善，下大力气进行研讨会成果的转化工作，并不断通过我们参政议政的有效渠道，适时向党中央、国务院建言献策。

今后民进中央和民进沿江地方组织将继续围绕长江水资源保护与安全问题继续建言献策，也希望继续得到各有关方面和专家学者的支持。长江水的环境治理和保护是长期的、复杂的、也可以说是艰巨的任务，所以研讨会以后我们将加强与长江水利委员会和世界自然基金会等政府相关职能部门，非政府组织的沟通，积极吸纳专家的研究成果，为更好地促进长江流域的保护与发展贡献我们的力量！

严隽琪副委员长和罗富和副主席因重要公务，昨天赶回北京。在此，我代表民进中央，代表严隽琪主席、罗富和常务副主席衷心感谢在百忙中抽出时间参加会议、贡献智慧的各位专家；衷心感谢对研讨会顺利召开给予了大力支持的长江水利委员会、长江流域水资源保护局，世界自然基金会，江西省民进、江西省水利厅等各有关方面，感谢大家辛勤的劳动和通力的协作。

我们民进的老领导许嘉璐同志常说，第一次见面是新朋友，第二次见面是老朋友，第三次见面是好朋友。在座的一些同志是新朋友，初次见面，也有一些同志已多次参与我们的研讨活动，是我们民进的老朋友、好朋友，希望大家今后加强联系，新朋友成为老朋友，老朋友成为好朋友！欢迎大家到北京时，来民进中央机关作客。

同志们、朋友们！长江的保护与发展工作是一项长期的、艰巨的任务，本次研讨会圆满结束的同时，也意味着下一次研讨会准备工作的开始。在这里，我诚挚希望各位同志和朋友能够积极谋划下一次研讨会的主题和议题，为更深入、更广泛的促进长江流域的保护与发展贡献我们的力量！

我的讲话完了，谢谢大家！明天就是中国的传统佳节端午节，祝大家返程顺利，端午节愉快。

在 2009 年民进企业界会员联谊会联席会议闭幕式上的讲话

（2009 年 10 月 15 日）

朱永新

同志们：

在全体与会人员的积极参与和共同努力下，在民进江苏省委会和江苏省民进企业界会员联谊会、雨润集团的精心组织下，2009 年民进企业界会员联谊会联席会议已经顺利的完成了各项议程，马上就要闭幕了。两天来，我们聆听了严隽琪主席所作的重要讲话；听取了国务院发展研究中心卢中原副主任所作的应对危机、超越危机的报告；参观考察了雨润集团，并且聆听了祝义才会长关于企业发展的报告；同时还围绕如何做好社会服务工作和企业界会员联谊会工作进行了充分的讨论。刚才几位同志，又分别代表本组做了非常好的交流和发言。应该说这次会议开得非常成功。在这里，我谨代表会中央，代表严隽琪主席、罗富和常务副主席，对大家给予会中央工作的支持，表示衷心的感谢。

在这里我想谈两个问题：一是总结一下本次会议的主要收获，二是谈谈我对民进民营企业界会员工作的几点思考。

一、本次会议的主要收获

（一）这次会议的第一个收获，也是最主要的成果，就是进一步明确了新时期社会服务工作的思路

社会服务工作是参政党工作非常重要的组成部分，会中央领导集体历来十分重视这项工作。严隽琪主席在会议开幕式上所作的重要讲话，是对新一届会中央领导集体关于社会服务工作思路的第一次全面阐述，对今后全会开展社会服务工作具有非常重要的指导意义。民进各省级组织的负责同志，回去后要认真学习、深刻领会、及时传达、结合本省市社会服务工作的实际情况，认真加以贯彻落实。各位企业界会员，也要按照严隽琪主席的要求，努力做好本职工作，积极服务社会，参加社会公益，参与民进的工作。

我个人学习严隽琪主席的讲话，有七个方面的体会：

1．明确社会服务工作的性质、地位和重要作用

民主党派开展社会服务工作，是中国国情决定的，是经济社会发展对民主党派的客观要求，是中国特色社会主义政党制度的重要内容，同时也是民主党派社会作用和自身价值的重要体现。为经济建设服务和社会发展服务，是新时期民主党派服务党和国家的中心工作、服务大局的必然要求。《中共中央关于进一步加强中国共产党领导的多党合作和政治协商制度建设的意见》指出：衡量我国的政治制度和政党制度，最根本的是要从我国的国情出发，以能否促进社会生产力持续发展和社会全面进步，能否保持和发挥社会主义制度的特点和优势，能否实现和发展人民民主、增强党和国家的活力，能否保持国家政局的稳定和社会安定团结，能否实现和维护最广大人民的根本利益为标准。民主党派开展社会服务工作，直接参与经济、社会文化发展，开展社会公益活动，对促进社会生产力的发展，对保持社会安定团结，对实现和维护人民的根本利益，都发挥了自己的作用。正如严隽琪主席所说，社会服务不仅是参政党服务国家中心工作的重要职能，也是党派的一项重要政治任务；是坚持多党合作的重要实践；是了解国情民意的重要渠道；是做好参政议政和民主监督工作的重要基础；是加强党派自身建设、增强民主党派凝聚力和社会影响力的重要抓手；是体现民进立会为公宗旨的重要形式。

2．准确把握社会服务工作的指导思想和基本原则

民进作为参政党，我们的社会服务工作与一般的社会组织不同，有其特殊性。我们要按照严隽琪主席

的要求，深刻认识自身面临的形势和任务，大力增强全会“政治立场”、“目标任务”、“价值道德”三个认同，积极服务国家（大局、民生、发展、稳定、和谐、祖国统一），服务会员（体现价值、排忧解难、业务发展、接受教育），服务组织（参政议政、自身建设、基层活力、会员凝聚力、树立形象）。要坚持以科学发展观为指导，发挥党派特色和优势；坚持社会服务与参政议政相结合；要做到量力而行、合力借势、持之以恒、务求实效，加强领导，完善机制。根据形势的发展和围绕当前国家中心工作，对社会服务工作进行谋划和实施，努力做到七个兼顾，为全面建设小康社会作出新贡献。

3．加强学习，有思有行，进行社会服务的理论思考

严隽琪主席要求全会同志要“有思有行”。社会服务工作是一项实践性很强的工作，也正因为如此，从事社会服务工作的同志往往容易重实践，轻理论；开展活动、联络协调的能力强，调动发挥会内外力量，“集智聚力”工作做得不错，经验总结和理论思考少一些，简言之，就是“行”多“思”省。但是民主党派的社会服务工作，是一项政策性很强的工作，离开了对理论的学习，对政策的把握，对时局的预见和对中国共产党领导的多党合作和政治协商制度、中国特色社会主义的正确认识，工作就会被动，缺乏全局观和开创性。只有加强理论学习，注重实践总结，关注国家中心工作，我们的社会服务工作才会更加出色。当前，从统战部到各党派，从中央到地方，还没有形成社会服务的理论。民主党派的社会服务工作，从定位到方法，有哪些经验，哪些规律，都还值得探讨和研究。社会服务工作经过30多年的实践，我认为到了应该逐步着手考虑它的理论的时候了。希望我们民进从事社会服务工作的同志，在行动中思考，总结经验，上升为理论，并且用理论指导社会服务的实践。一时不能做到“有思有行”，至少也要先做到“有行有思”，养成思考的习惯。

4．社会服务与参政议政相结合

民主党派的社会服务工作，必须与参政议政紧密结合。严隽琪主席在讲话中明确提出了这个观点，这也是我会在多年的工作实践中摸索出的经验，而且已经成为全会的共识。参政议政工作是民主党派的生命线，是民主党派履行职能的最重要的形式和途径；社会服务工作是民主党派贴近社会、服务社会、参与实践、锻炼队伍的最直接的途径，是宣传我国多党合作和政治协商制度的窗口，是扩大民主党派社会影响、树立良好形象的有效途径，这两者互相促进、互相依存。社会服务工作可以为参政议政工作提供实践经验、线索信息、科学依据和有力支撑，可以帮助我们“参政参到点子上”，切合实际，为国家和社会的发展提出针对性强、切实可行的建议。反过来，参政议政又可以促进社会服务工作，使之站在更高的视角、更宏观的背景下开展，能够增强针对性，与国家经济社会发展的方针政策和国计民生结合，以小见大，发现问题，提出对策，提供示范。两者紧密结合，可使民主党派为我国社会主义事业发挥更加切实有效的作用。会中央和一些地方组织，在社会服务工作与参政议政结合方面取得了很好的效果。如会中央在贵州毕节的石漠化治理、甘肃民勤的沙漠化治理、金沙江干热河谷治理、生态家园富民工程等多个项目中，参政议政与社会服务工作都进行了非常好的互动配合，取得了相得益彰的效果。

5．要研究工作方法，建立良好的工作机制

会中央社会服务部和各省级组织社会服务部要研究工作方法，对本省社会服务资源进行分析，根据自身的优势，结合会中央的中心工作以及本省的社会服务实际，制定较长期工作规划，建立良好的工作机制，带领基层组织和广大会员有序地开展社会服务工作。这两年，会中央的社会服务工作注重体现民进特点。比如我们围绕教育、文化做文章，做出民进的品牌，如“彩虹行动”、校长暑期培训班、海峡两岸传统文化与现代化研讨会、羌族文化遗产的抢救等，效果很好。

6．打造一支高素质的社会服务队伍

我们的社会服务工作，归根结底要靠人来落实。严主席提出要努力锻炼一支高素质的、高效、务实、文明、团结、和谐、阳光的社会服务队伍，提高社会服务工作水平。健全的机构、精干的工作队伍、完善的专家人才网络，是开展社会服务工作的基础条件。我想，要落实好严主席的要求，就要形成一个高效务

实的领导机制，培养一支作风优良，业务精通的工作人员队伍；发动一批在各界别中有一定成就和影响，乐于奉献的会员；联系一批有较高水平和较强能力的民进之友；要与各级政府部门建立良好的合作关系。在这里我特别强调一下对社会服务干部的要求。从事社会服务工作的同志，在工作中要克己奉公，有责任感和使命感，热爱工作，乐于奉献；要努力使自己成为具有吃苦耐劳的精神、开拓创新的意识、踏实肯干的作风，有较高政治和业务素质的合格的社会服务工作干部。

7. 突出重点、上下联动

严主席所讲的 7 个兼顾，第一个就是重点项目与面上工作的兼顾。我想，会中央一些重点的社会服务工作，一定要摆在重要位置，而且不能只是会中央社会服务部自己去做，要发动有条件的各级组织和会员一起去做。

参与毕节试验区建设，是今后一段时期全会社会服务工作的重中之重。1988 年，胡锦涛同志主持建立毕节实验区以来，各民主党派在毕节做了大量工作。今年 4 月以来，中共中央领导同志对各民主党派参与试验区建设作出重要指示。贾庆林同志指出，毕节不仅是开发扶贫、生态建设的试验区，也是各民主党派中央、全国工商联参政议政、服务于经济建设的试验区。杜青林同志明确提出，毕节实验区既是推动科学发展、促进多党合作的试验区，也是民主党派加强自身建设的重要平台。民进要积极调查研究，突出界别特色，发挥自身优势，广泛动员，开展帮扶毕节的工作。近期中央统战部办公厅专门成立了协调办公室，协调各个职能局支持毕节实验区的工作。

会中央在毕节重点帮扶金沙县。我们发挥自身优势，把教育作为重点，开展了“彩虹行动”计划。今年 9 月 5 日，严隽琪主席亲自出席了在金沙县举行的“彩虹行动”启动暨签约捐赠仪式。该行动以发挥民进教育资源优势，帮助金沙县加强教师队伍建设、提高农村教师教育素质为主题，计划在三至五年内，组织讲师团，到县或乡镇对农村一线教师、骨干教师开展讲座、示范教学、教学教研活动等；利用网络和培训课程软件等现代教育技术手段开展远程培训；以金沙县教师进修学校作为“彩虹行动”的支教培训基地；在全国范围内选择民进会员学校和重点示范学校，与金沙县学校建立“1 +1”的结对帮扶，发动民进省市级组织分别与金沙县乡镇签订教育支援协议，开展长期交流与帮助；选派少量农村中小学校长、教师赴发达地区中小学短期进修；探索在建立稳妥的生活和工作保障机制前提下，邀请优秀教师到对口帮扶的学校支教，帮助建立教学研究的机构、机制，培养教学骨干；帮助解决农村学校和教师的实际困难，改善其基本的工作和生活条件等等。力争通过 5 年左右的努力，全面提升金沙教育质量和人口素质。

昨天上午，杭州市委会的主委专门来向严主席汇报，民进杭州市委会准备承担起金沙县幼儿园园长和教师的培训工作，并且在时机成熟时扩大范围。会中央希望民进各级组织、会员积极参与到“彩虹行动”中来。会中央将进一步加强指导、协调，落实好这一行动。

上面谈了我学习严隽琪主席讲话的体会和对社会服务工作的一些看法，不一定全面，也不一定都对，社会服务工作还有很多值得探讨的地方。

会中央已经决定明年召开全国社会服务工作会议。这个会议每 5 年召开一次，会议的主要目的是总结过去 5 年社会服务工作的成绩和经验，研究新形势下如何开展好我会的社会服务工作，希望大家在接下来的时间里，多做思考，集思广益。我们希望在大家共同努力下，在明年的社会服务工作会议上，我们的社会服务工作思路能够更加清晰。也期待着会议上大家都能够把自己的社会服务理论思考拿到会上交流。

（二）会议第二个收获是加强了学习

会议期间，通过听取严隽琪主席的讲话和卢中原同志的报告、祝义才同志的主题演讲，我们对当前的国际国内形势，对我国宏观经济走向，对参政党知识，特别是社会服务工作，进行了充分的学习，并且进行了认真的讨论。大家都感到收获很大。

（三）第三个收获是加强了交流和联谊

大家来自各个省份、各个行业，平时忙于业务，虽然都是民进会员，很多人彼此却互相不认识、不了解。通过会议，大家在大会、分组讨论、参观考察的过程中，加强了交流，增进了了解。我想，通过进一步交流、交往，很可能会在彼此间谈出商机，合作共赢。同时，大家互通信息、交流经营企业的心得体会、经验教训，应对金融危机的方法。我们希望这种交流常态化，我们鼓励和支持大家在会外搞无组织活动，自由组合，多做各种形式的“民间”交流沟通。

（四）会议的第四个收获是进行了探讨和研究

会议期间，大家进行了两次小组讨论，围绕会中央的工作、民进的社会服务工作、民进企业界会员联谊会的工作，进行了认真的研究和探讨，提出了很多真知灼见。刚才各个组也都派代表汇报了本组讨论的情况。这样，等于各个组之间又进行了一次交流。通过探讨和研究，不但大家彼此之间互相启发，而且对会中央的工作有很大的帮助。我们每个组都配了小组秘书，进行了认真的记录。会后，会中央社会服务部会认真研究大家在会上分享的经验体会、意见建议，以更好地开展我会的社会服务工作。

二、关于民进民营企业界会员工作的几点思考

1999年民进中央在温州第一次召开了“民进经济界会员座谈会”，之后连续6年分别在重庆、南京、南宁、太原、黑龙江、甘肃等地举行民进民营企业界会员会议暨服务地方经济的活动，会中央提出了“教育、引导、支持、服务”的工作方针。10年来，各级民进组织做了大量工作。企业界会员由最初的427位，到今天，我们有企业界会员有3996人，新社会阶层会员4549人，两者相加，共有8545人，占11.4万名会员总数的7%，这是一支很大的力量，为国家经济社会建设、为民进都做了大量的工作。如何把这些会员凝聚起来，进一步增强他们的民进意识是一个很重要的课题，各级组织都在寻找工作方法。目前全国已有16个省级组织和杭州、西安、齐齐哈尔、深圳、湛江、南充等一些地市级组织成立了“企业（经济）界会员联谊会”。贵州、吉林、黑龙江等地方组织的经济工作委员会也在积极开展企业界会员联谊工作。这些联谊会是在民进各级组织领导下，由企业界、经济界会员自愿组成的会员联合性组织，旨在加强会员之间的交流与合作，发挥桥梁、纽带作用，促进会员企业和民进事业的发展。面对新情况，我们2008年在湖南省张家界召开了“民进企业界会员联谊会会长联席会议”，专门研究民进企业界会员工作，建立了“民进全国企业界会员联谊会轮值主席制度”，这次南京会议就是实行轮值主席制度之后召开的第一次会议。这是一种尝试，会中央不要求各省都成立企业界会员联谊会，但我们期待着各省加强企业界会员的联络、服务工作。

对于做好民营企业界会员工作，我谈几个想法。

（一）继承我会优良传统，坚持正确的政治方向

包括企业界会员在内的广大非公经济界人士是改革开放的实践者，是敢为人先的创业者和中国特色社会主义事业建设者，为国家的经济社会发展作出了重大贡献，得到全了社会的充分肯定与尊重。同时，在新的历史条件下，社会呈现出不同的思想观念、价值取向、行为方式和利益要求，人们的选择性、自主性、差异性日益增大。民进各级组织和企业界会员联谊会要在充分尊重的基础上，团结帮助、积极引导我们的企业界会员，坚定政治立场，坚定不移走中国特色社会主义道路，当好中国特色社会主义事业建设者。要引导广大企业界会员增强接受中国共产党领导的自觉性和坚定性，与党同心同德，肝胆相照、荣辱与共，要引导会员坚持爱国、民主、团结、求实，坚持立会为公的优良传统。对这个问题大家要有清醒的认识，这是对民进会员基本的政治要求。

（二）树立参政党意识，积极参政议政

作为民进会员，要树立参政党成员意识，了解组织的工作，参与组织的活动。各级组织要为企业界会员提供这样的条件，创造条件，提供机会。有了民进情怀，就有了归属感。

作为企业家，过去只有经营好企业、依法纳税、促进就业，才有一条报效社会的渠道；加入民进组织，大家就多了一个报国的平台。可以通过建议、提案，通过各种言论为国家的决策提供参考，为国家的经济社会发展贡献力量。当然，企业家的首要职责是把企业做好，但是民进的重要活动，也应尽可能的给

予关注，尽量参加。特别是大家要把本职工作与参政议政紧密结合，在工作过程中调查研究，发现问题，为国家宏观政策制定提供建议。要在工作中扩大民进影响力，我们说，在一定的场合下，在一定的范围内，每位会员都代表着民进的形象。

（三）树立社会责任感，做优秀的企业公民

我们中国民主促进会有一个非常重要的传统，就是“立会为公”。立会为公对企业家来说，就是严主席在开幕讲话中提出的要“管理、奉献社会”。企业家的责任当然是把企业做大，但企业家还要有社会责任感，有理想。我们希望我们民进的企业家在赚钱的规划之外，还要有奉献社会的规划，把自身企业的发展与国家的发展结合起来，把个人富裕与全体人民的共同富裕结合起来，把遵循市场法则与发扬社会主义道德结合起来，自觉承担社会责任，服务社会。

爱因斯坦在《我的世界观》里说，“我们这些总有一死的人的命运多么奇特！我们每个人在这个世界上都只作一个短暂的逗留，目的何在，却无从知道，尽管有时自以为对此若有所感。但是，不必深思，只要从日常生活就可以明白：人是为别人而生存的——首先是为那样一些人，我们的幸福全部依赖于他们的喜悦和健康；其次是为许多我们所不认识的人，他们的命运通过同情的纽带同我们密切结合在一起。我每天上百次地提醒自己：我的精神生活和物质生活都是以别人的劳动为基础的，我必须尽力以同样的分量来报偿我所领受了的和至今还在领受着的东西。我强烈地向往着俭朴的生活，并且时常发觉自己占用了同胞的过多的劳动而难以忍受。我相信，简单淳朴的生活，无论在身体上还是在精神上，对每个人都是有益的。我从来不把安逸和享乐看做生活目的本身——我把这种伦理基础叫做猪栏的理想。照亮我道路的，是善、美和真。我觉得，人们所努力追求的庸俗目标——财产、虚荣、奢侈的生活，都是可鄙的。”

在西方，一个企业家如果在他离世之前没有把财产贡献给社会，他就被视为可鄙的。比尔·盖茨在这样年轻的时候，就把所有的财产捐赠给社会。我一直认为，有社会责任感、做公益活动的人是最幸福的。给予永远比得到幸福。

我们高兴地看到，民进的大部分企业界会员，都表现出高度的社会责任感。我们昨天下午到雨润去参观，大家都注意到了他们的理念“食品工业是道德工业”。祝义才会长在演讲中特别提到，一个企业首先要服务好社会，自己才能走得远。我相信，民进的企业界会员，都能成为有社会责任感的企业公民。

（四）加强学习，培养健康的生活情趣

学习非常重要。一个企业怎样能够存活？怎样能够发展？实际上最后靠的是智慧。那么怎么样才能有智慧呢？当然是学习。所以，我们的企业家也要少一点烟酒味，多一点书卷气。要挤出时间读点书，很多思想、很多机遇都在书里面（包括重要的报纸、重要的报告）。所以要抓住各种学习的机会，充电的机会，和大师、和名家交流的机会。

（五）民进的企业界会员联谊会要树立服务意识，创新工作机制，引导会员和会员企业健康的发展

以上 4 条是针对企业界会员个人说的。最后，我谈谈对企业界会员联谊会的一些要求。

服务是民进企业界会员联谊会最重要的职责，也是增强联谊会组织凝聚力的关键所在。我们常说，民进组织就是会员的家，民进各级组织的一份重要职责就是为广大会员服务，倾听会员的心声，反映广大会员的意愿。企业界会员联谊会要协助省委会做好相关工作。

首先要拓宽工作思路，创新工作方法，为会员搭建平台。要为广大企业界会员参政议政、服务社会提供广阔的空间；其次要为企业界会员交流合作创造条件，通过各种联谊活动、公益活动，乃至找寻网络平台，为会员交流合作提供方便；第三要加强各省级组织企业家联谊会的交流与合作。江浙沪三省市的经济界会员联谊会就经常交流，轮流做东，互相学习，互通有无，产生了非常好的效果。会中央也希望推动这方面的工作，实行了《民进企业界会员联谊会轮值主席制度（试行）》；第四要反映企业界会员的意见和呼声，针对民营经济等非公企业在不同阶段的特点和需求，为会员排忧解难，反映会员的所思所忧；第五要关注企业界会员个人的成长，帮助会员提高自身水平和素质，关心他们的政治发展；第六，要大力推进

工作创新，加强自身建设。

我特别强调一下企业界会员联谊会的自身建设问题。从今年开始，我们实行了民进企业界会员联谊会轮值主席制度。各省企业界会员联谊会成立的时间也都还不长，这项工作尚处在探索阶段。省委会要支持联谊会解放思想，大力推进工作思路、工作内容、工作方式、工作机制的创新，开创工作的新局面。要善于把握形势发展变化，注意研究工作对象的特点，在坚持正确政治方向的前提下，对有利于联谊会工作的创新、体现联谊会和民进企业界会员特色的事情，要鼓励支持、大胆实践。要根据工作实际需要，不断开拓工作领域，丰富工作内涵。要善于合力借势、借助有关社会力量，实现企业界会员资源和社会资源的有效结合。要强化联谊会的科学管理，完善工作制度，使联谊会工作不断适应新的形势。

最后，再一次感谢民进江苏省委会、民进江苏企业界会员联谊会和祝义才会长、江苏雨润集团，为这次会议提供了周到的安排和热情的服务；感谢各省级组织的同志和企业界会员的积极参与。祝愿各位企业家生意兴隆，事业红火，蒸蒸日上！

我们期待着明年相聚山西。

祝大家返程一路平安！

在参与毕节试验区建设座谈会上的发言

（2009 年 12 月 8 日）

朱永新

杜部长，各位领导、各位同志：

我到民进中央主管社会服务工作已有两年时间了。我们民进的社会服务工作一直突出毕节试验区这个重点，将参与毕节试验区建设作为当前和今后一段时间全会工作的重要环节来抓。两年来，我深切地感受到统一战线参与试验区建设任务重、要求高，新的形势下必须进一步统一认识、理清思路、整合资源。下面谈一谈我的一些认识与体会，请予批评指正。

一、统一战线参与毕节试验区建设的目标、任务、思路

我想，统一战线参与毕节试验区建设有两个方面的基本目标。一是注重发挥我国政党制度的优越性，推动区域经济社会发展，积极服务科学发展。统一战线 20 年来埋头苦干，辛勤耕耘，指导和帮助毕节不断解决经济社会中的重大问题，使整个支援工作呈现出系统性、组织性、长期性；毕节试验区的成功实践拓展了多党合作的内容与形式，为提高多党合作和政治协商的制度化水平积累了经验。二是在服务科学发展的同时努力实现统一战线自身的科学发展。通过深入实际，深入基层，进一步密切统一战线同人民群众的联系，加深对国情的了解，增强坚持走中国特色社会主义道路的信心和决心，进一步增强统一战线的凝聚力。

关于参与毕节试验区建设的任务。我认为在新形势下，统一战线参与试验区建设，要以推动毕节跨越式发展为主线，发挥各自特色优势，突出重点，统筹兼顾，取得新的业绩。一是积极建言献策。围绕试验区发展规划的制定与重大项目建设参与决策咨询等等。二是在推动试验区机制体制创新方面发挥作用。通过人才培养、示范培训等渠道和手段，帮助试验区干部群众不断更新观念，推动相关政策措施的创新，充分发挥试验区“先行先试”的作用。三是为毕节试验区的和谐发展贡献力量。积极反映社情民意，及时发现因经济利益及民族宗教等问题引发的矛盾，多做理顺情绪、协调关系、化解矛盾的工作，帮助试验区营造应有的稳定和谐的环境。四是致力民生改善和老百姓脱贫致富。贯彻开发式扶贫方针，做好定点扶贫工作等等。五是加强统一战线自身建设。通过参与试验区建设实践，不断增强贯彻科学发展观的自觉性、主动性和坚定性，不断加强干部队伍建设，巩固多党合作的思想政治基础等。

参与试验区建设的思路，我们认为应当包括以下几个方面：1. 发挥统战优势，进一步形成支持试验区发展的强大合力。发挥政治和智力优势，用好反映情况的“直通车”，研究深层次的矛盾问题，切实解决制约试验区发展的重点难点问题。充分发挥联系广泛的优势，通过引进资金、技术、人才和管理经验为试验区发展提供强大动力。2. 充分发挥参与支持试验区建设工作联席会议制度平台的作用，统筹协调包括各部委在内的力量，共同推进，在政策资金项目上予以倾斜。争取一些改革试验在毕节先试先行。3. 不断提升统一战线帮扶试验区发展的能力与水平。扶贫范围从以定点扶贫为主，转向定点扶贫和整体推进相结合；扶贫方式转向项目扶持和政策扶持并重等等。4. 坚持把统一战线优势与尊重当地人民群众主体地位相结合。以智力开发、咨询服务为载体，当好参谋助手，主要依靠发挥试验区干部群众在扶贫开发中的积极性、主动性、创造性。5. 坚持宏观与微观相结合。从国家战略发展高度出发指导帮助试验区发展，坚持以人为本，以改善民生、帮助群众脱贫致富为己任，推动相关扶贫措施具体深入落实。6. 坚持立足实际，继承创新。抓住毕节干部群众最关心、最现实、最迫切的问题开展帮扶，同时大胆改革探索，帮助实验区增强推动改革试验的前瞻性。

二、对如何整合资源，形成合力，打造品牌，改进组织协调运行机制的建议

（一）制定今后一段时期统一战线参与试验区建设的工作规划。

抓住有利时机，着手制定工作规划，明确统一战线参与试验建设的目标、原则、任务、重点以及具体机制措施。争取将工作规划纳入新阶段国家扶贫开发整体规划之中，向财政部门申请专项经费，加大对统一战线在毕节开展工作的支持力度。

（二）认真总结经验，明确试验区为多党合作服务科学发展的示范区。

今后应该更加明确毕节试验区是多党合作服务科学发展示范区的定位。对民主党派、工商联开展帮扶工作给予更多的支持。强化和拓展试验区的功能，努力形成促进毕节实现科学发展和推动统一战线自身科学发展双丰收双胜利的良好局面。

（三）根据毕节实际，在制定规划的基础上分配专项任务。

参照今年试验区专题调研活动的模式，提出几项关系试验区长远发展的专题和重大项目，由不同党派单位等分别牵头进行研究，并采取联合行动，把试验区作为整体进行帮扶，争取政策支持，开展深入细致的咨询服务帮扶活动等等。

（四）适时召开与相关部委、省地联席会议。

通过联席会议的召开，衔接统一战线与相关部委的工作。相关部委对试验区支持措施可考虑将统一战线的任务纳入进来，中央统战部牵头对相关支持措施落实情况进行督促，并开展协调服务；衔接省地与统一战线的工作配合，互通信息，及时改进工作节奏、重点、力度，做到有的放矢。

（五）充分发挥试验区思想建设教育基地的作用，加大宣传力度。

支持中央社会主义学院等将毕节作为教育基地。动员各党派、工商联发挥整体优势引导各级组织、广大成员全方位积极参与试验区建设，推进建立完善的各党派与地区各定点帮扶县的联系机制。力争使广大统一战线成员在参与实践中受教育、有启发。加大对统一战线参与试验区建设先进人物事例的宣传力度，扩大多党合作影响，努力把试验区建设成为展示统一战线良好社会形象的窗口。

（六）充分发挥机关干部的锻炼基地的作用，进一步培养锻炼统一战线干部。

加大选派干部到毕节挂职锻炼的力度。建议由中央统战部统筹安排挂职名额，加强工作计划性。挂职人员可以从机关干部中选派，也可以从地方组织中选派，甚至可以争取有代表性的专家等进行挂职锻炼。进一步动员各级组织、成员参与试验区建设，更好地推动广大成员与机关干部整体素质的提高。

我的发言完了，谢谢。

鉴往知来 任重道远

（2009年9月18日）

张 帆

中国共产党领导的多党合作和政治协商制度，作为新中国一项基本政治制度，是马克思主义同中国革命、建设和改革实践相结合的伟大创造。今天，我们隆重纪念多党合作制度确立60周年、共同回顾多党合作60年光辉历程，携手展望多党合作事业的美好前景，心情格外激动。

1949年9月21日，中国人民政治协商会议第一届全体会议在北平中南海怀仁堂隆重开幕。中国民主促进会是人民政协的组成单位之一，马叙伦等8位会员作为中国民主促进会的代表，另2位会员作为其他界别的代表，共10位会员出席建国盛会。人民政协的创建，开辟了中国历史的新纪元，标志着中国人民不仅在思想上、政治上而且在组织上形成了坚强的团结，也标志着中国共产党领导的多党合作和政治协商制度的正式确立。60年来，各民主党派与中国共产党风雨同舟、肝胆相照、荣辱与共、团结奋斗，在中国共产党的坚强领导下，共同应对来自国际国内的各种艰难险阻，一起经受考验，一同攻坚克难，一道胜利向前。

感悟历史，鉴往知来。60年的实践昭示，我国多党合作制度始终服务国家中心工作，为促进经济发展、政治文明、社会稳定和祖国统一作出重要贡献。60年的实践证明，我国多党合作制度是符合中国国情、体现中国特色、具有中国气派的社会主义政党制度，在国家政治生活中发挥着十分重要的作用。60年多党合作的实践告诉我们：必须坚持中国共产党的领导；必须坚持科学理论指导；必须坚持把发展作为首要任务；必须坚持和完善制度建设；必须加强参政党自身建设。我们坚信：多党合作制度必将越来越完善，多党合作道路必将越走越宽广。

继往开来，任重道远。站在新的历史起点上，我们坚持和完善多党合作制度，巩固和发展多党合作事业，要始终坚持高举中国特色社会主义伟大旗帜，始终坚持走中国特色社会主义政治发展道路，始终坚持长期共存、互相监督、肝胆相照、荣辱与共的基本方针，始终保持宽松稳定、团结和谐的政治环境，巩固发展团结和谐的政党关系，不断把统一战线和多党合作的伟大事业稳步推向前进。

一是加强理论学习，打牢思想共识。切实加强对中国特色社会主义理论体系的学习，特别要加强对科学发展观的学习，不断深化对多党合作重大意义的认识，不断深化坚持走中国特色社会主义道路学习教育活动，牢牢地把中国特色社会主义作为共同理想信念、共同前进方向、共同奋斗目标，不断开创我国社会主义多党合作新局面。

二是推动科学发展，服务海西建设。围绕中心，服务大局，把促进科学发展作为参政党履行职能的第一要务，在助推海峡西岸经济区建设上展现新作为，切实把建言献策的着力点放在推动科学发展、加快先行先试、落实“三保”任务等方面，把汇聚力量的着力点放在最大限度地团结统一战线广大成员、海内外闽籍社团和乡亲上，把协调关系的着力点放在释疑解惑，凝聚共识上。努力在发展社会主义民主政治上取得新进步，在促进祖国统一大业上作出新贡献，在构建社会主义和谐社会上获得新成效。

三是坚持以党为师，加强自身建设。我们既要服务国家的科学发展，又要实现民进自身的科学发展。复杂多变的国际国内形势，对建设高素质参政党提出了新要求；多党合作制度进入新阶段，对建设高素质参政党提出了新任务；民进自身建设中出现的新情况、新问题，对建设高素质参政党提出了新课题。我们始终牢记民进创始人马叙伦先生的临终遗言：“只有跟着共产党走，才是在正道上行。”始终要以党为师，不断地加强自身建设，夯实多党合作的基础，推进多党合作事业的蓬勃发展。

伟大祖国前程似锦，多党合作充满生机。让我们更加紧密地团结在以胡锦涛同志为总书记的中共中央周围，高举中国特色社会主义伟大旗帜，深入贯彻落实科学发展观，坚定信心，振奋精神，同心同德，群策群力，不断开创统一战线和多党合作事业的新局面，为加快建设海峡西岸经济区作出新的更大的贡献！

重要意见建议

【在全国政协十一届二次会议上的发言】

实施水库清淤工程是应对旱灾的长效措施

（大会发言）

（2009 年 3 月 8 日）

张　帆

去冬今春波及十几个省、连续 100 多天的特大旱灾又一次警示我们，在人均水资源占有量不到世界平均水平三分之一的中国，水资源将是制约经济社会发展的重要因素。民进中央经专题调研提出：实施水库清淤工程是应对旱灾、促进水资源可持续发展的长效措施之一。

水库具有灌溉、防洪、供水、发电等重要功能，在经济发展和环境保护方面有着不可替代的重要地位。我们现有的水库多数是在上世纪 50—60 年代投资兴建的，缺乏有效的排沙设计，多年运行之后已普遍出现泥沙淤积现象，严重削减了水库的有效库容。据陕西省统计，全省 1052 座水库均存在着较严重的泥沙淤积问题，共淤积 11.76 亿 m^3，损失库容 40.4%。改革开放 30 年来，全国因泥沙淤积报废的水库已超过 2000 座。

目前，我国人烟稀少、水源充足的山间盆地多半已修建了水库，今后规划新建的水库不可避免地会遇到造价高、移民多和占用大量优质土地等问题。这种情况下，应用已有的科学技术手段和工程装备条件，启动实施水库清淤工程，挖掘蓄水潜力，充分发挥现有水库的功能，是缓解水资源危机的有效途径。

近几年，一些省市已经开展了水库清淤试点，例如广东省将科学研究与试点工程紧密结合，清淤与淤积泥沙资源化利用互相促进；杭州市余杭区结合水库除险加固工作开展水库清淤，提高了效率，降低了成本；厦门市以恢复库容和改善水质为目标，结合周边环境综合整治开展清淤工作等，积累了宝贵经验。

已实施清淤工程的经验表明，大中水库用吸泥船清淤，小型水库结合修坝除险用推土机挖掘机清淤，技术上可行、相对成本较低，能有效恢复库容；清淤改善了水库水质，污染物检测值降低 50% 至 80%；清出的淤积泥沙可用来制作有机肥、改良土壤和填土造田，可用作制砖或建筑用沙源，可导入下游河道减少非法采沙造成的河床下切危害。

淤积泥沙资源化利用还能带动相关产业发展。清淤恢复库容的成本低于新建水库成本，优势在于不占用耕地、不产生移民。

目前在全国范围内还未大规模展开水库清淤工作，主要原因是我国水利建设历史欠账较多，当前投资还只侧重新建项目和病险水库除险加固工作，没有安排清淤工作专项资金。综上所述，开展水库清淤工程意义重大，并已基本具备必需的技术设备和方法，我们建议：

1. 安排专项资金，启动水库清淤工程

结合国家扩大内需、促进经济增长的措施，增加安排专项资金启动实施水库清淤工程。安排水库清淤专项资金不应挤占原有病险水库除险加固资金。从目前情况来看，部分中小型水库及山塘水库淤积情况非常严重，山区和农村群众盼望改善供水条件。

中小型水库在枯水期更易于排干，为清淤创造了有利条件。因此，中小水库可以作为当前开展水库清淤工作的重点，将水库清淤与除险加固工作相结合，以降低清淤成本。

2. 开展专项调研，摸清淤积情况

建议水利部门结合病险水库排查工作，在全国范围开展一次水库淤积情况的普查。在掌握情况的基础上，综合考虑水库淤积严重程度、影响范围等，按照轻重缓急部署清淤工作。

3. 探索因地制宜的清淤模式，积累经验

一些清淤工作试点已经取得初步经验，建议水利部门及时调研，总结推广。鉴于各地情况不同，各类水库情况不同，应在总结已有经验的同时进一步分类开展试点工作，为下一步大规模的全面清淤积累经验。

4. 鼓励清淤工作与水库运行维护工作相结合，建立清淤长效机制

我国大多数河流含沙量较高，水库泥沙淤积的情况不可能在短期内改变，水库清淤也不可能一劳永逸。要探索建立水库清淤长效机制，为水库管理部门配备必要的清淤设备，定期进行清淤，实现清淤工作常态化。试行按清淤量拨款补助，同时出台税收减免政策，鼓励发展淤积泥沙资源化产业。

5. 开展清淤科研攻关，提供支撑技术体系

建议水利部门联合科技部门，立项开展对清淤技术的进一步研究；进行清淤装备改进的科技攻关，保证清淤时水库水质不受二次污染；进一步开展对水库淤积泥沙资源化及开发利用的研究，降低清淤成本。

贯彻落实科学发展观，各级政府不单要重视新建项目的立项建设，更要重视建成项目效益的可持续发挥。实施水库清淤工程将为应对旱涝灾害、改善民生、促进水资源的可持续发展发挥重要作用。

关于解决农民工子女随迁就读问题的建议

（书面发言）

（2009年3月）

潘贵玉

各位委员：

近年来，随着我国工业化、城镇化进程的加快，农村人口大规模流向城市，农民工子女随迁就读问题也日益显现。尤其是城市义务教育免费政策全面推行以来，很多城市出台免除农民工子女借读费用等政策，使得义务教育阶段面临着一些新情况。据统计，目前全国14周岁及以下进城务工农民的随迁子女数量达到1403万人，占义务教育阶段在校生比例达到20%左右，在一些外来人口聚集的省、市地区甚至超过了当地户籍儿童的数量。这一问题应该引起高度关注。

一、随迁就读是当前我国城乡义务教育面临的严峻问题

据2005年我国1%人口抽样调查显示，我国已有816万名义务教育阶段儿童随父母进城就读，比2000年全国第5次人口普查时增加了193万，增幅高达31%。2000年，北京市中小学共接纳外来人口子

女就读近 10 万人，到 2006 年底，已迅速攀升至 40 多万，其中就读于北京市小学的外来儿童数占北京市小学生总数的 41.3%；广东省 2006—2007 学年义务教育阶段非户籍学生达 206.4 万，比 2005 年增加了 26.4 万，占全省中小学生总数的 13.49%；新疆乌鲁木齐市 2007 年接纳农民工子女达 8 万名，占到该市学生总数的 1/3。数据表明，农民工子女随迁就读问题在我国的东中西部地区都日益凸显。

在城市，农民工子女短期内大量涌入，造成城镇中小学普遍出现“大班额”、义务教育资源紧张，使五年前出台的“以流入地为主”、“以公立学校为主”的“两为主”政策难以为继。在北京、上海等地，农民工子女就学已造成义务教育资源紧张，部分城区的教育财政已不堪重负。在农村，中小学校生源锐减甚至难以为继，教育资源大量闲置浪费，教育质量下滑。以致造成新的教育资源配置难题，使得近年来出台的农村义务教育经费投入保障办法、两免一补政策以及城乡中小学校布局调整、教师编制管理等政策，都受到直接的挑战。

二、随迁就读问题严重影响我国城乡统筹发展

由于我国农民工群体的整体就业能力偏低，主要从事一些脏、重、累的体力劳动，农民工及其子女的生存状况一般处于社会最底层，难以真正融入城市主流并获得心理归属和身份认同；而他们在城市的所见所闻、所感受到的与城市居民生活间的巨大落差，必将造成其心理失衡与心态偏差，这些问题将对城镇地区的社会稳定与发展带来严峻的考验。特别需要引起关注的是，农村大量儿童及青少年的离土离乡，不仅使我国农村“空巢、空村”的现象将进一步加剧，农村土地将可能出现更为严重的荒芜与闲置，粮食安全问题将受到威胁；同时还将使我国新农村的建设和可持续发展失去宝贵的人力资源，缺失发展的动力支持与后劲，“老农民建设新农村”的问题非常突出。

这些问题的累加将直接影响人民群众的根本利益，深层影响农村的改革发展和新农村建设，阻碍城乡协调可持续发展和全面建设小康社会。因此，解决农民工子女随迁就读问题不仅仅是教育事业发展的问题，更是直接影响我国城乡统筹发展和社会稳定的问题。为此，我们建议：

第一，完善“两为主”政策，充分利用现有城乡教育资源，培育优质县镇中小学校。调整和完善政府工作评价导向，推行“两为主、两考核”。不仅要考核流入地接纳农民工子女就学数量和就学质量，也要考核政府留住儿童在本地接受教育情况。解决农民工子女随迁就读问题，就是要把农村学校办好，缩小城乡教育差距，加大义务教育均衡化发展的推进力度。鼓励省市名校到城郊、县城和乡镇办分校，推行托管办学模式，着力引导城市优质教育资源向县镇流动。与此同时，要认识到农村教育的发展离不开县域经济和中小城镇建设的发展。因此，要大力发展县域经济，加快中小城镇建设，鼓励农民就近转移就业，扶持农民工返乡创业。这样不仅可以缩小我国义务教育学校城乡质量差距，持续满足农民群众（含农民工及其子女）高质量教育的需求，而且可以从源头上保障新农村建设有充足且可持续的人才资源，为实现十七届三中全会提出的“引导农民有序外出就业，鼓励农民就近转移就业，扶持农民工返乡创业”作出贡献。

第二，试行“教育券”，建立健全农民工子女教育经费分担机制。作为过渡性政策，建立中央政府、流入地政府与流出地政府共同分担农民工子女义务教育经费协调分担机制。建议率先在农民工子女中试行“教育券”，中央政府从转移支付的义务教育经费中拿出适当份额，设立“农民工子女义务教育基金”并转化为“教育券”，学生流动到哪里，就将教育经费带到哪里，实现“钱随人走”。

第三，积极吸纳社会资金，大力扶持民办教育。民办教育是整个教育事业的重要组成部分，是公共教育投入不足和公众受教育需求多样化的产物。目前，我国的民办教育主要涉及领域是职业教育和应试教育，在义务教育阶段，又多属盈利性较强的“贵族教育”。面对农民工子女随迁就读的发展趋势，鉴于目前我国义务教育发展不均衡的现状，建议政府采取一系列措施，积极有效地引导和鼓励社会资金投入义务教育领域。十七大指出，要“鼓励和规范社会力量办学”；目前，我国约有 1.5 亿农民进城务工，这些人员的子女约有近 3000 万处于义务教育阶段，约占我国整个义务教育阶段学生总数的五分之一。为此，我们应大力支持民办教育承担义务教育阶段的任务，政府应按照公办教育的标准，根据生源情况统一拨付教育资金，扩大民办教育的容量，实行“费随人走”，逐渐形成公办教育和民办教育共同发展的格局，满足人民群众接受教育的多样化需求，逐步解决生源不均衡问题和教育资源利用不均衡问题。

教育涉及千家万户，惠及子孙后代，关系民族未来。普及义务教育是起点公平和机会均等的见证，是新阶段党和国家教育方针的根本要求。我们要充分认识我国教育发展的时代性，尊重教育发展中的多样性，关注人民群众的真实需求和切身利益。我们相信，无论在城市还是在乡村，每一个孩子都会有一个属于自己的书桌……

应尽快解决农民群众的“文化低保”

（书面发言）

（2009年3月）

蔡达峰

各位委员：

中共十七大报告把建设“覆盖全社会的公共文化服务体系”作为实现全面建设小康社会的重要目标之一。2008年，民进中央就此开展了全国性的考察调研，调研中看到农村公共文化服务严重短缺，并认为这是当前公共文化服务体系建设中最突出、最困难的问题，具体表现在：

一是农村文化投入严重不足。

2007年，全国文化事业费总计198.96亿元，占国家财政总支出的0.4%。其中用于农村文化的投入仅56.13亿元，占国家财政总支出的0.1%强。而这些经费仅用于县、乡文化机构的维持，无力建设，导致文化设施严重短缺和落后。目前，全国77.7%的乡镇文化站需要新建、改建；84.1%的行政村没有村文化活动室。不少乡镇文化站缺乏必要的活动器材和设备。除北京、上海、江苏、浙江、广东等省、市外，其他省、自治区、直辖市平均每个文化站每年的设备购置费仅777元，维修费仅有626元，无力开展相应的文化活动。

二是农村文化活动少。

许多乡村，传统的文化活动在消失，时兴的文化活动进不来，农民文化生活单调贫乏。正如山西某县农民所说的，电影多少年不演了，戏班子早散伙了，元宵没人闹红火了，体育比赛早就成了历史了，不少孩子连篮球和乒乓球都没有摸过。农民除了在家看电视，就是合伙打麻将、玩扑克，文化活动室里牌声比锣鼓声响。有的地方赌博活动猖獗了，迷信活动红火了。有些农民精神空虚了，生活态度消极了。

三是文化活动缺少领头人。

不少乡镇文化站、图书室等活动场所，开办时红红火火，中途门庭冷落，现在曲终人散。主要原因是缺乏热心于农村文化活动的带头人。基层干部抱怨说，现在的文化站是“有编制无阵地、工作有人不会抓”，遇到县里开展文化活动时，乡镇政府还得去请人指导，拉队伍表演。

四是农民需求得不到尊重。

一些文化管理部门和领导者，在文化设施和文化产品的提供上，习惯于把农民当成“受教育者”，不深入生活，不调查研究，不了解地方文化传统，不考虑农民活动习惯，在办公室拍脑门替农民决定其文化需求，一会儿送这个进户，一会儿搬那个下乡，统一供给，老少不论。结果是农民想要的政府没有给，政府给的农民不想要。

加强农村公共文化服务体系建设，为农民群众提供好一些的公共文化产品和服务，这是执政为民理念的重要体现。各级政府部门要努力履行职责和义务，以满足广大农民群众的基本文化需求为目的，切实采取有效措施，改变当前城乡文化建设差距过大、农村文化建设基础薄弱的问题，实现好、维护好广大农民群众的基本文化权益。

为此，提出如下建议：

1. 将农村公共文化服务体系建设纳入各级公共财政保障范围，纳入基层领导干部目标责任考核，建立以政府投入为主的经费保障机制，每年从财政预算中划拨专项资金用于农村文化设施建设和活动经费支出，确保公共财政对农村文化事业的投入。同时，应出台优惠政策，积极引导社会捐助公益文化建设。

2. 把公共文化服务体系建设的重点放在乡镇文化站、农村文化室。要整合资源，统筹兼顾，抓紧解决好农民基本文化需求的“低保”问题。乡村文化设施的建设与使用，可与村级党组织办公活动场所、农村中小学建设等相结合，一室多用。

3. 加强农村文化骨干的业务培训，发展农村文化队伍。农村文化的发展关键在人才。市、县文化馆应增强培训职能，加强对农村业余演出队、放映队、文化中心户、农村义务文化管理员等业余队伍的培训。充分发挥农村文化骨干、民间艺人、文化能人的作用，大力扶持民间职业剧团和农村业余剧团，形成一支扎根基层、服务群众的文化骨干队伍。

4. 鼓励、扶持农民自办文化，大力发展农民群众喜闻乐见的农村特色文化。农民自办文化是农村文化建设的重要补充，在传承优秀民间文化方面具有重要作用。应着力发展农村特色文化，利用各种节庆日尤其是民族传统节日，开展形式多样的群众文化活动，从文化载体上努力增强优秀文化对农民群众的吸引力和感召力。

5. 以文化创新为动力，探索有效的文化活动方式，从服务手段上保障农民享受丰富的精神文化生活。建立和完善区域性的图书服务中心，实现区域内图书资源的共享，增强图书的利用率和图书服务实效。充分发挥乡镇文化站的“基点”作用，组织开展农民喜闻乐见、形式多样的文化活动，吸引群众广泛参与，让农民在家门口享受文化。

6. 以农民文化需求为导向，提高公共文化服务、文化产品供给的针对性，从机制上努力满足农民多样化的文化生活需求。保障农民群众的基本文化权利，就要尊重他们的文化需求表达权和参与权。应改变过去免费送文化下乡，演出内容和演出团体由上级部门指定的现象，让农民自主选择所喜欢的演出剧目、影片以及其他文化活动内容。同时转变政府投入方式，通过政府购买服务的形式，丰富农村公共文化服务内容。

构建覆盖城乡居民的公共文化服务体系，要坚持以政府为主导、动员社会参与、群众共建共享，建立稳定的投入保障机制，提高公共文化产品和服务的供给能力，让人民群众充分享受文化发展的成果。

把握时机，大力推进我国出版业“走出去”战略

（书面发言）

（2009 年 3 月）

赵光华

各位委员：

当前，伴随着改革开放的推进，中国在国际上的经济、政治影响力逐渐加大，成为影响世界和平与发

展的重要力量。但我们还必须清醒地看到，我国的综合国力与发达国家相比，差距尚远。当今时代，文化已成为综合国力竞争的重要因素。要进一步提高我国综合国力的要务之一是要提升我国的“软实力”，其内核就是中国的国际形象和国家文化的“全球性普及”。世界上几乎所有发达国家都有本国文化推广的计划，因为文化输出对于保护、发展和扩大本国在世界上的影响力有着重要意义。我们要通过文化产业走上世界舞台来增强中华文化的影响力，让世界分享到中国的先进文化，也增进我国的文化安全。作为中国文化产业核心部分，中国出版业必须担起继承、发展与传播中华文化的重责大任。

反观我国作为文化主要载体的出版业，虽然走出去的步伐在逐步加大，但我国版权贸易输入远大于输出的情况与中国的经济发展现状、与中国悠久的历史很不般配，与当前我国在世界上的经济、政治地位也不相称。近年来，为推进出版业走出去，国家先后出台了“金水桥计划”和“中国图书对外推广计划”，并制定施行了一系列支持政策。但状况仍不尽如人意：图书版权引进大于输出的格局尚未有很大改观，2007 年我国版权贸易引进和出口的比例约为 4:1。版权输出主要输往东亚和东南亚受汉文化影响的国家，很难进入出版业更加发达的欧美市场。出版物输出语种单一，主要是中文版权直接输出，英文版权外的其他语种版权输出几乎没有。版权输出的内容多集中在汉语学习、中医、体育、养生、旅游等方面，能够较为深刻地体现中华传统文化价值、展示当代文化成果特别是反映改革开放 30 年巨大变革的作品寥寥无几，社会科学著作更近乎为零。

目前我国出版难以“走出去”的原因有很多，主要有以下几点：

一、翻译质量问题。这是制约中国图书“走出去”的一大瓶颈。中华文化内容博大精深，语言丰富繁杂。中译外对外国出版商而言比较困难，他们往往要求取得翻译成稿，而国内通晓两国文化的高水平翻译匮乏，翻译环节成为版权输出的“短板”。

二、中西方巨大的文化差异以及在此基础上出现的诸如语言、阅读习惯、思维方式、出版体例等一系列的不同，制约了中国图书的版权输出。

三、版权输出平台单一，过度依赖两大书展。通过法兰克福书展和北京图博会两大平台实现的版权输出占到一半以上。

四、出版社“走出去”的积极性不高。“走出去”的投入高、效益低、谈判时间长，很多出版社不愿投入太多精力。同时，人才储备明显不足，“走出去”的帅才、将才、专才缺乏。

五、政策支持力度弱。相对世界许多国家的通行做法，我国政府对出版业“走出去”的支持力度还不够。

出版业能够在多大程度上走出国门，关系到我国综合国力的竞争力、在国际政治格局中的地位和影响力。为此，我们呼吁，国家要进一步加大对出版业“走出去”的支持力度，扶持国内优势企业、优势品牌、优势产品积极参与国际竞争，确立中国出版业在国际上的地位和影响。目前的国际环境，比较有利于中国出版界走向西方主流社会。我们要把握时机，解决好具体问题。为此，提出如下建议：

第一，要加大政策扶持力度。

国家要制定对外出版战略，并纳入文化走出去的总体战略部署，出台对版权出口的金融、财税、外贸等系列支持措施，加强“走出去”战略的政策指导和舆论导向，建立资助和扶持出版“走出去”的长效机制；实施国家对外出版交流品牌战略，并纳入构建“大外交、大外宣”格局的总体规划；引导和帮助出版集团和大型出版企业强强联合、共同开拓海外市场。

第二，进一步推进“中国图书对外推广计划”。

加快建设中国图书对外推广网，完善我国出版物出口信息平台，更好地利用网络促进我国图书和版权出口；将重点推荐书目翻译成多个语种，并配书影和详细内容介绍；策划外向型选题，依靠海外汉学家以及有权威和资信的国外代理公司的优势，借船出海；细分国际市场，在重点国家和地区力求重点突破，分类指导。

第三，加强人才队伍建设。

一是加强翻译队伍建设。建议设立国家翻译学院，选拔一批专业水平和外文水平较高的人才进一步深造。在国家翻译学院未建立前，可在外语院校增设出版翻译专业。建立全国翻译人员信息资料库，完善翻译人才队伍的管理制度；二是加强出版经营队伍建设，培养造就一批了解国际出版市场、熟悉国际贸易规则、精通国际经济法律、掌握现代传媒技术的外向型和复合型人才。

第四，推广“国内翻译，国外出版”新模式。

在外方出资购买版权后，由中方出版社组织翻译后交由外方编辑、出版并发行的模式，既可以有效地弥补外国翻译家难寻和翻译费用居高不下的矛盾，同时可以充分发掘中国外语专家的作用，加快推动版权顺利输出。

第五，进一步完善行业管理。

规范市场秩序，培养良好的信誉体系，将注意力集中到渠道建设、营销创新和服务比拼上来。建立有序竞争环境，逐步杜绝国内出版界的无序竞争。

第六，加大对在海外投资出版业的企业的支持力度。

“走出去”的主体是企业，中国出版“走出去”靠的是出版企业和发行企业，要扶持那些有实力有品牌的出版企业或企业集团，大力开拓外向型业务。成功的出版国际化，都主要是资本输出，而非文化输出。政府要支持国内企业选择管理规范、技术先进的国际知名新闻出版企业进行合作，借助他们的出版、发行能力，销售网络及各种现有平台，在国外合作办报刊、出版社、展览等。

【在全国政协十一届二次会议上的提案】

关于加强县镇义务教育学校建设的提案

中国民主促进会中央委员会

教育是培养人才、立国利民的“百年大计”，中小学义务教育又是国家整体教育的基石，直接关系到全民素质的提高，应该引起全社会的关注。改革开放 30 年来，中国社会发生了巨大变化，教育事业也有了很大发展，而广大农村地区义务教育阶段的中小学校却没有随着经济社会的发展得到加强，从而引发了一些值得关注的社会问题。我们通过调研，认为大力加强我国广大农村地区县、镇中小学校的建设已经成为迫在眉睫的重大问题，必须提到“科教兴国”的战略高度来加以认识。

一、县镇地区中小学校建设亟待加强的主要原因

1. 原有的学校布局已经不能适应人口流动带来生源变化的新形势。近年，随着农村人口大规模向城市流动，特别是农民群众对子女接受优质教育需求的不断增长，“两为主”、“一费制”和义务教育经费保障新机制等一系列政策的出台，我国大部分城市都出现了共同的趋势，农民工子女大量涌入城市就读，造成城市中小学校教育压力越来越大，广大农村学校却生源大幅度减少的现象。

2. 农民工子女大量涌入城市就读凸显出一系列社会问题。人口流动，特别是生源的流动，除了引起城市教育资源紧张和农村学校生源不足的问题之外，更为重要的是，直接和间接地深刻影响着我国城乡经济和社会的全面发展：一方面，对城市交通、就业、环境卫生等带来巨大压力，对城镇地区的社会稳定与发展带来严峻的考验。另一方面，使我国农村“空巢、空村”的现象进一步加剧，在一些农村地区只剩下老、弱、病、残等劳动能力较差的人口，新农村的建设和可持续发展失去最宝贵和最具活力的人力资源，缺失发展的动力支持与后劲。

3. 加强县镇地区中小学校建设是满足农民子女就近接受优质教育需求的最好途径。大力加强县镇地区中小学校建设既可以满足广大农民群众对子女接受优质教育的需求，使农民子弟相对就近就能得到较高质量教育而不至于远离乡土自然与文化环境，减轻农村家长带孩子大量涌入城市给城市教育发展可能带来的巨大压力，长远来看还必将有利于从根本上提高农村义务教育质量，缩小城乡教育质量差距，从而促进城乡义务教育的均衡发展。

二、对加强县镇地区中小学校建设的几点建议

1. 对县镇地区中小学校布局情况进行深入调研，为制定加强县镇中小学校建设规划提供科学依据。中央及各地政府应该组织相关部门与专业队伍，根据地方经济社会发展规划、人口分布与发展变化趋势、产业发展方向与调整需要，特别是结合城乡协调发展、农村改革发展的需要，对当地城市、县域和农村地区的义务教育学校建设布局进行深入调研与科学论证，提出加强县镇地区中小学校建设的规划方案。

2. 加大力度在广大的县镇地区建设一大批优质中小学校。中央及各地政府应对此给予专项政策和财政经费支持，研究并制定涉及学校用地、建设资金、运行费用、招生范围和师资待遇等多方面的支持政策与实施方案，并积极采取多种措施与途径加快县镇地区优质中小学校的建设，适当扩建具有较大规模的寄宿制乡镇学校，改善寄宿制学校条件。

3. 建立教师培训财政保障机制。培养一大批优秀教师是建设优质学校的基础。建议将中小学教师培训经费纳入公共财政保障范畴，按教师年工资总额的3—5%将中小学教师培训经费纳入各级财政预算，实行单独列支、专款专用。考虑到目前我国教师培训经费落实的困难主要集中于农村地区，农村教师长期、普遍缺乏培训经费和培训机会，建议国家借鉴义务教育经费保障新机制的做法，对农村地区教师培训经费，采取中央与地方政府分地区、按比例共同分担和省级统筹的投入机制。

4. 加大城市教育支持农村教育的力度，推进城乡教育均衡发展。各级政府应该大力鼓励并支持省市名校到城郊、县城和乡镇办分校，城乡学校结对建设发展，调整城乡倒挂的教师编制标准，鼓励城市教师到农村支教等，有意引导城市优质教育资源向县镇倾斜，使农村儿童就近在县镇地区即可享受到与到城市同样的优质教育。

关于理顺我国职业教育管理体制，推进职业教育均衡发展的提案

中国民主促进会中央委员会

当前，职业教育投入显著增加，职业教育办学条件普遍改善。但是，职业教育发展仍然面临着诸多障碍。就政府管理体制来说，高职教育归高教司管理，职教司管的很少；中职教育中的职高、中专归教委管理，技校归劳动局管理。这种多头管理、交叉管理的体制使得职业教育无法充分发展。同时，还存在中职与高职脱节，缺乏职业教育教师评价体系，职业学校课程体系没有职教特色，职业教育地区发展不均衡，职业教育投入依然不足，农村职业教育总体水平不高等问题。

为此，建议：

1. 理顺职业教育管理体制，整合职业教育资源。根据《中华人民共和国职业教育法》第十一条规定“国务院教育行政部门负责职业教育工作的统筹规划、综合协调、宏观管理”。应建立由教育部牵头的管理协调机构，对职业教育机构进行统一分类归编，将原来分散在教育、劳动和行业下的所有职业教育机构，统一进行评估，并进行学校和专业设置的布局结构调整，以打破职业教育条块分散管理的格局。

2. 促进中职和高职接轨，构建独立的职业教育体系。放开中等职业教育学校与高职接轨或联办的禁

锢政策，允许中等职业学校的学生通过适当的技能考核直接升入高职学习，或在国家级示范性中等职业学校创办“3+2”的办学模式。在管理体制上，把高职由教育部门的“高教司”、“高教处”隶属，划归“职成司”、“职成处”管理。

3. 加强政府职能转变，促进地方职业教育发展。国家教育主管部门的主要责任是监督、考核、评价地方的职业教育是否适应本地区职业教育的发展；是否给予足够的重视；是否给予足够的经费投入和政策保证；职业教育是否在地方的科学发展中起到应有的作用。促进地方结合实际发展特色职业教育，探索职业教育发展模式，促进职业教育多元发展。

4. 改革职业学校课程体系，强化职业技术教育。根据我国国民经济发展各类技术人才需求，依据新“国际教育标准分类”，明确职业教育的属性和内涵。在课程安排上要保证80%课时教授职业技能，20%用于文化、理论课。职业学校在提高学生思想素质的基础上，要以技能课为主，文化与理论课为辅。

5. 改革职业学校教师的评价标准，促进职教队伍建设。要改革多年来，用普通中学教师职称评审标准来评价职业学校教师的做法，在人才引进上也要创建岗位技能能人可以进入职业学校任教的体系。可以在职业学校设立专业技术“特岗教师”，支持职业学校公开招聘、积极引进相关企事业单位中有着丰富实践经验的专业技术人员、技师、高级技师，或做专职教师，或做兼职教师，或担任学生实习指导教师。

6. 加强地区合作，促进职业教育均衡发展。建立东、西部职业教育交流与合作机制，城市支援农村职业教育的长效机制，在师资培训，资源共享等方面加强合作。可以选择一批基础条件好、发展前景广的职业学校进行跨省域联合建设或国家进行重点扶持与建设，加快组建若干个跨省域职业教育集团，增强职业教育的整体实力。

7. 拓宽投资渠道，积极探索多元办学体制。新增教育经费要更多地用于职业教育，确保城市教育费附加的1/3用于职业教育。引导社会各界尤其是企业参与职业教育，积极探索以公有制为主导、产权明晰、多种所有制并存的办学体制。进一步扶持民办职业教育，在建设用地、师资队伍建设、招生就业、项目补助等方面制定和完善有关政策，对办学成绩突出的，财政性教育经费应给予适当补助和奖励。

关于调整城乡倒挂的中小学教师编制标准的提案

中国民主促进会中央委员会

编制标准政策是决定教师编制数量与合理有效配置的核心。按我国现行的2001年中小学教师编制标准的规定，城市、县镇和农村小学生师比为19:1、21:1和23:1，初中生师比为13.5:1、16:1和18:1。这一编制标准以压缩编制和效率优先、城市优先为导向，存在编制标准整体偏紧、城市偏向和城乡严重倒挂的突出缺陷。此标准实行几年来造成我国中小学教师尤其是农村教师编制大幅减少，全国和各地中小学教师编制数量整体压缩近10%。由于编制标准的城乡倒挂，各地编制数量下降和裁减的影响主要集中于农村地区，加剧了农村中小学教师编制与数量的严重不足，造成农村学校运转和发展的困难，一些规模小的农村学校与教学点甚至由于缺少编制而难以为继。据不完全统计，2004—2006年全国约有10%的县连续3年未补充正式公办教师。不少农村中小学教师一人兼任几个班级的全部课程，周课时数平均为17—18节，教师长期超负荷工作；不少农村学校无法开齐、开足全部课程；一些农村学校更由于教师编制进口卡死而难以补充新教师，部分农村学校不得不为了保证学校正常运转而聘用代课教师。

从农村实际情况来看，城乡倒挂的中小学教师编制标准与我国广大农村地广人稀、生源分散、交通不便、学校规模较小、成班率低，存在大量村小特别是尚存在10万个分散教学点的实际情况严重相违。从国家发展战略来看，中共十七届三中全会决定明确提出，把加快形成城乡经济社会发展一体化新格局作为根本要求，坚持工业反哺农业、城市支持农村和“多予少取放活”方针，始终把着力构建新型工农、城乡关系作为加快推进现代化的重大战略。教育资源和教师编制向农村倾斜是落实十七届三中全会精神的应有之意。从教育事业发展本身来看，在基本解决农村孩子“有学上”的前提下，农村学校教师质量就将成为学生能否“上好学”的核心因素。城乡倒挂的中小学教师编制标准已严重滞后于我国义务教育改革与发展的新形势和新需求，成为制约我国广大农村儿童“学有所教”和教育质量提高的瓶颈之一。

因此，政府有关部门应高度重视并尽快调整我国较长时期以来实行的城乡倒挂的教师编制标准，抓紧研究和建立“新双轨制”编制标准，完善中小学教师编制政策与制度。为此，建议：

1. 研究制定新的国家城乡中小学教师编制标准。在组织相关部门和专家对我国经济社会发展和教育事业发展需求及其趋势进行科学预测的基础上，以满足学校基本教育教学需求为核心目标，研究制定国家城乡中小学教师编制标准。

2. 将城乡倒挂的编制标准转变为向农村倾斜。应充分考虑我国农村、山区地广人稀、居住分散、交通不便、学校规模较小的实际情况，适当放宽农村地区特别是贫困、边远地区中小学教师的编制配置标准。

3. 建立“新双轨制”中小学教师编制标准与计算办法。即城市和县城地区按师生比配编，乡镇根据学校实际规模分别采取师生比或班师比配编，而乡镇以下规模小学校和教学点则采取班师比配编，适当增加农村中小学教师的编制数量。

4. 根据农村实际需要配置一定比例的附加编制。对山区、牧区、林区和边远地区等特殊地域，寄宿制学校和分散教学点等特殊学校，以及民族地区双语教育和教师培训交流等教育发展需求，根据其实际情况为这些地区和学校配置一定比例的附加编制。

5. 健全和完善相应的编制管理制度。在领导管理机制上，强调多部门协同并明确教育行政管理部门的统筹责任与权利；在财政保障机制上，明确各级政府对农村新增教师编制的工资、待遇福利等的保障；在编制管理机制上，强调动态核编，核定编制周期为两年，并适当下放中小学教师编制管理权限，由省政府总量控制、市政府根据需要动态调整。

关于进一步解决农民工子女随迁就读问题的提案

中国民主促进会中央委员会

随着我国城市化进程的不断加快，进城的农民工子女数量持续增长。目前，全国14周岁及以下流动儿童规模达到1834万人，全国进城务工农民随迁子女数量达到1403万人。农民工子女随迁（城市）就读问题逐步凸现，成为我国义务教育新的难点和薄弱环节，突出表现在以下几个方面：

一、“两为主”政策无法全面贯彻

早在2003年国务院就明确了以“公立校、流入地”为主的农民工子女就学政策，但各地在执行中却差距较大，一些地方向农民工子女开放的只是城乡接合部的薄弱校，有的公立学校还将本地生和外地生区别对待。从全国范围看，很多地方进城务工农民随迁子女的义务教育任务主要还是由民办学校，甚至是未经批准的打工子弟学校在承担，“两为主”政策并没有得到全面落实。原因是公办学校容量不足，入读公办学校门槛较高，入学程序繁琐。

二、农民工子女城市就读的教育质量不高

与在公办学校就读的农民工子女相比，民办农民工子女学校的学生在学习成绩、学习态度、自我评价等方面均处于相对落后的水平。其中，未获准（未备案）的民办农民工子女学校在以上各方面均处于较低水平，办学条件整体较差，普遍存在安全隐患，加之师生流动性大，不能保障正常的教学秩序。此外，随迁子女来自多子女家庭的较多，存在辍学与超龄就学情况。

三、农民工子女城市继续升学愿望难以实现

由于户籍和学籍的限制，农民工随迁子女在九年义务教育完成后，必须回原籍升学，不利于学生受教育的连续性和身心的健康发展。

为此，我们提出如下建议：

1. 立法规范，着力保障农民工随迁子女的教育权利

建议国务院在《关于进一步做好进城务工就业农民子女义务教育工作的意见》的基础上，制定《农民工子女教育管理条例》，为解决农民工子女（包括随迁子女和留守儿童）的教育问题提供强有力的法制保证。

——在保障农民工随迁子女平等接受义务教育的权利方面：需要全面规划、统一标准。按就地就读原则接收农民工子女入学，在入学条件、就学收费项目、收费标准与本市常住户口学生相同，对家庭确有经济困难的学生，学校采取减免有关费用等办法进行资助。

——在平衡农民工子女流出地和流入地政府的权利与义务方面，及时调整“两为主”政策及对农民工子女就学问题的政府工作评价导向。应在完善“两为主”政策的同时，实行“两考核”。不仅要看流入地接纳了多少农民工随迁子女就学，也要看流出地政府使多少农村儿童留守在当地，又使多少外流儿童返回当地县镇接受优质的教育。在城市，考核农民工随迁子女入学的比率；在农村，考核输出的农民工和随迁儿童的比率。

——在农民工子女教育经费保障机制方面，建立中央政府、流入地政府与流出地政府共同分担农民工子女义务教育经费的协调分担机制。可以率先在农民工子女中试行教育券，中央政府从转移支付的义务教育经费中拿出适当份额，设立农民工子女义务教育基金，并转化为教育券，学生流动到哪里，就将教育经费带到哪里，实现“钱随人走”。

2. 加强引导，避免农民工子女随迁就读的总规模过度膨胀

调查显示，50.6%农民工对农村义务教育“两免一补”政策不太了解或不了解，平均知晓度不足50%。表明“两免一补”政策宣传力度不够，其引导功能明显缺失，农民工子女“回流”农村就学的比例很小，而农民工子女随迁就读的总量继续上升。为避免农民工子女盲目流动现象，应加大相关教育政策的宣传力度，帮助农民工理性选择其子女受教育的地域，控制农民工随迁子女的总规模，减轻城市教育的压力。

3. 积极吸纳社会资金，大力扶持民办教育

建议政府采取措施，积极有效地引导和鼓励社会资金投入义务教育领域。应按照公办教育的标准，根据生源情况统一拨付教育资金，扩大民办教育的容量，形成公办教育和民办教育共同发展的格局，逐步解决生源不均衡问题和教育资源利用不均衡问题。对条件较好的打工子弟学校，已经备案，具备民办学校设立条件的，地方政府应加以扶持，帮助其向正规民办学校转化；对不具备办学条件的未获准的打工子弟学校，要在妥善安置在校师生的前提下，依法取缔。

关于完善教育政绩考核，建立教育问责制度的提案

中国民主促进会中央委员会

1985年《中共中央关于教育体制改革的决定》中提出“上级考查下级都要以此（教育）作为考绩的

主要内容之一”。1999 年，《中共中央关于深化教育体制改革，全面推进素质教育的决定》、2003 年《国务院关于大力发展职业教育的决定》，都提出了加强对党政干部教育政绩考核的要求。广东、福建、湖南、安徽、江苏、广西等省也逐步开展了对县级党政干部教育政绩考核。但是还存在着“重形式，轻内容”，“重考核，轻问责”的倾向，致使教育政绩考核难以真正发挥应有的作用。教育政绩考核与问责制度不健全，无法进行及时有效的考核、监督和问责，是影响当前我国教育健康和谐发展的重要机制缺陷之一。

一、完善教育政绩考核和问责制度的必要性

1. 加强教育政绩考核和问责是依法行政的需要。我国《教育法》、《义务教育法》、《教师法》、《职业教育法》、《高等教育法》等，对各级政府应尽的教育责任做出了明确具体的规定，各级政府及其教育行政部门必须带头维护法律的权威，严格依照法定权限和程序行使权力、履行职责、接受监督，切实将政府发展教育的责任纳入依法运转的轨道。

2. 加强教育政绩考核和问责是加快教育发展的需要。一些地方政府官员受政绩观的影响，往往把教育视为周期长、见效慢、不易显示政绩的软任务，把施政的兴奋点、着力点放在容易显示政绩的“面子工程”上。实践证明，重视不重视教育，一个地方教育发展的快慢、好坏，在很大的程度上，是一个政绩观问题。

3. 加强教育政绩考核和问责是提高教育行政效能的需要。有责而不尽责，就要问责；有责而不问责，等于无责，会使许多人逃责。政绩考核和责任追究无疑是最触动地方官员神经和要害的一个关键举措。就像计划生育工作中的“一票否决制”，是对地方政府的一种最强有力的“问责”，收到了很好的效果。

二、政策建议

1. 确定刚性、简明、可操作的教育政绩考核标准。首先国家层面要制定比较完善的国家基础教育基本公共服务标准，包括教育投入标准（学校建设、生均公用经费、教师平均工资与教师配备等基本指标），教育质量标准（学生道德发展、身心健康和学业水平质量等基本标准），教育均衡指标（义务教育学校建设合格率、公共教育经费拨款均等化水平、城乡教师工资待遇差距程度、城乡教师流动率、各类教育结构比例等）。各省应在国家基本标准的基础上设定本省标准，还要随经济社会和教育事业整体发展水平做出及时调整。另外还有人民群众对本地区教育事业发展的满意率等。综合上述要素来考核地方政府的教育政绩。

2. 建立科学、民主、开放的教育政绩年度考核机制。实行政府内部教育督导考核与专家评价、公众评议相结合的评估办法。要将考核结果作为干部任用和奖惩的重要依据。对教育投入达不到法定标准，不能切实保障教师工资待遇，不能全面推进素质教育的，干部升迁“实行一票否决”。

3. 制定《教育问责条例》，建立完善的教育问责制度。教育问责制度是以提高教育行政效能为目的，以教育工作者履行对国家和公众的法定教育责任为依据，由有关机关对教育行政官员、教育工作者的失职渎职行为进行责任追究的一种教育监管机制。要通过制定《教育问责条例》，进一步明确教育问责的法律法规依据、教育问责的主体、教育问责的对象、教育问责的内容、教育问责的程序、教育问责的处罚类型、教育问责的申诉与处理、教育问责的监督等等。

4. 完善教育问责的实施和保障机制。进一步明晰各级政府的教育职责和职能分工，以建立科学的责任分担体系和责任追究机制；进一步明确各级权力机关、教育行政部门、教育督导机构在教育责任追究中的权力与责任，强化立法机关监督教育法律法规执行的责任；加强各级政府及其教育行政部门、教育督导机构对下级政府及其教育行政部门、教育机构的行政监督。

关于完善公共文化投入机制的提案

中国民主促进会中央委员会

中共十七大报告把建设“覆盖全社会的公共文化服务体系”作为实现全面建设小康社会的重要目标之一。加快建立覆盖全社会的公共文化服务体系，维护好、实现好、发展好人民群众基本文化权益，是各级政府部门应尽的职责和任务。

目前，从全国层面看，构建公共文化服务体系的任务十分艰巨。存在的问题主要有以下几个方面：

一是基层文化机构投入不足，公共文化服务体系建设缺乏有力的保障和财政支撑。2007 年，全国文化事业费总计 198.96 亿元，其中用于县、乡文化机构的经费仅 56.13 亿元。

二是城乡文化发展水平差距较大，农村文化投入明显不足。2007 年各级财政对农村文化投入占全国文化事业费的 28.2%，对城市文化投入占 71.8%。扣除对县级文化单位的投入，2007 年全国财政直接为 7.28 亿农民提供文化服务的乡镇文化站投入经费只有 14.99 亿元。

三是基层公共文化基础设施、设备落后。截至 2007 年底，全国有 77.7% 的乡镇文化站需要新建、改建；84.1% 的行政村没有村文化活动室。许多乡镇文化站由于面积狭小，设施陈旧落后，缺乏必要的活动器材和设备。据文化部 2006 年的统计数据，除北京、上海、江苏、浙江、广东等省、市外，其他省、自治区、直辖市平均每个文化站设备购置费不到 777 元，维修费不到 626 元。

四是为基层公共文化机构运转存在较大困难，公共文化服务资源总量偏少、质量不高。2007 年，全国有 33.1% 的县级公共图书馆无购书经费，农民人均图书拥有量仅 0.19 册。多数县级剧团有名无实，无法正常演出。2007 年，艺术表演团体到农村演出 25.7 万场，全国 61.27 万个行政村平均每村每年看不到半场戏。

加快构建覆盖城乡居民的公共文化服务体系，保障人人享有基本公共文化服务，落实十七大提出的促进文化大发展大繁荣任务的重要途径和必然选择。当前，加强公共文化服务体系建设，首要的问题是要建立稳定的、不断增长的公共文化投入机制，使公共文化服务体系建设具有强有力的财力保障和支撑。

为此，提出如下建议：

1. 根据各地经济发展水平的差异，建立差异化的公共文化服务标准体系。建议有关部门在充分调研的基础上，根据东、中、西部的不同发展情况，再制定出一个分类指导的公共文化服务标准体系。这个标准体系既要包括硬件设施的标准，也要包括服务内容提供的标准。

2. 建立公共文化服务体系的经费投入保障机制，保证公共文化服务网络、设施的正常运转。各级政府应确保财政对公共文化事业投入的逐年增加，且增幅不低于财政收入的增长幅度。建议县级以上财政的文化预算拨款占本级财政总支出 1% 以上，列入文明城市、文化先进县考核指标。政府投入既要加强设施建设，也要保障设施建成后的运转经费和活动经费，用人均指标来投入和管理。

3. 采取差异化的公共文化服务体系建设策略，适度强化中央财政转移支付的功能。在东部发达地区，逐步实行“以政府主导，以民间社会组织为主体，以全民普遍参与为核心”的公共文化服务体系建设模式。在中西部地区加强国家财政转移支付，对欠发达地区给予公共文化服务倾斜的制度性安排，保证一定数量的中央财政转移支付资金用于中西部地区乡镇和村的文化建设。

4. 建立公共文化需求反映机制。当前，公共文化服务体系建设在公共文化需求反映环节上制度设计相当薄弱。保障公民的文化权利，就要尊重他们文化需求的表达权和公共决策的参与权。在公共文化的设施建设与服务提供上，要让基层群众有充分发言权，建立一套自下而上的反馈机制。在具体政策上，应改变文化主管部门向基层文化事业单位（包括文化站和文化室）调拨文化用品，或直接提供文化服务的做法，改为提供资金额度，由基层文化事业单位（或社区文化中心、农村文化室）根据群众需要购买文化服务，到上级文化主管部门审核报销。

5. 引导社会力量参与公共文化服务体系建设。要进一步落实《国务院办公厅转发财政部中宣部关于进一步支持文化事业发展若干经济政策的通知》（国办发〔2006〕43 号）精神，鼓励社会力量对公益文化活动、项目和文化设施等方面的捐赠。设立文化发展基金和专项资金，政府支持、发动社会募捐建立。发挥彩票公益金的作用，保证这些资金有一部分用于公益文化事业的发展。

关于尽快修改《新闻出版管理条例》的提案

中国民主促进会中央委员会

2001 年 12 月，国务院修订颁布了《新闻出版管理条例》。此次修订，对履行中国加入世贸组织的承诺、抵御敌对势力的思想文化渗透、保护和发展中国出版业起了十分重要的作用。

但是自 2005 年中办、国办颁布两个 24 号文件出台以来，我国新闻出版业的改革开放逐步深化，新闻出版体制、机制也发生了根本性的变化。作为新闻出版业唯一的一部法规，《新闻出版管理条例》（以下简称“《条例》”）存在着诸多与形势发展变化不适应的地方。

1. 与体制方面发生的一些变化不适应。集约化经营的国家级和省级的出版集团出现了，并以公司化的方式治理下属出版社，出版社已经事实上成为集团的子公司，或是二级企业，面临主管主办制度与企业化运行不相适应等管理体制上的新问题。

2. 与经营方式上发生的一些变化不适应。我国原有出版单位的企业化转制正在进行，已经形成若干大型出版产业集团。对于“出版产业”的有关规定，《条例》中还是空白。

3. 与经营范围上发生的一些变化不适应。出版集团等已经拓宽了业务范围，拓展了产业链条。《条例》中对“出版经营活动”却没有明确规定，对“出版活动”的规定仅“包括出版物的出版、印刷或者复制、进口、发行”，现在较普遍存在的“网络出版等经营活动”和“其他形态的大众传播媒体”等在条例中没有规定。

4. 与入世后发生的一些变化不适应。《条例》中只规定在分销业务中可以有中外合资经营企业、中外合作经营企业、外资企业。但事实上，有些外资已经进入出版领域。

在出版体制改革和加入世贸组织的大背景下，作为新闻出版业唯一一部法规，《条例》必须适应这种新要求、新变化。要进一步解放思想，以科学发展观统领，依据发展变化的现实，尽快启动修改《条例》的程序，对与出版事业和出版产业快速发展不适应的有关规定予以修订。为此，提出如下建议：

（一）明确对出版产业的规定。目前国家发展包括出版产业在内的文化产业的大政方针已定。出版产业已成为国民经济发展新的增长点和支柱产业。原《条例》第一条中仅仅提“出版事业”，没有“出版产业”，建议依据发展变化的现实，加入“出版产业”的表述。

（二）明确对出版经营活动的规定。有“出版产业”，则有“经营”活动。在科学技术发展日新月异，传播媒体形式不断更新的今天，应允许出版单位根据市场经营的需要自主选择新的媒体形式，逐渐实现出版单位都可以根据市场需求自主的选择媒体形式。建议将《条例》第二条中对“出版活动”的规定改为对“出版经营活动”的规定，增加网络出版和其他形态的大众传播媒体等新的出版活动内容。

（三）对现有的主管主办制度进行改革。目前，主管主办制度已经成为出版业改革中比较突出的问题，在一定程度上对出版业的改革和发展产生了很大影响。出版社转为企业后要实行现代企业制度，面临主管主办制度与企业化运行不相适应等管理体制上的新问题。为适应出版业改革和发展，特别是出版单位转企改制后的需要，应尽快研究和解决主管主办问题。建议有关部门就此问题进行调研，在调研基础上提出出版事业和出版产业区别对待的主管主办制度，并将其体现在《条例》的修改中。

（四）明确出版行业协会的法律地位和功能，推进现有出版行业协会的体制改革。将第八条改为：出版行业的社会团体按照其章程依法开展活动。在出版行政部门的指导下，履行法律、法规授权或者出版行政部门委托的行业管理职能，发挥维护行业利益和行业自律管理功能。国务院出版行政部门应当依据相关法律、法规的规定，制定出版行业社会团体的活动规则。

（五）对外资进入出版业的范围和权限予以明确规定。鉴于一些外资已经进入我国出版领域的实际情况，应在《条例》中对外资进入出版业的范围和权限予以明确规定，以便对外资企业出版经营活动加以规范引导。

关于从战略高度支持我国出版业“走出去”的提案

中国民主促进会中央委员会

当今世界，文化是国家“软实力”的直接表现。伴随着改革开放，中国的国际影响力越来越大，而我们文化传播、传媒的影响力与我国经济地位和国际政治地位均不相称。出版物是文化的主要载体，出版“走出去”是文化“走出去”战略的核心。出版只有“走出去”，把中华文明推向世界，才能让世界更了解中国、认识中国、理解中国，从而树立中国良好的国际形象，为我国的社会主义现代化建设赢得和平发展的国际环境。出版只有更好地“走出去”，才能抵御外国的文化渗透。出版“走出去”，关系到我国在国际政治中的地位和国际影响力。因此必须将我国文化“走出去”上升到国家战略的高度加以支持。

近年来，为鼓励各国出版机构翻译出版中国图书，国家先后出台了“金水桥计划”和“中国图书对外推广计划”，对推动出版“走出去”起到了积极作用。但是，目前我国出版业“走出去”的状况还不如人意，存在着问题和不足，具体表现为：（1）我国图书版权贸易一直存在严重贸易逆差。本世纪初，我国出版引进和出口的比例是15:1，近年来经过不懈的努力，2006年缩小到5:1；2007年引进版权10255项，输出版权为2571项，但仍有很大差距。（2）我国版权输出地域十分有限。主要输往东亚和东南亚受汉文化影响的国家，很难进入出版业更加发达的欧美市场。（3）我国出版物输出语种单一，主要是中文版权直接输出，有少量是英文版权，其他语种的版权输出几乎没有。（4）我们版权输出的内容多集中在汉语学习、中医、体育、养生、旅游等方面，能够较为深刻地体现中国传统文化价值、展示当代文化成果，特别是反映改革开放30年巨大变革的作品寥寥无几，社会科学著作更近乎为零。

目前我国出版难以“走出去”的原因有很多，我们认为主要有以下几点：第一，翻译质量不高。中国文化内容博大精深，语言丰富繁杂，客观上加大翻译工作的难度。很多优秀出版物翻译成外文后，只进行了语言形式的转换，却丢弃了精神实质；其次，外国历史文化传统和思维方式与我们不同，但我们在版权输出时没有充分考虑到这种文化差异；再次，我国对外输出版权的渠道不通畅；第四，出版社对“走出去”积极性不高，进口出版物和国内出版物的利润均高于出口；第五，缺少必要的政策支持。相对世界许多国家的通行做法，我国政府对出版业“走出去”的支持力度还不够。

为此我们建议，国家要对出版业“走出去”给予大力支持。

第一，制定对外出版战略，并纳入文化走出去的总体战略部署。既要明确主题、内容、方法、步骤，又要针对不同地区、不同对象有的放矢；既要有长期（10年、20年）规划，也要有短期（1年、2年）部署；既要重视总体战略规划，也要重视具体操作方法和措施。出台金融、财税、外贸、投资等系统支持政策，建立资助和扶持对外出版事业发展的长效机制。

第二，实施国家对外出版交流品牌战略。组织一批精通中华经典作品的专家，选定不同种类和内容的出版物，再组织一批优秀的翻译专家将其译为不同语种的外文作品，然后组织一批有出版实力的企业印制这些精品出版物，为落实文化“走出去”准备充分的拳头产品。

第三，进一步完善“中国图书对外推广计划”。将中国图书对外推广网与国家版本图书馆 CIP 数据库、书号管理系统连接，把可能输出版权的图书相关资料翻译后放在网上，利用网络营销；将推荐翻译书目分成特别、优先和一般翻译书目三类，设立不同资助标准；建立推荐单位备案制度和监督、奖惩责任机制，保证对外出版物按计划出版；策划外向型选题，依靠海外汉学家以及有权威和资信的国外代理公司的优势，加强国际合作；加快发展我国图书版权输出中介服务组织；引导和帮助出版集团和大型出版企业强强联合、共同开拓海外市场。

第四，加快建设高水平的人才队伍。一是加大翻译队伍建设力度，设立国家翻译学院、翻译基金和国家翻译奖；建立和完善翻译人才队伍的管理制度；设立全国翻译人员的信息资料库，大力培养翻译家。二是加快建设出版经营队伍，培养通用型和高水平的经营管理和版权代理人才。

第五，推广“国内翻译，国外出版”新模式。既可以有效地弥补外国翻译家难寻和翻译费用居高不下的矛盾，同时可以充分发掘中国外语专家的作用，推动版权顺利输出。

关于制定《失地农民社会保险条例》的提案

中国民主促进会中央委员会

随着我国城镇化和工业化进程的加快，农村集体土地被大量征用，失地农民作为农民中的一个特殊群体，数量迅速扩大。据预测 2020 年我国失地农民总数将达 1 亿人以上。目前，由于我国城乡二元经济社会结构的现状以及法律法规不完善等原因，农民失去土地的同时也失去了附着于土地之上的一系列权益，而其他形式的社会保障还处于探索阶段，失地农民生活、就业、养老、医疗等一系列问题亟待解决。如何妥善解决失地农民问题，尤其是他们的社会保障问题，从而从根本上保障失地农民的基本生活和长远生计，是保持社会稳定的客观需要。通过对失地农民现状和社会保障模式进行调研，我们建议国务院尽快制定《失地农民社会保险条例》（以下简称“《条例》”），逐步建立完善失地农民的社会保障法律制度。

一、制定《失地农民社会保险条例》的必要性

1. 正在修订的《土地管理法》拟增加针对失地农民的征地补偿和社会保障的相关条款，但作为一部土地管理的专门法律，不宜对失地农民的社会保障规定过细。因此，出台一部包含失地农民就业、养老、医疗等内容的专门法规就显得十分必要。

2.《社会保险法》（征求意见稿）作为社会保险领域的“基本法”，在现有条件不成熟的情况下，对失地农民这一特殊群体没有专门条款规定。因此，在实际解决失地农民社会保障的具体问题时，必然会遇到一定的障碍，带来很多问题。所以必须出台一部过渡性的行政法规，将失地农民社会保险纳入法制轨道，并逐步融入统一的城镇社会保险制度。

二、制定《失地农民社会保险条例》的重要性

首先是解决被征地农民的长期基本生活保障的需要。现行的征地土地补偿标准过低，且大都采用单一的货币安置方式，对失地农民的生活起不到长期保障作用。通过《条例》将失地农民全部纳入社保，将从根本上解决失地农民的长远生计问题。

其次有利于推进城镇化的进程。失地农民的社会保障问题如果不能有效地解决，势必会增加农民出让土地的后顾之忧，从而增加土地征用过程中的工作难度，影响城镇化进程。《条例》将推进失地农民更好地融入城镇生活与生产环境。

再次有利于实现城乡社会保障一体化。把出台《条例》作为社会保障城乡一体化的突破口，通过建立失地农民社会保险制度，将失地农民逐步平稳地纳入社会保险体系，逐步建立起城乡统一的社会保障制度。

第四有利于实现社会公平正义。没有在城市正式就业的失地农民是处于农民和城市居民之间的一个特殊群体，他们为城市化作出了重要的贡献，国家应当为其建立适当水平的社会保障，使其能从土地增值和城市发展中真正获得利益。

三、制定《失地农民社会保险条例》的原则

1. 统一立法原则。《条例》应严格规范失地农民社会保障制度的改革、运行和管理，为失地农民社会保障提供必要的法律保证。要突出目标、任务、最低保障标准方面的统一。在统一的前提下，允许合理差别。

2. 保障基本生活原则。《条例》应该坚持低水平、广覆盖、保基本的原则。在保障基本生活基础上，可随着经济发展来逐步提高保障水平。

3. 与现行社会保险制度相衔接原则。在制度设计上，失地农民社会保障制度应具有一定的相通性和兼容性。(1) 未来能够纳入城乡一体的社会保障体制。(2) 与当前农村社会保障制度相衔接。(3) 以当前失地农民社会保障制度为基础。

四、其他具体建议

1. 建立专项基金。资金的筹集方面，政府出资部分不低于保险资金总额的30%，从土地出让金中列支；集体补助部分不低于保险资金总额的40%，从土地补偿费中提取；个人承担的部分不高于保险资金总额的30%，从征地安置补偿费中抵交。集体和个人缴纳的费用进入个人账户，政府补助金进入社会统筹账户，实行个人账户与社会统筹相结合的制度。基金的管理和运营方面，应将管理机构与经营机构分开设置，引入市场机制，并依法严格监管，确保基金安全和保值增值，并保证基金支出用于失地农民的养老、医疗和就业等方面。

2. 建立管理机构。设立省、地（市）、县（市）三级失地农民社会保障管理机构，可从目前各级劳动保障厅（局）所属的社会保险事业管理局（中心或处）中增设。可在乡镇一级设立劳动保障事务所，负责被征地农民社会保险工作。

关于完善相关政策，保障国家粮食安全的提案

中国民主促进会中央委员会

粮食安全是国家安全的基础，对于实现全面建设小康社会目标、构建社会主义和谐社会具有十分重要的意义。2008 年上半年国际粮价大幅走高、呈现世界性粮食危机，为我国敲响了保障粮食安全的警钟。

尽管我国粮食已连续 5 年增产，稻谷、小麦、玉米等谷物供求基本平衡，储备充足，市场供应充裕，但保持农业稳定发展和农民持续增收的难度加大，确保国家粮食安全的任务依然艰巨。尽快构建与完善国家粮食安全的政策扶持，是保障国家粮食安全之根本。

目前，影响粮食安全的问题除自然因素外，还突出表现在产粮区承担粮食安全的义务未能得到合理补偿，地方政府抓粮缺少动力；农民种粮效益比较低；农业发展受困于融资难瓶颈；粮食管理体制不顺，宏观调控乏力；涉及粮食生产流通的法律法规保障有待完善。中共中央、国务院《关于 2009 年促进农业稳

定发展农民持续增收的若干意见》提出的措施将有力促进上述问题的解决，但仍需配合出台与之相适应的具体政策和落实意见，为此我们建议：

1．对种粮大省、种粮大户实施政策倾斜

（1）建立健全对粮食主产区的利益补偿机制，让主产区因承担粮食供给义务而造成的“机会成本”损失获得合理补偿。一是根据主产省每年实际调出粮食数量，适度增加省粮食风险基金规模，地方配套部分由中央预算拨付。二是按照与粮食商品量、粮食产量挂钩的原则，将现有的对产粮大县奖励政策扩大到所有产粮大县。三是出台消化或核销粮食核心产区省粮食政策性和经营性财务挂账政策措施，腾出资金用于支持地方粮食生产和储备。四是将农业技术推广和服务经费统一纳入国家、省财政预算，减轻地方政府和农民的经济负担。

（2）新增种粮补贴向种粮大户倾斜。在稳定现有种粮补贴的基础上，对新增补贴，应着重提高补贴质量，放大补贴效应。新增补贴向种粮大户倾斜，培育和扶持专业种粮大户，鼓励适度规模经营，最大限度地发挥农业补贴的杠杆效应。国家还需尽快调整现有粮食直补方式，由使用权所有者的计税面积转向实际种粮人的种粮面积，确保补贴到位。

（3）增加粮食主产区农田水利等基础设施建设投入。对于承担国家粮食安全的主产区，国家应加大支持基本农田水利设施建设的力度。同时，完善机械装备尤其是农机的补贴机制，改购买补贴为服务补贴，避免个别农民以先买后卖方式将补贴变现，损害国家利益。

2．构建合理的粮食定价机制

一是健全粮食价格与生产成本和农民收益的联动调节机制，重点加强对粮食生产成本收益的动态监测，完善粮食价格与农民收入增长的联系机制，根据成本变化确定粮食最低收购价水平，并建立合理的增长幅度，保持农民收入稳定增长；二是理顺粮食与其他农产品的比价关系，实现整个农产品市场的稳定、有效供给；三是建立国内粮价与国际粮价的合理衔接机制。

3．建立多层次的粮食储备体系

合理界定中央和地方储备管理权事，依法强化储备粮监管。加大地方政府储备数量，在主销区实行强制性储备制度，减轻产区的储粮压力，保持合理的粮食储备格局。

4．加强粮食物流体系建设，进一步提升粮食宏观调控能力

既要建立充满活力的竞争机制，又必须保持政府强有力的应急干预能力，必须保持国有粮食企业在粮食流通领域的主渠道地位。同时，加强行业监管，在WTO框架内提高跨国公司进入我国农业领域的门槛，防止跨国资本对我国农业及粮食流通产业链的控制。

5．尽快出台《粮食流通法》和《农业保险法》

以法律形式明确各级行政管理部门在保障国家粮食安全、粮食宏观调控、粮食市场监督等方面的职能作用。在《农业保险法》出台条件欠成熟的情况下，可考虑先行出台《农业保险条例》，让农业政策性保险为国家支农、惠农、强农政策更好地发挥作用，成为保障国家粮食安全的有效支撑。

6．建立监管机制和机构

在中央设立国家粮食安全委员会，负责研究、拟订国家粮食发展战略，审议粮食安全和粮食发展中的重大问题；在地方落实粮食行政首长负责制。

关于完善新型农村社会养老保险制度的提案

中国民主促进会中央委员会

我国从 1991 年进行农村社会养老保险试点（俗称“老农保”），其模式为个人缴费为主、集体补助为辅，国家和地方政府只给予政策扶持而没有资助补贴。1992 年，民政部制定了《县级农村社会养老保险基本方案》，至 1998 年，曾覆盖 2200 个县、参保农民高达 8200 万人。由于实行土地联产承包责任制以后，农村集体经济基本解体，绝大多数农民无法从集体获得养老保险的补助，农民社会养老保险资金几乎全部来源于个人缴费及利息，缺乏社会保险应有的社会互助机制和统筹功能。加上农民的平均收入水平较低，选择农保缴费标准时往往就低不就高，到时领取养老金时标准也很低。据统计，目前按“老农保”领取养老金的农民中，每月 200 元以上的仅占 5.3%，每月 100 元—200 元的占 15.3%，每月 50 元—100 元的占 19.7%，每月 50 元以下的占到 59.7%，甚至有的农民领到的养老金每月仅为几毛钱，实际起不到养老保障作用。

2003 年以后，从发达地区开始，一些地方尝试建立起个人、集体、政府三方筹资、具有统筹保障功能的新型农村社会养老保险制度（以下简称“新农保”）。目前，全国已有 31 个省（直辖市、自治区）、1900 多个县级开展“新农保”，发展势头良好，但也存在一些突出问题，主要表现为：

一是缺乏规范性的法规指导。《县级农村社会养老保险基本方案》只是部门规章，且由于制定时间较早，内容早已滞后。各地的“新农保”试点基本是“一地一策”甚至“一地多策”。制度的不统一，导致各地农民在缴费、补贴以及享受待遇的标准等方面千差万别，给国家整合农保模式造成沉重的成本负担。

二是一些地方财政投入还不到位。一些地方政府为吸引农民投保，盲目允诺财政补贴的比例和增速，但实际上养老保险账户上只有农民缴纳的资金，地方政府并没有进行配套。

三是农村社会养老保险基金管理存在缺陷，保值增值问题突出。由于管理体制的不完善、监管力度不够，一些地区出现农村养老基金被挤占、挪用现象，基金安全缺乏保障。另外，农保经办机构作为自收自支事业单位，其经费来源要从当年收取的保费中提取，导致了基金的流失；基金运营渠道单一，没有进行专业管理，致使保险基金保值增值问题突出。

中共十七大报告提出“加快建立覆盖城乡居民的社会保障体系”，今年中央一号文件提出建立新型农村养老保险制度，应按照中央部署加快新农保试点工作。为此，提出如下建议：

1. 制定“新农保”制度建设的指导性法规。应在总结各地试点经验的基础上，借鉴国际通用做法，出台以国务院名义制定的指导性法规。对新农保的筹资原则、缴费基数、覆盖对象、财政补贴办法、基金积累模式、待遇标准、领取年龄、工作经费来源等做出制度一致、标准有别的制度安排。

2. 国家财政对中西部地区给予财政支持。对新农保的政府补贴部分，中央财政可采取分类补贴政策，东部发达地区全部由地方财政承担，中央财政对中、西部地区给予适度补贴。可将农村养老保险分为纳费型养老与非纳费型养老两种。纳费型农村养老保险基金由国家、集体、个人三方筹资，标准可以适当提高；贫困地区困难人群养老保险应以非纳费保险为主，直接由国家财政为农民建立基本养老保险。

3. 健全养老保险基金管理制度。提高基金统筹层次，实行省级统筹管理，县级核算的模式。制定养老保险基金管理的各项规章制度，对养老保险资金实行专户存储、专户管理、专款专用。同时，还要建立严格的监督审核制度，国家审计部门要定期对养老保险资金进行检查，保障农村社会养老保险资金的正常运转，切实杜绝基金的挤占、挪用现象。

4. 实现养老保险基金的保值增值。新农保经办机构的办公经费、人员工资等费用应明确由政府财政承担；在基金的运营上，要实行行政管理与基金运营相分离、坚持市场化运营的原则，通过市场化公开招标的方式选择专业的基金管理公司负责运营管理。投资时应进行多元化组合投资运营，如购买国家债券、企业债券、参与国家重点项目建设等，提高基金运营效率和收益率。与此同时，建立投资风险防范机制，由政府提供投资风险的最终担保。

关于修订《土地管理法》及相关法规的提案

中国民主促进会中央委员会

中共十七届三中全会作出的《中共中央关于推进农村改革发展若干重大问题的决定》（以下简称“《决定》”），对于强化农民承包的长期行为，促进土地经营规模的扩大，城乡建设用地实现同地同价，让农民分享工业化、城市化的成果，无疑将起到积极的作用。但是，我国现行的土地法律法规还存在着一些与《决定》的精神相矛盾的问题，为全面贯彻落实《决定》精神，并将其体现在国家法律之中，提出建议如下：

一、重新修订《土地管理法》

在不改变现行《土地管理法》的基本原则和制度框架下，对现有土地管理制度进行适宪性完善。

1. 进一步强化耕地保护。一是建立有利于耕地保护的利益机制，对保护耕地特别是基本农田的农民给予补贴；二是划定永久基本农田，将其规定到法律中去；三是实行耕地先补后占制度，确保耕地得到有效补充；四是增加耕地保护目标责任制的规定，落实耕地保护责任。

2. 维护农民土地的合法权益。一是缩小征地范围，土地利用总体规划确定的城镇建设用地范围外从事非公益性项目的，允许农民参与开发经营；二是允许集体土地进入市场流转，对于依法取得的农民集体建设用地（不分圈内圈外），在符合规划的前提下，通过入股、联营、出租等方式参与经营。圈外的集体建设用地，允许入市转让；三是改革征地补偿方式，实行同地同价；四是对被征地农民给予社会保障。

3. 调整土地收益分配关系。一是土地出让收益更多用于失地农民的社会保障、农地保护、农村基础设施建设；二是明确集体建设用地流转的收益分配。

4. 简化审批程序，提高审批效率。坚持中央对用地总量严格控制和监管的前提下，赋予地方在法律规定的范围内一定的灵活调整用地的自主性。

5. 强化土地管理和利用的法律责任体系建设。一是将地方政府作为关键的责任主体纳入法律制度，改变过去国土部门独自承担土地违法责任的现象。二是规定地方政府在耕地和基本农田保有量、建设用地总量、城市边界增长控制和土地违法监管等方面的责任，实行行政首长负责制。三是建立各有关部门按分工进行监管的土地违法处理机制和责任追究机制。

6. 国家建立了土地督察制度，国土资源部近年了也出台了不少规章、文件，各级地方政府形成了不少创新经验，这些都应反映到此次修法之中。

二、修订其他相关法规

关于城乡建设用地使用权的问题：根据《决定》精神，集体所有的土地可以进行非公益性城市建设开发，这就要求设立农村集体建设用地使用权。为此建议：

1. 给予城市国有建设用地和农村集体建设用地相同的地位，在程序上对两者进入市场采取相同的方式。将《物权法》第135条修改为“建设用地使用权人依法对国家或集体所有的土地享有占有、使用和收益的权利，有权利用该土地建造建筑物、构筑物及其附属设施”，将现行的建设用地使用权的客体扩大到集体所有的土地。

2. 放宽现行城市建设用地管理法律法规中对于城市建设用地范围的制约。在修订《城市房地产管理法》有关规定的同时，增加关于集体土地用于城市非公益性建设的程序规定。

· 关于农村土地承包经营制度的问题：根据《决定》精神，应当改革现行农村土地管理制度，赋予农民更加灵活、完善的土地承包经营权。为此建议：

逐步探索、发展农村土地经营权的流转形式，强化农村土地经营权流转的稳定性。鉴于目前集体组织以外的单位或个人参与农业开发已有不少实践，在《农村土地承包法》中可将农村土地承包经营权的主体扩大至农村集体经济组织以外的单位或个人，允许其承包集体土地或国有土地从事农业生产，并通过法律对程序和方法予以确认。

关于建立涉诉信访长效机制的提案

中国民主促进会中央委员会

信访工作是构建社会主义和谐社会的基础性工作，而涉诉信访是社会矛盾在人民法院司法活动中的集中体现，是信访工作的重中之重。做好人民法院的涉诉信访工作，是“三个至上”原则和全面落实科学发展观的基本要求，关系人民群众的根本利益。当前，由于司法对新利益冲突应对的不及时和人民法院涉诉信访工作机制的不完善，涉诉信访形势严峻：总量高位运行；重访率较高，冤、错案件依然存在；闹访、暴力访、集体访时有发生；越级上访情况普遍等等。

针对上述问题，我们建议：

第一，加强源头治理，减少和化解涉诉信访。

一是加强法院内部各审判一线发现矛盾、调处矛盾的司法能力，大力提高审判质量，切实加强信访部门的协作、加强纠纷矛盾排查力度，形成快速反应机制，确保涉诉信访问题得到有效处理。

二是在立案、审判、执行各个阶段大力开展涉诉信访的预防工作。要妥善受理、处理敏感性、群体性纠纷案件，既要保护当事人的合法权益，又要防止激化矛盾。加强诉讼风险提示，增强当事人的证据意识、程序意识。

三是完善建立多元化纠纷解决机制。做好人民调解与诉讼调解的制度衔接；充分发挥人民陪审员、特邀调解员和律师在化解矛盾纠纷中的作用；正确处理审判与仲裁的关系，尊重依法作出的仲裁。

四是确立化解纠纷矛盾为审判工作的重点，探索法官司法裁判权的恰当运用，实现裁判说理与判后、执行释疑的工作结合。坚持判后答疑、执行答疑的运行机制，并将其与司法裁判权的恰当运用结合起来。

第二，实行多层次问责机制。

一是实行涉诉信访首问责任制度，实现纠纷矛盾的及时发现。发现问题及时汇报，接受汇报的领导要作出相应处理，明确责任部门和责任人。

二是实行重大涉诉信访案件领导负责制度，实现纠纷矛盾的精准把握。由责任单位的主要领导为第一责任人，推动案件及涉案问题的解决。分管信访工作的领导为直接责任人，抓好案件处理工作的落实。

三是实行涉诉信访问题解决责任追究制度，实现纠纷矛盾的穷尽解决。对在审判环节，由于司法行为不规范、不公正，案件存在质量问题造成涉诉信访的，实行责任倒查制，追究有关责任单位、责任人的责任。

第三，完善立案机关协调、研究、指导的综合工作职能。

一是完善再审案件审查、涉诉信访流程管理机制。人民法院要严格遵循审判规律，建立完整的覆盖全院的再审案件审查、涉诉信访流程管理体系。

二是加强处理涉诉信访工作调研、指导与信息交流。将处理信访突出问题及群体性事件工作纳入法制化轨道；加强与党委、人大、政府之间以及本单位其他部门之间的信息沟通交流；上级法院立案、信访机关应加强对下级法院信访工作的综合指导。

第四，做好涉诉信访案件督查督办工作。

一是确定上级交办、进京上访老户案件为督查督办的工作重点。严格规范程序，原则上要公开案情、公开诉求、公开办案过程、公开处理结果。

二是确定督查督办的工作机制。制定信访案件的协调、转移、督办及考核考评制度，整合信访资源，实现信息互联，建立起督查督办常态化机制。

第五，建立法官一线接访和涉诉信访工作绩效考评机制。

一是建立法官轮流一线接访机制。使审案法官有针对性的对自己所承办案件给予答疑，使法官在接访中提高对上访问题的认识。

二是建立涉诉信访工作绩效考评机制。对工作成绩突出的要给予必要的精神、物质奖励，对不重视涉诉信访工作导致工作效能低下，甚至工作失误的单位和责任人，视情节给予必要处罚。

第六，推进涉诉信访“文明窗口”建设。

积极开展信访“文明窗口”建设，加强窗口软件建设，建立健全岗位责任制度、值班制度、突发事件应急处理预案等规章制度；提供便于操作的信息查询系统，公开信访办事流程，推行一站式服务。配备必要的警力维持信访秩序，配备安检设备，保障接访人员和人民群众的人身安全。

关于实施水库清淤工程，促进水资源可持续利用的提案

中国民主促进会中央委员会

水库在经济发展和环境保护方面有着不可替代的重要地位。我国现有的水库多数是在上世纪50—60年代投资兴建的，缺乏有效的排沙设计，经多年的运行已普遍出现泥沙淤积现象，严重削减了水库的有效库容。在已经不可能大量新建水库的情况下，应用已有的科学技术手段和工程装备条件，推动实施水库清淤工程，挖掘现有水库的蓄水潜力，充分发挥现有水库的功能，是促进水资源可持续利用、缓解水资源危机的一条切实可行的有效途径。

一、水库淤积危害巨大

我国现有水库87085座，年供水能力2400亿 m^3，占全国年供水能力的37%。但是，现有水库泥沙淤积相当严重，部分水库已经报废，而不少报废的水库由于没有新库可替代仍在使用。水库淤积造成巨大经济损失。以陕西省为例，按年均淤积5000万 m^3、新修库容12元/ m^3 计算，年损失就达6亿元；若计算修建水库所占用土地、移民补偿等在内，实际损失远不止于此。由于库容的减少，导致灌溉、防洪、发电、航运、供水等效益也随之降低，由此造成的间接损失是难以估量的。

二、清淤条件基本具备

我国对水库淤积的研究开展较早，已取得一定成果，基本具备必需的技术设备和方法，一些省市在清淤实践中也取得了很好的经验，如广东省将科学研究与试点工程紧密结合，清淤工程与淤积泥沙资源化利用互相促进；厦门市以恢复库容和改善水质为目标，结合周边环境综合整治开展清淤工作；杭州市余杭区结合水库除险加固工作开展水库清淤，提高了效率，降低了成本等。而清淤成本也低于新建水库成本，还具有不占用耕地、不产生移民的优点。

实施水库清淤工程不但可以增加水库库容、改善库区水质，而且技术上可行，相对成本较低，淤积泥沙资源化利用还能带动相关产业发展。目前在全国范围内还未大规模展开水库清淤工作，主要原因是投资还只侧重于开展大规模的病险水库除险加固工作，水库管理单位没有用于水库维修养护的专项资金，更没有水库清淤专项资金。

为此，建议：

1．安排专项资金，启动水库清淤工程

结合国家扩大内需、促进经济增长的措施，增加安排专项资金启动实施水库清淤工程。安排水库清淤专项资金不应挤占原有病险水库除险加固资金。

从目前情况来看，大型水库淤积情况相对较轻，中小水库淤积较重，尤其是部分中小型水库及山塘水库情况非常严重。中小型水库在枯水期更易于排干，为清淤创造了有利条件。因此，中小水库可以作为当前开展水库清淤工作的重点，将水库清淤与除险加固工作相结合，以降低清淤成本。

2．开展专项调研，摸清淤积情况

建议水利部门结合全国病险水库排查工作，在全国范围开展一次水库淤积情况的普查。在掌握情况的基础上，综合考虑水库淤积严重程度、影响范围等，按照轻重缓急部署清淤工作。

3．探索因地制宜的清淤模式，积累经验

目前一些清淤工作试点已经初步取得了一些经验，建议水利部门及时调研，进行总结推广。鉴于各地情况不同，各类水库情况不同，应在总结已有经验的同时进一步分类开展试点工作，选择典型省份的典型水库率先开展清淤工作，为下一步大规模的全面清淤积累经验。

4．鼓励清淤工作与水库日常运行维护相结合，建立清淤长效机制

我国大多数河流含沙量较高，水库泥沙淤积的情况不可能在短期内改变，水库清淤也不可能一劳永逸。要探索建立水库清淤长效机制，为水库管理部门配备必要的清淤设备，定期进行清淤，实现清淤工作常态化。试行按清淤量拨款补助，同时出台税收减免政策，鼓励发展淤积泥沙资源化产业。

5．开展清淤科研攻关，提供支撑技术体系

建议水利部门联合科技部门，立项开展对清淤技术的进一步研究；进行清淤装备改进的科技攻关，以保证清淤时水库水质不受二次污染；进一步开展对水库淤积泥沙资源化利用的科研，以“化害为利”为构想，实现淤积泥沙的资源化产业化利用，降低清淤成本。

关于推进我国城市污泥规范处理与资源化利用的提案

中国民主促进会中央委员会

城市污泥是城市污水处理过程的产物。近年来，随着我国污水处理能力的快速提高，污泥量也同步大幅增加。根据发展规划，全国城市污水处理总规模将由 2005 年的 0.6 亿吨/日增加到 2010 年的 1 亿吨/日，全国城市污泥量也将由 2005 年的 3 万吨/日增加到 2010 年的 5 万吨/日。

城市污泥具有两面性。一方面，污泥中含有寄生虫卵、病原微生物、有机化学毒性物和重金属等，不处理或处理不当会严重影响人类健康和生态环境。另一方面，污泥属于有价值的可再生资源。如何将污泥进行无害化、资源化处理，是环保的重大课题。

目前，我国多数城市对城市污泥的主要处理方法是利用垃圾填埋场或矿坑作简易填埋，由于未对污泥进行稳定化处理，严重影响卫生填埋作业和垃圾填埋场使用年限。简易的填埋也侵占了大量土地资源，并产生二次污染。一些城市的污泥处理监管较为薄弱，污泥被临时堆存，甚至被违法倾倒，污染江河水质，

前期污水处理的效益化为乌有。

我国城市污泥处理工作没有有效开展的主要原因有：

1. 重视不够。城市污水处理是“考核硬指标”，城市污泥处理是“软任务”，认识上“重水轻泥”。多数城市建设总体规划没有涉及污泥处理内容，城镇生活污水处理及固体废物处理规划也没有涉及城市污泥处理。

2. 法规和管理缺位。现有法律法规缺乏对城市污泥处理的相关规定；各级建设行政主管部门、环保部门等对城镇污水、污泥处理都具有管理职能，但未能有效协同；在城镇污水处理厂的建设、验收和管理问题上，也没有污泥稳定化处理的相关要求。

3. 投入不足。目前，各地区的污水处理收费标准相对偏低，难以支持污泥规范处理；对污泥处理设施的投入不足，严重影响污泥集中处理和资源化利用工程的建设；由于缺乏有效的组织和扶持政策，污泥处理的规模化、产业化和市场化也举步维艰。

污泥处理是污水处理工作的重要组成部分，事关污水处理的成效和城镇生态安全，为推进城市污泥规范处理与资源化利用，我们建议：

1. 国家有关部门联合部署，推进地方的污泥规范处理和资源化利用工作。建议国家环保部和建设部联合调研，在充分掌握污泥处理及再利用现状的基础上，联合发文，要求地方政府把污泥处理视为污水处理不可或缺的重要环节。同时，尽快制定有关污泥处理的技术规范，指导各地的污泥处理工作。

2. 完善有关法规、政策和管理机制。

（1）制定推进城市污泥规范处理和资源综合利用的法规和政策。建议制定城市污泥规范处理和资源化利用的管理办法；抓紧制定《资源综合利用条例》、《再生资源回收利用管理条例》；完善资源综合利用产品的认定工作，明确把城市污泥列入《资源综合利用目录》。

（2）理顺污泥处理的管理体制，加强相关部门的协调。有关部门应联合制定城市污泥处理专项规划，并将城市污泥处理纳入城市建设规划和环境保护规划。城市建设主管部门应做好城市污水处理厂规划和建设的监管工作，明确规定凡缺少污泥处理设施的污水治理工程不得通过验收；环保部门应将污水处理厂的污泥处理管理纳入日常监管体系，严防违法排放污泥。

3. 努力培育城市污泥资源再生产业。政府有关部门应制定促进城市污泥资源再生产业发展的规划，并给予政策和财政上的支持，拉长城市污泥处理的产业链；主动协调、帮助污水处理厂与其他相关企业联合进行污泥资源化处理，并对利用城市污泥的行业和产品给予减免税等相关奖励。

4. 制定合理的污泥处理收费政策。污泥处置费用较高，政府有关部门应尽早研究污泥处理运行费问题，在加强宣传、提高全社会对污泥处理问题的认识的基础上，进一步健全污水处理价格机制，将污泥处理成本纳入污水处理收费范围，适当增加污水处理的收费价格，保证污水、污泥处理的可持续性。

5. 加强城市污泥资源综合利用处理技术的研发。加大城市污泥处理技术开发研究的资金投入和财税支持力度，进一步完善现有的试点成果，并因地制宜进行推广。

关于创新机制，解决中小企业融资难问题的提案

中国民主促进会中央委员会

融资难一直是中小企业发展的瓶颈问题，各级政府对此高度重视并推出一系列积极措施解决中小企业的融资难问题。2008 年以来，受金融危机影响，中小企业的困难加剧。当前，启动内需已成为我国应对危机、实现经济持续增长的关键。据统计，我国中小企业占全国企业总数的 99%，提供的就业机会占我

国城镇就业机会的75%。其发展状况，直接影响我国的就业和经济增长。

中小企业融资难的原因，除中小企业自身的原因外，主要包括：

1. 金融机构对中小企业“惧贷、惜贷”。银行放贷要考虑贷款安全性和成本问题。大型企业信誉好，贷款量大，银行放贷的单位成本相对较低；中小企业贷款量少，需求紧急，银行放贷的单位成本相对要高，贷款的风险也高。与大企业相比，中小企业自然难以获得贷款。此外，抵押贷款和担保贷款是中小企业从银行获得贷款的主要方式。许多中小企业，尤其是微小企业没有多少可用于抵押的资产；即使是担保公司也要求有相应的抵押物，同时还会有附加条件，抬高了贷款的门槛。

2. 政府有关部门对中小企业融资的政策支持力度不够：（1）出台的扶持政策，往往只有指导性意见，缺乏有力措施。（2）直接用于扶持中小企业发展的资金有限，中小企业发展基金和科技创新基金难以惠及众多中小企业。（3）信用担保体系不完善。政府对担保事业投入少，对担保机构缺乏监管，一些担保公司经营不规范，甚至直接发放高息贷款。

解决中小企业融资难问题，需要政府、金融机构共同努力，以机制的创新破解难题。为此，提出如下建议：

（一）政府有关部门应提供全面的政策支持

1. 完善资本市场，为中小企业拓展直接融资渠道。有关部门应根据市场发展需要，及时调整有关政策规定，改变企业债券发行制度，简化程序，放宽募集资金用途限制，允许符合条件的各种所有制类型企业发行债券。积极鼓励中小企业在国内外上市融资，大力培育和发展产业投资基金和私募投资基金等。

2. 加快金融对内开放步伐，培育中小金融机构，解决中小企业间接融资难问题。在加强监管的前提下，允许民间资本直接进入金融领域，培育服务于中小企业的中小金融机构。建议大力发展城市商业银行、农村合作银行，以及社区银行、村镇银行等。当前，应加快“小额贷款公司”试点工作步伐，放宽贷款额度，鼓励它们向中小企业贷款。

3. 放宽对民间借贷融资的限制。建议在深入调查、充分论证的基础上，探索规范民间借贷的途径，明确法律保护和约束机制，加快制定实施《放贷人条例》，允许合法的非正规融资渠道存在和发展。可先选择合适的地区开展试点，积极稳妥推进。

4. 加快完善个人和企业信用体系。建议由中央银行牵头，各金融机构参与，联合有关部门，建设全国性的征信体系，建立全国联网的包括企业法人、私营企业、个体工商、自然人在内的信用数据库，为金融机构放贷提供依据。

5. 促进信用担保体系健康发展。制定财税等方面的扶持政策，鼓励多种形式的中小企业担保机构建立和发展。增加对国有担保公司的资金注入，同时加强对市场化运作的担保公司的监管，防止其违规操作。

（二）银行应发挥中小企业间接融资主渠道作用

1. 改革对中小企业资信评估办法。针对中小企业因生产规模偏小等原因难以达到金融机构资信评审要求的实际情况，建议推行主要依据其销售额来确定其资信等级和授信额度的评估办法。

2. 拓宽贷款抵押登记范围。目前一些地区已出台新的贷款抵押政策，如温州的集体土地厂房抵押贷款登记业务、在建工程抵押贷款业务和抵押房产可办转移抵押等。建议对各地采取的措施进行总结完善并因地制宜地推广，有效解决中小企业缺乏贷款抵押的难题。

3. 积极创新金融业务和服务方式。中国建设银行浙江省分行与阿里巴巴网络公司合作开发的“网络联保”，深圳发展银行温州分行推出“循环贷款”，这些有利于帮助中小企业减少融资成本的办法，应鼓励推广。

关于完善农业科技服务体系的提案

中国民主促进会中央委员会

农业科技服务体系是国家农业支持保护体系的重要组成部分，是引导农业结构调整、推进农业产业化经营、实施科教兴农战略的重要载体，对农业农村经济发展发挥着重要作用。随着农业结构调整的扩展和产业化步伐的加快，农业科技服务体系暴露出了深层次的矛盾和问题，主要表现在：

——农业科技源头创新乏力，科研、生产“两张皮”；

——基层农业科技推广服务体系薄弱，经费缺、待遇差、人员少、素质低、服务功能弱；

——社会化农业科技服务体系尚不健全，经营不规范、组织规模小、缺乏自我发展的机制与动力，跨地区合作少、覆盖面窄、带动力弱。

在低收入兼业小农户为主体的基本农业经济制度短时间内难以改变的情况下，为提高农民的整体素质，培养有文化、懂技术、会经营的新型农民，必须坚持公共农业科技服务体系的主导地位不动摇，加大政府扶持力度，改善农户采用新技术的外部制度环境，引导企业、民间组织和其他社会力量积极参与农业科技服务体系的建设。为此，提出如下建议：

一、明确农业科技服务机构的公益性定位

应明确农业科技服务机构的公益性定位，制止一些地方将农业技术推广机构简单地推向市场，合并或撤销机构、减编减员减经费的做法。编制部门根据基层农业科技服务机构承担的职能和任务，科学测算和确定人员编制。通过严格的选拔机制，逐步扩充基层特别是乡镇农业科技服务队伍。

二、加大公共财政对农业科技服务体系的投入

农业科研具有很强的公益性属性，除了杂交种、农药、肥料等知识产权保护较强的成果外，大部分从事常规育种、栽培技术研究的科研人员很难获得直接的经济效益。根据“中央一号文件”（2009）精神，各级财政要依法加强对公益性农业科技服务体系的投入力度，提高农业科技人员的待遇，改善工作条件和手段，加强服务能力建设。一是保证人员工资、福利、劳保等待遇；二是保障履行公益性职能所必需的交通、通讯、水电等业务经费；三是安排房屋维修、设施设备购置更新经费；四是安排以项目形式下达的科研与技术推广经费；五是要改革现行农业科技推广经费层层下达的拨款方式，直接拨付到任务承担单位；六是安排专项预算，由国家农业部实施农业科技人员培训工程，对外出参加培训、交流的技术人员给予适当补助，鼓励科技人员积极主动地提高自身素质。

三、改革农技推广人员的考核评价机制

一是要改革与完善农业科技推广项目的评价奖励机制，对推广效果的评价，以成果转化的规模、效益和产业化程度为主要标准；对于长期从事农技推广工作，在促进当地农业发展、提高农民收入中作出突出贡献的科技人员，由各级政府进行奖励。

二是改革与完善农技推广人员的技术职务评聘机制，实行“双考核、双聘任”，以推广工作所取得的实际绩效和专业合作组织及农民的评价作为农技推广人员的主要考核标准，提高考核评价的客观性；农技推广人员的聘任，要充分考虑专业合作组织及农民要求和评价，对农民不满意的由有关部门按相关规定予以转任或解聘。

四、鼓励、扶持社会化农业科技服务队伍的发展

一是政府在加强公共农技推广体系建设的同时，要在立法、管理、政策指导、信贷金融等方面为社会化农业科技服务队伍的发展创造良好的政策环境。

二是要按照市场经济规律的要求，在消除体制障碍、打破行业界限和条块分割方面发挥作用，解决好项目审批、工商登记、征用土地、税收等方面的问题，积极引导社会化农业科技服务队伍的健康发展。可通过委托、招投标等方式，鼓励社会化农业科技服务机构承担部分公益性推广任务，鼓励龙头企业承担国家科技计划项目。

关于进一步完善我国中医、中西医结合医师执业法规的提案

中国民主促进会中央委员会

据统计，截至2007年底，全国通过考试和认定取得中医类别医师资格的共56.8万人，其中，中医专业49万余人，中西医结合专业6.9万余人，民族医专业6300多人。这支庞大的执业医师队伍活跃在全国各级医疗机构中，为我国医疗卫生事业的发展作出了重要的贡献。中共十七大明确提出要“扶持中医药和民族医药事业发展”，并提出了建立中国特色医疗卫生与健康保障体系的要求。

但由于现行医师执业法律制度的不完善，对我国中医、中西医结合医疗事业的发展造成了一些不利影响。目前全国各地关于“中医执业类别能否从事西医诊疗活动”的问题反映很普遍，甚至有“违法”之说，有的地方出台地方政策限制中医执业范围。中医、中西医结合专业学生普遍出现就业困难，综合医院基本不愿意录用中医、中西医结合专业学生，中医医院也尽可能少录用。为此，我们建议：

一、修改和完善现行的《关于医师执业注册中执业范围的暂行规定》（以下简称“《规定》”）

1. 明确规定中医在诊疗过程中使用西药及西医诊疗手段的条件。《规定》虽然并未明确中医类别医师在使用中医诊疗技术的同时，不允许使用西药及现代诊疗技术和方法，但明确规定“医师不得从事职业注册范围以外其他专业的执业活动”。这种表述为违规诊疗及医疗纠纷留下了空间。建议明确规定“中医类别医师在执业活动中，应积极运用中医诊疗技术和方法，同时允许根据临床需要，在经过相关专业学习和培训后，通过相关认证、准入制度，采用与自己专业相关的西医技术和方法”。

2. 适当放宽医师执业范围。《规定》第二条要求“医师依法取得两个或两个类别以上医师资格的，只能选择一个类别及其中一个相应的专业作为执业范围进行注册，从事执业活动”。鉴于目前很多优秀中医经过了系统的西医学习并取得了西医执照的情况，建议将《规定》第二条修改为“医师依法取得两个或两个类别以上医师资格的，在取得的类别范围内都可以依法执业”。

3. 对中医执业范围进行分级管理。在乡镇卫生院中医不具体进行中医临床分科，以中医全科专业、民族医专业执业范围为主；在县级有条件的医院视医院情况可部分或全部进行中医临床分科，市级以上医院可进行中医临床全部分科。

二、修改和完善现行的《医师资格考试暂行办法》和《医师资格考试报名资格规定》

目前，我国高等医学院校所设置的中医类专业中，中医专业，尤其是中西医结合专业的教学内容，已设置并教授了作为临床专业医师应具备的临床医学专业知识（西医）的内容。但由于现行执业医师资格考试法规的限制，由国家高等院校每年培养的大量具有本科学历，甚至硕士、博士学历的中医、中西医结合的毕业生，均无法申报临床类医生资格考试，许多医院尤其是综合医院在录用医务人员时，也因此而拒绝录用中医、中西医结合专业毕业生，导致这些学生难以就业。而大量优秀的中医类别的临床医师更是无法申报临床类医生资格考试。建议：

1. 允许高等院校中西医结合专业本科以上学历人员申请临床类医师资格考试；

2. 高等院校中医专业本科以上学历人员经西医院校西医专业知识的培训并考试合格后，允许其申请

临床类医师资格考试；

3. 中医类别的临床医师，经过一年相应专科的西医临床进修学习（在省级及省级以上三甲医院）考试合格后，允许其申请临床类医师资格考试；

4. 有五年临床专科工作的中医类别的临床医师经过一年相应专科的西医临床进修学习（在省级及省级以上三甲医院）考试合格后允许其在所进修的相应的专业范围内执业。或允许其直接转换为临床类别的执业医师并在其所进修的相应的专业范围内执业。

关于进一步促进海峡两岸农业合作园区发展的提案

中国民主促进会中央委员会

近年来，为进一步做好台湾人民尤其是台湾农民的工作，促进海峡两岸农业合作交流，大陆从1997年开始相继在12个省、市、自治区设立了海峡两岸农业合作实验区和台湾农民创业园。这些园区的建立，对推动海峡两岸农业合作交流、吸引台商投资农业、综合开发大陆现代化农业发挥了积极作用。

海峡两岸农业合作园区的建设和发展过程中还存在着一些困难和发展不平衡的状况，有些问题亟待解决：

一、部分园区的建设、管理还没有形成系统的规范

大部分园区依托当地开发区建立，园区建设和发展“先天不足”。一些地方已出台或正在制订园区投资优惠政策和配套管理措施，多数地方仍在“等、靠、要”。部分已经出台的政策措施落实不到位，对园区发展的总体推进力度也不够大，园区基础设施投入不足，示范性项目不多。

二、园区土地使用问题比较突出

主要表现在：

1. 目前国家没有给予园区单独的用地指标，大部分园区主要是依托当地已有的开发区，占用当地已有的用地指标。由于土地资源有限，园区用地紧张。

2. 个别园区土地开发利用不足。大部分园区已有初步规划，但由于招商情况不理想，个别园区出现了已征用的土地开发不足的情况。

3. 无法改变土地性质，使得个别园区的农业合作项目不易开展。引进的集种养殖和加工于一体的农业项目和观光农业项目，都需要建设相应的建筑设施。由于没有单独的用地指标，无法改变农用地的性质，使得这些项目难以落实。

三、发展不平衡，部分园区招商引资困难

气候和自然环境比较接近台湾的福建、广东、海南等地所投资的台资农业项目较多，其他地区如四川、重庆、山东等地，招商引资情况不尽如人意。

四、缺少资金扶持措施

目前，只有国家开发银行、华夏银行、中信银行等拥有对台资企业的贷款额度。对投资种养殖业的台商来说，由于农作物或农产品价值不易评估，租用的土地又无法抵押，发展资金短缺成为比较普遍的现象。

五、两岸农业领域合作交流亟待深化

一些园区的基础设施建设、农产品市场体系建设等投入不够，制约着良种和技术的引进、推广，也影响了园区示范、辐射作用的发挥。很多台农到园区投资后，多处于“半封闭”状态，其先进的农业管理经验推广困难。

此外，台资农业企业从事种植养殖业、农产品加工企业一律按工业用电计费，经营者意见较大。

为推动海峡两岸农业合作园区的健康发展，切实发挥其在两岸关系中的积极作用，提出如下建议：

一、全面规范和加强园区建设

1. 客观、科学地评估试验区和创业园，保证园区“台”、“农”发展方向。由国台办、农业部牵头，对已挂牌设立的 17 个园区进行后评估或跟踪评估，并做出调整发展思路和规划，以及暂缓支持甚至取消挂牌的决定。

2. 在整合现有涉台和惠农政策的基础上，针对两岸农业合作中急需解决的问题和发展趋势，由相关部门联合制定、颁布体现农业产业特殊性的园区管理规范性文件，出台系统的对台惠农政策实施细则。

3. 慎重审批新园区，搞好现有园区建设，使园区真正成为大陆向台湾农民展现善意的成功典范。

4. 推动各地的农业研究和推广机构与园区建立稳固的合作机制，在当地推广台湾的先进农业技术和管理经验。

二、加大对园区农业项目的融资支持

1. 参照农业产业化龙头企业的扶持办法，在农业部设立园区农业项目专项扶持资金，通过贷款、贴息等方式鼓励台资农业企业做大做强。

2. 在国家农业开发办设立海峡两岸农业合作发展专项贷款，增设开发项目，逐年下达园区建设任务和配套资金，完善基础设施建设，提高园区承接台湾农业外移的能力。

3. 优化园区项目贷款抵押办法。允许企业以厂房、机器设备、地面农作物或畜牧水产品以及土地承包使用权或经营权等作为抵押；允许园区企业联合担保贷款。

三、尽快解决台资农业企业用地、用电等方面的具体困难

1. 区别对待台商投资农业项目的用地与工业用地，对有固化建筑物的设施农业基地仍按农业用地管理，对基地附属管理用房按临时用地管理。加工企业的用地指标根据园区规划功能安排一定比例建设用地，不占地方用地指标。

2. 将园区农业生产用电范围扩大至农作物产品、畜禽产品、园艺产品等的生产全程，和农产品初加工阶段。对创业园内的种养企业，应在农用电价格基础上，进一步给予鼓励创业的优惠。

关于加快小城镇建设，推进城乡统筹发展的提案

中国民主促进会中央委员会

为应对金融危机的不利影响，国家出台了一系列着力扩大内需的政策。为了拉动农村内需，国家还加大了家电下乡、农机补贴等政策的力度。这些政策对启动农村市场、扩大内需都有着很好的推动作用。

我们认为，在新的形势下，要扩大内需，推进城乡统筹发展，小城镇建设具有不可替代的作用：

从近期看，加快条件成熟的小城镇建设是拉动内需的强劲动力。通过加快小城镇的基础设施、教育医疗文化等公共服务设施和工业园区设施，以及农业社会化服务设施建设，可以推动相关产业发展，带动农村富余劳动力的就业和创业，扩大投资和消费需求，进而对促进国家和地区经济增长发挥作用。

从长远看，小城镇星罗棋布于广大农村中，处于农村之头、城市之尾，是城乡统筹的重要节点，对于广大农村具有巨大的带动作用。没有小城镇的良性发展，城市与农村之间、工业与农业之间的巨大反差将难以弥补，城乡分割状况将难以消除，城乡统筹将面临巨大的挑战。推进小城镇建设，对加快新农村建设、促进城乡协调发展具有重要而深远的意义。

早在 1998 年亚洲金融危机爆发后，中央即提出了加快推进城镇化进程的战略。随后的实践也证明了

中央决策的英明正确。随着城镇化的发展进程，在我国各地，都有很多农民收入和乡镇财政收入同步增长的例子。

对小城镇建设，虽然中共中央、国务院下发了《关于促进小城镇健康发展的若干意见》，有关部门也出台了建设规划，但引导性政策措施不配套，资金投入不足，小城镇建设尚未形成整体推进格局。

中共十七届三中全会提出“统筹工业化、城镇化、农业现代化建设，加快建立健全以工促农、以城带乡长效机制”，“形成城镇化和新农村建设互促共进机制”，牵住了“三农”问题的牛鼻子，也为小城镇的发展指明了方向。

为全面贯彻三中全会精神，加快推进小城镇建设，我们建议：

1. 进一步提高对推进小城镇建设重要意义的认识。之所以提出这个问题，主要是一些地方对建设新农村还停留在较低水平的认识层面，对于解决“三农”问题要以小城镇为重要抓手一直未给予足够重视。必须强调要把优先发展小城镇放在科学发展观的大框架里来认识，放在建设新农村的大背景下来思考，放在吸纳农村富余劳动力的大战略中来谋划。要加强规划，在一些条件成熟的小城镇率先推进。

2. 在国家扩大内需的 4 万亿投资计划中，应安排专项资金支持小城镇建设。建议尽快将小城镇的基础设施建设纳入国家积极财政政策的大盘子，针对大城市郊区和中西部小城镇的不同特点，在基础设施方面进行资金和政策倾斜。地方各级政府应扩大内需的财政政策，加大对小城镇基础设施投资的力度，让转移的人口和返乡的部分农民工在小城镇扎根，稳定他们非农就业收入，并以此来带动他们的消费，促进内需的拉动。

3. 集成资金，形成推进小城镇建设的合力。建议从各部委已经安排的项目中拿出一部分集成用于小城镇建设。如农村交通建设的部分资金可用于加快小城镇周边的道路建设，农村学校建设的部分资金可用于加强小城镇的学校建设，农村卫生医疗的部分资金可用于加强小城镇医疗设施建设。

4. 改革完善现行的土地制度、户籍制度、金融制度和乡镇行政管理制度，为小城镇建设提供配套的制度保障。一是在严格保护耕地的前提下，通过探索农村存量集体建设用地改革为小城镇建设提供土地支持。二是取消城乡户口差别，建立统一的居住证登记制度。三是逐步建立以自筹为主、国家扶持为辅，农民带资进镇、集资进镇、企业与个人积极参与等多渠道、多元化的投入机制。四是按“新城镇新体制”的要求，建立一个职能明确、结构合理、廉洁高效的小城镇管理体制。

关于建立中国出版博物馆的提案

民进组

为积极贯彻落实中共十七大对兴起社会主义文化建设新高潮、推动社会主义文化大发展大繁荣作出的战略部署，推动新闻出版公共文化服务体系建设，使人民基本文化权益得到更好保障，我们提议建设中国出版博物馆。

一、建设中国出版博物馆的必要性

第一，建设中国出版博物馆，是承载展示中国书籍文化发展和出版事业进步成果的要求。

新中国成立后，特别是十一届三中全会以来，中国的出版事业取得了巨大成就。从 1978 年到 2006 年，全国出版社从 105 家发展到 573 家；报纸从 186 种增加到 1938 种；期刊从 930 种增加到 9468 种，每年出版的图书品种从 1.5 万种发展到 23 万种。此外，我国还有 340 家音像出版社，年出版录音、录像、电子出版物 40913 种。新中国出版业的进步，集中反映了社会主义文化建设取得的伟大成果。

中国出版事业创造性地传承了中华民族的思想精神财富，是一笔丰厚宝贵的文化遗产。而这些思想精神财富和文化遗产，或者一般的图书馆承载不下，或者不被综合的博物馆所重视。因此，建设一个国家级的出版博物馆，是历史的要求，也是事业发展的要求。

第二，建设中国出版博物馆，是版本文化资源保护和开发利用的最佳选择。

新闻出版总署属下中国版本图书馆是我国唯一的专门负责征集、保护、管理建国后出版物版本的专业图书馆，是我国当代最完整、最具权威的一个出版信息资源库。按照国家关于出版单位必须向中国版本图书馆免费送交出版物样本的有关规定，中国版本图书馆自 1950 年成立以来，收藏各类出版物版本已达 300 余万（种）册。但是，版本工作目前存在着两个亟须解决的问题。

其一，保护条件严重不足。中国版本图书馆仅有 1993 年建成的 5000 平方米书库，按照国家有关标准，这一规模至多仅能收藏图书 120 万册左右。现在大量版本只能堆放在临时租用的仓库里，既不防潮，也不防尘，而且安全隐患较多。版本档案目前的“安身”成为比较严重的问题。

其二，服务功能未能充分发挥。中国版本图书馆近 60 年积累的各种版本文化资源包括采集录入的数据非常完整，反映了新中国革命、建设和改革开放的历史，融汇了无数人的心血。在出版物的档案功能和出版成果的保护收藏功能方面，中国版本图书馆有别于公共图书馆，具有不可替代的独特性。但是，这种独特的功能作用在现有条件下不能得到有效发挥，只有以出版博物馆为载体才能更好地实现。版本文化资源的有效保护和开发利用也只有通过博物馆在服务社会、服务公众工作中得到根本的解决。因此，建设中国出版博物馆，是保护和开发利用版本文化资源的最有效措施。

第三，建设中国出版博物馆，是大力弘扬中华文化，加强社会主义核心价值体系建设，建立覆盖全社会文化服务体系的需要。

可以充分利用博物馆这一公共文化设施的传播优势，组织各种版本文化展览，展示社会文明建设成果，宣传版权保护的成绩，引导全民阅读活动，开展社会主义核心价值体系的宣传工作。为更好地保障人民的基本文化权益，也很有必要通过建设中国出版博物馆，把版本文化事业纳入建立覆盖全社会的文化服务体系中。

二、建设中国出版博物馆的可行性

第一，新闻出版系统前些年建立的印刷博物馆已经征集了印刷方面不少展品和资料，出版博物馆的建设已有良好的藏品基础，也有相应的建设经验可以借鉴。

第二，中国版本图书馆保管的版本资料品种齐全、形式多样，版本文化资源独特丰厚，编目数据完整权威，完全能承载出版博物馆的多方面功能需求。

第三，中国版本图书馆曾经尝试利用版本资料在国内外举办“老宣传画展”及版本文化展，受到社会的欢迎。同时，该馆正逐步开展出版物重点收藏工作和版本文化资源开发利用工作，出版博物馆的建设已有事业基础。

第四，关于博物馆的经费来源。除了争取国家财政支持之外，还可考虑在全球华人范围内求得民间赞助，通过国内外华人媒体，特别是华人电视媒体举办相应的文化知识传播活动等方式，扩大影响，以推动完成中华文化的这一善举、壮举。

基于以上认识，建设中国出版博物馆既是现实的要求，也有事业的基础，更是历史的使命。我们建议国家有关部门尽快进行调研，并组织专家进行论证，争取早日立项建设。

关于解决湿地生态补水有关问题的提案

民进组

湿地与森林、海洋并称为地球三大生态系统。湿地是国家重要的自然资源和战略资源，对于保护生物多样性、维护生态平衡、保障国家生态安全、促进社会经济可持续发展具有极其重要的意义，是不可替代的重要生态系统。2003 年结束的首次全国湿地资源调查表明，我国现有自然湿地面积 3620 万公顷，占国土面积的 3. 77%，远低于 6% 的世界平均水平，现有湿地资源因水源短缺及人为因素面临着巨大威胁，保护湿地资源的任务十分紧迫。

2006 年，有关部门专门组织力量重点调研了吉林莫莫格和向海两个国家级湿地自然保护区，实地考察了吉林莫莫格湿地及鸟类栖息生境、莫莫格油田开采区湿地植被恢复示范工程、向海国际重要湿地及其生态缺水等情况。根据调研情况，目前我国西部干旱半干旱地区许多重要湿地面临着严重的威胁，其中的主要原因，一是湿地缺水严重，面积萎缩，生态退化显著；二是湿地资源被过度利用，人为活动频繁，加之湿地缺水，土地沙化现象严重。如果不采取紧急抢救措施，这些湿地将继续退化、萎缩，沙化面积扩大。这些问题在我国干旱半干旱地区具有普遍性，许多湿地已经因缺水，导致生态功能严重退化或丧失，保护形势十分严峻。

2007 年，根据国家林业局组织的国际重要湿地专项调研，我国的 36 块国际重要湿地中，有 15 块面临着生态缺水的严重威胁，生态状况不容乐观。它们是内蒙古达赉湖、鄂尔多斯遗鸥国家级自然保护区，辽宁双台河口国家级自然保护区，吉林向海国家级自然保护区，黑龙江洪河、扎龙国家级自然保护区，湖南东、西、南洞庭湖国际重要湿地，云南大山包、纳帕海国际重要湿地，西藏麦地卡国际重要湿地，青海的扎陵湖、鄂陵湖、青海湖鸟岛国际重要湿地。缺水的主要原因，一是北方多年来气候干旱，降水减少。二是在湿地内、连通湿地的水系上修建大量的水利、道路等人工设施，阻隔湿地水系连接，造成湿地缺水。三是湿地周边地区工农业生产活动产生大量的工业污染和农业面源污染，使湿地水质恶化，造成水质性缺水。四是水资源调配不合理。由于生态缺水严重，我国部分国际重要湿地面临着被列入《湿地公约》“黑名单”的巨大风险，如再不采取有效措施加以保护，将很可能对我国在自然生态保护上的国际形象产生不利影响。

从长期发展来看，制度化地解决我国干旱和半干旱地区湿地保护生态用水问题，是湿地保护工作中要重点解决的主要问题。需要从两个方面着手来解决：一是需要解决区域水资源总量下的生活、生产和生态用水的水量分配问题，对于自然湿地生态系统的维护应当保障湿地生态水权，解决湿地保护的生态用水指标。二是在确定了生态用水指标后，需要解决由谁来支付水资源费和维持输水系统常规运行的费用。如果这两个主要问题能够得以解决，干旱和半干旱地区湿地保护生态用水机制则有望落实。

根据当前干旱半干旱地区湿地生态需水的紧迫状况，我们建议尽快做好以下几项工作：

一是尽快建立湿地生态补水的长效机制。把自然湿地生态用水作为重要内容，纳入各级政府的湿地保护、水资源保护等相关规划之中，保障生态用水指标，保障补水经费。在有关法律法规的制定或修改中，明确自然湿地生态用水的地位。当前，建议在黄河流域、三江平原等生态地位重要地区，选择严重缺水，且具备生态补水条件的国际重要湿地，开展湿地生态补水的试点，并在此基础上逐步向全国推广。

二是建立湿地生态用水协调机制。水利部门与林业行政主管部门应当经常性地沟通湿地生态用水的有关情况，协商研究解决有关重大问题，建立起运转高效的协调机制，共同保护好湿地生态系统。

关于健全我国食品检验检测体系的提案

民进组

食品检验检测是依照国家法律法规和有关标准，判断食品卫生、质量合格与否的主要手段，在食品质量安全评价、市场监管和产品贸易等方面担负着重要的技术支撑责任，对保证食品质量安全、提高食品生产水平起着重要的保障作用。我国现有食品检验监测体系为保障人民群众生命安全，维护国家稳定方面作出了重要贡献。但是我们认为还存在以下问题：

一、食品安全标准不规范。现有的食品国家标准、行业标准有 3000 余项，国家标准、行业标准、地方标准之间存在交叉、矛盾或重复；一些重要标准缺失，部分标准执行不严格，甚至强制标准也未能得到很好的实施。

二、检验检测技术相对落后。目前检验检测机构技术手段相对落后，开展检测的能力有限，面对花样不断翻新的假劣食品力不从心。

三、由于分段管理和部门一条线管理，检验检测机构重复设置，降低了检测效率。部门之间缺乏有效合作，硬件低水平重复建设，检验检测同质化倾向非常明显。某些检测技术研究项目重复开展。

四、有关管理部门职能交叉，监管不到位。大部制改革后依然存在部门之间职能交叉现象，而监管的空白处依然存在。同时管理部门在工作中存在事后罚款多、提前预防工作少的问题。

五、相关检验检测的法律法规有待完善。比如《国际食品法典》对 176 种农药在 375 种食品中规定了 2439 条农药残留标准。而我国 1995 年颁布的《食品卫生法》，仅对 104 种农药在粮食、水果、蔬菜肉等 45 种食品中规定了允许的残留量，只有 291 个指标。

此外，企业安全意识普遍淡薄，出厂产品普遍缺少完备的检验。部分企业管理松懈，生产未达到工艺要求。部分企业在食品加工中，超标超量使用食品添加剂，甚至使用非法添加物。另有少数企业和加工者无视国家有关法规，无证生产加工食品。

为保障食品安全，应大力加强我国食品检验检测体系建设。建议如下：

一、参考发达国家食品安全标准，尽快制定适合我国国情的高水平食品安全标准。该标准应对国家标准、行业标准、地方标准之间矛盾之处加以改进；对重要标准加以完善。对强制标准的实施要加强监管。

二、加大对食品检验检测技术研究的投入。重点加强当前急需的有关安全限量标准中对应的有害物质的快速检测技术和相关设备研究。加大对新技术、新工艺、新资源加工食品的安全性研究与评估。

三、整合现有检验检测机构。将各部门主管的检验检测机构合并成立统一的、相对独立的检验检测机构体系。该体系要覆盖种子、农药、种植养殖、产品加工、包装运输、库存销售整个食品生产的全过程。

四、进一步理顺各相关部门的职责分工。总结大部制改革以来食品安全工作方面的经验和不足，进一步研究理顺各相关部门职责分工，减少交叉，弥补空白。

五、尽快建立健全食品安全问题监测、预警和反应系统。该系统要覆盖全国食品安全检测点，并配备专门人才和设备，提高技术水平；实行快速逐级上报制度；通过建立更有效的举报奖励制度，使知情群众及时举报，及时发现问题。

六、加快构建检验检测资源和信息的沟通共享平台。实现各个层次的资源共享和信息互联互通；定时发布权威信息，引导科学生产和理性消费；定期更新食品检验检测资源数据库，确保其时效性；适当培育开放的食品检验检测市场，鼓励民间资本投资建立食品检验检测中介服务机构。

关于完善重点公益林补偿政策，提高补偿标准的提案

民进组

按照《中央财政森林生态效益补偿基金管理办法》（以下简称“《办法》”），中央财政安排专项资金建立中央财政森林生态效益补偿基金。同时规定各级政府按照事权划分建立森林生态效益补偿基金。

作为首个国家级的生态补偿基金，该《办法》实施以来，对促进环境生态保护、维护国家生态安全起到了积极的作用，但是实施中也发现了以下问题：

一、补偿标准偏低

以木材生产为参照标准测算，每年每亩公益林的平均年度产出约为74.70元，而中央补偿基金平均每年每亩补助5元，远不能弥补林地所有者的经济损失，甚至导致一些贷款造林的单位和个人债台高筑。补偿标准从2001年政策执行以来，一直沿用至今，没有随着国民经济的发展和物价上涨进行动态调整。

二、补偿资金渠道单一

重点公益林的公共物品属性，决定了生态效益补偿主要应由政府“埋单”。但从目前情况来看，维护公益林生态效益的成本单靠国家有限的财政投入远远不够；同时，单一的政府投入也难以激发受益者保护生态的积极性。

三、管护效果难以保证

目前国家每年每亩补贴的5元中，4.75元用于重点公益林的管护等开支，0.25元用于省级林业主管部门组织开展的重点公益林管护情况验收、跨重点公益林区域开设防火隔离带等森林火灾预防以及林区道路的维护等开支。市、县（区）林业局不掌握任何经费，无法更加有效地实施管理和监督。

四、没有实施分类补偿

重点公益林林权复杂，具体包括国有林场、自然保护区、乡村集体组织、林农个人等，同时各地重点公益林区位和生态状况各异，不宜实施简单统一的补偿标准，应分类区分给予补偿。

为加强重点公益林建设，更好地发挥国家生态效益补偿政策的作用，我们提出如下建议：

（一）提高现行中央财政补偿基金标准，实行分类补偿，动态管理

建议国家参考每亩公益林的年均产出，提高中央财政补偿标准，并参考物价上涨水平，将补偿标准每两年提高一次。

实行分类补偿：根据公益林所有权，对国有林场、自然保护区、乡村集体组织、林农个人实行分类，相应补偿标准由低到高。

进而根据区域生态的重要性和脆弱性，综合考虑森林质量、地位级差、管护难度等指标，对现有重点公益林进行分类：重要江河源头、国家级自然保护区和自然遗产、重要水库和湿地的保护事关国土生态安全与民生大计，可划为一类；江河两岸、边境地区划为二类；荒漠化及水土流失严重地区的重点公益林由于幅员辽阔，人烟稀少，管护相对容易，划为三类，补偿标准相应由高到低。分类补偿实行动态管理，因森林火灾、盗伐等原因出现质量下降的，相应调低补偿标准。此外，省、市、县三级的补偿也应在中央森林生态效益补偿基金补偿标准调整的基础上相应调整，从中划出县、乡林业部门工作经费，确保公益林的有效保护。

（二）建立市场经济条件下多渠道的生态补偿机制

目前各地在探索多渠道的生态补偿机制方面已经积累了一些很好的经验，如，从依托公益林景观事业的旅游部门经营收入，内河航运以及水力发电等企业营业收入等中提取一定比例的资金，用于该区域的生

态效益补偿；从水资源费中提取部分用于公益水源林的保护、培育；以森林资源入股方式参与新建水电站和旅游区的开发，以林地入股森林公园；鼓励社会捐资、认养等形式筹集资金用于补偿公益林管护等。建议国家有关主管部门及时总结各地已有经验，在充分试点基础上向全国推广，以推动全国重点公益林补偿体系的进一步完善。

（三）结合林权改革进程，积极探索重点公益林收购政策

在实行分类补偿的基础上，根据国家生态安全的需要，对由非国有投资主体投资营造的部分生态地位极其重要区域的重点公益林，由国家逐步进行收购。建议国家有关主管部门结合林权改革工作，研究制定收购政策，确定标准，落实资金，在充分试点的基础上，逐步推开。收购中，应优先对国家级自然保护区核心区等对国土生态安全影响较大的非国有重点公益林进行收购。

关于调控引导我国太阳能光伏产业健康发展的提案

民进组

我国太阳能产业近年来异军突起，2007 年我国太阳能电池产量达到了 1180 兆瓦，成为太阳能电池世界第一大生产国。而随着近几年新建产能的释放，我国 2009 年的产量将达到 4000—4500 兆瓦，企业的数量和产能跟随全球光伏市场同步增长，由 2002 年以前的 3 家发展到今天的 350 多家。

一、我国太阳能光伏产业发展存在的问题

一方面由于技术落后，许多新能源公司反而成了高污染、高能耗的典型；另一方面重复建设、产能过剩，产能已超出全球的需求。

我国虽然已经成为太阳能光伏产业大国，但并非光伏产业强国，光伏产品在本土应用市场规模非常小，太阳能电池组件产量的 95% 都依赖于出口。一旦国际需求下降，国内太阳能产业将遭受重大打击。

此外，我国光伏产业的发展还存在如下问题：

1. 专用原材料国产化程度不高。专用材料如银浆、EVA、TPT 等尚未完全实现国产化。国家曾将提高商业化电池效率和材料国产化列入“八五”计划，并取得一定成果，但性能有待进一步改进，各厂家部分材料仍然采用进口品。

2. 技术落后，人才储备不足。生产太阳能光伏电池的主要原材料——太阳级高纯度多晶硅，此前长期依靠进口。目前虽已实现自给，但多晶硅的大规模生产技术核心部分仍然为国外所垄断，我们基于落后技术的巨大产能，带来安全生产、清洁生产方面巨大压力。

3. 政策不到位，国内市场发展迟缓。在市场开拓方面，我国缺乏相应的支持政策、法规、措施，投入少，内部市场发展迟缓，就连小功率光伏发电大有用武之地的无电地区，也没能由我们的产品覆盖。我们付出很大能源和环境代价建立起来的光伏产业仅仅能够带来制造业利润，而与光伏产品应用所能带来的巨大能源和环境效益无缘。

二、引导我国太阳能光伏产业健康发展的建议

（一）积极培育光伏产品的内部需求

在全球金融危机背景下，国际市场对太阳能光伏产品的需求迅速下降。此时着手培育国内市场对太阳能光伏产品的需求，从短期看有利于支撑太阳能光伏产业，从长远看有利于推动我国太阳能光伏技术的进步，有利于改善我国的能源结构。

1. 优化光伏产业税收政策。其一，应将光伏发电企业的产品增值税参照小水电 6% 的税率计征；其二，为了鼓励国内企业生产太阳能电池，对进口完整的太阳能组件应当征收较高的进口税（太阳能电池

免进口税，进口环节增值税率为17%），而对于国内供应紧张的硅片、太阳能电池片以及封装材料，则应征收较低的关税或给予免除关税；其三，将光伏发电归入节能产品类别，享受《节能法》的有关政策优惠。

2. 出台优惠的信贷和投资政策。其一，应通过贴息（低息）贷款政策，把光伏发电项目列进政策性贷款的范围，对安排基本建设贷款的光伏发电重点项目给予一定的财政贴息。其二，尽快建立新能源和可再生能源项目专项开发建设基金，资金来源于国家财政计划或对化石能源消耗征收的一定数额的碳税。

3. 实施优惠上网电价政策。应参照、学习发达国家鼓励太阳能产业发展措施，尽快实施《可再生能源法》的核心条款“上网电价法”。对独立小型光伏电站和并网运行光伏电站的电价实行“还本付息加合理利润”政策，若干年内不变。对城市分散光伏发电系统，电网公司按零售电价回购电力。光伏发电的上网电价与火电电价的差额可以考虑在更大的电网范围内分担，从而避免现阶段以省级电网的范围分摊造成的地方积极性不高问题。

（二）加大投入，自主创新

应建立专项研究太阳级硅材料的大规模生产技术。我国只有依靠自力更生才能解决技术，依赖国外进口是不现实的。国家应该组织力量努力攻关，尽快突破材料及相关关键设备技术。积极参加太阳能光伏领域的国际标准化活动，争取更大的话语权。

（三）引导太阳能光伏行业健康发展

在当前市场经济正常洗牌的时期，国家应该借此机会引导太阳能光伏产业健康发展。首先，提高企业入门技术条件，保证企业安全生产和清洁生产，杜绝环境安全事故。在行业复苏之前不再批准新的多晶硅生产项目，对不具备安全、清洁生产能力的项目要立即停止建设；其次，通过政策性倾斜，支持多晶硅行业向技术力量雄厚的企业集中；第三，严格市场准入条件和标准，限制行业炒作，打击各种投资欺诈活动。

关于尽快制定《中华人民共和国土地征收法》的建议

民进组

2004年我国对现行宪法做了第四次重大修改，在土地征收方面设定了必须是基于公共利益需要和给予补偿等前置条件。2007年，《物权法》又围绕土地征收征用与补偿问题做了进一步规定。2008年，党的十七届三中全会通过的《中共中央关于推进农村改革发展若干重大问题的决定》，明确提出要“改革征地制度，严格界定公益性和经营性建设用地，逐步缩小征地范围，完善征地补偿机制。依法征收农村集体土地，按照同地同价原则及时足额给农村集体组织和农民合理补偿，解决好被征地农民就业、住房、社会保障。做好被征地农民社会保障，做到先保后征，使被征地农民基本生活长期有保障。”为完整、准确、严格贯彻党的十七届三中全会精神，保障公民权益，建议尽快制定《土地征收法》。

一、当前我国土地征收中存在的主要问题

由于我国《土地管理法》有关征地方面的规定十分简单，导致违法征地、征而不用、程序简陋、补偿偏低等现象屡屡发生，土地纠纷已经成为税费改革后农民上访的头号焦点，占社会上访总量的40%，其中征地补偿又占土地纠纷总量的87%。土地问题成了“三农”问题中最严重的难题，成为引发社会不稳定的重要诱因之一。当前，我国征地过程中普遍存在的问题是：

1. 公益性征地和非公益性征地不分，土地征收泛滥。《宪法》修正案第20条规定，国家为了公共利益需要，可以依照法律规定征收土地。但现行《土地管理法》第43条的规定，根本不区分公益和非公

益，一切建设用地都必须使用国有土地或者征收得来的土地，实际上把宪法的规定架空了。

2. 被征收人权利缺乏正当程序保障。在公共利益的认定、征收决定的形成、补偿评估等程序中，公民根本没有陈述申辩和要求听证的机会。

3. 补偿标准过低。现行《土地管理法》规定，征收耕地的土地补偿费，为该耕地被征收前 3 年平均产值的 6 至 10 倍。安置补偿费以及地上附着物和青苗的补偿费，也均有法定标准，农民根本没有参与补偿谈判的机会。与土地挂牌拍卖的收益相比，对农民的补偿标准过低。

4. 权利救济不畅，矛盾积怨较深。目前，全国各地针对征地批复能否提起行政复议操作不一；对于征地补偿诉讼，各地法院往往采取不予受理态度，导致土地征收过程中出现了严重的“上访潮”现象。

二、现阶段制定《土地征收法》的可行性

第一，2004 年修宪后，土地供给方面“征收 + 流转”的双轨制大格局已经确定。对于今后中国土地制度变革的方向，中共十七届三中全会《决定》更是进一步给予了肯定。

第二，我国已经有了制定土地征收法的现实需求。2004 年修宪后，土地管理法修改提上议事日程、城市房屋拆迁管理条例修订紧锣密鼓，其中土地征收问题都多有涉及，这一切都预示着土地征收制度需要尽快立法完善。

第三，我国许多法律法规已经规定了一些土地征收方面的制度，为制定统一的土地征收法提供了制度方面的基础。如《宪法》第 20、22 条修正案，《土地管理法》第 41 条、第 45—49 条，《物权法》第 42—44 条、第 121 条，《城乡规划法》第 50 条，《城市房屋拆迁管理条例》、《土地管理法实施条例》、《大中型水利水电工程建设征地补偿和移民安置条例》、《征用土地公告办法》等。

三、制定《土地征收法》中的若干问题

1. 征地过程中政府角色定位问题上，建议即使出于特定公共用途的需要，如果能通过与财产权人平等协商的民事途径获得，那么也要尽量引入市场机制来获取建设土地，而不宜一概通过国家权力强制征收。

2. 土地征收应听取项目建设地政府和被征地人意见。土地征收中的“公共利益”是抽象的又是具体的，只有项目建设地政府和民众最有发言权，经过在河南、江苏、广东三省实地调研，绝大多数被调查者认为应当由政府和被征地人共同决定。

3. 征地补偿、安置等事务，原则上应由用地申请人和被征收人及其他利害关系人平等协商解决。协商不成的，可以先进行评估，最后由土地司法机构进行裁决。

4. 从世界各国来看，土地争议等普遍建立了土地司法裁决，不同国家有不同的体制，英美法系有土地裁判所，在欧洲也有特殊的法定程序，我国下一步要重点解决土地司法体系问题。

【在全国政协十一届二次会议民盟民进联组会上的发言】

打破人才流动的制度壁垒，促进劳动就业

（2009 年 3 月 4 日）

潘贵玉

就业问题涉及方方面面。过去，我们主要关注的是下岗职工安置、弱势群体的就业援助等安置性就业问题，这对维护社会稳定起了非常重要的作用，今后也仍应高度重视，特别是就业托底机制的建设。但

是，与企业创新活动相联系的具有创新功能的就业，才是构成国家总体有效就业量的核心，能够拉动国民经济和总体就业的增长。因此，今后解决就业问题的重点应向二三产业的各类人才倾斜。目前，我们国家存在一种典型的结构性就业难：一方面，内地、农村、基层、贫困、偏远地区管理和服务人才缺乏，另一方面，以大学毕业生为代表的高端人力资源又面临严重的市场“过剩”。

所以，我们认为，除了那些直接增加就业机会的应对措施之外，从当前和长远两个方面考虑，应该将既有的人力资源管理和就业保障制度的改革和创新，提上议事日程。通过提升核心就业，带动全社会就业。

新时期以来，我国人力资源管理与保障制度改革取得了重大进展，但仍存在不少问题。其中，受户籍、档案、职称、住房福利和社会保障制度等约束，劳动力市场、人才市场、高校毕业生市场仍然是分隔分离的三种市场，再加上地区分割，这就极大地限制了社会就业。问题的关键或者说结构性就业难的制度性根源在于：我们的人力资源管理制度和相应的与就业相关的社会保障制度，还缺乏基础性的整体设计，致使大量潜在的就业机会与现实的人才供应相脱节。

鉴于此，我们建议：

1. 克服人才合理流动的各种制度障碍

首先，要剥离户籍制度和身份制度背后附带的社会福利保障，打破人才流动方面的社保地区壁垒、就业地区壁垒、迁居保护壁垒等，减少人才流动中社会福利保障的变化及其不确定性，破除就业终身制的理念，降低人才流动的成本和门槛。其次，要改革人事档案管理制度这个“流动壁垒”，加快推行人事档案电子化，建立个人诚信体系和信用制度，提高人力资源配置效率。

2. 健全人才流动和劳动就业保障体系

要逐步建立就业入户登记、农用土地合理流转和统一的福利保障等制度，为尽快建立城乡一体的人力资源市场创造条件；打通城乡之间、地区之间、不同性质单位之间社会保障的对接通道。建立农村土地使用权与社保权益合理转换的机制。提高社保统筹层次，建立覆盖全社会的多层次社保体系和异地转续制度，改变人才流动和就业受地方统筹严重制约的局面。鼓励跨越不同所有制形式和不同性质单位用工，可以借鉴欧盟“分段计算”模式，为人才流动提供更为优越的工龄连续计算办法和养老保险计算办法。

3. 将高校毕业生就业作为改革和创新的突破口

考虑到高校毕业生作为国家宝贵人才资源的特殊性，综合考虑我国社会建设领域和城乡基层的人才状况，我们建议优先考虑加大鼓励和引导毕业生到城乡基层就业的政策力度。应该进一步从体制改革和制度创新的高度，对在农业服务体系、农村教育、公共卫生、公共文化服务体系建设等方面就业的大学生，给予与其职责、义务相匹配的待遇和就业保障。可以整合目前各项大学生支农、下基层政策，形成整体、统一、长效的制度。

4. 明确政府在人才流动和公共就业服务中的责任

政府通过制度供给和市场监管对人才流动过程中的公正与效率、自由与秩序负责。解决与地区、身份、体制相关的结构性就业难，只有靠政府加快相关的改革和制度创新步伐。要建立统一的、有利于人才流动的实有人口管理制度；健全人才人事代理制度，为人才由“单位人”变成社会人提供有效手段与保障；要落实十七大的部署，加快建设统一规范、功能完善、机制灵活的人力资源市场。要加大公共就业服务财政投入，承担起就业公共信息平台建设、管理和监督责任，打破地域、所有制、身份等的限制，实现各类就业信息和人才信息的共享和无缝贯通；建立创新人才风险保障机制，引导高科技人才创业。

人力资源是强国之源，劳动就业是民生之本。虽然国际金融危机尚未见底，但我们相信，在党中央和国务院的坚强领导下，一手抓“保增长、保稳定、保民生”，一手抓改革创新，我们就一定能够战胜当前困难，并开创出中国特色社会主义事业的新局面。

推进基层群众自治，促进社会和谐发展

（2009 年 3 月 4 日）

蔡达峰

我国的基层群众自治制度，从 20 世纪 50 年代初发展到今天，已形成了基本的体系。中共十七大报告将它纳入了中国政治制度的范畴，赋予了这一制度新的使命。

我们看到，在市场和法制环境下，群众的权利意识显著增强，维权能力明显提高，利益矛盾更加复杂，群体维权事件时有发生，新型群众组织逐渐增多，社会管理任务繁重。

基层群众自治组织虽很普及，但其管理能力尤其是处理群体矛盾的能力总体上仍较微弱，与经济社会发展的新要求不相适应，更难以在公共危机时承担维护社会稳定的重任。

一、主要现象和原因

基层群众自治组织目前处境尴尬。一方面，它们的基础力量薄弱，许多村委会、居委会，老年干部多，工作条件差，财政投入少，公共资源缺。这些都是需要政府保障的。另一方面，它们的日常事务繁杂，负担沉重，少则几十项，多则上百项，其中大部分是由政府交办的。在现代社会管理中，基层群众组织的权责不清晰，表明了包括政府与群众在内的各种社会关系还不够和谐。

造成这种尴尬处境的主要原因在于制度缺失，关键是它们与行政部门的权责关系不规范。基层群众组织既要发挥自治能力，又要接受行政部门给予的资源和任务，关系难以摆正。有些村委会与行政部门争权利，为自身利益而自治；有些居委会服务于行政，为政绩而不自治。因此，基层群众组织与群众的关系也不规范。或远离群众，或拉拢群众。在基层组织的直选中，居民弃权、村民受贿的情况屡见不鲜，内部民主管理缺乏基础。彭真同志早在 1953 年就指出了群众组织中存在的行政事务过重、筹款募捐太多的现象。

制度缺失的主要原因在于社会管理理念的滞后。有一种观念以为，除了党政机关以外，其他社会组织都是不足以依靠的。所以，社会管理的重心越来越高，群众自发上访的势头不减，表现出有政府无组织的状态，基层自治能力没有得到应有的信任和培育，社会管理的社会化程度得不到提高。因此，人大和政府正在研究修改有关法规，进一步改善和规范基层组织与党政机关关系。

另一种观念以为，公共利益是政府分配的，谁拿到谁就有权利，不必考虑相关责任。所以，人们争取利益的欲望越来越强，放松了自身责任意识的培养，忽视了社会自责机制的建设。因此，我们必须研究群众利益的内涵，规范利益分配。愚见以为，这是当前最需要考虑的问题。因为社会关系的和谐，必须是基于利益分配的公平公正，这是社会管理的基础。要完善基层群众自治制度，必须先要明确居住、文化、卫生、环境、治安等公共利益的具体内容，包括它们的用途和用户、使用的形式和标准、使用的条件和责任等，这些问题目前都不确定，责权关系其实是虚设的，人们只能按有利原则理解自己的权益，于是出现无序的纷争。政府准许一些居民砍了窗前的大树，另一些居民把政府告上了法庭要求赔款，利害错位。在社会利益格局发生了巨大变化、民生的投入大幅度增加的今天，我们必须坚持科学发展观，按照民主与法制的原则，加快研究利益分配问题，并形成规则，这才能保障政府、组织和个人依法实现各自权益。

二、两个希望

基层群众自治制度需要长期而全面的建设。中共十七大已经做出了部署，我们要着力地探索实践。

希望各级党政领导高度重视这项建设的推进工作。要努力转变社会管理的观念，正确理解基层群众自治组织建设的意义。不要以为抓基层建设没有政绩，不要以为抓群众自治不是党政的事。要把关注民生和推进民主结合起来，真心培育群众自治组织的能力，使其为扩大民主，保障安定团结，促进社会和谐发挥更大的作用。

希望人大与政府高度重视有关法规的建立和修订工作，在深入调查群众需求的基础上，具体研究有关公共利益的性质、分类、标准及主体，进一步规范国家、集体、个人的权益关系，为基层群众自治制度建设提供法制保障。

我们相信，经过努力，政府的社会管理能力将会不断提高，群众的利益意识和法律意识将会不断增强、基层群众自治制度将会更加完善，并为社会主义民主政治建设与社会和谐发展发挥更大的作用。

大力发展农村职业教育，培养新农村建设实用人才

（2009 年 3 月 4 日）

史贻云

建设社会主义新农村是党中央解决三农问题的重大战略决策，全国人民对此寄予厚望。近年来，每年都有一大批农村优秀青年通过高考跳出农门，那些没有考上高中、大学的农村青壮年，大多数也常年在外经商务工，农村只剩下了老人、妇女和儿童，人称“38—61—99 部队”。而本应作为新农村建设主体的青壮年，他们的素质能力水平如何？资料显示，我国 2 亿多 35 岁以下的农村青年劳动力中，受过专业技能培训的不足 9.1%，接受过农业职业教育和技术培训的不足 5%。所以，虽然他们年轻，但总体上仍然是经验型、体力型的“老农民”，与“有文化、懂技术、会经营”的新型农民相距甚远。我们不能依靠“老农民”建设“新农村”，而是要培养一代新型农民。农村空心化、农民老龄化、农业兼业化的趋势必须尽快改变。

要破解这种农村劳动力过剩与新农村建设人才不足的矛盾，除了要持续加大支农力度外，最关键的是要大力发展面向农村和农业生产需要的职业教育和技术培训，在培训农民进城务工技能的同时，把一大批农村劳动力培养成农村实用人才。近几年，在政府大力推动下，农村职业教育发展呈现上升趋势。但总体上，农村职业教育培养新农村建设者的职能没有得到充分发挥，职业教育为新农村建设服务的能力亟待提高。新形势下，发展农村职业教育必须有新思路。

第一，将农村实用型人才培养纳入农村经济社会发展规划。各省（区市）、地（市）、县（区）要依照区域经济社会发展规划和新农村建设、小城镇建设的进程和具体任务，制定农村实用人才发展规划，测算出各地新农村建设所需要的实用人才种类、层次和数量，作为农村职业教育的工作目标，采取强有力保障措施，保证农村建设和发展的人才供给。

第二，农村职业教育要主动面向新农村建设的实际需要，拓宽人才培养视野，丰富实用人才培养的内涵和规格。要根据新农村建设和农村改革发展的具体内容，培养农村新型人才，而不能固守单一的农业实用技术。比如，要实现“生产发展”的目标，除了培养“种养加”技术人才，还应培养面向农业的生产性服务业适用人才，以及农田水利技术、农产品营销等方面的相关人才；要实现“村容整洁”的目标，就需要懂规划、建设、生态，懂沼气、懂能源、懂再生资源的人才；要实现“管理民主”的目标，需要通晓农村政策，了解农民心理，擅长乡村事务管理的人才。这样看来，农村职业教育，完全可以在一些有条件的地区，率先培养出专业土肥师、植保师、规模化饲养师、农田设施管理师、农机装备维修师、农民经纪人、农家乐经理、土地流转管理师、村镇事务管理师、农民合作组织经理、农经信息师，以及农村金融服务、农村保险服务、乡村福利工作者等等。在这方面，政府要给予政策扶持，允许农村教育培训机构先试先行，引导其健康发展。待条件成熟，通过制定专业技能标准，将其纳入职业分类，赋予职业资格，

实行规范管理。

第三，整合农村教育培训资源，继续推进“三教统筹”，创新优化“农科教结合”新机制，构建立体的农民终身教育体系。涉农各级各类学校（包括农村中小学、各类职业教育和培训机构、普通和成人高校、农村基层党校等）、农业研究和农技推广机构、涉农行业协会、农民专业合作组织、部分涉农企业，都是农村职业教育的可用资源，都应以某种方式参与到农村职业教育中来。政府应该对各类教育培训机构和实体面向农村培养实用人才，提供政策和资金支持，对农民根据实际需要接受职业教育和技术培训给予政策支持。要针对农村发展的新形势，结合行政管理体制改革，精心设计县级职教中心的管理体制、运行机制和教育培训模式，切实发挥纽带、基地、桥梁作用，提高农村实用人才培养效益。特别要对“三教统筹”和“农科教结合”的具体措施，给予制度和经费保障。“三教统筹”和“农科教结合”，是人民群众在我国经济建设中积累的宝贵经验和财富，值得我们在新形势下继承和完善。

新农村建设前景美好，面向三农的职业教育大有可为。一句话：新农民需要新职教，新职教培育新农民，新农民才能建设新农村。

加快小城镇建设，推进城乡统筹发展

（2009 年 3 月 4 日）

姚爱兴

最近，民进中央和宁夏、江苏、广东、湖北、重庆等地的民进省级组织围绕着加快小城镇建设进行了一些调研。

为应对金融危机的不利影响，国家出台了一系列着力扩大内需的政策。为了拉动农村内需，国家还加大了家电下乡、农机补贴等政策的力度。这些政策对启动农村市场、扩大内需都有着很好的推动作用。

我们认为，在新的形势下，要扩大内需，推进城乡统筹发展，小城镇建设具有不可替代的作用：

从近期看，加快条件成熟的小城镇建设是拉动内需的强劲动力。通过加快小城镇的基础设施、教育医疗文化等公共服务设施和工业园区设施，以及农业社会化服务设施建设，可以推动相关产业发展，带动农村富余劳动力的就业和创业，扩大投资和消费需求，进而对促进国家和地区经济增长发挥作用。

从长远看，小城镇星罗棋布于广大农村中，处于农村之头、城市之尾，是城乡统筹的重要节点，对于广大农村具有巨大的带动作用。没有小城镇的良性发展，城市与农村之间、工业与农业之间的巨大反差将难以弥补，城乡分割状况将难以消除，城乡统筹将面临巨大的挑战。推进小城镇建设，对加快新农村建设、促进城乡协调发展具有重要而深远的意义。

早在 1998 年亚洲金融危机爆发后，中央即提出了加快推进城镇化进程的战略。随后的实践也证明了中央决策的英明正确。随着城镇化的发展进程，在我国各地，都有很多农民收入和乡镇财政收入同步增长的例子。

对小城镇建设，虽然中共中央、国务院下发了《关于促进小城镇健康发展的若干意见》，有关部门也出台了建设规划，但引导性政策措施不配套，资金投入不足，小城镇建设尚未形成整体推进格局。

中共十七届三中全会提出“统筹工业化、城镇化、农业现代化建设，加快建立健全以工促农、以城带乡长效机制”，“形成城镇化和新农村建设互促共进机制”，牵住了“三农”问题的牛鼻子，也为小城镇的发展指明了方向。

为全面贯彻三中全会精神，加快推进小城镇建设，我们建议：

1. 进一步提高对推进小城镇建设重要意义的认识。之所以提出这个问题，主要是一些地方对建设新农村还停留在较低水平的认识层面，对于解决“三农”问题要以小城镇为重要抓手一直未给予足够重视。必须强调要把优先发展小城镇放在科学发展观的大框架里来认识，放在建设新农村的大背景下来思考，放在吸纳农村富余劳动力的大战略中来谋划。要加强规划，在一些条件成熟的小城镇率先推进。

2. 在国家扩大内需的4万亿投资计划中，应安排专项资金支持小城镇建设。建议尽快将小城镇的基础设施建设纳入国家扩张性财政政策的大盘子，针对大城市郊区和中西部小城镇的不同特点，在基础设施方面进行资金和政策倾斜。地方各级政府应落实扩大内需的财政政策，加大对小城镇基础设施投资的力度，让转移的人口和返乡的部分农民工在小城镇扎根，稳定他们非农就业收入，并以此来带动他们的消费，促进内需的拉动。

3. 集成资金，形成推进小城镇建设的合力。建议从各部委已经安排的项目中拿出一部分集成用于小城镇建设。如农村交通建设的部分资金可用于加快小城镇周边的道路建设，农村学校建设的部分资金可用于加强小城镇的学校建设，农村卫生医疗的部分资金可用于加强小城镇医疗设施建设。

4. 改革完善现行的土地制度、户籍制度、金融制度和乡镇行政管理制度，为小城镇建设提供配套的制度保障。一是在严格保护耕地的前提下，通过探索农村存量集体建设用地改革为小城镇建设提供土地支持。二是取消城乡户口差别，建立统一的居住证登记制度。三是逐步建立以自筹为主、国家扶持为辅，农民带资进镇、集资进镇、企业与个人积极参与等多渠道、多元化的投入机制。四是按“新城镇新体制”的要求，建立一个职能明确、结构合理、廉洁高效的小城镇管理体制。

综上所述，我们认为，应将各地小城镇发展的成功经验升华为国家的政策和制度，以更加积极的态度、更加可行的措施、更加扎实的方法，促进各地小城镇健康发展。

完善制度环境，促进民办教育可持续发展

（2009年3月4日）

赵光华

自2003年《民办教育促进法》实施以来，我国民办教育事业得到了很大的发展，对于增强国家教育能力，增加教育资源的多样性，促进教育公平，深化教育体制改革和制度创新，作出了积极的贡献。

但我们也看到，与不少国家相比，我国民办教育的规模还不大，层次还较低，质量还不高。当前，民办教育的发展在地区间、学校间的差异很大、很不平衡；在一些地区，真正意义上的民办学校逐步萎缩，不少民办学校陷入难以为继的困境，民办学校举办者、办学者普遍信心不足；民办学校教师的社会保障待遇得不到有效落实，公、民办学校教师不能合理流动，民办学校教师流失现象日益严峻。出现这些现象的深层原因有很多，从宏观层面看，主要有以下两方面：

一是观念上缺乏对发展民办教育的正确认识。一些基层政府和部门思想观念上仍存在“民办教育是权宜过渡、拾遗补缺”的观点。在当前国家教育投入大幅增加的环境下，一些人认为，没有民办学校，政府也有财力办好教育，办好每一所学校。

二是《民办教育促进法》赋予民办学校的“同等法律地位”得不到有效落实。很多民办学校被当地税务部门按企业课以所得税。民办学校教师的养老保险也按企业序列缴纳，极大的影响了民办学校教师的稳定。

我们认为，民办教育与公办教育都是社会主义教育事业不可分割的组成部分。两者不同之处只是在经费来源、办学体制、管理体制等方面。民办教育的存在为我国教育资源的有效配置、办学体制的改革注入了活力。更为重要的是，民办教育改变了政府包办教育的状况，增加了教育供给方式的多样性和选择性，

满足了社会不同层次的人对教育的需求。在当前和未来的很长时期内，人民群众对教育的多元需求仍将持续增加。有关方面应按照中共十七大报告关于“鼓励和规范社会力量办学”的要求，将切实落实《民办教育促进法》、促进民办教育的发展作为深入贯彻落实科学发展观的一项重大举措。为此，我们建议：

1. 加强民办教育相关法规、政策的协调性和可操作性。

建议全国人大会同国务院就《民办教育促进法》及其《实施条例》法律条款中的相关问题作出解释，形成与《民办教育促进法》配套的法规、政策，以保障法律实施过程中的公平、公正。鉴于不同部门对于民办教育政策的不协调性，建议重点加强《民办教育促进法》与部门法规、政策的协调和清理，保障民办教育同等法律地位的落实。

2. 转变政府管理行为，为民办教育发展创造良好环境。

政府要实现自身角色地位的转变，从直接参与介入民办教育管理，转变为依法间接地监督，把工作重点放在明确并引导公办学校与民办学校实现不同的战略定位、发展重点和培养目标上。把办学竞争的利益和责任“归还学校、回归社会”，把办学的微观职能“归还校长、回归学校”。

与此同时，充分发挥民办学校依法自主办学、自主管理的积极性，在课程设置、教材使用、专业设置、招生计划上给予更大的自主权，将收费标准由审批制改为备案制。

3. 按照《民办教育促进法》规定，把“促进”落到实处。

要从学校层面的公平竞争，教师层面的公平待遇，学生层面的公平权益三个角度，落实民办教育与公办教育的“同等法律地位”。一是明确民办学校参照“事业单位”进行管理，从而落实民办学校在税收、建设用地、信贷融资以及其他不以营利为目的的教学科研活动享有与公办学校同等的政策待遇。二是落实民办学校教师与公办学校教师同样的“事业编制”待遇，促进公、民办教师的双向流动。三是要给予承担义务教育任务的民办学校同等的生均经费，学校在学费中予以冲抵，以保障义务教育阶段学生的合法权益。

最后我们希望政府有关部门高度重视，通力合作，针对当前我国民办教育发展进程中出现的新情况，把握突出问题，广泛征求各方意见，进一步解放思想，在《国家中长期教育改革和发展规划纲要》以及“民办教育分规划纲要”的制定中，按照《民办教育促进法》的精神提出促进民办教育发展的政策措施。

【在全国政协十一届六次常委会上的发言】

健全公众利益诉求表达制度，促进社会和谐稳定

（大会发言）

（2009 年 6 月）

蔡达峰

各位委员：

随着我国社会的利益关系的不断调整，利益格局的日趋多元，利益观念的深刻变化，各种利益矛盾错杂丛生，诉求案件事件大幅度增加，弱势群体的利益诉求尤其量大面广。诉求内容越来越全面，出租车罢工等事件，表明了大众维权意识的深化，不仅在乎经济得失，还相当注重权利伸张。与巨大的利益诉求需要相比，社会的利益表达渠道单一，制度不健全，民意没有得到充分采纳，矛盾各方缺乏有效沟通，调解机构没有及时介入，使对立情绪积压，引发不规范的表达方式，酿成社会事件。这已成为“矛盾凸显期”

特征性问题，具体表现为：

一是信“访”不信“法”。各种利益诉求高度集中于信访渠道，而不依靠法律程序，不信赖法律判决。而政法以外的社会协调渠道，更是门庭冷落。

二是信“上”不信“下”。信访称为“上访”，其实是迷信权力裁决，以为信访等级越高、权力越大，获利越有保障。但信访工作的职责和能力其实有限，无法应对无穷的利益诉求，压力不堪承受。如处置不当或不及时，反而使公权力部门成为矛盾焦点。瓮安事件就有类似因素。

三是信“私”不信“公”。凡发生利益纠纷，人们习惯于走后门托人求情来表达诉求，甚至打官司也要想方设法找熟人，找不到熟人心里不安，怀疑公正。于是，干部成为表达利益诉求的重要渠道，公务人员和公权力成了具体利益主体的代表，公正性受到严重挑战。

四是信“闹”不信“理”。在表达利益诉求包括在信访过程中，用不恰当的甚至非法的方式的情况明显增多，有人以为这种方式管用，有人以为自己力量单薄，怕遭到报复。当利益双方力量不均衡，又缺乏公正的谈判制度时，往往会发生弱势一方的群体事件。比如，出租车公司为了提高管理费标准，强行司机重新签订劳动合同，司机不服但不敢申述，这就容易采取集体行动，而这种行动中往往带有情绪的宣泄，最后往往改变了矛盾的关系和事件的性质。

促进社会和谐，就要保持社会各方利益的动态平衡，就要给各利益主体通畅的诉求渠道。如果渠道不畅，部分群体的利益诉求长期不能得到表达和反映，必然加剧社会矛盾。中共十六届六中全会《关于构建社会主义和谐社会若干重大问题的决定》指出，要适应我国社会结构和利益格局的发展变化，拓宽社情民意表达渠道，把群众利益诉求纳入制度化、规范化、法制化的轨道。我们要以科学发展观为指导，加快健全公众利益诉求的表达制度。为此，提出如下建议：

1. 健全和完善民主决策制度，为利益诉求提供制度保障。各级政府要逐步建立和完善信息公开、决策听证、民主监督、利益协调等制度，使利益相关者的各种合法诉求，通过正当、规范的渠道进入公共决策的程序，使公共政策得到社会的普遍认可。只有从制度上保障落实公众的话语权、参与权、知情权和监督权，才能让不同利益群体的利益诉求都得到充分表达。

2. 坚持依法行政，依法处理公众的利益诉求。各级信访部门在受理群众诉求中，既要坚持服务群众，又要尊重法律，坚持依法办事，防止出现人言大于法、人情重于法的现象。只有严格依法办事，才能对社会发挥正确的导向作用。

3. 强化人大、政协和人民团体的作用，反映社会各阶层的利益诉求。要坚持和完善人大代表、政协委员联系群众的制度，发挥工会、妇联等社会团体的代言作用，鼓励他们反映公众的意愿和利益，监督公共政策的制定和执行，协调公共政策和社会群体利益的矛盾。

4. 发挥社会组织的作用，促进政府与公众之间的良性互动。要按照六中全会《决定》“发挥社会组织提供服务、反映诉求、规范行为的作用”的要求。培育社会组织的能力，支持社会组织协调团体内外的利益关系，帮助社会组织树立社会活动中代表性和权威性，让社会组织成为化解社会矛盾的重要力量。

5. 培育公众依法表达利益诉求的意识和能力。依法维护利益和文明表达诉求是构建和谐社会的基础。在完善公众利益表达制度的同时，我们要大力引导公民增强法律意识、法治观念和责任义务意识，大力地支持合法的利益表达方式，有力地鼓励文明的利益表达行为，严格地制止任何非法诉求，切实创造良好的社会秩序和风气。

【在专题协商会上的发言】

加快小城镇建设，推进城乡统筹发展

（2009 年 7 月 13 日）

赵光华

当前，我国总体上已进入了以工促农、以城带乡的发展阶段，进入了着力破除城乡二元结构、形成城乡一体化新格局的重要时期；已经到了需要进一步加快城镇化进程，依靠城镇化和工业化有效互动来加速现代化进程的历史阶段。小城镇作为农村与城市在生产交换、生产方式、经济建设之间的纽带起着推动新农村建设，推进农村城镇化进程的重要作用。加快推进小城镇建设，对促进我国经济发展有着举足轻重的现实意义。

贾庆林主席在全国政协十一届六次常委会闭幕会上的讲话中明确指出，城镇化对经济社会发展有着重要的“放大功能”，即城镇化将放大工业化、放大城乡一体化、放大消费需求、放大就业等。中国的城镇化绝不可能把大多数农村居民无限制地转移到大城市去，必须走中国特色城镇化道路，促进大中小城市和小城镇协调发展。小城镇应成为加快城镇化、工业化步伐的重要着力点。

为加快推进小城镇建设，我们建议：

1．进一步提高对小城镇建设重要意义的认识。

作为中国特色城镇化体系的重要组成部分，小城镇的发展有利于加快农村剩余劳动力的转移，提高农业生产效率和综合经济效益；有利于扩大农业发展和农村建设的直接需求，推动解决内需不足和生产过剩矛盾；有利于降低农村人口盲目涌入大中城市的风险和成本，缓解大中城市就业压力，形成城镇合理梯次布局；有利于促进农民思想观念和生活方式转变，提高人口整体素质，加快农村现代化进程。我们必须站在全局和战略的高度，充分认识加快推进小城镇建设的重要性，把小城镇建设放到工业化、城镇化的大背景中来思考，放到统筹城乡发展、破解“三农”问题的大格局中来谋划，放到实施县域突破、建设社会主义新农村的大战略中来考量，放到推动科学发展、实现全面振兴的大目标中来推进，促进新型工业化、农业现代化与特色城镇化良性互动、协调发展，努力开创小城镇建设的新局面。

2．在国家扩大内需的投资计划中，安排专项资金支持小城镇建设。

建议将小城镇的基础设施建设纳入国家积极的财政政策大盘子，安排小城镇建设专项资金。同时，集成部分各部委已经安排的项目资金用于小城镇建设，形成推进小城镇建设的合力。地方各级政府应结合扩大内需，加大对小城镇基础设施投资的力度。

3．加强规划，重点推进。

建议国务院在原建设规划的基础上开展调研，尽快制定出新的小城镇建设发展规划，并在一些条件成熟的小城镇率先推进。可从城镇区位、资源特点、功能定位和自然历史条件出发，集中力量建成一批工业带动、资源开发、商贸流通、旅游度假等特色突出、各具优势、设施良好的小城镇群体，构筑以县城为龙头、中心镇为重点的新型城镇体系。

4．建立协调机制，加强对小城镇建设的领导。

建议国务院设立小城镇建设部际协调机构与机制。在各省市层面，可参照湖北省的做法，设立小城镇建设联席会议制度，以重点镇建设为平台，将各部门的资金进行整合，由原来各口的资金专款专用变为打包使用，提高资金使用的协调性和配置效率。

5. 改革完善现行的土地制度、户籍制度、金融制度和乡镇行政管理制度，为小城镇建设提供配套的制度保障。

一是在严格保护耕地的前提下，通过探索农村存量集体建设用地改革为小城镇建设提供土地支持。二是改进城乡户籍制度，促进人口健康流动。三是逐步建立以自筹为主、国家扶持为辅，农民带资进镇、集资进镇、企业与个人积极参与等多渠道、多元化的投入机制。四是按“新城镇新体制”的要求，建立一个责权相配、职能明确、结构合理的小城镇管理体制。

6. 加快小城镇基础设施建设，优先加快交通建设。

基础设施是小城镇的硬环境，可以以小城镇为中心，逐步完善道路、电网、上下水、供气供暖、垃圾处理、通讯广播网络等设施，切实改善小城镇的生产条件、居住条件和生态环境。这其中尤为迫切的，要加快城镇间道路，特别是一级公路的建设。高速公路建设对发展国民经济起到了不可低估的作用，但对大多数小城镇来说则受益有限。加快建设连接小城镇的一级公路是小城镇建设的当务之急。

7. 加强小城镇文化、教育、科技、卫生等公共服务资源建设，改善农村人口的生活质量。

加快发展小城镇文化、教育、科技、卫生建设，有利于提高农村人口素质，提高农民的生活质量和健康水平，更可因此提高小城镇集聚生产要素和农村人口的能力。因此，公共基础设施建设的重点要放在解决与居民生活密切相关的上学、就业、就医、出行、居住等实际问题上，以提高小城镇公共服务水平。

8. 注重产业发展，增强辐射、带动作用。

小城镇的发展需要产业的支撑，要注重把发展小城镇与发展产业、工业园区建设有机结合起来，同农村市场体系建设、农业产业化经营和社会化服务有机结合起来，大力发展第三产业，大力发展农业服务业，引导鼓励各类企业向小城镇聚集，形成城乡统筹、产业互动的格局。

最后，我们希望将各地小城镇发展的成功经验提炼为国家的政策和制度，以更加积极的态度、更加可行的措施、更加扎实的步伐，促进各地小城镇健康发展。

【致中共中央的建议书】

关于在新形势下进一步推进农村教育综合改革的建议

中国民主促进会中央委员会

民进中央2009年的重点调研课题是“新形势下的农村教育综合改革”。2009年5月，由民进中央主席严隽琪、常务副主席罗富和带队的民进中央调研组赴山西省的太原市、忻州市、吕梁市、晋中市、运城市进行了调研。

4月上旬和下旬，严隽琪主席分别带队到上海和河南就农村教育综合改革进行了预调研。6月下旬至7月上旬，严隽琪主席带队到山东省进行了补充调研，罗富和常务副主席带队在安徽省就农村职业教育进行了补充调研。此外，北京、天津、上海、山西、山东、安徽、广东等民进省级组织也分别在本省市范围内进行了专题调研，并向民进中央提交了调研报告。

综合民进中央和相关省级组织的调研情况，现将我们对“新形势下的农村教育综合改革”的一些思考报告如下：

一、我国农村教育取得的历史性成就

改革开放以来，特别是进入新世纪以来，我国农村教育改革和发展取得了巨大的成就。

在基础教育方面，从推行“两免一补”政策，到将农村义务教育全面纳入财政保障范围，真正实现了免费义务教育，实现了全面普及九年制义务教育的历史性跨越。通过实施“两基攻坚”计划和农村远程教育工程、学校布局调整、农村教师特岗计划等一系列重大工程和举措，我国农村基础教育在设施、设备水平、师资力量等多方面，都大幅度提高了水平。上学难、上学贵的现象基本成为历史。特别是近些年来，在科学发展观的指导下，在普及九年制义务教育的基础上，农村基础教育改革的力度、经费投入保障的力度不断加大，走向了青少年学生全面发展、城乡均衡发展、质量逐步提高的正确轨道。

在职业教育和培训方面，通过大力发展农村职业教育、成人教育和广泛开展农民培训，尤其是近年来大力构建以县职教中心为龙头的县域职业教育培训网络，农村中等职业学校的招生数量、办学规模迅速扩大，农村劳动力培训参与率有所提高，农村富余劳动力转移就业培训蓬勃开展、成效显著。每年有数百万、近千万接受过职业教育和培训的技能型人才进入劳动力市场，既支持了农村经济社会的发展，也为农村富余劳动力转移就业和增加农民收入作出了巨大贡献。

伴随着我国高等教育大众化发展的进程，农业高等院校有了同步发展，为农服务能力、农业科技服务能力、农业农村人才培养能力显著增强，一个适应于现代农业发展的农业高等教育体系已经建立起来。

总之，在党中央、国务院的高度重视和正确领导下，我国农村教育事业一直被摆在基础性、先导性、战略性的位置上，在农村各项事业中获得优先发展的权利，取得了历史性的巨大成就。

二、新阶段农村教育发展面临的形势和存在的问题

中共十七届三中全会《关于推进农村改革发展若干重大问题的决定》（以下简称“《决定》”）指出：“我国总体上已进入以工促农、以城带乡的发展阶段，进入加快改造传统农业、走中国特色农业现代化道路的关键时刻，进入着力破除城乡二元结构、形成城乡经济社会发展一体化新格局的重要时期”，“必须统筹城乡经济社会发展，始终把着力构建新型工农、城乡关系作为加快推进现代化的重大战略”。

经过30年改革开放，我国已进入了“中国特色工业化、城镇化、农业现代化加快推进”的发展阶段，已经并将继续对农村教育的发展方向产生重大的影响。因此，我国农村教育在新阶段的发展与改革，要放在统筹城乡发展的大背景下来进行，加大改革力度与实效，保证其优先地位，使之为产业结构调整、为社会主义新农村建设，为全面小康社会的目标提供应有的人力资源支撑。我国农村教育在工业化、城镇化、农业现代化加快推进的新形势、新任务下，要适应人才需求在数量、质量和结构方面的新情况，还存在值得高度重视的差距，还面临迫切需要解决的困难和问题。

1. 教育资源在城乡、区域间配置的差距较大。这个差距可以从以下两方面来看：

一是经费投入上的差距。据2008年全国教育经费执行情况统计公告，普通小学的生均预算内教育事业费（教育经费拨款），北京、上海分别为10111元、13016元，广西、河南分别为2329元、1640元。生均预算内公用经费，北京、上海分别为4271元、3179元，广西、河南分别为383元、466元。就各省而言这种差别同样存在。以河南省为例，2007年普通小学的生均预算内教育事业费，郑州市、信阳市分别为2026元、1457元，生均预算内公用经费，郑州市、信阳市分别为369元、279元。这种区域差别在一定意义上说也是城乡差距。

二是师资的差距。城乡师资的差距集中反映在数量、质量、稳定性三个方面。在数量方面，据2008年国家教育督导报告（以下简称“《报告》”），城市、农村的小学生师比分别为19:1和19.4:1，初中生师比15.6:1和17.1:1。在数量短缺的同时，农村教师的结构性缺编情况严重，尤以音体美、计算机、英语等学科专任教师最为紧缺。在质量方面，城乡义务教育学校的中级及以上职称教师比例差距较大，且差距还在进一步拉大。据《报告》数据，2007年全国小学中高级职务教师比例，城市高于农村9.5个百分点(2004年为8.9)。初中中高级职务教师比例，城市高于农村19.2个百分点（2004年为14.5)。另外，在农村教师中还有为数不少的代课教师（有关部门数据，2007年底为37.9万)。从稳定性方面，农村优秀教师流失严重。据《报告》抽样调查，艰苦地区学校38.7%的校长反映近3年中有教师流失情况，其中

74.6%的校长反映主要流失的是骨干教师，92.5%的校长反映主要流失的是35岁及以下的青年教师。

2. 农村学校在实施素质教育上面临着巨大的压力和困难。在实施素质教育上，农村学校面临的阻力大、困难多。

在基础教育方面，主要的阻力是农村学生及其家庭受传统的“跳龙门”意识束缚较城市为重。其次是在素质教育考核评价标准体系尚未建立的情况下，如何推进素质教育缺乏有效手段。主要困难是符合素质教育要求的课程改革与考试制度改革不配套，新课程的社会认可程度低，教师培训未能满足新课程改革的需要，教学难度“大”。

在职业教育方面，首先是认识问题。在多数人眼中，实施素质教育是为了改变应试教育的倾向，是基础教育的事情。因此，普遍认为接受职业教育是学习一种技能然后到城市打工。更有一部分人抱着升高职或大学的愿望到职业学校学习，把职业教育作为一种新的“升学教育”。其次，受认识误区的影响，农村职业教育普遍重技能培训、轻职业素养教育，用人单位反映职业学校培养出来的学生缺乏职业素养。

3. 大量农村适龄学童向城市转移对农村基础教育的发展产生很大影响。近年来，随着我国工业化、城镇化进程的加快，农民群众对子女接受优质教育的需求不断增长，农村适龄学童大量向城市转移。在一些外来人口聚集的省、市地区，外来人口子女甚至超过了当地户籍儿童的数量。农民工子女大量涌入城市，不仅造成城市中小学普遍出现“大班额”、义务教育资源紧张、管理问题凸显，而且使一些农村地区中小学校生源锐减甚至难以为继，不少农村地区出现了义务教育资源闲置的现象。在我们所调研的省份，有的省1.3万多所农村地区的小学、教学点因合并办学而停办。

4. 农村职业教育为地方经济社会发展服务的功能有待进一步发挥。近年来，农村职业教育为农村富余劳动力转移就业作出了巨大贡献，但其转移的视角主要是面向城市和东部地区。农村职业教育的培养目标从主要为“三农”服务（即为地方经济建设服务），基本上转到为城市输送劳动力的“就业教育”：不少农村职业学校的涉农专业纷纷停办，改办面向城市用工的机械、电子等专业。在我们调研的山西、安徽等省，绝大多数农村职业高中没有涉农专业。推荐各类毕业生到城镇就业固然是帮助农民增加工资性收入之必须，但农村职业学校涉农专业萎缩，对新农村建设和农业现代化的支撑不力。

三、关于进一步深化农村教育综合改革的建议

目前，我国农村地区的经济社会发展总体上已经达到了一个新的历史阶段，农村教育与城镇化、工业化和农业现代化加快推进，以及与社会主义新农村建设不相适应的矛盾日益显现。无论从城乡统筹发展、转变经济发展方式的需要来看，还是从农村自身发展所面临的人才需求来看，新一轮农村教育综合改革亟待发动和展开。

同时，深化农村教育综合改革也是基于我国教育事业改革发展的需要。建国60年来，国家的教育方针虽根据时代变化而不断丰富、发展，但其核心一直是提倡学生的“全面发展”。在统筹城乡发展、建设社会主义新农村的大背景下，如何促进农村学生的全面发展，为农村学生的升学深造、进城务工和留乡务农提供不同的出路，为农村经济社会发展培养不同类型的人才，已成为农村教育改革发展中无法避开的现实课题。农村教育面临的现实和未来发展的趋势，需要其率先进行改革，以促进农村学生全面发展为目标，走出一条我国教育改革的新路。

提出“综合改革”则是由农村教育本身的复杂性、农村教育改革的紧迫性决定的。一方面，农村教育改革涉及的内容十分广泛，涉及的管理部门众多，有些问题就教育系统本身难以解决，需要进行综合的改革；另一方面，新形势、新任务要求农村教育在体制机制层面上有较大力度的综合性改革，不能仅停留在局部的、单项的政策调整层面，而是需要整体设计和统筹考虑。

深化农村教育综合改革要坚持城乡教育统筹发展的原则，统筹城乡教育发展规划，统筹城乡教育资源配置，统筹城乡教师队伍建设。

为此，提出如下建议：

1. 建议政府有关部门尽快启动对农村教育综合改革的研究和规划，并及时召开第二次全国农村教育工作会议进行部署。如何认识当前的形势以及新形势下的农村教育综合改革方向如何确定，改革方案如何设计？应在体制机制方面有什么创新？需要国家有关部门深入地进行调研和探讨，及早谋划。建议在充分调研、凝聚共识的前提下，尽快召开一次全国农村教育工作会议，对如何进一步深化农村教育综合改革进行部署。

推进农村教育综合改革是一项系统性、综合性的工程，需要统筹配置各类教育资源。这项工作涉及教育、人力资源和社会保障、农业、科技等多个部门。建议在国家层面建立由主管副总理牵头的教育、农业、科技、劳动、扶贫等相关部门的部际协调机制，有关部门各司其职，形成合力。在地方，可建立由分管领导牵头的协调机制。

2. 统筹城乡教育发展规划，推进城乡教育均衡发展。地方政府要统筹规划城乡教育发展的规模、结构、布局，集中教育、教师资源，办好农村各级各类教育。要根据地方经济社会发展总体规划、尤其是中小城镇的发展合理调整农村学校布局，为农村青少年就近提供尽可能均衡的受教育机会。农民工子女大量涌入城市就读的根本原因是农村缺乏优质教育资源。解决问题的出路是要有重点地从加强农村地区乡镇中心小学和农村初中建设做起，加大农村薄弱学校改造力度，缩小城乡之间、校际之间办学水平差距，以满足农民子弟就近接受优质教育的需求。中央及地方政府应加大“农村中小学标准化建设工程”、“寄宿制学校建设工程”等项目实施力度，推进农村学校布局调整。

建议探索教育部门与农村基层政权对农村普通中小学共建共管的机制，扩大中小学教育资源的来源渠道和综合服务功能，使农村中小学成为农村社区的教育、科技中心，信息资源和文化传播中心，成为建设农村文明的高地。

3. 统筹配置城乡教育资源，推进城乡学校协调发展。要统筹城乡的教育投入和资产配置，在市、县范围内推进统一城乡学校公用经费和生均教育经费标准，统一学校教学设施、仪器设备等资源配置标准，使城市和乡村中小学生基本享有同等的学习条件。地方政府应在财政投入和拨款、学校设施设备配置等方面向农村学校倾斜，以尽快改善其办学条件，提高办学质量。

同时，要按照统筹城乡教育发展的思路，鼓励城市优质基础教育学校通过组建教育集团、城乡联合办学等方式，带动农村学校共同发展。要借鉴各地已有的职业教育集团模式，推动建立市、县范围内的职业教育联合体，实现城乡职业教育师资队伍、实训基地的资源共享。

4. 统筹城乡教师队伍建设，推进城乡师资水平均衡提高。教育发展不均衡的集中体现是教师队伍发展的不均衡，因此加强农村教师队伍建设是统筹城乡教育发展的重要任务。要通过制度建设促进城乡教师队伍的均衡发展。统筹城乡教育人事资源的配置结构与布局，建立城市有效支援农村的教师管理体制。将城市教师到农村支教的做法制度化，真正实现城乡教师的双向交流。逐步完善农村教师的补充机制，除农村教师特岗计划外，还应推广地方师范院校学生顶岗支教的做法，让地方师范院校真正成为农村教师队伍的培养、补充基地。建议设立农村教师津贴，通过建立利益补偿机制，吸引更多优秀的人才到农村任教；设立国家“中西部地区义务教育师资培训基金”，重点支持中西部农村地区的教师培训。

5. 统筹城乡建设人才培养目标和模式，为新农村建设提供人才支撑。

一是要坚持转移富余劳动力和服务“三农”并举，建立适应统筹城乡发展的农村职业教育体系。要按照统筹城乡发展的要求，把农村职业教育发展的重心逐步转移到促进农村富余劳动力转移和为地方经济社会发展服务并举上来。建议国家有关部门（如教育、农业、科技、人力资源）联合组成调研组，对新农村建设人才需求进行调研，并编制新农村建设人力资源发展规划，以指导农村职业教育的发展。同时，要制定倾斜政策，扶持农业职业教育发展。对中等职业学校开办涉农专业的，各级财政予以一定比例的补助，以保证其维持正常运转。在农村职业教育免费的基础上，对涉农专业的学生给予一定数额的奖学金。

二是要实施“科教兴农工程”，培养新农村建设人才。农村继续教育既要满足留在农村的农民的教育需要，又要满足农民走出农村的教育需要。要强化政府统筹，有效整合资源，把新型农民的培养培训工作落到实处。要加强农村成人文化技术学校建设。针对目前成人文化技术学校大多没有人员编制、缺乏办学经费的现状，建议国家有关部门进行专题调研，并制定“促进农村成人文化技术学校发展的意见”。“意见”中应明确办学编制和办学经费标准；要加强农民培训能力建设。根据十七届三中全会《决定》中“健全县域职业教育培训网络，加强县域农民培训能力建设”的要求，尽快制定《全国县域职业教育培训网络建设规划》，并尽早实施，争取在若干年内建立起覆盖全国主要农区的、较完善的农民培训网络。要实施“科教兴农工程”。在全国农业高校、农业职业技术学院认定一批基层农技人员培训基地，分期、分批对全国基层农技人员开展知识更新培训。同时在全国遴选一批年纪轻、素质较高、具有较强敬业精神的基层农技人员到农业高校进修。

【领导人的建议书】

关于对特殊领域高层人才给予特殊政策的建议

延东同志：

最近，民进中央就高校科研工作在北京的一些高校进行了调研。通过调研，我们对人才资源是第一资源有了更深入的理解。我国一贯高度重视高层次人才的培养和选拔，陆续实施了“长江学者奖励计划”等人才项目，取得了很好的效果。但我们在清华大学肿瘤生物学实验室调研时也了解到，由于我国现行科研体制的改革有个过程，这些已有措施在一些特殊领域高层次人才科研工作中的效益发挥还有待进一步推进、深化，而这些高层次人才的前沿性研究却时不我待。

以清华大学肿瘤生物学实验室负责人罗永章为例：罗永章是我国抗肿瘤新药研发领域不可多得的专家，多项研究成果处于国际尖端水平。他主持研发的“重组人血管内皮抑制素”（商品名：恩度）成为世界首例内源性血管抑制剂类抗肿瘤药物。作为具有多项国内外自主知识产权的抗癌新药，“恩度”将会大大降低我国肿瘤患者医药费支出，减轻患者和国家的医疗负担，并将会改变我国长期以来在新药研发领域没有核心技术的状况，对推进创新药物研发将产生很大促进作用。

罗永章教授的科研成果及其后续研发得到了国家和北京市政府的高度重视和大力支持。但目前，罗永章教授的科研工作还存在几个突出的制约因素。

为此，我建议，在强调公平竞争、程序化立项的同时，针对罗永章这样特殊领域的高端人才在科研工作上给予特殊的政策支持，特事特办。

顺颂春祺！

民进中央主席　严隽琪
二〇〇九年三月二十六日

具体情况及建议：

罗永章留学于多所美国名校，回国后受聘于清华大学，任百名人才引进计划责任教授。2005 年，罗永章主持研发的“重组人血管内皮抑制素”（Endostar，商品名：恩度）获得一类新药证书，成为世界首例内源性血管抑制剂类抗肿瘤药物。该药的作用机理是通过阻断向肿瘤供养的新生血管的生成来抑制肿瘤，具有治疗靶向明确、无耐药性、毒副作用很小的特点。“恩度”在国内外具有多项自主知识产权，在全球范围产生了广泛的学术及社会影响，其成功使我国在血管抑制类抗肿瘤药物研发的竞争中走在了世界前列。该药于2006年上市，医患反映良好，已实现销售额5亿元人民币，利税2.5亿元人民币。2008年，该项目获得第十届中国专利金奖和国家技术发明二等奖。胡锦涛、吴邦国、吴官正等多位党和国家主要领导人曾先后视察过该项目。

罗永章教授的科研成果及其后续研发得到了国家和北京市政府的高度重视和大力支持。2008年，经国家发改委和北京市政府批准，由罗永章主持的抗肿瘤蛋白质药物国家工程实验室和蛋白质药物北京市重点实验室先后成立，致力于分子靶向抗肿瘤蛋白质药物研发、抗肿瘤药物靶标筛选、肿瘤标志物筛选和肿瘤抗体药物研发等方面的研究。目前，实验室有在研重大课题10项，其中5项已完成前期基础研究，即将进入临床前或临床研究。这几项研究已明显居于国际领先地位，潜在的开发应用前景和价值非常显著。

但目前，罗永章教授的科研工作还存在几个突出的制约因素。

一是博士生名额有限。博士研究生是实验室科研队伍的中坚力量，但依照规定，每年罗永章仅有2个博士生招生名额。目前，肿瘤早期诊断、个体化治疗及抗肿瘤药物研发领域的国际竞争异常激烈，为保持我国在该领域已取得的国际领先优势，实验室全体成员长年超负荷工作。

二是人才引进政策有待改进。高校内的国家工程实验室是近两年的新生事物，抗肿瘤蛋白质药物国家工程实验室也是国家发改委在清华大学设立的第一个国家工程实验室。清华大学为配合该实验室建设，特批了5个高级研究人员和2个行政管理人员编制。但高校现行人事体制缺乏对产学研及工程类人才的引进和考核标准，实验室很难招聘到真正符合发展需求的人才。

三是研究经费严重不足。国家级科研项目（如863、973）是该实验室的主要科研经费来源。但依照相关规定，每位申请人只能主持一项和参与一项课题。该规定虽有其一定的合理性，但对该实验室前沿课题多、经费投入大的实际情况却难以适用。在缺少科研经费的情况下，该实验室为坚持发展民族生物技术产业，曾多次谢绝国外知名制药企业前来洽谈专利转让、开发及垄断研发提出的优惠条件。然而，经费严重不足，却是该实验室必须面对的现实问题。

为此，我建议，在强调公平竞争、程序化立项的同时，针对罗永章这样特殊领域的高端人才在科研工作上给予特殊的政策支持，特事特办。具体建议：

1. 考虑到该实验室的现实情况（譬如，有经发改委审批后授予的工程实验室），由教育部下文特批每年增加5个博士研究生招生名额，以汇集两个部委的资源，促进高水平科研团队的适时壮大。

2. 根据抗肿瘤新药研发的实际需求，制定切实可行的人才聘用政策，特批该实验室在高校体制外按需招聘，以在短时间内吸纳到有用人才。

3. 考虑到这一研究领域的特殊性，给予较大额度的专项经费支持，推动上述项目快速完成，以造福肿瘤患者，增强国力，树立我国自主知识产权的生物医药品牌。

关于尽快实施“金统”工程的建议

克强同志：

近期，民进中央就我国统计事业的改革和发展问题进行了调研。

为了适应新形势、新变化，我国政府统计工作在改革调查管理体制、改进制度方法、提高数据质量、提高统计服务水平等方面，做了大量富有成效的工作，特别是在加快统计信息化建设方面，取得了很大成绩。信息技术在统计工作各方面的应用效果日渐显著，成为提高统计数据质量、提高统计工作效率的主要手段和推进统计管理体制改革的重要力量。

我们在调研中了解到，虽然我国统计信息化建设起步较早，但建设水平较低。长期以来，国家对统计信息系统能力建设的投入不足，统计信息化也未被列入国家信息化建设的系列“金”字工程。多年来，统计部门主要是利用国家普查任务专项经费逐步添置设备，改造网络，“以任务带建设”。加之资金渠道分散，统计信息化难以做到统一规划、统筹考虑、分步实施和系统建设，制约了信息技术的综合应用。

统计信息化建设的滞后，反过来又制约着统计体制的改革和发展，难以满足国家经济社会快速发展的需要。为此，我们建议尽快实施国家信息化建设“金统”工程，提高统计信息化建设的水平。

目前在统计信息化建设中主要存在以下几方面的问题：

首先，尚未建立统一、兼容的统计业务平台和数据库体系。

提高统计数据的准确性、科学性和及时性，需要建立一个全国统一、兼容的统计业务平台和数据库体系。而目前统计系统的数据采集、加工处理仍主要采用小作坊式的生产方式，即基于微机单机使用不同的数据处理软件进行处理（仅国家和省级统计数据处理软件就有几十种，县一级更多达几百种）。这种低水平重复开发的局面造成统计应用系统（软件）多、散、乱，数据采集、处理、管理、发布以及统计服务的共享机制难以建立，接口标准难以规范，形成了大量统计“信息孤岛”。

由于统一的数据库系统尚未建立，很多统计数据无法集中存储，只能分散存储于各业务部门的磁盘中。即使有限的已集中存储的数据，也由于缺乏对存储介质进行保护的设施而造成数据不断损失。据了解，曾投入大量人、财、物力开展的历次全国人口普查中，第四次人口普查数据资料已经出现残缺，而前三次人口普查数据资料已经全部损失。

第二，统计信息系统硬件基础设施薄弱。

目前，国家统计局仅有小型机 28 台，有 10 台使用时间在 5 年以上，在保修期内的仅有 9 台；省级统计部门平均拥有小型机 3—4 台，多数为 5 年前第一次经济普查时采购；地市级统计部门基本没有小型机，平均拥有 PC 服务器 3—4 台，其中一半以上为第一次经济普查和第二次农业普查时由国家局统配。由于统计系统的主机计算能力不足，国家和省两级中，除国家统计局有一台 64 个 CPU 的小型机，其余大部分为 4—8 个 CPU 的小型机，大数据量处理能力非常薄弱，只得依靠微机处理，“蚂蚁啃骨头”。

此外，由于大量设备已过保修期，一些涉及关键业务的设备一旦出现故障，会直接影响核心业务。

第三，统计信息安全保障能力低。

目前，统计部门的重要应用系统没有做到双机热备，缺乏存储备份机制及异地灾备系统，致使应用系统和重要统计数据长期面临极大技术风险。限于条件，统计部门缺少对信息应用系统生命周期各环节的安全管理规定和技术手段，不能全面掌握应用系统安全风险，难以有效开展安全保障工作。大部分省到地市、县的网络带宽不足，安全防护系统建设不足。

第四，常规性统计信息系统运行维护经费紧张。

当前与统计业务相适应的统计信息化建设和管理的长效投入机制还未建立，建设投入、运行维护费用等主要来自统计部门项目工作经费，与统计信息化发展的实际需要存在较大差距。相应地，高水平的统计信息技术人才流失严重。

我们认为，在信息化时代，“数据为王”！统计数据是非常重要的国家资源，是认识国情、决定国策的重要依据；统计工作是实现科学决策和民主决策的一项重要基础性工作，是促进经济社会全面协调可持续发展的奠基性事业。随着我国经济社会发展和改革开放的不断深入，政府部门、企事业单位、研究机构以及社会公众对统计信息（包括历史数据）和统计服务的要求越来越高。在此形势下，加强统计信息化建设，以保证工作质量，提高工作效率，充分发挥统计整体功能是必须的战略选择，符合信息化时代统计事业发展的大趋势。统计部门理应在信息化建设方面走在各部门的前列。

为此，我们建议，将统计信息化建设列入国家信息化建设的系列“金”字工程，尽快实施“金统”工程，更好发挥信息化对统计工作的保障和提升作用。具体建议如下：

第一，“金统”工程建设应包括以下几方面的主要任务。

1. 建设全国统一的统计核心业务平台。该平台应能满足国家、省、地市、县四级统计部门进行普查、常规调查和抽样调查的数据采集和处理的需要。重点解决统计软件多且乱的问题，提高统计数据处理的效率和准确性。

2. 实现企业联网直报。该项工作可基于核心业务平台进行，按照未来满足 100 万家企业（规模以上企业）通过网络进行数据报送的规模要求，进行联网直报系统设计，加大数据集中和整合力度，从根本上减轻基层统计部门负担，保证统计数据质量。

3. 建设国家统计数据库。建立包括基础库、工作库、产品库、灾备库等在内的国家统计数据库体系。应以统计业务流程为基础和纽带，统一开发数据库应用系统，方便社会各界查询统计数据，满足各级党政领导科学决策需要。

4. 统计信息化安全基础设施建设。按照与统计业务需求相适应的目标，加大信息化硬件资源建设，加强存储、备份、容灾等信息安全建设。加强安全监控，加快统计系统涉密网建设，切实保障统计信息安全。

我们在调研中了解到一些省市，如北京市，已经在统计核心业务平台和企业联网直报的建设方面做了尝试，并取得了很好的成效，极大地提高了统计数据的准确性和信息处理的及时性。应该把局部的经验尽早提升到国家层面。

第二，统计信息化建设的投入机制。统计信息化建设应以中央财政投入为主、地方配套为辅，资金投入应不低于政府部门同等应用系统规模的平均水平。完善统计工作经费预算科目，将统计信息化系统的运行和维护费用纳入财政预算。同时，对贫困地区的省级统计信息化建设项目给予必要补助，甚至可以由国家统一代建。

第三，完善统计信息化发展保障机制。国务院信息化主管部门要加强对统计信息化建设工作的部署和协调，遵循信息化发展的内在规律，统一组织，统筹兼顾，保证统计信息化工程的整体协调推进。充分发挥国家统计主管部门在统计信息化建设工程中的主体作用，适当增加统计部门统计信息化机构和人员编制，加强统计信息化人才队伍建设，保障队伍稳定。

特此报告，不当之处，敬请批评指正。

民 进 中 央 主 席　严隽琪
民进中央常务副主席　罗富和
二〇〇九年四月二十三日

香港之行后的建议

尊敬的习近平副主席：

您好！

我应香港理工大学的邀请，并经中央批准，于 4 月 7 日至 11 日，参加了香港理工大学新校长唐伟章先生就职典礼，并相机接触了香港教育界、科技界部分专家学者。这次访问使我更直接地认识到香港回归 10 余年来，由于党中央的英明决策、中联办的辛苦工作、内地的大力支持和香港爱国人士的努力，香港有了来之不易的稳定和发展，十分可贵。但在考察和交谈中听到的一些反映也引起我的思考。在此，愿意为进一步争取港人、尤其是知识分子和中小学教师（其背后是广大中小学生）的人心，贡献一孔之见：

一、要更有效地推进香港基础教育阶段的国民教育

香港学校国民教育特指对青少年国民身份认知、情感和行为的教育，其目标是推动青少年学生遵守“一国两制”和基本法，维护香港稳定、发展与繁荣，为国富民强和民族振兴履行应尽义务。

香港回归以前，港英当局实行殖民主义奴化教育，着力培养英国的“顺民”和“去中国化”。一是将国民教育列为禁区，教育内容只有社会，没有国家；二是推行英式教育，灌输英国文化和价值观；三是限制爱国教育，打压爱国学校，限制爱国学生升读大学和进入公务员队伍；四是实行所谓的“还教于民”和批判公民教育：撤离前，把学校办学权下放办学团体，严重地削弱回归后特区政府对学校的主导权和控制权；同时推行所谓批判性教育，培养学生反叛的政治取向。

香港回归以来，特区政府对国民教育予以较高重视和支持，采取了一些措施，收到了一定成效。但从总体上看，国民教育还没有得到普遍的、足够的重视和全面的、有力的推行，香港教师和青少年学生对国家、民族的认同感和责任感还有待加强，在对“一国两制”和基本法的认识上还需要加强教育和引导。

香港学校国民教育现存的问题有：一是缺乏必要的课程保障，目前尚未把国民教育作为必修课程而单独设置；二是教科书由出版商编写，教材质量参差不齐，内容难以控制；三是缺乏相应的国民教育师资，教学难达要求；四是目标定位简化，缺乏感情培养和行为教育，并简单地把国情教育等同于国民教育；五是政府推行和监管力度不够。

由于香港学校有较高的办学自主权，因此学校的校长和教师是抓好国民教育的关键。为了在香港基础教育阶段有效推行国民教育，建议：（1）在坚持“一国两制”、“港人治港”的前提下，有关部门应加强调查研究，制定推行国民教育的中长期规划，将此项基础性工作纳入计划、推行和检查的日程；（2）要鼓励和支持内地与香港在基础教育领域的交流与合作，特别是校长和教师，民进愿意发挥界别优势，在其中作出积极贡献。

二、在对待香港高校到内地办学的有关政策上，可逐步增加“一国”的内涵

香港高等院校在与国际上的大学建立交流与合作的同时，一直开展与内地的合作交流和办学，采取的是以地方为主的合作和双边协商机制。2003 年国务院颁布了《中外合作办学条例》，规定香港高校在内地合作办学参照该条例执行，也就是说，一直是将香港大学视同外国的大学。

随着国家经济发展和香港回归后的新形势，香港高校到内地办学的积极性空前高涨，我这次接触到的香港高校的校长与教授们不止一次地在公开场合或私下表示：“我们是中国两千多所大学之一，不应仅被看做香港的几所大学之一”。特别因为珠三角地区与香港地缘相近、经济活跃，粤港澳经济区发展的前景又被看好，所以香港的大学表现出到内地、特别是深圳等地办学的积极性。香港中文大学的校长刘遵义先生专门要求与我面谈有关该校到深圳办学的理由和迫切愿望，谈话中希望对目前教育上重“两制”、轻“一国”的政策进行调整，还特地递交了书面材料。

故此建议加强中央在粤港澳教育合作中的主导作用，建立中央政府主导下的合作机制和制度协商平台，从而发挥教育领域中“一国两制”的特殊效应：（1）国家教育主管和有关部门应加强对港澳回归后教育政策的研究，在保证实施“一国两制”的进程中，适时逐步加深“一国”色彩，至少对要与内地高校合作的香港高校应有比对外国高校更加优惠的政策和简化的程序手续；（2）在具有地理优势、改革优势，但缺少高教资源的深圳进行试点：实行“一线放松，二线拉紧”（一线指香港与深圳之间，二线指深圳与内地之间）的方法，批准 1 至 2 个距深圳较近的香港的大学（如香港中文大学）直接在深圳试办具有“同城效应”的分校。这样，既加深了香港高校知识分子的“一国”情结，又补充了内地需要的优质高等教育资源，还可为我国教育改革与发展提供多元的可供借鉴的经验。

三、进一步对香港高校参与国家科研项目实行开放政策

香港的高校中集聚了一批具有国际学术背景的高级科研人才，不少实验室的设施优良。近年来内地改革开放使国力稳步提高，科技投入逐年加大，特别是在科教兴国战略的指引下，一系列重大科研项目相继实施，对香港高校中的科研人员产生了巨大的吸引力。而现行的做法是，香港的科研人员必须先与内地的某个单位建立合作关系，然后以内地单位人员的身份才能申请国家项目，而且科研经费也必须拨给内地单位。这次与我们接触的香港教授，包括几位近年当选的两院院士，都表达了想与内地的科研人员一样直接参加国家项目的愿望。

建议在新形势下对香港科技人员参与国家科研项目实行进一步开放政策。如在国家 863、973 计划的部分领域，特别是在国家自然科学基金等基础研究领域，允许香港科学家直接申报项目，并解决经费拨付困难，以有利于进一步增强香港科技人员的爱国心，并更好地发挥香港科技资源的作用。

四、香港传统爱港爱国组织日显老化，急需增添年轻成员和增加社会影响面

在港期间，我也接触了当年曾与港英殖民主义长期斗争的爱国组织代表人士，他们爱国爱港的精神令人敬佩，他们的历史贡献永远值得铭记。但这些组织有的已人员老化，缺乏活力和新的手段，有影响力减弱之虞。

为了适应新形势发展，培养和扩大新的爱国统一战线组织的骨干，建议：（1）进一步整合爱国爱港力量，切实加强适应新形势的爱国爱港组织的影响力；（2）大力开展对新一代爱国爱港人士的培训工作，支持并提供一定的机遇和平台，促进新一代爱国爱港人士的成长与发展。

以上是有感而发，仅供参考。凡有粗浅与片面、甚至不当之处，敬请原谅。

顺致工作顺利、身体健康！

民进中央主席　严隽琪

二○○九年五月十一日

关于推进“三项整治”工作，切实保障 18 亿亩耕地红线的建议

尊敬的温家宝总理：

中共中央和国务院高度重视农田保护，这是非常英明的战略决策。俗话说，“手中有粮，心中不慌”。可“手中有粮”需要“手中有田”。对于我们这个人多地少、耕地资源稀缺的发展中大国来说，如何在保持我国经济的可持续发展，加快城镇化、工业化、农业现代化进程的同时，切实守住 18 亿亩耕地红线，保障我国的粮食安全，既是一个经济问题，更是一个政治问题。

从我国近年来耕地减少的速度看，守住“18 亿亩红线”的形势不容乐观。据国土资源部 2007 年统计，全国现有耕地 18. 26 亿亩，人均只有 1. 38 亩，一些省（市）人均耕地已低于联合国粮农组织确定的 0. 8 亩警戒线。目前，各地在发展中均面临着发展需求和土地保护的双重压力。

我们在调研中发现，在注重耕地保护的同时，通过土地整理复垦的“开源”，可以走出一条化解经济发展与耕地保护之间矛盾困局的路子。我近日到河南进行调研时，特地考察了颇为有名的“周口模式”。周口市从 2004 年开始对“空心村”、砖瓦窑场和废弃工矿地的“三项整治”工作。从实际效果看，“三项整治”的成果是显著的：自 2004 年到 2008 年的 4 年间，周口全市总共整治土地 29. 7 万亩，净增耕地 21. 9 万亩（扣除该市农地转非农用地数额后，净增 15. 04 万亩），相当于一年增加一个乡镇的土地面积，实现了在经济高速发展、城区面积不断扩大的同时，耕地面积不减、粮食播种面积不减。据了解，国土资源部在全国范围开展土地整理及土地复垦工作已近 10 年，成效是有目共睹的。据国土部门统计，近 5 年来全国共整理复垦开发补充耕地 152. 6 万公顷。这些成效说明，值得在全国范围内下大力气推动“三项整治”工作，因为它可以为各地方在发展经济的同时，有效增加粮食播种面积打下坚实的物质基础。

但我们在调研中也了解到，这项工作的开展还存在一些制约因素：

其一是资金的制约。三项整治工作没有专项资金，而三项整治特别是其中的空心村整治（即建设农村居民集中居住点、或鼓励农民进镇居住）则需要的资金相应较多，如水、电、路等基础设施的建设。这些资金的筹集，对后发的农业地区来说是比较沉重的负担。

其二是政策上支持不够。目前，国家和省级财政资金向三农倾斜的力度已经很大，涉农资金数量较前些年已经增长了很多。但在地方上，使用时仍有力不从心的情况，原因之一就是资金多是按条条下来的，地方整合有一定难度，不能集中力量办大事。

其三是复垦土地转为建设用地的收益较低。以河南为例，周口地区将复垦农地用于省内占补平衡时，使用权调配给郑州市，每亩使用费仅为4000元，而郑州土地价格每亩在数万元至数10万元之间，最高可达200多万元。

为此，建议加大对土地整理和复垦工作的政策支持力度，具体建议如下：

1. 国家设立土地整治复垦专项基金。该基金由国土资源部管理，专项用于土地整治复垦，特别是“三项整治”（省级财政亦设立该基金，由省国土厅管理）。该资金可由以下几方面来源组成：土地复垦费、一定比例的新增建设用地有偿使用费（如50%）、国家和省级财政补助（从国家预算调节基金中提出一定比例）。专项基金主要用于支持中西部种粮大省的土地整治复垦，按照土地整治复垦的数量予以补助，整治复垦的数量越多，补贴的比例额度越大。

2. 提高地方土地收益中用于复垦的经费比例。建议国家有关部门出台相关规定，大幅提高地方政府在土地招拍挂等土地收益中用于复垦的经费比例，纳入财政资金专户，实行专项管理、专款专用。

3. 提高省内用于占补平衡的土地使用权出让费。建议国家有关部门加强宏观指导，依据各地经济发展的情况和市场土地价格水平提出占补平衡使用费的指导价格，在体现土地真实价值的同时，保护土地出让方的权益和积极性。

4. 打包整合新农村建设资金，集中用于加强新居民点的建设。在县级层面，除重大项目外，对三项整治工作中的新居民点建设，应允许其将涉农资金打包使用（如道路、沼气、改水改厕等），以增强县级新农村建设的调控和统筹能力，同时亦可降低管理成本。

以上意见如有不妥之处，敬请原谅。

顺致政祺！

民进中央主席　严隽琪

二〇〇九年八月十八日

关于尽快采取措施，切实维护国家海洋权益的建议

尊敬的温家宝总理：

4月29日，我们在北京参加了国家海洋局“南海维权能力建设总体方案论证会”，从中了解到我国海洋维权面临的严峻形势和海洋事业各个方面的发展态势。我们认为这个问题很重要、很紧迫。会后，民进中央邀请有关方面专家进行了专题座谈，在进一步研究的基础上，形成如下意见和建议，供参考。

《联合国海洋法公约》生效（1994年）后，以争夺海洋资源和保卫海洋安全为核心的国际海洋权益斗争日益加剧。世界大国凭借国力，加紧推进全球海洋战略，企图控制全球海洋。周边海洋国家置我正义主张于不顾，抢占我岛屿，瓜分我海域，掠夺我资源，海洋维权形势非常严峻，海洋安全问题十分突出。其中我国南海正在成为“危机之海”。

一、海洋权益斗争基本态势

按照《公约》的有关规定，我国可以主张面积约为300万平方公里的管辖海域，相当于我国陆地面积的近三分之一。但是，由于历史和现实的复杂原因，这300万平方公里的海域，三分之一以上存在争议。8个海洋邻国对我海洋国土和权益均提出不同程度的无理要求，总面积达100多万平方公里。我国海

洋权益面临的严峻形势可以从以下几方面来概括：

（一）岛屿主权和领土完整问题严峻。在东海，日本长期非法控制我钓鱼岛，并在实际控制的基础上，提出加强对包括钓鱼岛在内的“离岛”及 200 海里专属经济区主权和海洋权益。在南海，我国海上传统疆界“九段线”面临着极其严峻的挑战。在南沙群岛的岛礁中，我国仅实际控制 8 个（含台湾控制的太平岛），其他岛礁均为周边越南、菲律宾、马来西亚、印度尼西亚、文莱等国家所侵占，其中仅越南侵占我南沙岛礁就达 29 个之多。南海周边国家还注重寻找和利用各种所谓的政治、法律依据，谋求国际社会支持，进而对我南沙、中沙、西沙岛礁提出领土要求。越南于 2007 年 1 月制定了《2020 年海洋发展战略》，提出要坚决维护所谓“长沙群岛和黄沙群岛”的主权和海洋权益，并于近期任命了“黄沙岛县人民委员会主席”；菲总统 3 月签署新的《领海基线法案》，以法律形式确认我黄岩岛及部分南沙岛礁为其领土；马总理巴达维多次“视察”我南沙弹丸礁等。

（二）海洋划界和管辖权争议突出。在黄海，韩国不断加强对争议海域的常规管理，韩国海警多次向西跨越东经 124 度线试探我方态度，同时明显加强了对苏岩礁附近海域的巡航力度，频繁在争议海域开展行政执法工作，扩张管辖权的态势十分明显。在东海，日本以其单方面划定的所谓“中间线”为依据，派出船舶和飞机频繁在我春晓、平湖油气田附近海域开展巡航和侦察活动，干扰我正常海上调查和生产作业，其实际巡航区域已延伸到毫无争议的我国管辖海域；在南海，据不完全统计，我国在南海主张的管辖海域（九段线以内）有 200 万平方公里，而南海周边各国主张的管辖海域均侵入了我南海管辖海域线内，其中越南约 117 万平方公里、菲律宾 62 万平方公里、马来西亚 17 万平方公里、文莱 5 万平方公里、印尼 3.5 万平方公里，它们之间的主张区域也相互重叠，无争议面积只有 44 万平方公里。越、菲、马、印尼和文莱等国家采取行政手段和措施，显示实际占有，严重侵犯了我主权权利。

（三）海洋资源争夺激烈。在各国宣布专属经济区后，管辖权的重叠引发了海洋资源的归属问题。面对我管辖海域丰富的海洋资源利益，周边各国展开了激烈的争夺。在黄海，朝鲜、韩国不断加强在争议海域的油气资源开发活动；在东海，日本不顾我国政府强烈反对，在其主张的所谓“中间线”以东单方面进行海底资源调查，并授予其企业在东海争议海域的试开采权，从而使东海问题进一步升级。在南海，虽然中国本着维护地区稳定的原则，提出了“搁置争议、共同开发”的主张，并与东盟 10 国签署了《南海各方行为宣言》。但现实情况是，一些南海周边国家不是搁置争议，而是搁置中国。目前，我南海大部分海域均被周边国家划为油气招标区块，引进外国公司进行开采，钻井 1000 多口，年掠采石油超过 6000 万吨。而我国还未有一口钻井、未出过一滴油。

（四）海上安全受到严重威胁。2001 年以来，隶属于美国海军的特种作业船舶频繁在我国管辖海域从事军事海洋水声监视和海洋学调查等军事作业，主要对我海军潜艇活动进行监视，对我沿海海洋环境资料、水文数据进行收集。截至目前，发现美国海军从事海洋水声监视、导弹靶场观测和海洋军事调查等特种作业活动的船舶共计 13 艘，作业区域遍及我国黄海、东海和南海专属经济区、大陆架海域，集中在距我国领海外部界限在 50—150 海里的范围内，并逐渐靠近我领海和关键、敏感区域，对我敏感海域实施常态化监视监控意图十分明显。今年自“南海无瑕号”事件以后，美国海军“无瑕”、“胜利”、“忠诚”、“有效”、“萨姆纳”、“观察岛”等测量船，频频以军舰为掩护，持续非法进入我国管辖海域进行军事调查、情报搜集和水下监视活动，对我海上安全构成严重威胁。

此外，美方以国际 Argo 计划（地球海洋学实时观测阵）为幌子，在我国管辖海域附近投放了大量经过改装后的 Argo 浮标，利用海流漂入我国管辖海域，甚至是军事敏感海域，大量获取我近海的海洋环境和地理环境资料，已对我国防安全构成极大威胁。

总体来说，周边国家以及一些海洋大国对我国海洋权益的威胁态势已经逐步形成，特别是在南海，以越南为首的周边国家对海洋主权要求日益膨胀，已经形成了联合对我的形势，如果不采取有效的应对措施，变被动为主动，我国的海洋权益将会进一步损失，主权、稳定都将面临严峻挑战。

二、切实维护国家海洋权益的建议

在维护我国海洋安全和海洋权益问题上，我们要有新的思路、新的思维。从现代国际法和现代海洋法的有关国际判例中可以看到，重实际管辖、实际控制，轻历史依据，已渐成惯例。因此，我们要转变维权思路，在保持稳定大局的前提下，维护国家海洋权益的最有效措施，就是通过加大维权执法力度，显示自身存在，体现有效管辖。随着综合国力和国际影响力的持续增强，我国无论在海洋装备、技术方面，还是军事、外交方面，都具备历史上最好的维护国家海洋权益的条件。目前需要做的，就是针对上述海洋维权形势，进一步明确具体的海洋事业发展任务和建设任务，加大投入和工作力度，加快工作进程，以有效的海洋立法、海洋管理和海洋维权行动，切实维护我国家主权和海洋权益。

第一，制定国家海洋战略。

确立海洋国土观，将海洋战略提升到与人口、资源、环境同等重要的国家基本国策。为此，建议在《宪法》中确立海洋国土的地位，在总纲部分增加“中国是世界上历史最悠久的海陆兼备的国家之一”，在第9条中增加“海洋”为自然资源的组成部分等内容。在国家层面，研制21世纪中国海洋战略；推进实施并适时完善《国家海洋事业发展规划纲要》。

第二，加快完善国家海洋法律制度体系。

目前较突出的问题是，我国在涉及国家领海主权和海洋权益、海洋资源开发、海洋综合管理方面的法律法规还不够健全，有的政策性法规内容比较原则，缺少配套的实施办法和细则。建议国家有关部门认真总结梳理中国海洋管理面临的新情况和新问题，按照《联合国海洋法公约》确立的海洋法律制度，进一步完善中国海洋法律体系，充实和细化中国海洋立法内容，增强海洋法规的针对性和可操作性。

首先，建议尽快制定《海洋基本法》。海洋基本法是海洋领域重要的法律，它将规定我国的海洋基本制度、基本框架、我国的海洋权益等一系列问题，是海洋领域的“母法”，对于提高全民的海洋意识、促进海洋经济的发展、维护国家海洋权益有着不可替代的重要作用。要尽快启动《海洋基本法》立法程序，并尽快将其纳入全国人大的立法计划。

其次，建议制定《海洋安全法》。一般来说，海洋安全主要可分为海洋领土安全、海洋资源安全、海上交通安全、海洋信息安全、海洋环境安全以及海洋非传统安全问题等。为此，我国可以制定涉及上述内容的海洋安全法，以维护国家安全、确保海洋权益。同时，加快《海岛保护法》的立法进程。

再次，建议制定《专属经济区和大陆架法》配套法规。我国《专属经济区和大陆架法》自1998年公布施行以来，迄今未制定相应的配套法规与实施细则，如大陆架的油气资源开发规则，海洋建筑物设施与结构物安全区域管理办法，应对外国企业、船舶侵害我国大陆架和专属经济区资源开发活动的措施等等。为应对海洋冲突，包括争议海域引发的争端，必须尽快制定和完善相关配套法规，以细化上述法律的基本原则和规则。

鉴于目前我国海洋维权的严峻紧迫形势，必须加快完善海洋法律体系的进程。在这方面我们要借鉴日本的做法，日本用几个月就制定了几部海洋方面的法律，其中《日本海洋基本法》的制定和通过仅用了3个月时间。

第三，充实海南省三沙市的行政建制，加强管理运作，体现有效管辖。

据了解，国务院已于2007年批准设立“三沙市”（县级市），以取代西沙群岛、南沙群岛、中沙群岛办事处来管理这三个群岛。但是，在南海权益争夺的复杂形势下，目前的三沙市作为我国人口最少、辖区最大的一个县级市，还基本上是一个空壳概念。以至于前一段时期海南省某地干部对外“低调”表示“这里没有三沙市”。设立三沙市是中国政府在南海地区行使领土主权的正确行动，它对于中国在南海的日常行政管理将发挥非常重要的作用。近年来，由于种种原因，官方媒体在这个事情上采取了低调处理。但目前南海维权面临的严峻形势，已经到了一个你不管辖、别人就会进一步蚕食你的地步。因此，应尽快构建起三沙市的行政架构，并实际行使管辖权利、宣示我国主权，不需要、也不必顾及周边国家的反应。

同时，应在三沙市的架构下，对西沙群岛和我实际控制的南沙岛礁及周边海域进行规划、开发，以开发显示存在。

第四，加强高层协调，扭转南海维权的被动局面，强化海上维权巡航。

目前我国海上执法队伍主要有：国家海洋局的中国海监，交通部的中国海事局，农业部的中国渔政，公安部的中国海警，海关总署的海上缉私警察等，有学者称之“九龙闹海”。鉴于我国海洋维权面临的严峻形势，以及管辖部门条块分割、缺乏统一协调性的缺陷，建议设立由国务院领导为主任、相关部委办局主要领导为成员的“国家海洋事务委员会”，以统一协调管理海洋事务；在执法队伍上也应予以整合，军政一致，海监、海警、海关、渔政、气象、环保、交通相协调。在执法依据方面，应加快制订《中华人民共和国海上巡航执法条例》，完善和细化检查、处罚等各项程序和权利，使我国的海洋维权工作真正做到有法可依。

第五，统筹蓝色国土各项事业，优化和提升海洋管理。

以开发和管理为核心的国家海洋事业的发展，是与国家海洋维权密切相关的领域。建议在国家总体海洋战略的指导下，综合研究海洋兼具主权和资源二重性和实施国家海洋战略的需要，适当调整国家海洋局在国家管理中的地位、隶属关系和职能范围，把海洋勘探、海洋资源的开发和保护、海上权益维护，统一归口管理。并辅以中央—地方、军队—政府、政府部门—政府部门、政府—企业等广泛的协调机制，开创国家海洋国土管理的新局面，从国内海洋管理方面构筑国家海洋权益维护的强有力支撑。

第六，尽快通过国家海洋局的“南海维权能力建设”项目的立项，迅速完成项目前期准备工作，加强外交、军事以及技术、人员和财力保障，尽快实现项目建设目标。

“南海维权能力建设”项目是应对南海海域维权斗争复杂、严峻形势而提出的紧迫任务，该项目的实施，对于从整体上提升我国海洋维权能力和海洋事业管理能力，进而支撑国家海洋战略的实现，具有重大的探索和实践意义。因而，在项目实施过程中，要从维护国家海洋安全和海洋事业发展的大局出发，积极探索科学、高效的项目规划、建设和运作管理模式。

以上意见和建议仅供参考，不妥之处还请指正。

全 国 政 协 副 主 席
民进中央常务副主席 罗富和

二〇〇九年六月四日

关于将“北川国家地震遗址博物馆”更名为“北川地震纪念馆”的建议

尊敬的家宝总理：

由上海同济城市规划设计研究院担纲设计的《永恒北川——北川国家地震遗址博物馆（博物馆区与老县城遗址保护区）规划》基本完成，现已进入意见征询阶段。据悉，北川地震遗址作为国家级的地震遗产、纪念地和所在地灾后重建的重要内容，将是一个由地震博物馆、县城地震遗址和次生灾害展示区组成的综合功能体，其总体定位是：一个人类历经特大地震灾难的纪念性遗址博物馆。

北川国家地震遗址博物馆的建成及开放，将向社会公众生动再现抗震救灾过程中各种感人至深的场景，让参观者再次感受到感人至深的中华民族万众一心的抗震救灾精神。为了进一步明确和强调建馆的意义，建议将“北川国家地震遗址博物馆”更名为“北川地震纪念馆”。理由有三：

第一，从建馆的定位来看，以“纪念馆”命名能体现建馆的初衷。

汶川大地震固然是百年罕见的自然灾害，但是地震发生后的抗震救灾和灾区重建活动，已经使这一巨大的自然灾害演变发展成为一个重大的历史事件。灾难中涌现出来的英雄们，是我们不能忘记的；中华民族万众一心抗震救灾的精神，更是我们必须记住的。

北川国家地震遗址博物馆的建馆初衷，是以对灾难、事迹、大爱和知识的记忆为核心内容，全方位地展示灾害在自然、人文和科学各方面与人类文明的关系。以地景结合遗迹保护的设计手法，对整体进行规划设计，并以此为线索对参观流线进行组织。以实物、模型、多媒体等互动展示方式，从而使广大参观者切身体会到地震的威力和影响，并获取相关知识。如果以“纪念馆”命名，建立北川地震纪念馆，同样能够体现建馆的初衷。

比如为了纪念中国人民抗日战争的伟大胜利，国家在中华民族全面抗日战争的爆发地——北京卢沟桥畔的宛平城内修建了中国人民抗日战争纪念馆。该馆展出了从1931年“九・一八事变”到1945年抗战胜利这14年间的珍贵历史文物和照片达5000余件，以重大事件、重要历史人物的有关遗物和文稿为主，其中有些文物已成孤品。馆藏抗日战争时期重要文献、书刊、档案资料数千件。它无疑也涵盖了博物馆的重要功能。

第二，从博物馆和纪念馆功能与内涵来看，“纪念馆”更能展示抗震救灾的伟大斗争场景。

博物馆的价值取向是传播知识，因而侧重于通过收集、保存、展出和研究代表自然和社会的实物，开展科学研究，传播科学文化知识，对公众进行教育。纪念馆的价值取向相对更重视其社会历史意义，它不但涵盖了博物馆征集、保存、陈列、研究和教育作用，而且更强调其对重大历史事件和重要历史人物的纪念和教育意义，具有明显的情感倾向。具体落实到这次建馆上，以“纪念馆”命名则更能展示汶川大地震发生后，全国各族人民在党中央、国务院的坚强领导下，众志成城、万众一心，组织开展了我国历史上救援速度最快、动员范围最广、投入力量最大的抗震救灾斗争场景；更能人文地反映在抗震救灾斗争过程中发生的惊天地、泣鬼神的感人事迹。

以唐山抗震纪念馆为例，它是为纪念1976年唐山大地震和唐山人民在全国人民的全力支援下抗震救灾、重建唐山的伟大壮举而建立的。纪念馆内有大型综合性展览《今日唐山——唐山市建设成就展览》。展览不仅介绍了唐山的地理位置、资源分布以及震后的发展情况，客观地反映了唐山大地震给唐山人民的生命财产造成的极其惨重的损失，而且记述了唐山人民在党的领导和全国人民的支援下抗震救灾、重建家园的英雄壮举和伟大业绩，展示了在地震废墟上崛起的新唐山的风姿。该馆已成为全国爱国主义教育基地，一直发挥着其开展爱国主义教育的重要作用，通过组织广大党员干部、群众特别是青少年参观展览，激发人们爱党、爱国、爱家乡的热情。

第三，从建馆的意义来看，“纪念馆”更能弘扬伟大的抗震救灾精神。

以“北川地震纪念馆”命名建馆，不但可以见证汶川大地震这一灾害的巨大破坏力，体现其地震学、地质学、建筑学及科学抗震救灾方面的价值，而且更可以见证当代中国人民面对这一特大灾害表现出的特有气质和崇高境界。在这段历史中，中国人民用理想凝聚力量、用信念铸就坚强、用真情凝结关爱，体现出来的“万众一心、众志成城，不畏艰险、百折不挠，以人为本、尊重科学”的伟大抗震救灾精神，无疑是值得后人永久瞻仰和永久纪念的。

汶川特大地震这场历史罕见的大地震，虽然给我们留下了满眼的废墟和巨大的悲痛，但同时，全党全军全国各族人民英勇顽强的抗震救灾斗争也给我们留下了伟大的抗震救灾精神。这是我们中华民族永世受用的宝贵精神财富，是对民族精神和时代精神的继承和丰富、坚持和发扬，充分体现了中国共产党立党为公、执政为民的根本宗旨，充分反映了我们社会“一方有难、八方支援”的良好风尚，也充分显示了我们中华民族自强不息、顽强拼搏的崇高品质。

因此，如果将“北川国家地震遗址博物馆”更名为“北川地震纪念馆”，那么，势必更能突出不可或缺的人文关怀，更能弘扬全民抗震救灾的伟大精神。

全 国 政 协 副 主 席
民进中央常务副主席 罗富和
二〇〇九年八月三日

关于进一步做好多党合作和政治协商制度对外宣传的建议

尊敬的贾庆林主席：

今年是新中国和人民政协成立60周年，也是中国共产党领导的多党合作和政治协商制度确立60周年，建议有关方面充分利用开展人民政协成立60周年系列纪念活动的契机，进一步做好多党合作和政治协商制度对外宣传工作。

人民政协作为中国共产党领导的多党合作和政治协商制度的重要政治形式和组织形式，是各党派、团体和各族各界人士广泛参与的高层次政治民主，是制度化的事前、事中和事后全过程的协商民主，是实现协商民主的主要渠道。人民政协60年的实践证明，中国共产党领导的多党合作和政治协商制度是适合我国国情的、有中国特色的政党制度，在我国政治、社会生活中已经显示出独特的政治优势和强大的生命力，发挥了不可替代的重大作用。

但是，面对中国特色社会主义事业的蓬勃发展，特别是对中国特色政治发展道路，国际社会还存在很多杂音。一些国外敌对势力仍然恶意攻击我国是“一党专制”，以人权、新闻自由、环境等问题无端指责和粗暴干涉我国内政。

虽然有些国外政党、民间组织和普通民众并不敌视中国，但他们对我国的多党合作和政治协商制度也了解不多，甚至有很多人根本不知道我国还有8个参政党。2008年初，《中国日报》在其网上英文论坛发起了海外网民“我眼中的中国”全球英文网民互动对话活动。从回帖中可以看出，虽然一些海外网友或媒体称赞我国政党制度的优越性，但也错误地理解了我国的多党合作和政治协商制度，将之称为“一党制的胜利”。出现这种情况的原因，和我们的外宣工作对我国多党合作和政治协商制度宣传的广度和力度不够有关。此外，在我国的对外交流中，参政党与国外政党或政府组织的交流工作力度也有待加强，以增加国际上对多党合作和政治协商制度的了解。

我国30年来改革开放取得的成就举世瞩目，但国际社会对中国特色政治发展道路仍了解甚少。一个国家的政治发展道路不仅要让本国人民普遍认同，还需要得到国际社会的广泛尊重，这样才能巩固基础、发挥优势、保持生命力。加强和提高我国多党合作和政治协商制度的对外宣传，不仅有利于树立我国良好的国际形象，为我国的发展创造和谐的国际环境，更有利于多党合作事业的可持续发展。为此，建议借宣传、纪念人民政协成立60周年的契机，进一步加强对外宣传工作中关于我国多党合作和政治协商制度宣传的力度，积极探索加强多党合作和政治协商制度对外宣传的有效途径和方式。此项工作可以从近期和远期两方面着手。

从近期看，可以考虑围绕人民政协成立60年系列纪念活动，从以下几方面进行工作：

1. 加大对民主党派在国家政治生活中发挥重要作用的宣传报道。人民政协是民主党派以党派身份参加国家政治生活的一个重要平台，也是展示多党合作的一个重要窗口。因此，在纪念人民政协成立60周年的宣传报道中，要大幅度地增加民主党派在人民政协这个平台上发挥政治协商、民主监督、参政议政作用的报道。例如，在全国政协会议上民进中央提出把节约资源作为国策的建议，九三中央提出保护三江源的建议等，都对国家的经济社会发展发挥了很好的促进作用。较大幅度增加这方面的宣传报道，可以使国内民众和国际社会进一步增进对我国多党合作和政治协商制度的了解。

2. 邀请国外有关方面人士参加纪念人民政协成立60周年的系列活动。对外交流工作是一个展示我国多党合作和政治协商制度的重要平台。在纪念人民政协成立60周年之际，可以考虑搞一些系列活动，邀请一些国外的党派和相关团体的代表参加：一是可以邀请这些方面的人士参加纪念人民政协成立60周年的重要活动；二是可以考虑在人民政协成立60周年前后举办一个关于中国特色政治发展道路的论坛，邀请这些方面的人士参加；三是可以考虑由各民主党派、工商联和无党派人士举行纪念多党合作和政治协商制度确立60年座谈会，邀请这些方面的人士参加。

从长远看，可以考虑从以下几方面加强这项工作：

1. 把对多党合作和政治协商制度的宣传作为一项重要内容，纳入对外宣传工作的整体规划中，以促进外宣工作中对多党合作和政治协商制度宣传的规范化、制度化。

2. 逐步完善民主党派参与对外交流的工作机制。建议从以下两方面考虑：一是人大、政协出访或开展对外交流时（特别是全国政协的出访或接待来访），在出访、接待人员名单中较大比例增加民主党派人士。这本身就是一种姿态，是无声的多党合作宣传，会引起外界的关注；二是在国外团体来访交流时，适当安排他们访问民主党派中央机关，通过与世界各国的有关政党、团体和相关机构的交流，使世界各国进一步增强对中国特色政治发展道路的特点、优势和作用的理解。

3. 加强民主党派与国外政党的学术研究与交流。2004年北京曾举办亚洲政党国际会议，并通过了《北京宣言》；2008年8月，中联部派员代表中国共产党，以观察员身份考察了美国民主党党代会，并参加了外交事务论坛；中共十七大结束后，中共中央党校副校长李君如在伦敦发表演讲，宣讲中共十七大精神，在国外引起好评。这些都是我国扩大对外交往的有效尝试。建议有关部门今后在参与相关交流时，可适当增加民主党派人士，通过参与国外政党理论的研讨交流，使国外有关党派和组织增加对我国多党合作和政治协商制度的了解。

4. 进一步开发利用民主党派丰富的海外统战工作资源。民主党派中蕴藏着比较丰富的海外统战工作资源。不少党派成员有海外留学、合作研究的经历，还有不少党派成员的亲属、朋友在海外，可进一步研究民主党派开展海外统战工作的有效方式，开发和利用好这些宝贵资源，多渠道地向世界宣传中国特色政治发展道路。

5. 帮助民主党派培养对外宣传和交流的人才。建议全国政协、外交部、中央统战部等有关部门帮助民主党派开展对外交流等相关业务培训，为将来更好地开展多党合作和政治协商制度对外宣传工作储备人才。

以上意见不妥之处，敬请指正。

顺颂政祺！

全国政协副主席
民进中央常务副主席 罗富和

二〇〇九年八月五日

关于适应“建立促进科学发展的干部考核机制”，改进和完善国家森林资源连续清查体系的建议

尊敬的回良玉副总理：

今年6月，胡锦涛总书记主持中共中央政治局会议，审议并通过了《关于建立促进科学发展的党政

领导班子和领导干部考核评价机制的意见》。会议强调，要完善考核内容，既注重考核发展速度，更注重考核发展方式、发展质量；既注重考核经济建设情况，更注重考核经济社会协调发展、人与自然和谐发展、维护社会稳定、保障和改善民生的实际成效。森林是陆地生态系统的重要组成部分，由于森林生长周期长，林业措施见效慢，需要领导更重视、社会更关心、林业部门更努力。森林面积、蓄积等森林资源动态变化的主要指标，应该成为促进科学发展的党政领导班子和领导干部考核机制主要考核内容的重要组成部分。建议改进和完善现有的国家森林资源连续清查体系，使森林资源动态变化主要指标的发布能适应干部任期届别的要求，促使各级党政领导班子和领导干部更加重视林业建设，改善生态环境。

开展森林资源连续清查，定期监测全国森林资源消长和生态状况变化，是《森林法》、《森林法实施条例》赋予林业部门的一项重要职责，也是中共中央国务院《关于加快林业发展的决定》赋予各级政府的一项重要使命。国家森林资源连续清查（简称一类清查）是全国森林资源监测体系的重要组成部分，其成果是反映全国和各省森林资源与生态状况，制定和调整经济社会发展规划，特别是林业生态建设方针政策、规划、计划，监督检查各地实行森林资源消长任期目标责任制的重要依据。从 1977 年起，我国已先后完成了 7 次全国森林资源清查，目前正在部署开展第八次全国森林资源清查工作。

30 多年来，国家森林资源连续清查体系发挥了重要作用，但是也存在一些不适应科学发展考核机制要求的问题，需要完善和改进：

一是森林资源连续清查的时间间隔、资源数据发布的时间与政府的任期脱节。以往历次全国森林资源清查都分几年完成，每年只在六七个省区进行作业。例如根据惯例第八次全国森林资源清查于 2009 年启动，每年复查约 1/5 的省份，2013 年结束。因此，大部分省区森林资源清查的成果发布与政府任期脱节，难以激励政府主要领导更加重视发展林业，保护森林生态系统。

二是森林资源连续清查体系中应用遥感、卫星定位系统、地理信息系统等先进技术手段还不够普及，生长因子、生态因子的观测和测定项目多，固定样地的外业调查工作量大，内业统计分析的时间过长。

三是森林资源连续清查体系中强调固定样地复位，设置标志过多，出现了固定样地特殊对待问题。导致根据固定样地实测数据推算森林资源总体状况时容易产生偏差。

建议：

1. 调整森林资源连续清查的时间间隔，使之与政府的任期届别相适应，使森林资源清查数据成果的发布时间置于政府换届之前，使森林资源动态发展的主要指标成为政府政绩考核的主要指标之一。

2. 在森林资源连续清查 5 年间隔期的中间，增加一次基于遥感、卫星定位系统、地理信息系统等先进技术手段、固定样地简化调查和部分临时样地调查相结合进行的森林资源届中调查。发布届中调查成果，促进政府领导任期内采取积极措施发展林业，保护森林生态系统。

3. 增加先进技术、装备、方法的推广普及力度，减轻野外作业的工作强度，加强森林资源调查技术人员的学习培训，提高森林资源连续清查的效率。

4. 尽快安排改进森林资源连续清查体系的专项课题研究，邀请专家联合攻关，制定适应科学发展政绩考核需要的森林资源连续清查体系的总体方案和技术细则，尽快安排试点省份先行先试，取得经验加快推广。

顺颂政祺！

全国政协副主席
民进中央常务副主席 罗富和

二〇〇九年十月十五日

【报送重要社情民意信息】

民进信息第319期　　2009年9月21日

民进部分代表人士对中共十七届四中全会的反映（一）

全国人大常委会副委员长、民进中央主席严隽琪反映：

中共十七届四中全会胜利召开了，这次会议是在国际形势继续发生深刻变化，我国处在进一步发展的重要战略机遇期召开的一次重要会议，对于全面贯彻党的十七大精神，深入贯彻落实科学发展观，有效应对国际金融危机冲击、保持经济平稳较快发展，夺取全面建设小康社会新胜利、开创中国特色社会主义事业新局面，具有重大而深远的意义。

会议研究了加强和改进新形势下党的建设问题，并通过了相关决定，符合党和人民事业发展要求，符合新形势下党的建设的需要，体现了党的建设理论创新、实践创新、制度创新、工作创新的丰富成果，体现了全党加强自身建设的共同意志。

以党为师是民进的优良传统，大力加强民进的自身建设，是民进认真履行参政党职能的本质要求，也是执政党建设与参政党自身建设互相促进的需要。民进全会要深入学习领会中共十七届四中全会精神，全面加强思想建设、组织建设、制度建设和作风建设，在服务国家科学发展的同时，努力实现民进自身的科学发展，为中国共产党领导的多党合作制度的巩固和发展作出更大的贡献。

全国政协副主席、民进中央常务副主席罗富和反映：

在新中国即将迎来60华诞之际，中共十七届四中全会胜利召开，这是在国际形势继续发生深刻变化、中国全面建设小康社会进入关键阶段召开的一次重要会议，是一个着眼社会发展新要求、顺应人民群众新期待、贯穿科学发展新理念的会议。

会上，中共中央总书记胡锦涛作了重要讲话，全面总结了中国共产党十七大和十七届一中、二中、三中全会以来的各项工作，研究了新形势下加强和改进党的建设若干重大问题，并对当前和今后一个时期加强和改进党的建设作出了部署。

民进作为参政党，要在全会认真学习中共十七届四中全会精神，高举中国特色社会主义伟大旗帜，以邓小平理论和“三个代表”重要思想为指导，深入贯彻落实科学发展观，认真借鉴中国共产党自身建设成功经验，科学把握参政党自身建设规律，着力加强思想建设、制度建设、能力建设和作风建设，积极参政议政，建言献策，做好中国共产党的诤友、挚友。

（民进中央参政议政部）

民进信息第26期　　2009年2月20日

关于推进我国城市污泥规范处理与资源化利用的建议

全国政协副主席、民进中央常务副主席罗富和反映：

城市污泥是城市污水处理过程的产物。近年来，随着我国污水处理能力的快速提高，污泥量也同步大幅增加。根据发展规划，全国城市污水处理总规模将由2005年的0.6亿吨/日增加到2010年的1亿吨/

日，全国城市污泥量也将由2005年的3万吨/日增加到2010年的5万吨/日。

城市污泥具有两面性。一方面，污泥中含有寄生虫卵、病原微生物、有机化学毒性物和重金属等，不处理或处理不当会严重影响人类健康和生态环境。另一方面，污泥属于有价值的可再生资源。如何将污泥进行无害化、资源化处理，是环保的重大课题。

目前，我国多数城市对城市污泥的主要处理方法是利用垃圾填埋场或矿坑作简易填埋，由于未对污泥进行稳定化处理，严重影响卫生填埋作业和垃圾填埋场使用年限。简易的填埋也侵占了大量土地资源，并产生二次污染。一些城市的污泥处理监管较为薄弱，污泥被临时堆存，甚至被违法倾倒，污染江河水质，前期污水处理的效益化为乌有。

我国城市污泥处理工作没有有效开展的主要原因有：

1. 重视不够。城市污水处理是“考核硬指标”，城市污泥处理是“软任务”，认识上“重水轻泥”，多数城市建设总体规划没有涉及污泥处理内容，城镇生活污水处理及固体废物处理规划也没有涉及城市污泥处理。

2. 法规和管理缺位。现有法律法规缺乏对城市污泥处理的相关规定；各级建设行政主管部门、环保部门等对城镇污水、污泥处理都具有管理职能，但未能有效协同；在城镇污水处理厂的建设、验收和管理问题上，也没有污泥稳定化处理的相关要求。

3. 投入不足。目前，各地区的污水处理收费标准相对偏低，难以支持污泥规范处理；对污泥处理处置设施的投入不足，严重影响污泥集中处理和资源化利用工程的建设；由于缺乏有效的组织和扶持政策，污泥处理的规模化、产业化和市场化也举步维艰。

污泥处理是污水处理工作的重要组成部分，事关污水处理的成效和城镇生态安全，为推进城市污泥规范处理与资源化利用，民进中央建议：

1. 国家有关部门联合部署，推进地方的污泥规范处理和资源化利用工作。建议国家环保部和建设部联合调研，在充分掌握污泥处理及再利用现状的基础上，联合发文，要求地方政府把污泥处理视为污水处理不可或缺的重要环节。同时，尽快制定有关污泥处理的技术规范，指导各地的污泥处理工作。

2. 完善有关法规、政策和管理机制。

（1）制定推进城市污泥规范处理和资源综合利用的法规和政策。建议制定城市污泥规范处理和资源化利用的管理办法；抓紧制定《资源综合利用条例》、《再生资源回收利用管理条例》；完善资源综合利用产品的认定工作，明确把城市污泥列入《资源综合利用目录》。

（2）理顺污泥处理处置的管理体制，加强相关部门的协调。有关部门应联合制定城市污泥处理处置专项规划，并将城市污泥处理纳入城市建设规划和环境保护规划。城市建设主管部门应做好城市污水处理厂规划和建设的监管工作，明确规定凡缺少污泥处理处置设施的污水治理工程不得通过验收；环保部门应将污水处理厂的污泥处理管理纳入日常监管体系，严防违法排放污泥。

3. 努力培育城市污泥资源再生产业。政府有关部门应制定促进城市污泥资源再生产业发展的规划，并给予政策和财政上的支持，拉长城市污泥处置的产业链。建议主动协调、帮助污水处理厂与其他相关企业联合进行污泥资源化处置，并对利用城市污泥的行业和产品给予减免税等相关奖励。

4. 制定合理的污泥处理处置收费政策。污泥处置费用较高，政府有关部门应尽早研究污泥处理运行费问题，在加强宣传、提高全社会对污泥处理处置问题的认识的基础上，进一步健全污水处理价格机制，将污泥处置成本纳入污水处理收费范围，适当增加污水处理的收费价格，保证污水、污泥处理的可持续性。

5. 加强城市污泥资源综合利用处置技术的研发。加大城市污泥处置技术开发研究的资金投入和财税支持力度，进一步完善现有的试点成果，并因地制宜进行推广。

（民进广东省委会）

重要会议、活动

严隽琪撰写《在正道上行》荣获“薪火相传，共创未来——纪念中共发布‘五一口号’60周年”征文一等奖

2009年1月4日，中国民主促进会网站发布报道，民进中央主席严隽琪撰写的《在正道上行》荣获“薪火相传，共创未来——纪念中共发布‘五一口号’60周年”征文一等奖。日前，中央统战部办公厅通报了人民政协报社、团结报社和中国统一战线杂志社等三家媒体关于“薪火相传，共创未来——纪念中共发布‘五一口号’60周年”征文活动的评选结果，严隽琪撰写的《在正道上行》等14篇征文获奖，其中一等奖3篇、二等奖2篇、三等奖5篇、优秀奖4篇。获奖作者和篇目如下。

人民政协报

一 等 奖

题目：《在正道上行》
作者：严隽琪

三 等 奖

题目：《从“五一口号”看新时期参政党建设》
作者：钟海秋

团结报

一 等 奖

题目：《变口号为行动的楷模》
作者：邓伟志
题目：《我在政协这五年》
作者：朱永新

二 等 奖

题目：《同舟共济的难忘航程》
作者：马元

三 等 奖

题目：《风雨见真情　滴水映光辉》
作者：唐明远
题目：《学习胡锦涛同志关于多党合作制度的新思想　努力建设高素质的参政党》
作者：谢双成

优　秀　奖

题目：《车向忱与周恩来的深厚情谊》
作者：杜丽君
题目：《缅怀先辈业绩　搞好政治交接》
作者：徐佩瑛

中国统一战线杂志

二　等　奖

题目：《向着光明的前途》
作者：赵丽宏

三　等　奖

题目：《在正道上行必须加强学习》
作者：何慧君
题目：《薪火相传　开创未来》
作者：罗黎辉

优　秀　奖

题目：《让历史告诉未来》
作者：董玉海
题目：《“文集”见证的传承》
作者：张军才

为纪念中共发布“五一口号”60周年，中共中央统战部宣传办公室于2008年3月开始，联合人民政协报社、团结报社和中国统一战线杂志社等单位开展“薪火相传，共创未来——纪念中共发布‘五一口号’60周年”征文活动，共收到征文4500多篇，刊登近200篇。本次征文活动共评出获奖征文114篇，其中人民政协报社一等奖3篇、二等奖4篇、三等奖8篇；团结报社一等奖5篇、二等奖10篇、三等奖15篇、优秀奖19篇；中国统一战线杂志社一等奖5篇、二等奖10篇、三等奖15篇、优秀奖20篇。

征文活动开展以来，会中央积极响应，主要领导带头撰写纪念文章，引导全会继承和发扬我会优良传统，把民进老一辈的历史选择转化为当代民进人的现实选择；民进各级组织和广大会员积极投稿，进一步巩固和深化了我会政治交接的成果。在这次征文活动中民进中央宣传部共收到征文444篇，其中有17篇征文分别刊登在人民政协报、团结报和中国统一战线杂志。

朱永新走访民政部

2009年1月5日，民进中央副主席朱永新下午带队走访民政部，受到民政部副部长姜力、民政部民间组织管理局局长孙伟林热情接待。

朱永新首先代表民进中央，代表全国人大常委会副委员长、民进中央主席严隽琪，全国政协副主席、民进中央常务副主席罗富和，向民政部领导和同志们致以新春的问候，感谢民政部长期以来对民进中央工作的支持和帮助。

朱永新介绍了2008年民进中央开展的抗震救灾等服务社会的工作，并就民进中央筹建的两个社会服务新平台——中国开明公益基金会和开明画院的相关工作与姜力作了交流。

姜力代表民政部感谢民进中央长期以来对我国民生事业、对民政部工作的重视与关心。她介绍了民政部正在开展的相关重点工作，并希望民进中央帮助呼吁关于《民办非企业单位登记管理暂行条例》的有关条文的修订，对民进中国开明公益基金会和开明画院的筹建提出了建设性的建议和意见。

孙伟林就民政部民间组织管理工作作了详细介绍，对相关问题作了具体解答。

民进中央联委会主任、中国流行色协会常务副会长梁勇，联委会副主任、锐星企业公司董事长刘红，民进中央社会服务部负责人参加走访。

严隽琪、朱永新走访科技部

2009年1月6日，全国人大常委会副委员长、民进中央主席严隽琪，民进中央副主席朱永新走访科技部。国家科技部党组书记、副部长李学勇热情接待民进中央一行。双方围绕共同关注的科技领域问题以及今后如何继续加强联系、交往、交流与合作，进行了坦诚而务实的沟通。科技部相关司局负责人还就民进中央为2009年全国政协大会准备的提案素材稿，提出中肯的意见建议。

严隽琪对科技部一直以来对民进参政议政和社会服务工作的大力支持表示感谢，并围绕科技信用体系的建立、重大项目规划的制订，如何利用科技政策保障特殊人才引进、如何引导企业科技创新等问题提出建议。

严隽琪指出，科学技术在国家发展中的作用十分重要，对经济、外交等都有重大的影响。2008年，科技在我国抗击自然灾害、应对全球气候变化、实现科技奥运、服务“三农”等一系列工作中发挥了重要作用，今后继续贯彻落实科学发展观、保持经济又好又快发展更是要依靠科技的力量。“三农”问题是民进长期关注的问题，科技、教育、文化、经济在新农村建设和新农民培养中有没有可能形成合力，能否将大力发展职业教育与科技推广相融合，这都是我们应该思考的问题。她希望，科技部能继续为民进参政议政提供信息，帮我们找准着力点，在可操作性方面提供一些建议，提升民进参政议政的高度和质量，进一步共同推动合作项目的进行。

朱永新介绍了中国民主促进会近年来围绕科技问题所做的主要工作。他指出，民进多年来一直非常关注我国科技事业的发展，很多工作得到了科技部的大力支持。他希望，民进中央和科技部在今后的工作中加强交流，在甘肃省河西走廊星火科技带头人培训工作、石羊河流域综合治理高层论坛、毕节金沙县科技示范课题中继续合作，取得更好的成效。

李学勇感谢民进中央对科技部工作的关心。他系统介绍了科技部今年的工作思路，就落实科技中长期规划、实施重大专项等问题作了说明。他表示，要将科技部与民进定期交流的机制固定下来，加强具体工作的联系；双方共同开展调研，加强信息交流；将民进的重点科技示范项目纳入科技部的工作计划，双方共同推进。他欢迎民进科技领域的专家为科技部工作提出好的建议，促进双方今后更加顺利的合作。

民进中央科技医卫委员会主任、中科院科技政策与管理科学院研究所副所长王毅，民进中央科技医卫委员会委员、中国林科院荒漠化研究中心主任卢琦，分别就科技发展如何应对金融危机、草海的治理与生态保护等问题，与科技部相关司局领导交换了意见。

民进中央秘书长赵光华，研究室、社会服务部、参政议政部负责人随同走访。

罗富和、潘贵玉走访国家民委

2009 年 1 月 6 日，全国政协副主席、民进中央常务副主席罗富和，民进中央副主席潘贵玉下午带队走访国家民委，受到国家民委党组书记、副主任杨传堂，国家民委副主任杨健强热情接待，并介绍了 2008 年民族工作情况和 2009 年国家民委工作安排。双方围绕共同关注的民族工作问题进行了建设性的研讨，并就今后如何继续加强联系、交往、交流与合作，进行了坦诚而务实的沟通。

罗富和对 2008 年民族工作取得的成绩表示赞赏和自豪。他说，我国是一个统一的多民族国家，民族问题、民族工作是关系我国改革、建设和发展全局的重要问题。2008 年，国家民委面对国内国际形势发生的新变化，我国经济社会多年未遇的新挑战，民族工作出现的新情况新问题，紧紧围绕“促进民族团结、实现共同进步”的根本任务扎实工作，使民族工作取得了新进展、新成效，实属不易，值得祝贺。

罗富和对国家民委对民进参政议政和社会服务工作的大力支持表示感谢。他说，多年来民进中央关于民族工作的有关提案在形成过程中，国家民委都给予了大力支持，提供了很多帮助，表现出对民主党派参政议政、建言献策作用的高度重视。

罗富和就进一步促进民族和谐、稳定和发展等问题提出建议。他强调在脚踏实地为民族地区的经济社会协调发展办实事、办好事的同时，要尽快加强民族工作的对外宣传，通过更多的民间交往，促进不同国家间的民族交流；要高度重视对民族地区“软实力”的建设，加强民族干部的培养和对民族传统文化的保护；要切实开展城市民族工作，更好地维护民族团结和社会稳定。

潘贵玉表示，民进中央希望加强与国家民委的合作，在推动少数民族文化教育事业发展等方面积极建言献策，为民族工作创造更好的社会环境继续努力。

杨传堂表示，要将民进中央与国家民委定期交流的机制固定下来，并通过有效平台的建设进一步加强双方日常具体工作的联系。国家民委希望近期双方能够就如何在“十二五”规划纲要编制过程中科学体现民族工作、如何进一步围绕民族问题的解决拉动内需、如何在新形势下推进民族文化的保护与弘扬等问题共同开展调研，做好参政议政工作，促进调研成果的转化。

民进中央参政议政特邀研究员、国务院参事、中国人口与发展研究中心研究员魏津生，民进中央经济委员会委员、北京社科院管理所所长张耘，民进中央参政议政部负责人参加走访。

严隽琪、潘贵玉走访国家人口和计划生育委员会

2009 年 1 月 7 日，全国人大常委会副委员长、民进中央主席严隽琪，民进中央副主席潘贵玉一行下午走访国家人口和计划生育委员会，受到国家人口和计划生育委员会主任李斌，副主任赵白鸽、王培安热情接待。双方围绕共同关注的人口和计划生育工作问题进行了研讨，就今后加强联系、交往、交流与合作，进行了坦诚而务实的沟通。

严隽琪听取李斌情况介绍后强调，人口和计划生育工作是我国实现可持续发展的一个关键因素，人口问题是我国制定各项重大决策的一项基本依据。当前中国正处在社会转型期，人口问题面临许多新情况新挑战，人口和计划生育工作很艰巨也很复杂，国家人口计生委积极面对各种困难，以改革创新精神开展工作，保证了计划生育这一基本国策的顺利实施，有效地缓解了我国的人口压力问题，民进中央对此深表敬佩，并对长期辛勤工作的广大计生干部表示亲切慰问和衷心感谢。民进有 11 万会员，主要集中在教育、

文化、出版和卫生、科技等界别，人口计生工作与我们的教育文化问题息息相关，国家人口计生委长期以来一直十分重视听取民主党派意见，希望双方今后能够进一步加强交流与合作。

严隽琪指出，当前中国正在从人口数量大国向人力资源大国迈进，我们要把人口压力变成人力资源优势。人口政策的制定和执行要做到“疏”重于“堵”，积极解决就业结构中存在的矛盾和农村社保问题。

严隽琪就人口资源信息库的建设问题强调，信息化建设中，硬件更新换代非常快，软件生命周期长一些，但也要经常更新，只有数据是能够长久保存的，建立一个详细完整的人口信息资源库对充分发挥我国的人力资源优势意义十分重大。要通过推进信息化建设、广泛运用科技手段、加强统计研究、做好宣传工作，使人们充分了解国家人口和计生委所做工作的重大意义，这是一项带有全局性、宏观性和根本性的非常伟大的事业，使人口计生工作的地位和形象得到提升，对社会群众形成正确的舆论导向。

潘贵玉说，此次座谈是民进中央与国家人口计生委双方高层的第一次交往，具有非常重要的意义。双方应该进一步加强联系与沟通、交流与合作；开阔工作思路，寻求工作支持，为今后在一些共同关心的领域内开展协作奠定基础。

李斌表示，要建立民进中央与国家人口计生委的定期交流机制，进一步加强双方工作的联系。国家人口计生委希望民进中央能够在推动出台提高出生人口素质的相关政策，推动加强流动人口计划生育服务管理工作，推动相关公共政策与计划生育基本国策相协调，推动加强人口和计划生育公共服务网络建设等方面提供帮助。

座谈中，民进中央参政议政特邀研究员、中国人口与发展研究中心研究员魏津生，民进中央妇女儿童委员会主任、北京师范大学心理学院学术委员会主任邹泓，就妇女儿童权益保护、计生工作经费投入不足、农村符合计划生育规定的老龄人口养老津贴等问题，与国家人口和计生委相关领导交换了意见。

民进中央妇女儿童委员会副主任刘爱玉、吴育宁、陈慧来，民进中央秘书长赵光华，民进中央研究室、参政议政部负责人随同走访。

严隽琪、王佐书走访教育部

2009年1月8日，全国人大常委会副委员长、民进中央主席严隽琪，民进中央副主席王佐书一行上午走访教育部，与部长周济及各司局长座谈。周济介绍了教育部近期工作。双方围绕共同关注的教育领域问题以及今后继续加强联系、沟通与合作，进行了坦诚而务实的沟通与探讨。教育部领导还就民进中央为2009年全国政协大会准备的相关提案素材稿，以及民进中央近期在教育方面参政议政、社会服务工作的一些相关事宜，提出中肯的意见建议。

严隽琪充分肯定教育战线取得的成绩。她说，2008年是中国教育值得大写特写的一年，在妥善应对重大自然灾害的同时，各项改革都在逐步推进，许多工作具有突破性进展。一是真正免费教育的实现，在中国教育史上具有里程碑意义，体现了政府举办义务教育责任的落实。二是抗震救灾斗争中教师的英勇表现以及灾后及时复课等把孩子们放在第一位的举措，是对教师队伍建设成果的大检验，是以人为本理念在教育工作上的体现。三是义务教育阶段教师绩效工资的实施，是政府承诺的兑现，对稳定教师队伍具有积极意义。

严隽琪说，落实科学发展观和以人为本的执政理念在教育上的体现就是实现人的全面发展。科学发展观对教育理念的转变和教育政策的制定具有重要指导意义。当前安全渡过金融危机，保持经济持续健康发展，对中国发展模式和高素质人才的培养都提出了新的要求。面对新形势、新问题，中国教育也有从数量型增长向质量提高转变，或者说结构性调整的必要。比如普通教育和职业教育的比例、知识和能力的关系、达标与因材施教的关系、统一要求与多样化的关系等等，都需要重新思考，各项改革都要配套推进。

严隽琪说，教育是关系千家万户，关乎国家、民族未来的事业，中国经济、社会的快速发展离不开教育培养人才的基础性作用，但我们从人口大国向人力资源强国迈进仍然任重道远。当前教育改革面临着许多深层次矛盾，有的还牵扯到多个领域和部门，难度不小。但正因为有困难，也给参政党履行职能、发挥作用提供了广阔的空间和舞台。她衷心感谢教育主管部门对民进参政议政和自身建设各项工作的大力支持，希望能把这种友好合作关系不断巩固和深化下去。

严隽琪说，参政党的能力和价值，更多的体现在大政方针和宏观发展战略的参政议政方面。她希望与部委高层定期的走访和沟通能够成为中国特色政党制度的一个特点。

王佐书首先向大家拜早年，感谢教育部对民进各项工作的大力支持，并表示，民进一定会竭尽全力做好为教育服务的工作。在向教育部的同志简要介绍了近期民进在教育领域的参政议政和社会服务工作后，王佐书分析了当前经济发展的形势和特点以及对教育的影响，他希望教育部在经济发展速度趋缓直接危及职业教育的形势下，及时出台对策，稳定人才培养。他还就促进义务教育均衡发展、教育界五支基本队伍的全面培训提高、提高学生综合素质等问题提出意见建议。

教育部部长助理郭向远、政策研究与法制建设司司长孙霄兵、人事司司长吴德刚、职业教育与成人教育司司长黄尧、师范教育司司长管培俊、办公厅副主任安钰峰、基础教育一司副司长杨念鲁、基础教育二司副司长李天顺出席座谈会。

民进中央教育委员会主任庞丽娟、参政议政特邀研究员臧铁军、联络委员会副主任刘红、联络委员会委员南国良，民进中央秘书长赵光华，民进中央社会服务部、参政议政部负责人等随同走访。

罗富和、朱永新走访国土资源部

2009 年 1 月 8 日，全国政协副主席、民进中央常务副主席罗富和，民进中央副主席朱永新一行上午走访国土资源部，受到国土资源部部长、党组书记、国家土地总督察徐绍史热情接待。双方坦诚、务实地交流了工作、交换了意见，并就今后如何继续加强联系、交往与合作进行了沟通。

罗富和说，民进中央和国土资源部一直保持着长期的良好的卓有成效的合作，这种彼此真诚的合作基础是推进节约资源和保护耕地的共同目标和责任心。他强调，资源是制约一个民族发展的根本性问题。从长远来看，强化资源管理对于人口众多、人均资源占有贫乏的中国来说意义重大。他希望，民进中央能够和国土资源部加强协作、共同努力，在不同的岗位、不同的“战线”，从不同的角度加强资源保护与利用的相关宣传和调查研究。

罗富和建议，在生物措施跟进的前提下，积极开发海洋资源，通过填海等举措推进土地资源的保护与利用；在推进农田占补平衡工作中，因地制宜地进行无土栽培和节水农业试点，并给予政策上的鼓励和扶持。

朱永新说，民进的参政议政、社会服务工作要取得实效，必须巩固并不断深化已经建立起来的与政府有关部门的联系协作机制。他表示，民进中央将在深刻领会相关战略部署的基础上，围绕大局，积极提出有前瞻性、更具操作性的意见建议，并在了解的前提下，为反映情况、化解矛盾多做工作。

徐绍史在介绍了国土资源部有关工作情况以及工作难点后，希望民进中央能够在完善土地政策、推进制度改革，加大地质勘探工作力度、推进矿业发展等方面给予更多关注，为国土资源部行政决策提出意见建议。

民进中央常委、民进中央经济委员会主任、清华大学政治经济学研究中心主任蔡继明，民进中央科技医卫委员会副主任、北京师范大学地理学遥感科学学院教授、地理与可持续发展教育中心主任王民，民进中央参政议政部负责人参加走访。

罗富和走访环保部

2009年1月9日，全国政协副主席、民进中央常务副主席罗富和一行上午走访环保部，受到部长周生贤、副部长吴晓青以及各司局负责同志热情接待。双方就共同关注的问题进行了坦诚沟通，并在一些问题上达成了共识和进一步合作的意向。

周生贤说，民进中央前来走访充分体现了民主党派对环境保护工作的高度重视和热情支持，他代表全部表示欢迎和感谢。周生贤回顾了2008年的环保工作情况。他说，2008年是环保史上波澜壮阔、惊心动魄的一年，在党中央、国务院的坚强领导下，环保系统成功夺取了南方地区低温雨雪冰冻灾害和汶川特大地震环境应急工作的重大胜利，圆满完成了北京奥运环境质量保障任务，经受住了严峻的考验。同时，环境保护历史性转变迈出坚实的步伐，在节能减排、调整改进环评工作、重点流域区域污染防治、全面启动农村环保工作、进一步加大环境执法监察力度、进一步加强核与辐射安全监管、提升环保能力、规划环保投入，积极推动环境政策和国际合作等方面都取得了积极成效，较好地完成了重点任务。周生贤真诚希望，2009年能够与民进中央相互协作，共同在加大农村环保力度，推动完善环境法律法规，促进环境经济政策制定等课题中开展专题调研，提出相关建议。

受民进中央主席严隽琪委托，罗富和代表民进中央向环保部一年来所取得的成绩表示祝贺。他说，民进将认真研究和领会环保部对新时期环保工作的总体部署和基本思路，并进一步思考作为参政党应当如何参与，共同把我国的环保事业做得更好。

罗富和指出，做好中国的环保工作，有三个方面要引起足够重视。一是要进一步宣传、教育和发动广大人民群众参与环保工作，在每个人的心中树立起“环保有我”的理念，使社会力量成为环保事业的重要支撑，让百姓真正成为环保的建设者与受益者。二是要加强各大部委之间、部委和民间社团之间的协调与协作，营造环境保护的强大氛围。三是加大环保研究力度，除了“硬技术”也要注重“软政策”，充分评估生活改善与环保代价的关系，多给专家学者在国际上学习交流和发表观点的机会。罗富和还就农村环境保护、滇中调水和威宁草海自然保护区等具体问题和环保部的同志交换了意见。

民进中央秘书长赵光华结合正在中国共产党党内开展的学习实践科学发展观活动，提出了对环保工作的建议。他说，加强环保工作必须调动“两个积极性”——执政层面的力量和社会方面的力量。政府的力量不是无限的，因此要积极支持、扶植和关心环保社团和志愿者，充分发挥出他们的优势和作用。

民进中央科技医卫委员会主任、中国科学院科技政策与管理研究所副所长王毅，民进中央科技医卫委员会副主任、北京师范大学地理学与遥感科学学院教授王民随同走访。他们就跨流域管理、探索中国特色的环境保护道路、转型期如何及时调整跟进环保政策、加强对全社会的环境教育和建立环保人才队伍等问题与环保部领导进行了沟通。民进中央参政议政部负责人参加走访。

罗富和走访水利部

2009年1月12日，全国政协副主席、民进中央常务副主席罗富和下午走访水利部，与水利部部长陈雷，副部长矫勇、胡四一就当前我国水利工作有关情况进行座谈交流，就双方共同关心的领域如何深入开展合作进行了沟通和协商。

罗富和代表民进中央对水利部一年来的工作和所取得的成绩表示诚挚的敬意。他说，2008年让我们深受感动和震撼的就是在抗震救灾斗争中，水利部领导亲临一线指挥，顺利处理堰塞湖等突发地震次生灾害，充分显示在水利部党组的领导下，水利战线的同志们确实是一支特别能战斗的队伍，是一支富有工作经验和科学技术知识的队伍，在关键时刻发挥了关键作用。民进中央多年来与水利部有良好、密切的合作关系，在水利部门的支持和帮助下，民进中央围绕党和国家中心工作，就西部地区石漠化综合治理、长江流域综合治理、石羊河流域综合治理等问题深入调研，提出了长江上游水电开发要综合考虑流域生态环境、关于南水北调中线工程汉江中下游的环境影响等建议，民进中央与水利部的合作在开展参政议政、社会服务的过程中不断得到加强。

罗富和指出，从我国水资源的整体情况可以看到，水资源的保护和利用是长期制约我国经济社会发展的一个关键因素，而且随着经济社会的发展，水资源短缺的矛盾还可能加剧，我们还有可能面对资源性水资源短缺、工程性水资源短缺、水污染造成的水资源短缺等一系列问题，对此我们要有清醒的认识和估计。因此我们迫切需要加强宣传，使广大人民群众深刻认识到水资源的宝贵，认识到合理开发和保护水资源的重要意义，让大家都来参与我们的水利事业，对政府采取的相关政策都能给予理解和支持，这是当前需要政府和社会各界共同努力的重要方面。水利工作要进一步以科学发展观为指导，把科学发展观的根本要求贯彻落实到水务工作的具体实践中，更加科学有效地开展和推动工作，逐步实现水利工作的可持续发展，要积极关注建成项目的使用情况，积极采取工程措施与生物措施相互结合的办法解决水利工作中的具体问题。

陈雷代表水利部对民进中央关心和支持水利工作，特别是帮助水利部谋划长远发展、推动解决制约水利发展的体制机制等突出问题表示感谢。他说，水利部要进一步加强与民进中央的合作，逐步建立良好的长效合作机制，共同推动我国水利事业又好又快发展。希望水利部和民进中央今后在中小河流综合治理、大型灌溉区泵站更新改造、农村地区小水电建设、水利投资体制机制改革等方面有进一步的交流与合作。

座谈会上，矫勇介绍了需要社会各界关注的当前水利工作中的一些重点和难点问题。胡四一介绍了水利部的主要职能、我国水资源和水利工作的情况、2008 年主要工作以及今后一段时期的工作思路和工作重点。民进中央秘书长赵光华介绍了民进组织总体情况以及民进中央近年来参政议政的主要工作。

座谈双方就民进中央关于实施水库清淤工程，促进水资源可持续利用的建议进行了广泛深入的讨论。大家认为，实施水库清淤工程有利于扩大现有水库库容，改善水库水资源环境，提高水库经济效益、促进水资源可持续利用，结合当前正在进行的病险水库加固，重点实施中小水库清淤工程，对保障当地人民群众饮水安全，提高供水工程效率，促进当地经济社会发展具有重要作用。双方还就共同主办石羊河流域综合治理高层论坛等事宜进行了进一步的协商。

水利部有关司局，国家防汛抗旱总指挥部办公室、农村水电及电气化发展局、水利水电规划设计总院、中国水利水电科学研究院等方面负责人参加活动。民进中央常委、民进中央科技医卫委员会主任王毅，民进中央科技医卫委员会委员、国家林科院荒漠化研究中心主任、首席专家卢琦，民进中央参政议政部负责人参加走访。

朱永新走访卫生部

2009 年 1 月 12 日，民进中央副主席朱永新下午带队走访卫生部，受到卫生部副部长陈啸宏热情接待。双方围绕共同关心的卫生领域问题以及今后在卫生领域的沟通与合作，进行了坦诚而务实的座谈。

朱永新首先代表民进中央，代表全国人大常委会副委员长、民进中央主席严隽琪，全国政协副主席、民进中央常务副主席罗富和向卫生部的领导和同志们致以新春的问候，感谢卫生部对民进中央工作的支持和帮助。他介绍了民进近几年来在我国卫生领域开展参政议政和社会服务的情况，重点介绍了民进中央为推动海峡两岸交流与合作，积极“做台湾人民工作”特别是接待台湾医卫界人士的工作。朱永新说，做台湾人民工作是民主党派的一项重要工作，民进中央拟于今年10月底在杭州举办主题为“医药卫生文化”的“第七届海峡两岸中华传统文化与现代化研讨会”，希望卫生部领导给予大力指导和支持。

朱永新结合自己以前分管苏州卫生工作的情况谈了对我国卫生事业的希望与建议。他指出，医疗卫生事业关系到人民群众的切身利益，是社会高度关注的热点，也是贯彻落实科学发展观，实现经济与社会协调发展，构建社会主义和谐社会的重要内容之一。人民群众往往通过医疗卫生服务看经济发展成果，看政府管理能力，看党风政风建设，看社会和谐公平。近几年来，我国公共卫生事业发展迅速，卫生部的同志们付出了极大的心血。2008年卫生部门在我国抗震救灾、奥运卫生保障、三聚氰胺受害者救治、艾滋病等重大疾病防治等一系列工作中发挥了重要作用，赢得了全社会的赞誉。他表示，民进中央愿意与卫生部共同努力，在弘扬我国传统医药文化、合理配置医疗资源、规范医疗单位有序发展、协调医院自身公益性与财政创收的矛盾等方面积极合作、共同研究。

陈啸宏代表卫生部部长陈竺感谢民进中央对我国卫生事业、对卫生部工作的关心和支持，他介绍了卫生部2008年的主要工作和卫生医疗体制改革中面临的问题。他表示，卫生部十分愿意与民进中央积极合作，为我国卫生事业作出更大成绩。他建议民进中央在乡村医生养老保障问题、明确卫生总费用结构比例、调整医疗服务价格、减少城镇职工医疗保险结余等问题上积极调研，提出意见和建议。对民进中央将要举办的“第七届海峡两岸中华传统文化与现代化研讨会”，陈啸宏十分重视，表示一定大力支持，全力配合。

民进中央科技医卫委员会副主任、北大第一医院内科主任、心脏中心主任霍勇，民进中央联络委员会副主任、北京锐星企业公司董事长刘红结合自身工作就有关卫生问题提出意见建议。卫生部办公厅、政策法规司和民进中央社会服务部负责人参加座谈。

罗富和走访农业部

2009年1月13日，全国政协副主席、民进中央常务副主席罗富和下午走访农业部，与农业部部长孙正才亲切会面，互致新年问候；与农业部副部长危朝安就当前“三农”工作有关情况进行座谈交流。

罗富和代表民进中央向农业部一年来在粮食生产、主要农产品供应、农民增收等方面取得的成绩表示祝贺，向农业战线同志们的辛勤工作表示慰问。他说，2008年是极为不平凡的一年，也是农业部和农业战线取得非凡成就的一年。面对全球金融危机的冲击，中国政府从容应对、果断决策，有力保证了国内经济社会的平稳较快发展，这得益于改革开放30年来积累的坚实的外汇储备，也得益于广大农业战线的同志们辛勤工作带来的可靠的粮食储备。在农业部门的积极努力下，我国粮食总产和单产连续5年增收并达到历史最好水平，这对国家的改革、发展和稳定发挥了至关重要的作用。民进中央要配合农业部学习贯彻落实科学发展观的重要思路和重大举措，切实履行参政党职能，继续为推进我国农业发展多做实事。

罗富和就加强农业和农村工作提出5点意见。一是要把粮食安全问题作为国家战略予以高度重视，农业部门要切实采取一系列有效措施抓好粮食生产工作，并积极做好社会宣传，引导全社会形成关心和支持粮食生产的氛围。二是要在扩大内需、拉动经济增长的工作中，继续推进城镇化建设和新农村建设，通过加快城镇化建设，发挥城镇在促进地方经济社会发展中的积极作用。三是要重视促进农业、农村发展的硬件建设，也要重视软件建设，包括加强农业教育，加强农业科技支撑体系建设，加强农业农村管理体制改革。四是要抓好农产品质量安全，建立农产品质量安全的预警和检测体系，在质量标准问题上不能满足现状，要有前瞻性的眼光和战略，可以在政府行政管理架构之外，建立专家直通车制度，鼓励社会力量参与农产品质量安全的前沿研究。五是要着力提高农民收入，通过制定农产品加工零税率等优惠政策，带动农牧产品的种植和养殖，积极推进农业合作化与产业化的相互结合，积极开展农业对外合作。

危朝安介绍了农业部2008年的主要工作情况以及2009年的工作部署，并与民进中央就关于保障国家粮食安全的政策建议，关于联合举办石羊河流域综合治理高层论坛等事宜交换了意见。

民进中央秘书长赵光华，民进中央联络委员会主任、中国流行色协会常务副会长梁勇，民进中央经济委员会副主任、北京市农业局副局长尹幼奇，民进中央科技医卫委员会副主任、中国农业大学食品科学与营养工程学院教授黄卫东参加走访。农业部有关司局负责人参加座谈。

朱永新走访中国林科院

2009年1月14日，民进中央副主席朱永新下午率队走访中国林科院，受到林科院分党组书记、院长张守攻，分党组成员、纪检组组长陈幸良，分党组成员、副院长储富祥热情接待。

朱永新认真听取张守攻介绍中国林科院2008年的主要工作、2009年的工作部署后，他代表全国人大常委会副委员长、民进中央主席严隽琪，全国政协副主席、民进中央常务副主席罗富和，向辛勤工作的林业科研战线的同志们表示慰问，向各位领导和同志们致以新春的问候。

朱永新说，民进中央与中国林科院的合作是多党合作的典范，民进中央对此要加强宣传。要根据科学发展观的要求，继承民进上一届领导人与中国林科院密切合作的优良传统，更加自觉地整合力量，更加合理地规划项目，更加理性地提出建议，履行参政党参政议政的职能，在林业方面提出更有针对性的意见建议。民进中央与中国林科院将要签署合作框架协议，使我们在林业生态领域的参政议政、智力支边扶贫、人才培养等方面更上新台阶。希望在林科院党组的支持下，尽快成立民进支部。

与会同志还就“石羊河流域综合治理高层论坛”、草海湿地综合治理、金沙县和黔西南州以及河北省滦平县的支边扶贫工作进行了深入细致的沟通交流。

张守攻表示，关于民进中央提出的合作需求，林科院会根据民进中央的工作安排调整工作，做好科技支撑。

座谈会后，朱永新参观了林科院建院50周年展览。民进会员、中国林科院科技处副处长卢琦，民进中央社会服务部负责人参加走访活动。

罗富和、朱永新走访国家林业局

2009年1月15日，全国政协副主席、民进中央常务副主席罗富和，民进中央副主席朱永新上午走访国家林业局，受到国家林业局局长贾治邦，副局长祝列克、张建龙、印红、孙扎根以及各局负责人热情接待。

贾治邦介绍了2008年林业工作情况以及林业局2009年的工作设想。他说，2008年对于我国林业工作来说是不平凡的一年，全国林业系统克服了低温雨雪冰冻灾害和汶川特大地震灾害的不利影响，通过努力将损失降到最低，全国林业保持了平稳较快的发展态势。贾治邦介绍，去年各项工作都有重要进展：集体林权制度改革进入全面推进的新阶段，国有林场改革试点和重点国有林区改革试点也取得新进展，农民积极性得到了有效调动；森林生态系统、湿地生态系统、荒漠生态系统的建设和生物多样性保护成效明显；林业产业发展扎实推进，兴林和富民、保护和利用相辅相成、相互促进；社会生态文明观不断强化，生态文化建设有了初步成果；我国林业在国际上的话语权和主导权不断增强，为国家重大外交作出了贡献；林业发展环境也进一步优化，保障能力明显加强。针对今年的工作，贾治邦提出，林业工作会以

“发展现代林业，建设生态文明，促进科学发展”为指导思想，继续深化林业各项改革，加速推进造林绿化，转变林业发展模式，着力改善林区民生，扩大林业对外开放，并继续做好汶川地震灾后生态恢复。他指出，当前林业工作还面临一些困难和问题。如林业职工待遇较低，林区基础设施建设落后，生态建设还未得到足够重视，林业机构设置与当前生态文明建设的任务还不相适应等等。他希望这些问题能够通过民进的参政议政渠道得到反应、研究、落实与解决。

罗富和对2008年的林业工作给予充分肯定，并对林业局长期以来给予民进参政议政和社会服务工作的大力支持表示衷心的感谢。他认为，林业工作所取得的成就凝结着广大林业职工和林农，以及林业企业家的心血和付出，特别是广大林业工作者在去年非常困难的情况下还能取得如此大的成绩，令人感动，他请林业局领导代为转达中国民主促进会对全国林业战线同志们的深切慰问。罗富和说，林权改革进程中政策性、技术性、群众性的工作量非常大，涉及的面积也非常广，充满了艰辛，但在林业局的有力领导下，这项工作迈出了实质性的步伐，极大调动了农民积极性，可谓是林业发展重要的里程碑。同时，非常高兴看到林业对外合作有了突破性进展，使林业工作在国际上有了表达权、话语权和参与权。

罗富和就林业工作今后的改革与发展提出4点意见。一是按照科学发展观的要求，建立起“林业生态建设指标考核体系”，可以在体系内先行发布和试用，并逐步成为政府政绩考核指标之一，真正使生态保护成为绿色GDP的重要内容。二是在现有基础上细化责任，加强森林生态系统、湿地生态系统的动态监测工作，以此作为平台调动中央和地方的积极性。三是林权改革方面，目前以林地权属为推进，今后应进一步探索活立木资产化的问题，以点带面摸索出一些好的做法和运作模式。四是进一步重视科技进步对林业的贡献和成果推广环节。

罗富和强调，当前林业工作既要重视新建项目，也要重视在建项目和建成项目的效益发挥，以全局性、战略性、可持续性的眼光深化林业改革。

座谈中，双方还就共同主办石羊河流域综合治理高层论坛，毕节地区林业生态建设尤其是草海治理、石漠化治理项目，黔西南州30万亩金银花项目后续发展等工作进行了商讨。

民进中央科技医卫委员会委员、国家林科院荒漠化研究中心主任卢琦，民进中央科技医卫委员会委员、北京农业科技产业集团副总徐践，民进中央社会服务部、参政议政部负责人参加走访。

国家新闻出版总署领导同志走访民进中央并座谈
严隽琪讲话，罗富和介绍情况，朱永新出席

2009年1月15日，国家新闻出版总署与民进中央下午举行新春座谈会。全国人大常委会副委员长、民进中央主席严隽琪讲话。全国政协副主席、民进中央常务副主席罗富和介绍了民进近年来围绕促进出版事业发展所做的工作情况。民进中央副主席朱永新出席会议。

国家新闻出版总署党组书记、署长柳斌杰带队走访民进中央，就我国新闻出版事业发展现状及有关问题进行交流与探讨。新闻出版总署党组副书记、副署长蒋建国在座谈会上介绍新闻出版总署行政机构设置情况、2008年的主要工作和2009年的主要工作安排。新闻出版总署党组成员、副署长李东东，新闻出版总署党组成员、副署长邬书林，新闻出版总署党组成员、副署长阎晓宏出席座谈。

严隽琪在讲话中表示，柳斌杰署长带领多位副署长、司长和副司长专程来访，体现了对多党合作制度和民主党派的高度重视。这些年来，新闻出版总署为推动新闻出版业的改革和社会主义文化事业的大发展大繁荣作出了极大努力，成绩有目共睹。出版市场主体逐渐建立，产业规模逐步扩大，数字出版、网络出版等新兴传媒得到了很大发展，更多优质新闻出版产品和服务项目走向国际市场，这其中无不浸透着广大

新闻出版战线同志的辛勤劳动和汗水。民进中央对此深表敬佩。

严隽琪说，民进与我国出版事业有着天然的渊源。在8个民主党派中，民进是唯一一个有着出版界别的党派，现在民进全会有两千多名出版界的会员。长期以来，民进中央与新闻出版总署有着很好的交流与合作，建立了非常密切的联系，都共同关注着我国文化事业的未来发展，在促进我国文化事业的大发展大繁荣上，有着共同的理想和追求，期待未来能建立更深层次的合作关系。

柳斌杰在讲话中表示，新闻出版总署与民进在共同推动新闻出版业的发展过程中结下了深厚的友谊。民进多年来一直关注这个行业，提出了很多宝贵的提案，发挥了良好的推动作用。当前新闻出版业发展任务重，更加需要民进这样的民主党派多提出意见，因此，新闻出版总署要进一步加强与民进中央的交流与合作，长期保持这样的交流机制，多沟通意见，共同把我国的新闻出版事业做好。

柳斌杰充分肯定了民进提出的关于我国出版业体制与机制创新改革的若干建议、关于支持我国出版业“走出去”的政策建议、关于修改《新闻出版管理条例》的建议等三个提案。大家一致认为，新闻出版业作为社会主义意识形态和文化建设的重要组成部分，应以科学发展观为统领，充分认识当前面临的严峻经济形势，统一思想、坚定信心，新的一年要把增强科学发展能力、深化体制机制改革、壮大主体和做强主业、创新管理手段、推动产业发展等作为攻坚方向，确保新闻出版业保持适度增长。

民进中央出版和传媒委员会主任李春生，副主任王晨、张秀平提出了完善出版业改革的配套措施、发展民营书业、整合利用出版资源、提高全民族阅读水平等建议。与会人员认为，发展我国的新闻出版事业，还需进一步整合力量和资源，目前已经出台的一些工程，应完善数量和布局，提升服务能力。如农家书屋工程要和全民阅读工程，特别是农村学生和农民的阅读结合起来，和农业科技培训、农村劳动力转移结合起来，与城乡社区居民的卫生保健结合起来。目前出版业的改革发展有许多阶段性、社会性、行业性的问题，需要民主党派和政府职能部门建立良好的合作机制，发挥各自的优势，共同研究解决办法。这种合作具有中国特色，是我国政治文明的一大亮点。

国家新闻出版总署7位司长、副司长，民进中央秘书长赵光华等出席座谈会。

民进中央开展新春慰问活动

2009年1月15日，民进中央主席严隽琪、副主席朱永新、原副主席蔡睿贤来到民进中央原名誉主席雷洁琼家中看望并祝贺新春。严隽琪说，雷老，我代表会中央领导班子、代表全会11万民进会员给您拜年啦！祝您健康长寿！我还要向您汇报，新一届中央委员会2008年的工作很顺利！雷老用眼神会意地点点头，慈祥的面容更显红润。严隽琪关切地询问雷老在家中平日生活起居的具体情况，感谢雷老身边工作人员的辛勤工作。她说，雷老是我们民进全会的精神支柱，雷老的健康是民进全会的福气！

严隽琪主席、罗富和常务副主席、朱永新副主席1月22日到民进中央原主席许嘉璐家中看望，向许嘉璐同志拜年，祝他身体健康、春节愉快，并通报了民进中央近期工作和活动。许嘉璐同志十分高兴，他说，中共中央给民进十大的贺词中，唯有对民进提出了“为推动社会主义文化大发展大繁荣作出贡献”的殷切期望，所以我们一定要充分发挥民进在教育文化领域的优势，作出成绩，不辜负党中央的信任。

1月16日，严隽琪、罗富和来到民进中央原第一副主席张怀西家中看望，致以新春的良好祝愿，并通报了工作情况。张怀西感谢民进中央新一届领导班子的关心，并对新一届中央委员会适应新形势、新任务，积极开创民进工作的新局面感到由衷的高兴，对一年来取得的成绩表示衷心的祝贺。

民进中央领导以及组织部同志还分别慰问了原副主席陈难先、蔡睿贤、王立平，原名誉副主席楚庄、梅向明，顾问王鸿祯；已故会中央领导家属陈邦织（赵朴初夫人）、陈柏生（葛志成夫人）、牛菊如（陈舜礼夫人）、马燕（马叙伦女儿）；在京民进中央原常委陈益群、霍懋征、杨学纯、李前宽、常城；在京民进中央原常委夫人蒋群明（张纪元夫人）、张宜健（张志公夫人）、凌山（董秋斯夫人）。民进中央秘书长赵光华，办公厅、组织部等有关部门负责人陪同看望。

2009年基础教育改革座谈会在京举行 严隽琪讲话，罗富和出席，朱永新发言

2009年1月18日，由民进中央教育委员会和中国教育学会高中教育专业委员会联合主办的2009年基础教育改革座谈会在京举行。这次会议的主题是：关于我国高中教育的定位和关于对国家中长期教育改革和发展规划的建议。全国人大常委会副委员长、民进中央主席严隽琪主持会议。全国政协副主席、民进中央常务副主席罗富和，教育部副部长陈小娅，民进中央副主席朱永新出席座谈会。

严隽琪认真听取与会同志们发言并讲话。她代表会议主办方感谢教育部领导同志莅会介绍政府部门对高中教育的思考和工作情况，感谢与会的各位校长在百忙中出席座谈会并提供真知灼见。

严隽琪说，高中教育改革要结合我国高等教育从精英化走向大众化的国情，考虑产业结构调整对人才需求的变化，要放在终生教育和全球化、网络化背景下，在开放的国际教育体系中，有系统、分步骤地推进。高中教育情况复杂，任务繁重。如何改革，社会各界特别是教育界对此都十分关注。有改革开放30年积累的财力和经验，以及比以前任何时候都宽松的环境，加上举国上下对高中工作的重视，我们对高中教育的前景充满希望。严隽琪希望大家共同努力，在科学发展观指导下，本着人要全面协调发展，各个教育阶段要协调发展，各种教育主体要协调发展的原则，面向未来，实事求是，按照国情，结合地情，大胆实践，勇于创新。

严隽琪说，民进始终把教育作为履行参政议政职能的重点领域，并为此作出了应有的贡献。关于《国家中长期教育改革和发展规划纲要》的制定，民进中央已向党中央、国务院提交过建议书，今后还要继续加强调研，就《规划纲要》的制定和实施积极建言献策，对教育作出有特色的贡献。

陈小娅介绍了教育部近年在高中教育方面所作的工作和对下一步工作的思考，以及山东省整体推进素质教育的情况。她希望校长们重视教育理论的研究，并在实践的层面将理论成果加以检验和推广，并在实践中创新。她希望每所高中学校都有自己的教育理念，都办出自己的特色。教育部对高中教育非常重视，下一步将召开一系列的座谈会就高中教育的问题进行系统研究，她希望大家届时多提供宝贵意见。

朱永新认为，高中是个没有被充分关注，但问题又非常集中的一个领域。研究高中教育问题，第一要充分考虑到它的系统性。即从外部来说，它涉及到劳动人事制度、就业分配制度等的改革；从内部来说，涉及到学校系统的方方面面，出台任何领域的教育政策都对高中有影响。第二要考虑到它的多样性。这种多样性表现在公办和民办、升学和就业、精英教育和大众教育等等，都可以有多样性的选择。因此，高中的改革，应该更加深入细致和精致，要加强研究，要高度关注课堂和课程。第三，要关注教师的问题。第四，要高度关注高考这个指挥棒的改革。

与会同志就明确高中发展目标、高中教育的体制、规模和发展策略，教育公平与因材施教、投资主体和办学模式的多元化、扩大优质教育资源与促进基础教育均衡化发展、加快创新型人才的培养、扩大学校办学自主权、基础教育的对外开放、完善高校招生体系及高考模式的多样化、教师素质的提高和教师发展、高中教育评价体系的制定、高中课程改革、学生的生涯规划和就业指导、中小学教师职称改革等多方面问题进行了深入研讨。

教育部基础教育二司司长郑富芝、民进中央秘书长赵光华、全国部分著名高中校长、民进中央有关部门负责人等40余人参加座谈会。

民进中央召开学习贯彻科学发展观专题报告会
严隽琪主持并讲话
罗富和、潘贵玉、王佐书、贺旻、刘新成、蔡达峰、张帆出席

2009 年 1 月 20 日，民进中央上午在国谊宾馆召开学习贯彻科学发展观专题报告会。全国人大常委会副委员长、民进中央主席严隽琪主持会议并讲话。全国政协副主席、民进中央常务副主席罗富和，民进中央副主席潘贵玉、王佐书、贺旻、刘新成、蔡达峰、张帆出席报告会。

报告会邀请国家发改委宏观经济研究院副院长马晓河同志作题为“当前经济形势及今后政策走向”的专题报告。报告从当前国际国内经济形势出发，客观分析了我国在全球金融危机中面临的挑战和困难，科学解析了我国当前经济形势和宏观经济今后走势，并重点介绍了下一步国家将实施的经济政策。

严隽琪在讲话中指出，马晓河同志所作报告，全面分析了我国经济发展现状，以客观充分的理由证明我国经济平稳增强的趋势，充分说明坚持改革开放和科学发展的重要性。报告既有理论的造诣，又有深入的实践；既有宏观经济形势的全局视野，又有针对性地解读一些实际政策；既有现状分析，又有对未来的展望，对我会加强经济理论知识储备、对经济形势作出正确判断、把握国家宏观经济发展态势，提供了很好的启发和借鉴。希望大家继续关注、认真研究经济形势发展，进一步深入学习贯彻科学发展观，推动我会高素质参政党建设和参政党作用的发挥。

民进北京市委常务副主委吴文彦，民进中央部门负责人，民进中央各专委会主任、副主任，民进中央和民进北京市委干部职工等 100 余人参加报告会。

民进中央十二届六次主席会议在北京召开

2009 年 1 月 20 日至 21 日，中国民主促进会第十二届中央委员会第六次主席会议在北京召开。民进中央主席严隽琪主持会议。常务副主席罗富和，副主席潘贵玉、王佐书、贺旻、刘新成、蔡达峰、朱永新、张帆出席会议。秘书长赵光华、各部门负责人列席会议。

会议听取了国家发改委宏观经济研究院副院长马晓河关于学习贯彻科学发展观的辅导报告。

会议审议了 2009 年民进在全国政协会议上的大会发言、提案（草案）。会议对 5 个备选大会发言和 23 个备选的民进中央提案、6 个备选的民进组提案进行了讨论。会议要求，根据会议讨论意见对这些备选方案再做进一步筛选、整合，提出进一步的建议方案，体现民进界别特色。

会议审议通过了《民进中央 2009 年工作要点（草案）》。《民进中央 2009 年工作要点（草案）》已经民进十二届五次主席会议审议，并在 2008 年民进省级组织负责人会议上进行了通报。会议要求将通过后的民进中央 2009 年工作要点下发至民进省级组织，为省级组织 2009 年工作提供参考。

会议审议了 2009 年民进中央重点调研建议课题（草案），听取了参政议政部关于 2009 年民进中央重点调研 5 个建议课题的汇报。会议建议以农村教育为调研方向，要求再进一步研究完善后上报中央统战部。

会议研究了民进中央 2009 年重点工作。会议听取了 2009 年主席会议、主席办公会议常规工作、主要议题介绍；研究了机关各部门 2009 年重点工作进程、民进全国组织工作会议筹备工作、民进全国宣传思

想工作会议筹备工作、庆祝新中国成立60周年和纪念人民政协成立60周年方案等。会议指出，组织工作和后备干部队伍建设是2009年的重点工作，要做好民进全国组织工作会议各项准备工作，做好基础调研和方案设计；2009年是新中国成立60周年和人民政协成立60周年，民进要搞好庆祝和纪念活动，引导全会继承和发扬民进优良传统，不断增强接受中国共产党领导的自觉性和坚定性，始终坚持走中国特色社会主义政治发展道路，切实巩固政治交接学习教育活动成果，积极投身改革开放和社会主义现代化建设事业。

会议学习了胡锦涛同志在纪念《告台湾同胞书》发表30周年座谈会上的讲话精神和中央统战部副部长尤兰田在统战系统做台湾人民工作座谈会上的讲话精神，研究了民进中央2009年开展对台工作的有关方案。

会议听取了第二届中国教师发展论坛和2009年长江保护与发展研讨会筹备情况和“民进中央——上海社科院合作中心”、“清华大学政治经济学研究中心”合作事宜的汇报。

会议还研究了其他事项。

民进中央主席、各位副主席在会上进行了集体谈心，交流了思想。会议认为，2008年是中华民族发展史上极不平凡的一年，也是民进新一届中央委员会的开局之年。一年来，会中央认真贯彻中共十七大精神，努力学习贯彻科学发展观，坚持以政治交接为主线，以领导班子建设为重点，继承和发扬我会的优良传统，实事求是、开拓创新。全会呈现出无懈无滞、有思有行，团结、务实、奋进的良好局面。会议指出，2009年国际国内形势会继续发生变化。世界金融危机的蔓延使我们面临着压力和挑战。全会必须认清形势，保持清醒头脑，按照科学发展观的要求，巩固和扩大开局之年的工作成果。

会议指出，2008年会中央关于领导班子建设进行了一系列探索和实践，如谈心制度、下基层制度，2009年要继续加强领导班子自身建设，适应形势发展需要。一要继续集智聚力，发挥领导班子集体力量。二要利用独特的优势，发挥界别特色。三要解决自身能力问题，严格要求自己，充分发扬民主。

会议指出，主席、副主席可在今年全程负责一个参政议政调研课题，直接参与调研活动全过程。参政议政工作要继续中央和地方的互动，加强预调研和后调研。要认真履行参政党职能，以更好的工作成绩，最佳的精神状态，迎接新中国成立60周年和人民政协成立60周年。

国家统计局领导走访民进中央并座谈
严隽琪讲话，罗富和主持，朱永新出席

春节前夕，全国人大常委会副委员长、民进中央主席严隽琪，向中共中央和国务院提出了关于完善国家统计工作体制等方面的建议，党中央、国务院领导同志对此高度重视，大年三十就批转到了国家统计局。

2009年2月5日，国家统计局党组成员、副局长林贤郁走访民进中央，就国家统计制度方法改革等问题进行座谈。严隽琪出席并讲话。全国政协副主席、民进中央常务副主席罗富和主持座谈会。民进中央副主席朱永新出席座谈。

严隽琪在讲话中高度评价了中共中央、国务院，以及国家统计局对党外人士建议的重视和欢迎。她说，林贤郁副局长一行在百忙中到访民进中央，和我们一起共商国是，这个形式本身就是中国特色社会主义政党制度优越性的体现，证明了民主党派作为参政党，既不是在野党，也不是反对党，而是亲密合作的友党，我们和执政党的奋斗目标和努力方向是完全一致的。随着我国经济社会的持续发展和改革开放的不断深入，形势和任务对民主党派参政议政的广度和深度都提出了新的要求，参政党必须围绕中心、服务大

局，努力提出有利于经济社会全面协调可持续发展的真知灼见，这个任务对参政党来说也是个重大的考验。现在大家对统计工作的重要意义、统计数据的重要作用，认识越来越深入，因此从国家建设和发展的高度来看应该更加重视这项工作，统计工作也的确需要有良好的发展环境和支持条件，这和统计部门的职能、作用以及社会的理解和支持都有关系，民进愿意为此作出自己的努力。

严隽琪说，通过今天的座谈，我们对统计工作又有了进一步的认识，统计部门的任务繁重、责任重大，统计数据对党和政府的决策发挥着重要作用。国家统计局在锐意改革、主动适应经济社会的快速发展方面做了大量工作，取得了卓有成效的成绩，这给我们留下了非常深刻的印象，对此我们也要深表敬意。当前，学习实践科学发展观对进一步加强和改进统计工作提出了新的要求，统计工作仍然面临着复杂的形势和艰巨的任务，希望国家统计局进一步明确目标和任务，加快改革统计调查管理体制，协调好中央与地方政府统计调查体系的关系。统计数据是宝贵资源，要利用好这个资源，一是要高度重视统计数据的标准，解决好数据资源的共享问题；二是要加强统计数据平台建设，可以通过科研立项等形式，充分调动社会科研力量的积极性，在统计指标体系建设和统计数据分析利用等方面吸引更多科研力量的投入，使社会能够参与和支持统计工作。

罗富和代表民进中央对林贤郁一行走访民进中央表示热烈欢迎并致以新春的良好祝愿。他说，相信今天的座谈会是国家统计局和民进中央加强合作、建立友谊的新开端，希望国家统计局能够多多支持民进的参政议政工作，也希望民进能够为推动统计工作的科学发展作出自己的积极贡献。

林贤郁代表国家统计局感谢民进中央对统计工作的关心和支持，他着重介绍了我国统一管理、分级负责的统计工作管理体制以及统计的制度、方法和改革的有关问题，包括现在比较重视的能源统计、服务业统计、劳动就业统计、环境调查统计、科技创新统计、完善 GDP 的核算方法等统计工作面临的新情况和新课题。

宁夏回族自治区统计局局长、民进宁夏区委副主委梅廷彦，湖北省统计局副局长、民进湖北省委副主委叶青，国务院参事、民进中央参政议政特邀研究员魏津生在座谈会上先后发言。他们在发言中围绕改革现行统计管理体制，创新统计调查方法，建立国家统计数据交换平台，进一步扩大统计范围、提高统计质量等问题提出意见建议。

国家统计局政策法规司司长程子林，国家统计局统计设计管理司副司长孙庆国，民进中央秘书长赵光华，民进中央宣传部、研究室、参政议政部负责人，宁夏回族自治区统计局总统计师徐秀梅，民进宁夏区委副主委杨瑞生参加座谈会。

民进网站（2009）年度工作会议举行
严隽琪、罗富和、王佐书出席

2009 年 2 月 6 日，民进网站（2009）年度工作会议上午在民进中央机关举行。民进中央主席严隽琪、常务副主席罗富和、副主席王佐书出席会议。会议总结了 2008 年民进网站的工作，讨论了 2009 年民进网站工作计划，并研讨如何提高网站的内容质量和实效。

严隽琪在会上作重要讲话。她强调，民进网站要体现时代特征、党派特点、民进特色，要在网站工作中做到中央与地方相互促进，实际工作与理论研究相结合，网站自身建设与履行职能相结合；要注重资源和成果共享，在扩大影响、增强实效、鼓励参与方面多下工夫。她要求，民进网站要“内容为王，应用驱动”，广泛搜集各种用户需求；抓住主线，突出重点；利用网站开展思想政治工作，要形式生动、内容亲切，“入脑入心”。部门负责人要将网站工作纳入部门工作的主线，找到网站工作和部门工作的结合点，

相关栏目精心设计，突出本部门的特色和重点；扩大会中央和省级组织的合作，增加人员培训和建立评比激励机制；持续改进网站的体制、机制，加强网站总编室的协调职能；提高编辑的政治鉴别能力和敏感性，加强防范措施，确保网络宣传和运行安全。

王佐书在讲话中充分肯定了民进网站一年来取得的成绩，并向栏目编辑表示衷心感谢。他对进一步办好民进网站提出八条注意事项：一、加强安全意识，从硬件和软件两方面确保网站安全；二、讲究实效，确保网站内容对全会工作推进有实效，管理制度切合时宜、切实有效、切实可行；三、做好服务工作，明确定位，认真思考网站如何为统战服务，为工作服务，为基层组织、会员和民进之友服务；四、用统筹兼顾的方法，建立定期、长效的激励机制；五、与时俱进，体现时代性、把握规律性，富于创造性；六、突出党派特色、部门特色；七、突出重点，每个部门都要明确什么是你的重点，如何突出重点，精心设计，悉心策划，认真维护，做成亮点；八、部门和编辑要强化落实网站工作责任。

会上，民进网站主编总结了2008年民进网站工作，宣传部负责人介绍了网站2009年工作计划。与会人员结合讨论这一计划，对如何搞好网站工作提出意见建议。民进中央秘书长赵光华主持会议，各部门负责人及民进网站编辑共30余人参加会议。

民进中央机关第八次部门工作研讨会在京召开 严隽琪、罗富和、王佐书、朱永新出席并讲话

2009年2月7日至8日，民进中央机关第八次部门工作研讨会在京召开。民进中央主席严隽琪，常务副主席罗富和，副主席王佐书、朱永新出席研讨会并讲话。本次研讨会是在改革开放30年的历史新时期，国际国内形势不断发生变化，对我会建设高素质参政党和全面履行参政党职能提出新任务、新要求的情况下召开的一次重要会议，对会中央机关建设具有指导意义。会议始终在热烈的气氛中进行，各部门负责人围绕新形势下如何开展部门工作进行了深入探讨和前瞻性思考。

严隽琪在研讨会上作重要讲话。她指出，部门工作研讨会越开越好。各部门负责人都非常用心，准备充分、交流坦率、总结真实、经验宝贵，会议切实起到了互相学习、互相欣赏、集智聚力、沟通思想的作用。

严隽琪指出，新形势下的党派工作，今年的主线是学习贯彻科学发展观，这条主线对国家政治、经济、文化、社会的协调发展，对我国多党合作事业，以及民主党派内部自身建设和履行职能都是至关重要的。学习贯彻科学发展观，履行参政党职能，坚定政治立场是根本，加强参政议政是关键。我会作为参政党要高举旗帜，自觉接受中国共产党领导，要让11万会员达成坚定的政治共识，要充分肯定会员在参政议政方面所作的贡献，面临新问题、新挑战，要不断改进我们的工作。

严隽琪指出，换届以来，会中央新一届领导集体在拓展部门负责人的知情权、建议权等方面进行了一些尝试，像列席主席会议、开展专题协商会、加大部门负责人对本部门人员管理权重、为部门负责人搭建更多的学习平台等，取得了一定成效，各部门工作也都取得很大进展。面对新形势、新任务、新要求，严隽琪对部门负责人提出了五点希望：一、勤学习，识大局。二、夯基础，建制度。三、树正气，带队伍。四、善总结，出主意。五、多联系，出合力。

严隽琪要求加大培养机关笔杆子、加强行文规范、重视机关谈心活动等，并进行了具体指导。她向机关部门负责人推荐了吴敬琏所著的《中国增长模式抉择》一书。

罗富和在讲话中指出，2008年对于国家、对于民进、对于民进中央机关都是极不平凡的一年，机关部门负责人都承担了责任，完成了任务，也推动了工作，形成了认真谋事、真心交流、相互支持的良好氛

围。对于部门负责人工作，他从思路、重点、人才、基础、协调、互补等六个方面提出意见和要求。

王佐书在讲话中希望部门负责人能成为“四序干部”，即思考决定问题要按照规律、按照规章制度、按照程序、按照最优化等次序来周密考虑。

朱永新在讲话中对着重就民主党派社会服务工作的定义、作用以及如何开展工作进行了阐述。

座谈会由秘书长赵光华主持。民进中央各部门负责人出席会议。

民进中央捐款 115 万元
援建绵阳灾区 5 所学校多媒体教室

2009 年 2 月 12 日，民进中央捐款 115 万元援建四川省绵阳市灾区 5 所学校多媒体教室捐赠仪式，在受助学校之一的涪城路小学板房教室隆重举行。民进四川省委副主委刘激涛，民进四川省委秘书长张宏，绵阳市政协副主席、市委统战部长文久喜，市委统战部常务副部长周华清，民进绵阳市委主委李京平，5 所受助学校校长、教师代表、各县市区委统战部和教育局负责同志出席捐赠仪式。

受民进中央委托，刘激涛将捐赠支票和多媒体教室铭牌分送到 5 所学校校长手中。文久喜代表灾区受助学校向民进中央和民进四川省委赠送锦旗。受助学校代表激动地表示，一定要管好用好这笔资金，尽快将多媒体教室建立起来，为灾区孩子健康成长、重建心灵家园创造良好条件，回报民进中央和广大民进会员的厚爱，报效祖国。

游仙区柏林镇党委吴先强书记获此捐赠信息后，带着全镇 14284 名群众感恩的心，专程赶到捐赠现场。他说：“柏林镇是极重灾区之一，柏林中学大部分毁于地震。虽然学校重建资金已经有了保证，但教学设备设施却没有着落。民进中央定向捐赠的多媒体教室，真像是春天的及时雨。太感谢了！”

严隽琪在海南省考察调研农村综合教育改革工作

2009 年 2 月 13 日至 20 日，全国人大常委会副委员长、民进中央主席严隽琪在海南省考察调研农村综合教育改革工作，并会见了中共海南省委副书记、省长罗保铭。

严隽琪 13 日至 16 日在海南省海口市、琼海市考察调研。其间，在海口市召开了农村综合教育改革工作座谈会。海南省人民政府副省长姜斯宪汇报海南省农村教育综合改革情况。会上，海南省教育厅及中小学校长代表发言。海南省人大科教文卫工委、教育部门负责人参加会议。

严隽琪 17 日至 20 日在三亚市考察调研，视察了海南大学三亚学院、三亚技工学校、三亚中等职业技术学校，并召开教育综合改革座谈会。三亚市教育局局长汇报了三亚市教育综合发展情况和改革进程，三亚学院、三亚市技工学校领导汇报了高等教育、职业教育情况。

严隽琪在考察调研中指出，海南省、三亚市教育发展情况令人振奋。这归功于海南省各级领导、教育工作者，以及热心教育事业的专家，他们思想解放，勇于创新，善于探索，具有战略眼光。经过艰苦的努力，海南省实现了义务教育、职业教育、高等教育的全面、快速发展，这是贯彻落实科学发展观的重要体现。教育是推动我国从人力资源大国向人力资源强国转变的重要一环。海南省重视教育质量，体现以人为本，从实际出发，重视教师队伍建设，率先实现了“两免一补”，实现了教学软件与硬件建设的双提高。

严隽琪指出，随着社会的发展和人类的进步，教育改革是永恒的主题。在教育改革的进程中，要科学规划，合理布局，既要服务于城镇化进程，也要体现教育的公平化、均衡化。教育要与经济发展相匹配，与社会发展相协调。目前，我国义务教育已经得到广泛重视，民办教育作为高等教育体系中不可缺少的组成部分，不仅仅要对其进行规范，更应对其有所促进。要构建基础教育、职业教育、成人教育相互融通的教育体系，实现学历教育与非学历教育相结合，实现公共产品与非公共产品的互补，使任何人在任何时候、任何起点都可以找到满足不同层次的教育需求。

严隽琪在三亚学院视察时特别指出，三亚学院在独立学院发展方面所作出的实践与努力是卓有成效的，学院领导班子在教育综合改革进程中的目标明确、态度端正，思路清晰，绩效明显，经验值得总结。在教育改革进程中，要体现前瞻性，也要把握规律性，体现科学性。既要规范体制、机制，又要让学校有办学的自主权。

严隽琪 13 日上午与中共海南省委统战部负责同志亲切座谈。她向中共海南省委统战部负责同志通报了民进中央换届以来的工作。她说，按照胡锦涛总书记提出的“执政党建设和参政党建设相互促进”的要求，民进积极推动会中央工作与地方组织工作相互促进，自身建设与履行职能相互促进，参政议政与社会服务相互促进，各项工作取得了新进展，全会呈现出团结和谐、积极向上的新局面。感谢海南省各级党委和统战部门对民进海南省委和民进各级组织的关心、帮助和指导。

严隽琪说，新时期新任务新要求给党派工作带来压力和挑战，我们必须按照科学发展观的要求，坚持以中国特色社会主义主题教育活动为主线，以领导班子建设为重点，全面推动思想建设、组织建设、制度建设、作风建设和机关建设。要顺势而为，积极围绕大局，自觉服务大局，要把自身放在所面临的时代背景中去认识，放在所处的历史方位中去把握，放在学习实践科学发展观的根本要求中去谋划；要集智聚力，既要积极发动会内力量，也要积极依靠会外力量；要有思有行，调查研究要深入细致，提出意见和建议切实可行。

严隽琪说，2009 年是我国改革开放的攻坚年，目前世界金融危机还未见底，其演进速度、波及的广度和危害的程度还将进一步加深，有效应对国际金融危机影响，是我国经济社会发展面临的大形势，也是参政党谋划工作的大背景。我们必须深刻认识国际国内经济形势的复杂性和严峻性，更加自觉的坚持把促进发展作为团结奋斗的第一要务，一心一意谋发展，和衷共济促发展，把推动改革开放作为参政党的重大使命；我们必须充分认识新形势下改革开放的重要性、必要性和紧迫性，继续支持改革开放、参与改革开放、推动改革开放，把维护稳定作为党派的政治责任，与执政党同心同德，共克时艰。

严隽琪说，目前中共中央在全党开展的学习实践科学发展观活动是提高执政能力，推动我国经济、政治、文化、社会科学发展的重要举措，参政党也要认真学习贯彻科学发展观，要按照科学发展观的要求，切实加强自身建设和认真履行参政党职能。科学发展观是与时俱进的马克思主义发展观，深刻反映了中国共产党对发展问题的新认识，反映了当今世界和当代中国的发展变化对党和国家工作的新要求，是统领我国经济社会发展全局的根本指针，是党治国理政、富民安邦的行动纲领。民主党派要紧紧把握服务科学发展的优势，运用人才荟萃、智力密集、联系广泛的资源，多尽加快发展之力，多献推动发展之计。

海南省政协副主席、中共海南省委统战部部长邱德群对民进中央积极带领全会加强自身建设和履行参政党职能所取得的成绩和经验表示赞赏，对严主席在百忙中到海南视察表示感谢。邱部长向严主席报告了对新形势下多党合作的理论思考和最近在全省各民主党派推广民进海南省委关于黎族文化保护的调研经验，希望民进中央给予智力支持，为提升和转化调研成果给予积极的帮助。

严隽琪说，海南地理优势独特，环境优美，空气新鲜，民风朴实，海南省积极发展旅游业，建设国际旅游度假休闲岛和建设高效生态农业基地是十分正确的选择，民进中央理所应当给予支持。

严隽琪 14 日上午到民进海南省委看望机关工作人员，与民进海南省委领导班子成员、各市县主委座谈并讲话。

严隽琪肯定了民进海南省委在思想建设、组织建设、制度建设和参政议政、社会服务等方面取得的成绩，对省委 2008 年重点调研课题得到有关方面的重视表示赞赏，认为省委围绕地方政府中心工作开展调研的思路值得肯定，并表示会中央将提供支持和帮助。

严隽琪向与会同志通报了会中央换届以来的工作情况，介绍了2009年会中央的工作思路和重点工作。她指出，会中央2009年的工作重点是组织工作和后备干部队伍建设，要做好后备干部推荐、培养、任用工作，要把后备干部队伍建设与组织发展、履行职能结合起来，不断充实后备干部队伍，夯实我会建设高素质参政党的人才基础。各级组织要正确处理质量与数量的关系，组织要有活动，才有活力，才能增强凝聚力。

严隽琪强调，要认清当前金融危机形势，坚定信心，与中国共产党风雨同舟、共度时艰；要深入开展调研，提出切合时宜、切合实际的意见和建议，为政府分忧，为民解难；要进一步抓好学习贯彻科学发展观，进一步加强自身建设，提高我会的政治认同、目标认同。

严隽琪指出，今年是新中国成立60周年和人民政协成立60周年，也是中国共产党领导的多党合作和政治协商制度确立60周年，全会要坚定信念，切实履行职能，加强全会合力，为促进我国经济社会和海南现代化建设又好又快发展作出应有的贡献。

民进海南省委主委史贻云汇报了换届以来省委认真学习贯彻科学发展观，加强自身建设和履行参政党职能等方面的情况。民进海南省委副主委王传荣、李格明、林国辉、潘惠丽参加座谈。吉军、谢群峰、王汉昌、刘洪宇、丁飞、林国辉等作了发言。

严隽琪18日下午参加民进三亚市委机关支部活动。支部活动由机关支部主任潘丽主持，主要学习讨论民进海南省委关于在全省民进组织深入学习贯彻科学发展观的方案。在活动中，会员们结合学习贯彻科学发展观，从各自岗位的实际出发，围绕三亚旅游、经济、民生、教育等方面建言献策，畅所欲言，气氛热烈。讨论中，严隽琪不时引入话题，启发引导，使活动显得更加轻松活泼。

严隽琪对民进三亚市委机关支部活动给予高度评价。她说，这是今年来我首次参加基层组织活动。你们的活动内容丰富，有学习、有讨论、有交流，讨论中会员争相发言，畅所欲言。我会基层组织有这样高素质的会员和丰富多彩的活动，更加增添了我的信心。

严隽琪热情鼓励机关支部，今后要继续加强活动，争取成为全国民进基层组织活动的榜样。她同时提出殷切的希望和要求，民进三亚市委要继承和发扬我会先辈的光荣传统，坚定走中国特色社会主义政治发展道路，认真学习和贯彻科学发展观，提高政治素养，开展深入细致的调研，特别要紧扣三亚的旅游和民生、教育问题进行调研，履行好参政议政职责；要加强民进三亚市委组织建设，积极组织各项社会服务活动；要解放思想，抓好思想建设和作风建设，做一个适应新时代要求的参政党，有作为才有地位，有贡献才有影响。她要求民进三亚市委在2009年的工作中要为三亚的保经济增长作贡献，要为三亚的保护生态环境建言献策，在顺境中开拓新领域，要做好国庆60周年和三亚民进20周年会庆活动。

海南省人大常委会副主任康耀红，海南省政协副主席、民进海南省委主委史贻云，省人大科教文卫工委、民进中央研究室负责人全程参加考察调研。

民进中央捐款120万元
援建甘肃地震灾区图书馆室

2009年2月17日至19日，受全国人大常委会副委员长、民进中央主席严隽琪，全国政协副主席、民进中央常务副主席罗富和委托，全国政协常委、民进甘肃省委主委李国璋，民进甘肃省委秘书长温艳赴陇南、平凉，参加民进中央、民进甘肃省委援建陇南青少年活动中心图书馆和平凉市崆峒区香莲乡图书室建设捐款活动。

5·12特大地震发生后，民进中央对甘肃地震灾区抗震救灾和灾后重建极为关心和牵挂。2008年7月至12月民进中央3次中常会上，都把研究如何支援四川、甘肃等省灾后重建作为议题之一。民进中央经过反复研究论证，决定向甘肃地震灾区捐款120万元资金，其中，支援陇南市青少年活动中心建设100万元，支援平凉市崆峒区建设3个图书室20万元。民进甘肃省委机关捐款1万元也用于陇南青少年活动中心的建设。

在陇南市举行的民进中央捐款仪式上，受民进中央委托，李国璋向陇南市灾区转交民进中央捐款100万元人民币并讲话。中共陇南市市委常委、统战部部长马相忠致辞。中共陇南市委副书记黄泽元代表陇南市党委、人大、政府、政协和280万陇南人民，向民进中央、民进甘肃省委表示衷心感谢。

陇南市团委介绍了陇南市青少年活动中心图书馆前期筹备情况，表示，一定管理好、使用好这笔捐款，一分不少地全部用于青少年活动中心图书馆建设。号召全市广大青少年要倍加珍惜民进中央这份爱心，刻苦学习、积极进取、苦练本领、立志成才，不辜负民进中央、民进甘肃省委的关爱和厚望。陇南团市委、武都团区委负责同志及部分团员青年160多人参加了捐款仪式。

在平凉市崆峒区举行的民进中央捐款仪式上，受民进中央委托，李国璋向平凉市崆峒区香莲乡转交民进中央的捐款20万元并讲话。崆峒区副区长刘颖致辞，感谢民进中央对地震灾区人民群众的关心和支持。平凉市崆峒区委、区人大、区政府、区政协有关同志参加捐赠活动。

民进中国林科院支部成立大会举行
朱永新出席并讲话

2009年2月19日，中国民主促进会中国林业科学研究院支部成立大会在中国林科院报告厅隆重举行。民进中央副主席朱永新出席并讲话。他指出，基层组织是参政党存在和发展的基础，是民主党派了解民意、了解会员的有效途径。加强基层组织建设发展既是民主党派发展的基本原则，也是民主党派活力的体现。民进中央历来对基层组织建设高度重视，严隽琪主席曾多次过问民进林科院基层组织成立的事宜。希望新支部在林科院分党组的领导和帮助下，不断加强组织建设，建立健全支部制度，在工作中创建一套行之有效的工作方法，积极开展有内容、有创意的组织活动，加强组织凝聚力；同时要发挥自身专长，为林科院的建设贡献力量，并发挥支部的桥梁和纽带作用，促进林科院与民进中央的合作，为我国的林业事业和多党合作事业发展作出贡献，成为民进有代表性的优秀支部。

民进中央组织部部长王建国，民进北京市委常务副主委吴文彦、副主委李焕喜，中国林业科学研究院院长、分党组书记张守攻，副院长、常务副书记李向阳，林业科学研究院各兄弟党派组织负责人和北京市民进基层组织代表出席大会。会议由民进北京市委秘书长王报换主持。

会上，民进北京市委组织处负责人宣读了民进北京市委《关于成立民进中国林业科学院支部的批复》，卢琦任支部主委。

卢琦在会上发言，他用三个“动”字表达了全体支部成员的心情。首先是因为支部成立而感到激动；其次是对各级领导在支部成立过程中给予的关怀和帮助为之感动；最后他表示支部将努力用实际行动来履行好民主党派基层组织的职责。

民进北京科技联合支部原主任马元、民进清华大学委员会副主委薛天慧、农工林科院支部主委杨忠岐、九三林科院委员会主委崔丽娟先后在会上发言，他们代表各自组织对民进林科院支部的成立表示了祝贺，并希望在今后能够与民进林科院支部相互交流，精诚合作，共同为首都的和谐、稳定发展贡献力量。

李向阳在会上讲话。他指出，林科院历来非常重视统战工作，是中共中央统战部的重点联络单位之一。民进中央的两任副主席曾多次到我院考察调研，并对成立民进支部给予指导。此次民进林科院支部成立是研究院政治生活的一件大事，它标志着研究院多党合作事业又迈出了新的一步。民进支部的组织成员，都是院中的精英和骨干，他们在本职工作上兢兢业业，为我国的林业、环保事业作出了突出的贡献。同时，他对新支部提出了三点建议：第一是要加强思想建设，深化参政党成员的历史使命感和责任感；第二是要加强自身组织建设，积极开展形式多样的组织活动和组织间的交流，不断增强组织凝聚力；第三是要不断提高本职工作能力和参政议政能力，在工作中再创佳绩，为多党合作事业再立新功。

吴文彦代表民进北京市委对民进中央、中国林业科学研究院对支部成立过程中给予的关怀和帮助表示感谢，她在讲话中指出，林科院汇集了大批的优秀人才，为我国的林业事业建设作出了突出的贡献。同时，林科院还与民进在毕节等地区开展了社会服务合作项目，有力地支持了民主党派工作。对于民进中国林业科学研究院支部的成立，我会领导高度重视，朱永新副主席亲自到林科院考察调研，对支部的成立提出指导，相信在民进中央领导和林科院领导的关怀下，新支部会迅速成长壮大，为我国的林业事业和多党合作事业添上浓墨重彩的一笔。她希望支部成员能够积极学习民进会史会章，继承和发扬民进优良传统，坚定信念，树立参政党意识；积极吸纳优秀人才，做好组织的发展建设工作；会员要从本职工作能力和参政议政能力两方面不断提高自身素质，从大局出发，围绕我国的中心工作，围绕社会当前的热点难点问题，围绕我国林业事业和林科院建设，积极建言献策，作出自己应有的贡献。

民进中央举行学习贯彻科学发展观视频会议
王佐书作“学习贯彻科学发展观的体会”宣讲报告

2009 年 2 月 24 日，民进中央上午在机关举行学习贯彻科学发展观视频会议，王佐书副主席作“学习贯彻科学发展观的体会”宣讲报告。报告会通过民进中央网站进行了视频直播。报告讲义一周前传给民进各省级组织，并印发与会每位同志。

王佐书的报告从科学发展观的提出、解释、重要地位、如何树立贯彻落实科学发展观、学习贯彻落实科学发展观的总要求等 5 个方面，联系民主党派工作实际对科学发展观进行了全面系统、深入浅出的讲解。他综合中共十六届三中全会到中共十七大关于科学发展观的有关论述，对科学发展观的提出、丰富和完善进行了系统的梳理。通过权威的引文和典型的例证指出了科学发展观提出的时代背景和理论与实践依据。他以中共十七大报告对科学发展观的第一要义、核心、基本要求、根本方法、重大意义的阐述为基础，对“发展”、“以人为本”、“全面协调可持续”、“统筹兼顾”等科学发展观的重要内涵和重要地位作了深入细致的阐述，提出了“个人概括性的理解”，例如，对发展的另外 8 种角度的概括、对全面协调可持续发展的 10 种理解、对统筹二字的“四个策划十四种思考”，对科学发展观地位的 10 种概括、对科学发展观的 13 条体会等等。这些概括性的理解既总结了共性的内容，又提出了独到的体会，富有启发性。

王佐书着重宣讲了怎样树立、贯彻、落实科学发展观，以及学习、贯彻、落实科学发展观的总要求。他在分析贯彻落实科学发展观的四个根本要求时，提出了“留给人们思考的主要问题”，例如，“深入贯彻落实科学发展观，为什么首先要求始终坚持基本路线?”“科学发展观和和谐社会其内在是如何统一的?辩证关系是什么?”“如何理解体制机制不完善、改革不到位是经济发展中诸多矛盾和问题产生的重要根源，目前，有什么体制在约束社会发展？改革体制应从何入手?”“树立正确的政绩观是新时期中国共产党建设新的伟大工程的重要内容。科学发展观引导正确政绩观的树立，正确的政绩观又保证了科学发展观的落实”等等。这些鲜明、深刻的问题有助于明确民主党派服务科学发展参政议政的着力点。他在“贯彻落实科学发展观应当考虑的几个基本问题”中提出了贯彻落实科学发展观的基本指导思想、前提、关键、作风和态度，有助于明确民主党派学习贯彻科学发展观的着力点。宣讲报告中，王佐书还结合“2007 年进出口依存度参考值”、“城镇、乡村人口”、“城镇、农村居民人均收入及比值”等实例，运用科学发展观进行了具体分析。整个宣讲报告条分缕析、重点突出，很好地回答了民主党派学习贯彻科学发展观学什么、怎么学和如何贯彻落实的问题。两个半小时的宣讲报告赢得了主会场与会同志长时间的掌声。

民进 29 个省级组织及部分地市级组织共 170 余台电脑同时在线收看了报告直播。安徽、广东、四川、山西、云南等民进省级组织及时反馈了收看情况。会中央机关和各省市级组织的同志一致反映，王佐书的宣讲报告不但让大家深入了解了科学发展观的理论政策和决策部署，还学到了立场、观点、方法、学风和思想作风。报告概括了学习贯彻科学发展观“四十加四又加四”的内容，即：科学发展观的四十字的定义、四个方面的内涵、学习贯彻科学发展观的四个根本要求，非常解渴和管用。宣讲报告对于各级组织和广大会员真正把握科学发展观的内涵和实质，增强学习贯彻科学发展观的自觉性和坚定性，转变思想观念、解决存在的突出问题，把科学发展观贯彻落实到自身建设和履行职能的各个方面和各个环节，将起到积极的指导作用。同时，大家认为通过网络形式组织学习报告会有助于提高效率、节约成本，希望以后继续充分利用网络优势，不断丰富宣传思想工作形式。

民进中央、民进北京市委、开明出版社有关负责人参加报告会。民进中央宣传部负责人主持会议。民进中央、民进北京市委机关和开明出版社干部职工 100 余人现场听取报告。

民进中央捐款 115 万元
帮助成都市金堂县学校灾后重建

2009 年 2 月 24 日上午，朱永新副主席在民进中央亲切会见民进成都市委副主委、成都市金堂县人民政府副县长万琳。万琳专程汇报落实民进中央捐赠 115 万元特殊会费用于成都市金堂县学校灾后重建事宜。

朱永新在听取万琳介绍 5・12 大地震后金堂县经济社会发展以及学校灾后重建情况后，首先代表全国人大副委员长、民进中央主席严隽琪，全国政协副主席、民进中央常务副主席罗富和，向万琳一行表示欢迎。他说，民进教育界会员占 70%，民进中央非常关注四川地震灾区的教育重建，关心灾区的孩子们。在大地震发生后，民进全会上下积极捐款捐物，将募得的“为了灾区的孩子们”捐款（特殊会费），用于受灾较重的四川、甘肃、陕西和重庆四省市与教育相关的灾后复建项目。此次安排 115 万元捐款，就是帮助金堂县清江学校的灾后重建，这是民进中央为灾区人民尽的一份心意，希望金堂县政府用好善款，给全国的民进会员一个满意的答卷。

万琳代表金堂县人民政府向民进中央赠送锦旗，表达了全县人民对中国民主促进会的感谢，

民进成都市委副主委、秘书长唐明远，成都市金堂县教育局局长张立诚，民进中央办公厅负责人参加会见。

民进中央召开“两会”新闻通气会暨与首都新闻记者联谊会 罗富和出席并讲话

2009年2月26日，民进中央下午召开“两会”新闻通气会暨与首都新闻记者联谊会。全国政协副主席、民进中央常务副主席罗富和出席通气会并讲话。他代表严隽琪主席和民进中央其他各位副主席，对新闻界朋友的到来表示欢迎和问候。他说，每年“两会”前，民进中央都要与首都新闻界的朋友们聚集一堂，这已经成为了传统。之所以要年年如此，是因为借助这个平台，可以沟通情况、加深了解、增进友谊、加强合作。民进历来十分重视宣传工作，也一直把“两会”作为宣传民进参政议政成果的重要时机。希望借通气会的机会，与大家进一步协调、沟通，并继续保持经常性的联系，在日后的工作中，通过媒体的宣传使社会更加熟悉、认可民主党派，以及我国多党合作事业的工作机制和成果。

罗富和向与会媒体介绍了2009年民进中央的工作计划要点，并与记者沟通了三点想法。一是希望媒体在对民进工作常规报道的同时，多一些观点报道、动态报道和深度报道。二是希望媒体给予民进工作在各行各业的优秀会员更多的关注，多一些对他们的宣传。三是除了日常工作，民进也非常愿意与各家媒体有更多经常性的往来，多一些其他方面的交流与合作。如，在适当的时候，请新闻单位到民进来有针对性地开展一些培训，帮助和促进宣传干部提高工作质量和效果；同时，欢迎记者朋友投稿给《民主》杂志和民进网站。

来自新华社、中新社、中央人民广播电台、国际广播电台、人民日报、光明日报、人民政协报、人民政协报教育周刊、团结报、中华工商时报、科技日报、中国妇女报、中国教育报、中国文化报、新闻出版报、农民日报、中国改革报、中国网、人民网、经济日报、法制日报、中国青年报、北京青年报、中国政协杂志等20余家新闻媒体的记者参加了记者招待会，并就感兴趣的问题进行了提问，同时对于如何做好民进宣传工作提出了中肯的建议。

会议由民进中央秘书长赵光华主持。民进中央组织部负责人介绍了2009年民进出席“两会”的代表、委员基本情况，并推荐了重点采访人物。参政议政部负责人介绍了民进中央向全国政协十一届二次会议提交的大会发言和提案情况。宣传部负责人对“两会”期间民进宣传报道工作作了说明。民进中央办公厅、社会服务部、研究室负责人参加通气会。

民进中央依托新机制重在利民生

“民进中央今年拿出19件提案，4份大会发言，主要围绕教育、文化出版、‘三农’和法制建设等问题进行建言献策。”民进中央有关负责人在2月26日对目前为两会所做的准备工作作了一番介绍。

教育、文化、出版是民进参政议政的“老阵地”。多年来民进一直持续关注着这些领域的发展，今年也不例外。在民进中央递交的19件提案中，其中8件涉及教育、文化、出版问题；有关教育方面的提案又在当中占到一半以上。

受金融危机的影响，经济发展和民生问题都成为此次民进中央参政议政的另一个重点。《关于创新机制、多措并举，解决中小企业融资难问题的提案》是继去年民进中央关于促进中小企业发展的党派提案之后的又一全新党派提案，继续为中小企业的发展鼓与呼。而《关于完善新型农村养老保险制度的提案》、《关于推进我国城市污泥规范处理与资源化利用的提案》等则集中反映了老百姓呼吁解决的问题。

"今年民进中央的提案和大会发言都是新的参政议政体制机制结出的硕果。"民进中央参政议政部副部长闻连利说，在事关全局和民生的重大问题上，民进集全会之力、聚全会之智，通过参政议政体制机制的创新，进一步加强中央与地方组织的合作联动机制，用好会内外的参政议政资源。《关于实施水库清淤工程，促进水资源可持续利用的提案》就是民进中央和广东、浙江、福建三地省委联合调研的结果。参政议政课题立项工作也是民进中央机制创新之一。经协商确定的重点调研项目，民进中央将利用专项资金进行扶持。《关于完善教育政绩考核，建立教育问责制度的提案》就是民进山东省委原来的一个调研题目，在民进中央的课题评审中被选上后进行了联合调研，最后拿出了该提案。据悉，19 件提案中的绝大多数都是通过专题调研、系列调研、地方组织调研以及各专委会调研相结合而来的。

（2009 年 3 月 2 日《人民政协报》）

中央社会主义学院2009年春季开学典礼在北京举行 严隽琪、杜青林、王佐书出席并讲话

中央社会主义学院2009年春季开学典礼3月2日在北京举行。全国人大常委会副委员长、民进中央主席、中央社会主义学院院长严隽琪，全国政协副主席、中央统战部部长杜青林出席开学典礼并发表讲话。

杜青林指出，今年是新中国成立60周年，也是人民政协成立及中国共产党领导的多党合作和政治协商制度确立60周年。60年来，我国多党合作制度与新中国共同成长、在改革开放进程中不断完善，初步形成了具有鲜明中国特色的政党制度理论。

杜青林指出，我们要高举中国特色社会主义伟大旗帜，深入贯彻落实科学发展观，进一步把中国共产党领导的多党合作和政治协商制度坚持好、完善好、发展好。当前，要深刻认识中国特色社会主义政党制度理论的重大意义，充分认识这一理论是中国特色社会主义理论体系的重要组成部分，是新时期巩固和发展多党合作事业的行动指南，是抵御西化分化的有力武器。要准确把握中国特色社会主义政党制度理论的科学内涵，深刻理解我国多党合作制度的历史必然、基本定位、基本特征、基本方针、基本功能、根本任务、共同政治准则和衡量标准，以高度的政治意识、深邃的历史眼光和创新的时代精神，切实把中国特色社会主义政党制度理论学习好、理解深、把握透，更好地担负起在新的起点上开创多党合作事业新局面的历史重任。

杜青林强调，理论来源于实践，又指导实践。要坚持理论联系实际，把学习贯彻中国特色社会主义政党制度理论与学习贯彻科学发展观结合起来，进一步巩固共同思想政治基础；与发挥参政党作用结合起来，更好地为保增长保民生保稳定作贡献；与加强参政党建设结合起来，切实提高民主党派自身素质和能力，自觉运用中国特色社会主义政党制度理论指导和推动多党合作实践。

严隽琪在讲话中指出，政治发展道路是关系国家性质和政权组织形式、关系国运兴衰的重大问题。中共十七大提出"中国特色社会主义政治发展道路"的命题，为我国发展社会主义民主，加强政治文明建设从根本上指明了方向。她强调，坚持走中国特色社会主义政治发展道路，是各民主党派同中国共产党在长期合作中取得的最基本、最重要的政治共识。科学发展观围绕建设中国特色社会主义这一主题，深刻回答了社会主义建设中如何实现又好又快发展的一系列重大问题，是发展中国特色社会主义必须坚持和贯彻的重大战略思想。各民主党派必须认真学习贯彻科学发展观，为保持经济平稳较快发展作贡献。不断加强自身建设，巩固多党合作的思想和组织基础，在国家政治生活中更加切实有效地发挥作用。

开学典礼上，严隽琪宣读了中央社会主义学院新一届院务咨询委员会委员名单，杜青林为委员会委员

颁发了聘书。

民进中央副主席王佐书代表各民主党派中央、全国工商联和无党派人士讲话。中央统战部副部长、中央社会主义学院党组书记楼志豪主持开学典礼。全国政协、中央统战部、各民主党派中央、全国工商联、中央社会主义学院有关领导同志以及在中央社会主义学院学习的2009年春季学期学员参加了开学典礼。

（新华社电）

民进中央举行庆祝“三八”国际妇女节联谊会 罗富和讲话，朱永新主持

2009年3月2日，民进中央妇女儿童委员会与民进中央机关工会女工委员会上午联合举办民进中央庆祝“三八”国际妇女节联谊会。全国政协副主席、民进中央常务副主席罗富和出席并讲话。民进中央副主席朱永新、民进中央妇女儿童委员会主任邹泓先后主持联谊会。

罗富和在讲话中代表民进中央向民进全会的女同胞们致以节日的祝贺。他说，建国60年，尤其是改革开放30年来，中国女性地位得到极大提高，妇女工作取得了巨大进步。在面临全球性经济危机，民主党派参政议政任务日益繁重的情况下，广大女同胞们为国家进步、社会发展作出了重要贡献。我们既要尊重女同胞们在工作中的辛勤付出，欣赏她们取得的成就，还要充分体谅、照顾女同胞们在工作、家庭中的难处。他强调，今后要在工作中充分发挥女同胞的积极性和重要作用，维护好女同胞的应有权益，关注她们的健康和成长。

民进中央办公厅主任、机关工会主席吴新秋代表机关工会、民进支部、党支部、团总支以及机关全体男同胞向各位女同胞致以节日的问候和诚挚的祝福。他表示，机关将进一步重视妇女工作，更好地发挥女同胞在机关各项工作中的作用，也希望女同胞继续为建设高素质的参政党、建设民主和谐的机关献计出力。

民进中央妇女儿童委员会副主任刘霞代表民进中央专门委员会在京女委员发言。她与大家分享了作为母亲、妻子、女儿的体会，并建议女同胞在工作、生活中应保持积极的心态，通过不断地学习、历练以提高自身素质。

联谊会上，个人形象设计师温丽女士作了关于公务员个人形象管理的讲座，信达证券股份有限公司经纪业务总部客户服务主管匡小新博士作了关于家庭理财的讲座。

民进中央专门委员会在京女委员，民进中央机关女同志，民进中央秘书长赵光华，民进中央宣传部、办公厅负责人，机关工会、民进支部、党支部、团总支代表近百人参加联谊会。

严隽琪宴请出席全国“两会” 部分香港人大代表和政协委员并致辞

2009年3月4日，全国人大常委会副委员长、民进中央主席严隽琪晚上在“两会”驻地北京饭店，宴请出席全国“两会”的部分香港人大代表和政协委员，并代表中国民主促进会向各位香港客人和朋友表示诚挚的问候和热烈的欢迎。

全国政协副主席、民进中央常务副主席罗富和，全国人大常委会原副委员长、民进中央原主席许嘉

璐，全国政协原副主席、民进中央原第一副主席张怀西，全国政协常委、民进中央副主席潘贵玉，全国人大常委、民进中央副主席王佐书、贺旻、朱永新，全国政协常委、民进中央副主席张帆出席晚宴，与30多位香港人大代表和政协委员欢聚一堂、共叙友情。

严隽琪主持活动并发表了热情洋溢的致辞。她说，这样一年一度的友好聚会，已经成为“两会”期间我们共同期盼的一个欢聚的时刻。回顾刚刚过去的2008年，我们和所有中国人一样，经历了大喜大悲，无论是惨烈的汶川大地震，还是百年梦圆的北京奥运会，或是应对国际金融风暴的冲击，各位香港朋友都和内地同胞守望相助，荣辱与共，心手相连。民进作为一个参政党，在为促进国家的改革与发展积极参政议政、服务社会的同时，也把维护香港特区的稳定繁荣发展，作为重要的任务。在许嘉璐先生身体力行的带领下，民进近年来在促进内地和港澳台在教育、文化和经贸领域的交流方面作出了努力，民进和各位香港朋友的友谊，促进了一些实实在在的合作效果。这说明了我们有“爱国、爱港”的共同追求，说明我们之间有着血浓于水的同胞深情。

严隽琪强调，当前世界经济形势复杂多变，我们面临着内外交织的不少矛盾和困难。香港和内地是命运共同体。“一国两制”下的香港具有独特的地位和战胜困难的有利条件，香港在国际化人才资源以及市场经济中的经验等方面具有明显的优势。香港与内地的良性互动、优势互补、和衷共济，一定会有助于中国，包括香港变危险为机遇、化挑战为动力。新一届民进中央领导集体决心继承传统，将“两会”期间的这种聚会形式以及民进和香港代表、委员们的宝贵友谊在新的时期坚持好、发扬好，实事求是，发挥界别特色和优势，为祖国内地和香港的繁荣发展建有用之言、献务实之策、做有益之事。

许嘉璐在讲话中指出，今年“两会”期间和各位香港朋友聚会，明显感受到大家日程安排的繁忙，这说明回归以来香港和内地的结合越来越紧密，民进中央和各位香港朋友建立的感情，是和香港与内地越来越紧密的联系同步的。今年大家来参加“两会”，意义与往年不一样。因为2008年中华民族实在太不容易，一方面是几件大事在党中央、国务院的领导下办得很漂亮；但另一方面也有让人伤心、愤怒的事情。正如温家宝总理所说，多难兴邦。中华民族在困难和考验面前没有气馁、低头，民族精神经过震荡考验之后反而更加坚强。通过这些事情也让更多的人认识到，有这样的党中央、国务院领导，什么困难我们都可以克服。他鼓励在座的代表和委员在“两会”上畅所欲言、建言献策，让我们的国家更好地应对危机、渡过难关，更加昌盛发达。

民进中央秘书长赵光华参加宴请。

冯骥才谈“信心”：中华优良传统文化是根本

作为国务院参事中唯一的“作家参事”，全国政协委员、民进中央副主席冯骥才在接受中新社记者采访时表示，应对当前经济危机，我们一直在呼吁要有信心；而五千年的优良传统文化，才是我们信心的根本。

信心应该从哪里来？“首先从政府得力应对困难时的决策来看，最近温家宝总理在网上和民众的沟通显然是对全社会信心的一个提升。其次是社会信心，在困难面前，我们更应该注重扶危济贫，救助弱势群体。”

“第三是文化信心。现在经济成为大家关注的焦点，这种形式之下尤其不能忽视文化长期发展的决策。我们过去已经有过对文化的忽略，急功近利的结果带来了文化的平面化和过分商业化，造成了无形但严重的损失，甚至造成了我们当代国家文化形象的缺失。”

“在拉动经济过程中，国民精神建设要跟上，不能仅仅‘文化搭台，经济唱戏’，让文化成为经济的工具，否则我们又要付出代价。而这样的代价，10年之后才会看到。”

在他看来，现在的文化遗产保护进入了一个瓶颈，尤其是古村落和古民居，“没有列入国家和省级遗产名录的，还比较原生态；列入名录之后就被当成摇钱树，随意添加、胡乱改造，这对文化遗产是解构性的破坏。”所以他带来《关于建议文化遗产的产业开发要通过专家审定》的提案，“城市改造需要人文知识分子的参与”。

近年来一直致力于文化遗产抢救的冯骥才表示，现在需要思考的不仅是如何将文化遗产保护进行到底，更需要从全局角度为中国的国家文化战略谋篇布局。

冯骥才的“信心”话题，引来全国政协委员、中国舞蹈家协会副主席冯双白的赞同。他以亲身经历做注脚，“去年汶川在地震之后，我们舞蹈慰问小分队到重灾区什邡蓥华镇。刚开始表演的时候，观众的表情还很凝重，后来当我们带领大家一起跳羌族集体舞蹈沙朗舞时，他们就慢慢地放松了，开始笑了。这给我的感触特别深，他们的传统文化是最好的心理疗治”。

冯骥才也表示，通过这次汶川大地震，大家发现中华传统文化流淌在国民血液中的优良基因突然爆发出来，让彼此更有信心，“五千年的优良传统文化，才是我们信心的根本”。

（2009 年 3 月 6 日　中国新闻网）

冯骥才建议文化遗产的产业开发要通过专家审定

“据我所知，江浙一带大部分沿海地区的村落建筑以及格局已经改了三四遍了：先盖个香港式的建筑，又改成美国式的，又拆了改成西班牙式的……全世界没有一个国家把自己本民族风格的村落拆了以后按外国形式盖的。更有甚者，上海郊区出现了英国式的小城镇，城镇中间还有一个丘吉尔的铜像！”

十一届全国政协常委、民进中央副主席、中国民间文艺家协会主席冯骥才，近一年来很担心，一些地方政府官员将新农村建成“洋农村”，更有文化保护意识欠缺的官员，将一些有着典型物质和非物质文化遗产特点的古村落，建成商业化的村庄。为抢救中国民间文化遗产，今年两会上冯骥才提出了《关于建议文化遗产的产业开发要通过专家审定》的提案。

据了解，目前我国有 200 多万个自然村，并非所有都是古村落。古村落需要具备几个条件，一是物质文化遗产自成体系，有跟自然相融合的村落规划、历史街区，代表性民居建筑，一些公共设施，比如庙宇、桥梁、水井、戏台等大量历史文化遗存，同时，有比较鲜明的地域特色和非物质文化遗产。

冯骥才认为，古村落是中国文化的根植所在。一旦古村落被确定为名村名镇，就会产生经济附加值，被资源化、商业化，面临千村一面的危险。在不少已经商业化的古村落，到处是新增加的旅游景点，各种民俗表演、民间歌舞项目繁多，小摊小贩们出售着进入产业化生产的民间手工艺品。

“这些有商业卖点的部分被拉到前台，而‘没用的’东西，如少数民族的语言，民间文学、传说、歌谣等都扔在一边”，冯骥才说，这种随便改造文化面貌的行为，严重破坏了古村落文化的整体性。

“文化遗产并非不能开发，有的开发是好的，也会给地方经济带来好处。但问题是文化遗产的开发跟地方官员的政绩、开发商的利益结合在了一起，结果对文化遗产造成严重破坏。”冯骥才认为，古村落开发必须要有规划，上级政府部门必须负责规划审批，承担相应责任。上级政府文化遗产管理部门可以组成专家组，对规划进行论证，在开发过程中，专家组必须进行监督。同时，政府不能把古村落交给开发商就完事了，当开发商遇到解决不了的问题时，要请专家组分析解决。

冯骥才提出，中国古村落保护可以有四种方式：第一为分区式，比如，丽江束河古镇，原有古村落保持不变，在旁边建设居住生活的新区，这样古村落的原汁原味就保持下来；第二是民居博物馆形式，把分散经典的建筑向一处集中，晋中王家大院就是这种类型；第三为景观形式，比如安徽婺源，其形象并非为了旅游而考虑，而是展示自己的特点，当然也可以作为旅游资源；还有原生态的方式，保持当地原住民的原生态生活，周庄、西塘就是典型代表。

比如，安徽婺源的建筑属于徽派文化，“青砖灰瓦马头墙，肥梁胖柱小闺房”，房前有大片的水塘，屋后是蓝色的山，诗情画意，当地人引以为豪。这是婺源县政府部门请建筑师按照当地的建筑风格设计出几种房屋，只是在内部对卫生间等设施加以现代化改造，外形保持徽派风格。如果当地人想盖新房子，必须按照设计好的婺源式建筑来盖，这样的新房从外面看起来与当地文化相一致，保持了历史风格、文化特色的延续。浙江西塘，花了上亿元钱把所有网络、电线全部埋到地下，不但使古村落的设施现代化，更保持了其历史风格。

国家文物局副局长张柏委员说，现在一些领导干部片面强调经济效益和当前利益，一味追求所谓政绩工程，随意破坏历史文化名城风貌，损毁文物建筑，破坏文物原生环境，侵蚀历史文化遗址，无限制地开发或破坏性地过度使用文物资源，给文物事业造成了无可挽回的损失。为提高地方政府官员的文物保护意识，张柏建议，尽快将文化遗产保护课程列入各级行政学院干部培训当中。

“以前过分注意经济建设，文化遗产的损失巨大，现在遇到经济危机，又把文化变成经济的工具，继续拿文化搭台、经济唱戏，可能又进入新的一轮怪圈，产生的危害可能要10年以后才能看到。”冯骥才说。

（2009年3月6日《中国青年报》）

罗富和接受中央电视台《聚焦三农》栏目专访

2009年3月8日，全国政协副主席、民进中央常务副主席罗富和在北京会议中心，接受中央电视台《聚焦三农》栏目专访，就当前农业农村经济的发展、应对金融危机的长效机制、林权制度改革、农村教育综合改革等问题回答了记者的提问。

罗富和说，关于农业农村经济的发展，就农业或农产品的定位来讲，它已经完全超出了原来属于初级产品的阶段，大家越来越意识到，农产品就是食品，从这个角度来讲，农业就不应该仅仅是提供初级产品，而是从农田到餐桌这一条线的产业服务。从农业现代化和农业产业化的发展模式来看，一种是以大企业公司为龙头带动农户的统一经营，一种是以农户间合作化经营的模式引导现代农业的发展，这两种模式应该说都是不可或缺的。比如东北，农业耕种面积比较大，比较适合龙头企业带动大面积耕作的方式；而在南方，人均耕地面积比较紧张的地区，可以学习日本、台湾的经验，从合作化经营的角度进行推进。这些地方一个作业区的农户可以组成作业社或者专业技术合作社，农户都生产同样的食品、农产品，但是大家都遵从一定的种植、加工和质量标准，形成一种经营合作的模式。所以，应该是统一经营和合作经营相结合，两个方向共同推进。

罗富和说，农产品定位为食品，它的加工就非常重要，农产品通过加工才能提升它的品质、保证它的质量。以农产品加工为带动，整个农业产业化也才能推进。农产品加工业的发展对于农村迈向城镇化具有重要作用，可以吸纳农村劳动力就业，同时又不影响新农村的建设，农民可以就近就业，同时又兼顾家庭和农活的需要。所以农产品加工业还需要大力地发展。面对国际市场的标准和要求，我们农产品加工的质量标准、安全标准都还有待提高，我国的农业、农村和农民，如何生产优质、高效、无公害的食品，现在还有很大的差距，但也有很大的发展空间。我相信，只要从技术标准到生产标准都提升我们的农产品加工业，我们就能抓住机遇，重新进入国际市场。实现这个目标需要政府的扶持，以及农业技术部门、科研单位、大专院校共同实行农科教的整体力量整合，共同促进我国农产品加工业的发展。

罗富和说，关于应对国际金融危机的影响，现在中央4万亿投资拉动内需，促进经济平稳较快发展的措施是非常重要的，一系列措施的出台，也已经开始显现明显效果。民进中央在调研过程中发现，还有一个很重要的环节可以为拉动内需提供动力，为缩小城乡差距提出一些切实有效的长效措施，这个环节就是要进一步加快小城镇的建设。前几年中央在解决三农问题时，就小城镇建设出台过一些政策，但目前更多的只是停留在规划上，这次的十大措施还没有涉及小城镇建设的相关的内容。要统筹城乡发展、改变目前的城乡二元结构，很重要的一点就是有条件的农村中心城镇要加快发展，让这些中心城镇能够优先地聚集起生产要素，通过建设加工型的工业园区吸纳劳动力就业，改善交通、增加物流，使二三产业能够发展。现在已经出台的优惠政策，比如加快农村教育发展、改善农村医疗条件、提高农村文化设施等，要在这些有条件的小城镇率先落实，逐步吸引更多返乡的农民在这里创业，形成拉动内需的长久动力。

罗富和说，林权制度改革是一项非常重要的改革措施，解决了管理实体虚拟的问题，进一步调动了林农的积极性，收到了非常积极的效果，这是很大的一个进步。但是也有一些情况值得注意，就是由于对政策理解存在片面性，一些林农对林地长期效益的发挥考虑得不够，因此这方面还需要加强引导，进一步落实对森林资源保护的有关措施。从长远来看，还有一项配套政策要加以推进，就是要研究林地上面的活立木资产化的问题。林农可以把地上的林木种植好、经营好，在林木成长的每个阶段都可以对林木进行评估、交易，这样通过资产的流通来形成规模比较大的林业集约经营，这个制度需要在实践中不断探索。

罗富和说，民进今年还有一个建议就是要促进农村教育的综合改革，这个问题也非常迫切。目前大量的农村劳动力要通过农村教育进行培养，大多数农村青年还是需要通过职业教育掌握技能，到城市或小城镇工业园区务工，但与之相适应的职业教育还比较弱，学校的数量、专业的设置都还很不够，农村教育的整体状况还是以升学为主要任务的单一模式。当然，应该还有相当一部分的农村青年通过农村教育培养成为建设新农村的主体，逐步解决农村空心化、农业兼业化、农民老龄化的问题。农村教育综合改革中，普通教育、职业教育之外，人均教育经费最多的应该用在新农村建设主体的培养上，要让掌握知识技能的新一代农民成为建设新农村的主体，新农村建设才有希望。

中国民主促进会第十二届中央常务委员会第六次会议在京举行

2009 年 3 月 9 日，中国民主促进会第十二届中央常务委员会第六次会议在京举行。会议认真学习十一届全国人大二次会议、全国政协十一届二次会议精神，并就做好民进中央 2009 年的重点工作进行了部署。民进中央主席严隽琪出席会议并讲话。民进中央常务副主席罗富和，副主席潘贵玉、王佐书、贺旻、刘新成、蔡达峰、朱永新、张帆等常委出席会议。

严隽琪在讲话中指出，中共中央总书记胡锦涛同志 3 月 4 日在全国政协民盟、民进联组会上的重要讲话，对加强和改进我会各项工作具有十分重要的指导意义，必将对我会各级组织和广大会员产生极大的激励和鞭策作用。我们要深入学习胡锦涛同志重要讲话精神，深入学习贯彻全国“两会”精神，引导广大会员正确认识国际金融危机带来的影响，既要充分估计当前面临的困难和挑战，又要坚定改革发展的信心和决心。在经济遇到严重困难和挑战的时候，更要把思想和行动统一到中共中央的决策部署上来、统一到科学发展观的要求上来，增强与中国共产党风雨同舟、亲密合作、共迎挑战的信念，为促进经济平稳较快发展和维护社会和谐稳定作出积极贡献。

严隽琪强调，深入学习贯彻科学发展观，不仅是中国共产党的重大政治任务，也是民进更好履行职能、加强自身建设的客观需要，是执政党建设与参政党建设互相促进的体现。民进要认真学习贯彻科学发展观，用科学发展观武装头脑，按照科学发展观的要求，切实加强自身建设，认真履行参政党职能，积极服务国家的科学发展和实现自身的科学发展。一是要把学习贯彻科学发展观和巩固共同的思想政治基础结合起来，深化坚持走中国特色社会主义道路学习教育活动，不断增进全会的政治认同和目标认同；二是要把学习贯彻科学发展观和加强自身建设结合起来，以组织工作和后备干部队伍建设为重点，切实提高我会自身素质和能力；三是要把学习贯彻科学发展观和发挥参政党作用结合起来，为促增长、惠民生、保稳定作出积极贡献。

严隽琪指出，民进要按照中共中央出台的一系列扩大内需、促进增长的政策措施，以及这次“两会”作出的决策部署，把应对危机、促进增长作为当前学习贯彻科学发展观的重要实践，围绕在“保增长、扩内需、调结构”中需要研究解决的重大问题，围绕有关政策措施的执行情况及改进意见等，深入调查研究，提出对策建议；要把维护人民的根本利益作为参政议政的出发点，不断了解民情、集中民智、反映民意，真正做到参政为民；要加强针对影响社会稳定的矛盾纠纷和突发事件的调研，帮助党和政府掌握社会舆情，消除影响社会稳定的因素，为经济社会发展营造安定团结的政治环境。

会议审议通过了《民进中央关于学习贯彻十一届全国人大二次会议和全国政协十一届二次会议精神的通知》、《民进中央关于深化坚持走中国特色社会主义道路学习教育活动的意见》。

罗富和就民进全国组织工作会的筹备情况进行了说明，王佐书就民进全国宣传思想工作会议暨学习贯彻科学发展观论坛的筹备情况作了说明，朱永新就民进中央庆祝建国60周年、人民政协成立60周年书画展筹备情况作了说明。

民进中央部门负责人列席会议。

石山绿了　群众富了

——民进中央与中国林科院倾情科技智力合作

“原来是越没有饭吃就越开荒种地，没想到越是开荒越歉收。现在种上了金银花，水土不下山了，我们的日子也好过了。”提起民进中央“黔西南州30万亩金银花基地项目”，贵州省黔西南州贞丰县珉谷镇牛坪村村民刘存华禁不住激动地说。多年来，这30万亩不起眼的小花，以藤本常绿植物独有的特性，紧紧地包住地面上连绵起伏的裸露岩石，让绿色铺展得漫山遍野。也就是这种小花，有效地防止了贵州石漠化土地的水土流失，在保护生态的同时，也让贵州黔西南州的贫困百姓走上了致富之路。

回顾民进中央近年来的社会服务工作，像金银花这样的生态科技扶贫项目还有很多，而它们正是民进中央与中国林业科学院开展科技智力合作的硕果。

借梯上楼开展科技合作

2003年11月，时任民进中央常务副主席的张怀西一行到中国林业科学院调研，当时担任院长的江泽慧同志及全体院领导与民进中央的领导进行了亲切交流。双方表示，要相互支持，为林业的发展共同努力。从此拉开了民进中央与林科院合作的序幕。几年来，他们成功举办了中国（毕节）石漠化治理与生态文明高层论坛，共同推动了毕节草海治理与甘肃河西走廊星火产业带建设，共同推进石羊河流域综合治理以及民勤盆地沙化治理等。

谈起这些合作成果，曾多次参与相关项目的中国林科院治沙团队首席科学家、民进会员卢琦如数家珍。卢琦告诉记者，我国沙化土地占国土面积的近20%，分布于30个省的上千个县，同时有近数十万平方公里的具有明显沙化趋势的土地。几十年来，一些条件相对较好、治理相对容易的沙化土地已经得到治理或初步治理，但治沙成本越来越高；不利的气候因素，特别是干旱对加速荒漠化和土地沙化的影响不可低估。在经济利益的驱动下，人类滥开垦、滥放牧、滥用水资源等行为是沙漠化防治的最大反作用力。面对这样的严峻形势，民进与林科院开展了毕节石漠化治理、民勤盆地沙化治理、河西走廊星火产业带建设等一系列的项目合作，这些项目的成功生动体现了二者优势互补，合作领域广阔、合作成效显著。

直面石漠化之害

目前我国石漠化土地面积已达 1296 万公顷，潜在石漠化土地面积为 1238 万公顷，并且仍以每年 2%—4% 的速度扩展，发展速度惊人，危害程度相当严重。与此同时，石漠化治理工作也面临着良好的发展机遇。中共十七大提出了建设生态文明的战略目标，明确要求加强石漠化治理，促进生态修复。民进中央积极建言献策，在贵州大力开展石漠化治理试验工程，推动国务院正式批复了《岩溶地区石漠化综合治理规划大纲》，并将石漠化治理列入了国家“十一五”规划。

2008 年 6 月，民进中央、国家林业局、贵州省人民政府联合举办了中国（毕节）石漠化治理与生态文明高层论坛。论坛旨在纪念国务院批复成立毕节“开发扶贫、生态建设”试验区 20 周年，交流研讨石漠化治理与生态文明建设的理论与实践问题，为我国石漠化生态脆弱地区经济社会可持续发展建言献策。民进中央主席严隽琪、常务副主席罗富和等出席论坛并讲话。林科院院长、首席科学家张守攻等主持点评主题演讲，来自林科院的白嘉雨、李昆、姚小华、卢琦、谷勇、黄坚、侯春华、李生等多位知名专家出席论坛，他们为石漠化土地治理工作提出了诸多意见和建议，引起国家林业局和当地有关政府部门的重视。

发展与治理都需配套规划

由于历史、自然的原因和人为因素的影响，河西走廊生态环境恶化的形势十分严峻。中共中央、国务院对河西走廊的发展十分关心，特别是对石羊河流域的综合治理十分关注。温家宝总理曾对石羊河流域生态环境恶化的问题作过多次批示，指出决不能让民勤成为第二个罗布泊，要求把民勤生态治理作为国家项目，实施综合治理。民进中央通过实地考察向国务院反映情况，依托林科院等单位发起成立甘肃省河西走廊星火产业带建设专家顾问组，把推动星火产业带建设同河西走廊生态建设紧密结合起来并积极发挥智力科技支撑的作用。双方还就推动草海保护治理工程，参与攻克技术难题和规划修改完善开展了有效的合作。

我国沙漠化防治多年来形成了多方领导、多头管理、政出多门、无法统一的局面，资金分散、形不成拳头效应。一些地方一边投资治理沙化土地，一边又越权审批开荒，造成用水紧缺、草场退化。因此，建立和调整经济发展与沙漠化防治相结合的规划迫在眉睫。2007 年 7 月，甘肃省河西走廊星火产业带建设专家顾问组成立大会在甘肃武威举行。从事科技政策、农业经济、区域综合发展、生态和荒漠化治理、企业经营策划和农产品加工等领域的 22 名专家被聘为专家顾问组成员。之后，专家顾问组在民进中央的协调支持下，通过甘肃省科技、林业、水利等部门的具体组织，深入了解河西走廊地区经济社会发展与星火产业带建设现状，为当地百姓增收致富与生态治理献计出力。

正如民进中央副主席朱永新所指出的，民进中央与中国林科院的合作是富有成效的，是多党合作服务科学发展的一个成功范例。

（2009 年 3 月 9 日《团结报》）

民进中央捐资 115 万元
修建四川德阳市罗江中学“开明图书楼”

2009 年 3 月 10 日，民进中央捐建德阳市罗江中学“开明图书楼”及奠基仪式上午在罗江中学举行。受民进中央委托，民进四川省委副主委、省人民政协副秘书长刘激涛，民进四川省委秘书长张宏，德阳市政协副主席、民进德阳市委主委赵晓平，市委统战部部长余存贵，市政协副秘书长、民进德阳市委副主委张清良等出席了捐建及奠基仪式。

刘激涛代表民进中央讲话。他指出，中国民主促进会十分关心灾后重建工作，特别是教育重建事业。向罗江中学捐建“开明图书楼”所用的115万元款项，是民进中央向全会发起缴纳“特殊会费”所募筹到的资金。民进中央相信，用这笔善款投资建成的图书楼，将会改善学校的办学条件，促进孩子们在学校里的知识能力培养，对同学们的人格健全、综合素质提高起到积极的作用。

捐建仪式由罗江县委常委、常务副县长林永成主持。他代表县委、县人大、县政府、县政协以及罗江中学全体师生对民进中央的关心和援助罗江灾后重建表示衷心的感谢，并向民进中央赠送“5·12”大地震捐资纪念牌匾，表示将坚持认真负责的态度，科学规划，精心设计，高水平、高标准、高质量建设罗江中学开明图书楼，力争建成展现罗江历史文化和罗中学子丰采的标志性建筑之一，让学校师生受益，让捐建方放心，让社会各界满意。

捐建仪式结束后，举行了“开明图书楼”奠基及培土仪式。

罗富和提出实施水库清淤工程　促进水资源可持续利用

在全国政协十一届二次会议上，本报记者专访了全国政协副主席、民进中央常务副主席罗富和，他谈了实施中小水库清淤问题。

罗富和说，为了推动实施水库清淤工程，2008年10月至11月，他带领民进中央调研组走访了国家水利部，并先后赴广东省深圳市和梅州市、浙江省杭州市、福建省厦门市等地进行了专题调研。他介绍说，我国对水库清淤的研究开展较早，已取得一定成果，基本具备必需的技术设备和方法，一些省市在清淤实践中也取得了很好的经验和效果。

目前，在全国范围内还未大规模展开水库清淤工作，主要原因是投资还只侧重于开展大规模的病险水库除险加固工作，水库管理单位没有用于水库维修养护的专项资金，更没有水库清淤专项资金。为推动水库清淤工程实施，罗富和提出五条建议：

一是安排专项资金，启动水库清淤工程。结合国家扩大内需、促进经济增长的措施，增加安排专项资金启动实施水库清淤工程。安排水库清淤专项资金不应挤占原有病险水库除险加固资金。从目前情况来看，大型水库淤积情况相对较轻，中小型水库淤积严重，而中小型水库在枯水期易于排干，为清淤创造了有利条件。因此，中小水库可以作为当前开展水库清淤工作的重点，将水库清淤与除险加固工作相结合，以降低清淤成本。

二是开展专项调研，摸清淤积情况。建议水利部门结合全国病险水库排查工作，在全国范围开展一次水库淤积情况的普查。在掌握情况的基础上，综合考虑水库淤积严重程度、影响范围等，按照轻重缓急部署清淤工作。

三是探索因地制宜的清淤模式，积累经验。目前一些清淤工作试点已经初步取得了一些经验，建议水利部门及时调研，进行总结推广。鉴于各地情况不同，各类水库情况不同，应在总结已有经验的同时进一步分类开展试点工作，选择典型省份的典型水库率先开展清淤工作，为下一步大规模的全面清淤积累经验。

四是鼓励清淤工作与水库日常运行维护相结合，建立清淤长效机制。我国大多数河流含沙量较高，水库泥沙淤积的情况不可能在短期内改变，水库清淤也不可能一劳永逸，因此，要探索建立水库清淤长效机制，为水库管理部门配备必要的清淤设备，定期进行清淤，实现清淤工作常态化。试行按清淤量拨款补助，同时出台税收减免政策，鼓励发展淤积泥沙资源化产业。

五是开展清淤科研攻关，提供支撑技术。建议水利部门联合科技部门，对清淤技术立项开展研究；进行清淤装备改进的科技攻关，以保证清淤时水库水质不受二次污染；进一步开展对水库淤积泥沙资源化利用的科研，以“化害为利”为构想，实现淤积泥沙的资源化产业化利用，降低清淤成本。

（2009年3月10日《农民日报》）

民进中央建议重视水库清淤 促水资源可持续发展

2009年3月8日，全国政协十一届二次会议举行第三次全体会议。张帆代表民进中央发言说，去冬今春波及十几个省、连续一百多天的特大旱灾又一次警示人们，在人均水资源占有量不到世界平均水平三分之一的中国，水资源将是制约经济社会发展的重要因素。民进中央就此问题专门赴广东、浙江、福建三省开展了广泛的调研，并这次政协会上提交了《关于实施水库清淤工程，促进水资源可持续利用》的提案。据他介绍，中国现有的水库多数是在上世纪五六十年代投资兴建的，缺乏有效的排沙设计，多年运行之后已普遍出现泥沙淤积现象，严重削减了水库的有效库容。改革开放30年来，全国因泥沙淤积报废的水库已超过两千座。为此，张帆在大会发言中建议，安排专项资金，启动水库清淤工程；开展专项调研，摸清淤积情况；探索因地制宜的清淤模式，积累经验；鼓励清淤工作与水库运行维护工作相结合，建立清淤长效机制；开展清淤科研攻关，提供支撑技术体系。

全国政协副主席、民进中央常务副主席罗富和就相关问题接受中新社记者专访时强调，淤泥水库由于库容的减少，导致灌溉、防洪、发电、航运、供水等效益也随之降低，由此造成的间接损失是难以估量的。若计算新修建水库所占用土地、移民补偿等在内，实际成本远大于对现有水库的清淤再利用。

罗富和认为，淤积问题是可以解决的。中国对水库淤积的研究开展较早，已取得一定成果，基本具备必需的技术设备和方法，一些省市在清淤实践中也取得了很好的经验。实施水库清淤工程技术上可行，相对成本较低。清出的淤泥，可以根据其性质分别用于造田、烧砖和建筑用沙，达到综合利用。同时，清库工作还可在在转移农村剩余劳动力、解决就业难问题上发挥积极作用。目前在全国范围内还未大规模展开水库清淤工作，主要原因是投资还只侧重于新建水利工程，水库管理单位没有用于水库维修养护的专项资金，更没有水库清淤专项资金。

罗富和认为，这是一个长期性的问题，一定要有人关注。

（2009年3月10日 中国新闻网）

民进中央关于加快小城镇建设的提案得到重点办理

2009年3月10日，全国政协副主席、民进中央常务副主席罗富和上午出席全国政协十一届二次会议政协提案委员会在京召开的提案办理协商会。各提案党派、提案人、全国政协委员以及发展改革委等提案承办单位负责人，围绕“关于积极扩大内需促进经济平稳较快增长问题”展开交流，对部分提案进行集中协商办理。

会上，民进中央提出的《关于加快小城镇建设，推进城乡统筹发展的提案》，成为重点办案提案。

提案的形成是充分调研和反复打磨的结果。中共十七届三中全会提出“统筹工业化、城镇化、农业现代化建设，加快建立健全以工促农、以城带乡长效机制”，“形成城镇化和新农村建设互促共进机制”。三中全会的决策和部署牵住了“三农”问题的牛鼻子，为小城镇的发展指明方向，民进中央将目光锁定在此。在去年底举行的一次高层协商座谈会上，民进中央主席严隽琪提出，小城镇建设关系到“三农”问题的根本解决，国家扩大内需的4万亿投资计划应当包含小城镇建设的份额。随后，民进中央先后委托广东、湖北、江苏、宁夏、重庆五个地方组织围绕小城镇建设课题进行调研；会中央参政议政部专程就此问题赴住房和城乡建设部走访座谈。结合地方调研成果和走访了解到的情况，民进中央形成了此份提案。随后，罗富和又亲自组织专题会议，对提案内容进行研讨、论证和修改，并最终提交政协大会。

全国政协委员，宁夏回族自治区人民政府副主席、民进宁夏区委主委姚爱兴在办案会上代表民进中央发言。“在新形势下，要扩大内需，推进城乡统筹发展，小城镇建设具有不可替代的作用。从近期看，加快条件成熟的小城镇建设是拉动内需的强劲动力……从长远看，小城镇星罗棋布于广大农村中，处于农村之头、城市之尾，是城乡统筹的重要节点，对于广大农村具有巨大的带动作用。”姚爱兴说，目前对小城镇建设，引导性政策不配套，资金投入不足，小城镇建设尚未形成整体推进格局。

针对问题，民进中央的建议也很具体：一是进一步提高对推进小城镇建设重要意义的认识。必须强调把优先发展小城镇放在科学发展观的大框架里来认识，放在建设新农村的大背景下来思考，放在吸纳农村富余劳动力来谋划。二是在国家扩大内需的4万亿投资计划中，应安排专项资金支持小城镇建设。尽快将小城镇的基础设施建设纳入国家扩张性财政政策的大盘子，针对大城市郊区和中西部小城镇的不同特点，在基础设施方面进行资金和政策倾斜。三是集成资金，形成推进小城镇建设的合力。从各部委已经安排的项目中拿出一部分集成用于小城镇建设。四是改革完善现行的土地制度、户籍制度、金融制度和乡镇行政管理制度，为小城镇建设提供配套的制度保障。

罗富和在总结讲话中说，“保增长、扩内需、调结构”是当前最主要的任务，各民主党派和广大政协委员就此问题积极建言献策，体现了人民政协紧紧围绕中心、服务大局，认真履行参政议政职能的特点。提案提出的党派、提案人能够有机会在提案办理协商会这个平台上，阐述调研经过、主要观点和建议，可以使“提”、“办”双方增进了解和沟通，推动提案的办理，更好地发挥提案的实效。我们期待更多惠及民生方方面面的提案通过人民政协这个协商民主的舞台得到反馈和落实，中国共产党和各民主党派坦诚相见、共商国是的优良传统将在新世纪进一步发扬光大。民进中央秘书长赵光华、参政议政部负责人也出席了办案会。

朱永新建议农村代课教师制度应当恢复

国家这么大，各地的情况这么复杂，我们需要允许局部地区灵活安排各种形式的教育师资。在此前提下，国家要做的也很简单，就是为这些编制外的教师们提供最基本的公平保障。

2006年，教育部提出，要在较短时间内将全国44万余名代课教师彻底予以清退，各地开始大量清退代课教师。时至今日，按照教育部最新公布的21万的数据，表面上代课教师数量显著减少，实际问题却更加突出。近年来，许多媒体对代课教师现象进行了持续报道，代课教师群体窘迫而尴尬的生存状况引起了巨大的社会反响。

在条件落后的山区，生活的不便利和信息的闭塞是公办教师招聘难的一个现实因素，那些本乡本土的代课教师才更容易留得住、干得好、干得久。在教师编制紧张的农村地区，一名正式教师，在日常上课、备课的同时，无论是生病、休产假、事假，或者参加教育部门提供的各种培训等，都有可能暂时离开工作岗位。一旦教师离岗，就只能在有限的编制内由其他老师兼课。每个教师的工作已经比较繁重，额外增加的代课任务使他们的工作难度大增，教学质量自然难以得到保证。在此情况下，适当雇用一小部分代课教师，对教学工作将形成重要的补充。

教育行政部门并没有力量将最基层的教育需求全面包揽。国家这么大，各地的情况这么复杂，我们需要允许局部地区灵活安排各种形式的教育师资。在此前提下，国家要做的也很简单，就是为这些编制外的教师们提供最基本的公平保障。

因此，我建议：

一、以《劳动合同法》为依据，在全国普遍推行规范的农村代课教师聘任制度，尽快督促县级教育行政部门同当地现在在岗的农村代课教师签署劳动合同。代课教师的工资应不低于该地区的最低工资保障数额，同时必须在合同期内为代课教师办理“三险”。应予以代课教师与正式教师一样的培训、学习机会，将其纳入当地教师培训计划，提升代课教师素质。对连续在岗10年以上的代课教师，应根据《劳动合同法》与之签署无固定期限合同，并享受相应的退休工资及相关待遇。

二、我国尚属于发展中国家，各地区发展不平衡，考虑到这一实际情况，国家应设立教师工资的专项转移支付资金，切实保障教师工资不受地方财力影响。同时加大对经济欠发达地区的一般性转移支付力度。在2—3年的过渡期内，各地方政府必须补足当地农村的正式教师编制，不得以任何理由压缩教师待遇。在补足编制的过程中，要优先考虑将符合条件的代课教师转为正式编制。

三、国家编办、教育部要立即组织力量进行调查研究，调整2001年的编制办法，拿出符合客观实际的编制比例来，以期实现城乡教育公平，推动我国基础教育事业，尤其是农村基础教育的进一步发展。在调整编制时，要充分考虑农村边远地区交通不便，寄宿学生需要生活教师等因素，对农村教师编制给予适当倾斜。

四、对现年50岁以上、可查教龄在15年以上，而因政策原因被清退的代课教师们，可由地方政府每月发放不低于200元的生活保障费用，并赠予荣誉称号。

当前国家正在酝酿事业单位社保制度改革，教育部应借此东风，尽快征求各方意见，通过在西部、中部地区进行小范围试点来调整并确定代课教师问题的解决机制，早日为代课教师群体落实相关政策，莫使那些默默为基础教育奉献青春的代课教师们再受生计与身份之苦，直至“白发空余恨”。

（2009年3月10日《新京报》）

民进中央建议制定《农民工子女教育管理条例》

1800多万名流动儿童、1400多万名农民工随迁子女，当民进中央将农民工子女随迁就读问题列为今年两会的党派提案，这件提案就和千万个李兰的梦想紧紧联系在一起了。

李兰的绰号叫“灰姑娘”，因为她每天都是灰头土脸的。

在北京海淀区这个不起眼的小区里，8岁的李兰前年跟着父母从陕西老家来到北京。父亲李建国在小区旁边的工地拉砖，母亲秦娟卖菜，李兰每天都蹲在菜摊旁边，一言不发地摆弄手里那本从垃圾堆里拣出来的破烂缺页的小人书《白雪公主和七个小矮人》。

李建国说，李兰已经算辍学了，在陕西老家的时候读了一阵子，来到北京就一直没上学。“不是不让娃上，实在是上不起。”听到上学两个字，李兰才会抬起脏兮兮的脸，瞪着大大的眼睛看着李建国。李兰羞怯地说，她的梦想是当“白雪公主”。可是“灰姑娘”们的梦该如何实现？“教育的重要意义怎么提都不过分，变相剥夺了弱势群体的受教育权利，这个群体怎能发展？”提出同一问题的还有一直将教育作为参政议政传统阵地的民进中央。随着我国城市化进程的不断加快，进城的农民工子女数量持续增长。“目前，全国14周岁及以下流动儿童规模达到1834万人，全国进城务工农民随迁子女数量达到1403万人，农民工子女随迁（城市）就读问题成为现时期我国义务教育新的难点和薄弱环节。”

李建国并不知道，早在2003年国务院就明确以“公立校、流入地”为主的农民工子女就学政策。民进中央调研发现，各地执行中悬殊甚大。一些地方向农民工子女开放的只是城乡接合部的薄弱校，有的公立学校还将本地生和外地生区别对待。从全国范围看，很多地方进城务工农民随迁子女的义务教育任务主要还是由民办学校甚至是未经批准的打工子弟学校承担。

“我们去年到小区旁边的小学打听，人家门卫一下子就把我们拦下了，死活不让进。”李建国说，他就是去问问，也知道上不起，但是没想到还让人瞧不起。

与少数在公办学校就读的农民工子女相比，民进中央发现民办农民工子女学校的学生在学习成绩、学习态度、自我评价等方面均处于相对落后的水平。其中，未获准（未备案的）民办农民工子女学校在以上各方面均处于较低水平，办学条件整体较差，普遍存在安全隐患，加之师生流动性大，不能保障正常的教学秩序。

还有一个让李建国无奈的情况是，由于户籍和学籍的限制，农民工随迁子女在九年义务教育完成后，按规定必须回原籍升学，“这不是白费力气么，我们可来回折腾不起。”

人是没有高低贵贱之分的。在农民工群体合法权益日益受到关注时，民进中央将农民工子女随迁就读受教育问题列为今年两会的党派提案。提案建议国务院在《关于进一步做好进城务工就业农民子女义务教育工作的意见》的基础上，制定《农民工子女教育管理条例》，为解决农民工子女（包括随迁子女和留守儿童）的教育问题提供强有力的法制保证。在保障农民工随迁子女平等接受义务教育的权利方面，需要全面规划、统一标准。在平衡农民工子女流出地和流入地政府的权利与义务方面，及时调整“两为主”政策及对农民工子女就学问题的政府工作评价导向。在农民工子女教育经费保障机制方面，建立中央政府、流入地政府与流出地政府共同分担农民工子女义务教育经费的协调分担机制；加大相关教育政策的宣传力度，帮助农民工理性选择其子女受教育的地域，控制农民工随迁子女的总规模，减轻城市教育的压力；积极吸纳社会资金，大力扶持民办教育。

这些建议对李建国来说，听起来有点晦涩难懂，但他知道自己女儿的梦想是不再做“灰姑娘”。

（2009 年 3 月 11 日《人民政协报》）

朱永新提议尽快建设中国出版博物馆

党的十七大对兴起社会主义文化建设新高潮、推动社会主义文化大发展大繁荣作出了重要战略部署。博物馆是文化的重要载体，世界各国都十分重视博物馆的建设和其文化作用的发挥。新闻出版是公共文化服务体系建设的重要组成部分。然而，我国还没有一家出版博物馆，为此，全国人大常委、民进中央副主席朱永新在今年的“两会”上提议：尽快建设中国出版博物馆，这既是现实的要求，也有事业的基础，更是历史的使命。

朱永新代表谈到，新中国成立后，特别是十一届三中全会以来，中国的出版事业取得了巨大成就，出版业创造性地传承了中华民族的思想精神财富，是一笔丰厚宝贵的文化遗产。而这些思想精神财富和文化遗产，或者一般的图书馆承载不下，或者不被综合的博物馆所重视。新闻出版总署属下中国版本图书馆是我国唯一的专门负责征集、保护、管理建国后出版物版本的专业图书馆，自 1950 年成立以来，收藏各类出版物版本已达 300 余万（种）册。但是，版本工作目前存在着两个亟须解决的问题。其一，保护条件严重不足。中国版本图书馆仅有 1993 年建成的 5000 平方米书库，按照国家有关标准，这一规模至多仅能收藏图书 120 万册左右。现在大量版本只能堆放在临时租用的仓库里，既不防潮，也不防尘，而且安全隐患较多。其二，服务功能未能充分发挥。中国版本图书馆近 60 年积累的各种版本文化资源包括采集录入的数据非常完整，反映了新中国革命、建设和改革开放的历史，融汇了无数人的心血。在出版物的档案功能和出版成果的保护收藏功能方面，中国版本图书馆有别于公共图书馆，具有不可替代的独特性。但是，这种独特的功能作用在现有条件下不能得到有效发挥，只有以出版博物馆为载体才能更好地实现。版本文化资源的有效保护和开发利用也只有通过博物馆在服务社会、服务公众工作中得到根本的解决。为此，朱永新代表指出，建设中国出版博物馆，是保护和开发利用版本文化资源的最有效措施，也是大力弘扬中华文化、加强社会主义核心价值体系建设、建立覆盖全社会文化服务体系的需要。他认为，可以充分利用博物馆这一公共文化设施的传播优势，组织各种版本文化展览，展示社会文明建设成果，宣传版权保护的成绩，引导全民阅读活动，开展社会主义核心价值体系的宣传工作。

朱永新代表告诉《中华读书报》，建设中国出版博物馆不仅大有可为，而且已经具备了很好的基础。一是新闻出版系统前些年建立的印刷博物馆已经征集了印刷方面不少展品和资料，出版博物馆的建设已有良好的藏品基础，也有相应的建设经验可以借鉴；二是中国版本图书馆保管的版本资料品种齐全、形式多样，版本文化资源独特丰厚，编目数据完整权威，完全能承载出版博物馆的多方面功能需求；三是中国版本图书馆曾经尝试利用版本资料在国内外举办“老宣传画展”及版本文化展，受到社会的欢迎。同时，该馆正逐步开展出版物重点收藏工作和版本文化资源开发利用工作，出版博物馆的建设已有事业基础。

对于如何建立中国出版博物馆，朱永新代表也有考虑：关于博物馆的经费来源。一是国家财政专项支持；二是在全球华人范围内寻求民间赞助，通过国内外华人媒体，特别是华人电视媒体举办相应的文化知识传播活动等方式扩大影响，以推动完成中华文化的这一善举、壮举。

（2009 年 3 月 12 日《中华读书报》）

民进中央提出必须建立刚性的简明的可操作的政府教育目标考核评价体系

“经济发展要看 GDP，教育发展要看升学率。”在教育界，多年来流行着这样一句话。在今年的两会上，民进中央对这种错误的政绩观进行了批驳，并提交了一份关于完善教育政绩考核、建立教育问责制度的提案。

民进中央的一项调查数据显示：在政府评价学校的标准上，有 40.4% 的校长认为是“考试成绩和升学率”，排名第一。“政绩考核无疑是最触动地方官员神经的举措，但在如此功利的教育考核指标下，教育难以实现科学发展。”主持这项调查的全国人大代表、民进会员、山东省教育厅副厅长张志勇说。

民进中央提出，必须建立刚性的、简明的、可操作的政府教育目标考核评价体系，这一体系包括：一是地方政府可用财力用于教育的比例，用这个指标来考核各级政府的教育工作努力程度；二是实施均等化的公共教育经费拨款制度，用这个指标来考核各级政府推进教育公平的努力程度；三是基于国家标准的行政区域内义务教育学校建设合格率，用这个指标来考核各级政府提高学校办学水平和推进教育公平的努力程度；四是健全的城乡统一的教师工资待遇保障机制，用这个指标考核各级政府保障教师合法权益的努力程度；五是和谐协调的地方教育结构，用这个指标来考核各级政府推进教育全面协调发展的努力程度。

（2009 年 3 月 13 日《中国教育报》）

内容丰富　形式多样　亮点纷呈

——2009 年全国“两会”民进新闻宣传的三个特点

一年一度的全国“两会”是国家政治和社会生活中的大事，也是全国人大代表、政协委员履行职责、共商国是的平台。通过网络、电视、广播、报刊杂志等媒体浏览今年“两会”的宣传报道，我们会发现，宣传内容丰富、报道形式多样、人物亮点纷呈，是今年民进在“两会”期间新闻宣传的三个主要特点。

“两会”期间提案、议案的内容，往往涉及到经济、政治、社会和文化建设的方方面面，这为开展新闻宣传提供了大量的素材。今年民进的新闻宣传不仅内容丰富，而且重点也比较突出，集中在抓住促进经济平稳较快发展的主线、围绕保障和改善民生的社会热点、体现民进在教育文化出版领域的界别特色等几个方面。

应对国际金融危机，促进经济平稳较快发展，是2009年政府工作的主线，也是今年全国“两会”关注中小企业融资问题的大背景。民进中央在2008年关于促进中小企业发展党派提案的基础上，2009年有针对性地提出了《关于创新机制，解决中小企业融资难问题的提案》。3月3日新浪财经转载中华工商时报的消息，对民进中央的这份党派提案进行了翔实的报道。报道称：帮助中小企业走出金融危机困境最迫切的问题，是解决中小企业融资难的问题。针对中小企业因生产规模偏小等原因难以达到金融机构资信评审要求的实际情况，民进中央建议，推行主要依据其销售额来确定其资信等级和授信额度的评估办法。由于这份提案抓住了促进经济平稳较快发展的主线，受到了媒体的高度关注，人民政协报、中国政协新闻网、团结报等媒体也对提案相继作出报道。

进城务工的农民工子女教育问题一直是各界关注的社会热点之一。针对民进中央在党派提案中提出率先在农民工子女中试行教育券，学生流动到哪里，就将教育经费带到哪里，实现“钱随人走”的建议，中国青年报、人民政协报都大篇幅地进行了报道，社会反响很好。代表和委员个人关于保障和改善民生的建议也受到了媒体的追捧。蔡继明就大学生就业问题接受媒体的联合采访，中央电视台、光明日报对此进行了报道。新华社、北京青年报、经济参考报、法制日报等媒体，也先后报道了安阿玥、尚勋武、陈振楼、施杰等委员和代表关于食品安全、医药卫生改革、灾后重建资金的管理等相关内容的建议。此外，全国人大常委庞丽娟关于农村教育改革的建议，全国政协委员冯小宁关于电影产业发展的建议，全国政协委员言恭达关于版权文化保护的建议都被多家媒体予以重点报道。

采用多种报道形式，充分展示民进在“两会”期间参政议政的工作和成果，是今年“两会”新闻宣传的又一个特点。其中既有坚持多年的传统做法，也有今年在新闻宣传方面的一些新尝试。比如今年民进网站继续制作“两会”专题，共设《今日看点》、《大会新闻》、《建言献策》、《热点人物》等13个栏目，集中报道民进中央提案、大会发言、代表和委员提案及建议、各类媒体有关采访报道等主要内容；在人民日报《议政建言》专版以专题报道的形式，重点报道民进中央一年来的参政议政工作。为了进一步提高新闻宣传质量和效果，今年在“两会”宣传的形式上也进行了一些创新，包括中央人民广播电台现场直播政协民进组讨论实况，央视7套《聚焦三农》栏目专访全国政协副主席罗富和，团结报刊发民进“两会”专刊，央视新闻频道《两会进行时》对冯骥才、周洪宇的访谈，朱永新、周洪宇、蔡继明分别做客人民网强国论坛，蔡继明、叶青等多位委员和代表到新华网、凤凰网、腾讯网、和讯网等媒体与网友进行互动交流。

在今年“两会”期间，朱永新、叶青、蔡继明、周洪宇、施杰、冯骥才等多位委员和代表继续受到媒体的欢迎，他们不仅建议的内容受到媒体的关注，同时还不断创新工作方式、积极与媒体展开良性互动。比如，举办“个人新闻发布会”，接受多家媒体联合采访；个人拍摄DV在央视“两会”新闻节目播出等等，这些“明星”式的委员和代表成为今年“两会”民进新闻宣传一道亮丽的风景线。

今年民进有13位代表和委员在人民网开设个人博客，“民进委员开博客”，已经成为“两会”新闻记者口中的美谈，也是民进“两会”宣传的又一个亮点。全国人大代表张志勇“两会”期间每天到其个人博客上发表文章、浏览网友留言，作为山东省教育厅分管基础教育的副厅长，张志勇自去年年初开始在博客上发表关于素质教育改革和学生减负的文章，他的博客也逐渐成为学生、教师、家长就素质教育和学生减负问题进行热烈讨论的平台。一年来，这个博客点击量已高达500多万人次，跟帖达10万条。新华网的《两会新华视点》栏目，为此以“一位人大代表的博客和十万跟帖”为题，对张志勇在博客中与网友的进行的讨论作了报道，反映了社会各界对于以《国家中长期教育改革和发展规划纲要》的制定为标志，推进新一轮教育改革的热切期待。

透过今年“两会”民进新闻宣传的三个特点，可以看到既给我们留下了许多值得记忆的镜头、文字和声音，也给我们留下了一份宝贵的宣传报道档案资料。

贵在突破　常做常新

——民进中央2009年“两会”宣传报道工作汇报

“两会”是每年全国性的“例会”。做好民进“两会”宣传报道工作，对于广泛宣传民进工作实绩，激励全体会员具有重要意义。今年，宣传部在具体工作中既有坚持和继承，也有突破和创新，体现了工作常做常新的特点。回顾近一个月的“两会”宣传期，宣传部紧扣会议议程，聚焦大会主题，围绕民进中央、民进组、民进代表和委员所提出的建议和观点，以及社会广泛关注的热点问题，与新闻媒体积极配合、有效合作，对民进进行了全方位、多视角、立体式的宣传报道。

截止到3月28日，据不完全统计，2009年“两会”期间民进在媒体共报道1168条，其中人大代表440条，政协委员728条（这个数字与“条（次）”不同，不包括转载的报道，百分之百原创)。民进宣传网站“两会专题”共发布信息1702条。

每年“两会”民进的宣传报道工作都是基于三方面的互动完成的。一是代表、委员履行职能的情况，以及他们同媒体的合作（是否愿意宣传自己或配合宣传）；二是新闻媒体对民主党派的关注度；三是会中央宣传部工作人员的基础性工作。

特色突出，民进获得媒体广泛关注

据不完全统计，“两会”期间民进代表、委员共接受中央电视台专访14次；接受报纸、网站专访34次。通过“两会”宣传，民进的界别特色，民进代表、委员的专业知识、个性魅力，以及社会对民进的认可度得到了充分体现。

今年，民进一些“明星”代表、委员的知名度继续攀升。如：蔡继明、叶青、朱永新、冯骥才、张志勇、周洪宇、尚勋武、庞丽娟、赵丽宏、祝义才等等。蔡继明委员是做客网站、接受专访次数最多的，约12次，并受邀参加了3月8日政协会议举行的记者招待会，为大学生就业支招；冯骥才委员接受了CCTV“赵普访会”的专访，会议期间继续不遗余力的为非物质文化遗产呼吁；朱永新、庞丽娟、周洪宇、张志勇代表从他们的专业角度深刻剖析当前教育领域存在的问题；赵丽宏委员关于筹建西游记主题游乐园的真知灼见等等，都得到各大媒体争相报道。朱永新代表、周洪宇代表和蔡继明委员还分别到人民网强国论坛做客，与网友在线交流。

同时，其他许多代表、委员由于所提建议抓住了促进经济平稳较快发展的主线、切中了保障和改善民生的社会热点，也获得了媒体的“青睐”。中国文化报分别在3月5日和3月13日以专题和一个整版对言恭达委员进行了报道；卫小春委员关于矿产资源有偿取得制度、傅勇林代表和王康委员关于教育灾后重建、屠杰委员关于新能源汽车、贾宝兰委员关于出版业必须提高翻译水平等等大量提案、议案被多次报道和转载；蔡达峰、施杰委员分别接受了CCTV“泉灵看两会”和“小撒探会”的专访，CCTV7《聚焦三农》节目两次报道了尚勋武委员，该频道的《高端人物话三农》栏目还专访了罗富和常务副主席。

民进的代表、委员以他们高度的社会责任感和回报社会的殷切之情，努力提升自身的参政议政水平，用事实说话、用数字说话，帮助百姓认清形势、树立信心，而他们的见解也成为百姓街谈巷议的“热点”和谈经论政的“依据”。

随机应变，根据会议进程调节报道

今年媒体记者对民进代表、委员的报道热情很高，除了尽可能为记者提供宣传素材，做好记者与代表、委员之间“牵线搭桥”的工作之外，宣传部随时根据会议进程和宣传报道统计数据，及时调整和切换工作侧重。

会议召开前，会中央依照惯例，召开了“两会”新闻通气会，共有24家媒体记者参加了会议。罗富和常务副主席亲自到会讲话，并回答了媒体朋友的提问。组织部部长王建国介绍了出席“两会”的代表、委员基本情况，并推荐了重点采访人物；参政议政部副部长闻连利对民进中央提交的大会发言和提案情况作了较为详细的说明；宣传部部长高保华向媒体推介了民进网站的“两会专题”。这些都使媒体对民进党派提案的大体情况，代表、委员的基本信息有了较为清晰的全面了解，一方面激发了他们宣传报道民进的兴趣，同时也有助于他们“按图索骥”，提高了采访效率。

会议前期，重点在于向媒体推介民进中央的党派提案和发言，代表、委员基本情况、专业领域，请记者了解他们的研究方向。会议中期，将陆续收集到的代表、委员建议有针对性的推荐给不同媒体，提高上稿量。会议后期及结束后，充分挖掘能够再利用和更深度报道的宣传资源。如，向记者推荐民进10余位代表、委员写博客这样的闪光点，请他们做了特写报道《“晒”提案，汇民情，诉民意》；再如，“两会”后，将严隽琪主席在十二届六次常委会和在民进中央学习贯彻“两会”精神报告会上的讲话，作为理论和观点性文章推荐给《团结报》和《中国政协》杂志，发表署名文章；同时，宣传部密切关注“两会”期间民进中央和民进代表、委员建议的办理和反馈情况，对此进行跟踪性报道。

重点策划，根据会议热点挖新闻

今年“两会”的重点是在应对国际金融危机的大背景下，为“保增长、保民生、保稳定”建言献策，民进代表、委员的议案、提案基本都可以被涵盖到这三个主题下。这些建议内容丰富、针对性强，注重民生、反映民意，涉及了经济建设、政治建设、文化建设、社会建设、生态文明建设等各个方面。宣传部在向媒体推荐代表、委员的建议时，都是立足于在体现民进特色的基础上，突出它们与会议热点的契合性、一致性。

值得一提的是，人民日报、人民政协报、团结报在“两会”开始之前，相继对民进2008年参政议政工作和今年民进中央的党派提案进行了综述性的报道。根据统计显示，媒体对民进中央党派提案关注度较高的有农民工子女随迁就读，中小企业融资难，失地农民社会保险条例，农村社会养老保险制度，保障国家粮食安全，海峡两岸农业合作园区，教育问责制，水库清淤等提案和发言。中央电视台午间新闻30分还分别在3月1日和2日，对08年民进中央关于食品安全和中小企业发展的党派提案进行了报道。

这些宣传成果的取得与民进近几年来参政议政能力和机制建设所付出的努力密不可分，更与民进中央坚持以科学发展观为统领，“顺势而为、有思有行、集智聚力”的工作思路密不可分。工作中我们发现，凡是兼顾了群众呼声和专业视角的议案、提案，都是质量好、水平高的“热”提案。翻检这些“热”提案，背后都有扎实的调研做支撑。报道的切入点是平民化的视角，但对问题的剖析又十分专业，只有这样，才能把问题说深讲透，才能更好地发挥代表、委员达民意、顺民心，解读政策、化解难题的正确舆论导向作用。

快速深入，网站专题尽展代表委员风采

“两会”期间（3月3日—3月13日），民进网站的点击量为8623次。今年民进网站的“两会”专题采取了文字、图片和视频相结合的报道方式。共设计了13个栏目，集中报道了民进代表、委员在“两会”期间履行参政议政、民主监督职能的情况，我们把民进中央的党派提案、大会发言，民进组提案，委员联名提案，个人提案、发言，民进代表、委员简介，热点人物，各类媒体对民进代表、委员的采访报道等等，分类发布在相应的栏目中，便于浏览、查找和使用。可以说，这个专题为媒体记者挖掘新闻和新闻背后的故事提供了便捷的渠道和清晰的线索。

专题中，我们还与人民网强国博客合作，集中链接了13位民进代表、委员的博客（蔡达峰、施杰、张礼慧、区铁、蔡继明、赵丽宏、潘碧玲、汤素兰、汪萍、朱永新、周洪宇、叶青、张志勇）。代表、委员们通过这些平台谈观点、“晒”提案，了解民意、汇聚民智。他们的博客跟帖量大，如张志勇代表的博客，一年来点击量已高达500多万次，跟帖达10万条。很多媒体把他们的博文作为“代表委员手记”转载，一些BBS和网民还引用这些博文发起讨论，无形之中也起到了很好的宣传作用。

扩展思路，统筹运用多种报道形式和手段

在宣传部和媒体记者的共同努力下，今年的“两会”宣传在保证一定上稿数量的基础上，更多地注意提升了稿件的含金量，观点报道、动态报道、深度报道甚至花絮报道有所增加。

《民主》杂志社上会记者姜文净每天走会，为民进网站专题自采了12篇报道，拍摄了若干生动的图片，丰富了会议报道的形式；同时她对媒体报道较少的民进代表、委员有侧重地多宣传，使大家更为全面地了解到了代表、委员在“两会”期间的履职情况。

3月6日下午，中央人民广播电台对民进组讨论进行了直播。这可谓是一次尝试和突破，不仅使民进的宣传载体更加多元，也让更广大的受众加深了对民进的了解。

“两会”期间，宣传部积极配合团结报和中国企业报，在3月10日分别出版了两个民进专版，介绍了民进中央的提案、发言，以及背后的故事，这样大版面的报道有效集中了读者的视线，大大提高了民进的影响力。

“两会”期间媒体上有关民进的图片新闻共42条；同时，还有若干视频报道，仅新华网视频就有6条。这些声影资料记录下了民进代表、委员参政议政的生动瞬间，使他们的参会状态更为直观、感性地呈现在了大家眼前。

我们欣喜地发现，很多代表、委员已经不仅具备了积极主动的宣传意识，宣传方式更是灵活多样。3月4日下午，朱永新副主席举行小型记者会，邀请到14家媒体记者，对媒体感兴趣的问题统一进行了回答。叶青、郭子仪代表自拍的DV录像，分别在CCTV《新闻联播》的“我在两会上”专题中播放，透过他们的镜头，我们深切感受到了代表、委员“脉搏”与百姓共跳动的那一份真挚情感。

“两会”宣传是对民进代表、委员履行参政党职能的一次“年检”，也是党派宣传工作的一个重大“战役”，贵在突破，常做常新。

（民进中央宣传部　发布时间：2009年4月21日）

严隽琪、罗富和、朱永新考察国家统计局

2009年3月13日，全国人大常委会副委员长、民进中央主席严隽琪，全国政协副主席、民进中央常务副主席罗富和考察国家统计局数据管理中心和中国统计资料馆，听取国家统计局局长马建堂关于统计工作的汇报，并就进一步推进我国的统计事业提出建议。民进中央副主席朱永新一同考察。

严隽琪在考察中指出，统计是促进经济社会发展的奠基性事业，在信息时代数据为王。数据和文字一样，是人类文明的伟大成果，是科学决策、民主决策的重要依据。近年来，国家统计局不懈努力，为国家宏观决策和调控作出了重要贡献，为社会公众提供了优质的统计服务。民进中央对此表示钦佩。

严隽琪建议，要从转变统计观念、统一统计标准、健全统计指标体系、完善统计体制机制、促进部门间统计信息共享、提高数据挖掘和分析水平等方面，改革和加强统计工作。特别是要大力推进统计信息化建设，建立统一的统计数据平台，健全统计数据库体系，为统计工作提供技术支撑，为政府和社会提供更加优质的统计服务。

罗富和就加强统计信息化建设、强化统计数据共享和提高统计数据开发应用水平等方面提出建议。他表示民进中央愿意与国家统计局一道共同推进我国统计事业的完善和发展。

马建堂衷心感谢民进中央对统计工作的关心和支持，并就统计工作特别是统计信息化建设和统计信息

共享等问题作了汇报。

国家统计局副局长林贤郁、纪检组长章国荣、总工程师郑京平，国家统计局办公室、政法司、设管司、核算司、数管中心、资料中心负责人参加汇报会。民进中央秘书长赵光华，民进中央宣传部、参政议政部、研究室负责人陪同考察。

毕节试验区发展和智力支边工作座谈会召开 罗富和出席并发言

2009年3月17日，中共中央统战部部长杜青林下午主持召开毕节试验区发展和智力支边工作座谈会。民进中央常务副主席罗富和出席并发言。他指出，试验区成立20年来，在科学发展观的指导下，经过贵州省、试验区历届党委带领人民群众艰苦奋斗，毕节已经走出了一条科学发展之路。财政收入从当年全省挂末上升到第3位；农村贫困状况有较大改变；生态环境得到较大改善，石漠化得到有效治理；人口过快增长得到有效控制，人民受教育程度与人口素质不断提高。毕节试验区20年体现了两个示范作用。一是成为践行科学发展观的经验示范。毕节试验区始终坚持发展是硬道理，以改革创新为发展的强大动力，立足实际，对如何实现全面协调可持续发展进行了富有成效的探索，积累了宝贵的经验；二是成为中国共产党领导的多党合作和政治协商制度在经济建设时期推动区域经济社会发展的成功范例。民主党派通过参与试验区建设和智力支边，使得民主党派各显神通和多党合作制度活力、生机得到充分体现，丰富了多党合作内涵，开辟了民主党派参政议政的新途径；同时进一步提升了党派成员对基层和国情的了解，增进了对人民群众的联系与感情，参政议政能力与水平得到了提高；广大会员与干部受到了生动的教育，得到了锻炼，加深了对科学发展观的理解和认识，更加坚定了要以党为师，走中国特色社会主义政治道路的信念和决心。

罗富和建议，一、要更加注重新规划的完善和重大项目的实施，毕节地区正处于发展最关键的时期，民主党派发挥人才优势，献计献策，协助毕节地区搞好规划设计；二、集成优势，突出重点开展党派智力支边工作。建议邀请各部委到毕节地区更多地了解当地在锦涛同志20年前提出的科学发展思想的指导下所走过的路，进一步争取各部委对毕节地区的支持；三、建议下一阶段工作要更加注重人才素质的培养。一方面对当地人才的培养，包括普九教育、职业教育、农村劳动力转移培训等方面要加大力度，另一方面，对党派干部的人才培养，建议争取党派干部到毕节地区挂职锻炼，使我们的后备干部有更好的实践机会。

在听取了各民主党派中央、全国工商联领导的发言后，中共中央统战部副部长陈喜庆在总结讲话中，对试验区下一步工作提出五点意见：一是下一步要遵循的思想原则是继续学习胡锦涛同志在1988年6月试验区成立时的讲话精神，深化“三大主题”；二是鉴于20年发展取得的成绩和面临的问题，民主党派参与制订毕节试验区新的建设规划，目标是建成科学发展试验区和多党合作试验区；三是民主党派参与试验区建设要从自身特点出发，从优势着手，最主要的是发挥智力优势；四是要完善机制、整合力量，做到优势互补；五是创新参与试验区建设的模式。

8个民主党派中央、全国工商联分管智力支边工作的副主席，农业部和国务院扶贫办有关领导出席会议。

严隽琪会见莫斯科大学代表团

2009年3月18日，全国人大常委会副委员长、民进中央主席、中央社院院长严隽琪在人民大会堂会见了莫斯科大学政治学院院长舒托夫一行。

严隽琪对莫斯科大学代表团的到来表示欢迎，并介绍了我国多党合作制度以及中央社院的情况。她说，中国共产党领导的多党合作和政治协商制度是符合我国国情的政治制度，有利于充分发扬民主，推动国家发展。中央社会主义学院是培训统一战线和多党合作人才的政治院校，培训领域覆盖了民主党派和无党派人士、民族宗教人士、新的社会阶层及港澳台海外同胞，为统一战线和多党合作事业的发展作出了积极贡献。此次中央社院与莫斯科大学签署合作协议，对于双方增进学术交流、加强人才培养、推进相关研究具有重要意义，对于中央社院更好地学习借鉴国外经验、做好新形势下的培训工作具有积极作用，相信双方会取得良好的合作成效。

舒托夫表示，莫斯科大学对中国的发展非常关注，与中央社院也有进一步合作的愿望，将来会有更为广阔的合作前景。他对严隽琪院长适时访问莫斯科大学发出邀请。

中央社院党组副书记、常务副院长游洛屏，九三学社中央副主席、中央社院副院长邵鸿，中央社院副院长王京治、张峰、袁廷华、黄易宇，副秘书长王金宝参加会见。

民进中央在京召开农村教育综合改革专题考察座谈会 严隽琪讲话，罗富和主持

2009年3月19日，民进中央上午在京召开农村教育综合改革专题考察座谈会。全国人大常委会副委员长、民进中央主席严隽琪出席会议并讲话。会议由全国政协副主席、民进中央常务副主席罗富和主持。

严隽琪在讲话中说，农村教育是一个沉重的话题，农村教育改革也相对会是一个痛苦的过程。教育的功能定位应当立足于人的谋生、就业和终身发展，因此，以往强调的农村基础教育、职业教育和成人教育要继续探索新路子，而农村社区教育也应尽快提上议事日程。她认为，目前的农村教育综合改革是在城镇化、工业化大潮下的改革。一方面，如若我们就教育谈教育，势必有所局限，因此要将眼光尽可能放大；另一方面，也要尽可能聚焦和集中，突出每一个阶段的调研重点。

严隽琪提出，此项调研过程中，要注意会中央和各省调研题目的结合，集中调研和持续调研的结合，专家学者的观点和办学者、管理者观点的结合，会内调研和会外调研的结合，以及国内研究和国外研究的结合。希望通过民进的努力，从教育切入，能够初步回答“新农村建设的人才从哪里来，新农村建设往哪里去”所涉及到的一系列问题。

罗富和强调，要以科学发展观的精神来统领本项调研，成果转化要体现全会力量的整合，力争在一次次的研讨中，使我们的方案更完善一些，问题探究的更扎实一些，思考更深入一些。

民进中央教育委员会副主任、民进山东省委副主委、山东省教育厅副厅长张志勇，民进中央教育委员会副主任、北京市朝阳区教委调研员诸平，中国陶行知研究会副秘书长、中央教育科学研究所研究员储朝晖等教育领域专家，北京、上海、天津、山东、广东、山西和安徽等7个民进省市委负责同志李焕喜、罗小明、胡卫、成锡锋、项纯文、郭永军和胡献参加座谈会。与会同志结合本地区实际情况，对调研计划、方案、提纲等提出的意见建议。民进中央研究室、参政议政部负责人，以及民进北京、天津市委议政调研

处的干部也参加了座谈会。

民进中央邀请中国陶行知研究会座谈"农村教育综合改革"严隽琪出席并讲话

2009年3月19日，民进中央邀请中国陶行知研究会在机关座谈，全国人大常委会副委员长、民进中央主席严隽琪出席并讲话。座谈会就民进中央2009年重点调研课题"农村教育综合改革"调研提纲草案交换意见。中国教育学会副会长、中国陶行知研究会会长朱小蔓应邀出席。

严隽琪在讲话中说，中国陶行知研究会和民进以往的工作中多有合作，渊源很深，在关于教育的诸多问题上不乏共识和共鸣，可谓"你中有我、我中有你"。希望将来这样的合作能够得到延续，相互借力，取得更多的成果。

严隽琪指出，农村教育是高素质劳动力的重要来源，然而目前农民的生存状况和社会地位还不尽如人意。在推进小城镇建设的过程中，一方面"空巢现象"普遍存在，另一方面新农村建设又缺乏人才。教育应该是多层次的，既要重视高端人才培养，也要注重低端人力资源的培训。农村教育综合改革非一朝一夕之功，我们要以平和的心态看待问题，更要以积极的心态解决问题，制定好"路线图"，长线研究。

朱小蔓说，中国陶行知研究会非常高兴能够参与到民进中央有关农村教育的重点调研课题之中。促进农村经济社会发展是我们面临的重要历史任务，教育在其中发挥着重要的基础性作用。民进中央能够将参政议政的目光聚焦在此，的确非常必要和正确。中国陶行知研究会和北师大农村教育与发展研究院一定会全力配合民进做好此次专题考察。

座谈会上，与会同志就有关调研的目的、思路、内容和方向等问题进行了讨论，并初步确定调研地点、调查对象等。

会议由民进中央秘书长赵光华主持。民进中央教育委员会主任、北京师范大学教授庞丽娟，中国陶行知研究会常务副会长、北京理工大学教育科学研究所所长杨东平，中国陶行知研究会常务副秘书长王铁成、副秘书长储朝晖，北京师范大学农村教育与发展研究院部分同志，民进中央参政议政部、研究室负责人参加会议。

民进中央援建广元师范艺术楼捐款320万元

2009年3月19日，四川省政协原副主席、民进四川省委原主委苟建丽，四川省政协常委、民进四川省委副主委刘激涛，民进四川省委秘书长张宏，代表民进中央在四川省广元师范学校参加民进中央援建捐赠仪式。民进中央援建广元师范艺术楼捐款320万元。

"5·12"特大地震灾害，使建立了民进市一级组织所在地的成都、绵阳、德阳和广元四市均损失惨重。灾害发生后，民进中央、民进四川省委、各兄弟省市组织发扬"一方有难、八方支援"的精神，全力支持灾区人民抗震救灾和灾后重建工作，为包括广元在内的地震灾区捐赠大量物资。这次援建广师艺术楼捐款总额达420万元（民进320万元，中国科学院光电研究所100万元），及时地为正在精心打造、逐步完善的广元师范和广元教育发展规划园区注入了新的活力，也必将为川北职教基地的功能完善和加快该市灾后恢复重建特别是教育恢复重建发挥极大的推动作用。

中科院成都光电研究所党委书记陈胜利，广元市政协主席唐全林，民进四川省委副主委、广元市主委，广元市副市长赵爱武，市政协副主席、市委统战部部长梁大忠及民进广元市委、广元市教育局的领导参加捐赠仪式。赵爱武代表中共广元市委、广元市人民政府向民进中央、民进四川省委和各兄弟省市民进组织、中科院成都光电研究所给予该市抗震救灾及灾后重建特别是教育灾后重建的大力支持和无私援助，表示衷心的感谢和崇高的敬意！她表示，一定要以勤勉踏实的作风、高度负责的精神、只争朝夕的态度，加强质量管理，加快工程进度，让这笔资金发挥出最大的作用，产生出最大的效益，以回报民进中央、民进省委和中科院成都光电研究所及社会各界的关心支持和无私援助。

民进中央办公厅、民进北京市委召开学习贯彻全国“两会”精神报告会 严隽琪讲话，罗富和、刘新成出席，王佐书主持

2009 年 3 月 21 日，民进中央办公厅、民进北京市委上午在民进市委机关联合召开学习贯彻“两会”精神报告会。全国人大常委会副委员长、民进中央主席严隽琪，全国政协副主席、民进中央常务副主席罗富和，民进中央副主席刘新成出席会议。民进中央副主席王佐书主持会议。

严隽琪就全会学习贯彻“两会”精神提出三点意见。首先，要把思想统一到中共中央对经济形势的分析判断上来，既要有清醒的忧患意识，又要坚定夺取胜利的信心。“希望”和“信心”来自对国内外形势的科学判断和准确把握。当前，我国经济发展的优势条件、基本态势和长期向好趋势没有改变；中国共产党执政能力水平不断提高和社会主义制度本身具有优越性，政治保障优势明显。这是信心的来源，只要把握住机遇，发挥自身的长处，就能在危机中立于不败之地。因此，既要增强忧患意识，时刻保持清醒头脑，更要增强机遇意识、进取意识和必胜信念，与中国共产党同舟共济、同心同德，自觉维护改革发展稳定的大局。

其次，要充分认识中国特色社会主义民主政治制度的实质，坚定走中国特色社会主义政治发展道路的信念。政治发展道路是否正确，对国运之盛衰具有决定性意义。吴邦国委员长所作的人大常委会工作报告，对我国人大制度与西方资本主义国家政体的三个本质区别进行了清晰阐述，阐明了中国特色社会主义政治发展道路是中国共产党领导中国人民选择的符合我国国情的唯一正确道路，是我国发展社会主义民主政治的唯一正确道路。学习领会与实践好这个报告，能够有助于促进、帮助、指导我会正在开展的深化坚持走中国特色社会主义道路主题教育活动。政治交接长效机制必须是与时俱进、学以致用的，必须是有不竭资源的，人大常委会工作报告恰恰为我们提供了这样的资源。

第三，要认真贯彻落实科学发展观，为服务科学发展和促进民进自身科学发展作贡献。无论是应对当前的国际金融危机，还是实现持续的经济社会发展，“为长远打好基础”，都需要坚持贯彻落实科学发展观、走科学发展之路。胡锦涛总书记在全国政协民盟、民进联组会上，真诚希望各民主党派、工商联和无党派人士紧紧围绕党和国家工作大局，为完成保持经济平稳较快发展的首要任务作出新贡献；紧紧围绕深入实施科教兴国战略，为推进建设创新型国家进程作出新贡献；紧紧围绕推动社会主义文化大发展大繁荣，为提高全民族思想道德素质和科学文化素质作出新贡献。这对民进今后一段时期的工作具有重要指导意义，民进必须不断加强自身建设，以自身科学发展来更好地服务于科学发展大局。

会上，全国人大常委刘新成，全国政协委员、人民出版社三联书店《读书》杂志副主编贾宝兰分别传达了十一届全国人大二次会议和全国政协十一届二次会议精神。全国政协委员、民进北京市委副主委、清华大学人文学院经济学所副所长蔡继明介绍了本次“两会”的部分热点问题。

民进北京市委常务副主委吴文彦，全国人大常委、民进北京市委副主委庞丽娟，民进北京市委副主

委、北京55中校长罗强，民进北京市委副主委李焕喜出席报告会。民进中央各专门委员会主任、副主任，机关各部门负责人；民进北京市各区工委及各基层支部负责人及部分会员；民进中央和北京市委机关干部及部分离退休老同志共200余人参加报告会。

据悉，民进会员中共有人大代表60名，政协委员79名。本次政协会议上，民进中央提交党派提案19件，民进组提交提案7件，委员联名和个人提案共189件，因错过提案上交时间改为平时提交的3件，总计218件，创历年之最。提案基本覆盖了当前我国经济社会发展的各个领域。据不完全统计，新闻媒体对民进中央、民进组和民进组政协委员的报道数量共计412条。

叶圣陶研究会代表团赴台访问

2009年3月21日至27日，受台湾中华海峡两岸客家文经交流协会邀请，以中国叶圣陶研究会名誉会长许嘉璐为团长，叶圣陶研究会副会长朱永新为副团长，民进中央有关部门等14人组成叶圣陶研究会代表团，赴台湾进行为期7天的访问考察。代表团广泛接触台湾政界和知识界人士，积极宣传大陆政策、释放善意，结交朋友，增进共识，加强合作，为进一步加深了解，促进两岸关系和平稳定发展做了扎实的工作，访问取得圆满成功。

代表团在台期间，出席了在台北举行的“2009年第三届海峡两岸客家高峰论坛”。许嘉璐会见了国民党主席吴伯雄、海基会董事长江丙坤、国民党荣誉主席连战等政要；会见证严法师，并参观了慈济功德会及慈济基金会；出席了国民党副主席曾永权午宴、中华工程公司严隽泰董事长晚宴，与台湾工商建设研究会部分成员、台北市教育局局长吴清山及部分公立学校校长共进早餐并交流。参观、考察了台北故宫、花莲太鲁阁公园，代表团还访问了台北大理中学和忠信、薇阁两所私立学校。

到达台北2小时，许嘉璐就出现在台北圆山大饭店10楼的“2009第三届海峡两岸客家高峰论坛”会场。主持综合讨论时，许嘉璐作了题为“继承传统，再创辉煌”的讲演，得到与会者多次热烈掌声。他说，这是我第三次来台湾，但是距上次已时隔13年了。昨天下午5时，我们一行14人才拿到最后一张台湾入境证件。我们顺利地迟到了。踏上宝岛，有如进家门的感觉。两岸目前是通而不畅，但有了开始，何愁未来！今后再来宝岛，一定会比这次更顺畅！

“海峡两岸客家高峰论坛”第一、二届分别在北京和福建举行，第三届在台北举行。许嘉璐对论坛给予了大力支持，而且每届亲临，每次都讲话。在谈到作为“客家之友”，为何对客家人和客家文化有如此之深情时，许嘉璐坦言：“我读大学时所崇拜的两位教授黄药眠、钟敬文，都是客家人。客家保存、传承的文化，与我从小受到的家庭教育如出一辙。我研究中华文化时感受到，客家人犹如中华文化的守护神。随着客家人迁徙世界各地，客家人又成为中华文化的宣传员。”

许嘉璐指出，客家人的精神，无论是对于中华民族的今天和未来，还是对世界各国正在思考世界明天的政治家和学者，都是极其可贵的参考和启发。他希望客家文化与时俱进，在继承传统的基础上适应现实，不断开拓提升文化的吸引力、感召力、凝聚力；两岸应携起手来，进一步加强合作，共同携手开创未来。对客家文化的研究，要从衣食住行及风俗礼仪、艺术节日等表层、中层形态向精神层面深入，研究的方法也需从平面的分析和叙述进入到与中华整体文化、与异质文化、与侨居地文化对比的研究。要加大宣传客家文化的力度，采用现代资讯技术，采取不同地区人们喜闻乐见的方式，转换话语体系，让客家文化走出客乡和客家人的范围，走向全世界。

许嘉璐在综合讨论发言中的名言“两岸目前是‘通而不畅’”、“有了开始，何愁未来”被港、台媒体作为宣传大标题报道，迅速传遍宝岛及全世界，也得到台湾政要的呼应。

许嘉璐赴台北出席第三届客家高峰论坛的消息，吸引了全球中文媒体的关注。键入关键词“许嘉璐、第三届客家高峰论坛”搜索，仅中文网页，百度有 3660 条、google 有 6770 条报道。

许嘉璐访台期间，会见了国民党政要，双方就两岸关系，加强经贸、文化等方面的交流等问题坦诚交换意见。双方一致认为，和平发展是两岸人民共同的愿景，合作共赢是两岸交往的最优选择。两岸应“搁置争议，存异求同”，加强交往与交流。面对世界性的经济危机，海峡两岸应加强合作，共同应对，并为世界经济发展作出中华民族的贡献。许嘉璐并进一步提出两岸共同建设海峡两岸试验经济特区的建议。双方一致认为，当今世界，需要多元文化相互交融、取长补短，不断的让文化前进，从而找到一条人类和平相处的、幸福的道路。而中华民族五千年博大精深的文化，也是世界上四大文明中唯一没有中断过的文化，理应再负起责任。要让世界了解中华文化，让中华文化走向世界，我们首先要强身。两岸同根同源，要联起手来，推动中华文化走向世界，因为世界需要中华民族整体的智慧。

许嘉璐专程到花莲慈济功德会、慈济基金会以及慈济医院、慈济医学院等机构参观，拜会慈济功德会创始人、著名高僧、慈善家证严法师。许嘉璐与证严法师进行了 3 个小时的交谈。双方认为，佛教的不争、感恩、慈悲、喜舍乐施等观念，对治当今世界因贪婪造成的种种问题正是一剂良药。海峡两岸佛教界应联合起来为世界和平、为和谐社会作出贡献。证严法师表示，慈济基金会愿与许先生合作，共同推进大陆慈善事业发展。

许嘉璐此次率团出访台湾，成果丰硕。首先，出访接触的层级高、领域广，在推进两岸高层互访上具有示范意义。此次代表团访台，会见了国民党主席、荣誉主席、副主席等台湾最高层次的政界人士，直接与执政党决策层交流意见，加深了双方理解与互信，是对台工作的一个突破。代表团与台湾执政党、各级官员、工商、宗教、教育、文化各界人士深入交流，接触范围广、代表性强。两岸高层人士坦诚交换思想，增进了理解与互信，巩固共识。特别是前国家领导人以社会团体身份访台，为两岸政界高层交流开辟了新的通道。许多外界评论认为，“许嘉璐模式”有可能为今后中共高层领导人退休后访台铺路。

其次，加强了两岸宗教和慈善领域的交流与合作。证严法师在国际慈善界和台湾僧、俗两界均是举足轻重的人物，而民进由于赵朴初、吴贻芳等人的关系与宗教结缘甚深。本次拜访，在佛教与慈善两方面均得到证严的积极呼应，她认为双方以基金会模式合作，是两岸慈善事业合作的新模式；吴伯雄身为佛教徒，对宗教促进和谐社会建设的体会深刻。

第三，代表团与一批台湾文化界、工商界和教育界人士座谈交流，加深了两岸在相关领域的相互了解与沟通，增进了友谊，为今后的交流合作打下良好基础。

严隽琪会见牛有成

2009 年 3 月 24 日，全国人大常委会副委员长、民进中央主席严隽琪下午在人民大会堂会见中共北京市委常委、统战部部长牛有成。她对中共北京市委统战部长期以来对民进工作的大力支持和帮助表示感谢。

严隽琪指出，一、换届以来，民进北京市委呈现出新班子、新气象的工作氛围。一批高层次的专职干部调入民进市委机关担任副主委、秘书长等职务，增强了机关的整体力量，优化了年龄结构。二、民进中央与民进北京市委的联系、合作也不断加强。在开展中国特色社会主义主题教育活动，推动民进中央工作与地方组织工作的相互促进中，组织建设、宣传工作、参政议政专题调研、社会服务等各项工作都密切合作，取得了实效。三、首都北京荟萃了大批高层次人才，希望市委统战部在高层次、代表性强、多学科领域人才的发展上继续给予民进市委指导和支持。

严隽琪还向北京市委统战部通报了民进中央就加强机关干部挂职锻炼即将实施的几项措施。

牛有成对民进中央注重政治交接的长效性、加强后备干部队伍建设、与民进北京市委形成上下互动新局面等做法和经验，以及取得的工作成绩表示赞赏，对民进北京市委各项工作给予高度评价。同时，牛有成邀请严隽琪到北京视察工作。

北京市委统战部，民进中央组织部、研究室负责人参加会见。

民进中央召开高校科研体制专题座谈会

2009年3月25日，民进中央在民进北京市委机关召开高校科研体制专题座谈会。此次座谈会是受全国人大常委会副委员长、民进中央主席严隽琪委托，民进中央关于高校科研体制问题系列调研的重要组成部分，此前民进中央参政议政部已就该问题在清华大学进行调研。

座谈会上，与会的北京师范大学科技处副处长娄安如、财经处副处长董京刚，首都师范大学科技处副处长赵云云、财务处副处长齐红，民进中央科技医卫委员会委员、中国农业大学动物科技学院副院长呙于明，清华大学材料系教授杨金龙等专家学者，针对高校科研项目申请、科研资源配置、科研经费管理与使用、科研人才引进与考核、科研成果评估与转化、科研投入与产出、科研软环境建设、科研信用体系建设等问题，提出了“国家重点实验室应当设立市场指导委员会以促进科研成果转化”、“尽快制定学校对科学研究和工程应用不同的评价标准和制度”、“由数量评估转变为质量评估，抑制学术造假”、“科研成果评价实现多元化”、“完善科研经费管理办法”等一系列意见。大家还就如何更好深入开展高校科研体制问题调研，积极向国家有关方面建言献策交换了看法。会议由民进北京市委副主委李焕喜主持。民进中央参政议政部负责人介绍高校科研体制问题调研有关情况。

此次座谈会得到北京师范大学、首都师范大学大力支持，民进北京市委为座谈会的顺利召开进行了认真的准备。民进中央特邀研究员、北京大学工学院教授刘凯欣就此课题专门与民进中央参政议政部交换了意见。

吴门书道——中国书法名城苏州作品展举行
严隽琪参观并追忆民进老一代书画界会员

2009年3月27日，全国人大常委会副委员长、民进中央主席严隽琪上午在中国美术馆参观“吴门书道——中国书法名城苏州作品展”。展览由中国书法家协会、江苏省文学艺术界联合会、苏州市人民政府主办。展览以“托之豪翰”、“书斋涵泳”、“山水壮怀”三个主题分别展出苏州已故书法篆刻家作品（1949年后健在者）、海内外苏州籍当代名家特邀作品和当今活跃在书坛的苏州书法篆刻家作品共180件，集中展示当代苏州书法的综合实力和人文底蕴，其“当代视野、学术品位、苏州特色”的总体追求和富有创意的展览设计给广大观众带来独特魅力。

严隽琪在参观中说，苏州是一个书法名城，“吴门书派”在中国书法史上有着举足轻重的地位。看到这次展览，说明今日之苏州经济发展，百姓安居乐业，市民精神文化追求发生了巨变。各行各业的人们都热爱优秀传统文化，对书法艺术尊重和厚爱，体现了和谐的社会氛围。

严隽琪说，很高兴看到此次参展书法作者中有蒋吟秋、费新我、张辛稼、谢孝思等30多位民进会员，他们是吴门书法创作中一支重要力量，也是我会书画界会员中一只重要力量。苏州书画界会员在去年抗震救灾书画义卖活动中响应民进中央的号召，作出积极贡献。中国民主促进会将成立开明画院，在今年适时举办纪念新中国成立60周年书画作品展，希望苏州书画界会员更加努力，出好作品、出精品。

苏州市文联副主席王伟林、中国美术馆副馆长马书林、民进中央办公厅负责人陪同参观。

朱永新在毕节金沙考察调研并出席系列智力支边活动

2009 年 4 月 6 日—10 日，民进中央副主席朱永新带队到对口支持的毕节地区金沙县考察调研并出席系列智力支边活动时强调，毕节为各民主党派参与区域经济发展提供了一个非常好的舞台，不但是科学发展的试验区，也是多党合作的试验田；为了毕节今后发展，民主党派正在投入更多的人力、物力和智力。民进将以高度的政治责任感投入到毕节试验区的建设中，为实现科学发展、推动多党合作事业发展作出更大的贡献。

朱永新与中国林科院院长、首席科学家张守攻等专家一行 20 多人，9 日专程赶到金沙县淹坝村为“石漠化治理科技示范园”和“智力支边科技大院”揭牌并发表现场感言。他说，长期以来，中国林科院作为林业科研战线的国家队，强势推进毕节石漠化治理，决定在民进中央智力支边扶贫对象——金沙县启动科技示范园与科技大院工作，下决心将淹坝模式做深做实，达到以点带面、典型示范的效果，以实际行动支持毕节林业生态建设示范区的工作和老百姓增收致富。

朱永新希望民进和中国林科院以科技示范园与科技大院揭幕为新的起点，做好示范、为民服务，创出品牌、扩大影响。淹坝村为典型的石漠化山村，包括民进林科院支部在内，共向淹坝村捐赠图书 8800 册，建立图书室，捐献电脑、投影仪、打印机等设备，建立多媒体教室，赠送一套全光照喷雾育苗设备。林科院派出 2 位博士长驻淹坝村，主要针对核桃育苗、优良树种引进、石漠化防治示范开展科技服务。为筹建示范区与科技大院，民进中央社会服务部与林科院先后两次组团进行考察，并做了大量准备工作。

朱永新 9 日出席“民心有机农业试验示范园”仪式并表示热烈祝贺。为了帮助金沙县新农村建设，民进中央把金沙县西洛乡中心村作为与金沙县政府共建的新农村建设示范点，与金沙县共建“民心有机农业试验示范园”。示范园里，民进中央引进的欧系樱桃已经开出娇艳的花朵，成为集“试验、示范、培训、休闲观光”等为一体的综合有机农业试验示范园。

朱永新 10 日出席民进中央帮扶金沙二职中合作签约仪式和捐赠仪式。北京求实职业学校、北京黄庄职业高中、北京汽车工程学校等国家级重点职校与金沙二职中签订了联合办学协议，北京黄庄职业高中与金沙沙土中学签订了联合办学协议，将在师资培训、学生联合培养、专业扶持等方面展开交流与合作。民进北京市委从北大出版社、清华出版社等 9 家单位募集 1.7 万册图书捐献给金沙二职中，4600 册图书捐赠给沙土中学；民进江苏省委联合南京恒澜科技发展有限公司捐赠金沙二职中价值 30 万元的学生生活用品。金沙县农里学校是民进中央确定的定点帮扶学校。在江苏、上海、广东等省（市）委会的帮助下，这个农村综合学校拥有了现代化的计算机教室、电子书屋。为了解决教学楼不足的问题，民进中央联系“民进之友”潘海君女士、民进会员李国庆先生分别捐资 20 万元用于修建“行健楼”和购买教学设备、图书。考察时，这栋宽敞明亮的教学楼已竣工落成，在绿树的掩映中显得分外高大，图书室已经“全副武装”起来。朱永新指出，在不久的将来，民进中央还将实施更大的计划，调动民进全会的力量，为金沙县全部 300 多所学校每校联系一所对口支援校，进行一对一的帮扶。

朱永新在金沙考察调研期间，与地区领导、金沙县四大班子领导进行交流座谈，先后来到金沙县清池镇、石场乡，走访乡村农户，与农民兄弟促膝谈心，实地考察生态文明家园建设情况，勉励乡村干部带领农民群众致富增收。

民进北京市委常务副主委吴文彦，民进中央社会服务部、民进贵州省委负责人随同考察调研；中共毕节地委委员、统战部部长吴维方，毕节地区政协工委副主任、中共金沙县委书记赵牧，金沙县县长韩平等全程陪同考察调研。

严隽琪访问香港

2009年4月7日至11日，应香港理工大学邀请，全国人大常委会副委员长、民进中央主席、叶圣陶研究会名誉会长严隽琪赴香港访问。

严隽琪8日出席了香港理工大学校长唐伟章的就职典礼并表示热烈祝贺。她在会见唐伟章和内地其他应邀高校领导时指出，高等教育成功的要素离不开正确的教育理念、合理的教育制度、足够的教育投入以及良好的教育环境。当前，我们正面对着社会的大变革，无论经济、政治、社会、科技和文化都经历着变化、转型、发展、调整所带来的挑战和压力。这一次的金融危机更是在全球化背景下的矛盾集中爆发，它提醒我们，今天的高校和今天的知识分子必须有广阔的视野、有海纳百川的胸襟、有变革的勇气、有崇高的价值理念和不懈的卓越追求。这样，高校才能承担起继承和创新知识、启承文明精神、培育高素质人才的历史使命。目前，中央政府正在紧锣密鼓地进行“国家中长期教育规划”的制定工作，我们相信，我们的“科教兴国战略”会得到更有力的落实，会有助于我国在应对这场国际金融危机中化“危”为“机”；相信我国的高等教育会跨上一个新台阶。

严隽琪指出，香港具有“一国两制”下的独特地位，在国际化人才、市场经济运作、现代化管理、自由开放的金融和教育改革等方面有着独特的优势和经验。当前，香港在积极推动向创新科技和高增值服务业转型，已有成效。回归祖国后，香港和大陆良性互动、守望相助，是命运共同体。衷心希望香港和大陆的高等教育之间的合作交流也不断扩大，共同进步，更好地服务社会，为国家富强、人民幸福、世界进步作出高校应有的贡献。

唐伟章为国际知名热学工程学专家，2009年1月1日接替理工大学前校长潘宗光正式上任。严隽琪因其工程科技方面杰出的学术成就和道德风范而受到唐伟章校长的特别邀请。出席就职典礼前，严隽琪还参观了理工大学科技成果展、工业中心和纺织制衣系。

严隽琪为更好地了解香港的教育发展情况，促进内地和香港的教育合作与交流，在港期间，她分别会见了香港理工大学等高校的管理人员、相关院士教授及香港部分中学校长和教师，双方就两地高教交流合作科研方面的情况及有关政策问题，香港的高教改革和通识教育，香港普教改革、国民教育等进行了深入的交流。

严隽琪在会见座谈中说，近年来香港教育取得的成绩有目共睹，为香港的经济社会发展提供了重要的支撑。由于香港在“一国两制”下的特殊地位和广阔的国际视野，香港在教育发展方面有很多可以借鉴的经验。当前，中央政府正在制定国家中长期教育发展规划，希望香港在中国建设创新型国家、实施科教兴国战略的过程中，能更好地发挥自身的独特优势，加强与内地的交流合作与良性互动，双方携手共创中国的美好未来。

严隽琪说，教育是基础，科技是支撑，任何有前瞻、有希望的民族都十分重视教育，重视科技知识的学习和使用。在人生打基础阶段，能否得到良好的教育，能否分享教育公平，历来是人人关心的问题。我国幅员辽阔、民族多、人口多，经济差异大，发展起点千差万别。如何实现教育公平，怎样使教育人人满意，中央制定颁发了一系列文件，做了很多工作，取得了显著的成效。目前，国家正在制定中长期教育发展规划，如何科学、全面、合理地制定我国教育发展规划，需要借鉴国内外一切文明的成果。香港作为大陆走向国际的桥头堡，具有得天独厚的地理优势和人文环境、人力资源。特别是广大爱国爱港之仁人志士，热心教育、重视教育、投资教育，推动教育、科技发展，有许多好的做法，创造了很多成功的经验。当前形势下，教育如何更好地为两地服务，需要大家的共同努力。

严隽琪还向香港同仁介绍了中国特色社会主义制度、中国共产党领导的多党合作制度的优越性，宣传了祖国改革开放的伟大成果，并对香港同胞积极参与抗震救灾、成功举办奥运和神州七号飞天，在与祖国同喜同悲中的表现，表示赞赏和感谢，进一步拉近了与港教育工作者和科技代表人士的距离，受到香港学界知识分子的欢迎。

严隽琪在港期间还与香港教育界、IT 界专家学者进行了广泛的接触和交流。北京师范大学教授、民进中央教育委员会主任庞丽娟，上海交通大学教授范秀敏，民进中央研究室负责人陪同访问。

民进天津市委《纪念改革开放 30 周年参政党建设理论文集》首发式举行 王佐书出席并讲话

2009 年 4 月 9 日，民进中央副主席王佐书下午出席民进天津市委《纪念改革开放 30 周年参政党建设理论文集》首发式并讲话。他祝贺文集出版发行，并感谢市委统战部、市政协、市社院领导和专家对天津民进理论研究会的支持和帮助。他说，文集的出版是民进统一战线理论研究的成果，反映了天津民进的部分工作，渗透着民进会员的心血和思想，体现了天津民进统战理论研究会阶段性的成绩。

王佐书说，理论是望远镜、是显微镜、是广角镜，可以使我们把前面的路看直、看清、看准；理论具有穿透力、预见力、提高力；理论来源于实践，理论指导实践，理论高于实践，理论具有一般性的品格。理论可以使我们明确方向，找准重点，永不迷路，要重视理论研究，以理论创新带动实践的创新。

王佐书强调，参政党理论研究或发展方向本身就是一个研究的课题，不同的民进组织处于不同的发展阶段，不同的发展阶段应当有不同的研究内容，理论研究要紧密联系我会和天津民进的实际、实践与发展阶段的各项工作，要研究什么才是最有效的研究内容，要针对我会会员的活思想进行研究。

王佐书指出，如何建设高素质的参政党，应当是我们研究的主题之一，要围绕高素质参政党的内涵，包括什么是高素质参政党，什么是接受中国共产党领导的自觉性，什么是接受中国共产党领导的坚定性，如何才能高水平地履行参政党职能等问题进行研究，同时要研究如何增强思想政治工作的有效性，如何避免走过场，真正做到腌萝卜的教育，而非刷色教育。

王佐书建议，关于统战理论的研究要找出统战理论的逻辑系统，找出知识间的结构、水平，设计科学研究的地图，在地图上探讨我们的未知数，在系统和结构中根据我会的实际、天津民进的实际，找到最适合自身的理论研究的着力点。

《纪念改革开放 30 周年参政党建设理论文集》收集了民进天津市委统战理论研究会和民进市委研究室 2008 年以来的 16 篇理论文章，是天津民进最新的理论研究成果，由民进天津市委研究室编辑刊发。

首发式由民进天津市委副主委李敏龙主持，天津市政协统战理论研究会、市委统战部、市社会主义学院等有关方面领导出席活动。民进天津市委、各区委负责人等 20 余人参加活动。

民进毕节试验区金沙考察：20 年后帮扶如何再踏征程

2009 年 4 月 9 日，贵州山区突然飘起了细雨。

一支长长的队伍正走在毕节试验区金沙县淹坝村的一条下山山路上。从位于淹坝村的民进中央与中国林业科学院石漠化治理科技示范园现场考察回来，队伍里每个人身上都是水，脚上都是泥。

从山上下来，几次险些滑倒的民进中央副主席朱永新一边清理脚上厚厚的泥巴，一边感慨，“一定要继续帮助这里的人民改善环境，发展致富”。民主党派对毕节试验区的智力支边扶贫已过20年，20年来这片贫瘠的土地发生了翻天覆地的变化，然而下一个20年已经开始，支边扶贫该如何更加深入？带着新的思考，4月6日至10日，由民进中央副主席朱永新带队的科技、教育、经济界专家、会员考察团再一次来到对口支持的毕节地区金沙县。

生态建设是指路明灯

淹坝村是一个典型的石漠化山村，也是毕节地区石漠化状况的一个代表，现有石漠化面积2000多亩，占全村总面积的一半以上。“生态建设始终是智力支边道路的指路明灯”，在考察金沙县的石漠化治理情况时，朱永新重复说，生态建设既是试验区建设的目标，也是试验区实现可持续发展的基础。

“过去的石漠化综合治理是点状的，当地百姓有什么技术上的难题，我们再过来针对解决”，中国林科院研究员、民进中国林科院支部主任卢琦表示，现在的石漠化治理则在串成线、连成面。正是出于此种考虑，民进中央和此次一同考察的中国林科院联合建立了石漠化治理科技示范园。

为了保证石漠化治理的建设成效，“核桃＋金银花”是中国林科院常驻当地的专业技术人员研究出的治理模式。“我们是根据当地居民的要求，结合土地石漠化实际将树种设计为以栽种核桃为主，并在有较大石头裸露的地方种植金银花，通过短期内以金银花促进增收为主，长期则依靠核桃致富的‘以短养长’模式，来改善项目区群众经济收入水平低下的状况”，卢琦解释。如今，新种植的核桃苗已经发芽，金银花也展叶成活。“预计三年投产后，收获的金银花可价值110万元，10年后核桃价值可达100万元以上，必定能够极大地增加农民群众的经济收入”，金沙县县长韩平说到这里，一脸笑意。

从控制人口数量到提高人口质量

“人口控制”是毕节试验区智力支边扶贫的三大主题之一。在过去的20年里，控制人口增长已成效显著。“过去我们的工作重点在于控制人口数量，今后则要重在提高人口质量”，作为教育家的朱永新表示。

“发挥自身优势，帮助毕节发展教育、培养高素质人才仍是民进中央对毕节帮扶工作的重点”，朱永新说。而这也恰恰是民进的最大优势，因为民进会员有近70%身在教育界，集中了一大批优秀教师。为了集中民进全会力量帮扶毕节教育事业，民进中央充分调动各个地方组织的积极性，上下联动，一同投入到“教育扶贫”之中。

金沙县农里学校是民进中央确定的定点帮扶学校。在江苏、上海、广东等省（市）委会的帮助下，这个农村综合学校拥有了现代化的计算机教室、电子书屋和装满各种捐赠图书的图书室。为了解决教学楼不足的问题，民进中央联系“民进之友”（这是民进人对热心支持民进事业的会外人士的亲切称呼）潘海君女士、民进会员李国庆先生分别捐资20万元用于修建“行健楼”和购买教学设备、图书。考察时，这栋宽敞明亮的教学楼已竣工落成，在绿树的掩映中显得分外高大。实验室和图书室也已经“全副武装”起来。

据悉，在不久的将来，民进中央还将实施更大的计划，调动民进全会的力量，为金沙县全部300多所学校每校联系一所对口支援校，进行一对一的帮扶。

拓展帮扶广度　服务新农村建设

为了帮助金沙县新农村建设，民进中央把金沙县西洛乡中心村作为与金沙县政府共建的新农村建设示范点，与金沙县共建“民心有机农业试验示范园”。“民心”二字巧妙地将民进中央和中心村的名字嵌了进去。

示范园主要由民心经果林示范园区、民心特色种植园区、民心特种养殖园区等部分组成，是一个集“试验、示范、培训、休闲观光”等为一体的综合有机农业试验示范园。在民进中央的帮助下，该示范园被列入科技部部长专项《促进毕节试验区发展科技示范》项目落实点。民心有机农业试验示范园区也从西洛乡中心村，逐渐辐射到周边的两乡一镇六个村。示范园里，民进中央引进的欧系樱桃已经开出娇艳的花朵。金沙县委统战部长刘军向记者介绍说："园区规划面积 15000 亩，农户 2000 户、人口 10000 余人。项目完成后，园区内仅 500 亩经果林的年产值便可达 125 万元，每年可获纯利润 31.25 万元，同时不仅能解决 100 个农村剩余劳动力的就业，还能带动辐射周边西洛、岩孔等乡（镇）的经济果林发展，以此加快社会主义新农村建设的步伐"。十几位林业技术专家，近 10 位热心教育的企业家、教育工作者，他们一路走，一路看，一路思考。无论是毕节试验区建设的深度、广度还是参与的积极性，民主党派都还有继续参与的空间，为了毕节下一个 20 年的发展，民主党派也正在投入更多的人力、物力和智力。"对毕节的帮扶，是一个相互的过程，不仅仅是付出，更多的是收获。毕节为各民主党派参与区域经济发展提供了一个非常好的舞台，不但是科学发展的实验区，也是多党合作的实验田"，朱永新说。

（《人民政协报》）

王佐书应邀在天津、湖北、辽宁作讲座

2009 年 4 月中旬，民进中央副主席王佐书应邀在天津、湖北、辽宁作讲座。10 日、12 日，王佐书分别为民进天津市委和民进湖北省委作学习贯彻科学发展观专题报告。

王佐书以"学习贯彻科学发展观的体会"为题，从科学发展观的提出、解释、重要地位、如何树立贯彻落实科学发展观、学习贯彻落实科学发展观总的要求等五个方面，联系民主党派工作实际对科学发展观进行了全面系统、深入浅出的讲解。

王佐书综合中共十六届三中全会到中共十七大关于科学发展观的有关论述，对科学发展观的提出、丰富和完善进行了系统的梳理。通过权威的引文和典型的例证指出了科学发展观提出的时代背景和理论与实践依据。他以中共十七大报告对科学发展观的第一要义、核心、基本要求、根本方法、重大意义的阐述为基础，对"发展"、"以人为本"、"全面协调可持续"、"统筹兼顾"等科学发展观的重要内涵和重要地位作了深入细致的阐述，提出了"个人概括性的理解"，如对全面协调可持续发展的 10 种理解、对"统筹"二字的"四个策划十四种思考"，对科学发展观地位的 10 种概括、对科学发展观的 13 条体会等等。这些概括性的理解既总结了共性的内容，又提出了独到的见解，富有启发性。

专题报告帮助大家深入了解了科学发展观的理论政策和决策部署，更传递了立场、观点、方法、学风和思想作风。对于各级组织和广大会员真正把握科学发展观的内涵和实质，增强学习贯彻科学发展观的自觉性和坚定性，转变思想观念、解决存在的突出问题，把科学发展观贯彻落实到自身建设和履行职能的各个方面和各个环节，将起到积极的指导作用。

4 月 15 日，应中共大连市委统战部邀请，王佐书在大连就民主党派参政议政能力建设有关问题作专题报告。

王佐书在报告中结合大量数据和实例分析，对民主党派参政议政的内涵、参政议政的重要性、参政议政的基础知识、参政议政的要素、参政议政的水平、参政议政的方法和民主党派领导干部应具备的能力等问题作了全面深刻的阐述。

王佐书对中共大连市委十分重视民主党派工作，对大连市民主党派在自身建设、参政议政等各项工作中取得的丰硕成果，给予了高度评价。王佐书在报告中讲到，新世纪新阶段，民主党派作为与共产党共同致力于中国特色社会主义事业的参政党，在全面建设小康社会的伟大事业中负有重要的历史责任。参政议政是民主党派履行职能、发挥作用的重要形式，也是多党合作的主要内容，加强民主党派参政议政能力建设，更好地发挥参政党的职能作用，对于进一步推进新时期的多党合作，推进社会主义民主政治建设具有重要的意义。他希望大连市各民主党派按照建设高素质参政党的目标，全面加强自身建设，不断提高参政议政能力和水平，切实履行参政党职责，紧紧围绕中共市委、市政府中心工作和当前大连市“保增长、保民生、保稳定、促振兴”大局，建有用之言，献务实之策，为大连市经济社会发展作出新的更大的贡献。

大连市各民主党派领导班子成员，各区市、高等院校党委统战部领导，大连市民主党派参政议政骨干，基层组织负责人，市政协、市委统战部、各民主党派市委机关干部共20余人参加报告会。

各民主党派中央、全国工商联参与毕节试验区建设座谈会召开严隽琪出席并发言

2009年4月14日，各民主党派中央、全国工商联参与毕节试验区建设座谈会上午在中央统战部召开。中共中央政治局常委、全国政协主席贾庆林出席并讲话，全国政协副主席、中央统战部部长杜青林主持座谈会。民进中央主席严隽琪出席并发言。

严隽琪在发言中指出，毕节试验区紧紧围绕“开发扶贫、生态建设、人口控制”三大主题，大胆改革、勇于实践，呈现出持续协调发展的良好势头，成为推动科学发展的试验田。各民主党派集智聚力，积极投身试验区的建设，也使试验区成为多党合作参与区域经济社会发展的试验田，成为统一战线学习实践科学发展观的重要基地。

严隽琪表示，中国民主促进会高度重视在试验区这个平台上，深入开展调查研究，积极发挥自身优势与特色，在以往工作基础上，与时俱进，进一步为试验区科学发展作出新贡献：

一是开展科技示范，推动开发扶贫和新农村建设。与科技部合作，全面建设金沙“民心有机农业试验示范园”，开展城镇化专题调研，推动新农村建设；开展文化下乡活动，丰富农民群众精神文化生活；依托华南农业大学，对毕节畜牧、茶叶、蔬菜等方面给予技术支持。

二是立足生态建设，促进人与自然和谐发展。依托国家林业局和中国林科院的科技支撑，以金沙县为重点，开展石漠化治理科技示范园区建设与科技大院工作，探索新的治理模式。围绕转变经济增长方式，推动开展循环经济的相关项目。

三是支持教育事业发展，提高人口素质，开发人力资源。帮助金沙县制定教育中长期发展规划；实施金沙县全部学校校长和教师五年轮训计划；借助发达地区教育资源实施“一帮一”对口支援，促进合作办学，开展校企合作；积极围绕提高金沙教学质量与管理水平、加强学科建设等开展培训。

严隽琪对毕节试验区今后的发展提出了六点建议：

一是实验区的工作要更加关注民生。对每一个项目进行充分论证，从试验示范开始，建立良性发展机制，持之以恒带动农民获得实惠。

二是采取强有力措施，全面规划、综合治理，把生态建设和经济开发紧密结合起来，逐步走向良性循环。

三是探索建立开发扶贫新机制，用好国家扩内需、保增长等机遇，带动企业投资，改变煤电工业发展方式，做高端产业，谋划一些新的投资方向，着力调整经济结构。

四是探索建立城乡统筹发展新机制，加快交通等基础设施建设，加快城镇化建设，深化农村金融改革，突破城乡二元结构，大力推进生态文明家园建设，扎实推进社会主义新农村建设。

五是探索加强人力资源开发和提高人口素质的新机制，推进城乡义务教育均衡发展，结合石漠化治理、经果林开发等实际需要，发展职业教育，加快劳动力转移。

六是探索社会事业领域改革，转变政府职能，积极服务民生。

严隽琪代表中国民主促进会表示，将以高度的政治责任感投入到毕节试验区的建设中，为实现实验区三大主题，实现科学发展作出更大的贡献。同时，也将在参与实验区的实践中，锻炼队伍，进一步增强坚持中国共产党领导的多党合作和政治协商制度的信心，坚定走中国特色政治发展道路的信念，建设适应时代要求的高素质参政党。

民进中央副主席朱永新出席会议。

出席会议的还有中央统战部、各民主党派中央、全国工商联、毕节专家顾问组、国务院有关部委、贵州省和毕节地区的相关领导。

严隽琪在上海调研农村教育综合改革工作

2009 年 4 月 17 日至 18 日，全国人大常委会副委员长、民进中央主席严隽琪在上海调研农村教育综合改革工作。

严隽琪 17 日上午出席在上海市闵行区召开的农村教育工作专题调研会。浦东新区副区长张恩迪、宝山区副区长李原、闵行区副区长张辰、奉贤区副区长钱雨晴、崇明县教育局局长王菁、嘉定区副区长夏以群在会上先后作了汇报。

严隽琪 18 日上午参观上海青浦区菘泽学校并出席在菘泽学校召开的农村基础教育改革与发展调研座谈会。上海市教育委员会主任薛明扬主持座谈会。上海市教育委员会副主任尹后庆，青浦区委副书记、区长高亢，青浦区政协副主席、区教育局局长顾峰先后作了汇报。上海市人民政府参事夏秀蓉，民进上海市委副主委、上海市教科院民办教育研究所所长胡卫，市教委，青浦区区委、区政府、教育局及有关部门人员参加会议。

严隽琪对上海市推进城乡教育一体化发展以及农村基础教育改革等方面所取得的阶段性成果给予了充分肯定。她指出，现代化的教育一定是开放的，不能把学历教育同职业教育、成人教育等其他层面的教育事业截然分开，几种教育形式应寻求资源共享、统筹发展。

严隽琪强调，要立足于促进经济、社会、文化等领域全面发展的角度来发展教育事业；要在城乡教育一体化发展进程中总结经验，对相关制度和政策加以研究，使其适应新时期、新形势的要求；要把民办教育融入教育体制改革之中，使其成为教育事业的有机组成部分。

上海市人大常委会副主任、民进中央副主席、民进上海市委主委蔡达峰，民进上海市委副秘书长蔡泉源陪同调研。

民进山东省委成立 20 周年纪念大会举行 罗富和出席并讲话

2009 年 4 月 18 日，全国政协副主席、民进中央常务副主席罗富和出席民进山东省委成立 20 周年纪念大会，并代表民进中央和严隽琪主席向民进山东省委表示祝贺。他在讲话中指出，民进山东省委成立 20 年来，在民进中央和中共山东省委的领导下，在中共山东省委统战部的指导和帮助下，始终坚持“以党为师、立会为公”的宗旨，始终高举爱国主义和社会主义两面旗帜，带领山东民进各级组织和广大会员，团结奋斗，锐意进取，开拓创新，扎实工作，为山东省的经济社会发展、为山东省统一战线和多党合作事业的发展作出了积极贡献。

罗富和说，民进山东省委坚持以邓小平理论和“三个代表”重要思想为指导，深入贯彻落实科学发展观，认真履行参政议政、民主监督职能；始终坚持围绕中心，服务大局，不断探索参政议政新机制，努力开拓参政议政新领域，就山东省教育、文化、经济、社会等领域的问题，深入调查研究，积极向省委、省政府建言献策；民进山东省委积极发挥自身优势，开展富有特色的社会服务工作，发起并组织开展了一系列学术论坛、科技文化卫生“三下乡”、救灾赈灾等活动，为山东的经济发展、社会稳定以及文化事业的大繁荣、大发展做了大量的实事、好事。民进山东省委不断加强自身建设，紧紧围绕政治交接主线，坚持不懈地用中国共产党理论创新的成果武装会员，思想建设、组织建设、领导班子建设、制度建设和机关建设都取得了长足的进步，始终顺应时代发展，不断增强组织凝聚力和战斗力，为更好地履行参政党职能打下了扎实的基础。

罗富和希望，民进山东省委进一步提高思想认识，深入贯彻落实科学发展观，和衷共济凝聚人心，统筹兼顾汇聚力量，全力服务科学发展，着力巩固政治基础，努力促进社会和谐，进一步开创统一战线服务科学发展和实现自身科学发展新局面。围绕“两会”精神和胡锦涛同志两会期间在民盟、民进界别委员联组会议上重要讲话的精神，紧紧围绕省委、省政府中心工作，深入调研，加强参政议政能力建设，不断完善参政议政工作机制，切实提高参政议政水平，努力开创参政议政工作新局面；继续巩固领导班子建设的成果，继承和发扬我会继承传统、以党为师、立会为公、参政为民以及爱国、民主、团结、求实的优良传统和作风，努力形成民进会员的共同核心价值理念，同时大力加强组织建设，推动组织健康发展。

罗富和在庆祝大会上欣赏了由民进会员参与演出的精彩文艺节目。

山东省政协副主席、省委统战部部长张传林，山东省政协副主席、民进山东省委主委栗甲，山东省各民主党派、工商联代表，各高等院校中共党委统战部的负责人和山东省300多名民进会员代表出席纪念大会。

罗富和在鲁期间，与民进山东省委各市级组织主要负责同志举行座谈会，视察了民进山东潍坊市委，听取了大家在基层组织建设方面的成功经验、遇到的问题以及意见和建议，了解了基层组织就全面贯彻民进中央关于全会组织建设的部署和要求的具体情况。座谈中，他肯定了大家在工作中取得的经验和成绩，认为，市级组织及基层组织在各方面条件相对困难的情况下，取得了不错的成绩，体现了大家对多党合作事业和民进事业的一片忠诚。民进山东省委主委栗甲、副主委骆宝臻、秘书长郭永军参加座谈。

中国幼儿教育科学发展论坛暨第三届中国幼儿教育投资合作洽谈会开幕 王佐书出席并致辞

2009年4月19日，民进中央副主席、中国民办教育协会常务副会长王佐书在杭州出席中国幼儿教育科学发展论坛暨第三届中国幼儿教育投资合作洽谈会开幕式，并代表中国民办教育协会致辞。他说，中国民办教育协会虽然不满周岁，但在各方面的关心支持和陶西平会长的正确领导下，协会同仁坚守使命和责任、积极开拓和创新、胸怀理想和信念，共同致力于促进中国民办教育事业的科学发展，推动教育理论与教育实践的不断创新。民办教育的兴起和成长，是改革开放30年来我国教育事业发展的重要成果，民办学前教育在民办教育体系中占有重要的地位，在全国学前教育体系中发挥着不可替代的作用。

王佐书说，本次会议，海峡两岸同仁聚集一堂，研讨和交流学前教育领域中最新成果，共谋合作。通过本次论坛，必将实现理想与理念的交汇，形成智慧与资源的聚集，一定能为开创两岸幼儿教育事业的美好未来作出新的贡献。陈汉强先生和陶西平会长为推动两岸教育交流与合作作出了重要贡献，也是在两位先生的亲自推动下使本次论坛能够成功召开，对两位先生的贡献表示崇高的敬意和衷心的感谢。

中国民办教育协会顾问毛昭晰、会长陶西平、监事会副主席黄新茂、副会长李书福和协会学前教育专业委员会理事成员、中资理事会成员、台湾幼教投资考察团（中华幼儿教育发展基金会）成员、特邀嘉宾以及媒体代表等近200人出席会议。会议由学前教育专业委员会理事长郭福昌主持。

闭幕式后，中国民办教育协会会长陶西平，中华幼教发展基金会理事长陈汉强分别作了“推动学前教育科学发展”和“美、港、台幼儿教育券之研究”专题报告。

民进中央捐资30万元援建四川青神县汉阳学校综合楼

2009年4月20日，民进中央捐资30万元援建四川省青神县汉阳学校签约仪式在青神县举行。民进四川省委秘书长张宏受民进中央委托与青神县人民政府签约并致辞。眉山市政协副主席、市委统战部长李亚非出席仪式，向民进中央以及民进四川省委表示由衷感谢。青神县人民政府、政协等有关方面领导同志出席签约仪式。

受汶川5·12特大地震影响，青神县汉阳学校受损严重，多处房屋被鉴定为D级危房，必须拆除，影响了正常的教学工作。得知这一消息后，民进眉山市委心系灾区，积极向省委会反映汇报眉山受灾情况。在民进四川省委的积极支持和努力下，争取到民进中央资金支持用于该校重建工作。这笔资金在该校的重建工作中将用于修建教学综合楼，建成后建筑面积达1340平方米，可基本满足教学需要。

中央国家机关“强素质，作表率”读书活动正式启动
朱永新出席启动仪式，曾多次呼吁阅读，引起广泛关注

2009年4月21日，由中央国家机关工委和新闻出版总署联合主办的中央国家机关“强素质，作表率”读书活动下午在新闻出版总署新办公楼正式启动。中央国家机关工委常务副书记杨衍银，新闻出版总署党组书记、署长柳斌杰，副署长李东东、邬书林、孙寿山，中国残疾人联合会主席张海迪，民进中央副主席朱永新出席启动仪式。启动仪式由中央国家机关工委副书记俞贵麟主持。

柳斌杰在启动仪式上致辞。他指出，读书是一个人接受教育、发展智力、获得教养的最根本途径，是一个民族文明传承和文化发展的希望，直接关系到一个国家软实力和综合国力。今年3月25日，中宣部、新闻出版总署联合发出了《关于进一步推动全民阅读活动的通知》，印发了“中央有关部门及北京市2009年全民阅读活动行动计划”，在4月23日世界读书日前后，会同中央文明办、教育部、民政部、文化部、全国总工会、共青团中央、全国妇联、解放军总政宣传部等部门，进一步加强对全民阅读活动的组织领导和协调，在全社会大力倡导“多读书，读好书”的良好舆论氛围和文明风尚。这次与中央国家机关工委联合主办中央国家机关“强素质，作表率”读书活动，总署党组高度重视，并把它作为维护改革发展稳定大局、促进新闻出版业又好又快发展、引领和带动全民阅读活动再上新台阶的重大举措，成立了由科研机构、学术团体和新闻媒体联合协作的办事班子，建立了定期协调会议工作机制，组织了定期推荐书目的专家委员会，我们将努力创建和培育有中央国家机关特色的常态化、长效化读书品牌，为中央国家机关广大干部职工的读书提供条件，做好引导和服务。

中央电视台科教频道《子午书简》栏目以“读书与人生”为主题，与新闻出版总署副署长邬书林、

中国残疾人联合会主席张海迪、民进中央副主席朱永新进行了现场访谈，他们结合自己的读书经历、阅读习惯、阅读关注点和阅读经验，就读书与资政的关系与主持人和现场听众进行了深度交流。

朱永新自2003年以来，连续5次向全国政协提交了设立国家阅读节的提案，两次向全国人大提交了设立国家阅读节的建议，并多次在媒体上呼吁阅读，引起了广泛关注。他的“一个人的精神发育史就是他的阅读史；一个民族的精神境界，取决于国民的阅读水平；一所没有阅读的学校，永远也不可能有真正的教育；一座书香充盈的城市，必然是一座美丽的城市”等观点，得到广泛认同。

张帆在华东师范大学调研

2009年4月21日，民进中央副主席张帆下午在华东师范大学调研，并出席民进华东师范大学委员会座谈会。民进上海市委副主委陈振楼，中共华东师范大学统战部部长金勤明，民进华东师范大学委员会主委谭帆，副主委陈江、杨蓉、戴立益等参加座谈会。

张帆在座谈中对民进华东师范大学委员会的工作给予充分肯定。他指出，民进华东师范大学委员会主持的华东师大校长设立的建言献策调研课题——“华东师大师范生‘第二课堂’培育方案”，是立足本职、建实言献实策的典型案例，值得宣传推广；在班子建设上，正副主委不仅年龄轻、职称高，而且担负系主任、教务处长等职务，有活力有潜力；在组织发展方面，今年发展了一名长江学者谈胜利入会，增强了基层组织发展的后劲；在工作作风上，集体领导，分工负责，团结务实。希望民进华东师范大学委员会再接再厉，在参政议政和为国家教育事业发展方面作出更大的贡献。

张帆是华东师范大学校友，1985年初毕业于华东师大中文系，获文学硕士学位。他与华东师范大学教授专家会面可谓行家聚会，同是民进会员，更显亲切，推心置腹。座谈会上，谭帆主委介绍了民进华东师范大学委员会的思想建设、参政议政、组织发展和努力方向等情况。

中共华东师范大学统战部部长金勤明，民进上海市委副主委陈振楼，民进华东师范大学委员会副主委陈江、杨蓉、戴立益参加座谈会。

此前，华东师范大学聘任张帆为中文系兼职教授、博士生导师。

严隽琪在河南省调研农村教育综合改革

2009年4月24日至30日，全国人大常委会副委员长、民进中央主席严隽琪率调研组，深入河南省的郑州、开封、周口、洛阳等市，就农村教育综合改革进行调研。

严隽琪在郑州、洛阳，分别召开了由河南省和洛阳市教育、农业、劳动和社会保障部门负责人参加的座谈会，认真听取河南省和洛阳市相关部门负责人关于农村教育综合改革情况、农民培训和农村富裕劳动力转移培训的情况汇报。

严隽琪说，多年来，民进一直关注“三农”和教育，农村教育作为“三农”和教育的“交集”，可以说是焦点中的焦点。河南是农业大省，农业人口所占的比例很大，基础比较薄弱，办好农村教育就显得极为重要。她认为，对于农村教育的改革，首先就是要实现教育的公平性。在农村及偏远地区，教育资源分布不均衡问题十分突出，实现免费义务教育只是解决问题的开始，我们更应关注“免费后”的问题，农村教师队伍的组成情况、农村上学难、办学难等问题同样要引起重视

严隽琪建议，要重视校舍质量问题，“要把校舍建成当地最安全的场所”。对农村职业教育和农民的短期培训班，不仅要增加投入，还要注重投入的效果，要统筹规划；不仅培养高素质的技能型人才，更要

关注怎样实现人的发展，要让教育起到主动的引导作用，促进社会的和谐发展。

严隽琪 24 日晚间与中共河南省委常委、统战部部长刘怀廉会谈。刘怀廉说，民进河南省委的工作在各个方面都是优秀突出的，也是走在党派前列的。严隽琪感谢省委统战部对民进河南省委的关心和帮助，希望省委统战部能够在优秀会员发展、后备干部培养和机关人员配置上给予民进河南省委更多的指导和支持。

严隽琪 25 日到民进河南省委与省委领导班子和部分骨干会员进行座谈。她听取汇报后，对民进河南省各级组织在工作中取得的成绩和经验给予高度评价。她说，民进河南省委成立晚、人员少，但工作状态积极昂扬、工作成绩丰硕喜人。成绩的取得来之不易，饱含着历届领导班子、广大会员和机关干部的辛勤努力和无私奉献。她代表会中央向民进河南省各级组织和 2500 名会员及家属、向一直为民进事业默默付出的老同志们、向河南民进的领导班子和机关同志表示亲切慰问。

严隽琪指出，我们站在一个新的历史起点上，形势复杂多变，不确定性和不稳定性增多。面对新形势、新任务，如何实现我国科学发展、可持续发展，需要参政党贡献智慧和力量。这就要求我们在工作中要“无懈无滞，有思有行”，积极创新工作思路，“顺势而为”。她解释，“势”字有三解：形势、自身情况和客观规律。民进各级组织要认清国际国内形势，拓展世界眼光，增强忧患意识，提高观察分析的能力，树立全局意识，更好地发挥参政党作用；要清醒认识民进的自身特点和实际情况；尊重客观规律，体现科学精神。

严隽琪指出民进 2009 年的重点工作，一是要继续巩固和扩大领导班子建设成果，为届中调整和下次换届工作夯实组织基础。二是要把学习贯彻科学发展观活动继续推向深入。民进工作要体现“四个互相促进”，即：执政党建设与参政党建设相互促进；会中央工作与地方组织的工作相互促进；自身建设与履行职能相互促进；实际工作与理论研究相互促进。结合工作实际，学习贯彻科学发展观要做到“四个紧密结合”，即必须与深入开展政治交接主题教育活动紧密结合，与履行职能紧密结合，与提高自身能力建设紧密结合，与区域实情紧密结合。

严隽琪说，河南是人口、文化、农业大省，有着无可替代的自身特点和条件。她希望民进河南省各级组织能够立足省情、突出界别特色，在弘扬中华优秀传统文化，建设中国特色社会主义文化事业方面，在发展农村教育方面，在保护耕地、保障国家粮食安全等方面多做调查研究，提出真知灼见。

严隽琪希望通过大家的共同努力，民进全会能够进一步形成中央与地方相互促进的良好格局，为祖国的统一、中部的崛起和高素质参政党的建设作出独特贡献。

座谈上，河南省政协副主席、民进河南省委主委袁祖亮，民进河南省委副主委、民进郑州市委主委张民服，民进河南省委教育委员会主任、民进郑州大学委员会主委秦闻一分别介绍了民进河南省委、民进郑州市委和民进郑州大学支部的基本情况、工作开展情况和今后工作打算；民进河南省委常委、民进中央社会与法制委员会委员、郑州大学院副院长沈开举等同志就土地、教育等问题发表了意见。民进河南省委副主委邬恺夫、宋纯鹏、张震宇，民进河南省委原副主委冯春河，河南民进创始人之一周幼行，民进河南省委驻会领导祁葆珠，民进中央研究室、参政议政部负责人参加座谈。

严隽琪 26 日就河南周口市土地管理与保护模式进行调研，并召开专题座谈会。在认真听取汇报和各个方面意见建议之后，严隽琪对周口市土地集约、节约利用的措施和效果，以及努力保护耕地取得的成绩给予充分肯定。她说，土地是农民的命根子，也是国家的命根子。周口作为产粮大市，改革开放 30 年来，为国家的粮食安全作出了重要贡献。周口目前的发展形势十分喜人，周口的经验很宝贵、名不虚传，走出了一条可行之路。尤其是在确保经济高速增长的同时，周口的耕地不减反增，实现了经济的快速发展、粮食的连年丰收，农民利益受到保护、生活质量不断提高，是很不容易的。这种“多赢”的经验值得认真总结。

严隽琪指出，周口在土地工作方面取得的成绩和宝贵经验，得益于省、市领导的高度重视，得益于基层干部扎实的工作作风和牢固的群众基础。她希望周口市在下一步的工作中，认真研究，积极探索，为“守住18亿亩耕地红线”目标的实现作出新的贡献。

座谈会由中共河南省周口市委书记毛超峰主持，他介绍了周口市近年来土地管理与保护的“三项整治”和努力挖掘土地资源、保护耕地、促进粮食生产、保障经济发展等工作的有关情况，就有关政策的制定和实施等问题提出建议。周口市副市长陈锋代表市政府汇报了该市土地工作情况。据介绍，通过对“空心村”、砖瓦窑厂和废弃工矿地的“三项整治”，河南省第一产粮大市——周口市截至2008年年底，全市土地“三项整治”总规模达到29.7万亩，新增耕地21.9万亩，位于河南省前列。目前，被称为“周口模式”的“三项整治”工作已在河南全省推开。

严隽琪在周口期间到淮阳县太昊陵考察文化旅游产业发展情况，她希望周口市充分挖掘太昊伏羲悠久的历史和灿烂的文化，并将其发扬光大，让更多的人来这里寻根谒祖。

袁祖亮与省委统战部副部长陶振江，省人大常委会副秘书长李民庆，周口市领导毛超峰、李洪民、穆仁先、李明方、武建新、李绍彬、陈锋陪同考察。

湖南省各民主党派政治交接学习教育基地揭牌仪式在衡阳举行 罗富和作“无愧于历史、无愧于前辈、无愧于时代”重要讲话，并和民进会员座谈

2009年4月28日，全国政协副主席、民进中央常务副主席罗富和，受各民主党派中央的委托，前往湖南衡阳南岳岳云中学，出席湖南省各民主党派政治交接学习教育基地揭牌仪式。

为进一步深化坚持走中国特色社会主义道路学习教育活动，形成民主党派政治交接的长效机制，中共湖南省委统战部积极筹备、精心选址，在南岳岳云中学建立了本省各民主党派政治交接学习教育基地。

揭牌仪式在校园内的紫云书院前举行，这座简朴的二层小楼，一楼是湖南各民主党派培训中心，二楼是湖南各民主党派发展历程陈列馆。揭牌仪式前，罗富和参观了岳云中学校史展览馆和湖南各民主党派发展历程陈列馆。

岳云中学是近代著名教育家、湖南民进主要创始人何炳麟先生倾毕生精力创办的一所百年名校。学校坐落在南岳衡山南麓，其址为宋明时期文定、白沙、紫云三大书院故址，属湖湘学派发祥地之一，人文传统源远流长。校内苍松翠柏掩映如画，碑亭楼阁错落有致，为青少年求学修身之佳境。

何炳麟先生为我国最早引西方科技于大众教育，融职业教育于中学教育，探索乡村教育与农村改造相结合的教育家，为民族振兴培育了大批英才，如革命先驱杨开慧，军事将领邓华，两院院士曹献猷、钟训正，文学家丁玲，音乐家贺绿汀，台湾政界人士马鹤凌等，为社会发展作出了杰出贡献。

何炳麟先生新中国成立后加入民进，“在全省教育界发挥积极影响，多做团结知识分子的工作”，他先后任民进长沙市委主委、民进湖南省委主委、湖南省政协副主席，在担任全国政协委员期间曾作“一年——十年——五十年”的发言，受到了毛泽东主席的单独接见。何炳麟先生的一生是“跟着共产党在正道上行”的真实体现，是民主党派开展政治交接学习教育活动的一本生动教材。

罗富和同省委统战部领导、省民主党派负责人一起为基地揭牌，并作了题为“无愧于历史、无愧于前辈、无愧于时代”的重要讲话。他真诚感谢中共各级党委、政府和统战部门，以及岳云中学对基地建设的高度重视和有力支持，高度评价了何炳麟先生的一生，充分肯定了岳云中学基地对民主党派实现政治交接、加强自身建设的重要意义和作用。他指出，回顾历史是为了更好地指导现在和将来，学习前辈是为了强基固本、继往开来，鞭策自己、勉励后人。他希望各民主党派继续高举中国特色社会主义伟大旗帜，

进一步打牢同中国共产党亲密合作的思想政治基础；继续深入学习贯彻科学发展观，进一步为实现全面建设小康社会奋斗目标献计出力；继续搞好政治交接，进一步提高参政议政、民主监督的能力和水平，为促进经济平稳较快发展和维护社会和谐稳定，为全面建设小康社会、发展中国特色社会主义，作出无愧于历史、无愧于前辈、无愧于时代的贡献。

中共湖南省委常委、统战部部长李微微在讲话中说，岳云基地的建成，使湖南省各民主党派拥有了又一个纪念革命先辈、感怀团结合作历史的学习重地，有助于湖南省各民主党派广大成员利用这一平台和载体，学习革命先辈追求民族独立、民主自由、国家富强、人民幸福的坚定信念、博大胸怀和无畏精神，继承和发扬民主党派老一辈长期与中国共产党团结合作形成的政治信念、优良传统和高尚风范，为湖南省两型社会建设和实现“弯道超车”、跨越式发展的目标作出新的贡献。

湖南省人大常委会副主任、民进湖南省委主委谢勇代表湖南各民主党派讲话。他说，岳云凝聚了南岳自然灵气和湖湘精神，秉承了先贤们爱国、民主、团结、求实的风范，也见证了中国共产党和各民主党派风雨同舟、携手共进的历史和友谊。将岳云作为我省民主党派政治交接学习教育基地，发挥我省统一战线丰富独特的历史资源，为我省各民主党派政治交接长效机制的形成构筑起新的平台，无疑将进一步推进我省政党关系的和谐和民主政治建设的进程。

岳云中学校长张建光、中共衡阳市委书记张文雄在仪式上致辞，中共省委统战部副部长崔永平主持揭牌仪式。

湖南农工民主党省委主委龚建明、九三湖南省委主委张大方，民进中央宣传部负责人，各民主党派省委专职副主委及组织处长、宣传处长，中共衡阳市委，衡阳市各民主党派主委、专职副主委以及衡山、南岳民进会员，岳云中学师生代表近 200 人参加揭牌仪式。

罗富和 27 日到湖南民进长沙市委，亲切看望机关工作人员，并与来自长沙、株洲、湘潭三地的民进市委负责同志和基层组织负责人进行了近 3 小时的座谈交流。他介绍了民进中央自换届以来，在严隽琪主席的带领下，坚持无泄无滞、有思有行、集智聚力、顺势而为，以政治交接为主线，努力开展工作。

罗富和说，今年是中华人民共和国成立 60 周年，人民政协成立 60 年，也是中国共产党领导的多党合作和政治协商制度确立 60 周年，希望大家结合庆祝纪念两个 60 周年的活动，以学习贯彻科学发展观为契机，总结改革开放 30 年来取得的重大成就和宝贵经验，回顾民进 60 多年的发展历程，从理论的高度，进一步总结和探索经验，提升参政议政、民主监督的能力和水平，保持民进的进步性和广泛性，把握正确的政治方向，继承老一辈领导人的优良传统，努力形成全会的共同核心价值理念，努力建设适应时代要求的高素质的参政党。

湖南省人大常委会副主任、民进湖南省委主委谢勇，湖南省政协副主席、农工党湖南省委主委龚建明，中共湖南省委统战部常务副部长彭军良，民进中央宣传部部长高保华，湖南省政协副秘书长、民进湖南省委专职副主委汤泽培，长沙市委统战部有关同志参加座谈会。

座谈会上，民进长沙市委主委周秋光、民进株洲市委主委周罗轩、民进湘潭市委主委马石城，以及来自三地市区县总支、支部的 7 位代表就宣传思想工作、基层组织建设作了发言，畅谈工作中取得的成绩，并就新形势下加强民进宣传思想工作提出意见建议。

罗富和在长沙期间会见了中共湖南省委书记张春贤、省长周强和省政协主席胡彪。他走访了中共湖南省委统战部，听取了李微微部长就中共湖南省委统战部有关工作的介绍，同时也向他们介绍了民进中央近期的工作情况，希望中共湖南省委统战部一如既往地支持和帮助民进湖南省委的各项工作。湖南省委统战部副部长彭军良、崔永平、蔡建和、唐建在座。

朱永新考察广西民进社会服务工作

2009年4月28日至30日，民进中央副主席朱永新赴广西壮族自治区进行社会服务工作考察调研。民进广西区委主委陈自力陪同考察。

朱永新28日上午来到防城港市上思县民族中学，看望民进广东省委、广西区委支持创办的“瑶胞女生班”同学和正在这里开展帮扶工作的民进广东省委的同志和专家、企业代表，参加了“民进两广省（区）西部教师培训工作会议”。他详细了解了上思民族中学“两免一补”实施情况，尤其是实施过程中的困难和问题，以及在校学生数量、住宿等问题，并在校领导陪同下参观了校园。

朱永新认真听取了上思县参加民进西部教师培训的教师的心得体会，他寄语参加民进两广西部教师培训的教师，要通过“专业阅读、专业写作、专业发展共同体”，“站在巨人肩膀上前行、站在自己肩膀上前行、通过同伴间相互学习不断前行”。他希望两广民进以及承担具体培训工作的中山市教师进修学院不断坚持、继续努力，将民进西部教师培训工作向前不断推进。朱永新指出，感恩是双向的，“我有一粒种子，你有一片土地，所以我来了，如果没有土地，种子也无法发挥作用”，我们要感谢上思县这片“土地”。

朱永新在56名花朵儿般的瑶族初中少女面前，用“信、望、爱、学、思、恒”6个字表达了自己的殷切希望。他希望女生们自信自尊、充满希望和理想、富有爱心、勤学勤思、持之以恒，努力走向美好的明天。女生们用自编自演的舞蹈向可亲可敬的师长们表达内心的感激与喜悦。广东省佛山市生生水产股份公司的代表向每位女生捐赠了学习和生活用品，民进中央联系的漓江出版社向女生们捐赠了一批书籍。

近年来，两广民进亲密合作，已在广东举办五期“民进西部农村教师培训班”，通过“请出来”方式培训广西农村一线教师、小学校长、副校长和教导主任89名，通过“走进去”方式培训广西农村教师610多名，在当地产生了积极的社会影响。

针对上思县南屏瑶族乡、叫安乡等乡镇每年小学女童毕业生均在50个以上，但上初中的几乎没有的情况，两广民进积极调研，发动会内外力量，力图改变瑶族同胞“女不读书”的落后观念。经过民进广东省委原常委杨关福教授穿针引线，广东省佛山市生生水产股份公司董事长洪锡标先生出资15万元，支持广西上思县民族中学在2008年建立由56名瑶族女生组成的“瑶胞女生班”，并资助她们完成九年义务教育初中学业。两广民进的这一善举在当地瑶族同胞中产生积极反响。56名女生自立自强，一年来精神面貌发生了巨大变化，多次取得各种荣誉，是全校获得“流动红旗”最多的班级，夺得了全校唯一的“先进班集体”荣誉，并在期末联考中取得了优异的成绩。女生们立志用知识改变命运，改变传统瑶族女子如美丽的杜鹃花在山中寂寞开放的命运，她们要走出大山，在更广阔的天地中绽放自己的灿烂与美丽。

朱永新28日下午来到民进广西区委，亲切看望机关全体工作人员，并与大家座谈。陈自力主委及机关全体工作人员及南宁市委领导参加会议。他认真听取与会同志的工作汇报和意见建议，对广西民进各项工作给予高度肯定，并表示要把了解的情况带回去加以研究解决。他认为，广西民进在新一届领导班子的带领下，各方面工作开展得有声有色，很有特点。他代表会中央对广西民进一直以来对会中央各方面工作的支持表示感谢。朱永新还到民进桂林市委，亲切看望机关同志，并与大家促膝座谈，仔细听取桂林市委关于社会服务等各项工作的汇报。朱永新指出，社会服务工作是党派的重点工作之一，民进的社会服务工作一要体现党派特色，二要发挥民进优势，三要继承优良传统，四要创新工作机制。他还向广西的同志介绍了会中央即将成立的开明画院、开明公益基金会的有关情况。

朱永新在广西期间会见了中共广西区委统战部副部长戴珍和，感谢区委统战部对民进广西区委工作的大力支持，戴珍和盛赞了民进广西区委在文化、教育领域为广西作出贡献，感谢民进中央对广西社会经济发展的关心与支持。

朱永新亲切看望了民进广西区委老领导贺祥麟和俞曙霞同志；参加了民进广西师范大学支部活动；应民进广西区委和漓江出版社的邀请，分别为桂林市、河池市都安县的中小学校长和骨干教师作报告。

杭州民进企业家联谊会成立大会召开
蔡达峰出席并讲话

2009 年 4 月 29 日，杭州民进企业家联谊会成立大会召开。全国政协原副主席、民进中央原第一副主席张怀西点击开通“杭州民进企业家联谊会网站”。民进中央副主席蔡达峰出席并讲话。民进中央原副主席、中科院院士陈难先与杭州市政协领导为联谊会揭牌。

民进浙江省委主委盛昌黎，中共杭州市委、市政府以及有关职能部门和部分民进地方组织负责人，企业家联谊会代表出席成立大会。杭州市政协副主席、民进杭州市委主委赵光育致欢迎词。

蔡达峰在讲话中说，民进中央十分重视经济界会员特别是新阶层会员的发展。民进组织中涌现了一批经济界的优秀代表人士，他们在发展企业的同时，为民进的社会服务、自身建设发挥了积极的作用。杭州民进市委作为全国最早成立的民进地方组织之一，大力加强自身建设，不断提高履行职责、服务社会的能力，积极引导和帮助经济界会员做好本职工作，发挥优势，奉献社会。杭州民进企业家联谊会的成立，将进一步增进会员之间的相互学习、交流与合作，形成更强的活力和更大的合力，推动企业发展，发挥参政党成员的作用，为民进组织更好地围绕中心，服务大局，履行职责，发挥独特的作用。

蔡达峰希望杭州民进企业家联谊会深入学习实践科学发展观，认真落实全国统战工作会议和中共中央关于构建社会主义和谐社会若干重大问题的决定精神，积极引导企业家会员按照中国特色社会主义事业建设者的要求，发扬民进的优良传统和高尚风范，爱国敬业，把企业发展与国家发展结合起来，把个人富裕与人民共同富裕结合起来，把个人作用与党派作用结合起来，为构建社会主义和谐社会作出更大的贡献。

盛昌黎致辞说，企业界会员是民进组织中很有活力的重要组成部分，是扩大党派社会影响和全面发挥参政议政作用的一支重要力量。杭州民进企业家联谊会的成立，将更好地凝聚企业界会员的智慧和力量，充分发挥他们在参政议政和社会服务工作中的整体优势，为地方经济建设和民进工作作出更大的贡献。

中共杭州市委副书记叶明在致辞中说，杭州民进企业家联谊会的成立，是杭州民进事业发展壮大的一件喜事，对于进一步整合全市民进经济界成员的丰富资源，发挥在参政议政、社会服务等方面的优势和作用具有积极意义。

会上，杭州民进企业家联谊会向全体企业家会员发出了“应对金融危机，推动经济发展”的倡议。

杭州民进企业家联谊会拥有经济界、中介组织等会员（理事）70 余人，是民进全国各级组织中少数几家注册登记的社团组织之一。在筹备期间已经为社会公益事业发挥作用，具有一定社会影响。

民进 8 篇文章
在“统一战线纪念改革开放 30 周年征文活动”中获奖

2009 年 4 月 29 日，民进中央宣传部报道，民进 8 篇文章在“统一战线纪念改革开放 30 周年征文活动”中获奖。2008 年 9 月，中央统战部宣传办联合人民政协报、团结报、中华工商时报和中国统一战线杂志等单位开展“统一战线纪念改革开放30周年征文活动”。近日，评选结果揭晓，民进有8篇文章在其中获奖。

获奖的8篇文章分别是：

团结报一等奖——民进上海市委副主委陈强努的《改革开放是多党合作制度推进的不竭动力》。

团结报三等奖——民进北京市委安冠英的《总书记“走访”“共商”暖人心》；民进西安市委刁宏斌的《我当政协委员这10年》；民进北京市委张瑞芳的《浅谈政党和谐机制》；民进北京市委夏颖的《浅谈如何进一步提高民主党派参政议政的实效》；民进甘肃省委李德铭的《改革开放赋予统一战线新使命》。

人民政协报三等奖——民进北京市委张瑞芳的《积极探索，完善中国政党和谐运行机制》。

《中国统一战线》杂志三等奖——民进南通市委何志斌的《如沐春风感党恩》；民进中山市委谭清平的《走过风雨见彩虹》。

本次征文活动在全国共收到征文4000多篇，刊登近200篇。经“统一战线纪念改革开放30周年征文活动”评委会评审，四家媒体分别评出一等奖20篇，二等奖40篇，三等奖80篇。

王佐书为5部门单位讲座“方法论”

2009年5月5日，民进中央副主席王佐书上午在机关为宣传部、研究室、开明出版社、中华网校和CBD教育等5部门和单位干部职工近100人讲课。讲课主题为“思维方法、分析方法”。

王佐书强调，“工欲善其事，必先利其器”。方法是解决任何问题的“点子”，方法的掌握、方法的创新、产生新的方法常常为解决问题、改进工作、提高工作效率架起有益的阶梯。他从分析问题、探寻问题的角度出发，展开两组各20种方法的介绍和剖析，同时结合实例和与会者实际情况，联系社会实际和工作实践，深入浅出，旁征博引，贯通和渗透着本人在学习、工作中得来的体会和真知，为全体听众奉献了一场内容丰富、层次分明、针对性强、指导性强的方法论讲座。

王佐书指出，探寻问题、分析问题、解决问题、评价解决问题的方法与效果，是涉及问题的最基本的四个问题，也是解决问题的四个层次或水平。思维始于问题，思维终止于解决问题。在探寻问题的过程中就孕育着解决问题的方法，分析问题的方法；在分析问题的过程中又涉及到深入探寻问题、解决问题的方法。

王佐书就一般分析问题的方法介绍了两类各10种方法，即比较法、分类法、类比法、归纳法、演绎法、分析法、综合法、案例借鉴法、抽象概括法、发展法，和切块法、切段法、切片法、360度法、核心法、共性法、并联法、串联法、系统法、综合法。他着重介绍了并联法，他说，并联法是根据研究的目的和任务，研究影响某一问题在同一层次的若干因素及其相互关系的方法。并联法在思考问题中占有极为重要的作用，几乎是思考所有问题的通式，也是改革所有事物的通式。

王佐书就一般探寻问题的方法介绍了两类各10种方法，即追本溯源、未雨绸缪、对症下药、亡羊补牢、防微杜渐、见微知著、锦上添花、移风易俗、永志不忘、鞠躬尽瘁，和规律法、法律政策法、体制法、理论法、实践法、官方法、百姓法、媒体法、优化法、和谐法。他着重介绍了优化法。他说，优化法是工作方法，即无论做任何事情都应当追求使用的人力、物力、财力、精力、时间最少，而获得效果最好的方法。最优化方法与一些工作方法之间的矛盾，就是问题暴露之处，暴露之处就是应当探寻的问题。优化法不是固定的方法，它是变化的，要求人们始终有追求最优化的思想、最优化的意识，在实践中不断找到最优化的方法。

王佐书指出，任何一种方法，都是一种工具，同时也是思考问题的思路和方法。这些方法有些可以单独使用，有些需要联合使用。方法的联合使用又会产生新的方法，这就是产生方法的方法中的一种方法。

王佐书针对“方法”本身提出了12个问题，如方法与人的能力有什么关系，方法的改革需要高科技吗，什么是产生方法的方法，产生方法的方法是怎样产生的等等。这12个问题既是他本人在学习方法论、实践方法论过程中得来的体会，也是在探寻问题、分析问题、解决问题和评价解决问题效果的实践中得来的体会，富有思辨性和辩证法品格。

中国民主促进会抗震救灾恢复重建捐赠仪式在宝鸡、汉中举行

2009年5月7日、8日，中国民主促进会抗震救灾恢复重建捐赠仪式在宝鸡、汉中举行。两个捐赠仪式的项目款项40万元均来自民进中央向全国民进组织及广大民进会员发起“为了灾区的孩子们”抗震救灾缴纳的“特殊会费”。受民进中央委托，陕西省政协副主席、民进陕西省委主委李进权出席两地的捐赠仪式并讲话。民进陕西省委副主委董家蕙一同参加仪式。

5月7日，李进权在宝鸡市出席捐赠仪式，并代表民进中央、民进陕西省委向凤县双石铺中学授20万元的捐赠牌。他说，我们今天在这里举行捐赠仪式，是基于一种社会责任，捐赠物资数量虽然有限，但它体现了民进会员与灾区同胞同呼吸共命运，同抗震共克难的精神风貌，它深深寄托着中国民主促进会和全国民进会员对孩子们的殷切希望。希望同学们树立起热爱祖国、决心为祖国的繁荣富强贡献自己的全部力量的坚定信念，树立起自强不息、不怕任何艰难险阻、勇往直前的奋斗精神，树立起与时俱进、昂扬向上、勇于创新的开拓意识，努力成为祖国现代化事业发展的强大后备力量。

受赠方宝鸡凤县双石铺中学学生代表在发言中表达了对民进及全国民进会员向凤县双石铺中学援助价值20万元宿舍用铁制架子床400套和所表现的崇高精神的谢意和敬仰，并表示决不辜负全国民进组织和民进会员的深情厚谊，勤奋学习，以优异成绩报效祖国和人民的关怀。

宝鸡市人民政府副市长、民进宝鸡市委主委刘桂芳主持捐赠仪式。宝鸡市凤县县长徐烨致欢迎词，他对中国民主促进会组织及民进会员无私援助地震灾区恢复重建表示感谢，对民进组织给予宝鸡凤县教育事业的关心及大力支持表达了崇敬之意。

陕西民进企业联谊会负责人，民进陕西省委、民进宝鸡市委、民进西安市委机关干部参加捐赠仪式。

5月8日，李进权在汉中市汉台区铺镇中学出席捐赠仪式。他向汉中市汉台区铺镇中学、南郑县高家岭中学分别授予10万元的捐赠牌。他在讲话中说，受民进中央委托举行今天的捐赠仪式。捐赠物资有限，但它包含着民进组织及广大民进会员为地震灾区恢复重建的浓浓深情。他提出三点希望：一是希望各级党委和政府继续加强对教育工作的支持力度。二是希望汉中市教育战线的教职工立足本职，做好工作。三是希望同学们努力学习，成长为祖国的栋梁之才。李进权对同学们说，你们是国家未来的主人，你们的成长时刻受到党和政府及社会各界的关注，希望你们不断提高科学文化素质和思想道德素质，真正成长为中国特色社会主义事业的合格建设者和可靠接班人。

受赠学生代表在致辞中对各级民进组织及全国民进会员为汉中市汉台区铺镇中学捐赠价值10万元的铁制书架40套及图书资料和为南郑县高家岭中学捐赠价值10万元的宿舍用铁制架子床200套表示感谢。决心发扬不屈不挠、自强不息的精神，勤奋努力，刻苦学习，以优异的成绩回报祖国人民，为灾区恢复重建贡献力量。

汉中市政协副主席丁斌致答谢词。市人民政府秘书长牛中山主持捐赠仪式。民进汉中市委、民进宝鸡市委、汉台区、南郑县负责人出席捐赠仪式。

陕西民进企业联谊会负责人，宝鸡企业联谊会会员，民进陕西省委、民进汉中市委机关干部，汉中市

汉台区铺镇中学和南郑县高家岭中学相关领导及铺镇中学广大师生近千人参加捐赠仪式。

坚持正确方向　发挥积极作用

——我会宣传工作的基本情况和主要经验

2009年5月7日，民进中央宣传部在中国民主促进会网站发布本文。

随着我国多党合作制度的不断发展，以及“两部一办”文件的颁布与落实，党派宣传工作不断取得新的进展和新的成绩。几年来，民进的宣传工作始终坚持正确的政治方向和舆论导向，积极宣传中国共产党领导的多党合作和政治协商制度，积极宣传民进加强自身建设和履行职能的工作、成果和经验，为民进全会高举中国特色社会主义伟大旗帜，坚持以邓小平理论和“三个代表”重要思想为指导，深入学习贯彻科学发展观，努力建设适应时代要求的高素质参政党，打牢了共同的思想政治基础、树立了参政党的社会形象、营造了履行职能的良好舆论氛围。

一、把握宣传工作的根本任务

民进的宣传工作始终坚持正确的政治方向和舆论导向，牢牢把握加强思想建设，不断巩固民进与中国共产党团结合作的共同思想政治基础这一根本任务，及时宣传各级组织中心学习组的学习成果，积极向报刊推介会中央领导、省级组织主委、机关部门负责人撰写的理论文章，引导民进各级组织和广大民进会员以中国特色社会主义理论体系为指导，不断提高思想政治素质，增强接受中国共产党领导的自觉性和坚定性，坚定不移地走中国特色社会主义政治发展道路。

二、采取更加多样的宣传手段

在统战类报刊、统战专版等传统宣传手段和宣传渠道的基础上，民进一方面充分发挥以互联网为代表的新兴媒体的积极作用，依托民进中央宣传网站，使网络宣传成为民进开展宣传工作的新型载体和有效形式；另一方面注意做好宣传资源的统筹与协调，根据网站、杂志、报刊等不同宣传媒体和宣传手段的特点，积极开展符合各自定位和特点的宣传工作，努力形成宣传报道的综合效应。

三、丰富宣传工作的内容

在宣传内容上，既有民进领导人活动、言论和观点的宣传，有各级组织履行参政党职能和加强自身建设成果与经验的宣传，也有基层组织和典型人物的宣传。为发挥党派宣传工作在引导思想舆论方面的积极作用，民进注意加强了理论宣传，及时把会中央主要领导同志在各种重要会议和重要活动中的讲话转化成理论文章，在网站、杂志以及有关媒体刊登。这些理论文章的发表，有效地促进了民进对中共十七大以及其他中央会议精神的学习贯彻，积极推动了全会用中国特色社会主义理论体系武装思想、指导实践、推动工作，营造了全会深入学习贯彻科学发展观的浓厚氛围。

四、建立宣传工作队伍和工作制度

民进中央在全国29个省级组织、30个副省级和省会城市聘任了59名特约通讯员，建立起了全会的宣传报道网络，并先后于2002年和2006年举办了两期民进全国特约通讯员培训班。建立了民进中央指导和推动民进省级组织宣传工作的三项制度，即民进省级组织年度新闻宣传专项工作表彰制度、两年一次的民进全国优秀通讯员评选制度，以及每年一次的民进省级组织在中央级有关报刊宣传报道情况的统计和通报制度。

五、抓住“两会”宣传契机

一年一度的全国“两会”是国家政治和社会生活中的大事，也是民主党派履行参政党职能的重要平台。抓住“两会”宣传契机，做好民进参政议政工作成果的宣传，是民进中央几年来始终坚持的一项重点工作，并取得了良好的宣传效果。以 2009 年“两会”宣传为例，据不完全统计，民进在各级各类媒体报道 1168 条（不计转载篇次），民进宣传网站“两会专题”网页共发布信息 1702 条，民进中央宣传部与人民网强国博客合作，集中链接了 13 位民进代表、委员的博客，很多媒体把他们的博文作为“代表委员手记”转载，一些 BBS 和网民还引用这些博文发起讨论，发挥了网络宣传的独特作用。

六、做好重大活动和典型人物的宣传

民进在做好常规宣传的基础上，注重突出多党合作实践中的重要工作、重大活动和重要事件，做好重点宣传。例如，精心组织策划民进纪念改革开放 30 周年的宣传报道工作，有计划地安排了 12 家媒体对 3 位民进新老领导人、6 个相关主题会议的采访报道；几年来采写了大量人物通讯，深入宣传先进人物的感人事迹和思想境界，特别是在 2008 年突发的汶川大地震期间，宣传了一批在灾害面前挺身而出、关键时刻不辱使命的会员。这些都对广大会员起到了润物无声的教育、鼓舞和激励作用。

总结我会几年来开展党派宣传思想工作的经验，主要有以下几点：

一是宣传工作与履行职能紧密结合，增强工作的广度和深度。党派宣传既要围绕参政党履行职能的中心工作，服务于推进多党合作事业的工作大局，又要善于在履行参政议政、民主监督职能的过程中渗透思想教育，使广大会员通过多党合作制度的实践，亲身感受中国特色政治制度和政党制度的合理性和优越性，增强广大会员接受中国共产党领导、共同推进中国特色社会主义事业的自觉性和坚定性。

二是宣传工作与会员的思想实际紧密结合，提高工作的针对性和时效性。坚持深入实际，深入基层，深入调查研究，把握会员的思想脉搏，是民进开展宣传思想工作始终坚持的一个做法。针对新一代会员的特点和关注的问题，会中央提出了“增强针对性和时效性，提高渗透力和说服力”的思想政治工作思路，采取了“变单向灌输为面对面交流”、“有针对性地从理论上回答会员中的一些思想认识问题”等举措。

三是宣传工作与重大活动紧密结合，扩大工作的影响和成果。几年来，会中央围绕学习宣传中共十七大精神，学习贯彻中共中央两个 5 号文件精神，以及纪念中共“五一口号”发布 60 周年、纪念改革开放 30 周年等重大活动组织开展座谈会、报告会、演讲会、大型文艺演出、书画摄影展览、征文、知识竞赛等丰富多彩的活动，结合重大活动开展主题宣传。这些活动主题鲜明、内涵丰富，既发挥了潜移默化的教育作用，又通过开展活动扩大了民进的影响。

四是宣传工作与阵地建设相结合，巩固工作的平台和载体。宣传阵地是开展宣传思想政治工作的重要平台和载体。会中央宣传网站、会中央主办的《民主》、《会讯》，以及各省级组织和地方组织的网站、会刊是我会主要的宣传阵地。这些宣传阵地坚持正确的办刊宗旨和舆论导向，宣传多党合作理论和政策，交流会务工作和经验，引导会员的思想认识，在加强思想建设、推动会务工作上发挥了重要作用。

苍生为怀　民进情长

——民进抗震救灾工作周年扫描

2009 年 5 月 12 日，民进中央宣传部在中国民主促进会网站发布本文。

汶川特大地震发生一年来，民进同全国人民同呼吸、共命运，经受了严峻的考验，发挥了应有的作用，作出了积极的贡献。

一、紧急动员部署全会开展抗震救灾工作

灾情发生后，民进中央连夜起草了《致民进四川省委会关于抗震救灾的慰问信》，并先后四次发出通知，要求全会把抗震救灾作为当前最重要最紧迫的任务，切实加强领导，进一步动员全会的力量，支援灾区人民打胜抗震救灾这场硬仗。民进中央及时召开主席办公会议和多次专题会议，研究部署全会抗震救灾工作，编写抗震救灾工作简报和制作抗震救灾网上专页，及时传达会中央精神和交流各地方组织抗震救灾动态。

二、灾区民进组织迅速投入抢险救灾工作

民进四川、甘肃、陕西、重庆等地处灾区的省市民进组织临危不乱、沉着指挥，支持、帮助会员以多种方式展开了顽强有序的抗震救灾工作；灾区的民进省市委会领导班子和担任政府实职的干部，如四川省教育厅副厅长王康、成都市副市长傅勇林、广元市副市长赵爱武、德阳市政协副主席、市住房公积金管理中心主任赵晓平、绵阳市司法局副局长李京平等在重灾区一线指挥、忠于职守、不辱使命；灾区有许多会员不顾个人安危，到废墟中抢救幸存者，用自己的车转运伤员、灾民和物资。民进上海、北京、江西、辽宁、湖北、湖南等地医卫界、科技界、新闻界、文化界、经济界的会员也奔赴灾区，主动参加抢险救援，医疗救治，安置受灾群众，开展卫生防疫、宣传报道和文艺创作，进行心理干预和救灾物资审计等多项工作。

三、在全会开展“为了灾区的孩子们”系列爱心捐助活动

2008 年 6 月 1 日，民进中央在北京举办了“为了灾区的孩子们——中国民主促进会抗震救灾书画义卖捐赠活动”，活动得到了民进各省级组织、民进书画界、企业界会员的积极响应，共募集到 391 位书画家的 783 幅书画作品，募得善款 429 万余元。以后，民进中央仍不断收到民进各地方组织的捐款捐画，截至 2008 年 11 月 17 日，共有 416 位画家捐赠 834 幅书画作品，共募得“为了灾区的孩子们”捐款（特殊会费）计 8624992 元。

据统计，民进各级组织和广大会员共向灾区人民提供了 1.4 亿元的捐款（含捐物折款），其中 8620 多万元特殊会费已投向川、甘、陕、渝四个受灾省市的一批与教育有关的灾后恢复重建项目。

四、为抗震救灾和恢复重建建言献策

会中央两次发出征集抗震救灾、恢复重建信息的通知，民进各级组织的信息员、各专门委员会及时、主动为抢险救灾和恢复重建献计出力。严隽琪主席在去年随贾庆林主席到汶川的调研中，代表民进中央就对口支援和灾区重建规划提出了比较全面的建议。冯骥才、朱永新副主席提出了新建汶川地震博物馆、灾区教育和医疗系统重建、抢救民族文化遗产等方面的重要意见和建议。

截至 2008 年 11 月 30 日，会中央共收到各级组织发出的抗震救灾信息 618 期，内容涉及灾区人员救治、群众安置、灾区防疫、农作物抢收、孤残救助、心理救助、学校恢复教学秩序、加强安全和减灾自救教育、捐助资金和物资管理、灾区重建的规划和资金筹集、应急通信、抗震救灾宣传、非灾区的公共建筑普查、灾区经济发展等等。

在民进的建议中，有许多都得到了中央领导的批示，以及被全国政协采纳。例如，“关于紧急抢救和保护四川灾区民族民间文化的建议”得到了温家宝总理的重要批示。“关于边远地区的所有学校必须按高标准进行建设的建议”，“关于建议开展表彰和宣传抗震救灾英雄教师活动的建议”，得到了国务委员刘延东同志的批示。“关于将每年 5 月 12 日定为国家防灾日的建议”得到了国务委员马凯的批示。“关于灾区重建要与城乡一体化综合改革试点相结合的建议”，“关于总结抗震救灾经验，完善教育系统突发公共事件应急预案的建议”被全国政协单篇采用等等。

五、为重建灾区教育和保护羌族文化遗产多办实事

民进中央副主席朱永新发起的苏州新教育研究院团队 6 人小组在地震发生后第一时间赶赴绵阳，深入帐篷学校，为灾区孩子进行心理辅导，并全面负责起北川地区灾后教师的培训工作。

6 月，民进中央副主席冯骥才、朱永新率有关专家奔赴余震仍频的四川灾区，全力投入羌族文化遗产保护工作。8 月，冯骥才组织一批专家在很短的时间内编写出了《羌族文化学生读本》。《读本》现在已经进入灾区课堂，让羌族的年轻一代和中学生更加明了自己民族的历史贡献和文化成就，通过阅读而加深对民族的热爱。

江西民进会员赵彤通过所办的南昌女子职业学校免费主动接收来自地震灾区的326名家庭经济困难学生就读，还每月提供一定的生活补助，使灾区学生能在学校安心就读。民进山东省委会为援助灾区抢救、传承羌族文化，省委会于7月筹款2万元发往四川绵阳八一帐篷小学，供其购置羌鼓、羌服。民进广西区委会向四川省广元市青川县大院民族学校初中部的44名回族同学发放助学金每人每年1000元，帮助他们完成学业。这样动人的事迹在民进各级组织和广大会员当中还有很多。

经民进中央十二届三次主席会议研究决定，将“为了灾区的孩子们”捐款（特殊会费）中的770万元用于遭受地震灾害较为严重的四川、甘肃、陕西和重庆四省市与教育相关的灾后复建项目。

半年来，在民进四川、甘肃、陕西和重庆四省市省级组织的精心组织与监督下，除甘肃陇南市青少年图书馆项目建设用地未规划好，还未开工外，其他项目进展顺利。

甘肃省平凉市崆峒区香莲乡图书室重建项目、陕西省汉中市和宝鸡市三所学校学生宿舍设备和图书购置项目，以及重庆市为丰都县20所移民较集中、条件较差的农村中小学校购置学生工具书项目均已完成。

四川省广元师范学校艺术楼异地重建项目，到目前地基已完工，进入地上部分施工，预计2010年初完工。

成都金堂清江学校多功能教室建设项目进入招投标阶段，4月下旬开标，预计2009年9月1日前完工。

德阳罗江中学图书馆建设项目，已完成图纸设计，按当地政府要求，正在进行招投标工作，预计2010年上半年完工。

绵阳5所学校多媒体教室项目，目前5所学校的重建工程都已开工，教学楼完工后立即配套多媒体教室，预计2010年上半年完工。

眉山汉阳中小学教学综合楼建设项目，已由承建方垫资完成主体工程施工，2009年6月下旬即可投入使用。

会中央“紧急抢救、保护羌族文化遗产行动”项目，目前已经支出10万元出版了5册关于羌族文化的书籍，于5·12周年时与读者见面。

近日，会中央响应中共中央宣传部等五部门关于向四川地震灾区捐赠优秀少儿读物的倡议，向全会各省级组织发出通知，号召全会为汶川地震灾区儿童捐赠优秀少儿读物。会中央决定近期内向四川灾区捐赠价值50万元的优秀少儿读物。

汶川地震过去一年了，民进已将支援灾后重建工作转变为一项长期工作。虽然民进的力量有限，但爱心无疆，我们希望继续尽绵薄之力，为灾区人民重建美好家园作出贡献。

心系农村教育　献计综合改革

——民进中央赴山西考察“新形势下的农村教育综合改革”

2009年5月13日，全国人大常委会副委员长、民进中央主席严隽琪，全国政协副主席、民进中央常务副主席罗富和率民进中央考察团抵达山西太原，进行为期9天的“新形势下的农村教育综合改革”专题考察。民进中央副主席朱永新一同考察。

始于上世纪80年代的农村教育综合改革，不仅为农村的发展繁荣作出了贡献，也使农村教育发生了深刻变化。然而随着城镇化、工业化进程的加快，以及农村经济社会的发展变化，农村教育应如何定位，新一轮改革的方向在哪里？怀着对农村教育多年的关注之情，民进中央将“新形势下的农村教育综合改革”作为今年的重点专题考察题目，并选择对农村教育综合改革进行多年探索的山西为调研地。

在晋期间，考察团深入山西省太原、吕梁、忻州、晋中、运城等5市进行实地考察，力图通过对“三教统筹”和“农科教结合”试点，农村职业教育和农业科技推广体系建设的试点，高等教育为农服务试点的系统考察，了解农村教育发展存在的主要问题及可能解决的途径；发现并总结农村教育在为当前经济社会发展作贡献，促进学生发展、农民致富、科技进步等方面的新经验。

5月13日下午，民进中央考察团出席了山西省委、省政府、省人大关于农村教育综合改革情况汇报会。会议由山西省人大常委会副主任安焕晓主持，山西省副省长张平介绍了山西省教育工作情况，山西省教育厅厅长李东福介绍了山西省农村教育综合改革工作情况。民进中央考察团就农村学前教育的基本情况、寄宿制学校发展状况、农村教育课程体系设计等问题与省有关部门负责人进行了交流。

严隽琪在会上讲话。她对山西省政府和省教育厅关于山西省教育工作和农村教育综合改革工作所作的全面介绍及提供的建设性意见、建议表示感谢，对山西多年来坚持农村教育综合改革的执著努力给予了高度的评价。

严隽琪说，山西既是一个资源大省，也是一个文化大省。山西人文资源丰富，文化积淀深厚，为文教事业的发展提供了重要的基础。山西也是较早开展农村教育综合改革试点的地方，有很多经验在全国产生了很深远的影响，中共山西省委、省政府一直都非常重视农村教育，在进一步推动和完善“三教统筹”、“农科教结合”上从未停止探索的步伐。

严隽琪说，民进是一个与教育渊源很深的参政党，和教育有着天然且密切的联系。多年来，民进一直关注“三农”和教育，而农村教育可以说是“三农”和“教育”的“交集”，是焦点中的焦点。受城乡二元结构的影响，农村教育的发展较为薄弱，在教育的财政保障、教育内涵的建构、素质教育的推进、教育结构的优化、教育资源的配置和统筹等方面还存在困难，在发展过程中还会遇到瓶颈，新的形势要求将农村教育提升到更加重要的位置，进一步推进农村教育综合改革，使农村教育真正成为培养新型农民和促进农村劳动力转移的阵地，使农村学校真正成为农村文明的高地。

严隽琪表示，民进中央考察团将多了解实情，多发现问题，多倾听呼声，以开放的意识和心态，欢迎山西的同志提出意见和建议，一起总结成功的经验，研究存在的困难和不足，以及其产生的原因，探索解决的思路与方法，共同做好此次专题考察。

此次专题考察是一年一度中共中央委托中央统战部组织各民主党派中央、全国工商联和无党派人士开展专题考察的重要组成部分。中央统战部、国家教育部、国家农业部给予了大力支持。中央统战部一局二处处长陈静、国家教育部职业教育与成人教育司副巡视员张昭文、国家农业部科技教育司教育处处长王青立参加考察。

考察团成员还有山西省政协副主席、民进山西省委主委卫小春，民进中央教育委员会副主任、山东省教育厅副厅长张志勇，民进中央教育委员会副主任诸平，北京师范大学985工程首席专家、联合国教科文组织国际农村教育研究与培训中心教授袁桂林等。民进中央研究室、参政议政部负责人参加考察。

民进中央此前已在北京、上海、安徽、广东、河南等地开展了一系列的预调研，并征集了数10位教育方面和农村研究方面专家的意见，其中包括国家教育部、国家农业部、国家科技部有关司局，叶圣陶研究会、中央教科所、联合国教科文组织国际农村教育研究与培训中心的专家。同时，民进北京市委等7个省级组织也将该课题作为本省年度重点调研课题，同步开展调研。

5月14日上午，考察团参观吕梁市高级中学，并出席吕梁市委、市政府关于农村教育综合改革的座谈会。会议由市委书记聂春玉主持，市委副书记、代市长张九萍介绍了吕梁市农村教育改革与发展情况，在推进改革的过程中遇到的问题困难，并提出意见建议。考察团成员就农村劳动力转移培训、村校结合的办学机制、寄宿制学校发展状况等问题与吕梁市有关部门负责人进行了交流。

严隽琪在座谈会上表示，非常欣赏吕梁把“兴教”和“富民”相结合的做法，对吕梁在改革开放中高速的发展和取得的成绩表示欣慰和祝贺。希望吕梁的教育既对经济的发展发挥更加积极的作用，也能享受到经济发展的成果，为全国的农村教育创造更好的经验。

罗富和在座谈会上讲话。他对吕梁为推进农村教育改革作出的努力和新形势下为发展农村教育所作的探索给予高度评价。他指出，吕梁有着悠久的历史，既是革命老区，也是资源富区；既是贫困大区，又是发展新区，经济社会的发展为文教事业的发展提供了重要的基础。吕梁在农村教育改革方面先行先试，积累了丰富的经验，取得了显著的成绩，不仅通过推进普通教育发展、改善农村办学条件、实施远程教育工程、加强农村师资力量建设等夯实了农村教育基础，而且积极探索“三教统筹”科学模式，依托中等职业学校大批培养技能型人才，扎实开展农村劳动力转移培训，深入推进了农村教育综合改革。

罗富和强调，教育功能的定位应更注重以国民素质的提高为目标，以人的全面发展为目标。目前，农村教育的发展相对来说较为薄弱，在改革的过程特别要注重对教育“出口”的关注，而“出口”又有不同的类型，既包括进一步接受高等教育、实现劳动力转移成为技能型人才，也包括了回到农村成为新农村建设的主力军，而这三个主要的“出口”都要通过农村教育来奠定坚实的基础，这个基础就是国民素质的提高和人的全面发展。

罗富和表示，对于吕梁提出的城乡教育发展不平衡问题突出、农村职业教育和成人教育滞后、大批农村青壮年劳动力向城市转移等问题，考察团将会认真探讨，研究对策与出路。同时，希望吕梁能进一步总结推广在农村教育综合改革过程中的好经验、好做法，特别是面对新的形势、新的情况产生的新经验、新做法，同时更加宏观的、整体的深入研究改革之路，并且在这条路上取得更大的成绩。

下午，民进中央考察团来到前元庄实验学校，对这所借鉴陶行知先生乡村教育思想，并且在农村教育综合改革取得了一定成效的学校进行考察。校长康毅介绍了前元庄农村教育综合改革的情况。考察团成员在参观过程中，就学校生源不足的现状，面临的挑战，发展的思路和方向与前元庄相关领导及学校负责人进行了探讨。

山西省人大常委会副主任安焕晓，山西省人大常委会副秘书长郧敬文，山西省人大常委、民进山西省委副主委张建豪，吕梁市人大、政府、政协、总工会、民进吕梁市委及市教育局、农业局、财政局、文化局、科技局、劳动局负责人陪同考察。

5 月 15 日至 16 日，民进中央考察团赴忻州地区就忻州师范学院开展扶贫顶岗实习支教进行考察。忻州师范学院自 1997 年起实施“扶贫顶岗实习支教”活动。每年选派两批学生，每批半年，到忻州市 11 个贫困县 567 所农村中小学扶贫顶岗学习支教，学生在实习过程中驻扎中小学，全面承担教师岗位职责，完成一个完整学期的教学任务。这是一个在后发地区农村学校解决教师结构性缺编、推进义务教育全面发展的有益探索。其经验在 2006 年 12 月 30 日得到国务委员陈至立的批示：“忻州师范学院做了我们近年来一直想做但尚未做成的事。他们的做法，为深化师范院校的教学改革，加强学生思想政治工作，解决贫困地区教师队伍建设问题，提供了实践经验，很值得进一步总结推广。”

15 日上午，考察团出席忻州市委、市人大、市政府、市政协召开的忻州师范学院扶贫顶岗实习支教工作座谈会。会议由山西省教育厅厅长、高校工委书记李东福主持。忻州市委书记董洪运介绍忻州概况，忻州师范学院党委书记王秋生汇报扶贫顶岗实习支教工作，忻州市委副书记、市长李平社汇报市委、市政府对扶贫顶岗实习支教的认识，原平市委书记梁洁汇报市委、市政府支持和开展扶贫顶岗实习支教的做法、效果，忻州师范学院扶贫顶岗实习支持带队指导教师和学生代表作情况汇报。

严隽琪在座谈会上讲话。她高度评价忻州对农村教育的重视，以及对农村教师队伍建设的重视，同时，忻州对农村地区亟需优质教育资源的呼吁，也使民进感到作为一个以教育为主要界别的参政党，在教育方面进一步参政议政的不可推卸的责任。

严隽琪说，扶贫顶岗实习支教是陶行知教育思想的继承和延续，也是中华民族优秀教育理念的发扬光大。当前，我国农村正在经历巨变，伴随着城镇化、工业化浪潮的冲击，农村教育面临着一些新的情况和问题。受此影响，很难想象对农村没有感情的教师能对新农村的建设、农村教育的发展有所贡献。师范院校是未来教师的摇篮，而目前师范教育却存在着定位、目标都不甚明确的情况，忻州师范学院将发展目标定位为解决贫困地区学校师资短缺，是难能可贵的。

严隽琪强调，在新时期发扬陶行知教育思想，不是一个简单的重复过程，而是要在新形势下走出新路。忻州师范学院的探索经验非常可贵，面对贫困地区教师队伍缺乏的现状，实现了师范生培养对接农村教育、学校与政府携手推进的良好局面。要使扶贫顶岗实习支教的做法能够得到坚持和推广，需要将这一项目转化为制度。

严隽琪说，从几位同志的介绍中可以体会到一种成功背后的心酸，因此忻州关于将扶贫顶岗实习支教纳入政府行为、给予政策和经费支持等建议显得尤为宝贵。考察团将会认真思考，探讨对策与出路，通过参政议政渠道予以反映和呼吁。

座谈会上，忻州师范学院扶贫顶岗实习支教学生代表李微在发言中说："记得实习支教时，同学中流传着一个小故事。今天，我想用这个故事来总结我和同学们曾经做过、正在做着和将要做得更好的这件大事。一个小孩子在退潮后的沙滩上，一条一条地把滞留在沙滩上的小鱼丢回大海，有人问他海滩上那么多鱼，你这样做有什么意义呢？小孩子回答，我知道这样做对这条鱼是有意义的。"

严隽琪在随后的讲话中说："我发自内心的佩服李微和她的同学们，她们把她们最美好、最宝贵的青春献给了农村教育，献给了这项最伟大的事业。我想，这种精神是非常值得当代年轻人去学习、去发扬的"。会后，严隽琪又握住李微的手说："我相信大家的力量会让每一条鱼都生存的有意义！"

15 日下午，考察团考察扶贫顶岗实习支教点五台县高洪口学校。严隽琪、罗富和带领考察团成员分成两组听取由支教学生教授的音乐课和英语课。听课结束后，考察团出席座谈会。五台县委副书记、县长任建华汇报支持和开展扶贫顶岗实习支教的做法效果等情况，忻州师范学院党委副书记、院长李思殿汇报学院在五台县开展扶贫顶岗实习支教工作情况，首批支教学生代表冯振霞汇报感受和工作情况。会上，与会同志就加快推广扶贫顶岗实习支教的做法、对顶岗中"顶"下的教师进行培训等问题展开深入交流。

在忻州期间，考察团还考察了五台山佛教文化，听取五台山申报世界自然与文化遗产工作的情况介绍。

山西省人大常委会副主任安焕晓，省委统战部常务副部长王大高，省人大常委会副秘书长郇敬文，省人大常委、民进山西省委副主委张建豪，忻州市委书记董洪运，忻州市委副书记、市长李平社，忻州市人大常委会主任郭连山，忻州市政协主席李玉清陪同考察。

5 月 17 日至 18 日，民进中央考察团在晋中地区继续考察。考察团先后到山西农业大学、兴华职业学院、平遥县卜宜乡综合教育中心、祁县峪口乡段家窑村中心小学等地进行考察。

山西农业大学坚持"服务新农村建设是新形势下高等农业院校历史使命"的理念，依靠高等教育的研究成果提供技术支持及培养中高级人才实现服务现代农业；平遥县卜宜乡综合教育中心以"中心"为载体，通过多层次、系列化培训，形成了以培训促就业，以就业促经济的良性循环；祁县峪口乡段家窑村中心小学通过开展村校合一的办学模式走出了教育服务新农村建设的新路；兴华职业学院始终把农村职业教育作为重要的办学内容，探索民办职业教育服务农村职业教育的路径。

严隽琪在考察中就农村教育服务新农村建设、民办教育的发展等问题讲话。严隽琪说，平遥、祁县有着"重教育"的传统，在多年来发展农村教育的过程中，结合当地的实际情况，积累了很多宝贵的经验，特别是始终坚持立足乡情找优势，着眼未来定规划，统筹兼顾求发展的工作思路，坚持普职成统筹、农科教结合、乡村校联动的工作策略，同时依靠进一步加强与企业的合作，取得了实实在在的效益，其经验具有学习借鉴意义，民进中央将很好地研究、消化这些经验，为推广这些经验鼓与呼。

严隽琪说，民办教育是教育事业的重要组成部分。目前，民办教育的发展还面临着诸多问题，兴华职业学院 18 年来的发展经历，特别是面向农村办职教的探索，走出了一条特色发展之路，其间有不少可以总结的规律，可以借鉴的经验，为推进民办教育的发展提供了宝贵的经验。

罗富和在考察中就高等农业院校服务新农村建设、新形势下的农业、农村发展等问题讲话。罗富和说，山西农业大学通过培养和选聘大学毕业生到农村任职，并提供聘后服务及专家顾问工作等途径，为培养学生服务三农作了新的探索，切实为农村输入了大批有知识、有能力并具献身精神的人才，这些经验难能可贵。

罗富和强调，新的形势下发展农业要从三个方面予以“重视”。一是要重视农业的基础性地位，而且要对农业的发展有新的思考。其次，重视加强农业技术人员队伍建设的同时，提高一线务农者的整体素质。最后，重视农业高等院校，发挥其培养农业中高级科技人才、助推农业科技发展的作用。

山西省人大、统战部、民进山西省委负责人陪同考察。

5 月 17 日，严隽琪、罗富和、朱永新走访民进山西省委，与省委领导班子成员、基层组织负责人、骨干会员座谈。

山西省政协副主席、民进山西省委主委卫小春从开展中国特色社会主义主题教育活动、加强组织建设、提高参政议政能力、推进社会服务工作等几个方面汇报民进省委两年来的工作情况。民进山西省基层支部——山西太原中心医院支部负责人、骨干会员先后发言。

座谈会上，中共山西省委统战部常务副部长王大高充分肯定了民进山西省委的工作和取得的成绩。他认为民进山西省委在政治上是坚定的、清醒的、成熟的；在履行参政党职能上有实招、有成果、有特色；在思想政治建设、组织建设、制度建设、领导班子建设和机关建设方面是自觉的、有效的、有所创新的。山西民进在全省多党合作政治格局中的地位和在全省社会中的形象，表现为对内具有凝聚力，对外具有影响力，是一个团结和谐、奋发有为、充满活力、人才济济的组织。

严隽琪在讲话中首先感谢中共山西省委统战部对民进工作的大力支持。她说，王大高常务副部长对民进山西省委会工作和成绩的充分肯定和赞扬，这既是对山西民进的高度评价，也是一种鞭策和希望。民进山西省委会的发展和进步离不开中共山西省委统战部一直以来的指导、帮助和支持。

严隽琪说，大家的发言都非常打动人心。大家加入民进，就多了一道报国之门，多了一个学习机会，多了一扇获取信息的窗口，多了一条交朋友的渠道。通过会员在参政议政中的表现和在社会服务中体现的精神，扩大了民进的影响力，同时也使年轻的会员在活动中体会到奉献的快乐，感受到组织的温暖，进而增加了民进组织的凝聚力。

严隽琪强调，当前新的形势向民进提出了新要求。中国特色社会主义理论体系的不断创新赋予了参政党更大的责任。就会内而言，会员队伍的结构及其成长背景、所处的环境都有了新的变化，要在新形势下保持进步性和团结性，在服务大局中实现价值，增加民进组织凝聚力。

严隽琪希望，大家一要加强学习，建设学习型政党，向书本学，向执政党学，向同志们学，在工作中、实践中学。二要进一步落实科学发展观，在中央工作与地方的工作相互促进中，自身建设与履行职能相互结合中提高协调性，同时结合中央工作和地方实际情况，自主地开展工作；三要坚持改革创新的精神，深化主题教育学习活动，健全民主集中制，发挥制度的作用和集体的力量，集智聚力，共同努力，不负历史使命。

罗富和在会上请与会的同志转达会中央对山西 3693 名民进会员的问候，转达对山西省市级组织统战部的问候和感谢。

民进中央教育委员会、研究室、参政议政部有关负责人，民进山西省委副主委张建豪、张政、成锡锋、陈维毅、任建国，副主委兼秘书长高新文参加座谈会。

5 月 19 日至 20 日，民进中央“新形势下的农村教育综合改革”山西专题考察团赴运城地区就以职业教育为切入点，解决三农问题继续深入开展调研。考察团先后听取了运城市政府关于农村教育综合情况的汇报，绛县政府关于教育发展情况的汇报，听取了风陵渡中学、芮城县第一职业学校、临猗县第一职业中学等三所学校的工作汇报，并考察风陵渡中学。

严隽琪在考察中指出，“三农”问题是关系党和人民事业发展的全局性和根本性问题，随着城镇化、工业化进程的加快，以及农村经济社会的发展变化，农村传统的教育理念面临冲击，运城作为一个传统的农业大市，高度重视农村教育，创新教育理念，加大教育投入，在改革过程中积累了很多宝贵的经验，为农村教育的改革和发展思路提供了借鉴。

严隽琪说，在农村和农业的发展过程中，职业教育还存在着许多不适应的地方，面临着许多新问题和新困难，特别是受到城乡差别与择业观念的影响，一些学生不再选择学农科专业和工科专业，而纷纷拥向第三产业一些热门专业，“以农为主”的农村职业教育对广大农民青年的吸引力越来越弱。正处于转型期的农村职业教育既面临挑战，也面临机遇，只有进一步总结并宣传富有成效的经验，才能使农村职业教育得到更大的发展。

罗富和在考察中指出，“三农”问题是我国全面建设小康社会的重中之重。发展农村教育，是从根本上解决“三农”问题的先导性和基础性工作。运城市委、市政府高度重视农村教育，确立了教育富民的理念，落实了领导和目标责任，在三教统筹方面不断探索，为在发展农村教育的过程中如何进一步强化政府责任提供了宝贵的经验。

罗富和说，在农村教育综合改革的过程中，要全面落实育人为本、德育为先的教育方针，优化教育结构调整；建立多层次多类型的教育，发挥各自优势，因地制宜；进一步明确政府在“三教统筹”、农科教结合方面的责任；重视发展职业教育，加强政策支持力度，加大财政支持力度，从而推动我国由人力资源大国向人力资源强国的转变。

山西省人大常委会副主任安焕晓，山西省委统战部常务副部长王大高，山西省人大常委会副秘书长邬敬文，山西省人大常委、民进山西省委副主委张建豪，运城市委副书记、市长王安庞，运城市人大常委会主任张建合，运城市政协主席柴林山，运城市教育局相关负责人陪同考察。

5 月 21 日上午，民进中央“新形势下的农村教育综合改革”山西专题考察团出席了由山西省委、省政府、省人大召开的座谈会，反馈此次专题考察情况。

在为期 9 天的考察中，考察团深入山西省吕梁、忻州、晋中、运城 4 市，就“三教统筹”和“农科教结合”，农村职业教育和农业科技推广体系建设，高等教育为农服务等问题进行了考察。考察团实地考察了 10 个农村教育单位，组织了 16 次“农村教育综合改革”情况汇报会，听取了当地党委、政府有关部门的情况介绍，与农村学校负责人、教师、学生、农民进行了形式多样的交流，全面了解山西省农村教育综合改革的进展情况。

严隽琪在座谈会上讲话。她高度肯定山西农村教育综合改革所取得的成果，认为山西持之以恒地坚持三教统筹、农科教结合的综合发展方向，坚持因地制宜、多元化发展方向，在不同历史时期都创造了有很大影响的典型经验。山西各级党政部门在教育领域深入贯彻实践科学发展，以正确的教育政绩观为指引，立足山西省情，遵循教育发展规律，重视教育优先发展的战略地位。

严隽琪说，虽然随着社会的发展变化，老典型也面临新问题，但是教育的精神和教育的真谛是恒久不变的，陶行知先生“教育要培养全面发展的人，教育要服务社会”的精神是不朽的。新形势下的农村教育综合改革，要进一步明确农村教育的定位和发展农村教育的理念，加强教育体制、机制建设和政策保障，重视教育规划、教育投入。她认为，对于教育体系的评价有三个标准，即让每一个学生都对前途能满怀希望、让各种社会资源都愿意支持教育，让各级政府都有发展教育的积极性。

作为以教育、文化、出版为主要界别的参政党，中国民主促进会一直关注国家教育事业的发展，积极参政议政、建言献策。近年来，民进中央先后就职业教育发展、民办教育立法、少数民族地区师资队伍建设、加强城乡教师流动、农村中小学布局调整等问题开展专题调研，并取得阶段性成果。此次专题考察不仅是民进贯彻落实中共十七大和十七届三中全会精神的一次具体实践，也是民进教育领域课题研究的延续和深化。

朱永新代表考察团反馈考察情况。他首先代表考察团对中共山西省委、省人大、省人民政府、山西省政协以及省教育厅的大力支持表示衷心的感谢。他指出，山西省农村教育改革和发展取得了巨大成就，积累了极富有启发、启迪和示范意义的典型经验，考察团希望山西在已有成绩的基础上先试先行，探索新路子、创造新经验，继续坚持农村教育重中之重的地位不动摇，深入思考农村教育的定位和方向，进一步探索城市教育支持农村教育的道路和经验，对农村义务教育实行标准化建设，统筹教育资源配置。

座谈会由山西省人大常委会副主任安焕晓主持。山西省副省长张平、山西省委统战部常务副部长王大高、山西省教育厅厅长李东福出席会议。

此次山西专题考察结束后，民进中央将根据考察情况和需要，继续有所侧重地开展补充调研，不断完善政策性建议，并于今年下半年综合预调研、正式调研、补充调研、省级组织协助调研等多方面成果，最终形成报送中共中央、国务院关于“新形势下的农村教育综合改革”的建议书。

长江流域湖泊的保护与管理研讨会在南昌召开
严隽琪、罗富和、朱永新出席

2009 年 5 月 24 日，长江流域湖泊的保护与管理研讨会召开前夕，全国人大常委会副委员长、民进中央主席严隽琪，全国政协副主席、民进中央常务副主席罗富和在南昌会见与会同志。会见由民进中央副主席朱永新主持。

严隽琪在讲话中代表民进中央感谢水利部长江水利委员会的支持，世界自然基金会的协作，承办单位所付出的辛勤劳动，以及民进沿江 8 个省级组织的积极参与。她说，中共十七大提出生态文明建设，使长江流域水资源可持续利用的问题意义更加重大。民进中央与有关各方共同举办长江流域湖泊的保护与管理研讨会，也是贯彻落实中共十七大精神，学习贯彻科学发展观的实际行动。持续关注并参与长江水资源的保护和管理，已经成为民进参政议政的一个特点，自 1998 年以来，民进中央持续 12 年关注长江流域水资源问题。长江流域水资源问题涉及的领域很多，而且还有跨行政区域的管理问题，所以需要有关各方的重视和参与，通过集中各方的智慧和力量，共同推进长江流域水资源的综合治理。为了使研讨会取得更好的实际效果，每次会议都选择一个具体问题进行专题深入研讨，这次选择长江流域的湖泊保护问题，并且在我国最大淡水湖泊鄱阳湖所在地江西省举行，既切合主题，也非常有意义。希望大家就如何开好研讨会提出意见建议，使研讨会这个平台越办越好。

罗富和在讲话中指出，长江流域水资源保护是民进在新领域参政议政工作的深化。民进中央于 1997 年提出把节约和保护资源作为基本国策，受到党和政府高度重视，此后民进中央在新领域的参政议政工作不断推进，关于长江水资源的保护和利用就是我们在新领域参政议政的一项新课题。希望本次研讨会在学术领域和参政议政方面都取得积极成果。

江西省政协副主席、民进江西省委主委汤建人，水利部长江水利委员会副主任杨淳，江西省水利厅厅长孙晓山，长江流域水资源保护局局长洪一平，民进中央科技医卫委员会主任、中科院科技政策与管理科学研究所副所长王毅，民进上海市委副主委、华东师范大学资源与环境科学院副院长陈振楼，世界自然基金会淡水项目主任马超德先后在会见时发言。大家认为，民进中央这次在南昌举办长江流域湖泊保护与管理研讨会，对于加快江西水利事业的发展，促进江西经济社会发展将起到积极的促进作用。这次选择湖泊保护问题进行研讨，很有特点，也很有意义。长江流域水资源开发利用的空间越大，合理保护的工作越重，因此迫切需要加强水资源的保护，妥善处理好开发利用与合理保护的关系。在关注研讨会内容的同时，如何不断总结经验、完善机制，进一步提高研讨会的实际效果，也需要依靠大家的共同努力。

民进中央参政议政部、民进江西省委负责人会见时在座。

5月25日下午，中共江西省委书记、省人大常委会主任苏荣，中共江西省委副书记、省长吴新雄，在南昌看望严隽琪、罗富和一行。全国政协原副主席、民进中央原第一副主席张怀西，民进中央副主席朱永新，水利部长江水利委员会主任蔡其华看望时在座。江西省领导舒晓琴、赵智勇、胡振鹏、宋晨光、汤建人参加看望。

严隽琪说，此次来到江西最大的感受，就是长江流域湖泊的保护与管理研讨会放在江西南昌召开，是一个非常正确的选择。江西人民在省委、省政府的带领下，高度重视生态建设，既保护青山绿水，又推动经济发展，作出了积极的贡献。特别是鄱阳湖生态经济区的规划，为我们这次研讨会提供了生动的背景、详实的资料，研讨会一定会借助江西这块福地，取得更多的丰硕成果。民进一直非常重视资源和环境保护问题，对长江流域水资源的保护与管理已经持续关注了12年。江西省委、省政府对研讨会的高度重视，是对生态文明建设的高度重视，也是对多党合作制度的高度支持。民进中央愿意一如既往关注生态，给予鄱阳湖的保护与管理更多支持，为江西环境建设与经济发展作出贡献。

苏荣说，民进中央在江西召开长江流域湖泊的保护与管理研讨会，对于保护长江流域的生态环境，促进可持续发展意义重大。江西处于长江中下游，水资源丰富，一年流入长江的总水量达到1460亿立方，超过黄、海、淮河三大河系的总水量，是全国少有的几块宝地之一。今天，全省生态环境如此令人称赞，20多年前实施的山江湖工程功不可没。可以说，绿色生态环境是江西最大的财富、最大的优势、最大的潜力。目前，江西正处于工业化、城市化快速发展阶段，我们必须以长远眼光，正确处理经济发展和环境保护的关系，既要坚定不移地走新型工业化、城市化道路，又要始终不渝地推进绿色生态江西建设，走绿色发展、绿色崛起之路。我省正在大力推进鄱阳湖生态经济区建设，进一步巩固和发展江西的生态优势。此次民进中央组织众多造诣高、水平高的专家学者汇聚在江西，研究长江流域湖泊的保护与管理，这对于江西建设一流的水质，一流的空气，一流的生态环境，一流的人居环境，做好生态环境保护大文章，是一次千载难逢的机会。我们衷心希望各位领导、专家学者畅所欲言，出谋献策，使江西的发展更加符合科学发展观的要求，实现生态文明和经济文明的协调发展。

出席研讨会的有关专家和负责人参加了活动。

5月26日，由中国民主促进会中央委员会、长江水利委员会主办的长江流域湖泊的保护与管理研讨会在南昌开幕。严隽琪出席会议，强调保护流域生态，维护长江健康。罗富和主持开幕式。

严隽琪在讲话中指出，当前，水资源短缺和水环境安全已成为制约我国可持续发展的重要因素，成为具有基础性、全局性和战略性的重大问题。国家西部大开发、中部崛起、东部率先发展战略的实施，使长江成为连接东西的“黄金水道”和改善我国北方生态与环境的重要支撑点，在保护流域生态、维护长江健康和保障水环境安全方面的任务十分艰巨。

严隽琪强调，研究长江的保护与发展问题，关键是要把认识和行动统一到党的十七大关于建设生态文明的战略决策和部署上来。她说，生态文明是人类对工业文明所造成的资源环境巨大损失进行深刻反思作出的必然选择。在向工业化迈进的过程中，我们必须超越传统工业文明的发展逻辑，摆脱先污染后治理的老路，走一条新型工业化发展道路。

张怀西在讲话中说，保护长江，就是守护我们的未来。长江流域问题的解决需要探索中国自己的路，需要依靠大家的共同努力。

吴新雄说，在英雄城南昌召开长江流域湖泊的保护与管理研讨会，必将对进一步加强湖泊保护管理、加快推进鄱阳湖生态经济区建设起到积极的推动作用。他从总体定位、总体目标、功能区划以及战略任务等方面介绍了建设鄱阳湖生态经济区的总体构想。

蔡其华以“健康长江与生态鄱阳”为题作主题报告。她说，维护健康长江，不仅事关流域4亿多人民群众的福祉，也关系到全国经济社会发展的大局。

国家水利部副部长胡四一对鄱阳湖水利枢纽工程深化论证提出了思考与建议。国家林业局副局长印红就协同推进长江流域湿地保护提出了政策建议。

长江流域有我国最大的淡水湖泊群。与会的湖泊研究专家将围绕湖泊水环境保护与治理、湖泊综合管理的体制与政策、流域规划与健康湖泊等议题深入研讨。研讨会召开之前，严隽琪、罗富和同与会专家对我国第一大淡水湖鄱阳湖进行实地考察。

中共江西省委书记、省人大常委会主任苏荣，民进中央副主席朱永新，中共江西省委常委、省委秘书长赵智勇，江西省人大常委会副主任胡振鹏，江西省政协副主席、中共江西省委统战部部长宋晨光，江西省政副主席、民进江西省委主委汤建人出席开幕式。

研讨会主办、承办、协办单位的领导和专家学者，科研院所有关负责人和专家，长江流域民进省级组织负责人和专家学者100多人参加开幕式。

5月26日至27日，20多位与会专家就保护长江水发言。

长江流域湖泊保护的现状

长江流域水华最早出现在20世纪80年代中后期，后来则每年都有蓝藻水华现象的发生。从有关部门抽样调查31个长江流域湖泊的情况来看，富营养化的湖泊有13个，占42%；中营养的18个，占58%。所以，长江流域湖泊富营养化程度的总体状况不佳，形势比较严峻。

长江流域湖泊水库水华防治存在的问题

专家指出，当前长江流域湖泊水库水华防治存在的问题，一是长江流域地区在追求高速经济发展的同时，忽视了长江流域资源环境的保护。在一些经济开发区建设过程中，没有统筹考虑长江流域湖区库区的生态环境，规模缺乏控制，导致湖区库区环境的承受能力不够，出现了一些问题。二是综合协调工作不够，缺乏统一管理的工作体制与机制。河流、湖泊（水库）水环境治理包括管理与技术等多方面的问题，总结多年来的治理经验与教训，体制与机制问题极为重要。应强化法制，建立并完善流域管理与区域管理相结合的综合管理体制与机制。三是缺乏综合的治理措施，投资结构不合理。对一个湖泊来说除了碘盐还有其他的影响，蓝藻水华的治理应该是温和的，而不仅是单向。四是我们目前的基础工作薄弱，导致在治理上针对性不强，研究也不够。

新形势下推进流域综合管理的思考

与会专家认为，在新的形势下，推进长江流域综合管理面临更加复杂而艰巨的任务。他们提出，加强长江流域湖泊的保护与管理，一是要从环境保护的角度加强污染物排放总量的控制，同时要制定对水中营养物质进行监测的强制性指标，把这些强制性指标作为加强水资源保护的重要举措。二是要设立行业的标杆管理和分类指导原则，加强应对气候变化适应的研究和规划工作，优先降低极端天气气候事件，同时积极探索适合中国国情的流域管理模式。三是要加强流域综合管理与湖泊开发保护。要把湖泊作为流域的重要组成部分来考虑，认真研究湖泊生态环境演化的一些机制，包括分区的特征。四是要从流域整体角度，加强对流域湖泊的分区管理和指导。要遵循开发与保护并重的方针，以水环境承载能力和水功能区区划为基础，以保障饮水安全、用水安全、生态安全为目标，牢牢把握开发利用的底线和生态环境保护的红线，维护好生态环境。五是加强对长江流域湖泊水库的开发保护所涉及问题的研究。包括如何加强能力建设，如何整合不同政策的目标，特别是一些相互矛盾和冲突的目标，同时设立一些有限的保护。希望通过以上这些不断深化的工作，进一步改善和优化我们对长江流域湖泊的保护与管理工作。

5月27日下午，长江流域湖泊的保护与管理研讨会在顺利完成各项议程之后闭幕。朱永新出席并讲话。他说，本次研讨会是一次高质量的研讨会。与会领导和专家围绕研讨会主题，从湖泊的保护与管理入手，从长江流域的大视野着眼，针对实施流域综合管理的难点与未来工作的重点，以及流域综合管理与湖泊开发和保护等重大问题进行了研讨，就进一步推进长江流域综合管理，长江流域湖泊水库水华与富营养化防治，建立湖泊水环境保护长效管理机制，长江流域水库联合调度和生态调度，维护江湖健康等问题提出了很多有参考价值的观点，为政府有关部门的科学决策提供了重要的参考依据。他说，研讨会为我们搭建了充分交流、共议对策的互动平台，这个平台既集中、凝聚了民进全会的智慧和力量，也集中、凝聚了全社会的智慧和力量，这对于我们开拓思路和渠道，使参政议政工作反映的问题更准确、所提的建议更中肯，进一步提高我们工作的水平和质量起到了非常重要的作用。

朱永新指出，解决长江流域湖泊问题需要新的战略思考。他说，未来时期我们必须站在全流域和整个生态系统角度，综合思考长江流域湖泊开发与保护的战略，从五个方面进行探索：一是要加强立法，明确管理体制、管理责任。二是推进流域综合管理。三是实现江湖联通、江湖两利。要调整江湖治理思路，由过去单纯的江湖整治向江湖管理、保护和综合治理转变。四是实施综合整治，遏制水华危害。五是要协调好发展与保护湿地的关系，保护好候鸟栖息地。

朱永新表示，民进将一如既往地继续关注长江、关注长江的水环境安全。研讨会之后，民进将组织专门力量梳理思路与对策，消化吸收，补充完善，下大力气进行研讨会成果的转化工作；将继续加强与长江水利委员会等政府相关职能部门、世界自然基金会等非政府组织的沟通与合作，积极吸纳专家的研究成果，为更好地促进长江流域的保护与发展贡献我们的力量。

闭幕式由汤建人主持。长江水利委员会副主任杨淳，江西省水利厅厅长孙晓山，国家林业局湿地保护管理中心副主任严承高，民进中央科技医卫委员会主任、中科院科技政策与管理科学研究所副所长王毅，世界自然基金会淡水项目主任马超德，水利部长江流域水资源保护局局长洪一平，江西省有关单位、民进有关省级组织的同志，与会专家参加闭幕式。

“朱永新新教育报告会”在南昌举办

2009年5月24日，民进南昌市委、南昌市教育局下午在江西省南昌市滨江宾馆四号楼会议室，联合举办“朱永新新教育报告会”。民进南昌市委为充分发挥会内教育资源优势，积极为南昌市教育发展助添活力，邀请民进中央副主席、博士生导师朱永新教授作“新教育实验发展”专题报告。

朱永新在报告中详尽地介绍新教育理念，新教育实验提出的背景及经过近10年来在全国各地600所学校开展实验所取得的成果，在新教育实验阵地“教育在线”网站、朱永新博客等与全国各地开展新教育实践的教师们共同研讨的情况。

朱永新所提出的新教育理念使听众感受深刻，大家感到，报告会非常及时，效果非常好，及时地向各级教育行政领导、教研专家、学校管理者、一线骨干教师展示新教育的理念，展示今后教育发展的新思路，必将有力地推进今后教育的大发展。

南昌市教育局局长熊晓武在会上要求各县区教育主管部门领导，要认真体会新教育的管理理念，用于指导今后的中小学教育管理工作；要求全市各级教育研究机构，要进一步深入开展新教育实验的研究工作，在全市积极推进新教育实践活动；要求各市属学校，要认真把握体会新教育的内涵，将理论与实践结合起来，结合学校实际，积极开展好新教育实验，争取做出好的成绩，探索出新教育实验的好方法、新路子，推进教育大发展。

报告会由民进江西省委副主委、南昌市人大副主任、民进南昌市委主委姚燕平主持。南昌市教育界100名民进会员与南昌市教育局全体领导班子成员、机关各处室和事业单位主要负责人，各县区教育局局长、分管教育副局长、教育科长、教研室主任，各省级重点中学校长、市属学校校长、书记、分管教学副校长、教务处主任、部分事业办学校、市管民办学校校长，市教科所全体教研员共360人听取报告。市政协原副主席、民进南昌市委原主委、张富教学法倡导者张富，江西教育杂志社副社长万邵愉，副总编徐光明、熊义文和杂志社20多位编辑应邀参加报告会。

"新形势下我国农村教育综合改革"座谈会在南昌举行 严隽琪讲话，并与罗富和走访民进江西省委

2009 年 5 月 25 日，民进中央"新形势下我国农村教育综合改革"江西调研座谈会在南昌举行。全国人大常委会副委员长、民进中央主席严隽琪出席会议并讲话。会议由民进中央副主席朱永新主持。江西省政府副省长孙刚，江西省政协副主席、民进江西省委主委汤建人出席座谈会。

严隽琪充分肯定江西农村教育改革和发展取得的成绩。她说，江西省贯彻落实教育优先发展战略，把教育作为民生之首，逐年稳步增加财政教育经费的投入，通过教育的发展推动和引导经济的发展，取得了很好的成效。江西省对教育改革进行积极探索，在教育经费保障机制的改革、教育结构的调整等方面积累了有益的经验，提出了城乡教育同步发展等理念。政府相关各部门注重加强统筹协调，充分利用各种教育资源，加大对教育的投入，促进了全省教育事业的发展。

严隽琪指出，我们研究新形势下的农村教育综合改革问题，要从以下几个方面对新形势有清醒的认识。当前我国处在工业化和城镇化的历史发展阶段，学龄人口流动性大，对农村教育提出了新的现实挑战；产业结构的调整对人的技能提出了新要求，面对知识化、信息化的时代，建立终身学习的教育体系势在必行；实现农业的现代化需要农业的产业化和专业化发展，需要农村教育培养新型农民为建设社会主义新农村服务。农村教育要适应人们对优质教育资源的新需求。新的形势对农村教育的体系建设、规划布局、政策管理都提出了新的任务和新的要求。作为以教育文化出版为主要界别的参政党，民进形成了关注"三农"、关注教育的历史传统，这既是一种情怀，也是工作的方向，民进将继续为推进我国农村教育的改革和发展贡献新的力量。

江西省教育厅副厅长彭世东，江西省人力资源和社会保障厅党组副书记、副厅长刘金炎，江西省农业厅副厅长马岩波等同志介绍了江西省农村教育综合改革情况。在中共江西省委省政府的重视和支持下，江西省义务教育经费保障机制改革按照中央工作部署，根据"城乡同步实施、标准相对统一、经费分级负担、逐步实施到位"的总体原则，提前实现了国家预定的各项经费标准，大大提升了农村义务教育的经费保障水平。通过开展学校与企业对接、专业与市场对接、校长与厂长对接，农村职业教育得到稳步推进。通过实施"金蓝领工程"、"阳光工程"、"雨露计划"，统筹协调开展农村劳动力的培训。参加会议的相关单位同时介绍了农村教育综合改革面临的问题，提出意见建议。

全面推进农村教育综合改革，对于促进农村经济社会发展，加快社会主义新农村建设步伐具有重要意义。为此，民进中央将农村教育综合改革确定为 2009 年的重点专题考察课题。在江西南昌调研座谈会召开之前，民进中央专题考察团已先后在北京、上海、安徽、广东、河南等地进行考察，并深入山西省太原、吕梁、忻州、晋中、运城等 5 市调研，了解农村教育综合改革的具体情况，探寻解决主要问题的有效途径。

民进中央参政议政部、民进江西省委、南昌市教育局负责人，南昌市农村基层学校的校长代表参加座谈会。

5 月 26 日下午，民进中央主席严隽琪、常务副主席罗富和走访民进江西省委，亲切看望机关干部，与民进江西省委领导和会员代表座谈。严隽琪认真听取工作汇报和发言并讲话。她说，很高兴有机会在南昌和各位会员进行面对面的沟通交流。通过你们的介绍和发言，我感到江西民进的领导班子有明确的工作思路，有很高的工作热情，主动积极、开拓创新，通过搭建助学帮困的社会服务工作平台，充分调动和发挥各级组织以及广大会员的积极性，在思想建设、组织建设、制度建设和文化建设方面都取得了新进展和

新成绩。广大会员在本职岗位上辛勤工作，获得了很多荣誉，为民进树立了良好的社会形象，对此，我们感到由衷的高兴，也借此机会感谢省委会新老领导班子的辛勤工作和广大会员的不懈努力。

严隽琪指出，要适应当前形势和任务对参政党提出的要求，就需要我们不断巩固多党合作的政治基础，不断增强接受中国共产党领导的自觉性和坚定性，在大是大非面前始终坚持正确的政治立场。这是各级民进组织和广大会员继承和发扬好民进优良传统的需要，也是增强民进组织凝聚力的保障。当前我会正在深入开展中国特色社会主义主题学习教育活动，这是搞好政治交接、巩固多党合作政治基础的重要举措。以搞好政治交接为主线开展主题学习教育活动，要坚持因地制宜，发挥各地优势，做到与开展形势教育、重大活动相结合，与履行职能相结合，与当地资源相结合，与组织生活相结合，与本职工作相结合，切实增强主题学习教育活动的实际效果。履行参政党职能是时代赋予我们的历史责任，也是体现参政党价值的迫切需要。会中央提出以“新作为巩固老阵地，在顺势中开拓新领域”，就是要适应形势、发挥优势，按照客观规律推动工作，善于思考、善于总结，实现事半功倍。参政党不断提高履职的能力，需要按照集智聚力、资源共享；服务大局、找准重点；完善机制、促进互动的要求，把加强自身建设和参政议政、社会服务有机结合起来，进一步提高履行职能的水平。

民进江西省委主委汤建人主持座谈会，并汇报省委主要工作和体会。他说，民进江西省委换届后在继承优良传统的基础上，开拓进取、积极创新，提出了以政治交接为主线，突出自身建设、参政议政和社会服务三个重点，着力抓好组织建设人才工程、思想作风建设工程、制度建设工程、参政议政精品工程和助学帮困工程等五个工程的工作思路，使各项工作取得新进展、迈上新台阶。民进江西省南航基层委员会、抚州市直属支部、助学帮困委员会、同心合唱团、企业家联谊会等基层组织的代表先后发言。

中共江西省委统战部常务副部长黄小华，江西省政协原副主席、民进江西省委原主委刘运来，共青团江西省委副书记李建军，民进江西省委副主委李志跃、姚燕平、卢天锡、梅国平，民进中央参政议政部负责人，民进江西省委基层组织干部和会员代表参加座谈会。

基层组织同样应有所为

——罗富和参加民进九江市委会共青城支部组织生活会

2009 年 5 月 25 日，民进九江市委会共青城支部会议室格外热闹，会员们早早赶来参加今天的支部组织生活会，因为本次民进九江市委会共青城支部组织生活会将迎来一位特殊的“参与者”——全国政协副主席、民进中央常务副主席罗富和。

共青城支部在民进有着特殊的历史地位。1995 年，韦国柱、王忻洲、彭年祥和郑裕水等几位民进会员联名向民进中央、江西省委会写的题为“我们想有个‘家’”的请求信，得到了民进中央领导的高度重视。在全国人大原副委员长、民进中央原主席雷洁琼，中共中央统战部原副部长万绍芬等的关怀帮助下，1996 年 12 月 9 日，民进共青城支部正式成立。此后雷洁琼主席更是 6 次致信，勉励支部要为建设共青城做出努力和贡献。

如今，这个当年只有 9 名会员的支部组织，正不断成长成为拥有 20 名各领域专家学者，并日臻成熟、发展壮大的支部。25 日，罗富和来到共青城支部，看望会员，并对基层组织建设工作进行调研。

民进江西省委会副主委、九江市人民政府副市长、民进九江市委会主委卢天锡介绍了民进九江市委会的情况，近年来民进九江市委会以政治交接为主线，突出自身建设，参政议政和社会服务三个重点，着力抓好人才工程，思想作风建设工程、制度建设工程，参政议政精品工程和助学帮困工程等五大工程，围绕党和政府中心工作，积极发挥参政党作用，为构建和谐社会，实现九江经济社会又好又快发展作出了积极贡献。

共青城开发区党委书记李晓刚介绍了开发区目前的经济社会各领域的发展情况。民进共青城支部主任陈保平在谈到支部工作时感慨说，民进基层组织工作离不开地方党委、政府的重视和支持，离不开上级民进组织的关心和关怀，离不开全体会员的团结协作。在此基础上，民进共青城支部立足本职，创新方式、拓宽渠道，积极参政议政、建言献策，为全力服务于共青城跨越式崛起的大局，作出了应有贡献。

罗富和对共青城支部近年来的发展给予充分肯定，他说，共青城支部这么多年来，始终不断地发展基层组织，凝聚活力，履行职责，建言献策，为地方经济社会等发展做了大量工作。共青城支部的发展倾注了民进老一辈领导人的关心和关怀，通过这次考察亲眼看到支部的发展，十分欣慰。

罗富和强调，基层组织同样要应有所为，要把民进的基层组织工作做好，首先要继承传统。民进老一辈领导人为我们留下的最宝贵的传统就是“以党为师”。今年是新中国成立60周年，也是人民政协和多党合作制度确立60周年，坚持党的领导始终是老一辈民进领导留给我们的优秀传统的核心所在。要继承传统就是要把接受党的领导作为核心价值，传承老一辈民主党派领导人与中国共产党团结合作的坚定信仰，增强接受中国共产党领导的自觉性和坚定性，不断形成共识，并使之成为行动的灵魂。其次要履行职责，提高参政议政的能力建设。作为一个参政党，职能的充分发挥以及人民群众的认可才能进一步奠定参政党的地位。最后，还有进一步发展组织。组织的发展重要在于提高了凝聚力，保持了进步性和广泛性。只有组织建设的好，才能服务基层，服务会员，进一步把民进建设成为高素质的参政党，为党领导的多党合作制度贡献力量。

江西光明行启动仪式在南昌举行
朱永新出席并讲话

2009年5月26日，由民进中央、全国防盲指导组、金融街控股股份有限公司共同主办，江西同仁眼科医院承办的江西光明行启动仪式下午在南昌市举行。全国政协原副主席、民进中央原第一副主席张怀西出席启动仪式。民进中央副主席朱永新出席并讲话。

朱永新代表民进中央向本次活动的启动表示热烈的祝贺，向为本次活动举行付出辛苦劳动的同仁医院以及来自各医疗机构的专家和医护人员，表示诚挚的感谢，对广大患者朋友表示亲切的慰问。

朱永新说，党的十七大报告把关注民生提到了前所未有的高度，报告明确提出，要“建立基本医疗卫生制度，提高全民健康水平”，“为群众提供安全、有效、方便、价廉的医疗卫生服务”，让人民群众“病有所医”。今年4月6日正式公布的《中共中央国务院关于深化医药卫生体制改革的意见》提出了“建立健全覆盖城乡居民的基本医疗卫生制度，为群众提供安全、有效、方便、价廉的医疗卫生服务”的长远目标。实现这一目标，当然主要要靠政府的大力推动，但是也要靠全社会的共同努力。

据有关统计数字，中国是世界盲人最多的国家，约有500万，占全世界盲人的18%。同时，每年我国新增45万盲人。但是，有相当一部分是可避免盲，通过现代医疗手段是可以治愈的。2003年起发起的“光明行动”，旨在落实党和国家有关医疗卫生的方针政策，实现世界卫生组织提出的“视觉2020，消灭可避免盲”全球战略目标，推动全国防盲治盲工作的开展。6年来，在各公益机构、医疗机构，特别是同仁医院的积极参与下，在全国范围内免费开展了一系列以“防盲技术培训、白内障复明手术”为主要内容的光明行活动，为2万多名白内障患者实施了免费手术，免费培训了数万名基层乡村医生，为改善边远地区、贫困地区、革命老区等地人民群众的健康状况，提高这些地区医疗卫生事业的发展，作出了积极的贡献。

中国民主促进会作为一个参政党，有着强烈的公益情怀和社会责任感，从去年开始和全国防盲指导组、北京同仁医院联合主办“光明行动”，每年开展一次活动，为老、少、边、穷地区可治疗的盲人群众做免费复明手术，对地方医院给予指导，对医生给予培训。

朱永新说，对于盲人来说，没有什么比重见光明更重要了。光明行动所做的工作，可以说是“功在当代，利在千秋，泽被后世”。江西是著名的革命老区，视力残疾患者较多。在接下来的几天里，同仁医院的医疗队和江西同仁医院的医务人员、志愿者将为500多名贫困白内障患者实施免费复明手术治疗，同时，为基层医生举办一期防盲知识培训班，帮助江西打造一支水平比较高，业务比较强的本土防盲治盲队伍，为江西防盲治盲工作的长期稳定开展创造条件。

在启动仪式结束后，朱永新看望了在江西同仁医院就诊的病人，向他们表示亲切慰问。大部分接受免费治疗的病人都来自江西偏远的山区，他们重见光明后的激动心情溢于言表，用质朴的语言表达着他们的感情：感谢党，感谢政府，感谢社会各方面的帮助。80岁的熊言尚老人，是1956年入党的老党员，患白内障，因为家庭困难，一直没有做手术。但他坚持通过收音机了解党的方针政策。这次接受免费手术而复明。他高兴地说，今年又可以通过电视和报纸学习党的方针政策了，感谢民进中央、同仁医院和各方面的帮助。

江西省政协副主席刘晓庄、北京同仁医院院长韩德民、北京金融街控股股份有限公司副总经理杨扬、江西省卫生厅副厅长丁晓群、民进江西省委副主委梅国平出席启动仪式。

民进纪念多党合作制度确立60周年征文活动评委会会议举行 王佐书出席并讲话

2009年5月31日，民进纪念多党合作制度确立60周年征文活动评委会会议在民进中央举行。民进中央副主席、征文活动评委会主任王佐书出席会议并讲话。他代表严隽琪主席向各位特邀研究员对我会理论研究工作的支持表示感谢。他强调，我会的理论研究要坚持与时俱进，做到体现时代性，把握规律性，富于创造性。此次征文活动一方面是对我会当前参政党理论建设基本情况的总结，对理论研究工作的检验；另一方面，也要借助特邀研究员的智慧，针对我会在理论研究方面存在的问题，进一步明确我会理论建设的方向、目标、任务、策略和方法。

王佐书向5位特邀研究员颁发了聘书。为庆祝新中国成立60周年，纪念人民政协成立、中国共产党领导的多党合作和政治协商制度确立60周年，民进在全会开展“多党合作　共铸辉煌——纪念多党合作制度确立60周年”征文活动。此次征文活动成立了由会中央领导，宣传部、研究室负责人和民进中央参政党理论研究会特邀研究员组成的评委会。

会议通报了我会目前开展参政党理论研究的基本情况，介绍了开展纪念多党合作制度确立60周年征文活动的安排及实施情况，对征文活动评奖标准进行了讨论，并就当前参政党理论研究的新情况、新思路和新观点进行了交流。

特邀研究员对我会目前开展的参政党理论研究工作表示充分肯定。大家认为，目前，参政党理论作为中国特色政党理论的一个重要组成部分，对促进社会进步、政治和谐发挥着重要的作用。民进具有开展理论研究工作历史较长、方法新、组织机构完善、领导重视等优势，并且将应用理论研究作为参政党理论研究的重点，定位准确，对于建立和完善参政党建设的理论体系，发挥了重要的作用。民进中央秘书长、征文活动评委会副主任赵光华主持会议。

民进中央任命开明出版社社长 王佐书宣布任命并提出五点希望

2009 年 5 月 31 日，王佐书副主席代表民进中央在开明出版社宣布人事任命书，任命开明出版社社长焦向英兼任开明文教音像出版社社长。

任命书主要内容为："根据工作需要，经民进十二届十四次主席办公会议研究决定，任命焦向英同志为开明文教音像出版社社长，开明文教音像出版社法定代表人。

希望焦向英同志严格根据有关规定，做好社长工作，并在力所能及的范围之内，为民进、为繁荣祖国文化事业，做好工作。"

王佐书对出版社今后发展提出五点希望：第一，不辱使命。面对金融危机的继续蔓延和国内出版领域的实际困难，希望焦向英社长带领全社干部职工想方设法，千方百计，克服困难，做好工作。第二，学习政策。希望出版社全社职工认真学习出版领域的法律法规政策文件，学习、研究当前我国出版体制改革的方向、目标、任务，掌握策略、把握办法。第三，准备改革。目前中共中央办公厅、国务院办公厅发布关于深化中央各部门各单位出版社体制改革的意见，对中央单位出版社体制改革作出了明确规定，希望出版社积极应对，做好出版改制的相关准备工作。第四，统筹兼顾。希望出版社领导班子统筹兼顾图书出版物和音像出版物两个出版领域，统筹兼顾图书出版社和音像出版社两个出版单位，有效利用出版资源，互相促进，提高效益。第五，做好服务。希望出版社一如既往地为社会服务、为民进服务。

焦向英表示，这一任命体现了民进中央领导对开明出版社的殷切期待，体现了民进中央对开明出版社领导班子和出版社全体职工的信任，同时也体现了民进中央对出版社长远发展的部署，对民进出版资源的整合，对本系统出版体制改革具有深远意义。出版社领导班子必将不辜负期望，带领全社干部职工，稳扎稳打，练好内功，为体制改革做好准备，有效利用两种出版资源，进一步提升出版社的实力和竞争力。

中国民主促进会中央监督委员会第二次全体会议在京召开

2009 年 6 月 2 日至 4 日，中国民主促进会中央监督委员会第二次全体会议在北京召开。民进中央主席严隽琪，常务副主席罗富和，民进中央副主席、监督委员会副主任潘贵玉，监督委员会委员邓宗全、吴正宪、陈智伦、尚勋武、陶凯元、黄震出席会议。

严隽琪代表民进中央领导班子听取监督委员会对民进中央领导班子工作的反馈意见并讲话。她说，2007 年底我会成立了民进中央监督委员会，标志着我会内部监督机制建设迈出了新步伐。这次会议，大家充分发扬民主，了解情况，畅所欲言，提出了许多有利于进一步完善会中央领导班子制度建设、进一步创新工作机制等的意见和建议，对加强会中央领导班子建设、有序推进会内民主具有重要意义。我们要坚持中国共产党领导的多党合作和政治协商制度，把建立健全内部监督机制作为我会加强自身建设的一项重要任务，积极探索建立民进各级领导班子建设长效机制。

罗富和代表民进中央从三个方面向监督委员会介绍民进中央领导班子制度建设与执行情况。

监督委员会查阅了民进中央领导班子有关规章制度情况和会议记录，向民进中央部门负责人了解制度建设的有关问题，听取民进中央部分常委、部门负责人对会中央领导班子、工作情况的意见建议。

监督委员会认为，新一届中央领导班子高度重视领导班子的思想建设、制度建设和作风建设，重视体制与工作机制的创新，在制度建设与执行情况方面，突出了四个方面的特点。监督委员会还就进一步完善民进中央领导班子制度建设与执行情况，加强会务工作、人才培养以及会内外联动等方面，提出 17 条意见建议。

民进中央组织部部长、监督委员会办公室主任王建国，组织部副部长李焕喜列席会议。

民进中央召开学习贯彻科学发展观专题报告会
严隽琪、罗富和、贺旻、朱永新出席，王佐书主持

2009 年 6 月 3 日，民进中央上午召开学习贯彻科学发展观专题报告会。民进中央主席严隽琪，常务副主席罗富和，副主席贺旻、朱永新及民进中央常委出席报告会。王佐书副主席主持报告会。

会议邀请中央社会主义学院副院长张峰作题为“关于民主党派深入学习贯彻科学发展观的思考”的专题报告。他说，关于民主党派如何深入学习贯彻科学发展观，如何既与中共中央保持高度一致，同时又突出特色；既围绕党和国家发展大局发挥参政党作用，同时又着力解决自身存在的突出问题，的确是一个值得认真研究的问题。他从深刻领会中共开展深入学习实践科学发展观的重大意义，科学发展观的历史地位和指导意义，科学发展观的科学内涵和要求等三个方面，强调了民主党派学习贯彻科学发展观就是要进一步增强深入学习贯彻科学发展观的自觉性，进一步坚定走中国特色社会主义道路的政治信念，进一步推进民主党派积极履行职能。

张峰强调，要把促进发展作为民主党派履行职能的第一要务。要积极参与政治协商，注意把握突出促进国家的科学发展，认真研究影响和制约国家科学发展的突出问题，积极开展社会调研，形成有分量的意见建议，进一步显示民主党派促进发展的重要作用。同时，坚持在决策前和决策执行中进行协商的重要原则，发扬党内民主，集思广益，形成民主的意见征集机制；要坚持科学发展观的核心以人为本，提高参政议政实效，加快推进以改善民生为重点的社会建设；要坚持科学发展观的根本方法统筹兼顾，加强民主监督工作，提高民主党派的民主监督在社会主义监督体系中的地位。

张峰说，实现民主党派自身的科学发展，即实现民主党派自身全面、协调、可持续发展。全面发展指思想建设、组织建设、制度建设都搞好，要解决民主党派在一定程度上存在的思想建设无特色、组织建设无后劲、制度建设无配套的问题。协调发展指参政党建设与执政党建设相协调，民主监督与参政议政相协调，参政议政各领域相协调。可持续发展指理论创新有进展，组织发展有潜力，建言献策有质量，民主监督有力度。

张峰说，民主党派的内部体制机制包括自上而下的领导体制和工作机制；内部决策、监督机制，参与政治协商的体制机制，参政议政的体制机制，民主监督的体制机制，组织发展、选拔干部的体制机制等。外部体制机制指中共对民主党派实施政治领导的体制机制，民主党派与中共党委统战部的协调体制机制，民主党派参加国家政权的体制机制，民主党派在人民政协的工作机制，民主党派基层工作的体制机制等。

王佐书在讲话中说，科学发展观是中国特色社会主义理论体系的最新成果，是我国经济社会发展的重要指导方针，是发展中国特色社会主义必须坚持和贯彻的重大战略思想。深入学习贯彻科学发展观，不仅是中国共产党的重大政治任务，也是我会更好地履行职能、发挥作用的客观需要。

王佐书说，张峰同志的报告严谨细致，宏观和微观相结合，谈形势，引导、帮助我们看方向、树信心；谈国情，看对民主党派工作的要求；谈党情，看党建、表任务，看民主党派的履职。报告从三个方面强调了民主党派学习贯彻科学发展观，要进一步坚定走中国特色社会主义道路的政治信念，积极履行参政议政、民主监督职能。报告既讲述了科学发展观的具体内容，同时也是研究科学发展观的一种方法，研究

问题、分析问题的方法。报告结合学习贯彻科学发展观，提出了切实可行的一些意见和建议，如针对民主党派的参政议政，指出要在推动政策上下工夫，要追求专、精、深，切忌随意性等，都是极为宝贵的意见建议。

王佐书说，科学发展观既是科学理论，也是指导方针、根本要求，同时也是世界观和方法论。对于民进来说，学习贯彻科学发展观的着力点，就是要服务科学发展和实现自身科学发展。相信大家在学习贯彻科学发展观的过程中，一定能坚持理论联系实际，树立科学发展意识、全面发展意识、和谐发展意识，并落实在实践之中，把科学发展观落实到工作的各个环节、各个方面，努力提高我会服务科学发展和自身科学发展的水平。

民进部分省级组织负责人，民进中央部门负责人，民进中央和民进北京市委干部等100余人参加报告会。

民进中央十二届七次主席会议在北京召开

2009年6月2日，民进中央十二届七次主席会议在北京召开。严隽琪主席主持会议。罗富和常务副主席，王佐书、贺旻、蔡达峰、朱永新副主席出席会议。赵光华秘书长、各部门负责人列席会议。

会议审议通过了民进十二届七次中常会议程和日程（草案），进一步明确了中常会领导人主持分工。

会议听取罗富和关于在中常会上通报民进中央2009年上半年工作情况的内容介绍。会议同意由罗富和代表会中央向常委会议报告。

会议听取民进全国组织工作会议有关情况的报告。严隽琪报告了在民进全国组织工作会议开幕式上的讲话要点。会议同意这个讲话。会议听取罗富和关于民进全国组织工作会议筹备情况的报告。会议审议了《民进全国代表大会代表联系办法》（试行草案），并同意将该草案提请中常会审议通过。会议审议了《关于开展创建民进市级组织、先进基层组织活动的意见》（讨论稿），同意将该讨论稿提请中常会讨论，按照常委意见修改后，在民进全国组织工作会议上再听取意见。

会议听取王佐书关于民进全国宣传工作会议筹备情况的报告。会议要求对《民进中央关于新形势下加强思想政治工作的决定》（草案）做进一步修改完善。

会议听取罗富和关于中国民主促进会中央监督委员会第二次全体会议筹备工作的报告。

会议听取罗富和关于民进中央2010年重点调研项目选题征集情况的报告。会议同意将遴选后的重点课题目录和内容摘要在中常会期间发给各位常委征求意见，为2010年的重点调研选题提供参考。

会议听取朱永新关于民进中央“为了灾区的孩子们”（特殊会费）捐款使用情况及2009年使用计划的汇报。

会上，主席、常务副主席、与会副主席交流了思想与工作。

会议还通报了人事事项，研究了其他事项。

中国民主促进会第十二届中央常务委员会第七次会议在京举行

2009年6月3日至4日，中国民主促进会第十二届中央常务委员会第七次会议在北京举行。严隽琪主席，罗富和常务副主席，潘贵玉、王佐书、贺旻、刘新成、蔡达峰、朱永新副主席和中央常委出席会议。会议的主要内容是总结上半年工作，交流各地学习贯彻科学发展观的工作情况，研究今年下半年工作重点。

严隽琪在会上讲话。她指出，本次常委会是一次学习交流的会议，也是发扬民主、集中智慧、部署工作的会议。面对复杂多变的国际国内形势，民进全会要把学习贯彻科学发展观和巩固共同的思想政治基础结合起来，和加强自身建设结合起来，和发挥参政党作用结合起来，深化坚持走中国特色社会主义道路学习教育活动，引导广大会员始终把中国特色社会主义作为共同的理想信念、前进方向和奋斗目标，坚定不移地走中国特色社会主义道路。

严隽琪强调，当前国际金融危机还在蔓延，何时见底还难以预料，国内经济运行面临诸多挑战，对此我们必须保持清醒的头脑，增强忧患意识，同时又要深刻认识我国发展的有利条件和积极因素，自觉地把思想和行动统一到中共中央的要求上来，进一步增强克服困难、战胜危机的信心和决心。今年下半年民进全会要巩固和发展上半年的工作成果，紧紧围绕工作重点，深入学习贯彻科学发展观，全面履行参政党职能，切实推进适应时代要求的高素质参政党建设。要继续深入开展学习贯彻科学发展观活动，探索建立思想政治工作和政治交接的长效机制；要继续把组织发展工作作为重点，召开民进全国组织工作会议，推动组织工作迈上新台阶；要以庆祝新中国成立60周年和纪念多党合作制度确立60周年为契机，继续深化坚持走中国特色社会主义道路学习教育活动；要积极践行科学发展观，把应对国际金融危机、保持经济平稳较快发展作为当前学习贯彻科学发展观的重要实践。

严隽琪指出，民进要把促进我国经济平稳较快发展作为参政议政的重点，围绕保增长、扩内需、调结构需要研究解决的重大问题，围绕有关政策措施的执行情况及改进意见，主动思考、深入调研、及时建议。要围绕以人为本这个核心，把维护人民的根本利益作为参政议政的出发点，深入基层、体察民情，及时反映社情民意，积极参与灾后重建工作，真正做到参政为民。要坚持改革创新，继续巩固与扩大参政议政机制的创新成果，集智聚力，切实提高履行职能的能力和水平。要坚持社会服务与参政议政的有机结合，坚持以智力为主要的服务资源，充分发挥地方组织的积极性，真心实意服务社会。

罗富和报告民进中央2009年上半年的工作。他说，民进中央认真贯彻落实年初确定的总体工作思路，带领全会在巩固和扩大开局之年工作成果的基础上，推动各项工作不断取得新进展、新成果。半年来，民进中央把学习贯彻科学发展观摆在更加突出的位置，坚持用科学发展观武装思想、指导工作，积极推进高素质参政党建设；把服务科学发展作为参政议政的着力点，继续完善和加强"一个平台、三项机制、一个转化"，进一步提升参政议政能力，为保增长保民生保稳定积极建言献策；把发挥民进的特色和优势，进一步集成各方力量，作为创新工作机制、拓宽工作渠道的有效途径，扎扎实实地做好各项社会服务工作。

会议听取了民主党派如何学习贯彻科学发展观的专题报告，民进29个省级组织就去年以来深入学习贯彻科学发展观的工作情况进行交流。自2008年11月会中央下发"关于在全会深入学习贯彻科学发展观的通知"以来，各省级组织按照会中央的统一部署，紧密结合各地工作实际，坚持以科学发展观武装头脑、指导实践、推动工作，积极服务国家的科学发展和实现自身的科学发展，推动全会各项工作取得新进展和新成绩。

各省级组织负责人在会上发言指出，科学发展观是我国经济社会发展的重要指导方针，是发展中国特色社会主义必须坚持和贯彻的重大战略思想。深入学习贯彻科学发展观，不仅是中国共产党的重大政治任务，也是执政党建设与参政党建设互相促进的根本要求，是我会更好地履行职能、发挥作用的客观需要，是中国特色社会主义主题学习教育活动的延续和深化。各省级组织通过深入学习贯彻科学发展观，在以下几个方面取得了积极成果。

一是以深入学习贯彻科学发展观为契机，抓好学习培训和理论武装。开展深入学习贯彻科学发展观以来，各省级组织紧紧抓住学习贯彻科学发展观的契机，把学习贯彻科学发展观和巩固共同的思想政治基础结合起来，着力抓好学习培训，不断加强理论武装。各省级组织及时传达民进中央下发的有关文件和领导讲话精神，及时组织收看民进中央副主席王佐书关于民主党派如何学习贯彻科学发展观的专题报告；及时下发通知并制定实施方案和学习计划。中心学习组开展集体专题学习、交流学习体会，领导班子成员带头作动员报告、带头开展巡回宣讲、带头撰写体会文章，积极发挥示范和辐射作用。组织骨干会员认真学习中共十七大精神、《毛泽东、邓小平、江泽民论科学发展》、《科学发展观重要论述摘编》等学习资料，举办科学发展观论坛、开展理论研讨。面向基层组织和基层会员举办各类学习培训班，印发相关学习辅导材料，会员整体素质得到了进一步提高。

二是创新活动形式，深入实际调查研究，注重发挥科学发展观对自身建设的指导作用。在深入学习贯彻科学发展观活动中，省级组织相继开展“我为民进科学发展建一言、我为共克时艰献一策、我为基层组织做一事”的“三个一活动”、“薪火相传创未来”巡回展览、“解放思想、干事创业、科学发展”大讨论，以及“立足本职，我为富民强省作贡献”等主题实践活动，同时结合纪念改革开放30周年和庆祝新中国成立60周年等重大活动，深入开展主题教育活动。通过问卷调查，召开座谈会、研讨会等多种形式，结合定点联系单位深入实际开展调查研究，认真听取基层支部和会员的意见和建议。召开专题民主生活会，主动查找领导班子在服务科学发展和促进自身科学发展方面存在的问题，有针对性地建立健全工作制度。从多党合作事业可持续发展的战略高度，着力加强后备干部队伍的建设和培养，建立相对系统的后备干部发现、选拔、培养、管理和使用机制，为促进我会服务科学发展和实现自身科学发展奠定了更加扎实的组织基础。

三是把科学发展观转化为服务经济社会又好又快发展的思路和举措，着力推动服务科学发展取得实效。为贯彻落实中央保增长、扩内需、调结构、惠民生、促稳定的决策部署，响应当地省委和省政府的号召，各省级组织把深入学习贯彻科学发展观与切实履行参政党职能，促进地方经济社会的发展紧密结合起来，着力推动服务科学发展和自身科学发展取得实效。有的省级组织与政协联合召开“中小企业应对国际金融危机研讨会”，组织开展“保增长、保就业、保稳定”和城乡一体化建设专题信息征集活动，为促进地方经济平稳较快发展献计出力。有的省委会领导深入有关市区县走访慰问企业界会员，与企业界会员促膝谈心，为会员所在企业应对国际金融危机的不利影响出谋划策，增强会员企业战胜困难的信心和决心。有的省级组织结合政府工作的重点和事关民生的热点精心选择调研课题，深入调查研究，提出了非常有参考价值的意见建议，获得当地党委和政府部门领导的充分肯定。

各省级组织负责人在发言中同时表示，学习贯彻科学发展观是我会长期的重大任务，需要不断地学习和实践。省级组织将认真贯彻落实民进十二届七次中常会精神，进一步按照会中央的工作要求和工作部署，在本次研讨交流的基础上，继续深入学习贯彻科学发展观，以求真务实的作风和脚踏实地的工作，为民进服务科学发展和实现自身科学发展作出更大的贡献。

会议审议通过了《民进全国代表大会代表联系办法（试行）》。为不断加强自身建设，有序推进会内民主，切实发挥好民进全国代表大会代表在代表大会闭会期间的作用，《办法》在联系形式、联系内容、联系要求和联系机构等四个方面作出具体规定。

民进中央部门负责人，部分省级组织驻会负责人列席会议。

民进全国组织工作会议在北京召开
严隽琪作主题报告，罗富和讲话
王佐书、蔡达峰、朱永新出席

2009年6月5日至6日，民进全国组织工作会议在北京召开。民进中央主席严隽琪出席并讲话，常务副主席罗富和主持开幕式，副主席王佐书、蔡达峰、朱永新出席开幕式。会议的主要任务是，深入学习贯彻科学发展观，落实民进十大精神，总结交流近年来我会组织建设的成绩和经验，清醒认识参政党建设面临的形势和任务，研究探讨新时期进一步加强组织工作的措施，为把民进建设成适应时代要求的高素质参政党提供坚实的组织保障。

严隽琪以“扎实工作，开拓进取，为建设适应时代要求的高素质参政党提供组织保障”为题作主题报告。她指出，多年来全会高度重视组织工作，组织建设的规范化、制度化不断推进，出现了令人欣喜的新气象：在政治交接的进程中，培养了一批充满活力的各级领导班子和一大批坚实可靠的领导干部；在组织快速发展中，凝聚了一大批结构较为合理的骨干人才；在内容丰富的基层组织活动中，产生了一大批优秀活跃的基层组织；在有效运转的机关工作中，锻炼了一大批素质较为过硬的专职干部，基本形成了政治素质较高、界别结构较为合理，在各个领域业务学术能力较强和具有凝聚力的队伍，为积极发挥参政党的作用，为我会建设适应时代要求的高素质参政党奠定了组织基础。

严隽琪强调，民进全国组织工作会议是在新的历史起点上，进一步加强组织工作，全面促进我会自身建设的重要会议。当前，新时期对建设高素质参政党提出了新要求，民进的组织建设也面临着新的形势，体现在复杂多变的国际国内环境，对高素质参政党建设提出了更高的要求；中国共产党领导的多党合作和政治协商制度进入新阶段，对建设适应时代要求的高素质参政党提出了新任务；我会队伍结构和会员的新情况，对高素质参政党建设中的组织工作提出了新课题。我们必须顺应时代发展的潮流，准确把握我国发展的阶段性特征，清醒认识变化着的国内外形势以及民进的会情，从确保我国多党合作事业和民进事业健康发展的高度，加快推进我会的组织建设。

严隽琪指出，新形势新任务新情况，要求我们必须与时俱进、科学发展，做好新时期的组织工作。一是学习贯彻科学发展观，切实加强各级领导班子建设。要结合学习贯彻科学发展观，深化主题教育，继承优良传统，巩固和扩大政治交接成果，加强领导班子的制度建设和作风建设。二是从人才兴会、人才强会的战略高度，抓好组织发展工作。要树立正确的人才观，发现人才，认识人才；要把握原则，保持特色，改善结构，突出重点；各级领导干部要大力支持，亲自动手，带头做好发展工作。三是完善后备干部队伍建设的推荐、选拔、培养、管理机制，促进工作的制度化、规范化、程序化。要提高认识、统筹规划；坚持标准、严格程序；完善机制，保证质量。四是加强对基层组织工作的指导，创新基层组织工作和活动方式，增强组织的活力和凝聚力。要加强对基层组织工作的指导；要抓好基层组织的班子建设；要围绕大局开展活动。五是主动适应新形势，扎扎实实工作，进一步提高机关工作的质量和水平。要抓好机关文化建设、制度建设和干部队伍建设。六是努力建设一支政治强、业务精、作风正、形象好的组工干部队伍。组工干部要加强理论学习，增强自身素质；增强使命感，提高工作质量；增强服务意识，树立良好形象。

民进中央部门负责人，民进省级组织负责人，民进省级组织部门负责人80多人参加会议。

会议期间，与会的各省级组织围绕组织工作的开展情况进行了大会交流。民进江苏省委、云南省委、北京市委、上海市委、新疆区委、湖北省委、广东省委、广西区委等8个省级组织负责同志先后在大会上发言。

民进江苏省委：以搞好政治交接为重点，把加强领导班子思想建设与主题教育活动相结合，与建立完善学习机制相结合，与继承传统、开拓创新相结合。以贯彻民主集中制为重点，明确班子成员的分工和职责，坚持集体领导和分工负责制度，坚持各项会议制度，逐步建立内部监督机制，切实加强领导班子制度建设。以提高领导水平为重点，坚持深入实际，调查研究，坚持密切联系会员和群众，形成相互信任、相互尊重、团结协作的工作氛围，作风建设得到进一步加强。以加强后备干部队伍建设为重点，制定工作规划，完善民主推荐程序和培养选拔机制，夯实领导班子建设的组织基础。

民进云南省委：固本开源，在巩固老阵地、开拓新领域的原则基础上，重点发展社会知名人士加入民进组织，扩大民进在省内乃至全国的影响。在民进省委主要领导的关心下，近年来先后发展多名在文化、教育和科技领域具有较大知名度的人士入会，推动成立爱因森教育投资集团民进支部。加强制度建设，规范会务活动管理，为民进加快发展提供坚实的制度保障。特别是各地方组织结合自身实际，制定了一系列规章制度。民进市委有的建立了《领导干部联系基层支部制度》，有的建立了《发展成员考核制度》，使组织发展工作有章可循。

民进北京市委：坚持以科学发展观为指导，提出了"建立科学、规范的后备干部选拔、考察、培养、使用和评价机制；培养造就一支素质优良、数量充足、门类齐全、结构合理的后备干部队伍"的工作目标。基本做法是，对后备干部的选拔，坚持把好政治关、坚持按照民主程序推荐，并按照使用方向的实际需求和岗位需求，综合考虑后备干部人选的主要优势、培养潜能、培养目标及应重点补充的知识和有待提高的能力。通过形式多样的理论培训、灵活机动的即时考察、悉心创建的使用平台，逐步建立后备干部的培养、管理和使用工作机制。

民进上海市委：坚持在继承中发展，在创新中前进，按照建设高素质参政党的要求，有条不紊地推进基层组织建设。一是培训激励双管齐下，提升专职干部素质。积极与各区县委统战部门联系协商，配齐、配强专职干部，自 2006 年开始，创设了专职干部和秘书"达标创优"评选活动。二是努力推进条块结合，创新组织活动形式。先后有杨浦区委与上海理工大学委员会等 9 对 18 个组织签约合作，开拓了上海民进工作的新局面。三是开展评比先进活动，编写组织生活案例。建立了"先进支部和会务工作积极分子"评比表彰制度，2009 年将编辑《上海民进支部组织生活案例选》。

民进新疆区委：以政治交接为主线，用科学发展观统领领导班子的思想建设。牢固树立不抓思想建设就是失职、抓不好思想建设就是不称职的观念，形成主委负总责，副主委齐抓共管的教育机制。以贯彻落实民主集中制原则为重点，进一步加强领导班子的制度建设。领导班子建立健全学习制度、议事规则和决策机制，通过制度规范来充分发挥集体领导作用。以民主、团结、奉献为出发点，切实推进领导班子的作风建设。领导班子成员坚持深入基层，形成密切联系成员的作风；牢固树立理论联系实际的马克思主义学风；发扬民主作风，营造团结和谐的氛围；自觉养成廉洁自律的作风。

民进湖北省委：加强组织发展工作，实施人才强会战略。民进省委制定了 2008 至 2012 年未来五年组织发展工作目标，并坚持每年制定组织发展计划，从质量、数量、速度、结构上提出了高要求，对民进各市委和省直属基层组织发展工作建议指标进行了细化分解，使各级组织明确了发展目标和任务。主要领导亲历亲为，层层动员，注重发展政治素质好、有一定代表性、社会影响较大的高素质人才。制定了百名优秀人士重点发展计划。通过各种渠道特别是各级统战部、人大、政协，了解收集整理全省教育、文化、出版、科技等界别的无党派优秀人士，将掌握的前一百名优秀人士作为重点发展对象。实行了领导班子成员分工负责，对口联系，与发展对象交朋友，做好重点发展工作。

民进广东省委：领导重视，推动建立了党派干部后备，政府实职后备，担任人大代表、政协委员、"特邀四员"后备等三支后备干部队伍。构建平台，培养和锻炼后备干部。一方面是后备干部队伍建设与组织发展工作结合起来，另一方面，是后备干部队伍建设与参政议政工作结合起来，把参政议政能力作为物色人才、发现人才的重要标准之一。加强培训，提高后备干部队伍综合素质。按照后备干部的标准，根据后备干部的个人经历、个人能力，采取“缺什么，就补什么”的针对性培训。完善制度，实现后备干部管理工作的规范化。建立健全后备干部选拔制度，对后备干部的配备比例、选拔条件、选拔程序和审批程序都进行规范，同时不断完善后备干部的培养、锻炼和管理制度。

民进广西区委：要建设高素质参政党地方组织，必须从基层抓起。为了培养起一批基层组织的中坚力量，推动基层组织建设的全面展开，民进区委作出了开展基层组织重点建设的决定，目标为“三化”，即基层组织工作要步入“制度化、规范化、程序化”的轨道；“五出”，即基层组织建设要实现“出人才、出成果、出特色、出经验、出影响”的目标。根据这个目标要求，从与中共基层组织合作共事、会员结构、班子建设、参政议政、社会服务、人才培养、档案管理等方面提出了10条基本标准。通过出台相关制度文件、建立检查评估、总结表彰制度，将目标任务逐级分解到各级领导和机关干部等举措，推动了基层组织重点建设工作的有序开展。

6月6日，在顺利完成会议各项议程之后，民进全国组织工作会议闭幕。罗富和讲话，王佐书出席，朱永新主持闭幕式。

罗富和在讲话中说，民进全国组织工作会议经过与会同志的共同努力，圆满完成了预定的任务。这次会议虽然时间不长，但议题集中、内容丰富、收获较大。一是统一了思想，提高了认识。与会同志认识到，加强组织建设是实现政治交接，保持正确的政治方向，更好地履行参政党职能的重要组织保证。二是交流了情况，总结了经验。各省级组织积累的宝贵经验，既是对以往工作的总结，又是对今后工作的指导，必将有效地促进我会组织建设工作的开展。三是理清了思路，明确了任务。与会同志认为，这次会议围绕加强组织建设提出了许多体现时代要求、符合工作实际的观点和措施，非常及时，针对性很强。

罗富和指出，严隽琪主席在开幕式上作的主题报告具有很强的思想性、指导性和针对性，是指导我会组织工作的纲领性文件。全会各级组织学习领会严主席主题报告的精神，要着重从以下三个方面提高认识。一是要保持各级组织坚定正确的政治方向。在复杂多变的形势下，参政党的政治方向是第一位的。组织发展工作要始终把选拔干部的政治标准放在首位，要重点考查干部在具体工作实践中是否能做到自觉接受党的领导。各级组织、领导班子和广大干部，都应该坚持把政治方向放在首位，二是组织建设要为提高参政能力和履行职能服务。组织工作要重点考察干部履行职能的能力，要坚持在履行职能中发现、考察、锻炼和培养干部。三是组织建设要为保持参政党的进步性和广泛性服务。参政党的进步性和广泛性要体现在组织的健全、组织的活跃，以及组织的凝聚力当中。

罗富和强调，全会各级组织要按照本次会议的精神，把组织建设与提高履职能力、增强全会的凝聚力结合起来，进一步加强领导班子建设、组织发展、后备干部队伍建设、基层组织建设、机关建设和组工干部队伍建设。他说，领导班子成员之间要注意互相学习、互相尊重，实现优势互补，使领导班子集体形成核心凝聚力，成为民进组织坚强的领导核心。班长要不断提高个人品格和修养，要有容人、容事、容错的胸怀，充分信任、充分支持班子成员的工作，妥善处理好和其他领导班子成员的关系。领导班子要注意开展好述职评议的工作，把述职评议作为推进工作的过程、发现不足的过程。

罗富和指出，要按照后备干部工作规定的原则和程序，做好会内各级领导班子后备干部、任政府实职的后备干部、履行职能的后备干部这三支队伍的引进、建设、培养和使用，要注意推荐选拔过程的公正性，要着力在履行职能中使用干部、培养干部。要通过开展全国先进地方组织、先进基层组织创建活动，激活地方组织和基层组织的活力。机关要通过加强文化、能力、制度建设来促进干部成长，积极拓展机关干部对外交流的渠道，进一步加大会内干部交流的工作力度。各级领导干部要关心组工干部队伍的建设，帮助加强理论学习、业务培训，提高工作的能力。组工干部要牢固树立为会员服务、为干部服务的宗旨，做到掌握思想动态，协助理顺情绪、化解矛盾，学会做人的工作。组工干部要坚持公正、严守纪律，把维护领导班子的团结作为自己重要的责任。

罗富和对贯彻落实民进全国组织工作会议精神提出明确要求。他说，各省级组织要传达好、学习好、贯彻好民进全国组织工作会议精神，要注重工作实效，结合当地工作实际提出针对性的措施，突出重点加以推进。要认真研究制定贯彻落实的具体意见，贯彻意见由主委、分管副主委签发后报会中央。

会议期间，与会同志听取中央统战部副部长楼志豪作的专题报告，围绕学习严隽琪的主题报告，学习贯彻《民进全国代表大会代表联系办法（试行）》，以及《关于开展创建民进全国先进地方组织、先进基层组织活动的意见（讨论稿）》，进行了分组讨论和交流。

民进全国组织部（处）长培训班在京举办 罗富和出席并讲话

2009 年 6 月 7 日至 8 日，民进中央在京举办民进全国组织部（处）长培训班。全国政协副主席、民进中央常务副主席罗富和出席会议并讲话。他说，民主党派的组织工作是建设高素质参政党的重要基础，加强民主党派的组织建设，是巩固和完善中国共产党领导的多党合作制度、坚持中国特色社会主义政治发展道路的必然要求。他提出，刚刚闭幕的民进全国组织工作会议，从宏观的角度对我会的组织建设工作进行了分析和展望，并就领导班子建设、组织发展、后备干部建设、基层组织建设等工作进行了具体部署。学习好、贯彻好会议精神是今后一个阶段的重要任务。

罗富和指出，做好一名组织部（处）长，首先要深刻领会民进全国组织工作会议对组织工作提出的新思想新要求。其次要加强学习、深入思考，不断提高自身政策水平和业务能力。再者要主动接受相关部门的领导、争取支持，严格按照程序办事，积极做好组织建设的各方面工作。同时要注重工作创新，不断提升组织工作的信息化和智能化水平。最后要关注会员发展和动态，切实做好会员的引导工作，树立组织工作干部的良好形象。

罗富和对多年来在各自岗位上脚踏实地、埋头苦干，做出了显著的成绩的民进各级组织工作干部表示感谢。

培训班学员认真学习民进全国组织工作会议上严隽琪主席所作的主题报告、中央统战部副部长楼志豪作的报告和中央社会主义学院副院长袁廷华作的辅导报告，结合全国组织工作会议精神和辅导报告，总结和交流了近年来组织建设工作中的成绩、经验和不足，研讨了新形势下做好组织建设工作的新举措和新办法，统一思想，提高认识，并对民进中央组织工作提出意见建议。天津、重庆、浙江等 8 位组织部（处）负责人作大会发言。民进中央组织部以及 29 个省级组织组织部（处）长参加培训班。

罗富和、朱永新会见民进广西区委常委一行并座谈

2009 年 6 月 8 日，罗富和常务副主席、朱永新副主席上午在民进中央会见民进广西区委常委一行，合影并举行座谈。朱永新与民进广西区委主委陈自力，原主委俞曙霞等就民进开展自身建设、社会服务工作等进行广泛的座谈。

朱永新介绍了换届以来会中央在自身建设、参政议政、社会服务等方面确立的新思路、取得的新成绩，强调民进各级组织要通过加强自身建设、参政议政和社会服务等工作，树立民进的新形象。围绕社会服务工作，他指出，民进的社会服务工作主要按照四个原则展开：一是继承优良传统，社会服务以智力服务为主，以西部服务为主，以海峡两岸的三个论坛为主；二是发挥党派优势，体现党派特点，在社会服务

中找到民主党派参政议政的热点，树立民进的形象，扩大民进的影响力；三是发挥民进的优势，从全面撒网转变为发挥教育文化出版优势，在教育文化出版领域把社会服务工作做实、做大、做强；四是创新服务机制，通过海峡两岸的三个论坛、开明书画院、开明基金会、叶圣陶研究会及民进企业家联谊会等平台，不断创新社会服务的机制体制，加强民进的社会服务工作。

朱永新指出，当前民进的社会服务工作要侧重三个重点，一是智力扶贫帮困，通过以点带面，逐步推动智力扶贫工作全面展开；二是加强海外的联络交流；三是大力支持民企、民教。希望民进广西区委按照民进中央部署，在中共区委的领导下，扎实工作，努力拼搏，不断开创各项工作的新局面。

陈自力、俞曙霞就民进广西区委的自身建设、社会服务工作等进行了汇报，表示地方组织的社会服务工作尚处在突出实践、缺乏理论指导的阶段，今后工作中要注重在实践中突出社会服务的可持续性，在实践中总结经验、提炼为理论，并进一步形成民主党派社会服务的理论系统。大家还就区委干部交流、地市级委员会组织发展等工作进行交流。

民进广西区委副主委杨静华、贺州市委主委陈洪江、玉林市委主委温祖贞、北海市委主委黄漱鲁、桂林市委主委容作信、贵港市委主委吴泽容、百色市检察院副检察长魏敦友等民进广西区委常委，民进中央办公厅负责人参加座谈。

王佐书应邀为西北民族大学师生作系列讲座

2009 年 6 月 8 日至 10 日，为深入学习实践科学发展观，切实提高高校管理水平，提升高校人才培养质量，帮助大学生健康成长、早日成才，受西北民族大学（甘肃兰州）邀请，民进中央副主席王佐书为该校师生作系列讲座。

6 月 8 日下午，王佐书在该校城关校区为全校教师作题为“为教师育人及专业发展提供研究线索”的专题讲座。讲座共分三部分，一是当前我国高等教育的社会背景，二是教师育人的基本要求及完成教学目的的方法，三是教师如何做好专业发展。

王佐书首先对我国的教育方针、教育方针的基本功能、教育方针与素质教育的关系作了介绍，分析了当前社会最需要什么样的人才，提出了做好学生教育工作首先要做好学生思想政治工作的看法，并详细分析了思政工作的基本规律、学生思想所受的影响、学生成长的环境和大学生的主要特点。

王佐书针对我国高校教师实际提出“智慧需要智慧的启迪，人格需要人格的教育”的观点，并对教师教书育人的基本要求进行了阐述：一要寓育于教，二要以身作则，三要言传身教，四要因人施教，五要诲人不倦，六要润物无声，七要渗物无痕，八要持之以恒，九要遵循规律，十要与时俱进。

王佐书详细介绍了完成教学目的的方法：一是注重学生知识结构的培养；二是注重学生技能结构的培养；三是教师要努力提高表达能力、诊断学生学习困难的能力，不断提高教学行为的条理性和逻辑性；四是教学中要考虑学生智力因素；五是加强对学生非智力因素（艰苦奋斗精神等）的培养；六是不仅教给学生知识，更要教给其学习方法；七是要教给学生科学的方法以及产生方法的方法；八是要对学生进行爱国主义教育；九是培养学生良好的习惯和态度；十是培养学生的情商；十一是培养学生的创新精神和实践能力；十二是培养学生的团队精神。

王佐书指出，教师做好专业发展，要从定位、目标、特色看发展，从人才、器材、教材、科研成果看发展，从发展趋势、社会需求、国内外形式、区域特色看发展，从关键时期、关键问题、关键决策看发展，从承担的任务看发展，从改革的角度看发展。

王佐书满怀期待地对全校教师说：“在科学研究的地图上，去探索从来没有人走过的足迹即科学研究的空白点，常常是创造发明的沃土。”

6 月 9 日晚，王佐书在该校榆中校区作题为“为大学生早日成才助力”的专题讲座，校党委副书记王扎西及学生处、校团委、就业处等职能部门负责人和各院部同学聆听本场讲座。讲座由党委副书记王扎西主持。

王佐书由学习的过程是全人格参与的过程引入，指出工作、生活同样需要全人格的参与，强调大学生在从学校到社会转变之前培养“全人格”的重要性，并就此提出八个问题帮助大学生早日成才：一是社会需要什么样人才；二是如何提高社会竞争力；三是大学生学习的努力方向；四是要脚踏实地，树立远大目标；五是保护好身体；六是培养素质；七是做事要诚实守信，讲究原则；八是孝顺父母、报效祖国。

王佐书在谈及社会需要什么样的人才时说，“社会需要有竞争力的人、德智体美全面发展的人、可持续发展的人，要充分发展非智力因素，在发展智商时更要注意情商的发展。”同时，强调了学习作风、终身学习、创新精神等素质对大学生成才的重要性，要求新时代大学生们要具有以爱国主义为核心的民族精神和以改革创新为核心的时代精神。

王佐书指出现代社会竞争力主要是软实力的竞争，即人品、作风、素质等“全人格”的竞争，而作为硬实力的技能已失去原先的“魅力”，“一次充电，终身放电，一项技能能吃一生的时代结束了，新时代大学生应自觉培养自己提高竞争力”。

王佐书建议大学生朋友们要逐步完善知识结构，不断提高抽取本质抽象概括能力、处理信息能力、创新实践能力、表达能力，发展智力和非智力因素（尤其是自信心），掌握学习方法，培养科学思维方式，注重社会价值观体系和团队精神。

王佐书送给在座的大学生朋友们六字箴言“铸志、铸业、铸人”共勉，希望大学生朋友们早日成功成才。

6 月 10 日下午，王佐书作题为“为学校有效管理机制的建立与实施提供研究线索”的专题讲座。讲座共分学校的实力、体制、机制、制度、作风五部分。他把学校的实力分为硬实力和软实力两种，指出研究学校的实力实际是规划学校的蓝图，是比规划图更为实际的一种“规划”，是领导学校发展的领导，是指挥学校领导的指挥。

王佐书指出，体制是不同部门之间权利责任的划分，体制决定机制，体制决定活力，体制决定工作效率；机制是同一部门内部的工作方式以及由工作分工形成的相互之间的关系，机制决定能否有效激发工作人员的积极性、责任心，决定工作的成本；制度是调节工作机制最有效的工具，是看干部的工作是否到位、到位而不越位的起点、终点和关键点，体现了一个单位的管理水平、管理思路。

王佐书强调工作作风对于个人和集体的重要作用，指出工作作风不仅反映了一个人的基本素质，更反映了一个单位的风气和精神面貌，下级人员的工作作风常常是上级领导工作作风的一面镜子，一个单位的工作作风常常是合作伙伴想不想、愿不愿、敢不敢与之合作的重要背景。

王佐书对该校行政管理干部提出殷切希望：一是做好“三关三切”，即看准关键时期、关键问题、关键决策，决策要切合时宜、切实有效、切实可行；二是凡事要找准时机；三是凡事要注意场合、态度；四是做四“力”干部，即有体力、脑力、耐力、魄力；五是做四“劲”干部，即会储劲、借劲、合劲、用劲；六是做四“机”干部，即能识别机遇、抓住机遇、利用机遇、发展机遇；七是做三“镜”干部，即看得高远的望远镜、看得清楚的显微镜、看出本质的广角镜；八要做三“到”干部，即责任心到位、人到位、措施到位；九是要做好“龙头”干部工作，即确定龙头、打扮龙头、发展龙头、利用龙头。

赵德安校长对王佐书的讲座给予高度评价。他说，王佐书的讲座高屋建瓴、内容翔实、范围广泛、指导性强，不仅对学校今后管理队伍的建设发展有重大启示作用，更为西北民族大学不断提高行政管理干部综合素质、建立科学有效管理机制、实现又好又快发展打下了坚实的基础。全校师生员工尤其是广大党员领导干部要深刻领会讲座精神实质，做好学习实践活动各项工作，做好学校“十二五”发展规划，为不断突出办学特色、提升发展质量、办人民满意的民族大学继续努力奋斗。

严隽琪视察民进吉林省委

2009年6月9日，带领全国人大常委会畜牧法执法检查和农田水利建设专题调研组来吉林省检查调研的全国人大常委会副委员长、民进中央主席严隽琪下午视察民进吉林省委，举行座谈并讲话。她介绍了此次检查调研的情况，指出，全国人大常委会对畜牧法执行和农田水利建设情况非常关注，因为这关系着农业和农村经济的健康发展，对于畜牧业持续有序发展，稳定和提高粮食生产能力，保障粮食安全，促进农民增收具有十分重要的长远意义。

严隽琪肯定了吉林民进的工作，对地方组织对民进中央各项工作的支持和地方同志的辛勤努力表示感谢。她认为，吉林民进结合本地资源和具体情况开展工作的一些做法很有特色，民进中央要多到基层组织了解情况，吸取经验，得到启发，促进民进中央和地方组织之间交流沟通，互相促进。

严隽琪强调，随着民主进程的不断推进，国际、国内形势变化对民主党派建设提出新的要求，民进要确保进步性，必须建设适应时代要求的高素质参政党。参政议政是体现民主党派价值的所在，当前参政议政的制度越来越完善，平台越来越宽广，信息来源也越来越丰富，民进中央要同地方组织相互促进，优化资源，上下联动，形成合力，共同努力做好参政议政工作。

严隽琪说，当前民进会员的层次不断提高的同时，要注重加强思想政治教育，使广大会员更加自觉地维护中国共产党的领导，进一步坚定走中国特色社会主义道路的理想信念。组织建设还要同参政议政相结合，在活动中发现、培养优秀人才。

民进吉林省委主委薛康主持座谈会。原主委梁植文、段成桂，副主委段维智、吕桂茹、谷峪、张书局，民进长春市委、民进吉林省直工委的部分领导，在长春的民进十大代表和民进吉林省委全体工作人员参加座谈。段维智汇报吉林民进深入学习贯彻科学发展观活动及组织建设、参政议政、社会服务等会务工作。

严隽琪在南湖宾馆会见中共吉林省委统战部部长刚占标并座谈。民进中央研究室负责人陪同视察。

“国家级自然保护区衡水湖湿地保护与发展”高峰论坛在京开幕 罗富和出席并讲话

2009年6月11日，由全国政协人口资源环境委员会、国家林业局、河北省政协共同举办的“国家级自然保护区衡水湖湿地保护与发展”高峰论坛上午在北京开幕。全国政协副主席、民进中央常务副主席罗富和出席会议并讲话。他指出，湿地是“地球之肾”，对全球的生态发挥着重要的作用。衡水湖湿地保护工作，在国家和省市有关部门的共同努力下，取得了较大成绩，其规划和建议是合理的，体现了科学发展观的指导思想，体现了产业结构调整、人的发展、保护环境和保护自然的统一协调。他强调，要在重视硬措施推进的同时，重视软措施的推进，使环境保护的可持续发展，跟人的可持续发展协调起来。通过产业结构的调整，来促进生态产业的发展。通过培训和引导，促进当地人民群众素质的提高，使人的发展和环境的保护相协调。人民政协要充分发挥人才荟萃、智力密集、联系广泛、上通下达的优势，秉承“建有据之言，献务实之策”的思路，吁请相关部门在政策资金等方面切实加大支持力度，进一步推动衡水湖湿地的保护、利用和发展。此次论坛的举办，必将对衡水湖乃至河北、全国湿地的保护与发展起到有力的促进作用。

论坛围绕衡水湖湿地保护与建设问题进行了广泛深入的交流和探讨。全国政协人口资源环境委员会主任张维庆、河北省政协主席刘德旺分别致辞，国家林业局局长贾治邦作了题为“有效保护、科学利用，努力打造京津冀最美湿地”的演讲，全国政协人口资源环境委员会副主任江泽慧主持会议。

刘德旺在致辞中说，衡水湖湿地的特殊性决定了其保护工作既要考虑自然、生态，还要考虑人与社会的全面发展。保护开发好衡水湖，任务艰巨，需要各级各部门的高度关注和大力支持。多年来，部分全国政协委员和省市政协委员对衡水湖湿地保护工作进行了跟踪调研，并就一些关键问题出谋划策、参政议政，作出了积极贡献。

财政部、环境保护部、水利部、国家林业局、国家发改委、国土资源部、住房和城乡建设部等部委的有关领导同志也参加了论坛开幕式，来自国家林业局、中国林科院、北京大学、清华大学等单位的有关专家学者，分别就衡水湖湿地的保护与发展提出了宏观性和可操作性的指导意见。

京津冀民进第三届出版业改革与发展论坛在石家庄举行
朱永新出席并讲话

2009 年 6 月 12 日，京津冀民进第三届出版业改革与发展论坛在石家庄举行。民进中央副主席朱永新出席论坛并讲话。河北省政协副主席、民进河北省委主委王刚，中共河北省委统战部常务副部长周金中出席论坛并致辞。国家新闻出版总署有关负责人出席论坛。河北省新闻出版局、河北省出版集团的有关负责人向与会者介绍河北出版业改革发展情况。民进中央出版和传媒委员会主任李春生，民进北京市委副主委李焕喜，民进天津市委副主委罗小明、李敏龙，民进山西省委副主委张建豪，民进浙江省委副主委谢双成、民进河北省委副主委解观安，民进出版界会员、民进北京、天津、河北、山西、辽宁、山东、湖南、浙江省市委员会参政议政部门等 60 余位代表出席论坛。论坛由民进河北省委副主委王丽红主持。

朱永新代表民进中央对论坛的召开表示热烈祝贺。他指出，出版业是我国社会主义文化事业的重要组成部分，是我国改革开放的记录者和推动者，没有改革开放就没有我国出版业发展壮大的今天。在我国出版业面临深化改革的关键时刻，民进京津冀第三届出版业改革与发展论坛的召开正逢其时，论坛所选议题对当前我国出版业的焦点热点问题把握很准，相信经过研讨交流、学习借鉴，会形成推动我国出版业的改革与发展的思考和建议。

朱永新强调，在新时期，我们在文化出版领域的参政议政工作要紧紧围绕出版业改革与发展的主线，牢牢抓住当前出版领域的热点焦点问题进行参政议政、献计出力，期望大家把真知灼见化为会议的成果，以新作为进一步巩固新闻出版领域这个参政议政的老阵地，为社会主义文化事业的大发展大繁荣作出我们应有的贡献！

周金中代表中共河北省委统战部向论坛致辞。他说，民进是以教育、文化、出版界中高级知识分子为主的参政党，是 8 个民主党派中唯一明确有出版界别的党派。民进有许多前辈是出版界的巨擘泰斗，如周建人、叶圣陶、张志公等。多年来，民进组织致力于新闻出版领域的参政议政、建言献策，取得了突出成绩。这次论坛在河北举办，既为我省民进向兄弟省市民进学习提供了一个机会，同时也体现了京津冀区域性民进组织参政议政的协同、合作的实践探索，对我省民主党派参政议政工作是一次很好的推动。论坛围绕出版业改革与发展的问题展开对话与交流，为出版业的繁荣与发展、为社会主义精神文明建设建言献策，对于更好地利用民主党派人才、智力优势，更好地探索区域协调与合作新机制，促进出版业的改革与发展，更好地发挥民进的参政党职能，必将起到积极的促进作用。

王刚致欢迎词。他说，多年以来，民进组织秉承前辈的光荣传统，始终关心祖国的出版事业，致力于新闻出版领域的参政议政、建言献策，并取得可喜成绩！“出版业改革与发展论坛”就是民进组织履行参政党职能、就我国出版事业改革与发展建言献策的一个舞台。“论坛”是在民进中央领导亲自倡导下、在民进中央参政议政部的具体指导下，在各方的共同努力中延续召开的。民进京津冀出版工作座谈会2004年在北京召开了首届会议；2005年在天津召开了第二届会议。在前两次会议上与会同志对出版业体制改革提出了建设性意见和建议，形成了一批参政议政成果，提交政府有关部门，受到国家出版总署的高度赞扬。今天在石家庄举行第三届会议，除了原主办方京津冀三省市外，我们还邀请了山西、辽宁、山东、湖南、浙江五省的民进组织出席会议——这标示着我们的论坛队伍更为壮大。期待在此次会议上与会同志能够以高度的政治责任感和使命感，就我国出版事业的改革和发展畅所欲言，提出真知灼见，为我国出版业发展贡献智慧；期待此次会议能够在三次研讨会的基础上研讨下一步的工作安排，就民进组织今后以什么样的方式、途径为出版业发展贡献力量提出好的意见和建议；也期待此次会议，与会同志畅叙情谊、加强联系。

下午，大会进行发言交流，由李敏龙主持。民进8省市的代表分别进行大会发言，并围绕金融危机下文化产业的发展、网络出版、报刊在转企改制过程中存在的问题及对策等，进行深入探讨。与会同志踊跃发言，各抒己见，共话发展，增进相互了解与友谊，达成许多重要共识，并提出促进出版业发展的建议，对于共谋未来发展具有重要意义。

解观安在论坛闭幕式上作总结讲话。他说，此次论坛上，与会同志分别以大会发言、书面发言和座谈交流的形式提出自己的真知灼见，进行深入交流，提出了许多具有建设性的意见和建议。应当说，此次论坛成果丰硕，形成了一批颇具价值的参政议政成果。如此丰硕的成果体现了民进会员对我国出版事业的高度责任感和热爱之情，凝聚着民进出版界会员的心血和智慧，说明了各省市代表进行了认真的准备。希望今后我们更进一步关注出版业的改革与发展，积极利用论坛这一有益形式，不断加强跨省市的交流与合作，形成参政议政的合力，将我们在出版方面的界别优势转化为我们的参政议政成果，发挥我们的优势、履行参政党职能、积极建言献策，使我们的参政议政水平再上一个新台阶，为促进出版业的发展不断作出新的贡献！

第四届海峡两岸企业发展与合作论坛在唐山举行
严隽琪、罗富和出席并讲话

2009年6月15日至16日，第四届海峡两岸企业发展与合作论坛在唐山市举行。全国人大常委会副委员长、民进中央主席严隽琪出席闭幕式并讲话。全国政协副主席、民进中央常务副主席罗富和出席开幕式并讲话。

论坛开幕前夕，论坛组委会在唐山曹妃甸新区渤海国际会议中心召开新闻发布会。民进中央副主席朱永新，唐山市人民政府副市长于山出席发布会并讲话。

朱永新向与会记者介绍了前三届“海峡两岸企业发展与合作论坛”概况及本届论坛的特点。他说，促进两岸关系发展和祖国统一是包括中国民主促进会在内的各民主党派的一项重要职责。“海峡两岸企业发展与合作论坛”是民进履行参政党职能的一个重要平台。在当前金融危机蔓延的形势下，全面扩大和深化两岸经济交流合作，相互扶持、共克时艰、共谋发展，势在必行。

朱永新说，环渤海经济圈的开发开放是我国改革开放进程和社会经济发展规划中区域战略布局的重要一环。唐山的人才科技优势、人文沉淀优势和地下资源优势将会给台商留下美好深刻的印象，为这里带来

无限商机。他希望新闻界的朋友们在本届论坛期间大力宣传唐山、宣传曹妃甸新区，为两岸大交流、大合作、大发展尽己所能。

于山介绍了本届论坛的筹备情况及日程安排。他说，“第四届海峡两岸企业发展与合作论坛”能够在唐山召开，表明了唐山在我国环渤海经济圈中迅速崛起的强劲发展态势备受世人瞩目。民进中央和中共唐山市委、市政府对举办好海峡两岸企业发展与合作论坛高度重视，具体筹备过程中，坚持高标准、高水平，精心谋划、周密安排、科学有序地统筹推进各项筹备工作。目前，各项准备工作已经全部就绪。

唐山市政协副主席、市委统战部部长张艳春出席会议。民进中央宣传部部长、论坛宣传组组长高保华主持会议。来自中央、河北省、唐山市新闻单位的40余位记者出席发布会。

本届论坛围绕“推动海峡两岸经贸交流与合作，促进祖国统一和中华民族振兴，促进河北经济社会发展和唐山、曹妃甸新区开发开放”的宗旨，就两岸携手共同应对金融危机，循环经济与资源型城市可持续发展，曹妃甸与台湾临港产业的对接，中小企业发展与产业结构优化，台资进入环渤海地区的机遇和战略选择等议题进行广泛而深入的交流与研讨，并进行项目洽谈和参观考察等活动。

迄今为止，民进中央已经在国务院台湾事务办公室和中华海外联谊会的支持下，成功举办过三届海峡两岸企业发展与合作论坛，取得众多经贸洽谈成果，对促进两岸企业发展与合作具有积极意义和影响。

6月14日晚，罗富和与叶圣陶研究会会长张怀西在唐山曹妃甸新区渤海国际会议中心会见前来参加第四届海峡两岸企业发展与合作论坛的港台代表。国台办副主任叶克冬，中共河北省委副书记车俊，河北省委常委、唐山市委书记赵勇一同会见。会见由朱永新主持。

罗富和欢迎各位嘉宾的光临，并预祝论坛取得圆满成功。他说，近几年唐山经济社会发展非常迅速，尤其是曹妃甸新区的发展更是令世人瞩目，唐山有优越的地理位置、丰富的自然资源、完整的产业布局，将来的发展前景十分广阔。当前，海峡两岸经济合作与发展面临世界金融危机和经济衰退带来的严峻挑战，也面临难得的历史机遇。因此，我们要在前三届海峡两岸企业发展与合作论坛的经验基础上，进一步扩大和深化两岸经济交流合作，两岸企业共同努力，共谋发展，共创双赢。希望参加这次论坛的各位嘉宾，为推动海峡两岸共同发展，特别是为推动港台企业家与唐山的合作打下坚实的基础，取得实质性的进展。

赵勇代表唐山市委、市政府和唐山市人民，诚挚欢迎前来出席本届论坛的港台客人，称论坛的举办既是唐山的荣幸，也是唐山的机遇，并向客人介绍了唐山的发展乃至环渤海地区的发展，对中国经济未来第三个增长级的重要意义，希望唐山快速发展的步伐，吸引有志之士投入更多关注的目光，借助海峡两岸企业发展与合作论坛这个平台，增进共识、增进友谊，共同发展。

太平星集团（中国）主席王英伟，中华青年企业家协会理事长刘灿树，台北企业家菁英会会长吴木川，锦旻企业股份有限公司董事长谢丰旭代表港台企业家发言，对唐山近年来、特别是在国际金融危机的冲击下仍保持了经济社会的高速发展，赞叹不已，为之心动，并表示愿意为促进海峡两岸企业的交流与合作多作贡献。

中央统战部三局副局长付铁生，海峡两岸关系协会副会长王富卿，河北省政协副主席王玉梅，省政协副主席、民进河北省委主委王刚，省台办主任潘爱良，省委统战部副巡视员栗慧英，中共唐山市委副书记张义珍，市长陈国鹰，常务副市长周仲明，副市长于山，市人大主任张耀华，市政协主席张国栋，市委统战部长张艳春，市政协副主席、民进市委主委杨方等会见时在座。

6月15日，由民进中央和中共唐山市委共同主办，国台办、中华海外联谊会大力支持，唐山市人民政府承办的“第四届海峡两岸企业发展与合作论坛”在唐山曹妃甸新区开幕。罗富和出席开幕式并讲话。开幕式由张怀西主持。来自港台和大陆的企业家、专家学者约200人出席开幕式。

罗富和在讲话中代表全国人大常委会副委员长、民进中央主席严隽琪和前主席许嘉璐对此次论坛的开幕表示热烈祝贺。他指出，当前在国际金融危机的冲击下，大力开展两岸经贸交流与合作，符合两岸同胞共同的利益，有利于两岸企业提升应对各种风险的能力，有利于两岸的和平与稳定，有利于中华民族的伟大复兴。他希望两岸企业家抓住环渤海地区崛起的难得机遇，积极推动海峡两岸经贸交流交往，共谋发展，共创双赢，造福两岸人民。

罗富和说，中国民主促进会十分愿意与有关各方真诚合作，以中华传统文化和经贸合作为纽带，鼓励与帮助台湾企业界人士到内地考察、投资，增进同台湾各界人士的友谊，促进大陆与台湾在教育、文化和经济等多方面的交流。

国务院台湾事务办公室副主任叶克冬出席开幕式并讲话。他说，去年5月以来，两岸关系实现了历史性转折，取得一系列重要成果和突破性进展。去年12月31日，胡锦涛总书记在纪念《告台湾同胞书》发表30周年座谈会上发表了重要讲话。这一讲话是指导我们在新形势下继续推动两岸关系发展的纲领。他指出，两岸经济交流合作直接关系两岸同胞福祉和切身利益，是当前和今后一个时期对台工作的优先重点。他希望在实现两岸经济关系正常化的基础上，推动两岸经济交流合作向更深层次、更高水平发展。

台湾立法院最高顾问蔡正扬宣读海基会董事长江丙坤贺信。贺信中说："环渤海地区经济发展实力雄厚，商机无限。是项论坛，协助台商了解进入环渤海地区的机遇与挑战，为促进两岸经贸合作与交流搭建沟通平台，丙坤乐见其成，预祝各项筹备工作顺利，大会圆满成功。"

中共河北省委副书记车俊在开幕式上致辞。他代表中共河北省委、省人大常委会、省政府、省政协向论坛的开幕表示热烈祝贺，对民进中央、国台办和国家部委对河北唐山的关心和支持表示衷心感谢，对莅临论坛的海峡两岸嘉宾表示诚挚的欢迎。他希望，通过本次论坛的举办，使港台企业家对河北有一个更加深入更加全面的了解和认识，与河北开展更深层次更宽领域的交流与合作，共享环渤海发展机遇，共同应对国际金融危机的挑战，携手共创美好未来。

中央统战部、海协会、中共河北省委、省政协、省委统战部、省台办、民进河北省委、中共唐山市委、市政府、市政协、市委统战部、民进唐山市委有关领导出席开幕式。

第四届海峡两岸企业发展与合作论坛的宗旨是：推动海峡两岸经贸交流与合作，促进祖国统一和中华民族振兴，促进河北经济社会发展和唐山、曹妃甸新区开发开放。此次论坛为期两天，期间将安排主旨演讲和主题演讲、参观考察曹妃甸工业区、参加第二届河北·曹妃甸临港产业国际合作会议和冀东经济区重点项目发布暨对接洽谈会等活动。

开幕式后，论坛举行主旨演讲。罗富和、张怀西、朱永新出席。主旨演讲由河北省政协副主席、民进河北省委主委王刚主持。

中共河北省委常委、唐山市委书记赵勇作题为"环渤海地区快速崛起与中国现代化"主旨演讲。他说，经济全球化趋势不可逆转，区域经济一体化也是历史发展的必然，在构建和谐世界的大背景下，构建和谐亚洲，打造东北亚一体化，加速环渤海地区的开放开发，是国家体制创新的一个新战略。唐山是胡锦涛主席首次提出建设科学发展战略构想的地方，唐山将建设成为科学发展的示范区和中国未来发展模式的示范区。他表示，唐山愿意在物流、石化、环保、新能源、旅游金融和商贸等方面与台湾的企业展开密切合作。他说："渤海湾连着台湾海峡，唐山连着阿里山，通过这次论坛我们希望两岸同胞更加紧密地携起手来，心连心，手拉手，为两岸的共同发展，为实现中华民族的伟大复兴而努力。"

台湾经济日报总主笔马凯作题为"从金融海啸的魅影中升起"的主旨演讲。他认为，当前，海峡两岸共同面对国际金融危机的挑战，必须携手寻找新的契机来推动两岸经济共同发展。台湾是以中小企业的发展作为经济崛起的起点，台湾有大量优秀的企业家，他们承袭了中国传统企业家的种种特色，同时又充分吸收日本和美国企业界的现代化管理理念与管理经验，实践经验非常丰富。他希望，将来通过海峡两岸更密切的互动合作，让台湾企业的经验、台湾企业的人才，与大陆的企业结合在一起，带动生产力的快速提升，共同创造海峡两岸新的辉煌时代。

太平星集团（中国）主席王英伟作题为"两岸携手共抗金融危机"的主旨演讲。他认为，两岸间的经济合作不能离开政府的支持，要充分考虑两岸交往的历史和政治因素，扩大两岸企业的交流交往，重视香港的金融和服务业在两岸企业合作发展过程中起到的突出作用。在金融海啸的影响下，世界的经济形势是多变的，无论怎样，两岸企业都应作好充足准备，进一步深化合作，“团结”、“自强”，积极应对未来可能会出现的、更多和更巨大的挑战。

中央统战部、海协会、中共河北省委、省政协、省委统战部、省台办、民进河北省委、中共唐山市委、市政府、市政协、市委统战部、民进唐山市委的有关领导，来自港台的企业家、专家学者，民进民营经济界人士约200人聆听主旨演讲。

15日，环渤海新闻网发表评论员文章《推动交流合作促进开放发展——热烈祝贺第四届海峡两岸企业发展与合作论坛开幕》。文章说，为落实中共中央、国务院对台工作精神，进一步推动海峡两岸经贸交流与合作，在国务院台湾事务办公室、中华海外联谊会和河北省人民政府的大力支持下，由中国民主促进会中央委员会和中共唐山市委共同主办，唐山市人民政府承办的“第四届海峡两岸企业发展与合作论坛”于今天隆重开幕了。

文章指出，海峡两岸企业发展与合作论坛，是集学术交流与经贸合作于一体的盛会，是推动两岸交流合作的一种有效模式，从2005年开始，海峡两岸企业发展与合作论坛已成功举办了三届。“第四届海峡两岸企业发展与合作论坛”能够在唐山召开，一方面体现了民进中央对唐山的信任和厚爱，另一方面也表明了唐山在我国环渤海经济圈中迅速崛起的强劲发展态势备受世人瞩目。

文章说，本届论坛规格高，内容丰富。论坛期间将有两岸经济界、学术界知名人士、企业界和各界来宾共200多人参会。与论坛同期，第二届河北省·曹妃甸临港产业国际合作会议也将举行，届时，将有包括世界500强企业、跨国公司、国际商会和国内重点企业在内的500多名中外客商和来宾到会，广泛开展经贸交流与推介洽谈活动。举办这次论坛，对于推动海峡两岸经贸交流与合作，促进祖国统一和中华民族振兴，促进河北经济社会发展和唐山、曹妃甸新区开发开放，具有重要意义。特别是在当前应对国际金融危机的大形势下，本次论坛对进一步推进两岸企业界经贸交流与合作，共同应对国际金融危机挑战，共享环渤海发展机遇，共谋未来发展，具有积极而深远的影响。

文章强调，当前，我市正在认真贯彻党中央、国务院关于宏观调控的一系列决策部署，以科学发展示范区建设为总揽，全力实施唐山湾“四点一带”开发、城市“四大功能区”建设、打造产业链经济等一系列战略重点，着力推进资源型城市转型，力促经济平稳较快发展，加快建设科学发展示范区和人民群众幸福之都。唐山的大开放、大发展，为进一步加强与国内外交流合作提供了良好条件，同时也为举办好这次论坛奠定了基础。我们坚信，论坛的举办，对促进唐山和台湾的经贸往来，促进唐山的进一步开放发展，必将产生深远的影响。

15日下午，第四届海峡两岸企业发展与合作论坛进行主题演讲。主题演讲由新世纪形象管理学院创办人、金石形象（北京）国际文化发展公司首席讲师、清华大学人文科学管理学院访问学者石咏琦女士主持。民进中央常委、清华大学政治经济学研究中心主任蔡继明教授担任点评嘉宾。

在主题演讲中，各位演讲者畅所欲言，围绕两岸携手共同应对金融危机，循环经济与资源型城市可持续发展，曹妃甸与台湾临港产业的对接，中小企业发展与产业结构优化，台资进入环渤海地区的机遇和战略选择等议题进行广泛而深入的交流与研讨。

观点之一：关于唐山曹妃甸新区开发开放与环渤海经济圈发展新格局

唐山市人民政府市长陈国鹰说，依托港口发展临港产业是国内外沿海地区快速发展的一个基本路径。“大港口—大工业—大城市—大发展”的发展模式，已经成为很多国家和地区繁荣发展的普遍历程。环渤海地区正在成为继珠江三角洲、长江三角洲之后，中国第三个开发开放的重点地区，成为继拉动中国经济增长的又一重要引擎。唐山曹妃甸新区位于环渤海地区的中心地带，开发建设曹妃甸是党中央、国务院和河北省委、省政府作出的一项重大战略决策，被列入国家“十一五”发展规划和首批循环经济示范园区，在全国生产力布局中具有十分重要的地位和作用。曹妃甸和唐山湾的大开发、大开放，为唐山加强与海内外各界的合作搭建了广阔的平台，也为各类企业在这里创业发展创造了无限商机。

观点之二：民营企业如何改进融资思维应对当前的国际金融危机

美国百胜客金融证券责任有限公司董事长曹国扬认为，企业只有通过上市才能构成一个长期融资的平台。在市场里面有一句话，“你准备好了没有?”什么才叫做准备好了?依据美国沙巴法案，一个企业准备好的具体表现在它的内部控制上，表现在它的财务管理上、深层管理、销售管理，以及目前日益重要的风险管理上面。当前，金融海啸还在持续不断地侵蚀着我们的经济发展，中国的企业要在国际金融市场里面实现融资，就必须要把企业的内部控制做好，才能在最短时间达到资本对接的目的。

观点之三：中小企业发展与产业结构优化

台北企业家菁英会会长吴木川认为，面对全球大型经济体系逐渐崩解的今日，取而代之的是区域化的经济体系，创意、创新以及创业将会成为市场上的主轴，而中小企业也将会成为我国未來经济发展的主角，持续创新才是中小企业之生存之道。大陆中小企业的发展面临严重的困难，就业问题之所以出现这么大的难题就是我们中小企业的发展还不够，在未来40年中，我们面临着巨大的就业压力，只有大力发展中小企业，才能妥善地解决就业问题。

观点之四：资源型城市可持续发展的现状与对策

台湾中华青年企业家协会理事、威奈联合科技股份有限公司大中华区营销总监刘希明认为，可持续发展的关键是让环境可持续发展，核心是让产业可持续发展，目标是让人可持续发展。占中国城市总数1/4的资源型城市的可持续发展，是事关中国现代化建设和全社会可持续发展大局的重要问题，同时也是中国经济社会和谐发展的重要组成部分。在今后发展中，只有大力发展循环经济，努力实现自然生态和社会经济的良性循环，才能够将经济社会活动对资源的需求和生态环境的影响降低到最低程度，这是从根本上解决经济发展与环境保护的根本途径。

观点之五：关于台商在曹妃甸投资的前景

清华大学台港澳经济研究部主任黄德海全面介绍了台商投资大陆的整体情况，通过对台商在大陆投资规律性的研究分析，他认为，台商在环渤海地区的投资，尤其是在河北的投资占台商在大陆的总投资比重非常小。当前，环渤海地区和其他地区的经济联系越紧密，台商们拓展商业的机会也就越大。建立以经济联系为主的新产业聚集区，有别于指向性聚集。将技术创新作为区域合作方式的支撑点，更多地注意技术创新，就有利于承接岛内的高级制造业的转移，有利于台商实现转型升级，并推进本土化进程，有利于吸引大台商投资。

蔡继明在点评中说，相信通过这次海峡两岸发展与合作论坛，使台湾的朋友对曹妃甸有所了解。他说，如果你错过了珠三角，错过了浦东，你千万不要错过唐山的曹妃甸。5位专家学者的演讲内容翔实、见解精辟，他们从不同角度阐述了当前海峡两岸面临的经济形势、推动海峡两岸经济交流与合作，支持唐山曹妃甸新区开发开放的重要性和紧迫性，提出了两岸合作双赢、共同发展的经贸合作思想，表明了积极为台湾和唐山人民谋福祉、办实事的诚意，反映了海峡两岸企业家和专家学者振兴中华的共同愿望，体现了浓浓的亲情和友情。

朱永新与河北省、唐山市的有关领导，港台和大陆的企业家听取主题演讲。

15日下午，出席第四届海峡两岸企业发展与合作论坛的代表参观考察曹妃甸工业区。

曹妃甸岛，原来是一个带状的小沙岛，距陆地约18公里，涨潮时不足4平方公里，由古滦河入海长年冲击而成，至今已有5000多年的历史。曹妃甸工业区就是以此岛为基础，通过吹沙填滩形成的。

在曹妃甸工业区规划展示中心，面对“四点一带规划模型”、工业区规划模型和产业规划模型，两岸三地的企业家们无不为曹妃甸这块黄金宝地、这颗环渤海地区的耀眼明珠发出由衷的赞叹。

曹妃甸工业区是曹妃甸新区的核心区和龙头带动区，2005年10月8日成立，这里有不需要开挖航道和港池即可建设 30 万吨级以上大型泊位的北方深水大港，将逐步建成以现代物流、钢铁、石化、装备制造四大产业为主导，电力、海水淡化、建材、环保等关联产业循环配套，信息、金融、商贸、旅游等现代服务业协调发展的循环经济型产业体系；建成依托京津冀，服务环渤海，面向世界的国家级临港产业循环经济示范区。

在首钢京唐钢铁厂的指挥中心，大家获悉，为北京环境保护和唐山产业结构调整而组建的这家钢铁联合有限责任公司，在这片盐碱地上建起了特大焦炉 4 座、5500 立方米的高炉 2 座、冷轧厂 3 个，生产具有国际先进水平的精品板材，投产后产量是过去的几倍，实行节能减排、发展循环经济；还建有矿石码头、成品码头，原材料和产品传来传往节省了成本，降低了周期。

在原油码头，企业家们见到了 6 个拱桥连接在一起长达 784 米的输油管道和 8 个容量为 20 万立方米的巨型储油罐，欣闻曹妃甸地下有 10 亿吨的大油田，储量规模之大、油层厚度之高、油品质量之优为中国多年所少有。在矿石码头，见到 2 艘外国矿石船正在作业，船上和码头的皮带机相互连接，以每小时 2500 吨的速度，将这些来自澳洲、巴西和印度的矿石卸下来，传送到钢铁厂的焦炉去炼焦。这个年吞吐量 3000 万吨的矿石码头，表明了唐山和曹妃甸新区自主创新能力的不断提高。

曹妃甸工业区规划中心、京唐钢铁指挥中心、原油及矿石码头的实地考察，对唐山市委书记赵勇上午的主旨演讲“环渤海地区快速崛起和中国现代化”，做了充分的印证。港台企业家在咋舌之后就是心动。论坛上流行这样一句话：“如果你没有抓住珠三角的机会，就要抓住浦东的机会；如果你既没有抓住珠三角的机会又没有抓住浦东的机会，就一定要抓住环渤海地区的机会，抓住了唐山曹妃甸，就是抓住了财富。”

当晚，渤海国际会议中心前的湖面上，两个圆形平台精心布置成舞台和看台，热情好客的唐山人为远道而来的嘉宾举行了一场焰火晚会。唐山市的文艺工作者演出了民乐合奏、评剧《香妃与乾隆》选段、京剧《四郎探母》选段“坐宫”等节目，歌唱演员白雪、台湾歌手文章演唱了《久别的人》、《归来》、《故乡的云》等歌曲。

6 月 16 日上午，第二届河北曹妃甸临港产业合作会议开幕仪式暨循环经济发展合作论坛在唐山渤海国际会议中心隆重举行。全国人大常委会副委员长、民进中央主席严隽琪宣布大会开幕。中华社会救助基金会理事长许嘉璐出席并讲话。出席第四届海峡两岸企业发展与合作论坛的嘉宾参加开幕式。

6 月 16 日下午，第四届海峡两岸企业发展与合作论坛在圆满完成各项议程后，在唐山曹妃甸新区落下帷幕。严隽琪出席闭幕式并讲话，她代表民进中央对论坛的圆满成功表示热烈祝贺，对出席本届论坛的两岸嘉宾致以崇高的敬意，向为论坛提供了巨大支持的中共唐山市委、唐山市人民政府，以及为论坛辛勤劳动的工作人员们表示衷心的感谢。

严隽琪指出，当前，国际金融危机的影响仍在蔓延和深化，两岸经济都受到了冲击和影响，大陆是台湾目前最重要、最可依赖的强大助力，而台湾的人才、技术、经验，对大陆来说也是非常宝贵的。企业和企业家代表社会创造财富的活力，在金融危机面前，本是一家人的海峡两岸企业家，更应该加强沟通、相互支持、携手合作，共克时艰。

严隽琪表示，中国民主促进会将继续积极推进两岸企业和企业家的了解、交流、合作，促成两岸同胞携手共抗危机、共同发展。唐山是一个充满发展潜力和机会的城市，是浴火重生的英雄城市，自强不息的唐山人有着开放超越，敢于担当的魄力。愿渤海的明珠——唐山曹妃甸，能够进一步吸引两岸的资源，创造更光辉的未来。

许嘉璐在闭幕式上讲话。他说，唐山这块祖祖辈辈象征大陆和中国的神圣土地，现在又焕发了青春。唐山的经济社会发展已经初具规模，产业布局和内涵标志着 21 世纪最新的模式和形象。他希望台湾和唐山下一步的合作能着重在教育、中小企业的引进和发展，农村现代化建设等领域开展，并尽快成立正式的合作平台。他建议出席论坛的新老朋友加强合作，为这座凤凰之城更加美丽、更加繁荣尽心助力。

唐山市人民政府市长陈国鹰代表中共唐山市委、唐山市人民政府向论坛的成功举办表示热烈的祝贺，向出席本届论坛的各位领导和来宾致以诚挚的敬意和衷心的感谢。他表示，唐山愿以此为契机，在今后发展中与海峡两岸各界朋友进一步加强联系，不断增进友谊，在各个领域开展全方位、深层次的交流与合作，实现互利共赢，共同发展。

嘉惠集团总裁乔培伟，温州管理科学研究院院长、温州中小企业发展促进会会长周德文在闭幕式上，分别就“台资进入环渤海地区的机遇和战略选择”和“温州走出去战略与海峡两岸合作”两个题目作演讲。乔培伟为海峡两岸的合作和发展提出建议。他说，两岸应构建可持续的合作发展平台，建立成功的产业发展模式，坚固软件和硬件的服务，结合大陆的人才资源和台湾企业的丰富的成功经验，将两岸的互补性发挥出最大的价值。目前，温州有26万多台胞、300多家台资企业。周德文表示，当前的国际金融危机对我国影响其实正在加深，同时也为温州的企业走出去、走向国际合作提供了很好的机遇。

朱永新主持闭幕式。河北省人大常委会副主任侯志奎，河北省政协副主席、民进河北省委主委王刚出席闭幕式。

在两天时间里，来自海峡两岸和香港特区的近200名企业家和经济界知名人士，围绕推动海峡两岸经贸交流与合作，促进祖国统一和中华民族振兴，促进河北经济社会发展和唐山、曹妃甸新区开发开放，各抒己见，畅叙友情，共话发展，增进相互了解与友谊，达成许多重要共识，现有意向合作投资的项目20多个。本届论坛作为海峡两岸集学术交流与经贸合作于一体的一次盛会，对进一步推进两岸企业界经贸交流与合作，共同应对国际金融危机挑战，共享环渤海发展机遇，共谋未来发展都具有重要意义。

6月17日，出席第四届海峡两岸企业合作与发展论坛的嘉宾，怀着浓厚的兴趣，分两路考察了唐山市区和世界文化遗产、皇家陵寝——清东陵。

唐山历史悠久，唐朝时李世民两次东征，均屯兵现在市区的大城山，山赐唐姓，唐山由此得名。由于唐朝的繁荣强大，遍布世界的华人居住区被称为唐人街，漂洋过海的中国人在节庆和祭祖时要拜唐山，台湾人常常自称为唐山客。这种寻根认祖的情感在参观唐山抗震纪念碑、纪念碑广场和地震遗址公园时达到了极致。

两岸嘉宾站立在高耸的纪念碑前，情不自禁地向33年前那场大地震中死难的24万、伤残的16万同胞鞠躬志哀；2008年唐山地震遗址公园修建了高7.28米、长达482米的12块黑色大理石墙，正反两面密密麻麻镌刻着24万个名字。无论是唐山大地震、汶川大地震，还是台湾9·12大地震，对生命的尊重，对死者的悲悯，一样的情感在两岸嘉宾心中涌动……

唐山是凤凰涅槃的奇迹。经过10年重建、10年振兴、10年快速发展，一座现代化的城市又重新屹立在祖国的渤海之滨。望着鳞次栉比的高楼大厦，车流如织的通衢大道，绿草如茵、鲜花盛开的城市绿化带，许多台湾嘉宾不住地称赞：“城市建设规划得太好了，唐山的市容太漂亮了！”一位50多岁的台商激动地说：“我终于见到唐山了，这是一个很久的心愿，我们台湾人都是唐山人！”

唐山是一座绿色生态之城。在南湖生态风景区，两岸嘉宾站在昔日的垃圾山、今日的凤凰台上，俯瞰烟波浩淼的南湖，蓝天白云，倒影婆娑，岸边芦苇丛生，湖中绿树长堤，游船点点，水鸟低飞。南湖酷似西湖，水面却是它的两倍。这里原是采煤塌陷区的渗水坑，后经扩湖绿化而成，湖水清澈，湖内有几十种鱼。垃圾山经封山植绿，变成层层梯田，共植树30万株，山上有乔木48种、地被植物100多种。南湖生态城的建设，实现了唐山从“深黑”走向“蔚蓝”的梦想，堪称“化腐朽为神奇”。台湾嘉山钢铁工业股份有限公司总经理林振东说：“20年前我来过这里，现在变化太大了，我想来这边兴业、生活。”

唐山是近代工业的摇篮。这里诞生了中国大陆第一座机械化采煤矿井——开平煤矿；中国第一条标准轨距铁路——唐胥铁路；第一台蒸汽机车——龙号机车；第一桶机制水泥——马牌水泥；第一件卫生陶瓷。在开滦博物馆，两岸嘉宾观看了“煤的起源——森林与海洋的曼舞”、“唐山大地震和开滦抗震救灾”、“百年开滦”等多媒体大型景观，了解到开滦煤矿130年的发展史，也认识了“钢铁般意志”、“火热般忠诚”、“特别能战斗”的开滦人。新世纪形象管理学院创办人、金石形象（北京）国际文化发展公司首席讲师、清华大学人文科学管理学院经济学研究所访问学者石咏琦说：“我到过很多国家的博物馆，很少看到一个煤矿的百年历史得到现代化的展示，而且这样生动、感人，所有的景观都做得好极了，当年的情景就在眼前，一个小时的参观没有让人感到丝毫沉闷和枯燥。”

清东陵得天独厚的风水、雄伟壮丽的古建筑、精美绝伦的石雕艺术、韵味十足的满清文化深深吸引了考察的各位嘉宾。在实地观看了裕陵、定东陵后，嘉宾们深入系统地了解了清王朝的帝葬文化，进一步增强了对清东陵的认知度。大家为唐山市拥有并保护着这座中国现存规模最宏大、体系最完整、布局最得体的帝王陵墓建筑群而叹为观止。

对第四届海峡两岸企业合作与发展论坛闭幕后的考察安排，东道主是独具匠心的。两岸嘉宾的结论是：唐山正全力打造科学发展的示范区和人民群众的幸福之都，本届论坛和此次考察是一次寻根之旅、生态之旅、心动之旅。

《唐山劳动日报》6 月 18 日发表采访文章《“曹妃甸是块投资热土”——访台湾中华青年企业家协会理事长刘灿树》。文章说，刘灿树曾多次应邀参加两岸重要经贸活动。谈起此次到曹妃甸新区参加第四届海峡两岸企业发展与合作论坛，刘灿树显得很兴奋。他说，这是他第二次来曹妃甸了。通过参观和了解，曹妃甸独特的区位优势、良好的深水资源以及迅猛的发展态势给他留下了非常深刻的印象。“曹妃甸是块投资热土，我回台湾后要向当地企业家这样介绍曹妃甸，如果有机会，希望他们能亲自到这里看看，亲身感受曹妃甸的魅力所在”。

刘灿树坦言，曹妃甸地处环渤海经济圈，在国家的经济战略发展中占有非常重要的位置，这里会成为未来中国经济发展的一个重要增长极。曹妃甸不但在能源、交通、环境等方面有着十分明显优势，而且这里还有天然良港资源，区域面积非常广阔，工业发展也有一定基础，可以说曹妃甸的发展“无可限量”。也正是看到了这种发展优势，第四届海峡两岸企业发展与合作论坛选在了曹妃甸召开。刘灿树认为，这次论坛为广大台湾企业提供了一个很好的平台。企业家们想到唐山投资兴业，这是个非常好的机会。

刘灿树说，台湾的港口发展有它自己的一套经验。过去台湾有高雄港、基隆港等国际性港口，现在台北港也正在崛起之中。纵观台湾与曹妃甸，两地在港口发展方面有许多相似之处，也有不同。曹妃甸港的资源和地理优势是无法比拟的，虽然曹妃甸港起步较晚，但其发展势头很猛，用“后来者居上”来形容曹妃甸再合适不过。作为台湾青年企业家协会理事长，刘灿树表示要致力于加强台湾与曹妃甸港口发展方面的交流与合作，互相学习，互相促进，从而实现共同发展。

第二届河北曹妃甸临港产业合作会议在唐山举行
严隽琪出席开幕式，并同朱永新考察曹妃甸工业区

2009 年 6 月 16 日，第二届河北曹妃甸临港产业合作会议开幕仪式暨循环经济发展合作论坛上午在唐山渤海国际会议中心隆重举行。全国人大常委会副委员长、民进中央主席严隽琪出席并宣布大会开幕。

中华社会救助基金会理事长许嘉璐出席开幕式并讲话。他说，今天的唐山经历了凤凰涅槃般的再生，当它重生的时候，已经不是原来的凤凰了，而是更具活力、更具魅力的新生命。仅仅 33 年，唐山就从一片瓦砾废墟上茁壮成长为一个现代化的城市，最近几年来，唐山更以惊人的速度，成长着、发展着。唐山紧紧抓住了中国又一轮思想解放、深化改革和扩大开放的机遇，唐山人比其他地方早跨出一步。唐山曹妃甸新区的临港产业的发展和国际合作，是在信息化时代没有丢弃工业化时代所创造的经验，世界各国无不如此。他进一步指出，唐山瞄准的是东京湾这样的追赶目标，但唐山在很多方面优于东京湾：东京湾依托

的是几个工业化城市，成为一个吞吐5亿吨的世界港湾；唐山依托着北京和天津，依托着环渤海的其他城市，其腹地远远大于东京湾。现在唐山异军突起，它在昭示人们一个城市要发展，就要走这样的路子，有这样的景象。他衷心祝愿唐山能够领航临港经济发展，共同创造21世纪中国的奇迹。

国家商务部投资促进事务局副局长张迎新致辞。中共河北省委常委、唐山市委书记赵勇就临港产业、循环经济发展和唐山投资环境及未来发展发表演讲。河北省人大常委会副主任侯志奎，省政协副主席、民进河北省委主委王刚出席开幕式。开幕式由唐山市委副书记、市长陈国鹰主持。

伊朗、丹麦、日本等5国的驻华使节，世界500强企业、跨国公司、国际商协会和国内重点企业在内的600多名中外客商和来宾到会，共同探讨加快推进临港产业发展。出席海峡两岸企业发展与合作论坛的嘉宾参加开幕式。

第二届河北曹妃甸临港产业国际合作会议暨循环经济发展合作论坛以“交流合作、发展共赢”为宗旨，以推进曹妃甸临港产业集聚、发展循环经济为主题，是环渤海地区重要的国际性投资贸易交流活动。论坛期间，还将举办冀东经济区重大项目签字仪式、冀东经济区重点项目发布暨对接洽谈会、唐山市高新技术成果洽谈会等活动。

严隽琪16日考察了唐山曹妃甸工业区。她冒雨考察了曹妃甸工业区规划展示中心，装备制造区和首钢京唐钢铁联合有限责任公司。在曹妃甸工业区规划展示中心，严隽琪认真观看了每一个展区，详细了解了唐山曹妃甸工业区贯彻落实科学发展观和科学发展示范区建设情况，并向陪同考察的中共唐山市委书记赵勇询问了工业区的物流配套、道路规划、海上风力发电、文化设施建设等情况。她指出，曹妃甸工业区的开发要充分借鉴国内外临港产业区的经验，事先预留地下发展空间，以便将来发展地下交通。

严隽琪对曹妃甸新区取得的建设成就给予高度评价。唐山优越的地理自然条件，巨大的发展潜力和机遇，曹妃甸人的创业精神、科学精神、协作精神、奉献精神，给她留下了深刻印象。在展示中心，她欣然题词“渤海明珠”，祝愿渤海的明珠——唐山曹妃甸，能够进一步吸引两岸的资源，创造更光辉的未来。

民进中央副主席朱永新和赵勇、侯志奎、王刚陪同考察。

严隽琪、罗富和会见在京部分科技界民进会员

2009年6月17日，全国人大常委会副委员长、民进中央主席严隽琪，全国政协副主席、民进中央常务副主席罗富和晚间会见和宴请在京部分科技界民进会员。

“我们又见面了，你们还好吧？”严隽琪紧紧握住蔡睿贤、冼鼎昌两位院士的手，关切地询问。

蔡睿贤是中国科学院热物理研究所研究员、中国科学院院士，冼鼎昌是中国科学院高能物理所研究员、中国科学院院士，他们是我会20世纪30年代出生的科技工作者代表。蔡睿贤曾多次荣获重大科技奖项，如中国科学院科技进步一等奖、中国科学院自然科学二等奖、国家科技进步二等奖。冼鼎昌曾荣获国家科技进步奖特等奖，何梁何利基金物理学奖。

“邱院士是我们骨科专家。”严隽琪向在场的科技界会员介绍说。

邱贵兴是中国医学科学院北京协和医院外科学系主任、中国工程院院士，生于20世纪40年代，60年代毕业于中国协和医科大学，他领导的课题“特发性脊柱侧凸的系列研究及临床应用”获国家科技进步二等奖。

“抗肿瘤药物研究进展还顺利吗？”再次见到罗永章，严隽琪依然关心着他的工作情况。

罗永章现任清华大学生物系博士生导师，蛋白质药物北京市重点实验室、抗肿瘤蛋白质药物国家工程实验室主任，长江学者。罗永章率领科研团队历经近7年研发成功的“血管抑制剂抗肿瘤新药的药物设计、千克级制备技术及临床应用”项目，获得2008年度国家技术发明奖二等奖。

"你是今天所邀请会员当中年纪最小的。"严隽琪笑着对张涛说。

张涛1964年出生，1988年公派留学，在日本东北大学金属材料研究所攻读硕士和博士学位。现任北京航空航天大学材料学院材料学教授、博士生导师，北京航空航天大学国家实验室首席专家，长江学者。根据美国ISI研究所统计，近10年在世界材料科学领域的论文引用次数排名中，张涛博士排名为第16位，位居全世界材料科学领域华人科学工作者前列。

严隽琪、罗富和与科技界民进会员在轻松愉快的氛围中亲切交谈。民进中央秘书长赵光华，民进中央组织部、办公厅负责人参加活动。

中央社会主义学院在福建举办重要活动
严隽琪出席并会见南平、龙岩民进会员

2009年6月19日，全国人大常委会副委员长、民进中央主席、中央社会主义学院院长严隽琪上午出席在福建省武夷学院举行的中华文化学院武夷山教学科研基地揭牌仪式。中央社会主义学院党组副书记、常务副院长游洛屏，福建省人大常委会副主任袁锦贵，福建省政协副主席、省委统战部部长、省社会主义学院院长张燮飞，中央社会主义学院副院长袁廷华、黄易宇，民进福建省委副主委金铁平，南平市委、武夷山市委、武夷学院领导参加揭牌仪式。

中华文化学院是统一战线弘扬中华文化的窗口、对外文化交流的平台、培养爱国人才的基地。武夷山是世界文化与自然双遗产地，有着丰富的历史文化遗存。武夷学院自建立以来，高度重视统战工作与中华文化研究工作，在中华文化研究特别是国学研究方面取得了不少成绩，成为在国内具有一定知名度的中华文化研究机构和学术交流平台。中华文化学院武夷山教学科研基地的建立，是中华文化学院在联合高校科研力量共同推进中华文化的研究方面所采取的一项重要举措，必将有力的推动中华文化学院的教学、科研工作，进一步扩大中华文化学院的社会影响力。

6月20日，中央社会主义学院古田会议会址爱国主义教育基地揭牌仪式下午在上杭古田隆重举行。严隽琪为基地揭牌。游洛屏、袁锦贵、张燮飞、金铁平，龙岩市领导出席揭牌仪式。中央社会主义学院理论研究班全体学员、省人大办公厅、省委统战部、省社会主义学院、龙岩市、上杭县有关领导，省、市民主党派、工商联代表参加揭牌仪式。

古田会议是我党我军建设史上的重要里程碑。古田会议会址不但是第一批全国重点文物保护单位，而且已经成为在国内具有很高知名度和影响力的爱国主义教育基地。中央社会主义学院作为中国共产党领导的统一战线性质的政治学院、民主党派和无党派人士的联合党校、开展党的统一战线工作的重要部门，在教育培训中一贯注重开展多渠道、多层次、多形式的爱国主义教育，大力弘扬革命传统，提高学员的思想政治素质。中央社院将充分发挥古田会议会址爱国主义教育基地的作用，利用其丰富的爱国主义和革命传统教育资源，组织学院重要班次的学员前来学习，进一步提高统一战线广大学员的思想政治素质，巩固共同理想信念，团结统一战线广大学员为全面建设小康社会、实现中华民族伟大复兴作出新的更大贡献。

严隽琪在福建省出席活动期间，分别会见民进南平市委领导班子成员、部分会员和龙岩市民进会员。19日晚，她在福建省南平市会见民进南平市委领导班子成员及会员代表。民进福建省委副主委金铁平主持会见，民进南平市委主委郭翠莲代表市委做工作汇报。武夷学员计算机系主任杨升、南平一中英语教研组组长邱玉芬等会员发言。

严隽琪向会员们表示亲切问候和衷心感谢。她说，你们是民进界别特色的重要体现。从你们的发言中，我感到了你们对组织的热爱和期待。

严隽琪20日晚在福建省龙岩市会见龙岩市民进会员。金铁平主持会见。龙岩市共有20余位民进会员，大多数为近一两年新入会的会员，龙岩市还未成立民进地方组织。会员们在发言中纷纷表示，入会以来，深刻感受到民进是一个大家庭，领导平易近人、会员们之间交流思想、组织给予了人积极向上的力量，今后一定继续加强学习，在做好本职工作的同时尽到一个民主党派成员应尽的义务。

严隽琪在两次会见中指出，会员们的发言虽然简短，但是包含了深刻的道理，我为什么要加入民进？参加民进之后为组织做了什么？我将为组织留下了什么？这些是每一位会员都应该思考的。参加民进是多了一条报国渠道、多了一条交友之路、打开了一扇信息之窗，民进给了会员们更大的舞台、更多的机会。而会员在本职岗位上辛勤工作，获得荣誉，会为民进树立良好的社会形象；在参政议政中的表现和在社会服务中体现的精神，也将扩大民进的影响力。

严隽琪说，福建是一块福地，有着丰富的自然资源、优越的地理位置、良好的人文环境。海峡西岸经济区是一个肩任促进祖国统一大业历史使命的特殊地域经济综合体，给海峡两岸的交流带来了发展机遇，成为两岸统一的战略重地，成为服务祖国统一大业的前沿平台。在这样的新形势下，福建省广大民进会员不但要在自己的本职岗位上为福建的新腾飞作出贡献，更要在反映社情民意、参政议政调研、社会服务等方面为福建的发展贡献力量。

纪念民进上海市委成立60周年
罗富和讲话，蔡达峰致辞

2009年6月20日，上海市政协文化俱乐部礼堂洋溢着喜庆氛围，纪念中国民主促进会上海市委员会成立60周年大会下午在此召开。全国政协副主席、民进中央常务副主席罗富和，中共上海市委常委、统战部部长杨晓渡出席并讲话。民进中央副主席、上海市人大常委会副主任、民进上海市委主委蔡达峰出席并致辞。上海市人大常委会副主任、民盟上海市委主委郑惠强代表各民主党派市委、市工商联致贺词。上海市人民政府副市长唐登杰、上海市政协副主席钱景林，民革上海市委副主委王卓贤，民建上海市委副主委陈宏民，农工党上海市委副主委姚俭建，九三学社上海市委副主委黄鸣，致公党上海市委副主委张立军，台盟上海市委副主委高美琴，市工商联副主席金亮应邀出席。会议由民进上海市委副主委兼秘书长陈强努主持。民进上海市委副主委赵丽宏、李名慈、吴毅、陈振楼、张辰、胡卫，民进上海市委老领导邓伟志、刘恒椽、蒋家祥、王慧敏、陈炳生、陈穗九、刘奕民、顾奎华等出席。上海教育、文化、出版有关单位，各区县及有关高校统战部、统战系统有关单位的领导应邀出席。

罗富和在讲话中代表民进中央向上海民进各级组织和全体会员致以热烈的祝贺和亲切的问候。他说，民进上海市委会自成立以来，切实履行参政党职能，努力加强自身建设，积极为促进经济建设和社会进步献计出力，作出了卓有成效的成绩。特别是近年来，民进上海市委会以科学发展观为指引，认真学习贯彻中共十七大和民进十代会精神，在组织建设、参政议政、社会服务等各个领域积极开展工作，作出了应有的贡献。他指出，民进上海市委会60年来取得的巨大成就，是上海民进各级组织的领导和广大会员解放思想、实事求是、大胆开拓、勤奋工作的结果，同时也与中共上海市委的领导和各有关单位的大力支持分不开。他希望民进上海市委以60华诞为新的起点，团结带领广大会员，继续解放思想，坚持改革开放，促进社会和谐，进一步加强自身建设，认真履行参政党职能，充分发挥参政党作用，继往开来，努力奋斗，以更好的工作成绩，最佳的精神状态，为上海加快实现“四个率先”、推进经济社会全面发展作出新的贡献！

杨晓渡在讲话中指出，60年来，上海民进组织的历届领导团结带领广大会员，始终与中国共产党亲

密合作，同心同德，风雨同舟，患难与共，在民进中央和中共上海市委的领导下，经历了中国和上海各个历史时期的变迁，经受住了各种严峻的考验，为我国爱国统一战线的发展，为多党合作和政治协商事业的发展作出了重要贡献，谱写了光辉的篇章。他希望民进上海市委继承和发扬老一辈长期与中国共产党团结合作形成的政治信念和优良传统，团结带领广大会员，坚持中国特色社会主义政治发展道路，以实际行动自觉把多党合作和政治协商制度坚持好、完善好、发展好，肩负起时代赋予的历史责任，为巩固和发展多党合作事业作出不懈的努力。

蔡达峰在致辞中说，民进上海市委会的60年，始终与国家共命运，与时代同呼吸，与新中国解放和建设事业息息相关。民进上海市委会60年的建设和发展成就来之不易。要把纪念民进上海市委会成立60周年活动，与庆祝新中国成立60周年、上海解放60周年、多党合作与政治协商制度确立60周年结合起来，更加全面地理解自身发展的历史，更加坚定爱国为公的信念。他强调，当前上海面临着大好的发展机遇和艰巨的建设任务，民进上海市委要在民进中央和中共上海市委的领导下，高举中国特色社会主义伟大旗帜，以邓小平理论和“三个代表”重要思想为指导，深入学习贯彻科学发展观，以政治交接为主线，以自身建设和参政议政为重点，继往开来，同心同德、群策群力，开拓进取，满怀热情地投入到时代发展的大潮中，为建设中国特色社会主义的伟大事业作出更大的贡献，谱写上海民进发展的新篇章。

郑惠强代表各民主党派市委、市工商联向大会表示热烈的祝贺，向全市民进会员致以亲切的问候。他在贺词中说，民进上海市委会的60年是与中国共产党风雨同舟、团结奋斗的60年，是不断取得进步的60年。60年来，民进上海市委会以自身的工作成绩为上海经济社会发展作出了积极的贡献，赢得了社会各界的广泛赞誉。上海各兄弟党派和市工商联为民进上海市会委取得的成就感到由衷的高兴和钦佩。

闸北区人大常委会副主任、民进闸北区委主委鲍英菁作为会员代表在大会上发言。民进各基层组织领导和部分会员近400人参加会议。会后，举行庆祝民进上海市委成立60周年文艺演出。

罗富和在安徽调研农村职业教育

2009年6月22日，全国政协副主席、民进中央常务副主席罗富和为进一步了解我国农村教育综合改革情况，赴安徽重点就农村职业教育进行调研。此次调研也是对山西专题考察的重要补充。

“新形势下的农村教育综合改革”是中共中央委托中央统战部统筹安排各民主党派中央、全国工商联开展专题考察的重要组成部分，也是民进中央2009年参政议政重点调研课题。围绕该课题，今年5月，民进中央考察团赴山西进行为期9天的专题考察。同时，为集智聚力，民进中央发动9个民进省级组织开展重点调研，并会同教育部、农业部、科技部等相关部委以及中国陶行知研究会等社会团体共谋“新形势下的农村教育综合改革”良策。

一、明确教育功能，重视三个“出口”

罗富和23日在亳州市蒙城县调研。多年来，蒙城县在加快经济发展的同时，牢固树立教育优先发展战略，倾力打造“学在蒙城”的品牌。蒙城县重点职高数量、普职比例、在校生规模、转移劳动力数量、对口升学等多项指标位居全省前列。

罗富和对蒙城县用前瞻性的思维积极推进农村综合教育改革，探索职业教育工作发展新思路给予高度评价。他说，蒙城县在促进职业教育与经济建设相接轨、构建大职教、拓展职业教育服务功能等方面进行了一些有益的尝试，实施了多项扎实有效的措施，不愧为教育综合改革的先进县。他指出，教育的定位应该更多的以推动国民素质的提高为目标，以促进人的全面发展为目标。目前，受城乡二元结构的影响，农村教育较为薄弱，因此要深入考虑加快农村教育的发展。农村教育的发展要始终围绕着农村的孩子，应该具备为农村孩子的成才提供助力的功能，使其德、智、体、美、劳全面发展，知识和技能都能得到提高，成为新一代的社会主义事业的接班人。

罗富和强调，从农村的基本情况来看，通过农村教育培养出来的学生有三种“出口”，既有继续升学进入大专院校的渠道，也有成为技术工人，成为工人阶级新主体的渠道，还有返乡成为建设社会主义新农村新一代的渠道，这三方面都是培养的目标，三个出口都是农村教育需要考虑的，都是要通过农村教育在这一人生中最重要的发展阶段打下坚实的基础。

罗富和在亳实地察看庄周高级职业中学，详细了解学生的实际操作和学习情况，并与老师和学生进行交流。

二、深化农业职业教育改革，培养新农村建设新主体

罗富和24日在六安市霍邱县继续调研。他称赞霍邱在职业教育中坚持开办涉农专业，难能可贵。他说，新形势下要更加重视农村职业教育。农村职业教育为新农村建设培训新一代主体人才，尤其霍邱县是全国产粮大县，为全国粮食稳定作出重大贡献，要更进一步重视农业职业教育，对农业定位要重新认识，对农业地位要提出更高要求，农业现代化程度越高，对农村人才要求也越高，生产者的素质决定农产品的质量。

罗富和强调，必须大力支持农村职业教育，重点支持涉及农业专业教育，要进一步深化职业教育涉农专业改革，坚持职教与乡镇培训网点结合，培养有知识、懂技术、会经营的专业人才，成为新农村建设的主力军，为建设现代化新农村作贡献。他指出，从事农业的生产者素质不高必将导致我国农业积弱，农村职业教育中涉及农业的专业必须得到加强，要加大投入，加强职教基础设施建设，从而加快新农村建设的步伐，共同为农村教育事业和涉农专业的发展作出积极贡献。

罗富和重点考察该县陈埠职业高级中学，就涉农专业的设置和发展、教学模式的改革、学习基地的更新建设等问题与学校交换意见。

三、农民培训助推农业产业，信息技术服务农业发展

罗富和25日在国家扶贫开发重点县——合肥市长丰县进行调研。他指出，长丰县委、县政府高度重视农民教育培训工作，长丰培训模式和机制是国家对农村教育综合改革的一个缩影，成效显著。农民文化教育入乡到村，是基层政府深入细致工作的体现，要扎扎实实坚持下去，形成长效机制。他说，长丰县农民教育培训工作，经验宝贵，为农村培训了一大批乡土人才，有力地推动了农村产业发展。长丰县要认真总结经验，通过人才积累，加快城乡一体化建设，推动工业化、城镇化和农业产业化“三化联动”发展。要加大农村职业教育基础设施的投入力度，加大对农村教育师资的培养力度，加强对职业教育涉农专业的投入强度，从教育的整体布局考虑，促进普通教育、职业教育和成人教育的协调发展。

罗富和来到该县下塘镇埠里成人文化技术学校实地了解情况，与当地干部群众交流谈心，仔细察看苗木培育基地，详细询问乡村教师的工作和生活情况。当看到安徽省农科院专家正在给当地农民上课时，罗富和走上前与专家亲切握手，并希望农业科研院校发挥独特优势，引领更多的农技专家来为广大农户传经送宝，帮助他们学习新知识和新技术，降低生产成本，促进农业增效和农民增收。

罗富和在安徽期间，会见了中共安徽省委书记王金山、安徽省政协主席杨多良，双方就安徽省经济社会发展及农村职业教育情况充分交换了意见。

罗富和还到安徽省气象局重点考察安徽农网建设情况。为贯彻落实国家建设社会主义新农村的历史任务，民进安徽省委选派优秀专家队伍，组建“民进专家进安徽农网服务团”，积极开展面向“三农”的信息服务，形成安徽农网强大的专家队伍，大力推动和支持安徽农网为“三农”服务工作，积极探索民进组织开展参政议政、社会服务工作的新方式、新手段。

安徽省气象局局长翟武全在情况介绍中，高度称赞民进安徽省委利用农网平台，为社会主义新农村建设献智出力的工作和成绩。民进安徽省委为安徽农网成为国务院信息化办公室和信息产业部向全国推荐的“农村信息化的安徽模式”，以及被国家发改委确定为第一批国家信息化试点单位作出重要贡献。

民进安徽省委为配合此次调研作了大量认真细致的准备工作，调研达到预期目的。安徽省人大常委会副主任、民进安徽省委主委朱维芳，民进安徽省委副主委项纯文、张自立，民进中央参政议政部以及合肥、亳州、六安等地市民进组织的负责同志随同考察调研。

此次安徽专题考察结束后，民进中央将于今年下半年召开相关研讨会，综合多方调研成果，以形成报送国家有关方面的政策性建议书。

朱永新调研民进宁夏区委社会服务工作

2009 年 7 月 1 日至 3 日，民进中央副主席朱永新到宁调研民进宁夏区委的社会服务工作。在宁夏自治区人民政府副主席、民进宁夏区委主委姚爱兴，民进宁夏区委副主委梅廷彦、杨瑞生和王春秀的分别陪同下，朱永新先后到吴忠、石嘴山和银川调研，与当地民进组织负责人和会员代表座谈。并分别参加了三个民进地方组织与当地有关部门联合组织的教育活动，参加了民进吴忠市委、民进宁夏大学总支“支教助农”奶牛养殖技术培训班等社会服务活动，参观了民进宁夏大学总支科技支农服务点、农村远程医疗试点；到部分民进会员创办的学校和企业调研。

朱永新在调研中说，民进宁夏区委和各级基层组织积极发挥自身优势，坚持服务社会、服务基层，树立了民进的形象，锻炼了干部，凝聚了会员，取得了良好的社会效益。他鼓励会员们要继续发扬扶贫济困精神，为人民群众多做好事和善事，促进当地经济社会平稳发展，进一步扩大民进组织在社会的影响力。

朱永新 3 日下午来到民进宁夏区委，亲切看望机关干部职工，听取民进宁夏区委工作情况汇报。他在座谈中提出，社会服务工作一要体现党派特点，为参政议政服务；二要发挥民进自身优势，在教育、文化、新闻出版领域多实践；三要继承我会在社会服务方面的传统，开拓新的领域，多做实事；四要创新服务平台，服务和凝聚广大会员。

在宁期间，中共宁夏自治区党委常委、银川市委书记崔波，自治区党委常委、统战部长马金虎分别会见朱永新，对民进中央多年来对宁夏教育、文化等各项事业的大力支持表示感谢。

朱永新在宁期间亲切看望民进宁夏区委老主委高文华、曹维新。

民进全国宣传思想工作会议暨科学发展观论坛在北京召开
严隽琪、罗富和讲话，王佐书作工作报告和讲座
刘新成主持闭幕会

2009 年 7 月 7 日—9 日，民进全国宣传思想工作会议暨科学发展观论坛在北京召开。会议的主要任务是：深入学习贯彻科学发展观，交流宣传思想工作与学习贯彻科学发展观的经验和成果，听取宣传思想工作的专题讲座，讨论修改《民进中央关于新形势下加强思想建设的决定》。会议暨论坛 7 日上午开幕。民进中央主席严隽琪出席并讲话，常务副主席罗富和主持开幕会，副主席王佐书作工作报告。

严隽琪在开幕讲话中指出，作为与中国共产党共同致力于中国特色社会主义事业的亲密友党，我会肩负着服务国家科学发展和促进自身科学发展的双重使命，对科学发展观的认识水平决定着贯彻落实的行动水平。所以，全会要进一步明确民主党派学习贯彻科学发展观的着力点，即始终抓住巩固与中国共产党团结合作的共同思想基础这个着力点，最终落实到更好地履行参政党职能这个着力点上来，同时抓好加强自

身建设、提高自身素质和能力这个着力点。

严隽琪强调，学习贯彻科学发展观是一场深刻的观念变革。我们必须解放思想、实事求是、创新求进，解决当前影响和制约我会科学发展的突出问题，努力突破价值观瓶颈、能力素质瓶颈、人才瓶颈、体制机制瓶颈，着力推进工作的内容创新、方法创新和理论创新。

严隽琪说，我会要在自身建设和履行职能上取得新突破，进一步形成有利于我会科学发展的体制机制，就必须建立和完善政治交接长效机制，后备干部队伍建设的推荐、选拔、培养、管理机制，集智聚力的参政议政机制，以及会内监督机制。

严隽琪要求，全会能在政治交接学习教育活动取得宝贵的成功经验的基础上，进一步深入学习贯彻科学发展观，做到认识到位、组织到位、措施到位、工作到位，做好转化、带动、提高三篇文章，更加自觉地用科学发展观武装头脑、谋划发展、解决问题、推动工作，努力在服务国家的科学发展上有新作为，在促进自身的科学发展上有新进步。

王佐书在开幕会上作工作报告。他在报告中全面回顾了近几年特别是换届以来民进全会的宣传思想工作，总结了主要工作经验，并对今后一个时期的工作进行了部署。他指出，宣传思想工作担负着统一思想、鼓舞人心、凝聚力量的重大任务。深入学习贯彻科学发展观，努力开创民进宣传思想工作新局面，需要我们从国内国际两个大局中来认识和把握宣传思想工作的形势和任务，从我国基本国情和发展阶段出发来认识和把握宣传思想工作的地位和作用，从多党合作事业发展以及民进会情变化的新要求来认识和把握宣传思想工作面临的实际和肩负的使命，与时俱进地做好宣传思想工作。

王佐书要求，在今后的工作中要以科学发展观为指导，从多党合作事业可持续发展的战略高度充分认识加强宣传思想工作的重要性；进一步做好理论武装、理论研究和会章会史教育工作，巩固全会共同的思想政治基础；用社会主义核心价值体系引领广大会员坚持正确的世界观、人生观和价值观；牢牢把握正确导向，为实现我会的政治纲领和各项任务提供思想保证和舆论氛围；大力加强阵地建设，特别要重视发挥会内网站等新兴媒体的积极作用；努力建设一支高素质的宣传干部队伍，为我会宣传思想工作打好人才基础；注重完善制度和机制，促进中央、地方和基层宣传思想工作统筹协调发展；坚持树立和弘扬优良作风，推动宣传思想工作更加务实深入有效。

中央统战部一局副局长杭元祥，民进中央秘书长赵光华、各部门负责人，民进省级组织专职副主委、秘书长和宣传部门负责人共70余人参加开幕会。

7月7日下午，民进全国宣传思想工作会议暨科学发展观论坛进行大会交流。罗富和出席会议。民进中央宣传部负责人主持会议。民进省级组织专职副主委、秘书长和宣传部门负责人共70余人听取会议交流。来自上海、辽宁、北京、山西、四川、吉林、重庆、广东等8个民进省级组织的代表在会上介绍开展宣传思想工作和学习贯彻科学发展观的经验和体会。

民进上海市委：精心组织部署　扎实有序推进　确保学习贯彻科学发展观取得明显成效

主要做法：着眼于提高认识，着力抓好学习培训，夯实学习贯彻科学发展的思想基础；着眼于找准问题，着力开展调查研究，认真谋划促进自身科学发展的新思路；着眼于自身特点，着力发挥党派优势，努力为经济社会又好又快发展建言献策；着眼于提高素质，着力做好结合工作，不断巩固和扩大主题教育活动成果。

主要体会：1. 坚持理论学习，在新的思想高度上形成新共识。2. 坚持发扬传统，增强对基本政治制度的认同感。3. 坚持围绕中心，为经济社会发展积极建言献策。4. 坚持领导率先，保证学习贯彻科学发展观扎实推进。5. 学习贯彻科学发展观是一项长期任务，一个常新话题，需要持之以恒，坚持不懈地抓下去。

民进辽宁省委：宣传典型　树立榜样　思想教育生动有效

民进辽宁省委坚持以学习贯彻科学发展观为指导，以典型引路加强思想建设，探索新形势下思想政治工作的内容、方法、手段和机制，赋予思想政治工作以时代精神和人文关怀。在深入开展政治交接学习教育活动中，宣传老会员谢严森同志自费创办书刊阅读室“素斋”、为基层文化事业作贡献的先进事迹。通过树立和宣传典型，创新工作，推动思想政治工作健康发展，提高全体会员的综合素质，使思想政治工作获得事半功倍的效果，使政治交接活动经常化制度化且卓有成效。广大成员学有榜样，履行参政党职能的能力与水平不断提高，各项工作取得新的成绩。

民进北京市委：无懈无滞　有思有行　切实做好宣传思想工作

主要做法：建立健全了中心学习组学习制度、时政漫谈会制度、青年理论小组学习制度，以覆盖全面的学习制度保障思想建设；以参政党理论研究作为思想建设的重要途径，并建立健全新闻宣传工作机制，新闻宣传与思想建设良性互动。

推进参政党思想理论建设几点思考：1. 继承民进历史传统与善于与时俱进相结合。2. 吸收世界政党建设经验与立足国情相结合。3. 借鉴中国共产党的党建理论与自我创新相结合。4. 思想理论建设与加强班子建设相结合。5. 思想理论建设与加强组织建设相结合。6. 思想理论建设与参政议政工作相结合。7. 思想理论建设与社会服务工作相结合。8. 思想理论建设与开展主题活动相结合。

民进山西省委：做好山西民进地方组织宣传报道工作的几点体会

民进山西省委领导高度重视做好宣传报道，推动全省各级民进组织认真积极地开展工作，广大会员积极参与，取得了可喜的成绩。山西民进很多地方组织建立了宣传报道工作制度，如民进忻州市委建立了激励机制，将宣传报道工作作为评选先进基层组织和优秀会员的条件之一，年终给予奖励；民进长治市委制定了《新闻宣传奖励考核办法》，将宣传报道工作目标任务进行细化和量化，同时还与各支部签订了目标责任书，与评先创优挂钩，实行目标管理和年终考核；民进阳泉市委制定了《民进阳泉市委新闻宣传工作具体实施办法》，使新闻宣传工作责任落实到人。

几点思考：1. 各级领导一定要高度重视宣传报道工作。2. 各级组织一定要建立和完善宣传报道工作机制。3. 广大通讯员一定要诚实敬业，甘于奉献。

民进四川省委：统筹兼顾　多管齐下　努力寻求网站与其他宣传平台之间的最佳切合点

主要做法：民进四川省委统筹兼顾网站、会刊、新闻三个平台，以网站为第一宣传平台。网站建站前制定了《民进四川省委会网站管理方法》（试行），并试行特约通讯员聘任制度、拟定《〈四川民进〉常设栏目及相关稿件要求》、实行宣传工作量化考核办法。建站后苦练“广”、“快”、“活”、“学”四字功，夯实了网站作为宣传第一平台的基础。立足“广”，借助“常设栏目 + 专题”平台规模来实现广搜信息、广传动态的目的。突出“快”，在汶川特大地震发生第二天，在余震不断、网络极度不正常的情况下，克服许多难以想象和言表的困难，在网站开设“众志成城，抗震救灾”专题。体现“活”，利用网站先后开展了会刊评议活动、知识竞赛、定格四川民进精彩瞬间、专题征文等活动。推动“学”，3 年来利用网站的 6 个专题推荐学习资料近 300 篇。

五点体会：1. 不断强化“统筹兼顾”的思维非常重要。2. 认真贯彻“三贴近”的原则十分必要。3. 全方位创新的探索不能停滞。4. 强化制度管理的力度不能削弱。5. 提升干部执行能力的进程必须加快。

民进吉林省委：以科学发展观为统领　深化做好宣传思想工作的认识

在宣传思想工作的实践中着重抓好以下五个机制。一是学习培训机制。制定了《吉林省民进各级组织学习制度》、《民进吉林省委员会中心学习组学习制度》，以及省委会机关学习制度。二是开展政治思想工作机制。通过深入调研、开展谈心、帮助会员排忧解难等方式建立工作机制。三是会刊工作机制。制定会刊编辑三审制度和特约通讯员制度。四是新闻宣传工作机制。与新闻媒体建立起密切的联系，采取共同策划、共同组稿等合作方式不断提高宣传报道的数量和质量。五是理论研讨和建设机制。建立了每两年召开一次全省统战理论研讨会的工作制度，形成一支具有一定规模的理论研究队伍。

认识和体会：1. 进一步明确和深化我会宣传思想工作的目的和任务。2. 注意整合资源，形成合力。3. 宣传干部应不断提高综合素质。

民进重庆市委：以调研作为抓手　切实加强思想建设

为了推进思想政治工作，民进重庆市委2008年开展了“重庆市民主党派成员思想状况”的专题调研工作，市区县组织召开了15次座谈会，收回问卷2400余份，形成了调研报告，提出了“有效开展民主党派思想政治工作的思考与研究”的对策建议。通过广泛深入的思想状况调研，进一步了解民主党派成员的思想特点，把握民主党派成员的思想期望，明确加强会员思想政治工作方向。

民进重庆市委认为有效开展会员思想政治工作总体上应建立健全各项具体制度，应树立正确理念、采取正确态度、遵循正确原则、选用正确方法、选择重要途径、抓好重要环节。

民进广东省委：紧扣主题　抓好队伍　创建平台　突出特色

一是突出主题特色。以广东民进健康发展的核心价值引领宣传思想工作。在主题学习教育活动中，突出“广东民进健康发展的核心价值”这一体现自身特色的鲜明主题，并与参政党职能结合起来，把履行参政党各项职能的过程，作为不断提高对坚持中国共产党的领导及中国共产党领导的多党合作和政治协商制度的认识的过程。二是突出内容特色。以生动鲜活的题材深化主题学习教育活动。在突出主题特色的同时，配合以有特色的内容进行宣传思想工作，深化了主题学习教育活动，潜移默化地弘扬了广东民进健康发展的核心价值，巩固了政治交接的成果。三是突出活动特色。以文艺汇演、宣讲、座谈会、研讨会、自主创新企业行、表彰、纪念活动等特色活动丰富宣传思想工作的形式，强化宣传思想工作的效果。

7月8日上午，王佐书为与会同志作专题讲座“宣传的艺术”。讲座分为做民主党派成员思想政治工作的基本规律、对民主党派成员进行思想教育应当注意的几个问题、领导干部的宣传艺术、工作创新的方法等四部分。民进中央各部门负责人，民进各省级组织专职副主委、宣传部门负责人，《民主》杂志和民进中央网站编辑聆听讲座。

7月8日下午，会议进行分组讨论。与会同志围绕严隽琪在开幕式上的讲话、王佐书的工作报告和专题讲座展开热烈讨论，并对《民进中央关于新形势下加强思想建设的决定》提出修改意见。王佐书参加分组讨论。他认真听取发言并表示，民进中央将研究和采纳与会同志提出的好建议，中央与地方各级组织共同推动宣传思想工作向纵深发展。

与会同志在讨论中认为，严隽琪的讲话高屋建瓴，言简意赅，内容丰富，直面问题，并提出了解决影响和制约我会科学发展的突出问题的对策，对全会今后深入贯彻科学发展观具有重大的指导意义。王佐书的工作报告高度概括了近几年特别是换届以后的宣传思想工作，总结了经验，分析了形势，并对全会下一步开展宣传思想工作提出具体要求，使大家进一步明确今后的工作方向。

与会同志说，民进省级组织代表所作的大会交流，突出了工作方式、方法的创新，亮点频出，表现出鲜明的民进特色和地区特色。王佐书的专题讲座，具有很强的针对性、可操作性，有助于提高宣传干部的综合素质和全会的宣传水平。

与会同志表示，这次会议的召开非常及时、必要，既是一次深刻的思想教育，又是一次内容丰富的学习。会议结束后，大家要组织所在民进地方组织学习会议的精神，落实会议要求，进一步推动贯彻科学发展观相关活动和宣传思想工作的开展。

7月9日上午，民进全国宣传思想工作会议暨科学发展观论坛进行第二次大会交流。王佐书出席会议。来自宁夏、天津、山东、四川、江苏、浙江、湖北、湖南等8个民进省级组织的代表在会上交流学习贯彻科学发展观的论文成果。民进省级组织专职副主委、秘书长和宣传部门负责人共60余人听取了论文交流。

民进宁夏区委：坚持科学发展　积极履职奉献　为实现宁夏经济社会跨越式发展贡献力量

以科学发展观统领民主党派工作，把促进发展作为履行职能的第一要务，为实现宁夏经济又好又快发展献智出力。参政议政是民主党派履行职能最重要的方式，要切实把参政议政的重心放在对经济社会发展趋势的思考上，放在对改革、发展、稳定深层次矛盾的分析上，放在对党委、政府关注的大事和政策的研究上，放在对促进群众关注的社会热点、难点问题的解决上，提出意见建议。民主监督是党和人民赋予党派组织的神圣职责。党派组织要进一步加大民主监督力度，着眼于创新经济发展环境，在参与中支持，在服务中监督，促进有关部门更好地改进作风、改进工作。

以科学发展观统领民主党派工作，把服务民生作为履行职能的第一理念，为切实维护最广大群众的根本利益尽心竭力。服务民生，是落实科学发展观以人为本价值取向的根本，党派成员要了解民情，反映民意，深入基层，倾听呼声，发挥作用，帮民解忧，架起党委、政府和人民群众沟通、理解、信任、互动的桥梁，体现情为民所系、利为民所谋、言为民所建的应有内涵。

以科学发展观统领民主党派工作，把社会和谐作为履行职能的第一追求，为巩固和谐稳定的发展环境凝心聚力。构建社会主义和谐社会，是科学发展观的目的，在新的历史条件下，党派组织力求正确把握这一特点，以科学发展观为指导，发挥优势，在各个行业中，积极贡献，努力在构建和谐社会中体现党派的独特价值和作用。

以科学发展观统领民主党派工作，把自身建设作为履行职能的第一基础，为服务经济社会事业发展提供坚实保证。民主党派的优势在成员，民主党派的工作靠成员。切实履行好党派职能，开创民主党派事业新局面，就必须不断加强民主党派成员的自身建设。做到常学习、勤思考，讲责任、作贡献，重品德、讲操守，为开创党派事业新局面、推动宁夏经济社会跨越式发展贡献力量。

民进天津市委：用科学发展观引领参政党建设的几点思考

用科学发展观引领参政党的建设要做到：1. 加强思想建设，突出坚定信念，树立责任意识；2. 加强组织建设，突出政治交接，服务参政议政；3. 加强能力建设，突出培养大局意识，提升参政议政水平。

调查研究应成为党派成员的基本功和“常态”。要建立可靠的信息支持系统，注意借鉴古今中外的有关资料，经过分析、综合、对比，收到“他山之石”、“前车之鉴”的效果。要选准课题，要做到急党和政府之所急，想人民群众之所想，帮社会之所需。要在开拓新领域的同时，不断调整参政议政的思路和工作方式方法，抓住最佳时机，适度超前和留有余地。建立每一件工作认真总结评估的制度，提高科学评估的能力。健全纠错机制，做到亡羊补牢，吃一堑长一智，决不白花“学费”。要重视民主党派史的研究，对于党派先贤要“续其事、继其言，迷其学，存其情”，使后来者充分学习借鉴。

民进山东省委：论科学发展观指导下的民主党派基层组织建设

转型时期的民主党派基层组织建设面临着一系列的新情况、新问题，主要表现为：各党派基层组织成员结构发生了新变化，一部分民主党派成员受到西方政党观念的影响，各民主党派成员在价值取向上呈现多元化，相当一部分民主党派成员理论学习弱化，一些基层组织缺乏开展组织活动的物质保证等等。

按照科学发展观的要求，当前各民主党派基层组织的建设工作应当从以下几个方面展开：1. 树立全面的组织建设发展观；2. 保持特色，统筹协调，注重基层组织可持续发展；3. 切实加强基层组织的领导班子建设；4. 在基层组织成员中加强政党意识教育；5. 加强工作机制和规章制度的建设。

民进四川省委：学习实践科学发展观　加强党派自身三大建设

当前民主党派要实现自身的科学发展，首先应该以科学发展观为指导，着力搞好自身三大建设。

组织建设首先是要解决思想认识问题：要彻底搞清楚组织结构与组织功能发挥的关系，深入细致地分析组织结构的现状，以科学发展观为指导制定组织发展的中长期规划，高度重视组织发展与组织建设的关系。其次是要有在科学发展观指导下解决问题达到目的的方法。要着眼于实现年龄结构的合理性——老中青各年龄层面搭配适当；组织界别的合理性——主界别与次界别的比例合理；人才结构的合理性——处理好成员中“旗帜、旗杆、旗座”的关系。

参政议政能力建设要注重实践科学发展观。要在参政议政的实践中，用科学发展观来检测我们的参政议政质量，以不断提升我们的参政议政水平。应该做到“三问”常存于心：什么是科学发展观？我的建言献策如何贯彻科学发展观？我的建言献策符合不符合科学发展观？同时要有具体的途径和方法。

制度建设首先要构建制度框架。这个制度框架，应该体现出一种充满科学性的战略思想。其次要建成制度系统，这个系统应有利于组织的全面协调可持续性运作和发展。再次，要增强制度的权威性。要使制度具有权威性，制度本身要符合实际；同时，还要着力提高成员遵守和执行制度的自觉性。

民进江苏省委：参政议政如何体现科学发展观

参政议政工作也要有度，这个度就是科学发展观。

一、要真正领会科学发展观内涵。要围绕科学发展观要求建言献策，明确参政议政的着力点究竟在哪里，知道参政议政究竟应该参什么、议什么，提什么样的建议。参政议政的目光应放眼广大人民群众，尤其是在当前形势下应更多地考虑到弱势群体的利益。不应只顾自己利益或图一时之快，图所谓的轰动效应而忘掉参政党的责任，忘掉人大代表、政协委员的责任。

二、应围绕科学发展献可行之策。参政议政不应只是清谈、空谈，不应光是指责，不应是发牢骚，不应只谈问题或只讲尽人皆知的大道理而没有切合当地实际的可行建议。这就要求在参政议政中要练好内功，通过科学发展，找出解决问题的突破口。参政议政的着眼点应放在如何科学发展上，对影响社会的各类问题，应从如何通过科学发展来破解的角度出发寻找符合各方利益的可行的解决方法。

三、当前应立足于实现全面小康社会目标参政议政。当前的主要任务就是向第三步战略目标迈进，夺取全面建设小康社会新胜利，参政议政应围绕这一任务进行。我们应清醒地看到发展必须要有一个稳定的环境，特别是要有一个稳定的政治环境，在人们的生产、生活方式以及经济社会结构和组织形式都呈现多元、多样、多变的情况下，参政议政不能多元，必须要牢牢把握奋斗目标不动摇，围绕当前的奋斗目标建有用之言。

民进浙江省委：民主党派基层组织自身建设科学发展之路

民主党派基层组织自身建设应通过科学发展逐步实现三种境界，即规范达标——全面先进——特色创新。而要逐步实现这三种境界，关键就在于以科学发展观为指导，加强制度建设。

在民主党派基层组织中开展一系列“工程”可以有效地实施体现科学发展观的制度建设，从而不断提升基层组织自身建设的境界。具体地说，在体现科学发展观的制度建设中，“五好规范”（即选好对象，立好规矩，建好班子，树好形象，把好导向。）是体现科学发展观的“奠基工程”，“四化建设”（即参政议政本职化，社会服务经常化，自身建设规范化，岗位工作优质化）是体现科学发展观的“核心工程”，“三维结构”（即参政议政的基点在所在单位，重点在当地社会，支点则在党派自身）是体现科学发展观的“系统工程”，“二型组织”（即学习—实践组织）是体现科学发展观的“长效工程”，“一体互动”（即“支部一体、党派一体、单位一体、社会一体”，全员参与，和谐共进；“一体互动”的“互动”，要求“参政议政互动、社会服务互动、学习宣传互动、岗位建功互动”）是体现科学发展观的“优化工程”。

民进湖北省委：用科学发展观指导高素质参政党建设的思考

对照科学发展观的内在要求，民主党派的工作（特别是地市级以下民主党派组织的工作）还存在许多差距和不足，主要表现在：理论建设力度不够；部分党派成员特别是加入时间短的年轻会员，政治思想素质有待提高；党派的干部管理工作，也存在不利于科学发展的因素；个别对象加入党派动机不纯，存在隐患；党派基层组织参政议政的整体优势发挥不够等等。

建议：1. 按科学发展观要求加强自身建设，促进自身科学发展：抓班子建设，重点是提高领导班子的领导能力；抓思想建设，重点提高思想境界和政策水平；抓组织建设，重点是加强组织的凝聚力；抓机制建设，重点是加强党派机关工作的科学性；抓队伍建设，重点加强队伍的核心贡献力。2. 按科学发展观的要求，构建参政议政体系，提高参政议政能力：建立健全民主党派参政议政机制；进一步发挥参政议政的智力优势，凝聚集体智慧的最大能量；进一步发挥民主党派社会联系广泛的优势，生成更加充沛的社会贡献力；以科学精神参政议政，努力提高参政议政的科学化程度；选准参政议政领域和角度，努力体现党派贡献社会的特色优势；立足观念创新和能力创新，努力实现参政议政与时俱进的发展性。3．按科学发展观要求，提升社会服务工作水平。以科学发展观为统领，科学规划、科学组织，实现服务效能最大化。

民进湖南省委：进一步解放思想　全面推进会务实践的科学发展

从国家、民族发展的历史高度充分认识解放思想对社会发展进步的巨大推动作用是进一步解放思想的思想前提。当前，改革已进入深水区，面对全球性金融海啸许多我们不曾遇见甚至是无法预计的矛盾和问题开始显露。只有突破现有的思维定势，进一步解放思想才能寻求出解决问题、促进发展的途径和方法。

全面分析、准确把握会务实践中的制约因素是进一步解放思想，推进会务实践科学发展的客观选择。思想层面上的制约因素主要体现在全局意识、责任意识和创新意识不足；制度层面上的制约因素，首先是在组织内部缺乏评价体系和约束、管理制度的设计，其次是在机关内部缺乏竞争性制度设计；其三是在部门内部缺乏整体效能评价制度设计；其四是在干部管理上缺乏流动性制度设计。

立足实际，解决当前会务实践中存在的矛盾和问题是进一步解放思想，推进会务实践科学发展的必然要求。新一轮解放思想重点应是追求“立中升”。即在提高认识、把握大局、服务社会的前提下，解决在发展中所存在的问题，突破制约发展的障碍，以实现科学发展的目标。这就要求我们在解放思想时要大兴求实之风，提高务实水准，始终坚持实事求是的原则。

7 月 9 日下午，民进全国宣传思想工作会议暨学习贯彻科学发展观论坛圆满完成了各项议程，胜利闭幕。罗富和出席并讲话，王佐书出席会议，民进中央副主席刘新成主持闭幕会。

罗富和在讲话中通报了关于“7・5”乌鲁木齐市严重打砸抢烧暴力事件的情况。他指出，这次事件是一起典型的境外指挥、境内行动，有预谋、有组织的打砸抢事件。他要求民进各级组织和广大会员要认清事件的实质，把思想和认识统一到中共中央精神上来。引导广大会员珍惜安定团结的大好局面，不信谣、不传谣，维护国家统一、民族团结。更加注重社情民意的反映工作，努力协助党和政府维护社会稳定。

罗富和总结了本次会议和论坛的主要收获。他指出，民进全国宣传思想工作会议暨学习贯彻科学发展观论坛，是今年会中央召开的两个重要会议之一。本次会议和论坛，明确了当前我会学习贯彻科学发展观的着力点和突破口，明确了我会宣传思想工作科学发展的方向、思路和举措，交流了工作经验和学习研究成果，提出了加强新形势下我会思想建设的意见和建议。经过三天的学习、交流和讨论，达到了提高认识、统一思想，明确方向、推动工作的目的。

罗富和要求全会要认真学习贯彻严隽琪主席在开幕式上的讲话精神，做好“转化”、“带动”和“提高”3 篇文章。落实好《工作报告》中提出的对今后一段时期的工作部署，着力解决影响和制约我会科学发展的突出问题，建立和完善有利于我会科学发展的体制机制；继续深化研究，大力推广经验，为建立长效机制和指导、推动今后的工作发挥积极作用。切实推动我会宣传思想工作上新台阶。

罗富和结合下半年工作，对宣传部门提出三点要求。一是结合庆祝新中国成立 60 周年与纪念人民政协和多党合作制度正式确立 60 周年活动，加强对全会的思想教育，增强接受中国共产党领导的自觉性和坚定性，不断巩固多党合作的思想政治基础。第二，宣传思想工作要很好的学习借鉴抗震救灾斗争和奥运宣传报道的成功经验，更多地面向基层、面向会员，不断提高宣传思想工作的感染力和说服力，进一步增强我会的凝聚力。第三，要重视会员思想苗头，发挥宣传思想工作的疏导作用。会中央和各级组织要关心会员的所思所想，化解矛盾、理顺情绪、平衡心理，以会内和谐促进社会和谐。

民进广东省委委员、广东省社会主义学院教授肖承罡，民进湖南省委宣传信息室主任张军才，民进吉林省委宣传部干部李鑫，民进贵州省委副主委张才凤分别代表 4 个小组向大会汇报分组讨论情况。民进中央秘书长赵光华和各部门负责人也出席了闭幕会。

民主党派社会服务工作是政治任务

严隽琪

2009年7月8日，民进中央研究室在民进网站发布本文。文章说，近日，全国人大常委会副委员长、民进中央主席严隽琪在上海就新形势下民主党派的社会服务工作进行专题调研。在与民进上海市委新老班子成员、上海民进企业家联谊会负责人及部分民进会员进行座谈时，严隽琪强调，在新形势下，民进的社会服务工作，要在明确目标、定位的基础上，以科学发展观为指导，积极探索社会服务的新领域、新思路，在具体工作中统筹好地方与中央的关系，有重点有针对性地开展工作。

严隽琪指出，多年来，民进各级组织高度重视社会服务工作，利用联系广泛的优势，通过智力支边、扶贫、兴教办学等多种形式开展工作，值得认真总结，但是作为一项与时俱进的工作，我会的社会服务工作还需要进一步加强，以适应新形势发展的要求。

严隽琪强调，通过社会服务工作要能够体现民主党派的存在价值，为民主党派树立自身形象，成为扩大社会影响的有效途径；社会服务工作要通过深入调查研究和实践取得第一手资料，为民主党派履行参政议政和民主监督这一基本职能提供重要依据；要通过开展社会服务工作，充分发挥基层组织的作用，调动会员参与社会建设的积极性。

严隽琪指出，社会服务工作是一项政治任务，是参政党履行职能的重要方面，是我会自身建设的重要抓手，是继承我会优良传统，教育、引导广大会员的重要载体，是会员实现自身价值的重要平台，是我会服务社会、服务科学发展的重要任务，是会员认识社会、认识民进，社会认识民进组织的窗口，是服务社会、服务会员的重要渠道。

严隽琪说，新一届会中央领导集体根据形势发展的变化，提出“顺势而为、集智聚力、有思有行”，发挥自身优势，积极围绕国家的中心工作，认真、主动开展社会服务工作的基本原则。为此，我会要坚持以智力为主，重大项目以地方为主，要与参政议政工作相结合，理论与实际相结合，会中央主要应注意领导力，地方组织应注意凝聚力，基层组织重在执行力。

严隽琪指出，要以科学发展观指导社会服务工作，切实加强理论学习；在工作重点上要围绕形势的发展和国家的中心工作进行谋划、具体规划和安排。当前就是要针对我国如何克服国内外环境威胁，在科学发展观指导下实现经济的可持续发展这一最主要的问题，发挥自身优势，有针对性地开展活动，为政府反馈信息，化解矛盾，为群众办实事，为解决当前经济问题贡献一己之力；再次，要有勇于创新的精神，一方面要积极探索社会服务的理论创新，为开辟社会服务工作的新局面打好基础；另一方面要在充分发挥社会服务在传统领域优势的同时，用创新精神积极开拓社会服务工作的新领域。

严隽琪在山东省调研并视察民进青岛泰安市委

2009年7月9日至14日，全国人大常委会副委员长、民进中央主席严隽琪赴山东省青岛市出席2009中国国际消费电子博览会开幕式并就农村教育改革在青岛、泰安等地进行调研。

严隽琪7月9日在青岛市调研，视察民进青岛市委并座谈。她对中共青岛市委高度重视多党合作、支持民主党派开展工作表示感谢，对青岛近年来的统一战线工作给予高度评价。对中共青岛市委统战部关心帮助民主党派开展工作表示感谢，对统战部求真务实的工作作风和在帮助民主党派开展工作中体现出的思路开阔有实招给予高度肯定，如为党派机关干部的级别晋升、办公经费和人员编制的增加、党派办公场所的改善等方面做了积极有效的工作。她对美丽的青岛给予祝福，殷切希望青岛要更加保护优美的环境，在发展保护中更加绚丽，祝愿青岛在今后经济发展中发挥更大的辐射带动作用。

严隽琪希望中共青岛市委统战部更多的关心支持民进青岛市委工作。民进是以教育、文化、出版为界别特色的党派，在组织发展上帮助民进发展高层次人才，特别是能在教育界中多出几个校长，尤其是重点中学的校长，才能在教育上有更多作为。民进自身也要加强对后备干部的发展培养，在文化、出版等界别的政府实职安排上也要争取有更大的发展。

严隽琪给予民进青岛市委亲切慰问，并为民进青岛市委在各项工作中取得的成绩和经验感到高兴。她指出，党派和谐是中国特色社会主义政党制度的鲜明特色和必然结果。中国共产党领导的多党合作和政治协商制度作为我国一项基本政治制度，发挥越来越大的作用令世界很多国家羡慕，维护这项基本政治制度是执政党的责任，也是民主党派的责任。要把会中央关于深化走中国特色社会主义道路主题教育活动的部署要求宣传贯彻到地方组织，通过宣讲形成互动，继承优良传统，保持进步性和广泛性，促进团结进步，做到让共产党放心、让老领导放心、让广大会员放心。

严隽琪要求，要注重学习贯彻民进中央会议精神。会中央近日召开了两个重要会议，一个是民进全国组织工作会议，一个是民进全国宣传思想工作会议暨学习贯彻科学发展观论坛。这两个会议非常重要，希望民进青岛市委把这两个会议所有讲话和文件认真地总结学习，努力在服务国家的科学发展上有新作为，在促进自身的科学发展上有新进步，提高能力，解决问题，建设符合时代要求的高素质参政党地方组织。

严隽琪强调，新时期参政议政任务日益加重和艰巨。参政议政要知情，知情才能指导，要提倡调查研究的作风。今年会中央把新形势下农村教育综合改革问题作为重点调研课题，认为农村教育要有一个综合推进机制。包括今天的调研，最近会中央已对 7 个城市进行了调研，每到一地都会感受到基层扎实的工作作风，有思路，想办法，发挥自身资源优势。这些都让我们很受启发，已经产生很大效果。民主党派是有界别特色的，但参政议政是不分特色的，要提出有真知灼见、可操作性的意见建议；要围绕中心工作，服务经济社会发展大局；要不断学习提出有前瞻性和敏锐性的意见建议；要发扬教育、文化特色优势。

严隽琪指出，在自身建设上首先要建立政治交接的长效机制；二是领导班子的建设贯彻民主集中制，做到科学决策、民主决策和民主监督；三是注重后备干部的发展和培养；四是科学机制的建设，这些都是我会自身建设的需要。

严隽琪希望，要积极开展社会服务工作。社会服务是民主党派新时期履行职能的重要工作。党派的社会服务工作，既表现为服务国家，为稳定关系、化解矛盾服务；也为党派自己的企业家会员服务。这次来与民进会员中的企业家交谈，很受启发。大家在送文化下乡、支教办学方面作了有益的工作，还可以进一步开阔视野，积极探索社会服务工作的新思路、新途径。

山东省政协副主席、民进山东省委主委栗甲，中共青岛市委常委、统战部部长臧爱民分别致欢迎词并介绍青岛市经济发展与统战工作情况。民进青岛市委主委方漪汇报工作。民进山东省委秘书长郭永军，民进青岛市委副主委迟建珉、宗成中参加座谈。民进青岛市委副主委赵高潮主持会议。市委统战部向严隽琪赠送由青岛民进会员、著名画家徐孟海创作的《崂山风景扇面》画册。民进中央研究室、参政议政部三处负责人陪同调研。

严隽琪调研期间与民进企业界会员徐洪寿、王永旭座谈，就国际金融危机对企业的影响、企业所遇到的困难等问题听取意见建议；在臧爱民的陪同下考察青岛奥帆中心。

严隽琪 7 月 13 日在山东省泰安市调研期间，会见民进泰安市委班子成员、机关干部和部分会员并座谈。严隽琪说，民进泰安市委成立时间虽短，但在组织发展、班子建设、参政议政、社会服务几个方面，都取得了突出成绩。她对泰安市委把机关建成“会员之家”表示赞赏。她勉励大家继续坚持“四个相互促进”（执政党建设和参政党建设相互促进、会中央和地方的工作相互促进、自身建设和履行职能相互促进、凝智聚力会内和会外相互促进)，努力建设适应时代要求的高素质参政党。

民进泰安市委主委王昌元做工作汇报。民进山东省委、中共泰安市委统战部、民进中央研究室负责人参加座谈。参加座谈的部分会员在发言中介绍了自己的工作情况，畅谈在民进关怀下成长与奉献的感受，并就“农村教育综合改革”提出意见建议。

许嘉璐先生从教50周年庆祝大会在京举行 罗富和出席并宣读贺信

2009年7月13日，北京师范大学举行许嘉璐先生从教50周年庆祝大会。全国政协副主席、民进中央常务副主席罗富和，国家汉办、教育部语用所、中国训诂学研究会、北京师范大学党委等有关方面负责人出席大会并发言。

许嘉璐1959年毕业于北京师范大学，自此长期从事教育事业，迄今教书育人达50年之久。他秉承“进了师范门，就是教育人”的理念，一生致力于汉语言研究与推广，培育出无数英才的同时，在学术研究方面成绩斐然，为推动语言学研究的现代化转型作出重大贡献。

受全国人大常委会副委员长、民进中央主席、中央社会主义学院院长严隽琪委托，罗富和宣读了民进给许嘉璐先生从教50周年的贺信。贺信高度评价许嘉璐在古代汉语、训诂学、音韵学、《说文》学、古代文化学等领域的突出造诣，以及他为推动我国语言学和教育事业的发展所作的重要贡献。在担任民进中央主席的10年间，许嘉璐团结带领会中央领导班子和民进组织，继承发扬民进优良传统，围绕建设中国特色社会主义事业诤言议政、献计出力，在坚持和完善中国共产党领导的多党合作和政治协商制度、推动民进建设高素质参政党等方面发挥了重要作用。北京师范大学党委书记刘川生在讲话中称许嘉璐以弘扬中华文化为己任，积极要求实现与西方文化平等的话语权，堪称“学为人师，行为世范”。在他的努力与参与下，全球78个国家与地区建立了305所孔子学院，极大地促进了中西文化的交流。

国家汉办主任许琳指出，许嘉璐参与组建了中国汉语网，主持五经翻译项目，为国际汉语硕士班编订教程，把世界汉语协会推向了新阶段。

中国训诂学研究会会长李建国说，许嘉璐参与起草通过了《国家通用语言文字法》，倡议成立全国性训诂组织并担任第三届中国训诂学会会长，做了大量工作，引领推进了训诂教学的发展。

教育部语用所所长姚喜双，商务印书局副总编、《汉语世界》杂志社社长周洪波，北京师范大学文学院院长张建，北京师范大学汉语文化学院副院长王学松也在发言中对许嘉璐致以诚挚的祝愿。

北京师范大学62级学生代表刘作舟回顾了昔年受教于许嘉璐先生的岁月、往事，盛赞许嘉璐先生作为有责任心的知识分子，为我们树立了榜样。他说：“先生是有民族良心的文化学者，是真儒将、大儒将、君子儒，而非小人儒。”

许嘉璐在大会上对母校与当年的恩师表达了深深的敬意与真挚的感激。他一再表示，不同意为自己执教50年搞庆祝，更应该记住的是那些兢兢业业、恪尽职守的老师们。回忆起往昔的岁月，他动情地说，我没有辜负师门，感谢母校给了我报效母校的机会。他表示自己是一个平常人，平平常常的教师，平平常常的知识分子，并用宋代理学家张横渠的话说，学者要“为天地立心，为生民立命，为往圣继绝学，为万世开太平”，鼓励后进者“譬如积薪，后来居上”。

北京师范大学代表及学生代表向许嘉璐献上纪念品和鲜花。

现代化大农业座谈会召开
王佐书出席并讲话

2009 年 7 月 13 日，黑龙江省农垦总局上午举行现代化大农业座谈会。全国人大常委、教科文卫委员会副主任委员、民进中央副主席王佐书出席并讲话。他提出，垦区不仅要建设排头兵式现代化大农业，而且要做综合实力强的排头兵，实现可持续发展的排头兵。

王佐书说，总书记针对垦区提出的“全国农业现代化的排头兵”，个人理解为 10 个字，即“排头兵式现代化大农业”，这既是对垦区的肯定，对垦区的鼓舞，对垦区的定位，也是对垦区的要求；对垦区的干部群众来说，就是责任。垦区的干部群众要善于储劲、借劲、合劲、用劲，争取最大的合力，努力实现这一目标。

王佐书在认真听取大家发言后指出，北大荒近年来发生了翻天覆地的变化，工农业、城乡、物质与精神均实现协调发展，“走出去”战略成效显著，人们的生活水平普遍提高。关于现代化大农业，可以用“360 度法”来研究，从政治、经济、科学发展观的角度来研究；也要从企业的角度来研究，从社会责任、品牌、效益、可持续发展来研究。

王佐书说，现代化大农业可以划分为三个组成部分：“现代化”、“大”和“农业”。“现代化”包括机械化、科技化、信息化、工业化；“大”应包括综合实力大、社会影响大、人均效益大、对国家贡献大、可持续发展潜力大。不仅要看经济发展的硬实力，还要看北大荒精神、核心价值观这些软实力在社会上的影响。“农业”方面，可分为广义与狭义两种，广义是指农业、农村、农民，狭义是指种养加服等方面。垦区的大农业应该是广义的，北大荒不仅在农业方面站排头，综合实力也要站排头，而且要实现可持续地站排头，这一目标可以分解为阶段性目标和终极目标，二者要统筹兼顾，更重要的，还要看人均效益的水平。

中国对外华语广播暨中国国际广播电台
华语广播开播 60 周年庆典举办
罗富和出席并讲话

2009 年 7 月 15 日，全国政协副主席、民进中央常务副主席罗富和在京出席中国对外华语广播暨中国国际广播电台华语广播开播 60 周年庆典并讲话。他表示，国际台华语广播是用母语向世界传播中国的平台，经过 60 年发展，已和广大华人华侨结下深厚情谊，成为海外华人与祖国之间的情感桥梁，面向广大华侨华人的话语广播（将）发挥着不可替代的独特的作用。

罗富和说，今天的中国国际广播电台华语广播，成为全球华侨华人了解祖国经济社会发展的信息平台，成为中国对外传播的重要力量。随着国力的提升，中国的影响力不断增强，要让世界全面客观准确地了解中国，了解中国的昨天、今天和明天，特别是了解中国共产党领导的多党合作和政治协商制度这一适合我国国情，具有鲜明中国特色的基本政治制度，消除隔阂与偏见。

国务院侨办主任李海峰和来自全球五大洲的侨领、华文媒体代表 200 多人出席活动。

华语广播作为国际台对外传播的重要平台，它的发展历程，是国际台事业蓬勃发展的一个缩影。国际台华语广播开播于1949年6月20日，目前开办有汉语普通话、广州话、客家话、闽南话、潮州话等5种语言节目，除了传统的短波广播手段外，还通过境外调频中波节目落地、互联网、报刊等多种手段对外传播。

罗富和走访中国出版集团公司

2009年7月16日，民进中央常务副主席罗富和下午走访中国出版集团公司及其主要成员单位商务印书馆、中国图书进出口（集团）总公司，就我国出版“走出去”战略实施情况进行调研并座谈。民进中央出版和传媒委员会主任李春生，副主任王晨、张秀平、陈申、陈红，委员孙鲁燕、贾宝兰参加调研和座谈。

中国出版集团公司党组书记、副总裁李朋义热情接待调研组一行，并陪同参观商务印书馆和涵芬楼书店，详细观看了商务印书馆馆史展览。随后，调研组来到中国图书进出口（集团）总公司，参观了中国图书对外推广计划办公室，并认真听取了办公室工作人员的工作情况介绍。

参观结束后，调研组与中国出版集团公司的相关领导和负责同志进行了深入而务实的座谈。李朋义首先介绍了中国出版集团实施“走出去”战略的基本情况。他认为，“走出去”要分三步走，第一步是借船出海，让产品或图书版权走出去；第二步是造船出海，让实体走出去；第三步是买船出海，让资本走出去。我国出版的“走出去”战略有很好的布局和规划，中国出版集团会认真分析国际出版市场，对集团现有资源进行整合，建立健全“走出去”的管理办法，培养懂外语、懂出版经营、了解国际出版市场的人才。他希望中国出版集团与民进中央加强合作，共同探索解决资金缺乏、外向型人才缺乏等实施“走出去”战略瓶颈问题的办法。

罗富和对中国出版集团实施“走出去”战略所取得的成绩表示肯定。他指出，我国出版“走出去”战略是提升国家软实力的重要举措。当前国际金融危机动摇了世界原本的经济格局，但我国经济的持续发展，使外界充满了对中国发展模式研究的兴趣，希望多了解中国，这是我国出版“走出去”的一个好时机。民进是8个民主党派中唯一一个有着出版界别的党派，有很多老一辈领袖人物是知名出版人，民进近些年针对出版“走出去”也提出许多建议。

罗富和建议，民进中央出版和传媒委员会与中国出版集团就出版“走出去”进行更加深入的调研，形成调研报告，使国家和全社会对出版这一影响整个国民素质和国家形象的文化工程更加重视，以促进我国出版事业更快更好地发展。

调研组在座谈会上就出版人才、翻译人才、管理人才的培养，出版“走出去”的资本运作，如何将尊重市场规律和尊重国际文化交流规律相结合，促进出版“走出去”等问题，与中国出版集团负责同志交换意见。民进中央组织部负责人、参政议政部干部随同调研。

“有了爱，就有了一切”

——严隽琪、朱永新视察北京昌平农家女实用技能培训学校

2009年7月20日，全国人大常委会副委员长、民进中央主席严隽琪应吴青女士邀请，视察北京昌平农家女实用技能培训学校（简称农家女学校），与师生们亲切交流，发表讲话，并代表民进中央向学校捐

赠1000册图书。民进中央副主席朱永新一同视察。

农家女学校创办于1998年10月，是一所专门面向农村妇女的公益性、非营利性、非学历培训学校。学校的资金、物品全部来自国内外爱心人士、社会群体组织，民主党派、公司企业和基金会的无私捐助。10年来已培训学员8000多人次，覆盖全国26个地区，22个少数民族。

这所学校的第一笔创办资金来自现代著名作家冰心先生捐出的稿费，现由冰心的女儿吴青任理事长。建校以来，学校一直秉承冰心先生“有了爱，就有了一切”的信念，强调爱心和社会责任感，把做人和做事结合起来，为贫困地区农村妇女和大龄辍学女青年提供就业前短期的实用技能和综合素质培训，帮助她们自立于社会，改写自己的命运。

严隽琪在吴青陪同下视察农家女学校，观看幼师班、计算机班、美容美发班、月嫂班的教学，询问了师生们的学习生活情况。了解到学员们来自全国各地，通过短期的学习培训确实学到了一技之长后，严隽琪赞叹不已。一位计算机班学员说，在家乡时我从没摸过电脑，现已学会简单的编辑和排版了。一位月嫂班学员说，我们从来没有参加过这样的培训班，不收一分钱学杂费，吃住都免费。

农家女学校经过10年的艰难探索，形成独特的办学模式，即农村社区妇女骨干培训项目与农家女助学金培训项目相结合。多年来，学校竭力做好对农村社区妇女骨干培训，使农村妇女广泛参与到参政议政、市场经营、扫盲学习、社区妇女骨干能力建设、妇联干部能力建设等活动中来，还针对受到严重地震灾害的四川地区，开设了灾区卫生防疫及心理辅导培训，共有151期5600多名妇女成为受益者。同时，学校施行农家女助学金项目，专门资助农村贫苦地区和贫困家庭16岁至20岁的辍学女童或女青年，为她们开设有计算机操作、电动缝纫机操作、美容美发、餐饮服务、幼师等课程培训。仅2008年一年，就开办了37期培训班，受训学员达1250人次。截至2009年4月底，共培训101期学员2679名，其中大半由学校推荐在北京、上海等城市就业。达到每户走出一个农家女，基本实现一家脱贫，使大批农家女学员改变生活轨迹。

座谈会上，吴青说，要改变中国，就要改变农村；要改变农村，就要改变妇女。在世界人口中，妇女人口占了一半，如果妇女得不到发展，世界就缺少了50%的发展智慧和潜能。更重要的是，妇女得到发展，会带动后面几代人。农家女学校“花骨朵儿”合唱团演唱了《我们是自豪的农家女》等歌曲。

严隽琪说，学员们接受的教育在她们的歌声和精神风貌中得到了体现，使人感受到教育的真谛，就是使每个人能够自尊、自立、自信，使人类的文明得以传承。她深情缅怀学校的创始人，以真善美影响了几代人的冰心先生。她说，今天再次回忆学习冰心老的教诲，使我们感受到了爱的传承；学校的建设者们直面社会需求，明知困难重重，仍然愿意付出真心和爱心，尽自己的一份力量，朝着“团结、自立、分享、共建”的目标不懈努力。

严隽琪说，民进是以教育为主要界别和特色的参政党，始终关注教育的改革与发展。在当今社会大变动，信息化、工业化加快的形势下，构建一个现代化的教育体系，为任何人，在任何时候，提供一个最合适的入口，使其通过接受教育改变自己的命运，是十分必要的。而且这种体系应该是开放的、包容的、灵活的，决不能只有一种模式，一种评价标准，要让一切有志于教育的人都能找到途径，一切投入给教育的资源都能得到最佳的应用。这一体系的建立还需要我们共同努力，还有很多工作要做。

严隽琪指出，“三农”问题是民进长期关注的参政议政的重大课题。建设新农村，发展新产业，关键在提高广大农民特别是农村妇女的素质和技能。开展职业技能培训，发展民办教育，通过教育来扶贫，是一个十分突出、迫切的问题。目前学校在招生、考核、经费来源、扶持政策等方面存在一些困难，既有思想观念上的问题，也有体制机制上的问题，要解决这些问题，需要多个部门合作。我们愿意对此做进一步深入的调查研究，提出切实可行的意见和建议。

严隽琪与学校教职工合影留念。民进中央秘书长赵光华，宣传部、研究室、社会服务部负责人陪同视察。

中央公益类科研机构机制创新研讨会召开 严隽琪出席并讲话

2009年7月24日，民进中央科技医卫委员会与中国林科院共同主办召开“中央公益类科研机构机制创新研讨会”。全国人大常委会副委员长、民进中央主席严隽琪出席开幕式并讲话。

今年两会期间，中共中央总书记胡锦涛在参加民盟、民进界别政协委员联组会讨论时发表重要讲话，深切希望各民主党派、工商联和无党派人士紧紧围绕深入实施科教兴国战略，为推进建设创新型国家进程作出新贡献。此后，民进中央围绕推进建设创新型国家和建立创新型体系的主要内容及要素等问题进行研讨，先后就风险投资、大学生科技创业、科研院所科技体制改革、教育观念的更新、科技创新文化环境的培育，以及企业自主创新和发展等环环相扣的问题展开调研，范围涉及到6个省、13所高校及相关科研院所。据此，民进中央科技医卫委员会把“中央公益类科研院所现行体制（机制）的经验、问题与对策”作为2009年参政议政的重点调研课题，并在组织会内外专家开展调研的基础上召开此次研讨会。

严隽琪在研讨会开幕式讲话中指出，建设创新型国家是我国在应对百年罕见的国际金融危机中争取主动权，化危险为机遇的必然选择，也是实现可持续发展，为亿万人民和子孙后代谋取更大福祉的必然选择。创新型国家建设必须落实到创新型体系的建设上来。创新型国家建设要有单点的突破，要有单个要素的保障，但作为一个国家层面，更重要的是体系的构成。创新型体系必须包含丰富的内容和合理的框架。丰富的内容包括：一是由科学发现、技术突破、产品换代、市场开拓、制度变革等多个层次构成；二是由企业、学校和科研院所，国有单位和民营单位，大企业、中企业和小企业等多元主体构成；三是由人才、资金、制度等多种资源要素构成。合理的框架包括：一是各个创新主体、各种资源要素各安其位，各展所长，有合理的评价体系和利益分配机制；二是该体系一定是开放的，人才、资金等要素资源进出通畅，可以流动；三是无隙衔接，特别是科技成果向现实生产力转化的链条上要环环相扣；四是宽容与便利的社会文化环境，既要营造一个宽容的创新创业氛围，倡导勇于创新、勇于竞争、诚信合作、宽容失败，使改革创新精神在全社会蔚然成风，同时要有配套服务，给创新创业者提供极大的便利。

严隽琪强调，通过30年改革开放，我们正向“深水区”前进，越来越面临着深层次矛盾和问题，特别是“机制和体制性障碍”问题，往往是“牵一发而动全身”。民进中央愿与社会各界一道，继续深入研究和探讨对策，在汇集和梳理各方意见和建议、参考和借鉴各种有益经验的基础上，多建科学发展之言，多献务实有效之策，多尽富国惠民之力，共同为推进建设创新型国家和建立创新体系，推进公益类科研机构的机制创新作贡献。

研讨会邀请国家科技部、国家农业部、国家林业局有关领导，以及部分在京公益类科研机构负责人出席会议。开幕式由中国林科院分党组书记、院长张守攻主持，科技部党组成员、科技日报社社长张景安，国家林业局党组副书记、副局长李育材，农业部科教司副司长杨雄年分别介绍有关情况。研讨会上，中国林业科学研究院常务副书记李向阳、中国农业科学院副院长唐俊华、中国地质科学院常务副院长朱立新、中国水产科学研究院副院长李杰人、中科院科技政策与管理科学研究所研究员段异兵先后发言。研讨会得到国家林业局和中国林科院的大力支持。该课题组负责人，民进中央科技医卫委员会委员、中国林科院科技处副处长卢琦及课题组成员为研讨会的成功举办开展大量的前期调研和筹备工作。

民进中央常委、科技医卫委员会主任、中科院科技政策与管理科学研究所副所长王毅，民进中央参政议政部负责人出席会议。

严隽琪在开幕式前，会见中国林科院民进支部会员，座谈并合影，勉励他们做好本职工作，积极参政议政，为中国林科院增光，为民进事业添彩。

中国高等教育学会高等教育管理研究会2009学术年会召开 王佐书出席并作主旨演讲

2009年7月26日，民进中央副主席王佐书上午在黑龙江省齐齐哈尔职业学院出席中国高等教育学会高等教育管理研究会2009学术年会，并作题为“为高等教育文化建设与发展提供研究线索”的主旨演讲。来自全国各地的近200位领导、专家和学者参加会议，共享高等教育改革成果和经验，共谋高等教育的发展大计。

王佐书在演讲中首先阐明文化在国家建设中的重要意义。他指出，经济解决今天的问题，科技解决明天的问题，教育解决后天的问题，而文化解决了一个民族可持续发展的问题。高等教育文化建设要从把握规律开始，认知并寻找施行之道。对于教育规律，不管是大学教育，还是小学教育，都必须遵循三个规律：育人规律，培养不同的人才；用才规律，使用有竞争力的人；可持续发展规律，不仅学生要可持续发展，教师和学校也要可持续发展，实现人的终身教育。

王佐书借用梁漱溟先生的“文化就是生活的样板”，指出，高校文化就是高校生活的样板，并以美国对华10条戒律的战略中“只要让他们向往我们的衣、食、住、行、娱乐和教育的方式，就是成功的一半”为例，提出了高校文化建设的重要性和如何实现教育的有效性。

王佐书指出，高校的功能就是贯彻国家教育方针，实现大学生的素质教育，即传播知识、培养人才、服务社会，简而言之就是教书育人。要实现高校的功能就要进行“三才一化”建设，即人才培养建设、器材建设、教材建设及校园文化建设。

王佐书指出，改革的实质是体制创新，创新主要体现在需求创新、竞争创新、空白创新、矛盾创新、类比创新、最近发展区创新、最优化原则、因素与关系等8个方面。同时，创新要在关键时期找到关键问题，并提出关键决策或建议，提出的建议要切合时宜，切实有效，切实可行。

王佐书对年轻人提出6字训勉：时机、场合、态度，即无论是做事还是提建议，都要把握时机、注意场合、控制态度，这样才能成功；对教育者提倡“智慧需要智慧的启迪，人格需要人格的教育”。

民进中央开明画院在京成立并召开第一届理事会 冯骥才讲话，朱永新宣读决定

2009年7月28日，民进中央开明画院在北京正式成立并召开第一届理事会。民进中央副主席冯骥才、朱永新出席会议。

开明画院是民进中央为响应中共十七大推动文化大发展大繁荣的号召，发挥民进在文化界别的特色和优势，弘扬中华民族的优秀文化和传统而成立的机构。民进有113000多名会员，其中书画界会员有1600余人，多为中国书协、美协以及各省级艺术组织的会员或在其中担任职务。各地都希望民进中央能成立画院，为繁荣发展中华文化尽绵薄之力。2007年开始筹备成立画院工作。严隽琪主席、罗富和常务副主席多次就此作出重要指示，主席办公会议多次研究确定开明画院的定位、属性，这些都为画院的筹办指明了方向。2008年，有391位民进书画家捐出783幅书画作品，筹款近800多万元，为地震灾区的孩子们献

上爱心。一年后，为庆祝中华人民共和国成立60周年、人民政协成立60周年，开明画院与民进中央办公厅共同举办了“共庆辉煌”民进全国书画展。

民进中央副主席、开明画院院长冯骥才在理事会上讲话。他说，民进开明画院成立有其与生俱来的特点，它是政党成立的画院，有其独特的功能，具备“四性”。第一是社会性，它不同于一般画院，可以让画家尽量发挥个人特点、审美欲望，而是带有政党社会性和公益性，要体现“为天地立心，为生民立命”的高贵精神。第二是服务性，我们要发展联合办学，培养公众审美，发现优秀的人才，以做好文化事业为目的。服务方式也要多方面，可以在海内外、不同城市开办画展，为画家服务。第三是交流性，当前文化发展繁荣，文艺思想活跃，可以在院内外画家之间举办笔会，刊印画集。第四是学术性，我们要立足专业层次开展学术研讨，解决绘画工艺化、缺乏思想灵魂的问题，帮助画家开研讨会，发展纯正的文艺并得到学术界的认可。

民进中央副主席朱永新在会上宣读关于《成立民进中央画院的决定》。会议审议通过了由董长侠副院长作的《民进中央开明画院筹备工作情况汇报》以及《民进中央开明画院章程》，明确了画院工作的指导思想、各项职能和活动方式。开明画院以充分凝聚民进书画界会员的力量，打造服务社会的平台为宗旨，充分发挥民进文化界别的特色和优势，积极开展培养传承、学术交流、创作研讨、作品展览等活动，积极开展与港澳台文化艺术机构的交流合作，为促进科学发展、社会和谐、文化繁荣服务；为民进履行参政党职能服务，为提升民进会员的人文文化水平和艺术修养服务。

参加会议的各位理事认真讨论了画院的工作规划，一致认同：开明画院是在民进中央领导下，由具有较高书画艺术造诣的民进会员为主体的非盈利性艺术活动机构，按照民进中央内设机构管理办法进行管理。画院应当发挥书画工作的特点和优势，为配合民进中心工作服务，为公益活动服务，为美术的普及与提高服务。为繁荣书画艺术，凝聚优秀人才，发展海外教育，促进统一大业贡献力量。同时画院应积极为主流文化服务，体现本身的高端性、人文性。

会议决定聘请严隽琪、罗富和、民进中央原主席许嘉璐、民进中央原第一副主席张怀西任名誉院长；聘请王镛、冯远、刘国松、宋雨桂、李前宽、沈鹏、沙曼翁、饶宗颐、韩美林、靳尚宜任艺术顾问。

开明画院领导机构人员还有：朱永新任开明画院常务副院长；全国文联副主席、中国书法家协会副主席段成桂，中国书法家协会副主席、江苏省文联副主席言恭达，中国美院教授、浙江美术家协会副主席吴山明，岭南画派纪念馆馆长、广东省美术家协会副主席陈永锵，中央美院副院长董长侠，苏州当代书画艺术研究院院长徐圭逊任副院长。

民进中央社会服务部负责人、开明画院副秘书长刘文胜主持第一届理事会。

“共庆辉煌”民进全国书画展在北京开幕
严隽琪致辞，罗富和主持，冯骥才发言，朱永新出席

2009年7月29日，“共庆辉煌——庆祝中华人民共和国成立60周年、纪念人民政协成立60周年民进全国书画展”在北京中国美术馆隆重开幕。全国人大常委会副委员长、民进中央主席严隽琪出席开幕式并致辞，全国政协副主席、民进中央常务副主席罗富和主持开幕式。

严隽琪在致辞中说，中华人民共和国即将迎来60华诞，60年来，全国人民在中国共产党的领导下，同心同德，艰苦创业，克服困难，奋发图强，中华大地上涌动着波澜壮阔的社会主义建设和改革开放大潮，使伟大的人民共和国从百废待兴走向繁荣富强，发生了翻天覆地的变化。人民政协伴随着共和国的成立与发展，也走过了60年的光辉历程，人民政协的性质、地位、作用发生了历史性的变化，履行政治协

商、民主监督、参政议政职能的制度化、规范化和程序化水平不断提高。

严隽琪说，新中国成立以来特别是改革开放以来，民进团结和带领全会各级组织和广大会员，为建设中国特色社会主义事业、实现中华民族的伟大复兴作出了积极的贡献。开明盛世，政通人和，为文化艺术的繁荣发展提供了广阔的空间。在中国共产党的领导下，民进将继续坚持“爱国、民主、团结、求实”的光荣传统，高举中国特色社会主义伟大旗帜，坚持中国特色社会主义理论体系，坚持走中国特色社会主义政治发展道路，以科学发展观为指导，认真履行参政党职能，为促进科学发展、社会和谐，为繁荣社会主义先进文化、倡导社会主义核心价值观作出更大的贡献。

罗富和在开幕式上说，此次书画展得到了民进各级组织与广大会员的积极响应，特别是书画界会员以热爱祖国的赤胆忠心和体现精湛技艺的妙笔丹青，提供了许多佳作。这些作品弘扬了中华书画艺术追求真、善、美的优良传统，反映了新中国成立60年来，民进与中国共产党荣辱与共，风雨同舟，共同致力于建设中国特色社会主义伟大事业的辉煌历程，是民进全国各地各界会员展现特色、展示风采，积极投身中国特色社会主义建设的最好体现。

开幕式上举行了民进中央开明画院成立揭牌仪式，严隽琪、文化部部长蔡武为开明画院成立揭牌。开明画院是民进中央为响应中共十七大推动文化大发展大繁荣的号召，发挥民进在文化界别的特色和优势，弘扬中华民族的优秀文化和传统而成立的机构。

民进中央副主席、开明画院院长冯骥才，中国文联副主席、书记处书记冯远分别在开幕式上发言。冯骥才表示，今年是新中国甲子大寿，活跃在文化艺术领域的书画界民进会员，继承民进用笔墨赞美生活、奉献社会的优良传统，把心中真挚的情感和祝福付诸笔墨丹青，把最美丽的书画作品献给祖国母亲，这是今天举办画展的意义所在。冯远代表艺术家发言时说，民进书画界会员以诗言志、以翰墨传情，他们的艺术作品千姿百态、各显风采，既有丰富的审美价值，也体现出深刻的时代内涵，衷心祝愿画展取得圆满成功。

严隽琪、罗富和，全国政协原副主席、民进中央原第一副主席张怀西，蔡武，中国文联党组书记、常务副主席胡振民，全国人大常委会副秘书长李连宁，中央统战部副部长楼志豪，冯骥才，全国工商联副主席孙晓华，民革中央副主席何丕洁等领导共同为画展开幕剪彩。

出席开幕式的还有文化部副部长陈晓光、王文章，全国人大常委、民进中央副主席朱永新，中国美术家协会主席刘大为，民进中央原副主席蔡睿贤，中国书法家协会主席张海，中宣部文艺局副局长汤恒，中央统战部一局副局长杭元祥。范曾、欧阳中石、范迪安、李铎、王镛、罗扬、郁钧剑、杨晓阳、严许婉璵等书画艺术界知名人士也出席了开幕式。

各民主党派中央有关负责同志，部分人民团体、协会、艺术机构的负责同志，书画界、出版界代表，民进中央各位老领导，在京中央常委、中央委员、各专门委员会委员、开明画院顾问参加开幕式。

画展由民进中央主办，民进中央办公厅、民进中央开明画院承办，展出时间为7月29日至8月6日。画展分3个展厅共展出近200幅作品，其中有民进中央领导人的作品，有特邀艺术家的作品，还有各地民进会员的书法和绘画作品。为记载此盛事，民进中央还将全部参展作品和选送作品编印成专题画册。

开幕式后，严隽琪、罗富和与出席开幕式的领导和嘉宾共同参观书画展。中午，严隽琪、罗富和宴请参与国庆60周年国画献礼工作的画家；冯骥才、朱永新宴请出席民进全国书画展的部分嘉宾。

“共庆辉煌”民进全国书画展喜获成功。在民进中央领导的高度重视下，在全会各级组织和广大会员以及民进开明画院的积极参与下，在社会各界特别是书画界的热情关注下，书画展得到各界人士的一致好评。本次书画展有如下特点：

（一）规模大。租用了中国美术馆的3个主要展厅，共展出作品193幅，在民进历史上是规模较大的一次，充分体现了民进作为以教育文化出版为主界别的党派特色。同时参与面广，既有民进各级组织和广大会员的积极参与，也有民进开明画院利用自身优势邀请名家名作，充分展示了民进组织的凝聚力和影响力。

（二）规格高。出席本次书画展开幕式的领导和嘉宾人数多、规格高。全国人大、全国政协、中宣部、统战部、文化部、各民主党派中央和全国工商联、中国文联、中国美协、中国书协等单位的领导同志、负责人等会内外来宾400多人出席。文化部对本次书画展给予高度重视，部长，副部长等3位领导同志共同出席开幕式。民进中央在京副主席、老领导、常委、委员、专委会委员，民进开明画院各位理事及会内书画界名家出席。范曾、欧阳中石、沈鹏、范迪安、王镛、李铎、杨晓阳、郁钧剑、罗扬、严许婉璌等一批书画艺术界知名人士出席开幕式，盛况空前。

（三）反响好。本次书画展开幕式无论是议程设计、现场布置，来宾签到、参观引导等各个环节都井井有条、规范有序，得到了会内外嘉宾的一致好评，展厅布置，作品水平等也都得到了大家的首肯。参观者均对书画展给予了高度评价，80多岁的抗日老战士伊明留言："看了民进书画展，感受颇深，书画很有水平，令我学到不少东西，特别是这些老前辈的爱国思想和热情令我钦佩。回忆1945—1946年在重庆、南京谈判时（与国民党谈判）民主党派是我党的亲密战友，生死与共，给我留下了深刻的印象。至今这些兄弟党派仍然是我党的好朋友好同志，大家共同建国，振兴中华，我祝'民进'万岁！"

（四）影响大。众多媒体对书画展进行了报道，据不完全统计，本次书画展新闻报道共220篇，其中中央电视台、中央人民广播电台、新华社、人民日报、光明网等中央级媒体都对此次活动作了报道，相关消息还被中央政府门户网站、中国网、新浪网、中国新闻网等多家媒体转发，全方位、多角度地对此次画展进行了报道宣传，使画展为公众所了解、欣赏，扩大了民进的影响与知名度，收到了良好的效果。

书画展期间，约有1万余名观众参观。很多青少年学生，在展厅内如此近距离的看到了以前只有在课本上见过的叶圣陶、周建人、雷洁琼、冯骥才等人作品时候，非常兴奋，纷纷和作品合影留念，五尊民进领导人的铜像更是给大家留下了深刻的印象。青少年学生在参观展览的同时，在与机关工作人员的交流中，也对中国共产党领导的多党合作和政治协商制度有了一定的了解。

民进中央2009年地震灾区学校校长暑期培训班在京举办 严隽琪讲话，罗富和出席，刘新成主持开班仪式，朱永新讲座

2009年7月29日—8月1日，民进中央2009年地震灾区学校校长暑期培训班在京举办。29日下午举行开班仪式，民进中央主席严隽琪讲话，常务副主席罗富和、副主席朱永新出席，副主席刘新成主持会议。

5·12大地震后，民进各级组织积极行动起来，民进会员踊跃捐款。截止到2008年11月，共募得"为了灾区的孩子们"捐款（特殊会费）计862万多元。这笔捐款全部用于受灾严重的四川、甘肃、陕西和重庆四省市的教育重建项目，这次暑期班的全部费用也出自这笔捐款。此次培训班由民进中央主办，民进中央社会服务部、中国科学院心理研究所承办，首都师范大学、民进北京市委、民进四川省委、民进甘肃省委、民进陕西省委、民进重庆市委等单位协办，是针对灾区学校校长的专题培训，目的是为了提高灾区学校校长的教育管理能力和心理调节能力。

严隽琪在开班仪式上向战斗在灾区重建一线的校长和老师们表示崇高的敬意和诚挚的问候。她认为此次培训有三个特点：一是紧紧围绕教育重建展开培训。教育重建是一个民生问题，是灾区社会恢复重建的窗口，是一项文化再造工程。重建的不仅仅是校园、校舍，更是教育精神、心灵家园、教师队伍的重建。因此，我们既要重视基础设施的恢复重建，也要重视师生心灵的重建，关注灾区重建中教育者自身的生活和心理。重建不仅是简单恢复，而是在原有基础上的超越，要坚持以人为本，通过开展多种形式的教育辅

导和培训，在废墟上建设继承历史、融入现实、面向未来的教育。

二是培训体现了“一切为了教育，一切为了孩子”的宗旨。随着时代的发展，社会对教育的期望值越来越大，教育的基础支撑地位越来越明显，对校长的要求也越来越高；教育改革的推行，学校的持续发展，呼唤一批高素质的校长。重视校长的决策能力、领导统筹能力、教育科研能力，不断促进校长的专业精神和专业能力，是教育界的共识。所以，我们应该更加积极行动起来，培养更多更优秀的校长，这也是此次培训出发点和落脚点。

三是培训体现了民进的特色与优势，是民进参与灾区教育重建与师资队伍建设的具体行动。民进作为以教育为主要界别的参政党，与教育有不可分割的联系和渊源。我们长期坚持从党派自身特色与优势出发，把教育作为参政议政最重要内容，高度关注教育改革，积极支持参与灾区教育重建，不遗余力推动农村教育发展与师资队伍建设。此次培训本身是一个互动的过程，民进也希望从各位校长身上汲取营养，更好地在教育方面有所作为。

严隽琪真挚地希望在培训中为校长们创造良好的学习条件，让大家在短短的的几天时间里感受古都北京的活力、魅力，吸收名师精华，真正学有所得，学有所用，从而能够调整好身心状态，以饱满的热情继续投入到灾区重建工作中，为了教育，为了孩子们，更好地发挥一位校长应有的作用。

教育部人事司副巡视员谢志敏介绍了教育部在抗震救灾和灾后重建过程中所做的主要工作。她指出，教育部在灾后开展教育援助，加大中小学教师和校长的培训力度，尤其重视灾区教育工作者的心理健康问题。校长作为学校的组织者、管理者和领导者，校长们的心理操控能力和教育管理水平更是需要关注。通过培训，给予灾区校长们心理支持、心理关怀，通过多种途径提高他们的管理能力，对提高学校的教育质量和灾后重建具有重要的意义和作用，民进中央举办的这次培训班是为灾区教育做的一件大实事、大好事。她希望，在地震灾区教育重建的过程中，教育部与民进之间的配合更加紧密；在座的校长也要抓住这次培训难得的机会，努力学习，为今后更好地工作奠定更坚实的基础。

中国科学院心理研究所所长张侃教授表示，心理工作者将长期在地震灾区开展工作，他们也愿意同民进中央、教育部和在座的校长们合作，为学生和教师们提供心理援助。

民进北京市委会员、北京民营科技实业家协会副会长、北京书生公司董事长王东临，向来自四川、甘肃、陕西、重庆地震灾区的中小学校长捐赠价值 20 万元的电子图书。他说，希望我们的数字技术能帮助边远地区消除数字鸿沟，让孩子们有更公平的机会接受良好教育，希望他们长大成人后能用自己学到的科学技术为社会和家乡作贡献。

德阳东汽中学校长周德祥代表灾区校长在开班仪式上发言。

民进四川省委及四川省受捐赠学校所在地的民进成都市委、民进德阳市委、民进广元市委、民进绵阳市委、民进眉山市委向民进中央赠送匾牌。

民进中央副秘书长、民进中央宣传部负责人，来自地震灾区学校的 50 位校长共 60 余人参加开班仪式。

7 月 30 日上午，朱永新为校长暑期培训班作题为“改变从阅读开始——新教育实验与书香校园建设”的专题讲座。他首先阐释了新教育的内涵，系统地介绍了新教育的“四大改变”和“五大理念”。他认为，新教育是心灵的教育，是一个变革的梦想，一种成长的激情，强调职业认同，这也是新教育实验最鲜明的特点。在谈到新教育实验的六大行动之一的“营造书香校园”时，他指出，应通过创设浓郁的阅读氛围，整合丰富的阅读资源，开展多彩读书活动，让阅读成为师生最日常的生活方式，进而推动书香校园的形成。

朱永新认为，没有阅读就没有个人心灵的成长，就没有人的精神的发育。一个人的精神发育史就是阅读史，一个民族的精神境界取决于阅读水平，一个没有阅读的学校永远不可能有真正的教育，一个书香充盈的城市必然是美丽的城市，阅读对一个人、一个民族、一个国家都具有非常重要的意义。他列举了一系列活动来说明新教育实验是如何推进阅读的，用教师和学生在阅读活动中的良性互动，来证明阅读对于我国的教育发展、学生精神人格的发育、教师和学校教育特色的体现有着举足轻重的影响。他提出，应该将每年的孔子诞辰设立为阅读日，让阅读成为国人的一种习惯。

讲座结束后，朱永新与在座的灾区校长进行了互动交流，回答他们提出的关于新教育实验的一些问题。

民进中央2009年地震灾区学校校长暑期培训班为来自灾区的50位校长精心安排了4次专题讲座，涉及教育管理、心理辅导等方面。

中国科学院心理所副所长、中国心理卫生协会副理事长张建新教授在“校长心理自我调节策略与技巧”的讲座中，提出了评测校长心理健康的几条原则。他认真地分析了影响校长心理健康的因素，由此入手教授校长们保持心理健康的方法，并系统地总结了各地推进心理健康教育的成功经验，以供校长们在推进各自学校心理健康教育时借鉴。

中国科学院心理研究所危机干预中心副主任、北川心理援助工作站站长史占彪博士主讲“灾区中小学生心理健康教育方法与技术”。他从在地震灾区进行心理援助的工作实际出发，分析了灾区校长工作之难、之责、之贵，提出富有针对性的倾听与共情的技术、沟通的策略与技巧，促使当地中小学师生心理健康教育工作可以顺利有效地开展。

首都师范大学音乐学院副院长周世斌教授在题为“让音乐激发生命的动力”的讲座中，系统地介绍了音乐心理治疗。他根据地震灾区的实际情况，提出了适合当地学生的音乐心理治疗原则，并辅以大量生动的实例说明实施音乐心理治疗的方式方法。

培训班的校长们在认真听取讲座后表示，培训班安排的讲座针对性强，教授的知识是在现阶段学校管理和心理健康教育中所急需的，提出的措施、方法可操作性强，为大家日后的工作提供了很好的参考。

7月30日下午，参加培训班的校长们参观北京市第十一中学并与北京的校长座谈。在北京市第十一中学学生的引领下，培训班的校长们对校园的布局、教学设施、校园文化进行了详细的了解，他们不时询问讲解的同学，并对感兴趣的方面进行拍照，以供日后学习借鉴。培训班的校长们认为，北京市第十一中学校园虽然不大，但文化氛围浓郁；负责讲解的学生素质很高，精神积极向上；虽然现在是暑假，校园中不见师生，但良好的校园管理处处可见。

参观结束后，培训班的校长们与北京市第十一中学校长果淑兰、北京市第五中学分校校长杨春林、北京市第十五中学副校长赵芙蓉、人大附中分校副校长陈世昆、昌平一中副校长杨启红进行了交流座谈。北京的校长们分别介绍了各自学校的概况和办学理念，他们对地震灾区校长们在抗震救灾和灾后重建中所做的大量工作和呈现出的敬业精神表示由衷的钦佩，希望今后有更多的机会与地震灾区的校长们交流彼此的工作经验。

培训班的校长们谈到教学和管理工作中的困惑、梦想与现实之间矛盾应如何解决时，北京的校长认为，任何一所学校都有自己的本身的特色，这是不能复制的，只有因地制宜，量力而为，才能有所作为。双方还围绕学校的评价标准、教师的管理等问题进行深入的探讨。

座谈由北京市崇文区政协副主席、民进北京市委崇文区工委主委、崇文区教委副主任张志萍主持。民进中央社会服务部、民进北京市委会办公室负责人座谈时在座。

8月1日上午，民进中央2009年地震灾区学校校长暑期培训班举行结业仪式。朱永新出席并讲话。他首先向经过努力学习顺利结业的各位学员表示祝贺，并向中科院心理所、首都师范大学等单位各位专家学者精彩的讲座表示感谢。他指出，本次培训是在灾后教育重建的关键时期举行的，民进中央高度重视这次培训，主席办公会议多次研究培训方案，决定使用民进会员“为了灾区的孩子们”（特殊会费）捐款举办培训班。民进中央主席严隽琪，民进中央常务副主席罗富和，民进中央副主席、首都师范大学校长刘新成等领导在培训班筹备期间多次听取汇报并作出指示，为培训班成功举办提供了良好的条件。

朱永新认为，此次培训教学安排部署周密，重点突出，民进中央社会服务部和中科院心理所、首都师范大学，在培训的师资安排、课程内容以及培训形式等方面，做了细致的策划和充分的准备；学员们思想上高度重视，精力集中，学习认真。在紧张的学习之余，大家还参观了北京名胜古迹、奥运场馆，充分体验了首都北京的发展活力与文化魅力，整个学习过程洋溢着严肃活泼、紧张高效的浓厚氛围。

朱永新强调，校长如果没有对教育的深刻理解、对书的热爱、对学习的热情，就不可能点燃教师和孩子的激情，一个好校长就是一所好学校。这次培训只是交给大家一把钥匙，更重要的是回去后的自我研修、自我发展、自我成长，民进中央也将一如既往的关注灾区的教育重建，将针对灾区教育的培训工作持续进行下去。

在结业仪式上，成都市彭州中学副校长包先强和甘肃省天水市二中副校长屈光平代表培训班的校长发言。包先强介绍了自己作为一名校长和民进会员在抗震救灾中所做的工作，他向民进中央在抗震救灾和灾后重建中给予的支持和帮助表示感谢，并向民进中央赠送了当地著名画家的作品。屈光平畅谈了此次培训的收获和启示，感谢民进中央组织这次及时而又务实的培训。他表示要把此次培训的成果带回去，推动学校教学和心理教育工作的开展。

民进中央挂职副秘书长、民进四川省委专职副主委和来自地震灾区的50位校长参加结业仪式。结业仪式由民进中央社会服务部负责人主持。

严隽琪在吉林省考察

2009年7月30日，全国人大常委会副委员长、民进中央主席严隽琪到吉林省考察工作，会见了中共吉林省委副书记、省长韩长赋。韩长赋介绍了吉林省上半年经济社会发展情况。他说，上半年，面对国际金融危机对吉林省的影响，吉林省坚持以保持经济平稳较快发展为首要任务，突出保增长、保民生、保稳定，迎难而上，扎实工作，取得了显著成效。吉林省积极落实国家宏观经济政策和省里的一系列政策措施，全省经济企稳回升，主要经济指标增速好于预期，高于全国平均水平。围绕与人民群众密切相关的就业、保障、住房、就学、医疗等方面，大力推进年初提出的8件民生实事。最近，吉林又出台10项政策措施，计划投入12亿元，进一步增加城乡居民特别是低收入群体收入，让改革发展的成果更好地惠及人民群众。积极化解各类矛盾，努力营造和谐稳定的社会环境。

严隽琪感谢吉林省委、省政府对民进的支持。她说，吉林省近年来发展迅速，城乡面貌发生了巨大变化。今年上半年，全省GDP、财政收入等主要经济指标都保持两位数增长，良好的发展态势振奋人心。希望吉林省继续保持良好发展势头，在改善民生、结构调整等方面，取得更大的成绩。

中共吉林省委常委、省委秘书长房俐，省人大常委会副主任车秀兰，省政协副主席、民进吉林省委主委薛康参加会见。

7月31日上午，由国家旅游局和吉林省人民政府主办，长白山管委会承办的2009中国长白山国际旅游节在长白山西景区隆重开幕。严隽琪出席开幕式并宣布旅游节开幕。

今年的中国长白山国际旅游节，旨在进一步扩大长白山的影响力，垂直提升长白山旅游的美誉度，更是突出文化的挖掘、群众的参与和和谐社会的构建，使旅游节成为长白山与国际文化交流的一个平台，是体现长白山深厚文化底蕴的一个缩影，展示长白山文化的一个舞台。2009中国长白山国际旅游节从5月15日开始，至10月15日结束，期间文化旅游活动精彩纷呈。从“2009. 春之长白山”摄影采风活动，到长白山景区登山穿越活动，从“魅力长白山”电视文化周活动，到2009中国长白山森林公路自行车节，整个旅游节将高潮迭起，为长白山区百姓和四方游客带来一次文化旅游盛宴。

出席开幕式的还有国家旅游局副局长杜江、吉林省人大常委会副主任车秀兰、吉林省人民政府副省长陈伟根等。

8月1日，严隽琪来到武警边防总队长白山支队亲切慰问“最可爱的人”。她听取长白山边防支队在队伍建设、部队管理等方面的工作汇报，参观支队执勤、办公、训练、学习、寝室等场所，并与官兵们一一握手，亲切交谈，详细询问他们的生活、学习等情况。严隽琪为官兵送上了慰问品，勉励官兵要发扬中国人民解放军的光荣传统，振奋精神，真抓实干。

严隽琪对支队在长白山保护开发建设事业中所作出的贡献给予充分肯定。她说，边防工作任务繁重，在艰苦的条件下，官兵们出色地完成了各项工作任务，不负党和人民的重托，希望支队官兵务必一如既往地履行好职责，为服务地方经济建设和维护边境地区稳定做好保驾护航工作，以优异的成绩迎接新中国成立60周年。

吉林省人大常委会副主任车秀兰、省人大机关党委专职副书记陈桂霞，长白山管委会副主任丁之慧、副秘书长李明及相关部门负责人陪同慰问。

“新形势下的农村教育综合改革”调研成果研讨会召开 罗富和出席并讲话，朱永新主持

2009年7月31日，民进中央召开“新形势下的农村教育综合改革”调研成果研讨会。全国政协副主席、民进中央常务副主席罗富和出席并讲话。民进中央副主席朱永新主持会议。

罗富和在讲话中说，“新形势下的农村教育综合改革”是今年会中央的重点调研课题，课题开展以来得到了教育部、农业部等有关政府部门以及陶行知研究会的支持和帮助，民进有关省级组织为做好调研做了很多具体的工作，今天的研讨会是对半年多来调研工作的总结。

罗富和强调，农村教育综合改革要在科学发展观的指导下，适应形势的变化和需要，为农村人口的国民教育服务。课题组要进一步认真总结农村教育改革的成绩与经验，特别是中共十七大以来中央有关农村教育改革的政策，以及各省市在推进综合改革方面的成功做法。会中央要在综合借鉴11个民进省级组织调研报告的基础上，抓住导向性、关键性的问题，在形成综合调研报告的同时，有重点地提出针对性的意见建议。

全国人大常委、民进中央教育委员会主任、北京师范大学教授庞丽娟，民进中央教育委员会副主任、山东省教育厅副厅长张志勇，民进中央教育委员会副主任诸平，中国陶行知研究会副秘书长、中央教育科学研究所研究员储朝晖先后发言，围绕农村教育的功能定位、农村教育综合改革的宗旨、农村教育管理体制等问题，以及民进中央“关于启动新形势下的农村教育综合改革的建议书”进行座谈和研讨。

教育部、农业部有关司局的同志参加会议，他们在发言中介绍了目前农村教育改革的有关工作，并就进一步推进农村教育综合改革提出建议。

民进中央参政议政部负责人介绍课题组在山西省考察调研的情况。民进天津市委、上海市委、山西省委、安徽省委、山东省委等省级组织负责人分别发言，介绍各省市农村教育综合改革课题调研的具体情况。

中国人口60年成就展暨第五届生殖健康技术产品博览会开幕 罗富和揭幕，潘贵玉出席

2009年8月7日，以“发展、健康、和谐”为主题的中国人口60年成就展暨第五届生殖健康技术产品博览会开幕式在北京展览馆举行。全国政协副主席、民进中央常务副主席罗富和，全国人大常委会原副委员长顾秀莲出席并为开幕式揭幕。

国家人口计生委主任李斌、北京市副市长丁向阳在开幕式上致辞。开幕式由国家人口计生委副主任、第五届博览会组委会主任江帆主持。全国政协副秘书长、民进中央副主席、中国计生协会常务副会长潘贵玉出席开幕式。

博览会上，国家人口计生委举办了中国人口60年成就展，分“中国人口60年成就展”和“各省人口和计划生育工作成果展”两大部分，综合运用声、光、电等多种现代科技手段，图文并茂、声形同台，展示中国人口60年特别是改革开放30年来人口计划生育事业走过的不平凡历程和取得的辉煌成就。

两年一届的中国生殖健康技术产品博览会已成为全国人口和计划生育行业最重要的盛会，第五届博览会的展区规模和展位数量再一次创出历史新高，展区面积1.78万平方米，展位数772个。国际组织机构的代表，各省（市、区）人口计生委参观团代表，参展企业代表，国家人口计生委机关及直属联系单位代表，北京市民，媒体记者约5000余人参加了开幕式。

“人文关怀阳光基金”慈善酒会在沪举办 严隽琪、蔡达峰出席并讲话

2009年8月16日，上海市慈善基金会“人文关怀阳光基金”管委会，下午假座闸北区铭德莱星顿酒店举办慈善酒会。全国人大常委会副委员长、民进中央主席严隽琪，上海市政协主席、上海市慈善基金会理事长冯国勤，民进中央副主席、上海市人大常委会副主任、民进上海市委主委蔡达峰等出席并讲话。中共上海市委统战部副部长吴捷出席慈善酒会。民进上海市委副主委、上海市作家协会副主席赵丽宏代表“人文关怀阳光基金”管委会向上海市慈善基金会捐赠了本次酒会募集的善款。民进上海市委副主委、中国民办教育协会副会长胡卫代表该基金管委会对人文关怀阳光基金工作进行了简要回顾和展望。民进上海市委副主委、闵行区人民政府副区长张辰，上海市人大常委、民进上海市委副主委兼秘书长陈强努，上海市教委、上海市慈善基金会、上海市作家协会等单位有关领导，中共闸北区委、区人大、区政府、区委统战部有关领导，民进闸北区委有关领导、上海民进企业家联谊会成员出席慈善酒会。

严隽琪在讲话中强调，慈善事业是改善民生、促进社会和谐的崇高事业。长期以来，民进各级组织高度重视慈善公益、社会服务工作，利用联系广泛优势，通过智力支边、扶贫、兴教办学等多种形式开展工作，“人文关怀阳光基金”的建立为大家奉献爱心搭建了一个有别于以往的崭新平台。要以此次活动为契机，积极探索民进开展社会工作有效途径，进一步坚定慈善事业的信念，让更多的人积极参与慈善事业，通过奉献爱心逐步改变农民工子女学校和贫困地区的教育教学条件，为构建和谐社会作出积极的贡献。

冯国勤在讲话中表示，“人文关怀阳光基金”作为市慈善基金会下设的唯一一个以人文教育关怀为主旨的慈善专项基金，开展了多项针对农民工子弟和贫困地区教育事业的帮扶项目，让孩子们感受到了社会

的关爱，燃起了他们求学的热情和期盼。希望社会上每个人都用不同的方式来参与慈善，帮助更多困难群体，共同创造更加美好的明天。

蔡达峰在讲话中指出，民进上海市委积极响应民进中央号召，继承民进优良传统，发挥所长、尽力而为，通过“人文关怀阳光基金”为农民工子女和贫困地区孩子的学习提供帮助，并取得了一定的成效。他强调，上海即将迎来2010年上海世博会，全市人民正在中共上海市委、市政府的领导下齐心协力、鼓足干劲、应对挑战、推动科学发展，今天的慈善酒会活动为上海民进会员热心慈善、奉献爱心、促进和谐提供了一个有效的平台，会员们通过捐款、捐赠、认购书画藏品和义演等不同方式，向上海农民工子女和贫困地区学生奉献爱心，为民进组织增了光、添了彩。

“人文关怀阳光基金”是由上海市作协、上海市民办中小学协会、上海民进企业家联谊会发起，于2008年7月正式成立，隶属于上海市慈善基金会。“人文关怀阳光基金”成立以来，基金管委会成员本着高度的社会责任感，认真规划，精心组织，开展了一系列的捐助活动。援助了四川地震灾区需要帮助的学生；支持和组织在沪农民工子女参加“上海一日游”活动，举办了“我眼中的上海”征文比赛，邀请上海作协的作家到农民工子女学校开设讲座，并为上海66所农民工子女学校赠送图书、订阅素质教育和信息技术方面的杂志达75000多册；同时，还通过援助西部支教讲师团、西部教师培训等项目，将人文关怀传递给了贵州黔西南等地区少数民族的孩子们。

本次慈善酒会是继2008年之后又一次重要活动。旨在倡导和培育人文关怀和奉献精神，通过搭建平台，汇聚更多的社会资源和爱心，继续为青少年中的弱势群体提供文化、教育等方面的援助和支持。

此次活动得到了各方面的大力支持和响应。民进闸北区委承办了本次慈善酒会活动，做了大量的准备工作，并为与会人员提供了细致周到服务。均瑶集团董事长王均生先生在获悉今天的活动后，向“人文关怀阳光基金”捐赠50万元；上海教育出版社、香港世纪创新公司、上海决胜点教育咨询有限公司捐赠价值30万元书刊；巴金女儿李小林女士以巴金的名义捐赠2万元。沪上知名作家、艺术家、书画家，民办中小学协会的校长、教师，上海民进企业家联谊会成员以及上海民进会员等积极参与，并以捐赠书画藏品、义卖认购、义演等不同方式奉献爱心。

今年该基金确定的援助对象和方式是，继续帮助改善农民工子女学校的教育条件，继续开展对口的贫困地区的帮困支教活动。在人文关怀阳光基金的资助下，8月19日，将又有一批优秀教师前往贵州贫困地区开展帮困支教活动。

庆祝新中国成立60周年　纪念人民政协成立60周年
严隽琪接受媒体采访

2009年8月17日，全国人大常委会副委员长、民进中央主席严隽琪在民进中央就庆祝新中国成立60周年、纪念人民政协成立60周年，接受新华社、中央电视台、中国人民广播电台（广播网）记者的采访。

严隽琪深情回顾了60年来新中国和人民政协走过的历程。她指出，60年在人类文明历程中只是非常短暂的片刻，但正是这60年，中国却经历着巨变。中国共产党领导的多党合作与政治协商制度从诞生到现在，走过了不平凡的历程，无数事实说明了，这一制度是历史的选择，也是现实的选择。所谓历史的选择，就是它具有历史的必然性；所谓现实的选择，就是它在现实中发挥着重要作用。这一制度是中国共产党、各民主党派和无党派人士，为了祖国独立富强、人民幸福安康这一理想并肩奋斗、不断探索的成果，是中国人民政治智慧的结晶。我们今天纪念中国特色的多党合作和政治协商制度60周年，就是在抚今追昔。通过抚今追昔，让我们能够更加自觉、更加坚定的面向未来。在已经取得的辉煌成就和奠定的坚实基础上，使中国特色社会主义事业继续向前推进、不断取得新进步。

严隽琪说，60 年来，共产党领导的多党合作与政治协商制度、民主党派的性质、地位、作用和工作制度也在与时俱进，有 4 件标志性的大事具有里程碑式的重要意义。1949 年举行的全国政协第一届全体会议就是一个里程碑式的事件。新政协担负着建立新中国的重任，中国民主促进会的老前辈从全国各地克服重重困难，奔赴解放区，参与了新政协共同纲领的制定，为多党合作和政治协商制度奠定了良好的基础。

1979 年在全国政协五届二次会议上，邓小平同志就“新时期统一战线和人民政协的任务”发表了重要讲话，分析了中国社会阶级关系的变化，对民主党派的性质作了重要阐述，从建国前后作为“民族资产阶级、小资产阶级及其知识分子的政党”变为“一部分社会主义劳动者和一部分拥护社会主义的爱国者的政治联盟”，是“为社会主义服务的政治力量”。这是一个非常科学的判断，极大地鼓舞各民主党派组织和成员投身改革开放和现代化建设的伟大实践。

1989 年 12 月 31 日颁布的《中共中央关于坚持和完善中国共产党领导的多党合作和政治协商制度的意见》（中发〔1989〕14 号文件），也是一个标志性的事件。14 号文件把民主党派定义为“接受中国共产党领导的，同中共通力合作、共同致力于社会主义事业的亲密友党，是参政党”，为民主党派在新时期履行职能、发挥作用开辟了广阔的空间。

进入新世纪新阶段，2005 年《中共中央关于进一步加强中国共产党领导的多党合作和政治协商制度建设的意见》（中共中央〔2005〕5 号文件）将民主党派的性质表述为三句话：“是各自所联系的一部分社会主义劳动者、社会主义事业建设者和拥护社会主义爱国者的政治联盟，是接受中国共产党领导、同中国共产党通力合作的亲密友党，是进步性与广泛性相统一、致力于中国特色社会主义事业的参政党。”这一定位为民主党派不断发展壮大提供了理论指导，为各党派更好地在多党合作的政治格局中发挥作用指明了方向。

严隽琪说，新中国成立后，民进以《共同纲领》、全国政协《章程》总纲为纲领，制定了接受中国共产党的领导，为社会主义服务的政治路线，以宪法为准则，开展工作和活动，作出了多方面的贡献。

马叙伦、周建人、王绍鏊等民进领导人和一些会员在中央、地方岗位发挥了重要作用。民进第一任主席马叙伦先生曾任政府第一届教育部长，周建人先生曾任新闻出版总署副署长，后任浙江省长，叶圣陶、吴贻芳、张志公等一批著名的教育家，霍懋征、段力佩、郝守本等名师和名校长以其精深的学识、突出的贡献得到了党和国家领导人的高度评价。

民进奉行“立会为公”的宗旨，与中国共产党同心协力，为祖国和人民服务，带着深厚的感情，深入基层调查研究，认真参与政治协商，积极履行参政议政、民主监督职能，在社会主义建设和改革开放时期都作出了重要贡献。

民进发挥教育、文化、出版等领域的优势和特色，广泛参与社会主义民主和法制建设，1981 年、1983 年民进先后两次提出建立全国教师节的提案，经过 5 年的呼吁和争取，最终促成教师节的设立，还为《教师法》、《教育法》、《职业教育法》、《义务教育法》以及最近的《学前教育法》等法律法规的制定和实施提出意见和建议。

民进积极参与国家重大战略的实施，关注西部大开发。先后提出建设陇海线星火产业带、星火西进和西部大开发中关注“三农”问题的建议。这些建议得到国家农业部、科技部、财政部的高度重视和采纳，先后带动了“关中星火产业带”和“河西走廊星火产业带”的建立。

民进参与基本国策的制定，促进环境保护和可持续发展。在中共十五大强调可持续发展战略之后，提出了关于将“节约、合理利用和保护自然资源”确定为我国基本国策，保护湿地并立法的建议，被中共中央和国务院采纳后，已成为基本国策和各级政府的共识。

民进关注重大改革措施和制度设计。早在1981年就向中共中央上报了《对出版工作的建议》。《建议》涉及出版业编印发各个环节，以及管理体制改革、队伍建设等出版业发展的重要内容。新闻出版总署领导评价“整个建议非常专业和内行”，对出版工作问题的解决起到了促进作用。

民进支边、支贫、支农、救灾、扶困，尽自己的力量服务社会。陆续开展了“六个西进”活动，以教育、科技为重点，帮助西部发展职业教育、培养实用人才、开展科技示范、引进资金和项目，带动农民科技致富。在黔西南州推广治理石漠化的30万亩金银花种植项目，使当地几万农户增收受益，为促进经济社会和城乡区域的协调发展付出了极大的努力和心血。

严隽琪说，中华民族推崇宽容、融合、和谐、协商，中国历史悠久、幅员辽阔，民族认同、文化认同感强，民进发挥自身优势，积极促进祖国和平统一大业。先后建立了“海峡两岸中华传统文化与现代化研讨会”、“海峡两岸企业合作与发展论坛”、“海峡两岸中学校长论坛”等对台工作新平台。发挥自身的人脉优势，以中华传统文化为纽带，促进两岸民间交往、文化经贸交流，反映台湾同胞的意愿，增进了海峡两岸的感情与互信。

严隽琪谈到对今后多党合作的展望时指出，民进要在促进“三个认同”中发挥应有的历史作用。一是“道路认同”，就是坚持接受中国共产党的领导，走中国特色社会主义的政治发展道路。二是“目标认同”，就是为全面建设小康社会、发展中国特色社会主义的共同目标而努力奋斗。三是“文化认同”，就是要加强党派自身的文化建设，形成价值理念的共识，以优秀中华文化的巨大魅力和民进的优良传统增强全体会员爱国爱会的情感。

严隽琪表示，民进要进一步提高统筹能力，具有更开阔的视野，提高参政党履行职能、发挥作用的水平和能力，努力加强自身建设，建设学习型政党，继续发挥优势，建诤言、献妙策，与时代发展同步，作出新一代民进人应有的贡献。

深入了解“新机制后我国义务教育新情况、新问题”
朱永新在呼伦贝尔调研

2009年8月19日至22日，民进中央副主席朱永新一行赴内蒙古自治区呼伦贝尔市调研义务教育，这是民进中央教育委员会2009年就“新机制后我国义务教育新情况、新问题”课题进行调研的第一站。

为保障和促进我国义务教育的健康、可持续发展，使我国亿万适龄儿童能够接受免费、公平、有质量的九年义务教育，自2006年春季学期起，我国开始推行中央和地方分项目、按比例投入农村义务教育经费的共同分担机制，逐步将农村义务教育全面纳入公共财政保障范围。2008年秋季学期起，全面免除城市地区义务教育阶段中小学生学杂费，在全国城乡普遍实行免费义务教育。义务教育经费保障新机制，基本解决了我国适龄儿童“上学难、上学贵”的问题，初步实现了由义务教育“人民办”向“政府办”的转变，在一定程度上缓解了当前我国农村义务教育中存在的突出问题。但是，作为一项涉及面广、改革力度大的新制度，义务教育经费保障新机制在具体实施过程中也不断地暴露出一些新的问题，亟待高度关注与解决。为帮助中央政府完善和确保这样一项立意为民的好政策能够真正成为促进义务教育健康可持续发展的治本之策，民进中央教育委员会决定在2009年就“新机制后我国义务教育新情况、新问题”课题进行专题调研。

调研期间，课题组赴呼伦贝尔市及其所辖海拉尔市、额尔古纳市、鄂温克旗、牙克石市实地考察，通过请当地行政主管部门介绍情况，与当地中小学校长、教师座谈，实地走访当地中小学、幼儿园等三种方式，听取、搜集和深入分析了当地对完善新机制的意见与建议。

调研涉及了下面5个方面内容：1. 新机制前中小学校公用经费的主要来源，学杂费的主要构成；2. 义务教育经费保障新机制及其实施情况；3. 目前本地区义务教育或学校发展上的主要问题与困难；4. 目前本地区中小学教师的收入与待遇及其保障情况；5. 对新机制后我国中西部地区义务教育或中小学校的改革与发展，教师队伍的建设与稳定，有何意见和政策建议。

朱永新8月20日在呼市海拉尔区调研。呼伦贝尔市教育局领导介绍了市教育事业发展基本情况，对学校取暖、教育补助资金拨付时间、建立教育危房改造长效机制、教师培训资金、绩效工资等工作提出建议。海拉尔区委常委、人民政府副区长李娟介绍了海拉尔区教育事业整体发展概况，着重介绍了教育基础设施建设、教师队伍建设、教育均衡发展等工作。海拉尔区教育局从新机制前中小学校公用经费的主要来源、新机制及其实施情况、目前主要困难、目前本地区中小学教师的收入及待遇保障情况等方面介绍了海拉尔区落实新机制的基本情况。

朱永新认真听取介绍后指出，通过此次调研，调研组一行深入了解了呼伦贝尔市及海拉尔区教育发展情况。他指出，呼市义务教育发展总体健康，政府认识到位，投入到位，在推进教育均衡发展方面做了有益探索。所反映的问题真实、翔实、鲜活，调研组此次获得了大量第一手资料，对新机制后农村义务教育面临的新情况、新问题有了更加全面的了解和更加感性的认识。

朱永新代表调研组对民进内蒙古区委和呼伦贝尔市人大及有关部门的大力支持表示感谢，表示民进中央将在进一步调研后，形成建议，把有关问题反映给中央和有关部门，并提出意见建议。

朱永新在调研期间与民进呼伦贝尔总支会员代表举行座谈。

民进中央教育委员会主任庞丽娟，民进中央教育委员会副主任、北京师范大学国际与比较教育研究所所长项贤明，民进中央教育委员会委员、北京教科院基础教育教学研究中心小学数学教研室主任吴正宪，民进中央教育委员会委员、北京黑芝麻胡同小学校长杜军，民进中央参政议政部负责人参加调研。

内蒙古自治区政协副主席、民进内蒙古自治区委主委郑福田，民进内蒙古区委副主委、民进包头市主委李凤斌，呼伦贝尔市人大常委会副主任宋照明等全程陪同并参与调研。

全国造林绿化现场会在晋城召开
罗富和出席并向山西省颁奖

2009年8月26日，全国造林绿化现场会在山西省长治晋城召开，全国政协副主席、民进中央常务副主席罗富和出席会议并向山西省颁发“全国生态建设突出贡献奖”。全国绿化委员会副主任、国家林业局局长贾治邦出席会议并讲话。省委书记、省人大常委会主任张宝顺出席会议并致辞。省委副书记、省长王君在会上代表山西省作造林绿化工作交流发言。国家林业局副局长李育材主持会议。全国总工会书记处书记李世明，山西省副省长刘维佳，省政协副主席、民进山西省委主委卫小春，省政府秘书长王清宪等出席会议。

罗富和在会议期间就山西省造林绿化等工作进行考察，他同与会代表一起现场参观平顺、壶关等地的造林绿化情况，并看望了著名全国劳动模范申纪兰。在实地参观平顺县西沟林业生态村、壶关县十里岭太行山绿化工程等典型后，罗富和认为，山西省不仅取得了造林绿化的成功经验，更为重要的是全省人民在与恶劣自然条件的不懈抗争中，铸就了锲而不舍、苦干实干，不畏艰难、顽强拼搏，尊重科学、求实创新，艰苦奋斗、无私奉献，万众一心、敢于胜利的宝贵精神，为我国造林绿化事业发展提供了可贵的精神财富。

罗富和指出，造林绿化是发展现代林业、建设生态文明、推动科学发展的一项十分重要的基础性工作，事关国家生态安全和人民群众切身利益，事关经济社会发展全局。各地要认真学习山西造林绿化成功经验，大力弘扬其造林绿化精神，推动全国造林绿化工作再上新台阶。要贯彻落实好胡锦涛总书记关于“种一棵、活一棵、成材一棵”的重要指示，从种苗、造林到抚育、利用的每一环节加强质量管理。要认清造林绿化工作面临的形势和任务，采取更加有效的措施，进一步加快造林绿化步伐，真正兑现胡锦涛总书记向世界作出的庄严承诺，真正建设好事关中华民族生存与发展的两大绿色生态屏障，切实履行好林业肩负的历史使命。

李育材、李世明、刘维佳、卫小春陪同考察。

罗富和在晋期间与民进山西省长治市委领导班子成员举行座谈会，亲切交流，了解长治市民进有关工作情况，通报民进中央近期工作动态。

首届东北亚生态（伊春）论坛召开 严隽琪出席并致辞

2009 年 8 月 28 日，以“森林可持续经营和森林生态建设在东北亚地区的地位与作用”为主题的首届东北亚生态（伊春）论坛在伊春市隆重召开。全国人大常委会副委员长、民进中央主席严隽琪出席并致辞。她首先对论坛的召开表示热烈的祝贺，向远道而来的各国嘉宾、专家学者表示诚挚的欢迎。

严隽琪说，论坛围绕“森林可持续经营和森林生态建设在东北亚地区的地位与作用”这一主题，就相关问题开展深入研讨交流，具有十分重要的意义。森林是人类文明的摇篮，是陆地生态系统的主体，对维持地球生态平衡、提高生态承载力具有决定性作用。人类从森林中走来，永远都离不开森林。经历过农业文明、工业文明的洗礼，面对森林被毁、生态恶化、气候变暖等环境问题，人类已经在自然的惩罚和深刻的反思中觉醒，重视森林，保护森林生态、实现可持续发展已成为全人类的共同愿望，在国际社会形成了广泛共识。本次论坛的举办地伊春市就是其中的一个典范。近几年来，伊春先后做出了停伐天然红松林、黄菠萝、水曲柳等珍贵树种，保护林蛙、笃斯越橘等标志性物种的一系列举措，并在全国率先启动实施了国有林区林权制度改革试点，提议承办和举办了森林生态保护国际论坛、保护红松国际研讨会等学术交流活动，在全国起到了引领和示范作用，也获得了国际社会的高度赞誉。加强森林生态保护与建设，不仅是一个实践课题，也是一个关联广泛的科学命题，它和经济、社会、文化等都密切相关，有很多方面需要我们深入探讨和交流。每两年举办一次的东北亚生态（伊春）论坛，为我们提供了一个很好的研究、交流与合作的平台。希望参加论坛的各位嘉宾畅所欲言，各抒己见，形成更多的有益成果，为指导森林生态保护实践，促进东北亚地区森林生态建设与合作作出应有的贡献。

本届论坛以胡锦涛总书记视察黑龙江时关于生态文明建设的指示和温家宝总理在中央林业工作会议上讲话为指导，以倡导森林生态理念和森林科学发展、和谐发展理念，宣传森林生态在现代社会中的重要地位和作用，交流森林生态保护经验，促进人们爱护森林生态环境，合理开发利用森林生态资源，推进东北亚乃至全世界的森林生态建设水平的不断提升为宗旨。

论坛由黑龙江省人民政府和国家林业局主办，由国家林业局经济发展研究中心、国家林业局对外合作项目中心、国家林业局森林资源管理司、黑龙江省林业厅、黑龙江省森工总局、伊春市人民政府承办，由全国政协人口资源环境委员会、中国生态文化协会、中国林业科学研究院、东北林业大学协办。

中共黑龙江省委副书记杜宇新、联合国环境规划署驻华代表等在开幕式上分别致辞。论坛进行了学术交流，宣读并通过首届东北亚生态（伊春）论坛共识。

新华社、《人民日报》、中央电视台、中央人民广播电台、《光明日报》、《经济日报》、《香港大公报》、《香港文汇报》、《中国信息报》、《中国企业报》、《中国绿色时报》、《林业经济》、《绿色中国》、新华网、黑龙江省电视台、东北网等20多家媒体记者采访本届论坛，新华网黑龙江频道对本届论坛全程直播。

27日晚，随着一架从北京飞往伊春的空客A320飞机满载乘客平稳降落，伊春林都机场首航取得圆满成功。该机场通航后，将会对伊春林区经济的发展起到重要推动作用。该机场是黑龙江省开通的第七个机场。严隽琪宣布伊春林都机场开航。黑龙江省人民政府省长栗战书发来贺信。国家发改委、国家能源局、中共黑龙江省委、沈阳军区空军、国家林业局有关领导出席伊春林都机场首航庆典仪式。

严隽琪在伊春期间会见了民进伊春市委领导班子成员并座谈。

民进中央“彩虹行动”启动暨签约捐赠仪式在金沙举行 严隽琪讲话，朱永新主持

2009年9月5日，民进中央“彩虹行动”启动暨签约捐赠仪式上午在贵州省毕节试验区金沙县第一中学隆重举行，支援毕节教育计划全面实施。全国人大常委会副委员长、民进中央主席严隽琪出席并讲话。民进中央副主席朱永新主持仪式。教育部发展规划司副司长陈锋，贵州省人大常委会副主任顾久，贵州省政协副主席、民进贵州省委主委左定超，中共毕节地委书记秦如培，中共金沙县委书记赵牧等为启动仪式剪彩。

中共中央近期对统一战线继续参与毕节试验区建设提出希望和要求。通过与试验区特别是金沙县共同探讨，民进中央决定从党派自身特色出发，充分发挥民进教育资源优势，帮助试验区、金沙县加强教师队伍建设，促进教育公平，努力打造人民满意的教育。这项工作命名为“彩虹行动”。

严隽琪在讲话中指出，民进中央“彩虹行动”启动仪式的隆重举行，意味着民进积极参与毕节试验区建设，与试验区人民携起手来，共同建设科学发展与多党合作示范区。毕节试验区的实践是科学发展的重要源头，在历经20余年后，毕节试验区又站在了一个新的起点上。教育是振兴民族的基石，具有十分重要的战略地位，关注教育，支持教育，发展教育，就是为科学的、可持续的发展提供保障。试验区特别是金沙县目前师资力量相对薄弱，学校管理与教学水平有待提高，这对毕节落实试验区建设“三大主题”有着直接影响。“彩虹行动”旨在支援试验区加强教师队伍建设，加强教师专业化发展，提高学校管理水平。“彩虹行动”是一种新的合作方式，今天的启动仪式只是一个开始，重要的是务求实效，善于总结经验，根据发展形势和需要，不断完善教育工作的体制与机制。

顾久代表贵州省人大常委会对此次活动的启动表示热烈祝贺。他说，这体现了民进的爱心和社会责任感。秦如培在致辞中向民进中央对毕节地区教育事业的关心，向捐赠与支持试验区教育事业发展的各位企业家和各界人士表示感谢。他说，“彩虹行动”将大大提高金沙县教育事业发展速度与水平，金沙县应当牢牢抓住这一大好机遇，努力发展教育事业，使之推动试验区又好又快地发展。

民进北京、上海、天津市委，民进山东、江苏、浙江省委等6个省级民进组织在启动仪式上，分别与金沙县教育局及对口支援乡镇签订了对口支援协议。经过积极联络，深圳职业技术学院与毕节职业技术学院签署了合作办学协议，汇思集团与金沙县人劳局签署劳动力战略合作协议。钱江实业有限公司向“彩虹行动”计划捐赠100万元，作为启动资金；北京特智诚科技有限公司向“彩虹行动”计划捐赠15万元；杭州师范大学附属小博士艺术幼儿园向“彩虹行动”计划捐赠10万元，用于培训金沙县幼儿教师。

启动仪式上举行捐赠活动。北京京鸿疆科技发展有限公司向金沙一中捐赠远程卫星教育设备；北京神墨教育机构捐赠15万元，将建设高坪乡完小综合楼；源宏集团、中国红十字基金会西部女性阳光基金向

金沙中医院捐赠一套价值20万元的宫颈癌筛查仪；上海亚能生物科技有限公司向金沙县人民医院捐赠价值5万元的“快速诊断CRP”。

参加启动仪式的还有民进中央社会服务部、民进贵州省委负责人，贵州省、地、县有关负责同志和金沙县全体学校校长。

严隽琪在仪式结束后到金沙县城关镇薅寨村参观了生态文明家园建设试点工作，了解远程教育终端站点、农村沼气池建设以及房屋综合改造和配套设施的相关情况。

应民进中央邀请，成都武侯试验中学校长李镇西、翔宇教育集团总校长卢志文、深圳中学校长王铮等知名校长为金沙县近500位学校校长分别作了题为“做幸福的教师”、“校长的管理哲学与实践智慧”、“课程建设与学生发展”的讲座，这是“彩虹行动”启动后开展的第一次对金沙县校长的全员培训。讲座生动精彩，反响热烈，深受欢迎。

严隽琪于9月4日下午在金沙县驻地亲切会见前来参加“彩虹行动”启动仪式的民进组织负责人、民进企业家和授课校长。她说，社会服务不是可有可无的，而是必须开展的，对于民主党派了解国情民意、提高参政议政能力、实践社会主义核心价值体系具有积极作用和意义；社会服务工作要有活力才能有凝聚力。

严隽琪指出，参与毕节试验区建设是民进社会服务工作重中之重，不仅是职责所在，也是促进自身建设、服务社会的需要；实施“彩虹行动”的过程是学习调研的过程、宣传组织的过程，也是民进组织奉献与实践的过程，能够充分体现民进界别特色和优势，调动地方组织积极性，形成合力。开展好“彩虹行动”要明确目标定位，满怀热情，精心组织，保证质量；要以服务对象需求为出发点，以收到实效为落脚点，及时总结，与时俱进。

民进中央毕节职业教育调研暨教师节座谈会在金沙举行
严隽琪、朱永新出席并视察民进贵州省委

2009年9月5日，适值第25个教师节前夕，全国人大常委会副委员长、民进中央主席严隽琪来到金沙第二职业中学，参加在这里举行的“民进中央毕节职业教育调研暨教师节座谈会”，与金沙县优秀教师代表亲切座谈。贵州省人大常委会副主任顾久主持座谈会。民进中央副主席朱永新，贵州省政协副主席、民进贵州省委主委左定超出席座谈会。

座谈会上，中共毕节地委书记秦如培针对今年元月至8月毕节试验区的经济社会发展状况、教育工作开展情况、贯彻胡锦涛总书记等中央领导同志重要批示和中央统战部“4·14”会议精神情况以及下一步的工作打算作了汇报。金沙县县长韩平汇报了金沙上半年工作情况、金沙县贯彻落实“4·14”会议精神及中央领导批示的情况、金沙县职业教育工作情况。

严隽琪认真听取汇报，对毕节试验区以及金沙教育目前取得的成就和前景感到欣慰，表示将会持续关注毕节试验区教育发展。她说，要高度重视社会、人和教育的发展，“彩虹行动”孕育着新的希望，将把试验区的教育水平提到一个更高的层次，为试验区可持续发展切实提供智力保障。民进中央及相关部门也将在毕节试验区继续奉献其爱心、诚心和事业心。

严隽琪在座谈会上向金沙县12名优秀教师代表赠送纪念品并通过他们向试验区广大教育工作者表示节日的祝贺和诚挚的问候。民进中央研究室、社会服务部负责人和贵州省、毕节地区、金沙县有关负责同志参加座谈会。

严隽琪、朱永新9月6日视察民进贵州省委，会见民进贵州省委领导和干部职工并座谈。贵州省政协

副主席、民进贵州省委主委左定超，民进贵州省委副主委谢彬如、夏勇军、张才凤、郭子仪、周世立，秘书长向建军参加会见和座谈。中共中央统战部，贵州省人大常委会，民进中央社会服务部、研究室有关负责人也参加了会见和座谈。

经过 3 年努力，贵州省民主党派办公大楼已经修建完工，民进贵州省委搬进新办公大楼，民进贵州省委办公面积达 1700 平方米。

严隽琪在座谈会上说，听说民进贵州省委搬了新的办公大楼，所以一定要来看看。据我了解，有些党派连单独的会议室都很紧张、而这里不仅有大会议室、中会议室，还有小会议室，办公条件有了根本的改变，这体现了中共贵州省委对民主党派工作的重视。民进中央换届以后，面临着新形势、新任务、新挑战，但是无论人事怎么变更，政治立场不能变。现在是多元的社会，政治的发展受到各种思想的影响，这是我们始终面临的一个历史课题。怎么样能坚持立场、坚持道路、坚持旗帜，这是我们进步性的最根本问题。当然我们还有一个广泛性，怎么样团结好我们的会员和我们所代表的那部分群众。所以我们第一年是以政治交接作为重点，经过一年努力，各方面都取得了很显著的成绩。今年是组织建设为重点，要抓领导班子的建设。领导班子的精神状况、能力水平实际上决定了这个组织的精神状况和工作水平。中央除了完善领导班子建设制度以外，还进行了会内监督机制的试点。我们从中央先做起，成立了中央监督委员会，把比较容易着手和看得到的制度建设作为第一步监督的内容，当然这样的做法还只是开始，监督的内容还要进一步扩大，监督方式还需进一步改善，另外我们也希望逐步影响到我们的各个省级组织。

严隽琪说，民进作为一个参政党，怎样履行职能，这方面的要求是很高的，需要我们不断提高履行参政议政的能力和水平。现在中国共产党非常重视多党合作，很希望我们提出一些真知灼见和可操作的一些建议，能够有效的进行民主监督。如果我们不进行深入的调研和深刻的思考，很难提出有水平的建议。我们要做高素质的参政党，必须要有高素质的领导核心，还要有高素质的会员，要有社会影响力的会员，我们自己要有所作为。中央今年开了思想建设和组织建设两个重要会议，会后要把会议的精神传达到基层组织，传达到会员当中，结合当地的实际和贵州的实际情况来落实。我们也希望贵州在落实中央的这两个会议的过程中创造经验、创造成绩。

严隽琪说，毕节试验区是科学发展观的发源地之一，是中国唯一的一个通过多党合作的形式推动中国特色社会主义建设、推动一个地区的经济建设的范例。民进中央非常重视试验区工作，20 年来一直积极参与这个工作。新的 20 年怎么做，我们讨论了很多次，其中有一个重要的原则就是还要发挥我们党派的特点和优势，地方要互动、要形成全会的合力。这次我们启动“彩虹行动”，就是架了一个桥梁，雨过天晴也孕育着希望，希望搭一个平台支援毕节地区。我认为社会服务对毕节的参与绝对不是单方面的付出，我们在服务社会的同时，实际上也是服务会员的过程，也是我们组织自身建设的必须，所以我们对社会服务的认识还要进一步的深化和提高。为什么参加民主党派，参加民主党派，他有一个自身价值的体现，有一个组织的归属感，有一个学习提高的机会。如果他参加了组织，我们不给他多一个尽力机会，不给他价值的体现，不给他一个活动的机会、学习的机会，那他参加民进干什么？因此要让我们每个会员都有参加社会服务的机会。这次的“彩虹行动”启动仪式，实际是对我们的一个挑战。我们的进步性究竟有多进步，广泛性有多广泛，我们的组织工作能力有多大，组织能力有多强，这实际是对我们挑战，是对我们的一个历练。在服务科学发展的同时，也服务了我们自身的科学发展。我们希望有这样认识，以后就不是说毕节需要我们、贫困的人群需要我们，是我们需要他们，就更主动。参加了这个“彩虹行动”，我还是很有感触的，对民进贵州省委我们提出了厚望，因为毕节就在贵州。民进贵州省委很积极，其实在这之前就为毕节地区做了很多工作。开展“彩虹行动”，不是说把原来的工作放到一边去，而是把原来的工作和现在参加的工作凝聚在一起，共同打造这个七色彩桥。我们是以教育支持为主，这个的确是我们的特色，但是根据当地的需要，根据毕节的需要，我们能够做什么就做什么，同时尽量把毕节当地的负担降到最低。民进的传统是老实，真正的做实事、求实效，我们不搞形式主义，也不追求一时一事的新闻报道，我们追求的是人心，毕节的人心，认可我们的中国民主促进会。

上海世博会福建专题论坛在厦门举行
严隽琪作主旨演讲

2009年9月7日，以“海西城市发展与合作”为主题的上海世博会福建专题论坛上午在厦门国际会展中心举行。全国人大常委会副委员长、民进中央主席严隽琪应福建省人民政府的邀请在论坛作主旨演讲。她说，本次论坛与九八投洽会交相呼应、战略合作，无疑为海西20个城市的合作发展提供了一个良好的契机。

严隽琪指出，坚持发展组团式城市群，建立城市联动发展战略联盟，是建立我国新一轮财富增长与聚集战略平台的必然选择。海峡西岸与东岸在生产要素、发展阶段上具有很强的互补性，海峡西岸具有的独特“五缘”优势，必然成为接纳海峡东岸产业转移最方便的地方。海峡西岸经济区的崛起，将成为推动中国沿海区域经济进一步发展的重要支点，海西20个城市一体化发展的趋势不可逆转。

严隽琪对福建及海西其他城市的发展与合作提出三点希望：第一，思想上形成共识，加强合作。抓住国家继续鼓励东部地区率先发展、支持海峡西岸经济发展的重大历史机遇，不断深化海西20个城市在社会经济领域的战略合作与联盟，以更开放的心态、更和谐的思维，与长三角、珠三角建立一种更为密切的互动关系，实现中国东部地区经济板块的协调发展、共同富裕，实现海峡城市群联动发展、共同繁荣。第二，行动上形成合力，加强协作。从建立机制开始，发挥机制作用；从政府主导开始，发挥政府力量；从基础设施等容易合作的领域项目开始，构建战略合作联盟，促进20个城市之间资源、要素无障碍自由流动。第三，合作上形成声势，加强运作。建议利用海峡西岸经济区内举办的大型展会、论坛等平台，共同推动建立包括海西20个城市市长论坛、海西20个城市行业协会合作联盟、海西20个城市市长与企业家对话会议以及政府各部门等的多个层次对口协商制度，推动建立多层次、多领域的合作形式。

上海世博会福建专题论坛由上海世博会执委会、福建省人民政府联合主办，是世博论坛第一次举行跨区域主旨论坛，也是本届投洽会的配套活动。福建省市领导，海西地理范围内的20个城市市长或市长代表，台湾工商界代表等参加论坛。

严隽琪在厦期间，会见了省委书记卢展工、省长黄小晶、省政协主席梁绮萍、省人大常委会副主任刘德章、郑道溪等，并召开了由民进福建省委、民进厦门市委领导班子及部分经济界会员参加的座谈会。

庆祝教师节暨第二届中国教师发展论坛在京举行
严隽琪讲话，罗富和、朱永新出席，刘新成主持开幕式

2009年9月8日，民进中央与首都师范大学举办庆祝教师节暨第二届中国教师发展论坛，围绕“科学发展观和教师队伍建设”主题展开研讨。全国人大常委会副委员长、民进中央主席严隽琪，全国政协副主席、民进中央常务副主席罗富和，民进中央副主席、中国教育学会副会长朱永新出席会议。论坛开幕式由民进中央副主席、民进北京市委主委、首都师范大学校长刘新成主持。

严隽琪在讲话中代表民进中央，向辛勤耕耘在教育战线上的广大教育工作者和民进广大教师会员致以节日的祝贺和诚挚的问候。她说，60年来，中国的教育事业与祖国共命运，实现了大变革、大发展和大

跨越；60 年来，民进的教师会员和全国的广大教育工作者一起，自觉贯彻党的教育方针，在教书育人的岗位上勤奋工作、无私奉献，为我国教育事业发展和推进社会主义现代化建设作出了重要贡献。

严隽琪指出，改革开放以来，民进始终坚持“围绕中心，服务大局”，围绕着国家在教育事业发展中采取的一系列重大举措和不同时期的工作重点积极建言献策，自觉主动地履行参政党职能。在推动教育立法、促进教育改革、提高教育质量、加强教师队伍建设等多方面所提建议，多数都得到了党和政府的高度重视和采纳。

严隽琪曾是上海交大教师，对教育事业和教师职业，有着一份特殊的情感。她强调，建设一支与时代发展相适应的高素质教师队伍，既是落实教育优先发展战略地位的核心要求，也是全面推进素质教育、促进教育公平的关键所在。民进愿意在这些方面继续深入调研，为推进我国教育事业发展和教师队伍建设献计出力。她勉励广大民进教师会员认真学习温家宝总理 9 月 4 日与北京 35 中学教师座谈时的重要讲话，更好地履行自己的责任和使命。希望首师大师范专业学生，不断提高自己的学识和修养，为将来从事教师这一职业打下坚实的知识和品德修养基础。

民进中央教育委员会主任、北京师范大学教授庞丽娟代表民进中央教育委员会发言。她说，教育发展的核心是质量的提高，教育发展的重点在于内涵的发展，这些都与教师队伍建设密切相关。在新时期、新形势和新的起点，国家隆重庆祝教师节，不仅仅体现了党和国家对教师、教育的重视，更多的是借此使教育工作者在国家和社会的关怀与勉励中，进一步增强责任感和使命感。作为新时期多党合作基本格局中的参政党，民进要更为理性和自觉地为我国教育事业的改革与发展，为国家教育政策法规的完善，为更进一步促进我国教师队伍建设献计出力，作出应有的贡献。

首都师范大学党委书记张雪介绍了首都师范大学的校情和师范生培养情况。她认为，百年大计、教育为本，教育大计、教师为本，教师大计、教师教育为本。在深入学习实践科学发展观，把科学发展观内化为办学观的关键时期，探讨如何运用科学发展观来指导教师队伍建设，对推动学校科学发展、提升教育质量具有重要的意义。她祝愿论坛收获丰硕的成果，并表示首都师范大学愿与民进一道为教育事业的发展作出积极贡献。

首都师范大学校长助理、教育科学学院院长孟繁华强调必须扎扎实实推进教师专业化，认为师范教育可以兴邦，培养高质量的专业化教师是当前教师教育的首要目标。当前我们必须准确判断教师教育的新形势，明确教师教育面临的新任务，不失时机地推进教师教育改革创新；必须改变单纯传授知识的现状，转而关注教育发展和实践过程，凸显教师的专业性、实践性和创造性。

民进教师会员代表、北京教科院基础教育研究中心小学数学教研室主任吴正宪，介绍了她多年教书育人以及做教研员工作的经验和体会，特别是她在教学规律与教学方法探索中的心路历程。

尹垠同学代表首都师范大学全体学子祝老师们节日快乐，并表示要勤于学习、敏于思考，善于实践、乐于反思，秉承求真务实的精神，怀揣使命感和奉献意识，将来做一名合格的教育工作者。

开幕式后，与会嘉宾考察了首都师范大学历史博物馆、书法博物馆和三维信息实验室。

下午，在论坛研讨中，与会同志围绕教师队伍稳定和吸引优秀人才从教研究，教师培养体制改革和培养内容、模式、方法改革研究，教师教育机构资质、准入和考核制度研究，公费师范生教师制度研究，教育院校结构布局调整研究等议题，进行了深入交流和研讨。

教育部基础教育一司副司长杨念鲁，首都师范大学党委副书记林蓉蓉，民进中央挂职副秘书长、民进北京市委副主委吴文彦，民进中央教育委员会、民进北京市委教育委员会部分委员，民进中央部门负责人，首都师范大学师范专业部分师生等近 200 人参加论坛开幕式。

民进中央纪念《民主》杂志创刊20周年座谈会在京召开

2009年9月9日，民进中央纪念《民主》杂志创刊20周年座谈会在京召开。全国政协副主席、民进中央常务副主席罗富和，民进中央副主席、民主杂志社社长王佐书，民进中央副主席朱永新，民进中央原副主席、《民主》杂志社原社长楚庄出席会议。

罗富和代表民进中央和严隽琪主席祝贺《民主》杂志创刊20周年。他在讲话中说，《民主》杂志是宣传统战理论方针政策的重要喉舌，展示民进会员精神风貌的重要窗口，增强我会凝聚力和影响力的重要桥梁纽带。当前，民主党派发展面临着新的历史机遇，同时也面临更为复杂的环境和诸多的新课题。《民主》杂志作为民进重要的舆论宣传阵地，需要做到以下几点：

一是要继续坚持正确的舆论导向。《民主》杂志要坚持以科学理论为指导，牢牢把握舆论导向，积极引导广大会员自觉坚定地接受中国共产党的领导，走中国特色社会主义道路，特别是中国特色政治发展道路毫不动摇。

二是要坚持促进中国特色社会主义民主政治的发展。民进要始终围绕促进多党合作事业的发展和社会主义民主政治建设，不断加强自身建设，积极履行参政党职能。中国特色社会主义政治发展道路、多党合作制度以及协商民主的实践和经验，值得认真总结，并加以深化和完善，促进中国特色社会主义民主发展模式在好的传统上有新的发展。

三是坚持“以会员为本”的特色。11万会员是《民主》杂志的基本读者群，广大会员中有许多值得宣传的闪光亮点，《民主》杂志要加大宣传力度，增强民进组织对会员的亲和力、感染力和影响力，力求指导性和可读性的完整统一。

四是要坚持开拓创新。当前互联网逐渐成为传播、学习、交流信息的重要平台，报刊杂志等传统媒体的发展面临着新课题。杂志要注意与网络媒体结合，不断提高宣传效果。

五是要加强队伍建设。多年来，《民主》杂志的领导同志和采编人员，为杂志的发展付出了辛勤的工作，作出了积极贡献。会中央将继续支持杂志社加强编辑队伍建设，为《民主》杂志进一步发挥作用创造更好的基础条件。

罗富和指出，当前，国家正在进行出版体制改革，党派期刊面临着新的形势和新的要求。希望《民主》杂志以创刊20周年为新的起点，继续做好各方面的工作，把杂志办得越来越好。

王佐书深情回顾了《民主》杂志创刊20年来的历程。他说，《民主》杂志创刊以来，始终坚持以邓小平理论、“三个代表”重要思想为指导，深入学习贯彻科学发展观，坚持“立足民进，面向社会，服务统战”的办刊宗旨，贯彻国家的新闻出版方针，为把民进建设成为高素质的参政党，充分履行职能、发挥作用提供了有力的思想保证、精神动力和舆论支持。他总结了20年来《民主》杂志工作的几点做法与体会：

第一，始终坚持围绕中心和大局办刊。20年来，《民主》杂志做到了与中共中央一个时期的宣传重点和广大会员关注的热点相一致，与我会思想理论建设一个时期的重点和难点问题相一致，与民进中央一个时期的工作中心和重点工作相一致。

第二，坚持突出特色、面向社会办刊。20年来，《民主》杂志减少会务性，努力从内容和表达方式上提高社会性，发挥民进的界别优势，突出文化教育特色，精心打造杂文品牌，体现党派民主监督功能。

第三，坚持体现服务、开门办刊。20年来，《民主》杂志主动服务联合地方组织办刊，深入基层采访，推出先进典型，开门求教，提高办刊质量，艰苦奋斗、勤俭办刊。

中共中央统战部宣传办副主任贺劲松发言，向《民主》杂志创刊20周年表示热烈祝贺。他说，《民主》杂志自1989年创刊至今，取得了显著的政治效应、社会效应。20年来，《民主》杂志紧紧围绕党和国家的工作大局，坚持正确的舆论导向，为发扬社会主义民主政治，建设社会主义政治文明作出了突出的贡献，得到了各界人士的高度评价。他指出，进入新世纪，在国务院出台《关于深化文化体制改革的若干意见》的大背景下，《民主》杂志作为宣传我国多党合作、统一战线的重要阵地，相信一定会抓住机遇，坚持以邓小平理论、"三个代表"重要思想为指导，深入贯彻科学发展观，以创刊20年为新起点，进一步贴近实际、贴近群众、贴近生活，增强刊物的指导性、针对性和可读性，为开创新世纪、新阶段统一战线和多党合作的新局面作出新的贡献。

新闻出版总署报刊司为《民主》杂志创刊20周年发来贺信。贺信说，《民主》杂志创刊以来，始终坚持正确的舆论导向，认真贯彻新闻出版方针政策，弘扬主旋律和优秀文化，在宣传民进履行职能和自身建设取得的经验成绩，宣传共产党领导的多党合作和政治协商制度方面作出了积极贡献。希望《民主》杂志以创刊20周年为契机，深入贯彻落实党的十七大精神，牢固树立科学发展观，发挥优势、开拓创新，深化改革、加快发展，不断提高办刊质量和管理水平，增强市场观念和竞争意识，为构建和谐社会发挥更大作用。

农工党中央宣传部部长石光树代表兄弟党派中央宣传部致辞，祝贺《民主》杂志创刊20周年。

楚庄以及《民主》杂志社的老同志在发言中回顾了杂志创刊的背景、意义和作用。兄弟党派中央宣传部门负责人、统战系统期刊的领导同志、作者代表、读者代表在座谈会上先后发言，充分肯定《民主》杂志20年来取得的工作成绩，同时提出进一步发展的中肯意见，表现出对《民主》杂志深厚的感情与始终的关注。

出席会议的还有中共中央统战部一局副局长孙凌雁，中央统战部宣传办副主任高飞，各兄弟党派中央宣传部负责人，统战系统各期刊的领导同志，民进中央有关部门负责人。会议由民进中央宣传部负责人主持。

严隽琪、朱永新考察北京书生公司

2009年9月10日，全国人大常委会副委员长、民进中央主席严隽琪，民进中央副主席朱永新，上午来到由民进会员王东临创办的北京书生公司考察并座谈。王东临汇报了书生公司的总体情况、创办历程、研发软件和企业理念、企业文化。同时，反映了目前软件研发和自主创新过程中的一些问题和困难。如，国家推动力度尚且不够，对核心技术的研发投入不够，缺乏明确的政策导向，国内存在恶性竞争等等。他希望民进组织能够帮助民营企业就上述问题给予呼吁，争取国家在政府采购过程中统一标准，并将科研经费单独列项支持相关产品；同时，政府可以出面协调国内产业协调发展。

严隽琪专心听取汇报并不时插话，与大家讨论。她说，书生公司在汶川大地震后捐款捐物，奉献爱心，特别是前段时间在民进中央举办的地震灾区学校校长暑期培训班上，书生公司还捐赠了价值20万元的数字图书，体现了一个企业应有的社会公益心和责任感，民进中央对此表示衷心感谢。

严隽琪说，王东临董事长是民进会员，民进理应关心每一位会员的生活和工作，关心大家所在企业的生存状态，从大家的反馈中，民进还可以获得社情民意，作为参政议政的素材。

严隽琪作为国家"863计划"专家组成员，对书生公司取得如此多的成绩，并且有很高的企业发展追求，感到非常振奋。她认为，改革往往都是越深入越困难，国家现在对企业自主创新和自主研发十分重视和支持，但由于新旧制度、新旧体制之间存在一些矛盾，加之利益群体之间固有格局的存在，会使改革的推进存在阻力。改革如同车子转弯，转不好就要翻车，所以既要改，也要平稳推进。作为国家，要充分尊重企业家的创新精神；作为企业家，要无私无畏、不怕失败。民进一定会关注民营企业的生存和发展状态，希望有实实在在的措施可以帮助民营企业获得科研经费的支持和相关制度的保障。

严隽琪参观了书生公司的办公区，并与工作人员亲切交谈。

民进中央挂职副秘书长、民进北京市委副主委吴文彦，民进中央社会服务部负责人陪同参观考察。

民进中央祝贺雷洁琼104岁寿辰

2009年9月12日，民进中央原名誉主席雷洁琼104岁寿辰。上午10点，全国人大常委会副委员长、民进中央主席严隽琪，全国政协副主席、民进中央常务副主席罗富和，民进中央副主席、民进北京市委主委刘新成，民进中央副主席朱永新，一同来到敬爱的雷老家，代表中国民主促进会向雷老祝贺生日。

北京的秋天风轻云淡，明媚的阳光洒进雷老的卧室，使面色红润的雷老脸庞更富光泽。

严隽琪拉着雷老的手说："雷老，我们来看您了，祝您生日快乐！快到国庆和中秋节了，也祝您节日快乐！看到您这么有精神，我们特别开心，您的健康就是我们民进全会最大的福分！"

罗富和俯下身在雷老耳边，用广东话说："雷老，您的家乡台山已经在7月29日成立民进支部了，现在工作开展得很顺利，您放心！"

刘新成说："雷老，民进北京市委祝您长寿！"

雷老听到大家的问候，微微点头，眼神中流露出无限的欣慰。

今年是中华人民共和国建立60周年，是中国共产党领导的多党合作制度确立60周年。60年前，雷老作为参加第一届政协会议的正式代表，在天安门城楼上参加开国大典，亲历新中国的建立。雷老14岁开始求真理、求救国，从未停止，全部身心投入到中国的解放和建设事业之中。她既是国家领导人，也是教育家、社会学家；既是国务活动家，也是社会活动家。她曾经担任民进中央主席、名誉主席，还担任许多社会团体的领导职务。雷老在83岁高龄时当选为全国人大常委会副委员长，一直工作到93岁，她以超出常人的精力和热情成为活跃在中国政治舞台上的知名民主人士。

雷老是民进的创始人之一，民进的很多老会员都是雷老亲自发展入会的。她对民进的情、对会员的爱，浸润在民进光辉的历史中，流淌在每个会员的心坎里。在雷老和民进一代又一代领导人的努力下，民进从全国解放前夕只有会员100人左右，经过60年的发展，现已在全国有29个省级组织，会员11.2万余人。

严隽琪在雷老耳畔说："雷老，您是我们民进政治交接的重要感召力量。现在民进的年轻会员，包括民进机关的年轻人，都特别崇敬您，我们会把您的精神和品德传承下去！"

严隽琪又转身对雷老身边的工作人员说："谢谢你们这么细心照顾雷老，大家也要注意身体。有你们照顾雷老，我们都特别放心！"

雷老的卧室摆放着她的许多照片，年轻时的雷老神采奕奕，满头银丝的雷老从容淡定。每年的9月12日，德高望重的雷老都会收到格外多的祝福。花篮、贺卡摆满了雷老家的客厅。每一朵鲜花、每一张贺卡都饱含着中共中央和国家领导人、社会各界以及民进全会对雷老的尊重、敬仰与爱戴。

民进中央秘书长赵光华，办公厅、宣传部负责人陪同看望。

《合作与奉献——毕节试验区专家顾问组 20 年》出版座谈会在京举行

2009 年 9 月 14 日，《合作与奉献——毕节试验区专家顾问组 20 年》出版座谈会在民革中央举行。为了总结毕节试验区成立以来专家顾问组多党合作、践行科学发展观和无私奉献的经验，促进今后的合作和毕节试验区的发展，顾问组特邀《求是》杂志社包俊洪博士撰写了《合作与奉献——毕节试验区专家顾问组 20 年》一书。该书由全国人大常委会副委员长、民革中央主席周铁农作序，中央编译出版社出版发行。出席座谈会的有周铁农，民革中央副主席何丕洁，民进中央副主席朱永新，致公党中央副主席李卓彬，全国工商联副主席孙安民，中共中央统战部办公厅副主任申占华，顾问组常务副组长常近时，《求是》杂志社评论部主任吕虹。座谈会由顾问组副组长、民革中央原副主席胡敏主持。

1989 年 9 月，根据“毕节地区开发扶贫生态建设试验区”建立的需要，按照胡锦涛同志在毕节开发扶贫、生态建设试验区成立大会上的讲话精神，由中央统战部、国家民委、各民主党派中央、全国工商联正式组建成立“支援贵州毕节试验区规划实施顾问组”。顾问组受聘于贵州省毕节地区行署，职责是紧紧围绕毕节试验区的建设与发展，着眼于“开发扶贫、生态建设、人口控制”三大主题，出思路、跑联络、搞协调，全方位开展专家咨询服务工作。《合作与奉献》主要介绍了毕节试验区创建的历史背景、顾问组的组建与工作历程以及对常近时教授、秦如培书记的访谈录，并总结了顾问组 20 年来的大事记。

出席座谈会的还有中央统战部、各民主党派中央、全国工商联社会服务工作负责人，顾问组部分成员，中共贵州省委统战部、毕节地委统战部负责同志。

2009 年海峡两岸基础教育论坛在南京召开

2009 年 9 月 18 日至 19 日，2009 年海峡两岸基础教育论坛在南京召开。

9 月 17 日、18 日，全国人大常委会副委员长、民进中央主席严隽琪在南京会见了出席 2009 年海峡两岸基础教育论坛的部分省区市和台湾、香港地区中学名校校长、教育官员和教研机构的代表，并与他们亲切交谈、合影留念。全国政协副主席、民进中央常务副主席罗富和，海峡两岸关系协会会长陈云林，民进中央副主席、中国教育协会副会长朱永新，江苏省人大常委会副主任李全林，江苏省政协副主席、民进江苏省委主委陈凌孚参加会见与座谈。

严隽琪代表民进中央热诚欢迎全国各地与会嘉宾，特别是来自祖国宝岛和香港特区的中学名校校长和教育界官员及专家。她愉快地回忆了 1992 年自己首次赴台进行科技交流的情况后说，实现中华民族的伟大复兴，教育为本、教师为先。教育兴、人才兴、国家兴、民族兴，这是中小学教师占会员总数 70% 左右，拥有一批名师、名校长的中国民主促进会成立 60 多年来始终不渝的追求。此次论坛以“教师专业发展”为主题，促进海峡两岸基础教育领域的交流合作与共同发展，“小题目”可以做“大文章”。台湾、香港地区的基础教育工作者、管理者和研究者有很多宝贵经验和研究成果，值得大陆基础教育界进一步了解，相互学习和借鉴。我们相信，通过两岸三地教育界同仁的深入交流和研讨，此次论坛一定会取得具体实在的收获和效果。

陈云林回应了在座的台、港教育界人士对进一步扩大海峡两岸学校和师生间交流的期望，指出近年来大陆方面不断扩大两岸教育领域交流的规模，如邀请台湾学生来大陆参加夏令营、冬令营，每年最高人数达4000人。他充分肯定此次论坛在南京举办的意义，对大陆和台湾、香港地区教育界人士为弘扬中华优秀文化传统，促进祖国和平统一大业作出的积极努力给予高度评价。

台北市教育局副局长林腾蛟说，参加本届海峡两岸基础教育论坛，行前专门做了准备，很愿意与大陆教育界同仁交流对“教师专业发展”的思考和心得。大陆与台湾同根同源，在教育的发展创新中面临很多共同的问题，我希望能在教育的政策与实践两方面进行交流切磋。

台北市立大理高级中学校长谢念慈说，每一次来大陆，无论是学习还是参观，都非常期待。走出台湾岛，对我们最亲的地方就是大陆，让我们有宾至如归的感觉，照顾得比在自己家里还要好。“大恩不言谢”，我们要把这份情感记在心里、带回学校，让台湾的下一代更能了解中华民族优秀的文化传统，以及中国人在世界上需要扮演的角色。

台湾建国中学校长蔡炳坤说，目前两岸的教育文化交流非常密切，以我校为例，一年至少要接待10批来自北京、上海等地的赴台参观考察团队。我们希望这种交流不仅限于这两个大城市，南京这样历史文化积淀深厚、教育发展领先的城市也应在交流之列。因此应创造更多机会，两岸学校、教师和学生之间的交流互访还需要进一步扩大。

香港国民教育中心总监吕如意博士说，改革开放30年来，中国的硬实力已走进世界舞台，而在国际舞台上再发展，软实力是一个重要标志。现在全世界越来越多的人学习汉语，学习中华文化。中国要为世界作出更大贡献，中华教育责无旁贷，校长是重中之重。目前香港和内地在教育方面有很多交流，我们愿意把香港的情况介绍给大家，与内地、台湾的同仁一起为培养我们国家未来的栋梁而努力。

台北县立尖山国中校长刘淑芳说，我父亲是青岛人，公公是湖北人，我是第一次来南京，心情非常激动。希望两岸三地教育界的朋友们借助这样一种学术交流平台，提升教师和教育的水平，让中华文化培养出来的学生在世界上发光发热。

新疆乌鲁木齐市70中校长李志贵说，新疆的基础教育事业在自治区党委和政府的领导下，在全国各地的支援下，有了很大的发展。能参加这次论坛，向兄弟省区市和台湾、香港地区的名校名师学习，机会非常难得。我要把他们的经验带回去，办好自己的学校，更好地服务于新疆的民族团结和经济社会发展。

南京师大附中校长王占宝、台湾忠信学校校长高天极、台湾国立中坜高级商业职业学校校长李丽花等也在座谈中发了言。民进中央秘书长、中国教育学会高中教育委员会常务副理事长兼秘书长赵光华，中国教育协会高中教育专业委员会理事长王本中，江苏省政协常委、民进江苏省委副主委徐菊英，国台办交流局副局长严中洲，民进中央宣传部、社会服务部、参政议政部、研究室负责人也参加了会见与座谈。

9月18日，为促进我国基础教育的改革与发展，促进海峡两岸中学教育和教育界同仁的交流，由民进中央与南京市人民政府共同主办的“2009年海峡两岸基础教育论坛”，上午在南京隆重开幕。本届论坛以“教师专业发展”为主题，吸引了大陆21个省、自治区、直辖市和台湾、香港地区近70所名校的中学校长及教育界专家参加。

全国人大常委会副委员长、民进中央主席严隽琪，全国政协副主席、民进中央常务副主席罗富和，海峡两岸关系协会会长陈云林，中共江苏省委常委、南京市委书记朱善璐，民进中央副主席、中国教育学会副会长朱永新，教育部基础教育一司副司长杜柯伟，江苏省人大常委会副主任李全林，江苏省政协副主席、民进江苏省委主委陈凌孚，国台办交流局副局长严中洲，台湾台北市教育局副局长林腾蛟，香港国民教育中心总监吕如意，江苏省部分中小学校校长出席论坛。江苏省政协副主席、南京市副市长许仲梓主持开幕式。

严隽琪在开幕式讲话中说，本届论坛是借两岸关系和平发展之东风、交流合作发展之大势举办的。当前两岸不仅高等教育领域的交流不断升温，基础教育领域的交流也日趋频繁。全面推进和深化两岸教育的交流合作，探索中华传统文化在中学教育中的传承与发展，是两岸教育界同仁的一致愿望和迫切要求。尊师重教是中华文化传统中最重要的内涵。中华民族伟大复兴的百年大计，教育为本、教师为先。希望两岸教育界密切合作，把教育交流持续推向深入，为两岸同胞共谋福祉，为中华民族繁荣昌盛共同努力奋斗。

严隽琪结合民进中央长期调研成果和自身多年从教，并曾经分管教育工作的经历和感受，在讲话中就与“教师专业发展”相关的三个问题发表了意见、建议。她认为，关于教师发展的内在因素，教师专业发展在教师队伍建设中具有十分重要的战略地位，是当前教育形势发展的客观需要，同时，它反映了教师内心的强烈需求。如果教师不以外在的强制为约束，而是以自觉的发展为动力，把自己的生命融进职业生活中，并从职业中得到快乐和发展，把教师看成是教育活动的思考者和研究者，视教师职业为不仅是单纯的给予也是在获得的充满人生意义的活动，以终身自我教育作为教师生涯的推动力，那么，这就体现了教师职业观的升华。当学习、教学、研究成为他们一种专业的生活方式和职业发展的内在需要，他们的职业生涯就会焕发出更加旺盛的生命活力，得到幸福感和产生持续发展的不竭动力，成为有自身特色的教育活动创造者。

严隽琪对于促进教师发展的外部环境提出三点建议。一是政府应把教师队伍建设作为教育政策的优先议程，视教师为教育事业的第一资源和核心要素。正所谓浇花要浇在根茎上，实施人才强国战略，必须首先重视加强教师队伍；开发人才资源，必须首先开发教师资源，这应当是新时期教育改革发展的战略重点。二是统筹考虑教师教育培养体系的开放性与稳定性，构建适合中国国情的开放的现代化教师教育体系。为了有效保障教师资源的稳定供给和形成教师专业发展的促进机制，当前和今后一个时期，需要一个相对稳定的教师教育体系，并支持开放教师教育，充分发挥师范院校的作用和综合大学的优势，加快培养高素质教师，进一步提高教师教育的质量水平。三是要统筹城市和农村布局，进一步促进基础教育教师资源均衡配置和协调发展。这是实现教育资源均衡配置、促进教育公平的首要条件。在新时期，要统筹考虑城市和农村、强校和弱校，以加强农村教师队伍建设为重点，合理配置教师资源，有效解决“结构性超缺编”的矛盾，真正达到义务教育均衡发展。在这个过程中，必须坚持统筹兼顾的基本方法，从我国现阶段实际出发，坚持分区规划、分类指导，不同类别和层次的教育区别对待，统筹协调各级各类教师队伍的全面发展。

严隽琪强调，关于搭建教师发展平台的学校环境，一所有特色的学校，必然是能够有效借助和协调外部政策和社会环境，引导和促进学校教师发展的内在需求，形成具有特色而又成效明显的办学体系。学校依靠教师的发展而发展，而教师则依靠学校的发展所提供的平台来施展才华，这是一个互动的关系。只有建立学生、教师、学校相互依存、互为发展基础的利益共同体，学校才有持续发展的可能。学校既要注重培养学生完整的人格、积极向上的价值追求、良好的合作交流意识和终身学习的能力；又要注重教师的生命质量，在满足教师职业和生活的基本需求外，引导他们追求价值实现和人生幸福。

杜柯伟代表教育部致辞。他说，在第 25 个教师节刚刚过去之时，共商加强教师专业化发展大计，具有十分重要的意义。我国正处于从人力资源大国向人力资源强国转变的历史新阶段，推进素质教育，提高教育教学质量已成为教育的中心任务。在实现这一历史性任务的过程中，教师的作用至为关键。提升教师专业化水平，对于造就一支师德高尚、业务精湛、结构合理、充满活力的高素质教师队伍具有很重要的意义。

朱善璐代表中共南京市委、市政府致贺词，对论坛的开幕表示热烈祝贺，向与会的名校校长及教育界专家致以诚挚的欢迎和问候。他介绍了南京自改革开放以来，教育改革与发展方面取得的成绩和尚待解决的问题。他说，南京和台湾、香港地区教育界的交流有着多年的历史和传统，近年来双方在教育的很多领域建立了广泛的联系与合作，围绕教育的热点难点问题进行研讨，取得共识，不仅增进了双方的友谊，也为解决教育发展中的新矛盾、新问题奠定了良好的基础。他希望与会嘉宾能够了解南京、把脉南京，使南京的教育实现更大的跨越和攀升。

朱永新代表中国教育学会会长顾明远宣读致论坛的贺信。贺信说，教育交流是两岸交流的基础，因为教育是面向未来的事业。两岸文化同根同源，为交流合作提供了有利的平台，相信本次论坛将为海峡两岸的教育发展带来新的视野和启迪。

本届论坛得到国务院台湾事务办公室、中共中央统战部、教育部，以及中共南京市委、市政府的大力支持。论坛由叶圣陶研究会、中国教育学会高中教育专业委员会、南京师范大学附属中学共同承办，支持单位为南京市教育局，协办单位是民进江苏省委、民进南京市委。

海峡两岸基础教育论坛创设于2005年。前两届论坛在交流中学教育改革的思考，分享中学课程改革的经验，探索中华传统文化在中学教育中的传承与发展，增进两岸教育界同仁的友谊等方面发挥了积极作用。本届论坛期间，大陆和台湾、香港地区与会校长将就教师专业发展的途径与方法、教师专业发展的评价、校长与教师专业发展等问题进行专题研讨，并参观江苏省重点中学和南京市改革开放成就。

2009年海峡两岸基础教育论坛开幕式后，进行主旨演讲环节。来自各省区市和台湾、香港地区的教育官员、教研机构专家分别介绍了两岸三地在教育改革与发展中取得的成绩、秉承的理念、遇到的问题和对未来的规划。尽管大陆、台湾和香港在教育格局上有所不同、教育教学各有特色，但中华文化同根同源，使大家在教育理念和教学实践方面也有诸多相通之处。

南京市教育局局长徐传德介绍了新中国成立后，特别是改革开放以来，南京教育在曲折中前进，大致呈现出五条运行轨迹：从教育发展的价值取向上看，运行着从政治的教育到经济的教育，再到人的教育的轨迹；从教育发展的质量取向上看，运行着从短缺的教育到充分的教育，再到优质的教育的轨迹；从教育管理的秩序取向上看，运行着从紊乱的教育到整饬的教育，再到开放的教育的轨迹；从办学者的行为取向上看，运行着遵命的教育到模仿的教育，再到自主创新的教育的轨迹；从受教育者的目的取向上看，运行着从面向过去的教育到面向现实的教育，再到面向未来的教育的轨迹。立足南京教育实际，着眼教育未来发展，南京对中小学教师，对学校校长，以及教育行政管理人员提出了远大的建设目标：希望教师做到“三有”——有爱、有知、有为；希望校长做到“三立”——立德、立言、立业；希望教育行政领导做到“三让”——让最优者从教，让从教者敬业，让敬业者乐业。

台北市教育局副局长林腾蛟介绍了台北市教育当前重要的施政作为。他说，台湾以“教育111”及“三生六零”作为教育施政理念。即以爱为核心，以生命教育、生活教育和生态教育为内容，打造零拒绝、零歧视、零体罚、零污染、零霸凌和零障碍环境，来实现一校一特色、一生一专长、一个都不少（每位教师带好每位学生）的“教育111”目标。台北市目前每年都针对重要教育议题，全面性、系统性地推行各项教育政策及活动，即所谓年年有重点。如，2007年定为“教育专业年”，2008年定为“教育品格年”，2009年定为“教育关怀年”。为减轻学生课业压力及家长经济负担，提升国中教科书质量，台湾地区实行一纲一本来减轻学生压力。台湾十分重视对孩子的品格教育，台北市中小学都在推动品德教育实施计划，选拔品行端正、热心服务的学生，举办中等学校优良学生颁奖。台湾职业教育的口号是“适性展才”，高职院校多元辅导，高职学生多证在手。林腾蛟提出，台北将齐力打造“台北优质新教育”，培育具有人文与科技素养的现代公民。

香港国民教育中心总监吕如意提出，香港教育工作者的目标是培养适应国家发展需要的高素质国民。她认为，教育工作者的素质应当包含敢于承担的能力和勇气，基本的专业知识和能力技巧。校长的职务是带领学校及师生实现教育目标，教师的职务是培养学生成为未来理想的国民，校长的价值观、态度、性格和行为都影响到学校全面的发展，甚至学生的出路及其对社会的贡献。理想的校长是塑造和打造未来人才库的工程师，他们是带领团队走向未来的领军者及督导者，是学生学习的楷模，是终身学习者。她强调，教育工作者特别是校长，对宏观教育策略方向及政策环境要有深刻的理解，要有前卫的眼光，要注重学与教和课程的发展，要关注教师的专业成长，要及时与家长沟通联系，从而组成良好的教育团队。

朱永新发起并主持的“新教育实验”，已经在全国几百所中小学展开，影响十分广泛。他认为，教育成败得失的关键在于教师的专业素养。教师的职业认同与专业发展是教师成长的两翼，专业发展是职业认同的基础，职业认同是专业发展的动力。教师专业发展是通过“三专”模式来实现的：专业阅读如同站在大师的肩膀上前行，专业写作如同站在自己的肩膀上攀升，专业发展共同体如同站在集体的肩膀上飞翔。

朱永新强调，如果没有教师的阅读，就没有教师真正意义上的成长与发展。教师读书不仅是寻求教育思想的营养、教育智慧的源头，也是情感与意志的冲击与交流。在教师之间，形成对话的传统，在专业阅读、专业写作的基础上，借助专业发展共同体提升教师的专业化水平，才是教师成长的必由之路。主旨演讲由赵光华主持。

9 月 18 日至 19 日，2009 年海峡两岸基础教育论坛期间，大陆和台湾、香港地区的 17 位中学校长、教育界官员和专家进行了精彩的主题演讲。大家围绕海峡两岸教师专业发展的途径和方法、教师专业发展评价，以及校长与教师的专业发展等议题，发表见解、展开讨论、共议心得，交流两岸中学教师发展的思考和经验，共促两岸中学教育改革与创新不断深化。这是一个互通有无、相互提高的过程，这是一次你中有我、我中有你的分享。

视角之一：校长如何促进教师专业化成长

成都武侯中学校长李镇西的发言很好的回应了朱永新的“新教育实验”。他提出，教师应该做反思型的教师，通过思考、解剖自己日常教育实践而不断超越和提升自己的教育境界。他在学校提倡“1 +4”的教师队伍建设理念：“1”是指爱心，真教育是心心相印的活动；“4”是指一个真正的反思型教师应至少具备四个“不停”，即不停地实践、不停地阅读、不停地写作、不停地思考。其中，思考贯穿于教育全过程的每一个环节。“1 +4”在武侯中学不单纯是思想，而是老师们每天的行动。他说，学生的幸福是老师的幸福，而作为校长的他，认为教师的成功，才是他的成功。

翔宇教育集团总校长卢志文的观点很鲜明。他说，赢得教师，才能赢得 21 世纪的教育。教师专业发展不光是教师个人的事情，也是校长考虑学校长远发展的基点。他认为，“积极性、责任感、事业心”是教师三个层次渐强的发展动力，事业心高于责任感，责任感又高于积极性。现在，校长不要考虑如何激发老师的事业心，而要把工作重点放在教师的责任感上，先制定一些教师职业的底线，在这个基础上再进行精细管理。让教师先做到职业化，再考虑教师的专业发展。而校长可以从利用优势互补、引进激励机制和抓好进修渠道、科研渠道三个方面推进教师的专业发展。

南京师范大学校长王占宝说，老师这一职业是一个美丽的事业。《论语》里面讲：“浴乎沂，风乎舞雩，咏而归。”这是对教师人生、快乐、幸福、美丽向往的境界。教育本应充满诗意，教师工作的过程实际本应是一个享受的过程。因此，南师大附中学校文化的核心是——立美树人，让学生在学习过程中感受人生之美、学习之美和成长之美，教师要让学生“喜欢我这个人，喜欢我的课，喜欢我任教的学科”。而学校则致力于将教学过程转化为对于教师和学生来说都是审美欣赏、审美表现与审美创造的活动。

山西大学附中校长杨素珍提出这样一个问题——校长在教师专业发展中应扮演什么角色？她指出，教师专业发展是学校发展中一个永恒的主题，也是校长的治校之本，因此任何一个校长都必须在这个题目下开章谋篇。教师的专业发展在很大程度上要依靠自身持续不断的努力，然而教师所供职学校的层次以及它所具有的组织文化，对教师专业发展有着不可替代的影响。所以，校长应成为教师专业精神提升的引领者，成为促进教师专业发展机制的构建者，成为教师专业发展的推动者。教师发展是有规律的，有他的角色认知期和适应期，也有发展黄金期和成熟期。校长应遵循规律，把握教师发展各个阶段特点，有效地帮助教师专业发展。

视角之二：台湾教育政策及教育实践

蔡炳坤是台湾建国中学校长，他介绍了台湾教育部根据社会变迁与学生身心发展变化需求而推行的“有品运动”。这一运动以品德、质量、品味作为建立教育核心价值的基础。其中品德是质量与品味的根源，质量是品德与品味的凭依，品味是质量与品德的显现，三者环环相扣，让教育与为人、处事、生活密切结合，而形成了“活”的教育。据此，建国中学也建构了“有品建中人”的愿景与教育重点，即做热爱生命、活力健康、社群关怀、才德兼备的建中人。他提出提高生命的热情、正义与价值，对新一代青少年而言，格外具有意义，因为他们拥有更多社会的关注与期待，当他们对自己的生命有了深切的体会，可以进一步将热情分享给朋友，将价值提供给他人。品格教育实为当前高中教育重中之重的课题。

谭以敬来自台北市教育局，她关注的是弱势学生现况和教育方法。她提出，教育是促进社会流动和向上提升的重要力量，每个人虽然来自不同的遗传与环境，但是都应享有公平、合理、均等及优质的教育机会。第一线基层教师在提升弱势学生学习成效上扮演重要关键的角色。她认为，在教育机会及资源取得上，弱势学生较一般学生居劣势，在学习时处于较不利的处境。她详细对比了美、英、加、大陆和台湾弱势学生的教育政策与措施，强调教育是社会向上流动的希望之钥，透过有教无类、因材施教的教育措施，才能实践教育机会均等、社会公平正义的目标。她希望推动弱势学生的各项教育方案和措施能有更具体的方向，更期盼透过政府多面向、系统性的整体规划，提供给弱势学生充满希望与光明的发展契机。

台北县立尖山国中校长刘淑芬与大家探讨的是校长评鉴与遴选制度。她分析了当前台湾校长遴选制度的实施情况，指出，校长遴选与校长评鉴是密切相关的两个重要教育议题。校长通过评鉴可以证明自己所表现的成就，也可用来改进自己的缺失。校长被视为提升学校品质最具影响力的人物，因此校长要负起更多的绩效责任，不仅对自己的表现负责，也要对教师的表现、学生品德成就、家长和小区的参与负责。所以，随着社会大众对学校教育质量的重视，建立校长评鉴与校长遴选制度密切结合的机制势在必行。

视角之三：台湾教育的国际化视野

台北大理高级中学校长谢念慈从推动国际教育来谈中学教师的专业发展。他认为，全球化潮流已经影响世界各国的社会与教育体系，一些先进国家非常重视在中学教育阶段，实施国际教育。台湾受全球化潮流影响很大，为提升教育竞争力，实施国际教育是重要途径，且必要在中学扎根，方能彰显其效益。为此他提出，教师专业发展必须着眼于使其具备国际教育的专业能力。

来自台湾大理高中的郭怡立所研究的是国际评量试题融入文本教学对学生数学阅读理解的研究。他说，与国际接轨是目前教育的重要目标，九年一贯制教育数学领域的课程提纲应指出数学课程应参考施行多年且基础稳定的教科书，并采纳国际间数学课程必备的核心题材，从而引导学生做统整性的学习。他认为，数学是较能进行国际性评比的学习领域，在迈入 21 世纪高度文明化的世界中，数学知识及能力已逐渐成为日常生活及职场里应具备的基本能力。对教师而言，培养学生运用知识解决问题的能力与终身学习的态度非常重要，学习的意义不在于死背知识，而是能进一步应用以解决生活中的问题，每个人都会不断面临生活上的挑战，即使离开学校仍必须继续学习。所以，常识的丰厚性和知识的阶段性都不时提醒教师须终身学习，吸收新知，才可能成为 21 世纪的公民并具备足够的专业素养。

台湾丽山高中校长陈伟泓介绍了他所带领的国际化的丽山教育团队。他说，21 世纪的教育工作者面临社会文化、思想能力和心灵内在的冲击。丽山高中以行动为主轴，发展精致校本课程、深化能力导向教学、营造全人教育学习环境、打造国际交流学习平台。他主张，强化专业成长团队和经验传承，推动教师参与教育参访，为教师打造国际教育交流平台，鼓励他们进修研究和参与学术论坛。

主题演讲分别由深圳中学校长王铮，台湾建国中学校长蔡炳坤和上海格致中学校长张志敏主持。

为期两天的 2009 年海峡两岸基础教育论坛圆满完成各项议程，于 9 月 19 日上午在南京落下帷幕。罗富和出席闭幕式并作总结讲话。朱永新主持闭幕式。

罗富和形容自己参加论坛像是“幸福地做了两天学生”。论坛期间来自全国各省区市以及台湾、香港地区的近 30 位校长、专家围绕“教师专业发展”的主题各抒己见，提出了深思熟虑的见解，体现了丰富多彩的实践。

罗富和指出，“教师专业发展”是新时期教育发展中一个十分重要的课题。教师今天面临的挑战非常艰巨，随着教育改革与发展的深入，迫切要求教师队伍整体素质有大幅提升。把教师的职业生涯和人生价值融为一体，这不仅是教育领域研究的课题，也是全社会共同研究的课题，更是各级政府和主导资源配置的领导应关注的课题。因此，当前和今后一个时期需要明确教师专业发展的意义、内涵、标准和途径，更需要形成促进教师专业发展的体制和机制，构建以教师为主体的教育力量和改革力量。

罗富和从6个方面提出了教师专业发展的重要因素：一是教师要具有志存高远、爱国敬业的精神；二是教师要成为为人师表、立德育人的典范；三是教师既要继承传统，又要开拓创新；四是教师要推进因材施教，促进人的全面发展；五是教师要有开放包容、放眼世界的胸怀；六是教师要增强忧患意识，锤炼百折不挠的意志品格。他希望大陆和台湾、香港地区的教育工作者紧密携起手来，共同为培养中华民族未来的栋梁之才，把我国建设成为人力资源强国，付出毕生的精力和心血。

闭幕式上，台湾忠信学校校长高天极，香港国民教育中心总监吕如意和中国教育学会高中教育专业委员会副理事长倪振民畅谈了参加本次论坛的收获和感受。与会的校长、官员和专家认为，加强海峡两岸基础教育领域的交流，是弘扬中华优秀文化传统，促进祖国和平统一大业的筑基工程；提高教师专业发展水平，是落实教育百年大计、实现中华民族伟大复兴的重要根基；为师之道当以中华文化为根、品德和人格为本。此次论坛既有经验、感悟与反思的分享，也有亲情和友情的交融：凝神聆听、埋头疾书、争拷课件、颔首赞许、会心微笑……成为道道美丽风景。

中共中央统战部、民进中央、民进江苏省委、中国教育学会高中教育专业委员会、南京市教育局有关负责人出席闭幕式。

朱永新19日下午与参加海峡两岸基础教育论坛的来自大陆21个省、自治区、直辖市和台湾、香港地区近70所名校的中学校长、教育界专家来到百年名校——南京师范大学附属中学参观并观看文艺汇演。演出在南师附中礼堂举行。南师附中校长王占宝首先致欢迎词，他回顾了南师附中的百年校史和所取得的辉煌成就，并向台湾嘉宾重点介绍了南师附中百年历程中一些杰出的台湾校友，更进一步的拉近了在座海峡两岸教育界人士间的距离。

参加论坛的台湾代表团团长、台北市教育局副局长林腾蛟也在致辞中表达了进一步加强两岸教育界之间，以及南师附中与台湾建国中学等学校之间有更好交流的热切愿望，并向南师附中师生赠送了纪念品。

由来自南京市多所中学学生组成的南京市中学生艺术团，为与会嘉宾献上了一场以“青春是美丽的”为主题的精彩汇报演出。年轻的中学生们用一场精心准备、丰富多彩的演出，向台湾的同胞们展示了大陆中学素质教育的成果。

与会人员参观了南师附中校园及校史馆。整个参观活动完全由学生志愿者策划组织。学生们彬彬有礼的待人态度，井井有条的组织安排，精彩到位的讲解，给与会人员留下了深刻的印象，博得了大家的掌声和赞许。南师附中学生以自信、努力、上进、勤学的精神面貌再一次向两岸同胞诠释了青春的美丽。

叶圣陶115周年诞辰纪念会暨叶圣陶教育思想当代价值研讨会在南京举行

2009年9月21日，叶圣陶115周年诞辰纪念会暨叶圣陶教育思想当代价值研讨会在南京举行。与会嘉宾怀着崇敬的心情缅怀和纪念叶老的一生，并专门学习研讨他的教育思想与实践。

叶圣陶研究会会长张怀西出席纪念会并讲话。民进中央副主席、叶圣陶研究会常务副会长朱永新主持上午的纪念会。民进江苏省委副主委、江苏省叶圣陶研究会副会长徐菊英致欢迎词。

张怀西在讲话中说，叶老在我国现代文化史、现代教育史和现代出版史上占有非常重要的位置。他是一位继往开来的杰出人物，他博大精深的思想、丰富的实践和业绩是中华民族文化的宝贵财富；他的道德风范和虚怀若谷、学而不厌、诲人不倦的崇高人格永远受到世人的景仰。叶老一生献身于我国教育、编辑和出版事业的一生，他从事教育工作近80个春秋，从未离开过教书、写书、编书第一线，他的教育思想是中国教育理论宝库中的重要组成部分，是我国当代非常具有代表性的教育思想之一。

张怀西说，中国正处在改革发展的关键阶段，教育事业又是关系民族复兴和祖国富强的千秋伟业。中华民族要实现伟大复兴，必须继承和发扬叶老这样老一辈教育家的精神财富。希望全社会进一步弘扬叶老的教育思想，继承他的教育遗产，团结一致，为深化教育改革，推进科教兴国战略作出贡献。

叶圣陶研究会理事叶小沫代表叶老的亲属发言，她衷心感谢叶圣陶研究会在爷爷诞辰115周年之时召开这样隆重的纪念会。她满怀深情的回忆起爷爷生前的一些不为人知的细节和小事。叶老的往事历历在目，叶老的形象也更为丰富。使与会嘉宾深切感受到了无论在什么年代，叶老都在关注着祖国和人民，都是为祖国和人民做出牺牲的“勇士”，都会怒斥敌人和社会上的丑恶现象；无论在什么年代，在重大事件发生的时候，叶老都会像一个战士一样站出来，无所畏惧地用他的笔做武器去战斗。叶小沫说，爷爷在教育方面的种种倡导和见解，被教育界的人士所称道，甚至被奉为经典，但关键在于落到实处，贯穿于教育实践的方方面面，由此，叶圣陶研究会的责任和任务依然任重道远。

叶圣陶研究会副会长、人民教育出版社原社长韩绍祥，叶圣陶研究会理事、开明出版社社长焦向英在纪念会上发言。他们形容自己敬佩叶老的心情如同“小草仰望参天大树”。他们说，叶圣陶先生的价值取向影响了一代又一代的“人教人”和“开明人”，抚今追昔、饮水思源，他们将永远铭记叶圣陶先生为新中国教育事业和教材出版事业所作出的不可磨灭的贡献，践行他“得失塞翁马，襟怀孺子牛”的不朽气节。叶圣陶研究会副会长、北京大学教授商金林在纪念会上作主旨演讲。他从育人为本、全面发展、奠基人生、养成公民的叶圣陶教育思想出发，提出，教育的目的是让学生学会做人，把培养“人”放在培养“人才”之前，才是教育的应有之义，才能培养出合格的公民。

纪念会上还举行了全国首届叶圣陶教育思想与当代课程教学改革网络征文颁奖仪式。

当日下午举行的叶圣陶教育思想当代价值研讨会由民进江苏省委副主委、江苏省叶圣陶研究会会长朱晓进主持。

朱永新在讲话中说，今年是叶老诞辰115周年，也是叶圣陶研究会成立20周年。叶研会的20年，是我们对叶老思想研究不断深入的20年，所取得的成绩让我们对叶研会未来的工作更加充满信心，也让我们认识到叶老的思想还有很大的研究空间。朱永新对叶研会今后的工作提出5点希望：一是继续深入对叶老各方面思想的研究；二是抓紧叶老书信、日记等资料的抢救、出版工作；三是注重叶老思想的实践价值，赋予其更强的生命力和时代感；四是加强交流和评比工作，为更多的中青年教师和出版家提供学术研讨的平台；五是加大组织建设力度，研究队伍要不断补充新鲜血液，叶研会的工作要更加专业化、权威化。

研讨会上，9位研究、实践叶圣陶先生教育思想的专家学者和来自教学一线的教师，以叶圣陶教育思想当代价值为主题进行了深入的交流讨论。大家认为，叶圣陶先生的课程思想为加强课程建设指明了方向；叶圣陶先生的教学思想对各学科教学、特别是语文教学提供了依据；叶圣陶先生关于教师在普及义务教育中极端重要性的思想，鞭策了广大教师不断加强师德修养和实现专业发展。大家一致表示，要加倍努力学习叶圣陶先生冷静的态度、求实的作风，力戒浮躁，用严谨的实践推动教育事业的科学发展。

出席会议的还有叶圣陶先生的亲属姚澄、叶永和、叶兆言，人民教育出版社原副总编吕达，叶圣陶研究会副秘书长刘立德，叶圣陶研究会理事王晨，民进江苏省委副主委、江苏省叶圣陶研究会副会长黄蓓佳，民进江苏省委秘书长、江苏省叶圣陶研究会副会长王鲁彬等。

在纪念会前，张怀西亲切会见叶老的家属。他高度评价叶老对我国社会文化事业发展所发挥的积极作用。他说，民进中央非常重视叶圣陶纪念馆和叶圣陶小学的建设，经过多年努力，纪念馆和小学都进行了较好的建设并不断完善，使后人有了学习和纪念叶老的场所。他还对叶老后人矢志不渝的整理、研究和宣传叶老的著作、思想，表示肯定和感谢。叶小沫说，爷爷在大家心中是伟人，而在家人心中就是一位普通的老人，他生前的点点滴滴如同空气环绕在每个人的身边、渗透在每个人的心里。

民进中央庆祝中华人民共和国成立60周年纪念人民政协成立60周年座谈会在京举行严隽琪讲话，王佐书主持，朱永新发言

2009年9月23日，民进中央庆祝中华人民共和国成立60周年、纪念人民政协成立60周年座谈会在京举行。全国人大常委会副委员长、民进中央主席严隽琪出席并讲话。民进中央副主席王佐书主持座谈会，副主席朱永新发言，原副主席蔡睿贤出席座谈会。

严隽琪在讲话中说，在中国的传统文化中，60是个特别有意义的数字。而新政协召开、新中国成立以来的60年，对中华民族和中国人民来说，更具有不同寻常的历史意义。中国共产党领导全国各族人民，经过奋斗探索，使中国彻底改变了“一穷二白”的面貌，国家经济持续增长，科技跨越发展，文化日益繁荣，民主政治逐步推进，社会长期稳定，人民生活总体达到小康水平，综合国力和国际地位不断提高，呈现出欣欣向荣的局面。

严隽琪说，60年来，民进参与和见证了新中国的成立、建设和发展，与人民政协事业一路同行，新老民进人始终同中国共产党同心同德、风雨同舟，团结奋斗，为建立和完善社会主义制度，为改革开放和现代化建设，为实现祖国和平统一大业发挥了积极作用。民进与新中国和人民政协同行的历史为我们提供了以下重要的启示：

一是坚持和完善中国共产党领导的多党合作和政治协商制度，为建设中国特色社会主义民主政治作贡献。60年前，马叙伦、王绍鏊、周建人、雷洁琼等民进前辈参加了1949年召开的新政协，这是为建立新中国奠基，也标志着中国共产党领导的多党合作和政治协商制度的确立。新中国成立以后，特别是改革开放以来，民进始终保持清醒头脑，坚持维护中国共产党的执政地位，维护多党合作的政治格局，为确保社会政治稳定发挥了应有的作用。民进积极参与政治协商，坚持讲真话，献良谋，做诤友；民进认真履行参政议政和民主监督职能，促进了相关问题的解决和改善。

二是坚持围绕经济建设中心，以促进发展为履行职能的第一要务，为现代化建设和祖国统一大业作贡献。建国初期，民进主要领导人为新中国的教育出版事业做出了具有开创性的工作。民进在推动教育立法，促进教育改革，深化我国出版改革、文化体制改革等方面提出了许多建议，对国家的重大决策产生了积极的影响。民进围绕科技、经济、可持续发展中的资源节约和环境保护，西部大开发和“三农”等问题，深入调研，积极建言献策，促进了国家发展战略的实施。民进各级组织积极开展咨询服务、智力支边、扶贫开发、兴办公益事业等社会服务工作，积极促进我国区域均衡协调发展和社会和谐稳定。发挥民进的界别特色和组织优势，促进海峡两岸的民间交流，为祖国和平统一大业贡献力量。

三是积极适应世情、国情和会情的变化，坚持以政治交接为主线，不断加强自身建设。60年来民进共召开10次全国代表大会，修改了10次会章，使民进的政治纲领、基本任务、工作总则和各项制度规定不断与时俱进，更加规范化。民进历届中央领导集体都高度重视把握时代规律、发挥民进特色，重视加强科学理论的学习、推进民主党派工作理论的创新，重视发挥会史的宣传教育作用。围绕着搞好政治交接和提高履行职能的能力这两大历史性课题，民进以思想建设为核心、以组织建设为基础、以制度建设为保障，努力推进高素质参政党建设。

严隽琪说，当前我国正处在改革发展的关键阶段，挑战与机遇并存。形势复杂多变，任务依然繁重。在伟大的祖国朝着建设富强民主文明和谐的社会主义现代化国家的宏伟目标阔步前进的征程上，需要我们

继承民进优良传统，把一切积极性、主动性、创造性，把智慧和力量凝集到中国特色社会主义伟大事业中来，在未来的征程上，谱写民进新的历史篇章。为此，民进在今后更要不被干扰所惑、不为风险所惧、不受困难所阻，进一步做好“四个坚持”：民进必须坚持在中国共产党的领导下，坚定不移地走中国特色社会主义政治发展道路；必须坚持围绕中心、服务大局，为科学发展积极贡献力量；必须坚持执政党建设和参政党建设相互促进，解决好党派自身建设的两大历史性课题；必须坚持改革创新的精神，在工作中更好地体现时代性、把握规律性、富有创造性。

严隽琪最后勉励全会各级组织和广大会员，高举中国特色社会主义伟大旗帜，坚持以中国特色社会主义理论为指导，努力建设学习型政党，当前特别要认真学习胡锦涛同志在庆祝人民政协成立60周年大会上的重要讲话和中共十七届四中全会精神，努力建设适应时代要求的高素质参政党，积极履行参政党职能，为贯彻落实科学发展观、实现全面建设小康社会的宏伟目标作出新的贡献！

民进中央出版传媒委员会主任、人民出版社副社长李春生，天津市河西区副区长、民进天津市委常委张金英，民进中央原副秘书长徐德骁，河北省政协副主席、河北省科学院院长、民进河北省委主委王刚，朱永新等分别代表民进中央专门委员会，担任政府和司法机关领导职务的会员，民进中央老同志，民进省级组织，担任人大代表、政协委员的会员先后在座谈会上发言。他们结合自己的工作和学习，座谈了对新中国和人民政协60年发展历程和辉煌成就的深刻认识，表示要以庆祝两个60年为新的起点，进一步增强政治责任感和使命感，为坚持和完善我国多党合作制度、促进中国特色社会主义民主政治建设以及全面建设小康社会作出新的贡献。

民进中央秘书长赵光华，原秘书长陈益群，各部门负责人，民进北京市委、天津市委、河北省委的负责同志，民进中央老同志和机关干部代表近40人参加座谈会。

民进全国骨干会员培训班在京举行
严隽琪、罗富和出席并讲话

2009年9月24日至25日，民进全国骨干会员培训班在京举行。全国人大常委会副委员长、民进中央主席严隽琪出席结业式并讲话。全国政协副主席、民进中央常务副主席罗富和出席培训班开班式并讲话。他说，在举国热烈庆祝新中国成立60周年、人民政协成立60周年之际，我们对共和国60年的辉煌成就有了更加深刻的认识和体会。9月20日胡锦涛同志在庆祝人民政协成立60周年大会上的重要讲话，回顾总结了人民政协60年不平凡的历程、取得的巨大成就，揭示了继续推进人民政协事业的重要启示，同时也对政协事业的发展提出了新的要求。总书记的讲话既高屋建瓴，又有非常深刻的丰富内涵。中共十七届四中全会专题研究了新形势下加强党建的若干重大问题，会议在对执政党建设面临的国际国内形势作出准确把握和判断的基础上，从六个方面对加强和改进党的建设作出了全面部署。民进全会要把学习胡锦涛同志的重要讲话精神和学习中共十七届四中全会精神作为重要的学习和工作任务，认真学习领会并结合民进工作实际贯彻落实，做到始终坚持正确的政治方向，不断提高参政的能力和水平，进一步体现进步性和广泛性的统一。

罗富和说，严隽琪主席主持会中央工作以来，会中央高度重视全会的人才队伍建设、骨干队伍建设工作。今年6月，会中央举办了民进全国组织工作会议，会议指出了新形势下加强民进组织工作的重要性，同时提出了今后加强组织工作的指导性意见，其中很重要的一个方面就是要加强骨干队伍建设。深入学习贯彻科学发展观是今年全会工作的一条主线，无论是服务国家的科学发展，还是促进民进自身的科学发展，都离不开骨干队伍的建设。因此，会中央把举办民进全国骨干会员培训班作为会中央2009年的重点

工作之一进行安排部署。举办本期培训班既是贯彻落实民进全国组织工作会议、宣传思想工作会议的重要举措，也是加强我会省级组织后备干部队伍建设的重要举措。

罗富和说，各位学员都来自各行各业的一线，在各自的工作岗位上发挥着重要的作用，也作出了成绩和贡献，大家能够在几天的时间里聚在一起共同学习的机会非常难得，希望大家能够认真学习、积极思考、敞开交流，不断取得丰硕的学习成果。

来自民进28个省级组织的56名骨干会员将参加本期培训班的学习。全体学员将听取关于学习贯彻科学发展观、提高民主党派干部四种能力，以及关于提高参政议政水平的专题辅导报告，并围绕加强民进参政能力建设的主题进行专题研讨。

严隽琪在9月25日培训班结业式的讲话中说，会中央对举办这期民进全国骨干会员培训班高度重视，主席办公会专题进行了研究。本期培训班的学员都是我会各地方组织的骨干会员，不仅年富力强，事业上具有扎实的基础，在社会上有一定的影响力，在民进的工作中也发挥着重要的作用。骨干会员是民进履行职能的主力，产生社会影响的载体，也是各级领导班子的后备力量。一个组织要与时俱进、永葆活力，需要理论创新、工作创新，更要人才辈出，只有人才连续不断地涌现，才能像江河大海一样后浪推前浪，始终川流不息。我们每个人都有责任为后来人铺路，在自己的岗位上做好交接棒的工作，通过一代又一代会员的努力把我们的事业不断推向前进。

严隽琪说，如何解决好民主党派面临的两大历史性课题，是保持进步性和广泛性的关键。参政党的历史性课题之一，就是要高举爱国主义、社会主义的旗帜，搞好政治交接，保持坚定正确的政治方向。胡锦涛总书记在庆祝人民政协成立60周年大会上的讲话中，对社会主义政治文明作出了精辟的阐述。在社会主义民主政治建设过程中，民进应持什么样的立场、态度，作出什么样的贡献？这是我们应该思考和回答的问题。60年前新政协的第一次全体会议，标志着共产党领导的多党合作制度的正式确立，60年的历史说明，这一制度既是历史的选择，也是现实的选择。坚定正确的政治方向，就是要坚持接受中国共产党的领导，坚持走中国特色社会主义道路，坚持围绕中心、服务大局，服务科学发展，坚持弘扬社会主义核心价值体系。我们要努力促进全会对道路的认同、目标任务的认同、文化价值观的认同。在今后的道路上，要不被干扰所惑、不为风险所惧、不受困难所阻，坚持搞好政治交接，建立和完善思想政治工作的长效机制。

严隽琪说，民主党派的第二个历史性课题就是提高自身履行职能的能力和水平，建设适应时代要求的高素质参政党。高素质参政党人才是根本。去年全会以领导班子建设为重点，工作很有成效。今年要继续巩固和扩大领导班子建设成果，其中一个重要的方面就是建设素质优良的骨干队伍。我们即将迎来新中国60华诞，民进60年来一条很重要的经验，就是必须围绕中心、服务大局，这也是民进今后履行职能的关键。要把民进的工作放到国家发展的大局中去思考和谋划，自觉地深入学习贯彻科学发展观，深入调研，建睿智之言、献务实之策、谋远虑之计，在服务科学发展中实现自身科学发展。提高履职能力还必须以改革创新的精神，坚持解放思想、实事求是、与时俱进。中国特色社会主义之所以取得今天的成就，最重要的就是坚持改革创新。民进要以党为师，要继承好老一辈领导人的政治信念、优良传统、高尚风范，同时要研究、探索和解决新情况、新问题，不能故步自封、不思进取。要按照执政党建设和参政党建设相互促进的要求，推进会中央工作与地方组织工作相互促进，自身建设与履行职能相互促进，理论研究与实际工作相互促进。

严隽琪说，面对新的形势和任务、科学技术日新月异的快速发展，以及会员结构的新变化，我们必须要高度重视学习，不断加强学习型参政党建设。当前全会要不断树立正确的价值观念，坚持理论联系实际的学风，认真学习胡锦涛总书记在人民政协成立60周年庆祝大会上的重要讲话，学习中共十七届四中全会精神，学习共和国60年的历史以及改革开放30年的历史，在下一个60年为国家的繁荣昌盛，实现中华民族的伟大复兴作出新的贡献。

天津市知识产权局局长何志敏代表培训班全体学员作总结。上海市嘉定区教育局副局长朱芳，太原市人民政府副市长张政，南京大学固体微结构国家重点实验室副主任马余强，石家庄市人民政府副市长张妹芝，山东省教育厅副厅长张志勇，民进海南省委专职副主委王传荣，湖南省环境保护厅副厅长潘碧灵，西北政法大学副校长杨宗科等8位学员在结业式上介绍了自己的学习体会。他们在发言中认为，这期培训班时机好、主题好、师资好、安排好，通过学习培训，大家增强了接受中国共产党的领导，坚持走中国特色社会主义政治发展道路的信念，增强了深入学习贯彻科学发展观，切实提高政治把握能力、参政议政能力、组织协调能力、合作共事能力的责任感和使命感，对于回去做好各项工作具有很强的指导性和针对性。民进中央组织部负责人出席开班式和结业式。

贾庆林会见金飞豹一行
严隽琪、罗富和参加会见

2009年9月25日，中共中央政治局常委、全国政协主席贾庆林上午在京会见徒步横穿撒哈拉沙漠的云南省政协委员、民进会员金飞豹，云南省政协委员费宣一行。全国人大常委会副委员长、民进中央主席严隽琪，全国政协副主席、民进中央常务副主席罗富和参加会见。

贾庆林在认真听取了金飞豹、费宣穿越撒哈拉沙漠的探险情况汇报后，对他们的探险活动给予了赞赏，称赞撒哈拉沙漠之行是一次探险之旅、人文之旅、科考之旅，并对云南省政协在调动委员的积极性、丰富拓展政协工作等方面给予充分肯定。

金飞豹、费宣两位探险家此次探险活动历时80天，徒步行走6700公里，这是中国人首次穿越世界第一大沙漠——非洲撒哈拉沙漠。这一壮举刷新了中国探险史上的记录，展示了中国人自强不息、勇于拼搏的精神风貌。此次中国人首次穿越撒哈拉沙漠，是一次探险之旅。金飞豹、费宣经历了种种艰苦，克服了重重困难，穿越过无人区，经受严峻考验，表现出中国人民不怕困难、敢于探索的无畏精神。又是一次人文之旅，他们每到一处，就与当地人民友好交流，播撒和谐的种子，宣传中国人民热爱自然、保护生态环境的理念。把中国介绍给世界，为宣传中国、宣传人民政协作出了积极贡献。还是一次科考之旅，他们把科学考察与探险活动相结合，深入了解生态保护与沙漠治理的情况，此次探险活动很有现实意义。据悉金飞豹计划于2010年完成亚马逊河流域的探险活动，并获得美国NASA的批准，有望成为中国民间太空之旅第一人。

全国政协副秘书长杨崇汇、云南省政协主席王学仁陪同会见。全国政协副秘书长仝广成，云南省政协副主席、民进云南省委主委罗黎辉会见时在座。

民进中央、京津冀省（市）委会机关
国庆60周年联欢会在京举行

2009年9月25日，“民进中央、京津冀省（市）委会机关国庆60周年联欢会”下午在北京好苑建国饭店举行。全国人大常委会副委员长、民进中央主席严隽琪出席并致辞。全国政协副主席、民进中央常务副主席罗富和，民进中央副主席、民进北京市委主委刘新成，民进中央原副主席蔡睿贤出席联欢会。

严隽琪代表民进中央致辞。她向为了中国特色社会主义事业积极贡献力量的全体民进会员表示由衷的敬意和诚挚的问候。她说，60年前新中国宣告成立，掀开了中国历史的新篇章；60年前新政协的诞生，

标志着中国共产党领导的多党合作和政治协商制度正式确立。60年来，人民政协同共和国一起成长，取得巨大成就；60年来，民进参与和见证了新中国的成立、建设和发展，与人民政协事业一路同行，在伟大实践中，民进自身也得到历练、发展和提高。

严隽琪说，我们要缅怀老一辈民进领导人的历史功绩和宝贵精神，要感谢为民进呕心沥血、努力奉献的老领导和老同志，正是他们把民进的事业不断推向前进。她坚定的话语道出了民进人的信念：民进各级组织和广大会员决心继往开来，更清楚地认识当代民进人肩负的责任，更自觉地投身到建设中国特色社会主义的伟大事业中去，为祖国和人民作出新的贡献。

来自云南的会员、著名探险家金飞豹，将其探险时手持五星红旗的大幅照片作为礼物送给民进中央。蔡睿贤和刚刚加入民进的方正科技董事长方中华代表民进中央，接受了这份珍贵的礼物。金飞豹说，自己的每一步成长都离不开民进的支持和鼓励，作为中国人和民进人，他感到拥有无穷的力量，去完成接下来的一个又一个挑战。

嘹亮的歌声、优美的舞姿、诗情的语言，这是一台民进人利用业余时间、自编自导自演的文艺节目，是民进中央第一次联手京津冀举办的"家庭联欢"，这之中饱含了民进人对祖国的无限热爱和美好祝愿，这是民进人蓬勃向上、开拓进取精神风貌的生动展现。短短两个小时，精彩不断、欢乐不断，民进人用自己的方式为新中国和人民政协60年华诞献礼。

民进中央原秘书长陈益群，民进中央兼职副秘书长、民进北京市委常务副主委吴文彦，民进北京、天津市委和民进河北省委负责人李焕喜、李敏龙、解观安、蔡继明、胡军、罗强参加联欢会。

庆祝新中国成立60周年、人民政协成立60周年

——蔡达峰接受上海文广新闻传媒集团专访

2009年9月25日，为庆祝新中国成立60周年，人民政协成立、中国共产党领导的多党合作和政治协商制度确立60周年，民进中央副主席、上海市人大常委会副主任、民进上海市委主委蔡达峰上午接受上海文广新闻传媒集团《风雨同舟 再创辉煌》电视片专访。他说，1949年4月，上海解放前夕，民进中央审时度势，配合新中国成立和上海解放事业的伟大进程，决定成立上海组织，指示上海民进会员在中共指导下联合各界知识分子，配合华南解放运动加速完成新民主主义革命。1949年6月19日，民进上海市委员会成立。60年来，上海民进在会中央和中共上海市委领导下，始终坚持中国共产党领导的多党合作和政治协商制度，坚持发扬优良传统，奉行"立会为公、参政为民"的宗旨，在"长期共存、互相监督、肝胆相照、荣辱与共"十六字方针的指引下，与时俱进，全面开展思想建设、组织建设、制度建设和作风建设，在各种变化和困难的考验中不断成熟壮大，保持了旺盛的生命力。上海民进组织的成立与发展的历程，生动体现了中国共产党领导的多党合作与政治协商制度60年的历程。事实证明，凡是多党合作制度得到坚持和发展的时候，就是共和国各项事业顺利发展的时候，也是民主党派建设取得成绩的时候。

蔡达峰强调，多党合作制度是民主党派发展的保障，更是共和国发展的重要保障。今天，我们纪念新中国成立60周年，回顾和总结上海民进的发展历程，深感中国特色政治制度和政党制度的来之不易。我们要加强学习，坚定信念，深入认识党派的性质和任务，把民进坚持接受中国共产党的领导，坚持爱国、民主、团结、求实，坚持立会为公的优良传统，在新时期的履职实践中发扬光大，为发展社会主义经济、政治、文化、社会和祖国统一实现自身的作用。

蔡达峰说，我们要努力履职，关心国家，关心社会，关心人民，提高认识复杂问题的能力，加快提高参政议政的能力，发挥党派进步性与广泛性相统一的特点，发挥教育、文化、出版等界别人才优势，围绕

上海经济社会建设的中心任务和发展大局，深入调查研究，广泛联系群众，反映社情民意，积极建言献策，实现新时期参政党组织的使命。

60 年多党合作制度奠定基石指明方向

——严隽琪接受新华社记者采访

2009 年 9 月 26 日，民进中央主席严隽琪在机关接受新华社记者采访。她指出，多党合作制度走过的 60 年中，有许多值得我们铭记的重大历史事件，因为它们为多党合作制度奠定了基石，指明了方向。

今年 63 岁的严隽琪是工学博士、教授，是恢复高考后第一届研究生。1986 年，她从丹麦技术大学海洋工程系博士毕业后归国，成为我国“863”计划第一批专家组成员之一，长期在高校从事教育科研工作。2007 年，她当选民进中央主席。

作为一个以教育文化出版为主要界别的参政党，60 年来，民进参与和见证了新中国的成立、建设和发展，参与和见证了中国特色政党制度和社会主义民主政治的完善与发展，自身也得到发展、历练和提高。截至目前，民进已在全国 29 个省区市建立了组织，其中市县级组织 313 个，基层组织 5548 个，会员 112900 余人。

60 年来，共和国从积贫积弱走向繁荣富强，从封建专制走上民主新路的历程，取得了翻天覆地的伟大成就。严隽琪说，在这一伟大进程中，民主党派发挥了重要作用，每个民进成员为之深感骄傲和自豪。

民进中央原主席、今年 104 岁高龄的雷洁琼老人，是新中国成立、人民政协成立的亲身参与者和见证者。严隽琪说，对于 60 年后的今天国家建设和发展取得的巨大成就，老人觉得非常高兴和欣慰。

严隽琪说，实践证明，只有自觉服从和服务于国家事业发展的重大战略和总体目标，只有始终坚持围绕中心、服务大局，才能更好地发挥参政党作用，不断创造新业绩。这是民进之能够取得成绩和作出贡献的一条重要经验。60 年的实践证明，中国共产党领导的多党合作和政治协商制度具有历史的必然性和现实的优越性，并不断在建设中国特色社会主义事业的历史进程中焕发出新的生命力。

民进中央对学习贯彻中共十七届四中全会精神作出部署

2009 年 9 月 28 日，民进中央十二届十七次主席办公会议下午在机关召开。严隽琪主席对民进全会学习贯彻中共十七届四中全会精神作出部署。她说，中共十七届四中全会是在国际形势继续发生深刻变化，我国处在进一步发展的重要战略机遇期召开的一次重要会议，对于全面贯彻党的十七大精神，深入贯彻落实科学发展观，有效应对国际金融危机冲击、保持经济平稳较快发展，夺取全面建设小康社会新胜利、开创中国特色社会主义事业新局面，具有重大而深远的意义。

严隽琪说，中共十七届四中全会审议通过了《中共中央关于加强和改进新形势下党的建设若干重大问题的决定》，反映了执政党对自身建设面临的新形势、新任务、新挑战的清醒认识，体现了党的建设理论创新、实践创新、制度创新、工作创新的丰富成果。民进要继承以党为师的优良传统，按照执政党建设与参政党建设相互促进的总体要求，认真学习中共十七届四中全会精神，以政治交接为主线，全面加强思想建设、组织建设、制度建设和作风建设，不断推进适应时代要求的高素质参政党建设，在服务国家科学发展的同时，努力实现民进自身的科学发展，为中国共产党领导的多党合作和政治协商制度的巩固和发展作出更大的贡献。

会议审议通过了《民进中央关于学习贯彻中共十七届四中全会精神的通知》。《通知》要求，民进要深入学习、全面把握十七届四中全会的主要内容和精神实质。《决定》不仅是指导当前和今后一个时期执政党建设的纲领性文件，也是参政党建设必须学习借鉴的重要文件。民进各级组织要切实加强领导，精心组织部署，引领广大会员在全会兴起学习贯彻中共十七届四中全会精神的热潮。民进要学习中国共产党自身建设的成功经验，建设高素质参政党。全会各级组织和广大会员要以贯彻落实十七届四中全会精神为契机，以纪念中国共产党领导的多党合作和政治协商制度确立60周年为新起点，认真借鉴中国共产党的党建经验，科学把握参政党自身建设规律，促进参政党建设的理论创新与实践创新。民进要围绕贯彻落实十七届四中全会精神，更好地履行参政党职能。全会各级组织和广大会员，要把推动科学发展作为履行职能的第一要务，切实增强谋远虑之计、建有用之言、献务实之策的本领，更有效地参与政治协商，履行参政议政和民主监督职能。

民进中央为全体常委和机关干部订购了中共十七届四中全会的学习资料，在即将召开的常委会上也将组织安排有关的专题学习。

只有跟着共产党走　才是在正道上行

——严隽琪就国庆60周年观礼接受新华社记者采访

2009年10月1日，全国人大常委会副委员长、民进中央主席严隽琪在天安门城楼观礼新中国成立60周年庆典，并就观感接受新华社记者采访。她说，60年前的今天，马叙伦、雷洁琼等民进前辈参与和见证了具有历史纪念意义的开国大典，为建立新中国、建立中国共产党领导的多党合作和政治协商制度作出了民进应有的历史贡献。今天我能够作为民进的主席，登上天安门城楼观礼新中国成立60周年的盛大庆典，参与和见证共和国历史上又一个里程碑意义的历史时刻，感到万分荣幸和无比的激动，由衷地缅怀先贤前辈的伟大业绩与高尚风范。

60年不断探索、60年不懈奋斗，古老的中国开始从积贫积弱走向繁荣富强，从封建专制走上民主新路。我们聆听了胡锦涛总书记的重要讲话、观看了威武雄壮的阅兵式和欢乐缤纷的群众游行，心潮起伏：旧中国一穷二白、落后挨打的时代已经一去不复返了！今天的神州大地欣欣向荣，今天的中国人民意气风发，当年民进前辈们为之努力奋斗的“统一自主强盛的现代化国家”，这一目标已经在成为现实。中国的发展有力地向世界证明，中国特色社会主义道路是一条适合中国国情的正确道路，是中国走向繁荣富强文明和谐的必由之路。我们为伟大的党、伟大的祖国、伟大的人民、伟大的人民军队感到无比骄傲。在举国同庆之时，也更加坚定了几代民进人形成的“只有跟着共产党走，才是在正道上行”的政治信念。作为当代民进人，我们要继往开来，更清醒地认识参政党在新时代肩负的历史责任，更自觉地投身到建设中国特色社会主义的伟大事业中去，为祖国和人民作出新的贡献。

民进中央举行学习中共十七届四中全会精神报告会
严隽琪、罗富和、王佐书、贺旻、刘新成、
蔡达峰、朱永新、张帆出席，潘贵玉主持

2009年10月9日，民进中央下午在广州举行报告会，认真学习中共十七届四中全会精神。民进中央

主席严隽琪，常务副主席罗富和，副主席王佐书、贺旻、刘新成、蔡达峰、朱永新、张帆和将要出席民进十二届八次中常会的常委参加学习。报告会由民进中央副主席潘贵玉主持。

报告会邀请中共中央党校原副校长、中直机关侨联主席李君如作题为“新形势下执政党建设的纲领性文献”的报告。他就进一步深入领会《中共中央关于加强和改进党的建设若干重大问题的决定》精神，从学习《决定》首先要深刻领会《决定》的定位、学习《决定》要深刻领会《决定》总结的执政党建设的基本经验、学习《决定》要深刻领会《决定》关于执政党建设的新要求等三个方面，介绍和交流学习心得。

潘贵玉在主持会议时指出，李君如同志从深刻领会加强和改进新形势下中国共产党的建设的重要性和紧迫性出发，系统阐释了中国共产党对加强和改进党建的总体部署，并有针对性地对相关方面进行了细致而深入的解读，体现出中国共产党党建与时俱进的理论品格，为参政党自身建设提供了很多学习借鉴的经验。希望大家以贯彻落实中共十七届四中全会精神为契机，以纪念中国共产党领导的多党合作和政治协商制度确立60周年为新起点，认真借鉴中国共产党的党建经验，科学把握参政党自身建设规律，促进参政党建设的理论创新与实践创新，进一步提高我会自身建设和履行职能的水平，带领民进各级组织和广大会员为国家富强、民族振兴和人民幸福作出新贡献。

民进中央专委会负责人，民进中央部门负责人，民进广东省委、广州市委负责同志以及机关干部参加报告会。

民进中央十二届八次主席会议在广州召开

2009年10月9日，民进中央十二届八次主席会议在广东省广州市召开。民进中央主席严隽琪主持会议。常务副主席罗富和，副主席潘贵玉、王佐书、贺旻、刘新成、蔡达峰、朱永新、张帆出席会议。民进中央秘书长赵光华、各部门负责人列席会议。本次会议的主要内容是学习中共十七届四中全会精神，审定民进十二届八次中常会议程和日程，研究民进十二届三次中全会工作报告提纲，报告2009年民进中央重点调研项目成果及研究2010年重点调研项目选题等有关事项。

会议认真学习了中共十七届四中全会精神，交流了学习体会。会议认为，中共十七届四中全会是在新中国成立60周年之际召开的重要会议。会议对于全面贯彻党的十七大精神，深入贯彻落实科学发展观，有效应对金融危机冲击、保持经济平稳较快发展，夺取全面建设小康社会新胜利、开创中国特色社会主义事业新局面，具有重大而深远的意义。会议通过的《中共中央关于加强和改进新形势下党的若干重大问题的决定》，对于我们加强参政党建设具有重要借鉴意义。

会议审议了中国民主促进会第十二届中央常务委员会第八次会议议程（草案）和日程（草案）。民进十二届八次中常会定于10月10日至11日在广东省广州市召开，主要内容为学习贯彻中共十七届四中全会精神，听取辅导报告，讨论交流学习心得；研究民进十二届三中全会工作报告提纲（征求意见稿）及其他事项。会议确定了中常会上领导主持分工。

会议研究了民进十二届三中全会工作报告提纲（征求意见稿）。会议认为，2009年的工作在各级组织和广大会员的共同努力下，扎实有效地推进，能够做到“思有悟、行有果”。工作报告要充分总结和回顾民进2009年的工作，肯定成绩，总结经验，展现工作机制的创新，同时对2010年工作部署设想进一步整合，突出重点。会议同意将工作报告提纲（征求意见稿）提交民进十二届八次中常会讨论，听取中央常委的意见建议。

会议研究了民进中央2010年重点调研项目选题。选题征求了民进中央专门委员会的意见，经过整合、补充，目前形成教育类、文化类、新领域三大类的六个初选题目。会议就初选题目进行了研究，提出了意见建议。会后将对重点调研项目选题继续调整、充实。

会议听取了关于民进中央2009年重点调研项目成果的报告。2009年民进中央的重点调研课题是“新形势下的农村教育综合改革”。2009年5月13日至21日，民进中央调研组赴山西省太原市、忻州市等五个市进行了调研。此前和此后调研组还分别进行了预调研和补充调研，共有七个省级组织就此问题在省内进行了调研，提交了调研报告。在综合民进中央和相关省级组织的调研情况的基础上，形成了《关于在新形势下进一步推进农村教育综合改革的建议》。会议认为，《建议》要理清思路、形成框架、突出重点、提出建议，会后根据会议意见再对《建议》进行梳理和修改完善。

会议听取了“第七届海峡两岸中华传统文化与现代化研讨会暨首届海峡两岸医学文化与医学发展论坛”筹备概况的报告。会议指出，要对论坛成果有所预期，根据预期成果精心设计内容和形式，要在广交朋友的基础上对参政议政、社会服务、组织工作有所促进。

会议还研究了其他事项。

中国民主促进会第十二届中央常务委员会第八次会议在广州举行

2009年10月10日至11日，中国民主促进会第十二届中央常务委员会第八次会议在广州举行。民进中央主席严隽琪，常务副主席罗富和，副主席潘贵玉、王佐书、贺旻、刘新成、蔡达峰、朱永新、张帆和常委出席会议。本次会议的主要内容是学习贯彻中共十七届四中全会精神，听取四中全会精神专题报告，讨论交流学习心得，研究民进十二届三中全会工作报告提纲等。

严隽琪在讲话中指出，中共十七届四中全会的召开，对于全面贯彻中共十七大精神，以邓小平理论和“三个代表”重要思想为指导，深入贯彻落实科学发展观，有效应对国际金融危机冲击、保持经济平稳较快发展，夺取全面建设小康社会新胜利、开创中国特色社会主义事业新局面，具有重大而深远的意义。

严隽琪说，民进学习贯彻中共十七届四中全会精神，首先要坚持接受中国共产党的领导，确保民进始终沿着正确的政治方向前进，在建设和改革的宏伟事业中真正有所作为。要引导广大会员把民进老一辈领导人的历史选择变为新一代民进人的现实选择，把坚持党的领导贯彻到民进工作的各个方面和环节，进一步增强接受中国共产党领导的自觉性和坚定性。

严隽琪说，执政党的建设是党领导的伟大事业不断取得胜利的重要法宝。作为中国共产党的亲密友党，民进必须以党为师、与时俱进，不断从与执政党的比较、借鉴、互动中获取自身建设的各种资源和动力，进一步保持进步性和广泛性。必须顺应时代发展的潮流，准确把握我国发展的阶段性特征，清醒认识变化着的国内外形势以及民进的会情，从确保我国多党合作事业和民进事业健康发展的高度，努力推进我会的自身建设。

严隽琪说，要继续把推动科学发展作为履行职能的第一要务，牢牢扭住经济建设这个中心，注意选择具有综合性、全局性、前瞻性的重大课题开展专题调研和参政议政活动，多想科学发展大事，多谋科学发展大计，努力为实现以人为本、全面协调可持续的科学发展谋深虑之计、建睿智之言、献务实之策。

严隽琪说，民进全会必须进一步增强忧患意识，统一思想，坚定信心，正确认识国际国内形势的复杂性、严峻性、多变性，充分认识我国改革开放和社会主义建设任务繁重；必须调动全会的积极性、主动性、创造性，把各级组织和会员们的智慧和力量凝集到党和国家事业中来，为促进我国经济平稳较快发展和社会和谐发展作出新的贡献。

严隽琪说，2009年民进全会按照科学发展观的要求，巩固和扩大开局之年的工作成果，以新中国成立60周年和纪念中国共产党领导的多党合作和政治协商制度确立60周年为契机，深化坚持走中国特色社会主义道路学习教育活动，以组织工作和后备干部队伍建设为重点，积极推动参政党理论研究，巩固和扩大领导班子建设的成果，大力加强骨干队伍建设，不断创新参政议政和社会服务的机制，加强会史资料的抢救工作和会史基地改建工作，有思有行、集智聚力、顺势而为，创新工作机制，推动会中央工作和地方工作相互促进，高素质参政党建设和履行参政党职能相互促进，进一步提高工作水平。

严隽琪说，关于明年主要工作，一是要深入学习贯彻中共十七届四中全会精神，贯彻落实民进全国组织工作会议和宣传思想工作会议精神，加强新形势下民进的思想建设，加强后备干部队伍建设，搞好届中调整；二是要加强机关建设，建设学习型机关，提高机关人员的政治素质和业务能力，弘扬社会主义核心价值体系，提高工作热情和服务意识；三是要在科学发展观指导下，完善工作机制，进一步提升参政议政能力，充分发挥各种积极性，积极服务社会，自觉维护社会稳定大局，为中国特色社会主义事业营造安定团结的社会环境。

罗富和向常委会报告了民进中央2009年重点调研项目成果《关于在新形势下进一步推进农村教育综合改革的建议》。王佐书报告了民进十二届三中全会工作报告提纲（征求意见稿），并就报告提纲征求常委意见。

民进十二届八次中常会10月10日下午和11日上午举行报告会，交流学习中共十七届四中全会精神的心得体会。报告会分别由刘新成、蔡达峰、张帆主持。

与会常委积极发言，气氛热烈。大家表示，在新中国成立60周年之际，中共中央召开全会集中研究加强和改进新形势下党建重大问题，这是以改革创新精神推进党的建设新的伟大工程的战略举措，为应对困难和挑战、推进中国特色社会主义事业提供了强大动力，具有十分重要的意义。作为与中国共产党风雨同舟、荣辱与共的参政党，民进要认真学习、深刻领会、深入贯彻中共十七届四中全会精神，特别是会议通过的《中共中央关于加强和改进新形势下党的建设若干重大问题的决定》（下简称《决定》），切实把思想和行动统一到中共中央对当前形势的科学判断上来，统一到中共中央的决策部署上来。

认清形势，深刻领会《决定》的重大意义

民进陕西省委主委李进权认为，《决定》明确提出了加强和改进新形势下党的建设的总体要求、目标任务、重大举措，体现了党的建设理论创新、实践创新、制度创新、工作创新的丰富成果。

民进黑龙江省委副主委邓宗全认为，《决定》阐述加强和改进新形势下中国共产党的建设的重要性和紧迫性非常全面、也非常深刻。特别是在谈到存在问题时，非常具体，直指要害，很诚实、很中肯，能够感受到中国共产党解决这些困难和问题的信心和决心。

民进山东省主委栗甲说，民主党派和中国共产党同舟共济、我们的命运是紧紧相连的。中共十七届四中全会在党内民主建设和反腐败问题上迈出实质性步伐，使广大民主党派成员进一步体会到中国共产党的伟大、光荣和正确，进一步坚定了跟着中国共产党走的信心和决心。民主党派学习中共十七届四中全会精神，不能泛泛去学，而要立足自身实际，更好地加强自身建设和提高履行职能的能力和水平。

民进贵州省委主委左定超认为，学习中共十七届四中全会精神，要深刻理解加强和改进新形势下党的建设的重要性和紧迫性，增强贯彻全会精神的自觉性和坚定性；要深刻理解中共作为马克思主义执政党自身建设的基本经验，是中国共产党极为宝贵的财富，也是值得参政党认真借鉴的加强自身建设的成功经验。

民进北京市委副主委蔡继明认为，《决定》提出："党的先进性和党的执政地位都不是一劳永逸、一成不变的，过去先进不等于现在先进，现在先进不等于永远先进；过去拥有不等于现在拥有，现在拥有不等于永远拥有。"这是中国共产党对执政60年历史的全面清醒的认识。

民进海南省委主委史贻云说，中国共产党从革命党到执政党所取得成功，很重要的一点是把党建作为

党的三大法宝之一。共产党特别重视党建工作的创新，重视党的理论建设，对如何适应社会的发展，适应人民群众的需要，有着非常清醒的认识，因此才能不断与时俱进，始终成为领导中国特色社会主义事业的核心力量。

以党为师，切实加强我会自身建设

民进甘肃省委主委李国璋说，以党为师是民进的优良传统。民进作为中国共产党领导的一个参政党，所处的政治地位和肩负的责任与执政党不同，但是我们和共产党一样面临着国际国内形势深刻变化提出的新要求，面临着新的历史条件下承担多党合作任务更加艰巨的挑战，因此，民进也要立足于国内外形势和参政党肩负的任务，增强紧迫感，向共产党学习，找出差距和不足，提出新形势下建设高素质参政党的措施。

民进新疆区委主委牛汝极认为，中国共产党坚持以执政能力建设和先进性建设为主线，保证党始终走在时代前列。参政党要以参政能力建设和进步性建设为主题，推进中国共产党领导的多党合作和政治协商制度的贯彻和完善。民主党派要认真借鉴中国共产党自身建设的成功经验，科学把握参政党自身建设的规律，着力加强思想建设、组织建设、制度建设、能力建设和作风建设，与中国共产党一道，在发展中国特色社会主义事业中共同提高、共同前进。

民进广西区委主委陈自力指出，民进要积极借鉴中国共产党的党建经验，加强和改进新形势下参政党建设，推动执政党建设和参政党建设互相促进。中共十七届四中全会提出“提高党的建设科学化水平”这一重大命题，对于参政党建设很有启示意义。要提高参政党建设科学化水平，关键是要把握参政党建设的特殊规律，明确高素质参政党的内涵、目标和任务，分析参政党建设存在的问题，有针对性地提出目前加强和改进参政党建设的方法措施，这样才能使参政党建设更加自觉主动，更有成效。

民进山西省委主委卫小春提出了搞好我会自身建设五点建议：一是坚持把思想理论建设放在首位，提高全会思想理论水平。二是增强和树立我会广大会员和机关干部的“三种意识”（即大局意识、忧患意识、创新意识），和“三个观念”（即群众观念、集体观念、民主观念）。三是发展会内民主，推进我会参政党建设上水平。四是做好抓基层打基础工作，夯实我会参政议政组织基础。五是做好理论研究工作，通过体制、机制的创新，以及加强人才队伍建设，达到理论研究工作的突破和创新。

民进湖北省委主委周洪宇提出，民进学习贯彻中共十七届四中全会精神，要以党为师，学习借鉴；以史为鉴，总结经验；以变为要，科学建设。以党为师不是空话，要通过研究执政党治国理政的思路，找到参政党参政的规律，用规律指导工作、推动工作。应该明确提出建设高素质学习型参政党的目标，这是民进适应时代发展要求、更好地履行参政党职能的迫切需要，是建设和谐政党关系、更好适应执政党要求的需要，是把建设高素质参政党的目标、任务和建设高素质参政党的方法、手段相结合的需要。

民进湖南省委主委谢勇认为，《决定》提出建设马克思主义“学习型”政党，这与“守成型”政党和“破旧型”政党不同，强调要向书本学习、向实践学习、向群众学习。民进也应该朝着建设学习型参政党这个目标努力。多年来，民进在履行职能和自身建设方面有许多好的经验和做法，希望会中央好好总结，上升到理论层面来指导我们参政党的具体实践。

做共产党的诤友和挚友，切实履行参政党职能

民进广西区委主委陈自力指出，学习贯彻中共十七届四中全会精神，还要积极协助中共加强和改进新形势下党的建设。民主党派与中国共产党的互相监督，是民主党派应尽的政治责任，也是民主党派存在价值的重要体现。在中共提出加强和改进新形势下党的建设的背景下，民主党派民主监督有其特殊的重要意义。我们要切实履行好民主监督职能，积极为中共加强和改进新形势下党的建设建言献策。

民进内蒙古区委主委郑福田认为，要继承民进优良传统，充分发挥诤友、挚友作用，积极为加强和改

进中国共产党的建设献有据之言，献务实之策。

民进江西省委主委汤建人指出，参政党贯彻落实中共十七届四中全会精神，很重要的一条是积极为加强和改进党的建设建言献策，为保持经济社会又好又快发展凝心聚力。民进贯彻中共十七届四中全会精神的成效，要靠充分履行参政党职能的成果来体现。

民进黑龙江省委副主委邓宗全认为，没有实践的学习是学不好的。对民主党派来说，参政议政是我们重要的实践方式。当前，文化教育领域的一些政策已经不能满足现实社会的需要，迫切需要改进。民进可以重点就这些政策进行调查研究，积极建言献策。

民进北京市委副主委庞丽娟说，《决定》特别提到了坚持党内监督与党外监督相结合，这是执政党的期待，也是参政党的责任。民进应以高度的历史责任感，支持和帮助共产党完善民主决策机制，提高科学决策、民主决策、依法决策的水平。同时也要支持共产党推进党内民主、反腐倡廉和作风建设。

民进中央专委会负责人，民进中央部门负责人，民进省级组织负责人等列席会议。

严隽琪、朱永新在深圳考察

2009年10月12日至13日，全国人大常委会副委员长、民进中央主席严隽琪，民进中央副主席朱永新在深圳考察。12日上午，严隽琪亲切会见民进深圳市委领导班子和会员代表并座谈。她在讲话中首先肯定了民进深圳市委长期以来工作取得的成绩，特别是在抗震救灾和支持帮助贵州毕节地区教育发展中所作出的努力，并代表民进中央向大家表示感谢和慰问。

严隽琪说，每次和基层会员座谈都很有收获。一方面，优秀的会员鼓舞激励着我更加努力地工作；另一方面，基层组织在实际工作中积累做法和经验对我思考全会工作有很大启发。深圳民进会员中有很多优秀的教育工作者，其中9名校长、12名副校长，这说明民进深圳市委的组织工作做得很好。民进要保持界别特色，而界别特色就要在组织队伍中体现出来。希望你们认真总结组织发展的经验，为我会建设适应时代要求的高素质参政党积累经验。

严隽琪说，当今世界思想多元激荡，“左的”、“右的”声音质疑不断。作为参政党成员，必须要有清醒的头脑，要有良好的政治把握能力。我们继承民进的优良传统，要有坚定的政治立场，坚持高举中国特色社会主义伟大旗帜不动摇；要有良好的工作作风，做“老实党”，求真务实；要有正确的价值观，立会为公、参政为民。中共十七届四中全会对参政党提出了更高的要求，我们必须努力加强自身建设，按照执政党建设和参政党建设相互促进的要求，推进民进中央工作与地方组织工作相互促进，参政议政与社会服务互相促进，自身建设与履行职能相互促进，理论研究与实际工作相互促进，不辜负中国共产党和广大民进会员对我们的期望。

严隽琪说，深圳处在改革开放的前沿阵地，各路“英雄好汉”都在这里施展拳脚，思路开阔、思想解放、敢为人先，并具有海纳百川、胸怀宽广的特点，为改革开放在全国的铺开和深入提供了很好的经验。当前，我国发展正处在一个历史新起点上，大家又把目光转向广东，转向深圳，希望这里为我国的改革开放和现代化建设继续创造经验。希望我们民进也发挥优势、贡献自己的力量。

民进深圳市委主委张效民简要汇报了民进深圳市委近几年的工作情况，会员代表在会上发言交流。民进中央办公厅主任高友东，民进广东省委会副主委鲁开垠、民进中央研究室负责人参见会见。

严隽琪12日晚会见了民进珠海市委会主委鲁修禄等领导班子部分成员。

严隽琪、朱永新当日上午考察深圳职业技术学院。深圳职业技术学院是中国大陆最早从事高职教育的院校。学校办学实力和水平在全国同类院校中领先，在中国高职教育版图中居于“排头兵”和“领头羊”地位。

严隽琪在深圳职业技术学院院长刘洪一，民进深圳市委会主委、深圳职业技术学院副院长张效民等人的陪同下，首先来到位于东校区的工业中心。该校工业中心是第一所集实践教学与职业素质训导、技能训练与鉴定考核、师资培训及研发、生产和新技术应用推广等多功能于一体，充分体现了高职教育特点的实践教学基地。严隽琪仔细参观了现代设计与制造技术实训室和汽车技术实训室，不时与正在现场的师生亲切交谈。当了解到教师大多数来自企业，她对学院拥有高质量的师资队伍予以充分肯定。当听说学校师生共同研发了不少实训工作台，并出售给其他职业学校带来收益之后，她称赞这一做法，并鼓励学校努力开发更多的实训设备，继续进行市场转化。

严隽琪在西校区的艺术设计学院，观看了学生毕业设计作品展示。她非常赞赏学生的设计作品，建议学校要多和企业合作，学校出创意、出设计，企业来生产。这样既把艺术品转化为商品，又能带动就业。在学校和深圳市景初家具设计有限公司合作的“景初家具工坊”，严隽琪仔细询问了利润如何分配、设计专利如何归属等问题。她说，合作必须是对双方都有好处的。专利归学校很好，但是目前专利维持费用比较高，要努力将其市场化，尽量转化为利润。

严隽琪称赞深圳职业技术学院在探索中国特色的高等职业教育当中起到了模范示范的作用，希望学校更够不断开拓创新，出人才、出成果、出理念，为中国的高等职业教育的发展作出更大的贡献。

严隽琪、朱永新 13 日上午考察深圳华为技术有限公司。在华为公司副总裁兼党委书记周代琪的陪同下，严隽琪首先参观了公司产品展示中心。展厅内陈列着华为最新研发的通信设备、模型、用户解决方案及消费类产品等展品。严隽琪认真听取工作人员介绍，不时询问有关产品的技术、应用等问题。她说，这是自己第二次参观华为，从展示手段的变化已经感受到华为几年来取得的进步。以前看到的展厅更多的是陈列产品，展示的是华为的技术；新展厅除产品外，还呈现了用户解决方案，展示出了华为的理念。

在座谈会上，周代琪简要介绍公司的概况。大家对华为公司的发展策略、整体构建及核心理念有了一个进一步的了解。

严隽琪在讲话中首先对华为公司取得的成就表示热烈祝贺。她说，在当前的全球金融危机当中，华为公司经营依然实现稳步增长，能取得这样的成绩难能可贵。华为公司的发展历程可以说是中国改革开放的一个缩影，也是中国 IT 产业发展的一个缩影。华为公司经历了许多困难发展到现在，创造了很多好的做法和成功的经验。特别是在如何更好地促进科技创新、如何把技术和创意转化成生产力等方面，希望华为公司能够认真思考总结。这些经验不仅仅对华为有好处，对整个国家产业的提升也非常重要。她还建议华为更好地研究制定标准战略和专利战略，积极参与国内外标准制定工作，掌握标准制定的主动权，同时，更好地利用专利制度保护自己、发展自己。她最后表示，民进作为参政党，愿意与华为公司多交流合作，把好的意见和建议转化为提案和发言，共同为建设创新型国家建言献策。

广东省发改委副主任、民进珠海市主委鲁修禄，民进中央研究室负责人陪同考察。

共商职业教育发展大计

——王佐书与教育部领导座谈职业教育事业改革与发展

2009 年 10 月 12 日，教育部副部长鲁昕、职成教司司长葛道凯一行上午拜会全国人大常委、全国人大教科文卫委员会副主任、民进中央副主席王佐书，大家就我国职业教育事业改革与发展问题进行了广泛而深入的座谈交流。

《中华人民共和国职业教育法》于 1996 年 9 月 1 日起施行，是我国第一部专门规范职业教育活动的法律，该法的颁布施行为我国职业教育的改革和发展提供了更加完备的法律保障，使职业教育的发展进入一个新阶段。与此同时，随着社会和经济的迅猛发展，也出现一些不适应发展需求和变化的问题。目前修改《职业教育法》已列入十一届全国人大常委会立法规划。2008年以来全国人大教科文卫委员会分成几组在全国范围内就《职业教育法》的执行情况进行调研，委员会副主任委员王佐书带队赴广东、甘肃、青海、新疆等地开展调研，对当前不同地区《职业教育法》执行情况和当地职业教育发展情况进行摸底。同时，作为中华职业教育社副理事长和黑龙江省原教育分管领导，王佐书在职业教育领域理论和实践两方面都有比较深入的研究。此次教育部分管职业教育领导专程拜会，就职业教育发展问题沟通思想、交流意见，共商职业教育发展大计。

鲁昕在座谈中介绍了职业教育特别是中等职业教育的战略意义，国家领导人对发展职业教育的批示、教育部对发展职业教育的思路，当前我国职业教育存在的问题，并重点介绍了当前已经和准备开展的几项工作，从成立职业教育咨询委员会及下设各专门委员会、职业教育教材教学改革创新、教学模式创新、学校评价模式、产教结合与校企合作等几个方面进行具体说明。

鲁昕代表教育部诚挚邀请王佐书担任职业教育咨询委员会主任委员，帮助提高教育部对职业教育决策的科学化水平，帮助培训职业教育教材教学专家、完善学校评价模式、促进教学模式创新等。

王佐书就教育部专程拜会表示感谢，对教育部发展职业教育的总体思路表示赞同，对加强部级联席会议和产教结合与校企合作等具体做法表示认可。

王佐书说，职业教育是富民工程、强企工程、也是强国工程。职业教育应当遵循三个规律，即育才规律、用人规律和可持续发展规律。职业教育最简单的培养目标是“人好、活好”，最显著的特色是理论必须联系实际、理论必须联系实用，出口决定进口，好的就业必然导致好的生源。

王佐书说，关于学校评价模式和教学模式创新可以用“显现课程 + 隐蔽课程 = 育人课程”作为建设学校的最简约的表示。“显现课程”指“三才建校”，即人才、器材和教材建设；“隐蔽课程”指“一化建设”，即校园文化建设，包括物质文化、行为文化、制度文化和精神文化四个层面。

王佐书说，对教学评价量表和教学目的的深入研究，有助于提高职业教育的整体水平。教学评价量表是教学中的听诊器、指挥棒、方向盘和推动力，是学校教学理论与教学实践的结晶，也是提高学校教学质量的有效抓手。教学目的主要包括传授知识、塑造学生的知识结构，培养学生的技能和技能结构，培养学生的能力和能力结构，发展学生的智力，培养学生的非智力因素，培养学生的学习方法，培养学生的科学方法和思维方法，培养学生的态度和习惯，培养学生的思想和品德，培养学生的创新精神和实践能力，培养学生的情商，培养学生的团队精神。

全国人大教科文卫委员会教育室主任卢干奇参加座谈。

2009年民进企业家联谊会联席会议在南京举行
严隽琪出席并讲话，朱永新主持会议

2009年10月14日至15日，2009年民进企业家联谊会联席会议在南京举行。全国人大常委会副委员长、民进中央主席严隽琪出席开幕式并讲话。民进中央副主席朱永新主持会议。

10月13日，严隽琪在江苏省南京市会见出席“2009年民进企业家联谊会联席会议”的各省企业家联谊会会长。朱永新主持会见。

严隽琪对出席会议的民进企业家们表示热烈欢迎并讲话。她说，企业是生产力发展的重要载体，企业家精神是创新精神最主要的体现。民进中央历来十分重视企业家会员的发展，近年来，民进组织中涌现了一批优秀的企业家会员，他们在发展企业的同时，为民进的社会服务、自身建设发挥了积极的作用。在新

的历史时期，民进将进一步加强企业界会员在党派中的地位和作用，为企业家服务社会搭建更多更有效的平台。

严隽琪指出，企业家们应该重视并加强与高校的交流合作，充分利用高校的科研力量和科技成果提高企业竞争力，积极应对金融危机。她希望大家能充分利用此次机会互相学习、互相交流、互相合作，并祝愿民进的事业和企业家会员的事业共同发展。

上海市大学生科技创业基金会秘书长张德旺应邀参加会见活动并对基金会工作作了详细介绍。该基金会是全国首家从事推动大学生进行科技创业活动的非营利性公募基金会。基金会致力于开展创业项目资助、创业文化传播、创业教育及创业研究等相关工作。他希望借此机会与企业家会员建立联系，为企业科技创新和成果转化等方面提供新的思路和借鉴。

江苏省政协副主席、民进江苏省委主委陈凌孚，民进中央社会服务部、研究室负责人陪同会见。

10 月 14 日上午，2009 年民进企业家联谊会联席会议在南京开幕。严隽琪出席并讲话。她说，此次会议是在全国人民共庆新中国 60 华诞和纪念人民政协成立 60 周年的喜庆日子里，在全国上下学习贯彻科学发展观和中共十七届四中全会精神、全面推进中国特色社会主义伟大事业的新形势下召开的一次重要会议，是我会 2007 年换届以来召开的第一次全国性的社会服务工作研讨活动，也是民进中央推动全国企业界会员工作的重要举措。

严隽琪指出，在新时期新阶段开展社会服务工作，首先要明确社会服务工作的性质、地位。社会服务是参政党服务国家和人民的重要职能、是了解国情民意的重要渠道、是增加社会影响力与组织凝聚力的重要抓手、是体现立会宗旨的重要形式；其次，要准确把握开展社会服务的指导思想和基本原则。做好新形势下的社会服务工作要以科学发展观为指导，紧紧围绕形势发展和国家的中心工作，发挥党派优势，突出自身特色，“顺势而为、集智聚力、有思有行”，以智力为主要服务资源，以发挥地方组织的积极性为重要原则，以项目形式为主要依托，与参政议政相结合，务实创新，为全面建设小康社会作出新贡献。

严隽琪强调关于当前全会社会服务工作的三点要求，1. 加强学习，提高认识。全会要进一步提高对社会服务工作重要意义的认识。各级组织和每个会员应牢牢树立社会服务是自身应尽的义务和职责的思想，积极投身到社会服务工作中去。以科学发展观为指导思想，不断加强理论学习，并且学以致用，提高服务科学发展的能力。2. 把握重点，发挥优势。民主党派应在热点、难点问题中根据自身优势，确定重点，有针对性地开展社会服务工作，贡献一己之力。党派成员都有自己的业务和专长，我们要努力帮助会员在事业上排忧解难，鼓励会员们以自己的专长特色、业务资源，用力所能及的方式来回报社会。3. 勇于开拓，创新机制。面对新形势，积极创新才能开辟社会服务工作的新局面。因此，一方面要认真总结和继承发扬我会在多年社会服务工作中形成的好经验、好作风；同时，又要用开拓创新的精神积极面对社会服务工作的新需求、新问题，改革和优化社会服务工作的体制和机制，争取更多更广的合作资源。

严隽琪说，开展社会服务工作是完善多党合作制度的需要，是民进作为参政党自身建设的需要。我们要带着政治责任感和社会使命感去做好社会服务工作，始终以积极地态度，主动地方式，带着爱心，充满感情地去做好社会服务工作。希望各位企业界会员把民进永远当成自己的家。各级组织、各位专干要真心实意为企业界会员着想，为企业界会员服务，充分发挥“民进企业家联谊会”的作用，努力在实践中及时总结经验，不断创新，为把我会社会服务工作推向新的阶段作出应有的贡献。

中共江苏省委副书记、组织部长王国生代表中共江苏省委对会议的召开表示热烈的祝贺，并简要介绍江苏省经济社会发展概况。他表示，江苏愿意与各位企业家代表交朋友，并竭诚为大家做好服务。同时，也希望彼此建立良好的合作关系，在民进企业交流与发展等方面积极交流合作，互惠互利。

朱永新主持开幕式。江苏省政协副主席、民进江苏省委主委陈凌孚出席并致辞。中共江苏省委统战部部长周珉、副部长李熙诚，江苏民进经济界会员联谊会会长、雨润集团董事局主席祝义才，企业界会员代表，民进中央社会服务部、研究室负责人，民进各省、区、市委主管社会服务工作的副主委、社会服务处处长约 280 人出席会议。

10 月 14 日下午，严隽琪、朱永新和与会同志参观考察江苏雨润食品产业集团。在江苏民进经济界会员联谊会会长、雨润集团董事局主席祝义才陪同下，大家参观了雨润集团总部工业园区食品加工车间。祝义材简要介绍企业和生产车间的情况。雨润集团是一家集食品、物流、百货、旅游和房地产等产业于一体的中国 500 强企业，创建于 1993 年。集团总部位于江苏省南京市，下属子（分）公司 100 多家，遍布全国 20 多个省、区、市。2008 年，集团员工总数达 5 万人，实现销售总额 370 亿元，生猪屠宰产能超过 1800 万头，居全国第一。"雨润牌"低温肉制品连续 10 年销量位列国内第一。目前，在中国企业 500 强中排名 165 位、中国民营企业 500 强第 8 位、中国肉食品加工业第 1 位。

严隽琪非常关心企业的发展，不时询问金融危机对企业的影响、新产品的开发、生产设备来源、员工生活等问题。她观看了介绍雨润企业的录像片，并听取祝义才的主旨演讲。

严隽琪高度肯定雨润集团取得的成绩，对雨润集团在产品质量和食品安全上的高标准、严要求，以及在创造就业岗位、带动农民增收致富、积极参与公益等方面作出的贡献给予高度评价。

南京市人民政府副市长许仲梓介绍了南京市经济社会发展概况，热情地欢迎民进企业界会员来南京投资创业。江苏省政协副主席、民进江苏省委主委陈凌孚陪同考察。考察活动结束后，祝义才宴请出席会议的嘉宾。

10 月 15 日上午，2009 年民进企业家联谊会联席会议在南京华东饭店举行专题报告会，国务院发展研究中心副主任卢中原作"应对危机、跨越危机"的专题报告。朱永新主持报告会。

卢中原首先为大家详细分析了当前经济的基本态势、突出矛盾和主要问题。面对当前的危机冲击和经济回调，他认为，中国经济内部增长潜力仍然巨大，我国经济调整类型取决于时间、政策力度、内部潜力和外部环境，当前首要任务是加强紧迫感，谋划新举措，进一步审视发展方式缺陷，密切关注后危机时代世界经济的新动向，努力形成战略高起点，推进技术和制度创新，在新一轮国际竞争中争取主动。同时，必须坚持以改革为动力，促进结构调整和发展方式转变，谨防反周期背景下故态复萌。他强调，要正确认识中国出口的作用，世界经济失衡根本原因在于南北发展不平衡，而不是中国出口太多。

卢中原指出，关于当前的宏观经济政策取向，宏观政策的基调继续保持不变，但需要谨慎防范投资过热和通货膨胀。要积极疏通货币政策传导机制和金融机构反应机制；激活社会自主投资，改善创业环境，加大支持中小企业力度；加快改革资源价格形成机制，推进资源环境税和流转税改革。

卢中原谈到企业如何应对当前危机时指出，要抓住增值税转型机遇，加快设备更新和技术改造，重视"组合创新"（产业链和战略联盟）；依据十大产业振兴规划修订企业发展战略；跟进投资刺激方案开拓新的市场；利用产权交易所推进企业并购和资产重组；抱团实施"走出去"投资战略；抓住人民币贸易结算试点机遇，完善合同避险机制和内部管理结构；壮大独立品牌，合理配置生产布局；对当前一些有关中国经济的负面议论保持清醒，避免情绪化。

卢中原还就企业界会员们提出的有关房地产发展趋势、民营经济投资办学、汽车行业发展、外贸发展对国民经济的影响等问题进行交流。

10 月 15 日下午，2009 年民进企业家联谊会联席会议闭幕。朱永新出席闭幕式并讲话。他指出，随着形势的发展，各民主党派都越来越重视社会服务工作。严隽琪主席在开幕式上的讲话对全会更好地开展社会服务工作提出了明确的思路和要求，民进各级组织和各企业家联谊会要将严主席的讲话精神贯穿到各省市的社会服务工作之中。他强调，全会要将参与毕节试验区建设作为今后一段时期社会服务工作的重中之重，深入学习中共十七届四中全会精神，加强社会服务自身建设，社会服务部门工作人员在工作过程中要善于学习，时刻牢记我们的参政党身份。社会服务工作必须与参政议政紧密联系，中央和地方组织社会服务工作部门要研究工作方法，建立良好的工作机制，根据各自优势，依靠基层组织，依靠会员开展工作。

朱永新希望民进企业家会员增强接受中国共产党领导的自觉性和坚定性，坚持爱国、民主、团结、求实，坚持立会为公的优良传统。把自身企业的发展与国家的发展结合起来，把个人富裕与全体人民的共同富裕结合起来，把遵循市场法则与发扬社会主义道德结合起来，自觉承担社会责任，坚定不移地走中国特色社会主义道路，当好中国特色社会主义事业建设者。企业家会员要树立参政党意识和社会责任感，积极参政议政，服务社会。同时还要加强学习，培养健康的生活情趣。

朱永新对加强民进企业家联谊会的工作提出明确要求。

一、树立服务意识，引导会员和会员企业健康发展。企业界会员联谊会要拓宽工作思路，创新工作方法，为会员搭建平台；为企业界会员交流合作创造条件，通过各种联谊活动、公益活动，乃至找寻网络平台，为会员交流合作提供方便；加强各省级组织企业家联谊会的交流与合作；反映企业界会员的意见和呼声，为会员排忧解难，反映会员的所思所忧；关注企业界会员个人的成长，帮助会员提高自身水平和素质，关心他们的政治发展。

二、大力推进工作创新，加强联谊会自身建设，完善联谊会轮值主席制度。民进各省委会要积极支持企业家联谊会解放思想，大力推进工作思路、工作内容、工作方式、工作机制的创新，开创工作的新局面。要善于把握形势发展变化，注意研究工作对象的特点，不拘泥于传统经验。要根据工作实际需要，不断开拓工作领域，丰富工作内涵。要善于合力借势、借助有关社会力量，实现企业界会员资源和社会资源的有效结合。要强化联谊会的科学管理，完善工作制度，使联谊会工作不断适应新的形势。

朱永新代表民进中央，向民进江苏省委、民进江苏企业家联谊会和雨润集团为此次会议提供周密的安排和热情的服务表示感谢。

会议期间进行了分组讨论，各小组结合工作实际，对严隽琪的重要讲话和卢中原的报告进行了认真的学习和讨论，围绕如何开展社会服务工作和企业家联谊会工作充分交换了意见。闭幕式上，参加会议的企业家会员各小组推选出的代表向大会汇报了分组讨论的情况。

《民进企业界会员联谊会轮值主席制度（试行）》规定，每年年会时期间，由各省的企业家联谊会会长会议推选申办下一届年度会议的轮值主席。2009 年新当选的第二届轮值主席、民进山西省企业家联谊会会长徐文龙在闭幕式上发言。2010 年民进企业家联谊会联席会议将在山西省举办。

江苏省金沙县人民政府县长韩平在闭幕式上作了金沙县的招商引资推介。

闭幕式由民进中央社会服务部负责人主持。出席会议的民进各省区市委专职副主委、社会服务处（部）负责人，各省区市企业家联谊会的会员代表出席闭幕式。

10 月 16 日上午，朱永新和民进企业界会员在金湖县参观考察。县委书记陶光辉，县委常委、开发区工委书记高为森，副县长徐琳、周玉铭等陪同考察。金湖位于江苏省中部，地处两省（江苏、安徽）三市（扬州市、滁州市、淮安市）交界，面积 1400 平方公里，人口 37 万，相传是尧的故乡，有苏北“小江南”之美誉。

陶光辉详细介绍了金湖县的基本情况、发展现状和加快发展的主要措施。他说，2008 年是金湖县经济社会发展进一步加快的一年。经济实力增强，民间活力增强，发展质态变好。金湖县将着力破解交通瓶颈，彻底改变金湖交通边缘化的问题。

朱永新参观了江苏爱特福 84 股份有限公司和江苏神州车业集团有限公司两家企业，听取了江苏恒辉置业发展公司董事长彭克年在金湖投资情况介绍。他说，通过短暂的考察和听取介绍，金湖的风土人情、历史底蕴和美食文化都给他留下了深刻的印象。金湖的发展注重与本地的特色相结合，发展有荷乡特色的农副产品、旅游景点，取得很好的效益。

朱永新对金湖县坚持不招引化工污染项目、保护和发展水乡原有特色的做法给予高度赞赏。他希望同行的企业家通过在金湖的参观考察，找到与金湖合作的共同点，让合作之花早日在金湖开放。

苏州市光华实业有限公司董事长许华、江苏雨润食品产业集团有限公司董事长宜恒礼等纷纷表达了来金湖投资的意向，并为金湖县经济发展建言献策。

2009 中国草原发展论坛在合肥召开 罗富和出席开幕式并致辞

2009 年 10 月 14 日，全国政协副主席、民进中央常务副主席罗富和上午出席由农业部草原监理中心和中国草学会在安徽省合肥市举办的“2009中国草原发展论坛”开幕式并致辞。农业部副部长高鸿宾，安徽省委常委、副省长赵树丛等在开幕式上致辞。中国工程院院士石元春、尹伟伦、任继周等作大会报告。

罗富和在致辞中指出，草原是地球面积最大的生态屏障，是应对全球气候变暖、建设生态文明不可缺少的重要基础。草原问题不仅关系生态环境安全，也关系我国经济社会全面发展大局。加强草原保护建设，是贯彻落实科学发展观、加快建设社会主义和谐社会的新要求。全国政协将一如既往地关注、关心、支持草原工作，积极为草原工作出谋划策。他呼吁，全社会更加重视草原、关爱草原、支持草原事业发展，共同建设人类美好家园。

高鸿宾在致辞中说，加强草原保护建设是做好农业、农村和农民工作的重要内容。各级农业部门既要抓好粮食生产，也要重视草原生态建设；既要抓好农区发展，也要重视牧区经济和社会进步。

赵树丛在致辞中指出，安徽属中部地区草原面积较大的省份之一，目前初步形成了以改良草山草坡为主的皖西南生态经济区，以退耕还林为依托的江淮林草结合示范区，以种草养畜为主的沿淮规模种植区，草产业雏形初步形成。他表示，农业部在安徽省举办这次高规格、高水平的草原发展论坛，开展草原资源与环境、草原政策与管理、产业经济等专题学术交流，为安徽省加强学习交流、扩大对外合作提供了良好机遇，必将进一步促进全省草业新发展。

本次论坛以“面向未来的中国草原”为主题，全方位展示了近年来我国草原保护建设、草原科学研究取得的成就。与会代表充分交流了草原保护建设、草业发展等方面的成功经验，客观分析了当前草原工作面临的主要矛盾和问题，深入探讨了促进草原科学发展的宏观战略。

论坛通过研讨和交流，形成了七点共识：一是必须进一步强化草原的国家战略定位；二是必须从“三农”高度全面推进草原保护建设；三是必须营造全社会更加关爱草原的良好环境；四是必须更加关注草原与气候变化问题；五是必须加强草原管理体系建设；六是必须加快草业科技进步；七是必须重视草原多功能性开发。

严隽琪在南通调研

2009 年 10 月 15 日至 17 日，全国人大常委会副委员长、民进中央主席严隽琪在江苏省南通市调研。

严隽琪时隔 15 年再次来到南通，她用“惊喜、振奋、期待”概括此行的感受。她说，南通的发展不仅仅有速度，还很注重质量；不仅仅是政府的政绩，更是老百姓的实惠，这种变化令人欣喜。这里的干部、群众目标明确、思路清晰、锐意创新、干劲十足，这种精神状态令人振奋。科学发展和和谐社会建设让南通迅速发展，历史上中国近代第一城的光辉，在今天又重新绽放出了光彩，南通的未来令人期待。她还用“以追江赶海之势，谱改革发展新篇”表达对南通的赞美和期待。

严隽琪在考察中指出，先发有先发的优势，但是必然在发展的过程中会留有遗憾。后发的优势在于可以借鉴成功的经验和失败的教训，避免再犯相同的错误。她建议，南通在快速发展的同时，吸取先发地区建设的经验教训，更好地进行城市规划，充分考虑生态、环保等因素，建设既适合创业，又宜居的城市；

更好地进行产业结构调整，均衡发展第一、二、三产业，同时，在产学研结合上再迈出新的步伐；更多地关注民生，加强社会保障建设，让南通的老百姓更多受益。

严隽琪听取了南通市及南通市如皋县经济社会发展情况汇报，参观了南通博物苑、蓝印花布艺术馆、中国珠算博物馆，考察了濠河生态区，并对泰华集团进行了调研。

江苏省政协副主席、民进江苏省委主委陈凌孚，民进江苏省委副主委徐菊英，民进中央研究室负责人参加考察。南通市委书记、市人大常委会主任罗一民，市委副书记、市长丁大卫陪同考察。

10 月 16 日上午，严隽琪会见南通民进会员代表并座谈。她在听取民进南通市委主委孙汝建的汇报后，对民进南通市委的工作给予充分肯定。她说，基层组织的工作成绩就是对会中央的最大支持。基层组织在工作中创造的好的经验和做法，对会中央工作思路的形成，以及对全会其他地方组织的工作都会产生积极的作用。

严隽琪说，下基层是加强我会领导班子作风建设、提高自身素质非常好的形式，也是总结经验发现问题、推动全会工作的一个重要方式，同时也是扩大民进影响，改善民进工作环境的一个重要渠道。因此，要很珍惜每次下基层的机会，把下基层作为宝贵的学习机会。

严隽琪说，南通的历史积淀和体现出的精神，反映了中华民族近百年来力求强国富民的理想和努力。近代的张謇是当时知识分子的典型。我们作为现代知识分子，作为民进的成员，也应该思考如何把自己的专长和理想热情结合起来报效国家、造福乡祉。

严隽琪说，南通是教育名城，老师们师德很好。师德是衡量教育体制改革成效的一个重要标准。很高兴南通从小学到大学，从普通教育到特殊教育，都有民进会员的身影，在其中发挥骨干作用。希望这个特色继续保持下去。

严隽琪对南通的科学发展和谐发展留下深刻印象。她说，江还是这条江，海岸线还是这个海岸线。一旦有了好的思路，就会有出路；一旦有了好的干部，就会带动一个集体。南通的腾飞，离不开好的生态环境，离不开改革开放背景，更离不开好的思路和干部群众的干劲。南通给了每个南通人发展的机会，祝愿大家大展宏图，在南通的历史新篇留下自己的足迹。

严隽琪说，中共十七届四中全会对进一步加强共产党的党建进行了研究部署，这也隐含着对参政党自身建设更高的要求。要以党为师，做到执政党和参政党相互促进；从地方组织中汲取经验指导全会工作，做到会中央工作与地方组织工作相互促进；紧密结合履行职能进行自身建设，做到自身建设与履行职能相互促进；理论研究联系实际、学以致用，做到理论研究与实际工作相互促进。

严隽琪说，在本届会中央任期的五年里，第一年重点抓领导班子建设，今年重点抓组织建设，明年将重点做好届中调整和加强机关建设。这并不是说每年只做重点工作，而是根据形势和会的实际情况，在巩固各项工作的同时重点抓好某项工作。民进南通市委总结的参政议政制度化、规范化、特殊化，基层组织开展活动要亲情化等等，都是很好的做法，要继续保持。同时，面临新形势新要求，我们的组织发展工作既要保持发展民进特色，在保证特色的同时提高层次；又要用好 30% 的比例，发展各个界别的优秀人才。组织发展不能光靠数量，重要的是靠质量。不仅入会前要找好苗子、挖好人才，入会后也要加强教育培训，使他们和我们会的宗旨不断结合起来，融入到组织中。参政议政工作要扩大眼界，有全局观，必须面向南通、面向江苏、面向中国。这就要我们不断学习、善于学习。希望大家认真学习中共十七届四中全会精神，学习会中央宣传思想工作会议和组织工作会议精神，学习形势，学习专业，在自己岗位上作出贡献。

陈凌孚、徐菊英、民进中央研究室负责人等参加座谈。

加强两岸交流合作　促进海西南翼发展论坛在汕头召开 罗富和出席讲话，并走访民进汕头市委

2009 年 10 月 16 日，全国政协副主席、民进中央常务副主席罗富和上午在汕头出席第二届闽粤赣 13 市政协“加强两岸交流合作，促进海西南翼发展”论坛开幕式并讲话。在为期 3 天论坛上，来自福建省厦门市、泉州市、漳州市、龙岩市、三明市，广东省汕头市、潮州市、揭阳市、汕尾市、梅州市，江西省赣州市、抚州市、鹰潭市等 13 个市的政协领导和海峡两岸的专家学者再次相聚一堂，共同探讨深化区域合作和海西南翼的发展大计。

罗富和在讲话中指出，发挥人民政协的优势和作用，助力海西建设，是人民政协责无旁贷的历史责任和光荣使命。闽粤赣 13 市政协论坛为 13 市专家学者和各界人士建言献策搭建一个交流互动平台，为党政决策提供智力支持，很好地体现了人民政协围绕中心、服务大局的工作原则。这也是 13 市政协秉承改革创新精神，不断丰富人民政协履行职能内容和形式的新举措，很好地体现了人民政协事业的时代性和创造性。希望与会代表围绕论坛主题，坦诚交流，互相启迪，建睿智之言，献务实之策，取得理论探讨和实践创新的丰硕成果，使论坛更具活力、更富成效，为海峡西岸经济区建设和祖国和平统一大业作出人民政协的新贡献。

广东省政协副主席蔡东士对论坛的举办表示热烈祝贺。他说，粤东地区有着东融海西、西承珠三角的良好区位优势。当前，广东省正在深入贯彻实施《珠江三角洲地区改革发展规划纲要（2008—2020 年)》，海峡西岸经济区的崛起更加有利于两个经济区的联系、互动和共同发展。本届论坛充分利用政协人才荟萃的优势，定位恰当，选题精准，组织周密，准备充分，必将为拓宽区域发展的新思路，探索区域发展的新途径，谋求区域发展的新成效，促进海西南翼的新发展，发挥政协组织更大的作用，起到更好的促进作用。

汕头市委书记黄志光代表市委、市人民政府和 500 多万汕头人民，对各位嘉宾和专家学者莅汕指导工作、传经送宝表示热烈欢迎和衷心感谢，并介绍了汕头的经济社会发展情况。他说，闽粤赣 13 市协作区的创立和发展，顺应了时代潮流和形势要求，是贯彻落实科学发展观的生动实践，是 13 市携手合作、应对挑战、加快发展、共创繁荣的重要平台。汕头地处台湾海峡西岸，是广东省距离台湾最近的城市，是环珠江三角洲地区与海峡西岸经济区的重叠覆盖区，有着“东承西进”、“左右逢源”的良好区位优势。省委、省政府明确支持汕头先行先试，率先建设粤台经贸合作试验区。汕头将进一步擦亮特区牌子，主动融入海峡西岸经济区，积极引进台湾先进制造业、现代服务业，进一步扩大对台海上货运直航规模，努力把汕头建设成为广东省扩大对台经贸文化交流合作的桥头堡和重要通道。希望与会领导和专家学者为推动闽粤赣 13 市区域协作，加强两岸交流合作，促进海西南翼发展，提供宝贵意见和智力支持。他说，本届论坛一定能够成为促进海西发展的新平台、对台工作的新舞台和各市联谊的新纽带。汕头将把论坛的丰硕成果转化为深化合作、加快发展的工作实践，转化为主动融入海峡西岸经济区、率先建设粤台经贸合作试验区的强大动力，推动汕头实现全面振兴和崛起，共创闽粤赣 13 市更加美好的明天。

罗富和当日走访民进汕头市委，看望民进骨干会员并座谈。汕头市政协主席于云臣，市委常委、宣传部部长陈茸，省政协副秘书长黄绍华，市政协副主席、统战部部长方海顺等陪同走访。市政协副主席、民进市委主委谢铿汇报去年以来民进市委的主要工作。

罗富和认真听取汇报，对汕头民进的工作给予高度的评价。他说，民进汕头市委换届后，在思想建设、组织建设、参政议政能力建设、社会服务等方面均取得了显著成绩。广大会员在本职岗位上辛勤工

作，获得了许多荣誉，为民进树立了良好的社会形象。

罗富和说，当前，我们要认真学习中共十七届四中全会的精神，坚持中国共产党的领导，认真履行参政党的职能，要做到三个保持：一是保持坚定的政治方向；二是保持参政议政能力；三是保持民主党派的进步性和广泛性。

罗富和希望汕头民进的会员们，在中共汕头市委市政府的领导下，在市委统战部、市政协的指导下，围绕社会经济发展、社会稳定、教育综合改革、海峡两岸经济发展等方面积极建言献策，为推动汕头经济发展，为推动和谐社会贡献力量。

民进汕头市委领导冯丽娜、杨金耀，市委委员、总支委员、支部主委和老同志共40多人参加座谈并合影留念。

中国民办教育发展大会暨中国民办教育协会（2009）年会在韶山召开
严隽琪发贺信，王佐书主持大会

2009年10月19日，中国民办教育发展大会暨中国民办教育协会（2009）年会在湖南韶山隆重召开。中共中央政治局委员、国务委员刘延东，全国人大常委会副委员长、民进中央主席严隽琪分别给大会发来贺信。全国政协副主席张榕明，全国人大常委会原副委员长、民进中央原主席、中国民办教育协会名誉会长许嘉璐出席会议并讲话。教育部有关领导到会祝贺。中国民办教育协会会长陶西平致开幕词，中共湖南省委副书记梅克保作专题发言。湖南省副省长韩永文及韶山市领导分别致欢迎词。中国民办教育协会常务副会长、民进中央副主席王佐书主持大会。

刘延东在贺信中指出，“此次中国民办教育发展大会以‘团结、鼓励、创新、发展’为主题，集思广益，广纳民智，探讨如何汇集民办教育力量，进一步优化内外环境，推动和创新民办学校自我完善与品牌建设等，很有意义”。

严隽琪在贺信中指出，“面对新的任务和挑战，需要全社会积极鼓励和大力支持民办教育事业发展，为民办教育发展创设良好的社会环境；需要各级政府正确引导和依法管理好民办教育，切实转变观念推动民办教育的制度创新；需要所有举办者认真履行社会责任，增强自律意识，加强自我完善，提高创新能力，依法办好每一所学校”。

张榕明在讲话中说，60年来，我国的教育取得了举世瞩目的成就，在波澜壮阔的30年改革开放的进程中，中国民办教育充满生机和活力，在丰富多彩的实践探索中，广大民办教育工作者以改革创新精神和立人报国之心服务于民办教育工作。当前，我国正处于由人口资源大国向人力资源强国的转变过程中，要加快这一历史转变的步伐，依赖于教育的发展和繁荣，民办教育应在这个转变的过程中不断创新，发挥更大的作用。

许嘉璐在讲话中说，改革开放以来，中国民办教育虽然有了巨大的发展，但仍然滞后于国家的经济建设和社会发展，滞后于广大人民群众对优质教育资源的要求，民办教育工作者必须把自己的眼光放得远一点，应该有一个未来30年到50年的设想，立足于现在，但是出发点不能是现在。为迎接中国教育新一轮的高潮，民办教育要在办学（教育）理念、体制机制、教师教材教法等层面进一步改革创新。希望中国民办教育界先试先行，加强团结、鼓励改革、大胆创新、共同发展。

来自全国各地民办教育界的400余位代表济济一堂，集思广益，就如何推动民办教育发展与创新，如何汇集民办教育力量，进一步优化内外环境，推动民办学校自我完善等进行了深入探讨与交流。

开幕式上，大会对中国民办教育发展大会优秀论文获奖者进行了表彰奖励。专题发言单元，云南、宁波、成都市成华区等政府有关部门作大会发言；江西蓝天学院、湖南信息科学职业学院、广州市华美英语实验学校、大连万达星海人家幼儿园、新东方教育集团等民办教育机构代表也作了大会发言。

王佐书在闭幕式上作总结发言。他说，本次会议具有三个鲜明的特点，一是主题鲜明，“团结、鼓励、创新、发展”的主题，既是对民办教育的总结，也是对民办教育的希望，更指出了民办教育的办学规律；二是交流典型，有一定的代表性和说服力，互相借鉴，互相学习，丰富民办教育办学经验，激励民办教育向更高的办学目标迈进；三是与会代表热情饱满，表现了对民办教育协会的期望、信心和办好民办教育的决心。

全体与会代表以“坚守使命　开拓创新　科学发展”为题，向全国民办教育界发出倡议书。

2009民进中南六省理论研讨会在武汉召开
朱永新出席并讲话

2009年10月19日，民进中央副主席朱永新在湖北省武汉市出席2009民进中南六省理论研讨会。这次会议的主题是民主党派的民主监督。湖北省人大常委会副主任、民进湖北省委主委周洪宇，中共湖北省委统战部助理巡视员刘爱党，民进中南六省以及民进四川、湖北省委各市级组织的40多位同志出席研讨会。

朱永新代表民进中央对大会的召开表示热烈祝贺。他说，新一届民进中央领导集体非常重视理论学习和研究，提出“有思有行”，要求各级组织和广大会员在工作实践中要善于学习、善于思考、善于总结经验，提炼工作规律；特别是要重视理论学习，以正确的理论指导实践。只有理论上的清醒，才能政治上的坚定，才能把握工作的主动性。

朱永新说，民主监督是宪法和执政党赋予参政党的一项基本职责，是坚持和完善中国共产党领导的多党合作和政治协商制度的重要内容，是各民主党派与共产党“长期共存、互相监督、肝胆相照、荣辱与共”方针的重要体现。民主党派的民主监督是我国社会主义监督体系的重要组成部分，是我国政治文明建设的重要内容，是民主党派广泛参与国家政治生活的重要方式，它与执政党的党纪监督、人民代表大会及其常委会的权力监督、司法机关的法律监督、人民政府的行政监督、政协的民主监督、新闻媒体的舆论监督、人民群众和互联网的群众监督等共同组成我国的监督体系。

朱永新说，长期以来，民进中央和民进各省级组织积极发挥参政党作用，把政治协商、参政议政和民主监督工作有机结合起来，围绕党和国家的中心工作，充分利用政治协商、参政议政的舞台，对国家发展规划和宏观战略部署、教育发展和教育法规的制定、传统文化开发和保护、文化体制改革、对生态环境建设和保护等等，提出一系列的前瞻性、建设性的意见，被中共中央国务院采纳，有的推动了国家立法，有的写入国务院政府工作报告，有的纳入国家十一五规划。

朱永新强调，民主党派的民主监督是中国特色的民主监督，是符合中国国情的，在我国社会主义民主政治格局中发挥了重要作用。他要求民进的同志要加强理论学习，保持清醒的政治头脑，坚持正确的政治方向；民主党派的民主监督工作，必须按照科学发展观的根本要求，围绕中心、服务大局，发挥协调关系、化解矛盾的优势，促进和谐发展，做到到位不越位，帮忙不添乱，谋长远，献良策，当诤友，当挚友。

朱永新在湖北期间看望了民进湖北省委原主委蔡述明。

全国职业院校师生美术书法篆刻作品展览暨获奖作品颁奖仪式在京举行 王佐书出席并讲话

2009 年 10 月 23 日，全国职业院校师生美术书法篆刻作品展览暨获奖作品颁奖仪式上午在全国政协隆重举行。全国政协副主席、中华职业教育社理事长张榕明出席活动。教育部副部长、中华职业教育社特邀顾问鲁昕，民进中央副主席、中华职业教育社副理事长王佐书出席并讲话。民革中央副主席、中华职业教育社副理事长何丕洁也出席了活动。颁奖仪式由中华职业教育社总干事陈广庆主持，教育部职成教司司长葛道凯宣布获奖名单。

鲁昕在讲话中指出，党和政府一贯高度重视职业教育工作。职业教育对学生的培养不仅仅是专业技术的培养，更要关注学生心灵的成长，人格的健全，道德价值观念的形成，人文情怀与艺术情趣的自觉，促进学生的全面发展。艺术教育在职业教育中具有非常重要的位置，对于促进职业教育的科学发展具有重要意义。举办庆祝新中国成立 60 周年全国职业院校师生美术书法篆刻作品展览，是一次全国职业院校书画文化的普及活动，是一次职业院校师生爱国主义教育的活动，向社会展示了职业院校素质教育、艺术教育的成果和新时期职业院校师生蓬勃向上的精神面貌。

王佐书在讲话中指出，这次全国职业院校师生美术书法篆刻作品展览是由教育部职业教育与成人教育司、高等教育司和中华职业教育社共同发起的，表明了教育部对职业院校艺术教育的重视，也体现了中华职业教育社始终致力于推动我国职业教育全面健康发展的意愿。这次展览是对全国职业教育系统师生爱国主义教育及艺术素质教育成果的一次检阅，是我国职业教育发展进程中具有独特艺术价值的一次重要活动。

王佐书说，作为职业教育的一个重要组成部分，艺术教育在全面提高职业院校学生的审美素质，培养具有健全人格和专业知识过硬的合格人才，促进人的个性全面发展中具有重要的作用。举办这样的展览及颁奖活动，有利于进一步提高全社会对艺术教育在职业教育中的重要地位和作用的认识，鼓励和引导职业教育的健康发展。

来自全国职业院校的 1000 多名师生向本次活动提供了作品。天津市美术中等专业学校陆文来创作的《第一时间》等 17 幅作品分别获得一、二、三奖，西藏昌都地区职业技术学校等 20 个职业院校获组织奖。

民进中央专门委员会工作研讨班在京举行 罗富和、朱永新出席并讲话

2009 年 10 月 24 日至 25 日，民进中央专门委员会工作研讨班在京举行。民进中央常务副主席罗富和、民进中央副主席朱永新出席会议并讲话。

此次研讨班重点研讨了民进中央 2010 年专题调研课题，讨论未来一段时期民进中央参政议政重点关注的领域和调研方向，规划民进中央专门委员会未来几年参政议政的调研课题。

朱永新在讲话中指出，换届以来，民进中央重新调整了专委会的定位，专委会成为参政议政一线的工作单位，在我会参政议政工作中发挥了重要作用。他希望大家对明年会中央参政议政的选题进行讨论、研究和分析，同时考虑未来几年我会参政议政的目标和定位；各专委会应立足各专门领域对某些问题在未来几年做深入持续的研究，围绕国计民生提出有分量、有影响力的真知灼见，不断地为会中央的参政议政提供智力支持，为会中央参政议政工作更上一个台阶作出贡献。

会议传达了主席办公会精神和会中央领导对此次会议的期望。会中央希望通过此次研讨班，加强参政议政课题储备，对我会参政议政工作进行长期的规划，探讨未来几年会中央参政议政将围绕哪些重点问题进行深入调研并提出建议，使全会参政议政调研有计划、有步骤地推进。

在会上，民进中央8个专门委员会的负责同志和会中央两位参政议政特邀研究员围绕本领域的改革和发展形势，针对其中的难点、焦点和热点问题进行了研讨。

10月24日下午，罗富和、朱永新出席民进中央专门委员会工作研讨班分组交流。

会议重点研讨民进中央2010年专题调研课题，讨论未来一段时期民进中央参政议政重点关注的领域和调研方向，规划民进中央专门委员会未来几年参政议政的调研课题。与会者从本职工作出发，对关系国计民生的热点、难点问题进行了深入的探讨，并对参政议政工作中应怎样选题、怎样调研、怎样保持调研工作的连续性、怎样将专委会工作与本职工作相结合、怎样将参政议政与社会服务工作相结合等问题提出了具有可操作性的建议。

10月25日上午，罗富和、朱永新出席民进中央专门委员会工作研讨班全体会。

罗富和认真听取情况介绍并高度评价了此次研讨班。他认为，此次培训以会代训，通过务虚来求实，达到了预期的目的。与会同志互相交流、互相启发，展现了自身在专业领域的深厚基础和对参政议政工作的热忱。会中央将认真考虑、吸收大家的建议，推动参政议政工作的创新。

罗富和对今后工作提出了四点要求：一是要对当前国内外的形势有清醒的认识，既要有信心，又要有忧患意识；二是在参政议政时处理好前瞻性与呼应热点的关系；三是在参政议政时不但能提出问题，还能提出解决问题的建议；四是会中央做好组织与服务工作，切实加强专委会建设，使专委会工作常态化。

民进中央组织部、社会服务部、参政议政部负责人，八个专门委员会部分骨干成员、特邀研究员等40余人出席会议。

第七届海峡两岸中华传统文化与现代化研讨会暨首届海峡两岸医学文化与医学发展论坛在杭州举办

2009年11月1日至2日，第七届海峡两岸中华传统文化与现代化研讨会暨首届海峡两岸医学文化与医学发展论坛在杭州市举办。

民进中央主席严隽琪，常务副主席罗富和，副主席朱永新在会议开幕前亲切会见民进出席论坛的文化界和医卫界的专家学者。他们是：

中国电影家协会副主席、中国电影基金会会长李前宽，他专程前来观摩此次论坛，为明年筹办以电影文化为主题的海峡两岸中华传统文化与现代化研讨会做准备。

民进中央科技医卫专门委员会副主任、中日友好医院副院长姚树坤，他不但为论坛主题和议题的确定、邀请医疗协会负责人与会，以及会议文件的起草做了大量工作，还提交了论文并将作主题演讲。

一家三代都是民进会员的中国医学科学院肿瘤医院教授陈智周，她邀请香港病毒学专家与会，本人并提交了学术论文。

浙江大学医学院附属邵逸夫医院副院长蔡秀军、浙江中医药大学副校长连建伟，他们所提交的论文被选为主题演讲。

山西省政协副主席、山西医科大学第二医院副院长卫小春，中华医学杂志英文版副总编、中国医疗保健国际交流促进会副秘书长王德，浙江大学医学院附属第一医院副院长陈亚刚，他们或提交论文并将担任分会场召集人，或作为主持人、召集人后备人选。

中华医学会全科医学分会副主任委员、浙江大学医学院教授余海，他将担任主题演讲主持人兼点评人。

严隽琪在会见中首先代表民进中央向鼎力相助此次论坛和下届研讨会的会内文化界、医卫界专家学者们表示诚挚的感谢和亲切的问候。她说，筹备召开首届海峡两岸医学文化和医学发展论坛，会内专门委员会和专家学者与机关部门密切协作，发挥了重要的作用。这样一种工作模式应当固定下来，形成工作机制，长期起作用。随着经济社会发展和科技创新，参政党要在各个领域谋长远之计，建睿智之言，求务实之效，必须重视和发挥专家学者的智力支撑作用。中华传统文化与中西医学领域相结合，既为医学领域的发展做了工作，又为中华文化的传承作了贡献。民进浙江省委医卫界的力量非常强，通过论坛这样一个平台，可以展示专业成果，凝聚更多人才。大家建言献策、发出声音，多了一条体现自身价值的渠道，服务社会与为会服务是一致的。

专家学者在会见中就举办下届海峡两岸传统文化与现代化研讨会的时机、如何提高医学宣传的科学性、正确引导社会舆论等问题提出意见建议。民进中央宣传部、社会服务部、研究室负责人会见时在座。

10 月 30 日下午，第七届海峡两岸中华传统文化与现代化研讨会暨首届海峡两岸医学文化与医学发展论坛举行新闻发布会。会议介绍了“首届海峡两岸医学文化与医学发展论坛”的背景、概况、特点，以及宣传报道有关安排。本次论坛旨在加强海峡两岸医学文化界的交流，通过学术研讨和实地考察，加深台湾学者对祖国的了解和对“一个中国”的认同，为发展两岸关系、增进人民福祉、实现祖国统一发挥积极作用。弘扬中华传统医学文化，是海峡两岸医学界同仁的共同心愿，发扬光大这项事业，是两岸学者肩上的共同责任。论坛将发扬一贯以来海纳百川、兼容并蓄的特点，建立起长效的传承与发展医学文化交流互动的机制和平台，促进两岸医学界进一步携手合作，共同为两岸同胞的健康福祉服务。

发布会介绍了浙江省对台工作情况，介绍了浙台两地医卫工作交流情况。

会议主办单位为浙江省人民政府、中国民主促进会中央委员会、中华文化促进会、中华医学会、中华中医药学会；承办单位为叶圣陶研究会、民进浙江省委、浙江省卫生厅、浙江省台办；支持单位为国务院台湾事务办公室、中华海外联谊会。会议主题为海峡两岸医学文化与医学发展，议题为：1. 中华传统文化与医学发展；2. 中西文化交融与医疗卫生服务；3. 中华传统文化与医学模式转变。

本次论坛的主要特点，一是论坛的主题从以往六届的以地域文化为主题转向以领域文化为主题；二是论坛规格较高，邀请到大陆和台湾、香港、澳门地区医学界专家学者近 200 人与会；三是论坛内容丰富、成果多样，不仅涉及中华传统医药文化的继承与弘扬，也涉及中西方医药文化的交流与融合；四是浙台两地深厚的文化渊源，以及改革开放以来浙江省医药卫生事业所取得的显著成就，为本次浙台交流奠定了基础。

11 月 1 日上午，第七届海峡两岸中华传统文化与现代化研讨会暨首届海峡两岸医学文化与医学发展论坛在杭州开幕。全国人大常委会副委员长、民进中央主席严隽琪，全国政协副主席、民进中央常务副主席罗富和出席开幕式。开幕式由叶圣陶研究会会长张怀西主持。

严隽琪在开幕式讲话中说，过去一年来，在两岸同胞的共同努力下，两岸关系取得了突破性进展，步入了和平发展的轨道，两岸民众期盼已久的全面直接双向“三通”得以实现。两岸经济合作、文化交流日益频繁，医药卫生、医学教育和医院管理等方面的交流与合作也不断扩大和深化。中国民主促进会以促进文化的繁荣与发展为己任，近年来对推进海峡两岸文化交流与合作，促进两岸关系和平发展给予了极大的关注。本次论坛以中华传统文化为背景，以增进两岸民众健康福祉为目的，探讨医学文化和医学发展，扩大交流、加强合作，意义深远。

严隽琪说，中华传统文化博大精深、源远流长，是中华民族文明进步的宝贵精神财富。中医学融会了文化和哲学的成分，为中华民族的生存繁衍作出了不可磨灭的贡献。传统文化应与时俱进，中医与西医应互相借鉴，可以和而不同，共同为人类的健康事业服务。她指出，文化因交流而丰富，因交融而多彩，中医学现代化一方面要重视历史，另一方面要进行对话，树立世界眼光，有中西融合或综合创新的底气，才能既古老又年轻，对人类有更大的贡献。她希望，包容中西医学精华的21世纪新医学早日建立。

国务院台湾事务办公室副主任叶克冬代表中共中央台办和国务院台办对论坛召开表示热烈祝贺。他说，从传统文化的视角探讨两岸医学文化与发展，具有多重的重要意义。两岸交流是促进两岸关系和平发展的重要动力，是两岸同胞增进了解、融洽感情的重要途径，是凝聚两岸同胞意志、共同推进中华民族伟大复兴的必然要求。他期待论坛取得丰硕成果，为继续深化两岸医疗合作，进而不断扩大两岸各领域交流增添动力，并激励两岸同胞为共同弘扬中华文化优良传统，推动两岸关系和平发展而不懈努力。

卫生部副部长、国家中医药管理局局长王国强在开幕式上致辞。他说，祖国大陆高度重视维护和增进人民健康，医药卫生事业取得了显著成就。中医药事业在中华文化的鼓励下，正站在新的历史起点上，弘扬中医药文化，大力发展中医药，是弘扬中华民族优秀传统文化、维护两岸同胞健康的重要内容，也是两岸中医药界同仁的共同责任和光荣使命。

中共浙江省委副书记，浙江省省长吕祖善致欢迎词。他代表中共浙江省委、省政府对研讨会隆重召开表示热烈祝贺。他说，加强两岸医疗卫生交流，加深了解，弘扬中国文化的优秀产品，建设两岸人民共有的精神家园，不仅体现了共同推进两岸医卫事业发展的愿望，也体现了两岸民众加强了解与沟通，共同谱写和谐发展的美好愿景。

台湾新党主席郁慕明在发言中说，海峡两岸从和平发展、追求生活的需求已经进展到追求生命的需求。两岸文化相同，同文同祖，经过多年努力，两岸越来越接近，越来越融洽，期待本次论坛对未来医学进步有所助益。

中华文化促进会副主席王石、中华医学会副会长吴明江也在开幕式上分别致辞。

民进中央副主席朱永新，浙江省人大常委会副主任徐宏俊，浙江省副省长郑继伟，浙江省政协副主席、民进浙江省委主委盛昌黎，浙江省九届政协常务副主席龙安定，山西省政协副主席、山西医科大学第二医院副院长、民进山西省委主委卫小春，中央统战部三局副局长杨毅周，台湾亚洲大学教授刘见祥，香港大学病毒学系主任管轶，澳门医务界联合总会会长李安定，国务院台湾事务办公室、中华海外联谊会，中共浙江省委、人大、政府、政协，民进中央、中华文化促进会、中华医学会、中华中医药学会、叶圣陶研究会、民进浙江省委等有关部门的同志出席开幕式。

自2002年以来，中国民主促进会与各有关方面共同努力，已连续6年举办“海峡两岸中华传统文化与现代化研讨会”。前六届研讨会累计邀请了两岸文化界专家学者1000余人次参加，内容涉及中华传统文化与现代化的多个方面。本届研讨会首次尝试将文化研讨系列从地域文化转向领域文化。在两天的时间里，两岸四地医学界专家学者将围绕“海峡两岸医学文化与医学发展”的主题，就“中华传统文化与医学发展”、“中西文化交融与医疗卫生服务”、“中华传统文化与医学模式转变”等议题，展开讨论，共议心得，交流海峡两岸医学文化发展的思考和经验，共同促进海峡两岸医学文化的融合与创新。

民进中央与台湾医护界人士的往来始于2007年，民进中央以叶圣陶研究会的名义邀请台湾医护界人士到北京考察交流，并协助安排了与大陆卫生部等业务主管部门的会见，推动了台湾医师在大陆行医资格问题的解决进程。2008年、2009年，民进中央先后接待了二批台湾的医护界人士和学生。

在11月1日的主旨演讲与主题演讲中，两岸四地医学界专家学者怀着维护两岸同胞健康、保护中华传统文化的忧患意识，谈医学、谈文化、谈理念、谈实践。医学文化是中华传统文化中的精华与国粹，是在中华文化母体滋养下成长发展的，医学文化的发展与繁荣离不开中华传统文化的推广和普及，这是首届海峡两岸医学文化与医学发展论坛与会嘉宾的一致共识。

中国中医科学院院长曹洪欣说，中医药是传统的，又是现代的；中医药是中国的，又是世界的。中医蕴涵着丰富的中华传统文化，中医药是中华民族的伟大创造，是我国自主创新的优势领域，在服务人类健康、弘扬中华文化、构建和谐社会和建设创新型国家中具有重要作用。中医学之所以历经几千年的历史而不断发展，并日益为世界所重视，显示出强大的生命力，就是由中医理论与实践的先进性所决定的。

浙江中医药大学副校长连建伟说，中医确实是文化，中医的源头就是中国传统文化，如果缺少了文化源头，中医的发展就会成为无源之水，无本之木。所以要长时期不断坚持研究经典文献，读经典、跟名师、多临床，成就新一代名中医，并且要将中华医学铺轨到世界各地，为中华医学风行世界而努力。他强调，集各家所长为我所用，一直是中医文化的一大特点，中医药确实是一个宝库，应该深入挖掘，不可视而不见。

中日友好医院副院长姚树坤把传统文化与中医比作“源头”与“活水”的关系。他说，要让中医学发扬光大，必须让更多的人接受，尤其是让服务对象接受。一方面要以中国传统文化的传播为媒介，促进中医药的对外交流；另一方面普及传统文化要从小抓起，提高全民中华传统文化素养。他说，培养一批具有深厚传统文化功底，了解现代医学基本知识，掌握中医诊疗精髓的中西医结合工作者，是目前的当务之急。

北京中医药大学校长高思华说，以自然之理来探讨处于自然界之中具体事物的变化规律，是中医学的基本思维模式，阴阳五行学说是中医学的基本思想方法。从天地人一体的角度出发来研究人体生命现象的基本观点的科学性，随着许多新兴学科的研究发现并逐渐被证实，阴阳五行学说所倡导的因时、因地、因人而辨证论治的诊断治疗方法在临床上也愈来愈显示出其独特的优越性。

浙江大学医学院附属邵逸夫医院副院长蔡秀军说，无论是中医还是西医，都有其各自的医学文化，但共同的一点便是二者都强调“悬壶济世”的公益性和医生道德文明修养。他指出，以人为本、以病人为中心是医学的核心精神，人类对幸福和健康的追求是医学得以不断发展的原动力，减少痛苦、最大限度提高患者生活质量，是每一个医生的努力方向。这恰恰都体现了创新精神与人文精神的融通与共建。

美国亚太医学中心副主席高资敏说，融合一体的现代医学将无中西之分。他比喻，犹如一部车子有两位司机，司机合作无间，方向一致，车子当然可顺利前进；但若二位司机见解互异，方向不一，车子必然动弹不得。因此，中西医学殊途同归，现代医学应集所有各区域、各时代的最优越、最有效的医学于一体。中西文化必将全面交融，中西医学也将全盘交汇，而中国传统医学的宏观圆融哲学思想，仍是构建现代医学模式应秉持的大方向。

为中华民族的繁衍生息作出巨大贡献的中医学在科技高度发达的今天正面临新的挑战，然而与会嘉宾深思熟虑的高见和丰富多彩的实践，坚定了两岸四地医学界化挑战为机遇的信心，也使大家感到，中华传统文化一定会在传统医学与现代医学的交汇交融中得到更大的升华与弘扬。

近年来，大陆和台湾、香港、澳门地区医学交流日益频繁，合作水平不断提高。相互介绍两岸四地医卫工作取得的显著成就，增进医卫界的相互了解和友谊，促进事业共同发展，是 11 月 1 日进行的“首届海峡两岸医学文化与医学发展论坛”主旨演讲与主题演讲环节的重要内容之一。介绍经验、分享心得，互通有无、互补长短，专家们的卓识宏论使论坛异彩纷呈。

台湾中医伤科医学会理事长黄蕙棻介绍了台湾历史的文化源流与台湾中医的演进，以及中华文化复兴与台湾中医的现代化之路。她深情回忆起一位浙江籍人士——台湾中国医药学院董事长陈立夫先生对台湾中西医一元化医学体系的贡献，把中医理论用现代方法阐释，使中西医结合成为世界进步医学，开创了全世界独一无二的中西兼修学程体系。1988 年，台湾中医研究所博士班核准设立，博士班要求研究生在毕业以前必须有 SCI 的投稿，要有创发性的内容，并且得到科学上的验证。台湾中医药的研究水平大幅提高，中医助理教授、副教授、教授的人数也快速增长。现在，台湾除了中国医药大学设有中医学系以外，长庚大学、义守大学也设有中医系。

台湾医事联盟协会名誉理事长高明见多次以医学专家身份应邀赴大陆出席医学会议。他说，台湾至今旅居大陆的台商及其台胞眷属已达百万以上，但他们最大的心痛问题及最迫切需要的，则是有关生命健康的切身医疗照顾问题。基于当地台商对医疗照顾需求的急迫性，高明见与几位理念相同的台湾医疗界人士，倡议筹组了医事人员联谊会，即台湾医事联盟协会的前身。一方面增进医事人员的联谊，沟通与团结，争取权益，提升医疗质量，维护国民健康；另一方面促进两岸与国际的医事交流，开发与加强对旅居大陆台商的医疗与健康照护。在他们的努力下，经过多年互动，两岸医界交流更为频繁。

台湾长庚医院行政中心主任龚文华说，台湾已经从公立医院为医疗主体转变为公、私医疗并济。1995年实现了全民健保，各医院竞相引进新技术建立特色，竞相开发更有效率的信息管理平台，来追求医疗服务质与量的提升。从2000年至2009年台湾医保6次调降药价，医界逐步走向规模整并、节制浪费、发展特色医疗的方向。具体到长庚医院，他们不以营利为目的，而是以从事医疗事业，促进社会公益福利为宗旨。在他的介绍中，我们感到刚刚开业一年的厦门长庚医院，犹如大陆医疗领域的一股清风，与其他国有医院形成了很好的互动协作关系。

台湾慈济基金会医疗志业执行长林俊龙的演讲中充满了一个个慈济40余年来“以人为本、尊重生命”的动人故事。他展示的幻灯片中包含有一段段慈济工作的生动视频。他说，慈善与医疗密不可分，慈济在慈善、医疗、教育、人文、国际赈灾、骨髓捐赠、环保、小区志工等方面，以行动关爱社会，无私付出、殷殷不辍。从1972年成立“慈济义诊所”，照顾无数家徒四壁的贫困家庭，至1987年佛教慈济综合医院启用的15年之间，一共为14万人次免费施医施药。从慈济的理念与实践中，与会嘉宾感受到了“感恩、尊重、爱”的医病互动关系，以及爱与人文的糅合。

澳门医务界联合总会会长李安定从澳门的医疗环境、医疗卫生历史沿革、卫生行政机构等方面作了详细阐述。积极提升和优化医疗保健素质，以保障全民健康为长期的工作目标，是澳门特区政府对居民的郑重承诺。澳门地区提供的医疗卫生服务来自多方面，包括以提供初级保健为主的卫生中心和提供专科服务的仁伯爵综合医院；非政府提供的医疗服务的又可分为接受政府和团体资助的医疗单位，以及各类私人诊所和私人化验所。他重点介绍了澳门的卫生中心和私立医院——镜湖医院。澳门所有居民都可以在自己的居所附近享有免费或可以负担的初级卫生保健，基本达到了世界卫生组织所倡议的“人人享有卫生保健”的目标。而镜湖医院作为一间私立的非牟利综合医院，经过百余年的发展，已发展成为一所现代化的综合性教学医院。

浙江大学医学院教授郭永松从看病贵、看病难的现象入手，探讨了卫生服务公平性的构成、现状与思考。他说，卫生服务公平性是社会公平性的重要组成部分，实现卫生服务公平性的目标是多层次、结构性的，不仅体现在卫生资源的分配和卫生服务的实际获得上，也体现在卫生服务的其他方面，如医患交往、卫生服务程序、信息获得等。解决卫生服务公平性问题，不仅要解决卫生资源分配、卫生服务的可及性问题，而是要从多方面着手：制定相应的政策与措施，在宏观层面逐步实现结果公平，在工作层面尽快做到交往公平，在机制层面努力实现程序公平，在关系层面力争解决信息公平。

严隽琪于11月1日论坛开幕后，会见了来自台湾、香港、澳门地区的嘉宾并座谈。罗富和、张怀西、朱永新及盛昌黎一同座谈。

严隽琪说，由民进中央老领导许嘉璐、张怀西主持工作时打造的海外联谊工作平台——海峡两岸中华传统文化与现代化研讨会连续举办了七届，与会的大陆和台港澳同胞，无论是同行还是隔行，在每一届研讨会上都会产生思想碰撞的智慧火花，收获互补双赢的成果。这也反映了两岸关系越来越开放，交流增进共识，合作实现双赢。对中华传统文化中的许多精华，我们必须珍惜，而随着时代变化和现代化的进程，中华传统文化也必须吐故纳新，与现代化相融合。发展两岸关系需要政治智慧和全局眼光。促进两岸医学文化交流，是深化两岸文化交流的新平台，为此还有许多工作要做，我们希望巩固多年的老朋友，结交更多的新朋友，使大陆与台港澳的文化交流不断扩大。

罗富和说，在大陆，民主党派举办这样大规模、高层次、跨海峡的文化研讨活动，得到了国务院台办、中央统战部，中共省一级党委和政府以及各有关部门的全力支持，我们自己的省级组织和医卫界会员也全力以赴，这是论坛举办成功的原因。

张怀西说，有机会见到台港澳这么多朋友，非常高兴，我们亲如一家、本是一家，共同探讨医学文化和医学发展，特别是中医的发展，很有意义。

座谈中台港澳嘉宾称赞此次论坛回顾大陆与台港澳地区开展的医学交流，纵论中西文化交融，探讨中西医的“道”与“术”，阐释现代化医学发展模式，学术气氛浓，多学科交叉，很有特色。

台湾新党主席郁慕明出身中医世家，他感谢主办单位民进中央的邀请，认为此次论坛以医学文化和医学发展为主题，使两岸四地的文化交流又向前迈进了一步。他说，中医的理论用四个字来概括就是“扶正祛邪”，用在台湾的政治上就是“祛邪扶正”。

香港大学病毒系主任管轶、澳门医务界联合总会会长李安定认为，这次两岸四地的医学文化研讨会开得很成功，香港、澳门地区学到了大陆和台湾很多成果和经验。李安定建议把论坛上关于发展医学的意见和建议反映给政府部门。

台湾医事联盟协会名誉理事长高明见在座谈中回忆了台湾引进大陆中西医结合治疗方法成功控制非典疫情的往事。台湾佛教慈济事业基金会医疗志业执行长林俊龙、台湾长庚医院行政中心主任龚文华，介绍了长庚医院从 1998 年抗洪到 2008 年抗震，在大陆和台湾开展慈善、医疗和教育事业的简况。他们都表示愿意继续推动海峡两岸医疗卫生事业的交流，并能有实质性的帮助和贡献。

2007 年带领台湾 40 余名医护人员来京，请求民进中央反映台湾医护人员来大陆行医问题的台湾贤德惜福文教基金会董事长周荃女士，台北大学公共行政暨政策学系专任副教授、台北大学全球化暨两岸关系研究中心主任郑又平，对民进中央连续多年开展海峡两岸文化交流活动十分肯定并充满新的期待。他们说，民进中央举办的七届海峡两岸文化研讨会，把握时代和国家发展脉搏，形成大陆和台湾合作互补之势，与当地政府和民进组织配合默契，每届都很精彩，且工作环环相扣，所有细节安排周到，使他们有宾至如归的感觉。

台湾亚洲大学教授刘见祥，台湾中华工程（股份）公司董事长严隽泰及夫人严许婉填参加会见。浙江省政协原副主席程炜、浙江省台湾事务办公主任裘小玲、浙江省卫生厅厅长杨敬、浙江省政协港澳台侨委员会主任任志兴，民进中央办公厅、宣传部、社会服务部、研究室负责人会见时在座。

本次会议围绕中华传统文化与医学发展、中西文化交融与医疗卫生服务、中华传统文化与医学模式转变等议题，共同探讨祖国医药事业的发展大计。

中医药是我国各族人民在几千年的生产、生活实践和与疾病的斗争中，逐步形成并不断丰富发展的医学科学，为中华民族的繁荣昌盛作出重要的贡献，对世界文明进步产生了积极的影响。与此同时，中医药作为中华民族的瑰宝，蕴含着丰富的哲学思想和人文精神。

中华医学会副会长吴明江说，人类文化是多元的。我们国家是一个统一的多民族国家，中华民族的文化也具有多元一体的重要特征。这一特征表明了中国文化的开放性、包容性。我国古代医学不断吸纳各家的先进思想和医学理论，逐步形成了完整的医药系统，在人类社会文明和中华文化进程当中发挥着重要的作用。

美国亚太医学中心副主席高资敏在题为“中国文化交融共同构建现代医学模式”的发言中说，医生在预防、诊断和治疗疾病的时候，不仅要考虑到身体的情况，还要考虑到社会、心理、精神、情绪等因素对人体健康的影响。他提出，中国传统医学的宏观圆融哲思，仍是构建现代医学模式应秉持的大方向。

专家和学者们说，浙江是中国古代文明的发祥地之一，中医药文化同样源远流长。在处于母系氏族时期的河姆渡遗址中，就发现了芡实等药物化石和有益保健的干栏式结构建筑遗迹。黄帝时期，出现了药学家桐君采药活动及其《桐君采药录》；先秦时期，越王勾践颁发了浙江历史上第一份医政敕令。浙江代有贤才，名医辈出，自汉魏以来，本省、全国乃至世界医药学发展作出贡献的名医有1800余人，有关医学著作2000余部。这些都为海峡两岸中医药文化的发展，奠定了坚实的根基。

与会者说，中华文化源远流长，博大精深，中医药学是其中一颗璀璨的奇葩，也是千百年来中华各族人民与疾病抗争的生活经验与智慧的结晶。两岸专家还指出，作为当代医生，没有理由不了解祖国的传统医学，也没有理由不了解世界的现代医学。在正确处理传统与现代医学方面，仍需要付出更艰辛的努力，充分认识祖国传统医学的科学地位和价值。当今，随着人们观念的变化和医学模式的转变，中医药越来越显示出它独特的优势。

台湾医事联盟协会名誉理事长高明见说，今天海峡两岸的学者齐聚一堂，共同探讨以传统医学为代表的中国文化，是两岸同胞共同的宝贵财富，也是维系两岸同胞民族感情的精神纽带。保护和弘扬中华传统文化，探讨中医药学在现代化语境下的发展，是我们的共同责任和历史使命；两岸医学界牵手合作，共同促进两岸交流，必将造福两岸同胞。

11月2日下午，第七届海峡两岸中华传统文化与现代化研讨会暨首届海峡两岸医学文化与医学发展论坛圆满完成各项议程在杭州落下帷幕。罗富和出席闭幕式并作总结讲话。朱永新主持闭幕式。

罗富和在讲话中说，文化对医学发展的作用与影响是很重要的课题，探讨文化与医学发展是值得当代医学界竭诚谋求解决的重要使命。在中西文化大交融的当今，结合中华民族文化的内涵构建现代医学模式，必将惠泽天下而使全人类同蒙福祉。弘扬中华优秀传统文化，提升医学人文内涵，促进医疗卫生事业发展，是保障全民健康，提升人力资源素质，实现中华民族伟大复兴的重要基础。

罗富和提出，现代医学和当今卫生服务政策应以“以人为本”为发展核心，以“人的全面发展”为发展目标。当前，我们需要检讨过度消费、过度索取的现代生活，建设节约型社会。发展要重视人口、资源、环境的挑战，注意当代人的发展，更要注意人类的可持续发展。

罗富和认为，面对当前甲型H1N1流感的新一轮爆发，我们需要对流感病毒的DNA检测，疫苗的研究、生产和接种，也需要中草药和中成药的引用调理，还需要保健健身、增强抵抗力，需要大众传媒普及流行病的防控治疗知识，需要患者、医者和大众的积极参与。

闭幕式上，台湾亚洲大学教授刘见祥、香港中文大学心理系教授陈瑞燕、澳门医务界联合总会会长李安定、浙江中医药大学副校长连建伟，分别代表台港澳地区和大陆医学界专家学者发表与会感言。他们从不同的角度阐述了参与论坛的收获，正所谓“两岸四地、善缘和合；少长咸集、群贤毕至；医文并茂，中西相融；大医精诚，百花齐放；同根同宗，以人为本”。连建伟还将自己所著的《<金匮要略方论>讲稿》一书赠予台湾长庚大学医学院和台湾中山医学大学。

闭幕式上还举行了浙台医疗卫生交流项目签约仪式，分别达成了浙江省医院协会与台湾怡德医疗投资管理集团关于开展医院管理经验交流和推动医疗合作的项目协议，浙江省血液中心和台湾生宝生物科技有限公司关于脐带血造血干细胞库等方面的项目协议。

闭幕式前，复旦大学社会科学高等研究院院长邓正来、台北大学公共行政暨政策学系副教授郑又平、浙江省中医院党委书记曹毅、台湾贤德惜福文教基金会董事长周荃代表论坛4个分会场作了汇报发言。盛昌黎主持汇报会。浙江省台湾事务办公室主任裘小玲、省卫生厅厅长杨敬，民进中央有关部门负责人出席闭幕式。

在为期两天的论坛上，大陆和台港澳地区近20位专家学者作了发言，近百位与会嘉宾分专题进行了交流，对医学发展与社会文化的关系达成了广泛共识。大家期待，两岸四地以中华文化为纽带，有更多的机会和条件探讨交流，促进医疗人文环境建设和医疗卫生事业发展，不断增进两岸人民的健康福祉。

参加论坛的两岸四地嘉宾参观考察了千岛湖。

民进中央“彩虹行动”西部幼儿教师首届培训班开班典礼暨培训基地揭牌仪式在杭州举行 严隽琪出席并讲话

2009 年 11 月 1 日，由民进浙江省委和民进杭州市委共同主办的“民进中央‘彩虹行动’西部幼儿教师首届培训班开班典礼暨培训基地揭牌仪式”在浙江省杭州市余杭区杭州师范大学附属小博士艺术幼儿园举行。全国人大常委会副委员长、民进中央主席严隽琪出席并讲话。她说，幼儿教育也叫学前教育，民进多年来一直关注我国的学前教育事业。学前教育有一定的规律性，要做好学前教育，我认为首先要保持孩子们的好奇心，让他们能体会获得答案好奇心被满足时的快乐，拥有一个充满好奇心的童年。其次要让孩子们学会团结与友爱并从中体会到快乐。最后要让孩子们具有基本的学习和生活能力，从自己安排自己的生活过程中得到快乐。现在有些地方提出要让孩子们在幼儿阶段学会如何面对竞争，我认为应该倡导让孩子们学会如何面对困难，齐心合力克服困难，这才符合幼儿的阶段性特征。

今年 9 月启动的“彩虹行动”是民进中央整合全会力量，发挥自身优势，对贵州省毕节地区特别是金沙县实施教育帮扶所开展的一项重要社会服务活动。此次培训班的开班标志着“彩虹行动”正式进入了培训实施阶段。据了解，此后上海、江苏等地的培训班也将陆续开办。

严隽琪针对此次活动表示，“彩虹行动”自 9 月份签约后短短一个多月就变成了实实在在的行动，令人十分欣慰。她说，东部与西部的合作，并非单方面的帮扶，而要携手并进，实现双赢，希望参加培训的教师们珍惜这次机会，让中西部的孩子们能共享一片蓝天。

浙江省政协副主席、民进浙江省委主委盛昌黎在仪式上说，民进浙江省委从上世纪 80 年代起就参与了西部教育扶持工作，特别在幼教支边方面有着优良传统和突出优势。近年来也广泛发动各级组织在贵州、甘肃、四川等地开展教育帮扶。此次更是高度重视和尽力支持“彩虹行动”，调动各方力量积极参与。在民进杭州市委、省（市）民进企业家联谊会的共同努力下，“彩虹行动”西部幼儿教师首届培训班正式开班，希望能有更多的民进会员积极参与到民进各级组织开展的西部支教和各项社会服务活动中来。

杭州师范大学附属小博士艺术幼儿园董事长李君正是 9 月民进中央帮扶金沙教育“彩虹行动”中结对子帮扶的民营企业家中的一员，她捐赠 10 万元用于培训活动，并担任西部幼儿教师培训项目的负责人。她在开班仪式上说，在小博士幼儿园与贵州省金沙县教师结对培训的 5 年时间里，小博士将全力帮助金沙县从事幼儿教育的园长们学习新的教育理念，提升管理水平，制定一套适合金沙县学前教育发展的新型教育模式，让金沙县传帮带的幼儿园成为当地具有影响力的模范示范点。

参加此次培训的金沙县幼儿园园长廖英十分感激能有这样的培训。她说，首先要感谢，然后深感荣幸，在感动和荣幸之余更多的是责任，金沙的教师们一定会把先进的幼儿教育理念带回金沙。

2009 年民进中央参政议政年会在河南郑州召开 严隽琪作主题报告，罗富和作总结讲话，朱永新出席

2009 年 11 月 4 日至 5 日，2009 年民进中央参政议政年会在河南省郑州市召开。此次会议的主题是加强和改进提案工作，并对民进中央 2009 年度参政议政成果进行表彰。

年会4日开幕。全国人大常委会副委员长、民进中央主席严隽琪出席并作主题报告，全国政协副主席、民进中央常务副主席罗富和主持开幕式。民进中央副主席朱永新出席会议。

严隽琪在主题报告中说，2009年民进中央参政议政年会在中华文化与中华民族的主要发祥地之一——河南省召开，具有特殊的意义。置身历史厚重的“中州”大地——商都郑州，我们深切感受到中华人民共和国成立60年来，中华儿女在神州大地上创造的伟大奇迹。在这个伟大的历史进程中，民进始终同中国共产党同心同德、风雨同舟、团结奋斗，为建立和完善社会主义制度，为改革开放和现代化建设，为实现祖国和平统一大业，作出了应有的贡献。

严隽琪说，2009是民进坚持集智聚力、顺势而为，不断完善参政议政工作机制，履行参政党职能取得丰硕成果的一年。民进中央认真参与高层协商，在应对国际金融危机、改善民生、加强政治文明建设等方面积极建言。民进在全国政协十一届二次会议期间提交的提案和发言，也分别得到相关政府部门的重视。民进充分发挥界别优势，就制定《国家中长期教育改革和发展规划纲要》、农村教育发展、出版体制改革等发表意见；在深入多个省市调研的基础上形成了致中共中央、国务院《关于农村教育综合改革的建议书》。民进围绕经济社会发展的重大问题，努力提出具有综合性、全局性、前瞻性的意见和建议，为促进党和政府科学化、民主化决策提供具有参考价值的思路与对策。

严隽琪说，民进要认真学习中共十七届四中全会精神和胡锦涛同志在庆祝人民政协成立60周年大会上的重要讲话精神，不断提高认识并贯彻落实到行动，做到始终坚持接受中国共产党的领导，始终坚持走中国特色社会主义政治发展道路，认真借鉴中国共产党自身建设的成功经验，不断推进适应时代要求的高素质参政党建设，从当前面临的形势与任务出发，把参政议政工作提高到新的水平。

严隽琪强调，民进要继续把推动科学发展作为履行职能的第一要务，紧紧围绕经济建设这个中心，注重研究全球经济环境变化和国内经济运行的新情况新问题，注意选择具有关键性或前瞻性的重要课题，多想科学发展之事，多谋科学发展之计，努力为实现科学发展建睿智之言、献务实之策，为推动我国经济社会全面协调可持续发展，维护民族团结、祖国统一，促进社会和谐稳定献计出力。

严隽琪说，新的形势赋予我们新的任务，新的任务要求我们的参政议政工作要有新的思路。民进全会要不断创新思路，推进参政议政工作的“六个结合”，进一步提高参政议政能力。一是新老结合，即参政议政“新领域”和“老阵地”相结合；二是长短结合，即长期规划与短线需求相结合；三是干群结合，即参政议政骨干与会员群体力量相结合；四是专兼结合，即专职干部与兼职专家相结合；五是内外结合，即民进会内力量和会外资源相结合；六是虚实结合，即宏观分析研究与参政议政具体工作相结合。

中共河南省委常委、省委统战部部长刘怀廉在开幕式上代表河南省委、人大、政府、政协，向本次会议在郑召开表示祝贺，向包括民进在内的各民主党派中央及兄弟省市的朋友长期以来对河南的关心支持表示感谢。他在介绍了河南经济社会发展情况后指出，河南省委高度重视多党合作和政治协商制度建设，相继出台了一系列重要文件和配套措施，建立了长效机制，全力支持民主党派更好地履行职能，不断推进多党合作工作的制度化、规范化和程序化。河南省委、省政府积极创造条件，为各民主党派解决实际问题，取得较好效果。

刘怀廉指出，多年来，河南各民主党派积极履行职能，发挥优势，服务河南经济社会发展，参政议政、民主监督作用得到了切实发挥。民进河南省委坚持把服务发展作为参政议政的第一要务，积极围绕教育文化改革与发展、推进中原城市群建设等经济社会发展中的重大问题，深入调查研究，认真建言献策，不少意见得到了党委、政府的重视和采纳。同时大力开展城乡教育手拉手和送科技、文化、卫生下乡等活动，为推动科学发展、着力改善民生、促进社会和谐办好事、办实事，受到社会各界好评。这既是广大民进会员努力的结果，更是民进中央帮助支持的结果。刘怀廉再次向一贯关心支持河南发展的民进中央各位领导表示衷心感谢。

河南省政协副主席、民进河南省委主委袁祖亮出席会议。全国政协、中央统战部、河南省委统战部的有关同志也参加了会议。

民进各省级组织分管副主委、参政议政部门负责人，民进中央专门委员会主任、副主任，民进中央参政议政特邀研究员，民进中央部分部门负责人共70多人出席会议。

与会同志听取了关于提案工作的辅导报告，并将围绕提高参政议政和提案工作水平进行研讨和交流。

11月4日下午，2009年民进中央参政议政年会举行分组讨论。与会同志分成三个小组，围绕严隽琪在开幕式作的主题报告，以及关于提案工作的专题辅导报告进行了讨论。罗富和、朱永新听取了分组讨论。

大家在发言中一致认为，严隽琪的报告主题鲜明，既有对国际国内形势的分析把握，对2009年参政议政工作的全面总结，也有今后工作的思路和部署，对全会工作具有很强的指导意义。专题辅导报告对于大家全面准确理解提案工作的性质、地位和作用，进一步加强和改进我会的提案工作具有很强的针对性。

大家在讨论中对本次会议给予了充分肯定。有的同志认为，会中央的参政议政年会在地方组织召开的形式很好，有利于发挥会中央对地方组织的指导和示范作用，有利于推动地方组织的工作、扩大地方组织的影响，也能够在更深层次促进地方组织之间的工作交流。

有的同志认为，今年年会的主题非常明确，抓住了党派参政议政的关键环节，而且以会代训，对于全会加强参政议政能力建设、提高参政议政的质量和水平将发挥积极的推动作用。

有的同志提出，会中央在地方组织召开会议，可以考虑以现场会的方式，突出地方组织工作特色，进一步增强会议的实际效果。

关于参政议政选题，是小组讨论中与会同志比较关心的话题。有的同志在发言中说，选题既要围绕国家中心工作，又要发挥党派组织的优势，立足我们自己熟悉的工作和领域，结合百姓关心的热点问题，选择好参政议政的切入点。

有的同志提出，面对不断发展变化的新形势、新情况，我会的参政议政既要不断针对新问题及时提出意见建议，也要注意做好参政议政课题的长期规划，重点对一些重大问题进行长期追踪研究，做到长线和短线相结合。

有的同志建议，我会要进一步凝聚教育领域的资源和力量，围绕社会关心的教育问题，深入调研，提出具有影响力的提案，努力推动我会的参政议政以新作为巩固老阵地。

加强参政议政工作机制建设，不断提高提案工作质量，也是讨论中大家热议的一个话题。很多同志认为，提高提案工作质量，一要有人才队伍；二要建立工作机制。因此，参政议政要与组织建设结合，要通过我们会内现有人才的影响和辐射，发现和带动他们身边的人才，吸引更多的优秀人才入会；对重点对象要重点走访、重点攻关。要进一步健全会内人才的培养、使用和激励机制，加强对机关专职干部的培养和锻炼，使我会兼职的专家学者和专职的机关干部两支队伍形成合力。要研究会内和会外、中央和地方、组织和个人参政议政资源共享、成果共享、利益共享的实现途径，推动建立相关的工作制度，为提高提案工作质量提供制度保障。

民进中央挂职副秘书长、参政议政部负责人参加了分组讨论。

11月5日上午，2009年民进中央参政议政年会举行大会发言。罗富和出席会议。

民进中央参政议政特邀研究员魏津生、陈守义，民进河南省委、重庆市委、山东省委、江苏省委、河北省委、上海市委、北京市委有关同志分别介绍了参政议政工作经验和体会。

魏津生发言时说，提高民主党派建言献策的质量和水平，关键是要选好、选准课题调研的切入口。党派可以发挥经验丰富、地位超脱、客观公正的优势，关注政府政策的制定过程，把建言献策的目标取向放在发现和确认政策问题，协调政策争议、谋求政策共识上，这两点不仅对制定正确的政策具有重要作用，对我会立足党派实际、发挥党派优势做好建言献策也具有积极意义。

民进河南省委副主委张震宇发言时说，民进河南省委始终坚持把人才队伍建设作为履行职能和提高参政议政成效的关键，放在突出位置，积极采取有效措施，注重做好高素质人才的发现、培养、使用等方面的工作，逐步形成了一支政治素质高、参政议政能力强、作用发挥好的人才队伍，带动参政议政工作取得了明显成效。

民进重庆市委参政议政处处长罗挺介绍了对参政议政选题思路和方法的体会。一是“未雨绸缪”，选题时要科学预判，趋利避害；二是“见微知著”，选题要小中见大，防微杜渐；三是“对症下药”，着力找准问题“点”，提出针对性建议；四是“亡羊补牢”，注意汲取教训，及时补救；五是“锦上添花”，力求精益求精，好上加好；六是要注意选题时机的把握。

民进山东省委副主委骆宝臻介绍说，调研是提案工作的中心环节，如何把调研做深做实，提高建言献策的针对性和实效性，是撰写高质量提案的关键所在，也是当前民主党派参政议政工作面临的一项重要课题。调研必须有完整的过程，必须进入到课题所涉领域认识和实践的前沿，必须深入到实践一线，必须保证调查对象的全面性，必须注重和社会服务活动相结合。

民进江苏省委副秘书长兼参政议政处处长云建发言时说，提案的撰写要宏观着眼、微观着手。提案着眼点是如何促进科学发展，应从各个不同利益群体间、人与自然间共赢的角度提出建议。提案忌大而全、宜小而专。要善于将综合性问题分解成若干小问题，围绕一个大的方向，分阶段提出解决每个小问题的建议，经过几年的积累，效果会比较明显。

民进河北省委参政议政部部长、办公室主任李建强介绍说，以政府部门答复提案和走访为契机，加强与政府部门的密切联系，获取有效的参政议政信息和相关资源，是做好参政议政工作的有效途径。在课题调研过程中要充分争取政府部门的支持，全面搜集权威的背景资料，为提案工作获取丰富资源；同时也要理性分析，坚持立场，辩证地发掘政府部门相关资料的价值，找准提案切入点。

民进上海市委参政议政部部长、研究室主任干建达发言时说，民进上海市委十分重视参政议政的机制建设，重视汇集专家学者的智慧。主委班子成员领衔重点课题，亲历亲为、全程参与市委会承接的重点课题。市委会通过举办“议政沙龙”，发掘参政议政的线索，集中专家学者的真知灼见；建立区县级组织参政议政工作联席会议等工作制度，促进市委会和各区县级组织参政议政工作的联动，提高各区县级组织调研课题和提案的质量。

民进北京市委议政调研处处长徐路介绍说，民进北京市委从“参”与“议”两个环节入手，着力提高参政议政能力和水平，不断促进提案工作的可持续发展。以组织保障为基础，提高“参”政能力，充分发挥以人大代表、政协委员、实职干部和特约人员为代表的参政骨干队伍的作用；以加强机制建设为突破，提高“议”政能力，包括选题能力、调研能力、转化能力、管理能力和协调能力。

陈守义发言时说，只有正确认识自己的定位和职责，勤于学习、善于思考、敢于直言，才能做到民有所忧，我有所思；民有所盼，我有所言，才能撰写出有见地、有价值的提案。注重积累，是写好提案的基础；善于借力，是写好提案的重要保障。精心选题，是写好提案的前提；强化建议，是提高提案质量的关键。敢于直言，是政协委员应有的政治品质；把好尺度，是影响提案落实的重要环节。

会议由民进中央挂职副秘书长、民进北京市委常务副主委吴文彦主持。

2009 年民进中央参政议政年会于 11 月 5 日闭幕。罗富和出席闭幕式并作总结讲话。

罗富和说，严隽琪主席在开幕式所作的主题报告，深入分析了当前国际国内形势，全面总结了全会的参政议政工作，明确提出了今后工作的思路。会议期间，大家听取了有关提案工作的辅导报告，对如何加强和改进提案工作进行了广泛深入的讨论。会议还安排了会中央参政议政特邀研究和省级组织交流工作经验，表彰了 2009 年度参政议政成果。通过召开这次年会，达到了认清形势、明确思路、总结工作、交流经验、展示风采的目的。

罗富和说，全会要认真学习贯彻严主席报告中提出的“六个结合”的工作要求，不断促进集智聚力机制的完善，努力提高提案工作质量，提高参政议政工作水平。要继承 60 年来民进几代领导人带领全会形成的政治信念、积累的宝贵经验，坚持“有为才有位”，进一步提高对参政议政工作重要性的认识。要按照建设学习型参政党的要求，继续深入学习贯彻科学发展观，为促进经济平稳较快发展、维护社会和谐稳定，谋深虑之计、建睿智之言、献务实之策。

罗富和说，做好参政议政工作，需要进一步加强人才队伍建设和工作机制建设。要在全会树立正确的人才观，逐步形成在工作中发现人才，为履行职能引进人才，在参政议政工作实践中培养、锻炼、使用和推荐人才。要进一步加强专委会建设，创新专委会工作机制。要重视基层组织和会员的参政议政工作，加强对机关专职干部的培养和锻炼，进一步健全参政议政的课题立项、提案形成和成果奖励机制。

罗富和说，近期我会的参政议政工作要重点围绕中央经济工作会议、2010 年“两会”的党派提案、大会发言，以及 2010 年会中央的主要调研课题来进行。全会各级组织既要进一步增强信心，充分认识我国经济长期向好的大趋势，又要紧紧围绕经济建设这个中心，积极关注扩大国内需求问题、经济结构调整问题以及保障和改善民生问题，为巩固和发展企稳向好势头，切实推动我国经济社会全面协调可持续发展，履行好参政议政职能。

会议对 2009 年参政议政成果进行了表彰。

闭幕式由河南省政协副主席、民进河南省委主委袁祖亮主持。

毕节实验区调研课题成果介绍座谈会召开
朱永新出席并发言

2009 年 11 月 5 日，毕节实验区调研课题成果介绍座谈会下午在中央统战部召开。中央统战部副部长楼志豪主持会议。

楼志豪在会上通报了中央统战部近期成立的社会服务工作协调小组的有关情况和中央智力支边协调小组人员调整情况。

中央统战部副部长、中央统战部社会服务工作协调小组组长陈喜庆在讲话时指出，开展毕节实验区专题调研，是统一战线参与毕节实验区发展的创新之举，调研工作涉及领域广、参与人员多、调研的时间长，取得了重要的阶段性成果。此次调研有几个特点，一是中央统战部和各民主党派中央、全国工商联的领导高度重视；二是调研形式多；三是报告内容实，情况了解全面，建议中肯。

陈喜庆要求，统一战线要认真学习贯彻落实中央领导同志批示精神，推动实验区发展。在今后的工作中要讲责任、讲科学、讲感情、讲实效，确保调研工作按时、保质、保量完成。要注意运用好调研成果，使成果使用最大化。

这次调研，民进中央承担的是毕节试验区职业教育发展与劳动力技能培训研究。民进中央领导对专题调研工作高度重视，严隽琪主席亲自率队到毕节地区调研职业教育；王佐书副主席对调研报告初稿提出了建设性的意见；朱永新副主席多次与专家组成员研究讨论调研工作，并审改调研报告。

朱永新出席座谈会并发言。他说，民进中央下一步将与教育部、贵州省、毕节地区对接，把调研进一步深化、细化。我们不仅要写一篇文章，更要做好这篇文章。民进将把文字变成行动，把调研报告的内容变成现实，帮助、促进、提升毕节的职业教育。

民建中央、致公党中央有关领导同志，毕节地委统战部部长出席会议。各民主党派中央、全国工商联社会服务负责人，中央统战部一局、五局的同志分别汇报了各自承担的课题的进展情况。教育部、环保部、交通运输部、农业部、卫生部和国家旅游局等有关部委的同志对进一步完善报告提出建议。

第五届海峡两岸林业博览会在三明召开
严隽琪出席，并同张帆走访民进三明市委

2009 年 11 月 6 日，由国家林业局和福建省人民政府主办的第五届海峡两岸林业博览会暨投资贸易洽谈会在“中国绿都”福建省三明市隆重开幕。全国人大常委会副委员长、民进中央主席严隽琪出席并宣布开幕。福建省人民政府省长黄小晶出席开幕式。

作为海峡两岸林业合作交流的重要平台和国家级专业会展，林博会以“发展绿色产业，建设生态文明”为主题，旨在打造对台林业合作和林业改革示范区、现代林业建设和生态文明建设先行区。

福建省委常委、常务副省长张昌平主持开幕式并代表省委省政府致辞。他说，随着海峡西岸经济区建设和集体林权制度改革的不断深化，福建林业资源优势转化为经济优势的步伐不断加快，海峡两岸林业交流合作持续拓展，林业已成为福建省生态建设的重要基础、经济发展的重要组成部分、林区农民增加收入的重要途径。面对新机遇，福建将进一步深化集体林权制度改革，完善加快林业发展的相关政策，着力构建完备的林业生态体系、发达的林业产业体系和繁荣的森林文化体系。他表示，林博会已成为促进海峡两岸林业交流合作的示范窗口，福建将以此次盛会为契机，继续推动两岸经贸、文化、科技等领域交流合作，为实现海峡两岸和平发展、共同繁荣作出积极贡献。

国家林业局副局长祝列克在致辞中说，连续成功举办四届的海峡两岸林博会已成为促进海峡两岸林业交流合作的示范窗口，在促进两岸经贸合作、扩大两岸文化交流中发挥着越来越重要的作用。今年中央召开了林业工作座谈会，国务院出台了《关于支持福建省加快建设海峡西岸经济区的若干意见》，这对办好林博会、发挥好林业的特殊作用提出了新的要求。他说，三明市作为海峡两岸现代林业合作实验区，希望进一步深入贯彻落实中央精神，优化林业产业结构，促进林业区域发展，不断扩大两岸林业合作，为促进两岸交流和我国林业又好又快发展作出新的贡献。他还代表国家林业局，为三明市“国家林业生物产业基地”授牌。

中国国民党原副主席林澄枝在致辞中盛赞绿色海西的美丽风光，她希望充分发挥林博会的平台作用，通过交流合作加深相互认识，创造更多商机，促进两岸共生共荣，交流合作持续繁荣，共同为社会为两岸作出贡献。

严隽琪参观了林博会展馆。绿色海西的蓬勃形象、海西林业产业的发展成果和海峡两岸富有特色的各类林产品给她留下深刻印象。

本届林博会主要内容包括展示展销、投资项目推介与签约、项目开竣工庆典、两岸生物医药论坛、闽台妇女经贸论坛等。

严隽琪在三明市考察期间，亲切会见民进三明市委新老领导班子成员。民进中央副主席、福建省政协副主席、民进福建省委主委张帆参加会见。

严隽琪认真听取三明市委主委许新华和各位班子成员的情况介绍、工作体会，并详细询问每位同志的情况。她称赞民进三明市委发展会员重人品，讲质量，促进了组织活力，提升了参政议政的水平，组织凝聚力强、形象好，赢得了当地党政部门和周边群众的赞誉，经验值得总结。

严隽琪说，三明市民进组织成立晚，会员年轻、热情高，敢想敢干、有活力，就更需要学习和继承我会的优良传统，学习多党合作的历史和民进会史，始终保持清醒头脑，在正道上行，永不迷路。

严隽琪强调，民进三明市委组织发展，离不开三明市的发展。国务院《关于支持福建省加快建设海峡西岸经济区的若干意见》的正式发布，标志着海峡西岸经济区建设站在了一个新的发展起点上。中共

三明市委、市政府以海峡西岸经济区建设为契机，紧紧围绕加快建设海峡西岸经济区的总体要求、战略定位、发展目标和政策措施，作出了突出的成绩，目前社会经济发展快，已经显示出独特的区位优势和资源优势。民进三明市委要继续发挥自身优势，认真履行参政党职能，不断加强自身建设，在促进当地经济社会发展和促进海峡西岸经济区建设中作出更大贡献。

罗富和出席华南农业大学 100 周年校庆

2009 年 11 月 8 日，华南农业大学建校 100 周年庆祝大会在广州隆重举行。中共中央政治局委员、国务院副总理回良玉，中共中央政治局委员、国务委员刘延东，中共中央政治局委员、广东省委书记汪洋分别致信表示祝贺，并向全校师生员工和海内外校友致以诚挚的问候。全国政协副主席、民进中央常务副主席罗富和出席庆祝大会。

回良玉在贺信中说，华南农业大学是一所历史悠久、特色鲜明、享有盛誉的高等农业院校，建校 100 年来青蓝相继、薪火相传，为实现农业振兴、国家富强进行了不懈努力。在新的历史时期，希望学校能够为实施科教兴农和人才强农战略、推进中国特色农业现代化、夺取全面建设小康社会新胜利作出新的更大贡献。

刘延东在贺信中肯定了华南农业大学的办学成就，并希望学校发扬优良传统，坚持办学定位，突出办学特色，积极改革创新，努力建设有特色、高水平的现代大学，进一步提高办学水平和人才培养质量，增强科技创新和服务“三农”的能力，积极探索中国特色社会主义现代化高等教育发展之路。

汪洋在贺信中指出，在长期的办学历程中，华南农业大学扎根岭南，始终以振兴农业为己任，坚持与生产实践相结合，整体实力显著增强，办学特色日益鲜明，为我国尤其是广东的经济社会发展作出了重要贡献！他希望华南农业大学努力办成以农业科学和生命科学为优势和特色的高水平综合性大学，为广东经济社会发展作出新的更大贡献！

教育部、农业部、国家林业局也发来贺信。

广东省人民政府省长黄华华代表广东省委、省政府向华南农业大学建校 100 周年表示热烈祝贺。他指出，一个世纪以来，一代代华农师生艰苦创业，薪火相传，为我国我省教育发展、农业振兴和社会繁荣昌盛不懈奋斗，为促进我省经济社会发展和现代化建设作出了突出贡献。黄华华希望华南农业大学以百年校庆为契机，继续发扬光荣传统，努力建设以农业科学为优势、生命科学为特色、多学科协调发展的高水平教学研究型大学。

华南农业大学校长陈晓阳代表校方致辞。他说，百年大计，教育为本。国家发展，农业为基。华南农业大学百年的历史也是与国家和民族命运紧密相连的发展史。百年是学校发展史上一个重要的里程碑；经过第二个百年的努力，华南农业大学有信心建设成国际知名的研究型综合性大学。

华南农业大学发端于 1909 年设立的广东全省农事试验场及其附设农业讲习所，历经广东公立农业专门学校、广东大学农科学院、国立中山大学农学院等阶段。1952 年，全国高等学校院系调整，中山大学农学院、私立岭南大学农学院，以及广西大学农学院畜牧兽医系和病虫害系的一部分，合并成立华南农学院。1984 年，学校更名为华南农业大学。1994 年，学校成为广东省和农业部共建“211 工程”全国重点大学。

民进华东六省一市第十一次工作研讨会在南昌召开 王佐书讲话并作 “为提高干部的素质和能力提供研究的线索”专题报告

2009年11月8日，民进华东六省一市第十一次工作研讨会在南昌召开。民进中央副主席王佐书出席并讲话。

本次会议的主题是“努力推进高素质参政党机关建设”。会议期间，与会代表围绕新时期如何进一步加强参政党机关建设进行了深入的交流探讨。江西省政协副主席、民进江西省委主委汤建人和来自华东六省一市的民进机关干部共50余人出席会议。

王佐书在会议开幕讲话中指出，在我国多党合作的政党体制中，参政党的机关建设有着极其重要的地位。机关作为常设办事机构，在各项工作中起着上下沟通、左右联系的桥梁纽带作用。机关工作的质量和水平，关系到参政党履行职能的水平，关系到参政党自身的健康发展，影响到多党合作事业的巩固和发展。因此，建设高素质参政党，必须建设高素质参政党机关。

王佐书说，近年来，民进全会各级组织都十分重视机关建设工作，在逐步改善机关条件的同时，坚持以思想建设为核心，以队伍建设为基础，以制度建设为保障，为努力建设高素质参政党机关进行了不懈的探索和实践，取得了可喜的成绩。全会机关呈现出健康向上、作风优良、和谐团结的氛围，向社会展现了民进的良好形象，为会员提供了更好的服务，为党派工作提供了坚强的保障。

王佐书希望全会各级组织秉承“继承传统，以党为师，立会为公，参政为民”的共同理念，高举中国特色社会主义伟大旗帜，贯彻落实科学发展观，同心同德，开拓创新，不断加强自身建设，努力把全会的机关建设推向新阶段，为民进的新发展，为中国共产党领导的多党合作事业，为全面建设小康社会和中华民族的伟大复兴作出新的贡献!

王佐书在会议期间为与会代表作“为提高干部的素质和能力提供研究的线索”专题报告。他用生动形象的语言阐述了提高干部的素质和能力的因素，包括个人的知识结构、情商、非权力因素、工作作风、工作艺术和规章制度等。

王佐书在报告中指出，知识结构是影响干部的重要变量；情商是影响干部组织领导能力的重要基础；非权力因素是一种特殊的劳动手段，是一种特殊的教育功能，是一种特殊的管理能，是对权力因素的一种特殊的助力器，也可以看成是干部自我约束所形成的一种特殊权力。要切实提高干部的素质和能力，除了改进工作作风、提高工作艺术和健全相关的规章制度外，还须在干部个人的知识结构、情商和非权力因素等方面下工夫。报告还对创新方法、总结的功能和机关文化建设等作了适当的论述。

与会代表一致认为，王佐书的专题报告深入浅出，说理明晰，形象生动。大家认为，报告对进一步加强机关建设，特别是提高干部的综合素质和能力具有重要的指导意义。

对口支援贵州省金沙县直属中小学校长培训班在京开班 朱永新出席开班仪式并讲话

2009年11月9日，民进北京市委下午在北京民主党派人民团体大楼举行对口支援贵州省金沙县直属中小学校长培训班开班仪式。民进中央副主席朱永新出席开班仪式并讲话。

朱永新代表全国人大常委会副委员长、民进中央主席严隽琪，全国政协副主席、民进中央常务副主席罗富和，对参加培训班的金沙县中小学校长表示问候，对培训班的顺利举办表示祝贺，对承办本次活动的民进北京市委及承担培训任务的三所北京学校表示感谢。

朱永新说，民进是以教育文化出版为主要界别的参政党，关注教育、为教育办实事是民进义不容辞的责任。今年9月，民进中央整合全会力量，为推动各级组织进一步参与毕节试验区建设，启动了帮扶金沙教育的“彩虹行动”。民进北京市委积极响应，与贵州省金沙县9所直属中小学示范校签订了为期3年的帮扶协议。这期培训班的举办，就是民进北京市委以实际行动落实“彩虹行动”工作部署，为金沙教育事业的进步和发展，为促进东、西部地区教育均衡发展所做的一项有益工作。

朱永新说，一位好校长，对于一个学校的发展起着关键性的作用。建设一支高素质的中小学校长队伍，对于全面推进素质教育，促进基础教育东、西部地区的均衡发展具有重要意义，而开展校长培训正是提高校长素质和能力的有效方法之一。

培训班为期5天，将结合金沙校长的实际需求，采取专家讲座、经验交流、观摩学习、实地考察等培训形式，帮助校长们了解我国教育发展的走势，学习借鉴首都先进教育理念和管理方法，这将对他们的自身发展和所在学校的发展都会产生长远影响，使他们成为当地先进教育理念的传播者，成为西部地区实施素质教育的领跑者，成为基础教育改革和发展需要的骨干校长，为西部教育事业发展作出贡献。

民进中央挂职副秘书长、民进北京市委常务副主委吴文彦，民进中央社会服务部负责人，民进北京市委校长联谊会的部分校长出席开班仪式。民进北京市委秘书长王报换主持仪式。

民进纪念多党合作制度确立60周年评委会第二次会议在京举行 王佐书出席会议并讲话

2009年11月10日，民进纪念多党合作制度确立60周年评委会第二次会议在北京举行。民进中央副主席王佐书出席会议并讲话。他对各位评委给予我会理论研究工作特别是此次征文活动的大力支持表示感谢。

王佐书指出，这次征文活动，不仅是民进对新中国、人民政协成立60周年的献礼，同时，我会也以这次征文活动为契机，加强参政党理论研究会的建设，发现和培养理论研究骨干人才，对推动民进全会的理论研究工作起到了积极的作用。

会议通报了征文活动的进展情况，对征文活动奖项设置、评奖原则和增补获奖作品进行了讨论，初步确定了奖项设置数量及获奖名单，并就当前参政党理论研究的新情况、新思路和新观点进行了交流。

会议研究讨论并初步确定了本次征文活动优秀作品奖和优秀组织奖的名单，初步确定12篇文章获得一等奖，24篇文章获得二等奖，30篇文章获得三等奖，另有55篇文章获得优秀奖。同时推荐在组织此次征文活动中表现突出的10个省级组织获得优秀组织奖。

为庆祝新中国成立60周年，纪念人民政协成立、中国共产党领导的多党合作和政治协商制度确立60周年，民进开展了“多党合作 共铸辉煌——纪念多党合作制度确立60周年”征文活动。自今年4月民进中央向全会下发了征文活动的通知和方案后，全会各级组织积极响应，结合各地实际情况进行了工作布置，并将《通知》转发给各地方、基层组织及理论研究会会员，积极组织理论研究骨干进行调研。部分省级组织还建立了奖励制度，调动会员理论研究的积极性。

据统计，从6月1日第一篇应征文章报送到民进中央以来，截止到活动结束，全会29个省级组织共报送征文753篇。民进中央研究室对收到的征文进行了初步筛选后，统一格式以匿名的方式，分4批报送给由会中央领导、宣传部、研究室负责人和民进中央参政党理论研究会特邀研究员组成的评委会成员进行评分；最后再将各位评委反馈回的评分结果进行统一相加，严格按照各位评委的评分之和排序，确定作品的名次。

民进中央研究室负责人主持会议。民进中央宣传部负责人、民进参政党理论研究会特邀研究员和研究室有关同志出席会议。

《中国民主促进会年鉴（试刊）2008》出版座谈会召开
严隽琪、罗富和出席并讲话，王佐书主持会议

2009年11月11日，《中国民主促进会年鉴（试刊）2008》出版座谈会在民进中央召开。民进中央主席严隽琪、常务副主席罗富和出席会议并讲话。会议由副主席王佐书主持。

严隽琪在讲话中指出，年鉴具有公报、存史、工具和促进工作的重要作用。她表示，很高兴看到《年鉴（试刊)》的出版，这是参与编纂的同志们在繁忙的本职之外做的工作，很不容易。它集中了编委会的智慧，浸透了编辑部、研究室人员和一些老同志的心血。《年鉴》的编纂是一项新的尝试，目前只是试行，今后要进一步制度化、规范化、工具化，做到准确、规范、简便。编纂工作应该遵循两个原则：一是以会中央为主、地方为辅；二是以记事为主，不作评论。编纂过程中要注意突出工作，不是突出个人；要明确机关各部门负责人的职责，责任到人和部门，保证按时、准确提供资料；要少用套话、空话，更多地突出重大事件、优秀人物。

罗富和说，做好《年鉴》的编纂工作，对中央和地方今后的工作都有示范意义。《年鉴》的编纂要进一步筛选重大的事项、重要的活动，反映精彩的部分，有创新性的工作要反映得更加充分。全会的重要工作篇幅可加大，领导的讲话可适当精简。

《中国民主促进会年鉴（试刊）2008》是民进历史上出版的第一本年鉴。《年鉴》文字内容为三部分：第一部分收录中共中央、国务院、全国政协、多党合作相关文献；第二部分为中央委员会篇，收录民进十二届中央委员会本年度工作概述，重要文献，重要意见建议，重要会议、活动，大事日志；第三部分为省级委员会篇，收录民进29个省级组织工作概述等，共计94万字。本年度年鉴收录图片34幅。

《年鉴》的编纂以中国特色社会主义理论体系为指导，遵循唯物史观的基本要求，力求全面、系统、真实地记录民进年度工作情况，自身建设和履行参政党职能的成果，反映民进在我国多党合作中的历史地位和发展进程，为各级领导科学决策提供依据，为广大会员及社会人士了解民进提供资料，为今后研究民进自身建设和履职情况提供依据。

民进中央研究室、《年鉴》编辑部负责人介绍了编纂《年鉴》的背景、经过、指导思想、主要内容、原则和体例。与会同志在发言中表示，编纂《年鉴》是一项前瞻性的决定，对会史研究有重要作用，对促进我会工作，让全社会了解多党合作制度和参政党工作有里程碑的意义。《年鉴》的出版是民进向社会发布的权威政务公报，有保存历史的作用，也是资料式的工具书。大家还就如何改进《年鉴》的编辑工作进行了讨论，建议要突出《年鉴》的政治性、历史性和工具性，加上简单的索引便于查阅。

2007年换届以来，民进第十二届中央委员会领导集体高度重视会史工作，提出"老账抓紧还，新账不欠"的工作要求，并决定编辑出版《中国民主促进会年鉴（试刊)》。民进中央成立了以主席为主任，副主席为副主任，秘书长及各部门负责人任成员的《中国民主促进会年鉴（试刊)》编委会，先后召开主席会、主席办公会、编委会等专题会议，研究《年鉴》编辑工作，审议通过了《年鉴编纂方案》、《实施细则》和《编写体例》。

中央统战部有关同志，民进中央会史工作委员会在京主任、副主任、委员，《中国民主促进会（试刊)》编委会在京副主任、编委，民进中央各部门负责人，年鉴编辑部编辑岗，开明出版社负责人，《年鉴》出版工作相关人员出席座谈会。

王佐书为青海省湟中县干部教职工作专题讲座

2009年11月14日至15日，为深入学习实践科学发展观，帮助西部贫困地区推动各项事业又好又快发展，帮助西部地区干部职工和教职员工进一步提高管理和教学水平，受青海省湟中县委、县政府邀请，王佐书在湟中县分别为当地干部和教职工作专题讲座。

王佐书14日上午为全县各乡镇、县直各单位的500名党政干部作了以"干部的素质与能力"为主题的专题讲座。15日上午，为全县教育、卫生、计划生育系统的500多名干部、教师作了以"教育与教学目的研究"为主题的讲座。讲座主要从学校功能、教育方针、素质教育、教育规律、队伍建设、学生就业、教育文化、教学目的、教育研究方法、教育创新等10个方面阐述了教育教学及管理理念。

大家一致认为，王佐书的讲座从实际出发，理论紧密联系实践，既有理论高度，又有实践经验，高屋建瓴，深入浅出，是高质量高水平的讲座，富有启发，有利于干部和教育系统的工作人员在今后工作学习中不断提高水平，增长知识，更新理念。

王佐书2009年3月曾率全国人大教科文卫委员会就《职业教育法》贯彻落实情况，在青海省进行调研。调研组实地考察了位于湟中县的西宁卫生职业技术学校，并召开座谈会，对湟中县职业教育发展取得的成绩给予了充分肯定和高度评价，对湟中教育事业的发展进行科学指导，寄予殷切希望。王佐书提出要推进职业教育人才、器材、教材和校园文化建设，加快职业教育发展步伐，树立职业教育品牌意识，突出职业学校办学特点，教学注重学生的综合素质等重要观点，并赠送该学校100本著作《学与教的理论与实践》。

湟中县位于青海省东部，县境西、南、北三面环围西宁市，海拔2225—4488米，年平均气温5.1℃，自然条件比较恶劣。王佐书心系西部地区人民群众，一年内两赴湟中，以自身的实际行动，为西部贫困地区各项事业又好又快发展助力。

2009 亚洲教育论坛暨欧亚教育合作会议在西安召开 王佐书出席开幕式并致辞

2009 年 11 月 16 日，“2009 欧亚经济论坛”的重要组成部分，“2009 亚洲教育论坛暨欧亚教育合作会议”在陕西省西安市召开。与会代表围绕“合作、创新、中国西部教育可持续发展”的主题，共同探讨欧亚教育合作与发展。韩国前总理李寿成、尼泊尔前首相比斯塔在开幕式上发言。

全国人大常委、民进中央副主席王佐书出席开幕式并致辞。他说，办任何教育必须遵循三个基本规律，即育人规律、用才规律和可持续发展规律。育人规律方面，要符合人的认知规律、人的发展规律和人成才的规律；用才规律方面，培养出来的人才需是社会需要的人才，能与时俱进地适应社会发展的要求；可持续发展方面，需实现教师、学校和学生的可持续发展。建设学校、提高办学质量都要依靠“三才一化”，即人才、器材、教材建设和校园文化建设。

王佐书指出，实现最优化地发展学校，必须实事求是，因地制宜，找到本校最优化发展的思路，建校强校有法，但无定法，搞好学校，贵在得法；得法的实质是实事求是，把学校建校强校的理论和学校的实际结合，恰当结合、有效结合、优化组合，找到又好又快适合学校环境的可持续发展的路子。

王佐书指出，要培养创新型人才的素质，一是具有创新的意愿、意志、毅力，有百折不挠的精神；二是具备相关的基本知识；三是掌握创新思维的方法；四是善于团结合作，有强烈的团队意识；五是具有强烈的事业心、责任感。

出席“2009 亚洲教育论坛”开幕式的还有现任国家总督学顾问、中国教育学会副会长、中国民办教育协会会长、亚太地区联合国教科文组织协会联合会主席陶西平，陕西省人大常委会副主任张道宏，亚美尼亚国民议会副主席 Arevik Petrosyan、斯里兰卡驻华大使 Karunatilaka Amunugama 等近 200 位各国参会嘉宾。开幕式由博鳌亚洲论坛高级总监、亚洲教育北京论坛秘书长姚望主持。

“2009 亚洲教育论坛”与金融、能源、海关署长级会谈等 3 个合作会议同期举行，论坛得到了博鳌亚洲论坛、中国教育发展基金会、中国教育部、陕西省人民政府、西安市人民政府的大力支持，由亚洲教育论坛组委会主办。

2009 全球创业周中国站闭幕式暨创业家年会在京召开 严隽琪出席并讲话

2009 年 11 月 22 日，全国人大常委会副委员长、民进中央主席、上海市大学生科技创业基金会会长严隽琪在北京出席 2009 全球创业周中国站闭幕式暨创业家年会并讲话。她表示，应建设内容丰富、框架合理的创新型体系，以应对世界科技发展大趋势和日益激烈的国际科技竞争，把我国经济社会发展的动力真正转移到依靠科技进步和提高劳动者素质上来。

严隽琪说，实施创新型国家战略，重在建设具备整体性、战略性以及规律性的合理创新型体系。这个体系须包含丰富的内容和合理的框架：一是由科学发现、技术突破、产品换代、市场开拓、制度变革等多个角度构成；二是由企业、学校、科研院所，国有单位和民营单位，大企业、中企业和小企业等多元主体构成；三是由人才、资金、制度等多种资源要素构成。

严隽琪说，在创新体系建设中，风险投资不能缺席。国际经验表明，健全的风险投资体系和完善的资本市场加速了科技型企业创业的速度和成功率。

严隽琪说，建设创新型体系须鼓励和支持大学生科技创业，以推动高校科技成果转化、高校教育改革，形成追求真才实学的良好学风并促进形成宽容失败的良好社会氛围。

严隽琪说，面对世界科技发展大趋势和日趋激烈的国际科技竞争，只有把科技进步和创新摆在国家发展战略的地位，才能做到后来居上，把我国经济社会发展的动力真正转移到依靠科技进步和提高劳动者素质上来。

罗富和考察方正集团

2009 年 11 月 25 日，全国政协副主席，民进中央常务副主席罗富和在民进会员，方正集团高级副总裁、方正科技董事长方中华的陪同下考察方正集团。

罗富和在方正集团一楼展示大厅参观了方正集团历史发展的图片展览和科技产品的实物展示，并与方正集团董事长魏新等人举行了会谈。听取了有关方正集团的成长历史，业务发展，企业情况等介绍，了解了方正集团 IT 产业情况及需求的介绍。方正集团由北京大学 1986 年投资创办，是中国本土最具创新力和影响力的高科技企业之一。20 多年来，始终坚持持续不断地技术创新，在中国 IT 产业发展进程中占据着重要的地位。2008 年集团总收入达 450 亿。今天，方正已经拥有 5 家在上海、深圳、香港及马来西亚交易所上市的公众公司，和海内外的 20 多家独资、合资企业，员工近 3 万人。方正科技集团是方正集团下属大型上市公司，其 PC 业务连续多年位居国内 PC 市场前两位和亚太四强 。目前的主要产品包括以 PC 全系列产品（台式机、笔记本和服务器）及其他集成和终端产品，拥有并创造对中国 IT 产业发展和大规模应用至关重要的核心技术。

罗富和在会谈中肯定了方正集团在发展改革中所取得成绩，认为方正在科技自主创新过程中所体现的精神正是民族精神的象征。他表示，民进作为参政党愿意进一步加强与方正集团的联系，发挥双方优势，听取方正科技在发展过程中就国家科学技术发展，科技自主创新等方面提出宝贵的意见和建议。民进中央有关负责同志陪同考察。

罗富和考察石羊河流域重点治理

2009 年 11 月 26 日至 29 日，全国政协副主席、民进中央常务副主席罗富和赴甘肃省武威市就石羊河流域重点治理、节水农业、防沙治沙进行考察调研。

罗富和先后考察了红崖山水库、民勤防沙治沙展览馆，民勤县、老虎口、青土湖等地区的防沙治沙示范区，达利食品公司、雨润集团、威龙葡萄酒基地和酒堡建设基地、武威金太阳新能源示范区新型太阳炉生成多晶硅材料及光伏发电、光热发电项目、东湖镇正新生态公益型人口转移实验区、暖棚养殖和日光温室建设等示范点。

罗富和在考察中指出，石羊河流域上游水量的减少，是地球大气环境变化导致冰川退化所致，从上世纪 50 年代到 90 年代减少近 5 亿立方米，变化是巨大的。他认为，正新模式是民勤沿沙沿边区保护生态环境、保障群众生活的一种创新，该模式的运行需要大力争取国家项目支持。他希望民勤人民进一步发扬胡杨精神，立足防风治沙，推进综合治理，确保民勤不成为第二个罗布泊。

29 日上午，调研考察组与武威市人民政府举行座谈会，听取关于市情、石羊河流域重点治理、节水农业发展、防沙治沙工作情况的介绍。

罗富和在座谈中表示，这次是受全国人大常委会副委员长、民进中央主席严隽琪的委托来考察调研，了解情况。通过这次考察，被温家宝总理心系民勤的精神所感动；被武威四套班子真抓实干，推动生态建设的精神所感动；被民勤人民长期在恶劣的环境下英勇拼搏，改善生态、发展生产的精神所感动。

罗富和肯定了武威市在节水治沙，高效农业等方面取得的成绩，认为这些成绩的取得与党中央、国务院的高度重视分不开的。武威市科学合理规划，有针对性的重点实施治理；武威市领导以科学发展观为指导，谋篇布局，带头示范，广泛动员群众干部；通过成功经验树立典型，通过事实说服教育群众；革新传统思想观念，深化改革，创新制度；结合当地资源环实际情况，引进加工企业，带动社会经济发展；广泛学习引进国内外先进经验和特色新品种；采取有效的配套措施，在治理过程中将生物工程与技术工程相结合。这些成功的做法为武威市乃至甘肃省生态环境修复积累了宝贵的经验。

罗富和说，民进作为与中国共产党通力合作的参政党，从老一代领导人赵朴初、许嘉璐、张怀西到新一届领导班子始终心系“三农”，情系西部，身体力行，为我们树立了榜样，创造了很多好的经验。民进在武威的成功实践，也是对中国共产党领导的多党合作制度的成功探索。民进将与武威进一步加强联系，发挥参政党优势，继续把支持甘肃以及武威、民勤的工作作为民进参政议政，社会服务工作的重点。

罗富和在考察期间会见了中共甘肃省委书记陆浩、甘肃省委统战部部长刘立军。

罗富和与民进甘肃省委、兰州市委、凉州市委领导班子举行座谈会。民进甘肃省委主委李国璋就甘肃民进近年来组织建设、参政议政、社会服务等方面的工作情况作了汇报。

罗富和在座谈中将民进中央今年的主要工作思路及实施情况作了详细的介绍，希望能加强民进中央与民进省委、市委、基层支部的联系，共同把民进的各项工作做好。与会同志踊跃发言，积极提出意见建议。

甘肃省政协副主席李永军，民进甘肃省委主委李国璋、副主委尚勋武，武威市委书记、市人大常委会主任肖庆平，市政协主席焦天成，中国林科院荒漠化研究所负责人卢琦，民进中央参政议政部负责人一同参加调研。

民进天津市委学习贯彻中共十七届四中全会精神理论座谈会召开 王佐书出席并作专题报告

2009年11月26日，民进中央副主席王佐书出席民进天津市委学习贯彻中共十七届四中全会精神理论座谈会，并作关于学习“中共中央关于加强和改进新形势下党的建设若干重大问题的决定”体会的专题报告。会前，民进天津市委主委张俊芳、中共天津市委统战部领导拜会了王佐书。

王佐书报告围绕《决定》主体内容，从对《决定》的宏观认识、“加强和改进新形势下党的建设的重要性和紧迫性”、“总结运用和丰富发展执政党建设基本经验”、“建设马克思主义学习型政党，提高全党思想政治水平”和学习《决定》对民进宏观工作带来的启示等10个方面，深入细致地解析了《决定》的脉络层次和重点内容。

王佐书说，《决定》体现了中国共产党与时俱进的建党理论，是中国共产党在党建工作中落实科学发展观的具体体现，充分体现了中国共产党对世情、国情和党情的正确判断，充分体现了实践创新、理论创新和制度创新，是思想建设、组织建设、作风建设、制度建设和反腐倡廉建设、执政能力建设、先进性建设的具体落实，是中国共产党当前和今后一个时期党建的纲领性文献。

王佐书说，学习《决定》对民进宏观工作带来深刻启示，《决定》为系统研究政党建设提供了一个样板，为民主党派总结经验、建设学习型政党、坚持民主集中制、培养干部、加强基层组织建设等诸多方面带来了启示。学习《决定》，要学习中国共产党的一系列管党治党的理论、制度、措施和方法，要研究学习的方法、内容、切入点和步骤，要研究中国共产党的党建理论与民主党派实际相结合的结合点。

座谈会上，民进天津和平区委、河西区委、塘沽区委、昆明路小学支部负责人和市社会主义学院教授分别交流了学习贯彻四中全会精神的心得体会。

民进中央以地方组织会议活动为契机，与地方组织共同学习中共十七届四中全会精神，一同探讨交流工作，进一步推动了中央和地方组织工作的开展，也进一步贯彻和施行了“会中央工作与地方组织工作相互促进”的工作思路。

中共天津市委统战部研究室、市社会主义学院、天津各区中共统战部门领导出席会议。民进天津各区级组织负责人、专职干部，理论研究会成员，部分基层组织负责人 80 余人出席会议。民进中央办公厅、宣传部、研究室有关同志参加会议。民进天津市委副主委李敏龙主持会议。

2009 海峡两岸应用性
（技术与职业）高等教育学术研讨会召开
朱永新出席并致辞

2009 年 12 月 1 日，“2009 海峡两岸应用性（技术与职业）高等教育学术研讨会”在深圳开幕。全国人大常委、民进中央副主席朱永新应邀出席并致辞。他在开幕式上表示，两岸关系的改善与发展，为进一步拓展两岸文化教育交流合作提供了新的历史起点。每年一届的海峡两岸应用性（技职）高等教育学术研讨会，已经成为两岸高职（技职）教育专家学者交流与交往的一个重要渠道和平台。本届会议的主题“合作与进步——两岸应用性（技术与职业）高等教育的新发展”，符合求和平、谋发展、促合作的时代潮流，既是海峡两岸高职（技职）教育界良性互动的目标，同时也是海峡两岸关系和平发展的共同愿望。在当前两岸关系面临大交流、大合作、大发展的新形势下，衷心希望两岸高职（技职）教育界的同仁继续携手深挖合作潜力，以互利互补、共同发展为目标，把海峡两岸应用性（技术与职业）高等教育学术研讨会打造成为在海峡两岸具有广泛影响的知名品牌，为推动两岸高职（技职）教育共同发展繁荣作出贡献。

始于 1999 年的海峡两岸应用性（技职）高等教育学术研讨会，由深圳职业技术学院、台北科技大学、北京联合大学、上海第二工业大学 4 所院校发起，今年已是第 11 届。每年一度的盛会加强了海峡两岸高职（技职）教育界同仁的沟通和交流，推进了两岸应用型高等教育的协调发展。本届研讨会的主题是“合作与进步——两岸应用性（技术与职业）高等教育的新发展”，今年由深职院承办。

来自台北科技大学、北京联合大学、深圳职业技术学院等海峡两岸 17 所高职院校的 100 余位院校领导和专家学者出席会议，共商在新的历史起点上推动两岸高职教育协同发展大计。

深圳市委常委、教育工委书记李意珍出席开幕式并讲话。他说，目前深圳适应现代产业发展的人才短缺，特别是中高级技能人才的严重短缺，已成为影响深圳社会经济发展的瓶颈，严重制约了深圳产业结构的调整升级。今年 7 月，市政府发布的《深圳市现代产业体系总体规划（2009—2015 年）》提出，到 2015 年，深圳高新技术产业和现代服务业将成为现代产业体系的主体。因此，深圳高等职业教育的压力非常重，但发展空间也非常大，挑战与机遇并存。下一步，深圳将围绕未来经济社会发展对高素质技能型人才的需求，探索建立与现代产业体系相匹配的高等职业教育人才培养体系；贴近产业转型升级和企业需求变化，增强高等职业教育为区域经济社会发展服务的能力；发展壮大全市高等职业教育，打造高素质技能型人才资源强市。希望借助研讨会这一平台，进一步扩大深台两地教育交流。

深圳是海峡两岸社会经济交流比较频繁的地区。据统计，截至目前，深圳累计引进台商投资企业4931家（宗），协议引进台资75.13亿美元，实际引进台资60.31亿美元，在深圳外商投资中仅次于港资居第二位。目前全市台资企业员工60多万人，在深居住的台湾投资者和台籍技术、管理人员及其家属4万多人。

本次研讨会期间首次同期举行了两岸学生论坛，是海峡两岸应用性（技职）高等院校校际间交流的一大创新，其主题是“合作与进步：两岸青年的使命与责任”。此外，两岸500多位学子还将开展结对子、文艺联欢、参观企业等活动。学生论坛结束后，两岸大学生代表共同为两岸青年大学生论坛标志揭幕，并开通两岸青年大学生交流平台——海峡两岸应用性（技职）高等院校大学生论坛网。

加强交流 促进和谐

——严隽琪接受凤凰卫视专访

2009年12月3日，全国人大常委会副委员长、民进中央主席严隽琪下午在民进中央接受了凤凰卫视《问答神州》栏目主持人吴小莉的专访。采访中，严隽琪谈个人经历，谈人生感悟，谈体会思考，谈民进工作。

严隽琪谈及为什么加入民进，她将其归结为一种缘分。父母是九三学社成员，使得她对民主党派有天然的亲切感；从小对于民主人士专业造诣和社会影响力的敬仰，使得她有了加入党派的愿望；而自己长期从事教育和科技工作的背景，以及对于民进立会宗旨和政治主张的认同，使她最终选择加入民进。她坦言，加入民进就意味着多了一条交友和获取信息的渠道，更为自己打开了一扇报国之门。

严隽琪谈及父母对自己的影响，她很感谢父母身教言传给自己的优良品质。她说，父亲30年代留美，回国后秉持教育救国的理念创建了福建省农学院，虽然在6岁时，父亲去世了，但父亲矢志报国的理念渗透在了她的血液里；而对于含辛茹苦将5姐妹带大的母亲，严隽琪始终记得“女子不必不如男”的教诲。这些教育都是无形的，培养了严隽琪和姐妹们爱学习的品质和自立自强的性格。

严隽琪谈及海峡对岸的亲人，她娓娓道来那段心酸的历史。她说，正是因为有骨肉分离的切身体会，她更愿意尽自己微薄的力量为两岸和平统一作出更多的贡献；正是因为对“两岸同属一个中国、两岸同胞一家亲”有着非同寻常的感受，她对民进为促进两岸交流所做的工作也有了新的理解和认识。她相信，两岸共同的祖先、共同的文化和共同的历史，不是分裂势力所能轻易隔断的，和平统一一定会是两岸关系发展的大势所趋。

严隽琪谈及工作角色转换带给自己的感受，她始终怀有一种感恩的心态。她说，变化总是始料不及，我们必须融入时代、融入环境，感恩你得到的一切，坚信没有绝对无用的经历。每一次角色转换之初，都会有磨合、有不适应，因为环境不同、相处的人不同、工作任务方式也不同，但她认为从不同中“求同”很关键，各项工作的基本价值取向和规律性东西是相通的，每一段经历都在为后面的经历奠定基础。她十分感慨自己在徐州煤矿度过的11年，是煤矿的那段岁月锻炼了她独立生活的能力，让她体会到知识发挥作用的喜悦，培养了她更强的心理承受能力。而在“863计划”专家组的磨砺，锻炼了她的全局观念和协调能力，亲力亲为的调研、学会尊重客观规律，主动倾听不同意见，也为日后从政打下了良好的基础。

严隽琪谈及过去所承受的辛苦、面对的困难，她却认为时间滤掉了不愉快和烦恼，留下的都是温暖。虽然最留恋的还是和科研伙伴、和学生一起在实验室搞科研、做教师的日子，但“士为知己者死”，为了回报党组织和国家对自己的信任，无论再大的困难，都尽力去克服。她认为，每一份工作交给你，都是别人对你的信任，要多享受过程，不多问结果。她说，我们事业的每个阶段都建立在时代为我们所提供的平台上，沐浴着党的信任、团队的帮助和亲人的体贴，因此要常怀谦虚谨慎之心，常想党的信任和人民的期望。

严隽琪谈及学习，她用“恶补”来形容自己现在的状态。她说，自从担任民进中央主席以来，深感各方面知识的欠缺，她给自己制定了读书的计划，“一切从零开始，工作以学习开路”。虽然自己的专业——自然科学，与现在的工作有距离，但多年科研工作养成的思维习惯和学习能力，对她适应党派中央主席的岗位同样大有裨益。她相信，人的学识、水平必须经过一个积累、磨练、感悟和逐步提升的过程，而学习的本领是受益终身的。

严隽琪还重点介绍了民进中央2009年“新形势下农村教育综合改革”专题调研，民进为帮扶毕节试验区金沙县所启动的“彩虹行动”，民进中央主办的“海峡两岸中华传统文化与现代化研讨会”，以及其他一些参政议政和社会服务工作的开展情况。采访中，严隽琪还就主持人感兴趣的问题发表了见解，包括今年4月份访港的收获心得，她眼中的终身教育体系、大学生科技创业、创新型国家建设等。

严隽琪最后应栏目组邀请，欣然题词“加强交流，促进和谐”。

民进中央举行学习中共十七届四中全会精神视频报告会
王佐书作学习体会报告

2009年12月3日，民进中央上午举行学习中共十七届四中全会精神视频报告会，王佐书副主席作关于学习《中共中央关于加强和改进新形势下党的建设若干重大问题的决定》（以下简称“《决定》”）体会报告。机关全体工作人员、开明出版社干部职工参加报告会，民进各省区市委员会收听收看报告会直播。

王佐书的报告围绕《决定》主体内容，从对《决定》的宏观认识、学习“加强和改进新形势下党的建设的重要性和紧迫性”、“总结运用和丰富发展执政党建设基本经验”、“建设马克思主义学习型政党，提高全党思想政治水平”、“坚持和健全民主集中制，积极发展党内民主”等8项主要内容和学习《决定》对民进宏观工作带来的启示共10个方面，深入细致地解析了《决定》的脉络层次和重点内容。

王佐书说，《决定》体现了中国共产党与时俱进的建党理论，是中国共产党在党建工作中落实科学发展观的具体体现，充分体现了中国共产党对世情、国情和党情的正确判断，充分体现了实践创新、理论创新和制度创新，是思想建设、组织建设、作风建设、制度建设和反腐倡廉建设、执政能力建设、先进性建设的具体落实，是加强和改进新形势下中国共产党建设做出的战略部署，是中国共产党当前和今后一个时期党建的纲领性文献。

王佐书说，世情、国情、党情、宗旨、任务、目标，要求加强中国共产党的建设，充分体现出加强中国共产党建设的重要性和紧迫性。关于执政党建设基本经验，他指出，6条基本经验有着内部严密的逻辑系统，最鲜明的特点是理论联系实际，与时俱进，是对中国共产党党建理论的重大贡献，同时在党建中必将发挥重大作用。关于建设马克思主义学习型政党中学习的方法和着力点，王佐书强调指出，要营造学习氛围，向书本学习，向实践学习，向群众学习，优化知识结构，提高综合素质，增强创新能力，使各级党组织成为学习型党组织，各级领导班子成为学习型领导班子。关于“坚持和健全民主集中制，积极发展党内民主”，他指出，民主集中制是中国共产党和国家的根本组织制度与领导制度，是最重要的组织纪律和政治纪律，是中国共产党和国家的领导干部必须遵守的制度与纪律，是检查中国共产党和国家干部党性、组织性、纪律性强不强的标准之一。民主集中制能产生凝聚力，它是团结的凝固剂，是组织领导能力的力，是增强领导能力的力，也是产生领导效益的力，是执政能力的重要表现形式之一。关于“深化干部人事制度改革”，他指出，德的核心是党性，德才兼备、以德为先的用人标准，是培养干部的方向，评价干部的标准，也是提拔干部的标准，同时也是干部努力的方向。以德为先，抓住了当前领导班子和干部队伍建设的关键。关于作风建设，他指出，中国共产党历来提倡作风建设，中共七届二中全会提出的“两个务必”，中共十五届六中全会提出的“八个坚持、八个反对”，《决定》提出大兴密切联系群众、求真务实、艰苦奋斗、批评和自我批评四大作风，是当前强调的作风，也是急需改变现状的作风。关于“加快推进惩治和预防腐败体系建设”，他指出，反腐败是长期性、复杂性和艰巨性的任务，中国共产党把坚决反对腐败作为重大政治任务来抓，严格执行廉政建设责任制，坚持标本兼治、综合治理、惩防并举、注重预防的方针。

王佐书说，学习《决定》对民进宏观工作具有深刻的启示。《决定》为系统研究政党建设提供了一个样板，为民主党派总结经验、建设学习型政党、坚持民主集中制、培养干部、加强基层组织建设、加强作风建设、反腐倡廉建设和自身建设等诸多方面带来了启示。学习《决定》，要学习中国共产党的一系列管党治党的理论、制度、措施和方法，要研究学习的方法、内容、切入点和步骤，要研究中国共产党的党建理论与民主党派实际相结合的结合点。

与会同志一致反映，王佐书的报告不仅有对中共十七届四中全会精神主要内容和精神实质的解读，也从学风、学习的知识结构和学习的方法论上，对大家进行了有效的引导。

民进中央十二届九次主席会议在京召开

2009 年 12 月 6 日，民进中央十二届九次主席会议上午在京召开。民进中央主席严隽琪，常务副主席罗富和，副主席潘贵玉、王佐书、贺旻、刘新成、蔡达峰、朱永新、张帆出席会议。秘书长、副秘书长、各部门负责人列席会议。会议由严隽琪主持。

会议认真学习了中共十七届四中全会精神；审议通过了《中国民主促进会第十二届中央常务委员会第九次会议议程（草案）》；审议了《中国民主促进会第十二届中央委员会第三次全体会议议程、日程（草案）》，确定了三中全会领导主持分工；审议了《中国民主促进会第十二届中央常务委员会工作报告》（草案），听取了《工作报告》（草案）的起草说明，并提议由严隽琪代表中央常委会向三中全会作工作报告。会议研究了《民进中央 2010 年工作要点（草案）》、民进中央 2010 年两会提案（建议草案）。会议还听取了关于民进中央 2009 年表彰省级组织专项工作先进单位的决定的报告。

会议还研究了人事事项和其他事项。

中国民主促进会第十二届中央常务委员会第九次会议在京召开

2009 年 12 月 6 日，中国民主促进会第十二届中央常务委员会第九次会议在京召开。民进中央主席严隽琪主持会议并讲话。民进中央常务副主席罗富和，副主席潘贵玉、王佐书、贺旻、刘新成、蔡达峰、朱永新、张帆和常委出席会议。

会议审议通过了《中国民主促进会第十二届中央委员会第三次全体会议议程和日程（草案）》；听取了关于《中国民主促进会第十二届中央常务委员会工作报告（草案）》的起草说明，审议通过这一报告

（草案），提交民进十二届三中全会审议，并推定严隽琪同志为报告人；会议还通过了有关人事事项。

严隽琪在讲话中指出，本次常委会以中共十七届四中全会精神为指导，审议通过民进十二届三中全会各项议程，对于我们统一思想，开好这次全会具有重要作用。她希望，与会同志以高度负责的精神，确保会议顺利完成各项议程，并努力把大会开成一个民主团结、求真务实、开拓奋进的会议。

王佐书向常委会报告了起草工作报告的指导思想、起草过程，以及工作报告结构和主要内容。

民进中央部门负责人、部分省级组织的负责同志列席会议。

中国民主促进会第十二届中央委员会第三次全体会议在京召开

2009年12月7日至9日，中国民主促进会第十二届中央委员会第三次全体会议在北京召开。这次会议的主要内容是：学习贯彻中共十七届四中全会精神，审议中国民主促进会第十二届中央常务委员会工作报告，听取中国民主促进会中央监督委员会2009年度工作情况报告等。

全国人大常委会副委员长、民进中央主席严隽琪，全国政协副主席、民进中央常务副主席罗富和，民进中央副主席潘贵玉、王佐书、贺旻、刘新成、蔡达峰、朱永新、张帆和中央委员出席开幕式。

严隽琪受中国民主促进会第十二届中央常务委员会委托向三中全会作工作报告。罗富和主持开幕式。潘贵玉代表民进中央监督委员会向民进十二届三中全会作2009年度工作情况报告。

中央统战部一局局长吴晓礼、副局长孙凌雁应邀出席开幕式。民进第十次全国代表大会部分代表，民进中央专门委员会负责人、部门负责人，民进各省级组织会务工作负责同志列席会议。

严隽琪在报告中指出，2009年是我会深入学习贯彻科学发展观，以求真务实、改革创新的精神全面履行职责、推进高素质参政党建设的重要一年。会中央坚持以中国特色社会主义理论为指导，深入贯彻科学发展观，紧紧把握国际国内两个大局，积极带领全会与中国共产党同心同德，同全国人民共克时艰。会中央坚持“有思有行、集智聚力、顺势而为”，切实履行参政议政、民主监督职能，积极服务国家科学发展；不断探索高素质参政党建设规律，力求做到知行合一、务实创新，努力促进自身科学发展，实现在思想认识上有新提高，在履行职能上有新作为，在自身建设上有新进步。

严隽琪在报告中回顾了2009年民进的主要工作。一年来，会中央带领全会深入学习贯彻科学发展观，坚持以社会主义核心价值体系为引领，深化坚持走中国特色社会主义道路学习教育活动，扎实推进政治交接长效机制建设，努力提高理论指导实践的水平，进一步统一思想、坚定信念，为建设适应时代要求的高素质参政党奠定坚实的思想基础。通过举办科学发展观论坛，召开学习贯彻科学发展观视频会议，制作专题网页，开展问卷调查，发动广大会员“为民进科学发展进一言”等，强化理论学习、创新学习活动方式、转化学习成果，进一步增强了全会学习贯彻科学发展观的自觉性和坚定性，自觉地用科学发展观武装头脑、谋划发展、解决问题、推动工作。以学习贯彻全国“两会”精神为契机，认真学习胡锦涛总书记在民盟民进联组会上重要讲话精神，增强应对危机的信心，坚定多党合作的信念。召开民进全国宣传思想工作会议，制定下发《民进中央关于加强新形势下我会思想建设的意见》，初步形成了政治交接的长效机制。以参政党应用理论研究为重点，结合工作实际，把深化主题教育与庆祝新中国和人民政协成立60周年结合起来，加强对社会热点、难点问题的引导，组织全会撰写理论研究文章达760篇，形成了一批具有较高价值的研究成果。

严隽琪在报告中说，会中央高度重视组织工作在我会思想建设、作风建设、制度建设、理论建设和履职能力建设等各方面的作用，巩固和扩大领导班子建设成果，有序推进会内民主，努力提升我会履行参政党职能的能力和自身建设的科学化水平。及时召开民进全国组织工作会议，总结交流经验，探索新时期组织建设的规律。进一步完善重大事项通报制度；大力支持监督委员会开展工作；进一步完善领导班子后备人选的选拔制度，保证后备人选推荐过程、操作程序公开透明、公平公正；制定了《民进全国代表大会代表联系办法（试行）》，并采取多种形式与代表保持日常联系。充实会员人才库并实行动态管理，将政治素质好、有较强参政议政能力和组织领导能力的中青年骨干会员纳入人才库；举办、推荐参与各种形式的培训班、研讨班，针对后备干部、骨干会员、专职干部的类别、层次、特点和个人实际进行培训；制定组织和会员发展规划，对高层次会员发展趋势进行分析，增强了会员和组织发展的计划性和针对性；多渠道推荐我会会员和干部担任社会职务。

严隽琪在报告中说，会中央把履行参政党职能的重点放在国家工作大局之中，认真履行参政议政、民主监督职能，在事关全局和民生的重大问题上，提出具有综合性、全局性、前瞻性或者关键性的意见和建议，为促进经济平稳较快发展、维护社会和谐稳定作出了积极贡献。积极参与高层协商，就应对金融危机、关注民生、推进政治文明建设等重大问题提出一系列建议。如：优化投资结构、发展新能源产业、扶持中小企业、推动科技创新、加快小城镇建设等等。会中央领导以个人名义就国家区域发展规划、海洋权益保护等方面问题向中共中央、国务院领导提交建议 9 份。在全国政协十一届二次会议期间，提交党派提案 20 件、民进组提案 7 件，其中 3 件提案被列为重点提案。全会各级组织向会中央反映社情民意信息 2645 篇，会中央向全国政协、中央统战部编报 743 期。

严隽琪在报告中说，会中央高度重视并稳步推进参政议政、民主监督的机制创新，充分利用会内与会外资源，发挥整体优势：将参政议政网上平台用户范围，由原有的 29 个省级组织扩大至 263 个市级组织；在继续加强与上海社科院合作的同时，与清华大学“政治经济学研究中心”建立了合作关系。进一步完善了专题考察工作机制。各专门委员会积极开拓与政府机关、社会团体、研究机构合作渠道、完善合作机制。

严隽琪在报告中说，会中央根据新形势下社会服务工作的需求和特点，不断完善工作机制，加强和改进对全会社会服务工作的指导和统筹协调，充分发挥地方组织的积极性和创造性，在服务社会中培养会员、锻炼组织。积极参与贵州毕节试验区建设，继续参与地震灾区教育重建。高度重视社会新阶层会员的教育、引导、服务工作，支持和帮助会员在推动自身企业健康发展的同时积极服务社会。通过多种形式和渠道，促进海峡两岸和港澳地区的文化、教育和经贸交流，拓展与港澳台社会各界人士的联系，成功举办了“第四届海峡两岸企业发展与合作论坛”、“2009 年海峡两岸基础教育论坛”、“第七届海峡两岸中华传统文化与现代化研讨会暨首届海峡两岸医学文化与医学发展论坛”。

严隽琪在报告中说，会中央把新中国和人民政协成立 60 周年庆祝活动与学习贯彻中共十七大精神、学习贯彻科学发展观和做好 2009 年各项工作结合起来，主动参与中共中央、全国政协和统战系统举办的一系列纪念活动。积极指导全会开展主题突出、形式多样、广泛参与的一系列庆祝活动，引导广大会员深刻认识多党合作和政治协商制度的历史必然性和现实优越性，进一步激发了广大会员的爱国主义热忱和接受中国共产党领导的自觉性和坚定性。

严隽琪在报告中对明年的工作进行了部署。她指出，全会必须认清形势，保持清醒头脑，高举中国特色社会主义伟大旗帜，以中国特色社会主义理论为指导，深入学习贯彻科学发展观，学习中共十七届四中全会精神，坚定信念、同心同德、扎实工作。继续坚持执政党建设和参政党建设相互促进、会中央工作和地方组织工作相互促进、自身建设和履行职能相互促进、实际工作与理论研究相互促进，凝聚全会力量，发挥我会优势，积极履行参政党职能，争取新的更好的工作成绩。

严隽琪强调，全会要深入学习中共十七届四中全会精神，进一步增强全会的政治责任感和使命感，建设学习型政党，牢固树立和践行社会主义核心价值体系，进一步巩固我会共同的政治立场、奋斗目标和核心价值观念；要围绕中心，服务大局，努力提高我会履行参政党职能的水平，就事关全局和民生的重大问题，发挥我会优势和特色，为推动国家科学发展、促进社会和谐稳定发展作出新的贡献；要进一步加强自身建设，激发组织活力，切实提升我会的整体素质和能力，加强理论研究和组织建设，做好届中调整，开展创先活动，抓好机关建设，促进我会自身建设上新台阶、新水平。

严隽琪在报告中号召，全会紧密地团结在以胡锦涛同志为总书记的中共中央周围，努力发挥参政党作用，在新的一年中再接再厉，为全面建设小康社会作出新贡献！

12 月 7 日下午，民进十二届三中全会在京举行学习贯彻中共十七届四中全会精神报告会。严隽琪、罗富和、潘贵玉、贺旻、刘新成、朱永新、张帆和民进中央委员，列席人员出席报告会。王佐书主持报告会并讲话。

中共中央党校教授、党建部副主任张志明作了题为“党的建设的科学布局与执政党建设的科学化”的专题报告。他结合历史和现实，从如何看待中国共产党 60 年的执政兴国的业绩和执政党建设的成就讲起，他指出，近百年来，对中国人民来说最紧要的问题有三个，一是生存，二是温饱，三是发展。中国共产党不仅领导人民完成了民族独立，使中华民族和中国人民从此有了真正的尊严，而且在执政短短 60 年的时间内解决了 13 亿人口的温饱问题，更在科学发展观指导下拉开了中华民族全面发展、全面复兴的历史帷幕。从中共自身建设的成绩看，中共执政 60 年来，在曲折探索中形成并真正完成了执政党建设的科学布局。中共十七届四中全会《决定》指出，中国共产党的执政地位“过去拥有不等于现在拥有，现在拥有不等于永远拥有”。中国共产党不仅不同于西方政党，也不同于其他国家执政的共产党，是一个特别清醒、并保持着时刻警醒的党，是一个特别善于通过学习实现自我更新、自我超越的党。这种可贵的独特品质是中国共产党能够长期执政的重要因素。

张志明说，关于执政党建设的科学布局，首先要科学把握党的历史方位的两大转变，一是由革命党向长期执政的党的转变；二是由外来封锁下领导计划经济的党向全面改革开放下领导市场经济的党转变，这是思考马克思主义执政党建设问题的逻辑起点。其次，中国共产党面临着长期执政、改革开放、市场经济的考验，必须解决提高党的拒腐防变和抵御风险能力，提高党的执政能力和领导水平这两大历史性课题。他强调，当前要注重提高党领导人民当家做主的能力，领导文化建设的能力，在传统与现代化的结合中传承民族精神。中共十七大提出，中国共产党要始终成为立党为公、执政为民，求真务实、改革创新，艰苦奋斗、清正廉洁，富有活力、团结和谐的马克思主义执政党。要建设马克思主义执政党，就要加强执政能力建设和先进性建设，把党的思想理论建设、组织建设、作风建设、制度建设、反腐倡廉建设融为一体。

张志明说，关于执政党建设的基本经验，要坚持把思想理论建设放在首位；坚持把伟大工程同伟大事业紧密结合起来；坚持以执政能力建设和先进性建设为主线；坚持立党为公、执政为民，保持党同人民群众的血肉联系；坚持改革创新，增强党的生机活力；坚持党要管党、从严治党，提高管党治党水平。

张志明还就马克思主义学习型政党建设、积极发展党内民主、解决好党管干部与选人用人问题、加强党的基层组织建设、党风建设、深入开展反腐倡廉建设等关于提高执政党建设科学化水平的几个问题提出了自己的思考和意见。

王佐书在主持报告会中讲话。他说，张志明教授的报告实事求是、重点突出，深入浅出、耐人深思。报告介绍了若干历史，若干事例，若干事实，并以史为鉴。历史是最好的老师，历史是民族的财富，如何利用这一财富，值得我们深思。张志明教授的报告，是一个提出问题的报告，是一个值得我们学习思考总结的报告，是发人深省的报告。报告中提出的十七届四中全会《决定》的灵魂是中国共产党建设的科学布局和执政党建设的科学化。这句话画龙点睛，为我们学习十七届四中全会《决定》指出了应抓住的“纲”、指出了应抓住的“领”。报告还谈到做思想工作的方式、方法，强调思想工作要求真务实、讲究实效，宣传工作要与时俱进、与事俱进、与人俱进，关键是追求宣传效果的最优化。

王佐书说，中共十七届四中全会是一次非常重要的会议。这次会议不仅对于加强中国共产党的执政能力建设和先进性建设，夺取全面建设小康社会新胜利、开创中国特色社会主义事业新局面，具有重大而深远的意义，对于参政党进一步加强自身建设，提高履行职能的水平，也具有极为重要的指导借鉴意义。张志明教授的辅导报告对中共十七届四中全会精神进行了全面、准确、深刻的解读，对于参政党如何深入学习、全面把握十七届四中全会的主要内容和精神实质，学习中国共产党自身建设的成功经验，使参政党自身建设与执政党自身建设相适应、相匹配，更好地履行和发挥参政党的职能与作用，具有很强的启发性和引导性。

12 月 8 日至 9 日，民进十二届三中全会举行分组讨论。严隽琪、罗富和、潘贵玉、王佐书、贺旻、刘新成、朱永新、张帆和中央委员参加分组讨论。委员们围绕工作报告进行了热烈讨论。

委员们认为，工作报告高屋建瓴，视野开阔，内容丰富，重点突出，是一个政治上有高度、内容上有宽度、思想上有深度的报告。报告从六个方面全面总结了全会今年的工作，既有理性的思考，又有务实的举措，充分体现了“有思有行、集智聚力，顺势而为”，不仅思路清晰、目标明确，而且措施得力、成效明显，反映出十二届二中全会的工作部署在各个方面得到了贯彻落实。报告在总结经验的同时，还认真查找工作中的不足，不回避问题，体现了实事求是的作风，对全会发挥了非常好的示范作用。

委员们对常委会过去一年的工作给予充分肯定。大家认为，2009 年我会深入学习贯彻科学发展观，巩固扩大 2008 年工作成果，以求真务实、改革创新的精神全面履行职能、推进高素质参政党建设。会中央隆重庆祝新中国和人民政协成立 60 周年，扎实推进政治交接长效机制建设，努力提高理论指导实践的水平；有序推进会内民主，大力加强人才队伍建设；以新作为巩固老阵地，在顺势中开拓新领域，在事关全局和民生的重大问题上，提出具有综合性、全局性、前瞻性或者关键性的意见和建议；积极开展社会服务；不断拓展与港澳台社会各界人士的联系，取得了积极的工作成果，实现了在思想认识上有新提高，在履行职能上有新作为，在自身建设上有新进步。

委员们认为，工作报告站在国际国内形势的大背景下，与中共中央、国务院对形势的判断和要求紧密结合，全面部署 2010 年的工作，不仅站得高，看得远，而且指导思想明确，工作重点突出，保障措施有力，富有指导性和针对性。报告从三个方面作具体部署，明确提出要深入学习中共十七届四中全会精神，建设学习型政党，牢固树立和自觉践行社会主义核心价值体系；要继续围绕“保增长、保民生、保稳定”的热点、难点问题，在有关国计民生的重要问题上，深入开展调查研究，努力提高我会履行职能的水平；要进一步加强自身建设，激发组织活力，切实提升我会的整体素质和能力。

委员们提出，落实明年工作的部署。在参政党思想理论建设方面，建议学习借鉴中共执政党建设的经验，把思想理论建设的重点放在学习型政党的建设上。在组织建设方面，建议把基层组织建设作为全面推进我会组织发展的重要抓手，在人才队伍建设和参政党机制建设上多做研究。在履行职能方面，建议以“十二五”规划作为明年参政议政工作的切入点，组织力量就一些重大问题深入调研，提出高质量的意见建议。

委员们强调，我会应加强对教育领域问题的系统性研究，发挥会内文化出版界代表性会员的作用，积极履行参政党职能，为教育文化出版事业的改革和发展作出新贡献。

严隽琪 12 月 8 日参加第二组的讨论。讨论由民进内蒙古区委主委郑福田主持。

严隽琪在讲话中首先向与会同志对会中央工作的大力支持表示衷心感谢。她说，大家对民进组织的热爱和情感，对工作的执著与投入增强了会中央的工作信心，启发了我们的工作思路。她坦言，自从担任民进中央主席以来时时感到压力和责任。压力和责任来自许多方面，包括民进“十大”对会中央新班子提出的新要求，高素质参政党建设的新要求，世界和中国发展变化带来的新要求等等。这些既是压力，也是无形的动力。

严隽琪说，民进作为参政党，目前正面临两大历史课题：一是在中国特色社会主义大踏步前进的历史进程中，民进究竟能够发挥多大作用，获得多少承认；二是共产党在不断进步，越来越成熟和理性，与之相对应，参政党的成熟和理性体现在哪里，怎样才能在多党合作的政治格局中与共产党共同进步，都是当前值得深入研究的课题。她说，老一辈民进人在新中国面临两种命运、两种前途的时候作出了不可磨灭的贡献，交出了非常漂亮的答卷，这是被后人永远铭记的。作为新时期的民进成员，要时刻问自己："加入民进为什么？为民进做了什么？给民进留下了什么？"，要时刻以"立会为公、参政为民"的价值观要求和衡量自己。

严隽琪说，新的历史课题对民进提出了新的工作任务，就是要按照执政党建设和参政党建设相互促进的要求，坚持会中央工作和地方组织工作相互促进、自身建设和履行职能相互促进、实际工作与理论研究相互促进，在建设适应时代要求的高素质参政党的不懈努力中，切实提升我会的整体素质和能力。

严隽琪强调，2010 年民进全会要在两项工作上下工夫、做文章。一是牢固树立和自觉践行社会主义核心价值体系，二是把建设学习型政党落到实处。这两项工作的开展不能流于形式，必须持续推进，力争一年比一年做得更好。

罗富和 12 月 8 日参加第八组讨论。民进陕西省委主委李进权主持会议。

罗富和认真听取了委员们的发言。他说，严隽琪主席代表常委会向全会所作的工作报告，全面总结了我会 2009 年工作，指出"在思想认识上有新提高，在履行职能有新作为，在自身建设有新进步"。报告中对 2010 年工作部署与中共中央、国务院对 2010 年工作的判断和要求紧密结合，总体比较合理。

罗富和说，回顾 2009 年工作，最深刻的感受是"力量来源于组织，智慧来源于基层"。会中央各项工作的成绩都来自于全会的支持。在各级组织和专委会支持下，我会组织工作和参政议政工作都取得了进步。在组织工作方面，大力支持监督委员会开展工作，制定了《民进全国代表大会代表联系办法（试行）》，会内民主建设有序推进。坚持集智聚力，也是为了有效推进会内民主，通过集体力量的汇聚使会内民主的原则得到贯彻。

罗富和说，2009 年的参政议政工作在 2008 年基础上继续向前推进，其中的一项举措就是把参政议政网上平台用户的范围扩大到所有市级组织，期望能在更大的范围实现上下联动，互相促进。开通的参政议政网上平台，得到各级组织和专委会的积极参与，为会中央领导参与高层协商提供了很多很好的意见。会中央建立的参政议政课题申报立项机制、提案形成机制和成果奖励机制，通过一年多的实践，也发挥了较好的作用。

罗富和说，希望民进各级组织在新的一年里按照会中央的工作部署，进一步加强自身建设，切实履行好参政党职能，把我会的各项工作提高到一个新水平。

潘贵玉 12 月 9 日上午参加第五组讨论。民进河北省委主委王刚主持讨论。

潘贵玉认真听取委员的发言。她说，在中国，不仅执政党不好当，参政党也不好当。因为中国特色社会主义政党制度在全世界前无古人，后无来者。中国共产党领导、多党合作，中国共产党执政、多党参政，这一制度，需要我们不断的探索、完善和创新。作为国家体制来说，从一个人说了算，过渡到两个人说了算，都很不容易，是个台阶；再到一个班子说了算，又是个台阶，到一个网络说了算，到全体人民说了算，得有多少个台阶？社会主义民主政治建设要一步一步地走。中国几十年走过来，不容易。

潘贵玉说，政治制度上中国共产党领导领导、多党合作，中国共产党领导执政、多党参政，本身就是中国特色社会主义的特色之一。如果说这 30 年的改革开放对中国文明史、世界发展史有贡献的话，我认为我们的政党制度为国家的稳定和发展作出了重大贡献，这其中就包括了参政党作出的贡献。

潘贵玉说，参政党工作要有所为有所不为。有时候要说，有时候要不说。有些事、有些话，不是都要说出来的，说出来是一种支持，不说也是一种支持；说是一种进步，不说也是一种进步；冲锋陷阵是一种工作，后勤保障也是一种工作。有时配角在某一个点上，作用不亚于主角。所以做好参政党工作同样不容易，既要在政治上把握好，又要在工作上把握好。

潘贵玉说，参政党参政议政能提出真知灼见很不容易，一是信息不对称，特别是和中共的信息不对称，二是提出可操作性的解决方案很难。希望大家集智聚力，为促进民进的工作想办法、出主意，全会上下共同努力，为维护国家的稳定和团结，为国家经济、社会的发展作出应有的贡献。

王佐书12月9日上午参加第六组讨论。他说，换届以来新一届领导集体齐心协力、共谋发展，民进各级组织和广大会员集智聚力、努力工作，全会取得了可喜的成绩。与此同时，国内国际形势发生着重大变化，世界范围内各种思想文化交流、交融、交锋的力度、深度、广度前所未有。在这样的背景下，民进各级组织和广大成员应当围绕“可持续”这一命题，全面思考民进的各项工作。具体来说，要思考民进工作是否可持续，是否可持续发展，是否可持续领先；要思考民进工作实现可持续、可持续发展和可持续领先，分别应当具备什么条件；要思考民进工作如何实现可持续、可持续发展和可持续领先，这是当前应当研究的重大问题。

王佐书说，政治协商、民主监督、参政议政、社会服务、利益协调与表达和自身建设，是民主党派的职能，其中参政议政和民主监督是民主党派的基本职能。民进组织和会员应当深刻领会“基本”的含义，思考“基本工作”是什么，如何在“基本”上下工夫，基本职能要求我们有什么样的基本工作，以及什么样的切入点等等。

王佐书说，今天民进组织和会员思考问题，要站在全会、全国、全世界的视角思考问题，要有宽阔的眼光；囿于客观条件，有些事情今天暂时做不到，但不能想不到，更不能永远做不到。民主党派是政党，是搞政治的，民主党派成员应当具备较高的政治素质和政治水平。以提高民进思想工作水平为例，他指出思考问题和处理问题的三个层次，即“亡羊补牢”、“对症下药”和“未雨绸缪”。

王佐书说，民进的宣传思想工作要善于思考，善于在各种声音中保持警惕、汲取经验，进一步改进工作方式方法。比如要从美国做宣传思想工作的“润物无声”、“润物无痕”中，思考怎样将我们的宣传思想工作做到“润物无声”、“润物无痕”；要从“把中国的经济自由化的压力转变为政治自由化的压力”（美国前国务卿赖斯语）中，思考什么是经济自由化，什么是政治自由化，美国怎样将中国的经济自由化如何转变成政治自由化，用什么方法使经济自由化转变成政治自由化；要从邓小平同志“一种冷战的结束就是另一种冷战的开始”的判断中，思考冷战的战场在什么地方，冷战的方式是什么，如何应对冷战等等。王佐书特别从国家安全的角度，提出“冷战+润物无声=？”的命题，进一步提出了民主党派宣传思想工作的重要性和有效性。

王佐书说，关于民进宣传思想工作的创新，创新是民进工作进步的灵魂，也是民进发展的不竭动力。他提出两种创新方法，即最近发展区创新和因素与关系创新。前者指站在最近发展区进行思考，在最近发展区内做宣传思想工作；后者指任何问题均由若干因素和各因素间的关系构成，改革其中一个变量或者变量组合，或者改变其中一个关系或关系的组合都会导致问题的变化，宣传思想工作要思考各种因素及其关系，在这个基础上进行创新。

王佐书以2007年我国的“猪荒”与美国利用千亿吨玉米制造乙醇的关联为例，进一步强调了民进宣传思想工作、参政议政工作方式方法的重要性，为阐明从怎样的角度来思考“三农问题”，开阔了视野，拓展了思路，得到与会委员和同志的一致认可。

贺旻12月8日参加第七组讨论。民进江西省委主委汤建人主持会议。

贺旻认真听取各位委员的发言后说，大家对会中央2009年的工作给予了充分的肯定，并就如何进一步履行参政议政、民主监督职能，加强我会自身建设提出了具体、中肯的意见和建议，这对会中央进一步做好明年的工作是很有益的。她结合自身的工作和学习谈了三点体会。

一是今年的工作报告求真务实。报告文风朴实，平实地展现了2009年会中央工作的亮点，也实事求是、恰如其分地提出了几个方面的不足，没有回避问题，并有针对性地部署了2010年的工作。

二是报告有理性思考，特别是对参政党建设规律进行了理性探索。报告中提出“有思有行、集智聚力、顺势而为”的思路，符合我会的实际情况，使我们能更好地服务大局、履行好参政党职能。但是如何实现集智聚力，还需要我们在实际工作中不断进行总结。当前随着我国经济社会的不断发展，参政党也要适应形势和任务的需要，我们要在巩固教育、文化、出版这些参政议政老阵地的同时，努力开拓参政议政新领域，通过提出真知灼见，当好执政党的诤友和挚友。

三是要加强我会基层组织建设，发挥基层组织在思想政治工作中的作用。当前所有制形式、就业方式、工作岗位的多样化，使得过去依托单位进行思想教育，就能解决全民思想问题的格局已经被打破，思想政治工作的环境和形势发生了很大的变化。我们应当充分发挥基层组织与广大会员联系密切的优势，通过基层组织了解会员的想法，反映他们的合理诉求，增强思想政治工作的针对性和有效性。

刘新成参加第一组讨论。讨论由民进新疆区委主委牛汝极主持。

刘新成在听取各位委员的发言后指出，新中国成立以来，特别是改革开放以来国家发展取得的成就，进一步坚定了全国各族人民走中国特色社会主义道路的信心和信念。中国共产党领导的多党合作和政治协商制度是我国的基本政治制度，是独一无二的，这一制度在未来怎样进一步加强，应该怎样进一步发挥作用，值得探索，参政党如何在其中发挥作用也需要探索。

刘新成说，当今时代发展变化很快，经济社会国际国内各方面的新情况、新问题不断涌现。作为参政党，我们该如何面对，需要思考。现在我们这一届中央、地方的领导班子多是新的领导成员，如何领导全会做好工作，也需要探索。这样的客观形势使作为参政党的民进，必须积极探索、不断前进。但是无论在任何复杂的情况下，坚持接受中国共产党的领导，坚持走中国特色社会主义政治发展道路是不可动摇的。

刘新成说，非常赞同严隽琪主席代表常委会所作的报告。从报告中可以看出，会中央主要领导在自觉地以科学精神进行积极的探索。报告中提到有思有行，思，就是自觉探索；而顺势而为，有所为有所不为；集智聚力，是富于科学精神的探索。报告根据现实情况和参政党的特点，本着实事求是的态度，对我们能做什么，怎么做，有了科学的认识。例如，报告中谈到的 2009 年的工作，就体现了有思有行、顺势而为、有所为有所不为的工作思路。

刘新成说，当前我们面临着新的挑战，需要进一步坚持科学探索精神，特别是要把握好顺势而为这个度，判断好怎样是顺势，怎样是逆势。如何判断并把握好发挥作用的机遇、发展的机遇、有所作为的机遇，切实发挥参政党作用，值得探索。有所为有所不为，要认清什么要为，把为的事做得漂亮；又要有所不为，不做无用功、搞形式主义，其中的度怎么把握，在今后的工作中也需要我们进一步探索。

朱永新 12 月 9 日上午参加第四组讨论。讨论由民进江苏省委主委陈凌孚主持。

朱永新认真听取了委员的发言。他说，中共中央经济工作会议刚结束，民进全会要深入学习贯彻中央经济工作会议精神，建议把这个重要内容加入到《决议》中。他同时对进一步修改完善《决议》提出了具体意见。

朱永新说，机关建设是明年工作的重点，如何把会中央工作，尤其是机关建设工作做得更好，是一直在思考的问题。这一届会中央领导集体，按照“无懈无滞，有思有行”的要求，一直在努力探索。作为自己个人，心里始终有些忐忑不安，因为同过去的民进老一辈领导人相比，在才华、人格魅力上都远不能及，所以需要更多的勤奋，更多的努力，更多的用心。同时，做好会中央工作，也需要依靠集体力量。

朱永新说，在许嘉璐、张怀西等民进老领导的多年经营下，民进打造出了一支比较能战斗、精神风貌好、学习能力强的队伍，但是现在还需要有新的发展。昨天，罗富和常务副主席在小组讨论中讲到，力量源于组织，智慧来自基层，会中央机关建设也要向地方学习。今年，会中央在江苏举办了几场大的活动，得到了江苏省委会的大力支持。江苏省委会机关的工作人员不多，但是照样把活动办得有声有色，他们的工作效率、精神风貌、敬业精神值得会中央机关学习。会中央和地方组织的机关建设是相互促进的关系，这是个非常重要的问题，要多向地方学习、请教，同时要大力发现基层工作亮点，加大在全会推广的力度。一方面要宣传民进过去的历史成就，同时要注意发现今天身边的闪光点，要把具有典型事迹的优秀会员通过各种渠道，包括在全国的媒体上进行宣传，扩大民进的影响力。

张帆 12 月 8 日参加第五组讨论。讨论由民进河北省委主委王刚主持。

张帆在认真听取了第五组同志的发言后，结合大家的讨论，重点就如何搞好参政议政谈了自己的看法。他认为，参政党只有做好参政议政工作，履行好职能，才能体现出中国特色社会主义政党制度的活力和优越性。如何履行好职能，参政议政选题很关键。他说，用科学发展观的要求来审视、衡量社会发展，就会以新视角发现许多新问题，就能抓住参政议政的新内容。民主党派参政议政只有更早、更敏锐地抓住新问题，进行深入的研究，才能选准题、出成效。在研究新问题时，个人的知识结构往往具有局限性，因此要注重发挥组织的功能，汇聚、发挥专家的力量，机关参政议政部门则要做好服务。目前，我会初步建立了参政议政课题申报立项机制、提案形成机制和成果奖励机制，取得了一定的成效。参政议政选题一定要有敏锐性，要结合会内人才和工作。一级组织一年几十个题目中能有几个精品，真正发挥了作用，就能体现出党派的作用和价值。精品与普遍性之间如何协调？如何从大量的题目中选出精品？这个过程的机制目前还不成熟，所以出精品很难。他结合福建省委的工作经验提出：把课题分为长线的和短平快的两类，分别用不同的方法研究。比如电动车不遵守交通秩序问题，状况维持了十几年，为什么解决不了？我们可以组织社会学专家，从心理、行为到利益等等，进行系统的研究，提出解决的方案。我们参政议政不能停留在讲简单的观念性的东西上面，而是要研究为什么没有做到？问题出在了哪里？困难在哪里？要分析我们多年来前进了一步吗？为什么不能前进？寻根溯源，逆着往前推，逐步推进问题的解决——这是短平快的项目。还有一类是大问题，比如教育，虽然教育系统有自己的研究机构，但显然就教育研究教育是不够的，需要有教育系统之外的社会性的教育研究机构。民进可以考虑成立一个教育研究所，系统地研究教育问题。这是长线项目。

12 月 8 日下午，列席民进十二届三中全会的“十大”代表座谈会召开。来自全国 20 个省级组织的 21 位民进“十大”代表为会中央工作出主意、想办法，知无不言、言无不尽。严隽琪、罗富和、王佐书、刘新成、朱永新出席座谈会。

民进中央以党为师，学习借鉴中共扩大党内民主、实行党代会代表常任制的试点经验，结合民进实际，2009 年 6 月制定了《民进全国代表大会代表联系办法（试行）》。这一创新型的举措将有效扩大代表的知情权、建议权与监督权，调动广大会员的积极性、主动性和创造性。

罗富和在座谈会上说，请各位代表来参加本次全会，了解中央委员会履行职能的情况，对会中央的工作提出意见和建议，发挥好民进全国代表大会代表在代表大会闭会期间的作用，是会中央落实文件精神，稳步推进会内民主、加强会内监督的重要举措。今天的座谈会，就是要听取各位代表对会中央工作的意见和建议。

来自延安的民进十大代表说，我们延安有中共党史研究基地，现在民进正在开展参政党应用理论研究，希望会中央能考虑在我们延安也开设一个参政党干部思想培训基地。我本人十分愿意参与这项工作。

来自三亚的民进十大代表说，今年严主席、罗副主席都到过我们三亚，看望会员、参加支部活动，我们的会员都感到特别振奋。希望今后会中央领导多下基层，多指导我们工作。

来自绍兴的民进十大代表说，工作中感到最大的困难就是身上的责任与自身素质和手中的资源不匹配，对会中央工作的宏观思路不是很清晰，希望多给基层组织提供一些信息和资料。

来自通化的民进十大代表说，希望会中央能更多地关注基层组织的工作，为会员搭建发展平台，扩大视野、提高能力。比如可否定期组织会员参加考察调研和接受专题培训，来不了北京的，可以搞分片培训，或者把课件挂在民进网站上搞网络培训。

来自石家庄的民进十大代表说，我为自己是民进会员感到特别自豪，民进是个有凝聚力、有战斗力、有社会影响力的政党组织。建议将来会中央能把更多的基层会员请上来，开拓培训渠道、提高培训层次。我想只有自上而下、自下而上多互动、多交流，才能更好地执行民主集中制，使咱们民进组织更具活力。

列席三中全会的民进十大代表结合工作实际畅所欲言、集思广益，反映了基层会员的声音和诉求，表现出民进会员的坦诚与可敬，体现了民进组织的活力与未来。

严隽琪认真听取发言并讲话。她说，一个组织、一个人要做到耳聪目明，需要听到不同的声音，保持清醒头脑。大家的建议很宝贵，我们会好好整理，吸纳并贯彻在我们日后的工作中。大家对我们领导班子提出的期望，我们都会努力去落实，不愧对时代和民进的后来人。

12 月 9 日下午，民进十二届三中全会顺利完成各项议程，在京圆满闭幕。严隽琪出席并讲话。罗富和、潘贵玉、王佐书、贺旻、蔡达峰、朱永新和中央委员出席闭幕式。刘新成主持闭幕式。

民进“十大”部分代表，民进各省级组织会务工作负责同志，民进中央各专门委员会、各部门负责人列席会议。

严隽琪在讲话中指出，本次会议是在国际国内形势深刻变化、我国改革和发展进入新的关键时期，以及民进全会深入学习贯彻科学发展观，学习贯彻中共十七届四中全会精神的背景下召开的一次重要会议。这是一次团结民主、务实鼓劲的会议，达到了学习交流、总结工作、巩固成果和明确任务的目的。

严隽琪说，此次会议收获之一是认真学习，统一思想。委员们结合历史的必然性、理论的科学性和共产党的先进性，进一步学习和领会中共十七届四中全会精神，学习和借鉴中共党建经验，坚持与时俱进，认识参政党的定位。收获之二是总结工作、明确任务。会议听取、审议并通过了工作报告，作出了决议。收获之三是推进民主、改革创新。全会邀请 21 名民进“十大”代表列席会议，进行了会中央领导班子后备干部民主推荐，听取了中央监督委员会 2009 年度工作情况报告，使我会有序推进民主迈开了新的一步。

严隽琪对贯彻落实民进十二届三中全会精神提出明确要求。

第一，清醒认清形势，贯彻落实中央经济工作会议精神。2010 年是我国深化改革，为“十二五”规划启动实施创造良好条件至关重要的一年。综合国际国内经济形势看，转变经济发展方式已刻不容缓。我会要努力成为保持经济平稳较快发展的促进者、社会和谐稳定的维护者，在参政议政中有新作为。要坚定信心，把思想和行动统一到中央对形势的科学判断上来，统一到科学发展的要求上来。

第二，借鉴执政党建设经验，努力把建设学习型政党落实到实处。当前参政党建设的任务空前繁重。建设学习型政党是我会以党为师的必然要求，也是我会建设适应时代要求的高素质参政党的必然要求。学习是政治责任，是精神追求，是不可或缺的生活方式和工作方式。学习有三个重点：一是学习中国特色社会主义理论体系，二是学习我会老一辈领导人的优良传统和会章会史，三是学习贯彻科学发展观。同时要树立良好的学风，注重理论联系实际，坚持学用结合、知行统一。

第三，适应时代要求，积极稳妥推进会内民主。有序推进会内民主，建立会内监督机制，是我会加强自身建设的重要举措，也是一种新探索。会内监督的重点应是各级领导班子及其负责人。作为领导干部，在严格自律的同时要主动接受来自组织和成员的监督。监督者要与人为善，被监督者要虚心诚恳。完善会内监督机制离不开民主集中制，全会各级领导班子要特别注意自觉贯彻执行民主集中制，切实加强集体领导和民主决策。

会议通过了《中国民主促进会第十二届中央委员会第三次全体会议决议》。《决议》指出，2010 年是实施“十一五”规划的最后一年，也是夺取应对国际金融危机冲击全面胜利的重要一年。《决议》要求民进各级组织带领广大会员牢固树立和践行社会主义核心价值体系，努力建设学习型政党，以民进成立 65 周年为契机，进一步巩固政治交接成果，加强组织建设和机关建设，做好届中调整，推进会内监督，提高我会的整体素质和能力。

《决议》号召，全会要紧密地团结在以胡锦涛同志为总书记的中共中央周围，高举旗帜，坚定信念，同心同德，扎实工作，为把我会建设成为适应时代要求的高素质参政党作出不懈努力，为全面建设小康社会作出新贡献！

民进中央监督委员会召开第三次全体会议

2009年12月6日至8日，民进十二届三中全会期间，民进中央监督委员会先后两次召开第三次全体会议。民进中央常务副主席、民进中央监督委员会主任罗富和出席并主持会议。

12月6日，会议审议了《民进中央监督委员会2009年工作情况报告》，并推举民进中央副主席、民进中央监督委员会副主任潘贵玉为报告人，向民进十二届三中全会作2009年工作情况的报告。

12月8日，会议明确了明年中央监督委员会的工作重点，并就如何完成明年的两项重点工作，讨论了具体工作安排。与会委员一致认为，明年中央监督委员会的工作重点突出，切实可行，对完善我会内部监督机制，推动我会自身建设必将起到积极作用。

民进中央监督委员会委员出席会议。民进中央监督委员会办公室成员列席会议。

民进省级组织负责人会议在京举行 会议为专项工作先进单位颁奖

2009年12月9日，民进省级组织负责人会议在京举行。民进中央主席严隽琪，常务副主席罗富和，副主席王佐书出席会议。副主席兼秘书长朱永新主持会议。会议为获得专项工作先进单位的代表颁奖。

罗富和针对《民进中央2010年工作要点（草案）》，作了简要说明。他指出，工作要点紧紧围绕学习贯彻中共十七届四中全会精神，围绕参政党自身建设和履行职能的工作需要，对2010年全年工作作出了部署。全会要本着高度负责和极其认真的态度，努力落实这些工作任务和要求。

会议对省级组织专项工作进行了表彰。朱永新宣读了《2009年民进中央关于表彰省级组织专项工作先进单位的决定》，以及2009年省级组织专项工作先进单位和进步突出单位的名单。

民进中央副秘书长、各部门负责人，民进各省级组织负责人出席会议。

民进中央举行“多党合作　共铸辉煌——纪念多党合作制度确立60周年”征文活动颁奖仪式

2009年12月9日，在民进省级组织负责人会议上，民进中央举行“多党合作　共铸辉煌——纪念多党合作制度确立60周年”征文活动颁奖仪式。民进中央主席严隽琪，常务副主席罗富和出席颁奖仪式并为获奖单位和个人代表颁奖。副主席王佐书宣读获奖名单。副主席兼秘书长朱永新主持会议。

王佐书就理论征文活动情况作了说明。王佐书说，为庆祝新中国成立60周年，纪念人民政协成立、中国共产党领导的多党合作和政治协商制度确立60周年，会中央今年在全会开展了“多党合作　共铸辉煌——纪念多党合作制度确立60周年”征文活动。本次活动得到了我会各级组织和广大会员的积极响应和大力支持。各级组织及时转发《通知》，并结合实际情况进行工作部署；积极组织理论研究骨干进行专题调研；部分省级组织还建立了奖励制度，调动会员参与活动的积极性。截止到征文活动结束，会中央共收到来自全国各地上报的征文753篇。

王佐书指出，这些征文，结合庆祝“两个60周年”系列活动，从建设社会主义政治文明的高度，回顾了民主党派与中国共产党团结奋斗的光辉历史，总结多党合作制度确立60年以来特别是改革开放以来多党合作理论和实践的新发展，介绍多党合作中的成功经验与典型实例，并就如何坚持、完善多党合作制度和建设适应时代要求的高素质参政党进行理性思考。这次征文活动，既是我会向新中国、人民政协成立60周年的献礼，也是对我会理论研究工作的一次大检阅、大推动，同时，对于发现和培养理论研究骨干人才、加强参政党理论研究会的工作、提高我会理论研究水平起到了积极的促进作用。

王佐书说，为保证征文评奖的公正、公平和权威，本次活动专门成立了由会中央领导、宣传部、研究室和参政党理论特邀研究员组成的评委会。评委会先后两次召开会议，研究评奖工作。会中央研究室负责此次征文活动的具体工作，对所有收到的文章进行初步筛选后，统一格式，以匿名的方式，报送给各位评委进行打分，并按照各位评委的评分之和排序，确定作品的名次。

王佐书说，本次征文活动设优秀作品奖和优秀组织奖。优秀作品奖的评选主要依据以下四条标准：1. 严格按照各位评委的评分之和排序，确定作品的名次。2. 一、二、三等奖及优秀奖中，如果最后一名的分数相同，最后一名可以评选出多个作品。3. 鼓励基层和普通会员的原则。我会现任省级主委以上领导的作品不参加优秀作品奖的评选。4. 适当兼顾地区平衡的原则。

王佐书说，优秀组织奖授予在此次征文活动中做出突出贡献的省级组织。优秀组织奖的评选依据两条标准，一是上报征文的数量；二是上报征文的质量。各省级组织每上报1篇符合要求的征文计1分；上报的征文，获得一等奖每1篇计8分；获得二等奖每1篇计5分；获得三等奖每1篇计3分；获得优秀奖每一篇计1分，总分前10位的省级组织获得本次征文活动的优秀组织奖。因前10名中有两个省级组织的分数相同，因此，排名第11位的省级组织也获得优秀组织奖。

王佐书说，经民进十二届十八次主席办公会议审定，此次征文活动共评出11个省级组织获得优秀组织奖；121篇征文获得优秀作品奖，其中一等奖12篇，二等奖24篇，三等奖30篇，优秀奖55篇。

民进中央副秘书长、各部门负责人，民进各省级组织负责人出席会议。

筹备成立中国教育政策研究院
严隽琪、罗富和、朱永新与刘川生座谈

2009年12月16日，民进中央主席严隽琪、常务副主席罗富和、副主席兼秘书长朱永新，在机关会见北京师范大学党委书记刘川生一行，并就筹备成立中国教育政策研究院进行座谈。

严隽琪对刘川生一行的到来表示欢迎。她说，感谢北师大对民进、对我本人的信任，提出和我们合作建设中国教育政策研究院。民进和北师大可以说有不解之缘，我们的老主席许嘉璐就是北师大毕业的学生，也曾在北师大任教，这是历史的渊源，这次的合作是再续新缘。北师大是历史名校，理论研究能力、社会影响力无可置疑；教育是民进的主要界别之一，也是民进参政议政的老阵地，希望通过双方的合作，把中国教育政策研究院建成中国教育政策的著名智库。

严隽琪说，实现这个目标，首先要共赢。中国教育政策研究院是北师大学科建设的重要组成部分，通过体制机制的创新，既体现一流高校的价值，也为民进参政议政搭建了重要平台，可以充分体现参政党履行职能的能力和水平。其次是共建，北师大提供学科建设资源，民进有丰富的社会资源以及各省级组织在教育领域参政议政的经验，双方精诚合作，才能做好这项工作。再次是长期，我们要立足长远，将这项合作继续下去，不因为人事变更而中断。教育是北师大教学科研工作的重中之重，也是民进的主要界别特色，双方有长期合作的基础。最后是开放，要有包容性和灵活性，能容忍与传统做法不同的人、事、物存

在，做改革的试点。

严隽琪表示，如果双方没有大的分歧，这一项目可以进入启动期。中国教育政策研究院应该是一个开放的实体，拥有坚定有力的领导班子、执行班子，在人员编制、资金等方面都要有保证。

罗富和说，建立中国教育政策研究院，符合现实发展的需要。民进是以教育为主要界别特色的参政党，在这一领域有组织和资源优势。我们提出民进的参政议政工作要以新作为巩固老阵地，就是要从更高、更广的视野，从经济社会发展的全局思考和研究教育领域的前瞻性问题，做好教育政策研究，推动教育改革发展。系统的理论研究是北师大的强项，又拥有深厚的教育底蕴，民进在教育领域的参政议政工作也有积累和建树，我们有信心做好这个项目。

刘川生说，与民进中央合作成立中国教育政策研究院，是一次前瞻性的举措，能够实现教育与政府、机构、企业的联合，也是北师大国际战略的一部分。当前我国的教育发展正面临一个很好的机遇，我们要进一步开阔视野，发挥自身的教育资源优势，分享民进对教育政策的研究经验，共同搞好这一组织的建设，为推动我国的教育改革和发展出力。

刘川生诚挚邀请严隽琪担任中国教育政策研究院院长。

双方通过座谈和交流，就合作成立中国教育政策研究院进一步达成共识。北京师范大学常务副校长董奇、学校办公室主任曹卫东、教育学部部长周作宇，民进中央及办公厅、参政议政部有关负责人参加座谈。

庆祝民进海南省委成立20周年
罗富和出席并致贺词

2009年12月19日，民进海南省委在海口市燕泰国际大酒店召开民进海南省委成立20周年庆祝大会。全国政协副主席、民进中央常务副主席罗富和出席并致贺词。民进海南省委于1989年8月宣布成立，20年来，民进海南省委坚决拥护中国共产党领导的多党合作和政治协商制度，认真履行参政党职能，为海南省经济建设和社会全面发展作出了积极的贡献。民进海南省委就海南的经济社会发展和人民群众普遍关心的热点问题，深入开展调查研究，提出了一系列有价值的意见建议。向省政协提交集体提案234件，内容涉及教育、文化、社会、经济发展、城建旅游、妇女儿童等各个领域。其中，13件获政协优秀提案奖，2件被确定为省政协主席会议成员督办的重点提案，5次获得省政协年度优秀提案单位荣誉。民进海南省委荣获民进中央授予的2009年省级组织参政议政工作先进单位和省级组织电子信息化建设工作先进单位两个奖项。罗富和对民进海南省委给予高度评价并提出殷切希望。

海南省政协副主席、中共海南省委统战部部长邱德群，省政协副主席、农工党海南省委主委王路出席庆祝大会，并分别代表中共海南省委和海南各民主党派致贺词。

海南省政协副主席、民进海南省委主委史贻云出席大会。他在会上回顾和总结了民进海南省委20年来走过的历程和取得的成绩，他说，民进海南省委要继续以思想建设为核心，以组织建设为基础，以制度建设为保障，以领导班子建设为重点，全面提高自身素质，为建设适应21世纪发展要求的高素质参政党的地方组织而不懈努力。

民进北京市委常务副主委吴文彦代表民进兄弟省级组织致贺词。民进北京市委、民进山西省委向民进海南省委赠送贺礼。

民进海南省委成立20周年庆祝大会表彰了一批先进组织和优秀会员，并举行庆祝演出。会后，与会人员参观民进海南省委成立20周年图片展，观看书法表演。

民进海南省各级组织会员代表、省各民主党派负责人，相关市县、省高等院校统战部负责同志共450人参加大会。

开拓职业教育的新视野
2009·上海民进教育论坛在上海举行
严隽琪出席并讲话

2009年12月20日，“2009·上海民进教育论坛”在上海民主党派大厦举行。全国人大常委会副委员长、民进中央主席严隽琪出席并讲话。她强调，必须大力发展职业教育，把职业教育摆在更加突出的位置上。各国经济社会发展经验和我国的现代化建设实践表明，职业教育是工业化和生产服务社会化、现代化的重要支柱，在各类教育事业中，职业教育与经济社会发展的联系最直接、最紧密。发展职业教育，培养高素质劳动者和技能型人才，是适应和推动我国工业化、城镇化的迫切需要，是改善民生、促进就业、解决“三农”问题的重要途径。在发展职业教育的过程中，政府要切实履行发展职业教育的责任，同时注重调动行业企业举办职业教育的积极性；同时，还要加快发展农村职业教育，做好农村劳动力转移的再培训工作。

本次论坛的主题为“开拓职业教育的新视野”，涵盖学习型社会的构建、大学生就业、农民工和农民的教育、职业教育在产业结构调整中的作用等方面的内容。

本次论坛由中国民主促进会上海市委员会主办，上海市教育科学研究院民办教育研究所承办，来自高等院校、科研机构、各区县教育局、职教集团、中小学的130余名代表参加了论坛。中共上海市委统战部副部长吴捷，上海市教委主任薛明扬等领导同志出席会议并作指示。论坛由民进上海市委副主委、上海市教育科学研究院副院长胡卫主持。

吴捷提出，民进教育论坛已经坚持办了7届，次次都很精彩，要再接再厉，为上海教育的改革和发展做出更多的贡献。

薛明扬在讲话中认为，职业教育已经成为上海现代教育的重要组成部分，并面临着千载难逢的发展机遇。在市政府确定的从2010年到2012年10项教育重点发展项目中，已明确将职业教育示范校和能力建设工程作为其中重要的一项，在上海教育“十一五”发展规划和中长期发展规划中，职业教育都占有重要的地位。

华东师范大学基础教育改革与发展研究所所长杨小微认为，职业贵贱观是导致应试倾向加剧的文化心理误区，从“唯升学率”评估到用人单位文凭歧视是导致普教职教分离乃至对立的制度根源，年轻一代职业理想缺失是基础教育阶段为升学主义付出的“非必要代价”。家长需要克服教育“消费”上的盲目从众，全社会树立“所有职业都值得尊重”的观念，划清企业教育与学校职业教育之间的责任边界，构建职业教育的多主体参与，最终将普通教育与职业教育这两类教育有机地整合于终身教育体系之中。

上海市政协教科文卫体委员会常务副主任周箴认为，当前形势下，为解决大学生就业难问题，政府应该出台相应的政策帮助大学生就业；高校应该加强大学生就业教育，引导他们树立正确的就业观；大学生群体应该转变就业观念，先就业、后择业，到艰苦的地方，到祖国需要的地方加强锻炼。从长远来看，政府和高校应该对我国高等教育的教育体制，教育方式、方法等深入研究，探寻大学生就业难的根本原因，从根源上寻找解决办法，而大学生应该增强自身能力素质，提升自身的就业竞争力。

上海港湾集团总裁、研究员徐士龙认为，企业需要的是具有良好职业素质、能解决实际问题的应用性人才。我国职业教育只是机械地定位在中专和高等专科层次，应该彻底改变对职业教育的定位，真正把它作为独立的类别教育，实行从中职到高职到本科到研究生甚至到博士学位的立体化办学，才能满足社会对职业技能型人才的多层次需求。

民进中央参政议政部部长闻连利介绍了民进中央开展“农村职业教育调研”的情况。农村职业教育近年来取得了长足发展，但是，也还存在多头管理、投入保障机制欠缺、“双师型”专业教师欠缺、学校办学目标单一，人才培养质量不高等问题。建议明确政府责任，建立投入保障机制，加强对农村职业教育的统筹管理；加大扶持力度，加强基础能力建设以及师资队伍建设；实习实训基地建设；坚持服务市场导向等。

静安区人大常委会副主任、民进静安区委主委许政涛认为，结合区域发展，加强职业教育，要在“四个对接”下工夫，即对接发展规划、对接人才供求、对接教育资源、对接优质品牌。

上海建桥学院校长黄清云认为，目前我国职业教育又面临一次新的大发展机遇，发展职业教育是实现经济转型、经济发展的重要手段。建议改变职业教育是考试失败者无奈选择的局面，建立职业教育共管机构，重建行业办学体制，给学校更多的办学自主权，尝试建立职业教育型本科的评估制度，投入要从注重硬件建设转向软件建设，加大扶持民办高职力度。

第六次全国社会主义学院院长会议在京召开
严隽琪出席并讲话

2009 年 12 月 29 日，第六次全国社会主义学院院长会议在北京召开。全国人大常委会副委员长、民进中央主席、中央社会主义学院院长严隽琪出席并讲话。她指出，社会主义学院正面临大好的发展时机，要充分发挥学院作为统一战线“三个基地”（人才培养基地、理论研究基地、方针政策宣传基地）的作用，为中共中央提出的“大规模培训干部、大幅度提高干部素质”的战略任务服务，为各民主党派以共产党为师、努力建设学习型参政党服务。

严隽琪说，要继续深入贯彻胡锦涛同志在中央社会主义学院建院 50 周年庆祝大会上的贺信精神，抓住开展新一轮大规模培训干部和召开第二次社会主义学院工作会议的契机，凸显社会主义学院党外人士培养主渠道的作用，迈出社会主义学院建设的新步伐。要牢固树立全国社院“一盘棋”的思想，带动社会主义学院系统协调发展，以长远的眼光来关注社会主义学院整体的发展，使社会主义学院成为党外人才培养的“集团军”。

全国政协副主席、中共中央统战部部长杜青林出席会议并讲话。他指出，社会主义学院作为统一战线人才培养的主渠道、主阵地，要坚持“特色立院”，深化中国特色社会主义道路主题教育活动，深入开展社会主义核心价值体系的学习教育，凝聚统一战线成员走中国特色社会主义道路的强大共识；坚持“质量强院”，积极探索新一代党外代表人士成长规律和学院自身办学规律，认真研究统一战线理论和实践中的深层次问题，发挥理论创新和政策咨询作用；坚持“发展兴院”，深入贯彻落实科学发展观，用发展的眼光、创新的精神研究破解办学中的突出问题和难点问题，切实提高社会主义学院工作科学化水平，为服务统一战线和多党合作事业科学发展，实现全面建设小康社会宏伟目标作出新的更大贡献。

中央社会主义学院党组书记、第一副院长叶小文在主题报告中强调，社会主义学院要本着“争取领导、跟上时代、进入主流”的工作思路，争取党委和有关部门对社会主义学院工作的领导，进一步构建全国社会主义学院系统分工合理、优势互补、资源共享、合作共赢的新格局。

全国政协、中共中央统战部、中共中央党校、国家行政学院等有关部门负责人以及中央社会主义学院、各省区市和副省级城市社会主义学院院长或主管副院长约 100 人参加会议。

美国林肯国际大学授予张莉荣誉艺术博士学位
王佐书出席仪式

2009 年 12 月 29 日，美国林肯国际大学授予四川音乐学院张莉教授荣誉艺术博士学位仪式下午在人民大会堂举行，全国人大常委、民进中央副主席王佐书出席仪式。

张莉系民进会员、四川省政协常委、民进四川省委委员。从 1999 年起致力于中美文化艺术交流演出，传播中国民族音乐，交流西洋音乐，建立了中美声乐表演和教学交流的友好桥梁。她的歌声遍及美国洛杉矶、旧金山、拉斯维加斯、丹佛、纽约、华盛顿、芝加哥等地，先后获聘“美国艺术家协会国际艺术大使”、“美国国际经济文化交流协会形象大使”。2003 年，张莉应邀参加美国洛杉矶“好莱坞波尔复活节日出盛典音乐会”，成为该音乐盛典 81 年历史上首位担任主题歌曲演唱者的中国歌唱家。

张莉说，除了教给学生演唱的技艺以及对音乐的理解外，还要教给学生正直的品质，引导他们做一个正派的人。艺术院校的教师应该身体力行，以自己的言行影响学生，证明学艺术的人是有干劲的人，是高尚的人。

美国林肯国际大学校长启思·锐在致辞时表示，经美国国际经济文化交流协会提名，将该校荣誉艺术博士学位授予四川音乐学院教授张莉，旨在表彰她在歌唱艺术上的高超造诣，以及她为声乐表演、声乐教育和中美两国文化交流事业所作出的贡献。这是美国林肯国际大学首次将该校荣誉艺术博士学位授予中国学者。

美国前国会议员、林肯国际大学校友比尔·瑞德曼在致辞中多次提及“乒乓外交”。他说，音乐能达到的效果，有时候是政治家所无法做到的，林肯国际大学授予中国学者荣誉博士学位是非常有远见的，因为中国人民可以为世界人民带来更大的贡献，我和校长非常希望看到有更多类似“乒乓外交”一样的友谊。

中国音乐学院原院长王秉锐说，张莉上学时非常勤奋刻苦，在班上表现非常出色，她对声乐艺术非常执著，尤其是在当下社会外界诱惑纷繁的时代更是难能可贵。

授予仪式由欧美同学会留美分会和美国国际经济文化交流协会联合主办。

大 事 日 志

2009 年 1 月

1 月 1 日　中国人民政治协商会议全国委员会上午在全国政协礼堂举行新年茶话会。胡锦涛、吴邦国、温家宝、贾庆林、李长春、习近平、李克强、贺国强、周永康等党和国家领导人同各民主党派中央、全国工商联负责人和无党派人士代表、中央和国家机关有关方面负责人以及首都各族各界人士代表欢聚一堂，共庆 2009 年元旦。民进中央主席严隽琪、常务副主席罗富和和原第一副主席张怀西等出席茶话会。

1 月 4 日　中国民主促进会网站发布报道，严隽琪撰写《在正道上行》荣获“薪火相传，共创未来——纪念中共发布‘五一口号’60 周年”征文一等奖。

1 月 5 日　民进中央副主席朱永新下午走访民政部。

1月6日　严隽琪、朱永新走访科技部。

1月6日　民进中央常务副主席罗富和、副主席潘贵玉下午走访国家民委。

1月7日　严隽琪、潘贵玉下午走访国家人口和计划生育委员会。

1月7日　罗富和、朱永新在京会见来访的毕节地区行署专员张吉勇，共商进一步深化合作，促进试验区发展。罗富和说，毕节试验区成立20年来，在中央和国家有关部门关心支持下，地委、行署带领几百万人民努力拼搏，取得显著成绩，发展态势良好。毕节试验区是学习实践科学发展观的重要基地，民进通过开展智力支边与毕节结下了不解之缘。试验区抓住机遇，2008年各项工作迈上新台阶，人民群众得到比较多的实惠，基础设施建设快速推进，繁荣发展局面令人振奋。他说，毕节作为欠发达地区在推动资源开发时更要注意保护生态，积极谋划一些重大项目，争取国家立项支持，民进会一如既往地参与推动试验区建设。罗富和还建议民进与试验区合作开展推进城镇化专题调研，草海治理技术支撑服务等工作。

朱永新说，参与试验区建设是民进社会服务工作重中之重。一年来，民进与试验区携手并肩，智力支边与地方经济社会发展互相促进，共同进步。主要领导身体力行，深入调研，出谋划策；会同国家有关部委主办石漠化治理论坛，启动金沙县民心有机农业试验示范园建设，支持举办草海治理规划评审会，编辑出版《携手毕节20年——民进试验区工作回顾》；经牵线搭桥，会员企业——贵州青利集团将在毕节市建设磷煤生态工业园，意向投资达到106亿元，一些企业家捐款修建学校。

1月7日　《人民政协报》发表文章《朱永新：切莫忽视困难家庭孩子上幼儿园难》。朱永新提出，幼儿教育是基础教育的重要组成部分，具有公共产品属性，他建议在列入立法规划的《学前教育法》中，明确政府对幼儿教育的责任，确保老百姓的孩子都能上得起幼儿园。

1月8日—12日　全国人大常委会副委员长、民进中央主席严隽琪在上海调研。她在与上海社科院领导班子成员的座谈中，对民进中央——上海社会科学院合作中心的工作给予了充分肯定，认为合作中心成立至今，为民进参政议政工作提供了大量帮助，形成了资料交换和课题协作研究等一系列工作机制，实现了资源共享、优势互补，为民进充分利用社会资源，建设高素质参政党提供了决策咨询服务，在扩大与会外的合作、利用更多的社会资源等方面做了有益的探索。

在民进中央和上海社科院双方领导的大力推动下，民进中央与上海社科院于2008年9月成立了合作中心，合作中心成立以来就水资源利用机制改革等问题提交了多份研究成果，得到了双方领导的充分肯定。

上海社科院党委书记、院长王荣华，上海社科院副院长左学金，上海社科院世界经济研究所所长张幼文，上海社科院亚太研究所所长周建明，民进中央研究室负责人参加座谈。

严隽琪1月10日会见了中共上海市委副秘书长姜平、上海市发改委秘书长彭崧。严隽琪表示，上海市委、市发改委对民进中央机关干部挂职锻炼提供了许多帮助和大力支持。上海作为改革开放前沿，是发展最快的城市之一，民主党派机关干部在此进行挂职锻炼，对于丰富工作经验和阅历，提升参政议政能力，培养行政工作素质，提高行政能力，改善知识结构等都具有重要意义。同时，也是进一步加强联系与沟通，促进相关工作协调发展的有效途径。双方还就进一步开展交流和挂职活动进行了讨论。

1月8日　全国人大常委会副委员长、民进中央主席严隽琪，民进中央副主席王佐书上午走访教育部。

1月8日　全国政协副主席、民进中央常务副主席罗富和，民进中央副主席朱永新上午走访国土资源部。

1月8日　民进中央副主席、上海市人大常委会副主任、民进上海市委主委蔡达峰在出席民进上海市委各专门委员会会议时强调，上海民进组织要为“保增长、扩内需、调结构”作出积极贡献。

1月9日　罗富和上午走访环保部。

1月9日—19日　应美国洛杉矶水晶大教堂和夏威夷中华总商会的邀请，民进中央原主席、中国国际友好联络会高级顾问、世界汉语教学学会会长许嘉璐率团前往美国洛杉矶、夏威夷，和美国宗教界、教育界、军界、华侨华人等进行了广泛友好的交流。

1 月 9 日　2008 年度国家科学技术奖励大会在北京人民大会堂隆重举行。民进会员、山东先声麦得津制药有限公司首席科学家罗永章作为项目第一完成人受邀参会。民进中央组织部向罗永章发出贺信。

1 月 12 日　罗富和下午走访水利部。

1 月 12 日　朱永新下午走访卫生部。

1 月 12 日　朱永新在民进中央会见中共贵州省金沙县委常委、县人民政府常务副县长王丽，中共金沙县委常委、县委统战部部长刘军，双方就促进金沙县经济社会发展和民进智力支边扶贫工作进展深入交换了意见。朱永新关切地询问了金沙县 2008 年经济社会发展和民进支边项目进展情况，并对金沙县各项工作取得的良好成绩表示祝贺，对金沙县给予民进智力支边工作的支持和配合表示赞赏和感谢。他指出，民进开展支边扶贫以智力服务为主，特色和优势在教育领域，要帮助金沙成为教育文化大县，教育各项指标在全地区乃至全省名列前茅。今后要着重抓好农村职业教育发展，千方百计提升教育质量，与本地经济发展水平相称；要把参与金沙区域发展作为民进智力支边扶贫工作的重中之重，建立与地方联动的工作机制，充分调动各方面的积极性；智力支边工作要加强计划性和针对性，从事具体工作的同志务必深入了解地方的需求，熟悉地方经济社会发展的方方面面，在调研分析的基础上寻求工作切入点。

1 月 13 日　全国政协副主席、民进中央常务副主席罗富和下午走访农业部。

1 月 14 日　民进中央召开机关 2008 年度考核总结大会。严隽琪主席讲话，朱永新副主席出席。机关全体干部职工参加会议。

1 月 14 日　朱永新下午走访中国林科院。

1 月 15 日　全国人大常委会副委员长、民进中央主席严隽琪，民进中央副主席朱永新，原副主席蔡睿贤，上午 10 点 30 分，来到民进中央原名誉主席雷洁琼家中看望，向敬爱的雷老祝贺新春。严隽琪关切地询问雷老在家中平日生活起居的具体情况，她代表民进中央感谢雷老身边工作人员的辛勤工作。她说，雷老是我们民进全会的精神支柱，雷老的健康是民进全会的福气！

1 月 15 日　国家新闻出版总署党组书记、署长柳斌杰带队走访民进中央，举行新春座谈会。

1 月 15 日　罗富和、朱永新上午走访国家林业局。

1 月 16 日　新聘国务院参事、中央文史馆馆员聘书颁发仪式下午 3 时许在北京中南海紫光阁举行。民进中央副主席冯骥才等新老参事和馆员踊跃发言，直抒胸臆。

1 月 16 日　全国人大常委会副委员长、民进中央主席严隽琪，全国政协副主席、民进中央常务副主席罗富和，上午看望全国政协原副主席、民进中央原第一副主席张怀西。

1 月 16 日　民进中央庆祝新春联欢会下午在机关召开。严隽琪主席、罗富和常务副主席、朱永新副主席出席。严隽琪即席讲话。她说，在国际国内形势跌宕起伏的 2008 年，成绩、荣耀我们一起分享；苦难、磨难我们一起担当。联欢会，既是机关干部职工才艺的集体亮相，也是机关文化建设的集体表彰。她说，民进中央过去一年所取得的成绩，离不开机关全体干部职工的奉献和努力。大家所共同营造的团结、和谐的文化和工作氛围，是民进的事业不断向前健康发展的根本保障。

罗富和致辞说，2008 年我们一同经历了喜悦，值得永远铭刻在心里；我们共同经历了磨难，也让我们学会了在磨难中前进和成长。今天，我们在一起思考，思考不足，以利再战；我们也在一起憧憬，憧憬国家、民族的未来，憧憬自己和民进的明天。他希望民进中央的同志们在 2009 年，以牛的精神，脚踏实地向前走，工作有新进展，个人有新进步。

1 月 17 日　民进中央 2009 年迎新春活动在京举行。活动由民进中央办公厅和民进北京市委联合承办。

1 月 18 日　由民进中央教育委员会和中国教育学会高中教育专业委员会联合主办的 2009 年基础教育

改革座谈会在京举行。

1月19日 朱永新上午在民进中央会见民进中央定点帮扶县——中共河北省滦平县委副书记常金超，滦平县政协副主席、中共滦平县委统战部部长杨敬东，双方互致新春问候，并就民进定点帮扶工作深入交换了意见。朱永新说，过去的17年，民进中央在滦平县做了大量的帮扶工作，取得了一定的成绩。新一届民进中央领导认为，对滦平县的帮扶工作仍然是民进中央的重点工作之一。民进要发挥自身优势，发挥地方组织的作用，主要在智力帮扶上多做一些工作，一方面，对滦平职业学校的教师培训、学生就业、软件建设方面给予帮助；另一方面，请会内外有关专家对定点帮扶村——羊草沟门村进行实地考察，研究制定帮扶项目。

1月20日—21日 民进中央十二届六次主席会议在北京国谊宾馆召开。

1月20日 发出《民进中央2009年工作要点》。

1月20日 中国民主促进会年鉴（试刊）编委会第一次全体会议上午在北京国谊宾馆召开。编委会主任严隽琪，副主任潘贵玉、王佐书、贺旻、刘新成、蔡达峰、朱永新、张帆以及编委出席会议。会议听取《中国民主促进会年鉴（试刊)》（2008）编纂情况的汇报，研究《中国民主促进会年鉴（试刊)》（2009）编纂方案。

1月20日 民进中央上午在国谊宾馆召开学习贯彻科学发展观专题报告会。国家发改委宏观经济研究院副院长马晓河作题为“当前经济形势及今后政策走向”的专题报告。

1月22日 中共中央下午在中南海召开党外人士迎春座谈会，邀请各民主党派中央、全国工商联的领导同志和无党派人士代表欢聚一堂，共商国是，畅叙友情，喜迎新春。民进中央新老领导同志罗富和和许嘉璐、张怀西等应邀出席座谈会，有关负责人参加座谈会。

1月22日 新华社北京电 新春佳节即将到来之际，中共中央政治局常委李长春分别看望了一些文化界知名人士，代表胡锦涛总书记和党中央向他们致以节日问候和良好祝愿。在电影艺术家李前宽等同志的家中，李长春愉快地与他们一起回顾近年来我国电影事业繁荣发展的情况，并就加快电影自主创新步伐、提高电影生产质量、深化电影院线改革、推动我国电影走向世界等进行了深入探讨。李前宽和文化界知名人士对胡锦涛总书记和党中央的关心深表感谢。大家表示，将继续发挥作用，创造新的业绩，为推动社会主义文化大发展大繁荣作出更大贡献。

1月22日 民进中央主席严隽琪、常务副主席罗富和、副主席朱永新看望民进中央原主席许嘉璐。

1月23日 《人民日报》刊登民进中央副主席冯骥才撰写的文章《短信传情，挺好的》。

1月31日 冯骥才下午在天津图书大厦为《天津老画》签名售书。他为该书撰写序言，并撰写多篇文章。

2009年2月

2月1日 春节长假后上班第一天，民进中央主席严隽琪，常务副主席罗富和，副主席王佐书上午走访机关各部门，向大家拜年。严隽琪一行分别来到研究室、参政议政部、社会服务部、宣传部、组织部、办公厅、《民主》杂志社等部门走访看望。严隽琪和大家一一握手并亲切交谈。她在充分肯定各部门过去一年工作的同时，也对新一年的工作寄予了殷切的期望。她指出，研究室的工作要注重研究资料的收集、整理和积累，做到资源共享，进一步提高工作效率和工作水平，要通过编写《年鉴》试行本，建立《年鉴》编写规范，明确资料收集管理的要求。参政议政部2008年的工作任务繁重，部门的同志们很辛苦，也为全会工作的顺利进行提供了可靠的保障，希望继续加强对所承担课题的钻研，与会内外专家多交朋友，更好地调动他们的积极性。社会服务是树立参政党形象、具有社会影响的工作，社会服务部在工作没有模式可循的情况下，想了很多办法，做了很多有意义的工作，希望进一步适应形势的发展和变化，集中精力抓好主要工作。宣传部一年来高质量地完成了多篇重要文稿的起草，撰写了大量宣传报道稿件，较好地反映了会中央一年来的工作，希望在工作中继续把好政治方向关，写出更多更好的文章。组织建设在全会工作中非常重要，组织工作做不好，高素质参政党就无从谈起，作为2009年全会工作的重点，希望你们以召开组织工作会议为契机，推动全会的组织发展工作更上新台阶。办公厅是机关工作的枢纽，机关工作的正常运行，离不开办公厅同志的辛勤工作，包括人财物的科学管理、信息化建设的日趋完善、档案工作的逐步规范、司机班工作的安全有序、机关食堂卫生和营养的保障，你们继续努力，做到目标一致、思想统一、制度合理，为建设一个“和谐、高效、规范、阳光”的机关作出更大贡献。《民主》的品牌来之不易，杂志社要好好珍惜，要积极应对互联网等新兴媒体迅猛发展的新形势，研究巩固传统宣传阵地的方法和途径。

严隽琪强调，干部要在工作中主动思考，积极建言。她特别对年轻干部提出要求，要以笔杆子为切入口，充实脑瓜子、锻炼嘴巴子，这就要求年轻人要不断加强自身学习，切实提高写作能力。

罗富和在讲话中指出，严隽琪主席对各个部门的工作都提出了殷切的希望和明确的要求，大家要认真学习领会，并在工作中加以贯彻落实，进一步做好2009年的工作。

2月2日—3日　严隽琪、罗富和、王佐书、朱永新在中央统战部阅读《政府工作报告（征求意见稿）》等相关文件。

2月3日　朱永新出席民进中央社会服务部部务工作会。

2月3日　全国政协常委、民进中央原副主席王立平致信中央政治局委员、国务委员刘延东，就制定《国家中长期教育改革和发展规划纲要》提出四点思考和四点建议。刘延东为此作出批示，要求教育部有关部门认真研究王立平的意见并在规划纲要中加以体现。

2月4日　严隽琪、罗富和、朱永新上午在机关出席民进中央庆祝建国60周年、纪念人民政协成立60周年书画展专题协商会。

2月4日　严隽琪、罗富和、王佐书下午在民进中央出席网站宣传工作专题会议。

2月5日　国家统计局党组成员、副局长林贤郁走访民进中央并座谈。

2月6日—13日　国务院总理温家宝在中南海主持召开五次座谈会，征求对即将提请十一届全国人大二次会议审议的《政府工作报告（征求意见稿）》的意见。各民主党派中央、全国工商联负责人和无党派人士，经济、社会领域专家学者，科技、教育、卫生、文化、体育界代表，企业界代表和工人、农民等基层群众代表，分别出席了座谈会。民进中央主席严隽琪出席座谈并发言。

2月6日　政协第十一届全国委员会第十一次主席会议在京召开。中共中央政治局常委、全国政协主席贾庆林主持会议并讲话。全国政协副主席罗富和等出席会议。

2月6日　民进网站（2009）年度工作会议上午在民进中央举行。

2月6日　王佐书在民进中央出席民进会史工作委员会会议。

2月7日—8日　民进中央机关第八次部门工作研讨会在京召开。

2月9日　严隽琪、罗富和在中南海出席《政府工作报告（征求意见稿）》征求意见座谈会。

2月9日　民进中央副主席王佐书走访开明出版社，看望出版社全体职工，听取工作汇报并讲话。他指出，2008年是我国历史上极不平凡的一年，面对金融危机的严峻挑战，开明出版社全社职工团结一致、勤奋工作，共同抵御不利形势，重点开发符合市场需求、具有较好社会效益的出版物，取得了不俗的成绩，感谢大家付出的辛勤劳动。他说，2009年金融危机造成的影响将继续扩大，同时，对出版行业来说，2009年也是出版体制改革的攻坚年，如何保持出版社的稳步发展，进一步提高出版社市场化程度，是大家必须思考的问题。作为出版社的一分子，大家的每一份付出既是为自己个人的努力，也是为出版社尽一份心力；同时，出版社也要多支持个人、支持职工家庭干事业。民进中央作为出版社的主管主办单位，也会对出版社的发展给予关心和帮助，共同为出版社的发展而努力。

2月9日　王佐书晚间在人民大会堂出席中共中央2009年元宵节联欢晚会。

2月9日　CCTV《新闻会客厅》播出《高中文理分科取消?》。民进中央副主席朱永新出席并明确提出，高中文理分科当然应该取消。

2月10日　全国政协副主席、民进中央常务副主席罗富和在中国农业展览馆参观中国非物质文化遗产传统技艺大展。

2月11日　民进中央联络委员会第一季度主任扩大会议下午召开。朱永新副主席出席会议并讲话。他说，联络委员会的基本工作是参政议政，要调动全体委员参政议政的积极性和主动性，强化参政议政意识。联络委员会的参政议政要彰显特色，以涉台领域为主。委员个人参政议政要结合自身工作，发挥自身的特点和优势，不受领域限制，鼓励委员持续关注某一领域，不断深入调研提出新的建议。他鼓励大家做学习型的委员。他说，为调动更多委员的积极性，整合有限的资源，2009年联络委员会将以课题立项招标的方式推进参政议政工作科学化、规范化和程序化，以提高课题完成的效率和质量。这也是近年来联络委员会在实际工作中逐步总结出来的经验。朱永新强调，社会服务工作要做到六个服务：对内服务会员、服务参政议政、服务组织建设，对外服务中心、服务地方、服务海外。民主党派的社会服务工作，具有以下几方面的功能：体现社会责任，提升党派形象；感受社会脉搏，拓展参政议政；发挥党派优势，促进社会和谐；搭建参与平台，凝聚会员力量。联络委员会在做好参政议政工作的同时，要主动配合会中央的社会服务工作，不仅要积极参与会中央举办的各种两岸交流活动，还要结合自身特点开展两岸民间交流活动；要在社会服务平台如开明画院（筹）、开明基金会（筹）上配合会中央开展社会服务工作；联络委员会委员多为企业家，要多联系、团结民进企业界会员，为推动委员自身企业发展服好务。

2月12日　全国人大常委会原副委员长、民进中央原主席许嘉璐下午在人民大学堂会见由台湾贤德惜福基金会董事长周荃任荣誉团长，台北大学政治经济研究中心主任、公共行政暨政策学系教授郑又平任团长的台湾医护专业研习营一行66人并亲切座谈。朱永新陪同会见并在会后代表民进中央宴请研习营一行。席间，他就大陆教育事业发展、新教育活动等问题与同学们作了交流。

2月12日　民进中央捐款115万元援建四川省绵阳市灾区5所学校多媒体教室捐赠仪式，在受助学校之一的涪城路小学板房教室举行。

2月13日　罗富和常务副主席，王佐书、朱永新副主席在民进中央出席民进全国组织工作会议专题协商会。

2月13日—20日　全国人大常委会副委员长、民进中央主席严隽琪在海南省考察调研农村综合教育改革工作。

2月15日　王佐书在京出席中国民办教育协会2009年第一次会长办公会议。

2月17日—19日　受全国人大常委会副委员长、民进中央主席严隽琪，全国政协副主席、民进中央常务副主席罗富和委托，全国政协常委、民进甘肃省委主委李国璋，民进甘肃省委秘书长温艳赴陇南、平凉，参加民进中央、民进甘肃省委援建陇南青少年活动中心图书馆和平凉市崆峒区香莲乡图书室建设捐款活动。

2月18日　政协第十一届全国委员会第十二次主席会议召开。罗富和副主席出席。

2月18日　民进中央副主席王佐书、朱永新在中央统战部出席“两会”前民主党派成员思想态势分析会。

2月18日　民进中央与民进北京市委在民进中央举行机关各部门负责人对口交流座谈会。

2月19日　中国民主促进会中国林业科学研究院支部成立大会在中国林科院报告厅隆重举行。朱永新出席并讲话。

2月20日　王佐书在京出席全国人大教科文卫委员会第十四次会议。

2月20日　朱永新在中央统战部出席统战系统对台工作会议。

2月23日　民进中央十二届十一次主席办公会议在京召开。民进中央主席严隽琪主持会议。常务副主席罗富和，副主席潘贵玉、王佐书、刘新成、朱永新，秘书长赵光华出席会议。各部门负责人列席会议。

会议传达了中央统战部近期召开的对台工作会议精神。会议认为，此次对台工作会议对于民进开展对台工作具有重要指导意义，会议决定择时召开专题会议进一步学习贯彻对台工作会议精神，研究民进对台工作。

会议审议通过了民进十二届六次中常会方案（草案）。民进十二届六次中常会定于 3 月 9 日晚在京召开。本次中常会主要议题是学习十一届全国人大二次会议和全国政协十一届二次会议精神，审议通过民进中央关于学习贯彻十一届全国人大二次会议和全国政协十一届二次会议精神的通知（草案）；传达民进十二届六次主席会议精神；报告民进中央今年几项重点工作方案；审议民进中央关于深化坚持走中国特色社会主义道路学习教育活动的意见（草案）。会议要求各相关部门认真做好中常会各项准备工作。

会议审议了民进中央关于学习贯彻十一届全国人大二次会议和全国政协十一届二次会议精神的通知（草案），会议同意将通知（草案）进一步修改完善后提交民进十二届六次中常会审议。

会议审议通过了严隽琪主席宴请出席全国“两会”的部分香港人大代表和政协委员活动方案（草案）。宴请活动定于 3 月 4 日晚在北京举行。会议要求进一步落实宴请活动各项前期准备工作，做好与会嘉宾联络及现场宴会服务等工作。

会议审议通过了民进学习传达“两会”精神报告会方案（草案）。报告会拟定于 3 月 21 日在北京举行，由民进中央办公厅和民进北京市委联合筹办。

会议审议通过了民进全国组织工作会议方案（草案）和民进全国组织部（处）长培训班方案（草案）。民进全国组织工作会议和民进全国组织部（处）长培训班拟定于 6 月初在北京召开。会议认为，组织工作会议是我会今年重点工作之一，组织部要做好会议的各项筹备工作。会议同意将组织工作会议筹备情况向民进十二届六次中常会汇报。

会议审议通过了民进全国宣传思想工作会议暨学习贯彻科学发展观论坛方案（草案）。民进全国宣传思想工作会议拟定于 7 月在北京举行。会议指出，民进全国宣传思想工作会议暨学习贯彻科学发展观论坛也是今年重点工作之一，要明确论坛目的、内容和成果，对论坛方案再进一步完善，及时做好有关准备工作。

会议审议通过了民进中央庆祝建国 60 周年、纪念人民政协成立 60 周年书画展方案（草案）。会议要求，按照书画展方案，要进一步明确规则和比例，尽快向省级组织发出征稿通知。

会议听取了社会服务部关于“第四届海峡两岸企业发展与合作论坛”和甘肃石羊河项目筹备情况的汇报。

会议研究了人事事项和其他事项。

2 月 23 日　朱永新在京出席最高人民法院党外人士座谈会并发言。

2 月 24 日　严隽琪主席，潘贵玉、王佐书、朱永新副主席在中央统战部出席党外人士经济形势报告会。

2 月 24 日　民进中央上午在机关举行学习贯彻科学发展观视频会议，王佐书作“学习贯彻科学发展观的体会”宣讲报告。

2 月 24 日　朱永新上午在民进中央会见民进成都市委副主委、成都市金堂县人民政府副县长万琳。万琳专程汇报落实民进中央捐赠 115 万元特殊会费用于成都市金堂县学校灾后重建事宜。

2 月 25 日—28 日　十一届全国人大常委会第七次会议在人民大会堂举行。全国人大常委会副委员长严隽琪，常委王佐书、贺旻、刘新成、朱永新出席会议。

2 月 25 日—28 日　政协第十一届全国委员会常务委员会第四次会议在京举行。全国政协副主席罗富和，常委冯骥才、潘贵玉、蔡达峰、张帆出席会议。

2月25日　中国民主促进会网站发布民进中央办公厅《致民进“两会”代表、委员的一封信》。

2月26日　全国人大常委会副委员长、民进中央主席严隽琪在人民大会堂出席全国妇联纪念“三八”国际劳动妇女节99周年暨表彰大会。

2月26日　民进中央下午召开“两会”新闻通气会暨与首都新闻记者联谊会。全国政协副主席、民进中央常务副主席罗富和出席并讲话，

2月26日　罗富和下午在民进中央会见中共重庆市委统战部副部长丁祥龙一行。

2月26日　罗富和下午在人民大会堂出席建国60周年献礼歌曲《国家》发布仪式。

2月27日　严隽琪副委员长上午在京出席全国人大常委会委员长会议。

2月27日　全国人大常委会副委员长、民进中央主席严隽琪下午在京会见香港理工大学校长唐伟章。

2月27日　民进中央副主席朱永新在中南海出席《国家教育中长期发展规划纲要》座谈会。

2009年3月

3月2日　中央社会主义学院2009年春季开学典礼在北京举行。全国人大常委会副委员长、民进中央主席、中央社会主义学院院长严隽琪，全国政协副主席、中央统战部部长杜青林出席开学典礼并发表讲话。民进中央副主席王佐书代表各民主党派中央、全国工商联和无党派人士讲话。

3月2日　民进中央妇女儿童委员会与民进中央机关工会女工委员会联合举办民进中央庆祝“三八”国际妇女节联谊会。全国政协副主席、民进中央常务副主席罗富和出席并讲话。民进中央副主席朱永新、民进中央妇女儿童委员会主任邹泓先后主持联谊会。

3月2日　全国人大常委会副委员长、民进中央主席严隽琪，民进中央副主席朱永新晚在梅兰芳剧场观看北京市委统战部主办的京剧专场演出。

3月2日　朱永新上午在民进中央会见了民进浙江省委副主委赵光育带队的杭州民进企业家联谊会一行8人。他听取了杭州民进企业家联谊会的工作汇报后指出，民进企业界会员工作是我会的一项重要工作，民进企业界会员在我会的建设和发展中发挥着越来越重要的作用，我们要积极为他们做好服务。

3月2日　《人民政协报》报道，教育、文化、出版是民进参政议政的“老阵地”。多年来民进一直持续关注着这些领域的发展，今年也不例外。在民进中央递交的19件提案中，其中8件涉及教育、文化、出版问题；有关教育方面的提案又在当中占到一半以上。受金融危机的影响，经济发展和民生问题都成为此次民进中央参政议政的另一个重点。

3月3日—12日　中国人民政治协商会议第十一届全国委员会第二次会议在北京举行。罗富和副主席，冯骥才、潘贵玉、蔡达峰、张帆常委出席会议。全国人大常委会副委员长、民进中央主席严隽琪出席开幕式。

3月3日　严隽琪、朱永新下午在民进中央亲切会见到访的江苏省苏州市部分人大代表和民进会员。严隽琪在讲话中首先表示了对中共苏州市委、市人大、市政府和市政协的感谢之情，感谢苏州各方面对民进中央赴苏考察调研给予的大力支持和协助，欢迎各位领导和会员们常来民进、常回“娘家”看看。她说，苏州是我的故乡，人杰地灵、园林独秀，改革开放30年来这个城市的经济社会、市容市貌更是有了快速发展和惊人变化，我一直以自己是个苏州人而感到自豪。在这些发展变化中，苏州人显示了聪明才智，其中也包含着各民主党派组织和各位人大代表、政协委员的努力和奉献。民进苏州市委人才济济，在参政议政和社会服务方面取得了很好的成绩，特别是去年在抗震救灾工作和书画义卖捐赠活动中积极响应会中央的号召，作出了应有贡献。严隽琪说，2009年我们国家面临金融危机带来的严重困难和挑战。会中央已经明确了全会集智聚力、中央和地方相互促进的工作思路，希望各级组织和广大会员，特别是人大代表和政协委员，要深刻认识国际国内经济形势的严峻性和复杂性，增强危机意识和忧患意识，立足本职岗位，积极发挥作用，协助党和政府充分利用有利条件，应对各种挑战，振奋精神，共克时艰，努力做好

今年工作。

3 月 4 日　中共中央总书记、国家主席、中央军委主席胡锦涛下午看望出席全国政协十一届二次会议民盟、民进界委员并参加联组讨论。中共中央政治局常委、全国政协主席贾庆林参加了看望和讨论。全国政协副主席、民进中央常务副主席罗富和主持会议。联组会上，吴正德、史贻云、潘贵玉、梁晓声等 12 位委员先后发言，大家各抒己见，会场气氛十分活跃。在听取委员们发言后，胡锦涛就确保粮食安全、加强农村教育、发展新能源汽车等话题同大家交流看法，并作了重要讲话。

3 月 4 日　全国人大常委会副委员长、民进中央主席严隽琪晚上在北京饭店宴请出席全国“两会”的部分香港人大代表和政协委员并致辞。

3 月 4 日　《中国青年报》报道，今年民进中央向全国政协十一届二次会议提交了《关于进一步解决农民工子女随迁就读问题的提案》，建议在农民工子女中试行教育券，学生流动到哪里就将教育经费带到哪里。

3 月 5 日—13 日　第十一届全国人民代表大会第二次会议在北京举行。严隽琪副委员长，王佐书、贺旻、刘新成、朱永新常委出席会议。

3 月 5 日　全国政协民进组委员下午就十一届全国人大二次会议开幕式上温家宝总理所作的政府工作报告进行小组讨论，讨论由全国政协常委、民进中央副主席蔡达峰主持。

胡锦涛同志 4 日下午看望了全国政协十一届二次会议民盟和民进界委员并参加联组讨论，与委员们共商国是。胡锦涛与李前宽握手时，关切地询问了中国电影事业的发展问题。李前宽委员说，总书记鼓励电影工作者要拍出好电影，让更多的人看到我们的优秀国产电影，这对文化的发展繁荣作用是很大的。建议政府加大投资力度，让更多人走进电影院看电影。我们会努力地拍摄出更多反映中国人民精神，反映东方神韵的好电影！

言恭达委员说，政府工作报告立意深远、内涵丰富、求真务实，报告中突出了民生问题。2008 年是不平凡的一年，是机遇与挑战并存的一年，报告从三个方面回顾了 2008 年的工作，从五个方面分析了 2009 年面临的困难和挑战，谈得全面、深刻，不回避、掩饰问题，这充分显示了政府的责任感和公信度。2008 年在大灾大难面前，我们充分显示了民族精神，越是在这种重大挑战面前，越是要显现我们中华民族的凝聚力，将民族精神与当今时代精神相结合，深化到时代高度。他同时建议，要依靠科技创新来应对金融危机带来的负面影响，在知识产权保护方面要加大执法力度，有法可依，执法必严。

盛昌黎委员表示，2008 年，我国在面对重大挑战和考验下，依旧取得了很大成就。报告中提到的“实施积极的财政政策和适度宽松的货币政策”，对保持经济平稳较快发展，发挥了重大作用，政府出手大规模的投资，带动了投资市场的信心。要加强医疗、住房、养老等社会保障制度的完善，真正提高人民生活水平、质量，从而达到扩大国内需求，增强内需对经济增长的拉动作用。

汤建人委员说，报告中提到“今年是实施‘十一五’规划的关键之年，也是进入新世纪以来我国经济发展最为困难的一年”，尽管如此“我们完全有信心、有条件、有能力克服困难，战胜挑战”。对于信心和力量，报告中提到了“八个来自”，这“八个来自”就是我们的优势、动力、资本，相信在中央的领导和全体人民的共同努力下，2009 年我们依旧会战胜困难和挑战，朝着更好的方向发展。

陈自力委员建议，我们面对经济的全球化带来的复杂局面，应该加强经济运行预警机制的建设。在教育问题方面，他表示现在教育存在三个问题：农村教师住房难，农村教师培训难，城市学生择校难。现在，很多农村教师几乎没有住房优惠政策，一些农村教师的住房条件简陋。农村教师只有少部分人参加过县、市级的培训，城乡教育的差距主要在于教师的整体素质，应该加强农村教师的培训。同时，由于历史遗留等原因，少数学校过多地集中了优势资源，不利于教育均衡发展的，这些问题都应该花大力气去解决。

王康委员表示，报告阐述了中国人民在抗震救灾中的伟大精神，同时，报告中明确提出要“加快推进地震灾区恢复重建”，充分体现出政府的爱民情怀。关于灾区的恢复重建，报告中提出了两个目标，这既是鼓舞更是压力，任务艰巨。

姚爱兴、罗黎辉等委员也畅所欲言、各抒己见，整个小组讨论现场气氛热烈。

3月6日　中国新闻网发布报道《冯骥才委员谈“信心”：中华传统文化是根本》。

3月6日　《中国青年报》发布报道，一些地方政府官员将新农村建成“洋农村”，更有文化保护意识欠缺的官员，将一些有着典型物质和非物质文化遗产特点的古村落，建成商业化的村庄。为抢救中国民间文化遗产，今年两会上冯骥才提出了《关于建议文化遗产的产业开发要通过专家审定的提案》。

3月6日　《人民日报》报道《全国人大常委、民进中央副主席朱永新：教育要以公平为主导》。

3月7日　民进中央主席严隽琪、常务副主席罗富和利用“两会”间隙，与李前宽、冯小宁、陈维亚、顾长卫4位导演亲切座谈。严隽琪说，你们在自己的工作领域可谓影响巨大、业绩斐然，有许多脍炙人口、深入人心的好作品，我和富和同志祝贺并感谢大家在本职岗位上，为我国文化大繁荣大发展所作出的突出贡献。她说，参政党的整体素质有赖于其成员的个体素质，因此，我们平日里除了被你们的作品所感染和熏陶，更加无比自豪你们是民进会员，是民进的骄傲。严隽琪希望大家在繁忙工作之余要与民进组织多增进感情、多加深认识、多交流想法。她强调，当前中共中央对民进能够在文化领域有所作为给予很高期待，所以我们必须勤思考、多研究，调动起会内外的人才和资源，进一步推动社会主义文化的大发展大繁荣。除了提高硬实力、软实力，还要特别注意将两者有效结合，促进“巧实力”的提升。

3月7日　政协民进组委员上午继续就政府工作报告进行小组讨论，讨论会由民进中央副主席潘贵玉主持。教育部副部长陈希、文化部副部长欧阳坚、国家邮政局副局长苏和、教育部基础司司长姜沛民、财务司司长田祖荫参加讨论，倾听委员建言。

讨论会上，委员围绕着教育均衡发展、民办教育发展、高校评估机制、文化体制改革、文化精品工程等问题踊跃发言，开门见山，直言不讳，就很多影响长远、关系全局的重大问题和长期得不到重视的紧迫问题发表了意见，并提出对策性思路和建设性意见。

认真听取委员发言后，陈希对民进长期以来对教育事业发展的支持表示感谢。他说，委员们谈到的很多问题都是关系教育发展的重要问题，如高校分层分类评估机制、民办高校、区域高等教育发展、基础教育、培养学生综合素质等。目前国家正在制定教育中长期规划，会将相关问题进行梳理，然后进行有针对性调研。对于委员们提出的问题、建议可以进行进一步探讨，将好的建议体现在教育中长期规划中。

欧阳坚向委员们介绍了中宣部、文化部近期开展的工作。他说，我国文化事业迅速发展，已经是个电影、电视剧、出版物大国，但在数量急剧增加的过程中，质量却未能同步提高。国家从2003年开始打造了一系列分类别的精品工程。今年，国家还会加大投资，用于扶持动漫、舞台剧等产业。为了加强民众特别是青少年的阅读能力，文化部将优秀的书籍编入数字图书馆，放入网络；在小区、休闲场所开设书吧，开展讲座，已经在几个城市进行试点；采用数字技术制作读书节目，并在网络、电视台播放。对于文化院团改革问题，他表示除了各地要从实际出发以外，政府应该加大扶持力度；任何院团必须面向市场，面向群众；要转变投入方式；建立约束、激励机制。

3月7日　《新京报》报道《刘新成：聘学生当“校长助手”为聆听学生声音》。

3月7日　《中国新闻出版报》报道《朱永新：尽快建设中国出版博物馆》。

3月8日　全国政协副主席、民进中央常务副主席罗富和在北京会议中心，接受中央电视台《聚焦三农》栏目专访，就当前农业农村经济的发展、应对金融危机的长效机制、林权制度改革、农村教育综合改革等问题回答了记者的提问。

3月8日　全国政协十一届二次会议上午举行第三次全体会议，委员进行大会发言。全国政协常委张帆代表民进中央发言，题目是“实施水库清淤工程是应对旱灾的长效措施”。

3月9日　中国民主促进会第十二届中央常务委员会第六次会议在京举行。

3 月 9 日　民进中央发出《关于认真学习贯彻胡锦涛同志在全国政协民盟、民进联组会上重要讲话精神的通知》。

3 月 9 日　全国人大常委会副委员长、民进中央主席严隽琪，全国政协副主席、民进中央常务副主席罗富和晚间在北京会议中心接见了云南省政协委员、民进云南省委委员、著名探险家金飞豹，详细了解了金飞豹即将和费宣一同穿越撒哈拉沙漠的情况。严隽琪对金飞豹说："你很了不起，你是中国人的骄傲。"她还亲自为金飞豹题词："挑战极限，拥抱自然"，鼓励他继续为中国人创造历史。金飞豹也准备了"7 + 2"探险活动的图片影集、"关注全球沙漠化 · 穿越非洲撒哈拉"的旗帜作为礼物，赠送给民进中央。

3 月 9 日　《团结报》报道《石山绿了　群众富了——民进中央与中国林科院倾情科技智力合作》。

3 月 10 日　《光明日报》报道《胡锦涛"三个紧紧围绕、三个作出新贡献"重要讲话在政协委员中引起热烈反响》。报道说，胡锦涛总书记 3 月 4 日下午在民盟、民进界委员联组会上关于"三个紧紧围绕、三个作出新贡献"的重要讲话在广大政协委员中产生了热烈反响。委员们纷纷表示，胡锦涛总书记的讲话言真意切，切中时弊，为各民主党派、工商联和无党派人士在新的经济形势下更好地履行参政议政职能指明了方向。

民进中央常委、宁夏回族自治区人民政府副主席姚爱兴委员说，作为全国政协委员，同时作为参政党成员，面对国际金融危机带来的困难和挑战，我们更应团结在中共中央的周围，同舟共济，共渡难关。同时应当看到，我国经济在金融危机的冲击下率先出现好转形势，充分说明了中国共产党领导的多党合作、政治协商制度的优越性，说明我们的决策是经得起检验的，是科学、民主的，采取的措施是切实可行的。

民进中央常委、河北省科学院院长王刚委员说，2009 年是新中国成立 60 周年，也是实施'十一五'规划关键的一年，完成各项任务，要靠全国人民的共同努力，当然也要靠各民主党派、工商联和无党派人士以及各团体的共同努力。我们必须把思想和行动统一到中共中央对经济形势的分析判断上来，统一到中央的决策部署上来，坚定信心、同心同德，迎难而上、共克时艰。

各界政协委员都感到，胡锦涛总书记在讲话中对教育提出的希望切合实际，发人深思。

民进中央常委、海南省政协副主席史贻云委员是一位教育工作者，他说，胡锦涛总书记提出的"紧紧围绕深入实施科教兴国战略，为推进建设创新型国家进程作出新贡献"的殷切希望，激励着大家为逐步实现教育的区域均衡、城乡均衡作出更多贡献。

民进中央副主席、中国计划生育协会常务副会长潘贵玉委员说，人才是推进建设创新型国家进程的关键。胡锦涛总书记的希望让我对破除人才流动壁垒问题的研究更加充满激情。我要通过自己的研究和努力，通过提高自身素质、提高参政议政的能力，主动为推进建设创新型国家进程作出更多新贡献。

许多委员对胡锦涛总书记讲话中提出的"紧紧围绕推动社会主义文化大发展大繁荣，为提高全民族思想道德素质和科学文化素质作出新贡献"的希望印象深刻。

民进中央常委、中国电影家协会主席李前宽委员说，胡锦涛总书记走到我面前时，特意与我多谈了一些关于电影的话题。电影作为文化大发展大繁荣的构成元素之一，是反映一个民族精神面貌最好的窗口。电影应当率先担负起文化大发展大繁荣的历史使命。作为电影人，我们要创作出更多更好反映中华民族精神面貌的电影；作为政协委员，我们要用自己的行动为祖国文化的大发展大繁荣作出贡献。

3 月 10 日　全国政协副主席、民进中央常务副主席罗富和上午出席全国政协十一届二次会议政协提案委员会在京召开的提案办理协商会。各提案党派、提案人、全国政协委员以及发展改革委等提案承办单位负责人，围绕"关于积极扩大内需促进经济平稳较快增长问题"展开交流，对部分提案进行集中协商办理。会上，民进中央提出的《关于加快小城镇建设，推进城乡统筹发展的提案》，成为重点办案提案。

3 月 10 日　《农民日报》发表采访文章《全国政协副主席、民进中央常务副主席罗富和提出实施水库清淤工程　促进水资源可持续利用》。

3 月 10 日　中国新闻网发布报道《民进中央建议：重视水库清淤　促水资源可持续发展》。

3 月 10 日 《新京报》报道《朱永新：农村代课教师制度应当恢复》。

3 月 10 日 民进中央捐建德阳市罗江中学“开明图书楼”及奠基仪式上午在罗江中学举行。

3 月 11 日 《人民政协报》报道《民进中央一件提案：为了千万个“灰姑娘”的梦》，民进中央建议制定《农民工子女教育管理条例》。

3 月 12 日 中国人民政治协商会议第十一届全国委员会第二次会议圆满完成各项议程后，上午在人民大会堂闭幕。罗富和在主席台前排就座。严隽琪出席闭幕会。

3 月 13 日 第十一届全国人民代表大会第二次会议在批准政府工作报告、全国人大常委会工作报告及其他重要报告，圆满完成各项议程后，上午在人民大会堂闭幕。严隽琪在执行主席席就座。罗富和在主席台就座。

3 月 13 日 全国人大常委会副委员长、民进中央主席严隽琪，全国政协副主席、民进中央常务副主席罗富和，民进中央副主席朱永新考察国家统计局数据管理中心和中国统计资料馆。

3 月 13 日 《中国教育报》报道，在今年的两会上，民进中央批驳错误的政绩观，并提交了一份《关于完善教育政绩考核、建立教育问责制度的提案》。民进中央建议必须建立刚性的简明的可操作的政府教育目标考核评价体系，就此提出 5 点建议。

3 月 13 日 民进中央干部参观西藏民主改革 50 周年大型展览。

3 月 16 日 中国民主促进会网站发布报道《内容丰富　形式多样　亮点纷呈——2009 年全国“两会”民进新闻宣传的三个特点》。

3 月 17 日 中央统战部部长杜青林下午主持召开毕节试验区发展和智力支边工作座谈会。民进中央常务副主席罗富和出席并发言。

3 月 18 日 民进中央发出《关于学习贯彻十二届全国人大二次会议和全国政协十二届二次会议精神的通知》。

3 月 18 日 全国人大常委会副委员长、民进中央主席严隽琪上午邀请全国政协常委、民进中央原副主席王立平畅谈国家教育问题。严隽琪对王立平持续关注国家教育事业，特别是为素质教育、艺术教育发展“鼓与呼”感到钦佩和感动。她强调指出，从王立平等老同志的身上，我们看到了老知识分子的赤诚报国心和身系民进情。她祝愿王立平等老同志身体健康长寿、艺术青春永驻。

王立平说，对于素质教育、艺术教育的一些看法和建议，源于 20 多年来他和舒泽池等文化界音乐界人士长期关注和思考积淀。他指出，中共中央已指明了国家教育改革和发展的正确方向，教育领域要跳出原来的视角，打破“升学 GDP”评价方式，切实由“升学教育”向“素质教育”转变，由“打造才”向“完善人”转变，加速终身教育体系的构建，促进学习型社会的形成。王立平还就文化、“三农”等问题提出看法。民进中央参政议政部负责人参加座谈。

3 月 18 日 全国人大常委会副委员长、民进中央主席、中央社院院长严隽琪在人民大会堂会见莫斯科大学代表团和莫斯科大学政治学院院长舒托夫一行。

3 月 19 日 民进中央上午在机关召开农村教育综合改革专题考察座谈会。

3 月 19 日 民进中央邀请中国陶行知研究会在机关座谈。

3 月 19 日 《人民日报》发表民进中央副主席冯骥才撰写的文章《文化的事，要按文化规律办》。

3 月 19 日 四川省政协原副主席、民进四川省委原主委苟建丽，四川省政协常委、民进四川省委副主委刘激涛，代表民进中央在四川省广元师范学校参加民进中央援建捐赠仪式。民进中央援建广元师范艺术楼捐款 320 万元。

3 月 21 日 民进中央办公厅、民进北京市委上午在民进市委报告厅联合召开“民进学习传达两会精神报告会”。

3 月 21 日—27 日 叶圣陶研究会代表团赴台湾进行访问考察。

3 月 23 日　全国政协副主席、民进中央常务副主席罗富和下午会见中央社会主义学院第 21 期民主党派干部进修班、培训班的民进学员并座谈。他说，在刚刚结束的“两会”上，民进以不同方式围绕国家政治、经济、文化和社会生活中的重大问题及人民群众普遍关心的问题，提出了很多意见和建议。今年，我们将迎来新中国成立 60 周年，迎来人民政协成立和中国共产党领导的多党合作和政治协商制度确立 60 周年。希望同志们进一步坚定坚持中国特色社会主义道路、坚持中国特色社会主义理论体系的信心和决心，立足本职，主动应对国内外挑战，敢于承担使命、履行职责，在工作中锻炼成长，为建设高素质参政党、保持参政党的进步性发挥作用。

3 月 24 日　民进中央主席严隽琪下午在人民大会堂会见中共北京市委常委、统战部部长牛有成。

3 月 25 日　全国人大常委、民进中央副主席王佐书在新疆进行《职业教育法》调研期间，当晚在乌鲁木齐会见民进新疆区委领导班子。他对新疆区委的工作给予肯定，希望新疆区委进一步围绕中心工作，为新疆经济社会发展贡献力量。王佐书结合《职业教育法》调研情况，和区委领导班子围绕新疆职业教育、校园文化建设、文化安全与发展战略等主题进行了广泛交流。

3 月 25 日　民进中央在民进北京市委召开高校科研体制专题座谈会。

3 月 26 日　《文汇报》发表全国人大常委会副委员长、民进中央主席严隽琪署名文章《让风险投资在建设创新型国家中发挥更大作用》。

3 月 27 日　严隽琪上午在中国美术馆参观“吴门书道——中国书法名城苏州作品展”。

3 月 30 日　《人民日报海外版》发表民进中央副主席冯骥才的署名文章《人文知识分子处于弱势不利国家软实力提高》。

3 月 30 日　民进中央联络委员会一行 10 多人前往试点机构青铜峡瞿靖中心卫生院、友谊村卫生室、青铜峡市人民医院调研。此前，自治区人民政府副主席、民进宁夏区委主委姚爱兴在银川会见考察团一行。

3 月 31 日　民进中央十二届十二次主席办公会议在京召开。严隽琪主席，罗富和常务副主席，王佐书、刘新成、朱永新副主席，赵光华秘书长出席会议。机关部门负责人列席会议。严隽琪主持会议。

会议审议通过了民进十二届七次中常会方案（草案）。民进十二届七次中常会拟定于2009 年6 月3 日至4 日在京召开。会议主要内容为学习贯彻科学发展观，听取专题报告；报告民进中央 2009 年上半年工作；报告民进全国组织工作会议筹备情况，审议相关文件；交流省级组织贯彻落实科学发展观工作开展情况。会议就中常会的各项议程进行了研究，并就中常会期间召开的中国民主促进会中央监督委员会第二次会议筹备工作进行了安排。会议要求各有关部门通力协作，做好中常会的各项准备工作。

会议审议了民进中央“新形势下的农村教育综合改革”专题考察方案（草案）。正式调研拟于 5 月中旬在山西进行，并将于正式调研前后开展预调研和后调研。会议要求，调研地点的选择要注意正式调研和预调研、后调研相互补充、结合，选择的调研地点要具有代表性，同时，要注意精简调研人数，做到轻车简从，提高调研效率，加强民进中央与地方组织的互动，调动地方组织积极性，形成成果共享。

会议审议通过了长江流域湖泊的保护与管理研讨会方案（草案）。长江流域湖泊的保护与管理研讨会拟定于 5 月 24 日至 27 日在江西召开。会议要求，要注重实效，善于总结，把握规律，凝聚智慧，形成提案、建议等重要成果和系统的研究报告，呈报有关部门。

会议听取了民进中央机关 2009 年干部培训工作方案（草案）的汇报。会议认为，干部的培训工作是机关建设的关键，关系到民进中央机关的长远发展和干部个人的成长，因此要高度重视。会议要求对方案进一步分类细化，分步落实。

会议还听取了民进中央机关干部晋升工作安排的汇报，严隽琪一行赴香港活动计划的报告和在全会开展多党合作制度确立 60 周年征文活动筹备情况的汇报。

会议还研究了其他事项。

2009 年 4 月

4 月 1 日　严隽琪、朱永新在中央统战部出席征求加强执政党建设意见的党外人士座谈会。

4 月 1 日　民进中央发出《关于在民进全会开展“多党合作　共铸辉煌——纪念多党合作制度确立 60 周年”征文活动的通知》。

4 月 1 日—3 日　全国政协副主席、民进中央常务副主席罗富和赴吉林省就固体生物质燃料研发与应用考察调研。

4 月 2 日　抗震救灾任瑞华瓷艺作品捐赠仪式上午在民进中央举行。朱永新副主席出席活动并讲话。他向民进会员、景德镇陶瓷学院教授任瑞华同志，向民进江西省委、民进景德镇市委和景德镇陶瓷学院的领导和同志们表示欢迎。他高度评价了任瑞华同志心系灾区慷慨解囊，将精心创作的瓷艺作品无偿捐献的善举。他表示，民进中央将通过有关渠道妥善处理这批瓷艺作品，使它们为灾区重建发挥积极作用。他说，任瑞华等广大民进会员面对特大地震灾害，义无反顾、尽其所能、舍己为人，充分反映出大家视灾区人民为亲人、视支援灾区为己任，表现出强烈的政治责任感和无私奉献的精神。任瑞华此次捐赠价值约 300 万元人民币。

4 月 2 日　朱永新在民进中央会见以台湾工商建研会吴嘉璘副理事长为团长的台湾工商建研会中区联谊会大陆参访团一行 26 人并座谈。朱永新对台湾工商建研会多年来积极推动两岸经济合作和两岸“三通”所做的努力表示感谢。他说，今年 6 月，民进中央将与河北省人民政府共同主办第四届海峡两岸企业发展与合作论坛，届时欢迎各位嘉宾来唐山参加论坛。他说，唐山是一个美丽的北方港口城市，1976 年大地震后进行了重新的规划和建设，是我国第一个荣获联合国“人居荣誉奖”的城市，正在建设的曹妃甸开发区潜力巨大，前景无限，将有力地促进环渤海地区的崛起。朱永新表示，民进中央愿与台湾工商建研会加强合作，增进友谊，发挥各自的优势，共同推进两岸经贸交流，促进两岸和解与合作，为两岸人民共谋福祉。

4 月 6 日—10 日　朱永新带队到对口支持的毕节地区金沙县考察调研并出席系列智力支边活动。

4 月 7 日—11 日　全国人大常委会副委员长、民进中央主席、叶圣陶研究会名誉会长严隽琪应香港理工大学邀请赴香港访问。

4 月 7 日—10 日　全国政协原副主席、民进中央原第一副主席张怀西在洛阳参观考察。

4 月 9 日　人民政协网发布采访《有志　有知　有恒——访全国人大常委会副委员长、民进中央主席严隽琪》。严隽琪谈成长经历和心路历程。

4 月 9 日　民进中央副主席王佐书下午出席民进天津市委《纪念改革开放 30 周年参政党建设理论文集》首发式并讲话。

4 月 10 日　王佐书为民进天津市委作“学习贯彻科学发展观”专题报告。

4 月 11 日—12 日　民进中央社会服务部调研组赴四川省绵阳、德阳等地就民进中央 600 万资金支持四川灾后教育重建项目落实情况考察调研，并在 12 日出席了民进中央捐资 115 万元援建成都市金堂县清江中学的捐赠仪式。

4 月 12 日　王佐书为民进湖北省委作“学习贯彻科学发展观”专题报告。

4 月 13 日　十一届全国人大常委会第二十二次委员长会议上午在人民大会堂举行。吴邦国委员长主持会议。严隽琪副委员长等出席会议。

4 月 13 日　严隽琪主席、罗富和常务副主席、朱永新副主席下午在民进中央出席台港澳工作专题协商会。

4 月 13 日　凤凰网发表报道《冯骥才：天津民间文化的守望者》。

4 月 14 日　各民主党派中央、全国工商联参与毕节试验区建设座谈会在京召开。中共中央政治局常委、全国政协主席贾庆林出席并讲话。民进中央主席严隽琪在座谈会上发言。

4月15日 罗富和、朱永新上午到解放军总医院第二附属医院亲切看望在此住院治疗的贵州省政协副主席、民进贵州省委主委左定超。

4月15日 民进中央副主席王佐书应中共大连市委统战部邀请，在大连就民主党派参政议政能力建设有关问题作专题报告。

4月15日—17日 全国人大常委王佐书就《中华人民共和国考试法草案》到上海调研。

4月15日 温家宝总理为欢迎新西兰总理约翰·基访华举行仪式。民进中央副主席朱永新出席。

4月16日 全国人大常委会副委员长、民进中央主席严隽琪上午参观上海市包玉刚实验学校并座谈。她对包玉刚实验学校在小组式学习、国际交流、双语教学等领域取得的成绩给予肯定，对包氏家族的爱国之心及对教育的全心投入表示高度赞赏。严隽琪说，教育是一个民族最根本的事业，是培养人才和增强民族创新能力的基础。民办教育是教育事业的重要组成部分，对实现面向世界、面向未来、面向现代化的教育目标至关重要。她希望包玉刚实验学校继续坚持办学特色和理念，完善办学制度和教学方法，积极面对学校发展过程中面对的瓶颈和挑战，建设一流的国际化学校，并对国内的教育改革有所启发。

4月16日 严隽琪下午在上海科技馆出席第二届中德“虚拟现实与增强现实技术及工业应用”研讨会开幕式并致辞。她说，国际金融危机在全球的蔓延，使越来越多的政府领导、企业家们认识到科技创新和产业结构调整的重要意义。首先，一种新技术的出现，需要科技领导、科技工作者对新技术有高度敏感性、探索求知的强烈欲望和一份责任感。第二，产学研结合是我国科技创新体系的必由之路。虚拟现实与增强现实技术在我国正经历着从技术驱动到应用驱动的战略转变的过程。第三，交流合作与宽容融合是人类文明进步的必由之路。当前，更需要重视和加强多方共赢的国际科技交流与合作。

4月16日 民进中央邀请农业部、科技部和教育部的相关负责同志，再次围绕农村教育综合改革专题考察提纲开展座谈。罗富和出席并讲话。他向与会同志介绍了民进中央调研课题选定的背景、工作思路和准备情况。他认为，农村教育的发展要符合科学发展观的要求，坚持以人为本，坚持农科教结合并协调发展。当前农村职业教育还是一个相对薄弱的环节，不能适应农民的教育需求和剩余劳动力转移的需要。民进中央希望通过调研，了解在新的社会经济发展条件下，农村教育发展存在的主要问题及可能解决的途径，并以农村教育综合改革作为突破口，探索新农村建设人才的教育和培养模式。此次会议是民进中央为完善调研提纲邀请有关方面和专家进行的第三次研讨。

4月17日—18日 全国人大常委会副委员长、民进中央主席严隽琪在上海调研农村教育综合改革工作。上海市人大常委会副主任、民进中央副主席、民进上海市委主委蔡达峰随同调研。

4月17日 严隽琪下午在上海交通大学召开“科研经费管理与使用专题座谈会”并讲话。她说，创新型国家的建立和科研体系有着密切关系，而研究型高校更是科研体系中重要的一环。创建一流的研究型高校要充分重视管理，特别是注重国家管理和学校管理的协调。现阶段，创新的效果不尽如人意，这是由于目前对高等院校特别是研究型大学定位不准确、忽视对科研项目度的把握、科研立项竞争性过强以及科研经费管理机构的不完善。这就要求我们不断完善管理理念，与时俱进；要有长远眼光，高瞻远瞩；要坚持科学发展观，以人为本。

4月18日 全国政协副主席、民进中央常务副主席罗富和出席民进山东省委成立20周年纪念大会并讲话。

4月19日 中国民办教育协会常务副会长王佐书在杭州出席中国幼儿教育科学发展论坛暨第三届中国幼儿教育投资合作洽谈会开幕式并致辞。

4月19日 民进中央副主席朱永新上午出席无锡市学前教育发展座谈会。他在座谈会上对无锡市委、市政府《关于加快发展学前教育的若干意见（初稿）》给予高度评价，并就其指导思想、管理体制、社会力量办园、教师队伍建设、关注弱势人群子女入园等问题提出意见建议。他希望无锡市能在全国率先建立起一个真正把学前教育作为国民教育体系的重要组成部分，明确政府在学前教育中作用的典范。

4 月 20 日—24 日　十一届全国人大常委会第八次会议在北京举行。严隽琪副委员长，王佐书、贺旻、刘新成、朱永新常委出席会议。

4 月 20 日　全国政协副主席、民进中央常务副主席罗富和上午在山东潍坊出席“第十届中国（寿光）国际蔬菜科技博览会开幕式”，并宣布博览会开幕；下午出席“第二十六届潍坊国际风筝会开幕式”，并宣布大会开幕。

4 月 20 日　民进网站报道，民进中央副主席王佐书近日应西北民族大学邀请，为全校教职员工作题为“学校管理与教学”的专题报告。报告会由学校党委副书记、校长、学习实践科学发展观活动领导小组组长赵德安主持。

4 月 20 日　人民网发表朱永新署名文章《“没时间”不是借口　领导干部要做读书模范》。

4 月 20 日　民进中央捐资 30 万元援建四川省青神县汉阳学校签约仪式在青神县举行。

4 月 21 日　全国人大常委会副委员长严隽琪在京出席第四届“母亲河奖”颁奖仪式。“母亲河奖”是共青团中央、全国绿化委员会等为表彰奖励对我国生态环保事业作出突出贡献、产生重要影响的个人、组织和项目而设立的。

4 月 21 日　朱永新出席中央国家机关“强素质，作表率”读书活动启动仪式。

4 月 21 日　民进中央副主席张帆下午在华东师范大学调研，并出席民进华东师范大学委员会座谈会。

4 月 22 日　十一届全国人大常委会第八次会议期间，全国人大常委会办公厅下午举行专题记者会。全国人大教育科学文化卫生委员会副主任委员王佐书等出席记者会并回答提问。

4 月 22 日　民进中央副主席朱永新中午在机关会见佛教慈济慈善事业基金会发言人何日生先生一行。朱永新对慈济基金会给予民进中央以叶圣陶研究会名义组织的赴台参访团的热情接待表示衷心感谢。3 月下旬，叶圣陶研究会赴台参访团曾经应邀到位于台湾花莲的慈济慈善事业基金会参访，受到证严法师等慈济高层的热情接待。朱永新与何日生就慈善事业、社区环境保护、医疗卫生、教育扶贫等问题进行了广泛的交流。慈济慈善事业基金会在大陆的很多地区都开展了很多卓有成效的公益活动。朱永新对慈济善事业基金会的工作给予了充分肯定和赞赏，他说，慈济的大爱精神和开展慈善事业的成功模式和做法，都值得学习和借鉴。双方表示，今后将进一步加强交流与合作。

4 月 23 日　中国人民争取和平与裁军协会第八届会员团体联席会议上午在京召开。会议产生了新一届领导机构。全国人大常委会副委员长严隽琪等担任副会长。

4 月 23 日　民进中央十二届十三次主席办公会议在京召开。严隽琪主席，罗富和常务副主席，潘贵玉、王佐书、刘新成、朱永新副主席，赵光华秘书长出席会议。部门负责人列席会议。会议由严隽琪主持。

会议听取了民进全国组织工作会议筹备情况汇报，并重点讨论了严隽琪在民进全国组织工作会议上的讲话（草稿）。会议要求，组织部会同研究室、宣传部一起按照讨论意见，对讲话进一步修改完善，仔细打磨，精简字数、调整结构，对材料有所取舍，统筹兼顾，做到条理清晰、突出重点。

会议听取了民进中央“新形势下的农村教育综合改革”赴山西专题考察筹备情况的汇报。会议要求，参政议政部要在山西专题考察前，将前期的相关调研转化成阶段成果，不断补充到山西专题调研中去，对调研的提纲进行及时的补充调整。也希望会中央领导在下基层调研时，带着相关问题，为专题考察提供新的信息。

会议听取了民进中央 2009 年参政议政课题立项情况的报告。参政议政部按照课题立项机制，在全会申报的立项课题中进行了四轮评审，确定了 8 个拟立项课题，2 个备选课题。会议同意课题立项结果。

会议听取了第四届海峡两岸企业发展与合作论坛筹备情况的报告。第四届海峡两岸企业发展与合作论坛将于 2009 年 6 月中旬在河北省唐山市举行。会议对论坛日程进行了调整，并要求社会服务部根据拟定的工作安排，加强与唐山市人民政府、民进唐山市委会的沟通联系，做好前期筹备工作。

会议听取了民进中央贵州毕节支边情况的报告。会议指出，民进中央要高度重视毕节试验区建设的相关工作，按照民进中央参与试验区建设工作的部署，做好工作。同时要把毕节试验区作为学习实践科学发展观的平台和抓手，为农村教育改革等参政议政课题提供考察信息。

会议听取了民进会史展览改建项目进展情况的报告。会议指出，此次会史展览改建，要体现历史性和时代性，突出重点。希望相关部门将该项工作抓紧抓好。

会议听取了完善民进中央机关文件流转程序的报告。为切实贯彻会中央领导关于加强民进中央机关公文流转工作的指示，办公厅特制订《民进中央机关文件流转程序》。该文件对公文签发、文件送阅、请示报告等做了相关规定。会议要求，会中央机关要认真执行并适时对制度执行情况进行检查，查找问题，总结经验，不断完善会中央机关的公文流转程序，同时兼顾公文流转的灵活性，提高工作效率。

会议还研究机关人事事项。

4 月 24 日—30 日　严隽琪率调研组在河南省就农村教育综合改革进行调研。

4 月 24 日　民进中央联络委员会课题组下午就 2009 年重点课题“大陆台商融资情况”，邀请在京部分台资企业代表座谈，了解近年来大陆台资企业在融资过程中遇到的新情况、新问题，和他们对大陆目前实行的台资企业融资政策的意见建议。

4 月 27 日　民进中央原主席许嘉璐在澳门出席“2009 年高等教育国际合作与创新论坛”。

4 月 27 日　全国政协副主席、民进中央常务副主席罗富和到湖南民进长沙市委，亲切看望机关工作人员，并与来自长沙、株洲、湘潭三地的民进市委负责同志和基层组织负责人座谈。

4 月 28 日　罗富和在湖南各民主党派政治交接学习教育岳云中学基地揭牌仪式上作“无愧于历史　无愧于前辈　无愧于时代”的讲话。

4 月 28 日—30 日　民进中央副主席朱永新赴广西壮族自治区进行社会服务工作考察调研。

4 月 29 日　全国政协副主席罗富和下午在全国政协会见了土耳其大国民议会土中友好小组主席阿尔斯兰。

4 月 29 日　民进中央副主席蔡达峰出席杭州民进企业家联谊会成立大会并讲话。

4 月 29 日　民进中央宣传部报道，民进 8 篇文章在“统一战线纪念改革开放 30 周年征文活动”中获奖。

4 月 30 日　全国人大常委、民进中央副主席王佐书在人民大会堂会见土耳其议会友好代表团。

4 月 30 日　民进中央上午举行第七届职工运动会。常务副主席罗富和出席开幕式并讲话。他说，机关运动会是丰富职工文体生活、提高职工身体素质的有意义的活动，也是民进中央机关建设的重要内容。近年来，机关连续 6 年召开职工运动会，大家积极参与，表现出了极高的热情，体现了机关的活力和精神风貌。运动会的举办，有利于进一步推进机关形成关注身心健康的好风气。希望全体职工以机关职工运动会等活动为平台，为机关建设献计出力。希望大家在比赛过程中，发扬体育精神，充分展示自己的能力、团队精神和积极向上的精神风貌。机关职工、物业保安保洁同志近 100 人参加运动会。

2009 年 5 月

5 月 4 日—6 日　朱永新副主席就民进中央今年 9 月中旬在南京举办“2009 年海峡两岸基础教育论坛”与南京市有关部门磋商。在宁期间，朱永新视察了三江学院。

5 月 5 日—11 日　全国政协副主席罗富和率领全国政协委员视察团到广州、深圳两地就《国家中长期科学和技术发展规划纲要（2006—2020 年）》及其配套政策的实施情况进行视察调研。

5 月 5 日　全国人大常委会原副委员长、民进中央原主席许嘉璐就深入贯彻落实科学发展观情况在唐山调研。

5月5日　王佐书副主席上午在民进中央讲授方法论。宣传部、研究室、开明出版社、中华网校和CBD教育等5部门和单位的干部职工近100人聆听讲课。

5月6日　全国人大常委会副委员长严隽琪上午在人民大会堂会见了莫桑比克国防部长菲利佩·纽西一行。

5月6日—7日　朱永新副主席就民进中央今年10下旬在杭州市举办"第七届海峡两岸中华传统文化与现代化研讨会"与浙江省有关部门进行协商。

5月7日　民进中央宣传部在网站发布文章《坚持正确方向　发挥积极作用——我会宣传工作的基本情况和主要经验》。

5月7日、8日　中国民主促进会抗震救灾恢复重建捐赠仪式先后在宝鸡、汉中举行。两个捐赠仪式的项目款项40万元均来自民进中央向全国民进组织及广大民进会员发起"为了灾区的孩子们"抗震救灾缴纳的"特殊会费"。受民进中央委托，陕西省政协副主席、民进陕西省委主委李进权出席两地的捐赠仪式并讲话。民进陕西省委副主委董家蕙一同参加仪式。

5月8日　朱永新副主席率民进中央社会服务部有关人员赴唐山，就6月中旬在唐山举办"第四届海峡两岸企业发展与合作论坛"与唐山有关方面进行磋商。

5月10日　国家主席胡锦涛下午在人民大会堂东门外广场主持仪式，欢迎科威特埃米尔萨巴赫访华。全国人大常委会副委员长严隽琪等出席欢迎仪式。

5月11日—16日　全国人大常委、教科文卫委员会副主任委员王佐书率全国人大调研组在湖北省就农村义务教育和《考试法》立法等情况开展调研。全国人大常委、民进中央教育委员会主任庞丽娟参加调研。

5月11日　民进云南省委选派的两名干部，民进云南省委秘书长赵映东同志、民进昆明市委秘书长余平同志到民进中央报到，分别在参政议政部、社会服务部挂职锻炼6个月。

5月12日　纪念四川汶川特大地震一周年活动在震中汶川县映秀镇隆重举行。中共中央总书记、国家主席、中央军委主席胡锦涛出席纪念活动并发表重要讲话。全国人大常委会副委员长、民进中央主席严隽琪出席活动。民进中央敬献花篮。

5月12日　民进中央办公厅向民进各省区市委员会发出《民进中央关于响应中共中央宣传部等五部门倡议，为汶川地震灾区儿童捐赠优秀少儿读物的通知》。

5月12日　民进网站发表民进中央宣传部撰写的《苍生为怀　民进情长——民进抗震救灾工作周年扫描》。

5月12日　民进网站发表民进四川省委撰写的《写在5·12地震一周年》。文章说，我们永远不会忘记，在党中央、国务院的卓越领导下，在会中央和省委会的积极协调下，全国会员万众一心、众志成城，用英雄气概和自觉行动，诠释了伟大的抗震救灾精神，代表了民进人的精神风貌，也续写了与党同心、为国分忧、为民解难的壮丽篇章。

5月12日　民进网站发表民进重庆市大渡口区委新山村支部会员刘瑛创作的诗歌《写在5月12日14点28分》，深切缅怀死难者，讴歌中华民族不屈不挠的奋斗精神。

5月12日　朱永新副主席在民进中央会见民进甘肃企业家联谊会访京团并座谈。他希望企业界会员要把民进当做一所学校，除了抓盈利、努力发展企业和履行企业家的社会责任之外，作为民进会员，还要履行参政议政职责，要关心国家政策。他说，你们多了一个民进的身份，就多了一条报效祖国的渠道，多了一个服务社会的平台和结交朋友的平台。民进各级组织要针对民营经济等非公企业在不同阶段的特点和需求，反映会员的所思所忧，根据各联谊会的实际，为会员的成长和提高以及会员企业的发展搭建平台、做好服务。朱永新强调，企业界会员是民进队伍中一支重要的力量，长期以来为社会、为民进的发展作出了重要的贡献。企业界会员人数不多，但在关键时刻，特别是在赈灾活动中，发挥了重要作用，贡献了自己的力量，成为主力军，民进中央感谢大家。

5 月 13 日—21 日　全国人大常委会副委员长、民进中央主席严隽琪，全国政协副主席、民进中央常务副主席罗富和率民进中央考察团抵达山西太原，进行为期 9 天的“新形势下的农村教育综合改革”专题考察。民进中央副主席朱永新一同考察。考察团深入山西省吕梁、忻州、晋中、运城 4 市，就“三教统筹”和“农科教结合”，农村职业教育和农业科技推广体系建设，高等教育为农服务等问题进行考察。

5 月 13 日　民进网站报道，全国政协副主席、民进中央常务副主席、民进广东省委主委罗富和日前率民进广东省委“自主创新企业行”调研组一行在广东调研企业知识产权工作。他充分肯定了广东企业在不同的历史阶段为促进我国自主创新和知识产权事业发展作出的贡献，以及在抵御金融危机中所起的先锋作用。他勉励企业奋发图强，创造更多更好的科技成果，促进科技成果的知识产权化、商品化和产业化，通过加大自主创新和知识产权工作力度促进企业做强做大。

5 月 14 日　民进中央出版和传媒委员会下午在民进中央召开“中国媒体如何走向世界，打造新时期中国国际形象”课题研讨会。与会同志围绕中国传媒业走出去的现状、经验和教训，走出去的观念、意识、方式和手段，外宣工作的管理体制、人才队伍建设和资金投入等问题进行热烈探讨，并对调研提纲提出意见建议。大家认为，当前对外宣工作的认识要加深，目标要务实；我们既要积极“走出去”，也要欢迎外国媒体“走进来”；内宣工作和外宣工作要并举、要平衡、要透明、要放开，要形成合力。大家一致认为，要提高课题的针对性，加大可操作性，真正把课题做深做细做实。

5 月 19 日—22 日　全国人大常委、民进中央副主席王佐书参加黑龙江省人大活动。

5 月 19 日—20 日　上海市社会主义学院、民进上海市委在上海市社会主义学院联合举办各区县委主委学习班。民进中央副主席、民进上海市委主委蔡达峰出席开班仪式并讲话。他说，上海民进各级组织和领导班子成员要深入学习贯彻科学发展观，要深刻理解和把握科学发展观的科学内涵、精神实质和根本要求；要以科学发展观为指导，紧密联系实际，主动克服自身建设中存在的问题和不足，努力实现自身的科学发展，完成历史赋予的使命；要树立正确的价值观，不被眼前利益、自身利益所困扰，处理好理想、目标与现实的关系，坚持立足长远、实事求是、安心本职、为民思考、乐于奉献；要提高参政议政能力，紧紧围绕上海“两个中心”建设和世博会，深入思考，积极建言，为中共市委、市政府科学决策、民主决策，提供真知灼见，为上海新一轮大发展作出新的贡献。

5 月 21 日　政协第十一届全国委员会第十五次主席会议在北京召开，中共中央政治局常委、全国政协主席贾庆林主持会议并讲话。罗富和副主席等出席会议。

5 月 22 日　民进中央十二届十四次主席办公会议在京召开。严隽琪主席主持会议。罗富和常务副主席，王佐书、朱永新副主席，赵光华秘书长出席会议。部门负责人列席会议。

会议首先听取了组织部关于民进全国组织工作会议筹备进展情况的汇报。民进全国组织工作会议定于 6 月 5 日至 6 日在北京召开。会议审议了《民进全国代表大会代表联系办法（试行草案）》、《关于开展创建民进全国先进市级组织、先进基层组织活动的意见（讨论稿）》，同意将此两份文件提交七次主席会议审议。会议还报告了严隽琪在民进全国组织工作会议的讲话要点，听取了相关意见。会议肯定筹备工作的总体进度，要求就会议有关文件进一步与中央统战部进行沟通。

会议听取秘书长关于民进十二届七次主席会议，七次常委会议议程、日程的汇报。民进十二届七次主席会议、七次常委会分别于 6 月 2 日下午，3 日至 4 日在北京召开。会议同意七次主席会议、七次中常会的各项议程、日程安排，确定会议期间领导分工。会议指出，要认真组织好常委会上省级组织学习贯彻科学发展观交流活动，由宣传部负责与各省级组织进行沟通，加强必要的指导，保证交流活动取得实效。七次中常会期间，将召开中央监督委员会第二次全体会议，会议要求做好两个会议的协调和衔接工作。

会议研究了民进中央 2009 年上半年工作情况通报（初稿）。会议肯定该初稿。同时要求充实会中央领导参加高层政治协商、“两会”期间大会发言及提案工作、2009 年大调研等工作实绩。对其他部分的工作要笔墨均匀。民进中央上半年工作情况修改完善后，将由罗富和常务副主席代表会中央领导班子向常委会汇报。

会议听取了参政议政部关于民进中央2010年重点调研选题征集情况的汇报。根据工作部署，会中央5月初向29个省级组织发出了征集2010年参政议政重点调研课题的通知，截至目前，共收到19个省级组织反馈的46个课题。参政议政部对此进行了汇总、整合，征求了会内专家的意见，从中选出10个重点调研课题，将在常委会上征求各位常委意见。会议要求，继续与未反馈课题的10个省级组织沟通，全面征集后，对调研课题做进一步遴选，在征求常委意见时要附课题内容摘要。

会议听取宣传部关于民进全国宣传工作会议筹备情况的汇报。民进全国宣传工作会议定于7月7日至10日召开。会议审议通过了民进全国宣传思想工作会议暨科学发展观论坛方案，肯定了会议的各项筹备工作，对会议的日程安排进行了微调，并对会议的主报告和《民进中央关于新形势下加强思想政治工作的决定》初稿提出了相关修改意见。

会议听取了社会服务部关于民进中央海峡两岸论坛筹备情况的汇报。其中“第四届海峡两岸企业合作与发展论坛”将于6月15日至17日在河北省唐山市举行；“第三届海峡两岸基础教育论坛”将于9月12日至14日在江苏省南京市召开；“第七届海峡两岸中华传统文化与现代化研讨会”初定于10月31日至11月3日在浙江省杭州市召开。会议对此提出三点意见，一是要高度重视论坛的组织筹备工作。三个论坛都非常重要，都是我会的传统项目，在社会上产生了较大的影响。民进中央各相关部门要共同努力，并借助会外的力量，确保会议如期顺利举行，达到预期效果；二是要协调好各位领导的行程安排，统筹兼顾；三是做好会务工作，每项活动都要有现场总指挥，以方便沟通，加强协调。

会议审议通过了民进中央“为了灾区的孩子们”捐款2009年使用计划。2009年为了灾区的孩子们捐款使用计划建议开展两项活动，一是向四川、甘肃、陕西和重庆地震灾区捐赠图书，二是举办地震灾区学校校长暑期培训班。会议要求，民进中央收到的“为了灾区的孩子们”捐款（特殊会费）余额按上次比例将全部下拨受灾省份民进组织。捐赠项目可与民进中央此前在地震灾区援建工作相结合，要充分听取有关民进省委的意见；关于举办地震灾区中学校长暑期培训班，会议指出，我会有选择优秀的会员教师暑期进京培训的传统，今年举办地震灾区学校校长培训班也是对该传统的继承，要持续推动此项工作。

会议听取民进中央“2009年长江流域湖泊的保护与管理研讨会”筹备情况的通报。该研讨会得到了有关部委和江西省政府等方面的高度重视，目前会议日程和民进中央领导的行程均已确定，各项会务准备工作已经就绪。会议强调，研讨会期间要安排与当地统战部门会见，与会领导要尽可能抽时间走访当地的民进组织，以更加有效地利用和整合资源。

会议还研究了其他事项和人事事项。

5月22日　由香港教育学院举办的首届“亚洲地区教育大学校长论坛”在香港举行。全国人大常委会原副委员长、民进中央原主席许嘉璐出席并演讲。

5月23日　许嘉璐在香港教育学院，主持以“香港与内地教育合作与交流”为主题的讲座。

5月23日　民进中央副主席朱永新在中央社会主义学院为江苏民进地方组织领导干部培训班讲课。

5月24日　长江流域湖泊保护与管理研讨会召开前夕，全国人大常委会副委员长、民进中央主席严隽琪，全国政协副主席、民进中央常务副主席罗富和在南昌会见与会同志并讲话。会见由民进中央副主席朱永新主持。

5月24日　民进南昌市委、南昌市教育局下午在江西省南昌市滨江宾馆4号楼会议室，联合举办“朱永新新教育报告会”。民进南昌市委为充分发挥会内教育资源优势，积极为南昌市教育发展助添活力，邀请民进中央副主席、博士生导师朱永新教授作“新教育实验发展专题报告”。

5月25日　民进中央“新形势下我国农村教育综合改革”江西调研座谈会在南昌举行。严隽琪出席会议并讲话。会议由朱永新主持。

5 月 25 日　中共江西省委书记、省人大常委会主任苏荣，中共江西省委副书记、省长吴新雄，下午在南昌看望严隽琪、罗富和。全国政协原副主席、民进中央原第一副主席张怀西，民进中央副主席朱永新，水利部长江水利委员会主任蔡其华看望时在座。

5 月 25 日　罗富和参加民进九江市委共青城支部生活会并讲话。

5 月 25 日—27 日　民进中央出版和传媒委员会调研组在上海市、江苏省就“我国出版走出去现状、问题、对策”和“中国媒体如何走向世界，打造新时期中国国际形象”课题进行调研。

5 月 26 日　由民进中央、长江水利委员会主办的长江流域湖泊的保护与管理研讨会在南昌开幕。严隽琪出席并讲话。罗富和主持开幕式。

5 月 26 日　严隽琪、罗富和下午走访民进江西省委，看望机关干部，与民进江西省委领导和会员代表座谈。

5 月 26 日—27 日　20 多位与会专家就保护长江水在长江流域湖泊的保护与管理研讨会上发言。

5 月 26 日　全国人大常委王佐书下午在京出席全国人大财经委员会会议。

5 月 26 日　由民进中央、全国防盲指导组、金融街控股股份有限公司共同主办，江西同仁眼科医院承办的江西光明行启动仪式下午在南昌市举行。张怀西出席启动仪式。朱永新出席并讲话。

5 月 27 日　全国人大常委会副委员长严隽琪上午在京出席全国人大立法调研组全体会议。

5 月 27 日　中华炎黄文化研究会第三届常务理事会第四次会议在民进中央举行。全国政协副主席、民进中央常务副主席罗富和出席会议。中华炎黄文化研究会会长许嘉璐出席会议并讲话。

5 月 27 日　民进中央副主席王佐书在西安外事学院为该校师生作“为大学生成才助力”的讲座。

5 月 27 日　长江流域湖泊的保护与管理研讨会下午闭幕。朱永新出席并讲话。

5 月 28 日　“柳州市教师阅读年颁奖仪式暨朱永新教授专题报告会”在柳钢体育馆隆重举行。民进中央副主席、中国教育学会副会长朱永新教授应柳州市教育局邀请，出席柳州市教师阅读年颁奖仪式，并作“改变，从阅读开始”的专题学术报告。

5 月 30 日　朱永新到山东省菏泽市考察教育工作。

5 月 31 日　王佐书副主席代表民进中央在开明出版社宣布人事任命书，任命开明出版社社长焦向英兼任开明文教音像出版社社长，并对出版社今后发展提出五点希望。

5 月 31 日　民进纪念多党合作制度确立 60 周年征文活动评委会会议下午在民进中央举行。民进中央副主席、征文活动评委会主任王佐书出席会议并讲话。

2009 年 6 月

6 月 1 日　民进中央副主席王佐书、朱永新在京出席新一轮高等教育评估方案座谈会。

6 月 2 日　严隽琪主席、罗富和常务副主席、朱永新副主席上午在民进中央出席对台工作专题会议。

6 月 2 日　民进中央十二届七次主席会议在北京召开。

6 月 2 日—4 日　中国民主促进会中央监督委员会第二次全体会议在北京召开。

6 月 2 日　王佐书在京受聘为中关村软件园顾问。

6 月 3 日　民进中央上午召开学习贯彻科学发展观专题报告会。中央社会主义学院副院长张峰作题为“关于民主党派深入学习贯彻科学发展观的思考”的专题报告。

6 月 3 日—4 日　中国民主促进会第十二届中央常务委员会第七次会议在北京举行。

6 月 5 日　民进全国组织工作会议在北京召开。

6 月 6 日　民进全国组织工作会议闭幕。

6 月 6 日—13 日　全国人大常委会副委员长严隽琪率全国人大《畜牧法》立法调研组在内蒙古、吉林考察。

6 月 7 日—8 日　民进中央在京举办民进全国组织部（处）长培训班。罗富和出席并讲话。

6 月 8 日　罗富和、朱永新上午在民进中央会见民进广西区委常委一行，举行座谈并合影。朱永新与民进广西区委主委陈自力，原主委俞曙霞等就民进开展自身建设、社会服务工作等进行广泛的座谈。

6 月 8 日—10 日　为深入学习实践科学发展观，切实提高高校管理水平、提升高校人才培养质量，帮助大学生健康成长、早日成才，受西北民族大学（甘肃兰州）邀请，民进中央副主席王佐书为该校师生作系列讲座。

6 月 9 日　带领全国人大常委会畜牧法执法检查和农田水利建设专题调研组到吉林省检查调研的全国人大常委会副委员长、民进中央主席严隽琪下午视察民进吉林省委，举行座谈并讲话。

6 月 9 日—10 日　全国政协副主席、民进中央常务副主席罗富和在广东省就农科院科研项目进行调研。

6 月 9 日　叶圣陶研究会名誉会长、中华社会救助基金会理事长许嘉璐在民进中央会见台湾慈济基金会副总执行长林碧玉女士。民进中央副主席、叶圣陶研究会常务副会长朱永新陪同会见。

6 月 10 日—14 日　全国人大常委会原副委员长、民进中央原主席许嘉璐在内蒙古考察。

6 月 10 日　民进中央副主席朱永新在江苏常州考察教育工作并讲学。

6 月 10 日　民进网站发布民进中央原副主席王立平撰写的文章《音乐与人生》，强调关键是用真诚的激情来创作，批评当下文艺创作中的浮躁之风。

6 月 11 日　罗富和在京出席衡水湖湿地保护与发展北京高峰论坛。

6 月 11 日　朱永新在京会见民进中央原常委、中国电影家协会主席李前宽。

6 月 12 日　朱永新在石家庄出席京津冀民进第三届出版业改革与发展论坛并讲话。

6 月 13 日　罗富和在国家图书馆出席作为“文化遗产日”系列活动之一，由文化部主办、国家图书馆（国家古籍保护中心）承办的“国家珍贵古籍特展”开幕式。

6 月 14 日　全国政协副主席、民进中央常务副主席罗富和，叶圣陶研究会会长张怀西晚上在唐山曹妃甸新区渤海国际会议中心会见前来参加第四届海峡两岸企业发展与合作论坛的港台代表。国台办副主任叶克冬，中共河北省委副书记车俊，河北省委常委、唐山市委书记赵勇一同会见。会见由民进中央副主席朱永新主持。

6 月 15 日　严隽琪副委员长上午在人民大会堂出席全国人大委员长会议。

6 月 15 日　严隽琪下午在京出席“2009 未来之星——香港传媒专业大学生国情课程班”开班典礼。

6 月 15 日—16 日　第四届海峡两岸企业发展与合作论坛在唐山市举行。

6 月 15 日　罗富和、王佐书下午在中央统战部出席党外人士情况通报会。

6 月 15 日—17 日　全国人大常委、全国人大教科文卫委员会副主任委员王佐书在陕西西安出席西部 12 省（区、市）人大教科文卫职业教育工作研讨会。他提出，当前的职业教育工作的重点是对学生“授之以渔”。要做好职业教育这篇文章至关重要，职业教育要健康发展，要培养具有“全人格的学生”，具有竞争能力的学生，就必须认真、全面贯彻党的教育方针，明确办学目的，遵循教学规律。同时，要把握职业学校的发展方向、定位发展的目标，并要做到职业学校与企业的“无缝对接”，教给学生学习的方法，提高学生的动手能力，达到充分就业，这是职业教育的最终归宿。王佐书还到西京大学，就实验室建设、教师队伍建设、教材建设等工作，与学院领导座谈。

6 月 16 日—19 日　政协第十一届全国委员会常务委员会第六次会议在北京召开。会议的主要议题是围绕“着力扩大国内需求，保持经济平稳较快发展”和“保障和改善民生，促进社会和谐”问题建言献策。全国政协副主席罗富和，常委冯骥才、潘贵玉、蔡达峰、张帆等出席会议。

6 月 16 日　第二届河北曹妃甸临港产业合作会议开幕仪式暨循环经济发展合作论坛上午在唐山渤海国际会议中心隆重举行。全国人大常委会副委员长、民进中央主席严隽琪出席并宣布大会开幕。中华社会救助基金会理事长许嘉璐出席开幕式并讲话。出席海峡两岸企业发展与合作论坛的嘉宾参加开幕式。严隽琪当日考察了唐山曹妃甸工业区。

6 月 16 日　民进中央—上海社科院合作中心针对当前国内经济形势及宏观经济运行面临的主要问题，组织在沪专家举行讨论会。与会者集中就宏观经济数据所反映出的经济运行内在矛盾、外需拉动转内需拉动刺激政策的成效、通货膨胀预期、危机时期的经济增长点与后危机时期的调整措施、竞争性行业“国退民进”与房地产政策应对等，进行了分析讨论，并提出相应政策建议。

6 月 17 日　出席第四届海峡两岸企业合作与发展论坛的嘉宾分两路考察了唐山市区和世界文化遗产、皇家陵寝——清东陵。

6 月 17 日　全国人大常委会副委员长严隽琪在北京会见了应邀来访的汤加王国议会议长图伊拉克帕、密克罗尼西亚联邦国会外事委员会主席帕利克诺瓦·韦利、斐济群岛共和国公共账目委员会主席马努·科罗乌拉乌拉和纽埃议会议案委员会主席比利·塔拉吉。

6 月 17 日　全国人大常委会副委员长、民进中央主席严隽琪下午在人民大会堂出席“未来之星——香港传媒专业大学生国情课程班”开班仪式，并为“未来之星”课程班的学员授旗。“未来之星——香港传媒专业大学生国情课程班”由“香港传媒专业大学生国情课程”组委会主办，香港文汇报社、未来之星同学会总承办，中国传媒大学具体承办。在接下来的 7 天里，来自香港大学、香港中文大学、香港浸会大学、香港树仁大学、香港珠海学院等传媒专业的 100 多名大学生将在中国传媒大学进行一周的国情进修。

6 月 17 日　全国人大常委会副委员长严隽琪上午在京会见并宴请应邀来访的南太平洋岛国议长集体访华团。

6 月 17 日　严隽琪、罗富和晚间会见和宴请在京部分科技界民进会员。

6 月 17 日　正值世界防治荒漠化及干旱日，中国林科院隆重举行中国林科院荒漠化研究所成立大会。全国政协副主席、民进中央常务副主席罗富和出席会议并为研究所揭牌。

6 月 18 日　王佐书副主席下午在民进中央会见浙江民进新社会阶层人士理论培训班一行。

6 月 18 日　朱永新副主席上午在京出席民进中央开明画院、“共庆辉煌”民进全国书画展筹备工作会议。

6 月 19 日　全国人大常委会副委员长、民进中央主席、中央社会主义学院院长严隽琪上午出席在福建省武夷学院举行的中华文化学院武夷山教学科研基地揭牌仪式。严隽琪当晚在福建省南平市会见民进南平市委领导班子成员及会员代表。

6 月 19 日　朱永新副主席在民进中央会见民进深圳企业联谊会访京交流团。他说，企业界会员是民进组织的重要组成部分，是一支不可或缺的生力军，在推动地方经济社会发展、促进民进自身建设等方面做了大量工作，特别是在帮助弱势群体、应对重大灾难方面发挥着重要作用。朱永新指出，民进中央要建立健全全会企业界会员联谊会联席会议制度，将其作为凝聚企业界会员的重要平台，更好地开展企业界会员工作。民进组织的活力和凝聚力在基层，民进各级组织负责人要走进基层，走近会员，加强联系交往，调动会员力量，与企业界会员交朋友，帮助解决困难和问题，吸引更多有社会责任感的优秀企业家参加到民进组织中来。各级社会服务工作部门要勤勉工作，发扬良好的工作作风，服务好企业界会员，从而获取广大会员对社会服务工作的支持。他希望企业界会员通过民进组织这个渠道多交朋友，在做大做强自身企业的同时积极参政议政，参与公益事业，体现对社会的价值和贡献。下午，朱永新在中央社会主义学院出席浙江新社会阶层人士理论培训班结业仪式并讲话。

6 月 20 日　中央社会主义学院古田会议会址爱国主义教育基地揭牌仪式下午在上杭古田隆重举行。严隽琪为基地揭牌。严隽琪当晚在福建省龙岩市会见龙岩市民进会员。

6 月 20 日　纪念中国民主促进会上海市委员会成立 60 周年大会下午在上海市政协文化俱乐部礼堂召

开。全国政协副主席、民进中央常务副主席罗富和，中共上海市委常委、统战部部长杨晓渡出席并讲话。民进中央副主席、上海市人大常委会副主任、民进上海市委主委蔡达峰出席并致辞。

6月22日—27日 十一届全国人大常委会第九次会议在北京举行。严隽琪副委员长，王佐书、贺旻、刘新成、朱永新常委等出席。

6月22日—25日 全国政协副主席、民进中央常务副主席罗富和为进一步了解我国农村教育综合改革情况，赴安徽重点就农村职业教育进行调研。此次调研也是对山西专题考察的重要补充。

6月22日 王佐书上午在京出席全国人大教科文卫委主任委员办公会议扩大会议。

6月22日—30日 朱永新应邀参加国家中长期教育改革和发展规划纲要修改工作。

6月23日 民进中央主席严隽琪上午前往北京医院看望原名誉主席雷洁琼。常务副主席罗富和，副主席王佐书、贺旻、朱永新也先后前往看望。

6月25日 中央社会主义学院第19期民主党派中青年干部培训班民进学员到民进中央参观。

6月25日—7月1日 “民进组织会员管理系统”项目组赴浙江、上海、江苏民进组织，就会员管理现状进行调研。民进浙江省委、上海市委、江苏省委有关领导分别出席座谈会，各组织部（处）长、负责具体工作的干部以及杭州市、静安区、南京市等8个民进市级组织负责组织会员管理的同志参与了调研。

6月26日—27日 民进中央常务副主席、民进广东省委主委罗富和在广东出席民进广东省常委会议。

6月27日 民进中央副主席朱永新晚间应邀出席中国电影基金会赴京参加首届台湾电影展和李行导演从影60年电影展的台湾电影界人士欢迎晚宴。

6月27日 民进中央出版传媒委员会委员、金骑士文化公司艺术总监张芳“《色之影》芳霁绘画作品展”下午开幕。

6月29日 全国人大常委会副委员长、民进中央主席严隽琪在上海会见上海社科院领导并座谈。她简要回顾“民进中央—上海社科院合作中心”成立近一年来所开展的工作，对中心运行所取得的成果表示满意，并对上海社科院给予民进中央参政议政、统战理论研究等方面工作的支持表示感谢。她表示，民进中央将继续坚持“会内与会外相结合”的方针，积极动员民进中央自身的资源和渠道优势，与上海社科院一道，努力提高“合作中心”运行的制度化和规范化水平，把“合作中心”建设成为双方资源共享、合作共赢的平台。

6月30日—7月2日 民进中央副主席王佐书在湖南长沙出席中国民办教育协会年会筹备会议。

2009年7月

7月1日 全国政协副主席、民进中央常务副主席罗富和出席全国地理信息产业峰会和全国地理信息应用成果及地图展览会开幕式。

7月1日—3日 民进中央副主席朱永新到宁夏调研民进宁夏区委的社会服务工作。

7月4日—8日 朱永新应邀参加国家中长期教育改革和发展规划纲要修改工作。

7月6日 民进中央十二届十五次主席办公会议在京召开。严隽琪主席主持会议。罗富和常务副主席，潘贵玉、王佐书、刘新成、朱永新副主席，赵光华秘书长出席会议。吴文彦副秘书长（挂职）、部门负责人、代理部门负责人列席会议。

会议首先听取朱永新关于中央统战部召开的“统一战线参与毕节试验区建设专题调研动员会”及下一阶段有关工作部署的会议情况报告，研究落实有关工作。

会议审议通过了《关于开展创建民进全国先进地方组织、先进基层组织活动的意见》、《民进全国组织工作会议纪要》，关于“做好国务院第五次全国民族团结进步表彰大会模范集体和模范个人评选工作”的推荐方案。

会议听取了“共庆辉煌”民进全国书画展筹备进展情况和开幕式方案的报告和民进中央开明画院筹备情况的报告，审议并原则通过开明画院章程（草案）、开明画院第一届理事会议方案（草案）。

会议听取了民进全国宣传思想工作会议暨科学发展观论坛的筹备情况的报告，通过了会议有关文件。

7月6日　严隽琪、罗富和、王佐书、朱永新下午在民进中央出席中央监督委员会反馈意见专题会议。

7月7日　民进全国宣传思想工作会议暨科学发展观论坛上午在北京开幕。

7月8日　全国人大常委会副委员长严隽琪上午在人民大会堂出席全国人大常委会畜牧法执法检查和农田水利建设专题调研组第二次全体会议。她在听取汇报和讨论意见后强调，要依法加强对畜牧业发展的保护和支持，加强农田水利建设的法制建设。

7月8日　民进网站发布民进中央研究室报道文章《严隽琪：民主党派社会服务工作是政治任务》。

7月8日　王佐书上午为民进全国宣传思想工作会议暨科学发展观论坛与会同志作专题讲座“宣传的艺术”。下午，会议分组讨论。

7月9日　全国人大常委会副委员长严隽琪上午在青岛国际会展中心出席2009中国国际消费电子博览会并宣布博览会开幕。

7月9日　民进中央主席严隽琪下午到民进青岛市委考察，与市委班子成员和机关干部亲切座谈。民进山东省委主委栗甲，中共青岛市委常委、统战部长臧爱民，市委统战部常务副部长胡义瑛，民进青岛市委主委方漪参加座谈。

严隽琪在座谈中首先向中共青岛市委、统战部对民进工作的支持和帮助表示感谢，对民进青岛市委自身建设、参政议政、社会服务等各项工作所取得的成绩给予充分肯定。

严隽琪说，民进组织要自觉地为维护党际和谐关系、促进社会和谐作出更大贡献；继续完善和巩固政治交接长效机制，加强领导班子和后备干部队伍建设，贯彻落实民主集中制，加强民主监督；要着力加强参政议政能力建设，善于集智聚力，努力满足参政议政职能需要；要深入探索新形势下民进社会服务工作的有效形式，努力使社会服务为维护社会稳定和化解社会矛盾服务，为参政议政提供线索，为各级组织自身建设注入活力，为会员发展提供支撑；要积极探索民进会员个体和民进组织服务社会的有效机制。

7月9日　人民网发表文章《冯骥才：古董商贩“淘宝”别让历史遗存变干瘪躯壳》。冯骥才建议，应对“文化空巢”现象，应当及时建立各种小型博物馆。

7月9日　民进全国宣传思想工作会议暨科学发展观论坛上午进行第二次大会交流，下午闭幕。

7月9日　王佐书在京出席中国名师大讲堂暨中国教师报出版300期庆典。

7月10日　王佐书在哈尔滨为黑龙江农垦总局作专题讲座。

7月11日—13日　民进中央副主席朱永新在江苏出席全国新教育第九届大会。

7月13日　全国人大常委会副委员长、民进中央主席严隽琪在山东省泰安市调研期间，会见民进泰安市委班子成员、机关干部和部分会员并座谈。

7月13日　民进中央印发《民进全国代表大会代表联系办法（试行）》的通知（附《民进全国代表大会代表联系办法（试行）》）。

7月13日　民进中央印发《民进全国组织工作会议纪要》的通知（附《民进全国组织工作会议纪要》）。

7月13日　民进中央印发《关于开展创建民进全国先进地方组织、先进基层组织活动的意见》的通知（附《关于开展创建民进全国先进地方组织、先进基层组织活动的意见》）。

7月13日　北京师范大学举行许嘉璐先生从教50周年庆祝大会。全国政协副主席、民进中央常务副主席罗富和出席并宣读贺信。

7月13日　黑龙江省农垦总局上午举行现代化大农业座谈会。全国人大常委、教科文卫委员会副主任委员、民进中央副主席王佐书出席并讲话。

7 月 14 日　民进中央副主席朱永新下午到民进苏州市委看望机关同志并座谈。他认真听取工作汇报后指出，民进苏州市委认真贯彻落实民进中央指导思想，大力加强组织建设、参政议政等各项工作，应当充分肯定和高度评价。他对民进市委的调查研究、信息报道等方面工作给予指导。他鼓励大家继续努力，充分发挥好民主党派的作用，为当地社会发展与和谐作出更大贡献。

7 月 15 日　罗富和在京出席中国对外华语广播暨中国国际广播电台华语广播开播 60 周年庆典并讲话。

7 月 15 日　民进中央副主席王佐书在京出席中华职教社换届领导小组会议。

7 月 15 日—18 日　民进中央社会和法制委员会赴江苏省淮安市就 2009 年重点调研课题“土地节约集约利用问题”进行调研。

7 月 16 日　罗富和下午走访中国出版集团公司及其主要成员单位商务印书馆、中国图书进出口（集团）总公司，就我国出版“走出去”战略实施情况进行调研并座谈。

7 月 16 日　民进中央副主席王佐书在京出席宣武区各民主党派班子成员培训班并作“如何加强民主党派班子建设”讲座。

7 月 16 日　民进中央副主席朱永新应民进盘锦市委邀请出席辽宁盘锦市教育骨干培训班并为学员讲课。

7 月 17 日　2009 年全球华侨华人促进中国和平统一大会在美国洛杉矶举行，来自全球“反独促统”组织的 300 多名代表与会。中国和平统一促进会副会长许嘉璐出席并致辞。

7 月 17 日　王佐书在京出席全国人大教科文卫委员会第二十次主任委员办公会议。

7 月 17 日—18 日　朱永新赴江西省参加中国教育学会活动。

7 月 18 日　民进中央主席严隽琪，副主席潘贵玉、王佐书、朱永新在中央统战部阅读中共中央经济工作有关文件。

7 月 18 日　全国政协副主席、民进中央常务副主席罗富和在广东珠海出席 2009 年全国海洋宣传日开幕式暨新中国成立 60 周年“十大海洋事件”和“十大海洋人物”揭晓仪式。

7 月 19 日　罗富和在广东出席中央五号文件督查组听取意见座谈会。

7 月 19 日—24 日　民进中央经济委员会“城乡统筹与农村土地制度改革问题”课题组一行 10 人在重庆开展土地流转问题调研。

7 月 20 日　严隽琪、朱永新视察北京昌平农家女实用技能培训学校。

7 月 20 日　罗富和在中央统战部阅读中共中央经济工作有关文件。

7 月 20 日　王佐书在京出席全国人大教科文卫委员会第十八次会议。

7 月 20 日—25 日　国务院参事、民进中央参政议政特邀研究员、中国人口与发展研究中心研究员魏津生，民进中央妇女儿童委员会主任、北京师范大学心理学院教授邹泓带领调研组赴陕西省就“充分发挥人口和计划生育公共服务网络在构建农村基本公共服务体系中的重要作用”进行调研。该课题是民进中央与国家人口和计划生育委员会联合开展的调研课题。

7 月 20 日—23 日　民进中央文化艺术委员会副主任、中央民族大学教授赵士林率“深化文化行政管理体制改革问题研究”课题组赴广东省调研。

7 月 21 日　中共中央上午在中南海召开党外人士座谈会，就当前经济形势和下半年经济工作听取各民主党派中央、全国工商联领导人和无党派人士意见和建议。中共中央总书记胡锦涛主持座谈会并发表重要讲话。民进中央主席严隽琪发言。民进中央常务副主席罗富和出席座谈会。

7 月 23 日　中国民主促进会第十二届中共委员会第十五次主席办公会议作出《关于成立民进中央开明画院的决定》。

7 月 23 日　民进中央副主席王佐书在吉林省社会主义学院为吉林省民进骨干会员培训班（第一期）110 余名学员作辅导报告。他要求，民进各级组织和广大会员在今后的工作中要以科学发展观为指导，从多党合作事业可持续发展的战略高度，进一步做好理论武装、理论研究和会章会史教育工作，巩固全会共同的思想政治基础；用社会主义核心价值体系引领广大会员坚持正确的世界观、人生观和价值观；牢牢把握正确的导向，为实现我会的政治纲领和各项任务提供思想保证和舆论氛围；再接再厉，为吉林省的各项事业作出民进应有的贡献。

7 月 24 日　民进中央科技医卫委员会与中国林科院共同主办召开“中央公益类科研机构机制创新研讨会”。全国人大常委会副委员长、民进中央主席严隽琪出席开幕式并讲话。

7 月 24 日　民进中央副主席王佐书在京为国家教育行政学院学员讲课。

7 月 24 日—27 日　中国教育学会副会长朱永新考察黑龙江省鸡西市教育工作。他对鸡西实验区的工作给予充分肯定，认为实验区建立以来，鸡西教育上了一个大台阶，有了新发展，把促进教育均衡和公平，提升内涵、品质作为核心，抓到了点子上，有非常好的示范作用。朱永新还为鸡西市 2009 年暑期中小学校长全员培训班的 1000 余多位学员作了“改变，从阅读开始”的报告。

7 月 26 日　王佐书上午在黑龙江省齐齐哈尔职业学院出席中国高等教育学会高等教育管理研究会 2009 学术年会，并作题为“为高等教育文化建设与发展提供研究线索”的主旨演讲。

7 月 27 日—28 日　全国政协副主席、民进中央常务副主席、民进广东省委主委罗富和在广东韶关出席广东省民主党派暑期座谈会。

7 月 27 日—28 日　全国人大常委、全国人大教科文卫委员会副主任委员王佐书率黑龙江省全国人大代表第二小组成员，就资源型城市可持续发展问题在大庆市调研。

7 月 27 日　民进中央副主席朱永新在黑龙江参加中国教育学会校长培训和鸡西实验区中期评估。

7 月 28 日　民进中央开明画院在北京正式成立并召开第一届理事会。

7 月 29 日　“共庆辉煌——庆祝中华人民共和国成立 60 周年、纪念人民政协成立 60 周年民进全国书画展”在北京中国美术馆隆重开幕。“共庆辉煌”书画展展出时间为 7 月 29 日至 8 月 6 日。

7 月 29 日　民进中央 2009 年地震灾区学校校长暑期培训班下午在京开班。民进中央主席严隽琪讲话，常务副主席罗富和、副主席朱永新出席，副主席刘新成主持会议。

7 月 30 日　全国人大常委会副委员长、民进中央主席严隽琪到吉林省考察工作。

7 月 31 日　由国家旅游局和吉林省人民政府主办，长白山管委会承办的 2009 中国长白山国际旅游节上午在长白山西景区隆重开幕。严隽琪出席开幕式并宣布旅游节开幕。

7 月 31 日　民进中央召开“新形势下的农村教育综合改革”调研成果研讨会。全国政协副主席、民进中央常务副主席罗富和出席并讲话。民进中央副主席朱永新主持会议。

2009 年 8 月

8 月 1 日　严隽琪慰问武警边防总队长白山支队。

8 月 1 日　罗富和在民进中央亲切会见民进四川省委副主委、广元市副市长赵爱武。赵爱武代表广元市委、市政府，专程汇报民进中央捐建的广元师范学校开明艺术楼建设情况，并对民进给予广元市的支持和帮助表示感谢。罗富和说，四川发生特大地震灾害，全国民进与灾区同胞心连心，民进中央在第一时间向民进四川省委发去慰问电，通过组织募捐、书画义卖、缴纳特殊会费、提出抗震救灾建议等方式帮助支援灾区。在灾区恢复重建时，民进始终关注着灾区教育事业，将民进“为了灾区的孩子们”（特殊会费）捐款都投入到灾区教育事业的恢复重建项目。罗富和对广元市师范学校开明艺术楼的建设工作给予肯定，并希望广元市在建设过程中要注重安全和质量，建好后要充分谋划好下一步的工作，争取将艺术楼的效能发挥好，真正体现教师培训交流的阵地作用。

8 月 1 日　民进中央 2009 年地震灾区学校校长暑期培训班上午举行结业仪式。朱永新副主席出席并讲话。

8 月 3 日　朱永新在民进中央出席社会服务部部务工作会议。

8 月 4 日　民进中央常务副主席罗富和，副主席潘贵玉、王佐书、朱永新在中央统战部阅读十七届四中全会有关文件。

8 月 5 日　朱永新在京出席华德福教育与中国语言文化的融合之道研讨会。

8 月 6 日—15 日　王佐书在黑龙江考察调研。

8 月 6 日　朱永新在民进中央出席叶圣陶研究会工作会议。

8 月 7 日　全国政协副主席、民进中央常务副主席罗富和为中国人口 60 年成就展暨第五届生殖健康技术产品博览会开幕式揭幕。民进中央副主席、中国计生协常务副会长潘贵玉出席。

8 月 8 日　第八届冀台经济合作洽谈会开幕式下午在河北张家口市涿鹿县隆重举行。罗富和出席并宣布大会开幕。罗富和在冀出席开幕式期间会见民进张家口市委主委何兰并听取工作汇报。

8 月 8 日　民进中央副主席朱永新在人民大会堂出席中国早教论坛并讲话。

8 月 8 日—9 日　朱永新在京出席国家教育发展和改革中长期规划专家征求意见会议。

8 月 10 日　罗富和在京出席卓琳同志遗体告别仪式。

8 月 11 日　民进中央主席严隽琪、常务副主席罗富和上午在中南海出席《中共中央加强和改进新形势下党的建设若干重大问题的决定》征求意见座谈会，严隽琪代表民进中央发言。

8 月 11 日　严隽琪、罗富和、朱永新下午在民进中央出席叶圣陶研究会专题会议。

8 月 12 日　朱永新在河北张家口出席民进华耐种植示范基地揭牌仪式。

8 月 13 日—16 日　全国人大常委会副委员长、民进中央主席严隽琪在上海调研。16 日下午，上海市慈善基金会“人文关怀阳光基金”管委会假座闸北区铭德莱星顿酒店召开慈善酒会。严隽琪及民进中央副主席、上海市人大常委会副主任、民进上海市委主委蔡达峰等出席并讲话。

8 月 13 日—14 日　朱永新在上海出席中国原创图画书论坛。

8 月 14 日　全国政协副主席、民进中央常务副主席罗富和在京出席李维汉夫人吴景之同志遗体告别仪式。

8 月 16 日　罗富和在京出席第二届中华民族艺术珍品文化节开幕式暨庆祝中华人民共和国建国 60 周年民族艺术珍品展。

8 月 17 日　全国人大常委会委员长吴邦国上午在人民大会堂主持召开全国人大常委会第二十八次委员长会议，决定十一届全国人大常委会第十次会议 8 月 24 日至 27 日在北京举行。严隽琪副委员长出席会议。

8 月 17 日　全国人大常委会副委员长、民进中央主席严隽琪在民进中央就庆祝新中国成立 60 周年、纪念人民政协成立 60 周年，接受新华社、中央电视台、中国人民广播电台（广播网）记者的采访。

8 月 17 日　王佐书在京出席中华职教社九届八次理事长会议。

8 月 17 日　民进中央副主席朱永新上午在机关会见成都市华德福学校校长一行；下午，在机关出席第三届海峡两岸教育论坛专题筹备会议。

8 月 18 日　民进中央上午召开晋升局级干部民主推荐会议。严隽琪主席讲话。罗富和常务副主席主持会议。王佐书副主席因公请假，委托代为投票。朱永新副主席出席会议。机关处级以上干部参加会议。与会同志分别投票推荐局级、副局级干部各一名。

8 月 18 日　民进中央十二届十六次主席办公会议在京召开。严隽琪主席主持会议。罗富和常务副主席，王佐书、朱永新副主席，赵光华秘书长出席会议。挂职副秘书长、部门负责人、代理部门负责人列席会议。

会议审议通过了民进十二届八次中常会方案，民进中央庆祝中华人民共和国成立60周年、纪念人民政协成立60周年座谈会方案，民进全国骨干会员培训班方案，民进中央庆祝第二十五个教师节暨第二届中国教师发展论坛活动方案。

会议研究了民进十二届中央委员会第三次全体会议工作报告起草方案和各部门2010年工作要点。

会议听取了关于提请会中央深化与中国林科院科技智力合作、2009年海峡两岸基础教育论坛筹备工作、开明出版社体制改革、民进中央纪念民主杂志创刊20周年座谈会方案等的情况报告。

会议研究了民进中央原名誉主席雷洁琼生日慰问方案。会议还研究了其他事项。

8月18日—20日　王佐书在京出席中华职教社第十次全国代表大会。

8月19日　民进中央副主席、中国文联副主席、中国民间文艺家协会主席冯骥才到民进宁夏区委，看望区委干部职工并座谈。

8月19日—22日　朱永新一行赴内蒙古自治区呼伦贝尔市调研义务教育。这是民进中央教育委员会2009年就“新机制后我国义务教育新情况、新问题”课题进行调研的第一站。

8月19日　民进地方组织新闻宣传培训讲座采取网络视频直播形式在民进中央召开。

8月22日　王佐书在京出席2009年中国国际不孕不育高峰论坛。

8月24日—27日　十一届全国人大常委会第十次会议在北京举行。严隽琪副委员长，王佐书、贺旻、刘新成、朱永新常委出席会议。

8月26日　全国造林绿化现场会在山西省长治晋城召开，全国政协副主席、民进中央常务副主席罗富和出席会议并向山西省颁发“全国生态建设突出贡献奖”。罗富和期间考察了当地林业建设并讲话。

8月27日　政协第十一届全国委员会第十七次主席会议在北京召开。中共中央政治局常委、全国政协主席贾庆林主持会议并讲话。会议审议通过了政协第十一届全国委员会常务委员会第七次会议议程（草案）和日程，决定于9月下旬召开全国政协十一届常委会第七次会议。罗富和副主席出席会议。

8月27日　全国人大常委会副委员长、民进中央主席严隽琪在伊春市宣布伊春林都机场开航。

8月27日—31日　全国人大常委王佐书在黑龙江参加人大调研活动。

8月28日　严隽琪出席首届东北亚生态（伊春）论坛并致辞。

8月28日　民进中央支部上午组织机关离退休会员参观新中国第一家私立博物馆——观复博物馆。

2009年9月

9月3日　全国人大暨各省（区、市）人大教科文卫委员会工作培训班在江西庐山举行，全国人大常委王佐书出席开班典礼并作“为研究中国文化战略与安全提供一些研究线索”专题报告。

9月3日—6日　由民进中央文化艺术委员会主任、北京大学教授胡军带队的“深化文化行政管理体制改革问题研究”课题组赴山西进行调研。

9月4日　全国人大常委会副委员长、民进中央主席严隽琪下午在贵州省毕节金沙县驻地会见前来参加“彩虹行动”启动仪式的民进组织负责人、民进企业家和授课校长。

9月5日　民进中央“彩虹行动”启动暨签约捐赠仪式上午在贵州省毕节试验区金沙县第一中学隆重举行，支援毕节教育计划全面实施。严隽琪主席出席并讲话，朱永新副主席主持仪式。

9月5日　严隽琪在金沙第二职业中学出席“民进中央毕节职业教育调研暨教师节座谈会”，与金沙县优秀教师代表亲切座谈。朱永新出席座谈会。

9月7日　以“海西城市发展与合作”为主题的上海世博会福建专题论坛上午在厦门国际会展中心举行。严隽琪应福建省人民政府邀请在论坛作主旨演讲。

9月8日　民进中央与首都师范大学举办庆祝教师节暨第二届中国教师发展论坛，围绕“科学发展观和教师队伍建设”主题展开研讨。

9月9日　民进中央纪念《民主》杂志创刊20周年座谈会在京召开。

9月10日　严隽琪、朱永新上午来到由民进会员王东临创办的北京书生公司考察并座谈。

9月12日　民进中央原名誉主席雷洁琼104岁寿辰。上午10点，全国人大常委会副委员长、民进中央主席严隽琪，全国政协副主席、民进中央常务副主席罗富和，民进中央副主席、民进北京市委主委刘新成，民进中央副主席朱永新，一同来到敬爱的雷老家，代表中国民主促进会向雷老祝贺生日。

9月13日　朱永新应邀出席民进陕西省委新中国成立60周年暨多党合作和政治协商制度确立60周年庆祝活动。下午，民进陕西省委新中国成立60周年暨多党合作和政治协商制度确立60周年"西京学院杯"书画展在西京学院举行。朱永新宣布书画展开幕，陕西省政协副主席、民进陕西省委主委李进权讲话。本次书画展共展出陕西民进会员创作的近百幅作品。这些作品贴近民进工作，讴歌了新中国成立60年来的伟大成就和多党合作和政治协商制度的光辉业绩。随后，朱永新等观看了民进陕西省委新中国成立60周年暨多党合作和政治协商制度确立60周年文艺汇演。陕西民进省直支部、各市级组织和陕西民进企业家联谊会选送的26个精彩的节目，给在场的近2000名观众带来艺术享受的同时，更增添了节日的喜庆。朱永新在陕西期间还参观了会员企业西京学院、华海医疗信息管理股份公司、晶海茶艺园等，并且与陕西省和西安市企业家联谊会的同志座谈。

9月14日　统一战线庆祝中华人民共和国成立60周年暨多党合作制度确立60周年座谈会在北京召开。民进中央主席严隽琪在座谈会上发言。

9月14日　民进中央副主席、民进北京市委主委刘新成，民进中央副主席朱永新出席民进北京市委校长联谊会成立大会。

9月14日　《合作与奉献——毕节试验区专家顾问组20年》出版座谈会在民革中央举行。朱永新出席座谈会。

9月18日—19日　2009年海峡两岸基础教育论坛在南京召开。

9月19日　受中共中央委托，全国政协副主席、中共中央统战部部长杜青林向各民主党派中央、全国工商联领导人和无党派人士通报了中共十七届四中全会精神。严隽琪出席会议。

9月20日　首都各界代表900多人上午在全国政协礼堂隆重集会，庆祝中国人民政治协商会议成立60周年。中共中央总书记、国家主席、中央军委主席胡锦涛出席大会并发表重要讲话。严隽琪、罗富和与民进中央原第一副主席张怀西出席会议。

9月21日—23日　政协十一届全国委员会常务委员会第七次会议在北京召开。这次会议的主要议题是学习贯彻中共十七届四中全会精神、学习贯彻胡锦涛同志在庆祝中国人民政治协商会议成立60周年大会上的重要讲话精神。罗富和副主席，冯骥才、潘贵玉、蔡达峰、张帆常委出席会议。

9月21日　叶圣陶115周年诞辰纪念会暨叶圣陶教育思想当代价值研讨会在南京举行。叶圣陶研究会会长张怀西出席纪念会并讲话。民进中央副主席、叶圣陶研究会常务副会长朱永新主持上午的纪念会，并在下午会议上讲话。

9月23日　民进中央庆祝中华人民共和国成立60周年、纪念人民政协成立60周年座谈会在京举行。

9月24日　中国和平统一促进会第八届理事大会在京闭幕。中共中央政治局常委、全国政协主席贾庆林再次当选为中国和平统一促进会会长。严隽琪等当选为副会长。大会聘请许嘉璐等为中国和平统一促进会第八届理事会名誉会长。

9月24日—25日　民进全国骨干会员培训班在京举行。

9月25日　中共中央政治局常委、全国政协主席贾庆林上午在京会见徒步横穿撒哈拉沙漠的云南省政协委员、民进会员金飞豹，云南省政协委员费宣一行。严隽琪、罗富和参加会见。

9月25日　"民进中央、京津冀省（市）委会机关国庆60周年联欢会"下午在北京好苑建国饭店举行。严隽琪出席并致辞。罗富和，民进中央副主席、民进北京市委主委刘新成，民进中央原副主席蔡睿贤出席联欢会。

9 月 25 日　为庆祝新中国成立 60 周年，人民政协成立、中国共产党领导的多党合作和政治协商制度确立 60 周年，民进中央副主席、上海市人大常委会副主任、民进上海市委主委蔡达峰上午接受上海文广新闻传媒集团《风雨同舟 再创辉煌》电视片专访。

9 月 26 日　民进中央主席严隽琪在机关接受新华社记者采访。她指出，多党合作制度走过的 60 年中，有许多值得我们铭记的重大历史事件，因为它们为多党合作制度奠定了基石，指明了方向。

9 月 26 日　罗富和下午在民进中央会见参加中央社会主义学院第 22 期民主党派干部培训班、进修班的民进学员并座谈。他强调，民进会员要认真学习中共中央总书记胡锦涛同志在政协成立 60 周年纪念大会上的讲话，认真学习中共十七届四中全会的会议精神。他和大家一起回忆了马叙伦等民进前辈响应中国共产党“五一口号”，在政治协商、共同建国等方面所起的重要作用，以很多重大政策的实施为例子来说明民进作为参政党所起的重要作用。罗富和向大家提出 3 点要求。第一，在政治上，要坚持正确的方向，今后我们面对的形势会越来越复杂，要坚定共产党领导的信心。第二，要提高参政议政能力，不要计较我们的会员任实职的人数，履行参政议政职责是我们最重要的任务。第三、要保持民主党派进步性和广泛性，做好组织建设工作。在国家发展比较好的时候，要有忧患意识，要向中国共产党学习，结合我们的实践，为我们国家的复兴作出我们的贡献。

9 月 28 日　民进中央十二届十七次主席办公会议在京召开。严隽琪主席主持会议。罗富和常务副主席，潘贵玉、王佐书、刘新成、朱永新副主席，秘书长赵光华出席会议。挂职副秘书长、部门负责人列席会议。

会议认真学习了中共十七届四中全会精神，审议通过了《民进中央关于学习贯彻中共十七届四中全会精神的通知》。会议认为，刚刚闭幕的中共十七届四中全会是在新中国成立 60 周年、国际形势继续发生深刻变化、我国全面建设小康社会进入关键阶段召开的一次重要会议。四中全会审议通过的《中共中央关于加强和改进新形势下党的建设若干重大问题的决定》，对于推进中国共产党的建设新的伟大工程、加快全面建设小康社会进程、坚持和发展中国特色社会主义，具有重大而深远的意义。会议要求民进各级组织和广大会员要深入学习、全面把握中共十七届四中全会的主要内容和精神实质；学习中国共产党自身建设的成功经验，努力把我会建设成为高素质的参政党；围绕贯彻落实中共十七届四中全会精神，更好地履行参政党职能。

罗富和传达了中共中央统战部召开的各民主党派中央常务副主席会议精神。会议要求，机关各部门要认真领会会议精神，并将其贯彻落实到各部门专项工作中。

会议审议通过了《民进中央关于加强新形势下我会思想建设的意见》。

会议审议通过了民进中央十二届八次主席会议方案。本次主席会议将于 2009 年 10 月 9 日在广东省广州市召开，会议的主要议程是学习中共十七届四中全会精神，审定民进十二届八次中常会议程和日程，研究民进十二届三次中全会工作报告提纲，报告 2009 年民进中央重点调研项目成果及研究 2010 年重点调研项目选题等有关事项。

会议审议并原则通过《民进中央专门委员会工作研讨班》方案。会议强调，该研讨班是首次举办，要统筹好其与原有参政议政年会和专委会全体会议之间的关系，进一步明确该研讨班的主题和定位，对会议的议题和日程再进行设计和安排，组织好参会人员，力争开出成效。

会议审议通过了《2009 年民进中央参政议政年会》方案。2009 年民进中央参政议政年会定于 2009 年 11 月 3 日至 6 日在河南省郑州市召开。会议的主要内容是总结民进全会开展参政议政工作经验，研究加强和改进提案工作。

会议听取了关于民进中央 2009 年重点调研项目成果的汇报。2009 年会中央围绕新形势下的农村教育综合改革问题进行了重点调研，在前期预调研、后期补充调研，及部分省级组织同步调研的基础上，会中央形成了“新形势下进一步推进农村教育综合改革的建议”。会议认为，2009年重点调研项目的成果已有较好的基础，要进一步推敲该建议的观点和文字，注意听取、吸收有关教育专家的意见，必要时召开专题会议进行讨论，进一步提升该成果的质量和水平。

会议围绕民进中央2010年重点调研项目进行了认真的讨论。会议强调，2010年重点调研项目在选题上，无论是教育、文化老阵地，还是开拓新领域方面，要选取我会有一定调研基础的课题，注意问题的综合性、前瞻性和战略性，继续坚持会中央与省级组织、专门委员会相互配合的专题调研制度。对2010年重点调研课题还将作进一步的讨论、研究。

会议审议通过了民进中央2009年省级组织专项工作表彰方案（草案）。会议认为，开展省级组织专项工作表彰活动有利于推动省级组织努力加强自身建设、积极履行参政党职能，取得了积极的成效。会议决定，对2009年省级组织专项工作表彰活动的奖项设置、申报条件和数目进行适当调整。在奖项设置上，在去年6个奖项基础上增设“参政党理论研究工作”专项奖。在申报数目上，从每省限报2项扩大到3项。关于评选条件，会议要求，在可能的情况下进一步引入量化标准，评分的标准要尽可能设计的科学严谨，对各专项工作评选的办法和程序作进一步的规范。今年将设置“突出进步奖”，取代以前的“表扬奖”，以鼓励专项工作取得显著进步的省级组织。

会议研究了民进十二届三中全会的时间安排。会议决定，民进十二届三中全会于2009年12月7日至9日在北京召开，会议的主要议程是学习贯彻中共十七届四中全会精神，审议民进十二届三中全会工作报告和决议。12月6日上午召开民进十二届九次主席会议，下午召开民进十二届九次中常会。

会议听取了第七届海峡两岸中华传统文化与现代化研讨会暨首届海峡两岸医学文化与医学发展论坛的有关筹备情况的汇报。该研讨会将于10月30日至11月3日在浙江省杭州市召开，在各主办单位和承办单位的大力支持与努力下，目前论坛的各项筹备工作已基本就绪。会议认为，该研讨会是我会的传统项目，规格高、规模大，要进一步做好会议的日程安排，协调好嘉宾的发言。会议要求承担筹备工作的有关部门和单位继续做好相关工作，确保论坛活动取得圆满成功。

会议还审议通过了民进中央专门委员会调整建议名单。会议认为，专委会调整属于增补性质，根据实际工作需要进行适度调整，旨在进一步加强工作力量。会议强调，专门委员会是会中央参政议政一线的工作机构，专委会的职务都是兼职的，其成员除在专业领域有所建树外，要热心会务，有一定奉献精神和较高的参政议政能力。

会议还研究了其他事项。

9月28日　《民进中央关于加强新形势下我会思想建设的意见》发出。

9月29日　全国政协办公厅、中共中央统战部、国务院侨办、国务院港澳办和国务院台办晚上在人民大会堂宴会厅联合举行国庆招待会。中共中央政治局常委、全国政协主席贾庆林，中共中央政治局常委、国家副主席习近平，中共中央政治局常委、国务院副总理李克强与来自海内外的新老朋友4000余人欢聚一堂，共同庆祝中华人民共和国成立60周年。贾庆林在招待会上致辞。民进中央主席严隽琪、常务副主席罗富和等出席招待会。

9月29日　《民进中央关于学习贯彻中共十七届四中全会精神的通知》发出。

2009年10月

10月1日　首都各界庆祝中华人民共和国成立60周年大会上午在北京天安门广场隆重举行，20万军民以盛大的阅兵仪式和群众游行欢庆伟大祖国的这一盛大节日。全国人大常委会副委员长、民进中央主席严隽琪，全国政协副主席、民进中央常务副主席罗富和和许嘉璐、张怀西等在天安门城楼出席观礼。严隽琪就庆典观感接受新华社记者采访。

10月7日　全国政协原副主席、民进中央原第一副主席张怀西赴太仓视察，对太仓经济建设和社会发展给予高度评价。民进中央副主席朱永新参加视察。

10 月 9 日　民进中央十二届八次主席会议在广东省广州市召开。

10 月 9 日　民进中央下午在广州举行报告会，认真学习中共十七届四中全会精神。中共中央党校原副校长、中直机关侨联主席李君如作题为“新形势下执政党建设的纲领性文献”的报告。

10 月 10 日—11 日　中国民主促进会第十二届中央常务委员会第八次会议在广州举行。

10 月 12 日—13 日　全国人大常委会副委员长、民进中央主席严隽琪，民进中央副主席朱永新在深圳考察。

10 月 12 日　教育部副部长鲁昕、职成教司司长葛道凯一行上午拜会全国人大常委、全国人大教科文卫委员会副主任、民进中央副主席王佐书，大家就我国职业教育事业改革与发展问题进行广泛深入的座谈交流。

10 月 13 日　严隽琪在江苏省南京市会见出席“2009 年民进企业家联谊会联席会议”的各省企业家联谊会会长。朱永新主持会见。

10 月 14 日—15 日　“2009 年民进企业家联谊会联席会议”在南京召开。严隽琪出席并讲话，朱永新主持会议。

10 月 14 日　全国政协副主席、民进中央常务副主席罗富和上午出席由农业部草原监理中心和中国草学会在安徽省合肥市举办的“2009 中国草原发展论坛”开幕式并致辞。

10 月 14 日　第十八届金鸡百花电影节开幕式暨文艺晚会在江西省体育馆隆重举行。罗富和出席并宣布电影节开幕。民进中央原常委、中国电影家协会主席李前宽参加开幕式并观看演出。

10 月 15 日—17 日　严隽琪在江苏省南通市调研。16 日上午，严隽琪会见南通民进会员代表并座谈。

10 月 15 日—18 日　罗富和在广东省汕头市视察，出席第二届闽粤赣 13 市政协“加强两岸交流合作，促进海西南翼发展”论坛开幕式，走访民进汕头市委并座谈。

10 月 16 日　朱永新上午和出席 2009 年民进企业家联谊会联席会议的代表在江苏省金湖县参观考察。

10 月 19 日　全国人大常委会委员长吴邦国在人民大会堂主持召开全国人大常委会第三十一次委员长会议，决定十一届全国人大常委会第十一次会议 10 月 27 日至 31 日在北京举行。严隽琪副委员长等出席。

10 月 19 日　中国民办教育发展大会暨中国民办教育协会（2009）年会在湖南韶山隆重召开。全国人大常委会副委员长、民进中央主席严隽琪给大会发贺信。中国民办教育协会名誉会长许嘉璐出席并讲话。中国民办教育协会常务副会长、民进中央副主席王佐书主持大会。

10 月 19 日　民进中央副主席朱永新在湖北省武汉市出席 2009 民进中南六省理论研讨会。

10 月 20 日　罗富和上午在人民大会堂出席首批“全国生态文化村”及“全国生态文化示范基地”授牌仪式，并向中国生态文化协会首批生态文化村授牌。

10 月 20 日　民进中央参政议政部和有关专家走访国家教育部科技司暨科学技术委员会，就高校科研在建设创新型国家体系中的重要作用进行座谈研讨。

10 月 21 日　由中华人民共和国农业部、山西省人民政府、中国国际贸易促进会联合主办的“中国（山西）特色农产品交易博览会”上午在太原隆重开幕。全国政协副主席、民进中央常务副主席罗富和出席博览会开幕式。

10 月 22 日　民进中央副主席、辽宁省政协副主席贺旻来到民进宁夏区委，亲切看望了区委会干部职工。

10 月 22 日　民进中央机关 2009 年读书论坛下午举行。

10 月 23 日　全国人大常委会副委员长、中央社会主义学院院长、民进中央主席严隽琪下午会见中央社会主义学院第 18 期民主党派中青年干部进修班的民进学员并座谈。民进中央副主席朱永新参加会见。严隽琪在座谈中说，民进中央和各级民进组织要继续致力为广大会员创造建言献策的渠道和平台，为不同地域、不同专业的会员提供互相交流、互相沟通的平台，为广大会员扩大信息传输的渠道。她希望学员结合各自专业领域，反映社情民意，切实提出改进和完善国家政策的意见建议；进一步加强政治学习，在当前新形势下要保持政治立场的坚定性；进一步加强业务学习，在本领域、本专业精益求精，多出成果，共同努力，为新的时代创造新的业绩。

10 月 23 日　河南省农业科学院创建 100 周年庆祝大会暨河南现代农业研究开发基地揭牌仪式上午在省农科院礼堂隆重举行。中共中央政治局常委、国务院副总理李克强发来贺信。全国政协副主席、民进中央常务副主席罗富和出席开幕式，并与省委书记、省人大常委会主任徐光春一起为河南现代农业研究开发基地揭牌。

10 月 23 日—25 日　全国政协原副主席、民进中央原第一副主席张怀西在陕西省视察。

10 月 23 日　全国职业院校师生美术书法篆刻作品展览暨获奖作品颁奖仪式上午在全国政协隆重举行。民进中央副主席、中华职业教育社副理事长王佐书出席并讲话。

10 月 24 日—25 日　民进中央专门委员会工作研讨班在京举行。

10 月 27 日—31 日　十一届全国人大常委会第十一次会议在人民大会堂召开。全国人大常委会委员长吴邦国主持会议。严隽琪副委员长，王佐书、贺旻、刘新成、蔡达峰等常委出席会议。

10 月 29 日　以“GIS 产业创新与发展”为主题的“2009 中国地理信息产业论坛暨第二届教育论坛就业洽谈会”在湖北省武汉市开幕，全国政协副主席、民进中央常务副主席罗富和出席大会。

10 月 29 日　民进上海市委下午召开“学为人师，行为世范”特级教师座谈会。民进中央副主席、民进上海市委主委蔡达峰出席座谈会并讲话。他强调，教育界别特别是中小学教师会员是民进的主体，民进能够拥有多位名师楷模是民进的骄傲；特级教师，要发挥名师和民进独特的作用，带动更多身边的人，承担起为国家培养优秀公民这一教育的永恒责任；要发挥参政党成员作用，积极反映教育界真实情况，寻找解决问题的具体方法，发挥特级教师和民进会员的双重作用，在为教育和社会作贡献的过程中进一步实现自身价值。座谈会上，特级教师们交流了各自的工作与履行参政党职责的体会，并表示一定要继续加强学习，钻研业务，努力提升教书育人的水平；要坚持学习参政议政理论，不断提高建言献策的水平，为教育事业发展，为培养优秀人才作出贡献。

10 月 30 日　由浙江省人民政府、民进中央主办的第七届海峡两岸中华传统文化与现代化研讨会暨首届海峡两岸医学文化与医学发展论坛下午在杭州举行新闻发布会。

10 月 31 日　罗富和在浙江省宁波市鄞州区出席“第九届中国民间文艺山花奖颁奖典礼”并宣布典礼开幕。

2009 年 11 月

11 月 1 日—2 日　“第七届海峡两岸中华传统文化与现代化研讨会暨首届海峡两岸医学文化与医学发展论坛”在杭州市举办。

11 月 1 日　由民进浙江省委和民进杭州市委共同主办的“民进中央‘彩虹行动’西部幼儿教师首届培训班开班典礼暨培训基地揭牌仪式”在浙江省杭州市余杭区杭州师范大学附属小博士艺术幼儿园举行。

11 月 1 日　民进中央副主席王佐书在京为全国社会主义学院院长培训班讲课。

11 月 2 日　王佐书在京为西藏党外人士培训班讲课。

11 月 4 日—5 日　2009 年民进中央参政议政年会在河南省郑州市召开。

11 月 5 日　毕节实验区调研课题成果介绍座谈会下午在中央统战部举行。民进中央副主席朱永新出席并发言。

11 月 6 日　由国家林业局和福建省人民政府主办的第五届海峡两岸林业博览会暨投资贸易洽谈会在“中国绿都”福建省三明市隆重开幕。严隽琪出席并宣布开幕，她在三明考察期间，亲切会见民进三明市委新老领导班子成员。民进中央副主席、福建省政协副主席、民进福建省委主委张帆参加会见。

11 月 6 日　全国政协副主席、民进中央常务副主席罗富和，民进中央副主席王佐书上午在京出席中国著名科学家、中国航天之父钱学森同志遗体告别仪式。下午，罗富和会见来京考察的民进广东省委干部一行。

11 月 6 日　中共上海市委统战部召开党外人士座谈会，通报了党风廉政建设有关情况，并听取各民主党派市委、市工商联和无党派代表人士的意见建议。民进中央副主席、民进上海市委主委蔡达峰结合学习贯彻中共十七届四中全会精神，针对党风建设，作了题为“减少群众负担，树立群众观念”的发言。他的发言得到中共中央政治局委员、上海市委书记俞正声的高度重视和重要批示，并印发全市局以上领导干部学习。

11 月 6 日　朱永新在外交学院学习。

11 月 7 日　罗富和在京出席国务院原副总理、全国政协原副主席谷牧同志遗体告别仪式。

11 月 7 日　朱永新在江苏省苏州市出席教育创新论坛。

11 月 7 日　民进广东省委、民进深圳市委机关干部、部分骨干会员上午在民进中央参观学习。

11 月 8 日　罗富和在广州出席华南农业大学建校 100 周年庆祝大会。

11 月 8 日　民进华东六省一市第十一次工作研讨会在南昌召开。民进中央副主席王佐书讲话并作专题报告。

11 月 8 日—9 日　全国人大常委、民进中央副主席朱永新随同全国人大在江苏省南京市考察，并出席民进星火科技带头人培训班开班仪式。

11 月 9 日　朱永新在南京市出席河西走廊星火产业带科技管理培训班开班仪式并讲话；下午，出席民进北京市委在北京民主党派人民团体大楼举行的对口支援贵州省金沙县直属中小学校长培训班开班仪式并讲话。

11 月 10 日　民进纪念多党合作制度确立 60 周年评委会第二次会议在京举行，会议初步确定本次征文活动优秀作品奖和优秀组织奖名单。民进中央副主席王佐书出席会议并讲话。

11 月 10 日—20 日　全国人大常委朱永新参加全国人大考察团出访意大利、西班牙。

11 月 11 日　民进中央主席严隽琪、常务副主席罗富和下午在机关会见中共天津市委统战部部长刘长喜、常务副部长张炳学。

11 月 11 日　《中国民主促进会年鉴（试刊）2008》出版座谈会下午在民进中央召开。严隽琪、罗富和出席并讲话。会议由王佐书主持。

11 月 11 日　罗富和上午在中央统战部出席各民主党派、全国工商联常务副主席会议。

11 月 11 日　王佐书在京为中央社会主义学院第 22 期培训班讲课。

11 月 12 日　全国人大常委会副委员长严隽琪会见以意大利众议院意中合作委员会主席洛伦佐·切萨为团长的代表团一行 8 人访华代表团。

11 月 12 日　全国政协副主席、民进中央常务副主席罗富和在京出席纪念孙中山诞辰 143 周年活动。

11 月 13 日　罗富和在民进中央会见民进陕西省企业家联谊会访京团一行。他说，长期以来民进陕西民营企业界、民办教育界会员在推动地方经济社会发展、促进民进自身建设等方面做了大量工作，特别是在帮助弱势群体、应对重大灾难方面发挥着重要作用，做到了“事业有成就、爱会有贡献”。罗富和指出，民进中央要建立健全全会企业界会员联谊会联席会议制度，更多地宣传会员事迹，增强组织活力和凝聚力，培育有自身特点的核心价值体系，鼓励与引导广大会员积极践行核心价值体系。他希望大家通过民进组织这个渠道多交朋友，在发展好自身事业的同时积极参政议政，在发展民营经济、民办教育，促进自主创新等方面提出好的意见建议，推动民进更好地发挥参政党的作用。企业家们表示要积极投身社会公益事业，参与民进会务工作，作出参政党成员应有的贡献。

11 月 14 日—15 日　王佐书受青海省湟中县委、县政府邀请，分别为当地干部和教职工作两场专题讲座。

11 月 15 日　全国人大常委会副委员长、民进中央主席严隽琪在上海出席“2009 全球创业周中国站”开幕式暨创业音乐话剧《瞬间不是永远》首演。

11 月 16 日　“2009 亚洲教育论坛暨欧亚教育合作会议”在西安拉开帷幕。全国人大常委、民进中央副主席王佐书出席开幕式并致辞。

11 月 17 日　政协第十一届全国委员会第二十次主席会议上午在京召开。中共中央政治局常委、全国政协主席贾庆林主持会议，就深入学习贯彻胡锦涛同志在庆祝人民政协成立 60 周年大会上的重要讲话精神，做好当前和今后一个时期的政协工作作了讲话。全国政协副主席罗富和等出席会议。

11 月 22 日—23 日　由《创业家》杂志社主办的 2009 年创业家年会在北京香格里拉饭店举行。此次创业家年会的主题为“一亿中流：大地商业之路”。全国人大常委会副委员长、民进中央主席严隽琪出席并致辞。

11 月 23 日　民进中央十二届十八次主席办公会议在北京召开。严隽琪主席主持会议。罗富和常务副主席，王佐书、刘新成、朱永新副主席，赵光华秘书长出席会议。部门负责人列席会议。

会议首先审议了民进十二届中央常委会工作报告（征求意见稿）。会议肯定了工作报告的基本框架、内容及观点，并要求继续根据中央常委的意见对报告作进一步的修改和完善。会议还对起草工作报告的说明提出了具体的意见和要求。

会议审议了民进十二届三中全会议程、日程及会务工作方案（草案）。三中全会将于 12 月 7 日至 9 日在北京召开，会议主要议程是学习贯彻中共十七届四中全会精神；审议民进第十二届中央常务委员会工作报告，审议通过民进十二届三中全会决议；听取民进中央监督委员会 2009 年度工作情况报告。会议强调，一年一度的中央全会是中央委员履行职责的重要会议，今年的三中全会还增加了部分民进“十大”代表列席会议，会议期间还将召开民进中央监督委员会全体会议，会议的规模较大、规格较高，对我们的筹备和服务工作质量提出了更高要求。机关上下要高度重视，按照相关分工，认真做好各项会务工作，确保会议取得圆满成功。会议还确定了三中全会大会秘书处负责人和会中央领导主持分工，并对三中全会的分组、日程安排等提出了意见。

会议审议通过了民进中央十二届九次主席会、民进十二届九次中常会方案。民进中央十二届九次主席会将于 12 月 6 日上午在北京召开，会议主要议程是学习贯彻中共十七届四中全会精神，研究九次中常会、三中全会有关事项，报告 2009 年省级组织专项工作表彰活动有关情况，研究 2010 年两会发言和提案、人事事项等。民进十二届九次中常会将在 12 月 6 日下午在北京召开，会议议程为学习贯彻中共十七届四中全会精神、研究召开民进十二届三中全会的有关事项、人事事项等。

会议审议通过了民进中央监督委员会第三次全体会议方案。民进中央监督委员会第三次全体会议将于三中全会期间召开，会议主要议程是听取并审议中央监督委员会 2009 年度工作情况报告；讨论中央监督委员会 2010 年度工作计划。会议就进一步完善中央监督委员会工作程序提出了意见建议。

会议审议通过了民进“十大”代表列席中央全会的意见。作为加强会内监督、有序扩大会内民主的一项重要举措，根据民进全国代表大会代表联系办法，本次中央全会将邀请部分民进“十大”代表列席会议。会议同意按照 29 个省级组织轮流邀请的原则，十二届中央委员会第三、第四、第五次全体会议将共邀请 61 名代表与会，本次全会邀请 20 名代表与会。会议要求对民进“十大”代表列席中央全会的名额分配做进一步的说明。

会议审议通过了 2009 年民进省级组织专项工作先进单位和突出进步奖单位名单。2009 年省级组织专项工作评比活动的参与度高，申报踊跃，29 个省均提交了申报材料。机关各部门根据表彰方案提出了初评方案，并在第九次部门负责人会议进行了沟通和协调。会议认为，本着积极鼓励各省级组织的原则，各部门做了大量工作，重点对专项工作成绩符合条件、应报未报的省级组织根据具体情况进行协调，避免了因沟通不畅而产生应评未评情况发生，表彰活动取得了积极的成效，是促进全会工作的一个重要抓手。

会议审议通过了民进中央 2009 年重点调研项目成果（修改稿）。会议认为，2009 年大调研成果“新形势下进一步推进农村教育综合改革的建议”，已经征求了相关专家和各位常委的意见，进行了反复推敲，几易其稿，已具有较好的基础。会议要求，要结合中共十七届四中全会的精神，“建议”的观点要更显明、文字再精炼，力争向中共中央、国务院提交高质量的建议案。

会议审议通过了民进中央 2010 年工作要点（草案）。会议强调，2010 年我会的总体任务是深入学习贯彻科学发展观，继续按照执政党与参政党建设相互促进、自身建设与履行参政党职能相互促进、实际工作与理论研究相互促进的要求，进一步提高宣传工作实效，加强我会思想建设；大力加强组织建设，切实提升我会的整体素质和能力；以科学发展观为指导，进一步提高参政议政能力；发挥我会特色和优势，与时俱进地推进社会服务工作；以机关建设为重点，切实提高机关的服务能力和工作水平。会议要求，进一步加强部门之间的协调，把握好明年工作的节奏和召开全国性会议的数量。

会议审议通过了“多党合作　共铸辉煌——纪念多党合作制度确立 60 周年”征文优秀组织奖和优秀作品奖名单。我会开展的纪念多党合作制度确立 60 周年征文活动，得到了民进各级组织的热烈响应，共收到论文 753 篇。机关成立了由会中央领导、宣传部、研究室和参政党理论特邀研究员组成的评委会，按照鼓励基层和地方会员，适当兼顾地区平衡的原则，以匿名的方式对论文进行打分，评出了优秀论文奖，其中，一等奖 12 名、二等奖 24 名、三等奖 30 名和优秀奖 55 名。根据省级组织报送论文的数量和质量评出了优秀组织奖 10 名。会议同意这个名单并要求对论文的评选标准和获奖比例在颁奖时作说明。

会议还研究了其他事项。

11 月 24 日　中共中央在中南海召开党外人士座谈会，就当前经济形势和明年经济工作听取各民主党派中央、全国工商联领导人和无党派人士的意见和建议。中共中央总书记胡锦涛主持座谈会并发表重要讲话。民进中央主席严隽琪出席并发言，常务副主席罗富和出席座谈会。

11 月 25 日　中国人民对外友好协会在京举行宴会庆祝中国与阿尔巴尼亚建交 60 周年，全国人大常委会副委员长严隽琪出席。

11 月 25 日　全国政协副主席、民进中央常务副主席罗富和考察方正集团。

11 月 26 日　全国人大常委会副委员长、民进中央主席严隽琪晚上来到北京中国国际展览中心，参观第四届北京文博会展览会。

11 月 26 日—29 日　罗富和赴甘肃省武威市就石羊河流域重点治理、节水农业、防沙治沙进行考察调研。

11 月 26 日　民进中央副主席王佐书出席民进天津市委学习贯彻中共十七届四中全会精神理论座谈会，并作学习“中共中央关于加强和改进新形势下党的建设若干重大问题的决定”体会的专题报告。

11 月 27 日　民进十二届三中全会筹备会议下午召开。民进中央副主席朱永新出席并作动员报告。机关全体干部职工参加会议。

11 月 30 日　全国人大常委会副委员长严隽琪在人民大会堂会见了爱沙尼亚议会外事委员会主席斯文·米科萨率领的代表团一行。

2009 年 12 月

12 月 1 日　全国人大常委会副委员长、民进中央主席严隽琪，民进中央副主席蔡达峰、朱永新在全国人大会议中心会见中共上海市委统战部长杨晓渡、上海交通大学书记马德秀一行，并就第八届海峡两岸中华传统文化与现代化研讨会事宜进行商谈。

12 月 1 日　“2009 海峡两岸应用性（技术与职业）高等教育学术研讨会”在深圳开幕。朱永新应邀出席并致辞。

12 月 1 日 《人民政协报》讯 近日，民进中央科技医卫委员会针对我国农业科技体系的公益性进行了专题调研。调研发现，目前我国农业科技的整体公益性在一定程度上受到影响，农业科技创新体系的运行存在困难。民进中央调研组建议，农业科技体系不同于其他的科研机构，其公益性至关重要。要增加非营利性科研机构创新编制并增设科研辅助岗位，加大科研机构事业费投入力度，调整部分科研机构的改革定位，加大对转事和拟转企科研机构的投入。

12 月 2 日 全国人大常委王佐书出席教科文卫委员会第十九次会议。

12 月 3 日 严隽琪下午在民进中央接受凤凰卫视《问答神州》栏目主持人吴小莉的专访。

12 月 3 日 全国政协副主席、民进中央常务副主席罗富和在京出席全国法制宣传日座谈会暨五五普法神州行媒体系列选宣传活动启动仪式。

12 月 3 日 民进中央上午召开学习中共十七届四中全会精神视频报告会。王佐书副主席作学习体会报告。

12 月 3 日 民进中央副主席朱永新上午在机关会见中共湖北黄石市委统战部同志和黄石民进有关同志，下午在北京出席第五届“色彩中国”年度颁奖典礼并颁发本年度色彩传播奖。

12 月 4 日 民进中央原第一副主席张怀西在北京出席第六届亚洲色彩论坛并宣布开幕。

12 月 5 日 民进中央副主席王佐书在京出席 2009 年中国新能源产业经济发展年会。

12 月 6 日 民进中央十二届九次主席会议上午在京召开。

12 月 6 日 中国民主促进会第十二届中央常务委员会第九次会议在京召开。

12 月 6 日—8 日 民进中央监督委员会先后两次召开了第三次全体会议。民进中央常务副主席、民进中央监督委员会主任罗富和出席并主持会议。会议审议了《民进中央监督委员会 2009 年工作情况报告》，并推举民进中央副主席、民进中央监督委员会副主任潘贵玉为报告人，向民进十二届三中全会作 2009 年工作情况的报告。会议明确了明年中央监督委员会的工作重点，并就如何完成明年的两项重点工作，讨论了具体工作安排。

12 月 7 日 受中共中央委托，全国政协副主席、中共中央统战部部长杜青林下午向各民主党派中央、全国工商联领导人和无党派代表人士通报了中央经济工作会议精神。

12 月 7 日—9 日 中国民主促进会第十二届中央委员会第三次全体会议在北京召开。

12 月 7 日 民进中央副主席兼秘书长朱永新下午在中央统战部出席中央经济工作会议情况通报会。

12 月 8 日 朱永新上午在中央统战部出席贵州毕节试验区征求意见座谈会。

12 月 9 日 民进省级组织负责人会议在京举行。民进中央主席严隽琪，常务副主席罗富和，副主席王佐书出席会议。副主席兼秘书长朱永新主持会议。会议为获得专项工作先进单位的代表颁奖；同时，举行“多党合作 共铸辉煌——纪念多党合作制度确立 60 周年”征文活动颁奖仪式。

12 月 10 日 《民主》杂志头条发表严隽琪撰写的文章《民主党派在社会主义民主政治建设中的地位和作用》。

12 月 10 日—11 日 朱永新在外交学院学习。

12 月 11 日 全国政协副主席、民进中央常务副主席罗富和在京出席澳门特别行政区 10 周年成就展。

12 月 11 日 王佐书在京出席首届中国管理咨询与培训业振兴论坛和中华职教社理事长会议。

12 月 12 日 罗富和在京出席著名画家杨之光从艺 60 周年成就展。

12 月 12 日 民进中央副主席兼秘书长朱永新在广州岭南大讲堂作“阅读为什么重要”的报告。

12 月 13 日—19 日 王佐书一行赴加拿大考察。

12 月 14 日 全国人大常委会委员长吴邦国在人民大会堂主持召开的全国人大常委会第三十五次委员长会议，决定十一届全国人大常委会第十二次会议 12 月 22 日至 26 日在北京举行。严隽琪副委员长等出席会议。

12 月 14 日　罗富和在京出席女娲社会责任奖颁奖典礼。

12 月 14 日—16 日　民进中央原第一副主席张怀西在广东省汕头市考察。

12 月 14 日—15 日　朱永新在外交学院学习。

12 月 15 日　朱永新出席民进中央办公厅厅务会议。

12 月 16 日　民进中央主席严隽琪、常务副主席罗富和、副主席兼秘书长朱永新，在机关会见北京师范大学党委书记刘川生一行，就筹备成立中国教育政策研究院进行座谈。

12 月 16 日　朱永新上午在京出席腾讯教育风云人物颁奖，下午在全国政协出席党派提案工作座谈会。

12 月 17 日　朱永新上午在京出席中国国际远程教育大会，并出席国家税务总局第四届特约监督员聘任仪式。

12 月 18 日　朱永新在京出席戏出桃坞——苏州桃花坞木刻年画精品展开幕式。

12 月 19 日　民进海南省委在海口召开民进海南省委成立 20 周年庆祝大会。全国政协副主席、民进中央常务副主席罗富和出席并致贺词。

12 月 19 日　朱永新在京出席芳草地国际学校教育培训活动并作讲座。

12 月 20 日　“2009 · 上海民进教育论坛”在上海民主党派大厦举行。全国人大常委会副委员长、民进中央主席严隽琪出席并讲话。她强调，必须大力发展职业教育，把职业教育摆在更加突出的位置上。

12 月 20 日　朱永新在京出席首届全国教育改革创新颁奖典礼。

12 月 20 日　民进全国部分著名书画家组成考察团在天津大学冯骥才文学艺术研究院等处考察。

12 月 21 日　全国人大常委会副委员长严隽琪出席纪念《居民委员会组织法》颁布实施 20 周年座谈会并讲话。

12 月 21 日　民进中央副主席朱永新在机关会见教育部督导室主任。

12 月 22 日—26 日　十一届全国人大常委会第十二次会议在北京举行。严隽琪副委员长，王佐书、刘新成、朱永新常委等出席会议。

12 月 23 日—25 日　民进中央常务副主席、民进广东省委主委罗富和在广州出席民进广东省第六届委员会第四次全体会议。

12 月 23 日　民进中央党支部、团总支、民进支部、社会服务部、人事部门代表一行赴西柏坡看望中直机关第十二批支教扶贫志愿服务队，慰问正在西柏坡中学支教的同志。

12 月 25 日　政协第十一届全国委员会第二十一次主席会议在北京召开。全国政协副主席罗富和等出席会议。

12 月 26 日　全国政协副主席、民进中央常务副主席罗富和在人民大会堂出席第五届全国优秀班主任暨优秀校长颁奖大会。

12 月 26 日　民进中央副主席兼秘书长朱永新在京出席民进中央与北京师范大学共建中国教育政策研究院筹备会议。

12 月 27 日　朱永新在京出席中华十大财智人物颁奖典礼。

12 月 28 日　民进中央下午召开机关全体会议。常务副主席罗富和、副主席王佐书、副主席兼秘书长朱永新出席会议。王佐书主持会议。朱永新作民进十二届三中全会秘书处工作总结。罗富和宣布民进中央机关公务员 2009 年度考核方案，作工作总结动员报告，并提出两点希望。其后，机关工会会员投票选举了一位机关工会副主席。

12 月 28 日　王佐书上午出席民进中央网站小改版工作会议，并出席社会服务部第十二次部务会议。

12 月 29 日　第六次全国社会主义学院院长会议在北京召开。全国人大常委会副委员长、民进中央主席、中央社会主义学院院长严隽琪出席并讲话。

12 月 29 日　民进中央网站发布全国人大常委会副委员长、民进中央主席严隽琪撰写的文章《坚定信念、同心同德、扎实工作，为全面建设小康社会作出新贡献》。

12 月 29 日　全国政协副主席、民进中央常务副主席罗富和在京出席加强重大工程安全质量管理创建国家优质工程表彰大会。

12 月 29 日　王佐书上午在京出席中国民办教育协会高等教育专业委员会成立大会暨民办高等教育发展报告会。

12 月 29 日　美国林肯国际大学授予四川音乐学院张莉教授荣誉艺术博士学位仪式下午在人民大会堂举行，全国人大常委、民进中央副主席王佐书出席仪式。

12 月 29 日　民进中央副主席朱永新在京出席全国特色学校建设论坛。

12 月 30 日　民进中央主席严隽琪、副主席王佐书在机关出席工作报告起草小组座谈会。

12 月 30 日　民进中央常务副主席罗富和上午在中央统战部出席党外人士情况通报会。

12 月 30 日　罗富和出席中央美术学院民进支部成立大会，他向支部成立表示祝贺，向中央美院的全体会员表示慰问。他说，文化艺术是民进的主要界别之一，多年来一大批文化艺术界老前辈为民进的发展和壮大、为国家的发展和文化事业的繁荣作出了巨大的贡献，为我们树立了学习的榜样。希望中央美术学院的民进会员能够在做好本职工作的基础上，充分发挥在社会文化建设、公益文化艺术服务工作中的优势，积极参政议政、建言献策，为社会发展、经济建设和文化建设作出更大的贡献。

12 月 30 日　王佐书在人民大会堂出席国台办传达中央有关精神会议。

12 月 30 日　民进中央 2009 年第十次部门负责人会议在机关召开。副主席兼秘书长朱永新主持会议。

部　门　工　作

组织部 2009 年工作汇报

2009 年，民进中央组织部按照会中央总体工作部署，把学习贯彻科学发展观与加强全会组织建设相结合，坚持组织建设与履行职能相互促进、中央和地方工作相互促进，加强对组织工作的梳理和理性思考，加强后备干部队伍建设机制、会内监督机制的建立和完善，加强人才队伍建设，全面提高组织建设各项工作水平，切实提高全会的素质和能力。

一、召开民进全国组织工作会议，回顾和总结我会近年来组织工作情况，研究和部署今后一段时期的组织工作，在全会掀起了组织建设的高潮

2009 年 6 月，会中央在北京召开了民进全国组织工作会议，这是全会在新的历史起点上进一步加强组织工作，并全面促进我会自身建设的重要会议，起到了统一思想、明确任务、增强信心、形成共识的重要作用，在全会掀起了组织建设的高潮。

1. 会前扎实筹备

会中央和各级组织都把会议筹备的过程，看做是总结学习、提高工作水平的过程。会中央选取典型地区、重点地区进行调研，与地方组织共同总结组织建设的经验，探讨新形势下组织工作的思路，研究解决问题的举措，并就各项会议文件的起草、会议辅导报告内容等广泛征求意见，力求会议取得实效。各级组织和广大会员都积极支持、热情参与，充分调研、总结经验、查找不足，并就组织建设中一至两方面的工作报送了交流材料，为中央和地方工作形成互动、地方和地方工作更好地交流，奠定了良好基础。

2. 会议成果显著

民进各省级组织主委、副主委及组织部门负责同志 80 余人参加了会议，总结和交流了近年来我会组织工作的成绩和经验，分析了当前我会组织工作面临的问题，研究了新时期进一步加强领导班子建设、后备干部队伍建设、组织发展、基层组织建设、机关建设和组工干部队伍建设的新举措、新办法。会议通过了《关于开展创建民进全国先进地方组织、先进基层组织活动的意见》，号召全会用一年半左右的时间，开展创建“民进全国先进地方组织”和“民进全国先进基层组织”的活动，进一步增强基层组织活力，调动会员积极性，促进基层工作的制度化和规范化。

3. 会后积极落实

民进全国组织工作会议后，会中央和各级组织以多种形式积极贯彻落实会议精神。会中央在宣传网站和《民进会讯》上设立会议专题和专栏，为地方组织搭建交流工作经验、加强自身建设的平台。29 个省级组织都制定了贯彻落实组织工作会议精神的具体方案，通过召开会议、宣讲等形式将会议精神传达到基层；有的省级组织按照《关于开展创建民进全国先进地方组织、先进基层组织活动的意见》规定的目标要求、基本标准、活动步骤等，结合当地实际情况，制定更加细化、明确和操作性强的实施方案，促进和推动基层组织创先活动。全会掀起了组织建设的高潮。

二、加强后备干部队伍的推荐、选拔、培养、管理机制建设，后备干部队伍建设逐步规范化、制度化

加强后备干部队伍建设是保持我会充满生机活力的重要保障。组织部着眼于 2010 年的届中调整和 2012 年的换届工作，认真贯彻落实《民进中央关于加强省级组织领导班子后备干部队伍的意见》，努力建立健全后备干部队伍的推荐、选拔、培养、管理机制，力求在工作中逐步完善工作机制。

1. 建立推荐、选拔的工作机制

组织部指导、检查和监督各省级组织后备干部名单产生程序，了解当地民进省级组织后备干部的民主推荐、遴选协商、考察确定各阶段的工作进展。与 23 个省、自治区、直辖市党委统战部进行了座谈，对有不同意见的人选进行考察、协商，保证后备人选的推荐过程、操作程序的公开透明、公平公正。

2. 建立培训、锻炼和提高的培养机制

组织部通过举办培训班发现人才、培养人才，不断充实会中央后备干部队伍。今年组织部举办了“民进全国骨干会员培训班”，对来自各省级组织的约 60 名后备干部、骨干会员进行了统战理论、参政议政工作、会务工作等方面的培训。组织部还积极配合中央社会主义学院各种培训班的招生工作，推荐了近 60 名会员参加培训，并帮助来京学习的会员建立临时支部，提供活动经费，请到会中央座谈，随时了解他们的学习、生活情况。

3. 建立统筹规划的安排机制

组织部多渠道、多数量地推荐后备干部和骨干会员参加培训和担任各种社会职务，为他们搭建平台。今年推荐了国土资源部特邀国土资源监察专员 4 名，中华职业教育社第十届理事会理事、副理事长各 1 名；中国和平统一促进会第八届副会长 1 名、名誉会长 1 名、常务理事 1 名、理事 3 名；中华民族文化促进会第三届理事 11 名、副主席 2 名；最高人民法院特约监督员 2 名；国家出版基金评审专家 10 名，为我会会员在各个领域争取了更多展示才能的机会，扩大了我会的社会影响。

4. 建立联系、考察和激励的管理机制

组织部从今年的“民进全国骨干会员培训班”开始，定期联系后备干部和骨干会员及其工作单位和所属组织，及时掌握情况；同时要求各省级组织也积极关注后备干部和骨干会员的各项情况，防止培养中断、使用落空。

三、进一步推进会内监督机制建设，有序推进会内民主

建立有序的会内监督机制，是我会以党为师，扩大会内民主、加强领导班子建设的重要探索。今年以来，全会认真贯彻《中国民主促进会中央监督委员会工作条例（试行）》，会中央领导在下基层过程中，多次强调建立健全我会会内监督机制的重要性，并十分关注地方组织贯彻落实工作条例的情况。各省级组织也都组织会员认真组织学习工作条例的相关精神，积极配合中央监督委员会开展工作。

1．民进中央监督委员会召开第二次全体会议，统一了思想、明确了任务

年中，民进中央监督委员会举行了第二次全体会议，听取了民进中央领导班子制度建设与执行情况介绍，查阅了民进中央领导班子有关规章制度情况和会议记录，与13名中央常委、4名民进中央机关部门负责人进行个别谈心，了解了他们对会中央领导班子工作情况的意见和建议，并对今后一个阶段的工作进行了部署。

2．以领导班子建设为重点，通过谈心会的形式加强对领导班子及其成员的监督

谈心会是会内监督工作的重点内容，是实现监督的主要形式。除民进中央监督委员会与部分中央常委、机关部门负责人进行个别谈心外，会中央根据监督委员会的建议，及时召开了领导班子民主生活会，对换届以来的工作和思想进行分析和反思；进一步完善重大事项通报制度，利用各种途径和机会与常委和委员及时联系沟通、征询意见，对指导全会工作、凝聚全会智慧和力量起到了积极作用。

3．制定了《民进全国代表大会代表联系办法（试行）》，探索加强会内监督的新途径

会中央学习借鉴中共扩大党内民主、实行党代会代表常任制的试点经验，结合我会的实际，制定了《民进全国代表大会代表联系办法（试行）》，明确了会中央和省级组织将采取多种形式与代表保持日常联系，将邀请代表参加部分中央和省级组织的会议，会中央领导到地方调研与当地民进全国代表大会代表见面、座谈，通报情况，征求意见等。会中央根据《办法》的规定，制定了邀请代表列席中全会的具体实施方案。这些举措都有效扩大了代表的知情权、建议权与监督权，进一步调动了广大会员的积极性、主动性和创造性，有序推进了会内民主。

4．积极做好监督委员会办公室工作

按照《中国民主促进会中央监督委员会工作条例（试行）》的有关规定，会中央监督委员会下设办公室，与组织部合署办公，负责日常事务和监督委员会交办的各项工作。今年以来，民进中央监督委员会办公室制作了监督委员会及办公室印章，配备了录音电话，就各地贯彻工作条例过程中遇到的问题进行了答疑，并就会内监督工作积极与有关部门沟通、就有关问题交换意见。

四、将组织发展工作与“三支队伍”建设相结合，加强人才队伍建设

组织发展是参政党存在的基础，人才资源是参政议政工作可持续发展的根本保证。为了加强人才队伍建设，优化我会的人才结构和知识结构，突破“人才瓶颈”，今年组织部加强了组织发展的计划性和前瞻性，加强了“三支队伍”（即高素质的领导干部队伍，结构合理、素质优良的参政议政骨干人才队伍，热心会务的专职干部队伍）建设，努力为参政党工作和建设不断夯实人才基础。

1．加强组织和会员发展的规划性

组织部对未来几年全会会员及新建市、县级组织的数量、结构、比例分布等作出规划，特别是着眼于发展和壮大“三支队伍”，突破“人才瓶颈”，对高层次会员的发展进行了规划和趋势分析，努力增强会员和组织发展的计划性与针对性。预计截至2012年，我会将新建47个市、县级组织，会员发展率控制在5%之内，会员的年龄结构、知识结构将得到进一步优化。

2．加强对“三支队伍”的培养培训

对参政议政骨干人才队伍、专职干部队伍举办了两次培训和研讨班。30余位会中央专门委员会成员、特邀研究员参加了“民进中央专门委员会工作研讨班”，学习了政治理论，交流了工作经验，总结了专委会工作；29个省级组织的组织部门负责人参加了“民进全国组织部（处）长培训班”，进行了统战理论和组织工作业务的培训。

2009年，会中央组织部的工作取得了一定成绩，这与会中央主席、副主席的领导，各工作部门的支

持和组织部全体干部的努力是分不开的。在新的一年里，组织部将围绕全会的工作重点，着力做好届中调整、人才队伍建设、会内监督、创先评优等主要工作，健全工作机制、探索工作规律、推动工作创新，推动全会组织工作迈上新台阶。

宣传部2009年工作汇报

2009年我部以中共十七大和十七届三中、四中全会精神为指导，把深入学习贯彻科学发展观摆在更加突出的位置，深化中国特色社会主义主题教育活动，进一步解放思想、改革创新，努力形成政治交接的长效机制，扎实推进全会的思想建设，进一步夯实了多党合作共同的思想政治基础。

一、指导全会学习贯彻科学发展观，重在成果共享和转化

我部按照会中央的部署和要求，精心组织好会中央中心组的学习。全年共邀请国家发改委、中央党校、中央社院的专家学者，在主席会、常委会和中全会上作了四场专题报告；召开了民进中央学习贯彻科学发展观视频会议，王佐书副主席作了“学习贯彻科学发展观的几点认识和体会”的讲座，会后下发学习会简报和报告光盘，为指导全会的理论学习发挥了带动和辐射作用。

我部在民进网站制作专题网页，及时发布各级组织学习贯彻科学发展观的心得体会和工作信息。在全会开展学习贯彻科学发展观问卷调查和“我为民进科学发展进一言”活动，收到14个省级组织反馈的近300条建议。适时召开了科学发展观论坛，交流了全会学习贯彻科学发展观的初步成果，找出了影响和制约我会科学发展的突出问题，明确了需要进一步形成的有利于我会科学发展的体制机制。多种形式的学习交流活动，引导全会进一步增强了贯彻落实科学发展观的自觉性和坚定性，明确了民主党派学习贯彻科学发展观的着力点和切入点。

我部协助会中央紧密联系今年的形势和任务，在学以致用、用有所成上下工夫，及时发表会中央领导和省级组织主委撰写的理论文章34篇，用科学发展观指导我会自身建设和履行职能的工作实践，促进了学习成果的转化。全会更加自觉地用科学发展观武装头脑、谋划发展、解决问题、推动工作，促使各项工作朝着符合科学发展观的方向推进。

二、深化主题教育活动，重在提高针对性和实效性

今年以来，针对我国经济发展面临的严峻挑战和网络上出现的一些杂音和噪音，我部协助会中央起草下发通知，在全会深化坚持中国特色社会主义主题教育活动。

我们以学习贯彻“两会”精神为契机，深入开展形势教育。起草下发了会中央《给民进全国人大代表和全国政协委员的一封信》、《民进中央关于学习“两会”精神的通知》，并与民进北京市委会合作，召开了“民进学习贯彻‘两会’精神报告会”，起草了严隽琪主席以“信心、信念、责任”为题的重要讲话，引导广大会员正确认识国际金融危机影响下，我国经济社会发展面临的困难、挑战和机遇，增强信心和责任感，与中国共产党同心同德，共克时艰。

我部及时落实会中央的部署，组织全会认真学习贯彻中共中央领导同志重要讲话精神。起草下发了《民进中央关于深入学习贯彻胡锦涛同志在全国政协民盟、民进联组会上重要讲话精神的通知》，向各省级组织宣传部（处）发出了学习吴邦国同志对我国人民代表大会根本政治制度作出的重要论述的通知。民主杂志迅速刊发了《人民代表大会制度本质特征的历史根源和现实依据》等一组文章，引导广大会员进一步坚定接受中国共产党的领导、走中国特色社会主义政治发展道路的信念，发挥民进优势，为发展经济、教育、文化事业和多党合作制度献计出力。

我们结合庆祝新中国和人民政协成立60年，开展多党合作伟大成就和宝贵经验的宣传教育。组织召开了民进中央庆祝中华人民共和国成立60周年、纪念人民政协成立60周年座谈会。在会中央领导人出席

统一战线和民进中央庆祝两个60周年座谈会的发言和讲话中，在领导人的署名文章中，在为报刊提供的纪念专刊文稿、专栏文章和专版中，集中宣传和全面总结了60年来民进的重要贡献和基本经验，阐述了民主党派在国家现代化建设和民主政治发展中的地位和作用。我部首次编写了《新中国成立以来民进的发展与贡献》（一至四）近4万余字，并配发了5套自测题，在全会开展网上竞答活动，为广大会员学习会章会史、继承和发扬民进优良传统提供了一份新材料。

三、建立思想建设长效机制，重在深入调查研究、解决实际问题

今年3、4月份我部先后赴山西、河北、重庆、陕西、湖南5省市调查研究，就如何加强新形势下我会的思想建设，听取了省市委员会机关以及区市县级组织负责人或专干，部分总支、支部主任的意见和建议。了解到很多真实情况，收集了不少典型和经验，进一步丰富提高了我们的认识，为起草好会中央领导的讲话和工作报告，以及《民进中央关于加强新形势下我会思想建设的意见(征求意见稿)》，打下了基础。

7月7日至9日，民进全国宣传思想工作会议在北京召开。会议围绕“宣传思想工作如何科学发展”的主题，总结交流了我会宣传思想工作的主要成绩和经验，研讨了思想建设的长效机制，讲授了《宣传工作的艺术》，并对今后一个时期的宣传思想工作做了部署。这次会议的召开，对于各级组织把政治交接学习教育活动的成果经验转化为长效机制，进一步提高宣传思想工作水平，具有十分重要的意义和作用。

9月下旬，经过多次征求意见和反复修改完善，《民进中央关于加强新形势下我会思想建设的决定》正式下发各省级组织。文件确定了我会思想建设的指导思想和目标、基本原则、主要内容和任务、方式方法、领导职责，提出要规范学习培训机制，建立和健全思想理论动态分析机制、宣传引导机制，研究建立重大突发事件和不良信息预警机制，初步形成了政治交接的长效机制。文件得到了中央统战部一局的充分肯定，在《各民主党派工作交流》上转发。

四、协调指导全会的新闻宣传工作，重在新突破和主动服务

今年以来，我部坚持正确的政治方向和舆论导向，坚持团结稳定鼓劲、正面宣传为主的方针，全面加强和新闻单位的沟通与合作，努力扩大我会对外宣传的覆盖面和影响力。

“两会”宣传有新突破。我们聚焦大会主题，跟进会议议程，围绕民进中央、民进组、民进代表和委员所提出的建议和观点，以及社会关注的热点问题，与新闻媒体积极配合、有效合作，使民进得到了高频率、多角度、全方位的宣传。据不完全统计，“两会”期间民进在各级各类媒体共报道1168条，民进网站“两会专题”共发布信息1702条。民进代表、委员共接受中央电视台专访14次，接受报纸、网站专访34次；媒体共发布民进的图片新闻和视频报道50余条。CCTV7《聚焦三农》节目专访了罗富和常务副主席，冯骥才、朱永新副主席和周洪宇代表、蔡继明委员到人民网《强国论坛》做客，与网友在线交流。

常规宣传取得新进展。今年我部继续以民进履行职能的主要工作和成果为重点，做好我会的常规新闻宣传。大力宣传了会中央农村教育综合改革重大课题调研、毕节实验区“彩虹行动”、长江流域湖泊的保护与管理研讨会、地震灾区学校校长培训班、中国教师发展论坛、2009年海峡两岸企业发展与合作论坛、海峡两岸基础教育论坛、首届海峡两岸医学文化与医学发展论坛等重大活动。

深度报道和典型宣传进一步加强。会中央和地方组织在《人民政协报》、《团结报》各版刊发头条33篇，做专版、专刊4个。民进中央与中国林科院开展科技智力合作、毕节试验区扶贫20年等深度报道产生了较大反响。今年宣传了荣获国家科技进步二等奖、何梁何利基金2009年度奖的抗肿瘤蛋白药物专家罗永章，8年如一日自费创办社区书刊阅览室“素斋”的退休教师谢严森等15位会员的突出贡献和模范事迹。

为地方组织提供宣传服务。我们定期通报发稿情况，为他们修改推荐新闻稿件，如海南省委会的一篇调研报告，江西省委会打造的“1%工程”活动，经推荐后在《人民政协报》统战新闻版的显要位置进行了报道。民进天津市委会区级组织专干和基层通讯员赴会中央培训，我们通过网络视频直播，将课堂延伸到全会。云南极地探险家金飞豹，上海歌剧院著名歌唱家张峰、萨克斯演奏家华康，广西知名画家莫华生

等民进会员来京汇报、演出和作画期间，我部都在报刊和网站上做了充分报道。

五、加强网站建设，重在坚持内容为王和需求至上

我部筹备召开了民进网站（2009）年度工作会议、民进网站小改版工作会议，认真贯彻落实严隽琪主席关于进一步办好民进网站的重要指导意见。网站编辑部与技术部密切协作，广泛征询、充分听取会中央各部门和地方组织的修改建议，同制作公司反复磋商、不断修改完善，完成了民进网站的小改版，使网站功能得到增强，亮点和特色更加突出，新版将于明年初正式启用。紧密配合我会全年的重点工作，编辑制作了“两会”、“学习贯彻科学发展观”、“庆祝教师节”、“庆祝新中国成立60周年、纪念人民政协成立60周年”等多个专题网页，发挥了网络宣传的优势；深入调研了解省和区市县级组织建网、用网的需求，今年以来为重庆市委会、陕西省委会培训了网络信息员；安排多次专题讲座，提高编辑人员的政治业务素质，组织网站全体编辑参观人民网，拓宽了做好网络宣传工作的思路。

六、认真做好所属出版单位的管理和体制改革工作

我部认真传达落实中央报刊管理工作会议精神，按时完成会中央主管主办期刊的自查和年检工作；走访开明出版社协助分管副主席开展编辑培训工作；加强对各省级组织会刊的审读工作，在民进网站“会刊撷英”栏目定期介绍刊发地方组织会刊的优秀文章和精美封面；召开会中央所属三家出版单位情况汇报会，完成开明文教音像出版社的交接工作，承担应诉和上诉工作，深入社保机构查清遗留问题，积极提出建议，使法律纠纷得到妥善解决，顺利实现了开明文教音像出版社的法人变更。协助会中央成立出版社体制改革领导小组和工作机构，参加有关政策培训，指导开明出版社转企改制，加快发展。

今年是《民主》杂志创刊20周年，我部和杂志社认真组织筹办了民进中央纪念《民主》杂志创刊20周年座谈会，会中央领导到会讲话，总结了《民主》杂志创刊20年来的办刊经验，对继续办好《民主》杂志提出了殷切希望。一年来，民主杂志社坚持正确的舆论导向，加强了对热点问题的引导；下工夫扩大作者队伍，提高稿件质量和编辑工作水平，刊登了一批有看头、受欢迎的好文章；编辑人员坚持深入基层、自采稿件，大力推出民进会员的典型宣传；开发了“文化博物馆”和“爱国主义教育基地”系列栏目，增加了刊物的思想性和文化特色；认真办好地方专页，得到各级组织和广大会员的热情肯定。

七、努力完成文稿起草和书刊编辑出版工作

今年我部起草的重要文稿有：以民进中央名义下发的通知、方案和文件7篇；会中央领导讲话15篇、署名文章5篇；改写人民政协理论研究会论文1篇；赴台考察活动情况汇报7篇；宣传思想工作情况和调研报告5篇；新闻报道稿件180篇、人物通讯和书评8篇、采访备答5篇。参加国家民政部《中国汶川特大地震抗震救灾志》编纂工作，编写《中国民主促进会抗震救灾志稿》和《资料长卷》10万余字。

编辑出版《心手相连、共克时艰——民进抗震救灾工作纪实》、《百家言——〈民主〉杂志2001至2009年杂文精选》、《民主》杂志《庆祝中华人民共和国和人民政协成立60周年专刊》；出版《民主》杂志增刊《民进纪念改革开放30周年参政党建设理论研讨会论文选》，编辑《民进全会学习贯彻科学发展观成果汇编》（待出版）。

八、抓好自身建设，重在促进部门工作科学发展

今年以来，我部在科学发展观的指导下，加强部门自身建设，明确了“坚持改革创新，打破制约工作发展的瓶颈问题，建立工作的新平台和长效机制”的阶段目标，提出了促进宣传工作与教育工作、长远建设与常规工作、数量、质量和效益，中央、地方和基层工作全面、协调、可持续发展的工作思路。

1. 注重思想建设。我们认真学习《中共十一届三中全会以来多党合作理论、政策和实践的创新与发展》、《六个为什么》两本书，提高大家的政治理论素养，在文稿起草、网站宣传和会刊编辑中切实把好关。

2. 抓紧业务建设。各处社同志听取了王佐书副主席《研究问题的方法》、《宣传工作的艺术》等讲课，走访了兄弟党派中央宣传部。两位同志参加了中央社院和新闻出版总署的培训学习。各处社都确定了

岗位工作研究课题，部内建立了宣传思想资料库，把工作与学习和研究结合起来，努力提高工作层次和水平。

3. 加强作风建设。我部注重联系地方组织和基层会员，及时发现典型和经验，培养求真务实、不怕吃苦、敢打硬仗的作风，坚持顾全大局、主动协作，在工作密度较往年大和一度因病减员的情况下，保质保量地完成了会中央交办的各项任务和为其他部门的宣传服务。

社会服务部2009年工作汇报

2009年以来，社会服务部按照会中央的部署，以智力为主要服务资源，以项目形式为支边工作的主要依托，发挥地方组织积极性，坚持与参政议政相结合，稳步推进智力支边扶贫工作特别是参与毕节试验区建设的有关工作；积极服务民企民教；倡导推动社会公益事业和西部农村教师培训，积极参与地震灾区教育重建；以三个对台交流活动为主要抓手，开展海外联谊工作；积极搭建叶圣陶研究会和开明画院等平台，社会服务工作取得了新的进展。特别是今年10月在南京举行的“民进全国企业界会员联谊会联席会议”上，严隽琪主席发表了重要讲话，回顾总结了换届以来社会服务工作，深刻阐述了社会服务工作的性质意义和指导思想，指明了开展社会服务遵循的原则，对今后全会社会服务工作作出了部署。

一、发挥民进党派优势，以参与毕节试验区建设为重点，开展智力支边扶贫工作

今年，中共中央总书记胡锦涛和全国政协主席贾庆林对各民主党派中央、全国工商联参与毕节试验区建设先后作出重要批示。4月14日，各民主党派中央、全国工商联参与毕节试验区建设座谈会在京召开。严隽琪主席出席座谈会并代表民进中央发言。在此之前，中央统战部部长杜青林主持召开了毕节试验区发展和智力支边工作座谈会，罗富和常务副主席出席座谈会并发言；中央统战部由有关负责人主持召开了多次关于毕节试验区建设的研讨和座谈会议，召开了毕节试验区专题调研活动动员会议，朱永新副主席和社会服务部负责人分别参加会议。罗富和常务副主席、朱永新副主席分别在年初会见毕节地区和金沙县党政负责同志，探讨促进试验区建设和金沙经济社会发展。社会服务部还就推广毕节试验区科学发展经验等问题会同有关专家进行了深入细致的研究，将意见建议反馈给贵州省和毕节有关部门。

我们深刻认识试验区建设的重大政治意义和示范效应，深入贯彻落实中共中央领导同志的重要批示精神，围绕试验区建设三大主题，着眼于帮助对口支援地区金沙县发展教育，推进生态建设和新农村建设，开展符合自身特点的智力支边扶贫工作。

抓根本，着眼于提高试验区人口素质，发展教育事业，加强师资队伍建设。通过与试验区特别是金沙县共同探讨，民进中央决定从党派自身特色优势出发，充分发挥民进教育资源优势，帮助试验区、金沙县加强教师队伍建设，促进教育公平，努力打造人民满意的教育。这项工作命名为“彩虹行动”。9月5日上午，民进中央“彩虹行动”启动暨签约捐赠仪式在金沙县举行。严隽琪主席发表重要讲话。启动仪式上，民进北京市委会、民进上海市委会、民进天津市委会、民进山东省委会、民进江苏省委会、民进浙江省委会等6个省级民进组织分别与金沙县教育局及对口支援乡镇签订了对口支援协议；经过积极联络，深圳职业技术学院与毕节职业技术学院签署了合作办学协议，汇思集团与金沙县人劳局签署劳动力战略合作协议。钱江实业有限公司向“彩虹行动”计划捐赠100万元，作为启动资金；北京特智诚科技有限公司向“彩虹行动”计划捐赠15万元；杭州师范大学附属小博士艺术幼儿园向“彩虹行动”计划捐赠10万元，用于培训金沙县幼儿教师；北京京鸿疆科技发展有限公司向金沙一中捐赠远程卫星教育设备；北京神墨教育机构捐赠15万元，将建设高坪乡完小综合楼；源宏集团、中国红十字基金会西部女性阳光基金向金沙中医院捐赠一套价值20万元的宫颈癌筛查仪；上海亚能生物科技有限公司向金沙县人民医院捐赠价值5万元的“快速诊断CRP”。成都武侯试验中学校长李镇西、翔宇教育集团总校长卢志文、深圳中学校长王铮等知名校长应民进中央邀请为金沙县近500位学校校长分别作了题为“做幸福的教师”、“校长的管理哲学与实践智慧”、“课程建设与学生发展”的讲座，这是“彩虹行动”启动后开展的第一次对金沙县校长的全员培训。启动仪式结束后，民进有关省级组织分别根据协议通过组织讲学团、金沙校长到发达地区接受培训等方式开展支援工作；其中民进北京市委会举办了金沙校长培训班，民进浙江省委会举办了金沙幼儿教师培训班，民进上海、浙江、山西等地方组织企业界会员到金沙考察洽谈合作；金沙县领导先后到南京、苏州等地就落实劳动力就业转移合作协议等开展对接商谈。社会服务部及时与地方组织沟通，跟踪支援工作开展，并着手与金沙县制定“彩虹行动”实施细则。

按照中央统战部的安排，社会服务部组成了毕节试验区职业教育发展研究课题组，先后到试验区进行实地考察，组织毕节地区教育部门负责人到深圳职业技术学院参观考察，共同研讨促进试验区职业教育发展。经过10多位专家的努力，向中央统战部和毕节地区提交了调研报告与政策建议案，得到中央统战部和有关部委的充分肯定。

在4月10日举行的民进中央帮扶金沙二职中合作签约仪式和捐赠仪式上，北京求实职业学校、北京黄庄职业高中、北京汽车工程学校等国家级重点职校与金沙二职中签订了联合办学协议，北京黄庄职业高中与金沙沙土中学签订了联合办学协议，将在师资培训、学生联合培养、专业扶持等方面展开交流与合作。民进北京市委会从北大出版社、清华出版社等9家单位募集1.7万册图书捐献给金沙二职中，4600册图书捐赠给沙土中学，共计约43万元码洋；民进江苏省委会联合南京恒澜科技发展有限公司捐赠金沙二职中价值30万元的学生生活用品。在江苏、上海、广东等省（市）委会的帮助下，金沙县农里学校拥有了现代化的计算机教室、电子书屋。为了解决教学楼不足的问题，“民进之友”潘海君女士、民进会员李国庆先生分别捐资20万元用于修建“行健楼”和购买教学设备、图书。

抓关键，围绕促进林业生态建设，与科研机构、地方协力推进石漠化治理。4月9日，朱永新副主席、中国林科院院长张守攻等领导、专家一行20多人，专程赶到金沙县淹坝村为“石漠化治理科技示范园”和“智力支边科技大院”揭牌。淹坝村为典型的石漠化山村，包括民进林科院支部在内，共向淹坝村捐赠图书8800册，建立图书室，捐献电脑、投影仪、打印机等设备，建立多媒体教室，赠送一套全光照喷雾育苗设备。林科院派出2位博士长驻淹坝村，主要针对核桃育苗、优良树种引进、石漠化防治示范开展科技服务。为筹建示范区与科技大院，民进中央社会服务部与林科院先后两次组团进行考察，并做了大量准备工作。

为了帮助金沙县新农村建设，民进中央与金沙县共建“民心有机农业试验示范园”。经积极协调，科技部部长专项落户示范园，先期投入资金20万元，带动地方投入资金800多万元。示范园发展成为集“试验、示范、培训、休闲观光”等为一体的综合有机农业试验示范园。今年，金沙县以“民心有机农业试验示范园”为龙头，编制出名为“金色乡村大世界”的总体规划，该项目的实施将使农民收入增长有较大幅度提高，成为当地建设社会主义新农村的示范。

在支援黔西南州、滦平县和河西走廊星火产业带建设方面，做了大量的工作。继续为推进黔西南州30万亩金银花品牌项目献计出力，联络安徽亳州等地药商进行投资考察，促成签订收购协议，支持当地金银花协会开展工作；争取联合推动组的经费支持，在民族村开展蔬菜种植示范和民族文化培训工作；邀请北京等地国家级职业学校到黔西南州、滦平进行考察，与当地职业学校开展交流与合作，达成初步合作意向；邀请北京农业产业化专家到滦平进行实地考察，提供咨询建议；支持民进江苏省委会出资，在江苏省科技厅协助下，培训了来自甘肃河西走廊星火产业带30余名农业科技人员；组织专家团到武威开展设施农业科技服务活动，以此促进当地星火产业发展，推动石羊河流域治理规划的实施。

我们在征求有关地方意见的基础上，根据滦平县已整体脱贫的实际，经国务院扶贫办批准同意，决定把民进中央定点扶贫县调整为黔西南州安龙县。目前已与贵州省扶贫办、安龙县取得了联系。

二、适应新的形势，开展海外联谊工作

为落实中央对台港澳工作的最新精神，在会中央领导的指示下，我部认真思考新形势下对台港澳工作的思路，于4月筹备召开了“民进中央对台港澳工作专题会”。严隽琪主席、罗富和常务副主席出席会议并发表重要讲话。会中央机关各部门负责人参加会议并对工作提出了积极的建议和意见。据统计，全年民进全国各级组织开展海外联谊活动15次，接待港澳台人士、海外华侨与国际友人100余人次。

民进中央积极筹备“第四届海峡两岸企业合作与发展论坛”、“2009年海峡两岸基础教育论坛”、“第七届海峡两岸中华传统文化与现代化研讨会”。围绕举办“论坛”的目的、意义、宗旨及筹备工作中的相关事宜与唐山市政府、南京市政府和浙江省政府进行了充分协商。“第四届海峡两岸企业合作与发展论坛”于6月15日至17日在唐山举办，“2009年海峡两岸基础教育论坛”于9月17日至20日在南京举办，“第七届海峡两岸中华传统文化与现代化研讨会”于10月31日至11月2日在杭州举办。每次对台交流活动举办之前召开新闻发布会，两岸主流新闻媒体对活动进行了充分报道，产生了广泛影响。民进中央新老领导皆出席了以上活动，与台湾嘉宾进行了接触，树立了我会在两岸交流中的良好形象。国台办、中央统战部、地方政府负责人也出席了以上交流活动。通过这三个对台交流平台，海峡两岸嘉宾深入交流了两岸的新形势，为海峡两岸共同繁荣献计献策，开展范围广泛的经贸洽谈，增进了了解，达成了共识，加深了合作与友谊。据统计，以上三项活动共邀请180位港澳台人士与会，共收到论文64篇，签订文化交流、经贸合作项目协议7项，协议引资金额达200亿人民币。

我们还积极探索对台港澳交流的新形式，主动“走出去”。民进中央主席严隽琪于今年4月到香港进行了访问，以学术交流的形式做了大量工作，会见了香港政界、学界、工商界人士，宣传中央方针政策，达到了增信释疑、争取人心的目的。应台湾中华海峡两岸客家文经交流协会邀请，3月21日—27日民进中央以叶圣陶研究会的名义，组成以许嘉璐名誉会长为团长的访台代表团，出席在台北举行的“2009年第三届海峡两岸客家高峰论坛”并在台北、花莲和新竹考察访问。访问期间代表团与台湾政要、各界人士举行了会见，取得了实效，获得广泛关注与宣传。此次访问是近期两岸交流中的一次创举，也是一次高规格的对台交流活动。

经社会服务部积极协调，民进中央先后接待了数批台湾客人，积极推进台湾与大陆相关业界的交流、合作。2月，许嘉璐同志接见了由台湾贤德惜福基金会董事长周荃任荣誉团长，台北大学政治经济研究中心主任郑又平任团长的台湾医护专业研习营一行66人，全国人大常委、民进中央副主席朱永新陪同接见。研习营一行还与协和医院、北京大学附属医院等单位做了交流，并拜访了卫生部、海协会等单位。4月，民进中央副主席朱永新会见了以台湾工商建研会吴嘉璘副理事长为团长的台湾工商建研会中区联谊会大陆参访团一行26人。

社会服务部协助、服务民进中央联络委员会开展工作。联委会首次与中国社会科学院台湾研究所经济室合作，共同开展“两岸签署金融合作协议后大陆台商融资情况及建议”专题调研，并于9月初完成了课题，形成了建议；通过课题申报制度，首次委托民进厦门市委会开展“构建两岸中医药经济交流平台，促进两岸经济的发展”专题调研，并于6月底完成了课题。

三、继承优良传统，创新工作机制与服务平台

在支持民营企业和民办教育方面，据不完全统计，到目前为止，全国民进企业界会员有3000多人，有16个省级组织成立了“企业（经济）界会员联谊会”。各省级组织大力支持和促进民办教育的健康发展，积极引导、支持企业界会员参加扶贫济困等社会公益活动，全年共开展咨询服务、交流座谈等服务民企民教活动224次。10月14日至16日，在南京市召开民进全国企业界会员联谊会联席会议，雨润集团祝义才董事长作为此次会议的轮值主席与民进中央社会服务部、民进江苏省委会共同承办会议。通过联席会议的举办，搭建了企业家交流合作的平台，更好地将全国企业界会员凝聚起来。

注重加强与地方组织的联系，指导协调地方组织开展多种形式的扶贫和社会公益活动。社会服务部下发了社会服务工作调研提纲，利用到各地参加会议活动的机会进行调研；制定了与省级组织联系制度，确定专人与省级组织保持联系，加强业务统计、信息报送等工作；制定了省级组织量化考核制度，作为年底社会服务专项表彰的重要依据；支持举办了民进华北、东北、西北省区社会服务工作研讨会、民进河北社会服务工作会议等，社会服务部负责人参加会议并与有关同志共同探讨交流。鼓励地方组织保持和发扬好的做法，创建民进艺术团和书画院，更好地凝聚文艺界会员；继续开展传统的“三下乡”活动；开展西部教师培训、星火西进等几项服务于西部大开发的活动；鼓励会员服务社区；民进上海市委会等组织还成立了阳光人文关怀基金等公益基金，在更大范围内持续开展社会公益活动。据不完全统计，全年我会各级组织累计捐建学校 27 所，捐助农家书屋 17 座，资助学生 9910 名，培训西部地区教师 7675 名，培训农民 26707 人，捐赠物资折合人民币 1621 万，开展医疗服务、文化下乡等活动 771 次，受益人数达 13 万人。

注重加强与国家部委、社会公益组织、科研机构的联系，形成服务社会的强大合力。社会服务部积极落实年初会中央与教育部、科技部、国家林业局等部门商谈达成的一致意见，争取其对灾后教育重建、毕节试验区林业生态建设、金沙县科技示范项目等工作的关注与支持，建立了与相关司局的良好合作关系；经过社会服务部积极联络争取，民进中央与中国林业科学院达成合作协议，重点在毕节试验区协力推进石漠化治理与林业生态建设，建立一支可依靠的人才队伍，提供智力支撑；严隽琪主席亲自到北京农家女学校调研，为其排忧解难，推动其更好地开展农村女性外出打工培训工作，服务劳动力转移就业；社会服务部长期与新教育研究院、西部女性阳光基金等社会公益组织保持联系，合力借力共同开展扶贫支教活动。

注重加强平台建设，为民进会员服务社会、展示才华搭建舞台。按照叶圣陶研究会 2009 年工作要点，我部向国家民间组织管理局提交了叶圣陶研究会 2008 年年检材料；完成了增选严隽琪、罗富和同志为叶圣陶研究会名誉会长的工作；举办了叶圣陶诞辰 115 周年、叶圣陶研究会成立 20 周年纪念会暨叶圣陶教育思想当代价值研讨会，弘扬叶圣陶教育思想，感召影响叶圣陶研究会所联系的教育工作者，努力将叶圣陶研究会打造成全国民进中小学教师施展才华的舞台。

为充分发挥民进的优势与特色，适应新形势下新的工作要求，社会服务部在会中央领导的指导下积极拓展新的工作平台，经民进中央主席办公会议研究决定成立民进中央开明画院。社会服务部积极主动地与国家民政部、中国文联等单位联系，沟通成立画院的相关事宜，召开画院成立筹备会 4 次。7 月 28 日民进中央开明画院在北京成立，7 月 29 日在中国美术馆举办了“共庆辉煌”大型书画展，展出民进全国会员创作的 193 幅书画作品。目前，开明基金会的筹备工作正在积极推进。

四、心系地震灾区，积极开展灾区教育重建工作

民进中央高度重视灾区教育重建工作，将“为了灾区的孩子们”（特殊会费）862 万元捐款全部投向受灾严重的川、甘、陕、渝，先期投入 770 万元用于地震灾区与教育相关的复建项目。在民进四川、甘肃、陕西和重庆四个省级组织的精心组织与监督下，项目进展顺利，均已开工建设，部分项目已完工或交付使用。

全会在会中央的统筹协调下积极响应中宣部等部门号召，积极行动起来，为灾区捐献优秀读物，累计捐献 92936 册，码洋 175 万余元，所捐读物绝大部分是新书，书目经过了严格筛选。会中央“紧急抢救、保护羌族文化遗产行动”项目，目前已经支出 10 万元出版了 5 册关于羌族文化的书籍，已于今年 5 月 12 日汶川地震一周年时与读者见面。在地震灾区灾后重建的关键时期，于今年 7 月 29 日至 8 月 2 日在北京首都师范大学举办了民进中央 2009 年地震灾区学校校长暑期培训班。本次培训内容紧扣校长履行职责所必需的知识和技能，帮助灾区校长掌握必要的方法，提高教学管理水平和心理调节能力。参加培训的校长们表示，民进中央举办的这次培训班是为灾区教育做的一件大实事。

五、增强团队意识，努力加强部门建设

今年以来，社会服务部强化分处不分家的团队工作意识。在工作的制度化、规范化、程序化方面狠下工夫。制定了“与省级组织联系制度”、“部务会议制度”、“省级组织量化考核制度”等，形成工作制度化；确定项目负责制和纵向负责、横向协作的工作理念，促进工作的规范化；将重大活动和会议制作出工作模版，明确工作步骤，责任分工，加强工作程序化。

参政议政部2009年工作汇报

2009年，参政议政部认真学习贯彻科学发展观，建推动科学发展之言、谋推动科学发展之策、尽推动科学发展之力。“集全会之智，聚全会之力”，“以新作为巩固老阵地，在顺势中开拓新领域”，围绕应对危机、促进发展，在事关全局和民生的重大问题上，努力提出具有综合性、全局性、前瞻性的意见和建议，“无懈无滞，有思有行”，稳步、有序推进参政议政工作的不断发展。

集智聚力　顺势而为　参政议政凸显成效

一、积极做好全国政协十一届二次会议发言与提案工作

提案质量不断提高，内容涵盖众多领域。会议期间，民进中央提交大会发言5件、党派提案20件、民进组提案7件，委员联名及委员个人提交提案189件，无论数量还是质量，均有突破，内容涵盖了当前我国经济社会发展的众多领域，既有老阵地上的新作为，也有新领域中的再开拓。

大会发言围绕时局，联组发言效果突出。会议期间，张帆副主席代表民进中央围绕当时紧急旱情作了“实施水库清淤工程是应对旱灾的长效措施”的大会口头发言；民进山西省委会主委卫小春围绕资源焦点问题作了“关于健全我国矿产资源有偿取得制度的建议”的大会个人口头发言；胡锦涛总书记参加了民盟、民进联组会议。民进组潘贵玉、蔡达峰、史贻云、姚爱兴、赵光华、蔡继明等6位委员分别就人事制度改革、基层群众自治、农村职业教育、城乡统筹发展、职业教育发展等问题发言，引起广泛关注。

提案得到国家重视，专题办理重点提案。民进中央提案得到了国家发改委、财政部、教育部、商务部、文化部、科技部、农业部、新闻出版总署、建设部、国土资源部、银监会等20余个相关部委的重视、研究、沟通及办复。其中，关于《加快小城镇建设，推进城乡统筹发展》、《创新机制，解决中小企业融资难问题》以及《完善相关政策，保障国家粮食安全》的提案被列为重点提案，先后参加了全国政协“积极扩大内需促进经济平稳较快发展”，“加快小城镇建设，推进城乡统筹发展”等提案办理专题协商会。

二、深入开展调查研究

专题调研扎实推进。民进全会集智聚力，本着利益共享、资源共享和成果共享的原则，组织实施了民进中央2009年“新形势下的农村教育综合改革”专题调研。严隽琪主席、罗富和常务副主席等民进中央领导先后在上海、河南、山西、山东、安徽等地开展了前期调研、正式调研和后期调研。民进天津、广东等6个省级组织将该课题作为本省年度重点调研课题配合民进中央各有侧重开展同步调研。在此基础上，在国家教育部、农业部、科技部的支持协助下，民进中央综合各方调研成果集中研讨，反复论证，最终形成了致中共中央、国务院的《关于新形势下的农村教育综合改革建议书》。

专委会调研有序铺开。民进中央八个专委会按照调研计划，分别就“新机制后我国义务教育的新情况与新问题”、“深化文化行政管理体制改革”、“中国媒体走向世界，打造新时期中国国际形象”、“农村土地流转”、“中央公益类科研院所体制（机制）改革”、“土地节约集约利用”、“人口和计划生育公共服务网络在构建农村基本公共服务体系中的重要作用”等课题有序展开调研。调研得到了有关国家部委、社会团体、研究机构和民进地方组织的大力支持，产生了一批较高质量的参政议政成果。

立项课题稳步实施。民进中央2009年确定8个参政议政立项课题，内容涉及城乡统筹社会保障、社会建设和管理体制、中小企业融资、促进两岸经济发展、就业保障体系、农村垃圾研究、欠发达地区财政

支农资金使用绩效、农村专业合作社等领域，由民进湖北省委会、民进中央经济委员会等 15 个省级组织和专门委员会承担完成，产生的提案等参政议政成果拟报送 2010 年全国政协大会。

三、全力服务高层协商

进海协商献良策。2009 年，严隽琪主席代表民进中央先后在 1 月召开的党外人士迎春座谈会上，就中西部地区农村中小学校校舍安全、研究和完善现有统计指标体系、关注国有林区职工生产生活困难等问题提出了建议；在 2 月召开的征求对政府工作报告意见的党外人士座谈会上，就大力推进基础研究和科普工作、加快小城镇建设、对重大项目建设加强监督等问题提出了建议；在 4 月召开的征求对十七届四中全会文件起草意见的党外人士座谈会上，就加强对社会建设的领导与部署、进一步把党的作风建设落到实处、丰富反腐倡廉建设内涵、加强基层党组织建设等问题提出了建议；在 7 月召开的征求对国家经济工作意见的党外人士座谈会上，就优化投资结构、发展新能源产业、扶持中小企业发展及推动小企业科技创新等问题提出了建议。

同舟共济建真言。2009 年，民进中央以严隽琪主席、罗富和常务副主席的名义共同或分别于 1 月上旬，向温家宝总理报送了《关于实施水库清淤工程，促进水资源可持续利用的建议》；于 3 月中旬，向国务委员刘延东同志报送了《关于对特殊领域高层人才给予特殊政策的建议》；于 4 月下旬，向李克强副总理报送了《关于尽快实施“金统”工程，加快统计系统信息化建设进程的建议》；于 5 月上旬，向习近平副主席致信，就更加有效地推进香港基础教育阶段的国民教育、完善香港高校到内地办学和参与国家科研项目的相关政策，培养和扩大新的爱国统一战线组织骨干等提出了建议；于 6 月上旬，向温家宝总理报送了《关于尽快采取措施，切实维护国家海洋权益的建议》；于 8 月上旬，向温家宝总理报送了《关于将“北川国家地震遗址博物馆”更名为“北川地震纪念馆”的建议》；于 8 月中旬，向贾庆林主席报送了《关于进一步做好多党合作和政治协商制度对外宣传的建议》；于 8 月下旬，向温家宝总理报送了《关于推进“三项整治”工作，切实保障 18 亿亩耕地红线的建议》；于 10 月中旬，向回良玉副总理报送了《关于适应“建立促进科学发展的干部考核机制”，改进和完善国家森林资源连续清查体系的建议》等等。建议和信函得到了党和国家领导人的高度重视和批复，有关国家部委进行了研究和办理。

四、举办论坛、研讨会与年会

举办第二届中国教师发展论坛。2009 年 9 月，民进中央与首都师范大学共同举办了庆祝第二十五个教师节暨第二届中国教师发展论坛活动。论坛以“科学发展观和教师队伍建设”为主题，组织会内外专家深入研讨，深化了民进在教育领域内参政议政的内涵，扩大了社会影响力，探索了在“老阵地”中积极开辟“新领域”的途径。

召开第二届长江保护与发展系列研讨会。2009 年 5 月，由民进中央和长江水利委员会共同主办的长江流域湖泊保护与管理研讨会在南昌召开。国家水利部、林业局、长江水利委员会、中科院、世界自然基金会及江西省等有关方面的领导和负责人出席开幕式。来自民进相关省级组织、科研院所及社会团体的业内专家围绕“湖泊的保护与管理”主题交流研讨，为国家科学决策提供参考。研讨会后，民进中央印制了《“长江流域湖泊的保护与管理研讨会”论文集》。长江系列研讨会是民进参政议政“新领域”中的“老阵地”，是民进中央与国家部委、科研院所、社会团体建立长效合作机制的成功范例。

召开民进中央参政议政年会。2009 年 11 月，民进中央参政议政年会在河南省郑州市召开，这是参政议政年会首次在京外召开，是民进中央加强与地方组织联动，集智聚力、顺势而为，实现资源共享、成果共享、利益共享，并为承办会议的地方组织提供一个服务、学习、激励机会的一次尝试。年会以“加强和改进提案工作”为主题，邀请全国政协提案委员会办公室巡视员张怡同志做辅导报告，指导提案工作。各省级组织就参政议政和提案工作进行了充分的交流。

五、反映社情民意信息

信息工作保持较高水平。民进中央信息工作在全国政协参加单位中继续保持较好水平，前三季度总分列第三位。今年2月，民进中央配合中共中央统战部提出的“我为金融危机献一策”活动，报送15份建议，位居前列。自2008年10月1日至2009年9月30日，民进中央共收到信息来稿2645篇，编报467期，内容覆盖各个领域。

有关信息得到高度重视。在民进全会的大力支持下，民进中央信息质量保持稳定并有所提升，如《建议中央拨专款扶持阿坝师专灾后重建》、《把加快小城镇建设作为推进城乡统筹发展的重要抓手》等信息被全国政协信息局单篇采用，得到国家领导人的重要批示。

有思有行　措施到位　机制建设创新发展

加强制度机制建设，提高制度化、规范化程度，是做好参政议政工作的重要保障。2009年，民进中央继续创新发展，业已初步形成了与实际运用相结合，适合自身特点、适应组织化运行的参政议政工作机制基本架构，即打造一个平台——网上参政议政平台；依靠两支力量——专家队伍与专干队伍；建立三项机制——参政议政课题申报、提案形成和成果奖励机制；实现四个转化——反映社情民意信息、社会服务工作成果、社会资源和力量研究成果、民进中央履行参政党职能活动向参政议政成果的转化；完善五项制度——民主决策制度、专题考察制度、参政议政年会制度、走访部委制度、反映社情民意信息制度。基本架构保证了参政议政工作的可持续发展及参政议政成果的质量。2009年，民进中央创新机制建设，重点明确，“亮点”突出，为民进全会起到示范作用。

一、扩大网上参政议政平台使用范围

2009年，民进中央继续通过网上参政议政平台，申报评选立项课题，组织专家深入研讨，召开网上工作会议，征求文件意见建议，交流参政议政经验，提供资料信息公开，沟通调研进展情况，共享参政议政成果。为扩大参与面，凝聚民进全会智慧，调动民进全会力量，民进中央将用户范围由原有的29个省级组织扩大至263个市级组织，以加强市级组织的知情与议政，进一步整合资源，提升效率和质量。

二、促进提案形成，实施成果奖励

2009年，民进中央启动实施课题申报、提案形成机制，加强联系沟通、跟踪指导工作，经过课题立项、专家指导、深入调研、分析论证、成果转化、提案形成、意见征询、广泛筛选、专家评审、民主决策、走访部委、反复打磨等环环相扣的程序，提案质量的专业性、结构的标准性、内容的操作性以及成果转化阶段的时间把握上均较2008年有明显改观。此外，2009年，民进中央实施成果奖励机制，对2008年产生的参政议政成果进行奖励，充分肯定民进地方组织、民进中央专门委员会委员贡献的智慧，激励和调动民进全会参政议政工作的积极性。

三、实现社会资源研究成果的转化

继与上海社科院成立合作中心后，民进中央又与清华大学“政治经济学研究中心”建立了合作关系，这是进一步拓展参政议政资源，加强会内外联动的重要举措。一年来，“一南一北”两个中心积极协助民进中央完成参政议政研究课题，提供专业顾问理论咨询，高层协商贡献智慧，成果转化专家评审、专题调研建议修改等，成为民进中央提升参政议政能力和水平、保证参政议政成果数量和质量的有效途径。

四、继续完善调研工作机制

今年“新形势下的农村教育综合改革”专题调研形式有所创新，效率有所提高。一方面，民进中央选取天津、上海、山东、安徽、广东和山西等地作为前期调研、正式调研、后期调研地，要求当地民进省级组织将此课题纳入本省年度重点调研课题，与民进中央同步开展调研，资源共享、利益共享、成果共享；另一方面，民进中央分别邀请国家农业部、科技部、教育部等有关部委，以及中国陶行知研究会等研究机构全面参与专题调研，借助外脑，梳理思路，形成理性思考，形成了前期调研为正式调研奠定基础，正式调研形成思路，后期调研补充缺失的专题考察模式。如民进中央在安徽省开展的农村职业教育调研，民进天津市委会开展的农村教师队伍建设的调研，就是对山西专题调研很好的补充。此外，充分发挥省级组织的作用，加强中央和地方的联动，中央和地方的工作相结合，也使得调研更加深入全面。

五、改进社情民意信息报送及发送方式

2009 年民进中央信息工作有所创新：建立了反映社情民意信息报送系统，加强对地方组织的指导，利用信息化手段提高工作效率；改变信息报送方式，由原来的一份信息同时报送全国政协和中共中央统战部，改为选编、精编信息报送中共中央统战部，减少数量、提升质量，提高信息采用率；扩大信息发送范围，由原来的发送民进中央主席、常务副主席、副主席扩大至民进中央常委、各省级组织，提高信息的利用率。

无懈无滞　思而后行　能力建设任重道远

加强参政议政能力建设是参政党在新时期加强自身建设必须认真研究和解决的重大课题。面对参政议政工作的新形势、新情况、新问题，在今后一段时期，参政议政部积极贯彻民进中央提出的全方位改进和加强参政议政工作必须注重“六个结合”的指导性工作思路。力求既“埋头拉车”，以行动加强能力建设；同时，也“抬头看路”，以思考提高工作水平。

（一）新老结合——即新领域和老阵地相结合。要充分整合有限资源，找到新领域和老阵地参政议政的最佳结合点，努力就深层次矛盾和问题建言献策；

（二）长短结合——即长期规划与短线计划相结合。制定参政议政调研课题的中长期规划，并围绕长期规划，选择可操作性强的课题作为年度课题，从不同切入点开展调研；

（三）干群结合——即参政议政专家骨干与专家群体力量发挥作用相结合。要处理好民进中央专门委员会和地方组织专门委员会的关系，专门委员会和政府对口部门的关系，各专门委员会之间横向联系、合作互补的关系；

（四）专兼结合——即专职干部与兼职专家相结合。专职干部既要服务于专家的参政议政，又要向专家学习，提高自身的参政议政能力；

（五）内外结合——即会内力量和会外资源相结合。充分发挥上海和北京一南一北两个中心的会外资源和力量，较快提升参政议政能力、质量和水平；

（六）虚实结合——即务虚的形势情况分析座谈会、研讨会等与务实的参政议政调研活动相结合。邀请会内外享有知名度的权威专家就今后一个阶段的形势发展和经济状况座谈，从中整理出思路供民进中央领导决策参考，并用于参政议政实际调研工作及活动中。

研究室 2009 年工作汇报

2009 年，研究室围绕为会中央领导决策服务、推动全会参政党理论研究、做好会史工作等主要职能，坚持以服务会中央领导决策为重点，以队伍建设为基础，以工作平台为依托，以制度建设为保障，努力开拓进取、提高工作水平，通过扎扎实实的工作和认真细致的服务，较好地完成了各项工作任务。

一、努力提高工作水平，探索为会中央领导决策服务的渠道

探索建立议事咨询服务的实效机制，为会中央领导决策提供服务，是研究室工作的一个重要内容。一年来，研究室全体同志积极关注世情、国情和会情，努力学习、了解和掌握国家大政方针、政策和多党合作理论、参政党建设理论，通过联系会内外相关专家、学者，努力当好会中央领导的参谋和助手。

从一个参政党的角度，关注并为领导提供对民进的自身建设和履行职能适用的信息，这是研究室为会中央领导决策服务的一个重要内容。今年，研究室在这个方面进行了积极探索，在调研的基础上，创刊编印《决策参考》（试刊）。主要内容是：国际、国内学者对国际国内重大形势、事件、热点问题的研究；

中共中央方向性的决策和中国共产党党建方面的重要举措；统一战线、特别是多党合作和参政党建设方面的最新政策动态和研究成果；其他兄弟党派的有启发性的、值得借鉴的工作思路和做法等，为会中央科学决策提供依据。

为协调会外力量为会中央决策服务，研究室积极推动民进中央——上海市社科院合作中心的工作，明确合作中心的工作要以国家的中心工作，以经济建设和和谐社会建设为重心，积极关注社会、关注民生。年初，在协商的基础上，合作中心确定了全年工作计划和研究重点，并加强了日常联系。一年来，合作中心在经济等方面，为会中央建言献策发挥了积极作用。研究室还加强了同统战理论特邀研究员的联系，通过举行座谈会，交流统战理论、特别是参政党理论的最新成果，努力为会中央领导决策服务方面提供理论支持。

根据工作安排和领导要求，撰写有关会议文件和领导讲话，是研究室为领导决策服务的另一重要方面。一年来，研究室围绕会中央重点工作与有关部门进行专门研究，提供相关资料，并起草了以下几种类型的文件和讲话：一是围绕中央全会、常委会等重大会议的举行准备材料，起草讲话；二是参与起草会中央综合性文件；三是起草和修改会中央领导同志在我会重大会议、活动时的讲话稿、致辞、贺词等；四是起草会中央领导对重大事件的表态；五是为会中央其他部门撰写起草的领导讲话、出台的文件进行润色等。据统计，今年，根据领导批示或交办，经研究室起草、处理的文字约 30 多万字。

二、以应用理论研究为重点，推动全会参政党理论研究的开展

围绕我会的中心工作推动全会开展理论研究是研究室的一个基本职能。年初，会中央参政党理论研究会举行了会长会议，对全年的理论研究工作进行研究部署，明确提出，今年我会的工作重点是组织工作和后备干部队伍建设，同时，今年又是新中国成立和人民政协成立 60 周年，我会的理论研究工作要认真贯彻会中央领导提出的“以应用理论作为研究重点”的精神，充分发挥研究会会员和特邀理论研究员等专家的作用，积极引导各省级组织围绕会中央工作重点开展研究，不断提高理论指导实践的水平，努力为会中央领导决策提供理论依据，为我会建设适应时代要求的高素质参政党提供理论基础。

制定下发民进 2009 年参政党理论研究课题，积极推动全会围绕我会 2009 年工作重点开展研究。参政党理论研究会根据会中央 2009 年工作重点和我会理论研究的实际，制定了 8 个研究课题下发到各省级组织，课题主要涉及科学发展观与民主党派工作、参政党的组织建设、民主监督等内容。各省级组织结合自身工作和理论研究的实际，确定研究课题，积极开展调研，撰写研究论文。省级组织提交的水平较高的论文，已经通过我会宣传网站等发表交流。

开展“多党合作　共铸辉煌——纪念多党合作制度确立 60 周年”征文活动。为庆祝新中国成立 60 周年，纪念人民政协成立、中国共产党领导的多党合作和政治协商制度确立 60 周年，会中央在全会开展“多党合作　共铸辉煌——纪念多党合作制度确立 60 周年”征文活动，认真总结中国共产党同各民主党派团结合作 60 年的宝贵经验，深刻认识中国共产党领导的多党合作和政治协商制度所体现的社会主义民主政治的本质要求，以及显示出的巨大优越性和强大生命力，着眼于适应新形势、完成新任务，继续把中国共产党领导的多党合作和政治协商制度坚持好、完善好、发展好。各省级组织高度重视，认真部署，积极组织相关人员撰写论文。征文活动共收到各省级组织选送的论文 753 篇，会中央组织专家进行审评，评出一等奖 12 名、二等奖 24 名、三等奖 30 名，优秀奖 55 名。另外，还有 11 个省级组织获得了优秀组织奖。

编辑出版《民主》专刊——民进纪念改革开放 30 周年参政党建设理论研讨会论文选集。论文集收集了民进 29 个省级组织共 49 篇论文，对民进改革开放 30 周年光辉历程的经验总结和理论认识，中国政党理论与民主党派实践的哲学思考，民主党派为构建社会主义和谐社会作贡献，参政党自身建设规律的认识及提高履行职能的能力和水平等，进行了深入的探索和研究。

三、以会史资料的抢救和会史的宣传教育为重点，加强会史工作

加强会史工作，是我会政治交接、深化坚持走中国特色社会主义主题教育活动的重要内容。会中央以纪念“两个60年”为契机，以史料的抢救收集和会史的宣传教育为工作重点，为深化我会优良传统教育奠定坚实的基础。

抓紧还清“老账”，努力做到不欠“新账”，加强了会史资料的抢救工作。今年，会中央与民进上海市委会合作，编印了会史人物传略《柯灵》，研究室负责同志应邀为地方组织宣讲会史，宣传弘扬民进老一辈领导人在与中国共产党的长期合作中形成的坚持接受中国共产党的领导、立会为公的高尚风范。同时积极配合《中国的民主党派（民进专辑）》的拍摄工作，为我会今后开展会史研究留存了珍贵的视频资料，提供了较详细的线索。

持续对现有史料进行整理，编纂完成《中国民主促进会年鉴试刊（2008）》。《年鉴》不仅为广大会员及社会人士了解民进提供资料，为今后研究民进自身建设和履职情况提供依据，也对加强对民进的宣传和积累会史资料具有重要意义，是会中央存史留迹的开创性工作。《年鉴》遵循唯物史观的基本要求，以中央委员会工作为主，兼顾省级组织工作，以载录资料为主，概述为辅，全面系统真实地收集和记述民进2008年度全面加强自身建设，努力推动建设适应时代要求的高素质参政党的进程的情况；认真履行参政党职能，为促进经济社会又好又快发展所取得的成绩和经验。

进一步加强会史教育基地的建设。对民进会史展览进行了扩建，充实了内容，增加了多媒体演示和历史文物，增强了会史展览的教育功能。审定完成了《中国民主促进会》宣传片，并发送各省级组织，对宣传民进和弘扬我会的优良传统起到积极的作用。

积极参与庆祝新中国成立60周年和人民政协成立60周年系列活动。与机关有关部门共同承办了民进全国书画展，并积极参与由民进中央办公厅、民进北京市委会共同举办的文艺汇演等的筹备工作。为全国政协出版的《辉煌历程——人民政协成立60年纪念刊》提供文字和图片资料，撰写领导讲话和有关资料，为宣传民进，增进民进凝聚力发挥了积极作用。

四、积极调查研究，加强部门建设

为提高工作质量，更好地完成工作，研究室进一步加强了部门建设。

一是加强了理论学习和业务培训。部门制定了全年的学习和培训计划，并严格执行，确保落实。今年，研究室坚持“抓笔头、带队伍、出成果、出人才”的原则，就学习贯彻科学发展观、国际金融危机、政党理论和民进历史等进行了专题学习和深入研究。为了提高理论素养，研究室重点对《六个为什么》进行专题学习，每位同志都完成了部门的自测题，并撰写了学习体会，举行学习会进行交流研讨。为进一步提高部门工作人员的写作水平，研究室采取了“导师制”的方法，由研究室主任、副主任分别带领、指导部门内4位年轻同志，分别就民主党派机关建设、民进成立以来的重大成就等进行专题研究，撰写理论文章，有效地促进了理性思考能力和写作水平的提高。

二是加强调研。为深化对研究室职能的探索，开阔视野，提高工作水平和自身素质，切实提升为会中央领导决策服务的能力，研究室先后赴农工党中央研究室、中央统战部政策研究室学习调研，就研究室如何更好地为领导决策提供服务、开展统战理论（特别是多党合作和参政党理论）研究和开展史料抢救和展览等工作的经验、成果等进行调研，为改进研究室工作，提升研究工作水平奠定了良好的基础。

三是加强了与地方组织对口部门的联系。研究室通过加强对参政党理论研究课题的中期管理，加强了对地方组织开展理论研究的指导，同时，积极参与地方组织召开的理论研讨会等，建立会中央研究室与地方对口部门和相关人员的经常性联系，有效地促进了全会理论研究工作的开展。

四是加强了资料室的建设。根据会中央领导的要求，研究室积极研究、收集、整理相关资料，并按照“分类管理”的要求，及时更新资料库，为有针对性地提供相关资料、提供信息发挥积极作用。

一年来，研究室紧跟会中央领导集体的步伐，切实加强自身建设，认真履行辅助决策、理论研究、会史工作等职能，发挥参谋、咨询和助手作用，作出了积极探索，取得了一定成绩。但距全会工作实际和会中央领导要求尚相差甚远。研究室全体同志有决心进一步加强学习，全力配合有关部门，为完成会中央交给的任务全力工作，按照“有思有行”的原则，力求思有所悟、悟有所得、行必有果，为会中央科学民主决策、全会理论建设、会史工作作出更大贡献。

办公厅2009年工作汇报

2009年是新中国成立60周年和人民政协成立60周年，也是我会进一步开创工作新局面的重要之年。在会中央领导的关怀与支持下，一年来，办公厅坚持以人为本，以思想建设为核心，以机关文化建设和干部队伍建设为重点，提高干部素质，增强机关凝聚力，进一步推动工作制度化、规范化，努力建设和谐、高效、规范、阳光的参政党机关。

一、完善规章制度及工作流程，进一步提高机关工作的科学化、规范化、程序化水平

规范的工作制度、流程是机关工作的有力保障。一年来，办公厅坚持从实际出发，一方面在实践中对已有的各项规章制度进行修订和完善；另一方面根据新形势、新要求制定新的规章制度和工作流程，不断增强可操作性，提高实效性，机关工作进一步科学化、规范化和程序化。

（一）进一步规范机关公文流转程序。为使会中央机关公文签发、文件送阅、请示报告等工作规范、有序，结合机关现有相关制度和实际运作情况，办公厅制定了《民进中央机关文件流转程序》，并修订了机关呈批件、收文单、电话记录单、发文稿纸等公文表单的格式与内容，规范了机关通用公文格式模板，加强了机关公文流转工作的程序性、规范性和科学性。

（二）进一步完善机关管理制度。为认真贯彻中共中央办公厅文件精神，厉行节约，坚决制止奢侈浪费，根据会中央领导指示，结合机关实际，提出了《民进中央机关关于加强厉行节约工作的意见》、《民进中央关于会中央领导到地方考察调研接待工作的意见》。为加强和规范机关因公出国（境）管理工作，办公厅提出了《民进中央机关关于进一步加强因公出国（境）管理工作的意见》。

（三）进一步规范机关人事制度。为规范干部挂职锻炼工作，参照国家关于干部挂职锻炼的有关规定，机关制定了《关于民进地方组织干部到会中央机关挂职锻炼的管理办法（试行）》。为加强民进中央领导秘书工作，参照国家有关规定，结合民进中央工作实际，机关制定了《民进中央关于加强领导秘书工作的有关意见（试行）》。

（四）进一步完善机关安全保密制度。根据统战部保密工作要求，机关保密工作领导小组进一步加强机关保密工作力度，修订了《民进中央机关工作秘密载体销毁管理办法（试行）》，制定了《民进中央涉密笔记本电脑保密管理规定》，在机关范围内印发了《民进中央机关保密制度汇编》。同时，加强了机关领导参阅的机要文件保密管理工作。

二、探索创新干部培养方式，进一步加强机关干部队伍建设

机关干部是机关工作的主体，是保障机关高效运转的有生力量。为进一步适应新形势下统战工作需要，不断提高干部的业务能力和综合素质，办公厅按照会中央领导的要求，以突出民主党派中央机关公务员培训特色为重点，努力探索创新干部培养方式，以人为本，进一步加强机关干部队伍建设。

（一）增强干部培养工作的计划性和针对性。1月，办公厅组织开展了“民进中央机关干部教育培训需求问卷调查”活动，了解了机关干部在培训学习中的个性化需求和对机关教育培训工作的意见和建议。在综合分析问卷的基础上，形成了2009年机关干部培训计划，进一步丰富了干部培训内容和方式，增强了干部教育培训工作的计划性和针对性。

（二）增强干部培养工作的创新性和多样性。办公厅探索网络培训模式，组织机关局、处、科级干部参加了北京市干部在线学习课程，以在线网络学习形式，为干部自主学习搭建平台。根据人事部高级公务员培训中心每月培训课程单，选定与机关工作相关的课程，选送部分干部参加培训，创新了专题培训模式。制作民进中央机关2008年度考核光荣榜，并将《优秀公务员工作感言集锦》发送机关全体工作人员参考学习，创新了干部培养的激励模式。根据干部的业务需求，组织了两次机关实用公文写作培训，一次机关档案工作专项知识培训，努力提高干部的业务能力。

（三）增强干部培养工作的连续性和互动性。3月，办公厅召开了2008年录用公务员座谈会，了解5位公务员进入机关后适应工作的情况及工作中存在的困惑与不足并给予帮助，为他们尽快转换角色、适应工作要求奠定了良好的基础。5月，召开了处室秘书工作座谈会，了解处室秘书一年来在各部门工作情况，以及对这一锻炼平台的意见和建议，以便为处室秘书更好地履行职能创造良好的条件。2009年机关继续选派处级干部1名赴江苏省淮安市挂职锻炼1年，并接收地方组织选派的3名局级干部、2名处级干部、1名科级干部到机关挂职锻炼，促进会中央机关与地方组织干部之间的相互学习和经验交流。

三、以应用为主导，积极稳妥地推动机关信息化建设

信息化建设是推动电子政务建设的基础性工作，对于履行机关职能，规范办事程序，提高工作效率，更好地服务全会工作具有重要意义。2009年上半年办公厅根据信息化建设要以应用为主导，为应用服务的原则，主要完成了四个方面的任务：

（一）建设信息资源管理平台和组织会员管理应用系统。这两大项目建设初始就受到会中央领导高度重视，他们听取汇报，审阅项目方案，指导项目实施，要求严密组织、规范操作，“好事要做好”，为信息化项目建设指明了方向。在建设过程中，项目小组深入细致调研，创新调研方式，不仅在机关召开11次座谈会，开展3轮调研，还分别对5个地方组织和3个兄弟党派进行调研，取得良好效果。目前，两项目进展顺利，均已完成系统开发、项目验收和试运行工作，为明年推广应用打好基础。

（二）为参政议政部开发信息报送系统。为满足参政议政业务需求，实现民进中央与地方组织之间的社情民意信息报送的流程管理，办公厅深入调研，反复斟酌，与开发单位协同，在1个月内完成了系统开发、调试和部署，实现了用钱少、效率高、效果好的目标。参政议政部用户评价该系统运行稳定、设计合理、操作直观、功能齐全，具有很好的资源整合、即时反馈效果，是一个比较理想的社情民意信息工作平台。

（三）完成民进网站建设与维护工作。一是根据会中央领导“网站应用要为广大网友使用提供便利，简单、方便地实现信息查询和获取，要加强与网友之间的交流，要了解民意，调查民意，为参政议政服务，为民进的工作服务”的精神，部署了网站问卷调查系统和全文检索系统，丰富了网站互动功能，强化信息检索手段，增强了网民参与度。二是根据宣传部的方案进行网站改版工作，改版后民进网站实现了突出“精品意识”、“服务意识”，栏目设置层次清晰，资源集中，链接方便的目标。三是配合宣传部制作了反映抗震救灾、两会、教师节等8个专题网页。

（四）顺利完成2008年信息化建设项目绩效考评工作。根据财政部关于绩效考评工作的要求，办公厅相关处室密切合作，按照绩效考评工作程序，做好各项基础性工作，汇总整理了绩效考评报告，并报领导进行多次修改补充，顺利完成了2008年信息化建设项目的绩效考评工作。通过绩效考评达到了合理配置资源，加强财务管理，规范资金使用，提高资金使用效益的目的，考评结果也将作为今后年度编制预算的重要参考依据。

四、积极参与筹备庆祝新中国成立60周年和纪念人民政协成立60周年各项活动

2009年是新中国成立60周年和人民政协成立60周年，办公厅紧紧围绕庆祝活动主题筹办多项活动。

（一）在民进中央领导的高度重视下，在全会各级组织和广大会员以及民进开明画院的积极参与下，7月29日至8月6日，办公厅承办的“共庆辉煌——民进全国书画展”在中国美术馆隆重举行并喜获成功。此次画展具有如下特点：1. 规模大。展出场地、作品数量、参与范围在民进历史上都是规模较大的一次，充分体现了民进作为以教育文化出版为主界别的党派特色及民进组织的凝聚力和影响力。2. 规格高。出席书画展开幕式的领导和嘉宾共有400多人，既有会内外重要领导人，又有书画艺术界知名人士。3. 反响好。本次书画展开幕式无论是议程设计、现场布置，还是来宾签到、参观引导等各个环节都井井有条、规范有序，得到了会内外嘉宾的一致好评。展厅布置、作品水平等也都得到了大家的首肯。4. 影响大。众多媒体对书画展进行了全方位、多角度的报道，据不完全统计，本次书画展新闻报道共220篇，扩大了民进的影响与知名度，收到了良好的效果。

（二）在民进北京、天津、河北省（市）委会机关的支持参与下，办公厅于9月25日在北京承办了民进中央与民进京津冀省（市）委会机关国庆60周年联欢会。联欢会还邀请了中央统战部和北京市委统战部领导、民进中央8个专门委员会主任以及在京部分知名会员共同参加，取得了圆满成功。通过活动既表达了民进会务工作者对祖国母亲的美好祝愿，也展示了民进各级机关文化建设成果以及机关职工的良好精神风采。

（三）机关人事部门联合团总支，以“我看新中国60年伟大成就”、“我看时代精神和民族精神”为主题，组织干部选取紧扣时代内涵、富有阅读深度的图书，开展了第七届机关读书论坛活动。活动采取了互动交流形式，突出了读书交流者之间、读书交流者与机关干部之间的互动交流，通过交流，深刻体会了图书所反映的时代精神，深化了机关工作人员对建国60年所取得成果的认识和对新中国的热爱，进一步增强了大家做好本职工作的责任感和事业心。

（四）办公厅联合机关工会举办了“民进中央机关庆祝建国60周年及人民政协成立60周年书画摄影展”。此次展览收到了会中央主席，机关各部门同志，机关食堂、车队员工提供的400余幅摄影、书画、剪纸作品，并从中精选出150余件，以部门为单位分区域进行展示，展览为期3个月，并进行了优秀展板评选活动。8块富含部门特色的展板，既是机关职工特长才艺的充分展示，也是大家对建国60周年及人民政协成立60周年的集中献礼。

五、有效发挥办公厅整体优势，全面提升办公厅各处工作质量和服务水平

一年来，办公厅通过加强对处一级的管理，有效发挥整体优势，要求部门全体成员以提高工作质量、提升工作水平为重点，牢固树立一切为广大会员服务、为统一战线事业服务的思想，为会中央和全会做好服务工作。

秘书处完成了民进中央全会、中常会、主席会议、主席办公会议、部门负责人会议等60余次重要会议的筹备、服务、文件起草印刷和纪要拟写等工作，会务工作更加周到，流程更加规范。较好地完成了100余次会中央领导出席中央、统战部、全国政协等有关单位重大活动的联络与服务工作。在进一步规范机关公文流转程序的基础上，2009年秘书处共起草或审核、排版、印发进中发文件55份、进中办文件45份。全处在档案管理、信件收发、图书借阅、文件印制等日常工作中不断提高工作水平和效率，为机关各部门提供良好服务。

人事处围绕机关工作重点，探索创新干部培养方式，认真做好干部学习培训、挂职锻炼、轮岗交流、选拔任用、考核评比等一系列干部培养工作，有力推动了机关干部队伍建设。适应新时期人事工作新要求，进一步完善处内工作制度和工作程序，及时总结经验。做好人事档案管理、工资管理、高干医疗、外事相关工作、机要文件管理和合同工管理等日常管理工作。

财务处负责中央部门经费预算、决算，机关日常财务收支，监督经济往来，分析经费运转情况，协助领导管好、用好经费，努力做好领导的参谋和助手。2009年，根据中共中央办公厅的要求，组成工作小组认真自查自纠，按照规定的方法和步骤开展治理“小金库”工作；做好经费支出分析，及时提醒相关部门按照预算安排掌握工作进度；认真贯彻中共中央关于厉行节约、反对浪费的一系列文件规定，不断强化支出管理，提高资金使用效益。

行政处在机关活动相对集中、时间紧、任务重的情况下，与相关部门积极协调、主动配合，会务工作紧张有序、各环节衔接顺利，保证了各个会议活动的成功举办，特别是在民进全国书画展的筹备服务中工作突出。全处不仅在在行政事务管理、固定资产管理、物业监督、医疗卫生保健、住房管理、办公用品管理等各方面具体工作中实现了预定的目标，也在人员培养，工作分工及合作方式等方面进行了探索，处室建设方面取得了一定的成果。

老干部处工作坚持以人为本，定期组织离退休同志春游、秋游活动，去医院、到家中走访慰问 60 余次，在关注老同志身体健康状况，为他们解决具体问题的同时，注重对他们精神呵护，不断探索、挖掘、肯定老同志的价值所在，虚心向他们学习，努力体现出会中央对老领导、老同志的尊重、关心和爱护。

信息技术管理处在机关信息化建设过程中密切关注国家信息化发展进程，紧密联系机关信息化建设实际，做到学习扎实认真，调研深入细致，决策严谨周到，实施精心细密，取得了较为理想的效果，推动了机关信息化建设的进行。除完成重大信息化建设项目外，还做好计算机网络、电信、广播音响、卫视监控、摄影摄像、电子档案、电子屏幕等系统的管理与维护工作，保证了机关各项工作的顺利进行。

机关服务中心认真做好机关办公大楼的管理服务工作，采取有效措施，积极贯彻落实国务院“节能减排”工作要求；认真做好机关安全保卫工作；美化机关环境，精心完成机关项目建设和庭院绿化工作；较好地完成会议服务、会议购票及物品采购等工作；加强车辆管理与服务，安全、高效完成了全年用车服务工作；为机关职工提供营养健康的饮食保障。服务中心为会中央机关提供了较为完善、周到的服务，为各项工作的开展提供了后勤保障。

一年来，办公厅各项工作取得了一定成绩，这与会中央的正确领导、各部门的支持与合作以及办公厅全体工作人员的共同努力是分不开的，也与民进各级组织和广大会员的支持分不开。2010 年，办公厅将围绕会中央工作部署，继续服从和服务于全会工作中心，进一步加强机关建设，使机关工作向制度科学、程序规范、环境良好、机制高效、职责明确、纪律严格的目标迈进。

三、省级委员会篇

民进北京市委会2009年工作概述

2009年，全体北京民进会员在民进中央和中共北京市委的领导下，参与了庆祝新中国成立60周年、人民政协成立60周年、多党合作制度确立60周年等重大活动，在应对国际金融危机冲击、推动首都科学发展方面，尽到了一个民主党派的责任。一年来，民进北京市委会深入学习贯彻科学发展观，按照民进中央“有思有行、集智聚力、顺势而为”的工作方针，围绕“人文北京、科技北京、绿色北京”建设和“保增长、保民生、保稳定”，恪尽职守，较好地完成了中国民主促进会北京市第十三届委员会第四次全体会议确定的各项任务。

【参政议政】

以集智聚力、创新机制、提高水平为抓手，认真履行参政党职能。

认真履行参政党职能，积极建言献策，不仅较好地完成了各项具体工作，而且在一些方面取得了新的突破，为民进赢得了良好的社会声誉。

一是在高层协商会议上，认真履行参政党职能。主要领导多次代表民进北京市委会参加市委市政府重要协商会议。在《政府工作报告（讨论稿)》征求意见座谈会上，民进提出了“加大房地产市场调控力度，遏制房地产价格过快增长”、“大力发展关键低碳技术、推进低碳技术产业化”、“继续加强农村教师队伍建设”、“鼓励积极养老”等项建议，得到了有关部门的充分肯定。在《中共北京市委贯彻〈中共中央关于加强和改进新形势下党的建设若干重大问题的决定〉的意见》征求意见座谈会和北京贯彻落实中央5号文件情况座谈会上，民进也都提出了重要意见。

二是继续完善信息工作机制，信息报送工作取得新成就。全年共向民进中央、市委统战部和市政协报送信息217条，其中81条被采用，14条得到北京市领导批示，《关于进一步加强农村可再生能源工作的建议》和《建议尽快把抢占低碳技术制高点纳入中关村国家自主创新示范区的发展战略》得到了刘淇同志的批示，《用国产高端产品代替进口产品》的建议得到了郭金龙同志的批示。《政策支农和金融支农相结合，推动城乡一体化金融服务建设》信息，被北京电视台和北京日报作为民主党派为“三保”建言献策的重点内容予以采访和报道。2009年，民进被《北京统战信息》所采用的信息数量、得分和获奖名次，首次在8个民主党派中名列第一，并获得了“民进省级组织信息工作先进单位”、“北京市统战系统信息工作先进单位”和“北京市政协系统信息工作先进单位”荣誉称号。

三是积极开展调查研究，调研成果为履行职能发挥了重要作用。依靠专家会员、专委会和基层组织，全年共完成21篇调研报告。在北京市统战系统调研成果评比中，6篇调研报告获奖，其中《关于北京市司法社会工作建设状况的调研》获一等奖。在市政协十一届三次全会上的大会发言和2件党派提案，以及得到牛有成同志批示的《进一步加强沟域经济建设，落实区域生态涵养，发展山区经济的建议》，都是在相关调研报告基础上形成的。民进市委会关于《政府工作报告（讨论稿)》的修改建议，主要也是基于调研成果提出来的。

四是依靠集体智慧，认真参加议政会、对口联系会等重要会议。在市政协和市委统战部组织的“基本公共服务均等化”和“扩内需保增长促进首都经济平稳较快发展”专题议政会上，民进分别作了题为“健全和完善养老公共政策”和“关于中关村国家自主创新示范区发展战略”的重点发言，与会的会员专家还提出了“建立世界第三大碳交易中心”、“定向培养社区医生”等若干建议。在市委教工委、市教委对口联系会上，民进市委就北京市中长期教育改革与发展纲要、农村教师队伍建设、高等教育科学发展等问题发表了意见和建议。在市委统战部组织的“扩内需、保增长、促发展”新闻通报会上，民进的发言也引起了媒体的关注，《北京日报》随即对民进长期支援延庆二中教育发展工作予以报道。

五是创新研讨机制，不断提高民进社会影响

力。围绕市委市政府的中心工作和社会关注的热点问题，先后联合市政协经济委员会召开了“中小企业应对国际金融危机研讨会”、联合市社科联召开了“人文北京建设研讨会”、联合市政协教文卫体委员会召开了“树立先进教育理念推进高中课程改革论坛”。北京电视台、《人民政协报》、《北京日报》、《北京观察》等重要媒体都对这些研讨活动进行了报道。北京市政协相关专委会在年度工作总结中，都对与民进的合作给予了充分肯定，北京市政协常务委员会工作报告还把与民进市委联合召开的“中小企业应对国际金融危机研讨会”列为2009年北京市政协应对金融危机的一项主要工作。除此之外，民进还与首都师范大学联合举办了“司法社会工作人才队伍建设专题研讨会”，参加了西南五区政协联合举办的“西南区域经济发展论坛”和北京社院举办的“2009北京文化论坛——北京文化产业发展”。

六是充分利用市政协平台，发挥参政党作用。在市政协十一届二次全会上，民进市委作了题为“加强首都公益性社区文化建设”的大会发言，就如何推进公益性社区文化建设、充分利用农村可再生能源和调整养老政策问题提交了3件党派提案。民进会员中的政协委员提交个人提案63件，其中11件被评为优秀提案，占优秀提案总数的9.3%。2009年，市委会还参加了市政协组织的关于城市生活垃圾分类处理、完善学前教育体制、首都人口规模调控等联合调研课题，为市政协常委会形成相关提案作出了贡献。

七是依靠骨干会员，为民进中央参政议政做好服务。一方面大力支持广大骨干会员直接参加会中央各专委会的工作，另一方面也依靠骨干会员认真完成民进中央交办的调研课题，提交了“关于稳定和扩大大学生就业工作的调研报告”和“超越金融危机，认识和解决中小企业面临困难的调研报告”，还为会中央“农村教育综合改革课题”、“京津冀高校科研体制改革座谈会”、“庆祝教师节暨中国教师发展论坛”等重要活动做了大量工作。

【社会服务】

以打造品牌、注重实效为抓手，借力借势开展社会服务。

积极开展城乡共建、支教扶贫、两岸交流活动，工作思路不断明晰，品牌特色基本形成，社会效果逐步显现。

一是推动京郊建设取得新成效。在科技支农方面，北京民进——龙泉务生态园科教示范基地发展态势良好，全村人均收入已超过全市农民收入平均水平。在市文明办评选出的全市10个“共建京郊文明行”示范对子和100个先进单位中，民进均榜上有名，并且是全市唯一上榜的党派。在文化支农方面，各级组织向京郊农村捐赠图书1.9万册、协助举办文艺演出4场、组织普及法律知识、赠送书法作品等文化下乡活动4次。同时，积极开拓支农工作新领域。与市中医研究所联合开展“小儿反复呼吸道感染及预防”公益活动，对平谷区1500多名儿童进行普查，为280名儿童进行免费治疗。在郊区支教方面，不断完善延庆二中支教模式，坚持“走出去”与“请进来”相结合，推动延庆二中高考成绩三年迈上三个新台阶。与此同时，民进市委会积极争取社会资金支持，组织会员捐款，共筹集资金56.3万元，用于教育帮扶工作。

二是服务西部呈现新局面。民进中央、民进北京市委会共赴贵州金沙考察调研，组织会内专家帮助金沙进行职业教育工作规划，动员基层组织和会员为金沙学校捐赠图书2.2万册，价值43万码洋。落实民进中央“彩虹行动”，北京会员向金沙捐赠款115万元及价值25万元的医疗器械和远程教学设备。组织北京学校与金沙9所示范校签订3年帮扶协议，举办金沙校长培训班。探索西部支教工作新模式，发挥会员及当地企业的积极性，与酒鬼酒公司合作，安排湖南湘西土家族苗族自治州12位职教学校的领导和管理人员来京学习、考察，组织北京市骨干教师和专家赴湘西州举办中小学骨干班主任培训班。组织北京知名校长为海南琼中县百名农村小学校长进行培训，受到当地民进组织和受训教师的好评。

三是两岸民间交流活动实现新突破。主动加强与市台办沟通，推动两岸开展教育文化交流活动。经民进市委会推荐，东城黑芝麻胡同小学参与了第二届中华文化快车——赴台参加两岸师生祭孔大典系列活动。组织部分企业界会员赴台考察，促进两岸企业界人士交流合作，打开了民进北京市委会对台工作的新局面。

四是抗震救灾后续工作有了新进展。会员地震捐款56万元已全部用于什邡市北京小学建设。积极配合会中央举办地震灾区校长培训班。组织民进新闻出版工作委员会向灾区学校——四川德阳市罗江中学捐赠5000册学生读物。民进西城区委向四川灾区3所幼儿园捐赠40箱幼教物品。市基教研中心会员专程到什邡市进行现场教学。

【自身建设】

以深入学习贯彻科学发展观为抓手，切实加强思想理论建设。

通过报告会、座谈会、务虚会、恳谈会、时政漫谈会、专题论坛、主题征文、机关青年理论小组专题学习等形式，围绕中国特色社会主义道路、社会主义核心价值体系、政治交接长效机制，组织会员进行讨论和学习，加强思想建设，巩固参政党建设的思想理论基础。

一是通过中心组学习、暑期培训班、新会员培训、参观博物馆和革命圣地等多种形式，组织学习活动，取得了显著成效。

二是将学习活动与重大节庆活动相结合，通过开展“与共和国同行”主题征文、摄影作品、书画作品征集等活动，回顾统一战线走过的风雨历程。

三是通过问卷调查和“我为民进科学发展建一言”活动，征集会员意见和建议，及时采纳。

四是将学习活动与加强参政党理论研究相结合，组织会内专家和机关干部撰写理论研究文章近百篇，其中18篇被《人民政协报》、《团结报》、《民主》等报刊登载，7人次先后代表市委会在相关座谈会、研讨会上进行大会交流发言。全年共举办各类研讨班、报告会30余场次，参加学习培训的会员1000余人次。不断巩固“一报、一刊、一网络”会内宣传教育主阵地，一年来在新闻媒体登载有关市委会工作的宣传报道近200条，进一步增强了我会的凝聚力和社会影响力。

以改善结构、提高层次、增强活力为抓手，夯实组织基础。

以组织建设和后备干部队伍建设为重点，在组织建设、队伍建设、会员发展等方面取得一定进步。

一是以届中调整和支部换届为契机，切实推进基层组织建设。严格按照相关程序，稳步推进届中调整工作。西城区委、宣武区工委完成届中调整，首都师范大学委员会、顺义支部及丰台区工委、宣武区工委、崇文区工委所属支部完成换届工作。民进中国林业科学研究院支部、中国地质大学（北京）支部、中央美术学院支部如期建立。10个直属支部划归属地管理，为组织结构的进一步优化奠定了基础。

二是以高素质人才为依托，加强参政议政队伍建设。在会员发展上，注重从入会源头抓起，为具有发展潜力的会员及时创造调研和议政机会。注重会员发展中的数量与质量关系，集中发展了一批文化界、社法界会员，为参政议政工作储备力量。一年来，新发展会员203人，其中副局级以上干部3人，中小学校长、副校长2人。

三是以基层组织调研为依托，密切市区两级以及各基层组织之间的联系。在全市范围开展了历时一个半月的基层组织调研，班子成员分别带队深入基层，37位市委委员参加，机关干部全员参与，近半数会员参与了问卷调查和各级组织座谈。在此基础上，开展了优秀基层组织、优秀会员和优秀会务工作者评选工作，为2010年开展“创建全国先进地方组织和基层组织”活动进行了前期准备。

四是探索开展组织活动新形式，进一步整合各方会务资源。通过精心筹备，成立了民进校长联谊会，目前共有31名校长参与其中，为进一步发挥民进在传统界别的优势搭建了平台。进一步完善区级组织负责人联席会制度，各区轮流主办联席会，邀请所在区政协主席、区委统战部部长参加，为各区民进组织发展起到推动作用。同时，积极促进各级组织之间横向合作，基层活动呈现活泼、生动、多样局面。

五是切实加强后备干部和骨干会员队伍建设，为更好地履行参政党职能奠定人才基础。先后推荐了6名优秀干部参加中青年骨干培训班，9名市委委员、区级组织负责人，34名新会员参加中央社院、北京社院的培训和学习。今年共向有关部门推举各级各类人才210人次。加强后备干部的跟踪培养工作，积极为他们参加社会政治活动搭建平台。主动与北京市公招中会员新任职单位的中共党组织联系，通过组织渠道帮助新任职会员及时完成角色转换，顺利度过考察期。

以提升创新力和服务力为抓手，扎实推进机关建设。

以加强制度化、规范化、程序化为重点，以提高人员素质为关键，以改进作风和提高工作效率为根本，着力提高机关工作的质量和水平。

一是机关工作更加开放。积极落实民进中央提出的“会中央工作与地方组织工作相互促进”的工作理念，民进北京市委会机关与会中央机关加强联系，三位专职领导分别兼任会中央副秘书长、组织部副部长、办公厅副主任，市委会机关与会中央机关建立了密切对口联系制度。进一步完善半年一次的区级组织负责人联席会议制度和每季度一次的区级组织联络员会议制度，密切市委会与基层组织的沟通联系。密切省级组织间的横向交流，第二届华北五省（市、区）主委联席会如期举行，四个直辖市机关干部交流工作正在积极推进。先后接待民进广西区委会、民进江苏省委会、民进广东省委会以及民进甘肃、陕西、深圳企业家联谊会来市委会进行省际交流。充分利用民进市委作为中央社会主义学院“现场教育基地”这一平台，着重就机关建设等内容加强与全国各省市的各个党派进行研讨交流。继续巩固与市政协和政府部门的联络，加强交流、沟通与协作。

二是机关建设有序推进。制定了民进市委会届内专项工作规划，进一步明晰了机关各部门、各岗位工作职责，实施年度主要工作项目进程统计制度，完善机关规章制度和工作流程。积极向市发改委争取资金，加大信息化建设步伐，目前网站及自动化办公系统开发建设 84 万元资金已获市发改委批复。制定了机关年轻干部锻炼规划，选派干部到市政协、国庆办交流学习。加强机关文件档案管理。在去年 2 月份的评选中，民进北京市委会机关被评为北京市统战系统政绩突出单位。

三是会庆筹备工作进展顺利。专门成立了顾问委员会、会庆筹委会。目前史料征集组、采编组、活动策划组、组织保障组的各项工作正顺利展开。为抢救会史资料，已对 90 余位代表人士进行了专题采访。西城区委会以此为契机，广泛发动会员，搜集珍贵资料，筹备撰写西城民进区志。

民进上海市委会 2009 年工作概述

【重要会议及活动】

1 月 6 日，市委会召开十四届二十二次主委会议。

2 月 10 日，市委会召开十四届二十三次主委会议。

3 月 17 日，市委会召开十四届二十四次主委会议。

3 月 20 日，市委会召开十四届五次全体（扩大）会议。

3 月 20 日，市委会召开十四届九次常委会议。

4 月 7 日，市委会召开十四届二十五次主委会议。

5 月 5 日，市委会召开十四届二十六次主委会议。

5 月 22 日，市委会召开十四届二十七次主委会议。

5 月 22 日，市委会召开十四届十次常委会议。

6 月 10 日，市委会召开十四届二十八次主委会议。

7 月 10 日，市委会召开十四届二十九次主委会议。

8 月 7 日，市委会召开十四届三十次主委会议。

9 月 18 日，市委会召开十四届十一次常委会议。

9 月 18 日，市委会召开十四届三十一次主委会议。

9 月 29 日，市委会召开主委班子专题学习会议讲话。

10 月 16 日，市委会召开十四届三十二次主委会议。

11 月 3 日，市委会召开十四届三十三次主委会议。

12 月 7 日，市委会召开十四届三十四次主委会议。

12 月 26 日，市委会召开十四届十二次常委会议。

12 月 26 日，市委会召开十四届六次全体（扩大）会议。

2 月 13 日，市委会举行纪念柯灵诞辰 100 周年纪念座谈会。

4 月 16 日—17 日，民进中央主席严隽琪率队就农村基础教育改革与发展、高校科研经费管理改革等课题来沪调研。

4 月 26 日，市委会参加“喜迎上海世博会开幕式倒计时一周年，世博建设者慰问活动”。

5 月 25 日—26 日，民进中央出版和传媒委员会主任李春生、副主任张秀平就民进中央重点调研课题“我国出版业如何走向世界，打造新时期中国国际形象”来沪调研。

5 月 29 日，市委会举行纪念民进上海市委会成立 60 周年暨迎世博文艺演出、医卫咨询活动。

6 月 10 日，市委会召开纪念民进上海市委会成立 60 周年座谈会。蔡达峰主委、中共市委统战部副部长吴捷出席会议并讲话。

6 月 20 日，市委会召开纪念民进上海市委会成立 60 周年大会。全国政协副主席、民进中央常务副主席罗富和，中共上海市委统战部部长杨晓渡出席会议并讲话。蔡达峰主委出席会议并致辞。

7 月 30 日，中共中央统战部副部长黄跃金在中共上海市委统战部部长杨晓渡的陪同下，来市委会机关看望机关干部。

8 月 16 日，上海市慈善基金会“人文关怀阳光基金”管委会召开慈善酒会。民进中央主席严隽琪、民进上海市委会主委蔡达峰出席酒会并讲话。

8 月 20 日，民进市委会机关举行“向台湾灾区募捐”活动。蔡达峰主委和全体机关干部向台湾同胞捐款。

8 月 26 日，民进上海市青浦区支部委员会召开成立大会。蔡达峰主委出席会议并讲话。

9 月 5 日，民进中央在贵州省毕节试验区金沙县第一中学举行“彩虹行动”启动暨签约捐赠仪式。民进中央主席严隽琪出席仪式并讲话。副主席朱永新出席并主持仪式。民进上海市委会与金沙县西洛乡签订对口支援协议，并作为捐赠方代表讲话。

9 月 17 日，上海市各民主党派举行庆祝新中国成立 60 周年书画联展开幕式暨《风雨同舟　继往开来》图片集首发式。中共市委统战部部长杨晓渡出席开幕式并讲话。

9 月 25 日，民进上海市委会主委蔡达峰接受上海文广新闻传媒集团《风雨同舟　再创辉煌》电视片摄制组专访。

11 月 20 日—21 日，“京津冀苏沪民进青年会员自主创新能力建设”论坛在沪举行。

12 月 20 日，市委会举办“2009 年上海民进教育论坛”。民进中央主席严隽琪、中共市委统战部副部长吴捷出席论坛并讲话。

【参政议政】

市委会领导在中共市委召开的党外人士座谈会、中共中央统战部召开的调研会上，就农村改革发展、大学生就业、迎世博、上海科技创新、学习实践科学发展观活动、政府工作报告、党的建设、党风廉政建设和反腐败工作、党的统战工作等专题，实事求是地反映问题、发表观点和提出建议。关于党风廉政、社会管理、社区“两个中心”建设等的建言，得到了中共上海市委、市政府主要领导高度关注，并作出了重要批示。

市委会年初提交市政协十一届二次会议的提案共有 9 件：《关于上海社区建设可持续发展的思考与建议》、《关于加强本市节能工作的若干建议》、《关于上海科技创新中的高端专业人才开发与引进的建议》、《关于本市出版业体制与机制创新改革的若干建议》、《关于科学制定中小学教师专业发展标准的建议》、《关于稳步推进社会工作专业化和职业化发展的建议》、《关于整理挖掘本市中医药流派资料并推广应用的建议》、《关于上海郊区旅游业可持续发展的建议》、《关于完善各类教育资源配置的建议》。其中，《关于加强本市节能工作的若干建议》、《关于本市出版业体制与机制创新改革的若干建议》被评为 2009 年度市政协优秀提案。

市委会 2009 年共承接并完成民进中央、中共市委、市政协、市委统战部、市政府有关部门等委托课题9件：《关于社会建设与管理创新的思考与建议》、《上海外来流动人口子女教育问题研究》、《加强培训见习，促进大学生就业——关于发放“就业培训券”的建议》、《上海实施市民旅游教育研究》、《促进教育公平的目标及指标研究》、《京沪两地民营图书工作室的发展现状与启示》、《关于社会建设和管理体制的思考与建议》、《关于对淀山湖水资源污染进行生态治理和恢复的建议》、《区域协作解决民工子女就学问题》。其中《关于社会建设与管理创新的思考与建议》和《上海外来流动人口子女教育问题研究》分别获得俞正声书记、殷一璀副书记、杨晓渡部长、沈晓明副市长等市委、市政府领导的重要批示。《加强培训见习，促进大学生就业》获市政协党组、市政协主席会议高度评价，并作为市政协主席建议案递交市委、市政府主要领导。

市委会10个专门委员会共完成调研课题24个，其中6件将转化为民进上海市委会提案提交市政协十一届三次会议。

市委会共向民进中央报送信息133条，向市政协报送信息210条，向中共市委统战部报送信息217条。由上海交通大学张广仁副教授撰写的信息“为迎世博亟待规范申城外语招牌及告示”获沈晓明副市长和沈骏副市长重要批示，随后，全市开展了大规模的专项整治行动。

【理论研究和会史工作】

市委会共举办了三次大型研讨会：8月15日与上海法治研究会等机构联合举办“和谐社区与业主委员会”大型研讨会；9月19日与市统战理论研究会联合举办“纪念多党合作和政治协商制度确立60周年理论研讨会”；12月20日，举办以“开拓职业教育的新视野”为主题的“2009年‘上海民进教育论坛’（第七届）”。

11月，市委会组织征集了15篇论文参与市统战理论研究会举办的“参政党基层建设理论研讨会”，其中3篇论文入围获奖。上海民进会员在报刊、杂志、媒体上发表的理论文章60余篇，向民进中央和市统战理论研究会推荐20余篇。

市委会荣获2009年度民进省级组织参政党理论研究工作先进单位。

2月，市委会组织召开了“柯灵同志诞辰100周年纪念座谈会”，并整理完成“建立柯灵故居纪念馆的建议稿”，由市委会副主委赵丽宏作为全国政协委员提案提交全国政协。还完成了民进中央研究室交办的4万余字的人物传略《柯灵》。4月，协助市文物委召开“徐伯昕先生纪念座谈会”。完成了2009年《上海年鉴》中“民主党派组织民进版面”文稿和“社会调查版面”中的两篇文稿。收集和补充了“民进成立旧址”的民进文史资料专架的内容。调研统计了上海的民进历史教育资源并向中共中央和中共市委统战部提出开发设想。

【社会服务】

8月5日，由上海民进企业家联谊会、市作协、市民办中小学协会联合成立的人文关怀阳光基金与民进闸北区委联合举办夏季慈善酒会，民进中央主席严隽琪、副主席蔡达峰出席活动并讲话。民进会员等筹资150余万元，为支持民进各项社会服务工作提供助力；12月26日，市委会牵头主办民进会员张峰慈善独唱音乐会，为人文关怀阳光基金再度筹款20万元。2009年出资10余万元资助市委会各项西部教育支援项目，并捐赠全市66所农民工子弟学生课外读物价值67万元。

8月19日—25日，组织上海民进讲师团赴贵州省黔东南州讲学。举办了民进上海市委会第五期西部教师培训班、安徽滁州校长培训班、第一、二期贵州铜仁骨干教师培训班、上海农民工子弟小学教导主任培训班，累计培训贵州教师310余人，安徽教师30人，本地农民工子弟小学教师112人，捐赠贵州师生教学文具价值2.4万余元；捐赠四川灾区中医图书价值8万元；民进自强进修学院、上海民办进华中学、上海民进企业家联谊会成员等出资3.5万元，资助贵州省黔西南州普安县、黔东南州雷山县贫困生共160名；资助贵州省普安县来沪大学生侯净赴奥地利交流实习路费1万元；捐资16700元帮助贵州普安县罗汉小学病危校长解决手术费用。

9月6日，在会中央于贵州省金沙县举办的“彩虹行动”启动仪式上，市委会与金沙县西洛乡签订了3年帮扶协议，并捐赠金沙县价值5万元医疗检测仪器1台；11月8日至10日，再度组织会内教育、企业界人士至当地推进具体帮扶工作。

民进虹口区委会等筹资120万元在四川省罗江

县建白玉兰小学；会员联系捐资30万元扩建贵州铜仁市豹子营民族小学、捐赠贵州省贵阳市小河区医疗物资价值23万元。

10月16日，严隽琪主席视察上海民进会员在南通企业，举办“银行扶持中小企业相关政策”、“新能源开发使用”等讲座。召开社会力量办学机构会议暨民办教育发展趋势报告1次；完成剑桥少儿英语民进下属12个培训点，5个考点，3000余考生的考务及日常管理工作。

举办“纪念上海民进成立60周年暨迎世博”文艺演出、医卫咨询活动，迎“八一”军民慰问演出，“3·15”法律咨询；民进浦东区委会开展世博建设者慰问，捐赠劳防用品100套；黄浦、杨浦、崇明等区县委举行教育义务咨询3次，总受益群众2400余人次；另在会员奚剑鑫创办的阳光海川学校举办的六一儿童节捐书活动上，农民工子女获赠书籍价值70万元；会员陈卓群向崇明县城桥镇第三敬老院捐款捐物5万元；为推广评弹艺术，会员程皓经营的华皓会计师事务所与评弹剧团等合作举办“吴语雅韵评弹艺术欣赏”专场。

【自身建设】

1. 思想建设。市委会按照民进中央部署要求，结合上海民进各级组织和广大会员的思想实际，以科学发展观为指导，以思想建设为核心，继续深化中国特色社会主义主题教育活动，为更好地履行参政党职责奠定了坚实的思想政治基础。

市委会组织各级组织和会员学习中共十七大、十七届四中全会和中共中央两个5号文件精神，以学习贯彻科学发展观为主要内容，大力推进学习型参政党的建设；市委会领导坚持深入基层组织进行学习宣讲教育，并带头撰写理论文章，为基层组织和会员作出了表率；市委会先后邀请有关专家作了“深入学习实践科学发展观”、“关于新形势下宣传思想工作的新思考”、“当前国内国际经济形势”、“当前的国际形势与中国的战略环境”等专题辅导报告。

市委会认真制定学习贯彻科学发展观实施方案，组织各类学习培训5期，举办学习辅导报告4次，开展讨论交流5次，组织问卷调查1000人次，编写《学习贯彻科学发展观材料汇编》印发基层；开辟报刊、网站学习专栏，刊登各级组织和会员们学习贯彻科学发展观体会和经验的文章；在民进全国宣传思想工作会议暨科学发展观论坛会上介绍交流了经验，按照会中央要求，结合实际，制定下发了《民进上海市委加强新形势下思想建议意见》。

市委会以纪念新中国成立60周年、人民政协成立60周年、多党合作和政治协商制度确立60周年、民进上海市委会成立60周年等活动为契机，组织开展了系列纪念活动。市委会组织撰写了《上海民进60年回顾》资料印发基层组织，制作了“前进中的上海民进”展板，在《团结报》专版刊登市委会成立60年来所走过的光辉历程和取得的成功经验。市委会牵头负责编辑出版了上海市各民主党派纪念多党合作和政治协商制度确立60周年《风雨同舟　继往开来》图片集，编写了《民进上海市委抗震救灾志》。

市委会共被会外媒体刊用的稿件为276篇，其中中央级媒体刊用90篇、地方媒体刊用186篇。全年共编发上网稿件428篇。

市委会荣获2009年民进省级组织报刊工作先进单位、民进中央颁发的“多党合作　共铸辉煌——纪念多党合作制度确立60周年”征文活动优秀组织奖。

2. 组织建设。市委会现有区、县组织18个（下属支部共265个），直属委员会14个（下属支部68个），直属支部29个。共有会员8465名，平均年龄54.1岁。其中，具有中高级职称的会员占96.2%，女会员占45.2%。2009年发展会员227人，平均年龄39.2岁，正高职称3人，副高职称61人，高中级职称会员占91.2%，女会员占62.6%。市委会于8月26日正式成立了民进青浦区支部，实现上海18个区县民进组织全覆盖。根据上海市行政区域调整的情况，撤销民进南汇区总支部委员会，完成了与浦东新区委员会合并，部分区委、直属委员会和支部领导班子也进行了调整和增补。

市委会举办了第27期中青年会员学习班、区县委员会主委培训班，分3期举办了基层支部负责人培训班；在2008年评选先进支部的基础上，征集支部组织生活的成功案例，组织编写了《在正道上行——上海民进支部组织生活案例选》。

3. 机关建设。市委会加强机关内部管理，改善工作作风，提高工作效率，顺利完成了市委会布置的各项任务，机关国有资产管理考核评估获2009年度市级机关系统A级单位称号。

市委会不断完善机关部室负责人会议制度，改进了议事规则和工作机制；认真贯彻《党政领导干部选拔任用工作条例》的要求，组织机关全体干部专题学习讨论，加强了干部的组织观念、服务宗旨和岗位责任的教育，促进了思想认识的转变和提高。按照《公务员法》和年度工作重点的要求，市委会机关安排干部实习和挂职锻炼，有4名新录用公务员被派往市人大信访办和华阳路街道实习，2名机关青年干部被派往民进中央和市政府信访办挂职锻炼，同时，接受了民进兄弟省市级组织的机关干部挂职锻炼。

民进天津市委会2009年工作概述

【重要会议及活动】

常委会和全委会

1月6日，民进天津市第十届委员会常务委员会第六次会议召开。张俊芳主委主持会议并讲话，副主委何志敏、袁希钢、邱立成、孙惠玲、李敏龙、刘福林和市委常委出席会议。

同日，民进天津市第十届委员会第三次全体会议召开。市委会主委张俊芳，副主委何志敏、袁希钢、邱立成、孙惠玲、李敏龙、刘福林和市委委员出席会议。会议由何志敏副主委主持。

7月31日，民进天津市第十届委员会常务委员会第七次（扩大）会议召开。市委会主委张俊芳，副主委何志敏、袁希钢、邱立成、罗小明、孙惠玲、李敏龙、黄田、刘福林和常委共17人出席会议。市委委员、各专（工）委会主任、市直属基层组织负责人、市委会副秘书长及市委会机关各部门负责人、各区专职干部和区级基层组织代表列席了会议。会议由张俊芳主委主持。

主要领导活动情况

1月10日—14日，担任市政协委员的市委会副主委李敏龙、黄田、刘福林出席市政协十二届二次会议。市委会向大会提交团体提案13篇，大会书面发言5篇。据不完全统计，我会市政协委员个人或联名提交提案共计72篇。

1月11日—15日，罗小明副主委等7位民进会员作为市人大代表出席了市十五届人大二次会议。据不完全统计，7位代表在会议期间提交议案、建议（含联名）共计11份。

2月9日，张俊芳主委，邱立成、李敏龙副主委出席市政协召开的各界人士元宵节座谈会。

3月3日—12日，在津的全国政协常委、民进中央副主席冯骥才和我会全国政协委员——市委会主委张俊芳，副主委袁希钢、邱立成、孙惠玲出席全国政协十一届二次会议。

3月5日—13日，何志敏副主委出席全国人大十届二次会议。

4月9日，市委会举办《纪念改革开放30周年参政党建设理论文集》首发式。民进中央副主席王佐书出席首发式并讲话。首发式由市委会副主委李敏龙主持。

4月10日—11日，市委会举办基层干部培训班。民进中央副主席王佐书出席会议并作报告。市委会副主委何志敏、袁希钢、邱立成、李敏龙出席会议。

4月28日—29日，刘福林副主委出席在天津滨海新区召开的“第八届中欧工商论坛”。

5月22日，天津市各民主党派举行为“保增长、渡难关、上水平”作贡献主题论坛。市政协副主席田惠光、陈永川出席。中共市委统战部副部长潘万青出席论坛并讲话。市各民主党派、社会主义学院和市政府有关部门负责同志出席。李敏龙副主委出席论坛。

5月23日，由民进天津市委会与天津旺盛艺术中心共同主办的“喜迎建国60周年书画作品展”在市政协书画艺术馆开幕。原市政协副主席、天津市文化产业协会会长曹秀荣，中共天津市委统战部副部长潘万青，市政协书画艺术研究会常务副会长张金方，民进天津市委会副主委何志敏、邱立成、李敏龙、刘福林和市文史馆、各民主党派领导同志出席开幕式。

6月3日—4日，民进十二届七次中常会在京举行，张俊芳主委、何志敏副主委出席会议。

6月5日—7日，民进全国组织工作会议在京举行，张俊芳主委，副主委何志敏、李敏龙出席会议。

6月8日，市政协举办“全球绿色经济峰会”，李敏龙副主委出席会议。

6月26日，市委会举办学习贯彻科学发展观讲座，邀请申泮文院士作报告，副主委袁希钢、李敏龙、刘福林出席了报告会。

7月3日，市委会召开基层组织学习贯彻科学发展观，深化主题教育活动汇报会。李敏龙副主委出席并讲话。

7月7日—9日，民进全国宣传思想工作会议暨科学发展观论坛在京召开。袁希钢、李敏龙副主委出席会议。李敏龙副主委代表市委会在会上宣读论文。

7月14日，天津WTO咨询服务中心、民进市委和市商务委联合举办“积极稳定外需，提升出口竞争力，努力保市场、包份额”研讨会。市WTO咨询服务中心理事长王鸿江，市商务委副主任赵建忠，民进市委会副主委罗小明等出席。

8月12日—14日，市政协举办理论学习读书会，学习胡锦涛总书记对天津作重要指示和市委常委扩大会议精神，邢元敏主席作重要讲话。李敏龙副主委参加学习。

8月29日，中共天津市委召开“深入学习实践科学发展观活动第二批总结暨第三批动员大会”，张高丽书记作重要讲话。李敏龙副主委作为特邀人员出席大会。

同日，张俊芳主委、李敏龙副主委出席市政协举办的庆祝人民政协成立60周年音乐晚会。

9月3日—7日，李敏龙副主委赴贵州毕节地区金沙县参加民进中央举办的扶贫支教“彩虹行动”的启动仪式。民进中央严隽琪主席、朱永新副主席出席仪式。

9月11日—13日，第二届民进华北五省（市）主委联席会在津开幕。本届联席会由民进天津市委会主办，民进华北五省主委、常务（专职）副主委、秘书长参加会议。民进中央副主席、北京市委会主委刘新成代表民进中央向大会致辞，市委统战部副部长潘万青到会祝贺，市委会主委张俊芳，副主委邱立成、罗小明、李敏龙出席。

9月17日，天津市统一战线各界人士庆祝国庆60周年联欢大会在天津礼堂举行。何志敏、袁希钢、罗小明、李敏龙、黄田副主委出席大会。

9月19日，天津市在天津礼堂召开庆祝中国人民政治协商会议成立60周年座谈会。市委书记张高丽出席并讲话。袁希钢、李敏龙副主委出席。

同日，纪念人民政协成立60周年展览在天津博物馆开幕。市政协主席邢元敏等领导为开幕式剪彩。李敏龙副主委出席开幕式。

9月23日，民进中央召开庆祝新中国成立60周年座谈会，严隽琪主席作重要讲话。李敏龙副主委和青工委主任张金英出席座谈会，张金英作大会发言。

9月25日，民进中央与京津冀省（市）委会机关庆国庆60周年联欢会在北京好苑建国饭店举行。严隽琪主席、罗富和常务副主席、刘新成副主席等领导出席联欢会。李敏龙副主委率机关干部参加联欢会并表演了节目。

9月29日，张俊芳主委、李敏龙副主委，老主委余国琮、姚建铨应邀出席市政府国庆招待会。

10月12日，中共天津市委召开统战系统座谈会，征求对“中共天津市委关于贯彻落实《中共关于加强和改进新形势下党的建设若干重大问题的决定》的意见”文件的意见，张高丽书记主持会议并讲话。李敏龙副主委受张俊芳主委委托代表民进市委在座谈会上发言。

10月14日—15日，2009年全国民进企业家联谊会联席会议在南京召开，民进中央主席严隽琪出席开幕式并作重要讲话。民进天津市委企业家联谊会会长及部分会员代表出席大会。

10月29日，市委会召开宣传思想工作会议。李敏龙副主委主持会议，袁希钢副主委作总结讲话。

11月20日—21日，由民进京、津、沪、冀、苏五省市青年工作委员会联合举办、民进上海市委会承办的民进中青年会员“自主创新能力建设”论坛在上海市开幕。李敏龙副主委率民进天津市青年工作委员会4名会员参加论坛。

11月26日，市委会召开学习贯彻中共十七届四中全会精神理论座谈会。全国人大常委、民进中央副主席王佐书专程来津就学习贯彻四中全会精神作辅导报告。张俊芳主委会见了王佐书副主席一行。民进中央研究室主任高友东，民进中央办公厅副主任王报换及市统战系统等领导出席座谈会。座谈会由李敏龙副主委主持。

12 月 7 日—9 日，民进中央十二届三次全会在京召开。我市民进中央委员何志敏、袁希钢、邱立成、张金英、刘学安出席会议，李敏龙副主委列席会议。

12 月 14 日，中共市委常委会在市委七次全会召开之前，召开向各民主党派征求意见座谈会。座谈会由市委统战部部长刘长喜主持，李敏龙副主委出席并代表民进市委发言。

12 月 16 日，中共天津市委书记张高丽主持召开对 2010 年工作要点征求各民主党派有关人民团体意见座谈会。李敏龙副主委出席并代表民进天津市委会发言。

12 月 25 日，黄兴国市长主持召开对《政府工作报告（讨论稿）》征求民主党派意见座谈会，李敏龙副主委出席会议并代表民进市委发言。

自 2009 年 2 月 27 日起至 12 月 29 日，召开民进天津市十届十三次至十届十九次主委办公会。张俊芳主委出席并主持了全部会议，何志敏、袁希钢、邱立成、罗小明、孙惠玲、黄田、刘福林副主委出席了部分会议，李敏龙副主委出席了全部会议。

【参政议政】

市委会主持召开“第二届华北五省市民进主委联席会”，围绕“参政议政能力建设”主题和金融危机影响下“奥运后首都周边省市经济发展”等热点、难点问题展开研讨，达成了广泛共识，进一步扩大了参政议政工作的政治影响力。召开领导班子和各专委会会议，部署安排全年工作意见措施，确定以应对国际金融危机影响作贡献的全年工作目标和任务，下发《关于开展为“保增长、渡难关、上水平”作贡献和“我为应对国际金融危机献一策”活动的安排意见》，成立活动领导小组，对活动的组织、内容、要求及协调等都做了周密安排。

市委会高度关注金融危机影响下滨海新区建设与发展，集中会内优势和力量做好服务。各专委会结合“献一策”活动，召开调研会、论证会等会议 40 余次，确定《金融危机对我市对外贸易的影响暨我市出口企业“保增长渡难关”的调研》等 15 个调研课题。各调研组分别深入到滨海新区、商务委、教委等重点地区和部门，围绕服务外包业、外贸企业发展和大学生就业以及区县经济发展等进行调研，全年完成“天津滨海新区服务外包发展的现状与对策”等调研课题 28 个，其中有 5 项调研成果得到市委市政府领导的高度重视，张高丽、黄兴国、何立峰、杨栋梁、苟立军和崔津渡等 6 位市领导分别在调研报告上做了 11 次批示。在今年市政协十一届二次会议上，“关于扩大农村区县内需、拉动天津经济增长的建议”、“关于高校毕业生就业问题”等 5 个调研课题作为大会发言，得到市政府有关部门的高度重视。《人民政协报》等媒体广泛宣传了市委会履行参政议政和民主监督职能取得的丰硕成果。

【社会服务】

市委会参加支援广西毕节“彩虹行动”，与对口支援的乡镇签署对口支援协议，为共同打造科学发展与多党合作示范区提供必要支持；参加第二十三届民进东北、华北、西北社会服务工作研讨会，提高我会社会服务工作水平；深入到会员所在企业调查研究，研讨应对金融危机的对策和措施，并对民营企业走出困境出谋划策；邀请民进甘肃、陕西两省委会来津考察，交流应对金融危机影响和滨海新区开发开放典型经验，寻求合作共赢良机；参加第八届中欧工商论坛，了解我国在应对危机中及时出台的相关政策措施，提高我会参政议政、建言献策的能力和水平。充分发挥自身优势，深入开展法律援助进社区、法律进家庭以及家庭教育进社区等活动，为保和谐、促稳定作贡献；调整扩大经济界会员联谊会，成立教育扶贫基金管理委员会，扩大教育扶贫基金，制定培训贫困地区教育和帮助贫困学生的计划，把扶贫工作做真做实；充分利用“海峡两岸企业发展与合作论坛”建立的关系和渠道，有重点地征求、收集台胞、台商对天津发展的意见建议，及时上报有关部门。积极为四川灾区儿童捐书助教，收到捐助各类优秀少儿读物 7000 余册，价值 4 万余元；扶持蓟县贫困地区支教助学。

我会会员在全市中小学教师中开展口腔嗓音检查，受到中小学教师们的热烈欢迎。在庆祝新中国成立60周年和人民政协成立60周年之际，市委会参加民进中央组织的座谈会、机关联欢会；举办文艺演出、书画展、研讨会。各区级组织、高校及市直属组织工委、区青工委等举办一系列庆祝活动，热情讴歌伟大祖国60年来发生的巨大变化。

【自身建设】

市委会把学习贯彻中共十七届四中全会精神与学习贯彻科学发展观、主题教育有机结合，召开理论座谈会，在会内掀起了学习贯彻四中全会精神的热潮。深入开展走中国特色社会主义道路学习教育活动和为我市“保增长、渡难关、上水平”作贡献等学习活动，学习贯彻民进中央关于主题教育活动的《决定》，学习和借鉴中共天津市委开展学习贯彻科学发展观活动的经验，“重在武装思想，重在解决问题，重在取得实效”。通过召开宣传思想工作会议，举办报告会、座谈会等系列活动，进一步增强会员战胜危机、应对挑战、坚定多党合作政治制度的理想信念。各区（工）委、市直属基层组织以学习贯彻宣传思想工作会议精神为契机，开展形式多样的学习活动，推进各项工作展现新局面。《民进之声》改为月刊，开辟区级组织专版，组织通讯员队伍培训，被评为2009年民进省级组织会刊先进单位。市委会积极探索理论研究指导实际工作的有效方法，创新思路、建立机制，形成了一批具有较高价值的研究成果。依托理论研究会，整合会内外资源，开展具有影响力的活动，编辑出版参政党建设理论研究文集、开展会史抢救等，极大地推动了理论研究实现新的跨越。理论研究工作被评为2009年民进省级组织先进单位。

市委会领导班子认真落实“集体领导、民主集中、个别酝酿、会议决定”要求，严格遵守民主集中制，明确分工，形成合力；扎实推进监督机制建设，实行领导班子成员在全会上述职，接受委员评议；推进领导班子决策民主化和科学化建设，进一步提高领导班子整体履行职能的能力和水平。大力加强后备干部队伍建设。努力做好高层次人才的培养，开展“科技创新，服务社会”和“高校科研体制改革”调研活动，着力提升自身素质和参政能力。举办具有代表性会员交流恳谈会，为贯彻“人才强会”战略做必要组织准备。增补14位具有代表性优秀中青年会员到各专委会担任职务，充实和加强参政议政工作力量。大力加强基层组织建设。认真贯彻民进全国组织工作会议精神，部署并推动开展“创建民进全国先进地方组织先进基层组织活动”；协助完成区级组织领导班子届中调整；继续加强对区工委、青工委和联络委等区级组织工作指导，进一步提升了基层组织整体发展水平。大力加强组织发展工作。全年发展会员145名，平均发展率4.3%，一批高素质、高水平人才加入到我会中来。

市委会机关紧密结合学习贯彻科学发展观活动，围绕贯彻落实市委市政府《关于进一步改进机关作风提高工作效率的通知》要求，强化机关制度建设和作风建设，“从严治理、从我做起”，努力建设学习型和服务型机关。制定“机关干部守则”和“工勤人员职业道德规范”，并完善机关考勤等5项制度，科学安排机关各种会议以及干部培训、考核等工作，为各项工作的开展创造了条件。

民进重庆市委会2009年工作概述

2009年是新中国和人民政协成立60周年，是重庆贯彻“314”总体部署和国发3号文件、推进“五个重庆”建设的重要的一年。在民进中央和中共重庆市委领导下，民进重庆市委会坚持以中国特色社会主义理论体系为指导，深入学习贯彻科学发展观，不断加强自身建设，坚持“有思有行，集智聚力，顺势而为”，认真履行参政议政、民主监督职能，服务科学发展，各项工作取得令人鼓舞的进展。

【重要会议及活动】

2月5日，市委会在红楼宾馆召开有民进组织的区、县、高校统战部长迎春座谈会，陈景秋主委参加会议并讲话。

3月12日，高等教育工作委员会召开会议，研究本年工作重点并确定调研课题“应对我国突发公共卫生事件的对策及建议”、“实施农产品品牌战略刻不容缓”。

3月31日，市委会召开参政议政工作年会，张克敏副主委作了报告，陈景秋主委参加会议并讲话。

5月8日，市委会组织召开区县专干专题学习会议及理论研究座谈会，会议由邓昌金秘书长主持。

5月26日，市委会基础教育与职业教育工作委员会在长寿召开会议，会议确定了本年调研课题“中国随返儿童教育现状、问题及对策研究”。张克敏副主委参加会议并讲话。

7月14日—17日，市委会举行2009年暑期培训活动，市委会主、副委，区、县主副委、专干、支部主任、新会员，共300余人参加了活动。陈景秋主委作了讲话，会中央参政议政部闻连利部长作了报告.

9月11日，为了庆祝教师节，民进重庆市委会组织部分青年教师会员参观重庆市科技馆。

9月24日，民进重庆市委会召开“参政议政特邀研究员”会议，陈景秋主委讲话。

9月25日，民进重庆市委会召开“三胞”会员中秋茶话座谈会，并参观了重庆大学城。

10月26日，在重阳节到来之际，民进重庆市委会组织老会员到重庆医科大学附属医院听了有关养生的讲座，并为老会员义诊。

10月28日，“创建民进先进地方组织、先进基层组织活动”第一次联席会议在南岸区举行，各区县就创建活动作了交流发言，张克敏副主委参会并讲话。

11月17日，理论研究工作委员会在重庆市社会主义学院召开会议，学习了《民进中央关于新形势下我会思想建设的意见》。

12月3日，“创建活动”片区会在永川召开，重庆市远郊区县委的主、副委及专干参加会议，参会区县作了交流发言。

12月19日，民进重庆市委会在重庆市沙坪坝区举行了“三真活动”暨“唱、读、讲、传”文艺汇演，全市100多名会员参加了文艺演出，500多名会员观看了演出，陈景秋主委到现场观看了演出并讲话，观看演出的还有副主委陈贵云、张克敏等。

12月23日，民进重庆市委会召开三届五次全委会。会议学习座谈了中共十七届四中全会、中共重庆市委三届五次全会精神；传达了民进中央十二届三中全会精神；审议并通过了陈景秋主委代表常委会向三届五次全委会作的工作报告；市委会领导班子和领导班子成员述职并进行民主测评；表彰了2009年专项工作先进单位。

2009年，经济与社会服务工作委员会共开展4次活动，研究参政议政课题“整治主城两江四岸 建设美丽宜居家园——重庆主城两江四岸滨江景观综合整治的对策建议”。

【参政议政】

1. 调研成果得到党和国家领导人批示。据国家发改委、国务院三峡办2009年5月反馈：我会提交的《三峡库区外迁移民稳定问题调研报告》，经中央统战部转送党中央和国务院，得到中共中央政治局常委、中央政法委书记周永康和中共中央政治局委员、国务院副总理回良玉的批示。国家发改委和国务院三峡办按照批示要求，分别赴重庆开展补充调研并再次征求民进课题组的意见，拟从国家层面出台相关针对性政策。

2. 做好民进中央安排的各项参政议政工作。圆满完成民进中央安排的“小城镇建设”、“长江流域湖泊保护与管理”等课题调研任务，积极协助民进中央经济委员会开展“城乡统筹与农村土地制度改革问题”调研。由基础教育和职业教育工作委员会提交的调研成果《关于我国农民工子女教育问题的分析及对策建议》被民进中央采用为全国政协民进集体提案，并获民进中央参政议政优秀成果二等奖。截至11月底，向民进中央报送社情民意226件。市委会在民进中央参政议政年会上作大会发言，被民进中央评为2009年度参政议政工作先进单位。

3. 围绕我市经济社会发展建言献策。市委会领导参加双月座谈会、情况通报会、征求意见会近20次，就我市建设“五个重庆”等中心工作及中共重庆市委、市政府重大事项的决策、重要人事的安排和重要文件的出台发表意见建议。

在市政协三届二次会议上，市委会提交集体提案16件，其中《关于做大做强我市民营文化产业的分析与建议》、《打造“平安重庆”亟需建立统一高效的应急管理体系》、《关于我市重大建设项目实施“阳光监督”的建议》、《关于进一步健全社区治安防控体系的建议》等4件提案由市委、市政府领导牵头督办，并被市政协评为本年度优秀提案；大会发言“提高农业劳动力素质　促进农村可持续发展”，得到市政协领导批示和市发改委等部门重视。我会政协委员、人大代表在市“两会”上提交个人提案75件、议案建议40件，在全国“两会”上提交提案议案17件。

市委会今年共立项课题15个，其中专委会9个、区县组织5个，基层支部1个。科技与环卫工作委员会承担的“党委出题　党派调研”课题“三峡库区消落带土地利用与环境保护”由市科委立项，课题组深入库区消落带勘察采样，经过6个月的艰苦调研，目前已顺利结题。完成市政协“大学生就业”等4个协商专题的调研任务，形成材料9篇并作汇报发言。

市委会今年向市政协报送社情民意458篇，采用139篇，转送市级部门92篇，其中《“公交涨价门”百姓的呼声高》等6篇社情民意得到薄熙来、王鸿举、黄奇帆等市党政主要领导批示。市委会获市政协反映社情民意信息工作先进单位一等奖，并在市政协社情民意信息工作会上作大会发言。

【社会服务】

1. 继续推进“进盛合作”

今年市委会继续开展“进盛合作”支教送医活动，包括：注入“进盛教育基金”5万元（其中渝中区会员捐款2.2万元）；重庆11中与万盛民族小学结对子并对口支援价值3万元的体育器材；民进文教书社捐赠图书3000册；重庆华博医药公司捐赠价值10万元药品；组织经济界会员赴万盛实地考察，为他们到万盛投资发展牵线搭桥。

2. 开展各种文化活动

市委会在沙坪坝区开展“唱、读、讲、传”和“三真”相结合的故事展演活动。开展“建设书香校园”赠书活动，市委会分别向渝北、永川等地中小学捐赠价值近3万元的经典图书。向四川崇州市隆兴镇中小学捐赠优秀少儿读物1000余册。组织书画界会员报送作品参加民进中央“庆祝建国60周年书画展”活动。

3. 积极参与人才培训工作

市委会注资3万元，带动有关部门投入50万元，支持民进中央命名的“星火西进”培训示范基地永川松溉职校开展农村青年科技带头人培训，全年培训600人次。指导会员办学，今年我会会员所办学校的学历及非学历教育毕业和结业学生近4000人。

【自身建设】

1. 思想建设

结合继续深化“坚持走中国特色社会主义道路”学习教育活动、庆祝新中国和人民政协成立60周年等活动，深入开展形势教育和优良传统教育，推进政治交接长效机制建设。开展“学习贯彻科学发展观”活动，进一步增强全会用科学发展观武装头脑、解决问题、推动工作的自觉性。按照中共重庆市委统战部《关于在全市统一战线开展“真懂、真信、真走”中国政治发展模式主题活动的意见》，积极开展“三真”主题活动。

印发了《民进重庆市委会关于加强新形势下我会思想建设的实施意见》。积极参加民进全国宣传思想工作会议暨科学发展观论坛，在大会上交流发言。组织干部和会员300余人参观特园中国民主党派历史陈列馆、红岩纪念馆。向民进中央、市政协、市委统战部推荐理论文章40余篇，其中3篇获民进中央征文优秀作品奖，20余篇在相关报刊、网站和文史资料专辑中刊出。

做好会务工作宣传报道，今年在《人民政协报》、《团结报》、《重庆政协报》等媒体上发稿200多篇。加强会史研究，搜集重庆民进历史图片，撰写《重庆民进组织创建始末》等重点文章。调整了《重庆民进》内容编排和发行方式；今年《重庆民进》出刊4期，各区县组织出会刊13期。

2. 组织建设

认真贯彻《民进中央关于加强省级组织领导班子后备干部队伍的意见》精神，做好市委会领导班子后备干部推荐工作；完成区县委员会届中调整。贯彻《重庆市各民主党派关于进一步加强领导班子制度建设座谈会纪要》精神，完善市委会领导班子议事、决策、民主生活会等制度，加强班子成员理论学习和履职考评。按照《民进全国代表大会代表联系办法》，加强与我市民进全国代表大会代表的联系。改进暑期新会员和干部培训内容和方式，培训新会员和干部300余人；选派部分干部和中青年骨干会员参加各种学习锻炼，7名会员参加中央社院学习，2名会员作为重庆市“千名党外干部挂职锻炼工程”首批人员到渝北区挂职。

按照《关于在全会开展创建民进全国先进地方组织、先进基层组织活动的意见》的要求，市委会出台了实施意见；加强对区县组织开展“创建活动”的工作指导，制定《民进重庆市委会机关干部“创建活动”联系基层支部办法》，编印“创建活动”简报，召开区县专职干部联席会议、主城和远郊区县工作联席会，总结交流“创建活动”经验。

根据我会实际，制定2009—2013年组织发展和拟建地方组织规划。2009年新发展会员157人，平均年龄39岁，70%界别的占66.2%。截止2009年11月底，我会共有会员3096人，平均年龄51.6岁；会员中具有高中级职称的占88.2%。现有区县委员会12个，工委会1个，直属总支1个，直属支部4个，基层支部144个。广大会员立足本职建功立业，截至目前，重庆市民进会员中担任全国人大代表的1人，担任全国政协委员的有3人，担任省级、区县（市）级人大代表的有33人，担任省级、区县（市）级政协委员的有244人次。在重庆市各级政府及司法机关担任实职工作的（副处长以上）有21人。其中有副区长2名，市级部门副局长2名。6名会员担任市级特约员。2009年我会有300多名会员获区县级以上表彰。

3. 机关建设

进一步推进“学习型、务实型、服务型、和谐型”机关建设。坚持机关会议制度、专干学习制度；规范机关办文办事工作流程；制定机关分工联系基层制度；明确机关主要工作落实、跟踪、督办程序；强化处室职能和干部岗位职责；通过业务培训、挂职锻炼等途径，提高机关干部素质和能力。2009年，机关5人次参加各类培训，2人外派挂职锻炼。按照市委会领导的要求，以《公务员法》为准绳，认真履行“参谋、实施、协调、服务”等职能，办事效率和工作质量不断提高。

民进河北省委会2009年工作概述

【重要会议及活动】

七届二次全会 1月6日，民进河北省委会七届二次全会在石家庄科技宾馆召开。主委王刚，副主委王丽红、檀润华、贺国庆、刘苏、张妹芝、解观安等52名委员出席会议。会议听取并审议通过了王刚主委代表七届常委会作的工作报告，听取了檀润华副主委传达的民进十二届二中全会精神报告，进行了省委会领导班子后备干部队伍建设有关事宜。会议完成了各项议程，取得了圆满成功。

七届五次常委会 8月18日晚，民进河北省委七届五次常委会在廊坊召开。主委王刚，副主委王丽红、贺国庆、刘苏、张妹芝、解观安等17位常委出席了会议。会议听取并审议通过了王刚主委代表主委会作的2009年上半年工作报告；听取了解观安副主委传达的民进十二届七次中常会、民进全国组织工作会议、民进全国宣传思想工作会议暨科学发展观论坛精神；审议并原则通过了《民进河北省委关于开展创建民进全国先进地方组织、先进基层组织活动的实施方案》和《民进河北省委关于会员发展的五年规划（2009—2013）》。会议圆满完成了各项议程。

京津冀民进第三届出版业改革与发展论坛 6月12日，民进河北省委会在石家庄组织召开京津冀民进第三届出版业改革与发展论坛。北京、天津、河北、山西、辽宁、山东、湖南、浙江的60余位代表出席论坛。全国人大常委、民进中央副主席朱永新出席论坛并发表重要讲话；主委王刚出席论坛并致辞。民进八省市的代表分别进行大会发言，并围绕金融危机下文化产业的发展、网络出版、报刊在转企改制过程中存在的问题及对策等，

进行了深入探讨。

主要领导活动情况

2 月 28 日，省政协副主席、主委王刚参加驻冀全国政协委员座谈会。

3 月 1 日—12 日，省政协副主席、主委王刚在北京参加全国政协十一届二次会议。

4 月 9 日，省政协副主席、主委王刚赴廊坊就推进自主创新工作进行专题调研。

4 月 23 日，省政协副主席、主委王刚，副主委解观安应邀到省出版集团进行座谈。

4 月 27 日，省政协副主席、民进河北省委会主委王刚参加中共河北省委召开的全省干部作风警示教育大会。

4 月 28 日、30 日，省政协副主席、主委王刚参加省政协召开的推进自主创新座谈会。

5 月 15 日，省政协副主席、主委王刚参加中共河北省委常委扩大会议（集中学习）。

5 月 21 日—22 日，省政协副主席、主委王刚就自主创新工作到天津进行调研。

6 月 4 日，省政协副主席、主委王刚在承德兴隆国家天文台观测站出席国家重大科学工程项目大天区面积多目标光纤光谱天文望远镜（LAMOST）专家论证。

6 月 9 日，省政协副主席、主委王刚在石家庄出席河北省及石家庄市新农村建设科技示范工程启动仪式。

6 月 12 日，省政协副主席、主委王刚出席民进河北省委在石家庄组织召开京津冀民进第三届出版业改革与发展论坛。

6 月 12 日，主委王刚陪同民进中央副主席朱永新视察石家庄市桥西区“新教育”工作。

6 月 14 日—17 日，省政协副主席、主委王刚到唐山出席民进中央和省政府主办的第四届海峡两岸企业发展与合作论坛和第二届河北·曹妃甸临港产业国际合作会议。

6 月 28 日，省政协副主席、主委王刚出席中国传媒大学与石家庄精英中学优质生源基地签约仪式。

7 月 28 日—29 日，省政协副主席、主委王刚到张家口出席第十一届中国环渤海民营经济贸易合作洽谈会。

8 月 7 日，省政协副主席、主委王刚在石家庄出席中国·石家庄总部经济高峰论坛开幕式。

8 月 8 日—9 日，省政协副主席、主委王刚陪同全国政协副主席、民进中央常务副主席罗富和出席在张家口举办的第八届冀台经济合作洽谈会。

8 月 17 日—18 日，省政协副主席、主委王刚在北京出席中华职教社第十次全国代表大会。

8 月 19 日，省政协副主席、主委王刚出席全省领导干部会议和中共河北省委扩大会议。

9 月 4 日，民进河北省委会、民进石家庄市委会主办的“庆祝中华人民共和国成立 60 周年河北民进书画展”开幕式在石家庄市博物馆举行。主委王刚，副主委王丽红、解观安出席了活动。画展 9 月 3 号开展，9 月 5 日结束。

9 月 11 日—13 日，省政协副主席、主委王刚赴天津参加第二届华北五省（市、区）民进主委联席会议。

9 月 24 日上午，主委王刚，副主委王丽红、解观安在白楼宾馆参加省委统战部召开的河北省统一战线庆祝新中国成立 60 周年暨多党合作制度确立 60 周年座谈会。

9 月 28 日，省政协副主席、主委王刚，副主委王丽红参加河北省庆祝人民政协成立 60 周年座谈会

10 月 10 日—11 月 27 日，省政协副主席、主委王刚在国防大学参加省部级国防研讨班的学习研讨。

12 月 3 日，省政协副主席、主委王刚参加省政协组织的驻冀全国政协委员与省直部门提案对接会议。

12 月 24 日下午，主委王刚参加中共河北省委召开的民主协商会。

【参政议政】

在河北省政协十届二次会议上，民进河北省委会提交集体提案 12 篇，作大会发言 5 篇，占大会全部发言的七分之一，大会发言篇数连续 9 年在各参加单位中最多，在大会 12 份口头发言中就有民进省委 2 份。大会发言“健全食品检验检测体系，切实保障我省食品安全”和集体提案《积极推进京津冀经济一体化　为河北发展注入更强大活力》引起中共河北省委常委、统战部部长刘永瑞的高度

重视，并报送给张云川书记和胡春华省长，得到河北省主要领导的肯定。尤其是《积极推进京津冀经济一体化　为河北发展注入更强大活力》引起了省委书记张云川的高度重视，并亲自批示有关部门承办落实，中共河北省委秘书长景春华也给予了充分肯定，并批示有关部门承办落实。大会发言“充分估计　积极应对　推进‘三年大变样’”和“健全食品检验检测体系，切实保障我省食品安全”先后被《河北日报》、《河北经济日报》、新华网河北频道和河北电视台报道。

民进河北省委会提交民进中央的调研报告《健全检验检测体系，切实保障食品安全》和《健全社会弱势群体利益诉求表达机制》，分别作为民进中央集体提案和民进界别组提案提交全国政协大会。

民进河北省委会积极参加省政协召开的专题常委会，就促进装备制造业发展、应对国际金融危机影响、促进就业等专题提交3篇发言材料；在省政协十届七次常委会上，民进河北省委作了题为“对我省装备制造业发展的几点建议”的发言，引起与会领导的高度重视。民进河北省委会还积极组织专门工作委员会开展参政议政活动。青年工作委员会参与了京津冀民进组织关于高等院校科研体制改革论坛的活动，提交2篇论文，还参加了京津冀苏沪民进组织科技创新论坛活动；出版工作委员会组织会内外专家举行了加强青少年家庭教育研讨会，都取得了很好的效果。

此外，民进河北省委会积极开展“我为应对国际金融危机影响献一策”专项活动，共报送专题信息100余篇报送中共河北省委统战部。

2009年民进河北省委会共报送信息113期，采用情况是：全国政协2篇、中央统战部5篇、民进中央12篇、中共省委2篇、省委统战部17篇、省政协15篇。

【社会服务】

2009年4月，民进河北省委会联合石家庄市委会组织会员中的优秀教师参加省政协及省各民主党派等联合开展的“五百万工程”，在灵寿县职教中心培训初三年级语、数、外、物理、化学五科老师250余人。2009年5月，民进河北省委会和少年智力开发报社共同组织初中各学科专家前往辛集市安古城中学进行义务支教活动。2009年8月，民进河北省委会、张家口市委会和华耐集团公司共同投建的高寒蔬菜研究基地揭牌。

2009年8月底，民进河北省委会召开了社会服务工作会议。

据统计，2008年11月到2009年10月，全省各级民进组织共为贫困地区投入资金20万元，物资折合人民币27万余元。

【自身建设】

思想建设是高素质参政党建设的核心。一年来，民进河北省委会兴起了学习贯彻科学发展观的热潮。民进河北省委会邀请专家对委员进行集中辅导，主委、副主委和常委会组成人员带头谈体会、写文章、做宣讲，发挥了示范带头作用。民进河北省委还通过开展“学习贯彻科学发展观问卷调查”活动和“我为民进科学发展建一言”活动，进一步增强了全会学习贯彻科学发展观的自觉性和坚定性，明确了学习贯彻科学发展观的着力点，更加自觉地用科学发展观武装头脑、谋划发展、解决问题、推动工作。8月，民进河北省委会召开了宣传思想工作会议。

在庆祝新中国和人民政协成立60周年之际，民进河北省委会组织会员撰写理论文章40余篇，其中4篇在民进中央组织的征文中获奖。

同时，民进河北省委会把庆祝“两个60周年”活动与学习贯彻中共十七大精神、学习贯彻科学发展观和做好2009年各项工作结合起来，开展了一系列富有思想内涵的纪念活动，如举办座谈会、联欢会、开展理论征文、举办画展、学习会史等。

民进河北省委会制定《关于加强市级组织领导班子后备干部队伍建设的意见》，指导和促进各市级组织完成领导班子后备干部推荐工作。为培养选拔干部，民进河北省委会还积极推荐优秀会员参加中央统战部和民进中央举办的培训班，并积极向省委统战部推荐党外干部培训挂职人员。

民进河北省委会制定了《关于贯彻民进全国组织工作会议精神的计划实施意见》，并召开了民进河北省组织工作会议。根据对年度开展活动次数、会员参加活动的比例、开展活动的形式等方面的分析，民进河北省委基层组织开展工作好、比较好、一般的比例，已由 2004 年的 1:1:1 发展为 5:3:2。

民进河北省委会制定了《关于开展创建民进全国先进地方组织、先进基层组织活动的实施方案》，指导全省各级组织开展创建工作。为科学进行组织发展工作，民进河北省委会制定了《民进河北省委关于组织发展的五年规划（2009—2013）》，及时印发了修改后的《河北省民主党派组织发展工作规程》。

2009 年，我省共发展会员 216 人。其中女会员 121 人，具有大学以上学历的 184 人，具有中高级职称的 163 人。截至 2009 年底，全省共有民进会员 4370 人，平均年龄为 48.8 岁，其中女会员 2282 人，占 52.2%；具有大学以上学历的 3150 人，占 72.1%；具有中高级职称的 3750 人，占 85.8 %。在各级政府及司法机关担任实职工作的会员有 15 人（县处级以上）。

2009 年，民进河北省委会进一步完善了会省委机关的各项规章制度和工作流程，增强了可操作性和实效性，增进部门之间的相互配合，较好的适应了集体领导、贯彻民主集中制的要求，进一步调动了机关各部门和工作人员的积极性，提高了机关工作的效率和质量。为扩大机关干部视野，进一步提高政治思想水平和工作能力，民进河北省委会开展多种形式的学习交流、专题研讨和业务培训，拓宽干部引进渠道，进一步优化了机关干部队伍的结构。

2009 年，民进河北省委会被民进中央授予电子信息化先进单位和参政议政工作突出进步单位荣誉称号。

民进山西省委会 2009 年工作概述

【参政议政】

1 月 9 日上午，全省政协系统第十六次信息工作会议在三晋国际饭店国际会议厅举行。会上，民进山西省委会被省政协授予“2008 年度信息工作先进单位二等奖”。参政议政部主任科员马莺被评为“信息工作先进个人”。

3 月 9 日下午，全国政协十一届二次会议在人民大会堂举行第四次全体会议。全国政协委员、省政协副主席、会省委主委卫小春作题为“关于健全我国矿产资源有偿取得制度的建议”的大会发言。

3 月 27 日上午，吕梁市副市长、会省委副主委、民进吕梁市委会主委成锡锋，副秘书长兼参政议政部部长贺安黎，会省委委员、省教科所研究员、省陶行知研究会副秘书长裴秀芳及会省委参政议政部干部马莺，陪同民进中央参政议政部副部长闻连利到省教育厅就会中央 2009 年重点课题“农村教育综合改革”进行走访，并为民进中央领导来晋调研做前期准备工作。

3 月 27 日下午，民进山西省委会在省城晋祠国宾馆召开全省信息工作会议。卫小春主委代表会省委作了题为“完善机制、创新手段、注重实效、突出特色，不断提高社情民意信息工作的水平”的主题报告。张建豪副主委传达了 2008 年民进中央参政议政年会暨信息工作会议精神。会议对民进太原市委等 3 个信息工作先进集体，焦斌龙等 33 位信息工作先进个人进行了表彰奖励。民进太原市委会、民进运城市委会和民进晋城市委会分别作了大会交流发言。

5 月 13 日—21 日，全国人大常委会副委员长、民进中央主席严隽琪，全国政协副主席、民进中央常务副主席罗富和，全国人大常委、民进中央副主席朱永新率民进中央考察团一行 20 人，在我省就“新形势下的农村教育综合改革”进行专题考察。考察团成员还有：全国政协委员、山西省政协副主席、民进山西省委会主委卫小春，民进中央教育委员会副主任、山东省教育厅副厅长张志勇，民进中央教育委员会副主任诸平，北京师范大学 985 工程首席专家、联合国教科文组织国际农村教育研究与培训中心教授袁桂林及中央统战部、国家教育部、国家农业部有关部门的负责同志。在为期 9 天的考察中，考察团深入太原、吕梁、忻州、晋中、运城等地，就“三教统筹”和“农科教结合”，农村职业教育和农业科技推广体系建设，高等教育为农民服务等问题进行了考察调研。中共山西省委书记、省人大主任张宝顺，省委副书记、省政协主席薛延忠，省委常委、统战部部长李政文等省领导会见并宴请考察团一行。省人大副主任安焕晓，省人大常委、省委统战部常务副部长王大高，省教育厅厅长、高校工委书记李东福，省人大常委、民进山西省委会副主委张建豪，民进山西省委会副秘书长兼参政议政部部长贺安黎，民进山西省委会委员、省陶行知研究会副秘书长裴秀芳等陪同调研。考察团听取了省政府张平副省长关于“山西省教育工作情况的汇报”和省教育厅李东福厅长关于“山西省农村综合教育改革工作情况汇报”；实地考察了吕梁市高级中学、柳林县前元庄实验学校、忻州师范学院、五台县高洪口学校、山西农业大学、山西兴华职业学院、平遥卜宜乡综合教育中心、祁县峪口乡段家窑村成人文化技校、永济职业中学、风陵渡中学等10多个教育单位，较全面地了解了山西省农村教育综合改革的进展情况；还和各地的有关部门人员进行了10多次座谈，听取各地和有关单位关于“农村教育综合改革”情况的汇报，以及当地党委、政府有关部门的情况介绍。

6月23日上午，省政协副主席、民进山西省委主委卫小春一行在省人力资源和社会保障厅就当前我省社会保障现状、面临的困难和问题以及省政协相关重点提案办理情况进行调研。

7月3日，民进山西省委会调研组由省政协副主席、会省委主委卫小春带队，赴省农业厅走访，就“推进我省农村劳动力培训工作”、“加强粮食生产，保障粮食安全”、“完善农业科技服务体系，促进农业现代化发展”等问题进行调研。

5月，民进山西省委会和民进中央一道对我省农村教育综合改革进行了专题调研。分别深入忻州、吕梁、晋中、运城等市进行调研，实地考察了吕梁市高级中学、柳林县前元庄实验学校、忻州师范学院、五台县高洪口学校、山西农业大学、平遥县卜宜乡综合教育中心、祁县峪口乡段家窑成人文化技校、风陵渡中学、芮城职业中学、临猗职业中学等10多个教育单位，通过举行汇报会、情况介绍会、座谈会，查阅声像、书面资料等形式，较全面地了解了我省农村教育综合改革的规划和进展情况。在此基础上，于7月10日形成了《关于加强我省农村教育综合改革工作的调研报告》并呈送中共山西省委、省人大、省政府、省政协主要领导及有关部门负责同志。中共山西省委书记、省人大常委会主任张宝顺于7月20日对调研报告作出重要批示：“大家都关心教育是件大好事情。请张平、东福同志阅，巩固成绩，解决新矛盾、新问题，推进教育上水平。”

7月，由省政协副主席、会省委主委卫小春带队，省人大常委、会省委副主委张建豪，省政协常委、会省委副主委兼秘书长高新文，会省委农林工作委员会主任马恩正，会省委副秘书长兼参政议政部部长贺安黎参加的民进山西省委会调研组赴省农业厅进行了专题调研。通过调研形成了《民进山西省委关于加强我省粮食生产的调研报告》，《调研报告》呈送山西省党政领导和有关部门，得到高度重视。山西省政府分管农业的刘维佳副省长，于7月30日对会省委的这一调研报告作出重要批示：“这是关于我省粮食生产的一份系统全面的调研报告，情况分析透了，问题找准了，建议有一定的操作性。转省农业厅、水利厅、粮食局阅研，要把研究的重点放在谋划设计好明年扶持粮食生产的政策措施和具体项目上。”

9月1日上午，省政协举行加快发展我省旅游文化产业重点提案办理情况座谈会，就关于促进山西旅游文化产业发展的建议重点提案进行督办。会省委提案《关于整合旅游资源，促进我省经济发展的建议》被列为省政协副主席令政策督办的重点提案。

9月12日，省政协副主席、会省委主委卫小春对《政协社情民意》第76期登载，由民进晋城市委会副主委、市政协常委毋道斌，民进晋城市城区支部副主任、城区政协常委张永安所反映的《建议中考将体育考试改为体育合格考查》一则信息作出批示：“增强学生的体质是关键，关系到我们下一代的健康成长。委员们的建议有借鉴之处，请省教育厅参阅。”

11月23日下午，会省委召开2009年参政议政工作会议。省政协副主席、会省委主委卫小春，副主委张建豪、陈维毅、任建国，副主委兼秘书长高新文出席会议。各专门委员会主任、副主任，参政议政特邀研究员，在并省人大代表、省政协委员，省直组织负责人及机关部门负责人参加会议。会议由副秘书长兼参政议政部部长贺安黎主持。会上，张建豪副主委传达了民进中央 2009 年参政议政年会精神。会议安排部署了会省委在省政协十届三次会议上提交党派提案和大会发言的有关事宜；讨论了会省委 2010 年重点调研课题。卫小春主委做了重要讲话。《关于健全我国矿产资源有偿取得制度的建议》（卫小春）、《关于完善我省失地农民社会保障立法建议》（刘丽萍）分别被民进中央评为 2009 年度参政议政成果一等奖和二等奖；《关于加强我省农村教育综合改革工作的调研报告》（裴秀芳）、《关于加强我省粮食生产的调研报告》（参政议政部）引起了中共山西省委、省政府有关领导和相关部门的高度重视，张宝顺书记、张平副省长、刘维佳副省长做了重要批示；《关于整合旅游资源，促进我省经济发展的建议》（杜海柱）、《关于加快信用担保体系建设，解决中小企业融资难的建议》（冯杰）被列为由省政府省长领办、省政协主席督办的重点提案；我会信息工作在全省前三季度的排名中以总分 195（比第二名高出 123 分）和采用 59.8% 的成绩，位居各民主党派省委、省工商联之首，其中全国政协采用 6 篇，民进中央采用 9 篇，省政协采用 37 篇。卫小春主委代表会省委向与会人员以及为参政议政工作付出辛勤劳动的广大会员表示诚挚的问候和衷心的感谢，并要求与会人员在今后更好地发挥作用，对“举全会之力、集全会之智”提出了更高的要求。

11 月 3 日—6 日，民进中央 2009 年参政议政年会在河南郑州举行。全国人大常委会副委员长、民进中央主席严隽琪主席在开幕式上作主题报告。全国政协副主席、民进中央常务副主席罗富和，全国人大常委、民进中央副主席朱永新等领导出席会议。会上，民进山西省委会调研成果《关于健全我国矿产资源有偿取得制度的建议》、《关于完善我省失地农民社会保障立法建议》分别被评为 2009 年度参政议政成果一等奖和二等奖，成为获奖最多的单位。民进各省级组织分管参政议政工作的副主委、参政议政部门负责人，民进中央专门委员会主任、副主任，民进中央参政议政特邀研究员及民进中央机关部分部门负责人共 70 多人参加会议。

【社会服务】

3 月 21 日，山西民进经济界会员联谊会 2009 年第一次会长会议在会省委机关会议室召开。

4 月 13 日—14 日，应山西民进经济界会员联谊会副会长、山西华洋工贸有限公司董事长李红光邀请，联谊会组织理事赴晋城市开展学习调研活动。

6 月 15 日，由民进中央和中共唐山市委共同主办的“第四届海峡两岸企业发展与合作论坛”在唐山曹妃甸新区开幕。

6 月 16 日，第二届河北曹妃甸临港产业合作会议开幕仪式在唐山渤海国际会议中心隆重举行。

6 月 23 日，会省委副主委兼秘书长高新文，社会服务部部长米效东，省直属教科院支部主委裴秀芳，山西民进经济界会员联谊会副会长兼秘书长杜利民及教科院支部部分会员一行 10 余人，驱车前往太原市杏花岭区小返乡小返学校，就开展定点助学支教活动进行前期考察调研。

7 月 12 日上午，山西民进经济界会员联谊会常务理事会第一次会议在会省委机关会议室举行。

7 月 24 日上午，“民主党派机关救治苗长军同志捐款仪式”在省民主党派大楼前举行。

9 月 8 日上午，山西民进开明画院成立大会暨庆祝建国 60 周年书画摄影作品展开幕式在山西大学美术学院隆重举行。

9 月 19 日晚，为庆祝新中国成立60周年、朔州建市20周年，由民进山西省委会、中共朔州市委统战部、民进朔州市委会联合举办，山西民进艺术团承办的“和谐之声”文艺晚会在朔州市隆重举行。

9 月 21 日下午，中共省委统战部在晋祠宾馆组织召开了“山西统一战线庆祝新中国成立 60 周年暨多党合作制度确立 60 周年座谈会”。座谈会结束后，山西民进艺术团为与会人员奉献了精彩的文艺演出。

9 月 26 日下午，为庆祝新中国成立 60 周年及中华民族传统节日中秋佳节，会省委在省城宽银幕电影院隆重举行庆国庆迎中秋电影招待会。会省委领导与 500 名会员一同观看了电影《建国大业》。

10 月 23 日下午，由会省委副主委张建豪、副主委兼秘书长高新文带队，在并会省委离退委员及机关干部共 30 余人，赴山西省展览馆参观了正在举行的中国（山西）特色农产品交易博览会。

11月5日上午，省政协副主席、会省委主委卫小春，省政协原副主席、会省委原主委张正明，太原市副市长、会省委副主委、太原市委主委张政，会省委副主委兼秘书长、山西民进经济界会员联谊会常务副会长高新文及联谊会会长徐文龙、副会长兼秘书长杜利民、副秘书长兼会省委社会服务部部长米效东等赴山西民进经济界会员联谊会理事、长治民进会员赵玉斌创办的“海尔新建路旗舰店”进行视察指导，并出席了海尔新建路旗舰店开业仪式。

11月16日—22日，会省委副主委兼秘书长高新文，山西民进企业界会员联谊会会长徐文龙率联谊会考察团一行20人，赴江苏南京，浙江杭州、温州和贵州金沙县学习参观，本次考察活动得到了民进江苏省委、民进浙江省委、民进温州市委、民进贵州省委的大力支持和精心安排，并期待以此为开端，做好相互联动。

【自身建设】

2月，在山西统一战线“凝聚力工程暨优秀中国特色社会主义事业建设者”表彰大会上，我会有10个市级组织和16位会员受到了表彰。

3月27日上午，会省委在太原晋祠国宾馆召开了全省宣传报道工作会议。民进中央宣传部部长高保华及宣传处处长黎晓英、教育处负责人杨宗麟应邀莅会指导。卫小春主委作了题为“总结经验、开拓创新、扎实工作、务求实效，为开创全省民进宣传报道工作新局面努力奋斗”的报告。民进中央宣传部高保华部长围绕民主党派特别是民进宣传工作的历史、成就、方针、意义及怎样把握好宣传工作的方向等方面作了重要讲话。民进中央宣传部宣传处黎晓英处长就如何采写宣传报道进行了专题辅导。会议还对在全省宣传报道工作中做出成绩的3个先进集体和23位优秀通讯员进行了表彰。

3月28日，民进山西省六届三次全委会议在晋祠国宾馆隆重召开。六届委员会全体委员出席会议。会省委原主委、六届退下来的副主委，各工作委员会主任，参政议政特邀研究员、特邀通讯员、机关部门负责同志和市级组织部分专职干部列席会议。卫小春主委代表六届常委会向第三次全委会议作工作报告。王大高常务副部长代表中共山西省委统战部作了讲话。

5月按照民进中央部署，在各市委会和省直基层组织开展了“学习贯彻科学发展观问卷调查”和“我为民进科学发展建一言”活动，共收到答卷300多份，建议近百条。

7月，向“民进全国宣传思想工作会议暨科学发展观论坛”提交了我会学习贯彻科学发展观的经验交流材料和论文。

9月在“多党合作　共铸辉煌——山西民进纪念多党合作制度确立60周年征文活动”中，共征集文章106篇。在省委统战部为庆祝山西统一战线60年编印的《风雨同舟60年》一书中有5篇文章入选。在民进中央“纪念建国60周年征文活动”中，有12篇文章获一等奖，24篇获二等奖，30篇获三等奖，50篇获优秀奖，会省委被民进中央授予了“优秀组织奖”。

一年来会省委完善和制定了民进山西省委《参政议政工作条例》、《专门委员会工作规则》、《基层组织工作条例实施细则》、《组织发展规程》、《发展会员程序》、《新闻报道量化考核办法》和《保密制度》等规章制度。

截至2009年年底，全省共有基层组织169个，会员3877人，平均年龄50岁，其中大专以上文化程度的3011人，占会员总数的77.7%；教育文化出版2876人，占74.2%；新社会阶层186人，占4.8%。全省有473人担任各级人大代表、政协委员，3位同志担任市级政府领导职务，60余人担任各级特约行风监督员、督导员、审计员等职。

民进内蒙古区委会2009年工作概述

2009年民进内蒙古区委会深入学习贯彻科学发展观，以求真务实、改革创新的精神全面履行职能、推进高素质参政党建设。民进内蒙古区委会隆重庆祝新中国和人民政协成立60周年，扎实推进政治交接长效机制建设，努力提高理论指导实践的水平；有序推进会内民主，大力加强人才队伍建设；以新作为巩固老阵地，在顺势中开拓新领域，在事关全局和民生的重大问题上，提出具有综合性、全局性、前瞻性或者关键性的意见和建议；积极开展社会服务取得了积极的工作成果，实现了在思想认识上有新提高，在履行职能上有新作为，在自身建设上有新进步。

【参政议政】

加强参政议政体制与机制建设，进一步提升参政议政能力。

2009 年，区委深入学习贯彻科学发展观、中共十七大、十七届三中全会和自治区党委有关会议精神，认真贯彻落实民进中央十大的部署，不断提升参政议政能力，开展了一系列工作，有力地推动了参政议政工作的深入开展，成效卓著。

（一）领导重视，机制健全，进一步加强参政议政能力建设

领导重视，强化意识是做好参政议政工作的前提。第五届委员会成立以来，区委会领导努力推进参政议政能力建设并多次亲自参与区委会重点课题调研。2009 年，郑福田主委、李凤斌副主委陪同民进中央副主席朱永新一行就新机制后义务教育出现的新情况、新问题进行了专题调研。

完善机构，健全机制是做好参政议政工作的保证。专门委员会是做好我会参政议政工作的智囊团。民进内蒙古自治区五届二次常委会审议通过《民进内蒙古自治区第五届委员会设置专门委员会的决定》，设置了 6 个专门委员会，选任了专门委员会主任、副主任和委员，并于 2009 年 8 月 13 日召开了成立大会，向全会下发了《民进内蒙古区委参政议政课题申报立项制度（试行）》。迄今收到来自我会各级组织的 17 份调研报告，这些报告通过转化，将形成向自治区两会和民进中央报送的提案和建议。

科学管理，建设三库是做好参政议政工作的基础。参政议政“三库”即资料库、人才库、提案信息库建设，对推动选题、调研、提案、信息工作的制度化、规范化和信息化建设意义重大。2009 年大力开展全区民进的三库建设，得到了各级组织的大力支持，目前通过转化形成了 10 多份社情民意信息，同时形成了 7 份提案素材。此外，自治区民进各级组织进一步加强了信息机制和网络建设，社情民意的采编、报送全部采用网络化。

（二）深入调研，积极转化，认真实施议政调研精品工程

参政议政是民主党派的重要职能，也是体现参政党水平和存在价值的主要标志。区委会紧紧围绕民进中央、自治区党委工作重点和自治区改革、发展、稳定的大局，关注经济建设和社会发展中的热点、难点问题，充分发挥自身特点和优势，注重调动专家学者、各级人大代表、政协委员和骨干会员的积极性，在三农、教育、文化、环保等领域精心选题，深入开展调研，积极建言献策。

2009 年区委会确定了我区职业教育的结构及发展方式的调研、新的经费保障机制后义务教育出现的新情况、新问题调研和关于我区林区社会、经济发展状况的调研等几项调研课题。

区委会以民进中央在我区呼伦贝尔关于义务教育的调研为契机，结合区委关于新的经费保障机制后义务教育出现的新情况、新问题调研重点，在呼伦贝尔实地调研之后，又通过问卷等形式在呼市、乌兰察布市进行了调研，已经形成调研成果，报送民进中央，并准备报自治区两会。

区委会还就 2008 年区委重点调研课题《关于我区职业教育状况的调研》进行再调研，形成向自治区党委常委会汇报的材料，区委会有关领导即将向党委常委会汇报我会调研成果。

区委会还结合我会地方组织和直属总支支部的特色确定了一些调研课题。比如我们依托经济支部在国土资源方面的优势，形成了关于土地流转机制的建议，已经报民进中央和自治区有关方面。

调研工作与提案工作、信息工作联系紧密，可互相转化。区委会在深入调研的基础上，科学总结了调研工作中发现的问题，认真做好了调研成果的转化工作，进一步促进了提案和信息工作的开展。

2009 年年初，在自治区政协十届二次会议上，区委提交集体提案 23 份，个人提案 39 份，区委会委员、经济支部主任、经济委员会主任姜飞月代表区委作了题为“乡村人口流动对我区农村牧区发展的影响及对策”的大会发言，该发言被转化为社情民意专报信息报自治区有关领导。

2009年全国和自治区两会期间，区委会将我会会员报送的提案素材积极进行转化，向民进中央报送社会民意信息10份，分别向自治区政协和自治区党委统战部报送社会民意信息24份。其中民进内蒙古区委会常委张润生提供的《建议建立农村饮水卫生监测网络》、民进呼市委专职副主委王珏国提供的《要防止赌博机再度蔓延》、民进内蒙古区委会宣传部副部长刘朝侠提供的《建议增加首府出租车》、民进呼市市委秘书长其其格提供的《应关注农村妇女生殖健康》，4份社情民意信息入选《政协信息快报》，并报送全国政协和自治区党委、政府有关领导。截至目前共向民进中央报送社情民意信息17份，向自治区政协和党委统战部报送社情民意信息31份。

区委会还为2009年年度的两会进行了积极准备，向我会各级组织、专门委员会和区委委员两次下发通知，并召开了专委会主任和部分副主任会议，截至目前，区委参政议政部收到19份，又整理、撰写、转化了13份，加上尚未转化的17份调研报告，目前共有49份提案素材。郑主委还要求所有自治区政协委员都要做大会发言，发言也可以转化为提案，又因为提案征集工作尚在进行中，以及往年的提案报送大户，如呼市市委会、张润生、阿牧、樊江林、姜飞月等人尚未报送，所以本年度的提案素材征集数量及质量必将实现历史最好。

2009年，区委会参政议政部还协助民进中央完成了近20项意见征集和调研。区委会参政议政部全年共完成各类调研材料及建议意见近20万字。

【社会服务】

集成资源、创新机制，积极服务社会。

发挥民进的特色和优势，坚持与参政议政的有机结合，坚持以智力为主要的服务资源，以发挥地方组织的积极性为重要原则，以项目形式为扶贫工作的主要依托，进一步集成各方力量，创新工作机制，扎扎实实开展社会服务工作。

民进内蒙古区委会分别于2009年6月17日和2009年10月底两次向乌兰察布市凉城县六苏木镇马莲滩中心学校捐赠价值1万多元的教学用品。

2009年8月3日，民进会员、沈阳理工大学继续教育学院院长张玉良同志向赤峰市五所农村小学捐赠了10台价值6万元的联想品牌电脑。

2009年9月11日—15日，第二十三届民进东北、华北、西北社会服务工作研讨会在内蒙古呼伦贝尔市举行，来自北京、天津、河北、内蒙古、辽宁、吉林、山西、湖北、宁夏、重庆等省市区的驻会领导、社会服务部（处）负责人共42人出席了会议，会议圆满成功。

2009年8月27日晚，乌兰察布市委统战部、市教育局、市司法局与民进集宁总支，在集宁一中文体活动中心为入学新生举办法制教育讲座。

5月26日至28日民进集宁总支为进一步弘扬奥运精神，彰显乌兰察布市人民昂扬、乐观、健康、宽广的精神风貌，并促进乌兰察布市各界人士友好交流、共创和谐，由市委统战部、各民主党派、市体育局、市乒协主办，中国民主促进会集宁总支委承办，奥淳集团赞助的庆建国60周年“奥淳杯”民主党派乒乓球邀请赛在乌兰察布市乒乓球训练中心成功举办。

2009年5月8日下午，在包头市三十七中礼堂，包头民进四十中支部助学赠本仪式隆重举行。近100名贫困生参加了仪式。

包头民进四十中支部的此次捐助活动共向贫困学生捐赠了价值4千多元的课外书和作业本，使学生们感受到了社会各界对他们的一片爱心，激发了同学们积极向上、奋发图强的决心和信心。

2009年4月23日是联合国确定的世界读书日。为迎接世界读书日的到来，倡导全社会“读好书、做好人”，寻找发现读书的乐趣，营造读书学习的良好氛围，促进学习型社会，构建和谐社会，4月22日上午，民进乌海市委会在乌海市劳教所举办“励志照亮人生、知识改变命运”讲座。

2008年12月27日，民进呼市市委会在职业学院举行庆祝“民进呼市委员会成立20周年书画展”。

为了让贫困学生安心、愉快的度过新年，2009年1月22日，春节的前两天，包头民进会员赵敏来到南海办事处，为12名贫困学生送上粮油米面，给他们送去了温暖和亲人般的关怀。包头市东河区区委会常委、政法委书记、东河区政府副区长邬军军和南海办事处的各位领导参加了这次活动。

2009年3月26日上午，民进内蒙区委直属普教支部与民进呼市赛罕区支部联合去赛罕区巴彦镇中心小学开展了一次“新课程教学互动”送教下乡扶贫活动。

为了纪念“三八”国际劳动妇女节 99 周年，2009 年 3 月 6 日下午，民进呼市委员会在“今日 KTV”举办联谊活动。

民进内蒙古会员向会中央及自治区党委统战部相关活动共送书画作品 8 幅。

2009 年 3 月 6 日，在乌兰察布市电力宾馆，民进集宁总支委与市羽协共约 50 余人举办了联谊会。

2009 年 3 月 19 日、27 日，民进集宁总支到凉城县麦胡图镇大南村和察右后旗大六号乡绿洲园区举办了大棚蔬菜种植技术培训班。

民进北京市委会吴文彦副主委继续资助内蒙古师范大学包塞音娜；民进包头会员赵敏继续资助 2 名贫困学生学习费用 3000 元。

民进包头市委会于 2009 年 8 月成立法律咨询援助处，并开展了 4 次普法、2 次法律下乡活动。

民进包头市委会还在固阳县一中开展一次智力支边活动。

5 月 16 日，民进呼市委员会教育专委会成立家长学校，举办了《中考、高考前家长心理指导》讲座。呼市第一中学、第八中学的 200 多名家长聆听了讲座。

民进呼市委员会继续开展了会员捐“双十元”活动：为救助重病会员捐 10 元，为和谐首府作贡献捐 10 元钱。

民进呼市委员会开展了为帮助农村学校建小图书室每位会员捐一本新书的活动。

2009 年 11 月，民进市委会第十二支部确定在呼市第八中学举办礼仪讲座。

【自身建设】

1. 深入学习贯彻科学发展观，切实加强全会的思想政治工作

2009 年民进内蒙古区委会深入学习贯彻中共十七届三中全会精神，进一步解放思想，坚持改革创新，把学习贯彻科学发展观摆在突出位置，深刻领会科学发展观的科学内涵、精神实质和根本要求，增强学习贯彻科学发展观的坚定性和自觉性，推动全会各项工作更加符合科学发展观的要求。

（1）深入学习贯彻科学发展观

民进内蒙古区委会认真贯彻落实会中央和区委关于深入学习贯彻科学发展观的通知。先后下发了《民进内蒙古区委关于在全会深入学习贯彻科学发展观的方案》、《学习贯彻科学发展观　开创内蒙古民进工作新局面》、《学习贯彻科学发展观　开创内蒙古民进宣传工作新局面》、《关于在我会开展学习贯彻科学发展观问卷调查和“我为民进科学发展建一言”活动的通知》，完成了《民进内蒙古区委学习贯彻科学发展观问卷调查统计暨我为民进科学发展建一言分析汇总》。民进乌海市委会等基层组织还举办了纪念人民政协成立 60 周年和学习贯彻科学发展观座谈会等活动，学习贯彻科学发展观做得扎实有效。

（2）隆重庆祝和纪念新中国成立 60 周年和人民政协成立 60 周年

围绕“歌颂祖国、歌颂共产党、歌颂社会主义”的主题，根据我会实际，结合会中央和自治区党委统战部有关安排，在全会开展座谈会、书画展等生动活泼、形式多样、富有特色的庆祝和纪念活动。

先后转发了《关于转发中央统战部关于统一战线庆祝新中国成立 60 周年征文活动的通知》、《关于转发内蒙古统战部关于统一战线庆祝新中国成立 60 周年征文活动的通知》，内蒙古民进论文《浅谈新时期民主党派基层组织建设工作》荣获民进中央“多党合作　共铸辉煌——纪念多党合作制度确立 60 周年”征文活动优秀奖。

2009 年 7 月 29 日，民进中央主办的“‘共庆辉煌’庆祝中华人民共和国成立 60 周年、纪念人民政协成立 60 周年民进全国书画展”在中国美术馆展出，民进内蒙古区委会选送的两幅书法作品参展并捐赠民进中央。

2009 年 9 月组织内蒙古统一战线庆祝新中国成立 60 周年文艺演出活动，民进内蒙古区委会舞蹈节目《我的祖国》获得好评。

2009 年 11 月，民进内蒙古区委会主办的“庆祝新中国 60 华诞内蒙古书画展”分别在内蒙古美术馆和乌海市书画院展出，其间还组织了内蒙古民进开明画院成立大会、庆祝新中国 60 华诞书法笔会和书法报告会，同时出版了《庆祝新中国 60 华诞内蒙古书画作品集》。

民进内蒙古区委会还参加组织了《内蒙古政协庆祝中华人民共和国成立60周年书画作品展》、《呼市书画院庆祝中华人民共和国成立60周年书画作品展》、《首届乌兰察布民间艺术作品展》、《乌兰察布政协庆祝中华人民共和国成立60周年书画作品展》、《呼市新城区统战部庆祝中华人民共和国和中国人民政协成立60周年书画展》、《中国书法城建设高层论坛》等活动。

（3）加强宣传思想政治工作

结合实际情况，充分利用新闻媒体和网络，切实加强宣传思想政治工作，促进思想政治工作更加深入有效。

2009年6月邀请全国人大常委会原副委员长许嘉璐在内蒙古大会堂作了题为“21世纪的中华文化”的专题报告。

2009年6月，《民进内蒙古区委工作简报》改版为《内蒙古民进》，彩印出版两期。

完成会中央《民进会史资料选辑（第五辑）》资料征集上报工作，进一步完善了会史的编印工作。

本年度中，据不完全统计，民进内蒙古区委会联系各新闻媒体，带领各级民进地方组织在电台、电视台、报纸和期刊等传统媒体上发表120件新闻稿件。在民进中央网站和统战网、政协网上发布各类稿件250多条。民进内蒙古区委会被民进中央评为2009年度省级组织新闻宣传工作先进单位。

2. 大力加强组织建设，夯实高素质参政党建设的组织基础

（1）明确目标任务，贯彻落实民进全国组织工作会议精神

6月5日，民进全国组织工作会议在北京召开。区委会认真学习贯彻民进全国组织工作会议精神，认真研究制定了贯彻落实会议的具体实施方案，组织工作努力实现“三个结合”：即组织工作与推进政治交接结合起来；组织工作与提升我会履行参政党职能的能力和水平结合起来；组织工作与增强我会凝聚力和活力结合起来。组织工作任务要重点解决“三个问题”：着力解决发展高层次人才的瓶颈问题；着力解决基层组织缺乏活力，创新基层组织活动的问题；着力解决区委会直属基层组织的管理问题。

（2）务求实效，扎扎实实做好四件大事

加强领导班子建设，增补了一名副主委。上半年，区委会领导班子反复研究，经与自治区党委统战部沟通协商，报请自治区党委和会中央同意，于区委五届三次全委会议上增补了一名副主委，会议顺利、圆满，增补的副主委以全票当选，得到全体委员的一致认同和自治区党委统战部的高度评价。增补后，区委会领导班子在性别、年龄、界别结构等方面更加趋于合理，领导班子顺利实现了新老交替，为下一步工作打下了良好的基础。

加强后备干部队伍建设，民主推荐了区委领导班子后备干部。2008年，会中央下发了《关于加强省级组织领导班子后备干部队伍建设的意见》，对省级组织领导班子后备干部队伍建设提出了具体意见和工作安排，今年3月内蒙古党委统战部召开专门会议，传达了中央统战部有关文件精神，对此项工作进行了具体的部署。区委会按照会中央《意见》精神，充分发扬民主、广泛听取各级组织意见，初步确定了50多名符合条件的被推荐人选名单，名单经主委会议、常委会议反复协商，最终确定了49名区委会领导班子后备干部被推荐人选名单。今年8月，区委会召开了全委会议，采用区委会全体委员无记名投票推荐的方式确定了主委后备干部2名、副主委后备干部4名，后备干部队伍建设的各项工作更加制度化、规范化、程序化。

加强基层组织建设，确立了全区组织建设工作以“开展创建民进全国先进地方组织、先进基层组织活动”为抓手，达标、创优、培优同时进行，达到以先进带后进、各级组织齐头并进的局面。

加强组织发展工作，组织发展工作继续坚持以“三个为主”、注重质量、保持特色、与后备干部队伍建设相结合的原则，积极主动发展高层次人才入会。2009年，全区发展会员101人，平均年龄37岁，中高级职称70人，大专以上文化程度99人，其中博士1人，硕士13人，发展的会员中有1名是副处级政府实职干部，4名科级干部。截至年底，全区有市级委员会4个，盟市基层组织3个，区委直属基层组织11个。全区共有会员1235人，平均年龄49岁，其中大专以上文化程度占90%，高中级以上职称占85%，重点分工范围占68%。会员中有各级人大代表21人，各级政协委

员 125 人。

3. 机关建设规范有序

加强机关建设是我会建设高素质参政党的基础性要求。民进内蒙古区委会根据《公务员法》，以民进中央“机构设置合理、制度健全规范、干部队伍精干、政治思想坚定、文化观念先进、纪律作风严明、党派业务精通、工作运转流畅”的机关建设目标为指导，结合区委会工作的实际情况，把加强机关建设渗透到日常工作中，从机关队伍建设、制度建设、硬件建设等各方面加以落实，不断提高工作水平和效率，更好地为全局服务。区委会首先强化机关干部的服务意识，使全体干部树立“为同级委员会服务、为上级领导服务、为基层组织服务、为全体成员服务”的观念。同时，大力提倡爱岗敬业精神、无私奉献精神、开拓创新精神、团结合作精神，使机关具有良好的工作环境、和谐的氛围。在继续健全、完善各项规章制度的基础上，强化工作程序，使机关工作良性推进、高效运行，机关工作进一步规范化、制度化、程序化。区委还购置了大量的理论书籍和业务书籍，更新了电脑等设备，进一步改善了机关的办公条件，为提高机关工作效率提供了物质基础。

在看到成绩的同时，我们也清醒地认识到工作中还有不足，我们在工作思考上还需要进一步提高前瞻性和预见性；面对自治区党委与社会各界对参政党履行职责的高度期待，我们在工作安排上还需要进一步改善统筹性和协调性；面对有限的资源和各地情况的差异，我们在工作机制上还应该进一步激发全会各级组织的活力和集成大家的智慧。我们要高度重视这些问题，认真思考和总结，切实采取措施，进一步改进工作。

民进辽宁省委会 2009 年工作概述

2009 年，在民进中央和中共辽宁省委的领导下，辽宁民进各级组织以中共十七大和十七届四中全会精神为指导，深入学习贯彻科学发展观，坚持以政治交接为主线，深刻领会中国特色社会主义理论，以自身建设和参政议政为重点，全面履行参政党职能，各项工作取得显著成效。

【重要会议和活动】

1. 全委会。1 月 12 日，民进辽宁省委会召开十届三次全会。

2. 常委会。1 月 12 日，民进辽宁省委会召开十届四次常委会。

4 月 28 日，民进辽宁省委会召开十届五次常委会。

3. 主委会。1 月 11 日，民进辽宁省委会召开十届五次主委会。3 月 17 日，民进辽宁省委会召开十届六次主委会。8 月 30 日，民进辽宁省委会召开十届七次主委会。12 月 3 日，民进辽宁省委会召开十届八次主委会。

4. 其他会议。

民进省委会委员、省直支部主任培训班。5 月 12 日至 14 日，举办民进省委会委员、省直支部主任培训班。民进中央副主席、民进省委主委、省政协副主席贺旻，民进省委专职副主委陆迎一分别在培训班上讲话，培训 55 名省委委员、省直支部主任。

民进东北三省机关工作协作会议。8 月 13 日至 17 日，民进辽宁省委会机关参加民进东北三省机关协作会议。民进辽宁省委会专职副主委陆迎一、秘书长赵佼和民进省委会机关部门负责人参加了会议。

5. 领导活动

1 月 20 日—21 日，民进中央副主席、民进辽宁省委会主委、省政协副主席贺旻出席民进中央十二届六次主席会议。

2 月 25 日—28 日，全国人大常委、民进中央副主席、民进辽宁省委会主委、省政协副主席贺旻出席全国人大十一届七次常委会。

3 月 5 日—13 日，全国人大代表、民进中央副主席、民进辽宁省委会主委、省政协副主席贺旻出席十一届全国人大二次会议。

3 月 9 日，民进中央副主席、民进辽宁省委会主委、省政协副主席贺旻出席民进十二届六次中常会。

3月2日—4月3日，民进辽宁省委会副主委陆迎一、梅冬、姜军、王玲、王燕玲、刘明国、胡玉、张传吉参加了中共辽宁省委组织部、宣传部、省委党校联合举办的全省民主党派省级组织副主委、无党派人士培训班。期间，民进中央副主席、民进省委主委、省政协副主席贺旻看望并慰问了培训班的我会学员。

4月15日，全国人大常委、民进中央副主席王佐书来我省大连市作民主党派参政议政能力建设专题报告。民进省委会专职副主委陆迎一代表贺旻主委看望王佐书副主席。

4月20日—24日，全国人大常委、民进中央副主席、民进辽宁省委主委、省政协副主席贺旻出席全国人大十一届八次常委会。

6月3日—4日，民进中央副主席、民进辽宁省委会主委、省政协副主席贺旻出席民进十二届七次中常会。

6月14日，中共中央政治局常委、全国政协主席贾庆林来辽宁调研期间，会见了辽宁省各民主党派、工商联负责人及无党派人士，并发表重要讲话。民进中央副主席、民进辽宁省委会主委、省政协副主席贺旻，民进省委会专职副主委陆迎一参加会见。

6月18日—19日，民进中央宣传部部长高保华、人民日报社记者郭田珍等一行3人调研组来辽宁就谢严森先进事迹进行调研。民进辽宁省委会专职副主委陆迎一等陪同调研。

6月22日—27日，全国人大常委、民进中央副主席、民进辽宁省委会主委、省政协副主席贺旻出席全国人大十一届九次常委会。

7月15日，民进中央副主席、民进辽宁省委会主委、省政协副主席贺旻出席辽宁省政府召开的省各民主党派、工商联负责人及无党派人士座谈会并发言。

7月16日，全国人大常委、民进中央副主席、教育家朱永新来辽宁盘锦作专场报告会。民进辽宁省委会专职副主委陆迎一等看望了朱永新副主席。

7月7日—9日，民进辽宁省委会专职副主委陆迎一等出席民进全国宣传思想工作会议暨科学发展观论坛，并作了题为“宣传典型，树立榜样，思想教育生动有效”的经验介绍。

8月24日—27日，全国人大常委、民进中央副主席、民进辽宁省委会主委、省政协副主席贺旻出席全国人大十一届十次常委会。

9月13日—15日，民进中央《民主》杂志社主编关永礼等一行调研组来辽宁就谢严森先进事迹进行调研。民进省委会专职副主委陆迎一等陪同调研。

9月25日，民进中央副主席、民进辽宁省委会主委、省政协副主席贺旻出席辽宁省政协召开的人民政协成立60周年座谈会。

9月27日，民进辽宁省委会专职副主委陆迎一出席中共辽宁省委召开的庆祝新中国成立60周年和纪念中国共产党领导的多党合作和政治协商制度确立60周年座谈会并发言。

9月29日，民进辽宁省委会专职副主委陆迎一应邀出席中共辽宁省委、省政府举行的辽宁省庆祝中华人民共和国成立60周年招待会。

9月30日，民进辽宁省委会专职副主委陆迎一应邀出席中共辽宁省委召开的庆祝中华人民共和国成立60周年大会。

10月9日，民进中央副主席、民进辽宁省委会主委、省政协副主席贺旻出席在广州举行的民进中央十二届八次主席会议。

10月10日—11日，民进中央副主席、民进辽宁省委会主委、省政协副主席贺旻出席在广州举行的民进十二届八次中常会。

10月27日—31日，全国人大常委、民进中央副主席、民进辽宁省委会主委、省政协副主席贺旻出席全国人大十一届十一次常委会。

10月29日，民进辽宁省委会专职副主委陆迎一出席中共辽宁省委召开的政协工作会议。

12月6日，民进中央副主席、民进辽宁省委会主委、省政协副主席贺旻出席民进中央十二届九次主席会议。

12月6日，民进中央副主席、民进辽宁省委会主委、省政协副主席贺旻出席民进十二届九次中常会。

12月7日—9日，辽宁民进的中央委员贺旻、陆迎一、王玲、王燕玲、刘明国、胡玉、张传吉、刘国玉、武斌出席了在京举行的民进十二届三中全会。民进辽宁省委会秘书长赵佼，民进十大代表、民进大连市委会专职副主委赵吉廷列席了会议。

12月9日，民进辽宁省委专职副主委陆迎一出席民进中央举行的民进省级组织负责人会议。

12月22日—26日，全国人大常委、民进中央副主席、民进辽宁省委主委、辽宁省政协副主席贺旻出席全国人大十一届十二次常委会。

【参政议政】

1. 政治协商。民进省、市委领导共出席中共党委、政府协商会、通报会120次，提建议360条。其中会省委领导参加8次，提建议近40条。辽宁民进的全国人大代表贺旻、王桂荣和全国政协委员杨赤、秦百兰在全国“两会”上提出了建议。

2. 省政协提案和大会发言。2009年，会省委共征集省政协十届二次全会提案76份，提交大会发言2件、集体提案7件。《关于推动居民生活服务业大发展，不断提升经济活力的建议》被评为省政协重点提案，会省委提案工作荣获省政协2008—2009年先进集体一等奖，6件提案获省政协优秀提案奖。

3. 反映社情民意信息。会省委共编写《辽宁民进信息》138期，被全国政协、民进中央、省政协和中共省委统战部采用65篇。《完善政策，为中小企业打通融资渠道》、《本溪市3万多平方米集中连片棚户区亟待改造》等信息得到多位领导的批示。反映社情民意信息工作获省政协信息工作先进集体一等奖，8名同志被评为优秀信息撰稿人和优秀信息工作者。信息工作也被中共省委统战部评为二等奖。在中共省委统战部召开的全省统一战线理论研究、信息、宣传工作会上，会省委作了交流发言。

4. 专题调研。2009年，辽宁民进共完成调研报告539篇，转化为大会发言和提案487篇，会省委完成了《破除城乡二元结构，加速推进城乡协调发展》的调研报告。调研成果获市级以上表彰212项。

5. 专委会。会省委选聘40名参政议政特邀研究员。完善专委会网络交流平台。对全省参政议政、信息工作先进单位和个人进行了表彰。

【社会服务】

2009年，辽宁民进开展扶贫帮困、捐资助学、教育文化和科技下乡等各类活动542次，捐款捐物折合人民币408.5万元，招商引资已到位资金1.2亿元。会省委加大对扶贫点——铁岭西丰县天德镇的扶持力度，先后6次赴天德镇，帮助当地援建4个文化站、2户农民住房，价值20万元。组织医疗、法律、农业专家为当地农民进行科普讲座，组织省实验中学骨干教师为当地中学教师进行教学培训，为学校捐赠教学设备、图书。会省委与大连市委会共同举办了第三期辽宁西部农村骨干教师培训班，培训农村教师60名；与丹东、辽阳、朝阳、铁岭、阜新等市委会联合开展了“迎国庆慈善光明行”活动，免费为铁岭市天德镇300多农民进行眼病检查，为4名患有白内障眼病的贫困农民免费治疗。会省委积极参与民进中央的迎国庆书画展，选送12幅作品参展，其中5幅被民进中央收藏。各市委会也围绕“三保一促”，积极开展了解决毕业生就业、培训失业人员、建立农民专业合作社等形式多样的社会服务活动，产生了良好的社会影响。

【自身建设】

1. 思想建设。深入学习贯彻科学发展观。会省委深入学习贯彻科学发展观和中共十七届四中全会精神，以纪念建国60周年和多党合作制度确立60周年为契机，通过组织学习重要会议精神、邀请会内外专家作辅导、组织征文活动、开展问卷调查等形式，大力宣传和弘扬民进优良传统，全省举行专题报告会、组织集中宣讲和美术、书画、图片展及文艺汇演等活动200余次。会省委编辑出版了《祖国在我心中——庆祝新中国成立60周年征文集》，进一步深化了政治交接主题教育活动成果，增强了广大会员坚持中国共产党领导、坚定走中国特色社会主义道路的自觉性和坚定性。宣传推广先进典型。继续深入开展谢严森先进事迹的巡回宣讲。民进中央宣传部、《民主》编辑部负责人，《人民日报》记者专程来我省调研。在民进全国宣传思想工作会上，民进中央号召全会向谢严森同志学习。《人民日报·大地》专文刊载了谢严森的先进事迹。开展统战理论研讨和会史研究。共撰写理论文章290篇，编辑出版了《探索与创新——统战理论研讨论文集》。承担省委统战部的理论研究课题被中共省委统战部评为二等奖。2篇论文分别荣获民进中央征文三等奖和优秀奖，2篇统战理论文章荣获中共省委统战部三等奖。完成了《辽宁民进志》（1985—2005）的资料收集和整理工作。

2. 制度和作风建设。严格落实民进省委各项规章制度，各市委会规章制度进一步得到完善。推荐民进省、市委领导班子成员和机关干部参加中央统战部、中共省委统战部培训班的学习。领导班子带头撰写文章、信息120余篇。会省委领导班子走访基层40余次。

3. 组织建设。会省委制定了组织发展规划，进一步完善基层组织建设机制。省、市委会加大了对基层骨干和会员的培训力度，全年培训支部主任和新会员1000余人（次）。进一步完善了后备干部人才库。全省共发展会员444人，会员总数达9529人，新建基层组织16个，基层组织431个，全省共有1399人荣获市级以上奖励。7月，会省委在民进全国组织工作会议上作了交流发言。

4. 机关建设。健全完善机关工作制度，制定了《民进辽宁省委机关干部行为规范》（试行），促进机关工作规范化、制度化、程序化。支持机关干部开展读书交流活动，推荐机关干部到省行政学院、省社会主义学院、省委统战部及省有关部门举办的业务培训班学习，选派机关干部到省信访局挂职锻炼，组织机关各部门负责人参加东北三省机关会务工作交流，举办民进辽宁省市委机关干部培训班，通过学习培训，进一步转变机关干部的工作作风，增强服务意识。2009年，会省委会刊工作被民进中央评为省级组织先进单位，档案工作被评为“辽宁省档案统计工作先进集体”，财务工作被省财政厅评为“预算编报三等奖”，机关中共党支部被统战部机关党委评为省直统战系统先进支部，机关工会被省直机关工委评为“先进工会之家”。

民进吉林省委会2009年工作概述

【重要会议及活动】

2月18日，中国民主促进会吉林省六届委员会第三次全体会议在长春同馨宾馆举行。民进吉林省六届委员31人参加会议。会议由民进吉林省委会副主委段维智、谷峪主持。薛康主委受六届常委会委托作了工作报告。吕桂茹副主委向与会同志传达了民进十二届二中全会精神。民进吉林省六届委员推荐了省级领导班子后备人选。会议审议通过了《民进吉林省六届常委会2008年工作报告》和《民进吉林省六届三次全委会议决议》，通报了《民进吉林省2009年工作要点》。中共吉林省委统战部王树华副部长参加会议并作了重要讲话。

3月23日，民进吉林省委会在团结大厦13楼会议室召开会议传达全国“两会”精神。民进吉林省委会主委薛康，副主委段维智、杜婕、吕桂茹、谷峪，在长的民进吉林省委会委员，民进各市委会驻会副主委或秘书长，民进吉林省直工委和民进长春市委会部分会员参加会议。会议由段维智副主委主持。全国政协委员、民进吉林省委主委薛康，全国人大代表、民进吉林省委副主委杜婕分别传达了全国“两会”精神及“两会”盛况和参加全国“两会”的感受。

3月24日上午，民进吉林省委全省会务工作会议在团结大厦9楼会议室召开。民进吉林省委各市委会驻会副主委或秘书长，及民进吉林省委会机关全体干部参加会议。与会同志分别就组织建设、宣传思想、参政议政、社情民意、社会服务和机关建设等会务工作认真进行了交流和探讨，并通报了2009年度工作计划。

6月18日下午，民进吉林省六届六次常委（扩大）会议在团结大厦3楼会议室召开。民进吉林省委常委，民进各市委会驻会副主委、秘书长及组工干部参加会议。薛康主委首先传达了民进中央十二届七次常委会议精神，通报了《民进全国代表大会代表联系办法》。民进吉林省委会组织部副部长张景元传达了民进全国组织工作会议精神。与会人员认真学习了民进中央主席严隽琪在民进全国组织工作会议上的讲话《扎实工作，开拓进取，为建设适应时代要求的高素质参政党提供组织保障》。段维智副主委传达了民进中央主席严隽琪和常务副主席罗富和来吉林视察召开座谈会上的讲话精神，通报了民进吉林省委会近期工作情况，并动员、部署下一步工作安排。与会人员还研究讨论了《民进吉林省委关于进一步规范会员入会手续及审批办法的意见（征求意见稿）》和《民进吉林省委会基层组织达标考核内容及评分标准（征求意见稿）》。

9 月 24 日，民进吉林省委会庆祝新中国成立 60 周年、人民政协成立 60 周年、多党合作制度确立 60 周年座谈会在团结大厦 3 楼会议室举行。在长的民进吉林省委会领导、民进长春市委会领导、民进吉林省直工委领导和各年龄段、各界别的会员代表出席座谈会。中共吉林省委统战部党派处处长王志军应邀出席座谈会。会议由民进吉林省委会副主委段维智主持。

2009 年上半年，民进中央主席严隽琪、民进中央常务副主席罗富和分别来吉林考察指导工作，专程到省民进机关召开座谈会听取我省的民进十大代表和省、市级组织的意见和建议。

【参政议政】

在吉林省省政协十届二次全体会议上，民进吉林省委会共提交团体提案 15 件，其中《关于发展红松籽产业，推动吉林振兴的建议》、《关于尽快制定〈吉林省农民工权益保障法〉的建议》被评为优秀提案。

继续向民进中央申报参政议政调研课题 2 项，其中《关于建立城乡一体化就业保障体系建设》的调研课题，被民进中央批准立项。省民进组织部分会内外专家、学者对该课题在省内实地调研，又以问卷形式在北京、天津、河北、河南、湖北、四川、黑龙江等省市进行问卷调研，形成调研报告和提案上报民进中央。

民进吉林省委会将“高校毕业生就业问题”作为重点调研课题，在省政协的支持和配合下，组成调研组在薛康主委的带领下，分别赴长春、吉林、四平、辽源等地进行实地调研，多次召开了多层次的座谈会，深入到我省部分高校和企业，听取促进大学生就业工作情况介绍，向应届高校毕业生和用人单位进行问卷调查，掌握我省高校毕业生就业方面存在的困难和问题，形成了《关于我省高校毕业生就业情况的调研报告》，在省政协十届七次常委会议暨省政协资政会上作了专题发言，上报民进中央和中共吉林省委、吉林省政府。

积极参加吉林省政府、省政协组织的专题座谈会、专题议政会，就我省经济社会建设中存在的问题提出建设性的意见和建议。在省政协召开的“专题议政会”上，民进吉林省委会作了题为“关于在我省社会主义新农村建设中着力促进农村社会和谐的建议”的专题发言。在省长韩长赋与政协委员座谈会上，民进吉林省委会就高校毕业生参加“三支一扶”工作提出了具体建议，得到省政府的重视和采纳。

注重信息员队伍建设，完善社情民意工作制度。民进吉林省各市委会和省直工委在每个基层组织选拔一名熟悉网络、工作热情高的会员作为信息员，对他们进行了业务培训。省直工委还利用网络平台，建立了信息员 QQ 群，进一步畅通了信息的传递渠道。一年来，向民进中央、省政协、省委统战部报送社情民意共计 76 件。

省民进对 22 名在参政议政工作中作出了较大贡献的会员进行了表彰奖励。充实各专门委员会的力量，聘请在参政议政工作中表现突出的会员为参政议政特邀研究员，为进一步做好参政议政工作奠定了基础。

【社会服务】

民进吉林省委会把捐资助教作为社会服务工作的重点，先后为伊通县营城子镇四间小学捐赠了 10 台电脑，帮助该校建立了微机室；为德惠市同太乡福来村小学捐赠了 2000 余册图书和书架、15 台电脑及电脑桌椅、教师办公桌椅等，帮助该校建立了雏鹰科技微机室和图书室，改善了该校教师的工作条件。

全省各级组织根据自身条件和优势，积极开展“三下乡”活动。吉林市委会开展了农民科技业校讲座的“科技之春”活动，还向丰满区旺起镇 9 个村赠送了高产玉米种子，发放了《玉米高产栽培技术》宣传单。辽源市委会组织骨干会员开展“民进团结林”植树活动，此项活动已坚持 4 年；还组织部分教师到椅三乡中小学，为乡村教师说课、选课、评课，对学生进行一对一的辅导。四平市委会建立了社会服务工作网站，开辟了政策咨询、服务园地、投资指南、法律援助等栏目，拓宽了社会服务的领域。长春市委会为对口扶贫对象——双阳区齐家镇管家村小学捐赠了 20 台电脑，组织该校30名贫困生到长春参观学习；同长春市第一实验银河小学开展“同在一片蓝天下，城乡少年手拉手”联谊活动；还积极开展海外联谊工作，与长春市外事办在长春市第一〇三中学共同主办了“中俄青少年文化联欢节”活动，拓展了我会海外联谊工作的形式和内容。一些基层组织如磐石市委会、省肿瘤医院支部、吉大总支二院支部等组织会员深入到农村，为农民送医送药，开展义诊活动，产生了良好的社会影响。

【自身建设】

民进吉林省委会认真贯彻《民进中央关于深入学习贯彻科学发展观的通知》精神，制定了《关于在全省各级组织和广大会员中深入学习贯彻科学发展观的方案》，各市委会和省直工委结合各自实际，认真组织和推动广大会员深入学习实践科学发展观。在例行的主委会议、常委会议和全省会务工作会议上，把深入学习贯彻科学发展观、转变不适应科学发展观的思想观念作为重要内容，结合会务工作和自身实际，认真剖析，提出创新工作的思路。

民进吉林省委会还举办了专场报告会，邀请吉林省社会科学院教授作了“关于科学发展观的几个问题”的报告。组织收看了民进中央副主席王佐书所作的学习贯彻科学发展观宣讲报告和学习中共十七届四中全会宣讲报告的视频直播，并举行了座谈讨论。组织领导班子成员、机关干部和部分会员认真填写民进中央下发的学习贯彻科学发展观调查问卷和参加“我为民进科学发展进一言”活动，根据调查问卷的反馈情况，了解和掌握广大会员对自身建设和履行职能的意见和建议，形成书面材料上报民进中央。

积极组织会员撰写学习科学发展观的理论文章和心得体会，在《吉林民进》上发表。在国家卫生部举办的学习实践科学发展观经验交流会上，由民进会员创办的吉林延安医院介绍了坚持以人为本，努力创办一所高水平的、让百姓满意的民营医院的经验，并在中央电视台《新闻联播》中予以报道。

在民进中央召开的全国宣传思想工作暨科学发展观论坛上，省民进介绍了开展宣传思想工作和学习贯彻科学发展观的经验体会。省民进被民进中央授予2009年度“省级组织新闻宣传工作先进单位”。

民进吉林省委会下辖长春、吉林、四平、辽源、通化、松原6个市级组织和榆树市、磐石市2个县级组织以及省直属支部工作委员会。现有基层组织163个，其中基层委员会1个，总支委员会19个（包含79个支部），支部136个，小组7个。截至2009年12月末，全省民进会员总数3506人。其中，教育界2182人，占会员总数的62.3%；文化艺术界338人，占会员总数的9%；科技医卫界235人，占会员总数的6.7%；公有制经济界108人，占会员总数的3.1%；新社会阶层人士188人，占会员总数的5.3%；机关团体277人，占会员总数的7.9%；新闻出版界99人，占会员总数的2.8%；其他79人，占会员总数的2.3%。女会员1695人，占会员总数的48.3%；离退休会员1274人，占会员总数的36.3%；中共党员159人，占会员总数的4.5%；中上层人士3180人，占会员总数的90.7%。会员平均年龄48.9岁。全省会员中有1人担任民进中央常委，5人担任民进中央委员。担任各级人大代表和政协委员的会员共364人，其中全国政协委员4人，省政协副主席1人，省政协常委7人，省政协委员26人，市级政协副主席4人；全国人大代表1人，省人大常委2人，省人大代表5人。会员中有10人担任各级政府副处以上领导职务，担任各级特邀监督员、监察员、检查员、督导员、审计员共47人。

民进全国组织工作会议结束后，民进吉林省委会及时召开六届六次常委（扩大）会议，传达落实民进全国组织工作会议精神，重点研究部署组织建设工作，通过了《民进吉林省委会基层组织达标考核内容及评分标准》和《民进吉林省委会关于进一步规范会员入会手续及审批办法》，下发全省各级民进组织贯彻执行。按照民进中央的要求，制订了《民进吉林省开展创建民进全国先进地方组织、先进基层组织活动实施方案》。

坚持走访工作是加强我会与中共党组织、基层民进组织和广大会员密切联系的重要方法。一年来，民进吉林省委会坚持把走访基层组织作为加强组织建设的重要内容，开展了遍及全省基层组织的大走访。由各市委会、省直工委走访基层组织，省委会进行督导检查。走访和内容包括走访基层组织所在单位的中共党组织，征求意见，加强联系；掌握和解决基层组织存在的问题和困难，推动基层组织开展规范化组织活动，调动会员积极性，增强基层组织活力。

7 月，民进吉林省委会在省社会主义学院举办了全省骨干会员培训班，全省基层组织负责人、部分骨干会员共计 240 余人参加了培训。此次培训覆盖了全省每一个基层组织，加强了培训力度，集专家讲座、经验交流和小组研讨与一体，特别邀请了民进中央副主席王佐书和民进中央宣传部部长高保华专程来培训班作专题报告。一年来，全省各级地方组织共举办各种会员培训班 8 次，培训会员 400 余人。通过大规模的培训，全省基层组织负责人和骨干会员的整体素质切实得到了提高，履职的意识和能力进一步增强。

努力加强后备干部队伍建设，认真落实党外代表人士的建档工作，完善了对我会 43 名代表人士详细材料的收集整理工作。省民进坚持把走访基层组织作为加强组织建设的重要内容，开展了遍及全省基层组织的大走访。省民进领导亲自与地方党委和政府领导沟通，积极推荐会员担任政府实职工作，推荐符合条件的会员参与中共省委组织的公选活动。

民进黑龙江省委会 2009 年工作概述

【参政议政】

围绕中心，汇聚众智，认真履行民主监督、参政议政职能。

2009 年，会省委坚持按照科学发展的要求，在事关全局和民生的重大问题上，提出综合性、全局性和关键性的意见和建议，为全省“保发展、保稳定、保民生”作出积极贡献。

在中共省委召开的征求党外人士关于全省经济社会发展建议的座谈会上，就我省“八大经济区”规划编制，会省委提出了积极的建议，得到了省委书记吉炳轩的肯定。在中共省委组织召开的关于贯彻落实中发〔2005〕5 号文件意见建议征求会上，会省委本着对多党合作事业高度负责的精神，认真反映问题和不足，并提出了中肯的建议，得到了省委领导的认可。在省政协召开的十届六次常委会议上，围绕我省文化产业发展这一专题，会省委推荐上报了《打造龙江多元文化的战略思考》、《关于促进我省文化产业发展的思考》、《解决文化产业矛盾推动改革全面发展》3 篇论文，受到大会的好评。

会省委提交的团体提案《关于采取有力措施提高贫困家庭中低收入家庭低住房保障》、《关于加快平山至松峰山公路建设的建议》、《关于增设平山至镇高速公路出口建设的建议》、《关于进一步加强新农村建设中试点村建设的建议》被省政协十届一次会议评为优秀提案。2009 年，会省委向省政协提交团体提案 40 余件，其中《哈制药总厂严重污染环境问题的建议》得到高度重视，由省政协提案委牵头，协调有关部门领导对哈制药总厂严重污染环境问题进行深入沟通，认真研究解决办法，为解决问题起到了有力地推动作用。

根据省委统战部的工作安排，2009 年，会省委选定《积极实施农村初中工程扩大集中办学覆盖面》和《关于黑龙江省生态旅游产业的对策建议》作为重点课题，先后与省教育厅、省旅游局等有关部门多次沟通，听取意见，并两次组织会内专家深入到佳木斯富锦、牡丹江宁安、鸡西密山等地的农村基层学校和我省主要旅游景区进行实地调研，历时两个多月，在当地民进组织的协调帮助下，圆满完成了调研任务。

根据会中央主席会议安排，由王佐书副主席牵头在 2009 年至 2011 年 3 年内，就我国“三农”问题进行系列调研。我省作为参加省份之一，会省委及时组织会内农业专家研究制定调研方案，确定了《土地流转问题》、《粮种问题》、《农村职业教育和农民培训问题》3 个调研报告上报会中央并得到立项。2009 年，会省委在伊春市委会的协助下，圆满完成了民进中央参政议政部安排的《关于扩大和深化伊春国有林权制度改革试点的调研报告》。同时，完成了会中央立项课题的筛选活动和会中央组织的《关于我国经济滑坡的主要原因是什么》、《关于如何做好民进中央专委会工作的建议及意见》的意见征集工作。

哈尔滨市委会加强对基层支部社情民意信息工作指导，实现了基层支部信息工作的均衡发展。绥化市委会在提案征集上坚持“早部署、早调研、早撰写”，确定了“一人一案”的工作目标，提案工作取得了新突破。2009年末，会省委在征集团体提案时，哈尔滨、佳木斯、大庆、鹤岗4个市委会，省艺术职业学院、省旅游职业技术学院、省直第一联合、第三联合、医卫5个支部积极响应，为会省委完成团体提案提供了丰富的素材。

【社会服务】

发挥优势，注重实效，认真做好社会服务工作。

2009年，根据会中央“体现党派特色、发挥民进优势、继承优良传统、创新服务机制”的工作要求，会省委紧紧围绕省委、省政府的中心工作，充分调动各级组织和广大会员的积极性，努力推进智力扶贫、服务新农村建设，不断开拓社会服务新领域，提高服务水平，取得了良好的政治效益和社会效益。

一是积极开展对兰西县“9+1”智力帮扶工程。会省委组织省直医卫支部10余名会员为兰西县敬老院和乡村中小学生开展大型义诊活动；组织会员方同华为兰西县中心敬老院和长江乡农村小学捐赠抗甲流药品；组织省教育学院支部会员专家为县内及乡镇54所学校近60名心理健康教育教师进行心理教学培训；组织省旅游职业技术学院支部两位教授，对兰西县60余名餐饮和旅游从业人员进行了培训。

二是高标准完成新农村帮建工作。2009年年初，会省委作为第二批新农村建设省级试点单位与宝清县北岗村结成帮建对子。一年来，会省委先后两次深入到北岗村进行实地调研，并根据帮建对象的实际情况及时制订了帮建方案。方同华、于长江主动参与帮建工作，分别为宝清县捐赠了价值60万元的药品和30余万元的衣物。

三是充分调动广大会员参与社会服务工作的积极性。在开展社会服务工作中，充分发挥了民进各级组织的整体作用、广大会员的主体作用和机关的枢纽作用。在会省委的协调下，方同华先后向省医院、市儿童医院，兰西县敬老院和农村小学，省政协、各民主党派省委、省工商联机关，宝清县等捐赠了价值430余万元的抗甲流药品；向兰西、海林、杜蒙、延寿、庆安等5个县的新农合治理办公室捐赠5辆新农合服务专用车。陈希滨捐资1000万元，承办了主题为“践行哈尔滨宣言，倡导节能环保，把低碳生活‘袋’回家大型公益环保行动”；与东北农业大学携手打造全国首个大学生现代畜牧业创业示范园区，为黑龙江省农业产业培养和储备创业型人才；2009年下半年，他又与会省委联合开展了“助残、助学三个一百万”大型慈善捐赠活动。于长江向哈尔滨市慈善总会捐赠价值100万元的服装。

哈尔滨市委会组织全市会员开展了“建设干净城市　共创美好家园”为主题的义务劳动，积极参加全市的环境整治工作。牡丹江市委会组织广大会员积极响应中共市委“人民城市人民建”和市委统战部“情暖牡丹江，方便众人行”的号召，筹资120万元修建城市道路。佳木斯市委会在市新农村建设帮建活动中，真帮实建，被市委市政府评为新农村帮建先进单位。大庆市委会组织会内文艺和医疗专家先后到市福利二院和市残联中，开展了“庆祝大庆建市30周年‘献爱心、送温暖、快乐老年人’”活动，不但为老人送去了精神食粮，还为老人送去了健康。黑河市委会先后在黑河学院和市职业高中组织开展爱国主义教育系列讲座，增强了广大师生的国防意识和爱国热情。绥化市委会在绥化市第四中学和第六中学开展“为教师送理念、为家长送方法、为学生送能力”的“三送”活动，丰富和创新了社会服务工作的内容。鸡西市委会继续发挥自身优势，2009年招商引资到位资金4000万元。鹤岗市委会发挥文艺人才多的优势，多次深入街道、乡村为广大群众义演，丰富了群众的业余文化生活。在会省委组织开展的对四川灾区孩子奉献爱心捐赠书籍的活动中，哈尔滨、齐齐哈尔、牡丹江、佳木斯、绥化、鹤岗、黑河等市委会积极支持，共捐赠书籍7000余册，价值6.3万余元。

2009年，会省委在鸡西兴凯湖承办了民进东北三省机关工作会议，会议在朱效利同志和鸡西市委会机关人员的倾力支持下，达到了预期目的，得到与会代表的高度肯定。

【自身建设】

1. 深入学习贯彻落实科学发展观，进一步打牢思想政治建设基础

在深入学习贯彻科学发展观中，会省委始终坚持重在实效，紧密结合工作实际，广泛动员，精心组织，周密部署，采取多种形式，组织开展了富有成效的学习实践活动。一是会省委制定下发了《关于深入学习贯彻科学发展观的实施方案》，召开了深入学习贯彻科学发展观动员大会，各级组织呈现出学习深入、氛围浓厚、主题突出、学习与工作互相促进的特点。哈尔滨市委会组织召开专题学习会，邀请中共市委宣讲团作专题讲座。齐齐哈尔市委会组织机关干部下基层作专题辅导，并在市委统战部组织的经验交流会上作了典型发言，介绍了经验。鸡西市委会结合学习实践活动，组织会员开展了统战理论研究。二是省市两级组织通过新闻媒介、会刊、网络等舆论工具，广泛宣传，为深入学习贯彻科学发展观营造了良好的氛围。三是省市主要领导能够以身作则，为会员做授课辅导。《黑龙江民进》开辟专栏，刊登各级领导、专家的理论文章和会员的学习体会 30 余篇。四是会省委开展了学习贯彻科学发展观调查问卷活动，共下发问卷 1000 余份，收集梳理会员反映的各类问题 4 个方面 80 余条，征集“我为民进科学发展建一言”18 个方面的建议。通过强化理论学习，创新学习活动方式、转化学习成果，进一步提高了各级领导自觉运用科学发展观武装头脑、谋划发展的能力，增强了广大会员坚持走中国特色社会主义道路的自觉性和坚定性。

同时，会省委认真按照《民进中央关于加强新形势下我会思想建设的意见》要求，建立和完善了思想政治建设的制度机制。积极开展统战理论研究，在省委统战部组织的“2009 年统一战线庆祝新中国成立 60 周年研讨会”上，会省委的《发扬民主党派的优良传统，努力做好新时期参政议政工作》一文参加了大会交流。在宣传工作上，会省委高度重视发挥会刊、网络的作用，加强了会刊编辑部力量，会省委被民进中央授予 2009 年度会刊工作先进单位。

2. 隆重开展纪念新中国成立暨多党合作制度确立 60 周年大型系列纪念活动

围绕新中国成立和人民政协成立 60 周年，全省民进各级组织开展了丰富多彩的庆祝纪念活动。一是会省委开展了征文活动，共征集稿件百余篇，精心挑选出 53 篇汇编成《征文集》。二是参加了会中央开展的“多党合作　共铸辉煌——纪念多党合作制度确立 60 周年”征文活动，樊艳红荣获一等奖，万利民、孙子淇、范天成、邴德新、李先春荣获二等奖，张海清荣获优秀奖，会省委荣获征文优秀组织奖。三是会省委与省委统战部、黑龙江日报报业集团共同举办了“庆祝新中国成立 60 周年暨多党合作制度确立 60 周年收藏、书画摄影展”，杜宇新、陈述涛、王涛志、洪袁舒、孙东生等领导出席开幕仪式。这次展览的规模和展品质量得到了与会来宾的高度评价，并且进一步提升了黑龙江民进在省直统战系统的影响。四是会省委积极参与了省政协编辑的《光辉足迹——黑龙江政协历史图片集》的征集，精选上报了 20 余幅反映我会各方面建设的图片，受到组织单位的好评。

哈尔滨市委会组织开展了读书演讲、老会员座谈会、征文等多项活动；齐齐哈尔市委会主办了大型美术、书法、摄影展；牡丹江市委会为庆祝祖国 60 华诞暨第 25 个教师节举办了别开生面的会员联谊会；佳木斯市委会组织 30 余名会员参加市政协举办的大型庆祝活动；大庆市委会开展了庆祝市委会成立 20 周年系列纪念活动等等。这些活动的开展，进一步增强了广大会员的爱国热情和致力于多党合作事业的使命感。

3. 突出重点，扎实推进，不断加强我会的组织建设

根据《民进中央关于加强省级组织领导班子后备干部队伍建设的意见》和省委统战部的有关规定和要求，在省委、市委统战部的具体指导下，省市两级组织顺利完成了领导班子后备干部人选的民主推荐、遴选协商、考察确定等阶段的工作，初步建立了省、市两级组织领导班子后备干部队伍。

会省委注重发挥基层支部的作用，积极为广大会员创造平台，为开展创建基层先进组织活动提供条件。诸如，会省委针对省直教育学院支部会员中初高中教育专家多的优势，在组织开展对兰西“9+1”智力帮扶时，多次安排教育学院支部的会

员参加送教下乡活动，一方面提高了当地的师资水平，另一方面缩短了城乡教师的距离，增强了会员的责任感和使命感。针对省直理工大学支部的会员年轻、有活力、有朝气，会省委多安排他们参加一些交流、座谈、征文等活动，使会员从中感受到组织的信任。省旅游职业技术学院支部会员热心会务工作，参政议政能力很强，会省委就组织他们参加对兰西县“9+1”智力帮扶工作和《关于黑龙江省生态旅游产业的对策建议》调研，他们都较好地完成了任务。同时，会省委注重典型培养，对做出突出贡献的会员，及时进行宣传。副主委、哈工大副校长邓宗全教授荣获“全国百名名师”的殊荣，企业界会员方同华、陈希滨、于长江开展大型慈善捐赠活动，会省委都及时利用网络、会刊宣传他们的先进事迹。

哈尔滨市委会在道外总支、道里小学联合、技师学院等支部进行《基层支部工作手册》试点工作，为下一步规范、指导基层组织有效地开展活动积累了经验。齐齐哈尔市委会从培养后备干部、参政议政人才和代表性人物出发，加大了会员的考核管理力度。牡丹江市委会开展各支部横向交流、向先进典型学习活动，调动了支部工作的积极性。佳木斯市委会建立健全会内各项制度，实现了会务工作科学化、制度化、规范化。大庆市委会积极吸收优秀会员入会，全年共发展新会员30名，其中硕士研究生10人，博士研究生2人，大学本科18人。鸡西市委会建立主委、委员联系制度和出席会议考勤制度，加强了对领导班子的制度化管理。为推动支部建设，黑河市委会召开基层支部工作经验交流会，加强了基层支部之间的经验交流。绥化市委会建立班子成员与基层组织“结对子”的重点联系制度，坚持开展谈心活动，增强了基层组织的能力建设。伊春市委会坚持组织基层支部开展形式多样的政治教育活动，增强了组织的凝聚力。

民进江苏省委会2009年工作概述

2009年是中华人民共和国成立和人民政协成立60周年，也是我国应对国际金融危机冲击取得明显成效的一年。在中共江苏省委的正确领导下，全省人民面对不断出现的严峻挑战和艰巨任务，继续解放思想，深化改革开放，推动科学发展，抵御了全球金融危机所带来的不利影响，保持了经济平稳较快发展的好势头，巩固发展了社会和谐稳定的好局面。

2009年，全省各级民进组织认真学习贯彻科学发展观，不断推进自身建设，切实履行参政党职能，积极服务社会，各项工作又有新进展。省委信息工作、新闻宣传工作和社会服务工作荣获民进中央2009年度专项工作表彰。

【宣传思想】

一年来，全省各级组织从形势发展的新变化和自身建设的新要求出发，结合学习中共中央和中共各级地方党委重要会议精神，兴起了学习贯彻科学发展观的热潮。通过组织参加科学发展观论坛和学习贯彻科学发展观视频会议，开设网站“学习贯彻科学发展观”专栏、会刊专栏，发动会员“为民进科学发展进一言”，丰富学习内容、创新活动方式，进一步增强了各级组织和广大会员学习贯彻科学发展观的自觉性和坚定性。省委八届七次常委会议和八届八次常委会议，专题交流了各地深入学习贯彻科学发展观，推进组织建设的工作情况，进一步明确了学习贯彻科学发展观的着力点。

认真贯彻落实民进全国宣传思想工作会议精神和《民进中央关于新形势下加强我会思想建设的意见》。针对经济社会发展面临的严峻挑战和社会思想多元化，省委会落实中央“深化坚持走中国特色社会主义道路学习教育活动”的决定精神，以贯彻全国“两会”精神为契机，广泛开展形势政策教育，增强广大会员应对挑战的信心。

把学习贯彻科学发展观、深化主题教育活动与庆祝中华人民共和国成立60周年，多党合作制度确立60周年结合起来。全省各级组织通过参观考察、专题座谈、报告会、摄影绘画展览、庆祝教师节、欢度老人节、征文、学习会史、地方组织会庆、承办“叶圣陶先生115周年诞辰纪念会暨叶圣陶教育思想当代价值研讨会”等，抚今追昔、展望未来，推动广大会员深入学习社会主义核心价值体系，增进对“中国特色社会主义道路”、“全面建设小康社会目标”、“中华优秀文化和社会主义核心价值观”等方面的认同，增强走中国特色社会主义政治发展道路，履行好参政党职能的使命感和责任感。

新闻宣传工作卓有成效。召开了全省信息员通讯员及网络建设会议。全省各级组织和会员撰写的深度报道、理论文章和消息，被《人民政协报》、《中国统一战线》、《团结报》、《新华日报》等中央、省级报刊媒体采用432篇。报道篇数和总分继续名列民进各省级组织第一。

推进多党合作理论研究。有60篇论文参加民进中央“多党合作 共铸辉煌——纪念多党合作制度确立60周年”征文活动、省社会主义学院及各党派联合举办的“携手共进·中国共产党领导的多党合作和政治协商制度确立60周年”理论研讨会。7篇论文获民进中央“多党合作 共铸辉煌——纪念多党合作制度确立60周年”征文优秀作品奖，省委会获得优秀组织奖。

【参政议政】

面对金融危机对经济社会带来的冲击，全省各级组织积极引导和组织广大会员开展“我为应对国际金融危机影响献一策”活动，紧密结合地方经济社会发展的实际建言献策，省委会和各市委会分别召开各种专题座谈会，向党委政府提交多份建议书和调研报告，上报应对金融危机信息300多条，所提建议基本得到重视和采纳。通过组织政协委员、特约监督员等骨干会员开展专题民主监督视察活动，为保增长、保民生、保稳定发挥了积极作用。

省委会提出的积极扶持中小企业、高度重视企业专利标准化战略、培育老年服务业等新型劳动密集型产业、放开“地摊经济”等意见，为中共省委、省政府贯彻实施宏观经济政策，推动经济平稳较快发展发挥了应有的作用，并为民进中央主要领导参加中共中央政治协商座谈会发言提供了素材。

省政协九届二次会议上，我会共组织4篇大会发言，16件集体提案。大会口头发言《加大农村公共投入，有效扩大农村内需》和《从高中减负突破推进素质教育》，紧扣经济形势和群众关心的热点、难点问题，提出我们的意见建议，受到广泛好评。

《关于实施社区养老服务保障工程，大力发展社会化养老服务业的建议》等3件提案分别受到罗志军省长和黄莉新、何权、李小敏副省长的批示，有关内容被吸收到正在起草的省政府文件中。《关于振兴我省中医事业的建议》集体提案被省政协列为主席督办提案。《以增强政府服务意识为抓手，全力推动中小企业技术创新》等5篇调研报告在省政协两次常委会议、两次主席专题协商会和民进中央长江流域湖泊保护与管理研讨会上交流发言，受到好评。

重视参政议政调研质量。在调研课题选题过程中发扬民主，广泛征集会内外意见，并结合今年省政协确立的重点调研方向，提高调研课题的针对性和实效性。继续面向全省开展重点调研课题招标工作，今年的7件招标课题如期完成。

进一步发挥省委各专委会作用。召开各专委会主任会议、市级组织委员会议，探索充分利用会内外资源、开拓合作互动渠道的新机制。各专委会研究制定了今后3年参政议政调研课题主要方向的规划。

承接民进中央有关小城镇建设的调研，为民进中央形成向中共中央、国务院的建议，提供了重要依据；我会申报的“让农民合作社成为解决三农问题的钥匙”成为民进中央立项的重点调研课题之一，我会与山东省委联合开展调研，已形成了调研报告。

抓住信息工作重点不松懈。时时处处留心信息，在调研中随时随地捕捉信息。举办信息员培训班，加强指导，深入挖掘潜力，信息的质量和采用率有明显提高。在民进中央专项评比中，我会信息工作继续名列民进各省级组织榜首。

继续完善参政议政数据库建设，夯实参政议政资料基础。

【社会服务】

面向社会、面向基层、面向广大会员，扎实有效地开展社会服务工作，是我会长期坚持不懈的基本工作方法。

应对国际金融危机的影响，省委会及时下发通知，要求各级地方组织重视新社会阶层会员的教育、引导、支持、服务工作，走访会员企业，为会员排忧解难；省委会向全省企业界会员发出慰问信，鼓励会员坚定信心，沉着应对；通过社情民意等信息渠道，反映情况，提出促进民营企业发展的意见和建议；请经济专家为企业界会员作报告，为提高他们经营管理素质、增强应对金融危机影响和抵御风险能力产生了积极作用。南京、扬州市委会还积极组织企业界会员“抱团取暖，共渡难关”互访活动，为企业界会员搭建合作交流的平台。

认真做好省内的扶贫工作和对贵州、广西、甘肃等西部地区的帮扶工作，省委会、省直工委和各市委会坚持面向农村、社区开展送医送教、送文化、送法律活动。联系省爱德基金会，支持专项款12万元，用于淮安市楚州地区饮用水改造工程和为农村学校购置图书。苏州市委会开展帮扶民工子弟学校“牵手行动”；南京市委会在高淳县中学设立“民进南京市委奖教助学金”；无锡市委会定向资助10名家境贫寒的无锡籍大学生完成学业；常州市委会连续三年资助4位贫困学生；镇江市委会开展“和聋哑伙伴手拉手”活动；连云港、淮安、南通三市联合组织农村教师参加教学观摩培训。省委会积极参与民进中央支持毕节教育的“彩虹行动”，与贵州省金沙县沙土镇签订了3年结对帮扶协议。省委会暨南通市委会组织教师会员，赴贵州省平塘县民族中学开展教学交流活动；举办第三期“河西走廊星火产业带农村科技带头人培训班”，圆满完成了民进中央交办的3年帮助甘肃河西走廊培训百名科技带头人的任务；省直经济界会员向贵州省金沙县和南京民工子弟学校捐物；无锡惠山区总支为广西百色地区贫困孩子开展“阳光营养工程”。一年来，我会各级组织累计培训农村教师430多人，培训农村科技带头人33人，资助贫困师生近千人，捐赠图书24100多册，捐赠物资与资金约96万余元。

发挥书画界会员优势，服务社会。协助民进中央筹建开明画院；江海书画会26位书画界会员作品参加了民进中央举办的“共庆辉煌——庆祝中华人民共和国成立60周年、纪念人民政协成立60周年民进全国书画展”。各地还组织书画家到部队、学校、企业、社区、乡村写字作画810余幅。

承办了第一届民进全国企业家联谊会联席会议；协办了“第三届海峡两岸基础教育论坛”。

【自身建设】

省委会高度重视组织工作在推进我会自身建设和履职能力建设中的基础作用。根据形势发展的要求，围绕切实加强各级领导班子建设、进一步做好组织发展工作、完善后备干部队伍建设机制、加强对基层组织工作的指导等方面，提出了明确的工作目标和思路。省委八届八次常委会议传达学习全国组织工作会议精神，印发《民进全国组织工作会议纪要》，研讨了进一步加强组织工作的举措。按照民进中央要求，制定了《民进江苏省委组织发展五年规划》。各省辖市委、省直工委先后召开会议或举办骨干培训班，认真学习严隽琪主席在全国组织工作会议上的重要讲话，深入领会纪要精神。

着力提升各级领导班子成员和骨干会员的参政党意识和履职能力。省委会在中央社会主义学院举办了为期9天的地方组织领导干部培训班，37位省、市、县（区）级组织主委、副主委以及省委机关部门负责人参加了培训；推荐12位省、市委领导班子成员和基层组织负责人参加了在中央和省社会主义学院举办的民主党派干部进修班、培训班，通过培训发现和培养人才。

认真贯彻落实《民进中央关于加强省级组织领导班子后备干部队伍的意见》和《民进江苏省委关于加强市级组织领导班子后备干部队伍的意见》，完善后备干部队伍建设机制，在中共省、市委统战部的协助下，开展了省、市级组织领导班子后备干部民主推荐工作。南京市委会和省直工委动员和组织会员积极报名参加南京市、区县联动公选党外领导干部，共有38名会员参加笔试，其中16人进入面试、11人进入考察环节，有3名会员通过任职前公示。

重视和加强基层组织建设。上半年在全省14个市、县（区）级组织开展基层组织工作调研，召开了全省基层组织建设现场会，总结交流经验，促进基层组织增强活力。编辑了《民进是我家——江苏民进组织工作和基层活动案例》一书。9月，省委会在南京召开了全省文化出版界基层组织建设研讨会，交流和研讨了推进文化出版界基层组织健康发展的思路。10月26日，建立了民进泰州市总支。根据中央《关于开展创建民进全国先进地方组织、先进基层组织活动的意见》，结合我省实际，部署开展创建全国、全省先进地方组织、基层组织活动，推动各项工作的开展。民进苏州市委会在对全市基层组织调研的基础上，召开了基层组织建设现场会暨争先创优动员大会。

组织发展稳步推进，全年共发展会员 370 名，全省共有会员 8687 名。

根据《民进全国代表大会代表联系办法（试行)》，结合我省实际，制定了《民进江苏省委关于贯彻〈民进全国代表大会代表联系办法（试行)〉的实施细则》，推进会内民主。

贯彻 2008 年全省机关工作会议的要求，全省机关开展学习型、文化型、服务型、健康型机关创建工作，并把这项工作作为机关深入学习贯彻科学发展观的重要内容来抓，努力营造一个爱学习、有品位、讲健康、重服务的氛围，造就一支政治坚定、作风优良、学识丰富、业务熟练的干部队伍。各级机关服务中心、服务大局、服务领导、服务基层、服务会员的水平得到提升。在今年华东六省一市机关工作研讨会上，《加强“四型”机关建设，不断提高江苏民进机关整体水平》和《创新党派机关建设的一点思考》两篇论文作了大会交流。通过办公自动化软件平台建设，进一步促进了机关办公的规范化、程序化。

民进浙江省委会 2009 年工作概述

2009 年，民进浙江省委会在民进中央和中共浙江省委的领导下，深入贯彻科学发展观，围绕中心，服务大局，按照执政党建设和参政党建设相互促进的要求，集智聚力、有思有行、顺势而为，认真履行参政党职能，切实加强自身建设，完成了八届三次全会提出的任务，各方面工作都取得了新的进展。

【重要会议及活动】

3 月 18 日，省委会召开统战理论研究会理事会议。会议确定了今年我省统战理论研究的重点为“科学发展观与参政党组织建设”。

4 月 8 日，民进浙江省八届八次常委（扩大）会议在杭州召开。会议邀请中共浙江省委党校副校长郑仓元教授作学习贯彻科学发展观专题辅导报告。

4 月 16 日—18 日，民进苏浙沪参政议政联席会议在浙江省临海市召开。会上交流了去年三地参政议政工作的情况，研究了今年的课题申报。

5 月 31 日，民进浙江省八届九次常委会议在杭州召开。会议听取了关于省委会开展学习贯彻科学发展观活动的情况汇报，讨论并确定了省委会 2009 年度参政议政调研课题，任命刘毅同志为民进浙江省第八届委员会秘书长。

9 月 29 日，民进浙江省八届十次常委会议在杭州召开。会议审议了民进浙江省委会关于开展创建民进全国先进地方组织、先进基层组织活动的实施方案和民进浙江省委会关于组织发展工作的若干意见，同意向省政府报送《关于推行浙江省农村教师“特岗计划”的建议》。

11 月 25 日，省委会召开担任政府和司法机关实职人员座谈会。

11 月 26 日，省委会召开民进全省组织工作会议。各市委会交流了各地组织工作取得的成绩和经验，徐博侯副主委介绍了换届以来全省的组织工作，按照《民进全国组织工作会议纪要》的要求，对下一阶段的工作作了重点部署。

11 月 26 日—27 日，省委会统战理论研讨会在杭州召开。省委会副主委、统战理论研究会副会长连建伟在会上讲话。会上通报了年度统战理论征文和优秀论文推荐情况，就今后的工作思路提出了建议。

12 月 28 日，民进浙江省八届十一次常委（扩大）会议在杭州召开。会议研究了民进浙江省第八届委员会第四次全体会议的相关事宜；审议并通过了省委会 2010 年工作要点；研究了 2009 年参政议政调研成果；各市级地方组织、省委会各专委会、会员联谊会、机关各处室汇报了 2009 年的工作。

12 月 29 日—30 日，民进浙江省第八届委员会第四次全体会议在杭州召开。会议学习了中共十七届四中全会精神，传达学习了民进十二届三中全会精神，听取并审议了盛昌黎主委代表民进浙江省第八届常务委员会作的工作报告。谢双成副主委在会上传达了民进十二届三中全会精神。会议表彰了2009年度单项工作先进单位、先进支部，表彰了参政议政优秀成果和统战理论优秀论文。会议表决通过了《决议》，中共浙江省委统战部常务副部长陈金彪莅临会议并作重要讲话，赵光育副主委作会议小结。全会期间，省委会邀请中国国防大学军队建设与军队政治工作教研部刘仕平教授作了题为“从中国政党制度演变看共产党领导的多党合作制的历史必然性”的讲座，还召开了市级地方组织专职副主委座谈会。

【参政议政】

集智聚力、顺势而为，参政议政工作取得新的成果。

2009年，省委会以加强参政议政能力与水平为工作重点，以专委会为抓手，充分调动各级组织和广大会员的积极性，举全会之力，集全会之智，认真履行参政党职能，参政议政工作取得了可喜成绩。

发挥政治协商、民主监督作用。一年来，省委会领导多次参加中共省委、省政府召开的各种协商会、通报会、座谈会，就重大决策发表政见，对政府工作报告及其他重要文件的制定和修改提出意见建议。每次重要协商前，省委会都精心组织专家研讨，认真开展调查研究，力争形成集体意见。

通过各种渠道履行好参政议政职能。省委会向会中央报送的《关于创新机制，解决中小企业融资难问题》的调研报告，被会中央列为提交全国政协会议的集体提案，并被评为民进中央2009年度参政议政成果一等奖。在省政协十届二次会议上，省委会提交了7件集体提案、1件大会口头发言和14件书面发言，民进会员中的政协委员提交个人提案57件，内容涉及应对国际金融危机、推进政治文明建设、农业和农村建设、教育和文化建设、资源和环境建设以及其他社会发展问题等多个领域。其中，《合理配置城乡教师资源，促进教育均衡发展》提案被列为省政协重点提案，郑继伟副省长专门作出批示并亲自领办。省委会向中共浙江省委、省政府报送的《韩国经济发展对我省经济转型升级的几点启示》的建议案获得了省委书记赵洪祝的批示，《关于推行浙江省农村教师“特岗计划”的建议》得到了省长吕祖善的批示。全年编发《浙江民进信息》160余期，30多期被上级部门采用，直报信息有4期得到了中共浙江省委、省政府领导的批示。

完善集智聚力的工作机制。省委会已经形成了一套完整的课题申报立项运行机制，2009年共收到来自各市委会、省直基层组织、参政议政特邀研究员、地方组织专委会及支部的课题申报书55份，有16个课题被立项，均已形成成果。各专委会成为省委会参政议政的第一线单位，充分发挥了人才库、智囊团的作用。

【社会服务】

明确思路、创新机制，开创社会服务工作新局面。

2009年，省委会根据民进中央的工作部署，围绕中共省委、省政府的中心工作，凝聚各级组织和广大会员的智慧和热情，以重点项目为依托，完善工作平台，不断创新，社会服务工作取得了新的业绩，被会中央评为“社会服务工作先进单位”。

承办两岸医学文化论坛。11月初，民进中央和浙江省政府等单位联合主办的“海峡两岸中华传统文化与现代化研讨会暨首届海峡两岸医学文化与医学发展论坛”在杭州隆重举行，民进浙江省委会发挥医卫界的传统优势，与省卫生厅、省台办等单位通力合作，成功承办了这次活动，搭建起深化两岸文化交流的新平台。

不断拓宽社会服务渠道。省委会坚持第五年参加省委、省政府“山海协作”系列活动，赴衢州开展了送教送文化进校园、送医下乡、企业项目对接等方面的工作，为支持和推进欠发达地区的发展贡献力量。积极响应中共浙江省委统战部“少数民族低收入群众增收帮扶行动计划”，于4月提前完成了对景宁畲族自治县东坑镇大张坑村的帮扶任务。在淳安宋村乡建立了新的贫困乡扶持点，与杭州市委会和部分省直基层组织共同从文化、教育、医疗等多方面对该乡进行帮扶。省委会积极参与民进中央“彩虹行动”，15位来自贵州毕节金沙县的幼儿教师参加了首届西部幼儿教师培训班的学习。省委会坚持第12年为杭州市儿童福利院的孩子提供医疗咨询、诊治服务，还扩展服务内容，用艺术给孩子们送去欢乐。省委会还建立了20万元“海纳孤残儿童康复”基金，已经为一名患有先天性心脏病的女童进行了心房补缺手术，活动将持续开展6年。

建设好社会服务工作平台。省委会继续加强了浙江企业家联谊会、浙江开明画院、“三胞”关系会员联谊会等平台的建设，进一步拓展海外联谊工作。

【自身建设】

1. 深入学习贯彻科学发展观，认真开展思想政治工作

2009年，省委会以深入学习贯彻科学发展观为主线，以庆祝中华人民共和国成立60周年、人民政协成立及多党合作制度确立60周年为契机，认真学习中共十七届四中全会精神，着力改进思想政治工作的方法，健全宣传阵地，进一步巩固建设高素质参政党的思想基础。

扎实推进学习贯彻科学发展观活动。省委会通过组织收看网络视频、邀请专家作专题辅导报告、在浙江民进网站和《开明》会刊开辟学习专栏等形式，并把学习贯彻科学发展观作为本年度各类培训班、学习班的重要内容，在全会上下扎实推进学习贯彻科学发展观活动。同时进行了广泛的问卷调查，了解掌握会员的思想动态，组织开展了“我为学习贯彻科学发展观献一计”和“我为民进科学发展建一言”活动，得到广大会员积极响应，增强了广大会员学习贯彻科学发展观的自觉性，坚定了坚持走中国特色社会主义政治发展道路的信念。

认真组织参政党理论研究。以“科学发展观与参政党组织建设”为主题，开展了征文和交流评比活动，还推荐优秀论文参加会中央征文评选，荣获一等奖2篇、二等奖2篇、三等奖6篇、优秀奖3篇，省委会获得了“优秀组织奖”。

组织开展中华人民共和国成立60周年和人民政协成立60周年庆祝活动。省委会把庆祝活动与学习贯彻科学发展观和做好2009年各项工作结合起来，积极参与民进中央、政协和统战系统举办的一系列活动，隆重举行了“庆祝中华人民共和国成立60周年暨浙江开明画院成立10周年美术作品展”、开展“与共和国一起走过”专题征文。全省各级组织以各种形式的报告会、学习会、座谈会、演讲赛、歌咏会等为载体，开展了丰富多彩的庆祝活动。

加强思想宣传工作队伍和平台建设。省委会注重思想宣传队伍建设，年初对通讯员进行了重新聘任，并通过学习培训和交流考察，增强通讯员的宣传意识，提高业务水平。《开明》会刊和网站建设得到了进一步加强，提高了编辑水平，发挥了宣传、联络、服务的作用，省委会再次被会中央评为“会刊工作先进单位”。对外宣传工作再上新台阶。

2. 适应新形势、新要求，全面推进组织建设

2009年，省委会认真贯彻落实全国组织工作会议精神，以组织工作和后备干部队伍建设为重点，把组织建设与提高履职能力、增强全会的凝聚力结合起来，进一步健全和完善各项制度，巩固和扩大了组织建设的成果。

加强领导班子建设。一年来，省委会和各地方组织结合学习贯彻科学发展观，加强了领导班子的思想建设、制度建设和作风建设。省委会领导班子落实责任分工，加强了与地方组织、专委会、联谊会和基层组织的联系。部分市级组织开展了领导班子届中述职和民主评议工作，金华、台州市委会顺利完成了换届。

加强后备干部队伍建设。省委会重视做好会内各级领导班子后备干部的引进、培养和使用工作，共推荐50余人次参加了中央统战部、中央社院、省委统战部、省社院举行的各类培训班、进修班、研讨班，还召开了民进担任政府和司法机关实职人员座谈会。

加强基层组织建设。省委会以创建民进全国先进基层组织活动为契机，不断加强对基层组织工作的指导，创新基层组织工作和活动方式。继续贯彻落实基层组织达标考核办法，积极引导基层组织发挥优势、因地制宜，围绕会组织的中心工作开展活动，不断增强基层组织的活力与凝聚力。进一步完善了省直支部主任会议制度，组织基层负责人与民进江苏省委会就省直工委建设、履行政党职能等开展了交流。

做好组织发展工作。全省发展新会员287名，平均年龄37.2岁，中上层人士占83.3%。其中教

育界占 43.2%、科技界占 1%、医卫界占 16%、文艺界占 4.9%、新闻出版界占 1.4%、公有制经济界占 2.1%、机关团体占 12.8%、新的社会阶层人士占 16.7%，其他占 1.7%。目前，全省有民进会员 7443 名。

加强机关建设。省委会和地方各级民进机关主动适应新形势，创新思路，扎实工作，推进机关制度化、规范化、程序化和信息化建设。同时，进一步加强机关干部思想政治素质的培养和专业知识的培训，提高了工作质量和水平。各级机关积极拓展对外交流的渠道，加大机关干部交流的力度。

民进安徽省委会 2009 年工作概述

一年来，民进安徽省委会在中共安徽省委和民进中央的领导下，团结带领全省民进各级组织和广大会员，高举中国特色社会主义伟大旗帜，以邓小平理论和“三个代表”重要思想为指导，以学习贯彻科学发展观为主线，深化坚持走中国特色社会主义道路学习教育活动，扎实推进自身建设，认真履行参政党职能，在服务安徽科学发展和促进自身科学发展上取得新成绩。

【重要会议及活动】

（一）全委会议和常委会议

1 月 12 日下午，民进安徽省六届六次常委会议暨省“两会”代表、委员座谈会在合肥召开。会议通报了民进安徽省委会在省政协十届二次会议上提案、大会发言准备情况和民进安徽省委会 2009 年工作要点，学习了《中国民主促进会中央监督委员会工作条例（试行）》精神，传达了民进中央常务副主席罗富和来皖调研重要讲话精神。与会代表、委员围绕提交省“两会”的提案、发言、议案、建议内容进行交流研讨，并就省委会参政议政工作提出意见建议。

7 月 28 日—29 日，民进安徽省六届七次常委会议在蚌埠召开。会议传达了民进全国组织工作会议和民进全国宣传思想工作会议暨科学发展观论坛精神，听取了科学发展观专题讲座，通报了省委会上半年工作，部署了省委会下半年工作。

12 月 24 日下午，民进安徽省六届八次常委会议在合肥召开。会议审议通过了民进安徽省六届四次全委会议议程和日程安排，审议通过了 2009 年民进安徽省委常委会工作报告和补选六届省委委员候选人名单，通报了民进省市级组织领导班子自身建设活动进展情况，听取了与会同志就省委会领导班子自身建设提出的意见建议。

12 月 25 日—26 日，民进安徽省六届四次全委会议在合肥召开。会议认真学习贯彻中共十七届四中全会精神，传达学习了民进十二届三中全会精神，听取审议了民进省委常委会 2009 年工作报告，审议通过了《民进安徽省六届四次全委会议决议》，补选了民进省委委员，听取了有关安徽经济发展情况的专题报告。

（二）其他重要会议

2009 年民进安徽省委会组织召开了 12 次主委会议、5 次主委办公会议和 3 次中心学习组会议，主委班子成员先后 10 次分别率队到市级组织召开片区联席工作会议。

1 月 7 日，民进安徽省委会召开迎“两会”参政议政座谈会。

3 月 19 日，民进安徽省委会暨合肥市委会、省中华职教社联合举行传达学习全国“两会”精神报告会。

4 月 3 日，民进省委、省中华职教社、省人大教科文卫委员会联合举办“农村职教改革与发展”专题研讨会。

6 月 22 日—25 日，全国政协副主席、民进中央常务副主席罗富和率民进中央调研组来皖就“发展农村职业教育”进行专题调研。

8 月 24 日—25 日，民进安徽省机关建设工作会议在合肥召开。

9 月 11 日，安徽农网第三批民进专家（律师）服务团工作启动仪式在合肥举行。

9 月 15 日—17 日，民进全省通讯员培训班在合肥举行。

9 月 27 日，民进省委召开庆祝新中国、人民政协成立 60 周年座谈会。

10 月 17 日，民进省委召开参政议政专委会工作研讨会。

10 月 28 日—30 日，全国政协委员、民进中央组织部部长王建国一行来安徽调研机关建设。

11 月 4 日—5 日，民进安徽省社会服务工作会议在合肥召开。

11 月 15 日—16 日，民进中央研究室主任、民进中央统战理论研究会副会长高友东一行来皖调研统战理论研究工作。

12 月 19 日—20 日，民进安徽省委统战理论研究会 2009 年会召开。

（三）主要领导重要活动

2月13日，朱维芳主委、项纯文副主委出席省委统战部召开的省各民主党派双月座谈会。会上，朱维芳主委代表民进省委就学习贯彻科学发展观的情况和政治交接学习教育活动的总结进行了汇报。

2 月 24 日，朱维芳主委，项纯文、张自立副主委出席省委统战部召开的座谈会，学习贯彻胡锦涛总书记 1 月 22 日在党外人士迎春座谈会上的重要讲话精神。

5 月 7 日，朱维芳主委、虞吉林副主委出席省直单位帮扶休宁第十次工作会议。省人大常委会副主任、民进省委主委朱维芳作为对口扶贫休宁的牵头省级领导在会上讲话，虞吉林副主委代表民进省委在会上发言。

7 月 24 日，朱维芳主委、项纯文副主委参加中共中央督查组召开的座谈会。朱维芳主委代表民进省委发言，对我省贯彻落实《中共中央关于进一步加强中国共产党领导的多党合作和政治协商制度建设的意见》（中发〔2005〕5 号）的情况给予充分肯定，对进一步贯彻落实 5 号文件精神提出意见建议。

12 月 30 日上午，朱维芳主委、项纯文副主委出席省各民主党派、工商联负责人和无党派人士代表座谈会。朱维芳主委代表民进省委发言，就即将提请安徽省十一届人大三次会议审议的《政府工作报告（征求意见稿）》和省政府工作提出意见建议。

【参政议政】

在今年全国“两会”上，我会的全国人大代表和全国政协委员共提交了 5 件议案、21 件建议和 9 件提案，累计接受中央及省级媒体采访 50 余次。在安徽省十一届人大二次会议上，我会的省人大代表共提交了 4 件议案和 16 件建议；在安徽省政协十届二次会议期间，民进省委提交了集体发言 6 件、集体提案 22 件，省政协委员中的民进会员提交了委员个人发言 3 件，委员个人提案 44 件，其中 2 件发言被推荐为政协大会口头发言。民进省委提交的《关于充分发挥安徽农网综合信息服务平台作用的建议》和《关于加快发展我省养老服务业的建议》被列为重点提案，分别得到省领导批示，并取得积极成效。在 11 月召开的民进中央参政议政年会上，由民进省委去年完成并被民进中央转化为民进集体提案提交全国政协十一届二次会议的调研报告《关于保障国家粮食安全的政策建议》，荣获“民进中央 2009 年度参政议政成果”一等奖，调研组有关成员受到了表彰。

围绕民进省委编发的 42 个重点调研课题，我会省市级组织开展了包括民进中央、中共安徽省委、省政协专题会议等一系列重点课题的调研：参与民进中央“农村职业教育”、“长江流域湖泊管理与保护”专题调研；参与省政协 3 个专题会议等重大课题调研工作；开展“打造中国禅宗文化走廊”课题调研活动等，均取得可喜成果。

民进省委加强对信息工作的研究指导力度，制定下发了《关于加强信息工作的通知》和《民进安徽省委关于进一步加强信息工作的意见》，确立了信息工作的责任制度、量化考评制度和通报奖惩制度，有效推动了全省信息工作。截至 11 月底，民进省委共上报社情民意类信息 43 篇，其中，民进中央采用 7 篇，省政协采用 11 篇，省委统战部采用 7 篇。部分信息得到省政府及相关部门的高度重视，产生了积极的社会反响和效果。

【社会服务】

民进安徽省委会被民进中央授予“2009 年民进省级组织社会服务工作突出进步单位”称号。一年来，民进省委开启安徽农网第三批民进法律界专家服务团工作；联系向对口扶贫的休宁县白际乡捐赠总价值近 6 万元的科学储粮仓；组织由民进会员组成的医疗专家团赴宣州市水东镇开展义诊咨询活动；发动全省民进继续开展服务社会义务法律宣传咨询活动；组织发动全会向安徽省对口支援的汶川地震灾区松潘县捐赠优秀少儿读物5569册，总码洋67388.70元；组织民进企业界会员对口开展学习考察活动。召开全省社会服务工作会议，总结经验、交流工作、表彰先进。

【自身建设】

民进省委制定了开展深入学习贯彻科学发展观活动方案，传达了《各民主党派深入学习贯彻科学发展观座谈会纪要》精神，召开了民进省委中心学习组学习会议，听取了系列专题报告，参加了民进中央开展的问卷调查和“我为民进科学发展进一言”活动，整理形成了相关报告及意见建议上报民进中央和省委统战部。在民进全国宣传思想工作会议暨科学发展观论坛召开后，民进省委及时制定了关于学习贯彻会议精神的《意见》，转发了《民进中央关于加强新形势下我会思想建设的意见》，并通过电子邮件转发了民进中央领导有关重要讲话。

民进省委通过转发民进中央《关于深化坚持走中国特色社会主义道路学习教育活动的意见》和《关于认真学习贯彻胡锦涛同志在全国政协民盟、民进联组会上重要讲话精神的通知》，直接指导学教活动的开展，明确学教活动的指导思想；以传达学习全国“两会”精神为契机，深入开展形势教育，引导全会增强历史责任感和使命感，坚定与中国共产党同心同德、共克时艰的信心和决心；以庆祝新中国成立60周年、纪念人民政协成立暨中国共产党领导的多党合作制度确立60周年为契机，通过举办座谈会、参加民进中央组织的全国书画展、纪念征文、网上竞答等活动，引导全会继承和发扬民进优良传统，进一步增强接受中国共产党领导的自觉性和坚定性。

民进省委被民进中央授予“2009年民进省级组织参政党理论研究工作先进单位”称号。一年来，民进省委共收到参加省委统战部统战理论征文活动的备选论文43篇，累计提报中央媒体和民进中央的征文稿件20余篇，提交民进全国宣传思想工作会议暨科学发展观论坛交流论文1篇。在民进中央开展的“多党合作　共铸辉煌——纪念多党合作制度确立60周年”征文活动中，民进省委荣获优秀组织奖，10篇征文荣获优秀奖，其中一等奖1篇、二等奖4篇、三等奖3篇、优秀奖2篇。在省委统战部表彰的2008年度全省统战理论研究优秀成果中，我会荣获特别奖1篇、三等奖1篇、优秀奖8篇。12月，民进省委召开统战理论研究会年会，交流理论成果、研讨制度建设、部署今后工作。

民进省委积极参与民进会史的抢救编撰工作，先后完成了《安徽人民政协简史》、《安徽民主党派史》民进部分文字图片的编校，《民进会史资料选集》（第五辑）的资料征集报送和《中国民主促进会年鉴》（试刊）的安徽民进部分的起草报送等工作。

在今年全国和省“两会”期间，民进省委加大参政议政成果的推荐报道力度，主动向新闻媒体推荐我会提案、议案80多件，被采用20多件；截至11月底，我会各级组织在市级以上主流媒体发表稿件260余篇，其中在《人民政协报》、《团结报》、民进中央网站、安徽电视台、《江淮时报》、《工商导报》等中央和省级媒体上刊发和播发宣传报道110余篇。民进省委为了更好地发挥网站的宣传作用，修订了《安徽民进网站管理办法》，调整了网站管理委员会，完成了网站改版工作；《安徽民进》会刊紧密结合两个“60周年”纪念活动，增设了纪念栏目，创新了版面形式。

民进安徽省委会以常委会议、主委会议和机关全体人员会议为平台，深入学习贯彻民进中央常务副主席罗富和、中共安徽省委副书记王明方分别与民进省委领导班子座谈时的讲话精神；以民主集中制为核心，修订完善了《民进安徽省委员会全体会议制度》、《民进安徽省委员会常务委员会会议制度》、《民进安徽省委员会主委会议制度》、《民进安徽省委员会主委办公会议制度》和《民进安徽省委员会机关办公会议制度》等5项会议制度；按照中共省委统战部的部署，研究制定了《民进安徽省委关于开展省市级组织领导班子建设活动实施方案》，认真组织开展省市级组织领导班子建设活动。8月至10月，民进省委领导班子成员按照分工联系机制先后带队深入全省6个片区的15个地方组织开展调研，认真听取各市级组织和省直工委领导班子建设的情况汇报，诚恳征求各市级组织和省直工委对民进省委领导班子建设的意见建议。

研究制定了《关于贯彻落实民进全国组织工作会议精神的实施方案》和《关于开展创建民进全国先进地方组织、先进基层组织活动的实施方案》；研究编制了新建市级组织发展规划和2009年全省会员发展规划。支持民进巢湖市委、滁州市委顺利换届。

安徽民进现有17个地方组织（其中14个市委会、1个筹委会、2个直属支部）和省直工委，下属226个基层组织。截至2009年12月31日，全省有民进会员3143人，其中教育界64.7%、文化艺术界3.6%、新闻出版界1.4%、医卫界9.2%、新的社会阶层4.3%，其他16.8%。2009年全省发展新会员114人，平均年龄为37.3岁，净增长率为3.0%。

民进省委机关通过举办专题讲座，加强机关思想建设；通过开展青年读书交流活动，推进机关文化建设；通过制定实施机关计算机使用管理办法，加强机关信息化建设。

民进福建省委会2009年工作概述

2009年，民进福建省委会在中共福建省委和民进中央的领导下，以科学发展观为指导，认真学习贯彻中共十七大，十七届三中、四中全会精神，认真学习贯彻国务院《关于支持福建省加快建设海峡西岸经济区的若干意见》精神和中共省委八届六次全会精神，认真贯彻落实民进中央组织工作、宣传思想工作会议和参政议政年会精神，坚持以政治交接为主线，以领导班子建设为重点，继承和发扬我会的优良传统，实事求是、开拓创新，努力推动高素质参政党建设与履行职能的相互促进，努力为海峡西岸经济区建设积极献计出力，各项工作都取得了新的进展。

【重要会议及活动】

1. 重要会议：民进福建省委会2009年召开全委会2次、常委会2次，主委会6次，专委会5次，参政议政调研及信息工作会议1次，“我为应对国际金融危机影响献一策”座谈会，民进福建省直离退休会员联谊会理事会，承办“第五届全面建设海峡西岸经济区建设·建言献策论坛”，参加民进华东六省一市第十一次工作研讨会和省政协理论研讨会等。

2. 重要活动：开展坚持走中国特色社会主义道路学习教育活动；开展纪念新中国成立60周年、人民政协成立60周年暨共产党领导的多党合作和政治协商制度确立60周年系列活动；认真开展读书活动，组织会员认真学习《六个为什么——对几个重大问题的回答》，帮助广大会员深入把握社会主义核心价值体系；开展海峡西岸经济区建设若干重大问题的调研活动；协助民进中央联络委员会、社会服务部课题调研组就“两岸签署金融合作协议后大陆台商融资情况”进行调研；开展服务社会主义新农村的“海西春雨行动”和助残培训活动；举行全省民进系统“爱国杯”乒乓球、羽毛球比赛等。

3. 主要领导活动情况：会省委主要领导积极参加中共福建省委、省人大、省政府、省政协、省委统战部召开的政治协商会、情况通报会、经济形势分析会等多种座谈会，参加有关部门组织的视察、检查、行风评议和调研活动，带头履行参政党职能。张帆主委出席省政府召开的工作报告征求意见会、经济形势分析会，出席省委统战部“181”联席座谈会，参加中共福建省委“四个专题”调研和海峡经济区高层研讨会。会省委领导深入全省各地开展政风行风民主评议工作，参加全国、民进中央和省里举办的重要会议、重要活动，认真履行参政党职能。

【参政议政】

1. 参加政治协商和民主监督。会省委积极参与全省大政方针、重大决策的协商讨论，参加省里重要会议、重大视察、检查、政风行风评议和调研活动。就重要人士安排、政府工作报告、重大事项、全省规划纲要等重大问题，认真听取通报，深入调查研究，坦诚发表意见和建议，在建言献策中体现参政党的职能。例如，在省政府工作报告、中共福建省委关于“贯彻落实《中共中央关于加强和改进新形势下党的建设若干重大问题的决定》

的实施意见”征求意见会上，会省委领导提出了具体的意见。在我省党外干部培养选拔推荐工作、省党外人士工作座谈会上，会省委主要领导提出了建设性意见和建议；会省委各级领导和人大代表、政协委员以及“四大员”积极对事关全局以及国计民生的一些重大问题，对经济与社会生活中存在的不良现象，通过高层政治协商、“两会”发言、提案议案和信息等方式，提出许多有价值的意见、建议和批评，积极发挥民主监督作用。

2. 本省“两会”期间履职情况。在2009年年初召开的省政协十届二次会议上，会省委提交了大会发言9件，单位提案18件。不少调研成果得到了省委、省政府领导的高度重视，引起强烈反响。其中，一件大会发言获省领导批示。何强副主委代表会省委作的大会发言《积极推动闽台文化产业对接与发展》，黄小晶省长批示：“陈桦同志研究，召相关部门，分门别类培育成各自特色的产业”。单位提案《尽快调整我省外贸政策　积极应对国际金融危机》、《加快社会救助体系建设　构筑最后一道安全网》被省政协编入《重要提案摘报》，其中《加快社会救助体系建设　构筑最后一道安全网》入选《建议重点提案内容摘要》。会省委三件提案《关于加快我省物流业发展的对策建议》、《关于大力推动我省文化创意产业发展的建议》、《关于促进我省外贸可持续发展 积极应对国际金融危机的建议》省政协评为2008—2009年度优秀提案。

3. 重点调研情况。2009年4月，会省委和中共省委统战部牵头组织省各民主党派、工商联和无党派人士开展“加快海峡西岸经济区建设若干问题研究”课题调研。就海峡西岸经济区建设成功经验与存在问题、海峡西岸经济区建设的战略着力点、海峡西岸经济区建设需要迫切解决的重大问题以及民主党派在海峡西岸经济区建设中应发挥的作用等问题开展调查研究。11月，会省委已按要求完成了调研报告。5月，会省委申报的调研课题“新形势下如何做好入台争取台湾民心工作”与民进中央联络委员会申报的构建两岸中医药经济交流平台，促进两岸经济的发展的调研课题，被民进中央确定为2009年度联合立项课题。会省委已完成课题并上报会中央参政议政部。7月，会省委配合民进中央联络委员会到福州、厦门等地开展关于“两岸签署金融合作协议后大陆台商融资情况”调研。8月，中共福建省委、省政府重点课题“加强网络文化建设和管理的研究”中，会省委承担的子课题《重视网络科普功效，建设多媒体科普平台》已完成并上报省委宣传部。

4. 参政议政能力建设。会省委不断推进履行参政议政职能制度化、规范化、程序化建设，参政议政能力建设进一步加强。一是整合人才资源，增强参政议政实力。重视发挥专委会成员、各级人大代表、政协委员、特邀研究员、特邀监察员、各种监督员和会内专家学者的作用，使他们成为参政议政的骨干力量；通过调研实践的磨练，不断培养出一批新的参政议政有生人员；注重调动基层组织参政议政的积极性，从中发现优秀人才，充实壮大参政议政队伍；注重培养民进各级机关专职干部，促使机关干部锻炼成参政议政骨干；加强与会中央的联合和兄弟党派的合作，积极营造上下协作、纵横互动的工作网络，有效提高参政议政的整体水平。二是完善工作机制，扩大参政议政工作参与面。会省委在继续完善已建立的11个参政议政工作机制的基础上，又先后制定出台了《民进福建省委招标课题及投标办法》、《民进福建省委特邀研究员聘任与管理办法（试行）》、《民进福建省委专门委员会工作守则》等；正式启动了会员参政议政实绩记录在案制和会员参政议政成果通报表扬激励机制。由于成效显著，会省委荣获民进中央参政党理论研究工作先进单位。

【社会服务】

1. 积极应对国际金融危机。2009年，民进出席省“两会”的全体代表、委员发出致福建民进经济界会员联谊会公开信：我们有信心有实力有能力再创佳绩！应对当前的困难和挑战，信心就是力量。有实力，有能力，就会有信心。有信心，才能把握机遇更上一层楼！2月23日，福建民进经济界会员联谊会召开“我为应对国际金融危机影响献一策”座谈会。大家就企业如何直面金融危机，如何加速产业的更新、升级和换代，如何加强企业内部管理等方面畅所欲言。5月31日至6月4日，组织民进经济界联谊会成员赴江苏考察，学习江苏省民进企业家应对国际金融危机的经验和举措。

2. 积极参与新农村建设活动。各级民进组织依托学校和教育部门，组织会内“全国、省特级教师”和“教育能手”、“教学新秀”与贫困地区学校结对子，定期到山区学校上观摩课，同时做好暑期贫困山区教师业务培训工作，认真开展助学助教活动。据统计，一年来，民进各级组织开展助学助教活动17场，受益师生3000多人。开展“三下乡”活动，实施“六送”（送医、送药、送书、送戏、送电影、送讲座）工程，让先进文化和医疗卫生进村进社区，援助创建“农民之家”、“农民书屋”、“文化长廊”等，捐赠书籍、电脑、二胡、手风琴等文化体育用品，深入乡村、社区开展义诊、法律咨询，组织专家医生赴全省各地开展“健康万里行”等活动，为乡村卫生院提供业务指导和人员培训。4月23日，会省委领导前往我会“海西春雨”行动挂点村宁化县调研，帮助新村道路规划，支持新村建设资金8万元。

3. 积极做好社会公益活动。会省委定期到省女子监狱开展“爱心帮教”活动，促进社会和谐发展。为迎接2010年在福州举办的第五届特殊奥运会，由民进省委主办的为期一年（2008年11月至2009年12月）“助残志愿者培训班”，已培训人员3000多人。此项培训，不仅是技能的培训，更是宣扬助残理念的一个平台，所有参训人员将作为明年全国特奥会的志愿者。由于在助残培训方面的突出贡献，民进省委被省残联评为“助残之星”先进单位。据不完全统计，一年来，民进各级组织投入“助学计划”、“海西春雨行动”、“希望工程”、“希望小学”、“扶贫济困”等社会公益事业资金达800多万元，解决就业职工5400余人，培训教师500多人、创建农村文化基地37个。

【自身建设】

1. 思想建设开创新局面。会省委高举旗帜，深化教育，扎实推进思想建设。一是认真学习贯彻中共十七届四中全会精神。会省委学习中心组召开会议认真学习贯彻中共十七届四中全会精神。会省委还转发了民进中央关于学习中共十七届四中全会精神的通知，对学习会议精神进行部署。会刊《福建民进》开辟了学习中共十七届四中全会专栏。二是认真贯彻落实民进全国宣传思想工作会议精神。通过考察爱国主义和统一战线教育基地、组织会员认真学习《六个为什么——对几个重大问题的回答》、开展学习贯彻科学发展观问卷调查和“我为民进科学发展建一言”活动、加强我省会史资料的收集、整理和宣讲，不断增进全会的政治认同和目标认同。特别是加强了对新时期参政党理论的研究，取得新成绩。2009年，会省委被民进中央评为参政党理论研究先进单位。三是深入学习领会国务院《关于支持福建省加快建设海峡西岸经济区的若干意见》，会刊《福建民进》开辟海西看台、潮涌西岸、海西论坛等栏目，积极宣传会省委和会员服务海西建设所取得的好效果。四是开展纪念新中国成立60周年、人民政协成立60周年和共产党领导的多党合作和政治协商制度确立60周年活动。配合民进中央、省政协、省委统战部在全会中开展庆祝中华人民共和国成立60周年、纪念人民政协成立60周年和纪念多党合作制度确立60周年有奖征文活动，共收集征文30多篇，有多篇征文获得民进中央和省统战系统庆祝建国60周年征文奖，会省委还荣获民进中央授予的征文活动优秀组织奖。

2. 作风建设深入开展。以继承和弘扬民进的优良传统为抓手，讲传统，重品行，加强领导班子作风建设。加强领导班子的作风建设，初步形成了一是深入调研、求真务实的作风；二是与基层保持广泛的接触和深入沟通，密切联系广大会员的作风；三是讲团结，促和谐，把发扬民主贯穿于议事和决策的全过程，团结民主的作风；四是廉洁自律的作风。通过作风建设，在领导班子中形成了风正气顺、人和心齐的良好氛围。

3. 组织建设健康有序。2009年，会省委认真贯彻落实民进全国组织建设工作会议精神，围绕加强参政议政能力建设的新要求，按照“在工作中发展，发展为了工作”的原则，认真贯彻“坚持三个为主，注重政治素质，发展与巩固相结合，有计划地稳步发展”的方针，积极稳妥地做好组织发展工作，从源头上保证高素质参政党的建设。会省委下发了《民进基层组织工作条例》，制定了《基层组织发展对象考察表》，要求各基层组织严格按照组织发展程序和发展对象的条件，认真做好新会员推荐工作。截止2009年底，我会共有7个设区市委会，1个县级市委会，151个支部，会员总数为3200人。会员整体素质有了较大提高，界别分布更加合理。文化、教育、出版界会员2150人，占69%，经济、科技、医卫、新社会阶层618人，占19.8%，司法机关、政府机关、党派机关及团体269人，占8.6%；具有中、高级职称会员2344人，占会员总数的75.3%，50岁以下的会员2135人，占会员总数的68.5%，年龄结构、界别结构和知识结构有了明显改善，进一步拓宽了我会参政议政的工作领域，增强了我会的活力。

4. 制度建设不断加强。会省委不断完善参政议政工作机制，提升履行职能的能力和水平。一是调研课题中期推动机制。会省委加大对各课题组调研状况进行跟踪和推动，提高课题调研的质量。二是“上下联动，区域协作”的课题调研机制。会省委与会中央、兄弟省委之间，会省委与省内各市委会、总支、支部之间，省内各级组织相互之间，在参政议政方面形成相互合作的机制，开展联合调研。三是与政府部门的联系合作机制。省经贸委、省教育厅、省文化厅和省委政研室已和会省委在一些调研课题和工作中开展了卓有成效的合作，促进参政议政上新台阶。四是建立参政议政人才和骨干队伍的培训机制。除了每年以会代训，参加课题立项、验收评审外，还积极让他们参加省委、省政府、省政协的座谈会、协商会。

5. 机关建设明显改善。会省委认真贯彻《公务员法》，以强化政治交接为主线，以加强制度化规范化为基础，以提高机关工作人员素质为重点，以改进作风和提高工作效率为重要切入点，以创建文明单位为契机，以建设文明、高效、务实、创新、廉洁的参政党机关为目标，以“三平”精神为工作要求，进一步加强机关思想、制度、效能、作风建设。坚持学习、教育培训制度，坚定信心，确保正确的政治方向。加强干部的培养、锻炼力度，选派1名干部挂职任邵武市副市长。严格标准，认真开展省级文明单位创建活动。注意发挥干部职工的积极性，发挥机关党支部、民进支部、工青妇的作用，营造积极、健康、向上的良好氛围。

民进江西省委会2009年工作概述

2009年，民进江西省委会在民进中央和中共江西省委的正确领导下，在中共江西省委统战部的指导帮助下，紧紧围绕省委、省政府工作中心和大局，按照“坚持一条主线，突出三个重点，着力抓好五项工程”的工作思路，认真履行参政议政、民主监督职能，积极开展社会服务，切实加强自身建设，完成了民进江西省六届三次全委会上确立的主要任务。

【重要会议及活动】

贯彻落实科学发展观，推进高素质参政党建设。

1. 召开民进江西省六届三次全委（扩大）会议。民进江西省六届三次全委（扩大）会议于3月25日至26日在南昌举行。中共江西省委常委、省委政法委书记舒晓琴出席会议并作重要讲话，副省长史文清，省政协副主席、省委统战部长宋晨光，省委统战部副部长张勇和省教育厅、文化厅、新闻出版局、出版集团公司负责人出席会议。会议主要议程为：一、学习胡锦涛总书记在江西考察工作时的讲话精神；二、学习《关于各民主党派深化坚持走中国特色社会主义道路学习教育活动的意见》；三、学习《民进中央关于在全会深入学习贯彻科学发展观的通知》精神；四、学习《中国民主促进会中央监督委员会工作条例（试行）》；五、传达学习全国“两会”精神；六、传达民进中央十二届二次中全会精神；七、审议常委会《工作报告》。会议一致通过省政协副主席、民进省委会主委汤建人代表第六届常委会作的工作报告和民进江西省六届三次全委会议决议。民进省委委员、各市级组织负责人、民进省委会各专门委员会主任、民进省直基层组织负责人60余人出席会议。

2. 召开民进江西省六届八次常委（扩大）会议。在新中国成立60周年前夕，民进江西省六届八次常委（扩大）会议暨开展创建民进全国先进地方组织、先进基层组织活动动员大会于9月23日在上饶市婺源县召开。省政协副主席、民进省委会主委汤建人出席会议并作重要讲话，民进省委常委、民进省委会秘书长、民进各市级组织负责人、省直各基层组织负责人等出席会议。会议指出，60年的历程证明，中国共产党领导的多党合作与政治协商制度既是历史的选择，也是现实的选择，它不但具有历史的必然性，而且在现实中发挥着重要作用。总结民进与中国共产党团结合作的历史经验，全省各级组织在今后的工作实践中必须自觉坚定地接受中国共产党的领导，必须坚定不移地走中国特色社会主义政治发展道路，必须坚持围绕中心、服务大局，努力为落实国家发展战略和发展目标作出积极贡献，必须坚持执政党建设和参政党建设相互促进，解决好民主党派自身建设的两大历史性课题。与会同志畅谈了新中国成立60周年、人民政协和中国共产党领导的多党合作和政治协商制度确立60周年来的辉煌成就。会上对民进全省各级组织开展创建民进全国先进地方组织、先进基层组织活动进行了动员，审议通过了《民进江西省委会关于开展创建民进全国先进地方组织、先进基层组织活动的方案》。

3. 成功承办长江流域湖泊的保护与管理研讨会。在中共江西省委、省政府作出建设鄱阳湖生态经济区的重大决策后，民进江西省委会积极响应，主动向民进中央要求承办2009年长江流域研讨会。在民进中央和中共江西省委、省政府大力支持下，5月26日至27日，“长江流域湖泊的保护与管理研讨会”在南昌举行，来自国内外的100余名水利、林业、地理、环保等领域的知名专家学者齐聚英雄城，就加强长江流域湖泊保护与管理，特别是推进鄱阳湖生态经济区建设展开热烈研讨。全国人大常委会副委员长、民进中央主席严隽琪，全国政协副主席、民进中央常务副主席罗富和，全国政协原副主席、民进中央原常务副主席张怀西，中共江西省委书记苏荣、省长吴新雄和国家水利部、国家林业局、长江水利委员会的主要领导出席了研讨会。通过研讨会，与会的领导和专家对我省建设鄱阳湖生态经济区的重大意义有了进一步的了解，对鄱阳湖生态经济区建设形成了共识。在研讨会上，民进江西省委会及6个市级组织共提交了10篇编印成册的调研论文。

2009年12月，国务院正式批复《鄱阳湖生态经济区规划》，建设鄱阳湖生态经济区战略上升为国家战略，充分体现了党中央、国务院对江西革命老区人民的深情厚谊和亲切关怀，这其中也有民进中央和民进江西省委会的一份努力。

4. 认真承办好民进华东六省一市第十一次工作研讨会。11月8日，民进江西省委会承办了以“努力推进高素质参政党机关建设”为主题的民进华东六省一市第十一次工作研讨会。民进中央副主席王佐书出席会议并为与会代表作了“为提高干部的素质和能力提供研究的线索”的专题报告。研讨会上，来自华东各省市民进组织的各位代表带来了有关机关建设的新成果、新观点、新思路。

5. 开展庆祝新中国成立60周年系列活动。2009年，是伟大祖国60华诞，同时也是人民政协成立和多党合作制度确立60周年。民进省委会以召开学习座谈会、开展主题征文、出版《江西民进》专刊、制作宣传展板等丰富多彩的形式，隆重庆祝新中国成立60周年、人民政协和中国共产党领导的多党合作和政治协商制度确立60周年。9月18日，举办了“我与民进”知识讲座，请省委会老领导给近三年入会的新会员上了一堂生动活泼的民进优良传统教育课；9月23日，民进省委会在婺源县举行了庆祝新中国成立60周年暨中国共产党领导的多党合作和政治协商制度确立60周年“红歌颂祖国”文艺晚会和江西民进企业家联谊会座谈会。江西民进书画院举行了两次庆祝建国60周年书画笔会。

【参政议政】

积极服务全省科学发展，切实履行参政议政职能。

1. 2009年，在省人大十一届二次会议上，民进会员中的人大代表提出建议16件。在省政协十届二次会议上，民进江西省委会共提交发言材料16篇，其中民进省委会提交13篇，会员个人提交3篇。民进省委会提交的《我省农村土地承包经营权流转应积极稳妥地推进》在政协大会上作了口头发言。共向政协大会提交提案55件，其中民进省委会集体提案16件，会员个人提案39件。提案《进一步降低农产品中农药残留，积极应对全球性经济危机》被列为会中办案，《关于财政大力扶持就业创业的建议》、《关于合理配置中小学教师编制的建议》、《引进数字书画频道打造文化大省强省》3篇提案被列为省政协主席重点督办提案。

2. 2009年民进江西省委会围绕返乡农民工就业创业这一课题，深入县乡开展调研，民进江西省委会领导还专门就这一课题接受了大江网视频访谈，形成的《加强我省创业文化建设，积极引导返乡农民工创业》调研报告，在省政协第二季度常委会上作大会发言，受到中共江西省委书记苏荣的肯定和好评。7月，民进江西省委会联合团省委组织了35名大学生志愿者，深入到省级贫困村黎川县湖坊乡石陂村进行入户问卷调查、座谈，收集了第一手资料和数据，形成了《关于江西省黎川县湖坊乡石陂村农民调查报告》，报送民进中央和中共江西省委、省政府，全国人大常委会副委员长、民进中央主席严隽琪，中共江西省委书记苏荣分别在调查报告上作出了重要批示。民进江西省委会积极参加江西省五河一湖环境保护民主监督专题调研，承担了修河流域的调研任务，完成了分报告，并以“发展低碳经济，推进鄱阳湖生态经济区建设”为题在省政协常委会专题民主监督调研情况反馈会上作大会发言。民进江西省委会结合当前新农村建设中环境整治的形势，向民进中央申报了《农村垃圾减量化、资源化和无害化模式研究》课题，被民进中央立项为2009年重点调研课题之一。下半年，民进江西省委会联合省政协教文卫体委员会围绕“整合中学教育资源”课题，深入调研，形成了《关于整合中学教育资源的调研报告》报送省委、省政府，得到了省领导的批示。

3. 2009年民进江西省委会共向民进中央、省政协、省委统战部报送“江西民进信息”34篇，其中《国家在农村实施普惠政策应优先照顾计划生育家庭》、《建议修改<村民委员会组织法>，延长村委会的任期》两篇信息被全国政协采用，《对升挂国旗等要认真严肃规范》等信息被民进中央采用。

【社会服务】

为保增长、保民生、保稳定尽责尽力，社会服务更注重成效。

2009年2月，由民进江西省委会首先倡导，并联合团省委、省青少年发展基金会发起的“1%工程”在南昌正式启动。在全国“两会”期间，新浪网、大江网对“1%工程”发起人汤建人、王少玄进行专访，在网民中产生了强烈的反响。随着“1%工程”影响范围不断扩大，来自社会各界的爱心捐款不断增加，目前捐款数已达170余万元。民进省委会继2008年捐助139名贫困大学生发放13.9万元助学金（含51位四川地震灾区学生）的基础上，2009年通过“1%工程”，扩大受助学生面，向全省24所本科高校以及部分中、小学的286名贫困学子（含14位四川地震灾区学生）发放了总共26.87万元助学金。

2009年民进江西省委会对抚州市黎川县湖坊乡石陂村进行了对口帮扶，并向石陂村小学开展了“送教送书送文具”活动。在2009年“5·12”地震一周年之际，民进省委会筹得南昌市拍卖行业协会14.17万元书画义拍款，用于援建四川小金县5所中学的教学设施。为帮助孤残儿童，民进省委会还向都昌县太阳村鄱阳湖儿童救助中心捐献1万元，为50名孤残儿童送去了医疗保险。

2009年，江西民进企业家联谊会邀请江西财经大学教授先后举办了4场企业管理专题讲座。江西省叶圣陶研究会与省教育学会联合举办了“教育改革、发展与创新”研讨会，共收到50多篇论文。江西民进同心合唱团坚持每周的定期活动，在江西民进、共青团江西省委2010年春节暨爱心联欢会上展示了新形象。江西民进书画院主动将自己精心创作的作品捐献出来，积极参加江西民进书画义拍活动，以实际行动积极支持“1%工程”。

【自身建设】

以政治交接为主线，加强参政党自身建设。

1. 深入推进思想建设。2009年，民进江西省委会根据民进中央和中共江西省委的工作部署，开展了深化坚持走中国特色社会主义道路学习教育活动，扎实推进政治交接长效机制建设，努力提高理论指导实践的水平，探索构建健康向上的江西民进地方组织文化。中共十七届四中全会召开后，民进江西省委会迅速发出了学习的通知，及时召开了主委会议、常委扩大会议、专委会主任会议、省直基层组织负责人会议，进行学习传达。省、市委会领导积极撰写会议精神学习体会文章，集中刊登在会刊和网站上，推动了十七届四中全会精神的深入学习。

2. 深入推进领导班子建设。2009 年民进江西省委会制定了《民进江西省委会科级干部选拔任用工作实施细则》制度，逐步建立健全了适合自身特点、有利于自身工作规范化和科学化运行的制度。民进省委会领导班子和领导干部进行了 2009 年度考核测评，对进一步加强我会领导班子建设和领导干部选拔任用、培养教育、管理监督、激励约束机制，推动全省民进工作，具有重要的意义。

3. 深入推进后备干部队伍建设。2009 年，我会有 23 人次参加了中央党校、中央社会主义学院、中共江西省委党校、省社会主义学院各类进修班学习班；省委会还举办了一期有 30 多人参加的民进基层骨干培训班。2009 年，1 名会员担任副厅级领导干部，6 名会员新担任了处级领导职务。一批会员担任了省检察院特约检察员、省监察厅特约监督员等特约职务。一批会员获得了全国优秀教师、国务院特殊津贴、全省“突出贡献人才”，省新世纪百千万人才工程人选等荣誉。

4. 深入推进基层组织建设。组织发展工作坚持“三个为主”的原则，质量为先，积极稳妥。全年发展会员 155 人，到 2009 年年底，全省会员总数为 2794 人。按照民进中央的统一部署，2009 年 9 月，省委会召开了江西民进创建民进全国先进地方组织、先进基层组织活动动员大会。在省直三季度支部主任会议上，对省直基层组织开展创建活动进行了动员部署。在《支部工作通讯》上刊登有关创建活动的报道，指导和推动创建活动切实开展。省委会领导深入市级组织和基层组织开展调研，积极就市级组织建设中遇到的困难与中共市委、市委统战部及有关单位党组织沟通协商。坚持了每季度一次的省直支部主任会议，编发了 3 期文字版《支部工作通讯》，6 期电子杂志《江西民进支部通讯》，为基层组织交流工作、加强联系提供了有效平台。2009 年，省委会先后组织举办了出席省“两会”代表委员座谈会、迎春联欢会、三八妇女节活动、省直会员赴弋阳参观活动、庆祝第 25 个教师节座谈会、重阳节参观活动、省直会员赴进贤考察活动等等，通过一系列形式多样、丰富多彩的活动进一步提高了江西民进的凝聚力和影响力。

5. 深入推进机关建设。2009 年，民进省委会加强机关干部的培养锻炼任用力度，经民主程序任命了 2 名部门负责人，晋升了 2 名副科级干部；积极选派机关干部参加民进中央、中央社会主义学院、省委统战部的学习培训；建立了机关图书室，有计划、有针对性购入书籍，提倡和鼓励机关干部多读书，读好书；积极开展知识竞赛活动、读书交流活动，倡导健康向上的机关文化，在省直统战系统机关公文知识写作竞赛活动中，省委会机关干部获得二等奖。

民进山东省委会 2009 年工作概述

2009 年是极不寻常的一年，面对国际形势风云变幻，世界经济深度衰退，国内大事难事交织，错综复杂，山东省经济社会发展经历了重大事件的考验和应对国际金融危机的严峻挑战，在中共山东省委的坚强领导下，各民主党派通力合作，全省人民奋力拼搏、迎难而上，战胜了各种艰难险阻，山东的政治、经济、社会、文化等各项事业都取得显著成绩。

一年里，山东民进作为参政党省级组织，以科学发展观为指导，紧紧围绕山东工作的大局和中心，发扬我会以党为师、立会为公、参政为民的优良传统，认真履行参政党职能，集智聚力、有思有行、积极作为、科学务实，各项工作都取得了可喜成绩，在经济文化强省的建设中实现可持续发展。

【重要会议及活动】

1. 全委会

2009 年，民进山东省委会召开全体委员会议共计两次。4 月 17 日，民进山东省五届四次全委（扩大）会议在济南召开。会上，栗甲主委作了题为“科学发展观视野下的民进工作”的讲话。会议经过民主选举增补金德岭为民进山东省第五届委员会副主委。会议对民进省委领导班子后备干部人选进行了民主推荐。12 月 27 日，民进山东省五届五次全委（扩大）会议在济南召开。会上，认真学习中共十七届四中全会精神，中共山东省委统战部副部长曲涛应邀出席会议并作重要讲话；栗甲主委向大会作了题为“尽心尽力　尽职尽责　继续为建设经济文化强省作出新贡献”的工作报告；张志勇副主委向与会同志传达了民进十二届三中全会精神；骆宝臻副主委作总结讲话；审议通过《民进山东省委五届五次全委（扩大）会议决议》。会议期间，各位代表进行了分组讨论，召开了部分省五大代表座谈会，栗甲主委、骆宝臻副主委与大家亲切交谈，广泛了解各位代表对省委会及本次会议的意见和建议，中共山东省委统战部党派处负责人列席座谈会。

2．常委会

2009年，民进山东省委会召开常务委员会议共计3次。4月17日，民进山东省委五届九次常委会议在济南召开，会议审议通过了民进山东省五届四次全委（扩大）会议议程和日程。8月20日至21日，民进山东省委五届十次常委（扩大）会议在泰安市东平县召开，中共泰安市委主要领导莅临会议并向与会同志介绍了泰安市经济社会发展情况。会上，栗甲主委向与会同志传达了严隽琪主席在民进十二届七次中常会上的讲话精神、姜大明省长在全省工作会议上的讲话精神、刘伟副书记在省各民主党派工商联负责人暑休研讨班上的讲话精神，以及民进省委在中央统战部就贯彻落实中发〔2005〕5号文件征求意见会上的发言内容。骆宝臻副主委向与会同志传达了民进全国组织工作会议精神和民进全国宣传工作会议精神，总结了民进省委上半年的工作并就下半年的工作做了部署。与会同志总结交流了学习贯彻科学发展观活动的经验及组织建设工作的经验，并就农村教育发展与改革问题和农民专业合作社及龙头企业带动作用问题进行了专题议政。12月26日，民进山东省委五届十一次常委会议在济南召开，会议审议通过了民进山东省五届五次全委（扩大）会议议程和日程。

3．专委会

3月25日，民进省委召开了各专委会主任参政议政选题会议，会议经过认真协商讨论，确定了2009年各专委会议政调研重点课题。随后，各专委会分别召开全体委员会议，制定各自的议政调研计划，经过近9个月的调研、论证、汇总，共形成10件集体提案提交省政协大会，其中关于农村教育改革和农民专业合作社的课题分别形成了调研报告，上报中共山东省委，得到省主要领导的重要批示。妇女委员会利用“三八”妇女节开展了爱心捐书活动，共募集图书500余册捐赠给贫困地区的儿童。山东民进书画院在国庆前夕，举办“庆国庆　迎全运”书画笔会，民进界别的多位书画家现场创作了多幅书画精品。老龄委员会利用春节、20周年会庆、中秋节等契机，走访慰问了住济的多位离退休老会员，向他们转达了民进省委的关怀。

4．其他会议及活动

民进山东省委会充分利用中共中央2009年对中发〔2005〕5号文件贯彻落实情况进行督查调研这一契机，就山东省落实情况广泛征求意见，认真梳理归纳，准确把握政策，向会中央和省委统战部提交了落实情况的报告。7月上旬，中央督查组来我省进行实地督促检查，在座谈会上，民进省委重点提出进一步加强和规范市级党派组织建设和加大党外干部实职和政治安排等建议，发言得到中央督查组的重视。中共山东省委统战部高度重视民进省委就5号文件落实问题提出的建议，在原有基础上争取中共省委支持，协同各中共市委，在尽力照顾同盟者利益方面取得重大进展，为党派做了一系列实事。

【参政议政】

1．政治协商

2009年，民进山东省委领导先后参加中共山东省委、省政府及省委统战部举行的协商会、通报会、座谈会12次，就省政府工作报告、省有关领导人选、平安山东建设、中发〔2005〕5号文件的落实等问题积极参与协商。会前认真做好协商准备，努力做到把握准确、主题突出、措施可行、态度中肯，许多意见和建议得到中共省委及有关部门的好评和采纳。民进各市级组织也积极参与中共地方党委、政府召开的协商会50余次，在山东省的政治生活中发挥作用。

2．本省“两会”期间履职情况

在省政协十届二次会议上，民进山东省委就高校传统文化教育、农村中小学教师队伍建设、加强公共文化服务体系建设、社区医疗服务机构托管、推进经济发展方式转变、建设渤海海峡跨海通道等关系国计民生和我省发展大局的重要问题提交了13项提案，提出了一系列建设性的意见和建议，各承办部门对我会的提案给予了高度重视，多家媒体进行了宣传报道，提案中的许多建议正在成果转化。其中《切实加强高校传统文化教育，为文化强省建设打牢基础》被省政协确定为重点提案，两位省级领导对该提案做出批示。

3. 重点调研情况

按照“党委出题、党派调研、政府采纳、部门落实”的新模式要求，民进山东省委会就农村教育综合改革和我省农民专业合作社两大课题组织了大型调研。通过深入基层，广泛听取意见，认真调查研究，及时形成报告报送中共山东省委，中共省委主要领导对此高度重视并做出重要批示。民进省委还围绕建设山东半岛蓝色经济区等问题积极组织调研，为2010年政协大会上的提案打下基础。

积极参与民进中央的参政议政工作。一是2009年初向会中央提交了《关于涉诉信访问题的研究及对策》和《完善教育政绩考核，建立教育问责制度》两项调研成果，被会中央遴选为全国政协会议发言和提案。在民进中央参政议政年会上，这两项成果荣获表彰。二是参与了会中央大调研课题《新形势下我国农村教育综合改革问题》，协助严隽琪主席一行到我省4个地市进行了实地调研，并提交了山东的调研报告。三是与民进江苏省委联合承担并完成了会中央《我国农民专业合作社现状及对策研究》的重点课题。四是先后3次召开座谈会，就如何应对金融危机、促进经济平稳较快发展和扩内需、保增长、调结构等问题广泛征求企业界、经济界相关会员的意见和建议，为会中央领导人“进海”协商提供了12条建议。五是为会中央调研课题《关于农村生活垃圾处理问题的调研》在山东调研做了大量协助工作。

4. 参政议政能力建设

民进山东省委会始终注重总结议政调研的经验。在2009年民进中央参政议政年会上作了题为“如何把调研做深做实”的大会发言，民进山东省委提出的“预调研→主调研→补调研→末调研”的工作思路得到同行们的一致好评。在民进华东六省一市第十一次工作研讨会上，提交了《关于加强党派机关参政议政能力建设的探索与思考》的大会交流材料，民进山东省委会机关在参政议政方面的很多有益尝试得到与会同志的认可。

【社会服务】

1. 积极参与对西部地区的帮扶工作。一是成功举办了民进西部农村教师（山东站）第三期培训班。前两年我们采取“请进来”的方式举办了两届培训班，对来自赤峰市敖汉旗的20名农村一线教师进行了培训。今年又采取“走出去”的方式，邀请我省教育领域的专家、名师为当地400余名中小学领导和教师作了精彩的辅导报告，受到了热烈欢迎和好评。二是积极参与了民进中央组织的支援贵州省毕节地区教育的“彩虹行动”。在启动仪式上，我会与金沙县高坪乡签订了对口支援协议，会员李绵军当场捐赠15万元，用于建设高坪乡完小综合楼。三是组织会员开展了“关心西部贫困地区孩子成长，捐赠优秀少儿读物”活动，截至2009年年底收到捐赠图书3414册。

2. 扎实推进“双促工程”。一是为促进民办教育的健康发展，联合烟台南山集团举办了以“学业、职业、就业、创业”为主题的“第三届民办教育南山论坛”。来自全省各地的民办学校代表及部分省市民办教育专家、学者、校长共120余人参加了会议。论坛逐步成为我国民办教育界专家、同仁交流与合作的平台和山东民进参政议政、参与社会实践活动的重要舞台。二是为促进传统文化进校园、进课堂，与省教育厅、省华夏文化促进会联合发起了“山东省首届中小学生读书系列活动”，活动以阅读传统文化经典为主，并在读书的基础上开展中小学生经典诵读、演讲和征文比赛等活动。活动历时半年，9月27日，在济南山青世界举行了山东省中小学生经典诵读和演讲比赛颁奖仪式，并进行了现场直播。三是为推动我省高校传统文化教育的开展，与省华夏文化促进会等单位联合举办了以“推进、唱响、做实”为主题的“山东省高校传统文化教育座谈会”，研讨了新形势下高校传统文化教育的实践问题，对我省高校传统文化教育起到了积极的促进作用。

3. 充分发挥企业界会员联谊会的作用。联谊会带领广大企业界会员积极应对全球金融风暴带来的影响，互通信息，奋力自救，确保企业的健康平稳发展，结合自身体验，针对危机建言献策。组织成员开展了“利津行”活动，40多位成员前往东营市利津县，了解黄河三角洲高效生态经济区投资环境及重点招商引资项目，发动成员积极参与山东蓝色半岛经济区建设。联谊会成员还积极开展社会公益活动，为西部农村教师培训、“彩虹行动”、爱心助学等活动的顺利开展提供了物质支持，实实在在地为人民群众做了一些实事、好事。

4. 各地民进组织开展社会服务工作有声有色。济南市委会继续开展了“4+1”活动，向西营镇南营小学的山区孩子送去了2000余册少儿文学、科普读物；青岛市委会开展了“名师进社区的教育咨询活动、名医进社区的义诊活动、名家进社区的文化活动”，探索了一条党派组织丰富社区文化生活的新途径；临沂、滨州、聊城等地民进组织开展了丰富多彩的送文化下乡活动；淄博、泰安市委会开展包村援助活动，为所包贫困山村做了大量的好事实事；德州市委会开展“爱心助学”活动，救助了46名农村贫困中小学生，为禹城市房寺镇天门小学捐赠8万元，改善了学校的办学条件；烟台市委会开展了“教科文卫直通车”爱心巡回活动，为农村基本公共卫生服务体系建设、中小学校标准化建设起到了积极促进作用；莱芜支部完成了市政府的重点项目——“雪野现代农业科技示范园之姜园”规划建设任务，充分展现了莱芜农业的特色和优势；山东建筑大学支部将学生们募集的近10000本儿童图书和10000余件衣物送到了青海省三江源地区，援助当地的两所藏族小学；曲阜师范大学支部组织全体会员为尼山贫困学生进行了捐资助学活动。这些活动的开展，实实在在地为当地经济社会发展作出了贡献，体现了我会参政为民的宗旨。

【自身建设】

1. 思想与作风建设

（1）加强领导，认真组织，学习贯彻科学发展观活动扎实推进。民进山东省委会结合山东实际和民进的工作，努力做到“一个吃透”，即吃透科学发展观的精神实质；抓好“两个落实”，即把学习贯彻科学发展观落实到促进民进工作创新上去，落实到推动经济文化强省建设上去。开展了巡回宣讲、征文和网站开设专题等丰富多彩的学习活动。为了及时准确把握广大会员的思想动态，查找影响和制约民进自身建设的突出问题，配合会中央进行问卷调查并开展了“我为民进科学发展建一言”活动，下发了1000份调查问卷和建言意见书。领导班子和机关各部门分别从五个方面进行对照检查，形成了《关于贯彻科学发展观、实现工作创新》的报告。省委会网站开辟了学习专栏，及时刊登学习科学发展观体会文章。在2009年7月份召开的民进全国宣传思想工作会议暨科学发展观论坛上，我省提交的论文《论科学发展观指导下的民主党派基层组织建设》被选为大会交流发言。在2009年6月份召开的民进十二届七次中常会上，我省作了题为“在‘学习’上下工夫，在‘实践’上做文章——努力提高学习贯彻科学发展观活动的实效”的大会发言，我省民进的很多做法得到了民进中央领导和与会同志的认可。

（2）以纪念新中国和人民政协成立60周年等活动为契机，大力加强思想宣传工作。2009年年初下发了《关于在全省民进开展庆祝新中国成立60周年、纪念人民政协成立60周年活动的安排意见》，在全省会员中组织开展了以庆祝“两个60周年”为主题的征文活动；召开了纪念新中国成立60周年教师节座谈会；参加了省直暨济南市庆祝人民政协成立60周年大会，省委会主要领导代表省各民主党派、工商联和无党派人士作了大会发言；参加了省直统战系统庆祝“新中国成立60周年和人民政协成立60周年”座谈会等一系列纪念活动。还充分运用民进网站和会刊，宣传新中国、人民政协成立60周年的光辉历程、辉煌成就和宝贵经验。

（3）围绕纪念民进山东省委会成立20周年开展了一系列庆祝活动。2009年4月18日，隆重举行了纪念民进山东省委会成立20周年大会，民进中央常务副主席罗富和和中共山东省委统战部部长张传林到会致贺。出版了纪念文集、书画册，制作了纪念邮折、纪念信封，编辑了山东民进20年工作大事记，组织了专场文艺演出，召开了以“忆传统、叙友情、话未来”为主题的纪念民进山东省委会成立20周年座谈会。通过开展这些活动，宣传了民进的光荣历史、总结了山东民进20年来的优良传统和宝贵经验，也极大地推动了民进优良传统教育、会史整理和宣传工作。民进山东省委会新闻宣传工作2009年取得了显著进步，在省级以上刊物上发表报道文章53篇，获会中央新闻宣传工作突出进步奖。

(4) 紧跟中共中央和山东省委工作部署，认真学习领会精神实质。省委会分别于5月上旬和11月上旬召开会议，组织驻济省委委员、省直(总)支部主任学习胡锦涛总书记两次视察山东时的讲话精神。中共十七届四中全会召开后，及时下发了《民进山东省委关于学习贯彻中共十七届四中全会精神的通知》，中心学习组召开座谈会，深入学习全会精神。中共山东省委工作会议召开后，省委会下发了《民进山东省委关于学习贯彻中共山东省委会议精神的通知》，并在常委（扩大）会议上学习传达了会议精神。

2. 组织与制度建设

根据会中央部署，民进省委及时召开全省组织工作座谈会，了解情况，总结交流经验，部署工作。切实加强后备干部和骨干会员队伍建设，对民进省委后备干部人选进行了民主推荐，举办了全省骨干会员培训班和省直新会员培训班。为了增强各级组织的凝聚力、战斗力和组织活力，制定下发了《民进山东省委关于开展创建民进先进地方组织、先进基层组织活动的方案》，开展了创建活动。新成立了民进滨州市委，研究确定了新建市级组织规划，完成了对部分省直（总）支部的调整工作。全年新发展会员191人，全省民进会员总数已达3405人，新发展会员的年龄结构、知识结构、界别构成与原来相比都得到了优化。在基层组织建设方面，做了有益的探索，济南民进实行的“四动一体”建设模式，促进了基层组织建设的全面提升，丰富了我省市级组织加强基层组织建设的经验。

3. 机关建设

民进省委机关是全省民进工作的总枢纽，既是指挥部又是服务部，机关建设对全省民进工作至关重要。2009年民进省委继续实施了学习型机关、和谐型机关、制度化机关和信息化机关的打造工程，着力加强信息网络建设和机关文化建设，进一步转变作风、总结经验、查找差距、增强活力，民进省委机关呈现出务实、高效、团结、和谐的新面貌，为顺利开展各项工作打下了坚实的基础。国庆前夕，民进省委机关参加了“省直统战系统颂歌献给党歌咏比赛”，机关全体同志经过精心排练，表演了精彩的红歌联唱，向大家展现了民进省委机关良好的精神面貌。

民进河南省委会2009年工作概述

2009年民进河南省委会在民进中央、中共河南省委的正确领导下，坚持以中国特色社会主义理论体系为指导，深入贯彻中共十七届三中、四中全会和河南省委八届九次、十次全会，民进十二届二中全会及严隽琪主席视察河南时的重要讲话精神，按照民进河南省委四届二次会议提出的目标任务，把服务经济社会科学发展与推进自身科学发展紧密结合起来，统一思想、坚定信念、集智聚力、扎实工作，在思想建设、组织建设、参政议政、社会服务等方面取得了明显成效。

【重要会议及活动】

民进河南省委四届三次全会　2009年12月26日—27日，民进河南省委四届三次全会在郑州召开。会议认真学习贯彻中共十七届四中全会和民进中央十二届三中全会精神，审议通过了袁祖亮同志代表省委常委会所作的工作报告和《中国民主促进会河南省第四届委员会第三次全体会议决议》，表彰了2009年度参政议政、思想宣传、社会服务及信息工作先进单位和纪念新中国、人民政协成立60周年暨多党合作制度确立60周年优秀论文。

民进河南省委四届六次常委会　2009年3月23日，民进河南省委四届六次常委会议在郑州召开。会议传达学习了十一届全国人大二次会议和全国政协十一届二次会议精神，对进一步做好年度参政议政工作作出了安排部署。

民进河南省委四届七次常委（扩大）会议　2009年6月24日，民进河南省委四届七次常委（扩大）会议在郑州召开。会议传达学习了全国政协常委会、民进中央十二届七次常委会、省政协常委会和全国人大常委会副委员长、民进中央主席严隽琪同志来豫调研时的讲话及民进全国组织工作会议精神，总结省委会上半年工作，安排部署下半年工作。

民进河南省委四届八次常委会议　2009年10月15日，民进河南省委四届八次常委会议在郑州召开。会议学习贯彻了中共十七届四中全会和民进中央十二届八次常委会议精神，对第四季度工作作了安排部署。

民进河南省委四届九次常委会议　2009年12月25日，民进河南省委四届九次常委会议在郑州召开。会议通报了民进河南省委四届三次全会筹备情况，审议通过了省委四届三次全会议程及有关表彰事项。

民进河南省委组织开展创先争优活动　2009年11月20日，民进河南省委会下发《关于开展创建先进市级组织、先进基层组织和争当优秀会员活动的意见》和《关于开展创建民进全国及全省先进市级组织、先进基层组织和争当优秀会员活动实施方案》，对创先争优活动作出了全面安排。

民进河南省委有序扩大会务工作民主　2009年11月20日，民进河南省委会下发《关于加强与会员中的全国和省人大代表、全国和省政协委员、民进全国和省代表大会代表联系工作暂行办法》，对联系的内容和形式作出了明确规定。

民进河南省组织宣传工作会议　2009年8月17日—19日，民进河南省组织宣传工作会议在濮阳召开。会议传达学习了民进全国组织工作会议和宣传思想工作会议精神，总结了近年来的组织、宣传工作，交流了各市级组织开展组织和宣传工作的做法与经验，举行了学习科学发展观专题辅导，对今后一个时期的组织和宣传思想工作作出了安排部署。

河南民进提案工作交流研讨会　2009年1月5日，河南民进提案工作交流研讨会在郑州召开。会议传达学习了中共中央和河南省委经济工作会议精神，交流了提案工作经验，研讨了如何针对金融危机和实现“三个确保”做好提案工作的途径与方法，明确了年度提案工作的目标任务。

河南河流河源保护调研工作座谈会　2009年7月3日，民进河南省委会邀请在郑州的水利专家学者举行河南河流河源保护调研工作座谈会。会议分析了河南河流河源生态环境面临的严峻形势，研究了河源保护工作调研的方案，对河源保护调研的具体工作作了安排。

河南民进参政议政工作会议　2009年12月4日，民进河南省委参政议政工作会议在郑州召开。会议传达学习了2009年民进中央参政议政年会精神，交流了参政议政经验，研究了参政议政重点课题，对2010年参政议政工作作出了安排部署。

第三届中原民办教育振兴论坛暨2009中西部地区教育投融资项目洽谈会　2009年4月18日—19日，在民进河南省委会、河南省商务厅的指导下，中国教育投资发展研究中心、河南省民办教育研究会、人民政协报教育周刊联合举办的“第三届中原民办教育振兴论坛暨2009中西部地区教育投融资项目洽谈会”在郑州召开。会议交流研讨了民办教育投融资发展趋势，会商洽谈并签订了教育投融资合作项目。

2009年郑州中部崛起幼儿教育论坛　2009年10月30日—31日，民进河南省委会与河南省民办教育研究会联合在郑州举行“2009·郑州中部崛起幼儿教育论坛”。会议围绕幼儿教育的规律和方法进行了深入的研讨。

纪念秦佩珩先生诞辰95周年暨《秦佩珩文集》编纂会议　2009年6月27日，民进河南省委在郑州举行“纪念秦佩珩先生诞辰95周年暨《秦佩珩文集》编纂会议”。与会人员回顾和盛赞了秦佩珩先生对统一战线和多党合作事业作出的重要贡献，研究部署了《秦佩珩文集》编纂出版的有关工作事项。

河南民进举行庆祝新中国、人民政协成立60周年暨多党合作制度确立60周年书画展　2009年8月31日，河南民进庆祝新中国、人民政协成立60周年暨多党合作制度确立60周年书画展在郑州举行，展出后汇编出版了书画作品专集。

河南民进开展庆祝新中国、人民政协成立60周年暨多党合作制度确立60周年论文征集活动　2009年3月—9月，民进河南省委会在全省会员中组织开展了纪念新中国、人民政协成立60周年暨多党合作制度确立60周年论文征集活动，编印出版了优秀论文专集。

河南民进基层组织负责人赴延安学习考察 2009年9月3日—6日，民进河南省委会组织省直基层组织负责人和省委会机关干部赴延安学习考察，接受热爱祖国、热爱中国共产党、热爱社会主义和多党合作优良传统教育。

河南民进专职干部培训 2009年5月17日—21日，民进河南省委会在郑州举办2009年民进全省专职干部培训班，围绕提高专职干部能力素质进行了学习、交流和研讨，组织参训人员赴平顶山进行了学习考察。

河南民进第三期革命老区中小学校长培训 2009年9月8日—13日，民进河南省委会在郑州举办第三期革命老区农村中小学校长培训班，对光山县和郏县的51名农村中小学校长，进行了教学组织管理和科学办校等方面的培训。

河南民进举行庆祝“三八妇女节”联欢会 2009年3月7日，民进河南省委会组织省直的100多名会员，在郑州举行了庆祝“三八妇女节”联欢会。

河南民进举行“教师节”座谈会 2009年9月10日，民进河南省委会在郑州举行教师节座谈会，省委会领导与来自省直高校、中小学校、民办学校和部分民进会员教师代表进行了座谈。

民进焦作市委会成立 2009年12月22日，民进焦作市委员会成立大会在焦作市举行。

民进河南工业大学支部成立 2009年6月19日，民进河南工业大学支部在郑州成立。

民进河南省委优秀提案受省政协表彰 2009年1月13日，政协河南省十届二次会议对全省优秀提案进行表彰。民进河南省委会提出的《关于规范房地产市场，确保群众购房安全的建议》、《关于解决城市交通拥堵问题的建议》和民进河南省委常委、信阳市委会主委周慧超同志提出的《解决农村垃圾处理问题的建议》的提案，被省政协评为优秀提案并受到表彰。

河南民进“办实事”工作先进集体和先进个人受表彰 2009年1月22日，中共河南省委统战部发出《关于表彰全省统一战线“十件实事”工作先进集体、先进个人的决定》，民进郑州、洛阳、焦作市委会被评为先进集体，全省8名会员被评为先进个人受到表彰。

全国政协常委、河南省政协副主席、民进河南省委会主委袁祖亮同志的主要活动

3月3日—12日参加全国政协十一届二次会议。

4月8日出席“中原环保世纪行”宣传活动启动仪式。

4月18日—19日出席“第三届中原民办教育振兴论坛暨中西部地区教育投融资项目洽谈会”并讲话。

6月2日—7日参加全国政协委员培训班。

7月21日—23日参加全国政协学习文史会议。

8月14日赴黑龙江、吉林、辽宁、内蒙古四省（区）进行考察。

9月15日—18日，陪同全国政协人口资源环境委员会副主任李元同志，到开封、濮阳市进行“低品位油矿的开采成本及应对措施”的调研。

9月19日—23日参加全国政协常委会议。

9月27日出席河南统一战线纪念新中国成立60周年和多党合作制度确立60周年座谈会。

9月28日出席河南省庆祝人民政协成立60周年座谈会。

10月18日出席河南科技学院建院60周年庆祝大会。

10月30日出席“2009郑州中部崛起论坛”会议。

10月30日—31日出席“2009·郑州中部崛起幼教论坛”并讲话。

11月31日出席“河南省名家书画展”开幕式。

11月，主编的《中国灾害通史》由郑州大学出版社出版发行，填补了我国长期以来灾害通史研究方面的空白。

11月21日—28日，带领河南省政协学习文史委员会部分委员赴台湾进行考察交流活动。

【参政议政】

着眼促进发展，参政议政质量得到新的提高。

河南民进各级组织紧紧围绕国际国内两个大局统一思想、坚定信心，把实现“三个确保”作为履行参政议政职能的着力点，把维护人民群众的利益作为参政议政的出发点和落脚点，主动思考、深入调研，及时反映社情民意，积极向党委、政府提出有较高参考价值的意见建议，为促进经济平稳较快发展、保障和改善民生、维护社会和谐稳定作出了新的贡献。全年省委会组织开展多次专题调研，向全国政协和省政协提交提案40份，其中大会发言15份，口头大会发言1份，有14件提案受到《河南日报》、《团结报》、《大河报》、《东方今报》等新闻媒体的关注和报道，河南民进参政议政工作被民进中央评为先进单位。市级组织向本级政府、政协提出建议和提案200多件，为推动地方经济社会发展起到了有力促进作用。

【社会服务】

发挥特色优势，社会服务工作渠道得到有效拓展。

省委会把社会服务工作作为履行参政党职能和发挥参政党作用的重要内容，按照"量力而行、尽力而为、突出特色、发挥优势"的工作思路，采取多种形式和渠道，积极推动智力扶贫、助学兴教和送科技、送文化、送医疗下乡等活动的深入开展。在会中央的支持下，协助省教育厅、省社科联成立了河南省民办教育研究会，4月份联合举办了第三届中原民办教育振兴论坛暨2009中西部地区教育投融资项目洽谈会，达成9个投资意向，投资金额近1亿元。9月份举办了第三期革命老区农村中小学校长培训班，帮助光山县和郏县培训了51名农村中小学校长。10月份举办了"中部崛起幼儿教育论坛"，国家教育部和省教育厅、财政厅、妇联的有关领导及百余名幼儿教育专家出席会议，在探讨幼儿教育的规律和方法上收到良好效果。组织会员为四川地震灾区儿童捐赠图书5万余册，省市级组织联合开展教师培训、慰问残疾孤儿、环保宣传和心理健康知识进课堂等活动，赢得了良好的社会声誉。

【自身建设】

1. 深化学习教育，思想政治基础得到进一步巩固。一年来，民进河南省委会根据形势任务变化和自身建设的需要，坚持以科学发展观为指导，以社会主义核心价值体系为引领，以贯彻落实民进全国宣传思想工作会议精神为契机，继续深化走中国特色社会主义道路学习教育活动，注重联系自身建设实际，开展多种形式的思想教育，政治思想素质得到了明显提高。省委会按照学习求深、联系求紧、成效求好的目标，在全省民进各级组织和广大会员中深入开展了学习贯彻科学发展观活动，进一步丰富了坚持走中国特色社会主义道路主题教育的内容，同时把深化主题教育与庆祝纪念新中国、人民政协成立60周年和多党合作制度确立60周年活动结合起来，采取网上开辟宣传专栏、座谈会、报告会、论文征集、书画展、文艺汇演和多党合作成果回顾展等形式，深入开展爱国主义、优良传统和社会主义核心价值观系列教育活动。通过这些活动，不仅抒发了民进会员对中国共产党、对社会主义制度、对伟大的祖国、对多党合作事业无限热爱的情怀，而且使会员受到了一次最深刻、最实际的爱国主义、社会主义和多党合作优良传统教育，坚定了走中国特色社会主义政治发展道路的信念。2009年，河南民进有20篇稿件被会中央网站首页的民进要闻收录，《民进河南省委举办中部崛起幼教论坛》等5篇文章被《人民政协报》刊登，《民进河南省委举办中小学校长培训班》等6篇文章在《团结报》上发表，有283篇稿件见诸于网站。

2. 注重打牢基础，组织建设得到稳步发展。2009年民进河南省委会认真贯彻会中央关于加强组织工作的一系列重要指示精神，以建设适应时代要求的高素质参政党地方组织为目标，以完善和落实各项工作制度为突破口，各级组织的执行力和凝聚力有了新的增强，组织工作在加强中取得了新进展。全年共发展新会员135人，平均年龄37.8岁，女会员64人；其中，教育文化出版界有69人，占51.1%；高中级职称的113人，占83.7%；博士6人，硕士22人，占20.3%。经过精心的筹备，成立了民进焦作市委会和民进河南工业大学支部，进一步壮大了河南民进地方组织和基层组织的力量。截至目前，我省民进共有12个市级委员会、1个市委会筹备组和12个省直基层组织；会员总数为2633人，其中，教育文化出版界的1658人，占63%人；女会员1177人，占44.7%；高级职称的992人，占37.7%；中上层人士有2411人，占91.6%；具有博士学位的74人、硕士学位的213人；在政府和司法机关及其工作部门担任副处级以上领导职务的26人。

履职尽责，勤奋工作，在本职工作上取得了新业绩。省委会积极引导会员把履行参政党职能与做好本职工作结合起来，进一步调动了大家干事创业的积极性和创造性，在各自的岗位上勤勤恳恳、兢兢业业工作，取得了可喜成绩。省委会副主委、河南大学副校长宋纯鹏同志，努力钻研业务，在植物抗逆研究领域取得了被国际公认的重要成果，入选 2009 年度河南省中原学者。省委会委员、郑州大学工程力学系主任李倩同志，在教学、科研、学科建设方面及完成“神舟”七号飞船宇航员出舱头盔面窗研制任务中取得突出成绩，被省政府授予省劳动模范称号。另有 8 名会员荣获全国杰出德育工作者、全国爱国教育成就勋章、全国优秀裁判员、第八届全运会裁判员体育道德风尚奖、全国污染源普查先进个人、第二十二届《双龙杯》全国少年书画大赛一等园丁奖、《让学生感受色彩》全国优秀论文大赛一等奖、全国法学教材与科研成果奖优秀奖、全国宝钢优秀教师奖、中国电视剧飞天奖少儿电视剧二等奖、河南省科技进步二等奖 11 项省部级奖励；有 19 名会员分别荣获 27 项厅局级部门和团体授予的有关奖励。

民进湖北省委会 2009 年工作概述

【重要会议及活动】

3 月 28 日，民进湖北省五届七次常委会议召开。会议由主委周洪宇主持。会上，副主委朱曙霞传达了全省统战系统信息工作会议精神和 2 月 18 日中共湖北省委统战部召集的各民主党派专职副主委、秘书长协调会议精神。会议报告了关于表彰 2007—2008 年全省民进新闻宣传工作先进单位和优秀通讯员、2007—2008 年度全省民进信息工作先进单位和先进个人、民进省委会 2008 年度十佳提案（建议）、十佳信息和优秀大会发言的情况；报告了民进湖北省委会 2009 年度重点调研课题及分工等有关情况。会议审议通过了民进湖北省五届三次全委会议日程和议程。

3 月 29 日，民进湖北省五届三次全委会议召开。会上，副主委叶青传达了十一届全国人大二次会议精神，副主委唐瑾、彭志敏传达了全国政协十一届二次会议精神。会议审议通过了主委周洪宇代表五届常委会作的工作报告。

6 月 27 日，民进湖北省五届八次常委会议召开。会议由主委周洪宇主持。会上，主委周洪宇传达了民进中央十二届七次常委会议精神；副主委朱曙霞传达了民进全国组织工作会议精神，对民进湖北省委会 2009 年上半年工作进行了总结、下半年重点工作进行了安排，并通报了上半年民进湖北省委会信息被采用情况；各市委会主委交流了开展学习贯彻科学发展观活动情况。

9 月 18 日，为庆祝中华人民共和国成立 60 周年、人民政协成立 60 周年暨多党合作制度确立 60 周年，省委会与武汉市委会联合举行大型纪念活动和文艺演出，通过活动进一步激发了广大会员的爱国主义热忱和接受中国共产党领导的自觉性。同时，各级组织通过召开座谈会、联欢会，参与会中央开展的征文、书画展等主题庆祝活动，进一步增强了广大会员的自豪感和致力于多党合作事业的使命感。省委会组织编印了《继往开来谱新篇——中国民主促进会湖北省委员会（1988—2008）》画册和《湖北民进大事记（1995. 08—2007. 05）》。这两本书概要地记载了民进湖北省委会的建立和发展，记载了民进湖北省委会的工作和成果，展现出老一辈领导的高尚风范和广大会员的个人风采，对广大会员进行了生动形象的会史及优良传统教育。

9 月 27 日，民进湖北省五届九次常委会议召开。会议由主委周洪宇主持。会议讨论了《民进湖北省委会学习贯彻科学发展观的整改方案》和《民进湖北省委会参政议政成果评估办法》。

10 月，省委会承办了民进中南六省（区）理论研讨会，会议以“如何进一步发挥我国参政党的民主监督作用”为主题，探讨了民主监督的性质与内涵、目的与作用，参政党履行民主监督的手段、方法与途径，影响参政党民主监督的主要因素与对策，参政党如何更好地履行民主监督职能、发挥民主监督作用等问题。会中央朱永新副主席应邀出席并讲话。

12 月 26 日，民进湖北省五届十次常委会议召开。会议由主委周洪宇主持。会上，主委周洪宇传达了民进中央十二届三中全会精神；副主委朱曙霞传达了民进中央省级组织负责人会议精神。会议审议通过了民进湖北省五届四次全委会日程、议程，讲座了常委会工作报告。

【参政议政】

省委会领导多次出席各种座谈会、通报会和“双月座谈会”，提出了许多切实可行的意见建议。在协商会上，就我省贯彻落实科学发展观，经济建设和社会发展中的重大决策、科技创新、重大人事调整、重要文稿的修改等建净言、献良策。在省委召开的“双月座谈会”上，就应对国际金融危机冲击、武汉城市圈“两型社会”建设、鄂西生态文化旅游圈建设、矿产资源开发利用和职业教育改革与发展等作了专题发言，为推动湖北经济又好又快发展发挥了积极作用。

在省政协十届二次大会期间，省委会着重就教育发展、文化繁荣、科技创新、改善民生、经济建设、新农村建设、“两型社会”建设、生态文明建设等具有全局性、战略性的重大问题和人民群众最关心、最直接、最现实的利益等问题提交大会发言材料14篇，集体提案17份，其中，集体提案《关于完善“农家书屋”工程建设的几点建议》、《关于创新农村节约集约用地制度，加快土地流转进程的建议》，委员个人提案《关于建立生态补偿机制，促进梁子湖流域科学发展》、《关于完善我省大中城市自行车交通规划　保护自行车文化的建议》、《关于解决中等城市市辖区基础教育面临突出矛盾的建议》被评为省政协优秀提案。陈晓芳会员《关于加快武汉留学生创业园建设的思考与建议》的发言，省委书记、省人大常委会主任罗清泉现场作出重要批示；集体提案《关于湖北省和文化部联合举办谭鑫培京剧艺术节的建议》受到省政协主席宋育英的高度重视，并作了重要批示；大会发言《关于加快鄂西生态文化旅游圈建设的对策建议》受到省委常委、省委统战部长苏晓云的充分肯定，并作了重要批示。刘醒宇会员提交的《关于建立生态补偿机制，促进梁子湖流域科学发展》提案被列为省政府重点督办提案。8月，副省长赵斌带队赴梁子湖现场督办提案；集体提案《关于创新农村节约集约用地制度，加快土地流转进程的建议》被省政协确定为主席督办提案。11月，省政协副主席陈柏槐带队在省农业厅召开督办会并被湖北卫视作新闻报道。在省政协十届八、九、十次常委会上，我会政协委员所作《关于构建和谐稳定就业机制，促进城乡统筹就业的建议》、《关于进一步深化城中村管理体制改革的建议》、《鄂西圈旅游发展要着力打造“山水人文”四大品牌》等发言，受到与会领导的好评，其中《鄂西圈旅游发展要着力打造“山水人文”四大品牌》被中共湖北省委政策研究室内部参阅采用。

一是围绕民进中央委托的课题开展调研。分管领导带领经济委员会专家到有关小城镇调研，形成《关于小城镇建设的对策与建议》的调研报告并上报民进中央。省委会组织科技委员会专家就《长江中下游湖泊保护与合理开发》的课题进行调研，并在民进中央召开的“长江中下游湖泊保护与合理开发”研讨会上作了大会交流发言；就“加快完善城乡统筹就业保障体系”进行调研，形成了专题调研报告并报民进中央。二是围绕省委会确定的重点课题，深入调查研究。充分发挥各市委会的作用，在省市联合调研的同时，鼓励市级组织将省委会的重点课题作为本市年度重点调研课题，实现资源共享、成果共享。由省委会牵头，宜昌、荆州、荆门、襄樊、十堰市委会配合，就“鄂西生态文化旅游圈的建设与发展”进行调研，收到很好的效果。武汉市委会承担了“发挥铁路、水运、航空优势，打造中部地区立体物流中心”和“抓住产业转移和两岸直航的机遇，打造中部地区最大的台资密集区”的调研任务；荆门、黄石、十堰市委会分别承担了“我省农村土地流转与农业产业化问题”、“‘两型社会’与湖北现代化进程的对策与建议”、“农村文化站建设的对策与建议”等课题的调研，均取得积极成果。大力支持和鼓励专门委员会在各自的工作领域充分发挥自身优势，深入实际调查研究。教育委员会、经济委员会、科技委员会、妇女委员会、老年委员会和特邀研究员小组分别在鄂州、襄樊、荆门市等地的支持下，就“我省职业教育与高技能人才培养问题”、“关于三大经济带（长江带、京九线、京广线）建设问题”、“统筹城乡保障问题的对策与建议”、“构建

和谐稳定就业机制　促进城乡统筹就业”、“长江中下游湖泊保护与合理开发问题”、“湖北如何发挥高层次人才作用的对策建议”、“我省老龄工作的对策与建议”、“我省矿业资源合理开发利用与保护的对策建议”等课题进行了调研，均取得显著成绩。一年来，省委会共完成重点调研课题19个，分别在高层协商会、双月座谈会和政协会上发挥了作用。

一年来，共向会中央报送信息150余篇，被会中央《民进信息》采用27篇，全国政协单篇采用1篇，综合采用1篇。在全国民进28个省级组织中排名第八。向省政协报送信息142篇，《各界反映》采用6篇，转报转送13篇，省政府办公厅《专报信息》采用1篇，其中《中等城市市辖区基础教育存在的问题应引起重视》、《应尽快制定校园安全事故处理办法》得到副省长郭生练批示。信息工作被湖北省政协评为三等奖，1人被评为信息工作先进个人。向省委统战部报送信息180篇，被省委统战部采用34篇，中共中央统战部采用4篇，中共湖北省委采用1篇，获中共湖北省委统战部2009年度省级各民主党派统战信息一等奖。省委会对2008年“十佳提案（建议案）”、“十佳信息”进行了表彰。

【社会服务】

省委会以科学发展观为统领，以“三下乡”活动、助学支教活动为载体，本着“量力而行，尽力而为”的原则，积极开展社会服务工作，为构建和谐社会贡献力量。一是重视民营企业界会员工作，加强与民企会员的沟通联系与引导工作。6月，省委会领导走访了省属和武汉市属的部分民营企业家，征求他们对民进工作的意见和建议，鼓励和支持他们办好企业，为社会服务，为湖北的经济服务。二是上下联动，积极开展送教下乡、助学扶贫等活动，积极参与推动我省新农村建设。11月，省委会组织华师一附中的部分骨干教师与阳新中学教师进行教学交流活动，加强了城乡教师之间教育教学的交流，实现了教师间的教学互助。其他市委会也根据自身情况开展了丰富多彩的活动。

【自身建设】

1．思想建设

按照民进中央的统一部署，结合国际国内形势的新变化、我省工作实际以及自身建设的新要求，制定《民进湖北省委会关于在全省深入学习贯彻科学发展观方案》，积极部署，精心组织，在全省深入开展学习贯彻科学发展观的活动。在五届三次全委会议上，省委会领导作了动员讲话，对全省民进学习贯彻科学发展观活动进行部署，提出具体要求。4月，举办骨干会员培训班，特邀民进中央副主席王佐书作《学习贯彻科学发展观体会》的专题报告，使参加学习的会员对科学发展观的内涵、精神实质、重要地位以及如何贯彻落实科学发展观有了深刻的理解。省委会中心学习组认真学习中共十七大、十七届四中全会和胡锦涛总书记在全党深入学习实践科学发展观动员大会上的重要讲话精神，举行“科学发展观”专题学习会，领导带头撰写学习体会，以自身学习引领全省会员的学习。同时，组织全省会员积极参加“我为学习贯彻科学发展观献一计”和“我为应对国际金融危机献一策”等活动，通过灵活多样的学习形式，强化学习效果，转化学习成果，在全省形成学习科学发展观、运用科学发展观的新局面。通过学习，进一步增强了全省会员学习贯彻科学发展观的自觉性和坚定性，明确了学习贯彻科学发展观的着力点，更加自觉地用科学发展观谋划发展、解决问题、推动工作。

省委会整合力量，充分发挥各市委会和统战理论研究小组的作用，围绕民进中央、湖北省政协、中共湖北省委统战部和湖北省参政党理论研究会等单位提出的课题，紧密结合实际，就政治交接长效机制、民主监督、组织建设、机关建设等进行深入调研，形成了一批有较高价值的研究成果，全省会员撰写理论研究文章60篇。在民进中央组织的“多党合作　共铸辉煌——纪念多党合作制度确立60周年”征文活动中获三等奖1篇，纪念奖1篇；在湖北省参政党理论研究会第三届年会上，获二等奖1篇，三等奖3篇，7篇文章收录到《参政党理论研究论文集（第三辑）》；在中共湖北省委统战部2009年度统战理论调研宣传优秀成果评比活动中，获三等奖1篇，优秀奖1篇；省委会承担省委统战部的招标课题《高校大学生宗教信仰现状及应对机制研究》，获中共中央统战部理论研究成果三等奖。在各级组织和广大会员的共同努力下，省委会获民进中央 2009 年度参政党理论研究工作先进单位称号。

省委会注重加大宣传工作力度，增强宣传实效，先后在《湖北民进》会刊和网站开设了学习贯彻科学发展观和庆祝“三个 60 年”的专栏。组织会员积极参加中共中央统战部等有关单位组织的纪念人民政协成立 60 周年的征文活动。充分利用湖北民进网站，扩大湖北民进宣传渠道。一年来，共发布信息千余条，及时反映省委会和各市委会、基层组织活动动态，同时也积极向《民主》、《人民政协报》、《团结报》投稿或推荐会员稿件，扩大湖北民进的影响。省委会对全省新闻宣传工作先进单位和优秀通讯员进行了表彰，进一步推动了全省新闻宣传工作的开展。省委会获民进中央 2009 年度电子信息化建设工作突出进步单位称号。

2. 组织建设

省委会全面贯彻落实民进全国组织工作会议精神，修改、完善并下发了《民进湖北省委会关于进一步加强组织建设的意见》，以加强后备干部队伍建设为重点，实施人才强会战略，巩固和扩大领导班子建设成果，进一步规范基层组织工作，激活基层组织活力。

按照民进中央和中共湖北省委统战部有关文件精神，制定了《民进湖北省委会领导班子后备干部建设工作计划》，进一步完善后备干部的选拔制度，保证后备干部推荐过程公开透明、公平公正。在全委会上对省委会领导班子后备干部进行了投票推荐和谈话推荐工作。及时了解和掌握各市级组织领导班子后备干部的民主推荐、遴选协商、考察确定等各阶段工作进展，主动与各市级组织所在地中共党委统战部沟通协商，保证了后备干部人选的质量。先后选送 5 名后备干部参加民进中央举办的“民主党派中央委员、地方组织负责人”和“民进全国骨干会员”培训班学习；推选 17 名后备干部参加省委统战部和省社会主义学院举办的“全省民主党派学习贯彻科学发展观理论研讨班”学习。7 月，省委会举办了骨干会员和新会员培训班，共培训会员 270 人。选派 2 名骨干会员到基层挂职锻炼。一年来，全省民进各级组织举办各种形式的培训班、研讨班共 24 期，培训骨干会员 1009 人。通过培训发现培养人才，积极推荐后备干部担任政府实职，取得明显成效。其中 1 人当选为武汉市人大常委会副主任，1 人任武汉大学副校长。

省委会加强了基层组织建设，结合民进中央在全国开展创建民进全国先进地方组织、先进基层组织活动，省委会制定了《民进湖北省委会省直属基层组织达标活动实施方案》，在全省开展基层组织建设达标活动，并在省直属基层组织中确立民进华中师范大学委员会、中南财经政治大学委员会、中科院武汉分院支部作为达标创优的试点单位。制定了市州级组织发展五年规划。11 月，黄冈支部成立。

截至 2009 年 12 月底，全省共有会员 3539 人，平均年龄为 52.7 岁。具有中高级职称的 3346 人，占总数的 94.6%，教育、文化、出版界共有 2697 人，占 76.1%，科技、经济等其他界别以及新的阶层代表人士共有 842 人，占 23.9%。女会员有 1510 人，占 42.7%；离退休成员有 1270 人，占总人数的 35.9%。全省共有武汉、黄石、荆州、荆门、十堰、襄樊、鄂州、宜昌 8 个市级组织，222 个基层组织，其中基层委员会 7 个，总支 14 个，支部 201 个。2009 年会员担任政府实职 30 人，其中厅局级 2 人、地市级 2 人，县处级 26 人。各级人大任职 81 人，各级政协任职 365 人：全国人大代表 4 人；省级人大代表 10 人，其中常委会副主任 1 人，常委 1 人；市级人大代表 28 人，其中常委会副主任 1 人，常委 8 人；县级人大 39 人，其中常委会副主任 7 人、常委 10 人。在各级政协中，全国政协委员 2 人；省级政协委员 30 人，其中常委 7 人；市级政协委员 120 人，其中副主席 3 人、常委 32 人；县级政协委员 196 人，其中副主席 6 人、常委 62 人。

民进湖南省委会2009年工作概述

【参政议政】

深入调研。在省政协十届二次会议期间，向大会提交党派提案15件，民进组提案5件，大会和联组发言6件，得到省国土厅、农业厅、文化厅等20余个厅局的积极回应。参与党派、工商联、无党派人士联合提交的一号提案《湖南省“3+5”城市群建设及产业发展对策建议》和单独提交的《湖南水环境安全与保障对策研究建议》被省政协评为“优秀集体提案”；向德伟提交的《调整财政支出结构，控制行政事业费支出》被评为“优秀个人提案”。年内，会省委共完成有一定影响的课题调研成果12件。重点探索帮助中小企业渡过难关的有效办法；提出加速建立城乡统一的建设用地市场，对长株潭两型示范区实行保护与开发并重的建设模式；探索提高政府公信力的有效途径；就加强乡镇文化站建设，丰富农村文化生活，推动文化强省战略提出建议。积极配合会中央进行了“充分发挥人口和计划生育公共服务网络在构建农村公共服务体系中的重要作用”的调研和长江流域水安全问题的调研，协助民进广西区委会完成了其重点调研课题《进一步优化非公有制经济发展环境问题研究》。

健全机制。召开了参政议政专门委员会（扩大）会议，对参政议政工作进行总结、交流和表彰。出台了《民进湖南省委参政议政资源整合优化办法》，健全参政议政联动机制，推进资源整合优化。继续加强与中央、兄弟省市课题合作及信息联络，加强与会内各级组织、专门委员会、骨干会员及会外专家的联系，加强与对口联系单位的协调与合作，形成了定期交流和合作调研机制。

壮大队伍。对各专门委员会实现了动态管理，组织了交流和培训。从对口联系单位和高校、科研院所聘请10位知名会外专家作为民进参政议政特邀研究员，丰富和提升了会内外专家共同参与、优势互补的参政议政工作机制。加强了参政议政数据库建设力量，完善现有各类数据库，初步建立起了参政议政网络平台。

民主监督。加大了与会内人大代表、政协委员及特约人员的联系。汤泽培副主委针对全省党（政）风廉政建设提出了20余条建议，中共省纪委书记许云昭同志高度重视，特意来函致谢。欧爱民同志带领14名学生，根据《湖南省行政程序规定》，向省法制办书面提出了对《湖南省机动车驾驶人培训考试管理暂行规定》的合法性审查申请书，请求撤销《暂行规定》所规定的“驾考合一制度”，此一公民监督行动取得圆满的效果，中央电视台对该事件进行了专门报道，是《湖南省行政程序规定》施行以来，公民针对“红头文件”的合法性所启动的第一案，在一定程度上推进了湖南的法治进程。

反映社情民意。向会中央、省政协等机关上报社情民意66件次，会中央采用5件，省政协采用9件。在省政协社情民意信息工作表彰会上，省内各党派、工商联唯有我会荣获二等奖，汤泽培副主委代表会省委作了“领导重视，思路创新，全力做好反映社情民意信息工作”的经验发言；会省委宣传信息室主任张军才荣获先进个人奖励，民进长沙市委副主委张早平荣获社情民意单项奖。

【社会服务】

应对危机。会省委在认真调研的基础上，及时形成调研报告，为中小企业生存、为保就业鼓与呼。5月，会省委在常德召开企业家联谊会二届四次全体理事会，王林同志作了应对金融危机的主题报告，帮助会内企业界人士理清思路，看准方向。

聚焦“三农”。重点对新型农村合作医疗进行调研并形成了调研成果。为社会主义新农村建设联系点宁乡县山园村争取并落实了100万整治农村环境政府项目资金和39万元修路资金，为当地村民办了实事。

关注民生。11月6日，会省委副主委汤素兰将新书第一批稿费8万余元全部捐赠给家乡修建公路。重阳节前，会省委企业家联谊会启动了民进企业家回报社会慰问敬老院老人的活动，会内企业家们以不同的方式为老年人送去了温暖，李国武同志被授予全省助人为乐道德模范。刘华同志多次发动支部成员和社会知名人士为孤寡老人和特困户送温暖，被评为“湖南省金牌义工”。

发挥优势。继续开展西部教师培训，配合会中央圆满完成第四期西部教师培训工作。加大筹建新型老年大学的工作力度，完善了项目论证。由民进湖南省委、湖南省文化厅主办，中国艺术研究院、文化部全国文化信息资源建设管理中心指导，湖南京鹰文化传播有限公司、长沙市芙蓉区楚怡学校承办，“保护非物质文化遗产，弘扬民族传统戏曲文化——10万张‘中国戏曲经典原创动画DVD’入校园、进农村启动仪式”在长沙市芙蓉区楚怡学校举行。

【自身建设】

1．思想建设

继续深入学习贯彻科学发展观。会省委常委会组成人员带头写文章、做宣讲、谈体会，发挥示范带动作用。组织“科学发展观巡回宣讲”活动，由主委班子成员组成的巡回宣讲团分赴各市级组织宣讲11场，参加学习讨论800余人次。在会刊开辟“学习科学发展观”专栏，集中刊发学习科学发展观的心得体会和理论文章。

巩固政治交接有效机制。加强引导，在全会树立和弘扬社会主义核心价值体系。由会省委牵头建设的湖南省民主党派政治交接学习教育基地——岳云中学于4月完成挂牌。《湖南民进志》进入会审阶段。

创新理论研究机制。探索建立统战和政党理论研究课题的申报、登记、鼓励制度。会省委《论统一战线与科学发展观》被中共省委统战部采纳为2009年度理论研究重点中标课题。周秋光同志撰写的《论人民政协与构建和谐社会》获中共长沙市委统战部“统战理论优秀成果一等奖”，并相继在《中央社会主义学院学报》、全国政协《理论研究》和《湖南师范大学学报》上刊登。在会中央举行的“多党合作　共铸辉煌——纪念多党合作制度确立60周年”征文活动中，陈燕翔同志撰写的《协商民主与选举民主的比较研究》获二等奖。刘富荣同志撰写的《浅谈新世纪新阶段民主党派基层组织思想建设的思考》获中央财经大学“改革开放30年优秀成果论文”一等奖。

庆祝新中国和人民政协成立60周年。开展了一系列活动：完成了“薪火相传　共创未来”巡回展览，举办了“双庆”征文比赛和演讲比赛，编印了《楚帆》双庆特刊，组织参加了民进中央“双庆”书画展、省政协“双庆”书画摄影图片展和统战知识电视抢答赛、民主党派机关“双庆红歌赛”等活动。积极推介原会省委常委、民进邵阳市委主委严农成为省政协“60年大庆”隆重推出的两位典型之一。

2．组织建设

实施组织建设工程。制定了《民进湖南省委关于五年内拟新建地方组织的规划》。10月，张家界市委成立，12月，永州市委筹备委员会成立，完成了郴州市委换届和岳阳市委、湘潭市委届中补选工作。省直工委加强制度建设，制定并印发了一系列制度；完成了机关支部、出版支部和经济支部的换届工作；成立了法律支部。会省委在全省范围内开展了基层组织状况问卷调查。

启动百名优才入会工程。拟定了会员5年发展规划，重点发展了一批文化艺术、科技经济、法律、社会中介组织等界别中的有代表性人士和在政府、司法机关任实职或在相关领域有一定建树的优秀人才入会，优化了会员结构。迄今为止，全省共有会员4059人。年内发展的205名新会员中高等院校、新界别成员比例有所增大。

推进会内民主。会省委领导班子以暑期谈心等形式，与常委和委员适时联系沟通、征询意见，完善了重大事项通报制度。制定了《民进湖南省代表大会代表联系办法（试行）》，出台了《民进湖南省委关于加强后备干部队伍建设的意见》。召开民主推荐会，完成了对会省委主委、副主委后备人选的民主推荐工作。有序推进了市级领导班子后备干部的推荐工作。

开展培训教育。共选送会省委常委10人次参加全国政协、中共中央统战部、中央社院以及民进中央举办的各类培训学习，选送11名后备干部或骨干会员参加省社院举办的党外中青年干部或骨干培训班学习；举办了全省专职干部培训班，总结工作，交流经验，促进提高专职干部工作水平。

3．宣传工作

出台了《民进湖南省委贯彻落实民进中央思

想宣传工作会议精神的意见》，召开了湖南民进全省思想宣传工作会议，对思想宣传工作进行了总结、交流和表彰。在全国思想宣传工作会议上，会省委《进一步解放思想，全面推进会务实践的科学发展》的经验交流发言，获得与会者的一致好评。为加强宣传信息工作，在明确两名专职信息宣传员的基础上，各处室还确定一名兼职信息宣传员，并要求全体机关干部和广大会员关注信息工作，收集信息、提炼信息、应用信息，团结协作，及时捕捉信息亮点，提高信息的针对性、时效性。在进一步落实、完善宣传信息工作考核办法的基础上，初步建立了与省级媒体横向协调，与各级组织纵向合作，与会内外专家定向联动的宣传工作机制，健全了新闻发布制度，宣传信息收发、审批制度，媒体记者联系制度等宣传工作制度，形成了管理科学、分工明确、配合有序的工作局面。年内，向会中央、中共省委统战部等单位上报宣传稿件417篇，会中央网站采用信息稿件99篇，湖南民进网页上信息稿件共337篇，在中央级媒体发稿7篇，省内主流媒体发稿19篇，其中湖南卫视、新闻频道等电视媒体报道相关重要活动6次。为加强宣传阵地建设，会省委改进了会刊工作，发行了“双庆”增刊，继续做好重点文章的约请工作，每期图文并茂地推出一个市委会的活动剪影，或者推介一个优秀会员、会内书画家及其作品，展示湖南民进会员风采，充实和丰富了会刊内容。2008年12月至2009年10月，《楚帆》6期封面被会中央网站《会刊撷英》刊载，会中央转载湖南民进文章17篇。会省委会刊工作在会中央2009年度专项工作评比中荣获“会刊工作突出进步奖”。

4. 机关建设

会省委不断巩固“制度建设年”的成果，完成了《民进湖南省委机关建设制度汇编》的修改、完善和编印。以公务员行为规范为标准，以培训和评比为抓手，提高机关干部综合素质，举办了全省专职干部培训班。按照中共省委、省政府统一要求，建好了文件接受系统和平台。多方筹措资金，进一步改善了会省委机关办公条件。为进一步落实《民进湖南省委关于加强专职干部考评考核工作意见》和《民进湖南省委专项工作考评考核办法》，会省委根据会内实际，及时作出调整，认真组织实施，并指导帮助各市委会机关建立了相应的考核考评制度。2009年，会省委有史以来首次对各市委会专项工作进行了考核评比表彰。

民进广东省委会2009年工作概述

【重要会议及活动】

1. 全体委员会议

六届四次会议 2009年12月24日在广州召开。会议听取并审议通过了民进广东省六届常委会对六届四次全会作的工作报告，传达了民进十二届三中全会精神，审议通过了监督委员会工作条例及监督委员会委员名单；会议对2009年优秀提案进行了表彰，审议通过了大会决议。全国政协副主席、民进中央常务副主席、民进广东省委主委罗富和出席会议并作了讲话。省委统战部唐晓萍副部长到会祝贺。

2. 常务委员会会议

第12次会议 3月18日召开。会议由全国政协副主席、民进中央常务副主席、民进广东省委主委罗富和主持。会议传达了全国人大十一届二次会议、全国政协十一届二次会议精神；传达了民进十二届六次中常会精神；讨论通过了各工委及参政党理论研究会2009年工作计划；同意将民进广东省统战理论研究会更名为民进广东省参政党理论研究会，并调整补充了部分专门工作委员会主任、副主任、委员。会议决定在全省民进各级组织中开展“自主创新企业行”活动。

第13次会议 6月26日召开。会议由区铁副主委主持。会议传达了民进十二届七次中常会及全国组织工作会议精神；研究确定了民进广东省2009年重点议政调研课题；审议并通过《民进广东省委关于进一步加强信息工作的意见》、《关于开展广东民进市级组织会务专项评比的决定》；同意聘请省教育厅等对口联系单位的邵允振等人为民进广东省委参政议政特约研究员；同意评出的25

个“最具特色网上支部生活”。

全国政协副主席、民进中央常务副主席、民进广东省委主委罗富和出席了会议。

第14次（扩大）会议 10月30日召开。会议由全国政协副主席、民进中央常务副主席、民进广东省委主委罗富和主持。会议学习了中共十七届四中全会精神和传达了民进十二届八次中常会精神。会议讨论了《民进广东省委会内监督条例(稿)》等关于会内监督的文件，通过了《民进广东省监督委员会主任、副主任、委员产生办法(试行)》及监督委员会人选名单。

第15次会议 12月23日晚在广州召开。会议由全国政协副主席、民进中央常务副主席、民进广东省委主委罗富和主持。

会议传达学习了民进十二届三次全会精神，讨论通过了民进广东省六届四次全会议程、日程；审议了《民进广东省六届常委会工作报告（稿)》,《民进广东省委六届四次全会决议》（草案)，并同意提交六届四次全会讨论；通过了《民进广东省委监督委员会工作条例（试行)》（草案)、《民进广东省代表大会代表联系办法（草案)》及《关于表彰2009年提案的决定（稿)》。会议还对2009年立项的12个课题进行了结题论证。

3. 专门委员会工作

参政党理论研究会开展了“庆祝中华人民共和国成立暨多党合作制度确立60周年”、“学习贯彻科学发展观”等征文活动；响应会中央“多党合作 共铸辉煌——纪念多党合作制度确立60周年”征文活动，共收到文章63篇，获奖10篇。获民进中央“征文优秀组织奖”；

举办了参政党理论研究骨干培训班；承办了“纪念陈一百先生诞辰100周年座谈会”，出版了纪念册；举办学习贯彻科学发展观论坛；召开“参政党理论研究会全会暨学习贯彻科学发展观论坛”，总结研究会10年的经验，启动《广东民进60年》史料汇编工作。在民进十二届三中全会上，获“民进全国参政党理论研究工作先进单位”、“会刊工作先进单位”称号。

经济、文化出版、科技、资源环境、教育、社会法制、联络工作委员会在调研基础上形成了《关于促进广东出口外贸加工企业拓展国内市场的对策》（经济工作委员会)、《关于加快我省公共文化服务立法进程的建议》（文化出版工委)、《关于进一步提升我省企业自主创新能力的建议》（科技工委)、《关于加强我省耕地资源保护和质量建设的建议》（资源环境工委)、《我省大学生就业政策存在的问题与建议》（教育工委)、《关于加强我省乡镇公共文化体系建设的建议》（文化出版工委)、《关于在海外进一步提升广东文化软实力的建议》（文化出版工委)、《对〈珠江三角洲地区改革发展规划纲要〉实施过程中文化遗产保护、开发和利用的若干建议》（社会法制工委)、《关于构建我省和谐劳动关系的建议》（联络工委）等9个提交省政协十届二次会议的提案。

提案工委召开省委会2009年立项课题工作指导会议，对省委会2009年的重点立项课题工作进行专门指导。提案、经济、科技、资源环境工委参加了“自主创新企业行”调研活动。

妇女工作委员会组织委员中的专家赴广西上思县民族中学“瑶胞女子班”举办有关青年学生心理、生理讲座；就如何更好地开展高校妇女工作与惠州学院召开座谈会。

离退休工作委员会继续出版《老人保健手册》，共900本；完成了《余热之光》第一批入选稿件上网的计划，并推荐部分文章在《广东民进》登载。

4. 主要领导人活动情况

全国政协副主席、民进中央常务副主席、民进广东省委主委罗富和3月份出席了统战部召开的各民主党派负责人工作座谈会、民进中央在京召开的“农村教育综合改革专题考察座谈会”、民进广东省委六届二十四次主委会议；4月份，在民进广东省委开展的“自主创新企业行”活动中，带队走访了两家公司，出席了民进广东省委六届二十五次主委会议；6月26日，出席了民进广东省六届十三次常委会议；7月份出席了中央督察组来粤检查中发〔2005〕5号文件的落实情况而召开的广东省各民主党派主委和无党派人士座谈会；8月17日，出席了民进广东省组织宣传工作会议；10月10日至11日，出席了在广州举行的民进十二届八次中常会；12月出席了民进广东省委召开的“广东民进任政府部门、司法部门实职会员座谈会”。

5. 重要活动

开展"最具特色支部生活"网上评选活动

3月至8月进行。活动旨在调动基层组织的积极性，创新支部活动形式，增强组织活力。在采集的47份材料中，经网上评选和评选小组初选，民进广东省六届十三次常委会议讨论，25个支部活动被评为"最具特色支部生活"。

召开民进经济界、企业界会员"应对危机、科学发展"座谈会

3月19日至20日召开。全省企业界或经济界会员代表近40人参加，收集了交流材料共23篇。

开展"自主创新企业行"专题调研活动

4月至6月，全省各级组织先后走访了40多家创新型企业或知识产权优势企业，形成调研报告。罗富和副主席参加并启动了调研活动。

召开全省信息工作会议

4月8日至10日召开。会议讨论了《民进广东省委关于进一步加强信息工作的意见》（稿）和民进广东省委信息评分标准，交流了信息工作经验。

与广东教育学会联合举办"携手迎接挑战，同心谋求发展"广东省第二届民办教育和谐发展战略论坛

7月13日至14日召开。民进中央常务副主席、民进广东省委主委罗富和给论坛发来了贺信。论坛对民办教育如何在当前实现和谐发展进行了探索。

召开组织宣传工作会议

8月17日召开。来自各地方组织的主委（或副主委）、专职干部，省直各基层组织的主任（或副主任）等50余人参加了会议。会议传达了民进全国组织工作和宣传思想工作会议精神，对今后的组织工作提出了具体的要求，提出了进一步加强广东民进宣传思想工作的意见。会议对被评为"最具特色的支部活动"的25个基层组织进行了表彰。罗富和常务副主席在会上作了重要讲话，对今后一段时间的组织宣传工作提出了要求。

与省社会主义学院联合举办"庆祝中华人民共和国成立暨多党合作制度确立60周年座谈会"

9月29日召开。中共广东省委统战部副部长唐晓萍，广东省社会主义学院常务副院长杨正根、副院长林伟健，民进广东省委副主委区铁，民进广东省委副主委、民进广州市委主委陈国安，民进广东省委副主委张波、鲁开垠以及民进广东省委在穗常委，各工委、各直属总支（支部）负责人，广东省社会主义学院的专家和有关文章的作者等共50余人出席了本次座谈会。

配合民进中央做好民进十二届八次中常会后勤会务工作

10月9日至11日，民进十二届八次中常会在广州召开。省委会机关配合民进中央完成会务后勤工作。

召开广东民进担任政府和司法机关实职人员座谈会

12月23日下午召开。与会者交流了从政经验，并对省委会的相关工作提出了意见建议。罗富和常务副主席作了重要讲话。

召开民进广东省委监督委员会一届一次会议

12月24日晚召开。会议研究了监委会如何有效开展工作、切实履行监委会职责等事项。监委会委员对《工作条例（试行）》进行了认真学习，讨论确定了监委会2010年的工作安排。

【参政议政】

进一步加强参政议政机制和队伍建设。召开立项课题工作指导会议，强化对参政议政工作的协调、指导。重点加强了信息工作，召开了全省信息工作会议，制订《民进广东省委关于进一步加强信息工作的意见》和民进广东省委信息评分标准，完善了信息征集机制，加强了信息网络建设。

在省政协十届二次会议上，共提交14件集体提案。《关于加快广东文化创意产业科学发展的建议》提案作为大会发言。《推动构建粤港澳经济合作区，加快三地经济从合作迈向融合》等3件提案获得优秀提案奖。此外，《实施水库清淤工程是应对旱灾的长效措施》、《关于推进我国城市污染规范处理与资源利用的提案》分别获得民进中央2009年度参政议政成果一、二等奖。

围绕"三促进一保持"主题开展系列活动。召开民进经济界、企业界会员"应对危机、科学发展"座谈会，开展"自主创新企业行"专题调研活动，与广东教育学会联合举办"携手迎接挑战，同心谋求发展"广东省第二届民办教育和谐发展战略论坛，与民盟广东省委共同承办"同心献策”活动第一期，派员参与8个党派“扩大内需”联合调研。

省委会领导参加了中央督察组来粤检查中发〔2005〕5号文件召开的广东省各民主党派主委和无党派人士座谈会，省委省政府召开的“扩大内需”征求意见会，省政府召开的关于贯彻实施《珠三角发展纲要》的决定征求意见会；省政协召开的“拓展就业渠道、扩大城乡就业”专题协商会，“关于完善省部（院）产学研合作机制推进自主创新”专题协商会、“关于优化我省中小企业发展的法律环境”专题协商座谈会等会议。

【社会服务】

继续开展帮扶广西上思县系列活动。举办了民进西部农村教师培训——广东站（第六期），发放“上思中学香港德惠奖学金”，继续扶持上思民族中学“瑶胞女子班”，为其举办青年学生心理卫生讲座，开展“实践教学活动日——南宁参观学习”、“身心健康教育日”活动。

与民进广州市委会合作，到揭阳开展高考备考教研交流；与民进深圳市委、香港德惠基金会联合举办了河源龙川小学教师2009年暑期培训班；与省科技厅等近10个单位联合组织的科技、文化、卫生“三下乡”活动，组织义诊服务队赴河源市东源县上莞镇参加义诊。继续支持推广“鸭稻共作”生态种养技术，向崖口村及孙中山故居赠送了上千只国家级（三水）优质白鸭苗。继续组织医疗队赴义诊服务点——惠州市潼侨镇卫生院进行义诊活动。

积极响应会中央倡议，向全省民进组织发出《关于为汶川灾区儿童捐赠优秀少儿读物的通知》，广大会员共捐赠图书1万5千多册，爱心包裹82个，《革命儿歌大家唱》CD 400张，总价值18万余元。

【自身建设】

思想建设　制订和下发了《民进广东省委关于深入学习贯彻科学发展观的方案》，继续开展主题学习教育活动，举办了“学习贯彻科学发展观，提高政治把握能力”论坛等论坛与座谈会；召开民进广东省组织宣传工作会议，贯彻民进全国宣传思想工作会议精神，总结思想建设经验，并对今后宣传思想工作进行系统规划。

作风建设　省委会的领导班子认真执行会议制度，贯彻民主集中制和集体领导原则。省委会领导班子成员积极参加工委活动，并利用到地方开会、调研等机会，走访当地市委会，加强联系、指导。召开了民主生活会，开展批评与自我批评，并提出五方面整改意见。

制度建设　制定《民进广东省监督委员会工作条例（试行）》、《民进广东省代表大会代表联系办法》。

组织建设　举办省直基层组织主任学习交流会、任实职会员座谈会。制定了《民进广东省委2009—2014年组织发展规划》。

截至2009年12月，有省辖市委会16个，县区级委员会4个，基层组织（含总支、支部、小组）总数为464个。2009年新发展会员233人，占会员总数（7201人）的3.1%，平均年龄49.9岁。高级职称2063人，占会员总数的34.9%，各级人大代表140人。全国政协副主席1人，委员2人。省级政协常委5人，委员23人，市级政协副主席11人，常委40人，委员136人。

会员主要界别比例为：教育（含高教、普教）73.6%，文化艺术3.8%，新闻出版1%，科技1.6%，医卫4.4%，政府部门4%。

机关建设　编制《机关文化建设方案》，全面加强机关环境建设、学习型组织建设、制度建设、文体建设、网络建设以及图书室建设等；邀请有关专家到机关作专题讲座；档案工作被省档案局评为“省特级档案综合管理单位”。

【重要文件】

《常委会工作报告》（2009年12月24日）（略）

《罗富和常务副主席在民进广东省六届四次全会上的讲话》（2008年12月24日）（略）

《民进广东省监督委员会工作条例（试行）》（略）

《民进广东省委关于进一步加强信息工作的意见》（略）

民进广西区委会2009年工作概述

【重要会议及活动】

3月，在广西民主党派政治交接教育实践活动领导班子专项建设工作交流会上，区委会领导作题为“深化政治交接，加强制度建设，努力把民进广西区委会班子建设成坚强的领导核心”的发言，总结领导班子建设经验，明确加强领导班子建设方向。4月，召开九届九次常委扩大会议。学习贯彻全国两会精神；研究组织发展工作和市级组织、新建市组织建设问题；研究继续开展基层组织重点建设工作；安排北海和玉林市委会分别介绍市委会领导班子述职评议试点情况；研究常委考察学习问题。6月，组织常委到民进中央、民进北京市委会、河北省委会、内蒙区委会考察，了解学习民进中央以及兄弟省级组织的经验成果，开阔视野。7月，民进广西区九届十次常委扩大会议在来宾市金秀县召开。传达贯彻民进中常会、组织建设工作会议、宣传思想工作会议精神。提出贯彻落实《民进全国代表大会代表联系办法（试行）》、《关于开展创建民进全国先进市级组织、先进基层组织的意见》的决定。各级组织汇报近两年来基层组织重点建设情况。8月25日，广西民进创始人之一、民进广西区委原名誉主委，广西区政协原副主席、广西艺术学院原院长，被自治区人民政府授予“人民艺术家”的我国著名美术家阳太阳在桂林逝世，享年100岁。

【参政议政】

年内仍按照“以新作为巩固老阵地，在顺势中开拓新领域”的思路开展议政调研和建言献策。5月，召开参政议政工作会议暨议政调研领导小组（扩大）会议。主要内容：总结并部署2009年工作，要求各专门委员会在各自的领域选择课题开展调研，并拨专款支持。应邀承接自治区党委2009年重大决策课题《进一步优化我区非公有制经济发展环境问题研究》。并于5月至8月先后到贵港、玉林、南宁、柳州以及湖南长沙等地开展调研，走访柳州安源电力工程安装公司等30余家非公企业，以及自治区经委、自治区招商局、工商银行广西分行等有关部门，组织座谈会20次，收集大量第一手材料。在综合分析后形成调研报告，提出优化我区非公有制经济发展的具体措施建议，并按程序报送自治区党委有关部门。此外，协助民进上海市委会完成民进中央重点课题《我国城市社区建设与社会矛盾现状调查》的调研任务。

2009年12月底，议政调研工作领导小组召开会议，对各级组织和会员提交的30多份提案素材进行评审，从中精选出团体提案13件，大会发言5件，民进组提案2件，提交区政协十届二次会议；会议还确定了向民进中央报送提案素材的条目。其中《关于进一步完善我国中医、中西医结合医师执业法律度的建议》、《提高重点公益林补偿标准的建议》被民进中央采纳作为全国政协十一届二次会议上的团体提案；民进广西区委会提交的团体提案《关于积极指导北海玉林两市合作 加快北部湾经济区铁山港（龙潭）组团发展的建议》被选为自治区政协主席重点督办的重要提案；黄玉华委员提案《关于解决我区农民工再就业问题的建议》被自治区政府主席马飚阅批；蓝常高的委员提案《关于要求中央给予中国—东盟博览会相应税收优惠的建议》被自治区政协办公厅选登在“重要提案摘报”；团体提案《关于开展广西北部湾经济区沿海水资源保护基础研究的建议》被自治区水利厅列为重点办理提案。

信息工作　为提高信息员队伍的思想素质和工作能力，于8月12日至14日，在桂林阳朔举办“2009年广西民进信息工作学习班”，内容包括：信息工作专题讲座和知识辅导；就社情民意信息工作进行讨论与交流，对《民进广西区委会信息工作制度（征求意见稿）》提出修改意见。60人接受培训。年内，区委会共向各有关部门报送信息31期。其中民进中央采用5期，广西政协采用4期。

【社会服务】

响应自治区党委统战部在统战系统开展“非公有制经济发展服务年”活动的号召，开展非公有制经济服务年活动。成立工作小组，下发服务年活动的《通知》，制定活动《方案》，确定15家非公企业为重点服务对象，为企业“送政策”、“献良策”，组织企业参加银企恳谈会，为非公经济企业健康发展排忧解难。此外，结合自治区党委重大决策课题开展调研，形成调研报告，提出优化我区非公有制经济发展的具体措施建议。

年内，继续在上思县开展一系列社会服务活动。4月，两广民进组织上思县民族中学“生生瑶族女生班”开展“实践教学活动日——南宁参观学习”活动，56名瑶族女生免费到首府南宁参观学习。次日，组织专家开展“身心健康日”活动，为“生生瑶族女生班”的学生提供身体健康和心理健康咨询服务。5月，组织上思县20名农村教师到深圳，免费参加为期7天的民进西部教师培训班学习。8月，组织上思县教育局、县民族中学和“生生瑶胞女生班”的科任教师一行15人免费到广州参观考察学习。9月，上思县民族中学第二届瑶族女生班——“民进瑶族女生班”隆重开班。在开班仪式上，会员熊庆安为该班捐款21.66万元、会外企业家李辉和黄培中捐款2万元、会员张东为捐赠复印机一台；两广民进在上思中学组织香港德惠奖学金发放活动，向100名优秀学生发放每人500元的奖学金，向该校两位今年高考成绩优异的学生发放每人2万元的奖金；组织广东的特级和一级老师共5名，免费为该县中、小学教师进行分类培训。年内，本委加强与自治区扶贫办的联系，为上思县那琴乡争取到扶贫资金30多万元，用于改善该乡农村生活基础设施；通过会员朱葛的协助，输送上思10名中学毕业贫困生到深圳市德昌公司职业技术学校免费就读3年，毕业后安排在该公司担任技术员；组织会内专家为上思县南屏瑶族乡汪乐村义务进行新农村建设示范点规划设计，设计蓝图交付上思县政府。

年内，继续联合江苏民进在百色市田东县江城镇供固村开展“民进阳光营养工程”活动，全年资金4.5万元，继续为在校生每人每天提供一个鸡蛋、200毫升豆奶，116名学生受益。组织会内专家赴百色市，为田东县社会主义新农村建设点——江城镇的发展布局送去规划蓝图，同时向该县捐赠农业科技书籍3000多册。

6月28日，民进区直工委在政治交接实践基地举行揭牌捐赠仪式上，向百色革命老区右江区向阳圩镇中心小学捐款12万多元、捐赠图书5000册和一批生活用品，向华村赠送新农村建设发展规划蓝图，并献上一台文艺晚会。

【自身建设】

思想建设　为配合政治交接教育实践活动，于4月组织力量编写《广西通志·民主党派、工商联志》第四篇——中国民主促进会广西壮族自治区委员会，10月中旬完成该部分12万字的文字稿，并送交有关部门汇编。年内，利用重大节日庆典，筹办系列纪念活动，寓思想教育于活动中：为纪念中华人民共和国成立60周年暨多党合作制度确立60周年，先后组织专刊征文活动；书画摄影展；“和谐中国”大型文艺晚会；在邕广西民进理论研究会人员座谈会等。庆祝第25个教师节，开展第二届广西民进优秀教师评选活动，授予陈洪江等203名在教育战线上做出优异成绩的民进会员“广西民进优秀教师”光荣称号，通报表彰。组织开展参政党理论研究，全年共组织会员撰写理论文章41篇，向民进中央推荐17篇，向区党委统战部推荐7篇。其中黎业枢和钟虹等2人获得民进中央“多党合作　共铸辉煌——纪念多党合作制度确立60周年”征文活动三等奖，4人获优秀奖。

组织建设　6月，民进区直工委在百色革命老区右江区阳圩镇举行了政治交接实践基地揭牌及捐赠仪式。7月，在九届十次常委扩大会议上，决定把基层组织重点建设工作与民进中央开展的创建民进全国先进市级组织、先进基层组织活动结合起来；同月，召开钦州、防城港、来宾、河池、百色、崇左等六个新建市组织建设工作会议，传达了民进全国组织工作会议精神，对六市组织建设五年规划提出设想。分别于7月、8月和11月举办了区直新会员学习班、广西民进中青年骨干培训班和基层组织负责人培训班各一期，45名新会员、48名中青年骨干和53名基层组织负责人参加了培训。全年共推荐29名会员和机关干部参加区党校、中央社会主义学院、广西社会主义学院的培训学习。8月，民进崇左市支部在崇左市成立，文晓林当选为支部主任，时有会员19人；8月，在民进南宁市委会九届五次全委会议上，补选黄均宁为主任委员；11月，在民进贵港市委会二届十七次全委会议上，补选周桂英为主任委员；12 月，民进广西区人民医院支部成立，胡晓霞当选为支部主任，时有会员 8 人。年内，推动北海和玉林 2 个市委会开展主委述职工作，为今后广西区市两级组织开展主要领导述职评议工作、建立全市两级监督委员会、有序推进会内民主积累做法。

【中国民主促进会广西壮族自治区委员会】

2009 年，有地级市组织 8 个，筹委会 2 个，县级组织 1 个，基层组织 127 个；发展会员 176 人，会员总数 3075 人。会员中有全国人大代表 2 人，自治区人大代表 15 人，市级人大代表 34 人；有全国政协常委 1 人，自治区政协委员 34 人，市级政协委员 160 人；自治区特邀监察员、特约检察员和教育督导员各 1 人；担任政府部门正厅职务领导 1 人、副厅职务领导 2 人。

民进海南省委会 2009 年工作概述

2009 年是新中国成立和人民政协成立 60 周年，同时也是民进海南省委会成立 20 周年。在这富有历史意义的一年里，民进海南省委会在民进中央和中共海南省委的领导下，认真学习中共十七大和十七届四中全会精神，深入贯彻学习科学发展观，不断加强自身建设，切实履行参政党职能，为海南的经济和社会发展作出了新的贡献。

【参政议政】

发挥组织优势，积极整合力量，提高参政议政工作的整体水平。

2009 年，会省委共向海南省政协五届二次会议提交集体提案 31 件，立案 29 件，在我省 8 个民主党派中居于前列。其中多件提案得到了承办单位的高度重视和采纳，产生了很好的社会效益。由会省委主要领导担任课题组组长，汇集我会旅游、民俗、历史、文化等方面专家和业内人士共同完成的、兼作政协大会发言的第 0086 号提案《挖掘黎族文化，促进海南国际旅游岛建设》得到了 6 位省领导的批示，中共海南省委统战部专门为其召开落实省领导批示精神协调会，邀请省民宗委、省文体厅、省旅游委等相关部门的负责同志出席，共同协调推进落实有关工作，该提案还被列为 2009 年省政协主席会议成员重点督办提案，许多媒体都对此进行了报道。第 0096 号提案《关于推进 Biang 酒产业化发展的建议》以建设国际旅游岛为背景，提出大力发展具有浓厚黎族文化韵味和地方特色的 Biang 酒产业，受到工信厅和商务厅的重视。第 0103 号提案《关于将我省乡镇卫生院和社区卫生服务机构的医疗计量器具检定费纳入公共财政预算的建议》心系民生，提出“参照浙江、江苏等地具体做法，免收我省乡镇卫生院和社区医疗服务机构在用医疗计量器具检定费，质监部门开展强制检定工作所需的费用列入公共财政预算”的建议，省财政厅在提案答复中完全采纳了提案的观点，决定于 2010 年 1 月 1 日起实施，为我省卫生事业的建设增加了助力。我会在两会期间提出的关于海口交通管理方面问题的多件提案也得到了海口交警部门的高度重视，经媒体的报道提高了民进的声誉。我会市县组织也积极深入开展调研活动，并向所在市县政协提交提案，得到了当地中共市委（县委）、市政府（县政府）和各职能部门的高度重视及采纳，社会反响良好。

反映社情民意工作是我会参政议政的重要组成部分，也是参政议政的日常基础性工作。2009 年，会省委把加强和改进反映社情民意工作摆在重要位置，切实加强信息员队伍建设，强化信息网络，健全信息的收集、整理、报送、反馈机制，充分调动骨干会员反映社情民意的积极性。我会反映社情民意的工作取得了新的成绩，会省委向会中央报送社情民意信息 4 件，全年分值超越了其他 7 省（区），处于良好的上升趋势；向省政协、中共省委统战部报送社情民意信息 3 件，涉及统战工作、民生建设、国际旅游岛环境卫生整治等，还以“直通车”方式向罗保铭省长呈送了《关于申办全国图书交易博览会的建议》并获得省长的批示，体现了我会对海南经济与社会发展的关注。

为了更好地做好参政议政工作，会省委于 2009 年 8 月召开第一次参政议政工作会议，总结了会省委换届以来的参政议政工作，研究部署了以后的参政议政工作方向。全省民进各级组织参加由本级统战部组织的“我为金融危机献一计”活动，为应对金融危机对当地的影响建言献策。2009年6月会省委领导参加由省委统战部召集的中共中央5号文件落实座谈会，为5号文件的落实情况向中央督查组提出意见和建议，为促进多党合作事业建言献策。

【社会服务】

立足本职，发挥优势，推进社会服务工作

积极开展社会服务工作是树立参政党形象和自身价值的重要体现。我省各级民进组织本着“围绕中心、服务大局、发挥优势、突出特色、全会动员、求实创新”的原则，积极开展社会服务工作，为我会赢得了良好的社会声誉。

会省委积极参与由省委统战部发起的我省统一战线科学发展（琼中）实践基地建设，与省教育研究培训院签署琼中百名农村小学校长培训项目合作协议书，并于2009年8月2日启动了“琼中县百名农村小学校长培训班项目”，帮助民族地区、贫困地区小学校长开阔视野，提高业务水平和能力。会省委还专门通过民进北京市委，邀请了北京的专家来给这些校长们讲课，加强了会省委与其他省级组织在社会服务工作上的交流，取得了很好的效果。目前省内一些专家、教师已经和琼中各乡镇小学形成一对一帮扶对象。会省委也将继续跟进后续的工作，促进琼中县基础教育更快更好发展。信息与联络委员会、妇女委员会在海南特殊教育学校开展了主题为“阳光呵护，爱心行动，同在蓝天下，快乐共成长”的助残活动，以实际行动帮助需要关爱的残障儿童。信息与联络委员会会同全国青联委员、海南青联常委、华严精舍主持能照大师为海南省文昌市爱心学校捐赠了40台总价值16万元的教学电脑和价值2万多元的电脑桌椅，为爱心学校的孤儿们送去了温暖。民进三亚市委会向育才镇中心小学捐助了价值1.32万元的学习用具，受到学生们的热烈欢迎。民进文昌市委会举办迎新春送春联活动，免费为当地群众写春联，得到当地群众的欢迎。民进海垦支部利用其优秀的教学资源，组织会员到教育力量薄弱的农场中学去支教，赢得了基层教育部门和农场师生的好评。我会各级组织还组织会员为在2009年8月遭受热带风暴“天鹅”袭击的群众捐款献爱心，以实际行动帮助受灾群众战胜自然灾害，重建家园。经民进海南经贸职业技术学院支部牵线，海南经贸职业技术学院与海南金手指投资集团有限公司达成开展实训基地的协议，通过校企合作的方式满足双方需求，达到共赢的喜人局面。

【自身建设】

1. 紧密结合形势，加强理论学习，做好宣传工作，进一步巩固思想基础，提高思想政治水平

会省委高度重视思想政治建设，积极采取措施，不断加强理论学习和思想宣传教育工作。一是积极组织各级领导班子和骨干会员参加会中央和各级统战部、政协举办的各类培训班，通过系列培训，提高各级领导班子和骨干会员的思想政治水平。二是举办新会员培训班，加强新会员对民进优良传统和我国多党合作制度的认识，培育共同的价值理念。三是以征文活动为载体，促进会员政治学习、政治思考的自觉性，把握思想教育的主动权。会省委转发了会中央《关于纪念多党合作制度60周年征文活动的通知》，许多会员对此积极响应，踊跃撰写论文。经筛选，会省委共向会中央报送征文5篇，有4篇获奖。会省委还开展学习贯彻科学发展观征文活动，促进全省民进各级组织继续加强对科学发展观重要思想的深入学习和贯彻落实。四是充分发挥会刊和网站的宣传作用，加强同全省民进各级组织的沟通与联系，坚持贴近实际，及时更新信息，积极宣传各级各类政策精神，从而促进全会思想政治水平的巩固与提高。2009年会省委网站共上传信息254条，日均上传信息达1.02条。五是加强对全省民进各基层组织宣传信息员的培养，努力建设一支高素质的宣传干部队伍。

2. 加强组织建设，优化人才结构，提高整体素质

会省委和各级组织十分重视组织发展工作，注重发展程序，保证发展质量，在对发展对象考察和把关上，注重年龄、职称和代表性等综合因素，积极稳妥地发展政治素质良好、层次高、参政议政能力强且热爱民进事业的人士入会，并采取措施，加强对新会员的教育。截止2009年底，我会全年共发展会员63人，其中高级职称7人，本科学历46

人，硕士学位 3 人。教育文化界 33 人，医卫界 6 人，经济界 10 人，新阶层人士 10 人。通过积极稳妥的发展工作，新会员的总体素质较高。

会省委充分认识到加强后备干部队伍建设是组织建设的重要环节，做好后备干部队伍的选拔、培养、推荐和使用工作，努力使真正有才能、有作为的会员得到锻炼和成长。会省委根据我会干部队伍建设的实际，及时调整、充实各级后备干部人才库，并召开民进海南省委会领导班子后备干部民主推荐会和省管党外后备干部民主推荐会，对骨干会员进行会内、会外的双重推荐。积极推荐政治坚定、素质优良的后备干部充实到各级领导班子中去。我会有 43 位会员参加了由中共省委组织部组织的党外后备干部能力素质测试。

基层组织是民主党派组织的基础和细胞，搞好基层组织建设，对提高民进整体素质，更好地履行参政党职能具有基础性的意义。结合 2009 “组织建设年”和会中央开展“创建民进全国先进市级组织、先进基层组织活动”，全省民进各级组织积极创新工作方法，开展形式多样的基层组织活动，努力加强基层组织建设，取得了一定的成效。各级组织积极利用春节、国庆、教师节、重阳节等节日，通过走访慰问会员、举办座谈会等方式，加强与会员间的联系，增强了我会的组织凝聚力。民进澄迈县委会举办了首次海南民进市县（区）地方组织机关干部交流活动，加强了我省各市县（区）民进地方组织机关干部的业务沟通，有利于市县机关建设的推进。民进澄迈县委、海大支部、海师支部联合举办活动，通过会员间的思想交流，促进组织认同感，得到会员们的欢迎。

3. 坚持以人为本，加强机关建设，提高电子信息化水平

为适应会务工作的新要求，会省委十分重视加强机关干部的学习和培训工作，提高机关工作人员的综合素质。组织机关工作人员参加由省委统战部举办的“法律进机关”专题讲座及通用法律知识考试，并撰写读书笔记，增强机关工作人员的法制意识，提高依法履行工作职责的水平。去年 5 月，会省委主要领导还亲自带领机关工作人员到民进安徽省委进行考察、学习，借鉴安徽民进工作的宝贵经验。会省委也相应地接待了来自兄弟省市的民进考察团，通过加强与其他省市民进组织的交流，促进机关工作水平的提高。

会省委非常关注机关的电子化信息建设，积极申请经费给新招录的机关工作人员配备电脑等设施，安排人员参加中共省委关于电子公文的业务培训，同时完善相关制度，确保电子化信息建设的质量。目前，除了会省委与全省各市县组织之间的文件是以纸质形式传递外，会省委与省直各单位、市县党委、政府间已经实现电子公文收发，各基层组织向会省委报送信息一般也以电子邮件为主，基本实现了电子化办公。基于这方面工作的成绩，会省委被会中央评为 2009 年民进省级组织电子化信息建设先进工作单位。

4. 以会省委成立 20 周年为契机，回顾历史，总结经验，继承传统，开创未来

2009 年是民进海南省委成立 20 周年，省委会以此为契机，组织力量收集了大量珍贵的文献资料及图片资料，编印民进海南省委成立 20 周年纪念画册，举办民进海南省委成立 20 周年图片展，系统地展现了海南民进 20 年的发展变化。12 月 19 日举行隆重的 20 周年庆祝大会，全面回顾 20 年来的风雨历程，总结海南民进工作所取得的经验，表彰 4 个先进地方组织、15 个先进基层组织、143 名优秀会员。庆祝大会上还举行了文艺演出，来自各市县及民进兄弟省级组织的会员精心准备，为大家奉献了一台精彩的文艺表演。全国政协副主席、民进中央常务副主席罗富和，省政协副主席、中共海南省委统战部部长邱德群，北京、山西民进领导，各民主党派省级负责人，相关市县、省高等院校统战部负责同志、民进各级组织会员代表 400 余人参加了庆祝大会，庆祝活动取得了圆满成功。

在会中央和中共海南省委的正确领导及广大会员的共同努力下，民进海南省委被会中央评为 2009 年民进省级组织参政议政工作、电子信息化建设工作先进单位。在新的一年里，民进海南省委将团结和带领广大会员，锐意进取、开拓创新，求真务实，勤于奉献，为把民进建设成为高素质参政党，为全面建设小康社会作出新的贡献。

民进四川省委会2009年工作概述

【参政议政】

紧紧围绕中心工作，以专委会为支撑，扎实提高参政议政水平。

今年，省委会坚持“以新作为巩固老阵地，在顺势中开拓新领域”的方针，集智聚力、顺势而为，积极围绕推进农村改革与发展、灾后重建、应对金融危机及改善民生等多个重点领域，深入调查研究，积极建言献策，受到了中共四川省委、省政府、省政协的高度重视。

1. 提案质量稳步提高。在省政协十届二次会议上，省委会向省政协提交集体提案17件，委员个人提案50余件，内容涵盖了经济、农业、环保、教育、文化、科技、卫生、法律、灾后重建等许多方面。目前这些提案绝大多数被吸纳，陆续得到相关部门的答复，反应良好，取得实效。

省政协全会上的大会发言和集体提案《应对全球金融危机　建设西部金融中心的政策建议》紧扣我省省情，直面金融危机，提出的建议具有较强的可操作性，得到了中共四川省委、省政府的高度重视并被采纳。分管金融的副省长批示，要求相关单位逐条研究提案提出的建议。在最终的办理过程中，省级相关部门提出了建设西部金融中心的具体政策，其中引入新型金融机构、发展省内金融机构、推动交易中心建设等政策都是该提案中所建议的。按照该提案建议，省政府还牵头成立了西部金融中心建设推进小组。省委会在各民主党派、工商联、无党派委员联组讨论会的发言《关于完善我省灾后重建公共卫生系统的建议》，针对灾后重建中出现的一些问题，提出了具体的解决方案，得到了省政协委员们的广泛认同和领导的赞许，很多具体意见已被采纳。提案《进一步完善职业教育政策体系，为职业教育攻坚提供强力保障》被列为省政协重点提案、主席督办提案，两次召开了由省财政厅、教育厅、人事厅、劳动和社会保障厅、省编办多部门参加的提案办理会，相关政策即将出台；省内多家媒体对该提案和办理情况进行了深度跟踪报道。

2. 专委会工作呈现新局面。专委会是我会参政议政、社会服务的工作机构，也是参政议政的智囊团。省委会不断探索，加大专委会工作创新力度，力求使参政议政工作取得更好的成效。

一是在工作制度改进的同时，按照专委会条例，对省委会部分专委会进行调整，发挥其组成人员多是专业人士、日常工作多属专门领域、工作方式多为专题研究的优势，促其在“专”字上下工夫，上水平，善提专业的、可鉴的、有益的意见和建议，提升了专委会工作水平。

二是在省委会的安排下，各专委会确立了相关工作制度，初步建立起了切合实际的工作机制，增强了内部凝聚力，提升了专委会工作效率。

三是省委会依据国家和四川的中心工作、重点工作及社会热点、难点问题，向会内下发了包含9个大项的调研课题发布书，各专委会认真讨论、积极申领，截至10月份，各调研课题均圆满结题。在4月召开的2009年专委会年会上，对2008年的优秀调研成果、优秀委员给予了表彰。

3. 调研工作深入进行。今年各专委会除了召开课题研讨会等多种形式之外，还积极开展了实地调研活动。教育工作委员会先后走访了攀枝花、遂宁、邛崃、金堂等市县，对课题所研究的问题进行了深度调研，全方位了解了我省中职教育的现状；文化出版工作委员会考察了大成都范围内的多个乡村旅游基地，取得了大量的第一手资料；科技工作委员会围绕实施《四川省“十一五”及2020年能源发展规划》，发挥相关学科专业人才优势，在调研讨论后提出了我省发展新能源产业的建议；经济工作委员会在建立严谨的数学模型基础上，深入论证了四川城乡居民收入与消费关系；法制工作委员会赴泸州、洪雅等地对农民专业合作社进行了实地研究；社会工作委员会在成都3个主城区以500多份调查问卷的方式，把关注的目光投向了城市无业人员和失地农民生存状况；公共事业工作委员会走访了金堂、沐川等县的相关部门了解农民工的各方面情况，并与返乡农民工进行了座谈，了解他们的想法和困难；发展工作委员会到省级有关部门和江油等地企业进行调研，对灾后重建中工业节能减排政策深入研究。

作为参政议政工作的创新，参政议政恳谈会在今年显示了其独特的作用。年初经济工作委员会牵头，联合发展委员会、金融界有关人士，集中探讨了中小企业在贷款、税收、人力资源等方面遇到的政策性难题，并创造性的提出了诸多解决意见；而下半年以发展委员会为主，广泛联系科技、法制、经济等专委会多位专家，以及省发改委、省经委、省委党校等单位，认真展开的有关我省“十二五规划”的前瞻性研究也取得了丰硕的成果。

省委会还积极参加了民进中央组织的对民办教育、城乡统筹、土地产权制度改革、完善农民专业合作社、“调结构、防通胀”等课题的调研。5月下旬，省委会派出科技工作委员会水利专家赴武汉参加了由民进中央和长江水利委员会主办的长江流域湖泊的保护与管理研讨会，并作了大会发言；7月，省委会参与民进中央经济委员会关于成都市统筹城乡综合配套试验区土地流转问题的调研，调研中所发现的问题和对策及相关情况汇总整理后以民进中央的名义上报国务院。

4．反映社情民意的信息工作再创佳绩。今年，针对民进中央、省政协、省委统战部都在各自系统内的信息报送、处理方式上有一些变动，省委会采取了多项措施、调整了工作方式，及时地适应了这些变化。今年全国“两会”期间，省委会共报送社情民意50余份，其中关于地震灾区高校重建的问题得到中共中央政治局委员、国务委员刘延东同志的亲笔批示，使问题得到解决；“关注适度宽松的货币政策和国家大规模投资背景下的中小企业贷款难和发展难问题”得到省长蒋巨峰的批示。

截止到9月30日，在本信息年度的工作中省委会向外报送信息230条。据不完全统计，有80余条分别被全国政协、民进中央、省政协、省委统战部等相关部门采用。到截稿时，省委会信息工作在各个管理系统的统计中均继续名列前茅。

【社会服务】

创新机制，发挥智力优势开展社会服务工作。

按照民进中央要求，省委会以科学发展观为指导，坚持“量力而行、合力借势、持之以恒、务求实效”的原则，建立健全社会服务工作机制，依靠各市级组织、经济界会员联谊会、书画院积极开展各项工作。

1．全力助推灾区教育重建。省委会积极配合民进中央在川600万元灾后教育重建项目的落实与推进。广元师范学校艺术楼、成都金堂清江学校多功能教室、德阳罗江中学图书馆、绵阳5所学校多媒体教室和眉山汉阳中小学教学综合楼建设项目已按计划顺利实施，预计2010年投入使用。民进中央“紧急抢救、保护羌族文化遗产行动”在川行动项目已启动并出版了5种关于羌族文化书籍；省委会积极协调各兄弟省市委会、民进中央开明出版社、团中央《辅导员》杂志社等向绵阳、广元、德阳、成都等极重灾区捐赠图书30000余册。省委会向民进中央提议举办灾区校长暑期培训班，并组织我省38名灾区校长赴北京参加培训。

省委会还通过各种渠道引进社会资金助力灾区教育重建。截至11月底，引进社会资金205万元，分别投放青川、金堂和彭州，用于学校的危房改造和修建当地人畜饮水工程。

2．搭建平台服务地方经济建设。省委会组织经济界会员联谊会定期召开会长会议、理事大会。今年，省委会组织联谊会会长、副会长及部分联谊会会员赴绵阳、乐山开展投资考察活动；协调联谊会与成都民进企业家联谊会共同编印《企业家风采》一书并在民进中央举办的“2009年民进企业家联谊会联席会议”上交流；邀请会内外经济学专家举办针对性较强的专题讲座。

3．发挥自身优势做好支教扶贫工作。今年，省委会组织省内优秀专家到广安开展名师送教活动；经济界会员联谊会在兴文县资助31名汉族、苗族特困生，帮助他们解决学习和生活困难；帮助兴文县4个省级扶贫开发重点村实施山地乌骨鸡产业化扶贫项目争取到省扶贫办、省财政厅在项目立项上的支持；继续开展“东海助学金”支教工作，到今年已圆满实施了4年，为100名少年儿童及其家庭减轻了学习和生活负担。

4．成立民进书画院。经过前期的精心筹备，四川民进书画院于5月25日正式成立，多次组织书画家们到地震重灾区广元、眉山等地举行艺术交流、文化采风等活动，并于9月2日至7日在成都画院成功举办“中华人民共和国成立60周年、人民政协成立60周年、多党合作和政治协商制度确立60周年”绘画、书法、摄影作品展，社会影响日益扩大。

【自身建设】

1. 深入学习贯彻科学发展观，思想建设取得新进展

思想建设是参政党建设的灵魂和核心。今年，省委会紧紧围绕贯彻落实民进中央和中共四川省委的工作部署，开展了政治交接主题教育活动、学习实践科学发展观活动，进一步提高了理论指导实践的水平，综合政治素质和履职能力明显提高，为建设适应时代要求的高素质参政党奠定了坚实的思想基础。

（1）积极引导会员认真学习科学发展观，用科学理论武装思想、指导实践、促进工作

按照省委会实施方案的总体部署，以“会刊、网站、外宣”为主要载体，先后开展了四项学习贯彻科学发展观专题活动：一是在会刊开设“专栏”登载理论文章4篇；二是组织专题征文活动，征集论文11篇；三是在网站开设专栏，刊登理论文章7篇；四是认真总结，积极参加民进全国宣传思想工作会议暨科学发展观论坛。我省《统筹兼顾，多管齐下，努力寻求网站与其他宣传平台之间的最佳切合点》和《学习实践科学发展观，加强党派自身三大建设》分别被列为大会交流发言。

在省、市委会领导的带头示范下，各市级组织及骨干会员先后围绕“高素质参政党建设面临的新问题”、“科学发展观与民主党派工作”、“参政党组织建设的重点”、“会务骨干队伍的培养机制”等课题开展调研，形成了53篇质量较高的理论研究成果；《思想政治工作要创新工作制度和方式》、《增强“三个认同”，共创辉煌未来》等多篇论文被《民主》、《四川省社会主义学院学报》、《四川统一战线》等登载。

（2）积极利用我会优良传统和先进典型教育广大会员

在省委会的组织领导下，《四川民进》今年共刊登稿件296篇（则），自写稿件占所登载总数的98.6%；采用图片268幅，彩图198幅。先后推出60万字的《我们这样走过》、《在共和国旗帜下在多党合作舞台上》两本特刊，对四川民进庆祝新中国成立60周年、纪念多党合作制度确立60周年、《四川民进》200期等重大事件进行了系统记录、集中报道，充分发挥了会刊在引导会员学习、挖掘事件蕴含的精神价值上的作用。在省政协庆祝人民政协成立60周年、纪念文史资料工作开展50周年而举办的“文史资料成果展”中，《我们这样走过》，被评为“优秀文史资料图书”。通过开展这些活动，民进的优良传统和先进事迹更加深入人心，加深了广大会员对民进的感情。

（3）积极发挥宣传工作在内强素质、外树形象上的功能

在全省专、兼职宣传干部共同努力下，今年四川民进宣传工作在网站、会刊、外宣三个平台各显特色、互为补充的基础上，呈现出“广、快、活、深”的良好态势。

为规范管理，在前两年网站运行的基础上，今年制定了《民进四川省委网站管理办法（试行）》，编制了一找、二搜、三组、四编的工作流程，并根据实际情况对网站栏目进行了调整以更好体现民进特色。今年四川民进网站8个大栏目41个子栏目，上传稿件2082篇，自写率96%。在民进中央网站登载文稿近400篇。按照省委会的重点工作开设专题3个、刊稿790篇；在民进中央网站相对应专题栏目发稿近300篇，并先后进驻民进中央网站“改革开放30周年回眸”、“共庆辉煌”专题网页观摩展区。通过网站建设的深入探索，既让我们实现了借助新兴媒体加强沟通、宣传作为、扩大影响的目的，也有效地促进了四川民进各级组织电子信息化建设的进程。

全国、省两级“两会”期间，四川民进有近20人次被各大媒体重点宣传报道，63篇稿件在省级以上媒体登载，其中中央级媒体登发13篇。截止到10月底，在省级以上媒体登发稿件232篇（幅），其中在中央级媒体发表文章54篇、新闻图片29幅；在省级媒体发表文章112篇、新闻图片37幅。

2. 扎实推进组织建设工作，建设高素质参政党

组织工作是建设高素质参政党的重要基础。今年，省委会按照民进中央关于2009年组织建设工

作的总体要求以及工作要点，以各级组织领导班子后备干部队伍建设为工作重点，切实加强后备干部和骨干队伍建设。

（1）领导班子建设有序推进。一年来，省委会领导班子按照《民进中央关于贯彻落实〈各民主党派中央关于加强地方组织领导班子建设座谈会纪要〉的意见》精神，以主题教育活动为主线，巩固和扩大政治交接成果，着力在加强领导班子的思想建设、制度建设、作风建设及夯实领导班子的组织基础等方面开展工作。

省委会领导班子严格按照会章的规定，认真贯彻民主集中制原则，严格执行议事决策制度，坚持实行集体领导、民主集中、个别酝酿、会议决定的民主程序。

（2）基层组织建设工作有序开展。省委会高度重视基层组织建设工作。为促进各市级组织进一步搞好组织建设工作，今年7月，省委会按照全国组织工作会议的精神和要求，召开了全省组织工作会议，下发了民进中央关于《民进全国组织工作会议纪要》、《民进全国代表大会代表联系办法（试行）》；安排部署了开展创建先进市级组织、先进基层组织活动；制定下发了《民进四川省委会关于开展创建先进市级组织、先进基层组织活动的实施方案》的通知。通过创先活动的开展，进一步加强各市级组织的领导班子建设，进一步完善各项工作规则和制度；进一步促进各市委会采取多种形式对基层组织干部及广大会员进行会章、会史、会的优良传统教育，促进各基层组织生活正常开展。使会的活力和凝聚力得到进一步增强。

按照民进中央关于《民进全国组织工作会议纪要》精神，省委会制定了《未来五年组织发展工作规划》，对我省民进未来五年的组织发展作了规划，对各市委会及省直属地方基层组织的组织发展作了统筹安排，对新建省辖市级组织工作作了计划和安排。

今年，民进遂宁市委会于9月召开了民进遂宁市第五次代表大会，选举产生了民进遂宁市第五届委员会。11月，民进攀枝花市委会进行了中调，增补了一名市委委员。

省委会重视在地级市的基层组织建设工作，注意加强与当地统战部的联系。今年，省委会重点就建立巴中直属总支事宜，多次与省委统战部及巴中市委统战部协商。12月，民进四川省委巴中市直属总支部正式成立。

（3）落实了后备干部队伍建设各项工作。加强后备干部队伍建设是保持我会充满生机和活力可持续健康发展的重要保障。今年，省委会认真贯彻落实《民进中央关于加强省级组织领导班子后备干部队伍建设的意见》精神，在省委统战部的支持和协助下，进行了省委会领导班子后备干部的民主推荐工作。同时，按照有关加强各民主党派市级组织领导班子后备干部队伍建设的指导意见精神，省委会主持了全省10个市委会领导班子后备干部的民主推荐工作。此外，今年还组织了25人次在中央、省社会主义学院的进修、培训。

（4）新会员发展工作稳步开展。按照中共中央〔2005〕5号文件及各民主党派中央《关于进一步做好民主党派组织发展工作座谈会纪要》（2004）精神，结合《民进全国组织工作会议纪要》的精神，省委会制定了《未来五年组织发展工作规划》。规划明确，在未来五年，我省组织发展工作的重点是围绕高素质参政党地方组织建设，以更好的履行参政党职能为目标，进一步改善组织结构、提高队伍整体素质，按照发现、吸收、培养、储备多层次、多领域的人才为指导。今年，吸收了211名素质好、层次高、有一定代表性的中青年知识分子加入我会，目前，我省会员总数为4581名。

3. 牢固树立服务意识，机关建设取得成效

加强机关建设是我会建设高素质参政党的基础性要求，也是提高工作水平和效率，更好地为工作服务的需要。省委会和各市委会注重机关建设，强化“为省市委会领导班子服务，为基层组织服务，为会员服务，为全面履行参政党各项职能服务”的意识，着力发挥机关干部的能动性，密切联系广大会员，各项工作取得了积极的成效。

2009年，省委会机关通过定期开展学习会等方式，把科学发展观、中共十七大、统一战线历史等作为重要内容，强化学习，不断提升机关工作人员的政治素质；重视发挥制度的保障作用，先后修订了《民进四川省委机关工作手册》和《民进四川省委机关管理制度》；省委会还积极推动档案、

修志、财务、人事等工作的规范化，受到了有关部门的好评。

民进贵州省委会 2009 年工作概述

2009 年是民进贵州省委会以会中央“有思有行、无懈无滞、集智聚力、顺势而为”的精神为指导，巩固成果，求真务实、改革创新、全面推进进步性建设、领导班子建设、参政议政能力建设的重要一年。一年来，省委会在中共贵州省委和民进中央的领导下，在省委统战部的大力支持和帮助下，团结带领全省各级组织和广大会员，坚持以邓小平理论和“三个代表”重要思想为指导，深入学习贯彻科学发展观，坚持中国共产党领导的多党合作和政治协商制度，着力抓紧抓好“三项建设”，建立政治交接学习教育活动的长效机制，努力建设一支高素质的参政党队伍，紧紧围绕中共贵州省委、省政府的中心工作，切实履行参政议政、民主监督职能，积极服务全省科学发展，努力促进自身科学发展，实现在思想认识上有新提高，在履行职能上有新作为，在自身建设上有新进步。

【参政议政】

集智聚力，切实履行参政议政职能。

民进贵州省委会始终将参政议政工作摆在最重要的位置，以参政工作促进各项工作的开展，充分调动广大会员参与参政议政工作的积极性，集中会员的智慧和力量，提高参政议政工作的水平和实效，为促进经济社会发展、维护社会和谐稳定作出积极贡献。2009 年民进贵州省委会被会中央表彰为参政议政工作先进单位。

工作机制不断完善。民进贵州省委会切实加强参政议政队伍建设，充分发挥参政议政队伍的作用，有计划地把各类专业优秀人才选进参政议政队伍。今年省委会又成立了社会与法制专门委员会，目前省委会已有 7 个专门委员会，基本形成参政议政的中坚力量。省委会领导直接参与了参政议政工作的计划、选题确定、组织实施、评估论证、总结反馈等各个环节的工作。充分调动广大会员的积极性，建立上下联动、全体参与的参政议政工作运行机制。提高了参政议政工作的水平和实效。

提案工作成绩突出。一年来，民进贵州省委会始终坚持把促进发展作为履行职能的第一要务，紧紧围绕党委、政府的中心工作、经济社会发展的大局，发挥人才优势，在教育发展、民生改善、“三农”问题、科技创新、经济发展、生态文明、文化繁荣等具有全局性、战略性的重大问题和人民最关心、最直接、最现实的利益问题方面，深入开展调查研究，积极建言献策，取得了显著成绩。在政协贵州省十届二次会议上，民进贵州省委会提交了 17 件提案，得到省委、省政府的高度重视。省长林树森、副省长刘晓凯等领导充分肯定了一些重要提案并作了重要批示，一系列提案得到相关部门的采纳和落实，推动了相关政策的出台，对促进经济社会发展产生了重要影响。

深入调研取得成果。民进贵州省委会充分发挥专门委员会的作用，加强与政府、政协、相关部门、重点高校、会内外专家的联系，发挥参政议政资源的最大效益，早启动、早安排，取得丰富调研成果，完成了 5 个较高质量的调研报告。2008 年完成的《少数民族地区农村妇女卫生保健状况调研报告（贵州省雷山县新桥村妇女卫生保健状况的调查）》、《毕节试验区可持续发展教育调研报告》今年被中共贵州省委统战部评为优秀调研报告。《毕节试验区可持续发展教育调研报告》同时获全省统战理论研究优秀成果优秀奖。

信息工作成效明显。民进贵州省委会高度重视参政议政信息化建设，建立和完善参政议政信息工作网络和信息人才库，扩大信息来源和渠道，充分调动各级民进组织、会内专家和参政议政骨干的积极性，并做好调研报告、提案及信息间的相互转化工作，通过学习考察、专题讲座、制定规范等工作，逐步健全和完善民进信息工作制度，反映社情民意和信息工作迈上新的台阶，得到省政协和中共贵州省委统战部充分肯定。今年贵州省政协有 8 期《社情民意信息》和 3 期《社情民意信息专报》采编了省委会报送的信息，省委统战部编写的《时讯》采用了关于整合涉农资金的建议，提交中共贵州省委常委作为决策参考。

【社会服务】

发挥自身优势，积极开展社会服务工作。

民进贵州省委始终坚持“发挥优势、突出特色、尽力而为、注重实效”的方针，把社会服务工作与构建和谐社会、与民进的各项工作有机结合，加强同中央、省、州（地）民进组织的协作和联动，开拓思路，整合资源，形成合力，积极开展社会服务工作。2009 年民进贵州省委被会中央表彰为社会服务工作先进单位。

积极响应，配合参与，全力投入“彩虹行动”。“彩虹行动”是会中央贯彻落实科学发展观，积极响应中共中央决策部署，参与推动毕节试验区建设的实际行动。按照会中央的安排，在开展“彩虹行动”的过程中，我们不仅是直接参与者，同时还是一个服务者。民进贵州省委对此高度重视，把做好参与和服务“彩虹行动”工作作为一项重要工作来抓，积极主动配合会中央和兄弟省市民进组织做好联系、沟通、协调和服务工作。2009 年 9 月，会中央在金沙县成功举办了“彩虹行动”启动暨签约捐赠仪式，民进贵州省委先后对接了 10 多家省级民进组织。全国人大常委会副委员长、民进中央主席严隽琪亲临民进贵州省委机关看望班子成员和干部职工，对省委会的工作给予了充分肯定。作为参与者，民进贵州省委会积极协调联系贵阳兴农中学、贵阳实验小学与金沙县民族中学、石场乡中心完小结成对口支持，并组织金沙县的校长到贵阳市实验小学参观学习。民进贵州省委会协调农村信息网站“贵州三农网”在金沙县西洛乡 9 个村面向农村、服务农民、发展农业提供农业信息。

发挥优势，集中力量，做好智力支边工作。民进贵州省委会充分发挥民进会员人才荟萃、智力密集、联系广泛的优势，组织开展了大量卓有成效的智力支边工作。省委会牵线搭桥，从黔西南、黔东南和毕节选送了 18 名贫困地区的骨干教师参加了在上海和长沙举办的西部教师培训班学习；联系北京市教育学会“一帮一”义务助教讲师团，为安龙县高三教师和学生进行高考指导辅导；牵线民进江苏省委会组织支教团在黔南州平塘县对教师进行新课程标准培训；联系上海市骨干民进教师组成的讲师团为黔东南州雷山县 7 所中学的 180 余位教师举办示范课教学；会同致公党贵州省委、贵州文化薪火乡村发展基金会联合开展了“腾讯新乡村再行动——乡村教师培训”，共培训农村教师 474 人；会同省政协文卫体委和相关部门到金沙县开展“三下乡”活动，为石场乡构皮村、街上村各援建一家“农家书屋”，为民族中学和西洛乡中学各配备一套体育设施，向石场乡中心卫生院捐赠价值 20 万元的医疗器械，向西洛乡卫生院捐赠了价值 20 万元的医疗器械和价值 95520 元的药品，举办了全县医务人员培训班，协调贵阳市第七中学与西洛乡中学签订了《结对支持协议书》、遵义医学院与金沙县人民医院、金沙县中医院签订了《定点支持协议书》，并取得了实效。

正确引导，搭建平台，组织开展社会新阶层会员活动。民进贵州省委会高度重视民进新社会阶层会员的教育、引导、支持和服务工作，积极筹建民进企业界会员联谊会，支持和帮助新社会阶层会员在推动自身企业健康发展的同时积极服务社会，搭建参政议政和社会服务工作平台。今年，民进贵州省委会召开贵州省民进新阶层代表会员座谈会议，会议对民进新社会阶层会员如何做好“一名合格的中国特色社会主义事业的建设者，一名优秀的民进会员，一名积极参与毕节试验区的建设者”，提出了要求，为引导新社会阶层会员更好地服务社会进行了新探索。

【自身建设】

1. 加强政治理论学习，用科学发展观指导各项工作

深入学习贯彻科学发展观，不断加强思想政治建设。民进贵州省委会紧紧围绕党的中心任务，坚持以社会主义核心价值体系为引领，深化坚持走中国特色社会主义道路学习教育活动，扎实推进政治交接长效机制建设，努力提高理论指导实践的水平，坚持不懈地用邓小平理论、“三个代表”重要思想、科学发展观教育会员、武装头脑，推动工作、指导实践，不断保持和发展各级民进组织和广大会员的进步性。省委会认真学习贯彻中共中央、中共贵州省委和民进中央的一系列重要会议精神，认真落实建设学习型政党、学习型班子的要求，切实把理论学习经常化、制度化，创新学习活动方式、转化学习成果，进一步增强了广大会员学习贯

彻科学发展观的自觉性和坚定性，明确了学习贯彻科学发展观的着力点，努力把科学发展观贯彻落实到加强自身建设和服务经济社会发展的全过程。

深化学习教育活动，不断巩固政治交接成果。今年以来，按照民进全国宣传思想工作会议和开展深化坚持走中国特色社会主义道路学习教育活动的要求，民进贵州省委会把进步性建设活动与学习贯彻中共中央各时期治国理政的主张和中共贵州省委的重大决策部署结合起来，不断深化有声有色的主题教育活动，加强宣传引导、学习培训、思想动态分析，基本形成了政治交接的长效机制，进一步增强了战胜危机、应对挑战的信心，坚定了坚持接受中国共产党领导、走中国特色社会主义政治发展道路的信念。同时把新中国和人民政协成立60周年纪念活动与学习贯彻中共十七大精神、学习贯彻科学发展观和做好2009年各项工作结合起来，积极参与并举办了一系列纪念活动，回顾中华人民共和国60年的光辉历程、人民政协及多党合作制度60年来取得的巨大成就，民进60年来为社会主义建设和改革开放事业作出的重大贡献，进一步增强了广大会员的自豪感和致力于多党合作事业的使命感，有效地促进了坚定走中国特色社会主义的政治发展的“道路认同”，全面建设小康社会的“目标认同”，中华民族优秀民族文化与民进优良传统的“文化认同”，始终做到同党和国家方向一致、目标一致、工作一致。在系列庆祝活动中，广大会员踊跃参加，通过丰富多彩的文艺作品表达了对祖国的祝福和对民进的热爱。民进贵州省委会获得会中央“多党合作　共铸辉煌——纪念多党合作制度确立60周年”征文活动优秀组织奖，会员撰写的4篇文章分别获会中央一、二、三等奖和优秀奖。

2. 着力抓好“三项建设”，不断增强做好党派工作的责任感和使命感

在各级组织和广大会员中开展的“三项建设”是民进贵州五届省委在继承传统的基础上作出的重要决策部署。通过进步性建设使各级组织和广大会员不断增强“四个自觉性”：即自觉接受中国共产党的领导，维护中国共产党的执政地位；自觉高举中国特色社会主义伟大旗帜，牢固树立中国特色社会主义的共同理想和坚定信念；自觉坚持中国共产党领导的多党合作和政治协商制度；自觉抵御西方两党制、多党制和议会制的消极影响，沿着正确的政治方向不断前进。通过领导班子建设，使各级组织领导干部的政治把握能力、参政议政能力、组织协调能力、合作共事能力、精神感召能力和解决自身问题的能力得到切实提高。通过参政议政能力建设，健全各种参政议政机制，集智聚力，围绕党委和政府的中心工作，深入调研，为推进社会发展建睿智之言、献有用之策，从而提高参政议政能力和水平，朝着依法参政、科学参政、民主参政、高水平参政的目标迈进。省委会不断总结经验，不断推进“三项建设”，取得了一定的实践成果、制度成果和理论成果，得到了中央统战部、中共贵州省委、民进中央和中共贵州省委统战部的肯定和支持。

抓基层、打基础，基层组织活力不断增强。民进贵州省委会把加强基层组织建设作为“三项建设”的重点，争取中共党组织对基层会务工作的支持与帮助，进一步健全基层组织工作制度，促进基层组织工作制度化、规范化，加强分类指导，创新基层组织工作和活动方式，努力建设与高素质参政党相适应的基层组织，与新形势、新任务、新要求相适应的充满生机与活力，富有凝聚力和向心力的基层组织。

抓班子、强核心，各级领导班子建设取得新的进步。民进贵州省委会坚持把“三项建设”作为一项重要的政治任务，对每个阶段的工作都认真研究，提出明确要求，严格把关。省委会领导深入基层开展调查研究，作专题辅导讲座，与市（州）级民进组织和骨干会员谈心，了解“三项建设”工作中遇到的问题，掌握第一手资料。各级组织领导干部率先垂范，带头学、带头查、带头改、具体抓，以普通会员身份参加基层支部活动，有力推动了“三项建设”工作的顺利开展，各级领导班子履行职责的能力得到了切实提高。

抓整改、重实效，工作中存在的困难和问题得到切实解决。“三项建设”的出发点和落脚点就是按照高素质参政党的要求，扎实做好本职工作，推动工作落实，切实发挥参政党的职能。这也是检验“三项建设”成效的根本标准。省委会实行“试点先行、分批推进、分类指导”，在全省范围内确定了3家（黔东南州委、黔南州委、师大支部）有

代表性的基层组织开展试点工作，并逐步向全省铺开。“三项建设”既有统一要求，又鼓励从各自实际出发进行创新，形式灵活多样。民进贵州省委会把改进机关作风作为“三项建设”联系实际、解决问题的一个重点，广泛开展基层“下评上”活动，提高了基层会员的参与度和积极性，请基层评议，查找问题，问计于广大会员，倾听改进工作的建议，公开承诺，采取措施，落实整改，民进全省各级组织逐步形成了风正人和、事业兴旺的良好局面。

抓制度、求长效，“三项建设”取得了阶段性成果。“三项建设”是建设高素质参政党的基础工程、长期工程，是我们履行职能的重要保证。在“三项建设”开展过程中，民进贵州省委会坚持把解决问题、总结经验、探索规律有机结合起来，坚持实践、制度、理论成果一起抓，整体推进，相互促进。民进贵州省委制定了《关于在全省民进各级组织和广大会员中开展进步性建设活动的意见》、《关于加强领导班子建设的意见》、《关于加强参政议政能力建设的意见》等文件，明确了指导思想和总体目标，制定了组织原则、领导体制和工作机制，使“三项建设”有了制度保障，进步性、领导班子、参政议政要素的作用得到充分发挥，激励和鞭策广大会员坚定信念，自觉遵守会章，自觉实践进步性的基本要求，推动了高素质参政党建设一系列措施的落实。

3．加强基层组织建设，夯实高素质参政党组织基础

加强调研，做好规划，稳步推进民进组织可持续发展。民进贵州省委会认真贯彻落实民进全国组织工作会议精神，坚持“人才兴会、人才强会”，开展专题调研，掌握组织发展状况，把握组织发展方向，抓住积聚、培养和使用人才这三个中心环节，有序推进组织健康、和谐、可持续发展，在注重政治素质、保证质量的前提下，重点发展了一批政治素质高、业务能力强、有较强参政议政能力的代表性人士，为建设高素质人才队伍奠定了坚实的基础。全省今年发展了 126 名会员，截至 2009 年 12 月，会员总数为 2068 名，其中博士 18 名、正高职称 45 名、副高职称 600 人、副处以上干部 79 名。民进贵州省委会按照规定的程序和要求加强对基层组织换届工作的具体指导，经过广泛征求意见、人员考察、沟通协商等大量工作，顺利完成了贵阳市委会的届中调整、黔西南州委届中增补、省直老年支部、文艺支部和文化出版支部的换届工作。

坚持标准，梯次培养，扎实做好后备干部工作。民进贵州省委会认真贯彻落实《民进中央关于加强省级组织领导班子后备干部队伍建设的意见》，不断充实后备人才库，切实做好后备干部的推荐工作，从多党合作事业和参政党建设的大局出发，积极培养一支政治素质好、代表性强、结构合理、数量充足、体现民进特色的领导班子后备干部队伍，同时举办各种形式的培训班、研讨班，针对后备干部、骨干会员、专职干部的类别、层次进行分类培训，提高其综合素质，为加强各级组织建设打下了良好的组织基础。

以人为本，规范制度，进一步加强机关建设。民进贵州省委根据《公务员法》，按照“讲原则、讲程序、讲方法”的要求，加强制度建设和作风建设，重点提高机关干部的办文、办会、办事能力，强化机关干部大局意识、责任意识和服务意识，切实提升行政执行力，提高工作效率和工作质量。今年民进贵州省委会召开了机关建设和专委会建设专题座谈会，机关干部职工和专委会负责同志结合本职工作，对机关建设工作提出意见和建议，并提出了自己今后的努力方向，省委会领导听取了大家的意见，并逐条整改，逐条落实，通过这种方式，切实增强了机关干部职工做好机关工作自觉性和主动性，有力地推进了机关建设工作。

生动的实践总是蕴涵着宝贵的经验和重要的启示。一年来，我们在建设高素质参政党的实践中不断探索，不断总结，得到了许多有益的启示：一是必须坚持理论学习，学以致用、用以促学，使学习的成效切实转化为高举中国特色社会主义伟大旗帜的坚定意志，转化为对中国特色社会主义共同理想的坚定信念，转化为推动科学发展、促进社会和谐的过硬本领。二是必须进一步解放思想，与时俱进，勇于实践，紧跟执政党治国理政的新思路，更好地发挥参政党作用，不断开创民进工作新局面。三是必须坚持“领导抓、抓领导”这个基本策略，切实发挥领导干部关键作用，把“举旗帜、抓班

子、带队伍、促发展”落到实处。四是必须高度重视会员教育这个重要基石，并与加强和改进基层组织建设配套推进，“力量来源于组织，智慧来源于基层”，以抓好基层基础工作推动全面工作。五是必须坚持联系实际这个重大原则，以上带下，以下促上，联动解决突出问题，确保工作务见成效。

民进云南省委会2009年工作概述

【重要会议及活动】

（一）常委会和全委会

3月28日，召开民进云南省六届八次常委扩大会议。罗黎辉主委传达了十一届全国人大二次会议、全国政协十一届二次会议和民进十二届六次中常会精神，会议审议通过《民进云南省委2009年工作要点》。

6月27日，召开民进云南省六届九次常委会议。罗黎辉主委传达了民进十二届七次中常会精神，阎堃副主委传达了民进全国组织工作会议精神，会议研究通过《民进云南省委关于加强后备干部队伍建设的实施意见》，会议邀请中共云南省委统战部童凤华副部长作了坚持走中国特色社会主义道路的形势报告，听取省政府研究室黑红兵调研员对云南省今年经济社会发展情况的通报。

10月17日，召开民进云南省六届十次常委会议。罗黎辉主委传达了民进十二届八次常委会议精神，常委们在听取汪叶菊副主委对民进云南省委参政议政工作情况的汇报后，研究讨论了民进参政议政工作。罗黎辉主委在会议总结时强调要把参政党建设好，职能发挥好，首先要加强学习，要以科学发展观为指导，抓好参政议政工作。

12月25日，召开民进云南省六届十一次常委会议，会议审议通过了民进云南省委六届四次全委会的议程、日程及提交民进云南省六届四次全委会的常委会《2009年工作报告》，推举罗黎辉主委代表常委会在六届四次全会上作民进云南省委第六届常委会《2009年工作报告》。

12月26日—27日，召开民进云南省六届四次全委会。会议审议通过了罗黎辉主委代表常委会所作的《2009年工作报告》，听取了陈友康副主委对民进第十二届三次中央全会精神的传达，会议对在参政议政、信息、社会服务、新闻宣传工作中成绩突出的7个地方组织和专委会予以表彰，对24个成绩突出的基层支部授予“先进支部”称号，给予表彰奖励。

（二）专委会

1月7日，科技医卫委员会一行9人赴昆明寻甸县塘子镇团结村，代表会省委向团结村委会的两个贫困自然村捐赠了两套价值5千余元的有线高音喇叭设备，考察了塘子镇卫生院建设情况。向会省委提交了关于《建议云南省政府将新型农村合作医疗管理部门与医疗卫生部门分离》和《建议云南省政府增加乡镇卫生院新农合管理人员编制》的提案建议。

9月，科技医卫委员会万崇华副主任负责的《云南省特有少数民族的生命质量、生存状况与和谐社会构建对策研究》课题获准立项并开展调研，将于2012年结题。

民进科技医卫委员会杨红军委员在会省委的大力支持下，培育出新种质的“巨紫根小柄叶水葫芦”进行水污染的“内源治污”。该生态项目及其建议得到国务院总理温家宝、副总理李克强，科技部部长万钢及云南省有关领导的批示。国家发改委牵头，联合环保水利农业等部委赴滇调研紫根水葫芦，以期进一步深入考察其可行性，进而对滇池治理切实收到效果。

11月28日，经济法制委员会牵头开展了“爱心助学捐款仪式”活动，将爱心助学捐款送到了昆明市盘龙区阿子营镇双玉中学的贫困生手中。

（三）主要领导（主委）活动情况

1月5日，省政府召开座谈会，征求省级各民主党派和工商联负责人、无党派人士代表对《政府工作报告（征求意见稿）》和省政府工作的意见和建议。省政协副主席、民进云南省委主委罗黎辉代表民进云南省委发言。

1月19日，中共云南省委举行云南省统一战线各界人士迎新春茶话会，全省统一战线各界人士欢聚一堂，共话爱国统一战线事业。省政协副主席、民进云南省委主委罗黎辉，阎堃副主委等出席茶话会。

2月5日—9日，出席云南省政协十届二次全体会议，参政议政，建言献策。

2月17日，主持召开民进云南省委六届十四次主委会议。会议审议了《民进云南省委2009年工作要点》（草案），听取了民进云南省委在省“两会”上参政议政工作情况的汇报，听取了民进云南省委机关2008年财务决算报告，研究了民进云南省委六届八次常委会有关工作。

2月19日—20日，中共云南省委统战部在安宁市召开省级各民主党派政治交接主题学习教育活动总结交流暨2008年工作总结会。罗黎辉主委代表民进作学教活动总结发言；阎堃副主委代表民进作2008年工作总结和2009年工作要点交流发言。

3月3日—12日，出席全国政协十一届二次全会，共商国是。

3月13日，云南省政协副主席、民进云南省委主委罗黎辉会见并宴请老挝政府常务副总理宋沙瓦？凌沙瓦一行。省政协副秘书长、民进云南省委副主委阎堃参加了会见和宴请。宋沙瓦偕夫人一行5人于3月12至15日来滇考察。

3月18日，云南省社会主义学院春季学期开学典礼在社院礼堂举行。中共云南省委常委、省委统战部部长、省社会主义学院党组书记黄毅讲话，省政协副主席、民进云南省委主委、省社会主义学院院长罗黎辉致辞。阎堃副主委出席开学典礼。民进云南省委及地方组织专职干部7人参加了本期学习。

3月28日，主持民进云南省委六届十五次主委会议。审议通过了民进云南省委六届八次常委（扩大）会议议程、日程（草案），研究了人事工作。

3月28日，罗黎辉主持民进云南省六届八次常委（扩大）会议，传达了全国政协十一届二次会议精神和民进十二届六次中常会精神，并在常委会结束时作了讲话。

4月23日，出席中共云南省委统战部召开的2009年省级民主党派、工商联领导座谈会。

4月24日—25日，陪同中央统战部楼志豪副部长到腾冲考察统战工作。

5月8日，主持召开民进云南省委六届十六次主委会议。会议研究了民进云南省组织建设工作，研究了《民进云南省委关于2009年开展“深化坚持走中国特色社会主义道路学习教育活动”的方案》，研究了会省委空置公有住房处置的意见，研究举办民进云南省委六届九次常委会的相关工作。

5月18日—27日，赴玉溪市、红河州、文山州调研百年滇越铁路的保护与利用。

6月2日—8日，出席民进中央十二届会、民进全国组织工作会议。

6月12日，出席云南爱因森软件职业学院建校10周年大会、民进云南省委直属云南爱因森软件职业学院支部成立大会。

6月12日，昆明剧院，参加民进之友刘垣杉独唱音乐会。

6月19日—21日，赴红河州蒙自市，出席民进红河哈尼族彝族自治州第二次代表大会。

6月23日，主持召开民进云南省委六届十七次主委会议。会议传达学习了会中央十二届七次常委会议的精神和全国组织工作会议的精神，审议了民进云南省委六届九次常委（扩大）会议的议程及日程（草案），讨论了《民进云南省委关于加强后备干部队伍建设的意见》（草案）。

6月27日，主持民进云南省委六届九次常委（扩大）会议。会议传达学习了会中央十二届七次常委会议和民进全国组织工作会议的精神，邀请中共云南省委统战部副部长作了“坚持走中国特色社会主义道路形势报告”，讨论了《民进云南省委关于加强后备干部队伍建设的实施意见》（草案）。罗黎辉主委在会议结束时作了总结讲话。

7月1日，代表民进云南省委会会见并宴请金飞豹、费宣一行，祝贺穿越撒哈拉沙漠探险取得成功。

7月9日，民进云南省委会协办的“关注全球沙漠化穿越非洲撒哈拉”大型摄影图片展开幕。罗黎辉主委出席开幕仪式并讲话，李玛琳、阎堃副主委也出席了开幕仪式。

7月15日，出席中共中央办公厅督导组关于云南省贯彻落实中共中央〔2005〕5号文件情况座谈会。

7月26日，参加胡锦涛总书记接见云南省省级领导活动并合影。

8月3日，出席省社会主义学院民进中青年会员培训班开学典礼并讲话。

8月6日，民进云南省委六届十八次主委会议。学习胡锦涛总书记在云南考察结束时的重要讲话，研究部署云南民进学习贯彻胡锦涛总书记在云南考察结束时的重要讲话的工作，传达民进中央宣传工作会议精神，确定每年度会省委领导班子民主生活会议召开时间，研究了会省委机关有关干部人事工作，研究通过了《民进云南省委特约研究员制度》（草案）及聘请的首批特约研究员名单。

8月10日，出席民进云南省委、云南经济管理职业学院第四期“春雨行动”职业技能短训班结业典礼。

8月13日，罗黎辉主委、阎堃副主委等参加民进云南省委治理滇池污染晋宁县“共济林”植树造林暨捐赠活动，代表民进云南省委向晋宁县捐赠价值6万5千元的苗木。

8月19日，就民进楚雄彝族自治州委员会成立与楚雄市委书记交换意见。

8月19日，陪同王学仁主席宴请原全国人大副委员长、民进中央主席许嘉璐。

8月21日，率民进云南省委领导班子及省委机关干部赴昆明西山聂耳墓，祭奠中华人民共和国国歌的曲作者、革命先烈聂耳，并参观了西山聂耳纪念馆。

8月26日—27日，列席中共云南省委八届七次全委会，参加省级后备干部推荐工作。

8月28日—9月2日，参加中共云南省委统战部组织到青海、西藏考察。

9月3日，出席民进楚雄彝族自治州第一次代表大会暨民进楚雄彝族自治州委员会成立大会。

9月4日—19日，参加中组部中国延安干部学院第二期省部级干部“弘扬延安精神、保持优良作风”专题研究班学习。

9月10日，由于罗黎辉主委在2009年全国“两会”期间提出的关于“切实加强农村教师队伍建设的建议”，受到媒体高度重视，中央电视台“新闻1+1”专栏节目专访罗黎辉主委，并于2009年教师节晚在中央电视台一台播出。

9月20日，参加民进云南省委主办，民进曲靖市委承办的庆祝中华人民共和国成立60周年晚会。

9月23日下午，党派大楼礼堂，参加中共云南省委统战部情况通报会，听取省委常委、统战部长黄毅同志传达中共十七届四中全会精神。

9月24日—25日，中央政治局常委、全国政协主席贾庆林会见穿越撒哈拉沙漠科学探险家云南省政协委员、云南民进会员金飞豹一行活动。全国人大副委员长、民进中央主席严隽琪，全国政协副主席、民进中央常务副主席罗富和，全国政协副秘书长杨崇汇，云南省政协主席王学仁，云南省政协副主席、民进云南省委主委罗黎辉参加了会见。

9月26日，出席云南省社会主义学院“云南省各民主党派、工商联发展史教学基地”揭牌仪式。

9月28日，参加中共云南省委、省人民政府庆祝中华人民共和国成立60周年大型晚会。

9月30日，主持召开民进云南省委六届十九次主委会。研究确定民进云南省六届十次常委会议程、日程（草案），研究召开2009年会省委领导班子民主生活会的相关工作，通报了会省委近期的工作情况。

10月6日，民进云南省委主委罗黎辉到以紫根水葫芦治理滇池污染实验基地调研，听取了民进科技医卫委员会委员杨红军关于实验相关情况的汇报，实地考察了以紫根水葫芦治理滇池污染两个实验基地的实验情况。民进云南省委副主委阎堃、会省委委员高红武教授参加了调研。该项目受到国务院主要领导和有关部门的重视，国务院总理温家宝、副总理回良玉作了重要批示，国家科技部部长万钢同志和中共云南省委常委仇和同志也作了批示。

10月8日—11日，赴广东，出席民进中央十二届八次常委会议。

10月12日—16日，赴省发改委、省交通厅、昆明铁路局、昆明新机场以及石锁高速公路、锁蒙高速公路、泛亚铁路东线沿线考察。

10月16日，出席中共云南省委就《中共云南省委关于贯彻〈中共中央关于加强和改进新形势下党的建设若干重大问题的决定〉的实施意见》

（征求意见稿）听取省级民主党派、工商联、无党派代表人士意见、建议的座谈会。

10 月 17 日，主持召开民进云南省六届十次常委（扩大）会议。学习贯彻中共十七届四中全会精神，传达贯彻民进中央十二届八次常委会精神，听取民进云南省委 2009 年以来参政议政工作汇报，酝酿民进云南省委在 2010 年云南省“两会”上主要关注的参政议政问题。

10 月 23 日，主持召开民进云南省委六届二十次主委会议。会议研究部署了民进云南省委学习贯彻中共十七届四中全会精神的工作，研究了民进召开云南省六届十一次常委会及六届四次全会的相关工作，研究了民进云南省表彰 2009 年“单项工作先进”和“先进支部”的工作。

11 月 12 日，率民进云南省委机关处室干部走访致公党云南省委。

11 月 17 日，主持召开民进云南省委与省政协联合调研课题“切实推进云南桥头堡建设”专题研究会。

11 月 17 日，主持召开民进云南省委六届二十一次主委会议。会议审议了民进云南省委六届十一次常委会议程和日程（草案）、六届四次全会议程和日程（草案），研究了抓好落实民进云南省委《2009 年工作要点》工作的相关问题，审议了《民进云南省委领导班子 2009 年工作整改方案》。

11 月 18 日—23 日，参加驻滇全国政协委员赴福建厦门、福州考察。

11 月 24 日—12 月 3 日，率云南省政协访问团出访意大利和西班牙。

12 月 5 日—7 日，在北京出席民进中央十二届九次常委会、民进中央十二届三次全会。

12 月 15 日，出席省政协委员、云南民进会员金飞豹等徒步滇越铁路探险出发仪式。

12 月 15 日，出席中共中央政治局常委、全国政协主席贾庆林同志接见云南省政协、中共云南省委统战部机关干部和省级各民主党派、工商联、无党派代表人士的活动并合影。

12 月 15 日，中共云南省委就八届八次全会上白恩培书记的报告召开省级各民主党派、工商联、无党派代表人士座谈会，听取意见和建议。罗黎辉代表民进云南省委出席会议并发表意见。

12 月 16 日—17 日，参加中共云南省委中心学习组学习。

12 月 18 日—20 日，列席中共云南省委八届八次全会。

12 月 20 日，出席中共云南省委、省人民政府领导班子和领导干部年度考核测评会议。

12 月 25 日，主持召开民进云南省委六届二十二次主委会议。审议民进云南省委六届四次全体会议议程、日程（草案），审议提交民进云南省委六届四次全会审议的常委会《2009 年工作报告》，审议通过《民进云南省委关于 2009 年度“单项工作奖”和“先进支部”表彰奖励的决定》。

12 月 25 日，主持召开民进云南省委六届十一次常委会议。审议民进云南省委六届四次全体会议议程、日程（草案），审议提交民进云南省委六届四次全会审议的常委会《2009 年工作报告》，推举民进云南省委六届常委会《2009 年工作报告》报告人。

12 月 26 日—27 日，民进云南省委六届四次全体会议召开，学习贯彻中共十七届四中全会精神、中共云南省委八届七次、八次全会精神，传达贯彻民进中央第十二届三次全会精神，审议民进云南省委第六届常委会《2009 年工作报告》，交流全省各地方组织工作情况，表彰民进云南省 2009 年度“先进支部”和“单项工作奖”。罗黎辉主委出席并在闭幕会上讲话。李玛琳、陈友康、汪叶菊、阎堃副主委出席了会议。

12 月 28 日，出席云南省人民政府就 2009 年《政府工作报告》（征求意见稿）征求意见的省级各民主党派、工商联、无党派代表人士座谈会。

12 月 28 日，出席中共云南省委、省政府召开的各民主党派、工商联 2009 年重点调研课题汇报会，并代表民进云南省委就云南省特色经济林业可持续发展问题建言献策。省委对党派重点课题研究报告会。

【参政议政】

2009 年会省委制定出台了《民进云南省关于建立民进云南省委特约研究员制度暨聘任各特约研究员的决定》、《民进云南省委特约研究员管理办法（试行）》，切实加强参政议政的人才队伍建设。

在云南省政协全会期间，共提交集体提案 15

件，其中7件被划为A类提案。《关于加大政策倾斜力度推动大学生就业的提案》、《关于切实加大云南高等教育向东南亚、南亚国家开放推进力度的系列提案（一）（二）》、《多管齐下努力创新解决我省中小企业融资难问题的建议》、《关于使用科学合理的课桌椅促进中小学生身心健康发展的提案》等受到省政府相关领导的赞扬、肯定和批示。6月1日，应邀出席云南省人事和劳动保障厅《云南省基本医疗保险异地就医服务管理办法》听证会并发言。完成《云南省特色经济林业可持续发展研究》、《云南省高校大学生就业情况调研》两个课题。《关于云南沿边开放若干重大问题的研究》课题，在胡锦涛总书记到云南考察时作出“把云南建设成为中国面向西南开放的重要桥头堡”的重要指示以后，其研究意义、研究内容、对研究的要求都大大提升了，为了适应形势变化的需要，经向会中央及省政协主要领导汇报，该调研课题已上升为民进云南省委与云南省政协的联合调研课题及会中央主要领导直接关注的课题，现正在进一步深入调研中。与云南省计算机重点实验室联合成立课题组，启动“云南省教育宏观数据库及辅助决策系统”的研发工作。征集报送的《关于大力推进太阳能综合开发利用的提案》，被会中央采用为民进中央在全国政协会上的集体提案，云南省建设厅采纳了提案中的建议，制成宣传手册供农村地区使用，推动了太阳能在云南的合理利用进程。

2009年，会省委向民进中央、省政协、省委统战部报送《云南民进信息》17期，《云南民进统战信息》10期，其中《建议在国家留学基金中设立“西部师资培养”专项》被民进信息单篇采用，《谨慎处理民族关系　严厉打击犯罪分子》也在新疆7·5事件发生后得到民进中央信息的及时采用。

【社会服务】

以云南经济管理学院为依托，成立“民进云南省委‘春雨班’职业培训基地”，为我省113名返乡农民工和富余劳动力进行免费职业培训并全部推荐就业。

3月5日，牵线搭桥、促成北京周林频谱科技有限公司捐款100万元在昭通永善地震灾区建立周林希望小学，解决了永善县墨翰乡干溪、响水村285名在校儿童就近入学问题。

4月，支持云南爱因森软件职业学院举办“大学生就业促进行动”活动，提供价值百万元的“大学生职业技能提升助学金”，开设大学生就业创业大讲堂。

8月，积极响应胡锦涛总书记在滇视察讲话时提出的深入实施“七彩云南保护行动”，突出抓好滇池等水污染综合治理的号召，募集捐款6.5万元用于晋宁县东大河的治理，建设了云南民进“同舟桥”和“共济林”。

9月，向云南楚雄地震灾区捐赠3万元。

【自身建设】

2009年，民进云南省委将十七届四中全会精神与深入开展的学教活动相结合，与深入学习贯彻科学发展观相结合，加强会省委思想政治工作，进一步巩固与中国共产党团结合作的思想基础，以社会主义核心价值体系引领会员，进一步加强全省各级组织领导班子以及机关干部的思想建设，各级组织和会员向心力、凝聚力、执行力得到显著提高。

开展了一系列庆祝新中国成立60周年、人民政协成立和多党合作制度确立60周年的活动。与省级各民主党派联合举办“风雨同舟——云南省各民主党派、工商联庆祝建国60周年大型文艺晚会”；创作并制作了历史纪录片《穿越时空的号角——不朽的聂耳》；在中共云南省委主办，我省各族各界隆重庆祝中华人民共和国成立60周年的“盛世华章——云南省向建国60周年献礼”大型歌咏晚会上，协助中共云南省委统战部策划并组织云南省统一战线大型演出方阵；与民进曲靖市委会共同举办“与你同行——云南民进庆祝建国60周年文艺晚会”；汇编印制了《云南民进纪念改革开放30周年书画摄影作品集》；组织70余篇征文参加会中央“多党合作　共铸辉煌——纪念多党合作制度确立60周年”征文活动。选送一批干部、会员参加中组部延安干部学院、中央统战部、民进中央、中央社会主义学院、省委统战部举办的各种学习培训。在省社会主义学院举办新会员培训班，培训人数达73人。参与“云南省各民主党派党史现场教学基地”的筹建工作。完成《继往开来——云南省各民主党派政治交接活动成果集锦》编印工作。加强领导班子建设，在会内广泛征求意见的基础上，召开民主生活会，领导班子有针对性地开展批评与自我批评，会后形成了《民进云南省委领导班子整改方案（2009）》，并召开主委会议对落实整改工作进行专门研究和部署。加强后备干部队伍建设，完成推荐省级领导班子后备干部的任务，制定《民进云南省委关于加强后备干部队伍建设的实施意见》。

2009 年，民进云南省委会制定了会员发展 5 年规划、新建州市级组织 5 年发展规划。顺利完成民进红河州委换届工作，成立民进楚雄州委。在保山市、思茅市和丽江市发展了会员。基层组织得到进一步拓展，新成立了昆明学院总支、云南经济管理职业学院支部和云南爱因森职业学院支部。

截止 2009 年底，云南民进共有 7 个地方组织，其中，总支 8 个，支部 143 个，小组 34 个。成员共计 2987 人，其中，教育界会员占 73%，文化、出版界会员占 6%，医卫、科技界会员占 9%，经济界会员占 3%，新的社会阶层及其他界别会员占 9%。会员中具有中高级职称的占会员总数的 83%。离退休人员占 38%。我省会员中有：全国政协委员 1 人，省人大代表 4 人，省政协委员 20 人，州市级人大代表 6 人，州市级政协委员 63 人，县区级人大代表 4 人，县区级政协委员 58 人。我省会员中在政府机关担任副处级以上实职的有 15 人。有省监察厅特邀监察员 3 人，省国税局特邀监察员 1 人，省检察院特约检察员 1 人，省政府特聘督学 1 人。

民进云南省委会在每年新春之际通过举办新春联谊会、茶话会、酒会等各种形式的联谊活动，增进会员之间的相互了解，加强会内的凝聚力。1 月 18 日，民进云南省委、昆明市委举办了新春团拜会。中共云南省委统战部副部长童凤华应邀出席并致辞。民进云南省委会领导及老领导，民进云南省委在昆的省委委员，省直属支部（小组）的全体会员，民进省委会机关离退休同志，民进云南省委、昆明市委会领导及机关全体同志以及部分民进昆明市会员参加团拜会。

2009 年，有关云南民进的报道在中央一级报刊（含《团结报》）有 9 篇，民进中央网站有 80 篇；《云南日报》（含云南日报网）、《春城晚报》等有 70 余篇，《云南政协报》有 62 篇，《云南统一战线》有 20 篇，云南电视台、云南广播电台有 15 条。《云南民进》会刊完成改版，内容更加丰富充实。云南民进网站稳定运行，全年点击量达到 153.5 万次，较上一年增长 138%，累计点击量达 217.9 万次。民进云南省委电子信息化建设工作再次获得会中央 2009 年专项工作“先进单位”称号，受到会中央表彰。

2009 年，会省委机关建设有创新，向会中央提出开辟会内挂职渠道加大地方组织机关干部培养力度的创新动议受到重视和采纳，选派两名机关干部到会中央进行了为期半年的挂职学习锻炼，成为第一批到会中央挂职锻炼的地方组织干部；选派了一名机关干部到山东省挂职。组织常委赴沿海改革开放前沿地区学习考察，开阔眼界。

民进陕西省委会 2009 年工作概述

【重要会议及活动】

2009 年 9 月 13 日，民进陕西省委举办了庆祝中华人民共和国成立暨多党合作和政治协商制度确立 60 周年“西京学院杯”书画展和“团结合作、共铸辉煌”大型文艺汇演。民进中央副主席朱永新，陕西省政协副主席、中共陕西省委统战部部长周一波等领导，全省民进全员、西京学院的师生共 2000 多人参加了这次活动。这两项重要活动是在民进陕西省委领导班子的高度重视下，由全省民进各地方组织和省直各支部精心组织实施。民进会员用精彩纷呈的文艺节目和丰富多彩的书画作品讴歌了伟大祖国 60 年来的辉煌成就，宣传多党合作制度取得的巨大成就，展示了民进会员与祖国同行、与时代共进的风采。这两次大型活动的成功举办，强化了会员的“三个认同”的思想意识，彰显了民进大家庭团结、和谐的良好氛围，达到了利用重大活动对会员进行教育的目的。

2009 年，民进陕西省委会共召开一次全委会议，四次常委会议。

2月11日—12日，民进陕西省十届三次全委（扩大）会议在西安召开。陕西省政协副主席、民进陕西省委主委李进权，民进陕西省委副主委岳崇、高正红、刘宽忍、向德、董家蕙及民进陕西省委委员、各地方组织负责人、省直支部负责人等100余人参加了会议。

会议的主要议程是：学习中共十七届三中全会精神和科学发展观；传达民进中央十二届二中全会精神；听取并审议常委会2008年工作报告；表彰2008年度专项工作先进集体和先进个人等。

李进权主委代表民进陕西省第十届常委会作了“认真学习贯彻科学发展观，全面推进民进陕西省委工作新局面”的工作报告。

2月11日，民进陕西省第十届委员会第六次常委会议在西安举行。民进陕西省委主委李进权，民进陕西省委副主委刘晓利、高正红、刘宽忍、向德、董家蕙，秘书长郭绍敏，常委吴轩第、党新安、郭必选、李启良、杨宗科、丰镇平、高争丽出席了会议。中共陕西省委统战部郑洁副部长莅临会议。

会议学习了中共十七届三中全会精神和科学发展观；审议通过了民进陕西省第十届三次全委会议召开时间、地点、议程、日程安排和扩大人员名单；民进陕西省第十届常委会2008年度工作报告（草案）；民进陕西省第十届三次全委会议决议（草案）。

3月26日，民进陕西省委十届七次常委（扩大）会议在西安召开。会议的主要议程是传达全国两会精神；学习传达民进中央十二届六次常委会精神；学习贯彻民进陕西省委2009年工作要点。陕西省政协副主席、民进陕西省委主委李进权，副主委岳崇、董家蕙，民进陕西省委常委，地方组织、省直属工委、各专门工作委员会、企业联谊会负责人50多人参加了会议。

7月14日，民进陕西省委十届八次常委会在西安召开。会议传达学习了民进中央组织工作会议精神，审议通过了《民进陕西省委关于创建民进全国先进地方组织、先进基层组织的实施方案》和《民进陕西省委代表大会代表联系办法》（草案）。回顾总结上半年民进陕西省委会的工作，安排部署下半年进一步开展学习贯彻科学发展活动等主要工作。陕西省政协副主席、民进陕西省委主委李进权作了讲话。

10月27日，民进陕西省第十届九次常委（扩大）会议在西安召开。陕西省政协副主席、民进陕西省委主委李进权出席会议并讲话。会议分别由民进陕西省委副主委刘晓利、董家蕙主持。

会议首先学习了中共十七届四中全会精神，民进陕西省委副主委、西安市政协副主席、民进西安市委主委向德传达了民进十二届八次中常会的精神。各地方组织、直属工委负责人汇报交流了创建先进地方组织、基层组织的情况。

【参政议政】

2009年，民进陕西省委会进一步加大贯彻《民进陕西省委参政议政调研课题管理办法》、《民进陕西省委参政议政成果管理办法》的力度，修改完善《民进陕西省委专委会工作制度》，进一步推动参政议政课题申报、立项、奖励机制的全面实施。

民进陕西省委会在2009年初面向全省开展参政议政课题征集申报工作，共收到申报课题30余件，通过组织有关会内专家对申报课题进行评选，从中确定了民进陕西省委会2009年的参政议政重点课题。民进陕西省委会领导多次带队就金融危机背景下陕西省高校毕业生就业情况，新型农村合作医疗实施过程中的相关问题先后到西安、咸阳开展调研，形成了《调整思路，应对危机，努力改善我省高等教育毕业生就业情况的意见与建议》、《关于进一步完善新型农村合作医疗工作的建议》的调研报告，在陕西省政协常委会上进行了发言和交流。为了深入了解在实施《关中—天水经济区发展规划》的新形势下，规划区内的基础教育的发展状况，旅游文化产业的开发前景，文化体制改革发展情况，为规划的实施做好建言献策工作，李进权主委组织部分陕西省政协委员分别赴渭南、商洛等地开展调研，形成了调研报告和多项提案，报送中共陕西省委、省政府，供决策相关工作时参考。

民进陕西省委会根据工作需要将一些专业水平高、参政议政能力强，热心参政议政工作的会员吸收充实进了专委会，使参政议政工作的广度和深度得以拓宽和延伸，为做好参政议政工作提供了人才储备和智力支持。2009 年 9 月 14 日，民进陕西省委会召开了各专委会主任会议，对专委会的工作进行了总结交流，研究部署了下一阶段专委会的工作任务，聘请了 9 名教育、科技、经济界的专家为民进陕西省委参政议政课题评审组的成员，为更好地开展参政议政工作，提供了人才保证，为履行参政党职能提供了有力的支持。由民进陕西省委组织申报、省直工委主委王越群撰写的调研报告《关于理顺我国职业教育管理体制，推进职业教育均衡发展》在 2009 年民进全国参政议政工作会议上荣获民进中央课题二等奖。

在 2009 年 1 月召开的陕西省政协第十届二次会议上，民进陕西省委会共提交集体提案 11 件，提交《加大政策和机制的引导力度 积极促进农民创业增收》等 2 份大会发言，受到了大会的好评。3 件提案被列为省政协重点提案，2 件被确定为省政府重点提案，其中《关于对我省城乡最低生活保障制度建设的建议》由姚引良副省长重点督办。在民进十二届三中全会上，民进陕西省委会的参政议政工作被评为“突出进步奖”。

【社会服务】

2009 年是抗震救灾工作全面进入恢复重建工作的重要一年，民进陕西省委会领导先后深入宝鸡、汉中进行调研，积极向民进中央反映情况，得到了民进中央领导高度重视和极大关注，民进中央从抗震救灾的特殊会费中为汉中、宝鸡的受灾学校拨付了 40 万元援助项目资金。民进陕西省委会对援助项目资金的使用高度重视，多次召开专题会议，研究项目实施方案，对实施的时间、承担的企业、设备的质量等都进行全面认真的考察、落实。2009 年 5 月，向宝鸡市凤县双石铺中学、汉中市汉台区铺镇中学、南郑县高家岭中学援助架子床 600 多套，顺利完成会中央援助项目的实施工作，民进延安市委会和民进咸阳市委会也先后将会员的特殊会费 3 万余元和 1.4 万余元分别捐赠给汉中阳平关镇三道河国防科技希望小学和宝鸡西虢文武学校。

在定点扶贫工作中，民进陕西省委会注重坚持从关系人民群众切身利益、从黄陵县城区街道办南城村人民群众反映最强烈、最需解决的突出问题入手开展扶贫工作，推进南城村新农村建设和构建和谐社会的进程。民进陕西省委会与黄陵县城区街道办一起，共筹集资金 30 多万元，改良了百亩核桃园嫁接技术，解决了 42 户村民的饮用卫生水的问题，硬化了南城村水泥路面。通过积极的工作，使南城村的村容村貌发生了非常大的变化。

2009 年 4 月，民进陕西省委会组织民进陕西省直属西安中学支部讲师团赴商洛地区开展支教讲学活动，来自商各市各中学的骨干教师、各县区教育行政部门的负责同志，洛南中学的师生共计 2000 多人参加了这次活动，受到了当地政府和群众的热烈欢迎和高度评价。今年“六一”儿童节期间，民进省直属出版总局支部向西安市听力语言康复中心的孩子们捐赠了价值达 1 万多元的优秀少儿读物。陕西民进企业联谊会会长张孝林捐资 30 万元，在家乡设立“黄龙县孝林助学基金”，旨在帮助家庭困难品学兼优的学生走向成才之路。

陕西民进企业联谊会先后通过专题讲座，就如何应对金融危机及其给中小企业带来的挑战及机遇，如何应对职场压力以及引导会员企业构建和谐稳定的劳动关系等问题进行辅导，帮助广大企业界会员积极应对危机，化“危”为“机”，努力谋求企业发展。2009 年 11 月，陕西省和西安市民进企业家联谊会部分会员赴北京、天津两地考察交流，学习京津两地应对金融危机的好经验、好做法，使我省民进会员的企业家们受益匪浅。

【自身建设】

思想建设。民进陕西省委会将学习中共十七届四中全会精神作为当前和今后一个时期的重要政治任务来抓。在学习中注重做到了四个结合：一是与开展创建先进地方组织、先进基层组织工作相结合。二是与提高参政议政工作能力与水平相结合。三是与高素质参政党建设相结合。四是与民进的思想建设相结合。通过认真学习、深刻领会，切实把思想和行动统一到中央对当前形势的科学判断上来，统一到中央的决策部署上来，并以此促进民进陕西省委各项工作的全面开展。

民进陕西省委会通过深化中国特色社会主义主题教育活动的开展，促进全体会员努力做到“三个认同”。在“三个认同”的教育过程中，深刻认识科学发展观的科学内涵、精神实质、根本要求，并以此推进学习教育活动的深入开展。民进陕西省委和全省各级地方组织充分发挥报刊、网络的宣传作用，努力营造良好舆论氛围，促进学习教育活动取得实效。以纪念新中国成立60周年、人民政协成立，多党合作和政治协商制度确立60周年为契机，以团结会员、凝聚会力为宗旨，在《陕西民进》上开辟专栏，重点组织学习；在全省开展“我为民进科学发展建一言”活动；在民进中央组织的“多党合作 共铸辉煌——纪念多党合作制度确立60周年”征文活动中，全省民进会员共投稿103篇，荣获三等奖1篇，优秀奖5篇，民进陕西省委获得了优秀组织奖。

民进陕西省委会认真贯彻民进全国宣传思想工作会议精神，高度重视宣传工作在深化思想教育和扩大民进影响力方面的重要作用，针对新时期会员的思想特点，探索丰富宣传工作的新思路、新方式。重点加强了三个方面的工作：一是加强宣传工作队伍建设，提高宣传工作水平。积极探索建立以民进陕西省委宣传部为主体、基层组织为基础、会务宣传骨干为重点的宣传工作新格局，努力发挥机关干部、基层组织、骨干会员的联动作用。二是加强会内、外的宣传工作，拓展和延伸宣传空间和宣传渠道。《陕西民进》自2009年第三期起正式更名为《关注》，旨在增强会员的责任感，进一步关注民生、关注我省经济社会发展以及统战工作的重大理论和现实问题。同时，积极与民进中央宣传部、中央及省级新闻媒体保持联系，争取他们的指导和支持。充分利用电视、报纸、网络等各种现代化手段和平台进行宣传，扩大民进陕西省委会的影响力。同时，努力克服人员少，经济不足的困难，开通民进陕西省委网站，以适应新时期会员对网络载体的需求，使其成为新的宣传平台。三是宣传工作与各项会务工作相结合，丰富宣传内容。及时报道会务消息和会员的先进事迹，做到了民进陕西省委会活动新闻报道畅通、无遗漏。据不完全统计，2009年共在省级以上刊物发表文章50多篇，编辑民进陕西省委杂志4期，刊发稿件170篇，编发《陕西民进工作简报》12期，刊发消息102条，有力地推进了民进陕西省委宣传工作上的新突破。

组织建设。民进陕西省委会以创建民进全国先进地方组织、先进基层组织活动为契机，进一步健全基层组织工作制度，推动基层组织建设。根据《民进中央关于开展创建民进全国先进地方组织、先进基层组织活动的意见》精神，民进陕西省委会制定了《民进陕西省委关于开展创建民进全国先进地方组织、先进基层组织活动的实施方案》，提出了创建活动的具体要求，明确了创建工作的任务、目标和时间要求。民进陕西省委会领导多次深入汉中、渭南、商洛等地，检查、指导基层组织的创建工作。每到一处都与基层组织会员进行座谈，与基层会员从工作到感情进行沟通交流，进一步调动会员积极性，现场解决组织建设中存在的问题，促进基层组织工作的制度化、规范化，为建设更多、更好，更具组织活力与凝聚力的基层组织奠定了坚实的基础。

民进陕西省委会坚持“在发展中工作，为工作发展”的原则，积极稳妥地在文化教育出版界发展了一批对“发展民进工作亟需的代表性人士、有发展潜力的高层次中青年人才以及参政议政工作亟需的专门人才”，重点培养好苗子。同时，加大培训工作力度，成功举办了2009年民进陕西省骨干会员培训班。坚持把组织发展同加强领导班子、后备干部和骨干队伍的建设结合起来，增强组织发展的目的性，保证会员在数量上稳步增长、质量上不断提高。截至2009年12月，全省共有会员4562名。有8个市级委员会，6个县（区）级组织。有基层组织286个，其中，基层委员会4个，总支委员会14个，支部249个，小组6个。会员中有各级人大代表63人，其中全国人大代表3人，省人大代表10人，有各级政协委员406人，其中全国政协委员2人，省政协委员31人。组织建设的推进为全省民进事业的发展，奠定了坚实的组织基础。

机关建设。民进陕西省委会进一步完善和健全了机关工作制度和机制，从日常工作规程入手，从提高效率和水平着眼，按照《中华人民共和国公务员法》的要求，加强机关的目标管理工作考核，推动机关建设的有序发展。完成了《民进陕西省委工作手册（草案）》的修订工作，对机关现有的学习、工作、文件管理、保密、接待、财务物资管理、内外联系等各项制度充实完善，具有较强的可操作性。

建立了机关工作联系会议制度，定期召开全体干部职工会议，听取各部室工作汇报，掌握工作进度，解决存在问题，增强了大家工作的积极性和主动性，增加了工作的透明度和公开、公正性，培育了处室之间的沟通和协作精神，营造了机关团结和谐的工作氛围。

民进甘肃省委会2009年工作概述

2009年，中国民主促进会甘肃省委员会坚持以中国特色社会主义理论为指导，深入学习贯彻科学发展观，按照民进中央“集智聚力、有思有行、顺势而为”的要求，切实履行参政议政、民主监督职能，积极开展省委会各项工作，努力促进自身科学发展，实现在思想认识上有新提高，在履行职能上有新作为，在自身建设上有新进步。

【重要会议及活动】

2月17日—19日，受全国人大常委会副委员长、民进中央主席严隽琪，全国政协副主席、民进中央常务副主席罗富和的委托，主委李国璋，秘书长温艳一行赴陇南、平凉，送去会中央援建陇南青少年活动中心和平凉市崆峒区香莲乡图书室捐款。会中央捐款120万元，省委会机关捐款1万元。两市中共市委和市委统战部举行了捐赠仪式。

6月5日—7日，民进全国组织工作会议在北京举行，主委李国璋、副主委唐援朝，组织部负责人张喜英参加了会议。

6月9日—11日，副主委尚勋武，副主委李凤民等河西走廊星火产业带专家顾问组部分专家，参加了民进中央社会服务部组织的对石羊河流域重点治理实施情况进行的调研活动。秘书长温艳随同参加了调研。

7月20—23日，省委会在甘肃社会主义学院举办“民进甘肃省骨干会员培训班”。来自全省的33名骨干会员参加了培训。副主委尚勋、唐援朝分别在开班仪式、结业仪式上代表省委会讲话。

9月20日，主委李国璋在京参加了首都各界庆祝中国人民政治协商会议成立60周年大会。

9月21日，省委会在兰州八一宾馆举行庆祝新中国成立60周年，多党合作和政治协商制度确立60周年纪念大会。大会由会员代表座谈发言、文艺演出、庆祝宴会三部分组成。副主委李凤民主持大会，副主委唐援朝讲话。中共甘肃省委统战部副巡视员郭清祥莅临并致辞。省级各民主党派、工商联和省文化厅 、省广电局、省文史馆的领导、来宾，以及会员100多人参加了大会。

9月23日，省委会机关参加了省委统战部、省级各民主党派共同举办的“同心杯”乒乓球友谊赛，省委会取得了团体第二的成绩。副主委唐援朝出席了开幕式，省委会机关全体干部参加开幕式并表演了文艺节目。

10月18日—25日，省委组织部、统战部在中央社会主义学院举办甘肃省民主党派骨干培训班，省委会尚勋武、李凤民、石培基、席克勤、杨晓波、杨廷桢、马刚、温艳参加了培训。

10月26日（农历9月9日），“民进甘肃省委会欢度重阳节茶话会”在大高原六楼茶楼举行，省委会机关全体工作人员与省直各直属支部40多名离退休老领导、老会员欢度重阳节。李国璋主委致辞，向尊敬的老领导、老会员们表示最热烈的节日祝贺！会议由唐援朝副主委主持。

11月26日—29日，全国政协副主席、民进中央常务副主席罗富和一行赴甘肃省武威市就石羊河流域重点治理、节水农业、防沙治沙等进行了考察调研。

11月26日，罗富和带领民进中央调研组一行到民进甘肃省委会机关考察座谈。

11月26日，罗富和一行与甘肃省委书记陆浩举行了亲切的会见，拜会了中共甘肃省委常委、统战部部长刘立军。

11月29日，罗富和一行与武威市政府举行了座谈会，听取了武威市政府关于市情，石羊河流域重点治理情况、节水农业发展情况、防沙治沙工作情况的介绍。

调研期间罗富和常务副主席一行先后考察了红崖山水库，民勤防沙治沙展览馆，民勤县、老虎口、青土湖等地区的防沙治沙示范区，达利食品公司、雨润集团、威龙葡萄酒基地和酒堡建设基地、武威金太阳新能源示范区新型太阳炉生成多晶硅材料及光伏发电、光热发电项目、东湖镇正新生态公益型人口转移实验区、暖棚养殖和日光温室建设等示范点。

甘肃省政协副主席李永军、民进甘肃省委会主委李国璋、副主委尚勋武，武威市委书记市人大常委会主任肖庆平、市政协主席焦天成、民进中央参政议政部部长闻连利、中国林科院荒漠化研究所负责人卢琦等人一同参加了调研。

12月9日，民进中央在北京召开民进省级组织负责人会议，表彰省级组织专项工作，民进甘肃省委会电子信息化建设工作获得专项工作先进单位；会上还举行了“多党合作　共铸辉煌——纪念多党合作制度确立60周年”征文活动颁奖仪式，民进甘肃省委会报送的由民进天水市委会专干王晓梅撰写的征文《巩固和壮大统一战线是多党合作的必然要求》获得优秀奖，唐援朝副主委参加会议并代表省委会和征文获奖者个人领奖。

12月20日，民进甘肃省第六届委员会第三次全体会议在兰州八一宾馆召开。49位省委会委员出席会议。中共甘肃省委统战部郭清祥副巡视员应邀莅会祝贺并讲话。

会议完成的主要任务是：学习贯彻中共十七届四中全会精神和中央经济工作会议精神；传达贯彻民进十二届三中全会精神；听取和审议李国璋代表民进甘肃省第六届常务委员会工作报告；审议通过了民进甘肃省第六届委员会第三次全体会议决议(草案)。

【参政议政】

1. 做好提案工作

2009年的全国“两会”上，省委会两位全国政协委员，提出提案共16件。在省“两会”上，省委会提交提案11件。会员中的17位省政协委员，向省“两会”提交提案70多件。各市委会以及会员在各级人大、政协会议上提交团体提案、个人和联名议案、提案共350多件。20余件提案和建议被列为各地主席督办提案或重点提案。

2. 做好大会发言

2009年的全国“两会”上，两位全国政协委员提交大会发言8项。省政协大会上，省委会领导作了“关于解决我省干旱贫困地区农村中小学饮水困难问题的建议”的大会发言。全国政协十一届六次常委会分组会上，李国璋主委作了“关于扶持贫困少数民族地区加快发展的建议”发言。在省政协十届八次常委会议上，李国璋主委代表省委会作了题为“建议国家加大支持力度扶持我省临夏州和甘南州加快发展”的大会发言。

3. “集智聚力”调查研究，提高调研成果和提案质量

省委会认真贯彻会中央关于加强参政议政能力建设的工作部署，加强领导，健全机制，落实会中央提出的“集智聚力”的要求，围绕我省经济社会发展的大局研究确定今年的重点调研课题8项，认真开展调查研究工作，不断提高调研成果和提案质量。省委会完成的重点调研课题《关于欠发达地区财政支农资金使用绩效的调研》获得民进中央立项资助。在民进中央召开的2009年参政议政工作年会上，省委会提交的《关于完善农业科技服务体系建设的提案》获得民进中央参政议政成果二等奖。省委会向省政协大会提交的《关于承引兰州南部地区天然林环境入城区治理兰州大气污染的建议》被省政协列为主席督办提案。在省委统战部召开的2008年度省级各民主党派调研成果汇报暨表彰大会上，省委会提交的调研报告有2项获奖。

继续开展了“全膜双垄沟播”技术推广农业项目落实情况的调研。省委会高度重视这项工作，成立了调研组，由两位副主委带队，深入白银市和武威市进行调研，并且完成了《推进全膜双垄沟播工作的调研报告》，向省政协提交了《关于在推进全膜双垄沟播项目中重视解决白色污染问题的建议》。

积极配合民进中央，组织北京、甘肃的部分专家赴武威市，就设施农业科技服务体系建设等5个题目进行了调研。

【社会服务】

1. 支持灾后教育重建。省委会积极向民进中央争取震后援建资金120万元、省委会机关捐赠1万元，援建陇南青少年活动中心和平凉市崆峒区香莲乡图书室。

2. 促进灾区教育发展。省委会选派了6位陇

南、天水等地震灾区学校校长，赴北京参加民进中央“2009 年地震灾区学校校长暑期培训班”。

3. 关心灾区孩子成长。省委会落实民进中央《关心灾区孩子成长，捐赠优秀少儿读物的通知》的精神，号召全省各级民进组织给天水市的一所学校捐赠优秀少儿读物 4000 余册。

4. 巩固老阵地。省委会协调民进湖州市委会将 8 万多元的课外书籍捐赠给白银市的两所小学，继续援建“爱心图书室”。

5. 情系“三农”。省委会积极争取、协助、组织，在江苏举办了第三期甘肃河西走廊星火产业带农村青年科技带头人对口培训班。为武威等 6 市培训 33 名农村科技带头人。

酒泉市委会举办了“酒泉统一战线服务科学发展‘6+2’论坛——推进‘一特四化’促进农业发展报告会”，邀请省委会副主委尚勋武作了专题报告，产生了很好的社会影响。

天水市委会成立了天水市法律援助中心天水民进法律援助工作站，提供各种法律法规政策咨询 100 余件，调解各类民事纠纷 20 余起，代理各类民事案件 30 余起。

6. 为企业家提供学习交流机会。甘肃民进企业家联谊会组织会员参加民进中央海峡两岸企业发展与合作论坛；参加全国民进企业家联谊会联席会议；组织 17 名企业家前往民进中央参观访问，前往北京、天津两地参观学习。

【自身建设】

1. 思想建设

以举办活动为载体，加强思想建设。按照民进中央部署，制定了《深入开展学习贯彻科学发展观实施方案》；成立省委会学习教育活动领导小组，明确职责；分别组织省委会常委、委员和机关干部学习关于科学发展观的文件资料，观看辅导讲座光盘；组织广大会员开展学习贯彻科学发展观问卷调查和“我为民进科学发展建一言”活动；把学习教育活动与庆祝新中国成立 60 周年和多党合作制度确立 60 周年庆祝活动紧密结合；组织书画家参与民进中央举办的“共庆辉煌”——庆祝新中国成立 60 周年及纪念人民政协成立 60 周年书画展；组织会员开展“甘肃统一战线庆祝新中国成立 60 周年知识竞赛”答题活动和庆祝新中国成立 60 周年征文活动；撰写纪念文章，在《民主》杂志和省政协编纂的《风雨同舟 60 年》上发表。各市委会也结合自身实际，开展了形式多样的学习教育活动。兰州和天水市委会举办了书画摄影展。广大会员还积极参与当地统战部和本单位的学习活动。

以会刊和网站为平台，开展思想建设。贯彻落实《民进中央关于加强新形势下我会思想建设的意见》精神，建立健全思想宣传工作机制。重视办好《甘肃民进》会刊和网站，努力使会刊成为会员交流思想、沟通信息的平台。2009 年共刊登各类稿件 226 篇，上报民进中央网站 109 篇，其中 27 篇在民进中央网站主页各栏目刊登。以建立甘肃民进网站为主要内容的电子信息化建设工作被民进中央评为先进单位。在甘肃新闻出版局举办的连续性内部资料同行评议活动中，《甘肃民进》会刊被同行评为“良好”。

2. 领导班子建设

一是领导班子高度重视政治理论学习，积极参加全国政协、中央统战部、民进中央、省委统战部举办的培训班。二是认真做好届中民主评议工作，研究制定了届中民主评议工作方案，认真做好 5 个阶段的民主评议工作。总结换届 3 年来的工作，查找工作中的不足。通过召开座谈会，以书面形式和打电话向各市委会、基层组织和骨干会员征求意见。经过梳理和概括，整理出 12 个方面的意见和建议，制订出整改措施。三是认真贯彻民主集中制原则，落实省委会各项会议制度和工作制度。积极探索建立内部民主监督机制，通过开展年终述职和届中民主评议等措施，保证领导班子自觉接受会员的监督，维护了领导班子的团结和集体威信，提高了集体决策的质量和工作效率。

3. 组织建设

贯彻落实民进全国组织建设工作会议精神。对全省各级市委会进行调研，制定省辖市组织建设五年发展规划和省委会今后五年组织发展规划。在各市委会和基层组织开展“创建民进全国先进地方组织、先进基层组织活动”的活动。

继续遵循积极慎重、注重质量的组织发展原则。2009 年发展新会员 136 名，全省民进会员为 2634 人，平均年龄 48.4 岁。民进酒泉、临夏市委会和兰州大学委员会领导班子进行了届中调整，民进兰州商学院等4个支部进行了换届。新成立了民进交通大学委员会，民进张掖市肃南县支部和民进庆阳市合水县支部。

注重后备干部队伍建设。有14位省委会副主委、常委和委员分别参加了中央统战部、民进中央、省委统战部举办的不同层次的培训班。有33位会员参加了省委会骨干会员培训班。有126位会员参加了当地市委统战部举办的各种形式的培训班。

4. 机关建设

高度重视机关建设，下大力提高机关整体素质。一是加强学习。省委会组织机关干部开展形式多样、内容丰富的学习活动，除结合时事抓机关每周四下午的政治学习外，还组织机关干部参加各种培训，外出考察学习，开阔了眼界，提高了思想认识，增添了工作动力。二是加强机关管理。修订完善了机关的各项规章制度。机关干部按制度办事，按程序办事有新的转变。对发生的严重违法违纪事件，严肃慎重稳妥地进行处理。三是重视对年轻干部的培养教育。帮助他们总结思想和工作，肯定进步，指出不足，提出希望，使年轻干部尽快成长。省委会组织机关干部参加了民主党派“同心杯”乒乓球友谊赛，并获得了团体第二名的好成绩。2009年省委会的工作和机关建设再上新台阶。

民进宁夏区委会2009年工作概述

2009年，在民进中央和自治区党委的正确领导下，区委会坚持以邓小平理论和“三个代表”重要思想为指导，深入学习贯彻中共十七大和十七届三中、四中全会精神，以科学发展观统揽各项工作，带领各级组织和广大会员发挥自身优势，围绕自治区党委和政府的中心工作，求真务实，尽职尽责，各项工作取得了新进展。

【参政议政】

提高参政议政能力，发挥参政党作用

1. 以两个“5号文件”为指针，推动中国共产党领导的多党合作和政治协商制度走向制度化、规范化。

区委会积极参加自治区政协组织的相关活动，同时组织民进会员中的政协委员参加政协的重点调研、专题座谈、大会发言、提案工作、反映社情民意等。不断加强与自治区政协机关、各专门委员会之间对口联系与业务交流，在履行职能过程中实现双边互动。上半年，自治区政协主席项宗西、副主席李淑芬、安纯人先后分别带领调研组和科教文卫委员会到区委会调研。区委会领导从宁夏民进概况、自身建设、履行职能以及下一步工作思路等方面作了汇报，并就政协与民主党派机关相互协作提出了建议。自治区政协项宗西主席高度评价了区委会的工作。他认为宁夏民进，带领全体会员与中共中央和自治区党委政府保持高度一致，围绕中心，服务大局，提出了许多有利于宁夏经济社会发展的意见建议和提案，为我区跨越式发展作出了贡献。

为配合中共中央统战部调研《中共中央关于进一步加强中国共产党领导的多党合作和政治协商制度建设的意见》（中发〔2005〕5号文件）落实情况，区委会就“5号文件”落实情况开展调研，广泛听取了基层组织和会员的意见，并形成了报告，在中共中央督查组召开的“5号文件”落实情况座谈会上，姚爱兴主委就存在的问题及建议作了发言。

2. 以促进科学发展与社会和谐为着力点，积极参政议政。

区委会牢固树立科学发展观，突出“参政为民”的思想，围绕自治区党委和政府的中心工作，特别是“三保”工作和构建和谐社会方面开展调查研究，积极献计出力，获得民进中央“2009年省级组织参政议政工作先进单位”。

在全国政协十一届二次会议期间，胡锦涛总书记听取了民进小组讨论。姚爱兴主委代表民进中央所作的“关于加快小城镇建设，推进城乡一体化进程”的发言，得到了党中央国务院的重视，还应邀参加了全国政协提案现场办理。在民进中央2009年度参政议政年会上，该提案被评为参政议政成果一等奖。

区委会副主委梅廷彦提出《加紧研究与完善现有的统计指标体系的建议》，得到民进中央的重视并予以采纳。全国人大常委会副委员长、民进中央主席严隽琪向中共中央和国务院提出了关于完善国家统计工作体制等方面的建议，党中央、国务院领导同志对此高度重视当即就批转到了国家统计局。2009 年 2 月 5 日，国家统计局党组成员、副局长林贤郁一行，走访了民进中央，就国家统计制度方法改革等问题进行了座谈。

在自治区政协九届二次会议上，除了继续重视教育、文化领域外，区委会格外关注就业、社会保障、医疗、住房、收入分配、社会治安、环境保护等老百姓关心的民生问题，提出了 18 份提案和《加大政策扶持力度，建立完备服务体系，促进我区经济持续平稳增长》、《扶持农民专业合作社发展，破解菜贱伤农难题》、《完善配套政策、推动出版改制、繁荣我区文化出版事业》3 份大会发言。

区委会《关于加强我区生态环境建设的建议》得到了自治区政府主席王正伟的批示，自治区林业局予以了答复。该建议同时也被自治区环保厅合并列入重点办理提案，区委会领导应邀参加了环保厅举办的现场办理活动。《关于严厉打击‘两抢一盗’犯罪的建议》被列为自治区政协主席督办提案，自治区政协副主席陈守信率自治区政协提案委员会、社会和法制委员会相关负责人赴自治区公安厅重点督办，区委会领导应邀参加了会议，与有关单位负责人进行座谈交流。《关于加强特殊教育学校建设的建议》得到了社会的关注，2 月 4 日《团结报》以“民进宁夏区委会呼吁特殊的爱给特殊的教育学校”为题作了报道。

我会会员胡梅珍提出的《关于加大对参合农民重症患者资金支持力度的建议》，被列为自治区政协主席督办提案。自治区政协主席项宗西，自治区党委常委、政府副主席刘慧，自治区政协副主席陶源及自治区财政厅、民政厅及石嘴山市市委书记、市政协主席及部门负责人参加了督办会议。自治区财政厅将在 2010 年全面提高新农合筹资标准，实现安排专项资金对重症患者按就医费用 60% 的比例进行补偿，对患重病的贫困农民就医费用 20% 的比例进行救助。宁夏电视台、《宁夏日报》、《华兴时报》、《新消息报》、石嘴山电视台分别作了报道。陈玉琪等联名提出的《关于解决县城学校大班额问题的建议》也被列为自治区政协主席督办提案，自治区教育厅作为具体承办单位，非常重视提案的落实工作，制定了五年规划，计划投资 15 亿多元，建设学校 78 所，加大城市学校改造力度，逐步推进中小学标准化建设。

3. 进一步加强与政府对口部门的联系，深入开展调研工作。

区委会注重提高服务经济社会科学发展和促进多党合作事业科学发展的能力，立足参政党建设和履行职能的实际需要，进一步加强与政府对口部门的联系。年初，区委会领导带领机关处室负责人先后走访了自治区教育厅、文化厅和新闻出版局、出版社，形成了座谈会纪要，加强了沟通与了解，为我会知情出力、科学献策打下了基础。2009 年区委会在走访有关厅局的基础上，与有关部门合作开展了两项调研，《关于我区大学生就业情况的调查与思考》获自治区党委政策研究室“全区优秀调研报告三等奖”，《关于我区职业技术教育情况的调研》获优秀奖。

【社会服务】

开展“支教助农”活动，真诚回报社会

以自身优势和特色为立足点，拓展服务社会的新领域。区委会和各级组织先后开展了以“支教助农”为主题的一系列社会服务活动。区委会与 5 个市委会联合举办“中小学教师心理健康教育专题培训”和兴教助学活动，各市委会联合民进宁夏大学总支多次举办“科技下乡”活动，与民进宁夏医科大学支部组织附院各科专家，先后在我区多个县、乡举办“送医下乡”义诊活动。

民进中央朱永新副主席先后到石嘴山、吴忠、银川参加了民进市委会与当地有关部门联合组织的讲学活动以及民进宁夏大学总支的科技支农服务活动，考察了农村远程医疗试点工作，并到部分民进会员创办的学校和企业调研。民进中央副主席冯骥才、贺旻、朱永新到我区讲学或参加社会活动期间，还先后到区委会机关进行座谈，听取了区委会的工作情况汇报。

区委会积极为各界会员搭建平台，9 月 30 日成立了宁夏民进企业家联谊会。民进企业家会员，多年来在企业经营、服务社会等方面高度体现了民主党派成员应有的社会责任感和使命感，联谊会的成立，为会内企业家交流搭建了平台，也为会内企业家提供了一个展现自我、服务社会的舞台。

区委会组织机关干部和部分市委会负责人参加了在内蒙古呼伦贝尔市举行的第二十三届民进东北、华北、西北社会服务工作研讨会，交流和总结各地区社会服务工作经验，研究了新形势下如何加强横向联系与地域合作，更好地做好我会社会服务工作。

我会各级组织充分发挥各自优势，多角度、多层次地为当地经济社会服务。民进银川市委会联合银川市教科所、永宁县教育局、西夏区教研室、金凤区教研室等单位在永宁县李俊中学举办“送教下基地”活动，开展了优秀青年教师观摩课及“课堂观察”、“小专题研究”活动，先后有两百余名教师参与；石嘴山市委会协助市政府成功举办了宁夏石嘴山职业教育论坛，民进中央副主席、中国教育学会副会长朱永新率苏州有关专家参加了论坛并作了专题报告；民进吴忠市委会牵线搭桥，多方努力，积极争取香港九州国际酒店管理有限公司投资2000万元，在吴忠市利通区创办了企业；中卫市委会与市、县文联和红十字会联合在中卫和中宁举办了5场大型书画义卖和广场文化演出募捐活动，共募集资金15万元，捐赠书画作品350余幅，全部捐赠希望小学；民进固原市委会在固原市委统战部开展的“我为固原发展献智慧”活动中受到表彰奖励。

【自身建设】

1. 深入开展学习贯彻科学发展观活动，坚持走中国特色社会主义道路

科学发展观是包括民主党派广大成员在内的全国人民的最大共识，开展深入学习贯彻科学发展观活动，是民进中央做出的重大部署。区委会认真贯彻会中央的指示精神，注重把握时代特点，结合自身实际，突出重点，创新思路，积极投入学习贯彻活动之中。

（1）加强领导，奠定组织基础。民进中央《关于在全会深入学习贯彻科学发展观的通知》及其实施方案和《自治区各民主党派深入学习科学发展观座谈会纪要》印发后，区委会及时召开主委会议和常委会议，结合我区实际，制定了《民进宁夏区委会学习贯彻科学发展观活动的方案》。各市委会按照区委会的要求，制定了各自的活动计划，精心组织，层层推进，把学习贯彻的内容落实到基层。区委会领导班子成员还分别对5个市级组织、直属组织实施挂钩联系指导的办法，保证了学习贯彻活动顺利展开。

（2）强化学习，奠定思想基础。区委会始终坚持中心组学习制度，坚持每会必学，同时要求领导班子成员带头自学，在自学中增长知识，促进思考，提高自身的政治理论水平。在学习中努力做到“三个结合”，即与个人思想相结合、与履职和工作实践相结合、与当前的形势任务相结合。组织区委会常委和机关干部集体收看了民进中央学习贯彻科学发展观视频会议上王佐书副主席所作的专题报告，组织填答《民进中央学习贯彻科学发展观调查问卷》。区委会还要求机关副处级以上干部每人撰写2万字的读书笔记和学习心得。

7月27日—31日，区委会在宁夏社会主义学院举办了“学习贯彻科学发展观”培训班。全区基层组织负责人及机关干部80余人参加了学习。自治区政府副主席、区委会主委姚爱兴作了题为“认真学习贯彻科学发展观　努力提高自身素质”的动员讲话，自治区党委统战部副部长杨锦明作了《以科学发展观为指导，学习坚持我国政党制度》的辅导报告。学习班除了邀请自治区发改委负责人等作了《宁夏经济社会发展问题》等方面的讲座外，还组织学员前往宁东煤化工基地考察学习。

2. 贯彻民进全国组织和宣传会议精神，不断加强自身建设

（1）注重调查研究，进一步加强组织建设。按照民进中央的工作部署，区委会把加强组织建设作为2009年的工作重点。从3月份开始，区委会领导有计划地分赴全区5个市级组织进行调研，了解和掌握基层工作情况，听取基层组织和会员的呼声，不断改进和完善区委会工作。针对一些基层组织存在的年龄结构老化、无法正常开展组织活动等问题，区委会积极与有关方面沟通，对这些支部逐步进行了必要地调整或补充，督促其开展活动，增强支部活力和凝聚力。

认真贯彻落实《民进中央关于加强省级组织领导班子后备干部队伍建设的意见》，在区委会六届四次全委会上，推荐产生了区委会主委副主委后备人选，一批德才兼备、年富力强的同志脱颖而出，进一步充实完善了我会后备干部和人才队伍。

民进全国组织工作会议召开后，区委会及时召开主委会议研究制定了《民进宁夏区委会关于贯彻民进中央全国组织工作会议精神的意见》，下发全区民进各级组织。探索实施了市委会和直属总支领导班子向常委会述职制度。积极指导做好直属总支和支部的换届工作，民进宁大总支、民进吴忠市委会先后完成了换届和届中调整，新成立了民进宁夏医科大学总支委员会。截止 2009 年年底，全区市级组织 5 个，县级组织 2 个，总支 9 个，支部（小组）67 个，全区会员总数 1066 人。2009 年发展新会员 40 人，平均年龄 37.5 岁，具有大学以上学历的占 70%，具有高中级职称的占 75 %。

（2）突出主题，宣传工作富有成效。区委会以庆祝新中国和纪念人民政协成立 60 周年以及中国共产党领导的多党合作制度确立 60 周年为契机，先后召开了座谈会、举办了书画展等一系列生动活泼、丰富多彩的庆祝和纪念活动。进一步加强与媒体的联系与沟通，注重把握宣传导向，结合媒体报道的需求，从会议、活动、提案、发言等多种途径深入挖掘媒体需要的新闻素材，充分反映我会的重点工作和取得的成绩。全年涉及我会和会员的新闻报道 101 篇，扩大了我会的社会影响力。《宁夏民进》和宁夏民进信息网也开展了丰富多彩的宣传报道，我会各级组织和广大会员积极踊跃参与，充分展示了各级组织的成绩和会员风采。区委会获民进中央“2009 年省级组织新闻宣传工作突出进步单位”。

9 月 24 日，区委会联合自治区文史研究馆在银川文化艺术中心举办“庆祝中华人民共和国成立 60 周年，纪念人民政协成立 60 周年书画艺术交流展”。自治区党委常委、统战部部长马金虎，自治区政协副主席张乐琴及自治区有关厅局、各民主党派工商联负责人出席了开幕式并参观了展览。《团结报》、《中国书画报》、《宁夏日报》、《华兴时报》、宁夏电视台、银川电视台等多家媒体都作了报道。区委会还特邀银川电视台“文化银川”栏目开展艺术采风活动，产生了较好社会反响。

（3）以效能建设为契机，促进机关建设。为扎实推进区委会机关效能建设，提高机关运转效率，转变机关作风，充分发挥区委会机关在建设适应时代要求的高素质参政党地方组织中的各项职能，根据自治区党委统战部（宁统发〔2009〕第 24 号）精神，结合区委会实际，成立了区委会机关效能目标管理考核领导小组，制定了《民进宁夏区委会机关效能目标管理考核实施方案》和《民进宁夏区委会机关效能目标管理考核细则》，对区委会机关工作进行量化和细化，按照效能目标任务，切实抓好工作落实，推动机关效能建设，在自治区党委、政府召开的全区 2009 年度机关效能建设工作总结表彰大会上，区委会被评为机关效能目标管理考核优秀等次一等奖。在机关电子信息化建设方面也取得了一定成绩，获民进中央“2009 年省级组织电子信息化建设工作突出进步单位”。

民进新疆区委会 2009 年工作概述

【重要会议及领导活动】

1. 领导班子

民进新疆维吾尔自治区第五届委员会

主任委员：牛汝极

副主任委员：童兆玲（女）、史建新

2. 全委会议

11 月 29 日，中国民主促进会新疆维吾尔自治区第五届委员会第四次全体（扩大）会议在乌鲁木齐召开，牛汝极主委主持会议，中共新疆维吾尔自治区委员会统战部副部长王宗社应邀指导会议并作了重要讲话，民进新疆区委会副主委童兆玲、史建新及全体委员出席会议，会议主要议题是：学习贯彻中共十七届四中全会精神；传达学习自治区党委七届八次全委（扩大）会议精神；学习贯彻中共十七届四中全会精神专题报告会；审议通过《中国民主促进会新疆维吾尔自治区第五届常务委员会2009年工作报告》；审议通过《中国民主促进会新疆维吾尔自治区第五届委员会第四次全体会议决议》（草案）。

3. 常委会议

3月20日，民进新疆维吾尔自治区第五届常务委员会第七次会议在乌鲁木齐召开，牛汝极主委主持会议。童兆玲、史建新副主委和常务委员出席会议。会议学习传达全国“两会”精神和民进十二届六次中常会精神；审定民进新疆区委会《关于开展庆祝新中国成立60周年，纪念人民政协成立60周年活动的安排意见（草案）》；审议通过民进区委会2009年重点调研题目；审议通过民进区委会社会服务工作联系制度；通报民进新疆区委会第一季度工作开展情况。

6月27日，民进新疆维吾尔自治区第五届常务委员会第八次会议在乌鲁木齐召开，牛汝极主委作了学习贯彻科学发展观辅导报告。会议主要议程是：传达学习民进十二届七次中常会和民进全国组织工作会议精神；报告民进新疆区委会2009年上半年工作；审议通过调研报告《关于大力发展新疆焉耆盆地葡萄酒产业的建议》；通报人事事项等。

9月24日，民进新疆维吾尔自治区第五届常务委员会第九次（扩大）会议在乌鲁木齐召开，牛汝极主委作了题为“中共十七届四中全会标志着中国共产党进入新的战略高度”的讲话，会议主要议程是：传达学习中共十七届四中全会精神；传达胡锦涛在中共十七届四中全会上的重要讲话精神；传达学习胡锦涛在庆祝中国人民政治协商会议成立60周年大会上的讲话精神；报告民进新疆区委会第三季度工作；报告民进新疆区委会贯彻落实民进全国组织工作会议和民进全国宣传思想工作会议暨学习贯彻科学发展观论坛情况等。自治区党委统战部党派处处长魏兴昌应邀参加会议。

11月29日，民进新疆维吾尔自治区第五届常务委员会第十次会议在乌鲁木齐召开，会议主要议程是：学习贯彻中共十七届四中全会精神；传达学习自治区党委七届八次全委（扩大）会议精神；传达学习民进十二届中常会第八次会议精神；讨论通过中国民主促进会新疆维吾尔自治区第五届委员会第四次全体会议议程（草案）；讨论通过《中国民主促进会新疆维吾尔自治区第五届常务委员会2009年工作报告（草案）》；推定报告人；讨论通过《中国民主促进会新疆维吾尔自治区第五届委员会第四次全体会议决议（草案）》；审议通过提交自治区政协会议的4件大会发言；听取各专门委员会2009年工作汇报；听取各工作部门2009年工作汇报；部署民进新疆区委会2010年重点工作等。

4. 专委会议

4月中旬，民进新疆维吾尔自治区委员会召开5个专门委员会2009年调研立项课题汇报会。牛汝极主委，童兆玲、史建新副主委等出席会议。5个专门委员会主任汇报了2009年立项的《关于新疆图书出版的现状调查及对策研究》等5个课题的调研工作方案。各专门委员会委员参加会议。

5. 领导活动

2月24日，牛汝极主委在自治区召开的民主党派参政议政工作座谈会上，作了题为“以科学发展观为指导，深入调查研究，切实为自治区的发展建有用之言”的经验交流发言。

3月25日，全国人大常委、民进中央副主席王佐书在参加全国人大来疆开展《中华人民共和国职业教育法》执法检查之际，在乌鲁木齐迎宾馆会见了区委会领导班子成员牛汝极主委和童兆玲、史建新副主委等，牛汝极汇报了区委会的工作。

5月—10月，牛汝极主委应邀参加了4次国际学术会议，即第二届“干旱半干旱地区水、生态系统与可持续发展国际研讨会”，作了题为“中国维吾尔族的祈雨习俗”的报告；“第三届中国与中亚景教研究国际学术研讨会”，作了“一件中亚叙利亚语景教墓石铭文研究”的大会发言，牛汝极的学术研究新著《十字莲花：中国元代叙利亚文景教碑铭文献研究》（上海古籍出版社2008年）一书在会议期间也作了展示和交流；国际常设阿尔泰学会第52届年会，作了题为“神话与神秘：维吾尔人的祈雨崇拜”报告；第二届世界汉学大会，作了题为“海外中国景教研究评介”的发言。

7月15日，牛汝极主委参加自治区召开的干部大会，听取了中共中央政治局常委、中央政法委书记周永康同志在自治区四大班子领导同志会上的讲话，中共中央政治局委员、自治区党委书记王乐泉的重要讲话。

8月7日—8日，牛汝极主委带队赴木垒哈萨克自治县调研慰问，先后到大石头乡哈萨克族中心小学和东城镇维吾尔族和哈萨克族小学慰问了少数民族师生，捐赠了5000元民族团结爱心款。

8月14日，牛汝极主委就民进石河子市委会深入学习贯彻科学发展观情况进行了调研，为两级组织负责人作了“深入学习贯彻科学发展观，积极为维护新疆社会政治稳定和民族团结建言献策”的辅导报告。

8月17日，牛汝极主委带队就“新疆新农村建设中推广应用可再生能源技术”专题赴乌鲁木齐县调研。

8月18日—20日，牛汝极主委参加自治区大中专院校领导班子成员暑期集中学习培训班。

8月29日—31日，牛汝极主委参加了中共中央政治局委员、国务委员刘延东来疆调研时会见高校负责同志召开的座谈会。

9月25日，牛汝极主委应邀出席由新疆各族各界代表参加的隆重庆祝中国人民政治协商会议成立60周年的座谈会。

10月10日—11日，牛汝极主委出席民进十二届八次中常会，提交了《关于贯彻落实民进全国组织工作会议和民进全国宣传思想工作会议暨学习贯彻科学发展观论坛情况的报告》。

10月12日—14日，牛汝极主委参加自治区人大常委会组织的部分在疆全国人大代表对新疆部分地州市经济社会发展进行专题调研活动。

12月25日，牛汝极主委出席自治区人民政府召开的征求社会各界代表对2010年《政府工作报告》(征求意见稿）的意见座谈会，提出了5条建议。

12月30日，牛汝极主委代表各民主党派新疆区委会在自治区政协举办的迎新年茶话会发言。

【参政议政】

民进新疆区委会召开了“2009年参政议政暨信息工作会议”、“女会员建言献策座谈会”和专门委员会委员培训班，邀请自治区有关专家，分别作了《新疆区情和经济社会发展现状》、《进一步做好民主党派的参政议政和反映社情民意信息工作》、《政协提案工作的全局性》等系列辅导报告。由主委带队、副主委领衔、专家参与的多个专题调研组，先后深入到自治区科技厅、自治区人口和计划生育委员会和自治区妇联等部门及乌鲁木齐县、乡镇调研，完成了《加快城乡统筹发展是实现新疆社会稳定的关键》、《重视自治区农村可再生能源技术推广应用　加快农村沼气建设》、《大力推广应用可再生能源技术　充分利用太阳能提高新疆农产品的品质》、《加快发展南疆三地州高效温室栽培技术，解决自治区设施农业与大农业争地的矛盾》等5篇重点调研报告；5个专门委员会完成了《自治区学前“双语”教师信息素养现状》、《新疆图书出版面临的问题与对策》、《新疆天山北坡经济带水资源优化配置的对策》和《气候变化对新疆水资源安全影响分析》等5个调研报告。截至12月31日，产生了9篇调研报告和20件提案。

参政议政工作成果突出，一是在自治区政协十届二次会议上，提交的《关于对我区新农村文化事业城乡一体化的对策建议》被列为大会发言，25件集体提案被立案办理。区委会的集体提案《关于对我区新农村文化事业城乡一体化的对策建议》，得到了自治区人民政府主席和副主席的重要批示，提案承办单位自治区文化厅将此提案作为“重点提案”向自治区党委和人民政府推荐。《亚洲中心时报》在综合新闻版头条作了长篇报道。集体提案《关于加快发展我区中等职业教育的建议》，被自治区政协确立为由自治区人民政府副主席和自治区政协副主席联合领衔督办的重点提案；二是在自治区召开的第27个民族团结教育月统一战线各族各界代表人士座谈会上，区委会领导作了题为“不忘党的恩情　不忘祖国的温暖　为建设和谐新疆积极履行参政党职能”的发言；三是在自治区政协十届六次常委会议上，区委会领导作了“关于加快乌昌一体化第三产业经济圈建设的建议”的大会发言；四是在自治区党委召开的专题座谈会上，区委会领导作了题为“坚定不移维护祖国统一，维护民族团结，为促进自治区社会长治久安积极建言献策”的发言，同时被《新疆日报》等刊发；五是在自治区政协召开的“维护社会稳定，加强民族团结”座谈会上，区委会领导就“维护社会稳定，加强民族团结”提出了6条建议被采纳；六是在自治区民主党派参政议政工作座谈会上，区委会领导作了“以科学发展观为指导深入调查研究，切实为自治区的发展建有用之言”的经验交流。

反映社情民意信息工作成效显著。截至第三季度，向民进中央、自治区政协和自治区党委统战部等上报信息180余篇。其中有多篇信息被民进中央采纳专报全国政协，有8篇信息被自治区党委统战部专报自治区党委领导。区委会的《坚持以人为本 切实提高反映社情民意信息工作的成效》的经验材料被自治区政协列为大会交流，被《亚洲中心时报》全文刊登。民进新疆区委会先后荣获“2009年民进全国信息工作先进单位”称号和自治区政协“信息工作先进单位”称号。

【社会服务】

1. 开展形式多样的社会服务活动。在“科教扶贫”项目中，民进新疆区委会为木垒哈萨克自治县大石头乡中心小学等两所少数民族学校捐建了图书室，在贫困学校开展民族团结献爱心捐款5000元。在“凝聚力工程”项目中，民进乌鲁木齐市委开展了以“感恩伟大祖国、建设和谐首府”为主题的义诊扶贫帮困活动，向市五十五中学捐赠了价值2500元的图书，并向10名贫困学生捐赠了助学金。

2. 积极开展“民族团结献爱心”活动。民进新疆区委会领导带队，先后两次慰问了坚守在“7·5”事件一线执勤的武警某部官兵，为官兵送去了5000余元的日常生活用品。动员民进各级组织及广大会员积极开展“民族团结献爱心”捐款，如民进区委会领导和机关干部职工踊跃向“7·5”事件无辜受害者捐款献爱心3600元，民进新疆区委会直属汇博企业发展研究院支部全体会员向“7·5”事件无辜受害者捐款4000元，民进新疆区委会直属科学院支部全体民进会员向“7·5”事件无辜受害者捐款1600元。

【自身建设】

1. 思想建设

民进新疆区委会认真学习贯彻科学发展观，深入贯彻落实《民进中央关于学习贯彻中共十七届四中全会精神的通知》和民进全国组织工作会议和宣传思想工作会议精神，向各级组织转发了民进中央有关文件，制定了学习贯彻意见，在各级组织中开展了学习贯彻科学发展观调查问卷和“学习科学发展观、提高建言献策水平”培训学习活动。先后开展了以学习科学发展观为主题的专门委员会委员培训班和民进各级组织负责人和骨干会员培训班，通过召开系列专题学习会议、专题报告、培训班，使民进各级组织领导班子和广大会员深刻领会科学发展观的科学内涵，精神实质和根本要求，增强贯彻落实科学发展观的坚定性和自觉性，推动各项工作更加符合科学发展观的要求。

在乌鲁木齐“7·5”严重打砸抢烧暴力事件中，民进区委会及时把民进中央严隽琪主席、罗富和常务副主席等主要领导的亲切关怀和重要指示传达到各级组织，先后下发了《关于动员会员积极投身于维护自治区社会稳定工作的紧急通知》和《致全区各级民进组织和民进会员的一封信》等文件，号召民进各级组织把思想统一到中共中央对形势的分析判断和对工作的决策部署上来，用实际行动体现出拥护中国共产党领导的坚定政治信念和政治立场。带领广大会员，主动配合自治区党委和政府做好新疆的各项维护稳定工作；教育会员带头维护民族团结，带头维护社会稳定，带头维护各族人民的根本利益，积极为新疆的维护稳定工作和民族团结工作献计出力。“7·5”事件发生的当日，区委会领导果断放弃了出差任务，投身于维护稳定第一线工作。及时组织学习贯彻胡锦涛重要讲话的精神，坚定地与自治区党委政府保持高度一致，积极开展了慰问维稳武警官兵和向民族团结献爱心捐款活动，先后选派30余人次参与了乌鲁木齐市的维稳下社区和安保执勤工作，为开展维稳工作作出了积极贡献。

以新中国和人民政协成立60周年为契机，以传统教育为切入点，围绕“歌颂祖国、歌颂共产党、歌颂社会主义”的主题，民进新疆区委会举行了庆祝新中国成立60周年座谈会，正式出版了民进新疆志，即《新疆通志　民主党派志》。对外宣传报道迈上新台阶。成功在《民主》杂志刊发“新疆专页”和“新疆博物馆专页”，并策划刊发自治区党委宣传部的专稿等，共外发消息、深度报道、理论文章等150余篇，其中被《民主》杂志、《团结报》等中央级媒体采用20余篇。《新疆民进》杂志刊登了自治区党委宣传部有关反对民族分裂，维护民族团结的理论文章。会刊和门户新闻网站的指导性、可读性和服务性进一步增强。

2. 作风建设

民进区委会领导班子坚持“立会为公、参政为民”的理念与优良传统，大兴调查研究之风，领衔重点调研课题深入调研，深入各级组织进行会务工作调研，密切联系会员，关心会员、倾听会员的声音。注意发扬民主作风，营造团结和谐的工作氛围，定期召开民主谈心会，在区直文明机关届满考核验收中，机关领导班子和反腐倡廉工作民主测评结果显示，机关干部职工满意度均为95%。

3. 组织建设

民进新疆区委会认真学习贯彻民进中央《关于开展创建民进全国先进地方组织、先进基层组织活动的意见》精神，向市级组织和20个直属支部及时下发了民进中央文件，有效激活了地方组织和基层组织的活力，两个市级组织先后在第三季度成立了领导小组。先后对45个基层组织“学习科学发展观，提高建言献策能力”情况进行了调研并逐一安排了专项培训经费；先后为25个支部负责人分两批作了“深入学习贯彻科学发展观，积极为维护新疆社会政治稳定和民族团结建言献策”的专题辅导和“议案、提案和信息的撰写”的讲座。

夯实后备干部队伍建设。认真贯彻落实《民进中央关于加强省级组织领导班子后备干部队伍建设的意见》精神，建立了骨干会员人才信息库和领导班子后备干部信息库，对各级组织会员中的高层次重点人才进行摸底调查并建立档案，完善了后备干部管理信息系统。高度重视后备干部的培养、举荐工作，向自治区监察厅推荐了2名第六届特约监察员，向自治区政协推荐了法律界有代表性、业务突出的专家学者作为专题调研特邀专家成员，向自治区直属机关青联会推荐了2名委员。

4. 制度建设

继续完善区委会的各项制度，进一步建立健全后备干部培养、选拔、推荐、任用机制，紧急突发事件处置预案机制、参政议政提案信息奖励机制、新闻宣传报道机制及高龄会员祝寿机制，不断细化部门及个人岗位分工职责，推进机关工作的制度化和规范化。

5. 机关建设

机关举行专题辅导报告会、政治理论专题学习会和专题讲座近40次，开展了“祖国在我心中”有奖知识竞赛和“道德之星”评选活动，机关同志积极参与自治区直属机关庆祝新中国成立60周年文艺汇演等系列活动，合唱《祝福祖国》荣获优秀奖受到表彰。不断创新深化区直文明机关、驻区市级综治模范单位等五项先进的创建工作。机关干部弘扬社会主义核心价值体系，服务质量和工作效率明显提高。

附录

2009 年组织发展情况统计表

	2008 年底会员人数	2009 年底会员人数	2009 年会员发展数	发展率%
北　京	6208	6395	203	3.3
上　海	8280	8465	227	2.7
天　津	3390	3528	145	4.3
重　庆	2953	3093	157	5.3
河　北	4195	4370	216	5.1
山　西	3693	3877	186	5.0
内蒙古	1138	1235	101	8.9
辽　宁	9112	9529	460	5.0
吉　林	3310	3506	205	6.2
黑龙江	4226	4405	191	4.5
江　苏	8317	8644	389	4.7
浙　江	7198	7442	287	4.0
安　徽	3053	3143	114	3.7
福　建	3115	3255	146	4.7
江　西	2652	2794	155	5.8
山　东	3230	3405	191	5.9
河　南	2492	2633	146	5.9
湖　北	3359	3539	216	6.4
湖　南	3874	4059	204	5.3
广　东	7008	7201	233	3.3
广　西	2923	3075	176	6.0
海　南	1371	1437	63	4.6
四　川	4375	4577	207	4.7
贵　州	1955	2050	126	6.4
云　南	2881	2987	134	4.7
陕　西	4323	4562	315	7.3
甘　肃	2527	2647	129	5.1
宁　夏	1030	1066	40	3.9
新　疆	776	786	16	2.1
合　计	112964	117705	5378	4.76

后　记

自《中国民主促进会年鉴（试刊）》（2008）出版以来，《年鉴》编辑部先后召开了《中国民主促进会年鉴（试刊）》（2008）出版座谈会及《中国民主促进会年鉴》编辑委员会第二次全体会议。征询各位领导及专家的意见建议，进一步对《年鉴》的内容、结构加以完善。

2009 年 11 月 11 日，《中国民主促进会年鉴（试刊）2008》出版座谈会在民进中央机关召开。民进中央主席严隽琪、常务副主席罗富和、副主席王佐书出席会议。会中央领导充分肯定了《年鉴》编辑部的工作，并对《年鉴》的编辑工作提出了意见建议。会上，民进中央研究室、《年鉴》编辑部负责人介绍了编纂《年鉴》的背景、经过、指导思想、主要内容、原则和体例。与会同志在发言中认为，编纂《年鉴》是一项前瞻性的决定，对会史研究有重要作用，对促进我会工作，让全社会了解多党合作制度和参政党工作有里程碑的意义。《年鉴》的出版是民进向社会发布的权威政务公报，有保存历史的作用，也是资料式的工具书。与会同志还就如何改进《年鉴》的编辑工作进行了讨论。

2010 年 2 月 4 日，《中国民主促进会年鉴》编辑委员会第二次全体会议举行。会议听取了《年鉴》编辑部对《中国民主促进会年鉴（试刊）》（2008）的意见和建议的汇报、对 2009 年《年鉴》编辑方案（草案）和目录（草案）的说明。会议审定了 2009 年《年鉴》编辑方案（草案）和目录（草案），并对编辑方案（草案）和目录（草案）提出了意见建议。

《中国民主促进会年鉴》（2009）在编辑过程中，吸收了各位领导、专家的意见建议，对《年鉴》进行了部分调整，更加突出《年鉴》的工具性，方便读者翻阅查找。

在各位领导的关注与支持下，在各省级组织的大力配合下，《中国民主促进会年鉴》（2009）现已编辑完成。在此，对支持、关注《年鉴》的各位领导、专家及民进各省级组织和广大会员表示衷心的感谢。同时，对于《年鉴》中存在的不足，还望民进各级组织和广大会员以及社会各界人士提出宝贵意见。

《中国民主促进会年鉴》编辑部

2010 年 6 月 18 日

图书在版编目（CIP）数据

中国民主促进会年鉴·2009/《中国民主促进会年鉴》编辑部编.
—北京：开明出版社，2010. 11
ISBN 978-7-80205-784-5
Ⅰ. ①中…　Ⅱ. ①中…　Ⅲ. ①中国民主促进会-2009-年鉴
Ⅳ. ①D665. 3-54

中国版本图书馆 CIP 数据核字（2010）第 202926 号

书　　名　中国民主促进会年鉴·2009
编　　者　《中国民主促进会年鉴》编辑部
出　　版　开明出版社出版（北京海淀区西三环北路 25 号　邮编 100089）
责任编辑　焦向英　高　军
装帧设计　羽人设计中心
经　　销　全国新华书店
印　　刷　北京信彩瑞禾印刷厂
开　　本　880 × 1230　1/16
印　　张　42. 75
字　　数　1286 千字
版　　次　2010 年 11 月　北京第 1 版
印　　次　2010 年 11 月　北京第 1 次印刷
定　　价　120. 00 元